JUS PRIVATUM

Beiträge zum Privatrecht

Band 144

Malte Stieper

Rechtfertigung, Rechtsnatur und Disponibilität der Schranken des Urheberrechts

Mohr Siebeck

Malte Stieper, geboren 1974; Studium der Rechtswissenschaft in Kiel und Surrey/GB; 2001 Promotion; 2009 Habilitation; z. Zt. Privatdozent an der Christian-Albrechts-Universität zu Kiel mit der Lehrbefugnis für Bürgerliches Recht, Zivilprozessrecht, Urheberrecht, Wirtschaftsrecht; Lehrstuhlvertretung an der LMU München.

ISBN 978-3-16-150177-7
ISSN 0940-9610 (Jus Privatum)

Die deutsche Nationalbibliothek verzeichnet diese Publikation in der Deutschen Nationalbibliographie; detaillierte bibliographische Daten sind im Internet über *http://dnb.d-nb.de* abrufbar.

Das Buch wurde von Gulde-Druck in Tübingen aus der Stempel Garamond gesetzt, auf alterungsbeständiges Werkdruckpapier gedruckt und von der Buchbinderei Spinner in Ottersweier gebunden.

Vorwort

Die Arbeit lag der Rechtswissenschaftlichen Fakultät der Christian-Albrechts-Universität zu Kiel im Sommersemester 2009 als Habilitationsschrift vor. Sie ist während meiner Tätigkeit als Akademischer Rat an den Lehrstühlen von Professor Dr. Haimo Schack und Professor Dr. Joachim Jickeli entstanden. Dafür, dass sie meine wissenschaftliche Laufbahn von Anfang an großzügig gefördert haben, bin ich Ihnen zu besonderem Dank verpflichtet. Ihre wertvollen Ratschläge und Anregungen haben maßgeblich zur Entstehung der Arbeit beigetragen. Dank gebührt auch der Studienstiftung ius vivum für die Übernahme eines Teils der Druckkosten sowie allen anderen, die mich bei meinem Habilitationsvorhaben begleitet und unterstützt haben.

Kiel, im August 2009 Malte Stieper

Inhaltsübersicht

Inhaltsverzeichnis

Teil 2

Schranken und subjektive Rechte der Nutzer

Teil 3
Vertragliche Abdingbarkeit der urheberrechtlichen Schranken

Teil 4
Beeinträchtigung des Schrankengebrauchs durch technische Schutzmaßnahmen

Einleitung

Die Technik der Digitalisierung von Werken aller Art ermöglicht erstmals ein massenhaftes Kopieren urheberrechtlich geschützter Werke ohne Qualitätsverlust und erleichtert damit auch den unerlaubten Zugriff Dritter auf diese Werke. Zugleich bietet die Digitaltechnik den Rechtsinhabern die Möglichkeit, den unautorisierten Zugriff auf geschützte Werke sowie deren Nutzung durch elektronische Lizenzverträge und technische Schutzmaßnahmen zu regeln bzw. zu unterbinden.[1] Derartige Systeme beschränken sich jedoch nicht darauf, urheberrechtswidrige Nutzungen zu verhindern. Sie greifen ohne Rücksicht auf die Grenzen des Schutzbereichs von Immaterialgüterrechten, insbesondere der gesetzlichen Schranken des Urheberrechts (in Deutschland vor allem in §§ 44aff. UrhG) ein.[2] Im analogen Umfeld konnten die Befugnisse der von einer Schranke begünstigten Nutzer durch vertragliche Nutzungsvereinbarungen mangels effektiver technischer Maßnahmen praktisch kaum wirksam eingeschränkt werden. Im digitalen Kontext hingegen werden die gesetzlichen Schrankenbestimmungen zunehmend durch wirksame Schutzmechanismen und Lizenzvereinbarungen überlagert. Auf diese Weise kann der Rechtsinhaber selbst über die Grenzen der zulässigen Nutzungen bestimmen. Die Technik droht damit die vom Recht gesetzten Grenzen zu unterlaufen und gefährdet den vom Gesetzgeber getroffenen Ausgleich widerstreitender Schutz- und Zugangsinteressen.[3]

A. Problemaufriss

Vor diesem Hintergrund kommt der Frage nach der Rechtsposition des Werknutzers und damit nach der Rechtsnatur der Schranken des Urheberrechts erstmals auch eine erhebliche praktische Bedeutung zu.[4] Insbesondere ist zu klären, ob sich die in den Schrankenbestimmungen geregelten Befugnisse als subjektive

---

[1] *Pichlmaier*, CR 2003, 910.

[2] *Vinje*, EIPR 1999, 195, 197; *Peukert*, UFITA 2002, 704.

[3] Vgl. *Schack*, UrhR, Rn. 481d; *Dreier*, CR 2000, 46.

[4] Vgl. *Hohagen*, Vervielfältigungsfreiheit, S. 496f. Allerdings sind auch im analogen Bereich Konstellationen denkbar, in denen die Rechtsnatur der Schrankenbestimmungen Bedeutung erlangt. Das Problem stellt sich beispielsweise, wenn ein Kunsthistoriker sich auf die Schranke des § 53 Abs. 2 S. 1 Nr. 1 UrhG zu Gunsten des eigenen wissenschaftlichen Gebrauchs beruft, um zu Forschungszwecken eine Fotografie eines Gemäldes in einem Museum

Rechte des Nutzers deuten lassen, die dem Versuch des Rechtsinhabers einer einseitigen Erweiterung des Ausschließlichkeitsrechts entgegengehalten werden können.

Daran schließt sich die Frage nach der Disponibilität der Schrankenbestimmungen an, inwieweit also vertragliche Nutzungsbedingungen wirksam sind, in denen der Rechtsinhaber gegenüber einem Werknutzer die Nutzung des Werkes über die gesetzlichen Schrankenbestimmungen hinaus einschränkt. Während beispielsweise das belgische Recht fast alle Schranken des Urheberrechts für zwingend erklärt, sind im deutschen UrhG nur die Schranken für bestimmte Nutzungen von Computerprogrammen und Datenbanken ausdrücklich zwingend ausgestaltet (§§ 55a, 69g Abs. 2, 87e UrhG). Inwieweit darüber hinaus die Schrankenbestimmungen zur Disposition der Parteien stehen, regelt das UrhG nicht ausdrücklich.

Mindestens ebenso problematisch wie die Wirksamkeit vertraglicher Beschränkungen ist die Zulässigkeit einer faktischen Beschränkung der Nutzungsbefugnisse durch technische Schutzmaßnahmen. Während der Rechtsinhaber bei vertraglichen Nutzungsbeschränkungen Verstöße des Nutzers selbst verfolgen muss, wird das Risiko der rechtlichen Durchsetzbarkeit bei der Beschränkung durch technische Schutzmaßnahmen auf den Nutzer abgewälzt, der seinerseits versuchen muss, seine Nutzungsinteressen gegenüber dem Rechtsinhaber durchzusetzen. Verschärft wird dieser Konflikt dadurch, dass der Gesetzgeber in Umsetzung der EG-Richtlinie zum Urheberrecht in der Informationsgesellschaft und angetrieben von dem Ziel, „das deutsche Urheberrecht der Entwicklung im Bereich der Informations- und Kommunikationstechnologie, insbesondere der digitalen Technologie, anzupassen", in §§ 95a ff. UrhG die Umgehung von Kopierschutzmechanismen sowie entsprechende Vorbereitungshandlungen verboten und unter bestimmten Voraussetzungen sogar strafrechtlich sanktioniert hat. Den Interessen der Nutzer soll dadurch Rechnung getragen werden, dass § 95b Abs. 1 UrhG die Rechtsinhaber dazu verpflichtet, den dort aufgeführten, durch bestimmte Schranken begünstigten Nutzergruppen die zur Verwirklichung der jeweiligen Schrankenbefugnisse benötigten Mittel zur Verfügung zu stellen. Die Tatsache, dass zu den danach privilegierten Nutzungen weder die gemäß § 53 Abs. 1 S. 1 UrhG grundsätzlich zulässige Anfertigung einer digitalen Kopie zu privaten Zwecken noch die Zitierfreiheit des § 51 UrhG gehört, wirft die Frage auf, ob sich auch ohne gesetzliche Regelung ein Anspruch des Einzelnen auf Durchsetzung von Schrankenbestimmungen bei Verwendung von technischen Schutzmaßnahmen herleiten lässt.

---

anzufertigen, dessen Nutzungsbedingungen das Fotografieren innerhalb der Museumsräume kategorisch ausschließt oder nur gegen ein prohibitiv hohes Entgelt erlaubt.

B. Stand der Forschung

Das Problem ausufernder Ausschließlichkeitsrechte der Urheber und ihres Verhältnisses zum Nutzungsinteresse der Allgemeinheit ist nicht neu. Bereits 1931 bemerkte *Alexander Elster*:

> „Die Entwicklung kann natürlich den Weg gehen, das Recht des Urhebers immer mehr zu stärken und ihn sogar mit zeitlich unbegrenzten und sachlich weit hinausgetriebenen materiellen Rechten auszustatten, die dann schließlich ein Ende nur an ihrer Unbegehrtheit finden. Die Allgemeinheit aber muss und wird sich dann doch darüber klar werden, ob es dann nicht zu grotesken Tributzahlungen an geistig und familiär ganz oder ziemlich Unbeteiligte kommt und ob nicht das zu starke Ausschließungsrecht des Urhebers nicht nur den Interessen der Allgemeinheit, sondern auch seinen eigenen – infolge des Gesetzes der Überspannung und des Zurückschlagens – abträglich sein wird.“[5]

Die Frage nach der Rechtsposition der durch eine Schrankenbestimmung Begünstigten gegenüber vertraglichen oder faktischen Beschränkungen hat sich im analogen Umfeld jedoch praktisch nur selten gestellt. Lizenzverträge direkt mit dem Endnutzer kamen vor Entwicklung der Digitaltechnologie kaum vor.[6] Dementsprechend findet das Problem erst in neuerer Zeit überhaupt Beachtung in der urheberrechtlichen Literatur. In Europa steht die wissenschaftliche Diskussion noch am Anfang. Zwar wird die Frage nach der Abdingbarkeit der Schranken inzwischen in zahlreichen Publikationen aufgeworfen und häufig mit Forderungen nach der zwingenden Ausgestaltung zumindest bestimmter Schranken *de lege ferenda* verbunden.[7] Die Disponibilität des Schrankengebrauchs *de lege lata* ist bislang aber kaum zum Gegenstand eingehender Untersuchungen gemacht worden. Monografisch sind die Rechtsnatur der Schranken sowie die Wirksamkeit bzw. Zulässigkeit von vertraglichen und technischen Beschränkungen des Schrankengebrauchs nach deutschem Recht zumeist nur im Hinblick auf einzelne Schrankenbestimmungen[8] oder als Teil umfassender Darstellungen des Rechtsschutzes technischer Schutzmaßnahmen[9] bearbeitet worden. Die Monografie von *Guibault*[10] zum Verhältnis der urheberrechtlichen Schranken zum Vertragsrecht stellt zwar im Rahmen der durchgängig rechtsvergleichenden Untersuchung auch das deutsche Recht dar, klammert aber die Problematik der technischen Schutzmaßnahmen aus.

Insbesondere das Verhältnis von § 53 Abs. 1 und § 95b Abs. 2 UrhG ist Gegenstand einer Fülle von Beiträgen, die sich – soweit sie sich nicht auf die Feststellung beschränken, dass es ein Recht auf Privatkopie nicht gebe – vorwiegend

---

[5] *Elster*, UFITA 4 (1931), 226.

[6] *Vinje*, EIPR 1999, 195.

[7] Siehe die Nachweise auf S. 236, 264.

[8] Vor allem für die Schranke zugunsten privater Vervielfältigungen in § 53 Abs. 1 UrhG, vgl. *Hohagen*, Vervielfältigungsfreiheit, S. 496ff.

[9] *Trayer*, S. 144ff., 174ff.; *Arlt*, DRM, S. 40ff.

[10] *Guibault*, Copyright Limitations and Contracts, 2002.

mit der Verfassungsmäßigkeit der §§ 95a ff. UrhG im Hinblick auf die durch Art. 5 Abs. 1 S. 2 GG geschützte Informationsfreiheit befassen.[11] Ein über diesen speziellen Aspekt der Problematik hinausgehender Ansatz ist bisher nicht entwickelt worden. Nur wenige Autoren gehen auf den Zusammenhang des Problems mit dem der vertraglichen Nutzungsbeschränkungen ein. Die Rechtsnatur der gesetzlichen Schranken und deren Einfluss auf vertragliche Nutzungsvereinbarungen sowie technische Schutzmaßnahmen unter Berücksichtigung sämtlicher auch außerhalb der §§ 44a ff. im UrhG enthaltenen Schranken umfassend zu untersuchen, hat sich die folgende Arbeit zum Ziel gesetzt.

C. Gang der Untersuchung

Bevor die eigentliche Frage nach der Rechtsnatur der Schrankenbestimmungen untersucht werden kann, ist zunächst auf die Funktionen des Urheberrechts und die Rechtfertigung seiner Beschränkung einzugehen (Teil 1), da der Schutzgrund des Urheberrechts sich naturgemäß auf die Reichweite und Auslegung der einzelnen Schrankenbestimmungen auswirkt. In diesem Zusammenhang sind auch die verfassungsrechtliche Gewährleistung der zugrunde liegenden Interessen sowie die ökonomische Funktion gesetzlicher Schranken zu untersuchen.

Danach gilt es in einem zweiten Schritt, das Verhältnis der Schranken zum Ausschließlichkeitsrecht des Urhebers auf einfachgesetzlicher Ebene zu bestimmen (Teil 2). Dabei geht es insbesondere um die Rechtsnatur der Schranken und die Möglichkeit ihrer Qualifizierung als subjektive Rechte der Nutzer.

Schwerpunkt der Arbeit sind die Zulässigkeit und Grenzen einer vertraglichen (Teil 3) und faktischen Beschränkung von gesetzlich privilegierten Nutzungen im Wege technischer Schutzmaßnahmen (Teil 4). Unter Berücksichtigung der in ausländischen Rechtsordnungen gefundenen Lösungsansätze werden zunächst die Kriterien herausgearbeitet, die für die Frage relevant sind, inwieweit Schrankenbestimmungen indivual- oder formularvertraglich abbedungen werden können. Grenzen für die Wirksamkeit vertraglicher Nutzungsbeschränkungen ergeben sich vor allem aus dem Kartellrecht und der Inhaltskontrolle Allgemeiner Geschäftsbedingungen. Dabei wird sich zeigen, dass der gefundene Ansatz auch für die Bestimmung der Reichweite einer zulässigen Beschränkung von Nutzerbefugnissen mittels technischer Schutzmaßnahmen fruchtbar zu machen ist, dass die gesetzliche Regelung des Umgehungsschutzes in §§ 95a ff. UrhG damit aber nur eingeschränkt vereinbar ist.

---

[11] Siehe die Nachweise auf S. 509 ff.

Teil 1

Das System urheberrechtlicher Schranken

Zunächst ist zu klären, welche Bedeutung den urheberrechtlichen Schranken im System des Urheberrechts zukommt.

A. Begriff und Inhalt der urheberrechtlichen Schranken

Der Begriff der Schranken des Urheberrechts wird weit verstanden und umfasst prinzipiell sämtliche Beschränkungen des Schutzumfangs des Urheberrechts, seine inhaltlichen, zeitlichen und fremdenrechtlichen Beschränkungen genauso wie den gänzlichen Ausschluss eines Urheberrechtsschutzes für amtliche Werke durch § 5 UrhG.[1] Im Rahmen dieser Untersuchung geht es primär um die inhaltlichen Schranken, die im deutschen Recht vor allem im sechsten Abschnitt des 1. Teils des UrhG (§§ 44a bis 63a UrhG) geregelt sind. Andere Formen der Beschränkung, insbesondere die zeitliche Begrenzung des Urheberrechtsschutzes, werden nur behandelt, soweit sie strukturelle Parallelen zu den inhaltlichen Schranken aufweisen.

I. Das Urheberrecht als ausschließliches Herrschaftsrecht

Das Urheberrecht ist ein Immaterialgüterrecht, also ein absolutes, gegenüber jedermann geltendes Herrschaftsrecht an einem geistigen Gut, das die Rechtsordnung einer konkreten Person zugeordnet und damit als Rechtsobjekt verfügbar gemacht hat.[2] Im deutschen Recht kommt das in § 11 S. 1 UrhG zum Ausdruck, wonach das Urheberrecht den Urheber als Werkschöpfer in seinen ideellen Beziehungen zum Werk und in der Nutzung seines Werkes schützt. Diesen Schutzzweck gewährleistet das Urheberrecht, indem es dem Urheber neben dem Urheberpersönlichkeitsrecht mit seinen in §§ 12 ff. UrhG aufgeführten Einzelbefugnissen in §§ 15 ff. UrhG ausschließliche Verwertungsrechte gewährt, die es dem Urheber vorbehalten, das geschützte Werk unter Ausschluss Dritter auf die gesetzlich umschriebene Art und Weise zu nutzen.[3] Dabei weist

[1] Siehe nur *Schack*, UrhR, Rn. 463.
[2] *Schack*, UrhR, Rn. 21 ff.; *Stephanblome*, S. 15.
[3] Dreier/Schulze-*Dreier*, Einl. Rn. 3.

§ 15 UrhG dem Urheber die Verwertung seines Werkes in körperlicher (Abs. 1) wie unkörperlicher Form (Abs. 2) grundsätzlich umfassend zu[4] und zählt nur beispielhaft („insbesondere") die bereits bekannten Verwertungsarten auf, deren Tatbestand in §§ 16 ff. UrhG näher umschrieben wird. Die ausschließliche Verwertungsbefugnis beinhaltet sowohl die positive Nutzungsbefugnis, mit dem Werk nach Gutdünken zu verfahren, es insbesondere zu verwerten, als auch ein negatives Verbietungsrecht, Dritte von der Nutzung auszuschließen.[5] Das Urheberrecht ist insoweit strukturell mit dem Sacheigentum vergleichbar, das dem Eigentümer gemäß § 903 S. 1 BGB ebenfalls die positive Nutzungsbefugnis zuweist, mit der Sache nach Belieben zu verfahren, und ihm das Recht gibt, andere von jeder Einwirkung auszuschließen.[6]

II. Die Schranken des Urheberrechts im UrhG

Dieses umfassende Ausschließlichkeitsrecht des Urhebers wird in einem zweiten Schritt durch §§ 44a ff. UrhG in Bezug auf bestimmte, einzeln aufgezählte Nutzungen wieder eingeschränkt. Dabei bezieht sich die Beschränkung zum Teil nur auf ein einziges Verwertungsrecht, etwa das Vervielfältigungsrecht, während andere Schranken wie § 51 S. 1 UrhG sämtliche Nutzungen in körperlicher wie in unkörperlicher Form erlauben.

1. Freistellung, gesetzliche Lizenz und Zwangslizenz

Hinsichtlich ihrer Rechtsfolgen kann man die in §§ 44a ff. UrhG enthaltenen Schranken danach unterscheiden, ob sie die Werknutzung wie § 51 UrhG vom jeweiligen Verwertungsrecht des Urhebers ganz freistellen oder (wie etwa §§ 45a Abs. 2, 46 Abs. 4, 49 Abs. 1 S. 2, 52 Abs. 1 S. 2, Abs. 2 S. 2 und 52a Abs. 4 S. 1 UrhG) als Ausgleich für die erlaubte Nutzung einen Vergütungsanspruch des Urhebers vorsehen, der regelmäßig nur durch eine Verwertungsgesellschaft geltend gemacht werden kann. Für derartige Schranken, die eine Pflicht des privilegierten Nutzers zur angemessenen Vergütung vorsehen, hat sich die Bezeichnung „gesetzliche Lizenzen" durchgesetzt.[7]

Davon zu unterscheiden sind die Zwangslizenzen zugunsten von Tonträgerherstellern in § 42a UrhG oder von Verlegern privater Normwerke in § 5 Abs. 3

---

[4] *Rehbinder*, UrhR, Rn. 295; *Schack*, UrhR, Rn. 304.

[5] Schricker-*Schricker*, Einleitung Rn. 19.

[6] Vgl. *Stephanblome*, S. 48 f.; *Schack*, UrhR, Rn. 304. Zur Kritik an der inhaltlichen Gleichsetzung von Urheberrecht und Sacheigentum durch den Begriff des „geistigen Eigentums" siehe unten S. 25 ff.

[7] Vgl. nur Schricker-*Melichar*, vor §§ 44a ff. Rn. 6; *Schack*, UrhR, Rn. 436 ff.; *Stöhr*, S. 37 f.; *Ulmer*, UrhR, § 62 I 1 (S. 293). Der Begriff „statutory licensing" ist insbesondere im internationalen Urheberrecht gebräuchlich, vgl. die Begründung zu § 64 I 1 des RegE zum UrhG, BT-Drucks. IV/270, S. 77, wonach die darin enthaltene gesetzliche Lizenz dem englischen Recht nachgebildet sei. Zur Rechtsnatur der gesetzlichen Lizenz siehe unten S. 137 ff.

UrhG. Anders als bei gesetzlichen Lizenzen ist die Nutzung bei einer Zwangslizenz nicht erlaubnisfrei. Vielmehr lässt die Zwangslizenz das Verbotsrecht des Urhebers formal bestehen und unterwirft den Urheber lediglich einem Kontrahierungszwang, nimmt ihm also die Abschlussfreiheit.[8] Ein Verwerter darf Nutzungshandlungen daher erst vornehmen, nachdem er mit dem Urheber einen Lizenzvertrag abgeschlossen hat. Die Zwangslizenz stellt daher keine gesetzliche Schranke des Urheberrechts in dem hier gebrauchten Sinne dar. Der Gesetzgeber hat die Zwangslizenz zugunsten von Tonträgerherstellern, die ursprünglich systemwidrig in § 61 UrhG a.F. unter den Schranken im sechsten Abschnitt des UrhG geregelt war, daher 2003 mit Recht als § 42a UrhG den urhebervertragsrechtlichen Vorschriften zugeordnet.[9] Auf die im UrhG enthaltenen Zwangslizenzen ist daher im Rahmen dieser Untersuchung nicht einzugehen.

2. *Außerhalb des sechsten Abschnitts geregelte Schranken*

Nicht alle inhaltlichen Schranken des Urheberrechts sind im sechsten Abschnitt des 1. Teils des UrhG geregelt. Auch an anderen Stellen enthält das UrhG Schrankenbestimmungen, die konstruktiv mit den Beschränkungen der §§ 44a ff. vergleichbar sind. Dazu gehören vor allem der in §§ 17 Abs. 2 und 69c Nr. 3 S. 2 UrhG normierte Erschöpfungsgrundsatz als wichtigste Schranke des Verbreitungsrechts[10] sowie die Zulässigkeit freier Benutzungen nach § 24 Abs. 1 UrhG.[11] Auch § 44 Abs. 2 UrhG stellt trotz seiner systematischen Stellung eine gesetzliche Schranke des Ausstellungsrechts dar.[12] Schließlich enthalten die in Umsetzung der Computerprogramm-RL geschaffenen Sondervorschriften in §§ 69d, 69e UrhG spezifische Schrankenbestimmungen für Computerprogramme,[13] entsprechend § 87c UrhG besondere Schranken für das Sui-generis-Recht des Datenbankherstellers.[14]

3. *Die von den Schranken verfolgten Zwecke*

Eine trennscharfe Einteilung der Schranken nach dem jeweils verfolgten Zweck ist kaum möglich, da viele der in §§ 44a ff. UrhG aufgezählten Schranken mehr

---

[8] *Schack*, UrhR, Rn. 435.

[9] Vgl. die Amtl. Begr., BT-Drucks. 15/38, S. 17.

[10] Siehe dazu unten S. 101 ff., 133 ff.

[11] BGH NJW 2009, 770, 772 Tz. 21 – Metall auf Metall; a. A. *Schricker*, JZ 2004, 312. Siehe dazu unten S. 53 f.

[12] Siehe unten S. 107 f.

[13] Siehe dazu unten S. 109 ff., 145 ff.

[14] Diese entsprechen inhaltlich den Schranken der § 53 Abs. 1, Abs. 2 S. 1 Nr. 1 und Abs. 3 S. 1 Nr. 1 sowie § 45 UrhG.

als einem Zweck dienen.[15] Man kann die Schranken hinsichtlich ihrer Schutzrichtung aber grob danach unterscheiden, ob sie in erster Linie der Förderung der geistigen Auseinandersetzung, dem Schutz privater Interessen der Verbraucher, Interessen der Wirtschaft oder staatlichen Interessen dienen.[16] Die häufig zu findende Unterteilung der Schranken danach, ob ihnen Grundrechte („fundamental rights"), öffentliche Interessen („public interest") oder ein bloßes Marktversagen („market failure") zugrunde liegen,[17] ist hingegen wenig aussagekräftig, da – wie noch zu zeigen sein wird – mit diesen Kategorien ganz unterschiedliche Legitimationsebenenen angesprochen werden und eine eindeutige Einordung der Schranken in eine dieser Kategorien nicht möglich ist.[18]

Eine Sonderstellung nehmen die Schranken der §§ 44a, 55a und 69d UrhG ein. Diese in Umsetzung zwingender gemeinschaftsrechtlicher Vorgaben[19] geschaffenen Schranken dienen den „Erfordernissen der Informationsgesellschaft"[20] und sollen im digitalen Umfeld die „normale Benutzung" urheberrechtlich geschützter Werke sichern. Während nämlich bei herkömmlichen Werkarten der bloße Werkgenuss, wie das Lesen eines Buches oder das Anhören von Musik, nach der Konzeption des UrhG keine zustimmungsbedürftige Nutzungshandlung darstellt, erfordert bei elektronischen Datenbanken und Computerprogrammen bereits der Werkgenuss, also das Laufenlassen des Programms, zumindest eine Vervielfältigung im Arbeitsspeicher und damit eine von §§ 16, 69c UrhG grundsätzlich erfasste Verwertungshandlung.[21] Diese Besonderheit soll jedoch nicht dazu führen, dass der Urheber über sein Vervielfältigungsrecht die Verwendung rechtmäßig verbreiteter Werkexemplare verhindern kann.[22] Die Schranke des § 44a Nr. 2 hat eine ähnliche Funktion wie §§ 55a und 69d Abs. 1 UrhG[23] und soll in erster Linie das effiziente Funktionieren der elektronischen Übermittlung von Werken ermöglichen, welches regelmäßig eine zumindest vorübergehende Vervielfältigung und damit eine grundsätzlich

---

[15] *Schack*, UrhR, Rn. 480; *Hohagen*, Vervielfältigungsfreiheit, S. 23f.; eine Einteilung gänzlich ablehnend *Pahud*, Sozialbindung, S. 124.

[16] So *Schack*, UrhR, Rn. 480ff.; vgl. auch Schricker-*Melichar*, vor §§ 44aff. Rn. 4, der eine Unterteilung in insgesamt 11 Untergruppen geschützter Interessen der Allgemeinheit vornimmt.

[17] Grundlegend *Hugenholtz*, Fierce Creatures, S. 11ff.; ihm folgend *Dreier*, in: Expanding the Boundaries, S. 307f.; *ders.*, in: Torremans, S. 235; *Fernández-Molina*, 30 JIS 338f. (2004, ergänzt um eine weitere Kategorie der wettbewerbsrechtlich motivierten Schranken des Urheberrechts an Computerprogrammen und Datenbanken).

[18] Siehe unten S. 45ff., 82ff.

[19] Siehe Art. 5 Abs. 1 Info-RL; Art. 6 Abs. 1 Datenbank-RL; Art. 5 Abs. 1 Computerprogramm-RL.

[20] So zu § 44a UrhG die Amtl. Begr., BT-Drucks. 15/38, S. 18.

[21] Vgl. für die Nutzung von elektronisch zugänglichen Datenbanken Möhring/Nicolini-*Decker*, § 55a Rn. 9.

[22] Dreier/Schulze-*Dreier*, § 69d Rn. 5; *Baus*, MMR 2002, 16; vgl. *Schack*, UrhR, Rn. 481.

[23] Vgl. Dreier/Schulze-*Dreier*, § 44a Rn. 1.

zustimmungspflichtige Nutzungshandlung voraussetzt, z.B. beim „Browsing“ von Internet-Seiten.[24]

Ebenfalls auf dem weit reichenden Ausschließlichkeitsrecht des Urhebers eines Computerprogramms beruht die Schranke des § 69e UrhG, die Dritten in begrenztem Umfang den Zugang zu den gemäß § 69a Abs. 2 S. 2 UrhG freien Informationen über die Schnittstellen eines fremden Computerprogramms ermöglichen soll. Zu diesem Zweck erlaubt die Vorschrift die Vervielfältigung und Dekompilierung des Programmcodes, soweit diese zur Herstellung der Interoperabilität mit einem unabhängig geschaffenen Programm unerlässlich sind. Denn aufgrund des weitgehenden Vervielfältigungsrechts nach § 69c Nr. 1 sowie des Umarbeitungsrechts nach § 69c Nr. 2 UrhG könnte der Urheber sonst den Zugriff auf den Quellcode und damit den Zugang zu den Schnittstellen des ursprünglichen Programms versperren, weil die zugrunde liegenden Ideen und Grundsätze ohne Maßnahmen der Vervielfältigung und Übersetzung regelmäßig nicht erschlossen werden können.[25]

III. Ausländische Rechtsordnungen

Auch ausländische Urheberrechtsordnungen gewähren dem Urheber kein unbeschränktes Ausschließlichkeitsrecht zur Nutzung seines Werkes, sondern sehen in unterschiedlichem Umfang inhaltliche Schranken des Urheberrechts vor.

1. Europa

Dabei verfolgen die EU-Mitgliedstaaten ein ähnliches Konzept wie das deutsche UrhG und stellen einem grundsätzlich umfassenden Recht des Urhebers zur ausschließlichen Nutzung seines Werkes[26] abschließend formulierte Schrankentatbestände gegenüber.[27] Eine inhaltliche Harmonisierung der Schranken ist mit Ausnahme der spezifischen durch die Computerprogramm- und Datenbank-RL vorgegebenen Schrankenbestimmungen bisher indes nicht erfolgt. Auch die Richtlinie zur Harmonisierung bestimmter Aspekte des Urheberrechts und der verwandten Schutzrechte in der Informationsgesellschaft hat insoweit keinen Fortschritt gebracht. Art. 5 Info-RL enthält in Abs. 2 und 3 zwar einen abschließenden Katalog zulässiger Schranken. Nach dem Motto „Schranken aller Länder vereinigt euch“[28] hat der Richtliniengeber darin je-

---

[24] *Schack*, UrhR, Rn. 380; vgl. den 33. Erwägungsgrund der Info-RL.

[25] Schricker-*Loewenheim*, § 69e Rn. 1; Dreier/Schulze-*Dreier*, § 69e Rn. 1.

[26] Siehe z.B. in Belgien Art. 1 § 1 LDA; in Frankreich Art. L. 111–1 i.V.m. Art. L. 122–1 CPI; in Irland § 37(1) CRRA; im Vereinigten Königreich § 2(1) i.V.m. § 16(1) CDPA.

[27] In Belgien Artt. 21 bis 23 LDA; in Frankreich Art. L. 122–5 CPI; in Irland §§ 49 bis 106 CRRA; im Vereinigten Königreich §§ 28 bis 76 CDPA.

[28] *Schack*, AfP 2003, 4; *Poeppel*, S. 125.

doch lediglich den aktuellen Stand der gesetzlichen Schranken in den einzelnen Mitgliedstaaten festgeschrieben.[29] Den Mitgliedstaaten ist aber freigestellt, welche dieser Schranken sie im nationalen Recht vorsehen, so dass das selbst gesteckte Ziel einer Harmonisierung des Urheberrechts in Bezug auf dessen Schranken verfehlt wird.[30] Zwingend vorgeschrieben ist nach Art. 5 Abs. 1 Info-RL lediglich die in Deutschland durch § 44a UrhG umgesetzte Schranke zugunsten flüchtiger Vervielfältigungen.

Dementsprechend unterscheiden sich Anzahl und Umfang der gesetzlichen Schranken in den einzelnen Urheberrechtsordnungen erheblich. So ist die Reichweite der Nutzungsfreiheit selbst bei der Zitierfreiheit – obwohl als einzige Schranke durch Art. 10 Abs. 2 RBÜ zwingend vorgeschrieben – im Einzelnen sehr unterschiedlich ausgestaltet.[31] Eine gewisse Vereinheitlichung schafft insoweit der in Art. 9 Abs. 2 RBÜ und Art. 5 Abs. 5 Info-RL vorgeschriebene Dreistufentest, der der Ausgestaltung der Schranken auf nationaler Ebene Grenzen setzt, indem er Beschränkungen ausschließlicher Rechte auf bestimmte Sonderfälle begrenzt (Stufe 1), die weder die normale Auswertung des Werkes beeinträchtigen (Stufe 2) noch die berechtigten Interessen des Urhebers oder Rechtsinhabers ungebührlich verletzen dürfen (Stufe 3).[32]

2. *USA*

Der US-amerikanische Copyright Act von 1976 zählt, anders als das deutsche Recht, die dem Urheber zustehenden Verwertungsrechte in § 106 CA einzeln und erschöpfend auf, während umgekehrt die Schranken des Urheberrechts in § 107 CA in Form einer Generalklausel des fair use weit und offen ausgestaltet sind. Danach stellt eine Nutzung des geschützten Werkes, insbesondere eine solche zu Zwecken der Kritik, der Stellungnahme, der Berichterstattung, des Unterrichts sowie der Forschung und Lehre, keine Urheberrechtsverletzung dar, wenn die Nutzung „fair" ist. Für die Bestimmung, welche Nutzung „fair" i.S.d. § 107 CA ist, nennt die Vorschrift beispielhaft vier zu berücksichtigende Faktoren: den Zweck und die Art der Nutzung, die Natur des genutzten Werkes,

---

[29] *Hugenholtz*, EIPR 2000, 500.

[30] *Poeppel*, S. 125; *Hoeren*, MMR 2000, 517, 519; *Hugenholtz*, EIPR 2000, 501; *Cohen Jehoram*, GRURInt 2001, 810; *Fachausschuss*, GRUR 2009, 136: Die geltende Regelung in Art. 5 Info-RL sei „höchst unbefriedigend".

[31] Vergleiche nur § 51 S. 1 UrhG mit § 30(1) CDPA („Fair dealing with a work for the purpose of criticism or review, of that or another work or of a performance of a work, does not infringe any copyright in the work provided that it is accompanied by a sufficient acknowledgement and provided that the work has been made available to the public.") einerseits und Art. L. 122-5 Nr. 3a CPI („Les analyses et courtes citations justifiées par le caractère critique, polémique, pédagogique, scientifique ou d'information de l'oeuvre à laquelle elles sont incorporées") andererseits.

[32] Ausführlich zum Verständnis des Dreistufentests als Schranken-Schranke *Senftleben*, GRURInt 2004, 200ff.; *Bornkamm*, FS Erdmann, 43f.

Umfang und Ausmaß der Nutzung sowie deren Auswirkungen auf die Vermarktung und den kommerziellen Wert des genutzten Werkes. Diese Doktrin des „fair use" geht auf ein Urteil von 1841 zurück, welches unter Berufung auf die englische Rechtsprechung zum „fair and bona fide abridgment of an original work" im Kern bereits dieselben Kriterien formuliert hatte, die 1976 in § 107 CA kodifiziert wurden.[33] Der Gesetzgeber wollte 1976 lediglich die von der Rechtsprechung entwickelten Grundsätze festschreiben.[34]

Ein System gesetzlicher Vergütungsansprüche zum Ausgleich der mit einer Aufhebung des Ausschließlichkeitsrechts verbundenen finanziellen Einbuße des Urhebers hat sich in den USA bislang nicht durchsetzen können.[35] Eine Ausnahme stellen insoweit die §§ 1003 ff. CA in der Fassung des Audio Home Recording Act von 1992 dar, die Herstellung, Einfuhr und Vertrieb von digitalen Audiorekordern und digitalen Speichermedien an die Entrichtung einer Abgabe koppeln, im Gegenzug aber die nicht gewerbliche Vervielfältigung von digitalen und analogen Tonträgern durch einen Verbraucher gemäß § 1008 CA erlauben. Die Rechtsfolge der Anerkennung eines fair use i.S.d. § 107 CA ist jedoch stets die vergütungsfreie Zulässigkeit der betreffenden Nutzungshandlung.[36]

Angesichts der in § 106 CA abschließend aufgezählten Verwertungsrechte des Urhebers sind die Gerichte in den USA bei der Ausdehnung des gesetzlich vorgesehenen Schutzumfangs des Urheberrechts sehr zurückhaltend. In erster Linie ist daher der Gesetzgeber berufen, wenn die technische Entwicklung eine Anpassung des Urheberrechtsschutzes erfordert.[37] Demgegenüber ermöglicht die Generalklausel des § 107 CA im Rahmen der Grenzen des „fair use" eine angemessene Berücksichtigung von Allgemeininteressen durch die Gerichte auch bei gesellschaftlichen und technischen Veränderungen, auf die der Gesetzgeber nur mit erheblicher Verzögerung reagieren könnte.[38] Die mit der offenen Formulierung erreichte Flexibilität in der Anwendung geht jedoch naturgemäß

---

[33] *Folsom v. Marsh*, 9 F.Cas. 342, 348 (CCD Mass. 1841): „In short, we must often, in deciding questions of this sort, look to the nature and objects of the selections made, the quantity and value of the materials used, and the degree in which the use may prejudice the sale, or diminish the profits, or supersede the objects, of the original work". Zur geschichtlichen Entwicklung der Fair-use-Doktrin siehe *Campbell v. Acuff-Rose Music, Inc.*, 510 U.S. 569, 576 ff. (1994); *Förster*, S. 17 ff.

[34] House Report zum Copyright Act von 1976, H.R. Rep. No. 94–1476, S. 66 (1976): „Section 107 is intended to restate the present judicial doctrine of fair use, not to change, narrow, or enlarge it in any way."

[35] Vgl. *Schack*, UrhR, Rn. 443.

[36] *Bell*, 76 N. Carolina L. Rev. 595 (1998); *Förster*, S. 34.

[37] Vgl. *Sony Corp. v. Universal City Studios, Inc.*, 464 U.S. 417, 431 f. (1984) m.w.N. Seit 1976 ist der Copyright Act 59 Mal geändert worden (Stand 13. 2. 2009); siehe die Übersichten bei *Nimmer*, Copyright Illuminated, S. 67 ff. und S. 78 ff.

[38] *Depoorter/Parisi*, S. 2 f. mit Fn. 3; *Burk/Cohen*, 15 Harv. J.L. Tech. 46 (2001). Zurückhaltend allerdings *Princeton University Press v. Michigan Document Services, Inc.*, 99 F.3d 1381, 1391 (6th Cir. 1996), wonach die Entscheidung darüber, ob die technische Entwicklung

auf Kosten der Rechtssicherheit.[39] Die Konkretisierung durch die in § 107 CA nur beispielhaft aufgezählten Kriterien vermag insoweit ebenso wenig Abhilfe zu schaffen wie die vor allem von bestimmten Verwertergruppen durchgesetzten vielfältigen Ergänzungen der Generalklausel in §§ 108 bis 122 CA.[40] Die Rechtsprechung hat unter Berufung auf die Gesetzesbegründung[41] stets betont, dass für das Vorliegen eines fair use die Umstände des jeweiligen Einzelfalls entscheidend seien und sich daher eine allgemeingültige Definition verbiete.[42] Als „equitable rule of reason" sei die Fair-use-Doktrin starren Auslegungsregeln nicht zugänglich, sondern müsse von den Gerichten von Fall zu Fall an die jeweiligen tatsächlichen Gegebenheiten angepasst werden können.[43] Bei jeder Beurteilung einer Nutzung als „fair" oder „unfair" sei daher ein sorgfältig abwägender Interessenausgleich („sensitive balancing of interests") vorzunehmen.[44] Auch wenn die Aufzählung der für die Annahme eines fair use maßgeblichen Faktoren in § 107 CA nicht abschließend ist, gehen die Gerichte bei der Anwendung der Vorschrift selten über eine Abwägung der ausdrücklich genannten Faktoren hinaus.[45] Regelmäßig werden dabei die vier Faktoren nacheinander im Hinblick darauf untersucht, ob sie im konkreten Fall für oder gegen die Annahme eines fair use sprechen, um sie dann in einer Gesamtabwägung – mitunter geradezu mathematisch – gegeneinander aufzurechnen.[46] Vor

---

eine Ausweitung der Fair-use-Doktrin rechtfertigt, dem Gesetzgeber überlassen bleiben soll.

[39] Kritisch gegenüber einer Schrankengeneralklausel daher *Schack*, FS Schricker, 511 f.

[40] Vgl. *Förster*, S. 20, mit dem Hinweis, dass §§ 108 ff. CA in ihrer Bedeutung deutlich hinter der Fair-use-Doktrin zurücktreten.

[41] House Report, H.R. Rep. No. 94–1476 (1976), S. 65: „Indeed, since the doctrine is an equitable rule of reason, no generally applicable definition is possible, and each case raising the question must be decided on its own facts."

[42] *Sony Corp. v. Universal City Studios, Inc.*, 464 U.S. 417, 448 mit Fn. 31 (1984); *Harper & Row Publishers, Inc. v. Nation Enterprises*, 471 U.S. 539, 549 (1985); *Campbell v. Acuff-Rose Music, Inc.*, 510 U.S. 569, 577 f. (1994); *American Geophysical Union v. Texaco Inc.*, 60 F.3d 913, 916 (2nd Cir. 1994).

[43] Vgl. *Iowa State University Research Foundation, Inc. v. American Broadcasting Companies, Inc.*, 621 F.2d 57, 60 (2nd Cir. 1980). Die Einordnung als „equitable rule of reason" ist in der Rechtsprechung anerkannt, siehe nur *Sony Corp. v. Universal City Studios, Inc.*, 464 U.S. 417, 448 mit Fn. 31 (1984); *American Geophysical Union v. Texaco, Inc.*, 60 F.3d 913, 939 (2nd Cir. 1994, dissenting opinion *Jacobs*); gegen die Annahme, die Fair-use-Doktrin habe ihre Wurzeln im Recht der Equity, hingegen *Leval*, 103 Harv. L. Rev. 1127 (1990).

[44] *Sony Corp. v. Universal City Studios, Inc.*, 464 U.S. 417, 455 Fn. 40 (1984); *Campbell v. Acuff-Rose Music, Inc.*, 510 U.S. 569, 584 (1994).

[45] *Förster*, S. 26.

[46] Siehe die Übersicht über 60 seit 1994 ergangene Entscheidungen bei *Nimmer*, Copyright Illuminated, S. 363 ff.; sowie exemplarisch *Kelly v. Arriba Soft Corp.*, 336 F.3d 811, 822 (9th Cir. 2003): „Having considered the four fair use factors and found that two weigh in favor of Arriba, one is neutral, and one weighs slightly in favor of Kelly, we conclude that Arriba's use of Kelly's images ... is a fair use"; *Los Angeles News Serv. v. Reuters Television Intern.*, 149 F.3d 987, 994 (9th Cir. 1998): „In sum, the district court, having found that only on of the statutory factors weighed in favor of the defendants, correctly concluded that the fair use

diesem Hintergrund ist es nur verständlich, dass die den Gerichten obliegende Entscheidung, ob eine Nutzung als fair anzusehen ist, häufig als „the most troublesome in the whole law of copyright" bezeichnet wird.[47]

Eine solche Schrankengeneralklausel wie § 107 CA, die den Gerichten einen weiten Spielraum bei der Entscheidung über die Zulässigkeit einer Nutzungshandlung zuweist, führt in der Praxis zu kaum vorhersehbaren Ergebnissen. Entsprechend häufig werden gerichtliche Entscheidungen über das Vorliegen von fair use in den USA in der Rechtsmittelinstanz aufgehoben. Außerdem wird die überwiegende Zahl der Entscheidungen nur mit knapper Mehrheit der Richter getroffen.[48] Die offen formulierten gesetzlichen Tatbestände können einem Nutzer daher allenfalls eine grobe Orientierung bei der Feststellung bieten, ob ein Gericht die von ihm beabsichtigte Nutzung des Werkes als fair ansehen würde oder nicht.[49] Dies führt dazu, dass Nutzer zur Vermeidung kostspieliger Verletzungsprozesse übermäßige Vorsicht im Umgang mit geschütztem Material walten lassen und auch für rechtlich zulässige Nutzungen Lizenzen einholen. Der Schutzumfang des Urheberrechts wird dadurch faktisch eher erweitert als begrenzt.[50]

B. Einfluss der philosophischen Grundlagen des Urheberrechts

Zu klären ist zunächst, inwieweit die Rechtfertigung von Beschränkungen des Ausschließlichkeitsrechts des Urhebers davon abhängt, welchen theoretischen Ansatz man zur moralischen Rechtfertigung des Urheberrechts zugrunde legt. Hier stehen der im kontinentaleuropäischen Urheberrecht (droit d'auteur) herrschende personalistische (unten I) und der insbesondere dem US-amerika-

---

defense did not apply." Feste Regeln, wie viele der Faktoren für bzw. gegen die Annahme von fair use sprechen müssen, um im Ergebnis die Entscheidung für einen Fair use zu tragen, bestehen jedoch nicht, vgl. *Beldiman*, in: Hilty/Peukert, S. 193f.

[47] *Dellar v. Samuel Goldwyn, Inc.*, 104 F.2d 661, 662 (2nd Cir.1939); *Sony Corp. v. Universal City Studios, Inc.*, 464 U.S. 417, 475 (1984, dissenting opinion *Blackmun*) m.w.N.; ähnlich bereits *Folsom v. Marsh*, 9 F.Cas. 342 (CCD Mass. 1841): „one of the most difficult points ... which can well arise for judicial discussion"; vgl. auch *Princeton University Press v. Michigan Document Services, Inc.*, 99 F.3d 1381, 1391 (6th Cir. 1996): „The statutory factors are not models of clarity, and the fair use issue has long been a particularly troublesome one."

[48] Vgl. *Leval*, 103 Harv. L. Rev. 1106f. (1990) mit zahlreichen Nachweisen.

[49] *Depoorter/Parisi*, S. 6. Dies entspricht dem ausdrücklichen Willen des Gesetzgebers, siehe House Report, H.R. Rep. No. 94–1476 (1976), S. 66: „The statement of the fair use doctrine in section 107 offers some guidance to users in determining when the principles of the doctrine apply. However, the endless variety of situations and combinations of circumstances that can rise in particular cases precludes the formulation of exact rules in the statute." Vgl. auch die Kritik von *Leval*, 103 Harv. L. Rev. 1107 (1990): „Writers, historians, publishers, and their legal advisers can only guess and pray as to how courts will resolve copyright disputes."

[50] Vgl. *Beldiman*, in: Hilty/Peukert, S. 194.

nischen Copyright zugrunde liegende utilitaristische Ansatz (unten II) einander gegenüber.

I. Personalistische Begründungen

In den meisten kontinentaleuropäischen Rechtsordnungen wird das Urheberrecht aus dem naturrechtlichen Postulat eines geistigen Eigentums des Urhebers an seinem Werk abgeleitet.

1. Rechtfertigung des Urheberrechts

a. Die naturrechtliche Lehre vom geistigen Eigentum

Das naturrechtliche Postulat des geistigen Eigentums wird meist auf die von *John Locke* (1632–1704) begründete Arbeitstheorie[51] zurückgeführt.[52] Hiernach besitzt der Mensch nicht nur das Eigentum an seiner eigenen Person, sondern auch an seinen Handlungen und Tätigkeiten („self-ownership"), so dass auch die von ihm geleistete Arbeit ihm „gehört" und die „seine" ist. Durch die Verbindung seiner Kraft und Arbeit mit außerhalb seines Körpers befindlichen Gegenständen erweitere er seine persönliche Rechtsgütersphäre auf die bearbeiteten äußeren Güter und bewirke damit, dass diese zu einem Teil seines Eigentums werden, der wie der menschliche Körper dem Schutz des naturrechtlichen Gebots der „alieni abstinentia" unterstehe. *Locke* selbst hat jedoch seine Theorie ausschließlich auf das Sacheigentum ausgerichtet und nicht für die Anwendung auf immaterielle Güter konzipiert.[53] Vielmehr entwickelte sich erst in der Folgezeit unter Berufung auf *Lockes* Arbeitstheorie die Lehre vom „geistigen Eigentum", wonach auch die Geisteskräfte in das Eigentum an der eigenen Person einbezogen werden und der Schaffende damit das Eigentum an den Früchten der geistigen Arbeit erwirbt.[54] Diese auf das Naturrecht gestützte Lehre schuf die theoretische Grundlage für die Überwindung des Privilegienwesens. Sie führte in Frankreich zur Anerkennung einer naturrechtlich begründeten

---

[51] Ausführlich zu *John Lockes* Arbeitstheorie *Oberndörfer*, S. 23 ff.

[52] *Ulmer*, § 9 III 1 (S. 55); *Schack*, UrhR, Rn. 99; *ders.*, FS Wadle, 1011; *Kirchhof*, FS Zeidler, 1640.

[53] *Oberndörfer*, S. 38 ff.; *Rehbinder*, UrhR, Rn. 21, der die in der Anerkennung eines „geistigen Eigentums" liegende Analogie zur Arbeitstheorie daher als „irreführend" bezeichnet. Im Hinblick auf den Schutz der Autoren hat *Locke* sogar eine eher „utilitaristische" Argumentation vertreten, siehe *Oberndörfer*, S. 49 f.

[54] Anschaulich *Pütter*, § 20: Werke eine Gelehrten seien „gleich ursprünglich unstreitig ein wahres Eigenthum ihres Verfassers, so wie ein jeder das, was seiner Geschicklichkeit und seinem Fleiße sein Daseyn zu danken hat, als sein Eigenthum ansehen kann". Zur geschichtlichen Entwicklung der Lehre vom geistigen Eigentum siehe *Kohler*, AcP 82 (1894), 166 ff.; *Hubmann*, ZUM 1988, 4 ff.; *ders.*, in: Bettermann/Nipperdey/Scheuner, S. 7 ff.; *Schack*, UrhR, Rn. 99 ff.; *Ulmer*, § 9 III (S. 54 ff.); *Götting*, GRUR 2006, 354 f. Ausführlich zur Rezeptionsgeschichte der Arbeitstheorie *Oberndörfer*, S. 63 ff.

propriété littéraire et artistique in zwei Revolutionsgesetzen von 1791 und 1793[55] und wirkt noch im heute geltenden Code de la Propriété Intellectuelle fort.[56]

In Deutschland ist insbesondere *Josef Kohler* Ende des 19. Jahrhunderts von einer naturrechtlichen Begründung des Urheberrechts ausgegangen und hat sich dafür ausdrücklich auf die Arbeitstheorie *Lockes* berufen.[57] Dabei hat er sich jedoch gegen den Begriff des geistigen Eigentums ausgesprochen, weil das Eigentum seinem Wesen nach ein Recht an körperlichen Sachen sei.[58] Stattdessen hat *Kohler* die Lehre vom Immaterialgüterrecht entwickelt, welches als eigentumsähnliches Recht in dem Recht der ökonomischen Ausbeute des immateriellen Gutes bestehe.[59] Nach seiner Erzeugungstheorie[60] liegt die „philosophische Begründung des Eigenthums und des Immaterialrechts ... in der Arbeit, richtiger, in der Güterschöpfung; wer ein neues Gut schafft, hat das natürliche Anrecht daran ... Wer eine Sache erarbeitet, hat sie mit der von ihm ausgelösten Kraft, mit einem Theile seines Wesens erfüllt, in ihr eine Stätte geschaffen, in welcher die von ihm erzeugte Kraftfülle ihre dauernde Unterkunft findet. Wo meine Kraft, wo mein Wesen, da mein Recht."[61] Das Immaterialrecht sei daher wie das Eigentum ein auf dem Prinzip der Schöpfung, der wirtschaftlichen Erzeugung beruhendes, „naturwüchsiges, durch die vernünftige Volksüberzeugung an sich schon gebotenes Recht".[62] Diese arbeitstheoretische Begründung des Autorrechts sei „völlig vernunftgemäß und philosophisch nicht zu widerlegen".[63]

Nach Erlass des LUG von 1901 und des KUG von 1907 galt die Konstruktionsidee vom geistigen Eigentum allgemein als überholt.[64] Soweit die Bezeichnung des Urheberrechts als Eigentum wegen der damit verbundenen Implikationen nicht gänzlich abgelehnt wurde, diente der Ausdruck „geistiges Eigen-

---

[55] Der naturrechtliche Gehalt tritt deutlich hervor in der Begründung durch den Berichterstatter *Le Chapelier* in der französischen Nationalversammlung: „La plus sacrée, la plus inattaquable, et ... la plus personelle des proprietés est l'ouvrage, fruit de la pensée d'un ecrivain; cependant c'est une propriété d'un genre tout différent des autres propriétés", zitiert nach *Schack*, FS Wadle, 1010.

[56] Vgl. *Schack*, UrhR, Rn. 100.

[57] *Kohler*, Autorrecht, S. 112, wo er *Locke* als den „größten englischen Philosophen" bezeichnet.

[58] *Kohler*, Autorrecht, S. 2; *ders.*, AcP 82 (1894), 150 ff.; ebenso *Riezler*, § 6 I (S. 29).

[59] *Kohler*, Autorrecht, S. 2; *ders.*, AcP 82 (1894), 156 f.

[60] Diesen Begriff benutzt Kohler selbst: *Kohler*, Autorrecht, S. 114.

[61] *Kohler*, Autorrecht, S. 98.

[62] *Kohler*, Autorrecht, S. 82 f.

[63] *Kohler*, Autorrecht, S. 98 f.

[64] Siehe nur *Riezler*, § 6 (S. 28 ff.) m. w. N.; *de Boor*, UFITA 16 (1944), 352: „[I]n demselben Augenblick, in welchem sich der Schutz des Urhebers durchsetzte, war die Konstruktionsidee des geistigen Eigentums, die nur als Mittel zum Zweck ihre Berechtigung hatte, überholt"; *ders.*, UFITA 21 (1956), 131. Bereits *Kohler*, AcP 82 (1894), 157, hatte die Konstruktion des geistigen Eigentums als „historisch veraltet" bezeichnet.

tum" lediglich als Synonym für die Ausschließlichkeit des Urheberrechts.[65] Als Ausdruck der naturrechtlichen Fundierung des Urheberrechts wurde der Begriff des „geistigen Eigentums" erst nach dem Zweiten Weltkrieg im Rahmen der Vorarbeiten zur Urheberrechtsreform „wiederentdeckt" und diente als Argumentationsgrundlage[66] für die geforderte Stärkung der Position der Urheber.[67] Unterstützt wurde diese Position vom BGH, der 1955 ein aus dem geistigen Eigentum des Urhebers fließendes natürliches Recht ausdrücklich anerkannt hat, um damit die Annahme eines umfassenden Herrschaftsrechts des Urhebers über sein Werk zu rechtfertigen, auf das sich dessen Anspruch auf einen gerechten Lohn für eine Verwertung seiner Leistung durch Dritte gründe.[68] Diese neue „stark personenrechtlich gefärbte Eigentumstheorie auf naturrechtlicher Grundlage"[69] hatte maßgeblichen Einfluss auf die Fassung des UrhG von 1965.[70]

Nach diesem naturrechtlichen Ansatz verwirklicht das Urheberrecht das naturrechtliche Gebot des „suum cuique", dass jedem geistig Schaffenden das „Seine", also der seiner Leistung innewohnende Wert, zuerkannt werden müsse.[71] Die rechtliche Zuordnung des Geschaffenen an den Urheber wird dabei als eine natürliche und unmittelbare Folge des Schöpfungsakts angesehen, als ein natürliches Recht, welches durch das positive Recht nur anerkannt und ausgestaltet wird.[72] Die Herrschaft des Urhebers über sein Werk und der daraus flie-

---

[65] So deutlich *Kuhlenbeck*, S. 44: „Eigentum im weiteren (sprachlichen) Sinne ist eben nichts anderes als die ausschließliche Beziehung einer Person zu einem Rechte". Ebenso ist die heute vor allem in Staatsverträgen gebräuchliche Bezeichnung der Immaterialgüterrechte als geistiges Eigentum nicht als Ausdruck einer besonderen Konstruktionsidee oder rechtstheoretischen Fundierung zu sehen. Bereits Art. 4 Nr. 6 der Verfassung des deutschen Reichs vom 16. 4. 1871 (RGBl. 1871, S. 63) nannte den „Schutz des geistigen Eigenthums" eine der Reichsgesetzgebung unterliegende Angelegenheit.

[66] Vgl. *Söllner*, FS Traub, 370. Auf diese Funktion will *Samson*, S. 8 die neue Lehre vom geistigen Eigentum beschränken: „Das Verdienst dieser Lehre liegt auf propagandistischem und nicht auf dogmatischem Gebiete, sie hat zweifellos ihre werbende Kraft in der Vergangenheit mit Erfolg entfaltet und im Volksbewusstsein die Überzeugung wachgerufen, dass die geistigen Leistungen ebenso zu bewerten sind wie die wirtschaftlichen". Vgl. auch *Rehbinder*, UrhR, Rn. 97: „Geistiges Eigentum" sei ein „ideologischer Kampfbegriff" aus der „Mottenkiste der Rechtsgeschichte".

[67] Siehe die Beiträge von *Lehmann*, *Ermecke* und *Richartz*, in: Urheberrechtsreform (1954); vgl. dazu *Hubmann*, in: Bettermann/Nipperdey/Scheuner, S. 10; *ders.*, ZUM 1988, 7, wonach die „seit Erlass der damals noch geltenden Urheberrechtgesetze von 1901 und 1907 bereits totgesagte Idee nun wie der Phönix aus der Asche wiederentstand". Noch drastischer *Oberndörfer*, S. 132, der den „Missbrauch der Arbeitstheorie *John Lockes* zur Verfolgung rechtspolitischer Ziele auf dem Gebiet des Urheberrechts" kritisiert.

[68] BGHZ 17, 266, 278 = GRUR 1955, 492, 496 – Grundig-Reporter.

[69] So *de Boor*, UFITA 21 (1956), 129.

[70] Vgl. *Badura*, Eigentumsschutz, S. 12f. Zur Entstehungsgeschichte des UrhG von 1965 siehe *Leinemann*, S. 45ff.; *Maracke*, S. 47ff.

[71] *Hubmann*, Recht des schöpferischen Geistes, S. 6f.; *ders.*, in: Bettermann/Nipperdey/Scheuner, S. 21; *Schack*, UrhR, Rn. 5; *Richartz*, in: Urheberrechtsreform, S. 48, 50.

[72] BGHZ 17, 266, 278 = GRUR 1955, 492, 496 – Grundig-Reporter; *Hubmann*, in: Better-

ßende Anspruch auf einen gerechten wirtschaftlichen Lohn für seine Leistung beruhten dementsprechend nicht auf einer Verleihung durch den Gesetzgeber, sondern folgten aus der „Natur der Sache, nämlich aus seinem geistigen Eigentum".[73] Die Nutzungsrechte des Urhebers seien „die Ausstrahlungen seines durch den Schöpfungsakt begründeten geistigen Eigentums".[74] Was dem Wesen des Menschen entstamme und ihm von Natur aus gehöre, müsse geschützt werden.[75] Der Gesetzgeber sei „an jene vorgegebene, naturrechtliche Ordnung gebunden, die nicht Menschenwerk ist, sondern als Grundgesetz des menschlichen Zusammenlebens uns bereits vom Schöpfer mitgegeben wurde".[76] Das geistige Eigentum als das natürliche Recht an der geistigen Schöpfung ist danach von dem durch die Rechtsordnung auf dieser Grundlage anerkannten Ausschließlichkeitsrecht zu trennen.[77]

In der heute verwendeten Terminologie des „geistigen Eigentums" wird aber keine Aufgabe der Kohlerschen Lehre vom Immaterialgüterrecht gesehen, sondern deren Fortführung unter Anknüpfung an die naturrechtliche Grundlage.[78] *Kohler* hatte seine Lehre vom Autorrecht allerdings noch dualistisch aufgebaut und neben das vermögensrechtliche Immaterialrecht das Individualrecht als Recht an der Gesamtheit der persönlichen Güter gestellt.[79] Ebenso wichtig wie *Kohlers* Lehre vom Immaterialgüterrecht dürfte für die Entwicklung der „modernen" Lehre vom geistigen Eigentum als einem umfassenden natürlichen Herrschaftsrecht des Urhebers daher die persönlichkeitsrechtliche Deutung des Urheberrechts gewesen sein, die in Deutschland vor allem von *Gierke* und *Gareis* vertreten wurde.[80] Danach ist das Urheberrecht „in seinem ganzen Umfange als ein aus geistiger Schöpfung fließendes Persönlichkeitsrecht" aufzufassen.[81] Diese Persönlichkeitsrechtstheorie konnte sich zwar letztlich nicht durch-

---

mann/Nipperdey/Scheuner, S. 28; *Schack*, FS Wadle, 1010f., 1014; Fromm/Nordemann-*A. Nordemann*, § 1 UrhG Rn. 3f.; *Ulmer*, UrhR, § 16 I (S. 105); *Krüger-Nieland*, UFITA 85 (1979), 106; *Hubmann*, Recht des schöpferischen Geistes, S. 74: „Der Rechtsschutz geistiger Leistungen bringt seine innere Begründung bereits aus einer vorgegebenen Ordnung mit, nämlich aus der Natur der Wirkungsweise des Geistes. Das positive Recht hat daher die Berechtigung des Schutzes, die bereits aus der natürlichen Ordnung folgt, nicht erst zu verfügen, sondern nur anzuerkennen und durchzusetzen."

[73] BGHZ 17, 266, 278 = GRUR 1955, 492, 496 – Grundig-Reporter; *Hubmann*, in: Bettermann/Nipperdey/Scheuner, S. 15; *Krüger-Nieland*, UFITA 85 (1979), 106.

[74] BGHZ 17, 266, 278 = GRUR 1955, 492, 496 – Grundig-Reporter.

[75] *Hubmann*, Recht des schöpferischen Geistes, S. 31; *Bainbridge*, S. 17: „[A] man should own what he produces ... If what he produces can be taken from him, he is no better off than a slave."

[76] *Hubmann*, Recht des schöpferischen Geistes, S. 57.

[77] *von Gamm*, Einf. Rn. 24.

[78] *von Gamm*, Einf. Rn. 24; vgl. auch *Schack*, UrhR, Rn. 106.

[79] *Kohler*, Autorrecht, S. 75, 137ff., 143ff.; *ders.*, UFITA 123 (1993), 92ff.

[80] *Gierke*, Deutsches Privatrecht I, S. 764ff.; *Gareis*, Buschs Archiv 35 (1877), 187ff. m. w. N.

[81] *Gierke*, Deutsches Privatrecht I, S. 764.

setzen, da sie den Schutz der wirtschaftlichen Interessen des Urhebers nur indirekt als eine Folge des Persönlichkeitsrechts zu erfassen vermochte, hat aber maßgeblich zur Anerkennung des Urheberpersönlichkeitsrechts (droit moral) beigetragen.[82]

In Anerkennung dieser persönlichkeitsrechtlichen Wurzeln wird der Geltungsgrund des Urheberrechts nicht in der bloßen Erbringung einer geistigen Leistung gesehen,[83] sondern in der eigenpersönlichen Schöpfung des Urhebers.[84] Auf diese Weise werden die Ansätze der Lehre vom Immaterialgüterrecht und der Persönlichkeitstheorie miteinander verschmolzen. Der geistige Gehalt eines Werkes wird gerade deswegen als Eigentum des Schaffenden betrachtet, weil er allein der schöpferischen Fantasie entstamme.[85] Dementsprechend ist Gegenstand des Urheberrechts nach § 11 S. 1 UrhG weder wie nach *Kohlers* Lehre das Geistesgut als solches noch wie nach der Persönlichkeitstheorie die Urheberpersönlichkeit selbst, sondern die geistige und persönliche Beziehung des Urhebers zu dem von ihm geschaffenen Werk.[86] So verstanden, spricht der Begriff des geistigen „Eigentums" trotz der konstruktiven Unterschiede des Urheberrechts zum Sacheigentum nicht dagegen, damit auch heute noch die personalistische Rechtfertigung des Urheberrechts zum Ausdruck zu bringen.[87]

---

[82] Vgl. *Rehbinder*, UrhR, Rn. 29. Bemerkenswert ist dabei, dass die Vertreter der Lehre vom Persönlichkeitsrecht gerade auf ein naturrechtliches Fundament verzichteten, siehe insbesondere *Gareis*, Buschs Archiv 35 (1877), 199: „[D]iese Rechte sind vom positiven Recht (Gesetz und Gewohnheit) der einzelnen Rechtsgebiete und Zeitalter entsprechend dem jeweiligen Kultur- und Bedürfnisleben, insbesondere unter dem Eindrucke bestimmter volkswirtschaftlicher Anschauungen creirt worden".

[83] So aber *Fechner*, S. 130f., der das Leistungsprinzip unabhängig von naturrechtlichen Erwägungen zur Begründung des Urheberrechts heranziehen will. Zur Unterscheidung von geistiger Schöpfung und geistiger Leistung siehe *Rehbinder*, UrhR, Rn. 69.

[84] *Hubmann*, in: Bettermann/Nipperdey/Scheuner, S. 14ff.; *Schack*, FS Wadle, 1013; vgl. *dens.*, UrhR, Rn. 7: Geisteswerke seien „verselbständigte Ausstrahlungen der Persönlichkeit ihres Schöpfers"; ferner *Samson*, S. 9, der den Begriff des geistigen Eigentums allerdings gerade deswegen ablehnt: Die geschützten Werke seien „Niederschlag, Ausstrahlung des Geistes, der seelischen Vorgänge und Gefühle und mit einer des Eigentums fähigen Sache nicht vergleichbar."

[85] *Hubmann*, Recht des schöpferischen Geistes, S. 49; *Bainbridge*, S. 17: „The basic reason for intellectual property law ist hat a man should own what he produces, that is, what he brings into being. ... Intellectual property is, therefore, the most basic form of property because a man uses nothing to produce it other than his mind"; ebenso, aber ohne ausdrückliche Berufung auf das Naturrecht, *Elster*, UFITA 4 (1931), 220, 222f.

[86] So vor Erlass des UrhG bereits *Roeber*, UFITA 21 (1956), 164; *de Boor*, UFITA 16 (1944), 359, die allerdings beide eine naturrechtliche Fundierung des Urheberschutzes ablehnten.

[87] *Götting*, GRUR 2006, 358; vgl. auch *Ohly*, JZ 2003, 549f.; Wandtke/Bullinger-*Wandtke*, Einleitung Rn. 26; a. A. *Rehbinder*, UrhR, Rn. 97: Die Gleichsetzung mit dem Sacheigentum verdunkele „unnötig die Rechtssituation, indem sie die persönlichkeitsrechtliche Seite dieses Rechtsguts ausblendet"; *Samson*, S. 10: Der Begriff des geistigen Eigentums sei „missverständlich, widerspruchsvoll und daher gefährlich".

b. Verfassungsrechtliche Begründung

Dabei darf die Anerkennung eines dem Urheberrecht zugrunde liegenden „geistigen Eigentums" des Urhebers nicht mit dem verfassungsrechtlichen Schutz der aus dieser Lehre abgeleiteten urheberrechtlichen Grundsätze gleichgesetzt werden.[88] Manche halten jedoch angesichts des verfassungsrechtlichen Schutzes des geistigen Eigentums eine auf naturrechtliche Erwägungen gestützte Legitimation des Urheberrechts für entbehrlich.[89] Eine solche Urheberrechtsbegründung in den verfassungsrechtlich gesicherten Grundrechten, die sich auf eine rein positivrechtliche Begründung zurückzieht, bewegt sich jedoch auf einer anderen Legitimationsebene und kann eine naturrechtliche Begründung des Urheberrechts als *moralische* Rechtfertigung nicht ersetzen.[90] Denn das Naturrecht lebt, wie *Coing* treffend ausführt, „gerade im positiven Recht. Dieses leitet gerade daraus, dass es Sätze der Gerechtigkeit aufgenommen hat, seine innere Autorität ab, die für seine Geltung ebenso notwendig ist wie der Befehl des Gesetzgebers."[91] Eine rein positivistische Betrachtung verkennt daher die Bedeutung des Gerechtigkeitsgehalts des Urheberrechtsschutzes.[92]

Auch das BVerfG greift für die Begründung des verfassungsrechtlichen Schutzes der vermögenswerten Rechte des Urhebers als Eigentum i.S.v. Art. 14 GG auf die überpositive Anerkennung eines „geistigen Eigentums" und damit letztlich auf eine naturrechtliche Argumentation zurück.[93] Zwar betont das Gericht, dass es keinen vorgegebenen und absoluten Begriff des Eigentums gebe und die vermögenswerten Rechte des Urhebers der Ausgestaltung durch die Rechtsordnung bedürften.[94] Wenn das BVerfG aber „das vom Urheber geschaffene Werk und die darin verkörperte geistige Leistung" und nicht das daran bestehende, vom Gesetzgeber geschaffene Recht als verfassungsrechtlich ge-

---

[88] *Badura*, FS Maunz, 6. Zum verfassungsrechtlichen Schutz des Urheberrechts siehe unten S. 42ff.

[89] So vor allem *Geiger*, Droit d'auteur, Rn. 41; *ders.*, IIC 2006, 386; *Ohly*, JZ 2003, 549; *Pahud*, UFITA 2000, 114; *Rehse*, S. 92; ähnlich bereits *Samson*, S. 8, 10.

[90] Kritisch auch *Metzger*, GRURInt 2006, 172; *Schack*, FS Wadle, 1005f.

[91] *Coing*, Rechtsphilosophie, S. 205.

[92] *Ulmer*, § 16 I (S. 105); vgl. auch *Schack*, UrhR, Rn. 27: Die Überzeugungskraft des Urheberrechts lebe „von seinem persönlichkeits- und naturrechtlichen Fundament".

[93] So auch *Hubmann*, ZUM 1988, 8; *Oberndörfer*, S. 118f.; Schricker-*Schricker*, Einleitung Rn. 11f.; a.A. *Wielsch*, S. 72 mit Fn. 242; *Fechner*, S. 123, der sich angesichts der „nicht einmal andeutungsweise zu findenden Hinweise in der Rechtsprechung des Bundesverfassungsgerichts auf naturrechtliche Vorgaben hinsichtlich des geistigen Eigentums" gegen „weitergehende Spekulationen in dieser Richtung" ausspricht. Nach wohl h.M. ist der verfassungsrechtliche Begriff des Eigentums insgesamt naturrechtlich geprägt, siehe *Hubmann*, in: Bettermann/Nipperdey/Scheuner, S. 14 m.w.N. Besonders deutlich tritt der naturrechtliche Gehalt des Eigentums zutage in Art. 60 Abs. 1 S. 1 der Verfassung für Rheinland-Pfalz vom 18.5. 1947, VOBl. 1947, 209: „Das Eigentum ist ein Naturrecht und wird vom Staat gewährleistet".

[94] BVerfGE 29, 229, 240 – Kirchen- und Schulgebrauch; BVerfGE 31, 270, 272 – Schulfunksendungen.

währleistetes Eigentum i.S.d. Art. 14 GG bezeichnet,[95] spricht dies dafür, dass das Gericht von einem vorgesetzlich geprägten Begriff des geistigen Eigentums ausgeht. Denn aus dem von Art. 14 GG verwendeten Begriff des Eigentums allein lassen sich keine verfassungsrechtlichen Maßstäbe für die Inhalts- und Schrankenbestimmung des Urheberrechts durch den Gesetzgeber ableiten.[96]

Um die dem Gesetzgeber vom Grundgesetz gezogenen Grenzen zu bestimmen, ist daher auch das BVerfG gezwungen, auf vorrechtliche Kriterien zurückzugreifen, die es vor allem im „Wesen der zu schützenden Leistung“[97] und der „Natur der Urheberleistung“[98] sieht. Der Gesetzgeber dürfe bei der Ausformung der Privatrechtsnormen daher nicht „in sachfremder Weise“ vorgehen, sondern müsse eine „der Natur des Rechts entsprechende Regelung“ treffen,[99] insbesondere „eine der Natur und der sozialen Bedeutung des Rechts entsprechende Nutzung und angemessene Verwertung sicherstellen“.[100] Im Rahmen dieses Regelungsauftrags habe er dem Urheber die vermögenswerten Ergebnisse seiner schöpferischen Leistung im Wege privatrechtlicher Normierung grundsätzlich zuzuordnen und dessen Freiheit zu gewährleisten, in eigener Verantwortung darüber verfügen zu können.[101] Das, was dem Urheber „unter dem Strich“ verbleibe, müsse als „angemessenes Entgelt für seine Leistung“ anzusehen sein.[102] Denn es gehe um das Ergebnis der geistigen und persönlichen Leistung des Urhebers und nicht „um einen unverdienten Vermögenszuwachs“.[103]

Offenbar geht also auch das BVerfG davon aus, dass dem Urheber unabhängig davon, ob und in welchem Umfang der Gesetzgeber das Urheberrecht durch privatrechtliche Normen bereits ausgestaltet hat, ein Anspruch auf Zuordnung der Früchte seiner geistigen Leistung zusteht. Mit der Anerkennung eines solchen „Verdienstes“ des Urhebers legt das BVerfG dem verfassungsrechtlichen

---

[95] So BVerfGE 49, 382, 392 – Kirchenmusik; BVerfG (K) GRUR 2001, 43 – Klinische Versuche; anders BVerfGE 79, 1, 25 – Vollzugsanstalten: Die vermögenswerten *Befugnisse* des Urhebers an seinem Werk seien Eigentum im Sinne des Art. 14 GG. Zu ungenau gefasst ist der 1. Leitsatz zu BVerfGE 31, 229 – Kirchen- und Schulgebrauch: „Das Urheberrecht ist als Nutzungsrecht ‚Eigentum‘ im Sinne des Art. 14 Abs. 1 S. 1 GG.“

[96] *Hubmann*, ZUM 1988, 8.

[97] BVerfGE 31, 275, 287f. – Schallplatten. So seien die im Urheberrechtsgesetz geregelten Befugnisse „ihrem Wesen nach“ Rechte auf Zeit, da sowohl die geistig-schöpferische Tätigkeit als auch die wiederschaffende Leistung darauf angelegt seien, nach einiger Zeit frei zugänglich zu werden.

[98] BVerfGE 79, 29, 40 – Vollzugsanstalten.

[99] BVerfGE 31, 275, 286f. – Schallplatten.

[100] BVerfGE 31, 229, 241 – Kirchen- und Schulgebrauch; BVerfGE 49, 382, 392 – Kirchenmusik; BVerfG (K) GRUR 2001, 43 – Klinische Versuche.

[101] BVerfGE 31, 229, 240f. – Kirchen- und Schulgebrauch; BVerfGE 49, 382, 392 – Kirchenmusik; BVerfGE 77, 263, 270f. – Zeitschriftenauslage; BVerfGE 79, 29, 40 – Vollzugsanstalten; ebenso zum Patentrecht BVerfG (K) GRUR 2001, 43, 44 – Klinische Versuche.

[102] BVerfGE 79, 29, 42 – Vollzugsanstalten.

[103] BVerfGE 31, 229, 243 – Kirchen- und Schulgebrauch.

Schutz des Urheberrechts ein überpositives, aus der Natur des geistigen Schaffens fließendes Recht des Urhebers zugrunde, welches als Eigentum i.S.d. Art. 14 GG zu schützen ist. Das geistige Eigentum wird folglich nicht erst durch den Staat gewährt, sondern nur von ihm gewährleistet.

2. *Rechtfertigung der Schranken*

Aus einer solchen naturrechtlichen Begründung des Urheberrechts folgt jedoch nicht, dass dem Urheber die Herrschaft über sein Werk unbeschränkt zustehen müsste. Der konkrete Inhalt des Urheberrechts ist nicht naturrechtlich vorgegeben.[104] Nach modernem Verständnis stellt das Naturrecht lediglich die Summe der für die Gestaltung der sozialen Ordnung bestehenden Grundsätze dar, die unabhängig von menschlicher Zustimmung und damit unabhängig vom positiven Recht gültig sind.[105] Das Naturrecht in diesem Sinne enthält somit keine der unmittelbaren Anwendung fähigen Rechtsnormen, unter die man nur zu subsumieren brauchte. Vielmehr handelt es sich um Grundsätze der Gerechtigkeit,[106] um rechtsethische Prinzipien, also Leitgedanken richtigen Rechts, die vom Gesetzgeber und den Gerichten in anwendbare Normen und in Entscheidungen umzusetzen sind.[107] Diese Grundsätze werden aus dem sittlichen Gehalt der Idee des Rechts im Hinblick auf bestimmte, wiederkehrende Grundsituationen und Grundsachverhalte des sozialen Lebens abgeleitet.[108] So verstanden, folgt aus der Natur des Menschen und der „Natur der Sache" (im Sinne gewisser konstanter Faktoren in der menschlichen Umwelt) selbst keine rechtliche Ordnung. Sie bieten lediglich Ordnungselemente, gewisse Grundstrukturen, an die die rechtliche Ordnung anknüpfen kann und muss.[109] Aus dem Naturrecht folgt nur die sittliche Verpflichtung, die positive Rechtsordnung seinen Grundsätzen entsprechend zu gestalten.[110] Als eine solche „Gerechtigkeitsidee"

---

[104] *Schack*, UrhR, Rn. 83; *ders.*, FS Wadle, 1014.

[105] *Steinvorth*, DZPhil 52 (2004), 723; *Coing*, Rechtsphilosophie, S. 206 f.; *Larenz*, Methodenlehre, S. 487 in Fn. 113; *Zippelius*, Rechtsphilosophie, § 12 I (S. 67), der den Begriff des Naturrechts in diesem Zusammenhang jedoch ablehnt und den Begriff der Gerechtigkeit verwendet; vgl. bereits *Kohler*, Autorrecht, S. 38, 81, der von Vernunftgeboten als vom Rechtsgefühl aufgestellten Postulaten an die Rechtsordnung spricht. Auch *Coing*, Rechtsphilosophie, S. 198 f., äußert Vorbehalte gegenüber dem „außerordentlich missverständlichen" und „durch die lange Geschichte der Naturrechtsphilosophie in vielfacher Hinsicht vorbelasteten" Begriff des Naturrechts, hält jedoch an dem Begriff fest, weil er „nun einmal das hier in Frage stehende Problem" der Bedeutung der ethischen Werte für die Gestaltung des positiven Rechts kennzeichne.

[106] *Coing*, Rechtsphilosophie, S. 198 f., 207.

[107] *Larenz*, Methodenlehre, S. 184, 487 in Fn. 113.

[108] *Coing*, Rechtsphilosophie, S. 201 f., 207; ähnlich *Ermecke*, in: Urheberrechtsreform, S. 17, 20.

[109] *Coing*, Rechtsphilosophie, S. 189 f.; *Ermecke*, in: Urheberrechtsreform, S. 19; *Schack*, FS Wadle, 1014.

[110] *Coing*, Rechtsphilosophie, S. 206.

ist auch die Lehre vom „geistigen Eigentum" aufzufassen.[111] Aus der Anerkennung eines aus der Natur der Sache folgenden geistigen Eigentums des Urhebers an seiner Schöpfung lässt sich daher nur ein rechtsethisches Gebot der Schaffung von rechtlichen Regeln ableiten, die dem Urheber die grundsätzliche Zuordnung der Ergebnisse seines geistigen Schaffens an ihn sichern. Zu seiner Wirksamkeit bedarf das Urheberrecht aber der positivrechtlichen Anerkennung und Ausgestaltung durch den Gesetzgeber.[112]

a. Die Sozialbindung subjektiver Rechte im Allgemeinen

Die Annahme eines natürlichen Rechts auf geistiges Eigentum impliziert daher nicht, dass das Recht unter allen Umständen durchgesetzt werden darf.[113] Zu berücksichtigen ist nämlich, dass der Rechtsordnung die Funktion zukommt, das Zusammenleben der Gesellschaftsmitglieder zu regeln.[114] Daher sind bei der positivrechtlichen Ausgestaltung des Urheberrechts nicht nur die Interessen des Urhebers zu berücksichtigen, diese müssen auch mit denen der übrigen Gesellschaftsmitglieder in Ausgleich gebracht werden.[115] Denn der geistig Schaffende ist „mit seiner Arbeit eingebettet in das Leben der Gemeinschaft, in das Geistesleben der Nation", und muss sich deshalb gewisse Beschränkungen seines geistigen Eigentums gefallen lassen.[116] Das geistige Eigentum soll dem Urheber die Freiheit sichern, über sein Werk verfügen und dessen Nutzung kontrollieren zu können. Bei jeder rechtlichen Freiheitsregelung stellt sich aber die Aufgabe, die Freiheit des einen gegen die Freiheit der anderen abzugrenzen.[117] Wie andere subjektive Rechte[118] unterliegt daher auch das subjektive Recht des Urhebers einer sozialen Bindung und ist durch die Rechte anderer beschränkt.[119] Diese Beschränkungen des Urheberrechts sind keine Besonderheit des Urhe-

---

[111] Vgl. *Krüger-Nieland*, UFITA 85 (1979), 106; *dies.*, FS Oppenhoff, 174, 190; ferner *Hubmann*, in: Bettermann/Nipperdey/Scheuner, S. 12f., wonach der Begriff des geistigen Eigentums „nur mehr als zusammenfassender Rechtsbegriff mit vorwiegend rechtspolitischem Charakter im Verfassungsrecht und auch im Privatrecht" fortbestehe.

[112] *von Gamm*, § 45 Rn. 2; *Kohler*, Autorrecht, S. 19, 38, 81; *Schack*, UrhR, Rn 83; *Hubmann*, Recht des schöpferischen Geistes, S. 74; ebenso wohl BGHZ 17, 266, 278 = GRUR 1955, 492, 496 – Grundig-Reporter; Fromm/Nordemann-*A. Nordemann*, § 1 UrhG Rn. 4, wo das Verhältnis des natürlichen Rechts am geistigen Eigentum und dessen Anerkennung und Ausgestaltung durch den Gesetzgeber jedoch nicht ganz deutlich wird.

[113] *Steinvorth*, DZPhil 52 (2004), 723; *Ermecke*, in: Urheberrechtsreform, S. 21.

[114] Vgl. *de Boor*, UFITA 16 (1944), 361.

[115] *Pahud*, UFITA 2000, 117; *von Gierke*, Privatrecht I, S. 767.

[116] *Hubmann*, Recht des schöpferischen Geistes, S. 56; *Elster*, UFITA 4 (1931), 254, stellt auf die „soziale Tendenz des menschlichen Schaffens" ab; vgl. auch Schricker-*Melichar*, vor §§ 44aff. Rn. 1.

[117] *Zippelius*, Rechtsphilosophie, § 35 II 1 (S. 179).

[118] Allgemein zur Sozialbindung subjektiver Rechte *Larenz/Wolf*, § 16 Rn. 1; *Schack*, AT, Rn. 45.

[119] Allg.M., siehe nur *von Gamm*, Einf. Rn. 25; Fromm/Nordemann-*A. Nordemann*, § 1 UrhG Rn. 4; *Schack*, UrhR, Rn. 83; *Ulmer*, § 1 IV (S. 6); *Stephanblome*, S. 55f.

berrechts, sondern entsprechen der sozialen Aufgabe der Rechtsordnung und stellen einen immanenten Bestandteil des subjektiven Rechts dar.[120] Für Eigentumsrechte ist diese Sozialbindung durch Art. 14 Abs. 2 GG sogar verfassungsrechtlich verbürgt.[121]

b. Die besondere Sozialbindung des Urheberrechts

Der Begriff des „sozial gebundenen" Urheberrechts geht auf einen Aufsatz von *Kopsch* aus dem Jahr 1928 zurück.[122] Später wurde das Urheberrecht auch vom Reichsgericht als „sozial gebundene Befugnis" bezeichnet, ohne dass daraus allerdings konkrete Folgerungen gezogen wurden.[123] Bereits *Kohler* hatte jedoch erkannt, dass alle Privatrechte eine Seite haben, „wo sie die Allgemeinheit berühren; und so insbesondere die Immaterialrechte".[124] Die Rechtsordnung dürfe angesichts dieser „eminent sozialen Natur" der Immaterialgüter nicht jede Benutzung des jeweils geschützten Immaterialguts dem Berechtigten vorbehalten, sondern müsse das Ausschließlichkeitsrecht auf bestimmte Benutzungen beschränken.[125]

(1) Begründungsansätze

In der Diskussion um die sachgerechte Ausgestaltung der sozialen Bindung im Rahmen der Urheberrechtsreform wurden zur Rechtfertigung von inhaltlichen Beschränkungen des Urheberrechts zwei Aspekte besonders hervorgehoben, die den spezifischen sozialen Bezug des Urheberrechts ausmachen. Zum einen sei das Urheberrecht sozialbezogen „aus den Bedingungen seiner Existenz".[126] Der Urheber schaffe sein Werk nicht als von der Gesellschaft losgelöstes Subjekt. Er greife vielmehr bewusst oder unbewusst auf die von früheren Generationen geschaffenen Werte der menschlichen Kultur zurück. In dieses „unbegrenzte Reservoir des Geistes" gingen auch die von ihm geschaffenen Werke

---

120 *Ulmer*, § 1 IV (S. 6) und § 16 IV 3 (S. 109); *Knap*, GRURInt 1983, 348.

121 Zur verfassungsrechtlichen Absicherung der Sozialbindung des Urheberrechts siehe unten S. 42 ff.

122 *Kopsch*, ArchFunkR 1928, 201, der mit der sozialen Bindung eine weit reichende Kollektivierung des Urheberschutzes begründen wollte.

123 RGZ 140, 264, 270; RGZ 144, 106, 112 f.; RGZ 153, 1, 22 (unter Zurückweisung eines auf nationalsozialistische Grundsätze gestützten Enteignungsversuchs durch die staatliche Rundfunkgesellschaft).

124 *Kohler*, Autorrecht, S. 243.

125 *Kohler*, Buschs Archiv 47 (1887), 177; *ders.*, Autorrecht, S. 40 f.: „Wenn nun aber das im Einzelrecht stehende Autorgut mit dem Momente, wo es seine reguläre Benützung findet, auch Wirkungen außerhalb der Sphäre des Einzellebens ausübt, wenn es über das Genussgebiet des Einzelnen hinaus gewisse Einflüsse in alle Gesellschaftsschichten trägt, so beruht dies auf der eminent sozialen Natur des Autorgutes, welches ... sofort gewisse Reflexwirkungen in die ganze Kulturwelt sendet."

126 *Roeber*, UFITA 21 (1956), 166.

ein.[127] Ohne solch ein Aufbauen auf früheren Leistungen anderer Urheber sei kulturelles Schaffen nicht denkbar. Die Auseinandersetzung mit fremden Werken und die Aufnahme von Anregungen gehörten daher zum Wesen geistig-schöpferischer Tätigkeit.[128] Infolgedessen sei es sachgerecht, dass auch das Recht des Urhebers, der seinerseits auf fremden Schöpfungen aufgebaut hat, zugunsten anderer Werkschaffender begrenzt werde. Damit werden namentlich die Zulässigkeit der Schaffung neuer Werke im Rahmen freier Benutzung und die Zitierfreiheit als „zum rechten Funktionieren des Urheberrechts unerlässliche Begrenzungen" gerechtfertigt.[129]

Zum anderen wurden die Beschränkungen des Urheberrechts zugunsten der Allgemeinheit mit der Erwägung begründet, dass es die Bestimmung der Geisteswerke sei, nach außen zu wirken und in das Geistesgut der Nation einzugehen.[130] Das Urheberrecht habe nicht den Sinn, dass der Urheber das Werk für sich behalte.[131] Der Künstler schaffe sein Werk vielmehr für die soziale Gemeinschaft, nicht gegen sie.[132] Er wolle, dass die Gemeinschaft sein Werk in seinen verschiedenen Erscheinungsformen aufnimmt, dass sein Werk veröffentlicht, gelesen, gehört, gesehen, aufgeführt und diskutiert wird.[133] Dieses geistige Geben und Nehmen mache das Kulturleben aus. Daher seien auch die Interessen der Empfänger zu berücksichtigen und gegen die der Urheber abzuwägen.[134]

Auch der deutsche Gesetzgeber hat den Schranken des Urheberrechts im sechsten Abschnitt des 1. Teils des UrhG die Lehre von der sozialen Bindung des Urheberrechts zugrunde gelegt. In den Begründungen zum UrhG von 1965 und zur Urheberrechtsnovelle von 1985 wurde zur Rechtfertigung der Abgrenzung des Urheberrechts von den Interessen der Allgemeinheit ausdrücklich auf die soziale Natur des Urheberrechts abgestellt.[135] Dabei hat der Gesetzgeber

---

[127] *Roeber*, UFITA 21 (1956), 166.

[128] Schricker-*Loewenheim*, § 24 Rn. 2; *Elster*, UFITA 4 (1931), 245; *Lehmann*, in: Urheberrechtsreform, S. 10; *Gounalakis*, S. 16; vgl. bereits *von Gierke*, Privatrecht I, S. 767: Es sei die Bestimmung geistiger Schöpfungen, neuen geistigen Schöpfungen als Mittel zu dienen.

[129] *Elster*, UFITA 4 (1931), 245; *de Boor*, UFITA 21 (1956), 136; Schricker-*Loewenheim*, § 24 Rn. 2; Schricker-*Schricker*, § 51 Rn. 6. Auch *Kohler*, Autorrecht, S. 244, leitet aus der sozialen Natur der Immaterialgüter das Zitatrecht als „das Recht, kleinere Stücke Anderer in ein größeres eigenes Ganze aufzunehmen", ab. Daraus ergebe sich zugleich „die wahre Gränze dieser Licenz", nämlich dass das Hauptgewicht des Werkes in der eigenen Arbeit ruhen müsse.

[130] *Kopsch*, ArchFunkR 1928, 201; *Roeber*, UFITA 21 (1956), 166; *de Boor*, UFITA 16 (1944), 360f.; *ders.*, UFITA 21 (1956), 131; vgl. auch BVerfGE 79, 29, 42 – Vollzugsanstalten, wonach ein geschütztes Musikwerk mit der Veröffentlichung „bestimmungsgemäß in den gesellschaftlichen Raum" trete.

[131] *de Boor*, UFITA 16 (1944), 360; *Kirchhof*, FS Zeidler, 1653.

[132] *Kopsch*, ArchFunkR 1928, 201; *Kohler*, Buschs Archiv 47 (1887), 178: Es gelte der Grundsatz „Die Kunst ist für die Menschheit".

[133] *de Boor*, UFITA 16 (1944), 361.

[134] *de Boor*, UFITA 16 (1944), 360f.

[135] BT-Drucks. IV/270, S. 62; BT-Drucks. 10/837, S. 9.

beide Aspekte des spezifischen sozialen Bezugs des geistigen Schaffens aufgegriffen, die zuvor in der Literatur herausgearbeitet worden waren. Die Berechtigung bestimmter Einschränkungen des Rechts des Urhebers ergebe sich zum einen aus der Tatsache, dass der Urheber seine schöpferische Tätigkeit nicht losgelöst von seiner Umwelt, sondern eingebunden in seinen Kulturkreis und auf der Grundlage des Kulturschaffens vorangegangener Generationen entfalte.[136] Der Urheber müsse den freien Zugang zu seinen Werken daher insbesondere dort gewähren, wo dies unmittelbar der Förderung der geistigen und kulturellen Werte dient, die ihrerseits Grundlage für sein Werkschaffen sind. Hingegen dürfe das Urheberrecht keinen Einschränkungen unterliegen, die lediglich den wirtschaftlichen Interessen einzelner Werknutzer dienen.[137]

Auf der anderen Seite sei der Urheber auf die Annahme und Aufnahme seines Werkes durch seine Zeitgenossen angewiesen.[138] Das durch das Urheberrecht geschützte Geisteswerk sei „seinem Wesen nach Mitteilungsgut", welches jedenfalls vom Zeitpunkt der Veröffentlichung an in seinem Gedanken- und Gefühlsinhalt möglichst vielen Menschen zugänglich gemacht werden solle.[139] Das Urheberrecht sei daher, anders als das Sacheigentum, letztlich nicht dazu bestimmt, andere von der Benutzung des Werkes auszuschließen. Vielmehr solle es in erster Linie dem Urheber die rechtliche Grundlage dafür geben, Art und Umfang der Benutzung des Werkes zu überwachen und aus dessen Verwertung Einnahmen zu erzielen.[140] Aufgabe des Urheberrechts sei es daher auch, das Interesse des Urhebers an der Nutzung seines Werkes und das Interesse der Allgemeinheit am ungehinderten Zugang zu Kulturgütern angemessen auszugleichen.[141]

(2) Kritik an der Lehre von der besonderen Sozialbindung

Demgegenüber haben einige Vertreter der Lehre vom geistigen Eigentum versucht, aus der eigentumsrechtlichen Konstruktion des Urheberrechts einen Anspruch des Urhebers auf die weitgehende Unbeschränktheit seines Herrschaftsrechts abzuleiten. Das Naturrecht auf geistiges Eigentum sei zwar kein absolutes Recht, aber jedenfalls nicht relativer als das materielle Eigentum.[142] Durch die in der Gesetzesbegründung vertretene Auffassung, das Urheberrecht sei dem Sacheigentum nicht gleichzusetzen, weil es im Gegensatz zu diesem seinem Wesen nach Mitteilungsgut sei, werde die Lehre vom geistigen Eigentum

[136] BT-Drucks. 10/837, S. 9.
[137] BT-Drucks. IV/270, S. 63.
[138] BT-Drucks. 10/837, S. 9.
[139] BT-Drucks. IV/270, S. 63.
[140] BT-Drucks. IV/270, S. 28 und 63.
[141] BT-Drucks. 10/837, S. 9.
[142] *Ermecke*, in: Urheberrechtsreform, S. 21.

„gewissermaßen durch die Hintertür" wieder aufgehoben.[143] Aus den Reihen der Musikurheber kam gar die Forderung, mit dem „Märchen von der besonderen Sozialgebundenheit des Urheberrechts" aufzuräumen.[144] Insbesondere in der zeitlichen Begrenzung des Urheberrechts sah man dabei eine nicht gerechtfertigte Schlechterstellung des Urhebers gegenüber dem Sacheigentümer.[145] Aber auch die Rechtfertigung zahlreicher inhaltlicher Beschränkungen des Urheberrechts wurde bestritten.[146]

(3) Die heutige Lehre von der Sozialbindung des geistigen Eigentums

Die heutige Lehre vom geistigen Eigentum ist jedoch nicht so zu verstehen, dass es keine wesentlichen Unterschiede zwischen Urheberrecht und Sacheigentum gäbe. Die Sozialbindung subjektiver Rechte ist je nach Eigenart des vom jeweiligen subjektiven Recht betroffenen Rechtsobjekts und dessen gesellschaftlicher und wirtschaftlicher Bedeutung unterschiedlich auszugestalten.[147] Dementsprechend geht es bei der Sozialbindung des Urheberrechts um Schranken, die durch die Erfordernisse des geistigen und kulturellen Lebens bedingt sind.[148] Dies bedeutet nicht, dass das Urheberrecht einer stärkeren Sozialbindung unterliegt als das Sacheigentum.[149] Jedoch bestehen zwischen dem Sacheigentum und dem Urheberrecht insbesondere im Hinblick auf den jeweils geschützten Gegenstand grundsätzliche Unterschiede, die eine Gleichstellung des „geistigen Eigentums" mit dem Sacheigentum und die daraus gezogene Folgerung, dass inhaltliche Beschränkungen mit der Rechtsnatur des Urheberrechts nicht vereinbar seien, nicht rechtfertigen können.[150] Es besteht für das Urheberrecht eben eine „besondere", nämlich eine der Natur des Rechts an geistigen Schöpfungen und der spezifischen Interessenlage der Beteiligten entsprechende Sozialbindung.[151] Wenn man ein natürliches Recht auf geistiges Eigentum anerkennt,

---

[143] Fromm/Nordemann-*W. Nordemann*, 9. Aufl., vor § 45 Rn. 5.

[144] *Richartz*, in: Urheberrechtsreform, S. 49.

[145] *Lehmann*, in: Urheberrechtsreform, S. 12; *Ermecke*, in: Urheberrechtsreform, S. 30.

[146] *Richartz*, in: Urheberrechtsreform, S. 54ff.; *Ermecke*, in: Urheberrechtsreform, S. 28; *Hubmann*, in: Bettermann/Nipperdey/Scheuner, S. 32 mit Fn. 84, der offenbar selbst die freie Benutzung und die Zitierfreiheit für nicht gerechtfertigt hielt. Anders insoweit Fromm/Nordemann-*W. Nordemann*, 9. Aufl., vor § 45 Rn. 5, der nur die Begründung des Gesetzgebers angreift, die in §§ 45ff. UrhG getroffene Schrankenziehung im Ergebnis aber für angemessen hält.

[147] *Zippelius*, Rechtsphilosophie, § 35 II 1 (S. 179); vgl. BVerfGE 50, 290, 340f.; BVerfGE 58, 137, 148; BVerfGE 100, 226, 241; BVerfGE 102, 1, 17; *Gounalakis*, S. 16.

[148] *Ulmer*, § 1 IV (S. 6); *de Boor*, UFITA 16 (1944), 361.

[149] So aber *Roelleke*, UFITA 85 (1979), 155; *Schack*, FS Wadle, 1018; BVerfGE 79, 29, 43, wo von einem „gesteigerten Gemeinwohlbezug" des Urheberrechts die Rede ist.

[150] Amtl. Begr., BT-Drucks. IV/270, S. 63. Dies betont insbesondere *Samson*, S. 9 und 55.

[151] *Ulmer*, § 16 IV 3 (S. 109); *Rehbinder*, UrhR, Rn. 103; *Pahud*, UFITA 2000, 117; *Rehse*, S. 121; vgl. *Knap*, GRURInt 1983, 348: Auf dem Gebiet der Immaterialgüterrechte komme

lassen sich die Schranken des Urheberrechts daher ebenso auf die „Natur der Sache“ gründen wie das Ausschließlichkeitsrecht des Urhebers selbst.[152]

Zu kurz greift es aber, zur Rechtfertigung von Beschränkungen des Urheberrechts nur „Interessen der Allgemeinheit“ im Sinne solcher Gemeinwohlbelange heranzuziehen, die im gesamtgesellschaftlichen Interesse liegen.[153] Die Sozialbindung des Urheberrechts kann nicht auf einen bipolaren Ausgleich von Interessen des Urhebers und Interessen des Allgemeinwohls reduziert werden.[154] Da es bei der Sozialbindung um die Abgrenzung der Freiheitsbereiche der einzelnen Gesellschaftsmitglieder geht, findet das subjektive Recht seine Grenzen immer auch an den berechtigten Interessen Einzelner.[155] An dem Interessenkonflikt, den die Schranken des Urheberrechts ausgleichen sollen, sind dementsprechend neben Urheber- und Allgemeininteressen auch die Interessen der Werkverwerter und der einzelnen Nutzer beteiligt.[156]

Daher ist auch *von Gamm* nicht zuzustimmen, wenn er meint, dass §§ 57 und 60 UrhG nicht auf die soziale Bindung des Urheberrechts, sondern darauf zurückgingen, dass in den dort geregelten Fällen weder die ideellen noch die wirtschaftlichen Interessen des Urhebers ernsthaft berührt würden, während die privilegierte Werknutzung für den hierzu Berechtigten von erheblicher Bedeutung sei.[157] Gerade diese Interessenabwägung zwischen dem Nutzungsinteresse und dem Interesse des Urhebers am Schutz seines Werkes ist Ausdruck der sozialen Bindung des Urheberrechts. Auch die Tatsache, dass eine Schranke „letztlich den eigenen Interessen des betroffenen Urhebers“ dient, spricht nicht gegen deren Verankerung im Prinzip der Sozialbindung.[158] Nach der Gesetzesbegründung ist das Urheberrecht gerade auch insofern sozial gebunden, als eine weite Verbreitung des Werkes grundsätzlich dem Wesen geistigen Schaffens und damit dem Interesse des Urhebers entspricht. Die Schranken des Urheberrechts beruhen daher nicht immer auf der Gegensätzlichkeit von Urheber- und Gemeinwohlinteressen.

---

aufgrund der immateriellen Natur ihrer Objekte die Sozialbindung subjektiver Rechte „besonders deutlich zum Vorschein“.

[152] Vgl. *Elster*, UFITA 4 (1931), 219: Die Beschränkungen zugunsten der Allgemeinheit gehörten „organisch zu dem Rechtsgebilde“.

[153] So offenbar *Poeppel*, S. 131.

[154] So auch *Hubmann*, Recht des schöpferischen Geistes, S. 58.

[155] *Hubmann*, ZUM 1988, 10.

[156] Vgl. Dreier/Schulze-*Dreier*, vor §§ 44ff. Rn. 1.

[157] *von Gamm*, § 45 Rn. 2.

[158] So aber *von Gamm*, § 45 Rn. 2, für die in §§ 55, 56 und 58 UrhG geregelten Schranken. Dass – wie er meint – diese Schranken dazu dienen, andere vom betroffenen Urheber herrührende Nutzungsrechte ordnungsgemäß und zweckentsprechend nutzen zu können, und sich damit sachlich dem Charakter unabdingbarer Regeln über den Umfang der Rechtsübertragung annäherten, trifft ohnehin allenfalls auf § 55 UrhG zu. Die Schranken der §§ 56 und 58 UrhG setzen dagegen keine vom Urheber eingeräumte Nutzungsberechtigung des jeweils privilegierten Nutzers voraus.

Die Anwendung einer Schranke kann im Einzelfall den Urheber sogar günstiger stellen als die Geltung des Ausschließlichkeitsrechts.[159] So liegt der Schranke zugunsten privater Vervielfältigungen in § 53 Abs. 1 UrhG die Erwägung zugrunde, dass ein entsprechendes Verbotsrecht in der Praxis nicht durchgesetzt werden könnte und daher die Freistellung der privaten Vervielfältigung in Kombination mit einem gesetzlichen Vergütungsanspruch den wirtschaftlichen Interessen der Urheber besser gerecht wird.[160] Primär profitiert von einer solchen Regelung jedoch der Endnutzer, der urheberrechtlich geschützte Werke zum privaten Gebrauch vervielfältigen darf.[161]

3. Ergebnis

Auch bei Anerkennung eines natürlichen Rechts des Urhebers auf ein geistiges Eigentum an seinen Schöpfungen sind inhaltliche Beschränkungen des Urheberrechts insoweit gerechtfertigt, als sie Ausdruck des spezifischen sozialen Bezugs des eigenpersönlichen Schaffens sind. Dieser kommt einerseits darin zum Ausdruck, dass ein Urheber immer auch aus dem Bestand der schöpferischen Leistungen seiner Vorgänger schöpft und andererseits auf die Rezeption seines Werkes durch seine Zeitgenossen angewiesen ist, das Urheberrecht also letztlich nicht dazu bestimmt ist, andere von der Benutzung des Werkes auszuschließen. Es ist Aufgabe des Gesetzgebers, unter Berücksichtigung dieses sozialen Bezuges die beteiligten Interessen gegeneinander abzuwägen und das Ausschließlichkeitsrecht des Urhebers gegenüber den berechtigten Interessen der Allgemeinheit am ungehinderten Zugang zu Kulturgütern abzugrenzen.

II. Utilitaristische Begründungen

Bei utilitaristischen Ansätzen zur Begründung des Urheberrechts steht anders als bei den naturrechtlichen nicht die Person des Urhebers im Vordergrund, sondern das Allgemeininteresse an geistigem, kulturellem und kulturwirtschaftlichem Fortschritt und an der Verbreitung von Kulturgütern.

1. Rechtfertigung des Urheberrechts

Die utilitaristische Begründung des Urheberrechts geht zurück auf die von *Jeremy Bentham* begründete ethische Theorie des Utilitarismus. Sie beruht auf

---

[159] Vgl. BGHZ 151, 300, 311 = GRUR 2002, 963, 966 – Elektronischer Pressespiegel; *Schack*, FS Schricker, 514; Schricker-*Melichar*, vor §§ 44a ff. Rn. 15b.

[160] Vgl. die Amtl. Begr. zu § 54 RegE, BT-Drucks. IV/270, 71.

[161] Vgl. BVerfGE 31, 255, 265. Dabei hat das BVerfG für zulässig gehalten, dass sich der Vergütungsanspruch nicht gegen den Nutzer, sondern gegen die Hersteller entsprechender Vervielfältigungsgeräte richtet, da die Gerätehersteller in den Ausgleich des mehrseitigen Interessenkonfliktes einzubeziehen seien.

dem Gedanken, dass menschliches Verhalten durch das Streben danach geprägt ist, Lust (pleasure) zu gewinnen und Unlust (pain) zu vermeiden.[162] Als ethisch wertvoll sind danach Handlungen anzusehen, die in vernünftiger Weise und im größten Maß Lust fördern, wobei die Auswirkungen auf die einzelnen Individuen aggregiert werden, um den Gesamtnutzen (utility) einer Handlung zu bestimmen.[163] Nach dem von *Bentham* auf dieser Grundlage entwickelten ethischen Grundprinzip ist es Aufgabe der Rechtsordnung, das menschliche Verhalten so zu steuern, dass der gesamtgesellschaftliche Nutzen maximiert wird.[164]

Während der naturrechtliche Ansatz das Herrschaftsrecht des Urhebers mit einem Recht auf geistiges Eigentum rechtfertigt, ist das Urheberrecht nach dem utilitaristischen Ansatz nur durch den Nutzen zu rechtfertigen, den ein solches Recht der Gesellschaft bringt. Die utilitaristische Begründung des Urheberrechts beruht auf der Überlegung, dass schöpferische geistige Tätigkeit notwendiger Bestandteil einer demokratischen Gesellschaft ist und daher ein gesamtgesellschaftliches Interesse daran besteht, kreatives Schaffen zu fördern und sich die Früchte dieser Tätigkeit zu sichern.[165] Die Rechtfertigung des Urheberrechts besteht dementsprechend in der Förderung von Kreativität und Innovation im öffentlichen Interesse.[166] Der rechtliche Schutz des Urhebers durch Gewährung ausschließlicher Herrschaftsrechte ist kein Zweck in und für sich selbst, sondern lediglich Mittel zum Zweck der Erreichung dieses politischen Ziels.[167] Dass ohne Immaterialgüterrechte Ideenproduktion und technische Innovation stagnieren würden, wäre zwar „bedauerlich, aber es wäre nicht ungerecht", da niemand in seinem Recht verletzt, sondern lediglich das Gemeinwohl nicht gefördert würde.[168]

Durch eine solche konsequentialistische Sichtweise ist neben dem japanischen Urheberrecht[169] vor allem das US-amerikanische Copyright-System geprägt.[170] Deutlich zum Ausdruck kommt dieser utilitaristische Ansatz in Art. I § 8 cl. 8

---

162 *Bentham*, Kap. I 1 (S. 11).

163 *Bentham*, Kap. I 6 (S. 12 f.): „An action ... may be said to be conformable to the principle of utility ..., when the tendency which it has to augment the happiness of the community is greater than any it has to diminish it."

164 *Bentham*, Kap. XVII 20: „[T]he art of legislation ... teaches how a multitude of men, composing a community, may be disposed to pursue that course which upon the whole is the most conducive to the happiness of the whole community, by means of motives to be applied by the legislator"; dazu *Eidenmüller*, S. 27 f.; *Leistner/Hansen*, GRUR 2008, 481 f.

165 *Leval*, 103 Harv. L. Rev. 1109 (1990).

166 *Steinvorth*, DZPhil 52 (2004), 731.

167 *Dietz*, GRURInt 2006, 1.

168 *Steinvorth*, DZPhil 52 (2004), 731.

169 Art. 1 des jap. URG vom 6. 5. 1970 lautet: „Zweck dieses Gesetzes ist es, durch Bestimmungen der Rechte der Urheber an ihren Werken ... den Schutz der Rechte der Urheber usw. mit Rücksicht auf eine gerechte Verwertung dieser Kulturgüter sicherzustellen und so zur Entwicklung der Kultur beizutragen" (zitiert nach *Möhring/Schulze/Ulmer/Zweigert*, Abschnitt Japan/II, übersetzt von *Naoji Kimura*).

170 Vgl. allgemein Schricker-*Schricker*, Einleitung Rn. 13; *Schack*, UrhR, Rn. 25.

der US-Verfassung. Danach wird dem U.S. Kongress die Kompetenz zur Gewährung von zeitlich begrenzten Ausschließlichkeitsrechten an Autoren und Erfinder ausdrücklich eingeräumt, um den wissenschaftlichen Fortschritt und die nützlichen Künste zu fördern.[171] Die Grundlage der Copyright-Gesetzgebung wird also nicht in einem natürlichen Recht des Urhebers an seiner Schöpfung gesehen, sondern in der pragmatischen Erwägung, dass dem Gemeinwohl durch die Gewährung eines befristeten Ausschließlichkeitsrechts am besten gedient wird.[172] Das Ausschließlichkeitsrecht des Urhebers stellt kein vorbestehendes Naturrecht dar, welches durch den Gesetzgeber lediglich sanktioniert wird. Es wird vielmehr erst durch den Gesetzgeber kraft seiner verfassungsrechtlichen Kompetenz geschaffen.[173]

Primärer Zweck des Urheberrechts ist nicht die Belohnung des Urhebers für seine Leistung.[174] Die Belohnung des Urhebers mit einem Ausschließlichkeitsrecht stellt aus utilitaristischer Sicht lediglich ein im Interesse des Gemeinwohls notwendiges Übel („necessary evil") dar.[175] Dem Urheber wird ein ausschließliches Schutzrecht vielmehr allein wegen des Nutzens seiner Arbeit für die Gesellschaft gewährt.[176] Durch die Gewährung eines Ausschließlichkeitsrechts und die Möglichkeit, daraus Einnahmen zu erzielen, soll der Urheber einen Anreiz erhalten, neue Werke zu produzieren und zu verbreiten und dadurch das Gemeinwohl zu steigern.[177] Wenn der Urheber eine Belohung für seine schöpfe-

[171] Art. I § 8 cl. 8 der US-Verfassung lautet: „The Congress shall have Power ... To promote the Progress of Science and useful Arts, by securing for limited Times to Authors and Inventors the exclusive Right to their respective Writings and Discoveries".

[172] Siehe die Ausführungen des Rechtsausschusses des Repräsentantenhauses zur Änderung des Copyright Act im Jahre 1909, H.R. Rep. No. 2222, 60th Cong., 2d Sess. (1909), S. 7: „The enactment of copyright legislation by Congress under the terms of the Constitution is not based upon any natural right that the author has in his writings, ... but upon the ground that the welfare of the public will be served and progress of science and useful arts will be promoted by securing to authors for limited periods the exclusive rights to their writings".

[173] *Wheaton v. Peters*, 33 U.S. 591, 661 (1834): „That congress, in passing the act of 1790, did not legislate in reference to existing rights, appears clear... Congress, then, by this act, instead of sanctioning an existing right, as contended for, created it. This seems to be the clear import of the law, connected with the circumstances under which it was enacted."

[174] *Feist Publications, Inc. v. Rural Telephone Service Company, Inc.*, 499 U.S. 340, 349 (1991); *United States v. Paramount Pictures, Inc.*, 334 U.S. 131, 158 (1948); *Gordon*, 82 Col. L. Rev 1602 (1982).

[175] *Förster*, S. 119, 147.

[176] *Fox Film Corp. v. Doyal*, 286 U.S. 123, 127 (1932): „The sole interest of the United States and the primary object in conferring the monopoly lie in the general benefits derived by the public from the labors of authors"; *Sony Corp. v. Universal City Studios, Inc.*, 464 U.S. 417, 477 (1984, dissenting opinion *Blackmun*).

[177] Grundlegend *Mazer v. Stein*, 347 U.S. 201, 219 (1954): „The economic philosophy behind the clause empowering Congress to grant patents and copyrights is the conviction that encouragement of individual effort by personal gain is the best way to advance public welfare through the talents of authors and inventors in ‚Science and useful Arts.' Sacrificial days devoted to such creative activities deserve rewards commensurate with the services rendered"; *Sony Corp. v. Universal City Studios, Inc.*, 464 U.S. 417, 429 u. 450 (1984); *Harper & Row*

rische Leistung erhält, geschieht dies daher nicht um seiner Person willen, sondern nur als Mittel zum Zweck, die ausreichende öffentliche Verfügbarkeit kultureller Güter zu gewährleisten.[178]

2. *Rechtfertigung der Schranken am Beispiel des Fair use im US-amerikanischen Recht*

Eine solche utilitaristische, am Gemeinwohl orientierte Begründung des Urheberrechts enthält zugleich die Rechtfertigung für dessen Beschränkung. Denn die Gewährung eines ausschließlichen Rechts des Urhebers zur Nutzung des Werkes ist vom Standpunkt des Utilitarismus nur insoweit gerechtfertigt, als der Anreiz zum kreativen Schaffen und der daraus resultierende Nutzen für die Allgemeinheit die mit einem Monopolrecht des Urhebers verbundenen Nachteile für das Gemeinwohl überwiegen.[179] Das Ausschließlichkeitsrecht schafft nicht nur einen Anreiz, neue Werke zu schaffen, sondern ermöglicht dem Rechtsinhaber auch, andere von der Nutzung des Werkes auszuschließen und so den Zugang der Allgemeinheit zu Informationen zu beschränken. Ein zu weit reichendes Ausschließlichkeitsrecht des Urhebers würde den utilitaristischen Schutzzweck des Urheberrechts deshalb eher behindern als fördern.[180] Aufgabe des Urheberrechts ist es daher, einen angemessenen Ausgleich zwischen dem notwendigen Anreiz zur Schaffung neuer Werke und dem öffentlichen Interesse am Zugang der Allgemeinheit zu bestehenden Werken und an deren Nutzung herzustellen.[181] Insbesondere die Fair-use-Doktrin soll verhindern, dass durch eine zu weit reichende Ausgestaltung des Urheberrechts die

---

Publishers, Inc. v. Nation Enterprises, 471 U.S. 539, 558 (1985); *Princeton University Press v. Michigan Document Services, Inc.*, 99 F.3d 1381, 1393 (6th Cir. 1996, dissenting opinion *Martin*); *Leval*, 103 Harv. L. Rev. 1107 f. (1990).

[178] Vgl. *Twentieth Century Music Corp. v. Aiken*, 422 U.S. 151, 156 (1975): „Creative work is to be encouraged and rewarded, but private motivation must ultimately serve the cause of promoting broad public availability of literature, music and the other arts. The immediate effect of our copyright law is to secure a fair return for an ‚author's' creative labor. But the ultimate aim is, by this incentive, to stimulate artistic creativity for the general public good"; *Princeton University Press v. Michigan Document Services, Inc.*, 99 F.3d 1381, 1395 (6th Cir. 1996, dissenting opinion *Merritt*): „The essence of copyright is the promotion of learning – not the enrichment of publishers"; *Davies*, Copyright and the Public Interest, Rn. 5–041.

[179] H.R. Rep. No. 2222, 60th Cong., 2d Sess., S. 7 (1909); *Princeton University Press v. Michigan Document Services, Inc.*, 99 F.3d 1381, 1409 (6th Cir. 1996, dissenting opinion *Ryan*): „The guiding principle of the Copyright Act is that the financial earnings of original works be channelled exclusively to the creators of the works insofar – and *only* insofar – as they are necessary to motivate the creation of original works and do not excessively impede the advancement of science and the arts through the public dissemination of knowledge, research, scholarship, news-reporting, teaching, criticism, and the like" (Hervorhebung im Original).

[180] *Leval*, 103 Harv. L. Rev. 1109 (1990).

[181] Vgl. *Twentieth Century Music Corp. v. Aiken*, 422 U.S. 151, 156 (1975); *Sony Corp. v. Universal City Studios, Inc.*, 464 U.S. 417, 429 (1984); *Dowell*, 86 Cal. L. Rev. 851 f. (1998); *Guibault*, Copyright Limitations, S. 83.

Durchsetzung rein privater Interessen ohne Rücksicht auf das Allgemeinwohl ermöglicht und dadurch der Zweck des Urheberrechts, kreatives Schaffen und die Verbreitung von Informationen zu fördern, konterkariert wird.[182] Das Ausschließlichkeitsrecht des Urhebers soll dadurch in einem Umfang begrenzt werden, dass ausreichende Anreize zum Schaffen neuer Werke gesetzt, zugleich aber Beschränkungen des Zugangs der Allgemeinheit zu bestehenden Werken minimiert werden.[183]

Die Beschränkung des Urheberrechts durch § 107 CA findet ihre Berechtigung somit darin, dass dadurch Nutzungen ermöglicht werden, die das Gemeinwohl durch die Verbreitung von Wissen steigern und damit der kulturfördernden Funktion des Urheberrechts dienen, ohne auf der anderen Seite die Anreize zum kreativen Schaffen übermäßig zu beeinträchtigen.[184] Ebenso wie die Gewährung eines Ausschließlichkeitsrechts an den Urheber wird in den USA auch die Regelung des fair use in § 107 CA als Ausprägung der verfassungsrechtlichen Zielbestimmung „to promote the Progress of Science and useful Arts“ und damit als integraler Bestandteil des Urheberrechts angesehen.[185] Es ist daher im Grundsatz anerkannt, dass die Anwendung und Auslegung der in § 107 CA genannten Faktoren[186] im Lichte dieser vom Schutzzweck des Urheberrechts geprägten Zielsetzung der Fair-use-Doktrin zu erfolgen hat.[187]

a. Zweck und Art der Nutzung

Insbesondere über den ersten in § 107 CA genannten Faktor („purpose and character of the use“) wird berücksichtigt, inwieweit die fragliche Nutzung dem von der Verfassung vorgegebenen Schutzzweck des Urheberrechts gerecht wird.[188]

---

[182] *Iowa State University Research Foundation, Inc. v. American Broadcasting Companies, Inc.*, 621 F.2d 57, 60 (2nd Cir. 1980); *Stewart v. Abend*, 495 U.S. 207, 236 (1990); *Princeton University Press v. Michigan Document Services, Inc.*, 99 F.3d 1381, 1385 (6th Cir. 1996); *Kelly v. Arriba Soft Corp.*, 336 F.3d 811, 817 (9th Cir. 2003).

[183] *Elkin-Koren*, 12 BTLJ 100 (1997).

[184] *Leval*, 103 Harv. L. Rev. 1110 (1990); *Gordon/Bone*, in: Bouckaert/DeGeest, S. 202; *Dreier/Senftleben*, in: Lejeune, D Rn. 17.

[185] *Campbell v. Acuff-Rose Music, Inc.*, 510 U.S. 569, 575 (1994); *Princeton University Press v. Michigan Document Services, Inc.*, 99 F.3d 1381, 1393 (6th Cir. 1996, dissenting opinion *Martin*); *Loren*, 5 J. Intel. Prop. L. 1 (1997) unter I D; *Leval*, 103 Harv. L. Rev. 1110 (1990).

[186] Allgemein zur Bedeutung der für die Anerkennung einer Nutzung als fair relevanten Faktoren in § 107 CA siehe oben A III 2; ausführlich dazu *Förster*, S. 37 ff.

[187] *Campbell v. Acuff-Rose Music, Inc.*, 510 U.S. 569, 578 (1994); *Princeton University Press v. Michigan Document Services, Inc.*, 99 F.3d 1381, 1399 (6th Cir. 1996, dissenting opinion *Ryan*); *Infinity Broadcast Corp. v. Kirkwood*, 150 F.3d 104, 108 (2nd Cir. 1998); *Kelly v. Arriba Soft Corp.*, 336 F.3d 811, 818 (9th Cir. 2003); *Dowell*, 86 Cal. L. Rev. 852 (1998).

[188] *Leval*, 103 Harv. L. Rev. 1111 (1990); *Princeton University Press v. Michigan Document Services, Inc.*, 99 F.3d 1381, 1400 (6th Cir. 1996, dissenting opinion *Ryan*).

Als fair aufgrund der Art der Nutzung werden danach insbesondere „transformierende“ Nutzungen („transformative uses“) angesehen, deren Ergebnis nicht lediglich ein Substitut für das benutzte Werk ist, sondern ein eigenständiges Werk, welches das genutzte Werk umgestaltet, seinen Sinn verändert oder ihm etwas Neues hinzufügt.[189] Dazu gehören vor allem Nutzungshandlungen, die nach deutschem Recht als Zitat gemäß § 51 oder als freie Benutzung nach § 24 UrhG zulässig wären, etwa die Anführung von Passagen eines literarischen Werkes in einer Buchbesprechung oder die antithematische Auseinandersetzung mit dem Originalwerk in einer Parodie. Grund für die Zulässigkeit solcher Nutzungen ist aus utilitaristischer Sicht, dass sie neu geschaffene Werke hervorbringen und auf diese Weise die Gesellschaft bereichern.[190] Dem liegt die Erwägung zugrunde, dass geistige Leistungen notwendigerweise zu einem gewissen Teil auf den Leistungen fremder Autoren aufbauen. Wenn dem Urheber das Recht an seiner Schöpfung im Hinblick auf derartige eigenschöpferische Umgestaltungen des genutzten Werkes unbeschränkt zustünde, würde daher die schöpferische Tätigkeit Dritter und die Entwicklung neuer Ideen erheblich beeinträchtigt.[191]

Demgegenüber können nicht eigenschöpferische Nutzungen, insbesondere schlichte technische Vervielfältigungen eines fremden Werkes, nicht damit gerechtfertigt werden, dass sie unmittelbar die Hervorbringung neuer Werke fördern.[192] So hatte der Ninth Circuit Court of Appeals im Betamax-Fall *Sony v. Universal* das Aufzeichnen und zeitversetzte Ansehen von Fernsehsendungen mit einem privaten Videorekorder („time shifting“) mit der Begründung für unzulässig gehalten, dass es an der „Produktivität“ der fraglichen Nutzung

[189] *Campbell v. Acuff-Rose Music, Inc.*, 510 U.S. 569, 579 (1994); *Kelly v. Arriba Soft Corp.*, 336 F.3d 811, 818f. (2003); *Leval*, 103 Harv. L. Rev. 1111 (1990); vgl. bereits *Folsom v. Marsh*, 9 F. Cas. 342, 344f. (CCD Mass. 1841).

[190] *Leval*, 103 Harv. L. Rev. 1111 (1990): „If ... the secondary use adds value to the original ... – this is the very type of activity that the fair use doctrine intends to protect for the enrichment of society“; *Campbell v. Acuff-Rose Music, Inc.*, 510 U.S. 569, 579 (1994): „[T]he goal of copyright, to promote science and the arts, is generally furthered by the creation of transformative works. Such works thus lie at the heart of the fair use doctrine's guarantee of breathing space within the confines of copyright“. Auch der Zweck des § 24 Abs. 1 UrhG wird darin gesehen, dass die Inanspruchnahme fremden Schaffens im Rahmen einer freien Benutzung zu einer Bereicherung des kulturellen Gesamtguts durch eine neue eigenschöpferische Leistung führt, siehe BGHZ 175, 135, 142f. = GRUR 2008, 693, 695 Tz. 27 – TV-Total m. w. N.

[191] So drückt Richter *Story* in *Folsom v. Marsh*, 9 F.Cas. 342 (CCD Mass. 1841) sein Bedauern darüber aus, dass die Anwendung des Urheberrechts die sehr verdienstvollen Leistungen („very meritorious labors“) der Beklagten behindere, die unter Abdruck von mehr als 300 urheberrechtlich geschützten Briefen George Washingtons eine Washington-Biographie für den Schulgebrauch herausgegeben hatten.

[192] Vgl. *American Geophysical Union v. Texaco, Inc.*, 60 F.3d 913, 917 (2nd Cir. 1994): „Mechanical ‚copying' of an entire document ... is obviously an activity entirely different from creating a work of authorship.“

fehle, ohne die eine Anwendung der Fair-use-Doktrin ausscheide.[193] Auch vier Richter des Supreme Court vertraten in einer dissenting opinion die Auffassung, fair im Sinne von § 107 CA könne grundsätzlich nur eine „produktive" Nutzung des Werkes sein, also eine solche, die einen über den vom genutzten Werk hervorgebrachten Nutzen hinausgehenden Wert für die Gesellschaft schaffe.[194] Wenn ein Nutzer wie bei der Aufnahme einer Fernsehsendung ein Werk schlicht vervielfältige und die Kopie zu demselben Zweck wie das Original verwende, bestehe kein Grund, diese Nutzung auf Kosten des Urhebers zu erlauben.[195]

Demgegenüber ging die Mehrheit der Richter des Supreme Court im Fall *Sony v. Universal* vom Vorliegen der Voraussetzungen des § 107 CA aus.[196] Sie hielten für ausschlaggebend, dass das time shifting den Zugang der Allgemeinheit zu frei empfangbaren Fernsehprogrammen erhöhe und dadurch zum gesellschaftlichen Allgemeinwohl beitrage.[197] Die Unterscheidung von produktiven und unproduktiven Nutzungen sei für die Annahme eines fair use nicht maßgebend.[198] Auch das Vervielfältigen eines Werkes zum Zwecke bloßen Konsums könne als „produktiv" angesehen werden, etwa wenn ein Lehrer eine Dokumentation aufzeichne, um seine fachlichen Kenntnisse zu erweitern, oder wenn ein Wähler eine Nachrichtensendung aufnehme, um seine Wahlentscheidung zu erleichtern. Praktisch jedes zeitversetzte Ansehen von aufgezeichneten Fernsehsendungen, welches zu einer Ausweitung des Zuschauerkreises führe, könne einen entsprechenden gesellschaftlichen Nutzen herbeiführen.[199]

Maßgeblich für die Annahme einer fairen Nutzung ist danach nicht, dass die Nutzung erfolgt, um ein eigenständiges Werk zu schaffen, sondern dass die

---

[193] *Universal City Studios, Inc. v. Sony Corp.*, 659 F.2d 963, 971 f. (9th Cir. 1981): „Without a ‚productive use', i.e. when copyrighted material is reproduced for its intrinsic use, the mass copying of the sort involved in this case precludes an application of fair use. An analysis of the four factors listed in § 107 does not dictate a contrary result"; vgl. ferner *A&M Records, Inc. v. Napster, Inc.*, 239 F.3d 1004, 1015 (9th Cir. 2001): Das Herunterladen eines Musikstücks als mp3-Datei transformiere nicht die geschützte Komposition; *Infinity Broadcast Corp. v. Kirkwood*, 150 F.3d 104, 108 (2nd Cir. 1998): Die Wiedergabe von Rundfunksendungen über einen telefonischen Abrufdienst sei keine Transformation, da dadurch der Charakter der ursprünglichen Sendungen nicht verändert werde; *Los Angeles News Serv. v. Reuters Television Int'l*, 149 F.3d 987, 993 f. (9th Cir. 1998): Obwohl die Weiterverbreitung von bereits im Fernsehen gesendetem Nachrichtenmaterial durch eine Nachrichtenagentur der Berichterstattung diene, sei die Nutzung „not very transformative", wenn die Agentur das überlassene Filmmaterial weder erkläre noch dessen Inhalt aufbereite oder kommentiere.

[194] *Sony Corp. v. Universal City Studios, Inc.*, 464 U.S. 417, 478 f. (1984, dissenting opinion *Blackmun*).

[195] *Sony Corp. v. Universal City Studios, Inc.*, 464 U.S. 417, 480 (1984, dissenting opinion *Blackmun*).

[196] *Sony Corp. v. Universal City Studios, Inc.*, 464 U.S. 417, 447 ff. (1984).

[197] *Sony Corp. v. Universal City Studios, Inc.*, 464 U.S. 417, 454 (1984), unter Hinweis auf *Community Television of Southern California v. Gottfried*, 459 U.S. 498, 508 (1983).

[198] Ebenso *Harper & Row Publishers, Inc. v. Nation Enterprises*, 471 U.S. 539, 561 (1985).

[199] *Sony Corp. v. Universal City Studios, Inc.*, 464 U.S. 417, 455 f. Fn. 40 (1984).

Nutzung „produktiv" in dem Sinne ist, dass mit der Nutzung die Verbreitung von Wissen in der Gesellschaft gefördert wird.[200] Denn an der Schaffung neuer Werke besteht aus utilitaristischer Sicht nur insoweit ein gesellschaftliches Interesse, als diese der Allgemeinheit auch zur Verfügung gestellt werden. Neben der Förderung kreativen Schaffens bezweckt die Fair-use-Doktrin daher auch die Förderung des gesellschaftlichen Fortschritts durch eine möglichst ungehinderte Verbreitung neuer Informationen.[201] Andernfalls ließe sich auch nicht erklären, dass der Gesetzgeber in § 107 CA die Herstellung mehrerer Vervielfältigungsstücke eines Werkes für den Unterrichtsgebrauch ausdrücklich als Beispiel eines fair use angeführt hat. Denn dabei handelt es sich zwar um eine produktive, nicht jedoch um eine transformierende Nutzung im oben dargestellten Sinne.[202]

Im Fall *Kelly v. Arriba Soft* wurde die Anzeige von Vorschaubildern (Thumbnails) urheberrechtlich geschützter Bilder in einer Internet-Suchmaschine bereits deshalb als transformierend angesehen, weil die Nutzung durch den Betreiber der Suchmaschine mit dem Zweck erfolge, den Zugang zu Informationen zu erleichtern, und damit eine andere Funktion erfülle als das abgebildete Originalwerk, welches dem künstlerischen Ausdruck diene.[203] Da Arriba Soft durch die Verbesserung der Informationsbeschaffung über das Internet der Allgemeinheit einen Nutzen bringe, entspreche die Nutzung der Bilder dem Zweck des Copyright Act und der in § 107 CA geregelten Ausnahme.[204] Damit gehen die Voraussetzungen für die Einordnung einer Nutzung als transformierend aber nicht über die Anforderungen hinaus, die der Supreme Court in *Sony v. Universal* an die „Produktivität" einer Nutzung gestellt hat.

---

[200] So ausdrücklich *Loren*, 5 J. Intel. Prop. L. 1 (1997) unter III B.

[201] So auch *Princeton University Press v. Michigan Document Services, Inc.*, 99 F.3d 1381, 1394 (6th Cir. 1996, dissenting opinion *Martin*).

[202] Die Aufnahme dieses Beispiels in den Gesetzestext war daher sehr umstritten, siehe *Guibault*, Copyright Limitations, S. 72 m.w.N.; vgl. auch *Campbell v. Acuff-Rose Music, Inc.*, 510 U.S. 569, 579 Fn. 11 (1994), wo das Beispiel ausdrücklich als „offensichtliche gesetzliche Ausnahme" vom Fokus des § 107 CA auf transformierende Nutzungen angeführt wird. Auch wenn danach eine eigenschöpferische Leistung für die Annahme von fair use nicht zwingend erforderlich ist, hat die Rechtsprechung in späteren Entscheidungen stets daran festgehalten, dass solche transformierenden Nutzungen den Kern der von der fair-use-Doktrin bezweckten Nutzungsfreiheit bilden. Die Annahme von fair use komme daher umso eher in Betracht, je „transformierender" die Nutzung, je größer also der eigenschöpferische Anteil des neu geschaffenen Werkes sei, *Campbell v. Acuff-Rose Music, Inc.*, 510 U.S. 569, 579 (1994); *Los Angeles News Serv. v. Reuters Television Int'l*, 149 F.3d 987, 993 f. (9th Cir. 1998); *Infinity Broadcast Corp. v. Kirkwood*, 150 F.3d 104, 108 (2nd Cir. 1998); *A&M Records, Inc. v. Napster, Inc.*, 239 F.3d 1004, 1015 (9th Cir. 2001).

[203] *Kelly v. Arriba Soft*, 336 F.3d 811, 819 (9th Cir. 2003). Entscheidend für die Annahme von fair use war letztlich, dass die Darstellung der Bilder in stark komprimierter Form erfolgte, so dass die Thumbnails nicht selbständig als Bilder verwertet werden konnten.

[204] *Kelly v. Arriba Soft*, 336 F.3d 811, 820 (9th Cir. 2003).

Daneben ist im Rahmen des ersten Faktors gemäß § 107 CA zu berücksichtigen, ob die fragliche Nutzung Erwerbszwecken dient oder gemeinnützige Zwecke verfolgt. So war auch die Entscheidung im Fall *Sony v. Universal* maßgeblich durch die Erwägung beeinflusst, dass ein Nutzer bei der Aufzeichnung von Fernsehsendungen zu privaten Zwecken keine kommerziellen Ziele verfolgt. Bei Nutzungen zu kommerziellen Zwecken spreche hingegen eine Vermutung für eine unfaire Benutzung des Werkes.[205] Diese Vermutungsregel hat der Supreme Court im Fall *Campbell v. Acuff-Rose Music* dahingehend abgeschwächt, dass das Vorliegen eines kommerziellen Nutzungszwecks nur einer der bei der Gesamtabwägung zu berücksichtigenden Faktoren sei, der tendenziell gegen die Annahme von fair use spreche; sein Gewicht hänge aber von den Umständen des jeweiligen Einzelfalles ab.[206] Zur Begründung hat das Gericht angeführt, dass die Annahme eines fair use andernfalls bei praktisch allen in § 107 CA beispielhaft genannten Nutzungszwecken (Berichterstattung, Unterricht, Forschung usw.) ausgeschlossen wäre, da diese Tätigkeiten regelmäßig ausgeübt würden, um Gewinne zu erzielen.[207]

Dass der Supreme Court im Fall *Campbell v. Acuff-Rose Music* von der in *Sony v. Universal* aufgestellten Vermutung Abstand genommen hat, ist jedoch vor allem damit zu erklären, dass es sich bei der fraglichen Nutzung der Komposition „Pretty Woman“ durch die Musikgruppe „2 Live Crew“ um eine parodistische Auseinandersetzung und damit um eine transformierende Nutzung handelte.[208] Der Grund für die Berücksichtigung des kommerziellen Charakters einer Nutzung wird nämlich darin gesehen, dass ein Nutzer, der ein Werk aus finanziellem Interesse nutzt, eher versuchen wird, seinen persönlichen Gewinn auf Kosten des Urhebers zu maximieren als das Gemeinwohl zu steigern.[209] Diese Gefahr besteht bei Nutzungen, die das Werk durch eine eigenschöpferische Leistung umgestalten, nicht in gleichem Maße wie bei reinen Vervielfältigungen des Werkes. Denn solche transformierenden Nutzungen werden generell als gemeinwohlsteigernd angesehen, da sie eine neue kreative

---

[205] *Sony Corp. v. Universal City Studios, Inc.*, 464 U.S. 417, 451 (1984): „[E]very commercial use of copyrighted material is presumptively an unfair exploitation of the monopoly privilege that belongs to the owner of copyright“; *Harper & Row Publishers, Inc. v. Nation Enterprises*, 471 U.S. 539, 562 (1985); *Princeton University Press v. Michigan Document Services, Inc.*, 99 F.3d 1381, 1386 (6th Cir. 1996).

[206] *Campbell v. Acuff-Rose Music, Inc.*, 510 U.S. 569, 585 (1994).

[207] *Campbell v. Acuff-Rose Music, Inc.*, 510 U.S. 569, 584 (1994) unter Berufung auf *Harper & Row Publishers, Inc. v. Nation Enterprises*, 471 U.S. 539, 592 (1985, dissenting opinion *Brennan*): „If, indeed, commerciality carried presumptive force against a finding of fairness, the presumption would swallow nearly all of the illustrative uses listed in the preamble paragraph of § 107“; zust. *American Geophysical Union v. Texaco, Inc.*, F.3d 913, 921 (2nd Cir. 1994).

[208] Vgl. *Campbell v. Acuff-Rose Music, Inc.*, 510 U.S. 569, 594 (1994).

[209] *Princeton University Press v. Michigan Document Services, Inc.*, 99 F.3d 1381, 1400, 1404 (6th Cir. 1996, dissenting opinion *Ryan*).

Schöpfung hervorbringen und damit die Anzahl verfügbarer Werke vergrößern.[210] Außerdem hat ein in diesem Sinne transformierendes Werk regelmäßig weniger Einfluss auf die Vermarktung des Originalwerks als ein Werk, welches das Original schlicht substituiert.[211] Solche Nutzungen entsprechen daher auch dann dem utilitaristischen Schutzzweck des Urheberrechts, wenn mit der Nutzung kommerzielle Interessen verfolgt werden. In diesen Fällen entfällt daher die Grundlage der Vermutungsregel. Im Grundsatz hat die Rechtsprechung jedoch auch nach der Entscheidung im Fall *Campbell v. Acuff-Rose Music* an der Vermutung festgehalten, deren Anwendungsbereich aber auf nicht transformierende Nutzungen beschränkt.[212]

Darüber hinaus wird für das Vorliegen einer kommerziellen Nutzung für erforderlich gehalten, dass das Werk auf Kosten des Rechtsinhabers „ausgebeutet" wird.[213] Mit dieser Definition ist wenig gewonnen, wenn man unter einer ausbeutenden Nutzung jede Nutzung versteht, für die der Nutzer kein Entgelt an den Rechtsinhaber entrichtet. Denn dies ist bei jeder fairen Nutzung der Fall. Man kann den Begriff der Ausbeutung („exploitation") jedoch auch so verstehen, dass der Zweck der Nutzung gerade darin liegen muss, unmittelbar durch die Verwertung des genutzten Werkes einen persönlichen Gewinn zu erzielen.[214] Die Zulässigkeit der Vervielfältigung einzelner Werke zum eigenen wissenschaftlichen Gebrauch und zur Verwendung im Unterricht an Schulen oder Hochschulen kann man daher auch unter Aufrechterhaltung der in *Sony v. Universal* aufgestellten Vermutung der Unfairness kommerzieller Nutzungen damit erklären, dass der Nutzer in diesen Fällen keinen unmittelbaren finanziellen Vorteil erlangt, wenn er ein bestimmtes Werk verwendet.[215]

---

[210] Siehe oben S. 33.

[211] *Campbell v. Acuff-Rose Music, Inc.*, 510 U.S. 569, 591 (1994); *Kelly v. Arriba Soft Corp.*, 336 F.3d 811, 821 (9th Cir. 2003); *Leval*, 103 Harv. L. Rev. 1125 (1990).

[212] Siehe *Princeton University Press v. Michigan Document Services, Inc.*, 99 F.3d 1381, 1384 (6th Cir. 1996): „The strength of the Sony presumption may vary according to the context in which it arises, and the presumption disappears entirely where the challenged use is one that transforms the original work into a new artistic creation."

[213] *Harper & Row Publishers, Inc. v. Nation Enterprises*, 471 U.S. 539, 562 (1985): „The crux of the profit/nonprofit distinction is ... whether the user stands to profit from exploitation of the copyrighted material without paying the customary price"; *A&M Records, Inc. v. Napster, Inc.*, 239 F.3d 1004, 1015 (9th Cir. 2001): „[C]ommercial use is demonstrated by a showing that repeated and exploitative unauthorized copies of copyrighted works were made to save the expense of purchasing authorized copies"; *Princeton University Press v. Michigan Document Services, Inc.*, 99 F.3d 1381, 1402 (6th Cir. 1996, dissenting opinion *Ryan*); *Kelly v. Arriba Soft Corp.*, 336 F.3d 811, 818 (9th Cir. 2003); *Nimmer*, On Copyright, § 13.05[A][13][c] 13–175.

[214] So *Princeton University Press v. Michigan Document Services, Inc.*, 99 F.3d 1381, 1402f. (6th Cir. 1996, dissenting opinion *Ryan*).

[215] So J. *Ryan* ebd. 1403, der darauf hinweist, dass dies möglicherweise anders wäre, wenn der Unterrichtende eine mengenabhängige Provision dafür erhielte, Vervielfältigungen bei einem bestimmten Copyshop in Auftrag zu geben. Anders als im deutschen Recht nach § 53

b. Auswirkung auf die Vermarktung des Werkes

Auf der anderen Seite ist gemäß dem vierten Faktor in § 107 CA zu berücksichtigen, inwieweit sich die erlaubnisfreie Zulässigkeit der Nutzung auf die Vermarktung und den kommerziellen Wert des Werkes auswirken würde. Auch bei Nutzungen, die den Zugang der Allgemeinheit zu bestehenden Werken erleichtern und der Verbreitung von Wissen dienen, ist deren Ausnahme vom Ausschließlichkeitsrecht des Urhebers nicht gerechtfertigt, wenn dies dazu führt, dass kein ausreichender Anreiz zur Schaffung neuer Werke mehr besteht und damit der Primärzweck des Urheberrechts gefährdet wird.[216] Dem vierten Faktor in § 107 CA wird in der US-amerikanischen Entscheidungspraxis daher eine entscheidende Bedeutung für die Fair-use-Prüfung beigemessen.[217]

Dabei soll es nicht darauf ankommen, dass konkrete Gewinnaussichten des Rechtsinhabers im Einzelfall bereits vereitelt worden sind. Entscheidend wird darauf abgestellt, ob für den Fall, dass das Werk von einer Vielzahl von Personen auf eine entsprechende Weise genutzt würde, der potentielle Markt für das Werk beeinflusst würde.[218] Je größer der gesellschaftliche Nutzen einer freien Nutzung, desto höhere Anforderungen seien an den Nachweis einer relevanten Beeinträchtigung der Vermarktung des genutzten Werkes zu stellen.[219] Denn dem vierten in § 107 CA genannten Faktor liege die Erwägung zugrunde, dass das Verbot einer Nutzung, die keinen erkennbaren Einfluss auf die Vermarktung und den kommerziellen Wert des geschützten Werkes habe, zur Begründung eines Leistungsanreizes für den Urheber nicht erforderlich sei. Wenn aber der Zugang zu Informationen durch ein solches Verbot beschränkt würde, ohne dass damit auf der anderen Seite ein entsprechender Nutzen für die Allgemeinheit verbunden sei, würde das Urheberrecht insoweit dem Gemeinwohl entgegenwirken.[220] Gegen einen fair use spricht der vierte Faktor daher vor allem dann, wenn der Rechtsinhaber darlegen kann, dass eine gewisse Wahr-

---

Abs. 3 Nr. 1 UrhG können damit auch Vervielfältigungen eines Werkes zum Gebrauch an gewerblichen Ausbildungseinrichtungen als fair use nach § 107 CA zulässig sein.

[216] Auch die Unterscheidung zwischen transformierenden und reproduzierenden Nutzungen bzw. Nutzungen zu kommerziellen und gemeinnützigen Zwecken wird letztlich dadurch bestimmt, inwieweit die jeweilige Nutzung geeignet ist, das Originalwerk zu ersetzen und damit die Vermarktung des Werkes durch den Rechtsinhaber zu beeinträchtigen.

[217] *Harper & Row Publishers, Inc. v. Nation Enterprises*, 471 U.S. 539, 566 (1985): „This last factor is undoubtedly the single most important element of fair use"; *Nimmer*, On Copyright, § 13.05[A][4] 13–194 m. w. N.; vgl. auch *Princeton University Press v. Michigan Document Services, Inc.*, 99 F.3d 1381, 1385 (6th Cir. 1996): der Faktor sei wenigstens „primus inter pares".

[218] *Campbell v. Acuff-Rose Music, Inc.*, 510 U.S. 569, 590 (1994); *Harper & Row Publishers, Inc. v. Nation Enterprises*, 471 U.S. 539, 568 (1985); *Sony Corp. v. Universal City Studios, Inc.*, 464 U.S. 417, 451 (1984); *American Geophysical Union v. Texaco Inc.*, 60 F.3d 913, 928 m. Fn. 14 (2nd Cir. 1994).

[219] *Sony Corp. v. Universal City Studios, Inc.*, 464 U.S. 417, 454 (1984).

[220] *Sony Corp. v. Universal City Studios, Inc.*, 464 U.S. 417, 450 f. (1984).

scheinlichkeit dafür besteht, dass durch die fragliche Nutzung der Absatz der Originalexemplare des Werkes beeinträchtigt wird.[221] Dies wird bei Vervielfältigungen zu kommerziellen Zwecken regelmäßig der Fall sein, da mit der Nutzung gerade der Zweck verfolgt wird, an dem wirtschaftlichen Erfolg des Originalwerkes zu partizipieren.[222]

Der vierte Faktor besagt damit letztlich nichts anderes, als dass durch die Freistellung der Nutzung als fair use die „normale" Auswertung des geschützten Werkes nicht beeinträchtigt werden darf, wie dies auch der Dreistufentest vorsieht.[223] Dass die unterinstanzliche Judikatur dazu neigt, den finanziellen Aspekt zu betonen und einen fair use abzulehnen, sobald der Urheber ein finanzielles Interesse an der Nutzung geltend machen kann,[224] beruht vor allem darauf, dass § 107 CA anders als das deutsche Recht keine Möglichkeit kennt, die Beschränkung des Ausschließlichkeitsrechts finanziell durch einen Vergütungsanspruch zu kompensieren.[225]

c. Natur des Werkes und Umfang der Nutzung

Auch wenn in der neueren Rechtsprechung betont wird, dass alle in § 107 CA aufgeführten Kriterien gleichwertig seien,[226] wird die Zulässigkeit einer Nutzung als fair in erster Linie durch eine Abwägung der dem ersten und vierten Faktor zugrunde liegenden Wertungen bestimmt.[227] Die beiden anderen in § 107 CA genannten Faktoren können für sich genommen die Annahme eines fair use kaum rechtfertigen. Sie legen lediglich Reichweite und Grenzen des Fair-use-Einwandes im Einzelfall fest. Der zweite Faktor („nature of the work") dient dabei in erster Linie dazu, den Schutzbereich des Urheberrechts bei nicht schöpferischen Werken zu begrenzen, die nach deutschem Urheberrecht ohnehin nicht unter den Schutz des UrhG fallen würden.[228] Der dritte Faktor („amount

---

[221] Vgl. *Depoorter/Parisi*, S. 9 Fn. 26, gegen die Versuche der Rechtsprechung, dem vierten Faktor eine darüber hinaus gehende Bedeutung zuzumessen.

[222] In Bezug auf das private Aufzeichnen von Fernsehsendungen zum zeitversetzten Ansehen hielt der Supreme Court im Fall *Sony v. Universal* diesen Nachweis nicht für erbracht, *Sony Corp. v. Universal City Studios, Inc.*, 464 U.S. 417, 451 ff. (1984). Daraus wird man jedoch nicht schließen können, dass jegliche Vervielfältigung eines geschützten Werkes zum privaten Gebrauch der Fair-use-Doktrin unterfällt. Denn gerade digitale Vervielfältigungen können aus Sicht des Nutzers einen nahezu vollwertigen Ersatz für ein erworbenes Werkexemplar darstellen und damit den Absatz für das Originalprodukt beeinträchtigen.

[223] *Ullrich*, GRURInt 2009, 289. Der Dreistufentest gilt über Art. 13 TRIPS und Art. 10 Abs. 2 WCT auch für das US-amerikanische Recht. Vgl. zur Berücksichtigung des Dreistufentests im Rahmen des § 107 CA auch *Burk/Cohen*, 15 Harv. J. L. Tech. 75 (2001).

[224] Vgl. *Loren*, 5 J. Intel. Prop. L. 1 (1997) unter III A.

[225] Siehe bereits oben S. 11.

[226] *American Geophysical Union v. Texaco, Inc.*, 60 F.3d 913, 926 (2nd Cir. 1994) unter Berufung auf *Campbell v. Acuff-Rose Music, Inc.*, 510 U.S. 569, 578 (1994).

[227] Vgl. die tabellarische Übersicht bei *Nimmer*, Copyright Illuminated, S. 363 ff.

[228] *Princeton University Press v. Michigan Document Services, Inc.*, 99 F.3d 1381, 1389,

and substantiality of the portion used") stellt klar, dass die Freistellung nur so weit reicht, wie die Nutzung des fremden Werkes zur Erfüllung des privilegierten Nutzungszwecks erforderlich ist, wird also letztlich – ebenso wie der zweite Faktor – als eine Ausprägung des Verhältnismäßigkeitsgrundsatzes verstanden.[229]

3. Ergebnis

Aus utilitaristischer Sicht wird dem Urheber ein ausschließliches Schutzrecht allein wegen des Nutzens seiner Arbeit für die Gesellschaft gewährt. Durch die Gewährung eines Ausschließlichkeitsrechts und die Möglichkeit, daraus Einnahmen zu erzielen, soll der Urheber einen Anreiz erhalten, neue Werke zu produzieren und zu verbreiten und dadurch das Gemeinwohl zu steigern. Beschränkungen des Urheberrechts finden dementsprechend ihre Rechtfertigung darin, dass dadurch Nutzungen fremder Werke ermöglicht werden, die das Gemeinwohl durch die Verbreitung von Wissen steigern und damit der kulturfördernden Funktion des Urheberrechts dienen, ohne auf der anderen Seite die Anreize zum kreativen Schaffen übermäßig zu beeinträchtigen. Diese utilitaristische Schutzrichtung des Urheberrechts legt die US-amerikanische Rechtsprechung auch bei der Auslegung des § 107 CA zugrunde, so dass als fair use insbesondere „produktive" Nutzungen anerkannt sind, deren Ergebnis nicht lediglich ein Substitut für das benutzte Werk, sondern ein eigenständiges Werk ist, oder durch die die Verbreitung von Wissen in der Gesellschaft auf andere Weise gefördert wird, ohne dass der Urheber um die Früchte seiner Arbeit gebracht wird.

III. Fazit

Die Frage, ob es ein natürliches Recht auf geistiges Eigentum gibt oder das Urheberrecht auch oder ausschließlich utilitaristisch zu rechtfertigen ist, kann an

1405 (6th Cir. 1996), nennt als Beispiel Telefonverzeichnisse und Mannschaftsaufstellungen von Football-Vereinen. Vgl. *Kelly v. Arriba Soft Corp.*, 336 F.3d 811, 820 (9th Cir. 2003); *A&M Records, Inc. v. Napster, Inc.*, 239 F.3d 1004, 1016 (9th Cir. 2001): „Works that are creative in nature are closer to the core of intended copyright protection than more fact-based works". Daneben soll die Tatsache, dass das genutzte Werk noch nicht veröffentlicht ist, die Reichweite des Fair-use-Einwands begrenzen, vgl. *Harper & Row Publishers, Inc. v. Nation Enterprises*, 471 U.S. 539, 564 (1985). Nach dem 1992 eingefügten § 107 cl. 3 CA schließt die fehlende Veröffentlichung des genutzten Werkes die Annahme eines fair use indes nicht per se aus.

[229] Vgl. *Campbell v. Acuff-Rose Music, Inc.*, 510 U.S. 569, 586f. (1994): „[T]he extent of permissible copying varies with the purpose and character of the use"; *Kelly v. Arriba Soft*, 336 F.3d 811, 820f. (9th Cir. 2003): „If the secondary user only copies as much as is necessary for his or her intended use, then this factor will not weigh against him or her." Im Einzelfall kann daher auch die Übernahme eines ganzen Werkes gerechtfertigt sein, *Kelly v. Arriba Soft*, 336 F.3d 811, 821 (9th Cir. 2003).

dieser Stelle nicht endgültig geklärt werden.[230] Jedenfalls macht man es sich zu einfach, wenn man die naturrechtliche Konzeption des Urheberrechts allein mit der Begründung verwirft, dass die Idee vom Naturrecht insgesamt überholt sei. Auch heute noch ist die Annahme eines Naturrechts gerechtfertigt, wenn man darunter rechtsethische Prinzipien versteht, die unabhängig vom positiven Recht gültig sind. Zu kurz greift daher auch die Auffassung, auf eine naturrechtliche Legitimierung komme es angesichts des einfachgesetzlichen Schutzes der einzelnen Immaterialgüter heute nicht mehr an.

Auf der anderen Seite ist das der utilitaristischen Rechtfertigung des Urheberrechts zugrunde liegende Allgemeininteresse an einem reichhaltigen Kulturleben durchaus auch einer der Schutzgründe des deutschen Urheberrechts.[231] Ebenso finden sich im europäischen[232] und internationalen Urheberrecht utilitaristische Begründungsansätze.[233] Vor allem zur Rechtfertigung von Beschränkungen der urheberrechtlichen Ausschließlichkeitsrechte können Gemeinwohlerwägungen fruchtbar gemacht werden.[234] Insgesamt ist die unterschiedliche moralische Rechtfertigung des Urheberrechts daher für die Rechtfertigung seiner Schranken nur von untergeordneter Bedeutung. Die Notwendigkeit einer Beschränkung des urheberrechtlichen Ausschließlichkeitsrechts wird im individualistisch geprägten deutschen Recht wie in der utilitaristisch motivierten Rechtsprechung der US-Gerichte mit ganz ähnlichen Erwägungen begründet. Dass der Umfang der zustimmungsfrei erlaubten Nutzungen im Einzelfall dennoch erheblich voneinander abweicht, ist in den meisten Fällen weniger auf leitende Prinzipien des Urheberrechts als auf politische Zwänge zurückzuführen.[235] Hinzu kommt, dass die Generalklausel des § 107 CA dem

[230] Für einen „Mehrschichtenansatz", bei dem sich personalistische und utilitaristische Rechtfertigungen überlagern, *Leistner/Hansen*, GRUR 2008, 488f.

[231] Schricker-*Schricker*, Einleitung Rn. 13; *Schack*, UrhR, Rn. 17; *Ohly*, JZ 2003, 548; *Bongers*, S. 390; vgl. auch *Geiger*, IIC 2005, 153: „Even in countries that follow the continental tradition, justifications based on the personality of the author have been mixed with utilitarian justifications ever since copyright was introduced. The public's interest, including the interests of the users, has always been a reason for granting copyright, but also for limiting it." So betonte Bundesjustizministerin *Zypries* auf der Internationalen Konferenz zur Zukunft des Urheberrechts am 7.5. 2009: „[D]er Schutz des geistigen Eigentums ist gerade für Deutschland so wichtig, weil kluge Ideen, Kreativität und Innovationen unsere wichtigste Ressource sind. Nur wenn sie wirksam geschützt werden, armortisieren sich Investitionen und lohnt es sich, auch in Zukunft kreativ und innovativ zu sein", siehe Pressemitteilung des BMJ vom 7. 5. 2009, abrufbar unter http://www.bmj.de.

[232] Siehe etwa Erwägungsgründe 11 und 22 der Info-RL, die als Zweck der Richtlinie die Sicherstellung der „notwendigen Mittel für das kulturelle Schaffen in Europa" sowie die „Verwirklichung des Ziels, die Verbreitung der Kultur zu fördern", beschreiben.

[233] Siehe nur die Präambel des WUA, wonach eine internationale Regelung des Urheberrechtsschutzes „die Achtung der Menschenrechte sichern und die Entwicklung der Literatur, Wissenschaft und Kunst fördern wird"; ferner *Leistner/Hansen*, GRUR 2008, 489 mit weiteren Beispielen.

[234] *Schack*, FS Wadle, 1018; Schricker-*Schricker*, Einleitung Rn. 12.

[235] So kritisiert *Schack*, UrhR, Rn. 480, dass die Technik des deutschen Gesetzgebers als

Prinzip „Alles oder nichts" folgt, so dass finanzielle Einbußen des Urhebers anders als im deutschen Recht nicht durch einen gesetzlichen Vergütungsanspruch ausgeglichen werden können und sich die Rechtsprechung daher oft gezwungen sieht, den finanziellen Interessen des Urhebers den Vorzug vor dem Nutzungsinteresse der Allgemeinheit zu geben.

C. Grundrechtsrelevanz der Schranken

Besondere Bedeutung für die Legitimation gesetzlicher Schrankenbestimmungen kommt auf positivrechtlicher Ebene dem Verfassungsrecht zu, das als solches zwar das Urheberrecht nicht rechtfertigen kann, dem Gesetzgeber bei dessen Ausgestaltung aber einen verbindlichen Rahmen vorgibt.[236]

I. Die Sozialpflichtigkeit des Urheberrechts

Die Verwertungsrechte des Urhebers sind im Hinblick auf ihre vermögenswerten Bestandteile als geistiges Eigentum in ihrem Kernbestand durch Art. 14 Abs. 1 S. 1 GG verfassungsrechtlich verbürgt.[237] Die Institutsgarantie des geistigen Eigentums gewährleistet dabei einen Grundbestand von Normen, der gegeben sein muss, um das Recht als „Privateigentum" bezeichnen zu können.[238] Dem Urheber müssen die vermögenswerten Ergebnisse seiner schöpferischen Leistung im Wege privatrechtlicher Normierung grundsätzlich zugeordnet und dessen Freiheit gewährleistet werden, in eigener Verantwortung darüber verfügen zu können.[239] Andererseits gilt gemäß Art. 14 Abs. 2 GG auch für das geis-

Geltungsgrund vieler Schranken „die politische Durchsetzungskraft einzelner Verwerterinteressen vermuten" lasse.

[236] Vgl. BVerfGE 31, 270, 273 – Schulfunksendungen.

[237] Grundlegend BVerfGE 31, 229, 238 – Kirchen- und Schulgebrauch; ebenso zum Leistungsschutzrecht des Tonträgerherstellers BVerfGE 81, 12, 16 – Vermietungsvorbehalt; zum Leistungsschutzrecht des ausübenden Künstlers BVerfGE 81, 208, 219 – Bob Dylan. Der Schutz des Wirkbereichs durch Art. 5 Abs. 3 GG, der auch die selbstbestimmte Verbreitung des Werkes umfasst, tritt nach h.M. hinsichtlich der vermögensrechtlichen Interessen hinter Art. 14 zurück, BVerfGE 31, 229, 239 – Kirchen- und Schulgebrauch; BVerfGE 49, 382, 392 – Kirchenmusik; Jarass/Pieroth-*Jarass*, Art. 5 Rn. 107; *Gounalakis*, S. 11; *Fechner*, S. 196; *Förster*, S. 164; *Hohagen*, Vervielfältigungsfreiheit, S. 270 Fn. 15; vgl. aber *Badura*, FS Maunz, 11; *Kirchhof*, FS Zeidler, 1654; *Schack*, UrhR, Rn. 87.

[238] BVerfGE 31, 229, 241 – Kirchen- und Schulgebrauch; BVerfG (K) GRUR 2001, 43, 44 – Klinische Versuche (zum Patentrecht); *Badura*, Eigentumsschutz, S. 25; siehe dazu bereits oben B I 1 b; vgl. auch EGMR GRUR 2007, 696, 699 Tz. 83 – Anheuser-Busch/Portugal („Budweiser") zum Schutz des Markenrechts als geistiges Eigentum nach Art. 1 Zusatzprotokoll zur EMRK.

[239] BVerfGE 31, 229, 240f. – Kirchen- und Schulgebrauch; BVerfGE 49, 382, 392 – Kirchenmusik; BVerfGE 77, 263, 270f. – Zeitschriftenauslage; BVerfGE 79, 29, 40 – Vollzugsanstalten.

tige Eigentum der Grundsatz, dass sein Gebrauch zugleich dem Wohl der Allgemeinheit dienen soll. Der Gesetzgeber, der gemäß Art. 14 Abs. 1 S. 2 GG Inhalt und Schranken der als Eigentum grundrechtlich geschützten Rechtspositionen bestimmt, muss daher sowohl der grundgesetzlichen Anerkennung des Privateigentums durch Art. 14 Abs. 1 S. 1 GG als auch der Sozialpflichtigkeit des Eigentums Rechnung tragen.[240] Der Freiheitsraum des Einzelnen und die Belange der Allgemeinheit müssen in einen gerechten Ausgleich und ein ausgewogenes Verhältnis gebracht werden.[241]

Der Gesetzgeber steht nach den Vorgaben des BVerfG „bei der Erfüllung des ihm in Art. 14 Abs. 1 S. 2 GG erteilten Auftrags, Inhalt und Schranken des geistigen Eigentums zu bestimmen, vor der Aufgabe, nicht nur die Individualbelange des Urhebers zu sichern, sondern auch den individuellen Berechtigungen und Befugnissen die im Interesse des Gemeinwohls erforderlichen Grenzen zu ziehen."[242] Er muss dabei nicht jede nur denkbare Verwertungsmöglichkeit dem Urheber zuweisen, sondern den verfassungsrechtlich garantierten Anspruch auf angemessene Verwertung der schöpferischen Leistung und die schutzwürdigen Interessen der Allgemeinheit in ein ausgewogenes Verhältnis bringen.[243] Der Gesetzgeber darf folglich in die grundsätzliche Zuordnung der vermögenswerten Ergebnisse der schöpferischen Leistung an den Urheber sowie in dessen Freiheit, in eigener Verantwortung darüber verfügen zu können, nicht übermäßig eingreifen. Vom Gesetzgeber in Erfüllung dieses Ausgestaltungsauftrags geschaffene Schranken des Urheberrechts stellen Inhalts- und Schrankenbestimmungen i. S. d. Art. 14 Abs. 1 S. 2 GG dar und sind als Ausdruck der Sozialpflichtigkeit des geistigen Eigentums stets am Verhältnismäßigkeitsgrundsatz zu messen.[244] Die Beschränkung des Ausschließlichkeitsrechts muss mit anderen Worten zur Förderung eines schutzwürdigen Interesses der Allgemeinheit geeignet, erforderlich und angemessen sein.[245] Das Wohl der Allgemeinheit ist dabei „nicht nur Grund, sondern auch Grenze" für die dem Eigentümer aufzuerlegenden Beschränkungen.[246] Eine übermäßige, durch den sozialen Bezug des Urheberrechts nicht geforderte Einschränkung kann daher nicht mit Art. 14 Abs. 2 GG gerechtfertigt werden.[247] Angesichts des besonderen sozialen Bezugs

---

[240] Vgl. BVerfGE 37, 132, 140; BVerfGE 102, 1, 16 f.

[241] BVerfGE 25, 112, 117; BVerfGE 49, 382, 394 – Kirchenmusik; Jarass/Pieroth-*Jarass*, Art. 14 Rn. 39 m. w. N.

[242] BVerfGE 49, 382, 394 – Kirchenmusik; ebenso zum Patentrecht BVerfG (K) GRUR 2001, 43, 44 – Klinische Versuche.

[243] BVerfGE 81, 208, 220 f. – Bob Dylan; *Badura*, FS Maunz, 9; *Schack*, UrhR, Rn. 86.

[244] BVerfGE 31, 229, 240, 243 ff. – Kirchen- und Schulgebrauch; *Söllner*, FS Traub, 372 f.; *Geerlings*, GRUR 2004, 209; *Harder*, UFITA 2004, 652 f. (zu § 52a UrhG).

[245] *Kreile*, FS Lerche, 260; *Harder*, UFITA 2004, 653 ff.

[246] So zum Sacheigentum BVerfGE 50, 1, 29; BVerfGE 100, 226, 241; BVerfGE 102, 1, 17.

[247] BVerfGE 49, 382, 400 – Kirchenmusik; BVerfGE 79, 29, 40 – Vollzugsanstalten; vgl. allgemein BVerfGE 25, 112, 118; BVerfGE 50, 1, 30: Einschränkungen der Eigentümerbefugnisse dürfen „nicht weitergehen, als der Schutzzweck reicht, dem die Regelung dient."

urheberrechtlich geschützter Werke geht es dabei in erster Linie um das Allgemeininteresse an einem möglichst unbehinderten Zugang zu den Kulturgütern.[248] Denn das Urheberrecht schöpft seine soziale Dimension gerade aus dem Informationsinteresse der Allgemeinheit.[249]

Neben Art. 14 GG ist wegen der monistischen Konzeption des Urheberrechts auch der Schutz der ideellen Interessen des Urhebers durch das von Art. 2 Abs. 1 i. V. m. Art. 1 Abs. 1 GG gewährleistete Urheberpersönlichkeitsrecht zu beachten, das insoweit als „Schranken-Schranke" wirkt.[250] Die in Erfüllung des gesetzgeberischen Auftrags aus Art. 14 Abs. 1 S. 2 GG geschaffenen Beschränkungen der Verwertungsrechte dürfen danach nicht zu einer übermäßigen Beeinträchtigung der urheberpersönlichkeitsrechtlichen Interessen führen.[251] Beschränkungen sind daher im Regelfall nur in Bezug auf bereits veröffentlichte Werke zulässig.[252]

Vor diesem Hintergrund hatte das BVerfG aufgrund von Verfassungsbeschwerden von Urhebern (bzw. deren Erben) oder Vorlagen von Zivilgerichten bereits mehrfach über die Verfassungsmäßigkeit einzelner Schranken des UrhG zu entscheiden.[253] Dabei trennt das Gericht stets zwischen der Verfassungsmäßigkeit einer Beschränkung des Verbotsrechts und der Zulässigkeit auch der Vergütungsfreiheit der betreffenden Nutzung, wobei letztere nur durch ein gesteigertes, gegenüber dem urheberrechtlichen Verwertungsschutz vorrangiges öffentliches Interesse gerechtfertigt werden kann.[254] Mit der Verfassung nicht vereinbar war daher § 46 UrhG a. F., wonach keine Vergütungspflicht für die zulässige Aufnahme geschützter Werke in Sammlungen für den Kirchen- und Schulgebrauch bestand, da das Interesse der Allgemeinheit an einem ungehinderten Zugang zu den Kulturgütern eine derart weitgehende Beschneidung der Verwertungsinteressen nicht rechtfertigen konnte.[255] Ebenso widersprach es der Eigentumsgarantie, dass der Komponist von Kirchenmusik sein Werk nach

[248] Vgl. *Krüger-Nieland*, FS Oppenhoff, 181.

[249] *Gounalakis*, S. 16; vgl. dazu bereits oben S. 26 f.

[250] *Metzger*, ZUM 2000, 930; vgl. *dens.*, GRURInt 2003, 14.

[251] Dem Schutz des Urheberpersönlichkeitsrechts dienen insoweit vor allem §§ 62, 63 UrhG.

[252] Schricker-*Melichar*, vor §§ 44a ff. Rn. 12. Ausnahmen sind die Schranken der §§ 45, 53 Abs. 1 und 57 UrhG, die auch unveröffentlichte Werke erfassen; siehe dazu unten S. 260 f.

[253] Siehe BVerfGE 31, 229, 242 ff. – Kirchen- und Schulgebrauch (zu § 46 UrhG); BVerfGE 31, 270, 273 f. – Schulfunksendungen (zu § 47 UrhG); BVerfGE 49, 382, 394 ff. – Kirchenmusik; BVerfGE 79, 29, 41 ff. – Vollzugsanstalten (zu § 52 Abs. 1 UrhG); vgl. auch die Darstellungen bei *Kreile*, FS Lerche, 262 f.; Schricker-*Melichar*, vor §§ 44a ff. Rn. 7 ff.

[254] BVerfGE 31, 229, 243 – Kirchen- und Schulgebrauch; BVerfGE 49, 382, 400 – Kirchenmusik; BVerfGE 79, 29, 41 – Vollzugsanstalten; *Badura*, Eigentumsschutz, S. 25.

[255] BVerfGE 31, 229, 244 f. – Kirchen- und Schulgebrauch.

§ 52 Abs. 1 Nr. 2 Hs. 2 UrhG a. F. für kirchliche Veranstaltungen regelmäßig vergütungsfrei zur Verfügung stellen musste.[256]

In der Beschränkung des Verbietungsrechts hat das BVerfG jedoch bislang noch in keinem Fall einen Verfassungsverstoß gesehen. Insoweit war der Eingriff in die verfassungsrechtliche Garantie des geistigen Eigentums nach Auffassung des BVerfG stets durch das schutzwürdige Interesse der Allgemeinheit am Zugang zu den Kulturgütern,[257] an der Befriedigung kultureller Bedürfnisse[258] oder an der Teilhabe am musikalischen Geistesschaffen der Zeit[259] legitimierbar.

II. Der Grundrechtsschutz der Schrankenbegünstigten

In den vom BVerfG entschiedenen Fällen ging es immer nur darum, inwieweit der mit einer gesetzlichen Beschränkung der Verwertungsrechte verbundene Eingriff in das Grundrecht der Urheber aus Art. 14 Abs. 1 GG im Hinblick der Sozialpflichtigkeit des geistigen Eigentums verfassungsrechtlich gerechtfertigt war. Das BVerfG hatte bislang nicht darüber zu entscheiden, inwieweit die Gewährung urheberrechtlicher Ausschließlichkeitsrechte für bestimmte Nutzungen ihrerseits einer verfassungsmäßigen Rechtfertigung bedarf, weil ein übermäßiges Verbotsrecht des Urhebers in Grundrechte der Nutzer eingreift.[260] Fraglich ist mit anderen Worten, inwieweit gewisse gesetzliche Schranken des Urheberrechts im Hinblick auf den Grundrechtsschutz der Urheber nicht nur *zulässig*, sondern zum Schutz der individuellen Grundrechte der Nutzer sogar verfassungsrechtlich *geboten* sind, so dass die von einer Schranke Begünstigten gegen eine zu weit gehende Beschränkung der Nutzungsfreiheit durch ein Verbotsrecht des Urhebers eine Verletzung ihrer Grundrechte geltend machen könnten.

1. Grundrechtskollision und praktische Konkordanz

Bei der gesetzlichen Ausgestaltung der Inhalts- und Schrankenbestimmungen des geistigen Eigentums im Rahmen des Art. 14 Abs. 1 S. 2 GG geht es in erster Linie um die Beachtung der Eigentumsgarantie zugunsten der Urheber, die

[256] BVerfGE 49, 382, 399 f. – Kirchenmusik.
[257] BVerfGE 31, 229, 242, 244 – Kirchen- und Schulgebrauch.
[258] BVerfGE 81, 208, 221 – Bob Dylan.
[259] BVerfGE 49, 382, 395 – Kirchenmusik.
[260] BVerfGE 31, 255, 265 f. – Tonbandvervielfältigungen, betraf lediglich die Frage, ob die Geräteabgabe nach § 53 Abs. 5 a. F. gegen die Berufsfreiheit der Gerätehersteller verstieß, was unter Hinweis auf deren Einbeziehung in den vom UrhG geregelten mehrseitigen Interessenausgleich verneint wurde. BVerfG (K) GRUR 2005, 1032, 1033 – Eigentum und digitale Privatkopie, hat eine auf die Verletzung von Art. 14 GG gestützte Verfassungsbeschwerde gegen das Umgehungsverbot technischer Schutzmaßnahmen in § 95a UrhG als unzulässig abgelehnt.

durch eine zu weitgehende Begrenzung der Verwertungsrechte nicht unverhältnismäßig eingeschränkt werden darf. Jedoch müssen Inhalts- und Schrankenbestimmungen auch mit den übrigen Verfassungsnormen im Einklang stehen.[261] Das gilt auch für die Inhalts- und Schrankenbestimmungen des geistigen Eigentums.[262] Fällt die Nutzung eines fremden Werkes in den Schutzbereich eines Freiheitsgrundrechts, so muss der Gesetzgeber bei der Ausgestaltung der Ausschließlichkeitsrechte des Urhebers daher nicht nur den Schutz des geistigen Eigentums durch Art. 14 Abs. 1 S. 1 GG, sondern auch den grundrechtlichen Schutz der betroffenen Nutzer beachten. Dabei sind die einschlägigen Grundrechte nicht (nur) in ihrer Schutzfunktion betroffen.[263] Insbesondere geht es nicht um die Ausstrahlungswirkung des objektiv-rechtlichen Gehalts der Grundrechte auf das Privatrecht im Wege mittelbarer Drittwirkung. Vielmehr stellt die Gewährung eines weitreichenden Urheberrechtsschutzes durch den Gesetzgeber in Form uneingeschränkter ausschließlicher Verwertungsrechte des Urhebers, insbesondere wenn ein Verstoß wie in § 106 UrhG strafbewehrt ist, einen klassischen Eingriff in den Schutzbereich der Freiheitsgrundrechte dar, für den deren Abwehrfunktion entscheidend ist.[264] Wenn durch die Gewährung eines ausschließlichen Verwertungssrechts an den Urheber zugleich in den Schutzbereich der Grundrechte eines Dritten eingegriffen wird, weil dessen grundrechtlich geschützte Nutzungsfreiheit beschränkt wird, kollidiert dessen Abwehrrecht daher mit der gesetzgeberischen Schutzpflicht zugunsten des geistigen Eigentums.[265]

Eine derartige Kollision von Grundrechten verschiedener Grundrechtsträger ist dadurch aufzulösen, dass die gegenläufigen Interessen nach dem Grundsatz der praktischen Konkordanz zu einem für beide Seiten möglichst schonenden Ausgleich zu bringen sind.[266] Lässt sich ein solcher Ausgleich nicht erreichen, so ist unter Berücksichtigung der falltypischen Gestaltung und der besonderen Umstände des Einzelfalles zu entscheiden, welches Interesse zurückzutreten

---

[261] BVerfGE 25, 112, 117; BVerfGE 37, 132, 140; BVerfGE 102, 1, 17; Jarass/Pieroth-*Jarass*, Art. 14 Rn. 48.

[262] BVerfGE 31, 248, 253 – Bibliotheksgroschen; BVerfGE 31, 270, 273 – Schulfunksendungen.

[263] So aber *Wielsch*, S. 74, 78.

[264] Ebenso wohl *Hüsken*, S. 122. Allgemein zum klassischen Eingriffsbegriff Sachs-*Sachs*, vor Art. 1 Rn. 78ff. Vgl. auch Jarass/Pieroth-*Jarass*, Vorb. vor Art. 1 Rn. 26, 32, der in Fällen, in denen der Staat grundrechtsbeeinträchtigende Handlungen von Privatpersonen erlaubt, die Abgrenzung zwischen Beeinträchtigung der Schutzfunktion und Eingriff danach trifft, ob der entscheidende Beitrag vom Staat oder von der Privatperson erbracht wird; anders wohl von Mangoldt/Klein/Starck-*Starck*, Art. 5 Abs. 1, 2 Rn. 58; im Ergebnis wie hier *Hohagen*, Vervielfältigungsfreiheit, S. 286f., in Bezug auf die Informationsfreiheit.

[265] Allgemein zur Kollision mehrerer Grundrechte bei mehreren Grundrechtsträgern Jarass/Pieroth-*Jarass*, Vorb. vor Art. 1 Rn. 45; Sachs-*Sachs*, vor Art. 1 Rn. 129.

[266] BVerfGE 93, 1, 21 m. w. N.; vgl. *Raue*, FS Nordemann, 337.

hat.[267] Dabei ist zu berücksichtigen, dass das einzuschränkende Grundrecht bis zur Grenze der Verhältnismäßigkeit beschränkt werden kann, während der Schutz des zu fördernden Grundrechts, hier also der Garantie des geistigen Eigentums, lediglich in einem Kernbereich verfassungsrechtlich vorgegeben ist.[268] Dem Gesetzgeber steht daher für den zu schaffenden Ausgleich ein erheblicher Gestaltungsspielraum zu.[269] Eine unverhältnismäßige Einschränkung der Grundrechte der Nutzer kann durch Art. 14 Abs. 1 GG jedoch nicht gerechtfertigt werden.

2. *Einzelne Grundrechte*

Als Grundrechte, auf die sich die Nutzer urheberrechtlich geschützter Werke für die Nutzungsfreiheit berufen können, kommen vor allem die Meinungs-, Presse-, Kunst- und Wissenschaftsfreiheit nach Art. 5 Abs. 1 und Abs. 3 GG sowie die durch Art. 5 Abs. 1 S. 1 Hs. 2 GG gewährleistete Informationsfreiheit in Betracht.[270] Denn die Sozialbindung des Urheberrechts kommt insbesondere in den Schranken zum Ausdruck, welche die geistige Auseinandersetzung fördern wollen, weil die Auseinandersetzung mit fremden Werken und die Aufnahme von Anregungen zum Wesen geistig-schöpferischer Tätigkeit gehören.[271] Da der Urheber seinerseits auf fremden Schöpfungen aufbaut und insofern besonders von der Meinungs-, Presse-, Kunst- und Wissenschaftsfreiheit profitiert, kann deren verfassungsrechtlicher Schutz in Art. 5 GG eine Einschränkung seiner Verbotsrechte vor allem insoweit erfordern, als diese kontraproduktiv zu werden drohen, weil sie die geistige Auseinandersetzung mit seinem Werk behindern.[272]

a. Meinungsfreiheit

Das Grundrecht der Meinungsfreiheit zählt nach dem BVerfG zu den „vornehmsten Menschenrechten überhaupt" und ist für eine freiheitlich-demokratische Staatsordnung als Grundrecht „schlechthin konstituierend".[273] Auch in den USA wird die Meinungsfreiheit durch den ersten Verfassungszusatz (First Amendment) garantiert.[274] Das Grundrecht schützt die Äußerung und die Ver-

[267] BVerfGE 35, 202, 225 zur Kollision des durch Art. 1 Abs. 1 i. V. m. Art. 2 Abs. 1 geschützten Rechts am eigenen Bild (§§ 22, 23 KUG) mit der Rundfunkfreiheit nach Art. 5 Abs. 1 S. 2 GG.

[268] Jarass/Pieroth-*Jarass*, Vorb. vor Art. 1 Rn. 49.

[269] So allgemein für die nach Art. 14 Abs. 1 S. 2 GG vorzunehmende Ausgestaltung des geistigen Eigentums BVerfGE 79, 29, 40 – Vollzugsanstalten.

[270] Vgl. Schricker-*Schricker*, § 51 Rn. 8.

[271] Siehe dazu bereits oben S. 24 f.

[272] Vgl. *Schack*, UrhR, Rn. 482.

[273] BVerfGE 7, 198, 208 – Lüth; Sachs-*Bethge*, Art. 5 Rn. 22.

[274] Zur Bedeutung des First Amendment für das US-Copyright vgl. *Harper & Row Pub-*

breitung von Werturteilen sowie Tatsachenbehauptungen, die der Meinungsbildung dienen, unabhängig davon, ob mit der Meinung politische, private oder kommerzielle Zwecke verfolgt werden,[275] und in welcher Form die Meinungsäußerung erfolgt.[276] Als Meinungsäußerung geschützt sind auch begleitende Tätigkeiten, welche die Wirkung der Äußerung verstärken sollen.[277] Die gesetzliche Ausgestaltung des Urheberrechts trägt diesem grundrechtlich geschützten Interesse zunächst dadurch Rechnung, dass das Urheberrecht seit jeher lediglich die Äußerung des Gedankens in der bestimmten vom Urheber gewählten individuellen Form schützt, die zugrunde liegenden Ideen, Erkenntnisse und Informationen jedoch frei sind und jedenfalls nach Veröffentlichung des Werkes (§ 12 Abs. 2 UrhG) frei verbreitet werden dürfen.[278]

Vom Schutzbereich der Meinungsäußerungsfreiheit umfasst ist insbesondere das Zitieren urheberrechtlich geschützter Werke zur Unterstützung der eigenen Auffassung.[279] Wenn der Gesetzgeber die Vervielfältigung, Verbreitung und öffentliche Wiedergabe von Zitaten fremder Werke uneingeschränkt dem Ausschließlichkeitsrecht des Urhebers des zitierten Werkes unterwürfe und das Verbot gemäß § 106 UrhG zudem strafbewehrt wäre, stellte dies einen erheblichen Eingriff in das Grundrecht aus Art. 5 Abs. 1 S. 1 GG dar. Das Verwertungsinteresse des Urhebers fällt demgegenüber regelmäßig nicht besonders ins Gewicht. Da die kritische Anführung von Zitaten typischerweise das Originalwerk nicht ersetzt, werden die Verwertungsmöglichkeiten des Urhebers nicht geschmälert. Die Tatsache, dass durch eine abwertende Kritik möglicherweise die Verkäufe des kritisierten Werkes zurückgehen, stellt ebenfalls keine Beeinträchtigung durch das Urheberrecht geschützter Interessen des Urhebers dar.[280] Soweit das Zitat zum Beleg der geäußerten Auffassung erforderlich ist, wäre der mit einem entsprechenden Verbietungsrecht des Urhebers verbundene Eingriff in Art. 5 Abs. 1 S. 1 GG folglich unverhältnismäßig und mit dem Grundrecht auf Meinungsfreiheit nicht zu vereinbaren.[281]

---

lishers, Inc. v. Nation Enterprises, 471 U.S. 539, 558 (1985): Copyright als „the engine of free expression"; *Samuelson*, EIPR 2001, 417.

[275] Jarass/Pieroth-*Jarass*, Art. 5 Rn. 3; von Münch/Kunig-*Wendt*, Art. 5 Rn. 8.

[276] BK-GG-*Degenhart*, Art. 5 Abs. 1 und 2 Rn. 142 ff.; Sachs-*Bethge*, Art. 5 Rn. 44.

[277] BVerfGE 97, 391, 398: Namensnennung des Äußernden; Dreier-*Schulze-Fielitz*, Art. 5 I, II Rn. 71.

[278] *Cohen Jehoram*, GRURInt 2004, 98; *Bornkamm*, FS Piper, 648; *Burk/Cohen*, 15 Harv. J.L. Tech. 43 (2001); *Harper & Row Publishers, Inc. v. Nation Enterprises*, 471 U.S. 539, 560 (1985).

[279] Ebenso von Mangoldt/Klein/Starck-*Starck*, Art. 5 Rn. 51, 58, gegen *Löffler*, NJW 1980, 204 f., der die Informationsfreiheit heranzieht; vgl. auch *Deutsch*, NJW 1967, 1396; *Schack*, FS Wadle, 1019, der die Zitierfreiheit als „hochgradig grundrechtsrelevant" bezeichnet.

[280] *Schack*, UrhR, Rn. 346: allenfalls Verletzung des allgemeinen Persönlichkeitsrechts oder Beleidigung.

[281] Vgl. zu § 107 CA *Samuelson*, EIPR 2001, 420 m. w. N.; a. A. *Universal v. Corley*, 273 F.3d 429, 458 (2nd Cir. 2001): Der Supreme Court habe den Fair-use-Einwand niemals als „constitutionally required" angesehen.

Die gesetzliche Regelung der Zitierfreiheit in § 51 UrhG genügte diesen Anforderungen bis zur Einführung der Generalklausel in § 51 S. 1 UrhG durch den „Zweiten Korb“ 2007 nicht vollständig. Denn die in § 51 UrhG a. F. aufgezählten Zitatformen, die § 51 S. 2 UrhG jetzt nur noch als Beispiele nennt, erfassten nicht alle Fälle, in denen aufgrund der Belegfunktion des Zitats eine Beschränkung des Verbotsrechts des Urhebers geboten war. Trotz des abschließenden Charakters der Aufzählung zulässiger Zitate war daher anerkannt, dass aufgrund des grundrechtlichen Schutzes der Meinungsfreiheit eine verfassungskonforme Auslegung des § 51 Nr. 2 UrhG a. F. geboten war. So hat die Rechtsprechung auch das „kleine Großzitat“, also die Anführung ganzer Sprach- und Bildwerke geringen Umfangs, sowie Filmzitate, also Fälle, in denen das zitierende Werk kein Sprachwerk, sondern ein Filmwerk ist, als urheberrechtlich zulässige Zitate angesehen.[282]

Diese nach altem Recht durch verfassungskonforme Auslegung[283] der Zitatschranke geschlossenen Lücken werden nunmehr von § 51 S. 1 UrhG erfasst.[284] Denn die Zitierfreiheit soll allgemein im Interesse des allgemeinen kulturellen und wissenschaftlichen Fortschritts „der Freiheit der geistigen Auseinandersetzung mit fremden Gedanken dienen“.[285] Dieser Zweck ist nicht auf die in § 51 S. 2 UrhG beispielhaft aufgezählten Zitatformen beschränkt. Eine Urheberrechtsordnung, welche auch die Vervielfältigung, Verbreitung und öffentliche Wiedergabe fremder Werke im Rahmen einer geistigen Auseinandersetzung mit dem betreffenden Werk einem Verbotsrecht des Urhebers unterwirft, wäre insoweit wegen Verstoßes gegen die Meinungsfreiheit verfassungswidrig.

[282] Zum kleinen Großzitat KG UFITA 54 (1969), 296, 299f.; Schricker-*Schricker*, § 51 Rn. 9, 45; *Geiger*, GRURInt 2002, 332 (zu Art. L. 122–5 Nr. 3 CPI), gegen CA Paris GRUR-Int 2002, 329 – Fabris/Sté France 2; zum Filmzitat LG Berlin GRUR 1978, 108, 110; ebenso im Ergebnis, aber ohne auf Art. 5 GG einzugehen, BGHZ 99, 162, 164 = GRUR 1987, 362, 363 – Filmzitat; OLG Köln GRUR 1994, 47, 48 – Filmausschnitt; vgl. dazu auch *Bornkamm*, FS Piper, 652.

[283] Tatsächlich handelte es sich eher um eine Analogie und nicht um Gesetzesauslegung, so ausdrücklich BGHZ 99, 162, 164 = GRUR 1987, 362, 363 – Filmzitat; BT-Drucks. 16/1828, S. 25; vgl. auch KG UFITA 54 (1969), 296, 299: § 51 Nr. 2 UrhG sei „nach Sinn und Zweck des Gesetzes im Rahmen einer verfassungskonformen Auslegung entsprechend anzuwenden“; dagegen *Löffler*, NJW 1980, 205, der das Ergebnis durch eine verfassungskonforme weite Auslegung des Begriffs „Stelle“ in § 51 Nr. 2 UrhG a. F. erreichen will.

[284] *Schack*, UrhR, Rn. 491.

[285] BGH GRUR 1973, 216, 217 – Handbuch moderner Zitate; BGHZ 126, 313, 320f. = GRUR 1994, 800, 803 – Museumskatalog; Schricker-*Schricker*, § 51 Rn. 6; *Förster*, S. 86f.; deutlich zu weit geht Dreier/Schulze-*Dreier*, § 51 Rn. 6 und 24, der für den Zitatzweck sowohl auf eine geistige Auseinandersetzung als auch auf die Aufnahme in ein selbständiges Werk verzichten will.

b. Wissenschaftsfreiheit

Neben der Meinungsfreiheit muss der Gesetzgeber bei der Abwägung der widerstreitenden Interessen im Rahmen des Art. 14 Abs. 1 S. 2 GG zugunsten der Nutzer vor allem auch die Wissenschaftsfreiheit beachten.[286] Jeder, der in Wissenschaft, Forschung und Lehre tätig ist, hat danach ein „Recht auf Abwehr jeder staatlichen Einwirkung auf den Prozess der Gewinnung und Vermittlung wissenschaftlicher Erkenntnisse".[287] Außerdem begründet Art. 5 Abs. 3 S. 1 GG ein Recht des einzelnen Wissenschaftlers auf solche staatlichen Maßnahmen, die zum Schutz seines grundrechtlich gesicherten Freiheitsraums unerlässlich sind.[288] Verfassungsrechtlich geboten ist daher insbesondere die in § 51 S. 2 Nr. 1 UrhG genannte Freiheit der Anführung einzelner Werke in einem selbständigen wissenschaftlichen Werk. Denn im Bereich der Wissenschaft könnte man ohne Zitieren nicht sachgerecht arbeiten.[289] Insoweit ist die Zitierfreiheit Ausdruck des durch Art. 5 Abs. 3 S. 1 GG gewährleisteten Grundrechts der Wissenschaftsfreiheit, das in seinem Anwendungsbereich dem Schutz der Meinungsfreiheit durch Art. 5 Abs. 1 GG als lex specialis vorgeht.[290]

Im Hinblick auf die grundrechtliche Gewährleistung der Wissenschaftsfreiheit ist auch die Schranke zugunsten von Vervielfältigungen zum eigenen wissenschaftlichen Gebrauch in § 53 Abs. 2 S. 1 Nr. 1 UrhG verfassungsrechtlich geboten. Denn ein Verbietungsrecht des Urhebers, das den Wissenschaftler dazu zwingen würde, für jede Vervielfältigung, die er für eine wissenschaftliche Untersuchung anfertigt, eine Lizenz einzuholen, würde das wissenschaftliche Arbeiten unverhältnismäßig einschränken. Anders als bei der Zitierfreiheit kann dem grundrechtlich geschützten Interesse des Urhebers an einer angemessenen Vergütung hier aber durch einen gesetzlichen Vergütungsanspruch, wie ihn §§ 54 ff. UrhG vorsehen, Rechnung getragen werden.[291]

c. Presse- und Rundfunkfreiheit

Ähnlich wie § 51 ist auch die Schranke des § 50 UrhG das Ergebnis einer vom Abwägung des Gesetzgebers zwischen dem Verwertungsinteresse des Urhebers und dem durch Art. 5 Abs. 1 GG geschützten Interesse der Presse an freier Be-

[286] *Gounalakis*, S. 16.

[287] BVerfGE 35, 79, 111 f.

[288] BVerfGE 35, 79, 115; BVerfGE 95, 193, 209.

[289] Schricker-*Schricker*, Art. 51 Rn. 7 a. E.; *Schmieder*, UFITA 93 (1982), 65.

[290] BVerfGE 30, 173, 191 – Mephisto; BVerfG (K) GRUR 2001, 149, 151 – Germania 3 (zur Kunstfreiheit); Sachs-*Bethge*, Art. 5 Rn. 220a; Jarass/Pieroth-*Jarass*, Art. 5 Rn. 120.

[291] Vgl. *Hohagen*, Vervielfältigungsfreiheit, S. 40, 296. Der These *Hohagens*, dass eine entschädigungslose Aufhebung des Vervielfältigungsrechts zugunsten der Wissenschaftsfreiheit eine unverhältnismäßige Beschränkung der Rechte der Urheber darstelle, kann jedenfalls in Bezug auf die Zitierfreiheit nicht gefolgt werden.

richterstattung über urheberrechtlich geschützte Werke.[292] Hier steht weniger die Presse- oder Rundfunkfreiheit als vielmehr, wie bei der Zitierfreiheit, die Freiheit der Meinungsäußerung im Vordergrund.[293] Denn auch bei Meinungsäußerungen in Presseerzeugnissen ist die Meinungs- und nicht die Pressefreiheit einschlägig, soweit es um die Zulässigkeit einer bestimmten Äußerung geht und nicht um die spezifische Vermittlungsleistung der Presse und deren institutionell-organisatorische Voraussetzungen und Rahmenbedingungen.[294] Die Schranke des § 50 UrhG soll die anschauliche Berichterstattung über aktuelle Ereignisse in den Fällen erleichtern, in denen Journalisten oder ihren Auftraggebern die (rechtzeitige) Einholung der erforderlichen Zustimmungen vor dem Abdruck oder der Sendung eines aktuellen Berichts nicht möglich oder nicht zumutbar ist, und erlaubt zu diesem Zweck die zustimmungs- und vergütungsfreie Vervielfältigung, Verbreitung und öffentliche Wiedergabe geschützter Werke, die im Verlauf solcher Ereignisse – häufig nur zufällig – in Erscheinung treten.[295] Soweit die aktuelle Berichterstattung durch eine Pflicht zur Einholung der erforderlichen Einwilligung(en) gefährdet würde, gebührt der Meinungsfreiheit daher der Vorrang vor dem Verwertungsinteresse des Urhebers.[296]

Als Ausfluss speziell der Pressefreiheit können eher §§ 48, 49 UrhG angesehen werden, wobei § 49 Abs. 1 allerdings kaum verfassungsrechtlich zwingend geboten sein dürfte. Denn die Pressearbeit wird durch die Möglichkeit einer zustimmungsfreien Übernahme von Artikeln anderer Zeitungen sicherlich erleichtert, so dass eine Beschränkung der Verwertungsrechte unter dem Gesichtspunkt der Sozialpflichtigkeit des geistigen Eigentums im Interesse der Allgemeinheit an umfassender und rascher Berichterstattung gerechtfertigt ist.[297] Indes stellte es keinen unverhältnismäßigen Eingriff in das Grundrecht auf Pressefreiheit dar, wenn diese Nutzungen einer Zustimmung der betroffenen Urheber bedürften. Dies zeigt sich schon daran, dass § 49 Abs. 1 S. 1 UrhG

---

[292] BGH GRUR 1987, 34, 35 – Liedtextwiedergabe I; BGH GRUR 2002, 1050, 1051 – Zeitungsbericht als Tagesereignis.

[293] Anders offenbar BGH GRUR 1987, 34, 35 – Liedtextwiedergabe I; vgl. auch BGH GRUR 2002, 1050, 1051 – Zeitungsbericht als Tagesereignis; BGHZ 175, 135, 149 = GRUR 2008, 693, 696 f. Tz. 49 – TV Total, der auf die „Meinungs- und Pressefreiheit" abstellt.

[294] BVerfGE 85, 1, 12 f.; BVerfGE 113, 63, 75. Das verkennt BGHZ 154, 260, 269 = GRUR 2003, 956, 958 – Gies-Adler, wenn dort die Pressefreiheit herangezogen wird, um die Zulässigkeit der Benutzung eines geschützten Werkes als Ausdrucksmittel der politischen Auseinandersetzung im Rahmen des § 24 Abs. 1 UrhG zu begründen.

[295] BGHZ 175, 135, 150 = GRUR 2008, 693, 696 f. Tz. 49 – TV Total; Dreier/Schulze-*Dreier*, § 50 Rn. 1; Schricker-*Vogel*, § 50 Rn. 1.

[296] Soweit BGHZ 85, 1, 6 = GRUR 1983, 25, 26 f. – Presseberichterstattung und Kunstwerkwiedergabe I, es bei § 50 UrhG auch für zulässig hält, dass das Werk im Rahmen einer Berichterstattung selbständig und ohne einen das eigentliche Tagesereignis betreffenden Vorgang bildlich dargestellt wird und sogar die Verwendung von Archivbildern zulässt, ist die Zustimmungs- und Vergütungsfreiheit der Nutzung hingegen verfassungsrechtlich nicht zwingend erforderlich.

[297] BT-Drucks. IV/270, S. 65 f.

ausdrücklich einen dinglich wirkenden Vorbehalt der Rechte erlaubt.[298] Insgesamt geht es bei §§ 48 bis 50 UrhG in erster Linie nicht um den Schutz der individuellen Freiheit der Presseorgane, sondern eher um die in der Meinungs- und vor allem der Informationsfreiheit zum Ausdruck kommende objektive Wertentscheidung zugunsten freier individueller und öffentlicher Meinungsbildung.[299] Im Hinblick auf die daraus resultierende gesetzgeberische Schutzpflicht sind die Spielräume des Gesetzgebers aber deutlich größer als in Bezug auf die Abwehrfunktion der Grundrechte.[300]

d. Kunstfreiheit

Ebenso wie der Urheber sich für sein eigenes Schaffen auf den Schutz der Kunstfreiheit durch Art. 5 Abs. 3 S. 1 UrhG berufen kann,[301] muss er sich gewisse Einschränkungen seines Ausschließlichkeitsrechts gefallen lassen, die erforderlich sind, damit andere Urheber bei der Schaffung ihrer Werke nicht durch unverhältnismäßige Verbotsrechte eingeschränkt werden.[302] Dabei erfasst der Schutzbereich der Kunstfreiheit sowohl das Herstellen eines Kunstwerks („Werkbereich“) als auch die Vermittlung des Kunstwerks an Dritte, den sog. „Wirkbereich“.[303] Wie weit die Verfassungsgarantie der Kunstfreiheit im Einzelfall reicht, kann aber nicht für alle Kunstgattungen gleich beantwortet werden.[304] Kunst muss vielmehr „nach werkimmanenten Gesetzen gemessen werden, die für jedes Kunstwerk anders lauten können“.[305]

Durch die Kunstfreiheit kann danach grundsätzlich auch eine Beschränkung des Ausschließlichkeitsrechts zugunsten der Zitierung fremder Werke legitimiert werden, soweit die freie künstlerische Entfaltung durch ein Verbotsrecht des Urhebers unverhältnismäßig behindert würde.[306] Das gilt insbesondere für das Musikzitat nach § 51 S. 2 Nr. 3 UrhG, bei dem aufgrund der von Art. 5 Abs. 3 S. 1 GG geforderten kunstspezifischen Betrachtung die innere Verbindung der zitierten Stellen mit den Gedanken und Überlegungen des Zitierenden über die

---

[298] Zur Wirkung des Vorbehalts siehe unten S. 202.

[299] Vgl. *Pahud*, UFITA 2000, 129; *Bornkamm*, FS Piper, 642; zur Meinungsfreiheit als „objektives Prinzip der Gesamtrechtsordnung“ BVerfGE 57, 295, 319f. Allgemein zum objektiv-rechtlichen Gehalt der Freiheitsgrundrechte Jarass/Pieroth-*Jarass*, Vorb. vor Art. 1 Rn. 3.

[300] BVerfGE 96, 56, 64.

[301] Dazu *Schack*, Kunst und Recht, Rn. 2f.

[302] Vgl. *Platho*, GRUR 1992, 363.

[303] BVerfGE 30, 173, 189 – Mephisto; BVerfGE 67, 213, 224 – Anachronistischer Zug; Jarass/Pieroth-*Jarass*, Art. 5 Rn. 107; *Schack*, UrhR, Rn. 87.

[304] Vgl. BVerfGE 30, 173, 189 – Mephisto; BVerfGE 67, 213, 224 – Anachronistischer Zug.

[305] BGH NJW 1975, 1882, 1884.

[306] BVerfG (K) GRUR 2001, 149, 151f. – Germania 3; BGHZ 175, 135, 148 = GRUR 2008, 693, 696 Tz. 44 – TV Total; OLG München ZUM 2003, 571, 575; *Metzger*, ZUM 2000, 931; *Schmieder*, UFITA 93 (1982), 67f.; *Schack*, FS Wadle, 1015, 1019; *Ortland*, DZPhil 52 (2004), 791f.; zu den Auswirkungen auf die Auslegung des § 51 UrhG siehe unten S. 64ff.

bloße Belegfunktion hinaus auch als Mittel künstlerischen Ausdrucks und künstlerischer Gestaltung anzuerkennen ist.[307] Die Kunstfreiheit genießt jedoch nur insoweit Vorrang vor den grundrechtlich geschützten Interessen des Urhebers des zitierten Werkes, als dessen eigene Verwertungs- und Urheberpersönlichkeitsinteressen durch die Übernahme nicht wesentlich beeinträchtigt werden und die Wiedergabe des fremden Werkes als künstlerisches Gestaltungsmittel der geistigen Auseinandersetzung mit dem zitierten Werk in einem selbständigen eigenschöpferischen Werk dient. Keinesfalls kann der grundrechtliche Schutz der Kunstfreiheit eine kommerzielle Ausbeutung des übernommenen Werkes rechtfertigen.[308]

Besonders deutlich kommt die Bedeutung der Kunstfreiheit daher bei der Nutzung fremder Werke zum Zwecke von Karikaturen, Parodien oder Pastiches zum Tragen.[309] Art. 5 Abs. 3 lit. k i. V. m. Abs. 4 Info-RL erlaubt den Mitgliedstaaten daher eine entsprechende Beschränkung des Vervielfältigungs- und Verbreitungsrechts sowie des Rechts der öffentlichen Wiedergabe. Das deutsche Urheberrecht privilegiert derartige Nutzungen, anders als etwa Frankreich[310] oder die Schweiz[311], allerdings nicht ausdrücklich. Die Rechtsprechung greift daher in erster Linie auf die Zulässigkeit der freien Benutzung nach § 24 UrhG zurück, um die parodistische Auseinandersetzung mit fremden Werken oder geschützten Leistungen ohne Einwilligung des Urhebers bzw. Leistungsschutzberechtigten zu ermöglichen.[312]

Zulässig ist danach auch die unveränderte Übernahme, d. h. die schlichte Vervielfältigung schutzfähiger Werkteile,[313] wenn sich das neue Werk mit der be-

---

[307] Schricker-*Schricker*, § 51 Rn. 18; Dreier/Schulze-*Dreier*, § 51 Rn. 19. Entgegen BVerfG (K) GRUR 2001, 149, 152 – Germania 3; BGHZ 175, 135, 148 = GRUR 2008, 693, 696 Tz. 44 – TV Total, lässt sich dieser Grundsatz nicht ohne weiteres auf andere Kunstgattungen übertragen.

[308] Vgl. *Schmieder*, UFITA 93 (1982), 69; siehe bereits BGHZ 28, 234, 240 = GRUR 1959, 197, 199 – Verkehrs-Kinderlied, zu § 19 Abs. 1 Nr. 1 LUG: „[E]in Werk um seiner selbst willen zur Kenntnis der Allgemeinheit zu bringen, ist dem Urheber oder dem von ihm hierzu ermächtigten Werknutzungsberechtigten vorbehalten"; vgl. zur Appropriation Art *Schack*, Kunst und Recht, Rn. 352 f.; Dreier/Schulze-*Dreier*, § 51 Rn. 24.

[309] Vgl. zu Parodien *Schack*, UrhR, Rn. 248; offen gelassen von BGHZ 154, 260, 269 = GRUR 2003, 956, 958 – Gies-Adler; zur Abgrenzung dieser Begriffe *Hess*, S. 101. Das Grundrecht auf Meinungsfreiheit tritt bei Meinungsäußerungen in Form künstlerischer Betätigung hinter der Kunstfreiheit zurück, BVerfGE 75, 369, 377; a. A. offenbar Sachs-*Bethge*, Art. 5 Rn. 194.

[310] Art. L. 122–5 Nr. 4 CPI: „La parodie, le pastiche et la caricature, compte tenu des lois du genre".

[311] Art. 11 Abs. 3 URG: „Zulässig ist die Verwendung bestehender Werke zur Schaffung von Parodien oder mit ihnen vergleichbaren Abwandlungen des Werks."

[312] BGH GRUR 1971, 588, 589 f. – Disney-Parodie; BGH GRUR 1994, 191, 193 ff. – Asterix-Persiflagen; BGH GRUR 2000, 703, 704 ff. – Mattscheibe; ablehnend *Platho*, GRUR 1992, 361 ff., der stattdessen für eine verfassungskonforme Reduktion des § 23 UrhG plädiert.

[313] Insoweit stellt § 24 Abs. 1 nicht nur eine Schranke des Bearbeitungsrechts, sondern ebenso wie § 51 UrhG auch des Vervielfältigungs-, Verbreitungs- und des Rechts der öffent-

nutzten Vorlage (insbesondere kritisch) auseinandersetzt und dadurch einen so großen „inneren Abstand" wahrt, dass es seinem Wesen nach als selbständig anzusehen ist.[314] Denn eine künstlerische Auseinandersetzung mit einem älteren Werk kann es erforderlich machen, dass dieses und seine Eigenheiten, soweit sie Gegenstand der Auseinandersetzung sind, in dem neuen Werk erkennbar bleiben.[315] Die Frage, ob in einem derartigen Fall eine freie Benutzung vorliegt, muss dabei vom Standpunkt eines Betrachters aus beurteilt werden, der sowohl die Vorlage kennt als auch das für das neue Werk erforderliche intellektuelle Verständnis besitzt, da andernfalls der im Hinblick auf die Kunstfreiheit gemäß Art. 5 Abs. 3 S. 1 GG gebotene Freiraum für anspruchsvolleres künstlerisches Schaffen zu sehr eingeengt würde.[316]

Eine entsprechende Beschränkung des Ausschließlichkeitsrechts des Urhebers ist durch Art. 5 Abs. 3 S. 1 GG nicht nur für Parodien geboten, durch die das ältere Werk selbst zum Gegenstand einer kritisch-humorvollen Auseinandersetzung gemacht wird, sondern z. B. auch im Hinblick auf Karikaturen und Satiren, die nicht das ältere Werk selbst betreffen, sondern den Gegenstand, der in dem älteren Werk dargestellt ist,[317] oder sich mit dem urheberrechtsfreien Inhalt und der Tendenz der Vorlage auseinandersetzen.[318] Voraussetzung für eine solche, durch gewisse Übernahmen charakterisierte freie Benutzung ist aber stets, dass das neue Werk trotz der äußeren Übereinstimmungen einen deutlichen inneren Abstand hält, der im Allgemeinen in einer antithematischen Behandlung zum Ausdruck kommt.[319] Dass die musikalische Parodie wegen des starren Melodienschutzes in § 24 Abs. 2 UrhG nach deutschem Urheberrecht generell verboten ist, dürfte mit dem verfassungsrechtlichen Schutz der Kunstfreiheit kaum zu vereinbaren sein.[320]

---

lichen Wiedergabe dar, so ausdrücklich BGH NJW 2009, 770, 772 f. Tz. 21, 29 – Metall auf Metall.

[314] BGH GRUR 1994, 191, 205 – Asterix-Persiflagen; BGH GRUR 2000, 203, 204 – Mattscheibe; BGHZ 154, 260, 268 = GRUR 2003, 956, 958 – Gies-Adler; BGHZ 175, 135, 143 f. = GRUR 2008, 693, 695 Tz. 29, 31 – TV Total.

[315] BGHZ 122, 53, 60 = GRUR 1994, 206, 208 – Alcolix.

[316] BGHZ 122, 53, 62 = GRUR 1994, 206, 209 – Alcolix; BGH GRUR 1994, 191, 194 – Asterix-Persiflagen; BGH GRUR 2000, 703, 706 – Mattscheibe.

[317] Vgl. BGHZ 154, 260, 268 = GRUR 2003, 956, 958 – Gies-Adler; ablehnend *Rehse*, S. 175.

[318] BGH GRUR 2000, 703, 704 – Mattscheibe.

[319] BGHZ 122, 53, 60 f. = GRUR 1994, 206, 208 – Alcolix; BGHZ 154, 260, 268 = GRUR 2003, 956, 958 – Gies-Adler; *Hess*, S. 158 ff.; *Poll*, ZUM 2004, 520.

[320] So auch *Schmieder*, UFITA 93 (1982), 69. *Hess*, S. 168, 170, plädiert daher für eine (mit dem Wortlaut kaum zu vereinbarende) verfassungskonforme Auslegung des Merkmals „zugrunde gelegt" in § 24 Abs. 2 UrhG. Kritisch auch *Schack*, UrhR, Rn. 250: Der starre Melodienschutz sei „insoweit besonders verfehlt".

e. Informationsfreiheit

Problematischer ist, ob die durch Art. 5 Abs. 1 S. 1 Hs. 2 GG garantierte Informationsfreiheit der Nutzer eine Beschränkung der Ausschließlichkeitsrechte des Urhebers erfordert. Hier geht es vor allem um die Frage, inwieweit die Schranke zugunsten privater Vervielfältigungen in § 53 Abs. 1 UrhG durch das Grundrecht der Nutzer auf Informationsfreiheit verfassungsrechtlich gewährleistet ist.

(1) Die Begründung des Gesetzgebers zu § 53 Abs. 1 UrhG

Der Gesetzgeber hat in der Begründung zum Zweiten Korb betont, dass sich ein solches Recht der Verbraucher auf Kopien zum privaten Gebrauch aus dem grundrechtlichen Schutz der Informationsfreiheit durch Art. 5 Abs. 1 S. 1 GG nicht herleiten lasse.[321] Die Privatkopieschranke wurde 1965 eingeführt, weil ein Verbot mangels Durchsetzbarkeit für den Urheber ohne Nutzen gewesen wäre und der Gesetzgeber dem Urheber über die Geräteabgabe wenigstens einen finanziellen Ausgleich für die unkontrollierbare Nutzung seiner Werke sichern wollte.[322] An dieser Entscheidung hat der Gesetzgeber auch für digitale Kopien festgehalten, da eine Regelung, die nur die analoge Privatkopie zuließe, „praktisch kaum durchsetzbar und den Verbrauchern nicht zu vermitteln" sei und die Autorität und Glaubwürdigkeit der Rechtsordnung untergraben würde.[323] Zweck der damaligen Regelung und deren Ergänzung im Jahr 1985 sei aber ausschließlich der Schutz des geistigen Eigentums gewesen.[324] Die Interessen der Verbraucher seien kein Beweggrund für die Ausgestaltung dieser „aus der Not der geistigen Eigentümer geborenen" Regelung gewesen. Vielmehr stelle es nur einen Reflex des Schutzgesetzes für den geistigen Eigentümer dar, dass die Vervielfältigung für den privaten Gebrauch zugelassen worden sei.[325]

Ein solches Recht der Verbraucher, das sich gegen das geistige Eigentum in Feld führen lasse, folge auch nicht aus dem Grundrecht auf Informationsfreiheit, da diese keinen kostenlosen Zugang zu allen gewünschten Informationen garantiere.[326] Insoweit sei zwischen einem Recht auf Privatkopie und einem Recht auf den Werkzugang zu unterscheiden.[327]

---

[321] BT-Drucks. 16/1828, S. 20 f.
[322] Amtl. Begr. zu § 54 RegE, BT-Drucks. IV/270, S. 71 f.
[323] BT-Drucks. 16/1828, S. 19; kritisch zu diesem Argument *Berger*, ZUM 2004, 263.
[324] BT-Drucks. 16/1828, S. 20.
[325] BT-Drucks. 16/1828, S. 20.
[326] BT-Drucks. 16/1828, S. 20; insoweit zustimmend *Schack*, UrhR, Rn. 87c.
[327] BT-Drucks. 16/1828, S. 21.

(2) Der Schutzbereich der Informationsfreiheit

Ob der Gesetzgeber die Tragweite der Informationsfreiheit zutreffend erkannt hat, erscheint jedoch zweifelhaft. Gemäß Art. 5 Abs. 1 S. 1 Hs. 2 GG hat jeder das Recht, sich aus allgemein zugänglichen Quellen ungehindert zu unterrichten. Eine Quelle ist allgemein zugänglich, wenn sie tatsächlich „geeignet und bestimmt ist, der Allgemeinheit, also einem individuell nicht bestimmbaren Personenkreis, Informationen zu verschaffen".[328] Über die Zugänglichkeit und die Art der Zugangseröffnung entscheidet dabei, wer nach der Rechtsordnung über ein entsprechendes Bestimmungsrecht verfügt; für Privatpersonen gelten insoweit die allgemeinen Vorschriften des bürgerlichen Rechts.[329] Wenn der Urheber, dem gemäß § 12 Abs. 1 UrhG das ausschließliche Veröffentlichungsrecht zusteht, von seinem Ausschließlichkeitsrecht Gebrauch macht und das von ihm geschaffene Werk der Öffentlichkeit vorenthält, ist das von ihm geschaffene Werkoriginal nicht dazu bestimmt, der Allgemeinheit Informationen zu verschaffen, und damit keine allgemein zugängliche Informationsquelle.

Informationsquelle i. S. v. Art. 5 Abs. 1 S. 1 GG ist jedoch nicht das Werk als solches. Vielmehr kommen als Informationsquelle alle Träger von Informationen in Betracht,[330] also Druckerzeugnisse, Bilder und grafische Darstellungen ebenso wie öffentliche Veranstaltungen und Massenmedien wie Rundfunk oder Multimediadienste.[331] Allgemein zugängliche Quellen zur Unterrichtung über ein urheberrechtlich geschütztes Werk sind z. B. frei im Handel erhältliche Vervielfältigungsstücke des Werkes wie Bücher und CDs, eine öffentlich ausgestrahlte Fernsehsendung oder die Aufführung eines Theaterstücks. Auch bei der Verbreitung einzelner Vervielfältigungsstücke ist nicht auf das individuell an einen bestimmten Empfänger übermittelte Einzelexemplar, sondern auf die Gesamtauflage abzustellen, so dass „von Natur aus allgemein zugängliche Informationsquellen" wie Presseerzeugnisse und sonstige Massenkommunikationsmittel diese Eigenschaft nicht dadurch verlieren, dass sie individuell per Post verschickt werden.[332] Das Recht, über deren Zugänglichkeit zu bestimmen, hat derjenige, der über den betreffenden Informationsträger verfügen darf, also nicht der Urheber, sondern der Verleger oder der Veranstalter der Theateraufführung. Auf die Zustimmung des Urhebers kommt es für die Allgemeinzugänglichkeit nicht an, da auch rechtswidrig an die Öffentlichkeit gelangte In-

[328] BVerfGE 90, 27, 32; BVerfGE 103, 44, 60 m. w. N.; BK-GG-*Degenhart*, Art. 5 Abs. 1 und 2 Rn. 280, 283; Dreier-*Schulze-Fielitz*, Art. 5 I, II Rn. 78; von Mangoldt/Klein/Starck-*Starck*, Art. 5 Rn. 45; *Pieroth/Schlink*, Rn. 564; *Lerche*, JURA 1995, 565.

[329] BVerfGE 103, 44, 60; BK-GG-*Degenhart*, Art. 5 Abs. 1 und 2 Rn. 297.

[330] BVerfGE 103, 44, 60; Jarass/Pieroth-*Jarass*, Art. 5 Rn. 15.

[331] BK-GG-*Degenhart*, Art. 5 Abs. 1 und 2 Rn. 276, 283; von Mangoldt/Klein/Starck-*Starck*, Art. 5 Rn. 45; *Windsheimer*, S. 135.

[332] BVerfGE 27, 71, 83; BK-GG-*Degenhart*, Art. 5 Abs. 1 und 2 Rn. 284.

formationen allgemein zugänglich sind und dem Schutzbereich des Art. 5 Abs. 1 S. 1 Hs. 2 GG unterfallen.[333]

Sobald ein urheberrechtlich geschütztes Werk auf einem Informationsträger gespeichert und in Verkehr gebracht oder auf andere Weise öffentlich wahrnehmbar gemacht wird, handelt es sich folglich um eine allgemein zugängliche Informationsquelle. Dass der Zugang nur gegen Zahlung eines Entgelts gewährt wird, steht der Allgemeinzugänglichkeit nicht entgegen, solange die Zugangsvoraussetzungen von einem nur allgemein bestimmbaren Personenkreis erfüllt werden können.[334]

Als geschütztes Verhalten der „Unterrichtung" erfasst der Schutzbereich der Informationsfreiheit nicht nur den eigentlichen Rezeptionsvorgang, also die Wahrnehmung der Information für den Augenblick, sondern auch die Herstellung von Informationsträgern durch den Empfänger der Information zum Zwecke der Speicherung, etwa die Aufzeichnung auf Tonband oder Video.[335] Vom Schutzbereich der Informationsfreiheit umfasst ist daher auch die Vervielfältigung des Werkes zur Ermöglichung der wiederholten Wahrnehmung des Werkes durch eine Person, die nach der vom Berechtigten getroffenen Bestimmung rechtmäßig Zugang zum Werk hat.[336]

Soweit die vom Gesetzgeber angeführte Begründung darauf hinausläuft, bei einem Verbot der Vervielfältigung zu privaten Zwecken bereits einen Eingriff in den Schutzbereich der Informationsfreiheit abzulehnen, kann ihr daher nicht gefolgt werden. Vielmehr ist die Herstellung privater Kopien grundsätzlich vom Schutzbereich des Art. 5 Abs. 1 S. 1 Hs. 2 GG erfasst.[337] § 53 Abs. 1 UrhG schützt nicht allein die Verwertungsinteressen der Rechtsinhaber, sondern dient

---

[333] BK-GG-*Degenhart*, Art. 5 Abs. 1 und 2 Rn. 304; Jarass/Pieroth-*Jarass*, Art. 5 Rn. 16 m. w. N. Allerdings ist die Informationsfreiheit insoweit nach Maßgabe der (verfassungskonform zu interpretierenden) allgemeinen Gesetze gemäß Art. 5 Abs. 2 GG beschränkt, Dreier-*Schulze-Fielitz*, Art. 5 I, II Rn. 85; von Münch/Kunig-*Wendt*, Art. 5 Rn. 28; dazu sogleich unter (3).

[334] BK-GG-*Degenhart*, Art. 5 Abs. 1 und 2 Rn. 285; Jarass/Pieroth-*Jarass*, Art. 5 Rn. 16; Dreier-*Schulze-Fielitz*, Art. 5 I, II Rn. 80; Sachs-*Bethge*, Art. 5 Rn. 57. Die Amtl. Begr. zum Zweiten Korb nennt als Beispiel ausdrücklich das Bezahlfernsehen, siehe BT-Drucks. 16/1828, S. 20f.

[335] BK-GG-*Degenhart*, Art. 5 Abs. 1 und 2 Rn. 299, 302; von Mangoldt/Klein/Starck-*Starck*, Art. 5 Rn. 51; Dreier-*Schulze-Fielitz*, Art. 5 I, II Rn. 85; Jarass/Pieroth-*Jarass*, Art. 5 Rn. 17; von Münch/Kunig-*Wendt*, Art. 5 Rn. 26.

[336] Ähnlich *Holznagel/Brüggemann*, MMR 2003, 769. Wenn zur Erlangung der Information der Zugang in rechtswidriger Weise erfolgen müsste, ist diese Information nicht allgemeinzugänglich. Das betrifft jedoch nur Rechtsverstöße gegenüber dem Inhaber der Informationsquelle. Dass durch die Informationsbeschaffung in Rechtsgüter Dritter eingegriffen wird, berührt nicht den Schutzbereich des Art. 5 Abs. 1 S. 1 GG, sondern ist nur im Rahmen der Schranken des Abs. 2 von Bedeutung, siehe BK-GG-*Degenhart*, Art. 5 Abs. 1 und 2 Rn. 303; Jarass/Pieroth-*Jarass*, Art. 5 Rn. 17; enger *Lerche*, JURA 1995, 562 mit Fn. 10.

[337] So auch *Schweikart*, UFITA 2005, 15.

zugleich der Teilnahme des Verbrauchers am kulturellen Leben[338] und der Wahrung des Allgemeininteresses an einem unkomplizierten Zugang zu vorhandenen Informationen und Dokumentationen, der im Rahmen der modernen Informationsgesellschaft zunehmend an Bedeutung gewinnt.[339]

Zutreffend ist, dass sich aus Art. 5 Abs. 1 S. 1 GG kein Anspruch auf Verschaffung von Informationen oder auf Eröffnung einer Informationsquelle ableiten lässt.[340] Bei der Zulässigkeit privater Vervielfältigungen geht es aber um ein Recht auf Nutzung eines zugänglich gemachten Werkes und der darin verkörperten Information, das von dem Recht auf Zugang zum Werk, also auf Eröffnung der Informationsquelle, zu unterscheiden ist. Die Vervielfältigung eines Werkes setzt regelmäßig das Bestehen eines Zugangs zu einer entsprechenden Informationsquelle voraus. Wenn diese Quelle von ihrem Inhaber zur Kenntnisnahme durch die Allgemeinheit bestimmt ist, liegen die tatbestandlichen Voraussetzungen des Art. 5 Abs. 1 S. 1 Hs. 2 vor. Als grundrechtlich geschütztes Verhalten ist dann auch die Unterrichtung in Form der Speicherung urheberrechtlich geschützter Informationen aus einer allgemein zugänglichen Quelle vom Schutzbereich des Art. 5 Abs. 1 S. 1 Hs. 2 GG erfasst, so dass eine gesetzliche Regelung, welche die rechtlichen Möglichkeiten einer solchen Speicherung beschränkt, einen Eingriff in die Informationsfreiheit darstellt.

Eine Beschränkung des Schutzbereichs der Informationsfreiheit lässt sich auch nicht unter Hinweis auf den grundrechtlichen Schutz des geistigen Eigentums begründen. Denn kollidierendes Verfassungsrecht begrenzt nicht den Schutzbereich des Grundrechts, sondern ist im Rahmen der verfassungsrechtlichen Rechtfertigung des Eingriffs zu berücksichtigen.[341] Die entscheidende Frage ist daher nicht, ob die Herstellung von Privatkopien in den Schutzbereich der Informationsfreiheit fällt, sondern inwieweit ein Verbot der Privatkopie durch das kollidierende Grundrecht auf Schutz des geistigen Eigentums aus Art. 14 GG gerechtfertigt werden kann.[342]

---

[338] *Bergman*, FS Ullmann, 35; *Leinemann*, S. 112; *Rehbinder*, UrhR, Rn. 437; *Schack*, UrhR, Rn. 494; *Schweikart*, UFITA 2005, 15. Auch BVerfGE 31, 255, 265, sieht die Aufgabe des § 53 UrhG darin, „das Interesse des Bürgers, urheberrechtlich geschützte Werke zum persönlichen Gebrauch vervielfältigen zu können, mit den Interessen der Urheber in Einklang zu bringen".

[339] BGHZ 134, 250, 263 = GRUR 1997, 459, 463 – CB-Infobank I; BGHZ 141, 13, 36 = GRUR 1999, 707, 713 – Kopienversanddienst; Dreier/Schulze-*Dreier*, § 53 Rn. 1; Möhring/Nicolini-*Decker*, § 53 Rn. 1; *Hohagen*, Vervielfältigungsfreiheit, S. 34f.; offen gelassen von BGH GRUR 1997, 464, 466 – CB-Infobank II: „Ob im Rahmen der Entwicklung der Informationsgesellschaft das Interesse der Allgemeinheit an einem Zugang zu urheberrechtlich geschützten Informationsquellen die Beurteilung zuläßt, es bestünden überwiegende Gründe des Gemeinwohls, diesen Zugang urheberrechtsschutzfrei zu gewähren, ist im Streitfall nicht zu entscheiden."

[340] Sachs-*Bethge*, Art. 5 Rn. 59a; Jarass/Pieroth-*Jarass*, Art. 5 Rn. 20; von Münch/Kunig-*Wendt*, Art. 5 Rn. 28; BK-GG-*Degenhart*, Art. 5 Abs. 1 und 2 Rn. 312 m. w. N.

[341] Jarass/Pieroth-*Jarass*, Vorb. vor Art. 1 Rn. 48.

[342] Vgl. *Metzger*, GRURInt 2006, 172.

(3) Verfassungsrechtliche Rechtfertigung des Eingriffs

Der mit einer gesetzlichen Beschränkung privater Vervielfältigungen verbundene Eingriff in die Informationsfreiheit wäre nur dann verfassungsrechtlich zulässig, wenn er zum Schutz des ebenfalls grundrechtlich verbürgten geistigen Eigentums gerechtfertigt und zur Sicherung einer angemessenen Vergütung des Urhebers geeignet, erforderlich und angemessen wäre. An der grundsätzlichen Geeignetheit eines Verbots privater Kopien wird man nicht zweifeln können. Die massive Nutzung privater Vervielfältigungsmöglichkeiten wirkt sich letztlich negativ auf den Verkauf von Büchern und bespielten Ton- und Bildträgern aus und führt damit zu Einkommensverlusten der Rechtsinhaber.[343] Aufgrund der Digitalisierung von Werken aller Art und deren Verfügbarkeit auf digitalen Trägern sowie im Internet ist die wirtschaftliche Bedeutung privater Vervielfältigungen noch erheblich gestiegen und hat einen für die Rechtsinhaber bedrohlichen Umfang erreicht.[344] Durch ein gesetzliches Verbot könnten die Einbußen für die Rechtsinhaber zumindest gemindert werden, da selbst bei fehlender Kontrolle einige Nutzer durch ein gesetzliches Verbot von der Vornahme privater Vervielfältigungen abgehalten würden.

Problematisch ist jedoch, ob der mit einem Verbot verbundene Eingriff in die Informationsfreiheit zur Erreichung des vom Gesetzgeber mit dem Urheberrechtsschutz verfolgten Ziels der Sicherung einer angemessenen Verwertung erforderlich ist, da als milderes Mittel ein gesetzlicher Vergütungsanspruch in Betracht kommt. Wie der Gesetzgeber zutreffend ausführt, könnte ein Verbot praktisch nicht durchgesetzt werden und wäre daher weitgehend nutzlos für die Rechtsinhaber.[345] Selbst wenn eine Kontrolle mit entsprechendem Aufwand theoretisch möglich wäre, könnte sie nur im Wege der Durchsuchung sämtlicher Privatwohnungen erfolgen oder müsste sich auf durch Zufall oder Denunziation bekannt gewordene Fälle beschränken.[346] Derartige Kontrollmaßnahmen stellten einen unverhältnismäßigen Eingriff in die durch Art. 13 GG verbürgte Unverletzlichkeit der Wohnung dar.[347]

Dementsprechend hat der Gesetzgeber auch die Strafbarkeit der Umgehung technischer Schutzmaßnahmen in § 108b Abs. 1 UrhG auf Verstöße begrenzt, die sich nicht auf das persönliche Umfeld des Täters beschränken, da dadurch

---

343 *Dieselhorst*, GRURInt 1994, 788 f. Bereits die Amtl. Begr., BT-Drucks. IV/270, S. 71 hat auf die Gefahr einer nennenswerten Beeinträchtigung des Schallplattenumsatzes durch die private Tonaufnahme hingewiesen.

344 *Schack*, ZUM 2002, 497; Wandtke/Bullinger-*Lüft*, § 53 Rn. 2.

345 BT-Drucks. IV/270, S. 71; BT-Drucks. 16/1828, S. 19; BGHZ 134, 250, 263 = GRUR 1997, 459, 463 – CB-Infobank I; *Schack*, UrhR, Rn. 494.

346 So ausdrücklich die Amtl. Begr., BT-Drucks. IV/270, S. 71.

347 BT-Drucks. IV/270, S. 71; BGH GRUR 1965, 104, 107 f. – Personalausweise. Etwas anderes gilt für die Durchsuchung von Geschäftsräumen, da hier das Schutzbedürfnis geringer ist, so dass ein Recht zum Betreten auch zur Durchsetzung urheberrechtlicher Ansprüche verhältnismäßig ist, dazu BVerfG (K) NJW 2008, 2426, 2427 m. w. N.

„der Zwang zu umfangreichem Tätigwerden der Strafverfolgungsbehörden vermieden" würde, „das weitgehend wenig erfolgversprechend bliebe und im Hinblick der sich häufig ergebenden Notwendigkeit von Hausdurchsuchungen in der Verhältnismäßigkeit nicht unproblematisch wäre".[348] Auch wenn es keinen allgemeinen Grundsatz gibt, nach dem die Verwertungsrechte stets vor der privaten Sphäre haltmachen müssten, nimmt § 53 Abs. 1 UrhG im Rahmen der Abwägung der widerstreitenden Interessen[349] auf das Interesse des Verbrauchers an der Wahrung der durch Art. 13 GG geschützten Integrität seiner Wohnung Rücksicht.[350]

Angesichts der Unverhältnismäßigkeit etwaiger Kontrollmaßnahmen stellt ein Vergütungsanspruch daher ein wirksameres Mittel zur Befriedigung der Verwertungsinteressen dar als ein nicht durchsetzbares Verbot.[351] Die Gesetzesbegründung zur Einführung der Privatkopieschranke verweist ausdrücklich darauf, dass die Urheber selbst zu erkennen gegeben hätten, dass „sie gegenüber privaten Vervielfältigungen durch Magnettongeräte ein Verbotsrecht nicht ausüben, sondern die Vervielfältigung gegen Zahlung einer Vergütung gestatten würden. Sie sind daher nur daran interessiert, eine angemessene Vergütung zu erlangen. Hierzu benötigen sie jedoch nicht ein Verbotsrecht, vielmehr genügt es, wenn das Gesetz ihnen einen Anspruch auf angemessene Vergütung gewährt."[352] Die Verwertungsinteressen der Urheber werden durch einen gesetzlichen Vergütungsanspruch daher ausreichend gewahrt, solange dessen Höhe in einem angemessenen Verhältnis zu den mit der Zulässigkeit privater Vervielfältigungen verbundenen Einbußen steht.[353]

Dem wird in neuerer Zeit entgegen gehalten, dass angesichts der technischen Schutz- und Kontrollmöglichkeiten durch den Einsatz von Digital Rights Management-Systemen die Rechtfertigung für § 53 Abs. 1 UrhG entfallen sei.[354] Die Gründe für die Zulässigkeit privater Kopien seien „Relikte aus einer gutbürgerlichen Autorenidylle".[355] Im wirtschaftlich relevanten Bereich gebe es

[348] Amtl. Begr., BT-Drucks. 15/38, S. 29; vgl. dazu Wandtke/Bullinger-*Hildebrandt*, § 108b Rn. 7; Dreier/Schulze-*Dreier*, § 108b Rn. 6.

[349] Das Ausschließlichkeitsrecht als solches gerät mit Art. 13 GG nicht in Konflikt, so dass nicht von einer Grundrechtskollision gesprochen werden kann, siehe dazu *Hohagen*, Vervielfältigungsfreiheit, S. 297.

[350] Möhring/Nicolini-*Decker*, § 53 Rn. 1; *Stieper*, ZUM 2004, 911 f.; *von Diemar*, GRUR 2002, 592; *Däubler-Gmelin*, ZUM 1999, 772.

[351] Vgl. *Schack*, UrhR, Rn. 494; *Bergmann*, FS Ullmann, 36.

[352] BT-Drucks. IV/270, S. 71.

[353] An der Angemessenheit der nach der Anlage zu § 54d Abs. 1 UrhG a. F. bisher zu zahlenden Pauschalvergütung bestehen angesichts der gesteigerten wirtschaftlichen Bedeutung privater Kopien erhebliche Bedenken, vgl. *Melichar*, ZUM 2003, 1047; HK-UrhR-*Dreyer*, § 53 UrhG Rn. 9; *Schack*, UrhR, Rn. 495b. Beachte nunmehr § 54a UrhG i. V. m. § 27 Abs. 1 S. 3 UrhWahrnG.

[354] *Geerlings*, GRUR 2004, 209 f.; *Wand*, S. 58 f., 178 f.

[355] *Wagner*, ZUM 2004, 729.

heute keine Urheber mehr, sondern eine Informations-, Wissens- und Unterhaltungsindustrie, denen Konsumenten und keine potentiellen anderen Urheber gegenüberstünden, die sich auf „nichts anderes als auf die Wahrung ihres bisherigen – (mittlerweile) unzeitgemäßen – Besitzstandes (§ 53 UrhG a. F.) berufen“ könnten.[356]

Die Möglichkeit einer technischen Kontrolle kann jedoch allenfalls das Argument der Unverhältnismäßigkeit von Kontrollmaßnahmen im Hinblick auf Art. 13 GG entkräften. Die Informationsfreiheit der Verbraucher ist für die Beschränkung des Vervielfältigungsrechts zugunsten privater Kopien jedoch gerade auch im digitalen Umfeld von Bedeutung und muss daher mit dem Schutz des Urheberrechts in einen angemessenen Ausgleich gebracht werden.[357] Denn die moderne Kommunikations- und Informationstechnologie bedroht nicht nur die Ausschließlichkeitsrechte der Urheber, sondern bietet auch erhebliche Vorteile beim Wissens- und Informationsaustausch vor allem im Bereich von Wissenschaft und Kunst. Auch die Nutzung dieser Kommunikationsmöglichkeiten liegt im Allgemeininteresse und muss bei der Abwägung berücksichtigt werden.[358] Bei Werken in digitaler Form erfordert aber häufig bereits der Zugang zum Werk, also der rezeptive Werkgenuss, die Vornahme (mindestens) einer technischen Vervielfältigungshandlung, so dass das Interesse der Allgemeinheit am ungehinderten Zugang zu bestehenden Informationen hier gegenüber dem analogen Umfeld besonders gefährdet ist.[359]

Zudem ist der Umfang privater Vervielfältigungen auch durch technische Maßnahmen nur insoweit tatsächlich kontrollierbar, als dem Rechtsinhaber Daten über den Nutzungsumfang des einzelnen Verbrauchers übermittelt werden, ohne dass dieser das (durch Umgehung oder Ausschaltung der technischen Maßnahme) verhindern kann. Eine solche technische Überwachung privater Nutzungsvorgänge gerät aber notwendigerweise in Konflikt mit dem vom BVerfG[360] erst jüngst als von Art. 2 Abs. 1 i. V. m. Art. 1 Abs. 1 GG geschützt anerkannten Grundrecht auf Gewährleistung der Vertraulichkeit und Integrität informationstechnischer Systeme.[361]

Die Schranke des § 53 Abs. 1 UrhG schützt folglich entgegen der Auffassung des Gesetzgebers zum „Zweiten Korb“ nicht ausschließlich das Interesse der Rechtsinhaber an einer angemessenen Vergütung der Werknutzung im privaten Bereich. Die mangelnde Durchsetzbarkeit eines Verbotsanspruchs ist vielmehr nur ein Gesichtspunkt unter mehreren, die bei der Abwägung der Interessen

---

356 *Wagner*, ZUM 2004, 729.

357 So auch Dreier/Schulze-*Dreier*, § 53 Rn. 1; Möhring/Nicolini-*Decker*, § 53 Rn. 3; *Schweikart*, UFITA 2005, 15; vgl. auch *Schack*, UrhR, Rn. 495b.

358 *Bergmann*, FS Ullmann, 35 f.; vgl. *Däubler-Gmelin*, ZUM 1999, 772.

359 *Hohagen*, Vervielfältigungsfreiheit, S. 34 f.; vgl. *Steinvorth*, DZPhil 52 (2004), 737.

360 BVerfGE 120, 274 = NJW 2008, 822, 824 ff. – Online-Durchsuchung.

361 Zur Beeinträchtigung der Privatsphäre durch technische Nutzungskontrollen siehe vor allem *Cohen*, 18 BTLJ 585 f. (2003); vgl. auch *Mazziotti*, S. 204.

der Rechtsinhaber mit der ebenfalls grundrechtlich gewährleisteten Informationsfreiheit der Nutzer berücksichtigt werden müssen.

(4) Grenzen der Informationsfreiheit

Damit ist nicht gesagt, dass die Schranke des § 53 Abs. 1 UrhG in vollem Umfang durch den Schutz der Informationsfreiheit verfassungsrechtlich zwingend vorgegeben wäre. So kann die nach § 53 Abs. 1 UrhG zulässige Vervielfältigung unveröffentlichter Werke mangels Allgemeinzugänglichkeit der Quelle nicht auf die Informationsfreiheit gestützt werden.[362] Insoweit kann aber der Schutz des Sacheigentums an dem als Vorlage verwendeten eigenen Vervielfältigungsstück nach Art. 14 GG zum Tragen kommen.[363] So ließe sich kaum eine gesetzliche Regelung rechtfertigen, wonach der Urheber dem Eigentümer eines Kunstwerks verbieten könnte, dieses zu Versicherungszwecken zu fotografieren, selbst wenn sich das Verbotsrecht nur auf nicht veröffentlichte Werke bezöge.[364]

Ebenfalls kein unverhältnismäßiger Eingriff in die Informationsfreiheit wäre eine Regelung, wonach das Herstellenlassen digitaler Privatkopien durch Dritte entgegen § 53 Abs. 1 S. 2 UrhG dem Vervielfältigungsrecht des Urhebers unterfiele. Im Hinblick auf das erhebliche Missbrauchspotential läge es im Gestaltungsspielraum des Gesetzgebers, insoweit das Verbotsrecht des Urhebers bestehen zu lassen.[365] Die § 53 Abs. 1 S. 2 UrhG zugrunde liegende Erwägung, auch solchen Personen eine Nutzung zu ermöglichen, die sich die Anschaffung eines eigenen Kopiergeräts nicht leisten können,[366] fällt angesichts der sinkenden Preise und der weiten Verbreitung von Vervielfältigungsgeräten deutlich weniger ins Gewicht als bei analogen Kopiergeräten.

Eine Urheberrechtsordnung, die auch solche Vervielfältigungen dem Verbotsrecht des Urhebers unterwirft, die ein Verbraucher vornimmt, um die wiederholte Wahrnehmung eines Werkes zu ermöglichen, zu dem er rechtmäßig Zugang hat, wäre aber mit der Informationsfreiheit nicht zu vereinbaren und daher verfassungswidrig.

---

362 *Hohagen*, Vervielfältigungsfreiheit, S. 342 f., hält die Schranke des § 53 Abs. 1 UrhG daher insoweit für „durch nichts gerechtfertigt"; großzügiger *Rehse*, S. 107 f.

363 BVerfG (K) GRUR 2005, 1032, 1033 – Eigentum und digitale Privatkopie lässt ausdrücklich offen, „ob mit einem strafbewehrten gesetzlichen Verbot der digitalen Privatkopie eine Verletzung des Eigentumsgrundrechts verbunden sein könnte, oder ob damit nicht – wofür vieles spricht – lediglich eine wirksame Inhalts- und Schrankenbestimmung i. S. des Art. 14 Abs. 1 S. 2 GG vorgenommen wäre."

364 Vgl. *Schack*, Kunst und Recht, Rn. 172, zu § 9 Abs. 2 des belgischen LDA.

365 Vgl. *Schack*, UrhR, Rn. 495, der die geltende Regelung als „in hohem Maße missbrauchsanfällig" und „sehr großzügig" kritisiert.

366 Amtl. Begr. zu § 55 RegE, BT-Drucks. IV/270, S. 74; *Stieper*, ZUM 2004, 912 m. w. N.

3. Ergebnis

Nicht nur die dem Urheber zustehenden Verwertungsrechte sind in ihrem Kernbestand grundrechtlich gewährleistet, auch manche ihrer Beschränkungen in §§ 44a ff. UrhG sind Ausdruck grundrechtlich geschützter Interessen, die gemäß Art. 14 Abs. 1 S. 2 GG mit dem Grundrecht des Urhebers nach dem Grundsatz praktischer Konkordanz in einen gerechten Ausgleich und ein ausgewogenes Verhältnis zu bringen sind. Das gilt insbesondere für die im Interesse der Meinungs- und Kunstfreiheit gebotenen Schranken in §§ 24, 51 sowie für die in § 53 Abs. 1 und Abs. 2 S. 1 Nr. 1 UrhG enthaltenen Schranken zugunsten der Informations- und Wissenschaftsfreiheit. Andere Schranken wie §§ 48 bis 50 UrhG dienen weniger dem Schutz der individuellen Freiheit der unmittelbar durch die Schranke Begünstigten, sondern sind Ausdruck der in den Kommunikationsgrundrechten des Art. 5 Abs. 1 GG verkörperten objektiven Wertordnung, so dass ein größerer Spielraum des Gesetzgebers bei der Ausgestaltung des Interessenausgleichs besteht. Letzteres gilt insbesondere auch für die übrigen Schranken der §§ 44a ff. UrhG, die zwar ebenfalls Ausdruck der Sozialpflichtigkeit des Eigentums nach Art. 14 Abs. 2 GG sind, bei deren Ausgestaltung dem Gesetzgeber aber im Rahmen des Art. 14 Abs. 1 S. 2 GG bis zur Grenze der Unverhältnismäßigkeit ein weiter Entscheidungsspielraum zusteht, so dass die meisten Schranken verfassungsrechtlich zwar zulässig, aber nicht zwingend geboten sein dürften, insbesondere nicht durch Grundrechte der einzelnen Schrankenprivilegierten abgesichert sind.

III. Einfluss des Verfassungsrechts auf die Auslegung der Schrankenbestimmungen

Der den gesetzlichen Schranken des Urheberrechts zugrundeliegende Ausgleich verfassungsrechtlich geschützter Interessen bestimmt aber nicht nur die Grenzen des Ausgestaltungsspielraums des Gesetzgebers, sondern ist auch für die Frage von Bedeutung, inwieweit die bestehenden Schrankenbestimmungen einer erweiternden Auslegung durch die Rechtsprechung zugänglich sind. Denn durch die weite oder enge Auslegung einer Schrankenbestimmung wird letztlich die Grenze zwischen dem Ausschließlichkeitsrecht des Urhebers und der Handlungsfreiheit der Nutzer verschoben.[367] In Rechtsprechung und Schrifttum stehen sich hier zwei grundsätzlich verschiedene Ansätze gegenüber. Während die früher h. M. in Deutschland davon ausging, die Schranken seien generell eng auszulegen,[368] wird in neuerer Zeit unter Berufung auf die Informati-

[367] Vgl. *Dusollier*, IIC 2003, 73: „More than just a defence against a claim of copyright infringement, the exception is a natural boundary to the monopoly power of the author. (...) Her exclusive rights stop where the exception starts."

[368] BGHZ 144, 232, 235 = GRUR 2001, 51, 52 – Parfumflakon m. w. N. zur Rechtspre-

onsfreiheit der Nutzer und die Freiheit der Nutzung fremder Ideen teilweise sogar eine grundsätzlich weite Auslegung der Schrankenbestimmungen gefordert.[369]

1. Vorrang des gesetzgeberischen Ausgestaltungsauftrags

Zu beachten ist dabei zunächst, dass die Ausgestaltung der gesetzlichen Schranken des Urheberrechts gemäß Art. 14 Abs. 1 S. 2 GG in erster Linie Aufgabe des Gesetzgebers ist.[370] Dieser hat durch die Schrankenbestimmungen der §§ 44a ff. die ihm obliegende Güterabwägung bereits grundsätzlich abschließend vorgenommen.[371] Eine Lösung des Konflikts zwischen dem Urheberrecht und den grundrechtlich geschützten Interessen der Nutzer kann daher nicht mit Hilfe einer „freischwebenden" Abwägung außerhalb der urheberrechtlichen Tatbestände erfolgen.[372] Vielmehr ist nur im Rahmen der Anwendung der bestehenden Schrankenregelungen Raum für eine Güter- und Interessenabwägung.[373]

Falsch ist daher etwa die Annahme des OLG München, dass Art. 5 GG „gerade auch von der rechtsprechenden Gewalt die Vornahme der erwähnten Abwägung der beiderseitig betroffenen Rechtsgüter und Interessen" verlange und daher auch eine unfreie Bearbeitung i.S.d. § 23 UrhG durch das Grundrecht der Pressefreiheit gerechtfertigt werden könne.[374] Eine solche der urheberrechtsgesetzlichen Regelung nachgeschaltete allgemeine Güter- und Interessenabwä-

chung; KG MMR 2004, 540, 542 – Ausschnittdienst; Schricker-*Melichar*, vor §§ 44a ff. Rn. 15; Möhring/Nicolini-*Nicolini*, § 45 Rn. 2 und § 46 Rn. 3; Fromm/Nordemann-*W. Nordemann*, vor § 44a ff UrhG Rn. 3; *Ulmer-Eilfort*, FS Nordemann, 288.

[369] Möhring/Nicolini-*Hoeren*, § 69d Rn. 2; *Hoeren*, MMR 2000, 4; OLG Düsseldorf NJW-RR 2002, 1049 (*Hoeren* folgend); vgl. auch *Löffler*, NJW 1980, 204 f. (zu § 51 UrhG).

[370] Vgl. *Rehse*, S. 32: „Normsetzungsprärogative des Gesetzgebers".

[371] BGHZ 150, 6, 8 = GRUR 2002, 605, 606 – Verhüllter Reichstag; *Bornkamm*, FS Piper, 648; Schricker-*Schricker*, § 51 Rn. 8; *Findeisen*, S. 124; kritisch zu diesem Argument *Rehse*, S. 44, 79 f.; *Burrell/Coleman*, S. 189.

[372] *Schack*, FS Schricker, 517 f. spricht insoweit von „systemsprengenden Versuchen". Vgl. zum Spannungsverhältnis zwischen Art. 10 EMRK und den Schrankenbestimmungen im österreichischen Urheberrecht ÖOGH GRURInt 1998, 896, 898 – Karikaturwiedergabe; ebenso zu den Schrankenbestimmungen des CDPA *Ashdown v. Telegraph Group Ltd.* [2001] 2 WLR 967, 975 (Ch): „The balance between the rights of the owner of the copyright and those of the public has been struck by the legislative organ of the democratic state itself in the legislation it has enacted. There is no room for any further defences outside the code which establishes the particular species of intellectual property in question. In particular it is not open to an infringer to defend the proceedings on the basis that although he cannot make out one or more of the statutory defences nevertheless the relief sought would be more than that which is necessary in a democratic society".

[373] BGHZ 154, 260, 266 f. = GRUR 2003, 956, 957 – Gies-Adler; *Bornkamm*, FS Piper, 649; *Poll*, ZUM 2004, 517; *Schricker*, JZ 2004, 312; Schricker-*Melichar*, vor §§ 44a ff. Rn. 14a; ebenso zum französischen Recht *Geiger*, GRURInt 2001, 255.

[374] OLG München NJW 2000, 2212, 2213 unter Berufung auf Schricker-*Wild*, § 97 Rn. 20 ff.

gung überschreitet die Kompetenzen der Zivilgerichte.[375] Das gleiche gilt für andere Versuche, im Wege einer Güterabwägung unter Berufung auf (insbesondere durch Art. 5 Abs. 1 GG) grundrechtlich geschützte Allgemeininteressen von §§ 44a ff. UrhG nicht gedeckte Nutzungen zu erlauben und so zusätzliche Schranken des Urheberrechts zu konstruieren.[376] Die Frage nach einer engen oder weiten Auslegung der Schranken hat vielmehr immer an der vom Gesetzgeber mit den bestehenden Schrankentatbeständen getroffenen Güterabwägung anzusetzen.[377]

2. *Grundsatz der engen Auslegung von Schrankenbestimmungen*

Das Gebot der engen Auslegung urheberrechtlicher Schrankenbestimmungen wird dabei häufig mit der systematischen Stellung der Schranken als Ausnahmen von den umfassend formulierten Verwertungsrechten des Urhebers begründet. Als Ausnahmebestimmungen seien die Schranken ihrem Wesen nach eng auszulegen und einer analogen Anwendung grundsätzlich nicht zugänglich.[378]

---

[375] BGHZ 154, 260, 266 = GRUR 2003, 956, 957 – Gies-Adler (das OLG im Ergebnis bestätigend); *Schack*, UrhR, Rn. 481b; a. A. Schricker-*Wild*, § 97 Rn. 20, 25 a. E.; Wandtke/Bullinger-*von Wolff*, § 97 Rn. 34: Sofern eine Konfliktlösung bei der Auslegung und Anwendung der Schrankenbestimmungen nicht möglich sei, müsse die Auflösung auch auf der Ebene der Rechtswidrigkeit gesucht werden; *Geiger*, IIC 2006, 389: „In exceptional cases, they [the judges] can even intervene without legal basis within IP law and correct certain excesses".

[376] So etwa unter Berufung auf Art. 5 Abs. 1 S. 1 GG OLG Stuttgart NJW-RR 2004, 619, 621 f.: Öffentliche Vorführung eines belastenden Videofilms auf einer Pressekonferenz; OLG Hamburg GRUR 2000, 146, 147 – Berufungsschrift (Veröffentlichung eines anwaltlichen Schriftsatzes); auf Art. 10 EMRK TGI Paris GRURInt 2001, 252 f. – Fabris/Sté France 2 („Utrillo"): Wiedergabe von Kunstwerken in einer Fernsehreportage; ÖOGH GRURInt 2002, 341, 342 f. – Medienprofessor (Verbreitung von Zeitungsartikeln im Internet zur Abwehr einer Medienkampagne).

[377] *Schack*, Kunst und Recht, Rn. 272. Problematisch ist der Kammerbeschluss des BVerfG „Germania 3" (GRUR 2001, 149, 151) insoweit, als das Gericht die Zulässigkeit der Übernahme mehrerer Passagen aus Werken *Bertolt Brechts* in einem Drama *Heiner Müllers* zwar ausdrücklich auf eine verfassungskonforme Auslegung des bestehenden § 51 Nr. 2 UrhG gestützt, dabei aber nicht ausreichend beachtet hat, dass die Zulässigkeit eines Zitats nach § 51 UrhG grundsätzlich an dessen Belegfunktion anknüpft, an der es in diesem Fall gerade gefehlt hatte; vgl. die Kritik von *Schack*, UrhR, Rn. 487 mit Fn. 78; ferner *Raue*, FS Nordemann, 338.

[378] BGHZ 50, 147, 152 f. = GRUR 1968, 607, 608 – Kandinsky I (zu § 51 Nr. 1 UrhG); BGH GRUR 1985, 874, 875 f. – Schulfunksendung (zu § 47 UrhG); BGHZ 126, 313, 317 = GRUR 1994, 800, 802 – Museums-Katalog (zu § 58 UrhG); BGHZ 134, 250, 264 = GRUR 1997, 459, 463 – CB-Infobank I (zu § 53 UrhG); Schricker-*Melichar*, vor §§ 44a ff. Rn. 15, 16; Schricker-*Schricker*, § 51 Rn. 8; Möhring/Nicolini-*Nicolini*, § 45 Rn. 2 und § 46 Rn. 3; Fromm/Nordemann-*W. Nordemann*, vor § 44a ff. Rn. 3; Wandtke/Bullinger-*Lüft*, § 53 Rn. 3; *von Gamm*, § 45 Rn. 4; *Findeisen*, S. 115; *Förster*, S. 183 f.; *Ulmer-Eilfort*, FS Nordemann, 288; *Geerlings*, GRUR 2004, 208; *Schulz*, GRUR 2006, 475 f.

a. Schranken als Ausnahmebestimmungen

Einen Grundsatz, wonach Ausnahmebestimmungen generell eng auszulegen seien, gibt es in der juristischen Methodenlehre nicht.[379] Problematisch ist nämlich schon die Feststellung, wann eine Vorschrift eine „Ausnahmebestimmung“ im Sinne eines solchen Grundsatzes darstellt. Dies ergibt sich nicht bereits aus der Formulierung der betreffenden Rechtssätze im Gesetz.[380] Die Annahme, dass es sich um eine Ausnahmebestimmung handele, kann vielmehr erst nach einer Auslegung der betreffenden Regelung getroffen werden.[381] Eine Ausnahmevorschrift liegt in Sache nur vor, wenn das Gesetz einer Regel in möglichst weitem Umfang Geltung verschaffen will und sie nur für bestimmte, meist eng umgrenzte Fälle durchbrochen hat. Selbst wenn es sich bei einer Vorschrift um eine Ausnahme in diesem Sinne handelt, besagt dies aber nur, dass sie nicht in einer Weise ausgelegt werden darf, die mit ihrem begrenzten Zweck nicht mehr zu vereinbaren ist. Ausnahmebestimmungen sind ebenso wie andere Normen nach Inhalt und Zweck auszulegen und innerhalb dieser Grenzen auch einer extensiven oder analogen Anwendung zugänglich.[382] Die Ausnahme darf nur nicht so weit ausgedehnt werden, dass die vom Gesetzgeber mit der generellen Norm verfolgte Regelungsabsicht in ihr Gegenteil verkehrt würde.[383] Es verbietet sich aber eine mechanische Wahl zwischen restriktiver und extensiver Auslegung ohne Einsatz der Auslegungsinstrumente im Einzelfall.[384] Entscheidend dafür, inwieweit eine Ausnahme extensiv auszulegen oder analog anzuwenden ist, ist vielmehr, ob der betreffenden Ausnahme ein Regelungsgrund zugrunde liegt, der auch für vom Wortlaut nicht erfasste Fälle gilt, ohne dass bei einer konsequenten Verwirklichung des Regelungsgrundes die allgemeine Regel insgesamt ausgehöhlt würde.[385]

Selbst bei einer abschließenden Aufzählung einzelner Ausnahmetatbestände nach dem Enumerationsprinzip ist ein Analogieverbot daher nur gerechtfertigt, wenn der Gesetzgeber eine klare Entscheidung gegen jede Analogie getroffen hat und Bedürfnisse der Rechtssicherheit ein solches Analogieverbot erforder-

---

[379] *Larenz*, Methodenlehre, S. 355; *Bydlinksi*, S. 440; *Müller/Christensen*, Rn. 370; *Engisch*, S. 133, 196; Dreier/Schulze-*Dreier*, vor § 44a Rn. 7; *Schack*, FS Schricker, 514; *Poeppel*, S. 43.

[380] *Larenz*, Methodenlehre, S. 355; *Engisch*, S. 133; a. A. *Metzger*, GRURInt 2006, 173: Ob ein Regel-Ausnahme-Verhältnis vorliege, sei „wohl vor allem eine Frage der Gesetzestechnik“.

[381] *Müller/Christensen*, Rn. 370; vgl. *Kröger*, MMR 2002, 20.

[382] BVerfGE 37, 363, 405: Ausnahmevorschriften seien „korrekt und das heißt hier ihrem eindeutigen Inhalt und Sinn entsprechend auszulegen“; *Bydlinski*, S. 81; *Larenz*, Methodenlehre, S. 356; *Schack*, FS Schricker, 514.

[383] *Larenz*, Methodenlehre, S. 356; vgl. auch *Engisch*, S. 196.

[384] Vgl. *Bydlinksi*, S. 440

[385] *Poeppel*, S. 44.

lich machen.[386] Im Zweifel ist die Annahme eines Analogieverbotes aber abzulehnen. Wenn der Gesetzeber – statt eine Generalklausel aufzustellen – einzelne Tatbestände kasuistisch aufgezählt hat, ist es zwar methodisch unzulässig, aus den einzelnen Tatbeständen im Wege der Rechtsanalogie einen allgemeinen Rechtsgedanken zu ermitteln.[387] Eine Gesetzesanalogie, also die analoge Anwendung des einzelnen Ausnahmetatbestandes auf einen gesetzlich nicht geregelten Einzelfall, bleibt jedoch möglich.[388]

Danach lässt sich ein Gebot der engen Auslegung urheberrechtlicher Schranken nicht bereits daraus ableiten, dass die Verwertungsrechte des Urhebers in §§ 15ff. UrhG umfassend formuliert sind, während die Schranken abschließend aufgezählt sind und nur einzelne zulässige Nutzungshandlungen zum Gegenstand haben. Ohne Beachtung der den jeweiligen Schranken zugrunde liegenden gesetzgeberischen Wertentscheidungen lässt sich schon nicht bestimmen, ob die Schrankenbestimmungen Ausnahmen vom Grundsatz einer möglichst weitgehenden Beteiligung des Urhebers an der Verwertung seines Werkes darstellen, oder umgekehrt das Ausschließlichkeitsrecht des Urhebers eine Ausnahme von der grundsätzlichen Freiheit der Nutzung fremder Ideen ist, ob also – bildlich gesprochen – das Urheberrecht „Inseln der Freiheit in einem Meer von Exklusivität" begründet oder umgekehrt.[389]

Um Ausnahmevorschriften handelte es sich bei den Schranken des Urheberrechts nur, wenn die Schrankensystematik Ausdruck eines gesetzgeberischen Willens zugunsten möglichst umfassender Verwertungsrechte des Urhebers wäre.[390] Wie bereits gezeigt, liegt dem Urheberrecht aber keine entsprechende gesetzgeberische Entscheidung zugunsten eines im Grundsatz unbeschränkten Ausschließlichkeitsrechts des Urhebers zugrunde.[391] Das Urheberrecht bezweckt nicht einseitig den Schutz des Urhebers, sondern trägt mit den Schranken gerade auch anderen als Urheberinteressen Rechnung.[392] Die Schranken begrenzen den Schutzumfang der Verwertungsrechte des Urhebers im Interesse

---

386 *Canaris*, Die Feststellung von Lücken im Gesetz, S. 184, 188.

387 Zum Begriff der Rechts- oder Gesamtanalogie in Abgrenzung zur Gesetzes- oder Einzelanalogie siehe *Larenz*, Methodenlehre, S. 383f.

388 *Canaris*, Die Feststellung von Lücken im Gesetz, S. 184ff., mit zahlreichen Beispielen.

389 Vgl. zu dieser Metapher *Geiger*, IIC 2004, 272f.; *ders.*, GRURInt 2004, 818f.; *ders.*, in: Hilty/Peukert, S. 150f.; im Ergebnis ebenso *Kröger*, MMR 2002, 20; *von Becker*, GRUR 2004, 108.

390 So ist *Badura*, Eigentumsschutz, S. 13f., der Auffassung, dass die Schrankensystematik des UrhG auf dem urheberrechtlichen Schutzprinzip, also auf einer grundsätzlichen Sachentscheidung und nicht nur auf Gesetzestechnik beruhe. Wenn das UrhG der Ausschließlichkeit der Verwertungsrechte die Schranken des Urheberrechts gegenüberstelle, geschehe dies „nicht nur gesetzestechnisch, sondern mit der Lehre vom geistigen Eigentum vor Augen". Es handele sich bei den Schranken daher um „Durchbrechungen der Ausschließlichkeit der Verwertungsrechte", um „Ausnahmen von der grundsätzlichen Freiheit des Urhebers, über sein Werk und dessen Nutzen nach Belieben zu verfügen".

391 Siehe dazu auch unten S. 130f.

392 Siehe oben S. 23ff.

der Allgemeinheit und stehen als Inhaltsbestimmung des Urheberrechts auf gleicher Stufe mit den in §§ 16ff. UrhG enthaltenen Definitionen der einzelnen Verwertungsrechte. Sie sind für die Abgrenzung zwischen dem Ausschließlichkeitsrecht des Urhebers und der Handlungsfreiheit der Nutzer ebenso bedeutsam wie diese. Es besteht daher kein Rangverhältnis zwischen §§ 15ff. UrhG einerseits und §§ 44aff. UrhG andererseits, welches die Annahme rechtfertigen könnte, letztere seien eng auszulegende Ausnahmen zu den Rechten des Urhebers.[393]

Dass die Verwertungsrechte des Urhebers in § 15 Abs. 1 und 2 UrhG anders als die Schranken des Urheberrechts weit gefasst und nur einzelne Verwertungsrechte beispielhaft („insbesondere") aufgezählt sind, steht dem nicht entgegen. Das bedeutet keinesfalls, dass alle nicht ausdrücklich von einer Schranke erfassten Verwertungshandlungen ausschließlich dem Urheber vorbehalten sein müssten. Gerade weil die Verwertungsrechte weit definiert sind und sich daher technischen und sozialen Änderungen besser anpassen als die einzeln aufgezählten Schranken, kann eine analoge Anwendung einzelner Schranken erforderlich werden, um das der Schrankensystematik zugrunde liegende Gleichgewicht zu erhalten.[394]

Daher ist auch in Fällen, die der Gesetzgeber bei der Beschreibung der ausdrücklich benannten Verwertungsrechte und der für sie bestehenden Schranken übersehen hat oder gar nicht berücksichtigen konnte, innerhalb des bestehenden Systems nach Möglichkeiten zu suchen, die widerstreitenden Interessen von Urhebern, Verwertern und Allgemeinheit zu einem gerechten Ausgleich zu bringen. Der Vorteil der Rechtssicherheit, den das Enumerationsprinzip gegenüber einer Schrankengeneralklausel bietet, wird dadurch nicht aufgegeben, solange man sich bei der ausdehnenden Anwendung von Schrankenbestimmungen konsequent am begrenzten Privilegierungszweck der jeweiligen Schranke orientiert. Dabei sind die Vorstellungen des historischen Gesetzgebers bei der Normierung der betreffenden Schranken zwar als Auslegungskriterium zu berücksichtigen.[395] Entscheidend sind nach der heute ganz herrschenden objektiven Auslegungstheorie aber objektiv-teleologische Kriterien, auch wenn sie dem Gesetzgeber selbst nicht voll bewusst gewesen sind.[396] Danach hat eine Auslegung gegenwartsbezogen zu erfolgen. Denn das heute anzuwendende Recht findet seine Legitimation in der heutigen Rechtsgemeinschaft, die das überkommene Recht jederzeit ändern oder gar aufheben kann.[397] Der Gesetzge-

---

[393] Ebenso *Rehse*, S. 41.

[394] So auch *Geiger*, in: Hilty/Peukert, S. 152.

[395] Vgl. BGHZ 151, 300, 310f. = GRUR 2002, 963, 966 – Elektronischer Pressespiegel.

[396] *Larenz*, Methodenlehre, S. 336; *Zippelius*, Juristische Methodenlehre, § 10 II (S. 50f.); *Alexy*, Theorie der juristischen Argumentation, S. 296; vermittelnd (objektiv-teleologische Kriterien seien nur subsidiär heranzuziehen) *Engisch*, S. 123f. in Fn. 47.

[397] *Zippelius*, Juristische Methodenlehre, § 4 III (S. 25).

ber hat aber bei der Umsetzung der Info-Richtlinie weitgehend darauf verzichtet, die bestehenden Schranken an das digitale Umfeld anzupassen und damit zum Ausdruck gebracht, dass die zugrunde liegenden Wertentscheidungen auch unter den veränderten technischen Bedingungen Gültigkeit besitzen.

Ein allgemeiner Grundsatz, dass Schrankenbestimmungen generell eng auszulegen seien, lässt sich aus der Schrankensystematik des UrhG daher ebenso wenig ableiten wie ein generelles Gebot der möglichst weiten Auslegung von Schrankenbestimmungen.[398] Maßgeblich für die Auslegung der Schranken des Urheberrechts sind vielmehr Regelungsgrund und Zweck der jeweiligen Schrankenbestimmung. Solange die der konkreten Schranke zugrunde liegenden gesetzgeberischen Wertungen beachtet werden, können die besonderen Umstände im Einzelfall somit auch eine extensive Auslegung oder bei Vorliegen einer planwidrigen Regelungslücke auch eine analoge Anwendung der jeweiligen Schrankenbestimmung erforderlich machen.

b. Verfassungskonforme Auslegung

Bei der Ermittlung der für die Auslegung der Schranken maßgeblichen Wertentscheidungen sind insbesondere die verfassungsrechtlichen Vorgaben zu berücksichtigen. Aufgrund der objektiv-rechtlichen Ausstrahlungswirkung der Grundrechte müssen die Vorschriften des UrhG grundrechtskonform ausgelegt werden. Der grundrechtliche Schutz des geistigen Eigentums durch Art. 14 Abs. 1 GG kann eine schematische Auslegungsregel, nach der Schrankenbestimmungen stets eng auszulegen seien, jedoch ebenfalls nicht rechtfertigen.[399] Zwar gewährleistet die Eigentumsgarantie dem Urheber die grundsätzliche Zuordnung der vermögenswerten Ergebnisse seiner schöpferischen Leistung. Die verfassungsrechtlich geschützten Interessen der Allgemeinheit und der Nutzer müssen jedoch bei der Auslegung ebenfalls berücksichtigt werden. So besteht vor allem zwischen dem Urheberrecht und den Kommunikationsgrundrechten des Art. 5 Abs. 1 GG eine Wechselwirkung dahingehend, dass das Urheberrecht einerseits als Grundrechtsschranke i. S. d. Art. 5 Abs. 2 GG fungiert, andererseits aber selbst im Lichte des Art. 5 GG auszulegen ist.[400]

Wenn einer Schrankenregelung verfassungsrechtlich geschützte Interessen zugrunde liegen, kommt im Wege der verfassungskonformen Auslegung eine Ausdehnung der Schranke auch über ihren Wortlaut hinaus in Betracht. Zu eng ist daher die Formulierung des BGH, dass es, wenn das Gesetz den Kommuni-

---

[398] Ebenso *Poeppel*, S. 45; *Rehse*, S. 61; *Dreier*, in: Torremans, S. 251 f.; *Kröger*, MMR 2002, 19f.; *von Becker*, GRUR 2004, 108; *Geiger*, in: Hilty/Peukert, S. 152; vgl. auch *Obergfell*, KUR 2005, 178.

[399] So auch *Hohagen*, Vervielfältigungsfreiheit, S. 293; a. A. *Wandtke*, GRUR 2002, 6.

[400] BGHZ 154, 260, 265 = GRUR 2003, 956, 957 – Gies-Adler; Schricker-*Schricker*, § 51 Rn. 8; allgemein zur Wechselwirkungslehre BVerfGE 7, 198, 208f. – Lüth; Sachs-*Bethge*, Art. 5 Rn. 145 m. w. N.

kationsgrundrechten des Art. 5 GG nicht hinreichend Rechnung trage und eine Lösung durch eine verfassungskonforme Auslegung des Gesetzes wegen des eindeutigen Gesetzeswortlauts nicht möglich erscheine, allein Aufgabe des Bundesverfassungsgerichts sei, die Verfassungswidrigkeit der betreffenden gesetzlichen Bestimmung festzustellen.[401] Denn auch bei der analogen Anwendung einer Schranke auf einen von deren Wortlaut nicht erfassten Fall handelt es sich um Gesetzesanwendung. Erst wenn mangels Vergleichbarkeit des zu regelnden Sachverhalts mit einem der in §§ 44a ff. UrhG enthaltenen Schrankentatbestände auch eine Lösung des Interessenkonflikts im Wege der Analogie ausscheidet, ist die Grenze zulässiger richterlicher Rechtsfortbildung erreicht und die bestehende Regelung verfassungswidrig, so dass die ausschließliche Verwerfungskompetenz des BVerfG eingreift.

Aber auch wenn die betreffende Beschränkung nicht durch die Abwehrfunktion individueller Grundrechte der Nutzer geboten ist, darf dies nicht zu dem Schluss führen, die betreffende Schranke sei im Hinblick auf den verfassungsrechtlichen Eigentumsschutz des Urhebers grundsätzlich eng auszulegen.[402] Dass nur bei einer verfassungsrechtlich geschützten Position des Verwerters ein Bedürfnis für die Herstellung praktischer Konkordanz bestehe, die eine großzügigere Interpretation rechtfertigen könne,[403] verkennt die Bedeutung der Sozialpflichtigkeit des geistigen Eigentums. Das BVerfG hat stets betont, dass *beiden* Elementen des in Art. 14 Abs. 1 und 2 GG angelegten dialektischen Verhältnisses von verfassungsrechtlich garantierter Freiheit und dem Gebot einer sozialgerechten Eigentumsordnung gleichermaßen Rechnung zu tragen ist und die schutzwürdigen Interessen aller Beteiligten in ein ausgewogenes Verhältnis zu bringen sind.[404] Eine Eigentumsordnung, nach der das Individualinteresse grundsätzlich Vorrang vor den Interessen der Gemeinschaft hat, ist damit nicht vereinbar.[405] Auch die Zulässigkeit von Begrenzungen des geistigen Eigentums durch gesetzliche Schranken wurde nie auf die verfassungsrechtliche Verankerung der jeweils betroffenen Gemeinwohlbelange gestützt.

Auch wenn das Gemeinwohlinteresse, das eine Schrankenregelung nach ihrem objektiven Zweck zu fördern bestimmt ist, nicht verfassungsrechtlich verbürgt ist, ist daher keine grundsätzlich enge, sondern stets eine dem objektiven Zweck der Schranke und der Bedeutung der jeweils geschützten Gemeinwohlbelange entsprechende Auslegung geboten.[406] Freilich darf die Auslegung nicht

---

[401] So BGHZ 154, 260, 267 = GRUR 2003, 956, 957 – Gies-Adler; zustimmend allerdings *Poll*, ZUM 2004, 517.

[402] So aber *Bornkamm*, FS Piper, 649 f.; *Schack*, FS Schricker, 515.

[403] So *Bornkamm*, FS Piper, 650; *Förster*, S. 108, 184.

[404] Siehe nur BVerfGE 37, 132, 140; BVerfGE 50, 1, 29; BVerfGE 100, 226, 240.

[405] Vgl. BVerfGE 102, 1, 15.

[406] *Bergmann*, FS Ullmann, 25; *Raue*, FS Nordemann, 339; ebenso letztlich BGHZ 150, 6, 9 = GRUR 2002, 605, 606 – Verhüllter Reichstag; BGH GRUR 2005, 670, 671 – Wirtschafts-Woche.

dazu führen, dass der mit der Schranke verbundene Eingriff in Art. 14 Abs. 1 GG unverhältnismäßig wird. Die Einschränkung des Verbotsrechts des Urhebers muss daher zur Erreichung des gesetzgeberischen Zwecks geeignet, erforderlich und angemessen sein. Daher ist stets sorgfältig zu prüfen, ob das jeweils geschützte Allgemeininteresse nicht auf andere Weise als durch eine Beschränkung des urheberrechtlichen Ausschließlichkeitsrechts, etwa durch eine nach § 12 Abs. 2 UrhG zulässige inhaltliche Wiedergabe, befriedigt werden kann.

c. Die neuere Rechtsprechung des BGH

Dem entspricht im Ergebnis auch die neuere Rechtsprechung des BGH. Dieser hält zwar im Ausgangspunkt wie bisher daran fest, dass die „Schrankenbestimmungen der §§ 45ff. UrhG grundsätzlich eng auszulegen und einer analogen Anwendung nur in seltenen Ausnahmefällen zugänglich" seien.[407] Von diesem Prinzip hat der BGH aber schon früher Ausnahmen zugelassen und eine analoge Anwendung von Schrankenbestimmungen zur Schließung von Regelungslücken erlaubt[408] oder zumindest ausführlich diskutiert.[409] Der propagierte Ausnahmecharakter der Schrankenbestimmungen rückt dabei in neuerer Zeit mehr und mehr in den Hintergrund.

In der Entscheidung „Parfumflakon" hat der BGH erstmals betont, dass das Gebot der engen Auslegung von Schrankenbestimmungen seinen Grund weniger darin habe, dass Ausnahmevorschriften generell eng auszulegen wären, sondern darauf beruhe, dass mit den Schrankenbestimmungen das Ausschließlichkeitsrecht des Urhebers begrenzt werde, das dem Urheber hinsichtlich der Verwertung seiner Werke gemäß dem Beteiligungsgrundsatz „möglichst uneingeschränkt" zustehe.[410] Später wurde diese Begründung – freilich nicht ausdrücklich und unter Berufung auf die Parfumflakon-Entscheidung – noch weiter dahingehend abgeschwächt, dass die dem Urheber hinsichtlich der Werkverwertung zustehenden Ausschließlichkeitsrechte wegen des Beteiligungsgrundsatzes lediglich „nicht übermäßig beschränkt werden" dürften.[411] Auf der anderen Seite sei bei der Auslegung zu beachten, welchen Zweck der Gesetzgeber mit der fraglichen Schrankenbestimmung verfolgt habe. Neben den Interes-

---

[407] BGHZ 144, 232, 235f. = GRUR 2001, 51, 52 – Parfumflakon.

[408] So für das Filmzitat analog § 51 Nr. 2 UrhG a. F. BGHZ 99, 162, 164 = GRUR 1987, 362, 363 – Filmzitat; siehe dazu bereits oben S. 49.

[409] BGHZ 87, 126, 131f. = GRUR 1983, 562, 563 – Zoll- und Finanzschulen (Anwendung des § 52 Abs. 1 UrhG auf die öffentliche Wiedergabe in Aufenthaltsräumen von staatlichen Zoll- und Finanzschulen); BGH GRUR 1985, 874, 876 – Schulfunksendung (Anwendung des § 47 UrhG auf die Vervielfältigung von für eine Schulfunksendung verwendeten Arbeitsbändern).

[410] BGHZ 144, 232, 235f. = GRUR 2001, 51, 52 – Parfumflakon.

[411] BGHZ 150, 6, 8 = GRUR 2002, 605f. – Verhüllter Reichstag; BGHZ 151, 300, 310 = GRUR 2002, 963, 966 – Elektronischer Pressespiegel; BGH GRUR 2002, 1050, 1051 – Zeitungsbericht als Tagesereignis; BGH GRUR 2005, 670, 671 – WirtschaftsWoche.

sen des Urhebers seien diese durch die Schrankenbestimmungen geschützten Interessen zu beachten und ihrem Gewicht entsprechend für die Auslegung der gesetzlichen Regelung heranzuziehen.[412] Dies könne im Einzelfall auch eine großzügigere, dem Informations- und Nutzungsinteresse der Allgemeinheit Rechnung tragende Interpretation der Schranken erforderlich machen.[413] Auch nach dem BGH ist folglich im jeweiligen Einzelfall zu prüfen, inwieweit eine erweiternde Auslegung der betreffenden Schrankenbestimmung in Betracht kommt.[414] Maßgeblich dafür ist eine Abwägung der Interessen des Urhebers mit den durch die Schrankenbestimmung geschützten Interessen.

3. *Ausdehnung der Schranken auf andere Verwertungsrechte*

Dabei ist nicht nur innerhalb des jeweils beschränkten Verwertungsrechts eine analoge Anwendung der dafür geltenden Schranken auf nicht explizit geregelte Fallgestaltungen möglich. Im Einzelfall kann auch die Erstreckung einer Schranke auf nicht vom Wortlaut der Schranke erfasste andere Verwertungsrechte erforderlich werden.[415] Dies gilt insbesondere bei neuen Verwertungsformen, die der Gesetzgeber bei der Ausgestaltung der Schranken nicht berücksichtigen konnte, die aber wegen der offenen Formulierung der Verwertungsrechte in § 15 Abs. 1 und 2 UrhG dennoch dem Ausschließlichkeitsrecht des Urhebers unterfallen.[416]

Die Situation, dass sich eine Verwertungsart unter keine der in § 15 Abs. 1 und 2 UrhG ausdrücklich genannten Verwertungsrechte subsumieren lässt, hat sich bislang erst einmal ergeben, nämlich im Hinblick auf die Übermittlung von urheberrechtlich geschützten Werken über das Internet. Dieses Problem wurde vor Kodifizierung des Rechts der öffentlichen Zugänglichmachung in § 19a im

---

412 BGHZ 151, 300, 310 = GRUR 2002, 963, 966 – Elektronischer Pressespiegel; BGH GRUR 2003, 1035, 1037 – Hundertwasser-Haus I; BGH GRUR 2005, 670, 671 – Wirtschafts-Woche.

413 BGHZ 154, 260, 265 = GRUR 2003, 956, 957 – Gies-Adler.

414 Vgl. Schricker-*Melichar*, vor §§ 44aff. Rn. 15b: Die Maxime der engen Auslegung sei „cum grano salis" zu nehmen und habe „die höchstrichterliche Rechtsprechugn zu Recht nicht daran gehindert, in begründeten Einzelfällen und mit Augenmaß auch eine erweiternde Auslegung vorzunehmen".

415 Anders BGHZ 123, 149, 155f. = GRUR 1994, 45, 47 – Verteileranlagen in Haftanstalten, wo eine analoge Anwendung von § 52 Abs. 1 UrhG auf das Vervielfältigungsrecht verneint wurde.

416 Hierzu zählt z.B. auch die von einigen befürwortete analoge Anwendung des § 17 Abs. 2 UrhG auf Werkstücke, die nicht körperlich veräußert, sondern aus dem Internet heruntergeladen wurden, dazu *Berger*, GRUR 2002, 199; Dreier/Schulze-*Dreier*, § 19a Rn. 11; *ders.*, ZUM 2002, 32; Wandtke/Bullinger-*Heerma*, § 17 Rn. 16; *Hoeren*, CR 2006, 573f.; *Spindler*, GRUR 2002, 110; dagegen de lege lata *Jaeger*, in: Hilty/Peukert, S. 52ff. unter Berufung auf Erwägungsgrund 29 der Info-RL; ablehnend LG München I MMR 2007, 328, 331; Schricker-*Loewenheim*, § 17 Rn. 37, § 69c Rn. 33; Dreier/Schulze-*Schulze*, § 17 Rn. 30; *Viegener*, UFITA 2006, 489f.; *Schack*, UrhR, Rn. 419; *ders.*, GRUR 2007, 643f. m. w. N.

Jahr 2003 überwiegend durch die Anerkennung eines unbenannten Rechts der öffentlichen Wiedergabe nach § 15 Abs. 2 UrhG gelöst.[417] Fast alle für die öffentliche Wiedergabe von Werken bestehenden Schranken[418] differenzieren innerhalb der öffentlichen Wiedergabe aber nicht nach den in § 15 Abs. 2 S. 2 UrhG aufgezählten Verwertungsarten. Auch ein unbenanntes Recht der öffentlichen Wiedergabe ist daher insoweit von vornherein beschränkt, ohne dass es dazu einer entsprechenden Ausdehnung der bestehenden Schrankenregelungen bedürfte. In dieser Hinsicht sind die Schranken des Rechts der öffentlichen Wiedergabe ebenso weit gezogen und damit einer Anpassung an technische Entwicklungen ebenso zugänglich wie das umfassende Verwertungsrecht der öffentlichen Wiedergabe selbst.

Selbst wenn die technische Entwicklung in Zukunft aber die Annahme eines unbenannten Rechts der körperlichen Verwertung nach § 15 Abs. 1 UrhG erfordern würde, welches dann nicht ausdrücklich von einer Schranke erfasst wäre, darf dies nicht dazu führen, dass insoweit ein unbeschränktes Verwertungsrecht des Urhebers bestünde und berechtigte Allgemeininteressen gänzlich unberücksichtigt blieben. Vielmehr ist sorgfältig zu prüfen, ob der Geltungsgrund einer bestehenden Schranke auch für die neue Verwertungsform gilt und wegen der Vergleichbarkeit der Sachverhalte eine analoge Anwendung der jeweiligen Schranke erfordert.

4. *Vereinbarkeit mit dem Dreistufentest*

Fraglich ist, inwieweit eine Abkehr vom traditionellen Verständnis der engen Auslegung von Schrankenbestimmungen mit dem Dreistufentest in Art. 5 Abs. 5 Info-Richtlinie vereinbar ist. Art. 5 Abs. 5 Info-RL richtet sich nicht nur an den nationalen Gesetzgeber, sondern bindet auch den Richter, der bei der Anwendung der urheberrechtlichen Schrankenbestimmungen dem Dreistufentest mit einer richtlinienkonformen Auslegung Rechnung zu tragen hat.[419] Daher darf die Auslegung einer Schrankenbestimmung nicht dazu führen, dass die zugelassene Nutzung die normale Auswertung des Werkes oder die berechtigten Interessen des Urhebers unzumutbar beeinträchtigt.[420] Diese Voraussetzungen gehen jedoch nicht über die vom BVerfG und vom BGH aus dem grund-

---

[417] Zur rechtlichen Einordnung des „making available to the public" vor Einführung des § 19a UrhG siehe *Dreier*, in: Schricker, Informationsgesellschaft, S. 126 ff., 133 f.; *Schack*, JZ 1998, 756 f. m. w. N.

[418] §§ 48 Abs. 1 Nr. 2, 49 Abs. 2, 50, 51, 52 Abs. 1 und 2, 57, 59 UrhG. Die einzige Ausnahme stellt insoweit wegen seines auf Vertreiber von Wiedergabegeräten beschränkten Privilegierungszwecks § 56 UrhG dar.

[419] *Geiger*, IIC 2006, 80; ebenso zu Art. 9 Abs. 2 RBÜ BGHZ 134, 250, 263 = GRUR 1997, 459, 463 – CB-Infobank I; vgl. BGHZ 151, 300, 315 = GRUR 2002, 963, 967 – Elektronischer Pressespiegel, wo der BGH die Vereinbarkeit von § 49 Abs. 1 S. 2 UrhG mit dem Dreistufentest unproblematisch festgestellt hat.

[420] BGHZ 134, 250, 263 = GRUR 1997, 459, 463 – CB-Infobank I.

rechtlichen Schutz des geistigen Eigentums abgeleiteten Beschränkungen hinaus. Letztlich enthält der Dreistufentest lediglich eine Ausformung des allgemeinen Abwägungs- und Verhältnismäßigkeitsgrundsatzes.[421] Wenn die normale Auswertung eines Werkes gefährdet ist, dürfte die Rechtfertigung einer entsprechenden Schranke auch im Hinblick auf Art. 14 Abs. 1 GG kaum in Betracht kommen. Es sind daher praktisch keine Fälle denkbar, in denen die Auslegung einer Schrankenbestimmung zu einem (noch) verhältnismäßigen Eingriff in das Grundrecht aus Art. 14 GG führt, zugleich aber einen Verstoß gegen Art. 5 Abs. 5 Info-RL darstellt.

D. Ökonomische Funktion der Schranken

Da der dem Copyright der USA zugrunde liegende utilitaristische Ansatz zur Begründung des Urheberrechts und seiner Schranken im Kern ökonomisch geprägt ist,[422] haben vor allem Vertreter der auf dem Utilitarismus als rechtsphilosophischer Basis aufbauenden ökonomischen Analyse des Rechts[423] systematische Kriterien für die Rechtfertigung von Beschränkungen des Urheberrechts im Rahmen der Fair-use-Doktrin zu entwickeln versucht. Angesichts der persönlichkeitsrechtlichen Wurzeln des deutschen Urheberrechts ist eine rein ökonomische Sichtweise zwar nicht geeignet, das Urheberrecht in seiner Gesamtheit zu erfassen und zu rechtfertigen.[424] Dennoch ist zu berücksichtigen, dass dem Urheber mit den ausschließlichen Verwertungsrechten auch ein Gegen-

---

[421] *von Becker*, GRUR 2004, 108 Fn. 52; *Senftleben*, GRURInt 2004, 210f.; vgl. auch *Bergmann*, FS Ullmann, 25, der im Hinblick auf § 53 UrhG konstatiert, dass der Beurteilungsmaßstab des Dreistufentests und die Angemessenheit der Schrankenziehung unter dem Gesichtspunkt der Sozialbindung des Urheberrechts im Wesentlichen Ausdruck derselben Problematik seien.

[422] *Samuelson*, EIPR 2001, 410; vgl. auch *Sony Corp. v. Universal City Studios, Inc.*, 464 U.S. 417, 455f. Fn. 40 (1984): § 107 CA erfordere insbesondere die Berücksichtigung der ökonomischen Folgen des Kopierens.

[423] Die ökonomische Analyse des Rechts sieht eine Aufgabe der Rechtswissenschaft darin, rechtliche Regelungen danach zu beurteilen, in welchem Maße sie die Verschwendung knapper Ressourcen verhindern und damit zu einer effizienteren Verteilung von Gütern zur Befriedigung menschlicher Bedürfnisse beitragen, siehe nur *Schäfer/Ott*, S. 15; *Eidenmüller*, S. 169ff.; speziell zum Urheberrecht *Landes/Posner*, 18 JLS 325 (1989). Dementsprechend geht es bei der ökonomischen Analyse des Urheberrechts darum, die Wirkung einzelner Normen im Hinblick auf eine optimale Schaffung, Bereitstellung und Verbreitung schöpferischer und innovativer Geistesgüter zu untersuchen, *Dreier/Senftleben*, in: Lejeune, D Rn. 16. Dabei kann man nicht von einer einheitlichen Theorie der ökonomischen Analyse des (Urheber)Rechts sprechen. Unter dieser Bezeichnung wird eine Vielzahl unterschiedlicher methodischer Ansätze zusammengefasst, die durch eine ökonomisch geprägte Argumentation gekennzeichnet sind, vgl. nur die sehr umfangreiche Literaturübersicht bei *Gordon/Bone*, in: Bouckaert/DeGeest, S. 204ff. Im Folgenden werden daher nur die weitgehend anerkannten Grundannahmen der ökonomischen Analyse des Rechts dargestellt.

[424] Vgl. *Schack*, FS Wadle, 1016; *Poeppel*, S. 159; *Leistner/Hansen*, GRUR 2008, 480.

stand an die Hand gegeben werden soll, den er im Rechtsverkehr dazu einsetzen kann, einen gerechten Lohn für seine schöpferische Leistung zu erzielen.[425] Die Ausgestaltung des Urheberrechts als absolutes Recht ist in dieser Hinsicht nur Mittel zum Zweck, dem Urheber die wirtschaftliche Nutzung seines Werkes zu ermöglichen.[426] Die meisten Schranken der §§ 44aff. UrhG betreffen vor allem diesen wirtschaftlichen Aspekt des Urheberrechts. Daher ist die Rechtfertigung derartiger Beschränkungen auch im Hinblick auf ihre ökonomische Funktion zu untersuchen. Insoweit kommt der ökonomischen Analyse des Urheberrechts durchaus eine eigenständige Bedeutung zu, die in Deutschland bislang nur wenig Beachtung gefunden hat.[427]

I. Ökonomische Funktion des Urheberrechts

Aus ökonomischer Sicht stellt das Urheberrecht ein Mittel dar, um die effiziente Verwendung von Ressourcen in der Produktion von Informationen sicherzustellen.[428]

1. Die Nichtexklusivität geistiger Schöpfungen

Die Besonderheit von immateriellen Gütern wie urheberrechtsschutzfähigen Werken liegt darin, dass sie gewisse Charakteristika „öffentlicher Güter" (public goods) aufweisen.[429] Öffentliche Güter zeichnen sich durch ihre Nichtrivalität im Verbrauch und durch ihre Nichtexklusivität aus.[430] Während ein privates Gut wie ein Stück Land oder eine bewegliche Sache grundsätzlich nur von einem oder zumindest nur von einer begrenzten Anzahl von Menschen gleichzeitig genutzt werden und es ohne individuelle Verfügungsrechte aufgrund von Übernutzung schnell zu einer ineffizienten Ressourcennutzung kommen

[425] *Schack*, UrhR, Rn. 5.

[426] *Badura*, Eigentumsschutz, S. 11. Vgl. § 11 S. 2 UrhG.

[427] Siehe nur *Poeppel*, S. 158: Der Ansatz der ökonomischen Analyse des Rechts verdeutliche „lediglich nochmals in einem gänzlich anderen Kategorien- und Begriffssystem die grundsätzliche Interessenkollision, die den urheberrechtlichen Schranken zu Grunde liegt".

[428] *Koboldt*, in: Ott/Schäfer, S. 71.

[429] *Peukert*, in: Hilty/Peukert, S. 13f.; *Landes/Posner*, 18 JLS 326 (1989); *Gordon*, 82 Col. L. Rev. 1610f. (1982); *dies.*, in: Ott/Schäfer, S. 329; *Gordon/Bone*, in: Bouckaert/DeGeest, S. 189, 191; *Dowell*, 86 Cal. L. Rev. 853f. (1998); *Koboldt*, in: Ott/Schäfer, S. 72; *Bechtold*, Informationsrecht, S. 284f.; *Kröger*, Informationsfreiheit, S. 168; *Wielsch*, S. 13. Auf die uneinheitlich beantwortete Frage, ob geistige Schöpfungen tatsächlich öffentliche Güter sind (so z.B. *Peukert* a.a.O.) oder nur bestimmte Merkmale öffentlicher Güter aufweisen (so *Leistner/Hansen*, GRUR 2008, 484; *Gordon/Bone* a.a.O., die daher von „quasi-public goods" sprechen), soll hier nicht eingegangen werden. Die Unterscheidung ist für die ökonomische Analyse der urheberrechtlichen Schranken nicht von Bedeutung.

[430] Allgemein *Schäfer/Ott*, S. 108. Teilweise wird bei der Definition des öffentlichen Guts auch nur auf seine Nichtrivalität und nicht auch zusätzlich auf seine Nichtexklusivität abgestellt, so *Koboldt*, in: Ott/Schäfer, S. 72.

kann,[431] können immaterielle Güter von einer Person genutzt werden, ohne dass dadurch der Nutzwert für andere Personen beeinträchtigt wird, so dass das Immaterialgut selbst durch intensivste Nutzung nicht aufgezehrt werden kann.[432] Dabei ist das Immaterialgut der geistigen Schöpfung streng von der konkreten Werkverkörperung, also der Kombination des Immaterialguts mit einem Informationsträger, zu unterscheiden. Der Informationsträger ist typischerweise ein privates Gut.[433] So kann die konkrete Ausgabe einer CD gleichzeitig nur von einer begrenzten Anzahl von Zuhörern genutzt werden. Das darin verkörperte Immaterialgut selbst ist aber, sobald es einmal vorhanden ist, unbegrenzt mehrfach nutzbar. Wenn eine Person die auf der CD gespeicherte Komposition anhört, aufführt oder vervielfältigt, werden andere Menschen allein dadurch nicht gehindert, das Werk parallel dazu auf dieselbe Weise zu nutzen.

Hinzu kommt, dass das Werk, sobald es einmal öffentlich zugänglich ist, ein nichtexklusives Gut darstellt, d.h. nutzungswillige Dritte können überhaupt nicht oder nur unter Aufwendung unverhältnismäßiger Kosten von seiner Nutzung ausgeschlossen werden.[434] Der Schöpfer des Werkes kann daher nicht verhindern, dass ein Dritter in den Besitz des Werkes kommt.[435] Dies ermöglicht Trittbrettfahrern („free riders"), das Werk zu nutzen, ohne den Autor für den Zugang zum Werk zu bezahlen. Wenn das Immaterialgut vom Informationsträger abgekoppelt und auf einen neuen Informationsträger übertragen werden kann,[436] könnte aufgrund der nichtrivalisierenden Nutzbarkeit jeder, der ein Werkexemplar erwirbt, das Werk kopieren und selbst als Anbieter von Werk-

---

[431] Sog. Tragödie der Allmende („Tragedy of the Commons"), siehe *Schäfer/Ott*, S.30, 553ff.

[432] *Gordon*, 82 Col. L. Rev. 1611 (1982); *Koboldt*, in: Ott/Schäfer, S.73; *Kröger*, Informationsfreiheit, S.168; von *Rehbinder*, UrhR, Rn.3, als „potentielle Ubiquität" bezeichnet. In dieser Hinsicht ist das immaterielle Gut also nicht knapp. Die zu vermindernde Knappheit besteht vielmehr hinsichtlich der begrenzten Anzahl bestehender und der erwünschten Schaffung künftiger Werke, vgl. *Peukert*, in: Hilty/Peukert, S.14 mit Fn.14; *Bechtold*, Informationsrecht, S.284.

[433] *Koboldt*, in: Ott/Schäfer, S.73.

[434] *Gordon/Bone*, in: Bouckaert/DeGeest, S.192; vgl. auch *Gordon*, 82 Col. L. Rev. 1611 (1982).

[435] Dieses Charakteristikum immaterieller Güter verliert zwar umso mehr an Bedeutung, je wichtiger die Verkörperung in einem Werkstück für den Konsum wird. Denn dadurch nähert sich das Werk einem körperlichen Gut an, dessen Nutzung – z.B. durch DRM-Systeme – vom Autor kontrolliert werden kann, vgl. *Peukert*, in: Hilty/Peukert, S.14. Gerade das Beispiel der musikalischen Komposition zeigt aber die Grenzen dieser Argumentation auf. So kann auch ein DRM-System nicht verhindern, dass eine Komposition öffentlich oder nicht öffentlich aufgeführt wird. Exklusivität kann immer nur für die konkrete körperliche Festlegung, etwa die Aufnahme einer bestimmten Darbietung, erreicht werden. Diese ist jedoch nicht Gegenstand des Urheberrechts, sondern allenfalls von Leistungsschutzrechten, für die ohnehin andere Grundsätze gelten, siehe *Peukert*, in: Hilty/Peukert, S.15 in Fn.17; vgl. auch unten S.436f.

[436] Insbesondere bei digital gespeicherten Werken ist dies grundsätzlich ohne Schwierigkeiten möglich.

stücken in Konkurrenz zum Produzenten des Originals treten.[437] Der Marktpreis für das betreffende Werk würde dadurch im Extremfall auf die Grenzkosten für die Herstellung einer Kopie[438] absinken.[439]

Die Nichtrivalität immaterieller Güter führte daher eigentlich zu einer optimalen Nutzung des einzelnen Werkes.[440] In einer Situation, in der ein Werk zu Grenzkostenpreisen auf dem Markt angeboten würde, wäre jedoch nicht gewährleistet, dass es überhaupt zur Produktion des Werkes kommt. Denn Trittbrettfahrer werden in der Hoffnung, das Produkt, das andere erwerben, kostenlos mitbenutzen zu können, ihre wirkliche Präferenz und Zahlungsbereitschaft verheimlichen, so dass der Anbieter des Produkts nicht in der Lage wäre, für seine Arbeit eine entsprechende Bezahlung zu verlangen.[441] Die Nichtexklusivität öffentlicher Güter führt daher grundsätzlich zur Unterproduktion, wenn die Produktion des Gutes dem privaten Markt überlassen wird.[442]

Ein vorausschauender, an Nutzenmaximierung orientierter Autor wird die Kosten für die Werkschöpfung („costs of expression") nur aufwenden und ein neues Werk schaffen, wenn die Differenz zwischen den erwarteten Einnahmen aus dem Verkauf von Werkausgaben und den Kosten für deren Herstellung mindestens den Kosten der Werkschöpfung entspricht.[443] Solange das Kopieren weniger Kosten verursacht als das Schaffen neuer Werke, liegt der zu erwartende Marktpreis aber unter dem Preis, den der Autor des Originals erheben müsste, um seine fixen Kosten der Werkschöpfung zu decken.[444] Ohne Aussicht auf

---

437 *Koboldt*, in: Ott/Schäfer, S. 73.

438 Unter Grenzkosten versteht man den Betrag, um den sich die Gesamtkosten erhöhen, wenn die Ausbringungsmenge um eine Einheit gesteigert wird, *Schäfer/Ott*, S. 82f. Die Grenzkosten der Produktion von Werkausgaben durch einen Kopisten setzen sich zusammen aus den Kosten für den Produktionsträger und den Kosten der Rekombination von Immaterialgut und Informationsträger.

439 *Landes/Posner*, 18 JLS 328 (1989); *Gordon/Bone*, in: Bouckaert/DeGeest, S. 192; *Koboldt*, in: Ott/Schäfer, S. 74; *Peukert*, in: Hilty/Peukert, S. 15; vgl. *Schäfer/Ott*, S. 617.

440 *Koboldt*, in: Ott/Schäfer, S. 74; *Bechtold*, Informationsrecht, S. 287.

441 *Schäfer/Ott*, S. 108; vgl. auch *Gordon*, in: Ott/Schäfer, S. 328 mit Fn. 2.

442 *Schäfer/Ott*, S. 108; *Gordon*, 82 Col. L. Rev 1611 (1982); *dies.*, in: Ott/Schäfer, S. 330.

443 *Landes/Posner*, 18 JLS 327f. (1989); vgl. *Lehmann*, GRURInt 1983, 361. Da im Zeitpunkt der Werkschöpfung der kommerzielle Erfolg des Werkes noch nicht absehbar ist, muss er bei seiner Preiskalkulation außerdem das Risiko eines Fehlschlags mit einbeziehen, während der Kopist sich auf die Vervielfältigung und den Vertrieb erfolgreicher Werke beschränken kann, siehe dazu *Landes/Posner*, 18 JLS 328f. (1989); *Koboldt*, in: Ott/Schäfer, S. 73 in Fn. 16.

444 Wenn hingegen die Herstellungskosten einer gleichwertigen Kopie für den Kopisten höher sind als für den Werkschöpfer oder das vom Kopisten angebotene Produkt kein gleichwertiger Ersatz für das Originalprodukt ist, hat der Werkschöpfer auch ohne einen gesetzlichen Schutz die Möglichkeit, einen Preis zu verlangen, der höher liegt als seine Grenzkosten. Je mehr sich das vom Werkschöpfer und vom Kopisten angebotene Produkt hinsichtlich der Herstellungskosten und der Qualität unterscheiden, desto weniger Bedarf besteht somit aus ökonomischer Sicht für einen Urheberrechtsschutz, siehe *Landes/Posner*, 18 JLS 329, 335 mit Fn. 18 (1989); *Gordon/Bone*, in: Bouckaert/DeGeest, S. 199f., die insgesamt sieben Kernbe-

Amortisation der mit der Schöpfung eines Werkes verbundenen Kosten würden neue Werke aber nicht oder nur in geringerer Anzahl geschaffen.[445]

2. *Beseitigung des in der Nichtexklusivität liegenden Marktversagens*

Aus ökonomischer Sicht dient das Urheberrecht dazu, diesen zu einer subobtimalen Ressourcenallokation führenden Effekt der Nichtexklusivität geistiger Schöpfungen zu beseitigen. Bei anderen öffentlichen Gütern kann auf die Nichtexklusivität effektiv reagiert werden, indem die ausreichende Versorgung durch eine aus Zwangsabgaben finanzierte staatliche Produktion sichergestellt wird.[446] Im Bereich kultureller Produkte verbietet sich jedoch eine solche Lösung. Die Freiheit kreativen Ausdrucks ist in einer demokratischen Gesellschaft für den Erhalt der Meinungsvielfalt unverzichtbar[447] und erlaubt keine staatliche Kontrolle der Kulturgüterproduktion.[448] Das Urheberrecht löst das Problem der Nichtexklusivität geistiger Schöpfungen daher auf andere Weise. Indem es dem Urheber ein rechtlich durchsetzbares ausschließliches Herrschaftsrecht („property right“[449]) gewährt, erlaubt das Urheberrecht seinem Inhaber, zahlungsunwillige Trittbrettfahrer von der Nutzung des geschaffenen Werkes auszuschließen. Die Kosten des Kopierens werden so über das technisch mögliche Minimum gehoben, d.h. das Kopieren wird durch den Urheberrechtsschutz künstlich verteuert.[450] Dadurch erhält der Schutzrechtsinhaber einerseits ein Druckmittel gegenüber potentiellen Verlegern oder sonstigen Herstellern von Werkexemplaren, für die Aufhebung des Kopierverbotes zu bezahlen. Andererseits sorgt es aber auch auf Seiten der Produzenten für die Bereitschaft,

---

dingungen („core conditions“) anführen, die erfüllt sein müssen, um einen Urheberrechtsschutz ökonomisch zu rechtfertigen.

[445] *Landes/Posner*, 18 JLS 328 (1982); *Gordon*, 82 Col. L. Rev. 1610 (1982); *Gordon/Bone*, in: Bouckaert/DeGeest, S. 192; *Koboldt*, in: Ott/Schäfer, S. 74f.; *Dreier/Senftleben*, in: Lejeune, D Rn. 17; *Peukert*, in: Hilty/Peukert, S. 15.

[446] Beispiele sind die öffentliche Sicherheit oder ein von allen vorbeifahrenden Schiffen nutzbarer Leuchtturm, vgl. *Schäfer/Ott*, Ökonomische Analyse des Zivilrechts, S. 108; *Gordon*, in: Ott/Schäfer, S. 330; *dies.*, 82 Col. L. Rev. 1611 (1982).

[447] Vgl. BVerfG 57, 295, 323: Der Gesetzgeber sei (im Hinblick auf das Bestehen eines Gesamtangebots an Rundfunkprogrammen) dafür verantwortlich, dass „die für die freiheitliche Demokratie konstitutive Meinungsvielfalt zur Darstellung gelangt“.

[448] Vgl. *Gordon*, 82 Col. L. Rev. 1611 f. (1982); *dies.*, in: Ott/Schäfer, S. 331 mit Fn. 7; *Schack*, FS Wadle, 1017f.

[449] Über die zutreffende Übersetzung des Begriffs „Property Rights“ lässt sich streiten. So bevorzugen *Schäfer/Ott*, S. 98, den Begriff der „Handlungsrechte“, während *Richter/Furubotn*, S. 95, den Ausdruck „Verfügungsrechte“ verwenden. Überdies wird der Begriff in der Institutionenökonomik nicht mit einheitlichem Inhalt verwendet, vgl. *Schäfer/Ott*, S. 549f. m.w.N. Aus juristischer Sicht sollten unter dem Begriff der „Property Rights“ nur absolute Rechte verstanden werden, die der Inhaber gegenüber jedem Dritten verteidigen kann, nicht aber bloß relative Rechte, etwa auf vertraglicher Basis.

[450] *Koboldt*, in: Ott/Schäfer, S. 75, 79; *Bechtold*, Informationsrecht, S. 288.

höhere Preise für ausschließliche Lizenzen zu bezahlen, die ihnen einen Wettbewerbsvorteil verschaffen.[451]

Überwiegend wird die ökonomische Rechtfertigung urheberrechtlicher Ausschließlichkeitsrechte deshalb darin gesehen, dass der Rechtsinhaber dadurch einen Anreiz (incentive) erhält, in die Schaffung neuer Geisteswerke zu investieren.[452] Die Tragweite dieses Arguments ist aber problematisch.[453] So lässt sich gegen das Anreizargument einwenden, dass auch andere als monetäre Motive dazu führen können, dass ein Autor sich kreativ betätigt, etwa der Wunsch nach Selbstverwirklichung oder Anerkennung.[454] Auch wird ein Autor nicht allein durch die Aussicht eines Rechtsschutzes dazu motiviert, neue Werke zu schaffen. Vielmehr vermittelt das Ausschließlichkeitsrecht diese Anreize nur dadurch, dass es ihre individuelle ausschließliche Wahrnehmung erlaubt, die Anreize selbst schafft aber der Wettbewerb.[455] Denn ohne eine entsprechende Nachfrage nach dem betreffenden Werk führt auch die Gewährung eines ausschließlichen Verwertungsrechts nicht dazu, dass der Urheber einen Lohn für seine Leistung erhält.[456]

Richtigerweise besteht die Funktion des Ausschließlichkeitsrechts daher darin, die aus dem Wettbewerb resultierenden Gewinnanreize aufzunehmen und in eine „Belohnung" entsprechend dem im Wettbewerb ermittelten Marktwert der eigenen Leistung umwandeln zu können.[457] Danach geht es bei der Zuordnung urheberrechtlicher Befugnisse um die Bereitstellung institutioneller Rahmenbedingungen eines Marktes, in deren Rahmen der Wettbewerb die Schaffung und Verbreitung von Werken steuert.[458] Der Rechtsinhaber erhält dadurch die notwendige Entscheidungsfreiheit, um seine unternehmerischen Gewinnmaximierungsinteressen autonom wahrzunehmen.[459] Auf diese Weise setzt die Gewährung von Ausschließlichkeitsrechten einen Marktmechanismus für individuelle Transaktionen über urheberrechtliche Lizenzen in Gang und beseitigt so das in der Nichtexklusivität geistiger Schöpfungen liegende Marktversa-

---

[451] *Gordon*, in: Ott/Schäfer, S. 332; *Schack*, UrhR, Rn. 5.

[452] *Gordon*, 82 Col. L. Rev. 1610ff. (1982); *Landes/Posner*, 18 JLS 326 (1989); *Depoorter/Parisi*, S. 4; *Beier*, GRUR 1998, 187; *Höppner*, GRUR Int 2005, 460; *Fränkl/Karpf*, S. 105f.; *Peukert*, in: Hilty/Peukert, S. 16 m. w. N.

[453] Siehe die Nachweise bei *Gordon*, 82 Col. L. Rev. 1610 in Fn. 63 (1982); kritisch auch *Leistner/Hansen*, GRUR 2008, 484.

[454] Vgl. *Förster*, S. 130ff.; *Schack*, FS Wadle, 1017f. Andererseits wäre die danach verbleibende Anzahl an künstlerischen Produkten im Vergleich zur gesellschaftlich gewünschten Anzahl möglicherweise zu gering, vgl. *Koboldt*, in: Ott/Schäfer, S. 95 in Fn. 42.

[455] Immenga/Mestmäcker-*Ullrich/Heinemann*, GRUR B Rn. 22 m. w. N.

[456] *Schack*, ZUM 2001, 464.

[457] Immenga/Mestmäcker-*Ullrich/Heinemann*, GRUR B Rn. 50.

[458] Dieser Ansatz wird teilweise als „neoklassischer" Ansatz bezeichnet, so *Burrell/Coleman*, S. 171; *Leistner/Hansen*, GRUR 2008, 484.

[459] Immenga/Mestmäcker-*Ullrich/Heinemann*, GRUR B Rn. 23.

gen.[460] Nach der Theorie der „unsichtbaren Hand“ führt ein solcher dezentraler Marktmechanismus regelmäßig zu einer effizienten Ressourcenallokation, da über individuelle Transaktionen das Geistesgut letztlich zu demjenigen gelangt, der das Gut am effektivsten nutzt.[461] Denn bringt das Werk in der Hand des Käufers einen größeren sozialen Nutzen als in der des Verkäufers, so ist bei einem funktionierenden Markt davon auszugehen, dass der Käufer ausreichende Mittel auftreiben kann, um ein entsprechendes Nutzungsrecht vom Rechtsinhaber zu erwerben.[462]

Zugleich verweist das Ausschließlichkeitsrecht durch die Befugnis, Dritte von der Nutzung des Werkes auszuschließen, die Mitbewerber des Schutzrechtsinhabers auf substitutiven statt auf imitierenden Wettbewerb.[463] Dadurch wird nicht nur die für die Selbststeuerung des Marktes notwendige Entscheidungsfreiheit des Schutzrechtsinhabers im Wettbewerb gewährleistet, sondern auch die Schaffung neuer Werke gefördert, die mit den bereits bestehenden in Substitutionswettbewerb treten können.

---

[460] *Dowell*, 86 Cal. L. Rev. 854 (1998). Einen Überblick über das urheberrechtliche Marktmodell gibt *Gordon*, 82 Col. L. Rev. 1605ff. (1982). Außerdem vermeidet die Gewährung eines Ausschließlichkeitsrechts bestimmte Anreize zu sozial unerwünschten Produktions- und Veröffentlichungstaktiken, die auftreten könnten, wenn Verwerter des Werkes auf die Ausnutzung ihrer natürlichen Wettbewerbsvorteile angewiesen wären. So kann der Drang, der erste Anbieter des Produkts auf dem Markt zu sein und sich auf diese Weise einen zeitlichen Vorsprung vor etwaigen Kopisten zu sichern, dazu führen, dass vorwiegend kurzlebige Werke produziert werden oder auf werbende Ankündigungen verzichtet wird; dazu *Landes/Posner*, 18 JLS 331f. (1982).

[461] Vgl. *Adam Smith*, IV.ii.9 (S. 456): Das Zusammenwirken der Menschen (in Märkten) werde „von einer unsichtbaren Hand“ (invisible hand) geleitet, so dass jeder von ihnen einen Zweck fördere, „den zu erfüllen er in keiner Weise beabsichtigt hat“ (which was no part of his intention), nämlich das Allgemeinwohl im Sinne von gesamtwirtschaftlicher Effizienz der Güterallokation; speziell zum Urheberrecht *Gordon/Bone*, in: Bouckaert/DeGeest, S. 194; *Gordon*, 82 Col. L. Rev. 1605 (1982); *Depoorter/Parisi*, S. 4.

[462] Vgl. *Gordon*, 82 Col. L. Rev. 1615 (1982). Nach *Coase*, 3 J. L. & Econ. 2ff. (1960), hängt das Erreichen einer effizienten Allokation der Ressourcen dabei nicht davon ab, wem die Handlungsrechte originär zugeordnet sind, vorausgesetzt, dass die Handlungsrechte und die aus ihnen abgeleiteten Handlungsmöglichkeiten eindeutig spezifiziert und frei übertragbar und mit der Übertragung keine Transaktionskosten verbunden sind. Nach diesem sog. Coase-Theorem müsste in einer Welt ohne Transaktionskosten zwischen dem Autor und den Nutzern eines Werkes durch individuelle Transaktionen folglich ein effizientes Verhandlungsergebnis erreicht werden, unabhängig davon, ob der Autor das Recht hat, die Nutzung zu verbieten, oder jeder Nutzer das Recht hat, das Werk zu nutzen. Je größer der potentielle Markt für ein Werk ist, desto höher sind aber die Transaktionskosten, wenn man der Allgemeinheit ein Recht zum Kopieren einräumt, anstatt dem Urheber ein Verbotsrecht zuzuweisen, *Landes/Posner*, 18 JLS 330 (1989); *Gordon/Bone*, in: Bouckaert/DeGeest, S. 193.

[463] EuGH, 17.10.1990, Rs. C-10/89, Slg. 1990, I-3711, Rn. 13f. – CNL-Sucal/Hag (zum Warenzeichenrecht); BGHZ 160, 67, 75f. = GRUR 2004, 966, 968 – Standard-Spundfass (zum Patentrecht); *Heinemann*, GRUR 2008, 952.

3. Unternutzung der Nichtrivalität als notwendige Folge der Ausschließlichkeit

Auf der anderen Seite erhöht die Zuweisung eines Ausschließlichkeitsrechts an den Urheber im Hinblick auf bereits bestehende Werke die Kosten derjenigen, die das Werk nutzen wollen, so dass die Nichtrivalität des Immaterialguts von der Allgemeinheit nicht voll ausgenutzt werden kann. Die Gewährung eines Ausschließlichkeitsrechts führt folglich zu einer suboptimalen Nutzung des Werkes und damit zu Wohlfahrtsverlusten.[464] Teilweise wird darin die entscheidende Rechtfertigung für eine Beschränkung des Ausschließlichkeitsrechts im Wege gesetzlicher Schrankenbestimmungen gesehen.[465] Gerade die Nichtrivalität öffentlicher Güter führe dazu, dass das in einem urheberrechtlich geschützten Werk enthaltene Wissen weltweit verbreitet und genutzt werden könne und dadurch die gesamtgesellschaftliche Wohlfahrt gesteigert werde. Indem der Gesetzgeber bestimmte Nutzungen vom Ausschließlichkeitsrecht des Urhebers ausnehme, reduziere er die Kosten für die Nutzung legal erworbener Werke und nähere sie der sozial optimalen Höhe von Null an.[466]

Dass durch die gesetzliche Freistellung einer bestimmten Nutzung die für ihre Ausübung aufzuwendenden Kosten gesenkt würden, reicht aber für sich allein nicht aus, um eine Beschränkung des Ausschließlichkeitsrechts des Urhebers im Wege gesetzlicher Schrankenbestimmungen zu rechtfertigen. Denn mit dieser Begründung müsste man einen Urheberrechtsschutz durch Gewährung ausschließlicher Verwertungsrechte insgesamt ablehnen. Vielmehr muss die mit einer Gewährung ausschließlicher Verwertungsrechte verbundene Unternutzung der Nichtrivalität geistiger Schöpfungen in Kauf genommen werden, um ein als gravierender empfundenes Übel zu beseitigen, nämlich die aufgrund der Nichtexklusivität bestehende Unmöglichkeit, die vom Wettbewerb geschaffenen Produktionsanreize in eine Belohnung für den Urheber umzuwandeln.[467] Der urheberrechtliche Schutz verringert den „social welfare loss due to underproduction" also gerade unter Inkaufnahme eines „social welfare loss due to underutilization".[468] Aus ökonomischer Sicht ist die zentrale Aufgabe des Urheberrechts, diese beiden wohlfahrtsmindernden Wirkungen so zu einem Aus-

---

[464] *Koboldt*, in: Ott/Schäfer, S. 76; *Gordon/Bone*, in: Bouckaert/DeGeest, S. 194; *Peukert*, in: Hilty/Peukert, S. 17.

[465] So *Guibault*, Copyright Limitations and Contracts, S. 84 f.; *Poeppel*, S. 158.

[466] *Guibault*, Copyright Limitations and Contracts, S. 83 f.

[467] Vgl. *Ganea*, GRURInt 2005, 103: Aus ökonomischer Sicht bedeute die Gewährung geistigen Eigentums „nichts anderes als die Inkaufnahme eines Übels, nämlich eines monopolähnlichen Preissetzungsrechts, zur Beseitigung des anderen, als gravierender empfundenen Übels, nämlich einer unvergüteten Leistung für die Allgemeinheit durch den besonders innovativen oder kreativen Anbieter".

[468] *Koboldt*, in: Ott/Schäfer, S. 76; *Fränkl/Karpf*, S. 107.

gleich zu bringen, dass die mit einem Marktmechanismus maximal mögliche Wohlfahrt angesteuert wird.[469]

II. Schranken als Reaktion auf ein Marktversagen

Die Gewährung eines ausschließlichen Verwertungsrechts an den Urheber ist aus ökonomischer Sicht nur insoweit gerechtfertigt, als dieses Mittel erforderlich und geeignet ist, um das in der Nichtexklusivität geistiger Schöpfungen liegende Marktversagen zu beheben. Die Ausschließlichkeit der Werknutzung auf diese Funktion zu begrenzen, ist Zweck der urheberrechtlichen Schranken.[470] Beschränkungen der urheberrechtlichen Ausschließlichkeit lassen sich im Hinblick auf deren ökonomische Funktion danach unter zwei Gesichtspunkten rechtfertigen. Beschränkungen sind zum einen in Bezug auf solche Nutzungen des geschützten Werkes geboten, durch deren ausschließliche Zuweisung an den Schutzrechtsinhaber nicht nur der Imitationswettbewerb, sondern auch in relevantem Umfang der Substitutionswettbewerb ausgeschlossen würde (unten 1). Zum anderen kann die Gewährung eines ausschließlichen Verwertungsrechts dort ihre ökonomische Funktion nicht erfüllen, wo sie nicht zur Eröffnung eines Marktes für die Verwertung des geschaffenen Werkes und damit zu einer effizienten Ressourcenallokation führt (unten 2).

1. Verringerung der Kosten der Werkschöpfung

Das in der Nichtexklusivität geistiger Schöpfungen liegende Marktversagen wird dadurch behoben, dass durch die Gewährung ausschließlicher Verwertungsrechte der Imitationswettbewerb mit dem Werk ausgeschlossen und Mitbewerber stattdessen auf den Substitutionswettbewerb mit eigenen Werken verwiesen werden. Die wohlfahrtssteigernde Wirkung des Urheberrechts ist daher umso größer, je weniger durch die Gewährung von ausschließlichen Herrschaftsrechten zugleich auch die Kosten der Werkschöpfung ansteigen.[471] Denn

---

[469] *Koboldt*, in: Ott/Schäfer, S. 76, 103 ff.; *Landes/Posner*, 18 JLS 326 (1989); *Elkin-Koren*, 12 BTLJ 100 (1997); vgl. auch *Dreier/Senftleben*, in: Lejeune, D Rn. 17; *Schäfer/Ott*, S. 618: Die Rechtsordnung müsse „ein Regelungssystem zur Verfügung ... stellen, bei dem die dynamischen Wohlfahrtsvorteile durch neues Wissen marginal höher bleiben als die statischen Wohlfahrtsverluste durch Renten". Ob ein solches wohlfahrtsmaximierendes Urheberrecht die beste aller möglichen Lösungen ist oder die dadurch erzielbare Gesamtwohlfahrt hinter der theoretisch möglichen maximalen Wohlfahrt zurückbleibt, lässt sich nur durch einen umfassenden Vergleich mit anderen institutionellen Arrangements feststellen, *Koboldt*, in: Ott/Schäfer, S. 89, 110. Ein solcher Vergleich ist ohne empirische Untersuchungen nicht zuverlässig möglich. *Gordon*, in: Ott/Schäfer, S. 328 weist daher zu Recht darauf hin, dass Aufgabe einer ökonomischen Analyse immer nur die Aufstellung plausibler Hypothesen sein kann.

[470] Besonders deutlich tritt dies bei § 69e UrhG hervor.

[471] *Landes/Posner*, 18 JLS 332 (1989); *Elkin-Koren*, 12 BTLJ 100 (1997); *Koboldt*, in: Ott/Schäfer, S. 80; *Gordon/Bone*, in: Bouckaert/DeGeest, S. 195; *Dreier/Senftleben*, in: Lejeune, D Rn. 17.

ein neues Werk baut typischerweise auf dem Formen- und Ideenschatz vorbestehender Werke auf. Je intensiver der Urheberrechtsschutz für ein existierendes Werk ist, desto weniger kann sich ein Autor bei der Schaffung eines eigenen Werkes an dem früheren Werk bedienen, ohne das daran bestehende Urheberrecht zu verletzen, und desto höher sind folglich seine Kosten der Werkschöpfung. Autoren müssen dann verstärkt auf gemeinfreie Werke zurückgreifen, kostspielige Nachforschungen anstellen, um dem Vorwurf der Nachahmung zu entgehen, oder vom Urheber eine entsprechende Lizenz erwerben. Auch ein besonders weit reichendes Urheberrecht, wonach bereits geringe Übernahmen der Zustimmung des Urhebers bedürfen, kann so dazu führen, dass weniger Werke neu geschaffen werden.[472]

Der Urheberrechtsschutz sollte daher möglichst selektiv über eine Erhöhung der Kosten des Kopierens wirken.[473] Damit wird in erster Linie begründet, dass als Werk lediglich die wahrnehmbare Formgestaltung, nicht aber die dahinter stehende Idee urheberrechtlich geschützt wird („idea/expression dichotomy").[474] Denn eine Ausdehnung des urheberrechtlichen Schutzes auf Ideen würde die Grenzkosten eines Kopisten kaum beeinflussen, jedoch die Kosten der Werkschöpfung deutlich erhöhen, da ein Urheber Zeit und Mühe in die Entwicklung neuer Ideen investieren oder eine mit erheblichen Transaktionskosten verbundene Lizenz für die Verwendung der Idee eines anderen aufwenden müsste.

Die Verringerung der Kosten der Werkschöpfung kann aber auch die Freistellung bestimmter Nutzungen durch eine Schrankenregelung rechtfertigen, wenn die Nutzung einer eigenschöpferischen Leistung des Nutzers dient.[475] So sehen *Landes* und *Posner* die maßgebliche Rechtfertigung für die Zulässigkeit transformierender Nutzungen nach § 107 CA[476] darin, dass dadurch die Kosten des nachschaffenden Urhebers verringert würden und damit die Anzahl bestehender Werke erhöht würde, während bei schlicht reproduzierenden Nut-

---

[472] *Landes/Posner*, 18 JLS 332f. (1989).

[473] *Koboldt*, in: Ott/Schäfer, S. 108; *Landes/Posner*, 18 JLS 333 (1989).

[474] *Landes/Posner*, 18 JLS 347ff. (1989); *Koboldt*, in: Ott/Schäfer, S. 108; *Gordon/Bone*, in: Bouckaert/DeGeest, S. 195; *Wolf*, S. 146f. Zur notwendigen Abgrenzung von Form und Idee im deutschen Urheberrecht Schricker-*Loewenheim*, § 2 Rn. 20; *Schack*, UrhR, Rn. 159; vgl. dazu bereits oben S. 48.

[475] Vgl. das Grünbuch Urheberrechte in der wissensbestimmten Wirtschaft, KOM(2008) 466 endg. vom 16.7.2008, S. 20, wonach die Verpflichtung, sich vor der Veröffentlichung von Adaptionen erst der Rechte des zugrunde liegenden Werkes zu versichern, als Innovationshindernis angesehen werden könne, da sie der Verbreitung neuer oder abgeleiteter, potentiell wertvoller Werke im Wege stehe.

[476] Zum Begriff der transformierenden Nutzung siehe oben S. 33ff. *Landes/Posner* verwenden nicht den Begriff der transformierenden Nutzungen, sondern sprechen stattdessen von produktiven Nutzungen („productive uses"), was darauf zurückzuführen ist, dass der Begriff der transformierenden Nutzung (mit gleichem Inhalt) erst durch die Entscheidung des Supreme Court im Fall *Campbell* geprägt worden ist.

zungen lediglich die Anzahl der Kopien eines bestehenden Werkes vergrößert, der Anreiz zum kreativen Schaffen aber verringert würde.[477] In ähnlicher Weise rechtfertigt *Koboldt* die Zulässigkeit der im Rahmen eines Zitats erfolgenden Übernahme von Passagen eines fremden Werkes in ein neu zu schaffendes Werk damit, dass die Kosten der Werkschöpfung (für das neue Werk) andernfalls so hoch seien, dass die Zahl der geschaffenen Werke zurückgehe.[478]

Das Argument einer Verringerung der Kosten für die Werkschöpfung ist jedoch nicht geeignet, sämtliche Beschränkungen des urheberrechtlichen Ausschließlichkeitsrechts erklären. Denn die meisten Schrankenbestimmungen in §§ 44a ff. UrhG setzen keine eigenschöpferische Leistung des durch die jeweilige Schranken Begünstigten voraus.

2. *Behebung eines Marktversagens*

Da die Gewährung eines Ausschließlichkeitsrechts an den Urheber das in der Nichtexklusivität geistiger Güter liegende Marktversagen beheben und durch die Etablierung eines Marktes für urheberrechtliche Nutzungsrechte gleichzeitig eine effiziente Nutzung des Werkes gewährleisten soll, ist die Freistellung einer Nutzung im Wege gesetzlicher Schranken auch dann gerechtfertigt, wenn die Gewährung eines Property Rights für eine bestimmte Nutzung gleichfalls zu einem Marktversagen führen würde.[479] Zu einer Nutzenmaximierung kommt es aufgrund von individuellen Transaktionen nämlich nur, wenn eine effizienzsteigernde Abänderung der originären Zuordnung des Nutzungsrechts ohne Schwierigkeiten möglich ist. Wenn hingegen der Marktmechanismus nicht reibungslos funktioniert und daher die „unsichtbare Hand“ versagt, ist nicht sichergestellt, dass das Vertrauen auf das Eigeninteresse des Rechtsinhabers zu effizienten Ergebnissen führt.[480] In diesen Fällen ist es daher sinnvoll, den Markt „nachzuahmen“ und das Nutzungsrecht von vornherein dem effizientesten Nutzer zuzuweisen.[481] Dadurch werden zusätzliche Übertragungen dieser Rechte überflüssig und die Ressourcen gelangen an den Ort ihrer nützlichsten Verwendung, ohne dass es kostspieliger Transaktionen bedarf.[482]

---

[477] *Landes/Posner*, 18 JLS 360 (1989).

[478] *Koboldt*, in: Ott/Schäfer, S. 108 f., unter Berufung auf *Landes/Posner*, 18 JLS 357 f. (1989), die dieses Ergebnis jedoch unabhängig von der schöpferischen Tätigkeit des Zitierenden damit begründen, dass die andernfalls anfallenden Transaktionskosten angesichts des nur geringen Wertes der Nutzung für den Zitierenden unverhältnismäßig hoch seien. Zum Argument prohibitiv hoher Transaktionskosten siehe sogleich unter 2 a.

[479] *Gordon*, 82 Col. L. Rev. 1614 f., 1627 (1982); *Depoorter/Parisi*, S. 7; *Dowell*, 86 Cal. L. Rev. 856 (1998); *Gordon/Bone*, in: Bouckaert/DeGeest, S. 202 f. m. w. N.

[480] *Gordon*, 82 Col. L. Rev. 1617 (1982); *dies.*, in: Ott/Schäfer, S. 346.

[481] *Gordon*, in: Ott/Schäfer, S. 363, bezeichnet dies als „Kernstück der ökonomischen Analyse des Rechts“.

[482] *Schäfer/Ott*, S. 113; *Gordon*, 82 Col. L. Rev. 1629 in Fn. 158 (1982); *Depoorter/Parisi*, S. 7 f.

Eine ökonomische Rechtfertigung dafür, den Markt zu übergehen und dem Urheber sein ausschließliches Herrschaftsrecht in Bezug auf bestimmte sozial wünschenswerte Nutzungen des Werkes von vornherein zu entziehen, besteht danach, wenn zu erwarten ist, dass entsprechende Transaktionen freiwillig nicht zustande kommen oder die effizienzsteigernde Wirkung des Marktes durch besondere Umstände beeinträchtigt wird. Dabei kann man drei Hauptformen des Marktversagens unterscheiden, welche die zustimmungsfreie Zulässigkeit einer Nutzung rechtfertigen können.[483]

a. Transaktionskosten

Die erste Form des Marktversagens ist dadurch gekennzeichnet, dass der Erwerb eines Nutzungsrechts, welches die betreffende Nutzung erlaubt, über einen Markt nicht oder nur sehr schwer möglich ist.[484] Wichtigstes Beispiel sind prohibitiv hohe Transaktionskosten für Abschluss und Durchführung des jeweiligen Geschäfts.[485] Denn höhere Kosten für die Marktbenutzung schmälern den Marktumsatz und damit das Funktionieren der „unsichtbaren Hand".[486] Zu diesen (Markt)Transaktionskosten zählen u.a. Kosten dafür, den Geschäftspartner zu identifizieren, das Angebot zu machen und zu verhandeln, den Vertrag aufzusetzen sowie Vorkehrungen für die Kontrolle seiner Einhaltung zu treffen.[487] Wenn die mit einer Transaktion verbundenen Kosten höher sind als der zu erwartende Nutzen aus dem Geschäft, wird es zu einem entsprechenden Vertragsschluss überhaupt nicht kommen, und die fragliche Nutzung des Werkes unterbleibt, auch wenn sie sozial erwünscht ist.[488]

Das Argument prohibitiv hoher Transaktionskosten wird vor allem mit der Zulässigkeit von Vervielfältigungen zum privaten oder sonstigen eigenen Gebrauch assoziiert.[489] Aufgrund der Entwicklung von Vervielfältigungsgeräten wie Fotokopierern, Tonbandgeräten und CD-Brennern sind solche Vervielfältigungen für praktisch jedermann mit geringem Kostenaufwand möglich. Aus Sicht des einzelnen Nutzers ist der Nutzen, der aus der konkreten Vervielfältigung eines Werkes gezogen werden kann, aber relativ gering im Verhältnis zu

---

483 Siehe dazu *Gordon*, 82 Col. L. Rev. 1627ff. (1982).

484 *Gordon*, 82 Col. L. Rev. 1627 (1982): „impossibility or difficulty of achieving a market bargain".

485 Vgl. *Bell*, 76 N. Carolina L. Rev. 583 (1998): „In other words, the scope of the fair use defense rises and falls with the transaction costs of licensing access to copyrighted works".

486 *Peukert*, in: Hilty/Peukert, S. 19; grundlegend zur Bedeutung von Transaktionskosten für die originäre Zuordnung von Herrschaftsrechten *Coase*, 3 J. L. & Econ. 15f. (1960).

487 *Coase*, 3 J. L. & Econ. 15 (1960); *Richter/Furubotn*, S. 59ff.

488 *Gordon*, 82 Col. L. Rev. 1628 (1982); *Landes/Posner*, 18 JLS 357 (1989); *Dowell*, 86 Cal. L. Rev. 856 (1998); *Gordon/Bone*, in: Bouckaert/DeGeest, S. 202; *Burk/Cohen*, 15 Harv. J. L. Tech. 44 (2001); *Peukert*, in: Hilty/Peukert, S. 18f.; *Richter/Furubotn*, S. 76.

489 *Gordon*, 82 Col. L. Rev. 1628 (1982); *dies.*, in: Ott/Schäfer, S. 361; *Gordon/Bone*, in: Bouckaert/DeGeest, S. 203; Dreier/Schulze-*Dreier*, vor §§ 44aff. Rn. 4.

dem Aufwand, den er betreiben müsste, um eine Lizenz für diese Nutzung vom jeweiligen Rechtsinhaber zu erlangen. Eine ähnliche Situation entsteht, wenn ein Nutzer eine kurze Passage aus einem fremden Werk zum Beleg seiner Aussage in einem eigenen Werk zitieren will.[490] Wenn beispielsweise ein Student für die Anfertigung einer Hausarbeit Artikel aus verschiedenen Fachzeitschriften in einer Bibliothek kopieren und anschließend einzelne Auszüge aus den Artikeln in der Arbeit zitieren will, müsste er zunächst bei den Verlagen den jeweiligen Inhaber des ausschließlichen Vervielfältigungsrechts ausfindig machen, um anschließend von jedem der Inhaber die Zustimmung zur Vervielfältigung des einzelnen Artikels einzuholen.

Auf der anderen Seite werden aufgrund des weit gestreuten Kreises potentieller Nutzer die Kosten der Rechtsdurchsetzung für den Rechtsinhaber die Einnahmen übersteigen, die er aus der Lizenzierung zu erwarten hat. In einer solchen Situation würden viele Nutzer das Werk trotz eines gesetzlichen Verbots nutzen, ohne aber dem Urheber für die Nutzung ein Entgelt zu bezahlen. Zumindest einige für die Gesellschaft nutzbringende Nutzungen würden aber auch ganz unterbleiben, wenn dem Urheber hinsichtlich der Nutzung ein Verbotsrecht eingeräumt würde. Wenn eine Schrankenbestimmung die betreffende Nutzung erlaubt, wird somit der für eine Gesellschaft nutzbringende Gebrauch ermöglicht, ohne dass der Urheber faktisch eine finanzielle Einbuße erleidet.

Als ökonomische Erklärung für die Freistellung einer Nutzung wird das Bestehen von Transaktionskosten auch in Fällen angeführt, in denen die Transaktionskosten zwar nicht prohibitiv hoch sind, die Nutzung aber dem mutmaßlichen Willen des Rechtsinhabers entspricht.[491] Wenn die fragliche Nutzung im gemeinsamen Interesse von Rechtsinhaber und Nutzer liege, würden durch die Einräumung einer gesetzlichen Lizenz die Kosten vermieden, die bei einer vertraglichen Einräumung mit demselben Ergebnis entstanden wären. Außerdem würde dadurch verhindert, dass der Rechtsinhaber allein durch das Bestehen eines Verbotsrechts zur Verfolgung der Urheberrechtsverletzung ermutigt würde, obwohl er die Nutzung bei einer Betrachtung ex ante erlaubt hätte.[492] Als Beispiel nennen *Landes* und *Posner* das Zitieren von Auszügen eines Buches in einer Buchbesprechung. Da die Besprechung dem Verlag eine kostspielige Werbung für das Buch erspare, könne davon ausgegangen werden, dass der Verlag als Inhaber des ausschließlichen Vervielfältigungsrechts die Zitate kostenfrei erlaubt hätte.[493] Eine solche mutmaßliche Einwilligung in die *kostenlose* Nut-

[490] *Landes/Posner*, 18 JLS 357 (1989).

[491] *Landes/Posner*, 18 JLS 358 (1989); *Gordon*, 82 Col. L. Rev. 1629f. (1982).

[492] *Gordon*, 82 Col. L. Rev. 1630 in Fn. 162 (1982); vgl. auch *dies.*, in: Ott/Schäfer, S. 334 in Fn. 13.

[493] *Landes/Posner*, 18 JLS 358f. (1989). Dabei liege auch die Zulässigkeit kritischer Besprechungen im Interesse zumindest des Verlagswesens insgesamt, da die Überzeugungskraft und damit der Werbewert von Buchbesprechungen im Allgemeinen stark gemindert würde, wenn

zung eines geschützten Werkes wird man dem Rechtsinhaber aber nur in den seltenen Fällen unterstellen dürfen, in denen die Nutzung dem Urheber selbst einen Vorteil bringt. Das dürfte neben dem erwähnten Zitieren in einer Buchbesprechung allenfalls für solche unterstützenden Nutzungshandlungen zutreffen, wie sie in Deutschland in den Schranken der §§ 47, 55, 56 und 58 UrhG geregelt sind.[494]

Größere Überzeugungskraft besitzt das Argument hoher Transaktionskosten, wenn damit eine gesetzliche Lizenz gerechtfertigt werden soll, die die betreffende Nutzung nicht wie § 107 CA völlig freistellt, sondern als Ausgleich für das Ausschließlichkeitsrecht des Urhebers einen gesetzlichen Vergütungsanspruch vorsieht. So hat der deutsche Gesetzgeber die Schranke zugunsten der Privatkopie in § 53 Abs. 1 UrhG u. a. damit begründet, dass die Urheber im Gesetzgebungsverfahren selbst zu erkennen gegeben hätten, dass sie die private Vervielfältigung durch Magnettongeräte gegen Zahlung einer Vergütung gestatten würden.[495] Die Einrichtung eines Systems gesetzlicher Vergütungsansprüche in §§ 54 ff. UrhG, die gegenüber den Herstellern und Betreibern von Vervielfältigungsgeräten zentral über eine Verwertungsgesellschaft geltend gemacht werden, dient hier somit vor allem der Senkung von mit der Durchsetzung gegenüber individuellen Nutzern verbundenen Transaktionskosten.[496]

In den USA haben vor allem zwei Gerichtsentscheidungen ein solches Modell des Marktversagens bei der Anwendung der Fair-use-Doktrin zugrunde gelegt. In *American Geophysical Union v. Texaco* und *Princeton University Press v. Michigan Document Services* wurde das Vorliegen von fair use jeweils mit der Begründung abgelehnt, dass bereits ein Lizenzmarkt für die betreffenden Nutzungen existiere und daher eine unentgeltliche Nutzung der geschützten Werke eine relevante Beeinträchtigung dieses Marktes im Sinne des vierten Faktors in § 107 CA bewirke.[497] Die Gerichte gingen offensichtlich davon aus, dass eine

den Lesern bekannt wäre, dass den Verlagen ein Verbotsrecht im Hinblick auf kritische Besprechungen zustünde, *Posner*, 21 JLS 69 (1992).

[494] Vgl. *von Gamm*, § 45 Rn. 2, wonach §§ 55, 56 und 58 UrhG nicht aus der Sozialbindung des geistigen Eigentums folgen, sondern letztlich den eigenen Interessen des betroffenen Urhebers dienen. Auch BVerfGE 31, 270, 273 f. – Schulfunksendungen, begründet die zustimmungs- und vergütungsfreie Zulässigkeit der Aufzeichnung von Schulfunksendungen in § 47 Abs. 1 UrhG damit, dass dem Urheber bereits für die Verwertung seines Werkes durch Einräumung des Senderechts ein Honoraranspruch gegenüber dem Sendeunternehmen zustehe und es sich bei der Vervielfältigung nach § 47 Abs. 1 UrhG daher nicht um eine zusätzliche Verwertung des Werkes handele, an der der Urheber zu beteiligen wäre.

[495] Amtl. Begr. zu § 54 RegE, BT-Drucks. IV/270, S. 71; siehe dazu bereits oben S. 55.

[496] Dabei darf man aber nicht übersehen, dass auch die Einrichtung eines solchen Systems mit erheblichen Verwaltungskosten verbunden ist.

[497] *American Geophysical Union v. Texaco, Inc.*, 60 F.3d 913, 930 (2nd Cir. 1994); *Princeton University Press v. Michigan Document Services, Inc.*, 99 F.3d 1381, 1388 (6th Cir. 1996). Im ersten Fall konnten Lizenzen durch das Copyright Clearance Center (CCC), eine Verwertungsgesellschaft, erworben werden, während im zweiten Fall die klagenden Verlage eigene Lizenzabteilungen eingerichtet hatten.

Beschränkung des Ausschließlichkeitsrechts gemäß § 107 CA nur dann gerechtfertigt sei, wenn die Rechtsinhaber aufgrund eines Marktversagens gar nicht in der Lage sind, Lizenzgebühren von den Nutzern zu erheben. Die Tatsache, dass der Rechtsinhaber die fragliche Nutzungsart an andere Nutzer bereits erfolgreich gegen Entgelt lizenziert hat, lässt jedoch nicht ohne weiteres den Schluss zu, dass der Markt ein verlässlicher Mechanismus zur Hervorbringung sozial erwünschter Transaktionen ist und ein für die Annahme eines fair use relevantes Marktversagen ausscheidet.[498] Denn auch wenn die Entstehung eines Marktes nicht durch prohibitiv hohe Transaktionskosten behindert wird, kann die effizienzsteigernde Wirkung des Marktes dennoch durch andere Marktunvollkommenheiten vermindert werden.[499]

b. Externe Effekte

Einen weiteren bedeutsamen Fall eines solchen Marktversagens stellt das Vorliegen externer Effekte dar.[500] Von externen Effekten spricht man allgemein, wenn Handlungen eines Wirtschaftssubjekts beim Gebrauch einer Ressource Folgen für die Produktion anderer Ressourcen haben, die sich nicht in der jeweiligen privaten Kosten-Nutzen-Rechnung niederschlagen, also nicht „internalisiert“ werden.[501] Auch bei der vertraglichen Einräumung eines Nutzungsrechts an einem urheberrechtlich geschützten Werk können solche positiven externen Effekte auftreten, wenn der Nutzungsvertrag für nicht am Vertrag beteiligte Dritte Vorteile mit sich bringt. Grundsätzlich sind zwar Kosten und Nutzen der Nutzung eines urheberrechtlich geschützten Werkes im Wege kommerzieller Verwertung des Werkes internalisierbar.[502] So ist es vor allem bei Nutzungen, die primär zu Zwecken der Unterhaltung erfolgen, regelmäßig möglich, den darin liegenden gesellschaftlichen Nutzen in die Erträge des Nutzers einzubeziehen und an den Rechtsinhaber weiterzugeben, so dass hier selten ein relevantes Marktversagen vorliegen wird.[503]

Insbesondere bei Nutzungen zu Zwecken des Unterrichts, der Wissenschaft und der Forschung können aber positive externe Effekte vorliegen und eine ökonomische Rechtfertigung für die Zulässigkeit der jeweiligen Nutzung bie-

---

[498] Vgl. *Depoorter/Parisi*, S. 9, die dies als eine „fehlgeleitete Prämisse“ (misguided premise) bezeichnen; kritisch auch *Loren*, 5 J. Intel. Prop. L. (1997) unter IV C: „Restricting fair use to only this situations where an efficient mechanism for obtaining permission does not yet exist trivializes ... the importance of fair use in furthering the goal of copyright law“.

[499] *Dowell*, 86 Cal. L. Rev. 862 (1998).

[500] *Gordon*, 82 Col. L. Rev. 1630f. (1982); *Loren*, 5 J. Intel. Prop. L. 1 (1997) unter V A; *Dowell*, 86 Cal. L. Rev. 864 (1998); *Burk/Cohen*, 15 Harv. J.L. Tech. 44f. (2001); vgl. auch *Peukert*, in: Hilty/Peukert, S. 19.

[501] *Schäfer/Ott*, S. 109.

[502] *Dowell*, 86 Cal. L. Rev. 864 (1998).

[503] *Gordon*, 82 Col. L. Rev. 1638f. mit Fn. 212 (1982).

ten.[504] Die externen Wohlfahrtsgewinne, etwa die bessere Ausbildung der Bürger oder der aufgrund der Nutzung des fremden Werkes erzielte wissenschaftliche Fortschritt, übersteigen hier den Gewinn, den der einzelne Nutzer aus der Nutzung des geschützten Werkes ziehen kann.[505] Zumindest eine vollständige Internalisierung der externen Wohlfahrtsgewinne ist daher selten möglich, so dass der Nutzer nicht in der Lage ist, die nötigen Mittel aufzubringen, um eine Erlaubnis für die fragliche Nutzung zu erwerben.[506]

Dies ist insbesondere dann der Fall, wenn dem gesamtgesellschaftlichen Nutzen, der mit einer Nutzung des geschützten Werkes verbunden ist, kein Geldwert zukommt, die Nutzung aber dennoch einem hochrangigen gesellschaftlichen Interesse dient, z.B. der verfassungsrechtlich verbürgten Meinungsfreiheit.[507] Der Markt ist in diesem Fall kein verlässlicher Mechanismus zur Hervorbringung sozial erwünschter Transaktionen. Gegen eine Freistellung derartiger Nutzungen wird zwar eingewandt, dass dies zu einer Subventionierung sozial erwünschter Nutzungen führen würde, deren Kosten allein der Urheber des genutzten Werkes zu tragen hätte.[508] Anders als im Rahmen der US-amerikanischen Fair-use-Doktrin lassen sich die Kosten jedoch im deutschen Recht durch die Gewährung eines gesetzlichen Vergütungsanspruchs zwischen Urheber und Nutzer aufteilen, wie dies für die gemäß § 53 Abs. 2 und 3 UrhG

---

[504] *Loren*, 5 J. Intel. Prop. L. 1 (1997) unter V A; *Dowell*, 86 Cal. L. Rev. 864 f., 877 (1998); *Gordon*, 82 Col. L. Rev. 1631 (1982); *Peukert*, in: Hilty/Peukert, S. 19.

[505] Vgl. *Dreier*, in: Torremans, 235: „[I]t appears that there is some legal interest propagated by the copyright exceptions and limitations, which would not be internalized by granting exclusive rights alone, and which is thus integrated in the copyright system by way of providing exceptions and limitations".

[506] *Loren*, 5 J. Intel. Prop. L. 1 (1997) unter V A nennt als Beispiel einen Wissenschaftler, der im Rahmen seiner Forschung einen Aufsatz aus einer Fachzeitschrift kopiert und mit Hilfe der aus dem Aufsatz gewonnenen Erkenntnisse ein Heilmittel für eine Herzkrankheit entwickelt. Der gesamtgesellschaftliche Nutzen bestehe in diesem Fall darin, dass sich die Produktivität der vormals herzkranken Bürger erhöhe und Ressourcen, die andernfalls für die Entwicklung eines Heilsmittels verwendet würden, in neue Projekte investiert werden könnten. Der Wert, den die Nutzung des Aufsatzes für den Wissenschaftler hat, bestehe in dem Preis, den ihm Herzpatienten für das Heilmittel zahlen würden. Diesen Betrag werde er bereit sein an den Urheber für die Nutzung zu entrichten. Den vollständigen Wert, den die Nutzung für die Gesellschaft hat, könne er jedoch durch den Verkauf des Mittels nicht realisieren. Er werde ihn daher auch nicht in seine Zahlungsbereitschaft gegenüber dem Urheber einbeziehen. Wenn der Urheber nicht bereit sei, diesen geringeren Preis als Gegenleistung anzunehmen, unterblieben die Nutzung und die damit verbundenen Wohlfahrtsgewinne. Siehe auch das von *Dowell*, 86 Cal. L. Rev. 864 f. (1998) gebildete Rechenbeispiel für den Nutzen des Unterrichtsgebrauchs.

[507] Siehe dazu *Gordon*, 82 Col. L. Rev. 1631 f. (1982): „[C]onstitutional values are rarely well paid in the marketplace and, while the citizenry would no doubt be willing to pay to avoid losing such values, it is awkward at best to try to put a ‚price' on them".

[508] *Depoorter/Parisi*, S. 11; vgl. auch *Posner*, 21 JLS 73 (1992): „[A]s we do not suppose that writers should be allowed to steal paper an pencils in order to reduce the cost of satire, neither is there a compelling reason to subsidize social criticism by allowing writers to use copyrighted materials without compensating the copyright holder."

zulässigen Vervielfältigungen zum eigenen wissenschaftlichen Gebrauch sowie zum Unterrichtsgebrauch durch die Geräte-, Speichermedien- und Betreiberabgabe in §§ 54ff. UrhG geschehen ist.

c. Eigennütziges Interesse an einer Verhinderung der Verbreitung

Eine weitere Form des Marktversagens tritt schließlich auf, wenn der Urheber aus eigennützigen, nicht an einer Gewinnmaximierung orientierten Motiven selbst gegen Zahlung eines Entgelts nicht bereit wäre, eine bestimmte Nutzung zu erlauben, um die Verbreitung des Werkes in der konkreten Form zu verhindern.[509] Dies wird insbesondere bei Parodien oder anderen kritischen Auseinandersetzungen mit dem geschützten Werk angenommen.[510] In diesen Fällen ist der Markt als Leitbild für die Zuordnung von Rechten nutzlos, so dass es ökonomisch gerechtfertigt ist, den Gesetzgeber bzw. Richter eine unabhängige Abwägung von Kosten und Nutzen vornehmen zu lassen.[511] Dabei ist zu berücksichtigen, dass die Meinungsäußerungsfreiheit ein Gut von hohem gesellschaftlichem Wert darstellt. Auf der anderen Seite beeinträchtigt allein die Tatsache, dass durch eine abwertende Kritik möglicherweise die Verkäufe des kritisierten Werkes zurückgehen, keine durch das Urheberrecht geschützten Interessen des Urhebers.[512] Solange sich die Übernahmen aus dem kritisierten Werk auf das zum Ausdruck der Kritik erforderliche Maß beschränken,[513] besteht daher eine ökonomische Rechtfertigung für eine Ausnahme vom Urheberrechtsschutz.

3. *Berechtigung urheberrechtlicher Schranken im digitalen Umfeld*

Auch aus der ökonomischen Funktion ausschließlicher Verwertungsrechte ergibt sich somit die Notwendigkeit einer Beschränkung der Ausschließlichkeit vor allem in Bezug auf solche Nutzungen, bei denen der Markt aufgrund eines Markversagens kein verlässlicher Garant dafür ist, dass das Nutzungsrecht dem effizientesten Nutzer zugewiesen wird. Man könnte nun aber argumentieren,

---

[509] *Gordon*, 82 Col. L. Rev. 1632f. (1982); *Dowell*, 86 Cal. L. Rev. 873 (1998); kritisch *Bell*, 76 N. Carolina L. Rev. 594 (1998): „Even a flat refusal to deal does not demonstrate market failure".

[510] *Campbell v. Acuff-Rose Music, Inc.*, 510 U.S. 569, 576ff. (1994): „[T]he unlikelihood that creators of imaginative works will license critical reviews or lampoons of their own productions removes such uses from the very notion of a potential licensing market"; *Dowell*, 86 Cal. L. Rev. 873f. (1998); *Posner*, 21 JLS 72 (1992); *Landes/Posner*, 18 JLS 359 (1989); *Gordon*, in: Ott/Schäfer, S. 365; *dies.*, 82 Col. L. Rev. 1633 (1982) m. w. N.

[511] *Gordon*, in: Ott/Schäfer, S. 365f.

[512] *Schack*, UrhR, Rn. 346 (zum Urheberpersönlichkeitsrecht); *Gordon*, 82 Col. L. Rev. 1633 mit Fn. 183 (1982); vgl. auch *Campbell v. Acuff-Rose Music, Inc.*, 510 U.S. 569, 593 (1994): „The fact that a parody may impair the market for derivative uses by the very effectiveness of its critical commentary is no more relevant under copyright than the like threat to the original market".

[513] Diese Einschränkung betont *Posner*, 21 JLS 72 (1992).

dass die Rechtfertigung einer derartigen Beschränkung im digitalen Umfeld dadurch entfallen ist, dass die Rechtsinhaber durch den Vertrieb von Werken über das Internet und den Einsatz von Digital Rights Management-Systemen in der Lage sind, jedem Nutzer nahezu transaktionskostenfrei individuelle Nutzungsrechte einzuräumen, und so das im analogen Umfeld bestehende Marktversagen selbst beheben können.

a. Digital Rights Management als Ersatz für das Urheberrecht

Gestützt auf die Argumentation der Gerichte in den Fällen *American Geophysical Union* und *Princeton University Press*[514] nehmen vor allem US-amerikanische Autoren an, dass die Fair-use-Doktrin durch den technischen Fortschritt beim Vertrieb von Werken in digitaler Form ihren Anwendungsbereich angesichts der unmittelbaren Kommunikationsmöglichkeiten zwischen Rechtsinhabern und Nutzern weitgehend verloren habe und durch automatisierte Lizenzsysteme ersetzt werden könne.[515] In dieselbe Richtung gehen Erwägungen, dass angesichts der technischen Schutz- und Kontrollmöglichkeiten die Rechtfertigung für eine Beschränkung des urheberrechtlichen Ausschließlichkeitsrechts im Hinblick auf Vervielfältigungen zu privaten Zwecken entfallen sei, da durch die individuelle Lizenzierung und Direktvermarktung von Nutzungsrechten Transaktionskosten für Urheber und Nutzer erheblich verringert werden könnten.[516] Zusätzlich wird häufig angeführt, dass der Einsatz von Digital Rights Management eine Preisdiskriminierung, d.h. eine Preisstaffelung in Abhängigkeit vom jeweiligen Umfang der dem Nutzer erlaubten Nutzung des betreffenden Werkes, und damit eine effizientere Nutzung ermögliche.[517] Nutzungsrechte, die eine Vervielfältigung zu privaten Zwecken erlauben, könnten auf diese Weise teurer angeboten werden als Nutzungsrechte, die diese Möglichkeit nicht beinhalten.[518]

Andere Autoren halten umgekehrt urheberrechtliche Ausschließlichkeitsrechte und deren Durchsetzung insgesamt für überflüssig, da der Einsatz der Digitaltechnologie aufgrund der Möglichkeit, jedermann auf vertraglichem

---

[514] Siehe oben Fn. 497.

[515] So insbesondere *Bell*, 76 N.Carolina L. Rev. 583 (1998): „Automated rights management radically reduces the transaction costs of licensing access to copyrighted works in digital intermedia. Indeed, as its name suggests, it makes licensing automatic"; *Merges*, 12 BTLJ 130 (1997): „[B]ecause the contemporary fair use doctrine is predicated on a market failure rationale, and because an electronic exchange potentially eliminates this market failure for digital content, fair use law will significant[ly] shrink".

[516] *Wand*, S. 59, 178f.; *Hugenholtz*, Fierce Creatures, S. 14; vgl. auch die Stellungnahme des Bundesrates vom 27. 9. 2002 zum Entwurf eines Gesetzes zur Regelung des Urheberrechts in der Informationsgesellschaft, BT-Drucks. 15/38, S. 37.

[517] *Ginsburg*, S. 13; *Hardy*, 1 Rich. J.L. & Tech. 2 (1995) Rn. 20f.; *Magnani/Montagnani*, IIC 2008, 91f.

[518] *Wagner*, ZUM 2004, 730.

Weg individuelle Nutzungsrechte einzuräumen und deren Einhaltung technisch zu kontrollieren, bereits die Nichtexklusivität der betroffenen Werke beseitige.[519] Denn die Rechtsinhaber könnten im Wege des Digital Rights Management ihr eigenes privates Recht („code as law") entwickeln, das sie selbst kontrollieren könnten, ohne auf die Hilfe des Staates angewiesen zu sein.[520] Dies komme aufgrund des vielfältigeren und individuelleren Angebots prinzipiell den Kunden zugute.[521] Vor diesem Hintergrund müsse man erwägen, ob das Urheberrecht auf längere Sicht noch eine Funktion als primärer Schutz der Information erfüllen könne oder ob sich die relevante Funktion eines Informationsproduktschutzrechts auf einen Schutz technischer Schutzmaßnahmen beschränken solle.[522] Geschützt würde dann nicht mehr der Regelungsgegenstand selbst, also das urheberrechtlich geschützte Informationsprodukt, sondern die diesen Regelungsgegenstand ihrerseits schützende Technologie, die dafür sorgt, dass bestimmte Handlungen schlechthin nicht mehr möglich sind.[523]

b. Fortbestehen der ökonomischen Funktion urheberrechtlicher Schranken

Gegen die These, dass der Einsatz von Digital Rights Management-Systemen das Urheberrecht ersetzen könne, spricht zunächst der Umstand, dass es immer Werke geben wird, die nicht auf digitalem Wege vertrieben oder jedenfalls nicht mit entsprechenden Schutzmaßnahmen versehen werden. Dazu gehören neben dem bereits im Verkehr befindlichen Altbestand an Werkexemplaren insbesondere die Originale von Werken der bildenden Kunst, bei denen ein Vertrieb auf digitalem Weg von vornherein ausscheidet.[524] Auch ist angesichts der erheblichen Produktionskosten bzw. der Lizenzgebühren für die von Dritten entwickelten DRM-Systeme zweifelhaft, ob kleinere Verwerter digitaler Inhalte die Technologien überhaupt nutzen können. Jedenfalls im Hinblick auf diese Werke bleiben urheberrechtliche Regelungen zum Schutz der Urheber ohnehin erforderlich.[525]

---

[519] *Dowell*, 86 Cal. L. Rev. 854 Fn. 45 (1998) m. w. N.: „Without the public goods problem, perhaps there is no need for fair use or for copyright at all."

[520] *Bechtold*, Informationsrecht, S. 278 ff.; *Schulz*, GRUR 2006, 474 f.; vgl. auch *Hugenholtz*, Fierce Creatures, S. 14: „In a world where all information users are contractually bound to information providers, the need for protection *erga omnes* may, indeed, be rather limited."

[521] *Schulz*, GRUR 2006, 475.

[522] *Wagner*, ZUM 2004, 727 f.

[523] *Wagner*, ZUM 2004, 728.

[524] Entgegen *Bongers*, S. 388, können Werke der bildenden Kunst im Übrigen selbstverständlich digital vertrieben und durch technische Schutzmaßnahmen geschützt werden, wie etwa die Beispiele des Europeana-Projekts (http://www.europeana.eu) oder der Digitalen Bilddatenbank für Kunst-Architektur-Geschichte der Universität Stuttgart zeigen, siehe dazu die Selbstdarstellung unter http://www.uni-stuttgart.de/archg/html/bilddatenbank_allgemeine_informationen.pdf.

[525] Das räumt auch *Schulz*, GRUR 2006, 475 ein.

Aber selbst bei Werken, die einer Verwertung im Wege des Digital Rights Management zugänglich sind, ist eine Ersetzung der urheberrechtlichen Regelungen durch den technischen Schutz nur diskutabel, soweit dem Urheber und nicht den Verwertern die Verfügungsbefugnis über diese Systeme zugewiesen ist.[526] Andernfalls hätte die Aufhebung des Urheberrechts zur Folge, dass die Verfügungsbefugnis über die geistige Schöpfung umfassend den Verwertern zustünde.[527] Die Urheber verlören damit ihr wichtigstes Instrument, eine angemessene Beteiligung an den Erlösen durchzusetzen und ihre ideellen Interessen zu verfolgen. Das wäre mit dem durch Art. 14 Abs. 1 und Art. 2 Abs. 1 i. V. m. Art. 1 Abs. 1 GG verfassungsrechtlich abgesicherten Schöpferprinzip nicht vereinbar. Die Einbindung eines angestellten Urhebers in „feste vertragliche Strukturen" kann dessen auch unter ökonomischen Gesichtspunkten schützenswerte Interessen längst nicht in allen Fällen gewährleisten und macht den rechtlichen Schutz der Freiheit zum kreativen Schaffen nicht entbehrlich.[528]

Vor allem lässt sich aber selbst bei einer rein ökonomischen Betrachtung nicht rechtfertigen, dass den Rechtsinhabern die Verfügungsmacht über ihre Werke auch im Hinblick auf solche Nutzungen zugestanden werden müsste, die bislang von einer Schranke des Urheberrechts erfasst wurden. Das Argument, durch die für jedermann zugängliche Lizenzierung von digitalen Werken über das Internet würde das Marktversagen prohibitiv hoher Transaktionskosten beseitigt und damit die Rechtfertigung einer Beschränkung des Urheberrechts entfallen, beruht auf einer fehlerhaften Vorstellung sowohl des Begriffs der Transaktionskosten als auch des für die Rechtfertigung gesetzlicher Schranken relevanten Marktversagens.[529]

Zum einen gehören zu den Transaktionskosten, die das Zustandekommen einer vertraglichen Nutzungsvereinbarung verhindern können, nicht nur die Kosten für das Auffinden des Vertragspartners. Diese können bei einem Vertrieb von Werken über das Internet durch die Installation von DRM-Systemen tatsächlich erheblich reduziert werden.[530] Dagegen werden die Kosten für den Vertragsabschluss bei einem automatisierten Lizenzmanagement deutlich höher sein als im analogen Umfeld. Denn für die Entwicklung und Aufrechterhaltung[531] eines DRM-Systems müssen erhebliche Kosten aufgewandt werden, die sich auf den Preis für die Einräumung des Nutzungsrechts an den individuellen

---

[526] *Peukert*, UFITA 2002, 700 f.; *Bongers*, S. 388.

[527] Dafür ausdrücklich *Wagner*, ZUM 2004, 732, der eine „eigentumsähnliche Position" des unselbständigen „Schöpfers" für nicht zu rechtfertigen hält.

[528] Gegen *Wagner*, ZUM 2004, 725: Aus einer „sich selbst befruchtenden kulturellen Schicht von Autoren, Komponisten und Künstlern" sei eine „Wissens- und Unterhaltungsindustrie" geworden.

[529] So auch die Kritik von *Depoorter/Parisi*, S. 10.

[530] *Depoorter/Parisi*, S. 10 mit Fn. 34; *Merges*, 12 BTLJ 116 (1997).

[531] Vor allem sind dauerhafte Aufwendungen erforderlich, um das System vor Umgehungsversuchen zu schützen.

niederschlagen. Wenn die Kosten des Vertragsabschlusses den Nutzen der Werknutzung für den Vertragspartner übersteigen, werden effizienzsteigernde Übertragungen des Nutzungsrechts aber wie bisher unterbleiben.

Hinzu kommt, dass vertragliche Vereinbarungen nur dann ökonomisch effizient sind, wenn die Vertragsparteien über vollständige Informationen verfügen und mit gleicher Verhandlungsmacht ausgestattet sind.[532] Private Nutzer werden den Nutzen, den die Möglichkeit einer einzelnen Vervielfältigung für sie hervorbringt, im Voraus nur selten beziffern können, so dass sie ihn nicht in ihre Entscheidung einbeziehen können. Von einer Preisdiskriminierung profitieren deshalb eher kommerzielle Verwerter als die individuellen Nutzer, deren Versorgung mit Kulturgütern das Urheberrecht anstrebt.[533] Außerdem ist die Verhandlungsposition des Nutzers zusätzlich dadurch geschwächt, dass der Rechtsinhaber aufgrund des technischen Schutzes bereits den Zugang zum Werk von der Annahme seiner Nutzungsbedingungen abhängig machen kann. Dies ermöglicht den Rechtsinhabern eine Kontrolle über die Nutzung ihrer Werke, die im Ergebnis der Gewährung eines Ausschließlichkeitsrechts einschließlich der damit verbundenen Marktunvollkommenheiten gleichkommt.[534]

Bereits die durch den Einsatz von Digital Rights Management ermöglichte Verringerung der Transaktionskosten ist daher kein zwingendes Argument dafür, dass die Rechtfertigung für Beschränkungen des urheberrechtlichen Ausschließlichkeitsrechts insgesamt entfallen ist. Denn nicht alle Transaktionskosten, welche die Effizienz einer individuellen Lizenzierung bestimmter Nutzungen beeinträchtigen können, werden durch den Einsatz von DRM-Systemen vermieden. Erst recht kann durch automatisierte Lizenzsysteme aber das Marktversagen nicht behoben werden, das darin besteht, dass manche Nutzungen positive externe Effekte für das Allgemeinwohl hervorbringen, die von den Partnern der Lizenzvereinbarung nicht internalisiert werden können.[535] Wo der Grund für die Zulässigkeit einer Nutzung fremder Werke gerade darin besteht, dass die Nutzung einen größeren Nutzen für die Allgemeinheit hervorbringt als der einzelne Nutzer daraus ziehen kann, besteht die Rechtfertigung

532 *Guibault*, Copyright Limitations, S. 87.

533 *Guibault*, Copyright Limitations, S. 87.

534 *Elkin-Koren*, 12 BTLJ 104 (1997): „When all access to the work is controlled and contingent upon agreement to a standard form license, the terms of the license govern all relationships between the content owner and anyone who acquires access to the work". Vgl. auch *Schmidt*, DZPhil 52 (2004): „Zugang, der nichts meint als den Kauf beschränkter Nutzungsrechte, ist ... das einzige, was den Konsumierenden noch zu erwerben bleibt, wenn im universellen Bereich der Formen das Eigentum auf Dauer natürliche Monopole begründet."

535 Vgl. *Elkin-Koren*, in: Dreyfuss/Zimmermann/First, S. 197: „Because it is not a party to discrete market transactions, public utility is unlikely to be accounted for in market processes. Consequently, reliance on contracts alone cannot guarantee that the public domain will continue to exist."

für eine Beschränkung des Ausschließlichkeitsrechts somit auch im Anwendungsbereich von DRM-Systemen fort. Das kann auch bei Vervielfältigungen zu privaten Zwecken der Fall sein, wenn man bedenkt, dass die Schranke des § 53 Abs. 1 UrhG auch dazu dient, einer breiten Allgemeinheit die Teilnahme am Kulturleben zu ermöglichen.

Ebenso bleibt gerade auch im digitalen Umfeld die ökonomische Notwendigkeit einer Beschränkung des urheberrechtlichen Ausschließlichkeitsrechts zugunsten von Parodien oder sonstigen kritischen Auseinandersetzungen mit dem Werk bestehen. Denn das Interesse der Rechtsinhaber, eine solche kritische Würdigung ihrer Werke zu unterbinden, ist im digitalen Umfeld ebenso wenig schutzwürdig wie im analogen.[536] Die durch die Verringerung von Transaktionskosten gesteigerte Effizienz des digitalen Marktes kann die Marktunvollkommenheit, die durch solche der Effizienz vertraglicher Nutzungsvereinbarungen entgegenstehenden Motive hervorgerufen wird, nicht beseitigen. Vielmehr ermöglicht gerade die Digitaltechnologie bisher nicht bekannte eigenschöpferische Nutzungen fremder Werke, die nicht durch umfassende Verbotsrechte einer privaten Zensur seitens der Rechtsinhaber unterworfen werden dürfen. Die Möglichkeit der Rechtsinhaber, durch Digital Rights Management die Nutzung ihrer Werke selbst zu kontrollieren, entbindet daher den Gesetzgeber nicht von der Aufgabe, die schutzwürdigen Interessen der Allgemeinheit durch entsprechende Schranken des Urheberrechts mit den Interessen der Rechtsinhaber in Ausgleich zu bringen.[537]

III. Ergebnis

Wenn man die Gewährung urheberrechtlicher Ausschließlichkeitsrechte als gesetzgeberisches Mittel begreift, das in der Nichtexklusivität geistiger Schöpfungen begründete Marktversagen zu beseitigen, ergibt sich daraus zugleich die Notwendigkeit, das Ausschließlichkeitsrecht im Hinblick auf solche Nutzungen zu beschränken, bei denen der durch die Ausschließlichkeit begründete Marktmechanismus für die Einräumung individueller Nutzungsrechte aufgrund eines Marktversagens kein Garant für eine effektive Nutzung des betreffenden Werkes ist. Ein solches Versagen des Lizenzmarktes wird entgegen einer verbreiteten Auffassung nicht nur durch prohibitiv hohe Transaktionskosten verursacht, sondern kann auch darin begründet sein, dass die Effizienz individueller Nutzungsvereinbarungen durch positive externe Effekte oder eigennützige Motive der Rechtsinhaber beeinträchtigt wird. Jedenfalls insoweit kann das Marktversagen auch nicht durch die digitale Verbreitung von Werken über

---

[536] Ebenso *Dowell*, 86 Cal. L. Rev. 875 (1998).

[537] So im Ergebnis auch *Bongers*, S. 390.

das Internet und den Einsatz eines Digital Rights Managements beseitigt werden.

E. Zusammenfassung und kritische Würdigung

Es hat sich gezeigt, dass die Rechtfertigung inhaltlicher Schranken des Urheberrechts kaum dadurch beeinflusst wird, ob man die moralische Rechtfertigung des Urheberrechts auf personalistische oder auf utilitaristische Erwägungen stützt. In jedem Fall muss bei der Ausgestaltung des Urheberrechts auch die Sozialbindung des geistigen Eigentums berücksichtigt werden, die bei urheberrechtlich geschützten Werken gerade darin besteht, dass ein Urheber immer auch aus dem Bestand der schöpferischen Leistungen seiner Vorgänger schöpft und andererseits auf die Annahme und Aufnahme seines Werkes durch seine Zeitgenossen angewiesen ist. Die Sozialpflichtigkeit des Urheberrechts darf auf der anderen Seite nicht dazu führen, den Urheber um die Früchte seiner Arbeit zu bringen, sobald sein Werk einen sozialen Nutzen hat. Es muss vermieden werden, das Urheberrecht zu einem Instrument staatlicher Umverteilung zu machen.[538] Geboten ist stets die sorgfältige Abwägung des Allgemeininteresses mit den ebenfalls schützenswerten Interessen des Urhebers. Dieser Interessenausgleich ist gemäß Art. 14 Abs. 1 S. 2 GG Aufgabe des Gesetzgebers, der bei der Ausgestaltung der gesetzlichen Schranken jedoch nicht nur die Gewährleistung des geistigen Eigentums und dessen Sozialpflichtigkeit zu beachten hat, sondern auch durch die Grundrechte der Nutzer aus Art. 5 Abs. 1 und 3 GG an einer unverhältnismäßigen Ausweitung der Ausschließlichkeitsrechte der Urheber gehindert ist. Mit den Schrankenbestimmungen der §§ 44aff. hat der Gesetzgeber diese Güterabwägung grundsätzlich abschließend vorgenommen.

Damit ist nicht gesagt, dass bei allen Schranken im deutschen UrhG die verfassungsrechtliche oder ökonomische Notwendigkeit einer gesetzlichen Beschränkung besteht. In einigen Fällen hat der Gesetzgeber aus fiskalischen Gründen Nutzungshandlungen vom Ausschließlichkeitsrecht des Urhebers freigestellt und zum Gegenstand einer gesetzlichen Lizenz gemacht, obwohl die Einholung einer Lizenz auf vertraglichem Wege möglich und den betroffenen Nutzern – meist staatlichen Einrichtungen – zumutbar gewesen wäre.[539] Im Rahmen dieser Arbeit kann aber nicht die Berechtigung sämtlicher Schran-

[538] *Gordon*, 82 Col. L. Rev. 1632 (1982). Die Entscheidung BVerfGE 79, 29, 41 – Vollzugsanstalten, die letztlich allein den fiskalischen Interessen des Staates Rechnung trägt, ist daher zu Recht auf Kritik gestoßen, vgl. Schricker-*Melichar*, vor §§ 44aff. Rn. 11; *Schack*, UrhR, Rn. 85 mit Fn. 24: „bedauerliche Fehlentscheidung"; *Kreile*, FS Lerche, 261.

[539] So etwa im Fall des § 52a UrhG, siehe dazu die Kritik von *Schack*, UrhR, Rn. 513a.

kenbestimmungen untersucht werden.[540] Vielmehr ging es darum, die grundsätzliche Rechtfertigung von Beschränkungen des Ausschließlichkeitsrechts durch gesetzliche Schranken des Urheberrechts darzustellen. Wenn im Folgenden die Abdingbarkeit gesetzlicher Schranken untersucht wird, ist daher davon auszugehen, dass die bestehenden Schranken europarechtlich, verfassungsrechtlich und rechtspolitisch legitimierbar sind. Nur auf dieser Grundlage kann das Verhältnis der Schrankenbestimmungen zu vertraglichen Vereinbarungen und technischen Schutzmaßnahmen bestimmt werden. Im Folgenden wird untersucht, inwieweit vertragliche und technische Beschränkungen zulässig sind, welche die vom Verfassungsrecht, Europarecht und vom nationalen Gesetzgeber gezogenen Grenzen der Nutzungsfreiheit zum Nachteil der Nutzer modifizieren.

---

[540] Siehe dazu die Untersuchung von *Poeppel*.

Teil 2

Schranken und subjektive Rechte der Nutzer

Vor diesem Hintergrund ist problematisch, inwieweit die urheberrechtlichen Schranken als subjektive Rechte der Nutzer gedeutet werden können. Insbesondere die Rechtsnatur der Vervielfältigungsfreiheit zum privaten Gebrauch nach § 53 Abs. 1 UrhG wird dabei auch außerhalb juristischer Fachliteratur sehr kontrovers diskutiert.[1] Die Frage, ob das Urheberrecht dem Nutzer ein „Recht auf Privatkopie" gibt, ein solches Recht des Nutzers voraussetzt oder lediglich dem Urheber die Möglichkeit nimmt, entsprechende Nutzungshandlungen aufgrund seines Ausschließlichkeitsrechts zu verbieten, stellt sich in ähnlicher Weise aber auch bei den anderen im UrhG enthaltenen Schranken. Die Rechtsposition des von einer Schranke privilegierten Werknutzers hängt dabei maßgeblich von der dogmatischen Konstruktion der jeweiligen Schrankenbestimmung ab. Schon die verschiedenen in den nationalen Urheberrechtsordnungen gebräuchlichen Bezeichnungen wie „exceptions" (Ausnahmen), „exemptions" (Ausschlüsse), „limitations" (Beschränkungen) oder „permissions" (Erlaubnisse) scheinen Ausdruck unterschiedlicher dogmatischer Ansätze zu sein. Indes kann allein der Bezeichnung kein Hinweis auf die dogmatische Konstruktion einer Schrankenregelung entnommen werden.[2] Für die Bestimmung der Rechtsnatur der gesetzlichen Schranken ist vielmehr von deren konkreter Ausgestaltung im nationalen Recht auszugehen.[3]

Das deutsche Urheberrecht weist dem Urheber in § 15 UrhG das ausschließliche Recht zu, sein Werk in körperlicher Form zu verwerten (Abs. 1) und in unkörperlicher Form öffentlich wiederzugeben (Abs. 2). Dieses Ausschließlichkeitsrecht wird durch beispielhaft aufgezählte Verwertungsrechte konkretisiert, die in §§ 16ff. UrhG inhaltlich näher bestimmt werden. Diesen Verwertungsrechten stellt das UrhG insbesondere in §§ 44aff. UrhG die „Schranken des Urheberrechts" gegenüber. Diese Regelungen erklären bestimmte von den Verwertungsrechten des Urhebers gemäß §§ 16ff. UrhG erfasste Nutzungshandlungen für „zulässig". Dass diese Nutzungshandlungen nach dem UrhG

[1] Siehe jüngst *Kuhlen*, S. 134ff., 386ff.

[2] Vgl. *Dreier*, in: Dreyfuss/Zimmerman/First, S. 307: „The choice of terminology appears to have little importance"; *Spoor*, in: Baulch/Green/Wyburn, S. 29f.; *Förster*, S. 5f.; a.A. *Ullrich*, GRURInt 2009, 285.

[3] Ebenso zu § 53 UrhG *Hohagen*, FS Schricker, 356; vgl. auch *Guibault*, Copyright Limitations, S. 95.

im Ergebnis zulässig sind, lässt jedoch nicht erkennen, in welchem konstruktiven Verhältnis die Schranken zum Ausschließlichkeitsrecht des Urhebers stehen. Um ein subjektives Recht des Nutzers zu begründen, gibt es im Grundsatz zwei unterschiedliche Konstruktionsmöglichkeiten. Zum einen ist denkbar, dass durch eine gesetzliche Schranke das Ausschließlichkeitsrecht des Urhebers zugunsten des jeweils privilegierten Nutzers mit einem aus dem Urheberrecht abgeleiteten Nutzungsrecht belastet wird (unten A). In diesem Fall wäre das subjektive Recht des Nutzers ähnlich wie ein Pfandrecht an einem Recht ein „Splitter" des jeweils belasteten Verwertungsrechts des Urhebers. Zum anderen lässt sich ein unabhängig neben dem Urheberrecht bestehendes Recht des Nutzers konstruieren, welches durch die entsprechende Beschränkung des Ausschließlichkeitsrechts des Urhebers lediglich anerkannt und durchgesetzt wird (unten B).

A. Vom Urheberrecht abgeleitetes Nutzungsrecht

Als vom Urheberrecht abgeleitete Rechte zur Werknutzung kennt das deutsche Urheberrecht lediglich Nutzungsrechte im Sinne von § 31 UrhG. § 31 Abs. 1 S. 1 UrhG definiert das Nutzungsrecht als das Recht, ein Werk auf einzelne oder alle Nutzungsarten zu nutzen. Ausschließliche wie einfache Nutzungsrechte gewähren dem Inhaber gemäß § 31 Abs. 2 und 3 UrhG ein positives Benutzungsrecht gegenüber dem Urheber. Durch die Einräumung eines Nutzungsrechts werden gewisse Verwertungsbefugnisse vom Urheberrecht abgelöst und als Gegenstand eines entsprechenden Nutzungsrechts in die Rechtszuständigkeit einer anderen Person überführt.[4] Dabei handelt es sich um eine Verfügung über das Urheberrecht, in deren Umfang sich der Urheber seines Gesamtrechts begibt.[5] Da das Urheberrecht gemäß § 29 Abs. 1 UrhG grundsätzlich weder als Ganzes noch in seinen Teilen übertragbar ist, handelt es sich bei der Einräumung eines Nutzungsrechts aber nicht um eine translative, sondern um eine konstitutive Rechtseinräumung.[6] Die aus den Verwertungsrechten des Urhebers abgeleiteten Rechte stellen zweckgebundene „Tochterrechte" des Urheberrechts dar.[7] Dem Urheber verbleibt das „Mutterrecht", mit dem die abgeleiteten Rechte verbunden sind und das mit dem Erlöschen des Nutzungsrechts wieder zum Vollrecht erstarkt.[8] Insoweit ist die Einräumung von Nutzungsrechten mit

---

[4] Schricker-*Schricker*, vor §§ 28 ff. Rn. 43.

[5] Dreier/Schulze-*Schulze*, § 31 Rn. 15, 17; *Kraßer*, GRURInt 1973, 234.

[6] Schricker-*Schricker*, vor §§ 28 ff. Rn. 43; *Ulmer*, § 83 II (S. 359); *Schack*, UrhR, Rn. 530.

[7] *Ulmer*, § 83 II (S. 359); *Lehmann*, FG Schricker, 545.

[8] Schricker-*Schricker*, vor §§ 28 ff. Rn. 43; Dreier/Schulze-*Schulze*, § 31 Rn. 18; *Ulmer*, § 83 II (S. 359); *Schack*, UrhR, Rn. 530 f.; *Forkel*, S. 45.

der Bestellung beschränkter dinglicher Rechte im Sachenrecht, etwa der Belastung des Eigentums mit einem Nießbrauch oder Pfandrecht, vergleichbar.[9]

I. Vertragliche Einräumung eines Nutzungsrechts

§ 31 Abs. 1 UrhG geht von einer rechtsgeschäftlichen Einräumung des Nutzungsrechts gemäß §§ 398, 413 BGB aus.[10] Fraglich ist daher zunächst, inwieweit sich die Freistellung bestimmter Werknutzungen vom Ausschließlichkeitsrecht des Urhebers im Rahmen einer Schrankenbestimmung als (gesetzlich vermutete) Nutzungsrechtseinräumung durch den Rechtsinhaber konstruieren lässt. So wurde insbesondere die US-amerikanische Fair-use-Doktrin vor deren Kodifizierung in § 107 CA auf ein von den Gerichten unterstelltes stillschweigendes Einverständnis („implied consent") des Urhebers mit einer angemessenen und zumutbaren Nutzung seines Werkes durch Dritte gestützt.[11]

1. Erschöpfung des Verbreitungsrechts

In Deutschland ist die Konstruktion einer stillschweigenden Lizenz im Patentrecht herangezogen worden, um den heute als Erschöpfung des Patentrechts bezeichneten Grundsatz zu rechtfertigen, dass die Weiterverbreitung einmal berechtigt in Verkehr gebrachter Ware ein an der Ware bestehendes Patent nicht verletzt.[12] Diese von *Josef Kohler* begründeten Lehre von der stillschweigenden Lizenz ging davon aus, dass das Verbreitungsrecht auch nach dem Inverkehrbringen eines patentrechtlich geschützten Gegenstands jeden weiteren Verbreitungsakt erfasse, welcher den Gegenstand „in immer weitere Kreise des Verkehrs" bringt.[13] Es habe aber keinen Sinn, eine geschützte Sache zu veräußern

---

[9] Vgl. *Schack*, UrhR, Rn. 530. Ansonsten kann das Verhältnis von Urheberrecht und Nutzungsrecht aber nur sehr bedingt mit dem der Belastung des Eigentums durch dingliche Rechte verglichen werden, siehe dazu *Forkel*, S. 166 f.; Schricker-*Schricker*, vor §§ 28 ff. Rn. 43 a. E.

[10] Dreier/Schulze-*Schulze*, § 31 Rn. 15.

[11] Siehe dazu *Harper & Row Publishers, Inc. v. Nation Enterprises*, 471 U.S. 539, 549 f. (1985); *American Geophysical Union v. Texaco, Inc.*, 60 F.3d 913, 916 (2nd Cir. 1994); *Förster*, S. 21 m. w. N.

[12] Der heute für alle Immaterialgüterrechte anerkannte Erschöpfungsgrundsatz, wonach die Weiterverbreitung einmal berechtigt in Verkehr gebrachter Ware ein an der Ware bestehendes Schutzrecht nicht verletzt, hat seinen Ursprung im Patentrecht. Das erste deutsche Patentgesetz von 1877 bestimmte in § 4, dass niemand ohne die Erlaubnis des Patentinhabers den Gegenstand der Erfindung gewerbsmäßig herstellen, in Verkehr bringen oder feilhalten oder gebrauchen dürfe. Die Reichweite des Rechts des Patentinhabers, patentierte Erzeugnisse in Verkehr zu bringen, war jedoch unklar. Problematisch war dabei insbesondere, ob der Patentinhaber auch den Weitervertrieb von ihm in Verkehr gebrachter Gegenstände untersagen oder die Bedingungen eines jeden weiteren Verbreitungsakts festlegen konnte.

[13] *Kohler*, Deutsches Patentrecht, S. 100 (Nr. 59).

und dem Käufer den Gebrauch zu verbieten.[14] Der Schutzrechtsinhaber oder dessen Lizenznehmer gewähre mit dem Verkauf einer Sache, die Gegenstand des Patents ist, dem Erwerber daher zugleich die stillschweigende Lizenz, diese Sache zu gebrauchen und weiterzuveräußern.[15] Da jedem künftigen Eigentümer der bestimmungsgemäße Gebrauch gestattet sein solle, handele es sich dabei um eine Lizenzerteilung ad incertas personas.[16]

Diese Theorie wurde von *Kohler* selbst jedoch zu Recht wieder aufgegeben.[17] Sie bietet keine hinreichende Erklärung für die Zulässigkeit von Verbreitungshandlungen, die von einem (gutgläubigen) Dritten oder nach Erlöschen der ursprünglich erteilten Lizenz vorgenommen werden, und versagt, wenn sich der Schutzrechtsinhaber durch Vermerke auf der Ware die Kontrolle des Weitervertriebs vorbehält.[18] Da nach der Lehre von der stillschweigenden Lizenz bezüglich des Gebrauchs und des Weitervertriebs eine Lizenzerteilung erforderlich bleibt, könnte der Patentinhaber daher auch nach dem Inverkehrbringen Vertrieb und Gebrauch seines Erzeugnisses kontrollieren. Ein derart weit reichendes Vertriebsmonopol des Patentinhabers, welches zu einer erheblichen Beeinträchtigung des Handelsverkehrs mit geschützten Erzeugnissen führen würde, entsprach aber nicht der Absicht des Gesetzgebers, dem es vornehmlich darum ging, Importe abzuwehren.[19]

Die Zulässigkeit der von der Erschöpfungswirkung erfassten Nutzungshandlungen lässt sich daher unabhängig von einer durch den Urheber erteilten Lizenz zur Weiterveräußerung unmittelbar durch eine restriktive Auslegung des entsprechenden Verbotsrechts des Schutzrechtsinhabers erreichen. Ein geschütztes Erzeugnis wird durch das erste Inverkehrbringen durch den Berechtigten danach patentfrei und darf weiterveräußert und gebraucht werden, ohne dass es auf eine (stillschweigende) Lizenzerteilung durch den Berechtigten ankäme.[20] Diese Konsumtions- oder Erschöpfungslehre hat sich in der Folgezeit in Rechtsprechung[21] und Literatur[22] durchgesetzt und entspricht der heute ganz h. M. im deutschen Patentrecht, auch wenn eine Erschöpfung des in § 9 PatG

[14] *Kohler*, Deutsches Patentrecht, S. 160 (Nr. 126).

[15] *Kohler*, Deutsches Patentrecht, S. 160 ff.; ebenso *Allfeld*, Kommentar, § 6 PatG Anm. 9c; *ders.*, Grundriss, S. 38; *Osterrieth*, S. 102 f.

[16] *Kohler*, Deutsches Patentrecht, S. 161 (Nr. 128).

[17] *Kohler*, Handbuch des Patentrechts, S. 452 ff., 457: Die Lehre von der stillschweigenden Lizenzerteilung sei zur Begründung der Zulässigkeit einer Weiterverbreitung in Verkehr gebrachter Ware „unrichtig, unnötig und ungenügend"; vgl. auch *dens.*, Lehrbuch des Patentrechts, S. 131.

[18] *Beier*, GRURInt 1996, 2 f.; *Sack*, WRP 1999, 1090; *Joos*, S. 25.

[19] *Joos*, S. 25.

[20] Grundlegend RGZ 51, 139, 140 f.

[21] RGZ 86, 436, 440; RGZ 133, 326, 330; BGHZ 2, 261, 267 f. = GRUR 1951, 449, 452 – Tauchpumpensatz; BGHZ 3, 193, 200 = GRUR 1952, 141, 145 (alle unter Berufung auf die von *Kohler* entwickelte Lehre vom Zusammenhang der Benutzungsarten).

[22] *Kohler*, Lehrbuch des Patentrechts, S. 131 f.; *Joos*, S. 29 m. w. N.

geregelten Verbreitungsrechts außer in Bezug auf den in § 9c Abs. 2 PatG geregelten Sonderfall bis heute nicht ausdrücklich gesetzlich verankert ist.[23] Entsprechendes gilt für die in §§ 17 Abs. 2, 69c Nr. 3 S. 2 UrhG geregelte Erschöpfung des urheberrechtlichen Verbreitungsrechts[24], die vom Reichsgericht ausdrücklich nach dem Vorbild der patentrechtlichen Erschöpfungslehre entwickelt worden ist.[25]

Die Lehre von der stillschweigenden Lizenz ist als Konstruktionsidee für eine Beschränkung von Ausschließlichkeitsrechten danach nur dort von Bedeutung, wo mangels einer ausdrücklichen gesetzlichen Regelung ein Bedürfnis nach einer Zurückschneidung gesetzlich zu weit gefasster Eingriffstatbestände besteht.[26] Soweit die Lehre von der stillschweigenden Lizenz („implied licence") im Ausland noch heute zur Begründung einer Erschöpfung des Verbreitungsrechts herangezogen wird, geschieht dies in Bereichen, die eine entsprechende Einschränkung des Verbreitungsrechts nicht gesetzlich vorsehen.[27] Für das deutsche Urheberrecht, das die Erschöpfung des Verbreitungsrechts in § 17 Abs. 2 und § 69c Nr. 3 S. 2 UrhG ausdrücklich geregelt hat, verbietet sich eine solche rechtsgeschäftliche Deutung der Erschöpfung des urheberrechtlichen Verbreitungsrechts. Auch in den USA wird die Zulässigkeit eines „fair use" angesichts der Regelung in § 107 CA nicht mehr mit einem stillschweigenden Einverständnis des Urhebers begründet.

2. *Schranken der §§ 44a ff. UrhG*

Die Einwände gegenüber einer rechtsgeschäftlichen Konstruktion der Erschöpfung des Verbreitungsrechts gelten entsprechend auch für die gesetzlichen Schranken der §§ 44a ff. UrhG.

---

23 Siehe nur *Mes*, § 9 PatG Rn. 55; Benkard-*Scharen*, § 9 PatG Rn. 16 ff. m. w. N.

24 Im Urheberrecht wurde ein selbständiges Verbreitungsrecht des Urhebers erst durch § 11 Abs. 1 des LUG von 1901 geschaffen. Danach hatte der Urheber die ausschließliche Befugnis, das Werk zu vervielfältigen und gewerbsmäßig zu verbreiten. Ebenso wie im Patentrecht war hier problematisch, ob dem Verbreitungsrecht jede gewerbliche Verbreitungshandlung unterfällt, auch wenn das betroffene Werkstück vom Urheber bereits in Verkehr gebracht worden ist.

25 RGZ 63, 394, 398 f. Zuvor hatte sich bereits die Literatur für eine restriktive Auslegung des Verbreitungsrechts in entsprechender Anwendung der im Patentrecht entwickelten Grundsätze ausgesprochen, so insbesondere *Mitteis*, Recht 1906, 536 ff., und ihm folgend *Staedel*, Recht 1906, 679 f. Die vom Reichsgericht entwickelte Erschöpfungslehre wurde 1965 bei der Schaffung des § 17 Abs. 2 UrhG auch vom Gesetzgeber zugrunde gelegt. Nach der Amtl. Begr. (BT-Drucks. IV/270, S. 48) erfolgte die Regelung in § 17 Abs. 2 UrhG ausdrücklich in „Übereinstimmung mit der herrschenden Rechtsauffassung".

26 Vgl. *Sack*, WRP 1999, 1090, der als Vorteil der Lizenztheorie ihre dogmatisch verhältnismäßig einfache Begründbarkeit beim Fehlen spezieller gesetzlicher Regelungen hervorhebt.

27 So jap. OGH GRURInt 1998, 168, 169 – Kraftfahrzeugfelgen III zum japanischen PatG; ebenso für das österreichische Markenrecht ÖOGH GRURInt 1971, 90, 92 – AGFA.

a. Fehlender Anknüpfungspunkt für vertragliche Nutzungsrechte

Die Deutung der in §§ 44aff. UrhG geregelten Schranken des Urheberrechts als gesetzliche Vermutung einer vom Urheber erteilten „stillschweigenden Lizenz" scheidet darüber hinaus häufig schon deshalb aus, weil die von den Schranken der §§ 44a ff. UrhG privilegierten Nutzer nicht in vertraglichen Beziehungen zum Urheber oder einem seiner Lizenznehmer stehen. Die von *Kohler* als Grundlage der Erschöpfung angenommene Lizenzerteilung ad incertas personas, die nunmehr auch § 32 Abs. 3 S. 3 UrhG ausdrücklich zulässt, lässt sich nicht konstruieren, wenn der Nutzer vom Angebot auf Einräumung der Lizenz keine Kenntnis hat, unabhängig davon, ob ein (dingliches) Nutzungsrecht oder nur eine schuldrechtliche Berechtigung Gegenstand der Lizenz sein soll. Anders als die Erschöpfung beziehen sich die Schranken der §§ 44aff. UrhG nicht auf ein konkretes Vervielfältigungsstück, sondern auf die Nutzung des Werkes als solches. Insbesondere bei Schranken, die auch unveröffentlichte Werke erfassen, fehlt es daher an einer Handlung des Urhebers, aus der auf einen Willen zur Einräumung einer entsprechenden Lizenz zugunsten des Nutzungsberechtigten geschlossen werden könnte.

Aber auch im Hinblick auf diejenigen Schranken, die wie §§ 46, 51 und 52 UrhG die Veröffentlichung oder das Erscheinen des benutzten Werkes voraussetzen, rechtfertigt allein die Zustimmung des Urhebers zur Veröffentlichung oder zum Inverkehrbringen von Werkstücken nach § 6 Abs. 1 oder Abs. 2 UrhG nicht die Annahme, er habe damit auch allen in §§ 44aff. UrhG freigestellten Nutzungen zugestimmt. Wie die Zulässigkeit der Weiterverbreitung von Werkexemplaren gemäß § 17 Abs. 2 beruhen die in §§ 44aff. UrhG geregelten Befugnisse der jeweils privilegierten Nutzer nicht auf einer Willensbetätigung des Urhebers, sondern unmittelbar auf der gesetzlichen Freistellung.

b. § 60 UrhG als Auslegungsregel

Etwas anderes soll nach h.M. für § 60 UrhG gelten. In dieser Vorschrift wird überwiegend keine gesetzliche Schrankenbestimmung, sondern eine urhebervertragsrechtliche Auslegungsregel[28] gesehen.[29] Danach hat § 60 UrhG die rechtsgeschäftliche Einräumung eines Nutzungsrechts zur Vervielfältigung und Verbreitung eines vom Urheber geschaffenen Bildnisses an den Besteller zum Gegenstand. Dies wird daraus gefolgert, dass die Vorschrift aufgrund ih-

[28] Auslegungsregeln sind Vorschriften, die den Rechtsanwender anweisen, wie die Auslegung einer Willenserklärung oder eines Vertrages vorzunehmen ist oder welches Auslegungsergebnis in Zweifelsfällen als maßgeblicher Inhalt einer Willenserklärung anzusehen ist, dazu *Larenz/Wolf*, § 28 Rn. 100; *Enneccerus/Nipperdey*, § 49 II (S. 300).

[29] Schricker-*Vogel*, § 60 Rn. 5; Wandtke/Bullinger-*Lüft*, § 60 Rn. 1; *Schack*, UrhR, Rn. 501; *Poeppel*, S. 422; ebenso zu § 60 a.F. Möhring/Nicolini-*Gass*, § 60 Rn. 13.

rer Entstehungsgeschichte nach praktisch einhelliger Ansicht abdingbar ist.[30] Der Künstler soll das Vervielfältigungsrecht des Bestellers daher vertraglich ausschließen können mit der Folge, dass bei einem Verstoß des Bestellers keine bloße Vertragsverletzung, sondern eine Verletzung des Urheberrechts i.S.d. § 97 UrhG vorliegt.[31]

Gegen die Qualifizierung des § 60 UrhG als urhebervertragliche Auslegungsregel spricht zunächst dessen systematische Stellung im Sechsten Abschnitt des UrhG.[32] Diese hat der Gesetzgeber 2003 – anders als bei der früher systemwidrig in § 61 UrhG a.F. geregelten Zwangslizenz zugunsten der Tonträgerhersteller[33] – unangetastet gelassen. Zudem wurde bei der Neufassung der Wortlaut von § 60 UrhG an die Formulierung der anderen Schrankenbestimmungen angepasst. § 60 UrhG spricht nun nicht mehr davon, dass der Besteller das Bildnis vervielfältigen und verbreiten „darf" und die „gleichen Rechte" dem Abgebildeten zustehen, sondern dass die Vervielfältigung und Verbreitung „zulässig" ist.

Darüber hinaus werden mit der Konstruktion eines vertraglich eingeräumten Nutzungsrechts nicht alle von § 60 UrhG geregelten Fälle erfasst. Denn zulässig ist danach auch die Vervielfältigung und Verbreitung eines auf Bestellung geschaffenen Bildes durch den Abgebildeten und dessen Angehörige. Diese stehen, soweit sie nicht mit dem Besteller des Bildnisses personenidentisch sind, regelmäßig in keiner vertraglichen Beziehung zum Künstler. Ohne eine solche vertragliche Beziehung scheidet aber die Konstruktion eines rechtsgeschäftlich erworbenen Nutzungsrechts aus. Zumindest für diesen Fall stellt § 60 Abs. 1 UrhG daher eine gesetzliche Schrankenbestimmung dar, welche dem Abgebildeten die entsprechende Nutzungsbefugnis kraft Gesetzes zuweist.[34]

Zutreffend ist nach wie vor, dass die Vorschrift in Bezug auf das Verhältnis zwischen Urheber und Besteller abdingbar ist. Dafür spricht zunächst ihre Entstehungsgeschichte.[35] Bereits nach § 18 Abs. 2 KUG war dem Besteller eines

---

[30] Schricker-*Vogel*, § 60 Rn. 5; Möhring/Nicolini-*Gass*, § 60 Rn. 8; Wandtke/Bullinger-*Lüft*, § 60 Rn. 1; *Schack*, UrhR, Rn. 501; ebenso im Ergebnis, aber ohne die Vorschrift deswegen als urhebervertragsrechtliche Auslegungsregel zu begreifen, OLG Karlsruhe ZUM 1994, 737; Dreier/Schulze-*Dreier*, § 60 Rn. 2; HK-UrhG-*Dreyer*, § 60 Rn. 6; Fromm/Nordemann-*A. Nordemann*, § 60 UrhG Rn. 2; a.A. nur Loewenheim-*A. Nordemann*, § 73 Rn. 51, unter Berufung auf den 2003 neu gefassten Wortlaut.

[31] Möhring/Nicolini-*Gass*, § 60 Rn. 10; Wandtke/Bullinger-*Lüft*, § 60 Rn. 1.

[32] So auch HK-UrhG-*Dreyer*, § 60 Rn. 6; Fromm/Nordemann-*A. Nordemann*, § 60 Rn. 2.

[33] Die Regelung findet sich nunmehr inhaltlich unverändert in § 42a UrhG, siehe bereits oben S. 7.

[34] So auch Schricker-*Vogel*, § 60 Rn. 5; *Poeppel*, S. 422; wohl auch Möhring/Nicolini-*Gass*, § 60 Rn. 13 („keine reine Schrankenregelung"); a.A. Wandtke/Bullinger-*Lüft*, § 60 Rn. 1, wonach die Vorschrift auch im Verhältnis zwischen Urheber und Abgebildetem eine urhebervertragsrechtliche Auslegungsregel enthalten soll.

[35] Vgl. dazu auch Schricker-*Vogel*, § 60 Rn. 2 f.

Bildnisses die Vervielfältigung nur gestattet, „soweit nicht ein anderes vereinbart ist". Die Gesetzesbegründung zu § 60 UrhG bezieht sich ausdrücklich auf diese Vorschrift.[36] Dass die Abdingbarkeit dabei, anders als in § 54 RefE ursprünglich vorgesehen,[37] in den späteren Entwürfen und den Gesetzesfassungen von 1965 und 2003 nicht mehr ausdrücklich betont wurde, beruht offenbar darauf, dass der Gesetzgeber die Abdingbarkeit als selbstverständlich ansah.[38]

Aber auch nach dem Zweck der Vorschrift muss es dem Urheber möglich sein, vertraglich mit dem Besteller eine von § 60 UrhG abweichende Vereinbarung zu treffen. Die Vorschrift beruht auf dem Gedanken, dass der Besteller sowie der Abgebildete (soweit er nicht mit dem Besteller identisch ist) ein aus persönlicher Verbundenheit herrührendes Interesse daran haben, Vervielfältigungen des Bildnisses herzustellen oder herstellen zu lassen und diese unentgeltlich zu verbreiten, insbesondere als Erinnerungsstücke im Freundes- und Bekanntenkreis zu verschenken.[39] Der Erwerb entsprechender Nutzungsrechte wird aber oft schwierig oder unmöglich sein, weil sich der Urheber des Bildnisses nicht mehr ausfindig machen lässt.[40]

Wenn aber der Besteller des Bildnisses bei (oder nach) Abschluss des Vertrages mit dem Urheber[41] vereinbart, dass das Bildnis entgegen § 60 UrhG nicht oder nur in beschränktem Umfang vom Besteller vervielfältigt und verbreitet werden darf, ist nicht ersichtlich, warum man einer solchen Vereinbarung die Wirksamkeit versagen sollte. Eine Beeinträchtigung der Interessen des Bestellers ist nicht zu befürchten, da er nicht gezwungen ist, sich auf eine derartige Vereinbarung einzulassen, sondern das Bildnis stattdessen von einem anderen Künstler anfertigen lassen kann. Auf der anderen Seite lässt es der Schutzzweck von § 60 UrhG nicht zu, dass der Besteller eine solche Vereinbarung zu Lasten eines Dritten, insbesondere des Abgebildeten, trifft. Eine von § 60 UrhG abwei-

---

[36] BT-Drucks. IV/270, S. 76 (zu § 61 RegE); ebenso bereits die Begründung zu § 57 MinE, siehe Erläuternde Bemerkungen zu dem Ministerialentwurf eines Gesetzes über Urheberrecht und verwandte Schutzrechte (Urheberrechtsgesetz) vom 26. 5. 1959, in: Entwürfe des Bundesjustizministeriums zur Urheberrechtsreform, Köln 1959, S. 59.

[37] Entwürfe des Bundesjustizministeriums zur Urheberrechtsreform, Köln 1959, S. 130.

[38] In der Begründung zu § 57 MinE wird diese Änderung gegenüber § 54 RefE nicht einmal erwähnt. Auch in den Begründungen zu § 60 UrhG (§ 61 RegE) sowie zur Änderung 2003 (BT-Drucks. 15/38, S. 22) findet sich kein Hinweis auf die (Un)Abdingbarkeit.

[39] OLG Köln GRUR 2004, 499f. – Portraitfoto im Internet; Schricker-*Vogel*, § 60 Rn. 11, 13; Möhring/Nicolini-*Gass*, § 60 Rn. 2; Dreier/Schulze-*Dreier*, § 60 Rn. 1; vgl. auch *Poeppel*, S. 421 f., der dem Besteller jedoch ein berechtigtes Interesse abspricht und den Anwendungsbereich der Vorschrift *de lege ferenda* allein auf den Abgebildeten und nach dessen Tod auf seine Angehörigen beschränken will.

[40] Schricker-*Vogel*, § 60 Rn. 11; Möhring/Nicolini-*Gass*, § 60 Rn. 2;

[41] Dabei wird es sich regelmäßig um einen Werkvertrag und nicht um einen Werklieferungsvertrag i.S.v. § 651 S. 3 BGB handeln, vgl. LG Hannover NJW-RR 1989, 53; MüKo-*Busche*, § 651 Rn. 12; Bamberger/Roth-*Voit*, § 651 Rn. 4; Palandt-*Sprau*, § 651 Rn. 5 a.E.; *Schack*, UrhR, Rn. 501; a.A. Loewenheim-*A. Nordemann*, § 73 Rn. 50; *Rehbinder*, UrhR, Rn. 760.

chende Vereinbarung zwischen dem Urheber und dem Besteller hat daher keine dingliche Wirkung, sondern bindet lediglich den Besteller.[42]

Daraus ergibt sich jedoch auch, dass die Abdingbarkeit des § 60 UrhG kein zwingendes Argument dafür ist, die Vorschrift im Verhältnis zwischen Urheber und Besteller als urhebervertragsrechtliche Auslegungsregel aufzufassen. Dasselbe Ergebnis lässt sich auch erreichen, wenn man § 60 UrhG insgesamt als Schranke des Vervielfältigungs- und Verbreitungsrechts ansieht. Die Auffassung, dass die Abdingbarkeit dem Charakter urheberrechtlicher Schranken generell fremd sei,[43] trifft – wie noch ausführlich zu erörtern sein wird – nicht zu.[44] Vielmehr kann sich auch bei Einordnung des § 60 UrhG als Schrankenbestimmung der Besteller mit schuldrechtlicher Wirkung dazu verpflichten, die von der Vorschrift gedeckten Vervielfältigungs- und Verbreitungshandlungen nicht vorzunehmen.[45] Um nicht den Abgebildeten und den Besteller entgegen dem ausdrücklichen Willen des Gesetzgebers[46] unterschiedlich zu behandeln, ist § 60 UrhG daher auch in Bezug auf das Verhältnis zwischen Urheber und Besteller nicht als Auslegungsregel, sondern als gesetzliche Schrankenbestimmung zu qualifizieren.[47] Die Nutzungsbefugnis ergibt sich somit auch für den Besteller des Bildnisses nicht aus einer vertraglichen Nutzungsrechtseinräumung, sondern unmittelbar aus dem Gesetz.

c. § 44 Abs. 2 UrhG als Schranke des Ausstellungsrechts

Um eine Schranke des Urheberrechts handelt es sich auch bei der mit § 60 systematisch vergleichbaren Vorschrift des § 44 Abs. 2 UrhG.[48] Danach ist der Eigentümer des Originals eines (auch unveröffentlichten) Werkes der bildenden Künste oder eines Lichtbildwerkes entgegen § 18 UrhG grundsätzlich berechtigt, das Werk öffentlich auszustellen. Wenn der Urheber das Werkoriginal ein-

---

[42] Entgegen der h.M. begründet die Verletzung einer von § 60 UrhG abweichenden vertraglichen Vereinbarung daher keine Urheberrechtsverletzung i.S.d. § 97 UrhG, sondern lediglich eine vertragliche Pflichtverletzung nach § 280 Abs. 1 BGB, siehe dazu unten S. 205.

[43] So Loewenheim-*A. Nordemann*, § 73 Rn. 51, der allein aus der jetzigen Fassung der Vorschrift als gesetzliche Schranke die Unabdingbarkeit folgert.

[44] Siehe unten S. 235 ff.

[45] So auch Dreier/Schulze-*Dreier*, § 60 Rn. 2; HK-UrhR-*Dreyer*, § 60 UrhG Rn. 6; Fromm/Nordemann-*A. Nordemann*, § 60 UrhG Rn. 2; Schricker-*Vogel*, § 60 Rn. 5 (*Dreier* folgend).

[46] BT-Drucks. IV/270, S. 76: „Die gleiche Rücksichtnahme wie der Besteller des Bildes verdienen der Abgebildete selbst und nach seinem Tode seine Angehörigen".

[47] So auch HK-UrhG-*Dreyer*, § 60 UrhG Rn. 6; Loewenheim-*A. Nordemann*, § 73 Rn. 51; offen gelassen von Dreier/Schulze-*Dreier*, § 60 Rn. 2.

[48] Den systematischen Zusammenhang von § 60 und § 44 Abs. 2 UrhG betonen auch HK-UrhG-*Dreyer*, § 60 UrhG Rn. 6; *Poeppel*, S. 422 f. (allerdings mit umgekehrtem Ergebnis). Ein wesentlicher Unterschied besteht aber darin, dass § 44 Abs. 2 UrhG ausdrücklich einen dinglich wirkenden Vorbehalt des Ausstellungsrechts erlaubt, dazu unten S. 202.

mal (vorbehaltlos) veräußert hat,[49] ist jeder Eigentümer berechtigt, das Original auszustellen, unabhängig davon, ob er das Eigentum vom Urheber oder einem Dritten, ggf. auch gutgläubig, erworben hat.[50] Auf die sachenrechtliche Berechtigung des Veräußerers, von dem der Eigentümer das Original erworben hat, kommt für die Zulässigkeit der Ausstellung nach dem Zweck des § 44 Abs. 2 UrhG nicht an. Die Vorschrift beruht auf der Erwägung, dass ein Maler oder Bildhauer regelmäßig mit einer Ausstellung auch des unveröffentlichten Werkes einverstanden ist, wenn er das Original endgültig aus seiner persönlichen Sphäre entlässt.[51] Die Interessen des Urhebers werden dadurch, dass ein späterer Erwerber sein Eigentum durch eine wirksame Verfügung eines Nichtberechtigten verliert, aber nicht stärker betroffen als bei einer Übereignung durch den berechtigten Eigentümer.

Ein gutgläubiger Erwerber des Eigentums kann daher bei einer vorbehaltlosen Veräußerung durch den Urheber auch nicht mit der Begründung aus dem Anwendungsbereich des § 44 Abs. 2 UrhG ausgeschlossen werden, dass Nutzungsrechte nicht gutgläubig erworben werden können.[52] Die Berechtigung des Eigentümers zur Ausstellung folgt nicht aus einem vertraglich eingeräumten Nutzungsrecht gemäß §§ 18, 31 Abs. 3 UrhG, sondern unmittelbar aus § 903 BGB.[53] Unter den Voraussetzungen des § 44 Abs. 2 UrhG entfällt lediglich das Verbotsrecht des Urhebers aus § 18 UrhG, welches er der Ausübung der Eigentümerrechte andernfalls entgegenhalten könnte. Trotz seiner systematischen Stellung stellt § 44 Abs. 2 UrhG demnach keine urhebervertragsrechtliche Regelung, sondern eine gesetzliche Schranke des Ausstellungsrechts dar.[54]

---

[49] Dies wird man wegen Hs. 2 verlangen müssen, auch wenn der Wortlaut des § 44 Abs. 2 UrhG nur auf die Eigentümerstellung abstellt. Wenn der Urheber das Original nur leihweise aus der Hand gegeben hat, kann ein nach §§ 932, 935 BGB gutgläubiger Dritterwerber des Eigentums sich somit nicht auf § 44 Abs. 2 UrhG berufen, vgl. *Rehbinder*, UrhR, Rn. 339; Möhring/Nicolini-*Spautz*, § 44 Rn. 10;

[50] Dreier/Schulze-*Schulze*, § 44 Rn. 14; HK-UrhR-*Kotthoff*, § 44 UrhG Rn. 9; Schricker-*Vogel*, § 44 Rn. 19; Fromm/Nordemann-*J. B. Nordemann*, § 44 UrhG Rn. 10. *Schack*, Kunst und Recht, Rn. 170 mit Fn. 37, will die Schranke sogar zugunsten eines rechtmäßigen Besitzers anwenden, der sein Besitzrecht vom Eigentümer ableitet.

[51] Siehe die Amtl. Begr., BT-Drucks. IV/270, S. 62.

[52] Gegen Schricker-*Vogel*, § 44 Rn. 19.

[53] Ebenso wohl Dreier/Schulze-*Schulze*, § 44 Rn. 14; a. A. die h.M., die in § 44 Abs. 2 UrhG als Umkehrung der in Abs. 1 enthaltenen Auslegungsregel eine Vermutungsregel mit dem Inhalt sieht, dass der Urheber mit der Übertragung des Eigentums dem Erwerber im Zweifel ein Nutzungsrecht zur Ausstellung des vertragsgegenständlichen Originals einräumt, siehe Schricker-*Vogel*, § 44 Rn. 18; Wandtke/Bullinger-*Wandtke*, § 44 Rn. 15; Fromm/Nordemann-*J. B. Nordemann*, § 44 UrhG Rn. 1, 9; HK-UrhR-*Kotthoff*, § 44 UrhG Rn. 6; *Rehbinder*, UrhR, Rn. 760.

[54] Vgl. *Schack*, UrhR, Rn. 398; *ders.*, Kunst und Recht, Rn. 170; Wandtke/Bullinger-*Bullinger*, § 18 Rn. 3.

3. *Schranken der §§ 69d und 69e UrhG*

Für Computerprogramme gelten §§ 44aff. UrhG nur sehr eingeschränkt.[55] In Umsetzung der Computerprogramm-RL wurden vielmehr in §§ 69d und 69e spezifische Regelungen eingeführt, die die Ausschließlichkeitsrechte des Programmurhebers aus § 69c UrhG beschränken. Der rechtliche Charakter der Beschränkungen in §§ 69d und 69e wird in Literatur und Rechtsprechung uneinheitlich beurteilt. Insbesondere die Rechtsnatur des § 69d Abs. 1 UrhG ist äußerst umstritten. Während manche in § 69d primär eine mit §§ 44aff. UrhG vergleichbare Schrankenbestimmung sehen,[56] qualifizieren andere die Norm als Urhebervertragsrecht, nämlich als eine softwarespezifische Ausprägung der in § 31 Abs. 5 UrhG normierten Zweckübertragungslehre.[57] Dabei wird § 69d UrhG teilweise als gesetzliche Auslegungsregel für die vertraglich eingeräumte Berechtigung zur Vornahme der von der Vorschrift erfassten Nutzungshandlungen,[58] teilweise als zwingende „Inhaltsnorm" eingeordnet.[59] Eine vermittelnde Ansicht hält § 69d UrhG schließlich für eine Mischform zwischen gesetzlicher Lizenz gegenüber einem beschränkten Kreis Berechtigter und vertragsrechtlicher Norm.[60]

a. Die Berechtigung des Nutzers

Die Unklarheiten im Hinblick auf die rechtliche Einordnung der §§ 69d, 69e UrhG liegen darin begründet, dass die Vorschriften nur denjenigen privilegie-

---

[55] Vgl. Dreier/Schulze-*Dreier*, § 69d Rn. 3; *Hertin*, Rn. 227.

[56] Schricker-*Loewenheim*, § 69d Rn. 1, 15; Möhring/Nicolini-*Hoeren*, § 69d Rn. 4; *Hoeren*, CR 2006, 575; *Hertin*, Rn. 219; *Schack*, UrhR, Rn. 480 mit Fn. 34; *Lehmann*, FG Schricker, 549; Walter-*Blocher*, Art. 5 Software-RL Rn. 41; *Wandtke*, GRUR 2002, 5; in der Tendenz auch *Hilty*, MMR 2003, 13f.

[57] OLG Karlsruhe CR 1996, 341, 342 – Dongle; Fromm/Nordemann-*Czychowski*, § 69d UrhG Rn. 3; *Haberstumpf*, in: Lehmann, II Rn. 159; *Trayer*, S. 175f.; *Witte*, CR 1996, 534; ebenso wohl *Baus*, Verwendungsbeschränkungen, S. 77f., der § 69d Abs. 1 als lex specialis zu § 31 Abs. 5 UrhG ansieht, die Einordnung als Schrankenbestimmung oder urhebervertragsrechtliche Regelung aber offen lässt.

[58] So *Sickinger*, S. 40f.; *Dreier*, CR 1991, 579, 581.

[59] *Pres*, S. 120ff., 132f. (die zu § 31 Abs. 5 UrhG tendenziell gegenläufige Wirkung betonend); *Marly*, Rn. 485; vgl. auch OLG Düsseldorf NJW-RR 2002, 1049. Als „Inhaltsnormen", die dogmatisch aus bürgerlich-rechtlicher Sicht den §§ 459ff. BGB a. F. entsprächen, bezeichnet §§ 69dff. UrhG auch *Lehmann*, FG Schricker, 553, 561, der deren Einordnung als Urhebervertragsrecht aber ausdrücklich ablehnt.

[60] Dreier/Schulze-*Dreier*, § 69d Rn. 2; *Lettl*, § 8 Rn. 27: Mischform zwischen gesetzlicher Lizenz und Auslegungsvorschrift; Wandtke/Bullinger-*Grützmacher*, § 69d Rn. 3f.: „partiell zwingende Inhaltsnorm" mit „urhebervertragsrechtlichen wie schrankenähnlichen Elementen"; *Schulz*, Rn. 409, 432ff., 450ff.: „Primat einer urhebervertragsrechtlichen Funktion", das „im Rahmen der dauerhaften Überlassung von Computerprogrammen zugunsten einer gesetzlichen Lizenz durchbrochen wird"; undeutlich Loewenheim-*Lehmann*, § 76 Rn. 17: Die §§ 69d und 69e UrhG seien als „vertragsrechtliche Normen bzw. als Schrankenbestimmungen zu § 69c" zu verstehen.

ren, der zur Verwendung des Programms „berechtigt“ ist.[61] Da über die Berechtigung zur Nutzung grundsätzlich der Urheber oder der Inhaber von ihm abgeleiteter Nutzungsrechte entscheidet, hat der Rechtsinhaber dem äußeren Anschein nach erheblichen Einfluss darauf, inwieweit die betreffenden Ausnahmen eingreifen.

Nichts anderes gilt aber für die Vorschriften der §§ 44a Nr. 2 und 55a UrhG. Auch mit diesen europarechtlich zwingend vorgegebenen Regelungen hat der Gesetzgeber auf die Besonderheit im digitalen Verwertungsumfeld reagiert, dass mit der Nutzung digitaler Werke zum Teil zwangsläufig Vervielfältigungs- und Bearbeitungshandlungen einhergehen, so dass auch die Nutzung durch den Endverbraucher vom Ausschließlichkeitsrecht des Urhebers erfasst wird.[62] Die Freistellung der durch diese Vorschriften jeweils privilegierten Nutzungshandlungen setzt in allen Fällen eine im Einzelnen unterschiedlich formulierte „Berechtigung“ des Nutzers voraus.

Dennoch wird die Vorschrift des § 55a UrhG – entsprechend ihrer systematischen Stellung im sechsten Abschnitt – ganz überwiegend als Schrankenregelung eingeordnet, die das Vervielfältigungs- und Bearbeitungsrecht des Urhebers eines Datenbankwerkes begrenzt.[63] Auch § 44a Nr. 2 UrhG stellt nach einhelliger Auffassung keine urhebervertragsrechtliche Norm, sondern eine das Vervielfältigungsrecht des Urhebers begrenzende Schranke des Urheberrechts dar.[64]

Fraglich ist, ob zwischen den einzelnen Bestimmungen in Bezug auf die jeweils erforderliche Berechtigung des Nutzers sachliche Unterschiede bestehen, die eine von den übrigen Schranken abweichende dogmatische Konstruktion insbesondere des § 69d UrhG rechtfertigen können. Entscheidend für die dogmatische Einordnung ist dabei insbesondere, ob die Vorschriften die vertragliche Einräumung urheberrechtlicher Nutzungsrechte an den Nutzer des betreffenden Werkes voraussetzen, welche durch das Gesetz inhaltlich bestimmt

---

[61] Vgl. Dreier/Schulze-*Dreier*, § 69d Rn. 2.

[62] *Lauber/Schwipps*, GRUR 2004, 295; siehe dazu auch oben S. 8.

[63] Beschlussempfehlung und Bericht des Ausschusses für Bildung, Wissenschaft, Forschung, Technologie und Technikfolgenabschätzung (19. Ausschuss) vom 11. 6. 1997, BT-Drucks. 13/7934, S. 43: Die von Art. 6 Abs. 1 Datenbank-RL angeordnete Rechtsfolge sei „primär als Schrankenregelung, nicht als urhebervertragsrechtliche Bestimmung zu verstehen“; Möhring/Nicolini-*Decker*, § 55a Rn. 1; Schricker-*Loewenheim*, § 55a Rn. 1; Schricker-*Vogel*, § 87e Rn. 5; Dreier/Schulze-*Dreier*, § 55a Rn. 1; *Schack*, UrhR, Rn. 481d; *Rehbinder*, UrhR, Rn. 471; anders noch die Begründung zu § 69k des Regierungsentwurfs, BT-Drucks. 13/7385, S. 44, wonach die Regelung „systematisch in Zusammenhang zu den Vorschriften im Fünften Abschnitt des Ersten Teils über den Rechtsverkehr im Urheberrecht“ stehe; ebenso *Grützmacher*, S. 265; *Hornung*, S. 85 f.

[64] Es ist lediglich umstritten, ob es sich bei § 44a UrhG um eine Schranke im eigentlichen Sinne oder eine tatbestandliche Begrenzung des § 16 UrhG handelt, was nach der hier vertretenen Auffassung jedoch keinen konstruktiven Unterschied darstellt, siehe dazu unten S. 132 f.

werden, oder den Verwender gerade vom Erfordernis einer Nutzungsrechtseinräumung in Bezug auf die genannten Nutzungshandlungen befreien.

(1) Die rechtmäßige Nutzung gemäß § 44a Nr. 2 UrhG

Am weitesten gefasst ist § 44a Nr. 2 UrhG. Danach sind Vervielfältigungen freigestellt, deren „alleiniger Zweck es ist, eine rechtmäßige Nutzung" zu ermöglichen. Nach Erwägungsgrund 33 der Info-RL ist eine Nutzung rechtmäßig in diesem Sinne, „soweit sie vom Rechtsinhaber zugelassen bzw. nicht durch Gesetze beschränkt ist". Eine rechtmäßige Nutzung liegt also nicht nur dann vor, wenn die Nutzung des Werkes mit Zustimmung des Urhebers erfolgt, sondern auch, wenn eine Verwertung aufgrund einer Schranke zulässig ist.[65] In seiner Struktur ähnelt § 44a Nr. 2 UrhG insoweit der Schranke des § 55 UrhG, wonach ein Sendeunternehmen, das zur Funksendung eines Werkes berechtigt ist, das Werk mit eigenen Mitteln auf Bild- oder Tonträger übertragen darf, um diese zur Funksendung zu benutzen. Auch hier muss sich die Berechtigung des Sendeunternehmens zur Funksendung nicht zwingend aus einem vertraglich eingeräumten Nutzungsrecht ergeben. Es genügt, dass die Sendung des Werkes aufgrund einer Schrankenregelung, etwa § 48 Abs. 1 Nr. 1 oder § 51 UrhG, zulässig ist.[66]

„Nicht durch Gesetze beschränkt" ist eine Nutzung aber auch dann, wenn die Nutzung durch §§ 15 ff. UrhG von vornherein nicht erfasst wird, wie insbesondere bei der nicht öffentlichen Wahrnehmbarmachung eines Werkes.[67] Dies hat erhebliche praktische Bedeutung für die Rezeption binärcodierter („digitaler") Werke, die aus technischen Gründen häufig eine zumindest vorübergehende Vervielfältigungshandlung erfordert, z.B. beim „Browsing" von Internet-Seiten im Arbeitsspeicher des nutzereigenen PCs oder beim „Routing" der Daten in einem Netzwerk.[68] Auch beim „Streaming" von Video- und Audiodateien, die der Nutzer nur auf seinem Computerbildschirm bzw. über die angeschlossenen Lautsprecher wahrnehmen kann, werden in einem Puffer für wenige Sekunden Datenpakete abgelegt, die als ephemere Vervielfältigung ohne eigenständige wirtschaftliche Bedeutung unter § 44a Nr. 2 UrhG fallen.[69]

Zur Werkrezeption technisch erforderliche Vervielfältigungshandlungen treten jedoch nicht nur bei der elektronischen Übermittlung von Werken über das

---

[65] Dreier/Schulze-*Dreier*, § 44a Rn. 8; *Schack*, UrhR, Rn. 380; *Lettl*, § 6 Rn. 7; *Poeppel*, S. 443; *von Diemar*, Digitale Kopie, S. 37; HK-UrhR-*Dreyer*, § 95a UrhG Rn. 49; Fromm/Nordemann-*W. Nordemann*, § 44a UrhG Rn. 5; a.A. KG MMR 2004, 540, 544 – Ausschnittdienst; *Lauber/Schwipps*, GRUR 2004, 295.

[66] Dreier/Schulze-*Dreier*, § 55a Rn. 1; a.A. offenbar Fromm/Nordemann-*W. Nordemann*, § 55 UrhG Rn. 1.

[67] *Poeppel*, S. 444 f.; *von Diemar*, Digitale Kopie, S. 37; Walter-*Walter*, Info-RL Rn. 108 f.; a.A. *Peukert*, in: Hilty/Peukert, S. 36.

[68] Walter-*Walter*, Info-RL Rn. 110.

[69] *Schack*, GRUR 2007, 641.

Internet auf, sondern auch bei der Nutzung von körperlich verbreiteten digitalen Werkträgern. Der private Werkgenuss ist hier durch den Erwerb des Werkträgers ebenso abgegolten wie beim Erwerb eines Buches oder einer Schallplatte.[70] Daher darf zumindest der rechtmäßige Besitzer[71] einer CD gemäß § 44a Nr. 2 UrhG ein darauf gespeichertes Musikwerk anhören, auch wenn zum Abspielen technisch eine vorübergehende Vervielfältigung des Werkes erforderlich ist, etwa zum Zwecke der „Shock Protection" bei tragbaren CD-Playern[72] oder beim Abspielen des Tonträgers auf einem PC[73].[74] Das gleiche gilt für das Abspielen einer DVD auf einem modernen 100-Hz-Fernsehgerät oder einem Flachbildschirm. Derartige geräteinterne Vervielfältigungen sind ebenfalls von § 44a Nr. 2 UrhG gedeckt.[75] Auch in diesen Fällen setzt die Zulässigkeit der für den Werkgenuss erforderlichen Vervielfältigungen nicht den Erwerb eines urheberrechtlichen Nutzungsrechts voraus.

Zu demselben Ergebnis gelangt man, wenn man unter der rechtmäßigen Nutzung i. S. d. § 44a Nr. 2 UrhG zwar nicht jede urheberrechtlich zulässige Nutzung, aber doch jede „bestimmungsgemäße Benutzung" eines zuvor auf rechtmäßige Weise erlangten Vervielfältigungsstücks versteht, wovon insbesondere der Werkgenuss, etwa das Abspielen einer CD auf dem Computer, erfasst wäre.[76] In jedem Fall ist dem Nutzer für den Werkgenuss kein Nutzungsrecht eingeräumt worden, welches durch § 44a Nr. 2 UrhG auf die dafür technisch erforderlichen flüchtigen Vervielfältigungen erstreckt werden könnte. Vielmehr wird das ausschließliche Vervielfältigungsrecht des Urhebers in Bezug auf die von § 44a Nr. 2 UrhG erfassten Vervielfältigungen ex lege begrenzt.

---

[70] *Schack*, UrhR, Rn. 418.

[71] Diese Einschränkung wird man machen müssen, da Erwägungsgrund 33 der Info-RL allgemein von der Beschränkung der Nutzung „durch Gesetze" spricht. Insofern kann eine Parallele zur Zulässigkeit einer Privatkopie nach § 53 Abs. 1 UrhG gezogen werden, die ebenfalls voraussetzt, dass der Nutzer den Besitz der für die Herstellung der Kopie verwendeten Vorlage nicht rechtswidrig erlangt hat, dazu KG GRUR 1992, 168, 169 – Dia-Kopien; *Schack*, UrhR, Rn. 495a.

[72] Tragbare Abspielgeräte verfügen heute überwiegend über einen internen digitalen Speicher, in dem die abzuspielenden Musikstücke bis zu 10 Minuten im Voraus gespeichert werden, um durch Erschütterungen des Geräts hervorgerufene Lesefehler der Laser-Mechanik auszugleichen.

[73] Dieses kann ebenfalls ein Einlesen der Daten in den Arbeitsspeicher des Computers erfordern, sofern das CD-ROM-Laufwerk nicht direkt an den Ausgang der Soundkarte angeschlossen ist.

[74] Walter-*Walter*, Info-RL Rn. 109.

[75] Vgl. Wandtke/Bullinger-*Heerma*, § 16 Rn. 13.

[76] So KG MMR 2004, 540, 543 f. – Ausschnittdienst; *Lauber/Schwipps*, GRUR 2004, 295 f.; ähnlich Walter-*Walter*, Info-RL Rn. 108, der eine Werkwiedergabe als „rechtmäßige Nutzung" für zulässig hält, wenn der Nutzer dazu „mit Hilfe eines vom Gesetz nicht untersagten Vorgangs in die Lage versetzt wurde". Dies entspricht der hier vertretenen Auslegung der Berechtigung des Verwenders i. S. d. §§ 69d, 55a UrhG, dazu sogleich unter (2) und (3).

(2) Der zur Verwendung eines Vervielfältigungsstücks Berechtigte in §§ 69d Abs. 1 und 3 UrhG

Anders als der aufgrund der Info-Richtlinie eingeführte § 44a UrhG gelten die in Umsetzung der Computerprogramm-Richtlinie bzw. der Datenbank-Richtlinie geschaffenen §§ 69d, 69e und § 55a UrhG nur für spezifische Werkarten. Dementsprechend ist auch die erforderliche Berechtigung des Nutzers enger formuliert. Fraglich ist, ob sich dies derart auf den Inhalt der erforderlichen Berechtigung auswirkt, dass anders als nach § 44a UrhG dem privilegierten Adressaten zwingend ein vertragliches Nutzungsrecht eingeräumt sein muss.

(a) Wortlaut

Auszugehen ist vom Wortlaut der Regelung. Sowohl § 69d Abs. 1 als auch Abs. 3 UrhG erfordern eine Berechtigung „zur Verwendung eines Vervielfältigungsstücks des Programms". Diese Formulierung spricht eher dagegen, die Berechtigung des Nutzers im Sinne eines urheberrechtlichen Nutzungsrechts zu verstehen. Der Wortlaut bezieht sich gerade nicht auf eine Berechtigung zur Nutzung des Computerprogramms als des urheberrechtlich geschützten Werkes. Vielmehr wird auf die Berechtigung zur Verwendung des konkreten Werkstücks abgestellt. Die Berechtigung zur bestimmten Verwendung einer Sache folgt jedoch in erster Linie aus dem Eigentum oder einem anderen *sach*bezogenen Herrschaftsrecht, nicht aus einem an einem geistigen Gut bestehenden Immaterialgüterrecht.[77] Nur soweit die konkrete Verwendung der Sache als urheberrechtlich relevante Nutzung des darin verkörperten Werkes gegen das Urheberrecht verstößt, werden das an der Sache bestehende Herrschaftsrecht durch das Urheberrecht überlagert und die Befugnisse des Eigentümers gemäß § 903 BGB beschränkt.[78]

(b) Entstehungsgeschichte

Der Entstehungsgeschichte des § 69d UrhG lässt sich ebenfalls nicht entnehmen, dass die Berechtigung des privilegierten Nutzers zwingend den Erwerb eines urheberrechtlichen Nutzungsrechts erfordert. § 69d Abs. 1 UrhG beruht auf Art. 5 Abs. 1 Computerprogramm-RL. Dieser verwendet anders als § 69d Abs. 1 UrhG nicht den Begriff des zur Verwendung eines Vervielfältigungsstücks Berechtigten, sondern stellt auf den „rechtmäßigen Erwerber" des Computerprogramms ab. Diese Formulierung geht auf eine vom Rat vorgenommene Zusammenfassung des Art. 5 Abs. 1 mit dem im Kommissionsvorschlag noch

[77] Zur Unterscheidung von Herrschaftsrechten an einer Sache und an einem Immaterialgut vgl. *Köhler*, § 17 Rn. 9f.
[78] Staudinger-*Jickeli/Stieper* (2004), § 90 Rn. 13; *Schack*, UrhR, Rn. 34.

enthaltenen Abs. 2 zurück.[79] Art. 5 Abs. 1 der Richtlinie erfasste ursprünglich nur den Fall, dass die Kopie eines Computerprogramms verkauft worden ist, während Abs. 2 für Lizenzinhaber galt.[80] Unter den Begriff des rechtmäßigen Erwerbers fallen nach der Richtlinie daher sowohl der Lizenznehmer, dem die Nutzung des Programms aufgrund eines Lizenzvertrages gestattet ist, als auch der bloße Käufer einer Programmkopie. Die Zusammenfassung der beiden Absätze wurde als eine redaktionelle Änderung angesehen, die den Inhalt der Bestimmung besser herausstellen sollte.[81] Der deutsche Gesetzgeber wollte dieses „Redaktionsversehen der Richtlinie" korrigieren.[82] Art. 5 Abs. 1 sollte auf jeden zur Verwendung einer Programmkopie Berechtigten Anwendung finden.[83]

Als zur Verwendung des Vervielfältigungsstücks berechtigt i. S. v. § 69d Abs. 1 und 3 UrhG ist daher neben demjenigen, der als Lizenznehmer wirksam Nutzungsbefugnisse erworben hat, jeder anzusehen, dem rechtmäßig ein Vervielfältigungsstück des Programms zur Benutzung überlassen worden ist.[84] Dem Käufer einer Programmkopie werden jedoch nicht notwendigerweise auch Nutzungsrechte hinsichtlich der Nutzung des auf dem erworbenen Datenträger gespeicherten Programms eingeräumt. Wenn die Nutzung des Programms – wie häufig – Gegenstand einer „shrinkwrap licence" ist, scheitert eine wirksame Nutzungsrechtseinräumung nach deutschem Recht regelmäßig bereits an § 305 Abs. 2 BGB.[85] Daran wollte die Computerprogramm-Richtlinie, die gemäß Art. 9 Abs. 1 S. 1 UrhG das Vertragsrecht ausdrücklich unberührt lässt, nichts ändern.[86]

---

[79] Ausführlich zur Entstehungsgeschichte der Richtlinie *Lehmann*, FG Schricker, 549ff.

[80] Geänderter Vorschlag für eine Richtlinie des Rates über den Rechtsschutz von Computerprogrammen vom 20. 12. 1990, ABl. Nr. C 320/22. Art. 5 Abs. 1 und 2 des Vorschlags lauteten:

„(1) Ist die Kopie eines Computerprogramms verkauft worden, so bedürfen die unter Artikel 4 Buchstabe a) und b) genannten Handlungen nicht der Zustimmung des Rechtsinhabers, wenn sie für die bestimmungsgemäße Verwendung des Programms einschließlich der Fehlerberichtigung erforderlich sind.

(2) Absatz 1 gilt auch für einen Lizenzinhaber, wenn die Lizenz für die Verwendung einer Kopie eines Computerprogramms keine spezifischen Vereinbarungen betreffend dieser Handlungen enthält. Die Lizenz darf nicht das Laden und Ablaufen einer Kopie eines Computerprogramms untersagen, wenn diese Handlungen für die bestimmungsgemäße Verwendung des Programms durch den Lizenznehmer notwendig sind."

[81] Gemeinsamer Standpunkt des Rates vom 13. 12. 1990 im Hinblick auf die Genehmigung einer Richtlinie über den Rechtsschutz von Computerprogrammen, Rats-Dok. 10652/1/90 vom 14. 12. 1990, GRURInt 1991, 548, 549 (unter III 11).

[82] So ausdrücklich die Amtl. Begr., BT-Drucks. 12/4022, S. 12.

[83] BT-Drucks. 12/4022, S. 12.

[84] Wandtke/Bullinger-*Grützmacher*, § 69d Rn. 24; *Lehmann*, in: Lehmann, I A Rn. 18; *Köhler/Fritzsche*, in: Lehmann, XIII Rn. 47; *Rehbinder*, UrhR, Rn. 474: „Käufer, Lizenznehmer, Bibliotheksbenutzer".

[85] Siehe dazu unten S. 330ff.

[86] Vgl. die Gesetzesbegründung zu § 69d, BT-Drucks. 12/4022, S. 12: „Die Richtlinie regelt nicht die Frage, unter welchen Voraussetzungen es im Zusammenhang mit dem Kauf

(c) Telos

Die Berechtigung zur Verwendung eines Vervielfältigungsstücks setzt somit nicht voraus, dass der Verwender im Rahmen des Softwareüberlassungsvertrages urheberrechtliche Nutzungsrechte am Programm erworben hat.[87] Da Nutzungsrechte nicht gutgläubig erworben werden können, würde die Berechtigung bei einem Vertrieb über Zwischenhändler andernfalls eine geschlossene Vertragskette vom Urheber zum Nutzer voraussetzen.[88] Dem Zwischenhändler selbst wird aber regelmäßig kein Nutzungsrecht an dem Programm eingeräumt, welches dieser an den Endverbraucher weitergeben könnte.[89] Der Nutzer wäre daher darauf angewiesen, dass die Distributoren auch bei der dauerhaften Überlassung von Programmen entweder zur Lizenzierung im Namen des Herstellers bevollmächtigt oder zur Lizenzierung im eigenen Namen ermächtigt sind.[90] Dies widerspräche der Intention der Computerprogramm-Richtlinie und des deutschen Gesetzgebers, wonach neben dem Inhaber einer vom Urheber abgeleiteten Lizenz auch der bloße Käufer einer Programmkopie privilegiert sein soll. Der europäische wie der ihm folgende deutsche Gesetzgeber wollten jedem befugten Benutzer garantieren, dass er mit dem Programm arbeiten und dieses wirtschaftlich sinnvoll nutzen kann.[91]

Würde man für die Anwendbarkeit des § 69d Abs. 1 UrhG verlangen, dass dem Verwender ein urheberrechtliches Nutzungsrecht eingeräumt wurde, könnten sich Werkstücke – wegen § 69c Nr. 3 UrhG berechtigt – im Umlauf befinden, die mangels eines Nutzungsrechts nicht verwendet werden dürfen. Die Freiheit des Warenverkehrs mit Computerprogrammen, die durch die Erschöpfung des Verbreitungsrechts gemäß § 69c Nr. 3 UrhG gerade geschützt werden soll, würde auf diese Weise über die Hintertür des § 69d Abs. 1 UrhG torpediert.[92] Dem Nutzer darf daher hinsichtlich der für die normale Benut-

---

eines Programms zu vertraglichen Nebenabreden kommt (Problematik der sog. Schutzhüllenverträge oder Shrink-Wrap-Lizenzen)."

[87] So auch Wandtke/Bullinger-*Grützmacher*, § 69d Rn. 26; Dreier/Schulze-*Dreier*, § 69d Rn. 2; Fromm/Nordemann-*Czychowski*, § 69d UrhG Rn. 10; HK-UrhR-*Kotthoff*, § 69d UrhG Rn. 9; *Köhler/Fritzsche*, in: Lehmann Rn. 47ff., 61; *Baus*, MMR 2002, 16; *Hoeren/Schumacher*, CR 2000, 139; *Hoeren*, CR 2006, 575; *Lehmann*, NJW 1993, 1825; Walter-*Blocher*, Art. 5 Software-RL Rn. 18, 41 f.; a. A. *Pres*, S. 121; *Marly*, Rn. 484; *Sickinger*, S. 40f.; *Moritz*, MMR 2001, 95.

[88] Vgl. BGH GRUR 1994, 363, 365 – Holzhandelsprogramm; *Lehmann*, FG Schricker, 548.

[89] Die von *Marly*, Rn. 485, zur Begründung einer Berechtigung des Veräußerers vorgeschlagene Anwendung des § 69d UrhG auch im Verhältnis zwischen Softwarehersteller und Händler überdehnt Wortlaut und Regelungszweck des § 69d UrhG; kritisch auch Wandtke/Bullinger-*Grützmacher*, § 69d Rn. 25 a. E.

[90] Vgl. Wandtke/Bullinger-*Grützmacher*, § 69d Rn. 25; Dreier/Schulze-*Dreier*, § 69d Rn. 2.

[91] Schricker-*Loewenheim*, § 69d Rn. 12; *Lehmann*, FG Schricker, 555f.

[92] So auch *Baus*, MMR 2002, 16; ebenso für die parallele Problematik bei Datenbanken *Berger*, GRUR 1997, 177; vgl. auch *dens.*, AcP 201 (2001), 447f.

zung des Programms erforderlichen Nutzungshandlungen nicht das Risiko aufgebürdet werden, dass zwischen ihm und dem Urheber keine ununterbrochene Rechtekette besteht.

Auf der anderen Seite reichen das Eigentum oder der berechtigte Besitz am Vervielfältigungsstück allein nicht aus, um eine Berechtigung des Verwenders i.S.d. § 69d Abs. 1 UrhG zu begründen.[93] Vielmehr muss der Eigentums- oder Besitzerwerb auch in urheberrechtlicher Hinsicht „rechtmäßig" sein. Das ergibt sich aus § 69f Abs. 1, der anders als § 98 Abs. 1 S. 1 UrhG den Eigentümer oder Besitzer rechtswidrig verbreiteter Vervielfältigungsstücke dem Vernichtungsanspruch des Urhebers unabhängig davon aussetzt, ob dieser selbst Verletzer ist oder nicht. Wer nach § 69f Abs. 1 UrhG zur Vernichtung des in seinem Eigentum stehenden Vervielfältigungsstücks verpflichtet ist, kann aber nicht als zu dessen Verwendung berechtigt i.S.d. § 69d Abs. 1 UrhG angesehen werden. Berechtigter ist damit nur, wer das Computerprogramm durch eine rechtmäßige, insbesondere nicht gegen das Urheberrecht verstoßende Distributionshandlung erlangt hat.[94] Dafür ist erforderlich, aber auch ausreichend, dass der Veräußerer zur Verbreitung berechtigt war oder Erschöpfung nach § 69c Nr. 3 S. 2 UrhG eingetreten ist.[95] Berechtigte können daher auch Zweit- und spätere Erwerber sein, soweit der Vorerwerber berechtigt war, ihnen die Software zu überlassen, und sei es nur aufgrund von § 69c Nr. 3 S. 2 UrhG.[96] War der Veräußerer nicht zur Weitergabe einer Programmkopie berechtigt, etwa weil er sie selbst aufgrund eines Downloads aus dem Internet angefertigt hat, so kann sich der Nutzer mangels einer ausreichenden Berechtigung zur Verwendung des Programms nicht auf § 69d Abs. 1 UrhG berufen.[97]

Bei der Übermittlung von Computerprogrammen über das Internet, die keine körperliche Verbreitung i.S.d. § 69c Nr. 3 S. 1 UrhG darstellt und demgemäß

---

[93] A.A. *Baus*, MMR 2002, 16.

[94] *Poeppel*, S. 433f., 456f.; HK-UrhR-*Kotthoff*, § 69d UrhG Rn. 9; vgl. Wandtke/Bullinger-*Grützmacher*, § 69d Rn. 24.

[95] So auch Wandtke/Bullinger-*Grützmacher*, § 69d Rn. 24, 26; *Köhler/Fritzsche*, in: Lehmann, XIII Rn. 47; Dreier/Schulze-*Dreier*, § 69d Rn. 2; Fromm/Nordemann-*Czychowski*, § 69d UrhG Rn. 10; *Hoeren*, CR 2006, 575; ebenso im Ergebnis *Berger*, AcP 201 (2001), 448, der den freien Eigengebrauch des Computerprogramms aus dem (als Ausprägung des Eigentumsrechts am Werkexemplar verstandenen) Erschöpfungsgrundsatz herleitet, der nach § 69c Nr. 3 S. 2 UrhG eine Zustimmung des Urhebers zum Inverkehrbringen voraussetzt.

[96] Im Ergebnis verfehlt daher OLG München MMR 2008, 601: Auch bei Zweiterwerb eines vom Softwarehersteller in Verkehr gebrachten originalen Datenträgers bedürfe der Nutzer zur bestimmungsgemäßen Nutzung der Software der Genehmigung des Nutzungsrechtsinhabers.

[97] Dies gilt erst recht, wenn der Erwerber die Software nicht vom Ersterwerber erhält, sondern sie sich auf andere Weise beschafft, und der Erwerb der erforderlichen Nutzungsrechte vom Ersterwerber an § 34 Abs. 1 UrhG scheitert, vgl. dazu OLG Frankfurt, Beschl. v. 12.5. 2009 – 11 W 15/09 – juris, Rn. 15ff.; im Ergebnis wie hier LG München I MMR 2007, 328, 331f., wo aber auf das Fehlen einer bestimmungsgemäßen Nutzung durch den Erwerber abgestellt wird.

nicht der Erschöpfung unterliegt,[98] kommt es dementsprechend darauf an, dass der Veräußerer berechtigt war, dem Nutzer das Programm i.S.d. § 19a UrhG zugänglich zu machen. Eine darüber hinaus gehende Kontrolle der bestimmungsgemäßen Nutzung des Programms durch den einzelnen Verwender ist zum Schutz des Verwertungsinteresses des Urhebers nicht geboten und mit dem Schutz des freien Warenverkehrs nicht zu vereinbaren. Wenn das Programm vom Urheber oder mit dessen Zustimmung öffentlich zugänglich gemacht wird, ist der einzelne Nutzer, der auf diese Weise Zugang zum Werk erhalten hat, Berechtigter i.S.d. § 69d Abs. 1 UrhG und darf die zur bestimmungsgemäßen Benutzung des Programms erforderlichen Vervielfältigungshandlungen, z.B. die Installation auf der Festplatte seines PCs, vornehmen, ohne dass ihm insoweit ein vertragliches Nutzungsrecht eingeräumt werden müsste. War der Veräußerer hingegen nicht zur Zugänglichmachung berechtigt, so fehlt es an einer Berechtigung des Nutzers, der somit auch die zur bestimmungsgemäßen Benutzung des Programms erforderlichen Nutzungshandlungen nicht ohne Zustimmung des Rechtsinhabers vornehmen darf.

Das gleiche wie für § 69d Abs. 1 UrhG gilt für die nach Abs. 3 zulässigen Nutzungshandlungen. Der von § 69d Abs. 3 UrhG verwendete Begriff des zur Verwendung eines Vervielfältigungsstücks des Programms Berechtigten entspricht dem des Abs. 1.[99] Durch Abs. 3 wird lediglich der Umfang der nach Abs. 1 ohne Zustimmung des Urhebers zulässigen Nutzungshandlungen auf das Laden, Anzeigen, Ablaufen, Übertragen und Speichern des Programms erweitert, soweit dies zwar nicht zur bestimmungsgemäßen Benutzung, aber für das Beobachten, Untersuchen und Testen des Programms zur Ermittlung der zugrunde liegenden Ideen und Grundsätze erforderlich ist.[100] Entscheidend für die Berechtigung des Nutzers ist auch hier nicht der Erwerb eines urheberrechtlichen Nutzungsrechts, sondern die urheberrechtliche Zulässigkeit der Vertriebshandlung, durch die der Nutzer Zugang zu der verwendeten Programmkopie erlangt hat. Im Ergebnis haben daher § 69d Abs. 1 und 3 UrhG bei einer rechtmäßigen Überlassung von Vervielfältigungsstücken des geschützten Programms eine Erschöpfungswirkung hinsichtlich der gebrauchsbeschränkenden Nutzungsrechte zur Folge.[101]

[98] *Jaeger*, in: Hilty/Peukert, S. 51 f.; *Schack*, UrhR, Rn. 389.

[99] Dreier/Schulze-*Dreier*, § 69d Rn. 21; Schricker-*Loewenheim*, § 69d Rn. 23.

[100] Vgl. *Poeppel*, S. 485.

[101] Wandtke/Bullinger-*Grützmacher*, § 69d Rn. 4; Walter-*Blocher*, Art. 5 Software-RL Rn. 8, 16; *Hoeren*, CR 2006, 575. Kritisch zur Verankerung des Gebrauchsrechts im Erschöpfungsgrundsatz *Hilty*, MMR 2003, 11 ff.

(3) Der zum Gebrauch eines Vervielfältigungsstücks Berechtigte in § 55a UrhG

Deutlicher ist in dieser Hinsicht die funktionsgleiche Vorschrift des § 55a UrhG formuliert. Wie § 69d soll § 55a UrhG sicherstellen, dass dem berechtigten Benutzer die „normale Benutzung" des Werkes nicht untersagt werden kann.[102] Bei der Regelung des § 55a UrhG, die vier Jahre nach den Vorschriften über Computerprogramme eingeführt worden ist, hat der Gesetzgeber aber auf das in Art. 6 Abs. 1 Datenbank-RL und in § 69k des Regierungsentwurfs[103] noch verwendete Tatbestandsmerkmal des „zur Benutzung Berechtigten" ausdrücklich verzichtet. Dieser Terminus sei „zumindest missverständlich".[104] Unter dem berechtigten Benutzer sei nicht der Inhaber eines vertraglich eingeräumten Nutzungsrechts, sondern der „Endverbraucher im Sinne des Adressaten einer rechtmäßig vorgenommenen (distributorischen) Verwertungshandlung zu verstehen".[105] Diesem sei „weder notwendiger-, noch auch typischerweise ein urheberrechtliches Nutzungsrecht vertraglich eingeräumt".[106]

Dementsprechend umschreibt § 55a UrhG den Adressaten der Vorschrift für offline gelieferte Datenbankwerke als „Eigentümer eines mit Zustimmung des Urhebers durch Veräußerung in Verkehr gebrachten Vervielfältigungsstücks des Datenbankwerkes" oder „in sonstiger Weise zu dessen Gebrauch Berechtigten". Die Vorschrift nimmt insoweit auf die Formulierung des § 17 Abs. 2 UrhG Bezug und bringt dadurch zum Ausdruck, dass zum Gebrauch berechtigt jeder Eigentümer eines Vervielfältigungsstücks ist, wenn nur das Eigentum durch eine urheberrechtlich zulässige Verbreitungshandlung erworben wurde. Bei online übermittelten Datenbankwerken ergibt sich die Berechtigung des Nutzers daraus, dass ihm „ein Datenbankwerk aufgrund eines mit dem Urheber oder eines mit dessen Zustimmung mit einem Dritten geschlossenen Ver-

---

102 Vgl. Schricker-*Loewenheim*, § 55a Rn. 1; Dreier/Schulze-*Dreier*, § 55a Rn. 1; *Schack*, UrhR, Rn. 481 mit Fn. 40.

103 Art. 7 des Entwurfs eines Gesetzes zur Regelung der Rahmenbedingungen für Informations- und Kommunikationsdienste, BT-Drucks. 13/7385, S. 13.

104 Beschlussempfehlung und Bericht des Ausschusses für Bildung, Wissenschaft, Forschung, Technologie und Technikfolgenabschätzung (19. Ausschuss) vom 11. 6. 1997, BT-Drucks. 13/7934, S. 43. Kritisch im Hinblick auf die dadurch verursachte Unübersichtlichkeit der Vorschrift Schricker-*Loewenheim*, § 55a Rn. 5; Möhring/Nicolini-*Decker*, § 55a Rn. 3.

105 Ebenso zum Begriff des rechtmäßigen Benutzers in Art. 6 Abs. 1 der Datenbank-Richtlinie *Berger*, GRUR 1997, 177.

106 BT-Drucks. 13/7934, S. 43. Ebenso der belgische Gesetzgeber, vgl. Projet de loi du 8 mai 1998 transposant en droit belge la directive européenne du 11 mars 1996 concernant la protection juridique des bases de données (1535/1–97/98), S. 47. Dementsprechend ist gemäß Art. 20quater LDA „berechtigter Benutzer" (utilisateur légitime) jeder, der eine vom Urheber *oder vom Gesetz* erlaubte Nutzungshandlung vornimmt (une personne qui effectue des actes autorisés par l'auteur ou admis par la loi); vgl. auch Walter-*von Lewinski*, Art. 6 Datenbank-RL Rn. 5, wonach der Benutzer auch aufgrund einer Schrankenbestimmung zum rechtmäßigen Benutzer werden kann.

trags zugänglich gemacht wird". In gleicher Weise ist auch der Begriff der Berechtigung zur Verwendung eines Vervielfältigungsstücks des Computerprogramms in § 69d Abs. 1 und 3 UrhG zu verstehen.

(4) Berechtigung zur Programmnutzung gemäß § 69d Abs. 2 UrhG

Abweichend von Abs. 1 und 3 spricht § 69d Abs. 2 UrhG in Übereinstimmung mit Art. 5 Abs. 2 der Computerprogramm-Richtlinie hingegen von der Berechtigung „zur Benutzung des Programms". Daraus wird teilweise gefolgert, der Anwendungsbereich des Abs. 2 sei enger als der des Abs. 1 und beschränke sich auf Personen, denen ausdrücklich Nutzungsrechte am Programm eingeräumt wurden.[107] Dies lässt sich jedoch weder der Computerprogramm-Richtlinie entnehmen noch entspricht es den Vorstellungen des deutschen Gesetzgebers. Letzterer ging davon aus, dass die Erstellung einer Sicherungskopie zur bestimmungsgemäßen Benutzung eines Computerprogramms nach § 69d Abs. 1 UrhG gehört.[108] Nach der Vorstellung des Gesetzgebers ergibt sich die Zulässigkeit der Herstellung einer Sicherungskopie somit nicht aus § 69d Abs. 2 UrhG, sondern bereits aus Abs. 1.[109] Der zur Herstellung einer Sicherungskopie berechtigte Personenkreis wäre folglich derselbe wie in Abs. 1. Abs. 2 würde dann nur absichern, dass Abs. 1 insoweit nicht abbedungen werden kann.[110]

Letztlich kann aber dahinstehen, ob sich die urheberrechtliche Zulässigkeit von Sicherungskopien aus Abs. 1 oder Abs. 2 ergibt. Denn aus der systematischen Stellung des Abs. 2 kann man jedenfalls entnehmen, dass eine Programmnutzung im Sinne dieser Vorschrift auch dann berechtigt ist, wenn sie wegen § 69d Abs. 1 UrhG keiner Zustimmung des Urhebers bedarf.[111] Damit ist jeder Nutzer, der zur Verwendung eines Vervielfältigungsstücks des Programms berechtigt ist, auch i. S. v. Abs. 2 zur Nutzung des Programms und damit – soweit zur Sicherung der zukünftigen Benutzung des Programms erforderlich – zur Anfertigung einer Sicherungskopie berechtigt. Die von *Loewenheim* befürchtete Folge einer unüberschaubaren und unkontrollierbaren Anzahl von Vervielfältigungsstücken des Programms[112] lässt sich auch durch eine sachgerechte Auslegung des Merkmals der Erforderlichkeit der Sicherungskopie verhindern.

---

[107] So Schricker-*Loewenheim*, § 69d Rn. 17; Dreier/Schulze-*Dreier*, § 69d Rn. 14; a. A. Wandtke/Bullinger-*Grützmacher*, § 69d Rn. 59.

[108] Amtl. Begr., BT-Drucks. 12/4022, S. 12.

[109] So auch Wandtke/Bullinger-*Grützmacher*, § 69d Rn. 16; *Hoeren/Schumacher*, CR 2000, 139; *Kreutzer*, CR 2006, 804; *Pres*, S. 129; offen gelassen von Dreier/Schulze-*Dreier*, § 69d Rn. 9; a. A. Schricker-*Loewenheim*, § 69d Rn. 15; *Lehmann*, FG Schricker, 553; *Haberstumpf*, in: Lehmann, II Rn. 160; vgl. auch *Marly*, Rn. 1013 f., der mangels einer positiven Regelung eines Rechts auf Anfertigung einer Sicherungskopie einen Rückgriff auf §§ 133, 157 BGB für notwendig hält.

[110] Wandtke/Bullinger-*Grützmacher*, § 69d Rn. 16; *Kreutzer*, CR 2006, 804 mit Fn. 6.

[111] So auch Dreier/Schulze-*Dreier*, § 69d Rn. 14.

[112] Vgl. Schricker-*Loewenheim*, § 69d Rn. 17.

Die von § 69d Abs. 1 und 3 abweichende Formulierung des § 69d Abs. 2 UrhG hat daher im Ergebnis keine Einschränkung gegenüber dem Begriff des zur Verwendung eines Vervielfältigungsstücks Berechtigten zur Folge.

(5) Die zur Verwendung eines Vervielfältigungsstücks berechtigte Person in § 69e Abs. 1 Nr. 1 UrhG

Schließlich ist auch für die Zulässigkeit der zur Dekompilierung erforderlichen Nutzungshandlungen nach § 69e Abs. 1 Nr. 1 UrhG Voraussetzung, dass die Handlungen von einem „Lizenznehmer oder von einer anderen zur Verwendung eines Vervielfältigungsstücks des Programms berechtigten Person oder in deren Namen von einer hierzu ermächtigten Person" vorgenommen werden.[113] Der Begriff des Berechtigten ist dabei genauso zu verstehen wie in § 69d UrhG,[114] setzt also ebenfalls nicht den Erwerb eines urheberrechtlichen Nutzungsrechts durch den Handelnden voraus.

(6) Ergebnis

In sachlicher Hinsicht besteht somit hinsichtlich der nach §§ 69d, 69e, 55a und 44a Nr. 2 UrhG jeweils erforderlichen Berechtigung des Nutzers trotz des im Einzelnen unterschiedlichen Wortlauts kein für den Normcharakter der Vorschriften relevanter Unterschied. Keine der Vorschriften setzt für eine entsprechende Berechtigung des Nutzers zwingend den vertraglichen Erwerb urheberrechtlicher Nutzungsrechte voraus. Vielmehr ist insbesondere im Rahmen von §§ 69d, 55a UrhG jeder Endverbraucher als zur Verwendung bzw. zum Gebrauch berechtigt anzusehen, der durch eine urheberrechtlich zulässige Vertriebshandlung Eigentum oder rechtmäßigen Besitz an einem Vervielfältigungsstück des betreffenden Werkes erlangt hat oder dem das Werk in rechtmäßiger Weise öffentlich zugänglich gemacht worden ist.

b. Auslegungsregel oder Inhaltsnorm

Danach können §§ 69d, 69e ebenso wenig wie §§ 44a Nr. 2 und 55a UrhG als urheber*vertrags*rechtliche Normen qualifiziert werden. Die Vorschriften stellen weder urhebervertragsrechtliche Auslegungsregeln[115] noch „Inhalts-

[113] Wenn die weiteren Voraussetzungen der § 69e Abs. 1 Nr. 2 und 3 UrhG nicht vorliegen, fehlt es bereits an der Unerlässlichkeit der Dekompilierung, vgl. Dreier/Schulze-*Dreier*, § 69e Rn. 15.

[114] Vgl. Schricker-*Loewenheim*, § 69e Rn. 14.

[115] Zum Begriff der Auslegungsregel siehe oben S. 104.

normen"[116], also ergänzende Rechtsnormen des Urhebervertragsrechts, dar.[117] Sowohl die Geltung einer Auslegungsregel als auch die einer ergänzenden Rechtsnorm setzen voraus, dass überhaupt eine rechtsgeschäftliche Einigung vorliegt, die hinsichtlich der von den Parteien absichtlich oder versehentlich nicht geregelten Gesichtspunkte ergänzt werden kann.[118] Auch eine ergänzende Rechtsnorm begründet daher kein gesetzliches Schuldverhältnis, sondern ergänzt lediglich ein bestehendes vertragliches.[119]

Einen typischen Fall einer solchen Rechtsnorm stellt im Urhebervertragsrecht § 31 Abs. 5 UrhG dar, wobei es nicht darauf ankommt, ob man die Vorschrift als Auslegungsvorschrift oder als dispositive Inhaltsnorm bezeichnet.[120] Jedenfalls ersetzt § 31 Abs. 5 UrhG keine vertragliche Nutzungsrechtseinräumung, sondern ist nur anwendbar, wenn ein Vertrag gemäß §§ 145 ff. BGB wirksam zustande gekommen ist. Dessen inhaltliche Ausgestaltung wird in Zweifelsfällen gemäß § 31 Abs. 5 UrhG anhand des von den Parteien bestimmten Vertragszwecks näher bestimmt. Dabei gilt § 31 Abs. 5 UrhG entgegen seinem Wortlaut nicht nur für das Verfügungsgeschäft der Nutzungsrechtseinräu-

---

[116] Der von *Pres*, S. 122 f., *Lehmann*, FG Schricker, 553, 561, und Wandtke/Bullinger-*Grützmacher*, § 69d Rn. 3, zur Charakterisierung des § 69d Abs. 1 UrhG verwendete Begriff der Inhaltsnorm kommt ursprünglich aus dem Tarifvertragsrecht und bezeichnet dort tarifvertragliche Bestimmungen, die nach dem Willen der Tarifvertragsparteien den Inhalt von Arbeitsverhältnissen regeln, siehe Wiedemann-*Wiedemann*, TVG, § 1 Rn. 314 f. Derartige Bestimmungen sind gemäß § 4 Abs. 1 und 2 TVG zwingend und wirken sich unmittelbar auf das einzelne Arbeitsverhältnis mit seinen Haupt- und Nebenpflichten aus. Dabei bedeutet „unmittelbare Wirkung" der Inhaltsnormen, dass die Bestimmungen als objektives Recht den Inhalt der Arbeitsverhältnisse automatisch gestalten, ohne dass es auf Billigung oder Kenntnis der Vertragsparteien ankommt, BAGE (GrS) 53, 42, 58 f. = NZA 1987, 168, 172 (zur entsprechenden Regelung in § 77 Abs. 4 S. 1 BetrVG); Wiedemann-*Wank*, § 4 TVG Rn. 300. Die Verwendung des Begriffs der Inhaltsnorm im Urheberrecht geht auf *Donle*, S. 70 ff., 90 ff. zurück, der den Begriff der Inhaltsnorm synonym mit dem der ergänzenden Rechtsnorm zur Charakterisierung des § 31 Abs. 5 UrhG gebraucht.

[117] Unter ergänzenden Rechtnormen versteht man die dispositiven oder zwingenden Vorschriften, die eine getroffene rechtsgeschäftliche Bestimmung in Einzelpunkten ergänzen, indem sie gewisse Rechtsfolgen positiv anordnen. Der Unterschied zur Auslegungsregel besteht lediglich darin, dass die ergänzende Rechtsnorm ihren Geltungsgrund nicht im rechtsgeschäftlichen Willen, sondern im Gesetz hat, welches den Inhalt des zwischen den Parteien bestehenden Schuldverhältnisses unmittelbar gestaltet, indem es einzelne Rechte und Pflichten der Parteien festlegt, siehe dazu *Larenz/Wolf*, § 28 Rn. 105; Palandt-*Ellenberger*, § 133 Rn. 22; *Enneccerus/Nipperdey*, § 49 III (S. 301 f.) und IV 2 b (S. 303); *Köhler*, § 3 Rn. 26; *Donle*, S. 71 f, 75 f.

[118] *Donle*, S. 76.

[119] So setzen die Gewährleistungsansprüche des Käufers nach § 437 BGB, die beim Verbrauchsgüterkauf gemäß § 475 Abs. 1 BGB nicht abbedungen werden können, einen wirksamen Vertragsschluss voraus und sind vertraglicher Natur.

[120] Vgl. dazu Dreier/Schulze-*Schulze*, § 31 Rn. 114 f. m. w. N. Der Streit bezieht sich in erster Linie auf die Frage, ob § 31 Abs. 5 UrhG trotz der Bezeichnung als „Auslegungsregel" als gesetzliches Leitbild i. S. v. § 307 Abs. 2 Nr. 1 BGB anzusehen ist, vgl. *Donle*, S. 220 ff.; Schricker-*Schricker*, vor §§ 28 ff. Rn. 14; Dreier/Schulze-*Schulze*, vor § 31 Rn. 16; *Schack*, UrhR, Rn. 958; *ders.*, in: 50 Jahre BGH, S. 693.

mung, sondern auch für das zugrunde liegende schuldrechtliche Verpflichtungsgeschäft.[121]

Demgegenüber setzt die Berechtigung zur Verwendung eines Vervielfältigungsstücks des Programms nach § 69d UrhG eine wirksame vertragliche Nutzungsrechtseinräumung, die inhaltlich gestaltet werden könnte, gerade nicht voraus. Vielmehr ist jeder Adressat einer urheberrechtlich zulässigen Distributionshandlung berechtigt, die in § 69d UrhG genannten Handlungen vorzunehmen.[122] Solange der Nutzer das Programm durch eine urheberrechtlich zulässige Distributionshandlung erlangt hat, muss ihm die normale Benutzung des Programms daher unabhängig davon möglich sein, ob der Veräußerer rechtlich in der Lage war, ihm die erforderlichen Nutzungsrechte einzuräumen.

War er dies nicht, so hilft es dem Erwerber der Software auch nicht, wenn § 69d UrhG eine zweckentsprechende Nutzungsrechtseinräumung zwingend als Vertragsinhalt des Überlassungsvertrages zwischen dem Veräußerer und dem Nutzer vorschreibt, da urheberrechtliche Nutzungsrechte nicht gutgläubig erworben werden können und somit lediglich ein Scheinrecht übertragen würde. Erst recht genügt eine von § 69d UrhG angeordnete schuldrechtliche Verpflichtung des Vertreibers der Software nicht, um dem Nutzungsinteresse des Erwerbers gerecht zu werden. Zwar würde der Vertrag gegenüber dem Veräußerer einen schuldrechtlichen Anspruch auf Gestattung der bestimmungsgemäßen Nutzung begründen.[123] Bei subjektiver Unmöglichkeit einer entsprechenden Nutzungsrechtseinräumung hätte der Erwerber daher die Möglichkeit, gemäß § 326 Abs. 5 BGB vom Vertrag zurückzutreten oder vom Veräußerer nach § 311a Abs. 2 BGB Schadensersatz zu verlangen.[124] Die zur bestimmungsgemäßen Benutzung des Programms erforderlichen Vervielfältigungs- und Umarbeitungshandlungen blieben aber urheberrechtlich unzulässig und könnten vom Rechtsinhaber nach § 97 UrhG untersagt werden.

---

[121] *Schack*, UrhR, Rn. 970; *ders.*, in: 50 Jahre BGH, S. 691; Schricker-*Schricker*, § 31 Rn. 37. Allgemein zur Trennung der abstrakten urheberrechtlichen Nutzungsrechtseinräumung vom kausalen Verpflichtungsgeschäft siehe *Nolden*, S. 84 f.

[122] Siehe oben S. 116 f.

[123] Vgl. Fromm/Nordemann-*Czychowski*, vor §§ 69a ff. UrhG Rn. 10.

[124] Früher wurde teilweise angenommen, eine Nutzungsvereinbarung sei trotz des Fehlens einer übertragbaren urheberrechtlichen Rechtsposition bei Nichtvorliegen der materiellen Schutzvoraussetzungen nicht auf eine unmögliche Leistung gerichtet, wenn nur der Lizenznehmer aufgrund der „Leerübertragung" des Scheinrechts eine wirtschaftliche Vorzugsstellung erlangt hatte, etwa weil der Nutzer ohne Nutzungsvereinbarung gar keine Nutzungsmöglichkeit erhalten hätte, siehe BGHZ 115, 69, 74 = GRUR 1993, 40, 41 f. – Keltisches Horoskop m. w. N.; LG Oldenburg GRUR 1996, 481, 484 – Subventions-Analyse-System. Dadurch sollte die von § 306 BGB a. F. bei anfänglicher (objektiver) Unmöglichkeit angeordnete Rechtsfolge der Unwirksamkeit des Vertrags ausgeschlossen werden. Angesichts der Neuregelung des Leistungsstörungsrechts, wonach ein Vertrag auch bei anfänglicher Unmöglichkeit der versprochenen Leistung wirksam bleibt, dürfte diese Rechtsprechung überholt sein.

Hinzu kommt, dass eine Deutung von § 69d UrhG als urhebervertragsrechtliche Inhaltsnorm konsequenterweise dazu führen müsste, auf die implizierte Nutzungsrechtseinräumung § 32 UrhG anzuwenden. Der Urheber hätte dann gemäß § 31 Abs. 1 S. 2 UrhG unabhängig von einer tatsächlich bestehenden Vergütungsvereinbarung einen Anspruch auf angemessene Vergütung der bestimmungsgemäßen Nutzung, obwohl ein solcher für die in §§ 69d, 69e UrhG genannten Nutzungen in §§ 69a ff. UrhG gerade nicht vorgesehen ist.

Dieses mit dem Zweck des § 69d UrhG nicht zu vereinbarende Ergebnis lässt sich nur dadurch verhindern, dass man die Nutzungshandlungen, die zur bestimmungsgemäßen Benutzung des Programms durch den Berechtigten erforderlich sind, vom Verbotsrecht des Urhebers ausnimmt. Nur auf diese Weise ist gewährleistet, dass auch bei Fehlen einer ununterbrochenen Vertragskette vom Urheber zum Nutzer die bestimmungsgemäße Benutzung des Programms keine Urheberrechtsverletzung darstellt. In Bezug auf die von § 69d erfassten Nutzungshandlungen ist das Vervielfältigungs- und Umarbeitungsrecht des Programmschöpfers aus § 69c Nr. 1 und 2 UrhG daher gesetzlich beschränkt. Die Zulässigkeit der von § 69d UrhG erfassten Nutzungshandlungen ergibt sich somit wie bei den übrigen Schranken ex lege und beruht nicht auf einer vertraglichen Nutzungsrechtseinräumung durch den Rechtsinhaber.[125] Die Bezeichnung als „Inhaltsnorm" ist daher zumindest missverständlich und sollte im Zusammenhang des § 69d UrhG vermieden werden.

c. Unwirksamkeit abweichender vertraglicher Bestimmungen

Allerdings steht § 69 Abs. 1 UrhG unter dem ausdrücklichen Vorbehalt „soweit keine besonderen vertraglichen Bestimmungen vorliegen". Auch das schließt aber eine Einordnung des § 69 Abs. 1 UrhG als gesetzliche Beschränkung des Ausschließlichkeitsrechts des Urhebers nicht aus. Trotz des Vertragsvorbehalts steht der Umfang der nach § 69d Abs. 1 UrhG zulässigen Nutzungshandlungen nicht vollständig zur Disposition der an der Softwareüberlassung beteiligten Parteien. Erwägungsgrund 17 der Computerprogramm-RL bestimmt ausdrücklich, dass das zur Benutzung einer rechtmäßig erworbenen Programmkopie erforderliche Laden und Ablaufen des Computerprogramms vertraglich nicht untersagt werden dürfen.

(1) Zwingender Kern des § 69d Abs. 1 UrhG

Auch der deutsche Gesetzgeber ging daher davon aus, dass § 69d Abs. 1 UrhG einen „gewissen zwingenden Kern" enthalte, dessen Ausmaß und Bedeutung festzulegen aber der Rechtsprechung überlassen bleiben sollte.[126] Inzwischen ist

[125] A. A. ausdrücklich *Moritz*, MMR 2001, 96.

[126] Amtl. Begr., BT-Drucks. 12/4022, S. 12.

anerkannt, dass § 69d Abs. 1 UrhG einen „zwingenden Kern" zulässiger Nutzungshandlungen enthält, der einer abweichenden vertraglichen Regelung nicht zugänglich ist.[127] Da ein Programmablauf nicht denkbar ist, ohne dass zumindest eine Installation auf der Festplatte und/oder ein Einlesen in den Arbeitsspeicher erfolgt, gehören zum zwingenden Kern der zulässigen Nutzungshandlungen jedenfalls diese mit dem Laden und dem reibungslosen Ablauf des Programms zum Zweck des Werkgenusses verbundenen Vervielfältigungen und Umarbeitungen, einschließlich der in § 69d Abs. 1 UrhG ausdrücklich genannten Fehlerbeseitigung.[128] Der genaue Umfang der für den fehlerfreien Programmablauf erforderlichen Nutzungshandlungen hängt dabei von der Art und der konkreten technischen Ausgestaltung des Programms ab.[129]

Jedenfalls diese Handlungen können im Rahmen der bestimmungsgemäßen Verwendung des Programms nach der Gesetzesbegründung nicht grundsätzlich untersagt werden. Es soll lediglich „die nähere Ausgestaltung der Umstände der Ausübung der Handlungen vertraglich geregelt werden" können.[130] Die urheberrechtliche Zulässigkeit der in § 69d Abs. 1 UrhG genannten Handlungen wird durch eine solche Vereinbarung jedoch nicht berührt. Insbesondere handelt es sich bei derartigen Regelungen, die nicht den Umfang eines urheberrechtlichen Nutzungsrechts regeln, sondern nur die Art und Weise seiner Ausübung, nicht um dingliche Beschränkungen einer urheberrechtlichen Nutzungsbefugnis nach § 31 Abs. 1 S. 2 UrhG.[131] Der Vertragsvorbehalt in § 69d Abs. 1 besagt daher nur, dass im Gegensatz zu den von § 69g Abs. 2 erfassten Nutzungen die Ausübung der nach § 69d Abs. 1 UrhG urheberrechtlich zulässigen Handlungen in gewissen Grenzen durch schuldrechtliche Vereinbarungen

[127] BGH GRUR 2000, 866, 868 – Programmfehlerbeseitigung; BGHZ 152, 233, 243 = GRUR 2003, 416, 419 – CPU-Klausel; Dreier/Schulze-*Dreier*, § 69d Rn. 12; Schricker-*Loewenheim*, § 69d Rn. 12; Wandtke/Bullinger-*Grützmacher*, § 69d Rn. 34; Fromm/Nordemann-*Czychowski*, § 69d UrhG Rn. 12, 30; Loewenheim-*Lehmann*, § 76 Rn. 17; *ders.*, FG Schricker, 555; *ders.*, NJW 1993, 1824; *Haberstumpf*, in: Lehmann, II Rn. 159; *Baus*, MMR 2002, 15; *ders.*, Verwendungsbeschränkungen, S. 78; Walter-*Blocher*, Art. 5 Software-RL Rn. 19, 43; a. A. *Moritz*, MMR 2001, 96, der im 17. Erwägungsgrund lediglich ein „Relikt überholter Richtlinienentwürfe" sieht.

[128] Schricker-*Loewenheim*, § 69d Rn. 13; Wandtke/Bullinger-*Grützmacher*, § 69d Rn. 35; Möhring/Nicolini-*Hoeren*, § 69d Rn. 8 f. (mit Einschränkungen im Hinblick auf die Fehlerbeseitigung); *Hoeren/Schuhmacher*, CR 2000, 139; *Hoeren*, CR 2006, 575, 577; Loewenheim-*Lehmann*, § 76 Rn. 27, 29; *Lehmann*, NJW 1993, 1824 f.; *Baus*, MMR 2002, 15. Der Ablauf des Programms selbst, also die hintereinander erfolgende Ausführung von einzelnen Anweisungen an den Prozessor, stellt nach h. M. keine Vervielfältigung des Programms dar, *Hoeren/Schuhmacher*, CR 2000, 139 m. w. N.

[129] Vgl. *Hoeren/Schuhmacher*, CR 2000, 139.

[130] Amtl. Begr., BT-Drucks. 12/4022, S. 12; OLG Düsseldorf WRP 1997, 1102, 1105.

[131] BGH GRUR 1992, 310, 311 – Taschenbuchlizenz; Dreier/Schulze-*Schulze*, § 31 Rn. 9; *Haberstumpf*, in: Lehmann, II Rn. 161; *Moritz*, CR 1993, 344; näher dazu unten S. 210 ff.

eingeschränkt werden kann.[132] Das Vervielfältigungs- und Bearbeitungsrecht des Urhebers ist jedoch im Hinblick auf das erforderliche Laden und Ablaufenlassen des Programms durch einen zur Verwendung einer Programmkopie berechtigten Nutzer von vornherein gesetzlich beschränkt.

(2) Über den zwingenden Kern hinausgehende Nutzungen

§ 69d Abs. 1 UrhG kann also allenfalls in Bezug auf Nutzungen, die über die mit dem Laden und dem Ablauf des Programms im Einzelplatzbetrieb verbundenen Vervielfältigungen und Umarbeitungen hinausgehen, als Auslegungsregel für den Umfang vertraglich eingeräumter Nutzungsrechte aufgefasst werden.[133] Fraglich ist aber, ob § 69d Abs. 1 UrhG diesbezüglich überhaupt eine Regelung enthält. Dies hängt davon ab, wie weit die „bestimmungsgemäße Benutzung" des Programms reicht, die den Umfang der zulässigen Nutzungshandlungen bestimmt. Erwägungsgrund 17 der Computerprogramm-RL trennt insoweit zwischen Laden und Ablaufen des Programms und der Fehlerberichtigung einerseits und anderen für eine bestimmungsgemäße Benutzung der Kopie notwendigen Handlungen andererseits. Letztere sollen nur zulässig sein, wenn „spezifische vertragliche Vorschriften nicht vereinbart worden sind".

Wenn keine spezifischen Abreden vorliegen, wozu nach Erwägungsgrund 17 insbesondere der Verkauf einer Programmkopie zählt,[134] ist unter der „bestimmungsgemäßen" Benutzung die der Ausgestaltung und dem wirtschaftlichen und technischen Nutzungszweck des betreffenden Programms entsprechende und gewöhnliche Benutzung zu verstehen.[135] Insoweit deckt sich die bestimmungsgemäße Benutzung gemäß § 69d Abs. 1 UrhG mit dem üblichen Verwendungszweck der verkauften Programmkopie i.S.d. § 434 Abs. 1 S. 2 BGB.[136] Dieser geht bei Standardsoftware, die zumeist Gegenstand solcher Kaufverträge sein wird,[137] aber nicht über die mit Installation und reibungslosem Ablauf

[132] Ebenso zu Art. 5 Abs. 1 der Computerprogramm-RL *Moritz*, CR 1993, 264. Auch in Bezug auf solche schuldrechtlichen Abreden kann man aus § 69d Abs. 1 UrhG einen „abredefesten Kern" ableiten, vgl. Fromm/Nordemann-*Czychowski*, § 69d UrhG Rn. 30.

[133] So Möhring/Nicolini-*Hoeren*, § 69d Rn. 4; Walter-*Blocher*, Art. 5 Software-RL Rn. 20.

[134] Das ergibt sich insbesondere aus der englischen Urfassung des Erwägungsgrundes: „... in the absence of specific contractual provisions, *including when a copy of the program has been sold*, any other act necessary for the use of the copy of a program may be performed in accordance with its intended purpose by a lawful acquirer of that copy" (Hervorhebung von mir); vgl. auch *Lehmann*, in: Lehmann, I A Rn. 18 mit Fn. 75.

[135] OLG Düsseldorf CR 1997, 337, 338; OLG Karlsruhe CR 1996, 341, 342; Dreier/Schulze-*Dreier*, § 69d Rn. 7; Schricker-*Loewenheim*, § 69d Rn. 8.

[136] Vgl. *Schack*, UrhR, Rn. 428; a. A. Fromm/Nordemann-*Czychowski*, § 69d UrhG Rn. 12, wonach es ausschließlich auf den Zweck ankommen soll, den der ursprüngliche Rechteinhaber vorgegeben hat.

[137] Zur Qualifizierung der Überlassung von Standardsoftware als Kauf vgl. Staudinger-*Jickeli/Stieper* (2004), § 90 Rn. 14 m. w. N.

zwingend verbundenen Vervielfältigungen und Umarbeitungen hinaus.[138] Welches die „anderen" für die bestimmungsgemäße Benutzung notwendigen Handlungen sein sollen, von denen der 17. Erwägungsgrund spricht, ist nicht ersichtlich.[139] Insoweit beschränkt sich der Anwendungsbereich des § 69d Abs. 1 UrhG folglich auf den „zwingenden Kern".

Liegt der Softwareüberlassung hingegen ein spezifischer Lizenzvertrag zugrunde, so wird allgemein angenommen, dass dieser Einfluss auf den Umfang der „bestimmungsgemäßen Benutzung" habe.[140] Die Art und Weise der Programmnutzung unterliege der Parteiautonomie, in deren Rahmen auch eine sich aus Art und Ausgestaltung des Programms ergebende Nutzungsbestimmung abgeändert werden könne.[141] Insoweit finde die allgemeine Zweckübertragungstheorie uneingeschränkte Anwendung.[142] Eine gesonderte Rechtseinräumung und deren dingliche Beschränkung nach § 31 Abs. 1 S. 2 UrhG kommt aber auch in diesem Fall nach dem 17. Erwägungsgrund nur insoweit in Betracht, als dem Lizenznehmer eine über das Laden und Ablaufen hinausgehende Benutzung des Programms gestattet werden soll, z.B. Programmverbesserungen und -erweiterungen, Anpassungen an individuelle Nutzerwünsche oder eine Mehrplatzbenutzung.[143] Nur insoweit können für eine bestimmungsgemäße Benutzung auch Nutzungshandlungen erforderlich i.S.d. § 69d Abs. 1 UrhG sein, die über die mit dem Laden und Ablaufenlassen sowie der Fehlerbeseitigung zwingend verbundenen Vervielfältigungen und Umarbeitungen hinausgehen.

Man kann das Merkmal der bestimmungsgemäßen Benutzung aber auch hier – wie beim bloßen Kauf einer Programmkopie – im Sinne derjenigen Benutzung verstehen, die bei objektiver Betrachtung dem gewöhnlichen Verwendungszweck der Software entspricht. Dafür spricht ein Vergleich mit dem jüngeren § 55a UrhG, der ausdrücklich von der „üblichen Benutzung" spricht. Angesichts der übereinstimmenden Zielrichtung von § 55a und § 69d Abs. 1 UrhG sind bei der Auslegung der Vorschriften im Hinblick auf den Umfang der erlaubten Nutzungshandlungen trotz ihres unterschiedlichen Wortlauts diesel-

---

[138] A.A. Loewenheim-*Lehmann*, § 76 Rn. 27: Wenn die dem Nutzer aus § 69d Abs. 1 UrhG grundsätzlich zustehenden Vervielfältigungs-, Umarbeitungs- und Fehlerberichtigungsrechte nicht wirksam oder nicht klar genug eingeschränkt würden, habe der Nutzer insoweit „völlige Handlungsfreiheit", dürfe das Programm also „uneingeschränkt benutzen".

[139] Vgl. auch Möhring/Nicolini-*Hoeren*, § 69d Rn. 4: Der Hinweis auf die Dispositivität beruhe auf einem „inneren Widerspruch" der Computerprogramm-Richtlinie.

[140] Schricker-*Loewenheim*, § 69d Rn. 7; Dreier/Schulze-*Dreier*, § 69d Rn. 7; Wandtke/Bullinger-*Grützmacher*, § 69d Rn. 7; Loewenheim-*Lehmann*, § 76 Rn. 26; *ders.*, FG Schricker, 559; *Hoeren/Schuhmacher*, CR 2000, 139; *Poeppel*, S. 434; *Pres*, S. 128.

[141] Schricker-*Loewenheim*, § 69d Rn. 7; *Poeppel*, S. 434.

[142] *Lehmann*, FG Schricker, 559.

[143] Vgl. Dreier/Schulze-*Dreier*, § 69d Rn. 2 a.E.; *Metzger*, NJW 2003, 1994f.; ausführlich zu den einzelnen Benutzungsmöglichkeiten Wandtke/Bullinger-*Grützmacher*, § 69d Rn. 9ff.

ben Grundsätze heranzuziehen.[144] Die Gesetzesbegründung zu § 55a verweist ausdrücklich auf § 69d Abs. 1, der ebenso wie § 55a UrhG die im Rahmen eines „normal use" zulässigen Handlungen spezifiziere.[145] Für die „übliche Benutzung" i. S. d. § 55a UrhG kommt es auf die individuellen vertraglichen Abreden aber nicht an.[146] Besondere vertragliche Bestimmungen sind nur insoweit zu berücksichtigen, als sie ihrem typischen Zweck nach Einfluss auf die Berechtigung zur Verwendung der Datenbank haben.[147] Dies gilt insbesondere für zeitliche Beschränkungen der Überlassung, etwa wenn das verwendete Vervielfältigungsstück des Datenbankwerkes nicht verkauft, sondern lediglich vermietet worden ist.

Übertragen auf die Verwendung von Computerprogrammen ist bestimmungsgemäß in diesem Sinne demnach nur das nach der Art des Programms und dem typischen Zweck der Überlassung übliche Ablaufenlassen des Computerprogramms, ebenso wie die bestimmungsgemäße Benutzung eines Buches das Lesen und die bestimmungsgemäße Benutzung einer CD das Anhören mittels eines üblichen Abspielgerätes ist.[148] Die dafür nach der Ausgestaltung des Programms technisch notwendigen Vervielfältigungs- und Umarbeitungshandlungen i. S. d. § 69c Nr. 1 und 2 UrhG sind unabhängig von etwaigen vertraglichen Regelungen (urheberrechtlich) zulässig.[149] Alle weiteren, für den Ablauf des Programms auf einem dafür geeigneten Computer technisch nicht erforderlichen Nutzungshandlungen dürfen nur mit Zustimmung des Urhebers vorgenommen werden.

Bei dieser Auslegung enthält § 69d Abs. 1 UrhG in Bezug auf die urheberrechtliche Zulässigkeit von über den „zwingenden Kern" hinausgehenden Nutzungshandlungen somit gar keine Regelung. Vielmehr richtet sich der Umfang der mit der Softwareüberlassung eingeräumten Nutzerbefugnisse insoweit un-

---

[144] Vgl. Fromm/Nordemann-*Czychowski*, § 55a UrhG Rn. 1, 5; in der Tendenz auch Schricker-*Loewenheim*, § 55a Rn. 8; a. A. Wandtke/Bullinger-*Grützmacher*, § 69d Rn. 7; *ders.*, Datenbanken, S. 268.

[145] BT-Drucks. 13/7934, S. 44.

[146] Amtl. Begr., BT-Drucks. 13/7934, S. 43 f.; Dreier/Schulze-*Dreier*, § 55a Rn. 7; *Grützmacher*, S. 268; ebenso wohl Fromm/Nordemann-*Czychowski*, § 55a UrhG Rn. 5, der auf die „normale Benutzung" abstellt, die der Bestimmung des Datenbankwerks entsprechen müsse; a. A. Schricker-*Loewenheim*, § 55a Rn. 8; der umgekehrt die „übliche Benutzung" der „bestimmungsgemäßen", also vertraglich bestimmten, Benutzung i. S. d. § 69d Abs. 1 UrhG annähern will.

[147] Vgl. Dreier/Schulze-*Dreier*, § 55a Rn. 7; Walter-*von Lewinski*, Art. 6 Datenbank-RL Rn. 12; *Grützmacher*, S. 268 m. w. N. So ist ein Notar, bei dem der Urheber ein Vervielfältigungsstück eines von ihm geschaffenen Datenbankwerks oder Computerprogramms zu Beweiszwecken hinterlegt, nicht zur „Benutzung" des Vervielfältigungsstücks berechtigt.

[148] Dazu kann bei einer entsprechenden Programmierung auch der Netzwerkbetrieb gehören, vgl. Wandtke/Bullinger-*Grützmacher*, § 69d Rn. 10; *Lehmann*, FG Schricker, 559; *Pres*, S. 155 f.; *Haberstumpf*, in: Lehmann, II Rn. 163.

[149] So ausdrücklich die amtl. Begründung zu § 55a UrhG, BT-Drucks. 13/7934, S. 44.

mittelbar nach § 31 Abs. 5 UrhG.[150] Dies entspricht den Vorgaben der Computerprogramm-Richtlinie und führt zu denselben Ergebnissen wie die h. M., hat aber den Vorteil, dass die Aufspaltung der Vorschrift in eine dispositive Auslegungsregel und einen zwingenden Schrankenteil vermieden wird. Der Vertragsvorbehalt bezieht sich danach nicht auf Beschränkungen der urheberrechtlichen Zulässigkeit der in § 69d Abs. 1 UrhG genannten Handlungen, sondern ist lediglich als Hinweis darauf zu verstehen, dass abweichend von § 69g Abs. 2 UrhG schuldrechtliche Abreden in Bezug auf die näheren Umstände der Ausübung der Nutzungshandlung getroffen werden können.

4. Ergebnis

Die gesetzlichen Schranken der §§ 44aff. UrhG stellen ebenso wie die Regelungen der Erschöpfung des Verbreitungsrechts in §§ 17 Abs. 2, 69c Nr. 3 S. 2 UrhG keine urhebervertragsrechtlichen Auslegungsregeln oder Inhaltsnormen dar und haben nicht die rechtsgeschäftliche Einräumung eines Nutzungsrechts i.S.d. § 31 Abs. 1 S. 1 UrhG zum Gegenstand. Die Nutzungsbefugnis der von der jeweiligen Schranke privilegierten Nutzer ergibt sich vielmehr unmittelbar aus dem Gesetz. Als gesetzliche Schranken in diesem Sinne sind entgegen der h.M. auch die Vorschriften der §§ 60 und 44 Abs. 2 UrhG zu deuten. Gleiches gilt für die Schranken der §§ 69d, 69e UrhG. Der zur Benutzung eines Computerprogramms Berechtigte leitet seine Befugnis zur Vornahme der betreffenden Nutzungshandlungen somit nicht aus einem vom Softwarehersteller durch Rechtsgeschäft eingeräumten Nutzungsrecht ab.

II. Gesetzlich eingeräumtes Nutzungsrecht

Ebenso wie z.B. §§ 562, 647 i.V.m. § 1257 BGB den Erwerb eines Pfandrechts kraft Gesetzes vorsehen, ist die Einräumung eines urheberrechtlichen Nutzungsrechts aber grundsätzlich auch auf gesetzlichem Wege möglich.[151] So sieht etwa § 69b UrhG vor, dass der Arbeitgeber an einem vom Arbeitnehmer geschaffenen Computerprogramm kraft Gesetzes ein ausschließliches, vom Urheberrecht des Arbeitnehmers abgeleitetes Nutzungsrecht zur Ausübung aller vermögensrechtlichen Befugnisse erwirbt.[152] Es ist daher dogmatisch keines-

---

[150] Vgl. *Schack*, UrhR, Rn. 1138.

[151] Vgl. *Guntrum*, S. 103; *Liepe*, S. 124; *Pres*, S. 120; Wandtke/Bullinger-*Grützmacher*, § 69d Rn. 26; *Hilty*, MMR 2003, 13; a.A. *Hohagen*, Vervielfältigungsfreiheit, S. 500 in Fn. 1175, der den Begriff des Nutzungsrechts auf den Bereich rechtsgeschäftlichen Handelns beschränken will.

[152] Dreier/Schulze-*Dreier*, § 69b Rn. 9; Schricker-*Loewenheim*, § 69b Rn. 11. Insoweit von einer „gesetzlichen Lizenz" zu sprechen, ist jedoch unglücklich, da dieser Begriff den vergütungspflichtig ausgestalteten Schrankenbestimmungen vorbehalten bleiben sollte, siehe unten A II 3; dagegen *Schulz*, Rn. 455 mit Fn. 29, der eine Einordnung als gesetzliche Lizenz nicht von einem Vergütungsanspruch abhängig machen will.

falls ausgeschlossen, gesetzliche Schranken als Belastung eines grundsätzlich umfassenden Ausschließlichkeitsrechts mit einem kraft Gesetzes eingeräumten (einfachen) Nutzungsrecht zugunsten des jeweils privilegierten Nutzers zu konstruieren.[153]

1. Freigestellte Nutzungen

Ob dem durch eine der in §§ 44aff. UrhG enthaltenen Schranken des Urheberrechts privilegierten Nutzer ein solches Nutzungsrecht gesetzlich eingeräumt wird, ist problematisch.

a. Begrenzung des Schutzrechtsinhalts

Allein aus der gesetzestechnischen Trennung von §§ 44aff. und §§ 15ff. UrhG kann man ein derartiges dogmatisches Verständnis der Schranken nicht folgern. Anders als bei der rechtsgeschäftlichen Einräumung eines Nutzungsrechts durch den Urheber bedarf es für die von einer Schranke erlaubten Nutzungen keiner besonderen Bindung der Rechtsstellung des Nutzers an das Mutterrecht des Urhebers. Denn der Umfang der nach §§ 44aff. UrhG zulässigen Nutzungshandlungen wird vom Gesetz im Einzelnen festgelegt. Zudem ist ein Erlöschen dieser Nutzungsbefugnisse vom Gesetz nicht vorgesehen.[154] Die Konstruktion eines an das Mutterrecht gebundenen Nutzungsrechts i.S.d. § 31 UrhG ist daher auch nicht mit dem Erfordernis eines Wiederauflebens des Urheberrechts zu rechtfertigen.

Darüber hinaus würde die Einräumung eines gesetzlichen Nutzungsrechts durch eine Schrankenbestimmung voraussetzen, dass die von der Schranke erlaubte Nutzung grundsätzlich von einem Verwertungsrecht des Urhebers erfasst wird. Nur dann könnte dem Nutzer an diesem Mutterrecht ein Nutzungsrecht als Tochterrecht eingeräumt werden, welches die nach der Schranke zulässige Nutzung zum Gegenstand hat. Das ausschließliche Verwertungsrecht des Urhebers müsste also zumindest für eine logische Sekunde „unbeschränkt" dem Urheber zugewiesen werden, um dann in einem zweiten Schritt mit einem Nutzungsrecht des privilegierten Nutzers belastet werden zu können. Dies ist indes nicht der Fall.

---

[153] Vgl. *Larenz/Wolf*, Allg. Teil des BGB, § 16 Rn. 3: Die Schranken der §§ 45ff. UrhG sähen „verschiedenartige Nutzungsrechte Dritter" vor; ebenso zu § 51 UrhG KG GRUR-RR 2002, 313, 314; Dreier/Schulze-*Dreier*, § 61 Rn. 2: Das zulässige Zitat ersetze das Zustimmungsrecht des Urhebers und führe „gleichsam zu einem ‚Nutzungsrecht'".

[154] Auch § 47 Abs. 2 S. 2 UrhG stellt insoweit keine Ausnahme dar, da das durch § 47 Abs. 1 UrhG beschränkte Vervielfältigungsrecht im Hinblick auf das hergestellte Vervielfältigungsstück nicht „wiederauflebt", sondern lediglich die vom Vervielfältigungsrecht nicht erfasste Aufbewahrung des Vervielfältigungsstücks geregelt wird.

Das UrhG billigt dem Urheber die in § 15 genannten Befugnisse von vornherein nicht unbegrenzt zu.[155] Obwohl der Gesetzgeber von 1965 grundsätzlich auch im Bereich der Schranken eine Verbesserung der Rechtsstellung des Urhebers erreichen wollte, hat er auf der anderen Seite doch klar zum Ausdruck gebracht, dass die ausschließliche Verwertungsbefugnis des Urhebers in den schutzwürdigen Interessen der Allgemeinheit ihre gesetzliche Grenze findet.[156] Denn die von Art. 14 Abs. 1 GG geforderte grundsätzliche Zuordnung der vermögenswerten Seite des Urheberrechts an den Urheber bedeutet nicht, dass damit jede nur denkbare Verwertungsmöglichkeit verfassungsrechtlich gesichert ist.[157] Auch im Hinblick auf das Urheberpersönlichkeitsrecht ist die Konstruktion eines solchen umfassenden ausschließlichen Verwertungsrechts nicht erforderlich. Denn Beeinträchtigungen seines Werkes, die geeignet sind, seine geistigen oder persönlichen Interessen zu gefährden, kann der Urheber nach § 14 UrhG unabhängig davon verbieten, ob die Beeinträchtigung im Rahmen einer verwertungsrechtlich relevanten Nutzung erfolgt.

In Bezug auf das Verwertungsrecht der öffentlichen Wiedergabe hat das BVerfG dementsprechend ausdrücklich festgestellt, dass es sich allein „um eine Frage der Gesetzestechnik" handele, wenn das Gesetz das Verwertungsrecht zunächst als umfassend formuliere, die „Schranken" dieses Rechts aber in § 52 Abs. 1 UrhG normiere.[158] Die Vorschrift des § 52 UrhG stelle daher keine Enteignung des Urhebers dar, sondern bestimme generell und abstrakt mit Wirkung für die Zukunft, unter welchen Voraussetzungen die öffentliche Wiedergabe urheberrechtlich geschützter Werke zulässig sei. Es handele sich um eine objektivrechtliche Vorschrift, die keine Rechte und Befugnisse des Urhebers beseitige. Eine enteignende Wirkung könne auch nicht damit begründet werden, dass durch die Schranke das dem Urheber in § 15 Abs. 2 UrhG eingeräumte Ausschließlichkeitsrecht entzogen werde. Das Verwertungsrecht der öffentlichen Wiedergabe stehe dem Urheber vielmehr „von vornherein nur in den durch § 52 Abs. 1 gezogenen Grenzen zu".[159]

Dieses dogmatische Verständnis ist auch allen anderen Schrankenbestimmungen zugrunde zu legen, in denen eine bestimmte Nutzungshandlung für zulässig erklärt wird. Die Schranken des Urheberrechts sind nicht als Belastung eines als umfassend und fortbestehend gedachten Ausschließlichkeitsrechts des Urhebers zugunsten eines dinglich berechtigten Nutzers konstruiert.[160] Gemäß

---

[155] BVerfGE 31, 229, 241 – Kirchen- und Schulgebrauch; *Haß*, FS Klaka, 136.

[156] Amtl. Begr., BT-Drucks. IV/270, S. 30, 62f.

[157] Siehe dazu oben S. 43.

[158] BVerfGE 49, 382, 393 – Kirchenmusik; a. A. *Badura*, Eigentumsschutz, S. 13: Wenn das UrhG der Ausschließlichkeit der Verwertungsrechte die Schranken des Urheberrechts gegenüberstelle, geschehe dies „nicht nur gesetzestechnisch, sondern mit der Lehre vom geistigen Eigentum vor Augen".

[159] BVerfGE 49, 382, 393 – Kirchenmusik.

[160] Vgl. *Hirsch-Ballin*, UFITA 20 (1955), 274.

§ 1 UrhG genießt der Urheber Schutz für die von ihm geschaffenen Werke ausdrücklich nur „nach Maßgabe dieses Gesetzes". Die Inhaltsbestimmung der Verwertungsrechte des Urhebers stellt deshalb einen einheitlichen gesetzgeberischen Akt dar, der sich nicht in einen Gewährungs- und einen Zurücknahmeakt aufteilen lässt.[161] Der gesetzliche Schutzumfang des Urheberrechts ergibt sich erst durch eine Gesamtschau der §§ 15ff. und §§ 44aff. UrhG.[162] Die Schranken begrenzen von vornherein den Schutzinhalt der dem Urheber durch § 15ff. UrhG gewährten Ausschließlichkeitsrechte, indem sie den Umfang des jeweiligen Verwertungsrechts und die von ihm erfassten Nutzungshandlungen vom Zeitpunkt der Werkschöpfung an mitbestimmen.[163] Soweit eine Nutzungshandlung durch eine gesetzliche Schranke vom Verbietungsrecht des Urhebers freigestellt wird, ist der in der Ausübung der betreffenden Nutzungshandlung liegende Nutzungswert daher von vornherein nicht ausschließlich dem Urheber zugewiesen.

b. Abgrenzung zur gesetzlichen Definition der Verwertungshandlung

Zu weit geht dagegen die Auffassung, dass die Schranken gar keine (dann für zulässig erklärten) Verwertungshandlungen beschrieben, sondern z.B. § 45 Abs. 1 UrhG schon den Begriff der „Vervielfältigung" in § 16 definiere, so dass jemand, der gemäß § 45 Abs. 1 handele, „genau besehen" gar nicht vervielfältige.[164] Der Begriff der Vervielfältigung erfasst einen rein technischen Vorgang und wird von den Schrankenbestimmungen nicht berührt. Diese betreffen nur den Umfang des dem Urheber vorbehaltenen Vervielfältigungs*rechts*. Die von § 45 Abs. 1 UrhG gedeckte Vervielfältigung bleibt eine Nutzung des Werkes i.S.d. § 11 S. 1 UrhG, die jedoch nicht ausschließlich dem Urheber zugewiesen wird. Die Schranken führen also nicht dazu, dass keine Vervielfältigung oder andere Nutzung des Werkes vorliegt, sondern nur dazu, dass eine bestimmte

---

[161] Dazu *Haß*, FS Klaka, 133: „Wie gekünstelt ist doch normalerweise die Vorstellung, der Gesetzgeber räume gleichsam gedanklich zunächst ein ‚allumfassendes', jedenfalls möglichst weitgehendes Recht ein, um dieses fast im gleichen Augenblick, aber doch später mit Belastungen im Interesse der Allgemeinheit zu versehen! Eine solche Konstruktion würde dem Gesetzgeber unterstellen, dass er für die berühmte juristische Sekunde mit der einen Hand ein Teilrecht vergibt, das er mit der anderen sofort wieder nimmt. Das ist ein reiner Juristengedanke!"; anders offenbar *Seith*, S. 11 Fn. 37; *Poeppel*, S. 33.

[162] *Schack*, FS Schricker, 511 („zwei Seiten derselben Medaille"); *ders.*, UrhR, Rn. 463; *ders.*, Kunst und Recht, Rn. 272; *Geiger*, GRURInt 2008, 461; verfehlt insoweit *Rehse*, S. 49: Die Schranken seien dem Urheberrecht nicht immanent, sondern vom eigentlichen Recht „losgelöst".

[163] BGHZ 144, 232, 235 = GRUR 2001, 51, 52 – Parfumflakon; Schricker-*Melichar*, vor §§ 44aff. Rn. 18; *Hohagen*, FS Schricker, 359; *Trayer*, S. 146; *von Diemar*, GRUR 2002, 587f.; *Geiger*, in: Hilty/Peukert, S. 151; *Rossbach*, S. 80; *Lehmann*, FS Nordemann, 45; *Dusollier*, IIC 2003, 73; *Elkin-Koren*, 12 BTLJ 101 (1997); vgl. auch *Schack*, ZEuP 2006, 153: Die Schranken des Urheberrechts führten zu einer „partiellen Gemeinfreiheit".

[164] So *Haß*, FS Klaka, 134.

Art und Weise der Nutzung nicht vom ausschließlichen Verfügungsrecht des Urhebers erfasst wird.

Im Hinblick auf § 44a UrhG, der Art. 5 Abs. 1 der Info-Richtlinie in nationales Recht umsetzt, wird allerdings vielfach diskutiert, ob die Vorschrift dogmatisch als Schrankenbestimmung oder als inhaltliche Begrenzung des Vervielfältigungsrechts einzuordnen sei.[165] Hier soll die Betonung des Schrankencharakters vor allem die Anwendbarkeit des Dreistufentest gemäß Art. 5 Abs. 5 der Info-Richtlinie begründen.[166] Dies impliziert, dass die Qualifizierung einer gesetzlichen Bestimmung als Schranke gegenüber derjenigen als inhaltliche Begrenzung des Schutzrechts eine wesensmäßig andere dogmatische Konstruktion darstellt. Worin der Unterschied bestehen soll, wird jedoch nicht deutlich. Eine Unterscheidung zwischen der Qualifizierung als Schranke und derjenigen als tatbestandliche Ausnahme vom Vervielfältigungsrecht ist auch in Bezug auf § 44a UrhG nur insoweit berechtigt, als damit zum Ausdruck gebracht werden soll, dass Art. 5 Abs. 1 der Info-Richtlinie nicht den Ansatz gewählt hat, die darin genannten Vervielfältigungshandlungen bereits über einen engen Vervielfältigungsbegriff der Erlaubnispflicht zu entziehen.[167] Auch Art. 5 Abs. 1, wonach die dort genannten Vervielfältigungshandlungen „vom Vervielfältigungsrecht ausgenommen" werden, sieht nämlich – wie andere Schrankenbestimmungen – nur eine Beschränkung des Vervielfältigungs*rechts* und keine des Begriffs der Vervielfältigung vor.[168]

Eine weitergehende Differenzierung der dogmatischen Konstruktion nach Schrankenbestimmungen und inhaltlichen Begrenzungen des Vervielfältigungsrechts lässt sich aus Art. 5 Info-RL jedoch nicht herleiten.[169] Die Regelung bezieht sich ausweislich der Überschrift auf „Ausnahmen und Beschränkungen"

---

[165] So mit unterschiedlichem Ergebnis *Dietz*, ZUM 1998, 443: inhaltliche Abgrenzung des Vervielfältigungsrechts; *Lauber/Schwipps*, GRUR 2004, 295; *von Lewinski*, GRURInt 1998, 639; *dies.*, sic! 2003, 166: Schranke; ähnlich Wandtke/Bullinger-*von Welser*, § 44a Rn. 1: Der deutsche Gesetzgeber habe Art. 5 Abs. 1 der Richtlinie mit § 44a UrhG zutreffend den Schrankenregelungen zugeordnet, sei aber dem Vorschlag der Richtlinie, die Regelung als inhaltliche Begrenzung des Vervielfältigungsrechts auszugestalten, nicht gefolgt; Loewenheim-*Peukert*, § 36 Rn. 12; *Peukert*, Interessenausgleich, 39 mit Fn. 145, der zwischen der Qualifizierung als Schranke und der von ihm favorisierten Einordnung als Tatbestandsbeschränkung (offenbar gleichbedeutend mit „Ausnahme") differenziert; *Reinbothe*, GRURInt 2001, 738, wonach Art. 5 Abs. 1 nicht klarstelle, dass das Vervielfältigungsrecht auf bestimmte Vervielfältigungsakte keine Anwendung finde, sondern wie die anderen Fälle des Art. 5 eine „Ausnahme vom Vervielfältigungsrecht" sei.

[166] So *Lauber/Schwipps*, GRUR 2004, 295; *von Lewinski*, GRURInt 1998, 639; *Spindler*, GRUR 2002, 111.

[167] Zutreffend *Spindler*, GRUR 2002, 107; *von Lewinski*, sic! 2003, 166.

[168] A. A. *von Diemar*, Digitale Kopie, S. 39, 90; *Dietz*, ZUM 1998, 443: Eine nur verfahrensimmanente, die erlaubte Nutzung erst ermöglichende Vervielfältigung ohne eigenständige wirtschaftliche Bedeutung sei „eben im Rechtssinne keine Vervielfältigung mehr".

[169] So aber *Peukert*, in: Hilty/Peukert, S. 39 in Fn. 145; Wandtke/Bullinger-*von Welser*, § 44a Rn. 1.

und verwendet dieses Begriffspaar auch in den Absätzen 2 bis 5 durchgängig parallel. Dabei kann man zwar dem Wortlaut von Abs. 1 („ausgenommen werden") und Erwägungsgrund 33 der Info-RL entnehmen, dass es sich hierbei um eine „Ausnahme" und nicht um eine „Beschränkung" im Sinne der Richtlinie handeln soll. Hinsichtlich der rechtlichen Behandlung von Ausnahmen und Beschränkungen differenziert die Vorschrift jedoch nicht. Insbesondere ist der Dreistufentest des Art. 5 Abs. 5 ausdrücklich auf Ausnahmen wie auf Beschränkungen im Sinne der vorstehenden Absätze anzuwenden, und zwar unabhängig davon, wie diese im nationalen Recht ausgestaltet sind.[170] Dies spricht dafür, dass die Richtlinie mit dieser Begrifflichkeit keine Vorgaben hinsichtlich der dogmatischen Konstruktion der in Art. 5 geregelten „Ausnahmen von den zustimmungsbedürftigen Handlungen"[171] machen, sondern die gesetzestechnische Ausgestaltung bewusst den Mitgliedstaaten überlassen wollte und deshalb eine möglichst offene Bezeichnung gewählt hat. Mit den Begriffen „Ausnahme" und „Beschränkung" ist daher aus Sicht der Richtlinie keine konkrete dogmatische Konstruktion verbunden.

Insbesondere ist daher auch die Ausgestaltung der Schranken (einschließlich § 44a UrhG) als inhaltliche Begrenzungen der ausschließlichen Verwertungsrechte mit Art. 5 der Info-RL vereinbar. Dass dies keine einander widersprechenden dogmatischen Ansätze sind, hat der deutsche Gesetzgeber deutlich zum Ausdruck gebracht, indem er bei der Umsetzung von Art. 5 Abs. 1 der Info-RL die Formulierung des § 44a UrhG systemkonform an die bei der Gestaltung von Schrankenregelungen übliche Formulierung („Zulässig sind …") angepasst hat, damit aber die erfassten Vervielfältigungshandlungen ausdrücklich „vom ausschließlichen Verfügungsrecht des Urhebers über die Vervielfältigung ausnehmen" wollte.[172] Zu Recht wurde auch die im Referentenentwurf zunächst vorgesehene Änderung der Überschrift zum Sechsten Abschnitt in „Ausnahmen und Schranken" wieder fallen gelassen.[173]

2. *Erschöpfung des Verbreitungsrechts*

Deutlicher als bei den in §§ 44aff. UrhG geregelten Schranken des Urheberrechts zeigt sich dieses dogmatische Verhältnis zum Ausschließlichkeitsrecht

[170] *Peukert*, in: Hilty/Peukert, S. 39 in Fn. 145; *Reinbothe*, GRURInt 2001, 738. Der erste Richtlinienentwurf, KOM(97) 628 endg. vom 10. 12. 1997, ABl. EG 1998, Nr. C 108/6, hatte in Art. 5 Abs. 2 noch den Begriff der „Schranken" und in Abs. 3 den der „Beschränkungen" verwendet, in Abs. 4 den Dreistufentest aber ohne weitere Unterscheidung auf die „in den Absätzen 1, 2 und 3 genannten Ausnahmen und Schranken" bezogen.

[171] So noch die Überschrift von Art. 5 des ersten Richtlinienentwurfs.

[172] Siehe die Amtl. Begr., BT-Drucks. 15/38, S. 18. Vgl. auch BGH GRUR 1985, 874, 875 – Schulfunksendung, wonach § 47 UrhG als „Ausnahme vom Vervielfältigungsverbot" eine „Einschränkung des ausschließlichen Rechts des Urhebers zur Vervielfältigung seines Werkes" enthalte.

[173] Ebenso Schricker-*Melichar*, vor §§ 44aff. Rn. 11b („Tautologie").

des Urhebers bei der Erschöpfung des Verbreitungsrechts auch in der Gesetzessystematik. In § 17 Abs. 2 und § 69c Nr. 3 S. 2 UrhG findet sich die inhaltliche Begrenzung des Verwertungsrechts im Abschnitt „Inhalt des Urheberrechts" bzw. unter der Überschrift „Zustimmungsbedürftige Handlungen" und damit systematisch in unmittelbarem Zusammenhang mit der Konkretisierung des dem Urheber vorbehaltenen Verbreitungsrechts in § 17 Abs. 1 bzw. § 69 Nr. 3 S. 1 UrhG.

a. Erschöpfung als zweistufiger Vorgang?

Dass die Ausgrenzung bestimmter Weiterverbreitungshandlungen aus dem Kreis der dem Urheber ausschließlich vorbehaltenen Nutzungshandlungen von der Rechtsprechung seit jeher als „Erschöpfung", „Verbrauch" oder „Konsumtion" des Verbreitungsrechts bezeichnet wird[174] und § 69c Nr. 3 S. 2 UrhG diese Formulierung ausdrücklich übernommen hat, legt allerdings die Vorstellung nahe, die Erschöpfung sei ein zweistufiger Vorgang. Unter Berufung auf diese Terminologie geht eine in der Literatur vertretene Auffassung davon aus, dass § 17 Abs. 1 UrhG dem Urheber das ausschließliche Recht der Verbreitung einschließlich jeglicher Weiterverbreitung vorbehalte, während § 17 Abs. 2 UrhG eine besondere Konsumtionsnorm darstelle, die das Erlöschen des Verbreitungsrechts bezüglich der nicht mehr vom Urheberrecht erfassten Verbreitungshandlungen bewirke.[175] Erst durch den Akt des rechtmäßigen Inverkehrbringens, dem damit erzeugnisbezogene oder dingliche Gestaltungswirkung zukomme, gehe die Einflussmöglichkeit auf den weiteren Vertrieb des Erzeugnisses unter.[176] Bis zum diesem Zeitpunkt erfasse das Verbreitungsrecht aber noch jeden Akt der Weitergabe.[177] In dieselbe Richtung gehen Formulierungen, das Verbreitungsrecht „erlösche" bezüglich des in den Verkehr gebrachten Werkexemplars mit dem Veräußerungsakt nach § 17 Abs. 2 UrhG[178] oder der Urheber „verliere" das Recht, das Original oder Vervielfältigungsstücke des Werkes der Öffentlichkeit anzubieten oder in den Verkehr zu bringen.[179]

---

[174] Vgl. nur BGHZ 5, 116, 120 = GRUR 1952, 530, 531 – Parkstraße 13 (zum Urheberrecht); RGZ 51, 139, 141; BGH GRUR 1976, 579, 582 – Tylosin; BGH GRUR 1989, 39, 42 – Flächenentlüftung (zum Patentrecht); BGHZ 41, 84, 88 = GRUR 1964, 372, 373 – Maja (zum Warenzeichenrecht).

[175] *Windisch*, UFITA 66 (1973), 84 (anders aber für das Verbreitungsrecht des Tonträgerherstellers nach § 85 UrhG, ebenda 85 ff.); *Koppe*, S. 92 f.; *Niethammer*, S. 39 f.

[176] *Windisch*, Gewerblicher Rechtsschutz, S. 195.

[177] *Niethammer*, S. 39.

[178] So BGH GRUR 1959, 200, 203 – Der Heiligenhof; BGH GRUR 1981, 562 – Schallplattenimport (2. Leitsatz); Möhring/Nicolini-*Kroitzsch*, § 17 Rn. 41; *Schack*, UrhR, Rn. 390; *Hubmann*, GRUR 1986, 739; *Witte*, CR 1996, 534.

[179] Möhring/Nicolini-*Kroitzsch*, § 17 Rn. 39.

b. Inhaltliche Begrenzung des Verbreitungsrechts

Eine solche Deutung von § 17 Abs. 2 (und entsprechend von § 69c Nr. 3 S. 2) UrhG setzt voraus, dass es überhaupt ein Weiterverbreitungsrecht gibt, welches Verbreitungshandlungen nach dem ersten vom Urheber autorisierten Inverkehrbringen im Wege der Veräußerung erfasst.[180] Nur dann bedürfte es nämlich zur Begründung der Zulässigkeit derartiger Nutzungshandlungen einer besonderen Norm, die das „Erlöschen" des betreffenden Rechts unter bestimmten Voraussetzungen anordnet.

Das Urheberrecht erfasst jedoch nicht jeden nur denkbaren Akt der Verbreitung von Werkexemplaren. Vielmehr wird der Kreis der Nutzungshandlungen, die dem Verbreitungsrecht des Urhebers gemäß § 15 Abs. 1 Nr. 2 unterfallen, von § 17 Abs. 1 und Abs. 2 UrhG gemeinsam bestimmt. Nur in diesem Umfang existiert vom Zeitpunkt der Werkschöpfung an ein ausschließliches Verwertungsrecht des Urhebers. Die Erschöpfung stellt damit eine dem Verbreitungsrecht immanente Inhaltsbeschränkung dar.[181] Schon zu § 11 LUG, der eine dem § 17 Abs. 2 UrhG entsprechende Beschränkung des Verbreitungsrechts nicht enthielt, hat das Reichsgericht ausgeführt, dass das Gesetz das Recht der gewerbsmäßigen Verbreitung für den Urheber „gewiss" hätte so gestalten können, dass es ihm während der ganzen Dauer des Urheberrechts als ausschließliches Recht gegenüber jedem Dritten auch für die von ihm selbst in Verkehr gebrachte Exemplare verbleibe, dies aber eines unzweideutigen Ausdrucks im Gesetz bedurft hätte, an dem es fehle.[182]

Die Erschöpfungswirkung besteht daher nicht im Erlöschen eines Verbotsrechts, welches ursprünglich einmal bestanden hat. Der Inhalt des Verbreitungsrechts „erschöpft" sich vielmehr in dem ausschließlichen Recht, die dem Urheber durch § 17 Abs. 1 und Abs. 2 UrhG gemeinsam vorbehaltenen Erst- und Weiterverbreitungshandlungen vorzunehmen. Die Weiterverbreitung von einmal mit seiner Zustimmung im Wege der Veräußerung in Verkehr gebrachten Werkexemplaren kann der Urheber danach zu keinem Zeitpunkt verbieten. Vielmehr wird die Weiterverbreitung solcher Vervielfältigungsstücke von vornherein nicht vom Schutzumfang des Verbreitungsrechts erfasst.[183] Ein auch diese Nutzungshandlungen umfassendes Verbreitungsrecht wird dem Urheber oder sonstigen Schutzrechtsinhaber vom Gesetz nicht gewährt.[184]

---

[180] *Joos*, S. 216.

[181] *Berger*, AcP 201 (2001), 416; *Joos*, S. 77, 79; *Koehler*, S. 61; ebenso zum Patentrecht *Kraßer*, Patentrecht, § 33 V 5 (S. 795); *Busche*, JR 2000, 26.

[182] RGZ 63, 394, 398 – Koenigs Kursbuch.

[183] RGZ 63, 394, 399 – Koenigs Kursbuch; BGH GRUR 1986, 736, 738 – Schallplattenvermietung; Schricker-*Melichar*, vor §§ 44a ff. Rn. 18; *Rossbach*, S. 80; *Koehler*, S. 61 f.; ebenso zum Warenzeichenrecht *Heydt*, GRUR 1969, 455; zum Patentrecht Benkard-*Scharen*, § 9 PatG Rn. 18.

[184] *Berger*, GRUR 2002, 199; *Heydt*, GRUR 1969, 455, der an der „Erschöpfungslehre" kritisiert, dass sie Ursache und Wirkung verwechsele. Dass der Schutzrechtsinhaber den Wei-

Es ist folglich unnötig, die Erschöpfung in einen zweistufigen Vorgang aufzuspalten, der im Aufzehren eines zunächst als vorhanden gedachten ausschließlichen Weiterverbreitungsrechts besteht.[185] Daher liegt in einer von § 17 Abs. 2 UrhG gedeckten Verbreitungshandlung auch kein Eingriff in das Verbreitungsrecht des Urhebers, der nur ausnahmsweise keine widerrechtliche Verletzung des Urheberrechts darstellt und daher keine Ansprüche aus § 97 UrhG auslöst.[186] Erst recht sind §§ 17 Abs. 2, 69c Nr. 3 S. 2 UrhG nicht als „Einrede gegen Ansprüche aus den tatbestandsmäßig erfüllten Verletzungstatbeständen" konzipiert.[187] Bereits das ausschließliche Verbreitungsrecht ist insoweit begrenzt.[188] Konstruktiv handelt es sich bei § 17 Abs. 2 sowie § 69c Nr. 3 S. 2 daher ebenfalls um Schranken des Urheberrechts, die wie §§ 44a ff. UrhG bestimmte Verbreitungshandlungen vom Ausschließlichkeitsrecht des Urhebers freistellen.[189]

In § 24 Abs. 1 MarkenG hat der Gesetzgeber dieses dogmatische Verständnis der Erschöpfung durch eine entsprechende Formulierung des Gesetzestextes ausdrücklich hervorgehoben. Danach hat der Inhaber einer Marke „*nicht das Recht*, einem Dritten zu untersagen, die Marke ... für Waren zu benutzen, die unter dieser Marke ... in den Verkehr gebracht worden sind". Ähnlich formuliert ist § 48 GeschmMG, wonach sich die Rechte aus einem Geschmacksmuster nicht auf Handlungen erstrecken, die ein mit Zustimmung des Rechtsinhabers in Verkehr gebrachtes Erzeugnis betreffen. Nichts anderes meint § 17 Abs. 2 UrhG, wenn dort die Weiterverbreitung für „zulässig" erklärt wird. Das gleiche gilt trotz des abweichenden Wortlauts für § 69c Nr. 3 S. 2 UrhG. Dass diese Vorschrift ausdrücklich die missverständliche Formulierung[190] verwendet, das Verbreitungsrecht erschöpfe sich mit dem Inverkehrbringen der betreffenden Werkexemplare, steht dem nicht entgegen. Der Inhalt des Verbreitungsrechts in

---

tervertrieb der einmal in Verkehr gesetzten Ware nicht behindern dürfe, ergebe sich nicht aus der „Erschöpfung" des Schutzrechts, sondern daraus, dass das Gesetz dem Rechtsinhaber solche Ansprüche nicht gewähre.

[185] Ebenso *Joos*, S. 79, 216.

[186] Ungenau *Sack*, WRP 1999, 1091, der bei Schutzrechten, deren Erschöpfung gesetzlich nicht geregelt ist, die Zulässigkeit der Weiterverbreitung konstruktiv durch eine teleologische Reduktion der Haftungsvoraussetzungen des jeweiligen Verletzungstatbestandes (und nicht des Ausschließlichkeitsrechts) erreichen will; vgl. auch *Baumbach/Hefermehl*, § 15 WZG Rn. 46: Die Zulässigkeit der Weiterverbreitung ergebe sich daraus, dass die Ware nicht „widerrechtlich" i. S. d. § 24 WZG gekennzeichnet wurde.

[187] Gegen *Sack*, WRP 1999, 1090.

[188] So auch *Berger*, GRUR 2002, 199; vgl. Schricker-*Wild*, § 97 Rn. 18: Es fehle insoweit an einer Rechtsinhaberschaft des Urhebers, die verletzt werden könnte.

[189] Möhring/Nicolini-*Ahlberg*, Einl. Rn. 61; *Schack*, UrhR, Rn. 390 in Fn. 51; *ders.*, in: 50 Jahre BGH, S. 689; *Viegener*, UFITA 2006, 489; im Ergebnis auch *Koppe*, S. 93; *Niethammer*, S. 39 f., die zur Begründung aber gerade die Einordnung als Konsumtionsnorm heranziehen; a. A. *Koehler*, S. 61.

[190] Bereits *Baumbach/Hefermehl*, § 15 WZG Rn. 46, haben den Ausdruck „Erschöpfung" als missverständlich kritisiert.

§ 69c Nr. 3 einschließlich der Begrenzung durch S. 2 unterscheidet sich nicht von dem des § 17 UrhG.[191] Die dem Urheber durch das Verbreitungsrecht gewährten Befugnisse sind in beiden Fällen von vornherein auf den Erstvertrieb begrenzt, so dass der Weitervertrieb von Ware, die vom Urheber oder mit seiner Zustimmung in den Verkehr gebracht worden ist, das Verbreitungsrecht des Urhebers nicht berührt.

3. *Gesetzliche Lizenzen*

Fraglich ist, ob etwas anderes für solche Schranken gilt, die als Ausgleich für die Erlaubnisfreiheit einer Nutzungshandlung einen gesetzlichen Anspruch des Urhebers auf angemessene Vergütung vorsehen. Dazu gehören neben §§ 46 Abs. 4, 49 Abs. 1 S. 2, 52 Abs. 1 S. 2, Abs. 2 S. 2 und 52a Abs. 4 S. 1 UrhG insbesondere die verwertungsgesellschaftenpflichtige Geräte-, Speichermedien- und Betreiberabgabe nach §§ 54, 54a als Ausgleich für die von § 53 Abs. 1 bis 3 UrhG erlaubte Vervielfältigung zum eigenen Gebrauch.[192] Für derartige Schranken hat sich die Bezeichnung „gesetzliche Lizenzen" eingebürgert.[193] Dieser Begriff legt nahe, dass dem von der Schranke Begünstigten wie bei einer vertraglichen Lizenz ein Nutzungsrecht auf gesetzlichem Wege eingeräumt wird.[194]

a. Gesetzliche Lizenzen im Entwurf von 1932

Von einer solchen Konstruktion der gesetzlichen Lizenzen ging etwa *Runge* in seinem Lehrbuch von 1948 aus und stellte die gesetzliche Lizenz damit auf eine Stufe mit der Zwangslizenz.[195] Beide hätten zwar keinen dinglichen Charakter und enthielten deshalb kein Verbotsrecht gegenüber Dritten, sie verliehen dem Erwerber aber wie eine vertragliche Lizenz „die Berechtigung, ein Werk auf bestimmte Art zu benutzen".[196]

Runge bezog sich dabei auf den vom Reichsjustizministerium veröffentlichten Entwurf eines Urheberrechtsgesetzes von 1932.[197] Die im Vierten Abschnitt geregelten „Beschränkungen der Werknutzungsrechte" unterteilte dieser Entwurf in „freie Werknutzungen" sowie „Zwangslizenzen und gesetzliche Lizenzen". Gesetzliche Lizenzen enthielten dabei nur § 47 Abs. 1 und § 48 Abs. 1

---

[191] Schricker-*Loewenheim*, § 69c Rn. 21, 31; HK-UrhG-*Dreyer*, § 17 Rn. 72.

[192] Vgl. die Übersicht bei *Stöhr*, S. 41 f.

[193] Siehe oben S. 6.

[194] Der vom UrhG (abgesehen von § 32a Abs. 2 S. 1) nicht verwendete Begriff der Lizenz dient der Praxis als Bezeichnung für (einfache) Nutzungsrechte und schuldrechtliche Berechtigungen zur Werknutzung; dazu Schricker-*Schricker*, vor §§ 28 ff. Rn. 21.

[195] *Runge*, UrhR, S. 150; ähnlich *Hirsch-Ballin*, RIDA 10 (1956), 43–45.

[196] *Runge*, UrhR, S. 150.

[197] Entwurf eines Gesetzes über das Urheberrecht an Werken der Literatur, der Kunst und der Photographie mit Begründung, Berlin 1932.

des Entwurfs.[198] Beide Vorschriften sahen vor, dass bestimmte Werknutzungen, nämlich die öffentliche Aufführung von Tonwerken mittels Schallvorrichtungen und die Wiedergabe von Rundfunksendungen durch Lautsprecher, vorgenommen werden „können", wenn dafür „ein Urheberzuschlag entrichtet worden ist". Der Formulierung und der systematischen Gleichstellung der Vorschriften mit den im Entwurf geregelten Zwangslizenzen kann man entnehmen, dass die betroffenen Werknutzungen anders als bei den in §§ 31 bis 44 des Entwurfs geregelten „freien Werknutzungen" grundsätzlich vom Ausschließlichkeitsrecht des Urhebers umfasst sein sollten, dem jeweiligen Nutzer aber eine positive Nutzungsbefugnis eingeräumt werden sollte, sobald der erforderliche Urheberzuschlag entrichtet worden war. Bereits die überarbeitete Fassung des Entwurfs als Ministerialentwurf vom 22. 1. 1934[199] sah derartige „gesetzliche Lizenzen" jedoch nicht mehr vor. Neben den „freien Werknutzungen" enthielt der Entwurf lediglich eine Zwangslizenz zugunsten der Hersteller von Schallvorrichtungen.

b. Gesetzliche Nutzungsrechte im Regierungsentwurf zum UrhG 1965

Auch das geltende Urheberrecht trennt bei den Schranken des Urheberrechts systematisch nicht zwischen freigestellten Nutzungen und gesetzlichen Lizenzen. Ursprünglich enthielt der Regierungsentwurf zum UrhG von 1965 (RegE) im Siebenten Abschnitt noch Vorschriften über ausdrücklich als solche bezeichnete „gesetzliche Nutzungsrechte".[200] So bestimmte § 64 Abs. 1 RegE für Musikwerke, dass jeder Hersteller von Tonträgern, nachdem der Urheber einem anderen Tonträgerhersteller ein Nutzungsrecht zur gewerblichen Vervielfältigung und Verbreitung des Werkes eingeräumt hat und das Werk erschienen ist, gegen Zahlung einer angemessenen Vergütung gleichfalls berechtigt ist, das Werk auf Tonträger zu übertragen und diese zu vervielfältigen, wenn nicht das bezeichnete Nutzungsrecht erlaubterweise von einer Verwertungsgesellschaft wahrgenommen wird. Bei Vorliegen der in § 64 RegE genannten Voraussetzungen sollte somit kraft Gesetzes ein Nutzungsrecht des Tonträgerherstellers entstehen, welches diesen dazu berechtigte, Tonträger mit dem betreffenden Mu-

[198] „§ 47. Gesetzliche Lizenz und Zwangslizenz zur Benutzung von Schallvorrichtungen
(1) Schallvorrichtungen können zu öffentlichen Vorträgen oder Aufführungen benutzt werden, wenn für die Vorrichtung ein Urheberzuschlag entrichtet worden und dies auf der Vorrichtung kenntlich gemacht ist. ...
§ 48. Gesetzliche Lizenz zur Benutzung von Rundfunksendungen
(1) Rundfunksendungen können zur öffentlichen Wiedergabe des Werkes durch Lautsprecher oder eine ähnliche technische Einrichtung benutzt werden, wenn hierfür ein Urheberzuschlag zur Rundfunkgebühr entrichtet worden ist. ..."

[199] Ministerialentwurf eines Urheberrechtsgesetzes vom 22. 1. 1934, wieder abgedruckt in UFITA 2000-III, 743ff.

[200] BT-Drucks. IV/270, S. 13f. In der Begründung wird synonym auch der Begriff „gesetzliche Lizenz" verwendet, BT-Drucks. IV/270, S. 77f.

sikwerk herzustellen und zu verbreiten.[201] Eine entsprechende Regelung zugunsten von Sendeunternehmen enthielt § 65 RegE für den Fall, dass der Urheber einem anderen ein ausschließliches Nutzungsrecht zur Funksendung eingeräumt hat. In diesen Fällen liegt der Grund für die Konstruktion eines kraft Gesetzes eingeräumten Nutzungsrechts darin, dass ein umfassenden Ausschließlichkeitsrecht des Urhebers als Grundlage für das zunächst eingeräumte vertragliche Nutzungsrecht auch nach Entstehung der gesetzlichen Nutzungsrechte der anderen Tonträgerhersteller bzw. Sendeunternehmen erforderlich bleibt. Anders als bei den gesetzlichen Lizenzen kann die Nutzungsbefugnis nicht dadurch begründet werden, dass die betreffenden Nutzungshandlungen von vornherein vom Ausschließlichkeitsrecht des Urhebers ausgenommen werden.

Diese Vorschriften wurden im Laufe des Gesetzgebungsverfahrens jedoch auf Empfehlung des Rechtsausschusses[202] gestrichen und § 64 RegE durch die zunächst in § 61 a.F. und nunmehr in § 42a UrhG enthaltene Zwangslizenz ersetzt.[203] Anders als das nach dem Regierungsentwurf gewährte gesetzliche Nutzungsrecht gibt die Zwangslizenz dem Tonträgerhersteller lediglich einen schuldrechtlichen Anspruch auf die vertragliche Einräumung eines Nutzungsrechts zu angemessenen Bedingungen. Mit §§ 64, 65 RegE vergleichbare Regelungen enthält das geltende UrhG nicht mehr. Die heute als „gesetzliche Lizenzen" bezeichneten Vorschriften des UrhG weisen eine ganz andere Normstruktur auf. Dementsprechend waren die bereits im Regierungsentwurf vorgesehenen vergütungspflichtigen Werknutzungen[204] gerade nicht im Siebenten Abschnitt über „Gesetzliche Nutzungsrechte" geregelt, sondern zusammen mit den übrigen, nicht mit einer Vergütungspflicht verbundenen Schranken des Urheberrechts im Sechsten Abschnitt.

c. Gesetzliche Lizenzen der §§ 44a ff. UrhG

Dennoch wird insbesondere zu § 53 Abs. 1 UrhG auch heute noch vertreten, dass die Vorschrift dem begünstigten Nutzer ein gesetzliches Nutzungsrecht einräume.[205] Dieses sei einem einfachen Nutzungsrecht in § 31 Abs. 2 vergleichbar mit dem Unterschied, dass die Einraumung durch § 53 Abs. 1 UrhG auf gesetzlichem Wege erfolge.[206] Neben der Einschränkung des Vervielfältigungs-

---

[201] Siehe die Begründung zu § 64 des Regierungsentwurfs, BT-Drucks. IV/270, S. 77.

[202] Bericht des Rechtsausschusses, zu BT-Drucks. IV/3401, S. 11 f.

[203] Bereits § 22 LUG sah zugunsten der Tonträgerhersteller lediglich eine Zwangslizenz und kein gesetzliches Nutzungsrecht vor.

[204] Siehe §§ 46 Abs. 4, 52 Abs. 4, 54 Abs. 3 und 55 Abs. 2 RegE.

[205] *Dieselhorst*, GRURInt 1994, 789; *Hoeren*, Urheberrecht und Verbraucherschutz, S. 23 ff.; *Abdallah/Gercke/Reinert*, ZUM 2004, 34 (*Hoeren* folgend); *Köcher/Kaufmann*, MMR 2005, 753; ähnlich bereits *Hoeren*, MMR 2000, 4: „Schließlich zahlen die Nutzer für die Erstellung privater Kopien über die Leerkassetten- und die Geräteabgabe; sie haben damit auch ein Recht auf ungestörte Nutzung ihrer privaten Kopien".

[206] *Hoeren*, Urheberrecht und Verbraucherschutz, S. 24. Auch *Kreutzer*, GRUR 2001, 202

rechts des Urhebers enthalte § 53 Abs. 1 UrhG bezogen auf den konkreten Privatnutzer auch ein individuelles Element.[207] Als gesetzliches Schuldverhältnis entstehe die Lizenz erst „mit der tatsächlichen Verfügbarkeit des Werkstücks zur Vervielfältigung durch den einzelnen Privatnutzer und nicht bereits mit der Werkschöpfung durch den Urheber". Der Vergütungsanspruch stelle sich daher „bei näherer Betrachtung als Äquivalent zu dem in § 53 Abs. 1 UrhG dem Einzelnen eingeräumten Nutzungsrechts dar".[208] Als Gegenleistung für die Zahlung der Vergütungsabgabe erwerbe der Verbraucher das Recht, ein urheberrechtlich geschütztes Werk privat zu vervielfältigen.[209] Ähnlich argumentiert *Melichar*, wenn er annimmt, dass es sich bei der gesetzlichen Lizenz um ein zweiseitiges Schuldverhältnis handele, weil der vom Gesetz vorgesehenen Einräumung einer Lizenz als Äquivalent die Vergütungspflicht gegenüberstehe.[210]

Die Bezeichnung der gesetzlichen Vergütungsansprüche als „gesetzliche Lizenzen" ist jedoch nicht geeignet, daraus Folgerungen für deren rechtliche Qualifizierung zu ziehen.[211] Allein daraus, dass das Gesetz dem Nutzer als Ausgleich für die Freistellung einer Nutzungshandlung eine Vergütungspflicht auferlegt, folgt nicht, dass dem Urheber auch ein § 31 Abs. 2 UrhG entsprechendes positives Nutzungsrecht zusteht.[212]

Dagegen spricht vielmehr, dass die Einräumung eines Nutzungsrechts das Bestehen eines entsprechenden Verwertungsrechts des Urhebers voraussetzt, da Nutzungsrechte nur einen den Verwertungsrechten innewohnenden Inhalt haben können.[213] Nutzungsrechte stellen Tochterrechte des Verwertungsrechts des Urhebers dar, über die er (oder das Gesetz) nur insoweit verfügen kann, als ihm das Recht auch tatsächlich zusteht.[214] Wie bei der vollständigen Freistellung einer Nutzungshandlung ist das jeweilige Verwertungsrecht des Urhebers im Hinblick auf die mit einer gesetzlichen Lizenz „belastete" Nutzungshandlung aber von vornherein begrenzt.[215] Eine ausschließliche Verwertungsbefugnis, die zur Grundlage einer entsprechenden Lizenz gemacht werden könnte,

---

in Fn. 15, spricht im Hinblick auf § 52 Abs. 1 UrhG von der „dinglichen Einräumung der gesetzlichen Lizenz"; vgl. ferner *Pres*, Softwarelizenzverträge, S. 120; Wandtke/Bullinger-*Grützmacher*, § 69d Rn. 26, die unter dem Begriff der gesetzlichen Lizenz ebenfalls den Erwerb eines Nutzungsrechts kraft gesetzlicher Wirkung verstehen.

[207] *Hoeren*, Urheberrecht und Verbraucherschutz, S. 24 f.

[208] *Hoeren*, Urheberrecht und Verbraucherschutz, S. 25.

[209] *Dieselhorst*, GRURInt 1994, 789.

[210] *Melichar*, Wahrnehmung von Urheberrechten, S. 19.

[211] So bereits *Riezler*, § 58 I (S. 260); vgl. *Rossbach*, S. 83 f.; *von Diemar*, Digitale Kopie, S. 89.

[212] Ebenso zur Privatkopieschranke in Art. L. 122–5 CPI CA Paris RIDA 213 (2007), 379, 382 f. – UFC Que Choisir/Universal Pictures vidéo France.

[213] *Rehbinder*, UrhR, Rn. 542, 565; *von Diemar*, GRUR 2002, 587; *dies.*, Digitale Kopie, S. 89; *Guntrum*, S. 103 f.; *Koch*, S. 26.

[214] Vgl. bereits oben S. 100; ferner Schricker-*Schricker*, vor §§ 28 ff. Rn. 44.

[215] So auch *Trayer*, S. 146 f.; *von Diemar*, GRUR 2002, 590 f.; *Hohagen*, FS Schricker, 360; *ders.*, Vervielfältigungsfreiheit, S. 499; *Rossbach*, S. 80; *Stöhr*, S. 40.

existiert im Hinblick auf die von einer Schranke erfassten Nutzungshandlungen folglich nicht.[216] Dies ändert sich nicht dadurch, dass dem Urheber als Ausgleich für die Erlaubnisfreiheit ein gesetzlicher Vergütungsanspruch zugebilligt wird.

Daher ist es wenig hilfreich, den Vergütungsanspruch als abgeschwächtes Verwertungsrecht zu bezeichnen.[217] Der Vergütungsanspruch stellt allenfalls ein funktionales Äquivalent des Verwertungsrechts dar und ist als urheberrechtlicher Anspruch eigener Art zu qualifizieren.[218] In jedem Fall führt die Nichterfüllung der Vergütungspflicht nicht dazu, dass die Vornahme der von der Schranke erfassten Nutzungshandlung eine Urheberrechtsverletzung darstellt und Ansprüche aus § 97 UrhG auslöst.[219] Angesichts des Umstands, dass die Vergütungspflicht in vielen Fällen aus Gründen der praktischen Durchsetzung nicht den Nutzer selbst, sondern einen Werkmittler[220] oder den Hersteller oder Vertreiber von Vervielfältigungsgeräten und Speichermedien (§§ 54, 54a UrhG) trifft, wäre dies nicht zu rechtfertigen. Denn der Nutzer hätte auf die Erfüllung der Vergütungspflicht und damit auf die Rechtmäßigkeit seiner Nutzungshandlung keinen Einfluss.

Konstruktiv folgt die urheberrechtliche Zulässigkeit der betreffenden Nutzung aber nicht aus dem auch im Urheberrecht geltenden[221] Abstraktionsprinzip.[222] Vielmehr besteht bezüglich der von einer gesetzlichen Lizenz gedeckten Nutzungshandlungen schon kein ausschließliches Verbietungsrecht des Urhe-

---

[216] Das übersieht BGH GRUR 2008, 245, 246f. Tz. 23 – Drucker und Plotter, bestätigt durch BGH GRUR 2009, 53, 55 Tz. 20 – PC, wonach Vervielfältigungen, die bereits auf Grund einer Einwilligung des Berechtigten zulässig sind, nicht der gesetzlichen Lizenz des § 53 Abs. 1 bis 3 bedürften und damit auch nicht den Vergütungsanspruch des § 54a Abs. 1 S. 1 UrhG auslösten; kritisch gegenüber dem BGH auch Dreier/Schulze-*Dreier*, vor §§ 44a ff. Rn. 1 a. E.: „dogmatisch wenig überzeugend".

[217] So *Ulmer*, § 62 II 1 (S. 293); *Schack*, ZUM 1989, 271.

[218] Schricker-*Melichar*, vor §§ 44a ff. Rn. 18; Dreier/Schulze-*Schulze*, § 15 Rn. 15; *Hohagen*, FS Schricker, 360; *Melichar*, Wahrnehmung von Urheberrechten, S. 13; *Rossbach*, S. 79 ff.; *Guntrum*, S. 105; *Seith*, S. 12 Fn. 38; *Stöhr*, S. 77; *Stickelbrock*, GRUR 2004, 740.

[219] OLG München ZUM 1991, 371, 374 = NJW-RR 1992, 749, 751; *von Gamm*, § 49 Rn. 6 und § 52 Rn. 5; Schricker-*Melichar*, vor §§ 44a ff. Rn. 24; *Melichar*, Wahrnehmung von Urheberrechten, S. 13; *von Diemar*, Digitale Kopie, S. 74; *Stöhr*, S. 69. Eine nur scheinbare Ausnahme stellt § 47 Abs. 2 S. 2 UrhG dar, wonach die Zulässigkeit der Weiterbenutzung über die Löschungsfrist hinaus die vorherige Zahlung einer angemessenen Vergütung voraussetzt; hierbei handelt es sich mangels Bestimmtheit des zulässigen Nutzungsumfangs weniger um eine gesetzliche Lizenz als um eine Art Zwangslizenz, über deren Modalitäten sich die betreffende Einrichtung mit den Inhabern vor Ablauf der Löschungsfrist einigen muss, dazu Schricker-*Melichar*, § 47 Rn. 22; *Rossbach*, Vergütungsansprüche, S. 83.

[220] Z. B. die von BGHZ 141, 13, 37 ff. = GRUR 1999, 707, 714 – Kopienversanddienst, entwickelte Vergütungspflicht für den Kopienversand durch Bibliotheken im Rahmen der Privilegierung nach § 53 Abs. 1 S. 2 UrhG, die nunmehr in § 53a Abs. 2 UrhG kodifiziert ist.

[221] Zur Geltung des Abstraktionsprinzips im Urheberrecht siehe *Nolden*, S. 29 ff.; *Stephanblome*, S. 235 ff.; *Schack*, UrhR, Rn. 525 ff.

[222] So zu § 52 Abs. 1 UrhG aber *Kreutzer*, GRUR 2001, 202 in Fn. 15, der ausgehend von der Einräumung eines gesetzlichen Nutzungsrechts annimmt, dessen Wirksamkeit werde

bers, das verletzt werden könnte.[223] Im Hinblick auf die urheberrechtliche Zulässigkeit der erlaubnisfreien Nutzung ist die Rechtsstellung des Urhebers somit dieselbe wie bei einer völligen Freistellung.[224]

So waren einige Nutzungshandlungen, die heute Gegenstand einer gesetzlichen Lizenz sind, im UrhG von 1965 zunächst ganz freigestellt und sind erst später – meist aufgrund verfassungsgerichtlicher Entscheidungen[225] – vergütungspflichtig ausgestaltet worden.[226] Dadurch hat der Gesetzgeber nachträglich dem verfassungsrechtlichen Anspruch des Urhebers auf Zuordnung des wirtschaftlichen Nutzens seiner schöpferischen Leistung Rechnung getragen. Der Umfang des Ausschließlichkeitsrechts des Urhebers wurde von der Einführung des Vergütungsanspruchs jedoch nicht berührt. Das BVerfG hat bei der verfassungsrechtlichen Beurteilung der gesetzlichen Regelungen jeweils ausdrücklich zwischen dem Ausschluss des Verbotsrechts und der Vergütungsfreiheit unterschieden. Dementsprechend wurde bei der Einführung der Vergütungspflicht die gesetzliche Fassung der jeweiligen Schranken hinsichtlich des Ausschlusses des Verbietungsrechts nicht verändert.

Für Nutzungshandlungen, die Gegenstand einer gesetzlichen Lizenz sind, können daher weder auf vertraglichem noch auf gesetzlichem Wege Nutzungsrechte eingeräumt werden.[227] Die aus der gesetzlichen Lizenz resultierende Vergütungspflicht stellt somit auch keine Gegenleistung für ein vom Gesetz eingeräumtes Nutzungsrecht dar, sondern ist Gegenstand eines nur einseitig verpflichtenden gesetzlichen Schuldverhältnisses.[228] Auf den Normcharakter der Schranke als Begrenzung des Inhalts des urheberrechtlichen Ausschließlichkeitsrechts hat das Bestehen des Vergütungsanspruchs keinen Einfluss.

d. Vergleich mit Folgerecht und Bibliothekstantieme

Die Rechtsnatur der im sechsten Abschnitt enthaltenen Regelungen, die eine Vergütungspflicht als Ausgleich für die Genehmigungsfreiheit einer Nutzung

---

aufgrund des Abstraktionsprinzips vom schuldrechtlichen Vergütungsanspruch nicht berührt.

[223] Ebenso *von Diemar*, Digitale Kopie, S. 74 (zu § 53 Abs. 1 UrhG); *von Gamm*, § 52 Rn. 5 (zu § 52 Abs. 1 UrhG); Dreier/Schulze-*Schulze*, § 15 Rn. 15; *Stöhr*, S. 39 f.

[224] Vgl. *Guibault*, Copyright Limitations, S. 102: „From the rights owner's point of view, the exclusion of certain acts from the rights owner's power of control remains the same under a statutory licence and an exemption"; ferner *Janssens*, in: Baulch/Green/Wyburn, S. 176.

[225] Siehe BVerfGE 36, 229, 243 ff. – Kirchen- und Schulgebrauch (zu § 46 Abs. 1); BVerfGE 49, 382, 398 ff. – Kirchenmusik (zu § 52 Abs. 1 UrhG).

[226] Vgl. *Trayer*, S. 147.

[227] Vgl. *Stöhr*, S. 43.

[228] *Hohagen*, FS Schricker, 360; *ders.*, Vervielfältigungsfreiheit, S. 499; *Koch*, S. 27; *Stöhr*, S. 68 f.; *von Diemar*, GRUR 2002, 591; *Stickelbrock*, GRUR 2004, 741; vgl. auch Schricker-*Melichar*, vor §§ 44a ff. Rn. 17. Missverständlich *Obergfell*, in: Zugang und Ausschluss, S. 110, die als Gegenstand des einseitig verpflichtenden gesetzlichen Schuldverhältnisses die Berechtigung des durch die Schranke privilegierten Nutzers nennt.

vorsehen, unterscheidet sich damit konstruktiv nicht von den Vergütungsansprüchen nach §§ 26 Abs. 1 und 27 Abs. 2 UrhG. Auch letztere stellen „gesetzliche Lizenzen" im dargelegten Sinne dar, soweit dort für die Weiterveräußerung von Werken der bildenden Kunst bzw. für das nach § 17 Abs. 2 UrhG zulässige Verleihen von Vervielfältigungsstücken durch öffentliche Einrichtungen eine Pflicht zur angemessenen Vergütung begründet wird.[229] In gleicher Weise, wie dem Urheber durch die Vergütungspflichten der §§ 44a ff. UrhG ein Ausgleich dafür zuerkannt wird, dass die Verwertungsrechte durch die Schranken inhaltlich begrenzt werden, gewähren das Folgerecht nach § 26 Abs. 1 und die Bibliothekstantieme nach § 27 Abs. 2 UrhG einen Ausgleich dafür, dass die Weiterveräußerung und das Verleihen im Interesse der Allgemeinheit der Erschöpfung des Verbreitungsrechts nach § 17 Abs. 2 UrhG unterliegen.[230]

Dennoch wollen manche die Verschiedenheit der Vergütungsansprüche damit begründen, dass bei den gesetzlichen Vergütungsansprüchen der § 44a ff. UrhG die Verwertungsrechte des Urhebers beschnitten und durch Vergütungsansprüche ersetzt seien, während §§ 26, 27 UrhG die Befugnisse des Urhebers über den Umfang der Verwertungsrechte hinaus erweiterten.[231] Teilweise wird der Unterschied auch darin gesehen, dass bei gesetzlichen Lizenzen der Vergütungsanspruch an Stelle eines Ausschließlichkeitsrechts gewährt werde, während bei den Vergütungsansprüchen nach §§ 26 Abs. 1, 27 Abs. 2 UrhG das Aus-

---

[229] So auch *Schack*, UrhR, Rn. 440; *Nordemann*, GRUR 1979, 281; *Lehmann*, FS Nordemann, 43.

[230] So ausdrücklich BGHZ 141, 13, 38 = BGH GRUR 1999, 707, 714 – Kopienversanddienst zu § 49 Abs. 1 und § 27 Abs. 2 UrhG; vgl. auch LG München I GRUR 1983, 763, 764 – Vermietung von Tonträgern; *Lehmann*, FS Nordemann, 43; *Stöhr*, S. 52; a. A. *Seith*, S. 11 Fn. 37. Wenn demgegenüber BGHZ 92, 54, 57 = GRUR 1985, 134 f. – Zeitschriftenauslage in Wartezimmern, feststellt, der Vergütungsanspruch nach § 27 Abs. 1 (Abs. 2 n. F.) stelle eine „Ausnahme zu der mit der Veräußerung eines Vervielfältigungsstücks grundsätzlich eintretenden Erschöpfung des Verbreitungsrechts dar, während es sich bei der durch § 52 Abs. 1 Nr. 1 (Abs. 1 S. 1 n. F.) UrhG zugelassenen öffentlichen Wiedergabe eines erschienenen Werkes um eine Ausnahme von dem ausschließlichen Recht des Urhebers" handele, vergleicht er Äpfel mit Birnen. Gesetzliche Lizenzen setzen sich immer aus zwei Bestandteilen zusammen, dem Ausschluss des Verbietungsrechts durch eine gesetzliche Schranke und dem Ersatz durch eine entsprechende Vergütungspflicht. Sinnvoll wäre daher allenfalls eine Gegenüberstellung der jeweiligen Vergütungsregelungen (§ 27 Abs. 2 und § 51 Abs. 1 S. 2) bzw. der jeweils zugrunde liegenden Schrankenbestimmungen (§ 17 Abs. 2 und § 51 Abs. 1 S. 1 UrhG), nicht jedoch der Vergleich der Vergütungsregelung einer gesetzlichen Lizenz mit dem Verbotsrechtsausschluss einer anderen, wie ihn der BGH angestellt hat.

[231] So *Rehbinder*, UFITA 71 (1974), 59; *Rossbach*, S. 78; *Seith*, S. 11 Fn. 37; *Melichar*, Wahrnehmung von Urheberrechten, S. 19; ähnlich *Ulmer*, UrhR, § 59 I (S. 278), der zwischen Rechten, die grundsätzlich Verwertungsrechte sind, die das UrhG aber „bei besonderen Tatbeständen zu bloßen Vergütungsansprüchen abschwächt", und Sachverhalten unterscheidet, „bei denen das Gesetz zugunsten der Urheber generell nur Vergütungsansprüche vorsieht"; Schricker-*Schricker*, Einleitung Rn. 20, der zwischen der gesetzlichen Lizenz als „Relikt des aufgehobenen absoluten Rechtes" und „eigenständigen" Vergütunganspüchen trennt.

schließlichkeitsrecht (nämlich das Verbreitungsrecht) zum Zeitpunkt der Anspruchentstehung bereits erloschen sei.[232]

Diese Unterscheidung verkennt die Struktur der gesetzlichen Schranken, vor allem die der Erschöpfung des Verbreitungsrechts gemäß § 17 Abs. 2 UrhG. Man kann die Vergütungsansprüche nicht danach unterscheiden, „ob die Vergütung für eine Nutzungsart erfolgt, die der Urheber andernfalls verbieten könnte oder nicht".[233] Die Vergütungspflicht knüpft sowohl bei den vergütungspflichtig ausgestalteten Schranken der §§ 44a ff. als auch bei §§ 26 Abs. 1, 27 Abs. 2 UrhG an Nutzungen an, die vom Urheber mangels eines entsprechenden Ausschließlichkeitsrechts gerade nicht verboten werden können. In beiden Fällen würde allein der Wegfall der Vergütungspflicht („andernfalls") nicht automatisch dazu führen, dass das Verbotsrecht des Urhebers wiederauflebt. Systematisch können die Vergütungsansprüche, die im deutschen UrhG im Zusammenhang mit den Schranken des Urheberrechts im Sechsten Abschnitt geregelt sind, daher wie das Folgerecht und die Bibliothekstantieme den „sonstigen Rechten des Urhebers" im Abschnitt über den Inhalt des Urheberrechts zugeordnet werden, wie dies in einigen Rechtsordnungen auch geschehen ist.[234]

Dass bei Fortfall des Privilegs einer gesetzlichen Lizenz die nach heutigem Recht lediglich vergütungspflichtige Handlung vom Urheber untersagt werden könnte,[235] trifft daher nur unter der Bedingung zu, dass mit der Vergütungspflicht gleichzeitig auch der Ausschluss des Verbietungsrechts durch die betreffende Schranke entfällt. Ein entsprechendes Ergebnis ließe sich aber auch in Bezug auf die in §§ 26 Abs. 1, 27 Abs. 2 UrhG geregelten Nutzungshandlungen erreichen, indem man den Umfang der Erschöpfung des Verbreitungsrechts so einschränkt, dass sich das ausschließliche Verbreitungsrecht des Urhebers auch auf diese Verbreitungshandlungen erstreckt, bzw. die Privilegierung der Weiterverbreitung durch § 17 Abs. 2 UrhG ganz aufhebt.

Richtig ist, dass es sich bei den von §§ 26 Abs. 1 und § 27 Abs. 2 UrhG erfassten Nutzungen nicht um „vom entsprechenden ausschließlichen Recht zunächst erfasste Umgangsweisen mit dem Werk" handelt, die dann durch Schranken

---

[232] So *Stöhr*, S. 53, 77 f., die eine Qualifizierung der Vergütungsansprüche aus §§ 26 Abs. 1, 27 Abs. 2 UrhG als gesetzliche Lizenzen immerhin für „denkbar hält", diese Einordnung „bei näherer Betrachtung" jedoch ablehnt.

[233] So aber *Rehbinder*, UFITA 71 (1974), 59; ähnlich *Melichar*, Wahrnehmung von Urheberrechten, S. 19: Die Vergütungsansprüche nach §§ 26, 27 UrhG seien im Gegensatz zu den gesetzlichen Lizenzen nur einseitig verpflichtende gesetzliche Schuldverhältnisse, da den Vergütungsansprüchen wegen § 15 Abs. 2 (gemeint ist wohl § 17 Abs. 2) keine individuellen Nutzungsrechte des Urhebers gegenüber stünden.

[234] Siehe die gesetzliche Regelung der Vergütung für private Vervielfältigungen in Art. 37–39 des slowenischen, Art. 38 f. des serbischen sowie Art. 32 des kroatischen UrhG, dazu *Dietz*, GRURInt 2006, 825, 827, der eine entsprechende Verortung auch der anderen gesetzlichen Vergütungsansprüche befürwortet.

[235] So *Rehbinder*, UFITA 71 (1974), 59.

desselben erlaubt werden.[236] Wie oben dargestellt, ist dies bei den in §§ 44aff. UrhG geregelten Nutzungshandlungen aber ebenso wenig der Fall. Es besteht auch insoweit kein zunächst umfassendes Verwertungsrecht, das in einem zweiten Schritt durch einen Vergütungsanspruch „ersetzt" werden könnte. Vielmehr ist das Ausschließlichkeitsrecht in Bezug auf die von der gesetzlichen Lizenz erfassten Nutzungshandlungen von vornherein entsprechend beschränkt. Ebenso stellen die Weiterveräußerung und das Verleihen im Rahmen der §§ 26 Abs. 1, 27 Abs. 2 Verbreitungshandlungen dar, die aufgrund der in § 17 Abs. 2 UrhG getroffenen Regelung vom ausschließlichen Verbreitungsrecht des Urhebers nicht erfasst werden. Zwischen dem „Erlöschen" des Verbotsrechts des Urhebers nach § 17 Abs. 2 UrhG und dessen „Aufhebung" im Rahmen einer gesetzlichen Lizenz besteht konstruktiv kein Unterschied.[237] Es ist daher auch nicht gerechtfertigt, die jeweiligen Vergütungsansprüche, die einen materiellen Ausgleich für die gesetzlich geschaffene Nutzungsfreiheit gewährleisten sollen, einer unterschiedlichen dogmatischen Konstruktion zu unterwerfen.

4. *Schranken der §§ 69d und 69e UrhG*

Auch bei §§ 69d, 69e UrhG ist fraglich, ob sie lediglich negativ den Schutzumfang des dem Urheber gemäß § 69c Nr. 1 und 2 UrhG vorbehaltenen Vervielfältigungs- und Bearbeitungsrechts begrenzen[238] oder positiv den Erwerb eines entsprechenden urheberrechtlichen Nutzungsrechts kraft Gesetzes vorsehen.[239] Angesichts des oben dargelegten Normcharakters der übrigen Schrankenbestimmungen als Inhaltsbegrenzungen der Ausschließlichkeitsrechte des Urhebers[240] bedürfte die Annahme einer davon abweichenden Konstruktion des § 69d UrhG einer besonderen Rechtfertigung.

---

[236] *Seith*, S. 11 Fn. 37. Im Gegensatz zu den in §§ 44aff. UrhG geregelten Vergütungsansprüchen ist für das Folgerecht und die Bibliothekstantieme heute allgemein anerkannt, dass es sich dabei nicht um abgeschwächte Verwertungsrechte, sondern um urheberrechtliche Ansprüche eigener Art handelt, siehe BGHZ 92, 54, 57 = GRUR 1985, 134 – Zeitschriftenauslage in Wartezimmern; BGH GRUR 1986, 736, 738 – Schallplattenvermietung; Schricker-*Katzenberger*, § 26 Rn. 4; Dreier/Schulze *Schulze*, § 26 Rn. 2; *Rossbach*, S. 73f.; *Ulmer*, § 60 III (S. 282f.), § 61 I 3 (S. 287).

[237] Siehe oben S. 135f. Das übersieht insbesondere *Stöhr*, S. 53, die eine Qualifizierung der Vergütungsansprüche aus §§ 26 Abs. 1, 27 Abs. 2 UrhG als gesetzliche Lizenzen ablehnt, weil es gekünstelt erscheine, das Verbreitungsrecht bezüglich der den beiden Tatbeständen zugrunde liegenden Sachverhalte aufrechterhalten, um es dann durch eine gesetzliche Lizenz erst zu beschränken.

[238] So Schricker-*Loewenheim*, § 69d Rn. 1 und § 55a Rn. 1; *Lehmann*, FG Schricker, 555, der daneben aber von einer vertragsinhaltsgestaltenden Wirkung ausgeht.

[239] So Wandtke/Bullinger-*Grützmacher*, § 69d Rn. 26; *Hoeren/Schuhmacher*, CR 2000, 138f., 146; *Schulz*, Rn. 451, 455 (für den Fall der dauerhaften Softwareüberlassung); wohl auch *Baus*, MMR 2002, 16 mit Fn. 16, wenn er daneben auch die Vornahme einer „ausdrücklichen Nutzungsrechtseinräumung" durch den Urheber für möglich hält; ablehnend *Sickinger*, S. 41.

[240] Siehe oben S. 130f., 136, 140ff.

a. Wortlaut

Bereits die Überschrift des § 69d UrhG („Ausnahmen von den zustimmungsbedürftigen Handlungen") legt aber nahe, dass die dogmatische Konstruktion der Vorschrift dieselbe ist wie bei den anderen Schrankenbestimmungen, § 69d UrhG also eine den Umfang des Vervielfältigungs- und Umarbeitungsrechts mitbestimmende Schranke darstellt.[241] Das gilt auch für den gleich strukturierten § 69e UrhG. Dass §§ 69d und 69e, anders als §§ 44aff. UrhG, nicht davon sprechen, dass die Nutzungshandlungen „zulässig" sind, sondern anordnen, dass sie „nicht der Zustimmung des Rechtsinhabers bedürfen", bedeutet keinen sachlichen Unterschied. Die Formulierung beruht auf der vom deutschen Gesetzgeber übernommenen Fassung des Art. 5 Abs. 1 Computerprogramm-RL. Ebenso ist aber auch Art. 6 Abs. 1 Datenbank-RL formuliert, dessen Wortlaut bei der Umsetzung in § 55a UrhG, anders als bei Einführung von §§ 69d, 69e UrhG, an die Systematik des sechsten Abschnitts („Zulässig ist ...") angepasst wurde, ohne dass damit eine sachliche Veränderung gegenüber der Richtlinie verbunden war. Dementsprechend hat auch der österreichische Gesetzgeber bei der Umsetzung von Art. 5 Computerprogramm-RL in § 40d öUrhG im Jahr 1993 die übereinstimmende dogmatische Konstruktion dadurch zum Ausdruck gebracht, dass er für die Vorschrift dieselbe Formulierung und Überschrift („Freie Werknutzungen") gewählt hat wie für die übrigen in §§ 41 ff. öUrhG enthaltenen Schranken.

b. Systematik

Eine andere Beurteilung ist auch nicht deswegen geboten, weil die Schranken der §§ 69d, 69e und 55a UrhG nur für bestimmte berechtigte Nutzer und damit für einen eingeschränkten Personenkreis gelten.[242] Auch in anderen Fällen gesetzlich freigestellter Nutzungen bestimmt nicht allein der technische Nutzungsvorgang, sondern auch die Person des Nutzers über die zustimmungsfreie Zulässigkeit der Nutzungshandlung.[243] Dass §§ 44aff. UrhG die dort genannten Handlungen „jedem Dritten erlaubnisfrei" gestatten,[244] ist schlicht unzutreffend. So wird der Kreis der Privilegierten beispielsweise in § 47 auf Schulen und Fortbildungseinrichtungen, in § 56 auf bestimmte Geschäftsbetriebe und in § 60 UrhG auf den Besteller des Bildnisses begrenzt. Desgleichen entscheidet bei den Schranken der §§ 51, 52 Abs. 1 und 53 UrhG nicht allein der technische Vorgang über die Zulässigkeit der Nutzungshandlung, sondern in erster Linie

---

[241] So auch *Pres*, S. 120, der diese Auslegung im Ergebnis aber ablehnt.

[242] So aber *Grützmacher*, S. 265: Art. 6 Abs. 1 der Datenbank-Richtlinie sei keine Schranke, da er nicht gegenüber jedermann gelte; ähnlich *Lettl*, § 8 Rn. 27.

[243] *Poeppel*, S. 39 f. Das übersieht *Pres*, S. 120, der die Annahme, § 69d begrenze die gemäß § 69c UrhG gewährten Ausschließlichkeitsrechte, deswegen als „abwegig" bezeichnet.

[244] So Dreier/Schulze-*Dreier*, § 69d Rn. 2.

der mit der Vornahme verfolgte Zweck und somit ein allein in der Person des Nutzers liegender Umstand. § 55 UrhG setzt sogar ausdrücklich eine Berechtigung des privilegierten Sendeunternehmens zur Funksendung des betreffenden Werkes voraus.[245] Dennoch stellt § 55 UrhG eine das Vervielfältigungsrecht begrenzende Schrankenbestimmung und keine gesetzliche Nutzungsrechtseinräumung dar.[246]

In systematischer Hinsicht ist neben dem Vergleich mit §§ 44a ff. UrhG zu berücksichtigen, dass die Schranke des § 69d UrhG dazu dient, die im digitalen Verwertungsumfeld bestehende Besonderheit auszugleichen, dass auch die Nutzung durch den Endverbraucher vom Ausschließlichkeitsrecht des Urhebers erfasst wird.[247] Durch § 69d UrhG sollen die „aus den technischen Gegebenheiten von Software resultierenden, dem Urheberrecht aber artfremden Befugnisse des Rechtsinhabers zu Gunsten des berechtigten Benutzers" beschränkt werden.[248] Die von § 69d UrhG ermöglichte normale Benutzung besteht bei herkömmlichen Werkarten in der Rezeption des Werkes, dem Werkgenuss. Dieser wird vom Ausschließlichkeitsrecht des Urhebers von vornherein nicht erfasst. So erwirbt der Käufer eines Buches mit dem Kauf nicht etwa ein gesetzliches Nutzungsrecht, welches ihn zum Lesen berechtigt. Dies lässt jedoch nicht den Schluss zu, dass der Werkgenuss generell keine urheberrechtlich relevante Handlung ist.[249] Das Urheberrecht schützt den Urheber gemäß § 11 S. 1 UrhG in der Nutzung des Werkes, ohne zwischen körperlichen, unkörperlichen oder sonstigen Nutzungen zu unterscheiden. Der Gesetzgeber hat die im Werkgenuss liegende Nutzung des Werkes lediglich freigestellt.[250] Die in § 15 UrhG aufgeführten Verwertungsrechte sind – ebenso wie in Bezug auf die von den Schranken freigestellten Nutzungen – auch insoweit von vornherein gesetzlich beschränkt.[251]

Es besteht aus Sicht des nationalen Rechts somit kein sachlicher Grund, die Zustimmungsfreiheit in Bezug auf Computerprogramme, Datenbankwerke und andere in digitaler Form gespeicherte Werke einer abweichenden dogma-

---

[245] Siehe bereits oben S. 111.

[246] Vgl. Fromm/Nordemann-*W. Nordemann*, § 55 UrhG Rn. 1.

[247] Vgl. *Lehmann*, NJW 1993, 1824 f.

[248] Wandtke/Bullinger-*Grützmacher*, § 69d Rn. 1.

[249] So aber BGH GRUR 1994, 363, 364 f. – Holzhandelsprogramm; BGH GRUR 1991, 449, 453 – Betriebssystem: „Die Benutzung eines Werkes als solche ist kein urheberrechtlich relevanter Vorgang. Dies gilt für das Benutzen eines Computerprogramms ebenso wie für das Lesen eines Buches, das Anhören einer Schallplatte, das Betrachten eines Kunstwerks oder eines Videofilms."

[250] Dreier/Schulze-*Schulze*, § 15 Rn. 20; *Schulze*, ZUM 2000, 130; *Schack*, UrhR, Rn. 373, mit dem Hinweis, dass die Freiheit des privaten Werkgenusses nur ein Reflex der Entscheidung des Gesetzgebers sei, die Verwertungsrechte grundsätzlich bei den Handlungen der Werkvermittler anzusetzen und nicht bei den Endverbrauchern.

[251] Dreier/Schulze-*Schulze*, § 15 Rn. 20; *Schulze*, ZUM 2000, 130; *Peukert*, in: Hilty/Peukert, S. 24 f.; *Rehbinder*, UrhR, Rn. 438.

tischen Konstruktion zu unterwerfen. Allein aus der Besonderheit, dass bereits deren Benutzung regelmäßig eine Vervielfältigung erfordert, folgt nicht, dass dem Nutzer insoweit auch ein positives Nutzungs*recht* eingeräumt werden muss. Es genügt, dass das ausschließliche Vervielfältigungsrecht des Urhebers insoweit begrenzt wird. So ließ sich bereits vor Umsetzung von Art. 5 Abs. 1 Computerprogramm-RL bzw. Art. 6 Abs. 1 Datenbank-RL in §§ 69d, 55a UrhG die Zulässigkeit der berechtigten Benutzung von Computerprogrammen und Datenbanken konstruktiv durch eine teleologische Reduktion des § 16 Abs. 1 UrhG erreichen.[252] Der Unterschied zur geltenden Rechtslage besteht allein darin, dass diese Einschränkung des Vervielfältigungsrechts nun ausdrücklich gesetzlich angeordnet wird.

c. Zwingende Vorgabe der Computerprogramm-Richtlinie

Fraglich könnte allenfalls sein, ob das europäische Recht, zu dessen Umsetzung die Vorschriften in das UrhG eingefügt wurden, eine davon abweichende Konstruktion erforderlich macht. So ist *Lehmann* der Auffassung, dass Art. 5 Computerprogramm-RL insofern eine rechtsmethodische Neuheit darstelle, als es sich nicht um eine Einschränkung des Schutzumfangs des Ausschließlichkeitsrechts des Urhebers handele, sondern „um die Schaffung von genuinen Nutzungsbefugnissen für jeden berechtigten Verwender von Software in Europa, welche diesem das europäische Urheberrecht direkt aus dem Gesetz zukommen" lasse.[253] Jeder Softwareüberlassungsvertrag müsse diese Mindestrechte respektieren und dem Nutzer eröffnen. Widrigenfalls könne sich jeder Nutzer hinsichtlich dieser Rechte direkt auf das Gesetz berufen.[254]

Eine solche Zuweisung urheberrechtlicher Befugnisse an den einzelnen Nutzer lässt sich der Computerprogramm-RL jedoch nicht entnehmen. Vielmehr spricht Erwägungsgrund 17 der Richtlinie im Hinblick auf die nach Art. 5 zulässigen Nutzungshandlungen ausdrücklich von „Ausnahmen zu dem Ausschließlichkeitsrecht des Urhebers". Auch aus dem Wortlaut des Art. 5 selbst, wonach die für eine bestimmungsgemäße Benutzung des Computerprogramms notwendigen Handlungen „nicht der Zustimmung des Rechtsinhabers bedürfen" lässt sich nichts für die Begründung positiver Nutzungsrechte des einzelnen Nutzers herleiten. Die Formulierung der Vorschrift nimmt Bezug auf Art. 4, der unter der Überschrift „Zustimmungsbedürftige Handlungen" den Umfang der Ausschließlichkeitsrechte des Rechtsinhabers festlegt. Art. 5 bestimmt damit lediglich, dass die dort genannten Handlungen nicht vom Ausschließlichkeitsrecht des Urhebers erfasst werden sollen. Etwas anderes gilt auch nicht deshalb, weil vertragliche Bestimmungen, die im Widerspruch zu

---

[252] *Kappes*, GRUR 1997, 339; *Grützmacher*, S. 232 f., 265 m. w. N.
[253] *Lehmann*, FS Nordemann, 44 f.
[254] *Lehmann*, FG Schricker, 553; Loewenheim-*Lehmann*, § 76 Rn. 17.

Art. 6 oder zu den Ausnahmen nach in Art. 5 Abs. 2 und 3 stehen, gemäß Art. 9 Abs. 1 S. 2 Computerprogramm-RL unwirksam sind. Dadurch wird lediglich negativ die Vertragsfreiheit des Rechtsinhabers begrenzt, nicht aber positiv eine urheberrechtliche Befugnis des Nutzers zur Nutzung des geschützten Werkes begründet. Die Schaffung „genuiner Nutzungsbefugnisse" schreibt die Richtlinie nicht vor.

5. Ergebnis

Weder die Schrankenbestimmungen, die eine bestimmte Werknutzung vollständig vom Verbietungsrecht des Urhebers freistellen, noch die vergütungspflichtigen „gesetzlichen Lizenzen" räumen dem jeweils privilegierten Nutzer ein gesetzliches Nutzungsrecht i. S. d. § 31 UrhG ein. Gleiches gilt für die besonderen Schrankenbestimmungen der §§ 69d, 69e UrhG. Die Schranken begrenzen vielmehr bereits den Schutzinhalt der dem Urheber gewährten Ausschließlichkeitsrechte, indem sie den Umfang des jeweiligen Verwertungsrechts und die von ihm erfassten Nutzungshandlungen mitbestimmen.

III. Bedeutung der Schranken im Deliktsaufbau

Die Einordnung der Schranken des Urheberrechts als inhaltliche Begrenzung der ausschließlichen Verwertungsrechte hat auch Bedeutung für die Stellung der Schranken im Deliktsaufbau.

1. Schranken im Rahmen des § 97 UrhG

Unterlassungs- und Schadensersatzansprüche des Rechtsinhabers setzen nach § 97 Abs. 1 und 2 UrhG die widerrechtliche Verletzung eines nach dem UrhG geschützten Rechts voraus. Ebenso wie § 823 Abs. 1 BGB geht das UrhG damit von einem dreistufigen Aufbau der Haftungsvoraussetzungen in Verletzungshandlung, objektive Rechtswidrigkeit und Verschulden aus.[255] Das Urteil der Rechtswidrigkeit entscheidet dabei darüber, ob der Inhaber die Beeinträchtigung seines Rechts hinzunehmen hat.[256] Als Rechtfertigungsgründe, die einen Eingriff in das Urheberrecht ausnahmsweise rechtmäßig erscheinen lassen, kommen vor allem Notwehr (§ 227 BGB) und aggressiver Notstand nach § 904 BGB in Betracht.[257]

Die gesetzlichen Schranken des Urheberrechts begrenzen hingegen bereits den Umfang des jeweiligen Ausschließlichkeitsrechts des Urhebers. Ungenau ist es daher, wenn die Schranken des Urheberrechts als Bestimmungen definiert

---

[255] Dazu Palandt-*Sprau*, § 823 Rn. 24.
[256] Palandt-*Sprau*, § 823 Rn. 23.
[257] *Schack*, FS Schricker, 516; Schricker-*Melichar*, vor §§ 44a ff. Rn. 14.

werden, die „einen Eingriff in den Schutzumfang des Urheberrechts als zulässig und damit nicht tatbestandsmäßig erklären".[258] Wenn die Voraussetzungen einer Schranke erfüllt sind, liegt schon kein Eingriff in den Schutzumfang des Urheberrechts vor, der vom Gesetz auf einer zweiten Stufe für zulässig erklärt werden könnte.[259] Im Rahmen des Verletzungstatbestandes des § 97 UrhG sind gesetzliche Schrankenbestimmungen folglich bereits auf Tatbestandsebene bei der Verletzung eines nach dem UrhG geschützten Rechts zu berücksichtigen und nicht erst auf der Stufe der Widerrechtlichkeit.[260] Es ist somit unzutreffend, die Schranken des Urheberrechts als „Rechtfertigungsgründe" zu bezeichnen.[261]

2. *Schranken im Rahmen des § 106 UrhG*

Von praktischer Bedeutung ist die systematische Einordnung der Schranken in den Tatbestand oder die Rechtswidrigkeit vor allem im Urheberstrafrecht, wo §§ 44a bis 60 UrhG durch das Merkmal „in anderen als den gesetzlich zugelassenen Fällen" in § 106 UrhG in Bezug genommen werden.[262] Relevant ist diese Unterscheidung für Vorsatz- und Irrtumsfragen, weil sie darüber entscheidet, was bei einer Zuwiderhandlung gegen § 106 UrhG vom Vorsatz umfasst sein muss, und Einfluss darauf hat, ob ein Irrtum des Täters über seine Befugnisse im Hinblick auf die Schranken der §§ 44aff. UrhG als Tatbestandsirrtum nach § 16 oder als Verbotsirrtum nach § 17 StGB zu behandeln ist.[263]

Rechtfertigungsgründe unterscheiden sich von den Tatbestandsmerkmalen nach h. M. dadurch, dass sie nicht den Deliktstypus, sondern die konkrete So-

---

[258] So *Macciacchini*, S. 77; ähnlich *Melichar*, Wahrnehmung von Urheberrechten, S. 13 („rechtmäßige, vom Gesetz gestattete Eingriffe in das Urheberrecht").

[259] So auch Schricker-*Wild*, § 97 Rn. 17; Schricker-*Vassilaki*, § 106 Rn. 23; *Schack*, ZUM 2002, 504; *Liepe*, S. 124; a. A. *Arlt*, DRM, S. 49, 130, wonach die Schranken „rechtfertigenden Charakter gegen eine Inanspruchnahme durch den Rechteinhaber wegen der Verletzung diesem grundsätzlich ausschließlich zugeordneter Rechte" haben und „rechtfertigend im Fall des Eingriffs in urheberrechtliche Verwertungsrechte" wirken.

[260] A. A. OLG Köln GRUR-RR 2006, 5f. – Personal Video Recorder: Bei Eingreifen des § 53 Abs. 1 UrhG erfolge die Verletzung der durch das UrhG geschützten Rechte nicht widerrechtlich.

[261] So *von Gamm*, § 45 Rn. 5; *Schack*, FS Schricker, 516, wonach die gesetzlichen Schranken des Urheberrechts Rechtfertigungsgründe darstellen, die auf einer Stufe mit dem Schikaneverbot (§ 226 BGB), der Notwehr (§ 227 BGB) und dem rechtfertigenden aggressiven Notstand (§ 904 BGB) stehen; ebenso wohl *Hirsch-Ballin*, UFITA 20 (1955), 281: Beschränkungen des Urheberrechtsschutzes zugunsten der Allgemeinheit führten zu einer Nutzungsfreiheit, derzufolge die Rechtswidrigkeit entfalle, „da strafrechtlich gesprochen ein Unrechtsausschließungsgrund gegeben" sei; vgl. auch Schricker-*Melichar*, vor §§ 44aff. Rn. 14.

[262] Vgl. Schricker-*Vassilaki*, § 106 Rn. 23; Möhring/Nicolini-*Spautz*, § 106 Rn. 4; Fromm/Nordemann-*Ruttke/Scharringhausen*, § 106 UrhG Rn. 21; Wandtke/Bullinger-*Hildebrandt*, § 106 Rn. 21; *Weber*, S. 225.

[263] *Weber*, S. 226; vgl. Möhring/Nicolini-*Spautz*, § 106 Rn. 9f.

zialschädlichkeit des einmaligen Geschehens betreffen.[264] Zum Tatbestand gehören demgegenüber alle Merkmale, die den materiellen Unrechtsgehalt begründen. Die Verbotsmaterie soll durch den gesetzlichen Tatbestand erschöpfend umschrieben werden, da der Gesetzgeber hier die Gesamtheit der Merkmale anzuführen hat, aus denen sich der typische Unrechtsgehalt ergibt.[265] Der Tatbestand fasst also die Umstände zusammen, die für das Unrecht einer bestimmten Deliktsart spezifisch sind.[266] Dabei kann der Inhalt der Verbotsnorm auch durch eine negative Fassung des betreffenden Tatbestandsmerkmals beschrieben werden, dessen Fehlen die Handlung erst sozial auffällig macht.[267] Anders als Tatbestandsmerkmale enthalten Rechtfertigungsgründe keine generelle Einschränkung des allgemeinen Verbots, sondern treten der Verbotsnorm im Einzelfall selbständig gegenüber, indem sie einen besonderen Zusammenhang bezeichnen, in dem eine sozial auffällige Handlung ausnahmsweise tolerierbar ist.[268] Ihnen liegt eine auf das gesamte Recht „durchschlagende" Wertentscheidung in dem Sinne zugrunde, dass entweder in sozialen Konfliktsituationen ein bestimmtes Gegeninteresse höher bewertet wird oder dass in gewissen Grenzen das fehlende Interesse des Verletzten als hinreichender Grund für die Preisgabe des geschützten Rechtsguts anerkannt wird.[269]

Danach können die Schranken der §§ 44a ff. auch im Rahmen von § 106 UrhG nicht als Rechtfertigungsgründe eingeordnet werden. Es handelt sich nicht um bloße Ausnahmen von einem grundsätzlichen Verbot der Verwertung fremder Werke, die der tatbestandsmäßigen Urheberrechtsverletzung lediglich die Rechtswidrigkeit nehmen.[270] Die Vorschriften bestimmen generell-abstrakt, unter welchen Voraussetzungen die Verwertung urheberrechtlich geschützter Werke zulässig ist. Bei der Anwendung des § 106 UrhG wird dem Richter also kein selbständiges, über das Unrecht des tatbestandsmäßigen Verhaltens entscheidendes Werturteil abverlangt.[271] Das Verwertungsrecht, welches als Rechtsgut von § 106 UrhG geschützt wird und dessen Verletzung die Strafbarkeit des Täters begründet, steht dem Urheber vielmehr nur in den vom Gesetzgeber in §§ 44a ff. UrhG gezogenen Grenzen zu. Diese Begrenzung ist Ausfluss

[264] *Roxin*, § 10 Rn. 20f.; *Jescheck/Weigend*, § 25 III 2; *Jakobs*, 6. Abschn. Rn. 51.

[265] *Jescheck/Weigend*, § 25 I 2.

[266] Schönke/Schröder-*Lenckner/Eisele*, vor §§ 13ff. Rn. 18; *Fischer*, vor § 13 Rn. 13.

[267] *Jakobs*, 6. Abschn. Rn. 56; *Jescheck/Weigend*, § 25 III 3. Dies hat nichts mit der Lehre von den negativen Tatbestandsmerkmalen zu tun, die die Rechtfertigungsgründe als negative Tatbestandsmerkmale auffasst und daher von einem nur zweistufigen Deliktsaufbau ausgeht, dazu *Roxin*, § 10 Rn. 13ff.

[268] *Jakobs*, 6. Abschn. Rn. 51; *Jescheck/Weigend*, § 25 III 2 a.

[269] Schönke/Schröder-*Lenckner/Eisele*, vor §§ 13ff. Rn. 18.

[270] So aber *Kircher*, Tatbestandsirrtum und Verbotsirrtum im Urheberrecht, S. 233; ebenso wohl *Lampe*, UFITA 83 (1978), 30f.: § 53 UrhG sei ein unvollkommen zweiaktiger „Gegentatbestand", der neben einem objektiven ein subjektives „Rechtfertigungselement" enthalte. Einen „weiteren wichtigen Rechtfertigungsgrund" enthalte § 51 UrhG (a.a.O. 33).

[271] *Weber*, S. 227.

der Sozialbindung des Eigentums gemäß Art. 14 Abs. 2 GG. Ein Verhalten, das von einer Schranke gedeckt ist, bewegt sich daher im Rahmen der sozialethischen Ordnung des Gemeinschaftslebens.[272] Durch §§ 44aff. wird bereits der typische Unrechtsgehalt des Vergehens nach § 106 UrhG mitbeschrieben und damit die strafwürdige Rechtsgutsverletzung typisiert. Für die in §§ 69d, 69e UrhG geregelten Schranken gilt nichts anderes.[273] Die Schranken stellen im Rahmen des § 106 UrhG somit negative Tatbestandsmerkmale dar und wirken tatbestandsausschließend.[274]

Wenn die Voraussetzungen einer gesetzlichen Schrankenbestimmung vorliegen, erfüllt derjenige, der ein urheberrechtlich geschütztes Werk vervielfältigt, verbreitet oder öffentlich wiedergibt, folglich nicht den Tatbestand des § 106 UrhG. Wenn der Täter irrtümlich annimmt, die tatsächlichen Voraussetzungen für das Eingreifen einer Schranke lägen vor, unterliegt er einem Irrtum über Tatumstände und handelt gemäß § 16 Abs. 1 StGB ohne Vorsatz. Dies ist z. B. der Fall, wenn ein Verleger irrtümlich davon ausgeht, dass eine von ihm herausgegebene Anthologie ausschließlich dem Schulgebrauch diene (§ 46 Abs. 1 UrhG), oder ein Lehrer eine Rundfunksendung irrtümlich ihrem Inhalt nach für eine Schulfunksendung hält und sie auf Tonträger aufnimmt (§ 47 Abs. 1 UrhG).[275] Entgegen *Weber*[276] ist es aber keineswegs gleichgültig, ob der Täter sich über die tatsächlichen Verhältnisse irrt (z. B. über den Inhalt der Rundfunksendung) oder einem vom Gesetz verwendeten Tatbestandsmerkmal (z. B. Schulfunksendung) eine Ausdehnung gibt, die das Merkmal nicht hat. Denn für den Vorsatz reicht es aus, dass der Täter aufgrund einer „Parallelwertung in der Laiensphäre", einer Parallelbeurteilung im Täterbewusstsein, den unrechtstypisierenden Bedeutungsgehalt des jeweiligen Merkmals erfasst.[277] Die unrichtige Subsumtion der Tatsachen unter das Gesetz schließt den Vorsatz daher nicht aus, wenn dem Täter trotz seiner Fehlvorstellung die soziale Tragweite seines Verhaltens bewusst ist. In Betracht kommt dann nur ein Verbotsirrtum nach § 17 StGB.

IV. Zusammenfassung

Wie die Erschöpfung des Verbreitungsrechts gemäß §§ 17 Abs. 2, 69c Nr. 3 S. 2 stellen die in §§ 44a ff. UrhG enthaltenen Schranken des Urheberrechts nach der

---

[272] *Haß*, FS Klaka, 135 (zu § 45 Abs. 1 UrhG).

[273] Fromm/Nordemann-*Ruttke/Scharringhausen*, § 106 UrhG Rn. 21; a. A. *Haß*, in: Lehmann, XII Rn. 72, der §§ 69d, 69e UrhG als Rechtfertigungsgründe ansieht.

[274] Dreier/Schulze-*Dreier*, § 106 Rn. 6; Schricker-*Vassilaki*, § 106 Rn. 23; Wandtke/Bullinger-*Hildebrandt*, § 106 Rn. 21; *Haß*, FS Klaka, 136 mit Fn. 48; Fromm/Nordemann-*Ruttke/Scharringhausen*, § 106 UrhG Rn. 21; *Weber*, S. 228; vgl. *Schack*, UrhR, Rn. 745.

[275] *Weber*, S. 290 f. mit weiteren Beispielen.

[276] *Weber*, S. 287 f., 291 (Beispiel 3).

[277] Schönke/Schröder-*Sternberg-Lieben*, § 15 Rn. 43a m. w. N.

Konzeption des deutschen Gesetzgebers Beschränkungen des Schutzumfangs der dem Urheber gemäß § 15 UrhG ausschließlich vorbehaltenen Verwertungsrechte dar. Das jeweilige Verwertungsrecht ist im Hinblick auf die von einer Schranke erfassten Nutzungshandlungen von vornherein inhaltlich begrenzt. Der Umfang des Ausschließlichkeitsrechts des Urhebers ergibt sich somit erst aus einer Gesamtschau der §§ 15ff. und §§ 44aff. UrhG. Ein mit einem vertraglich eingeräumten Nutzungsrecht i.S.d. § 31 Abs. 1 UrhG vergleichbares gesetzliches Nutzungsrecht wird dem durch eine Schranke begünstigten Nutzer nicht eingeräumt. Das gilt auch für die sog. „gesetzlichen Lizenzen", also diejenigen Schrankenbestimmungen, die dem Urheber als Ausgleich für die Zustimmungsfreiheit einen Vergütungsanspruch gewähren. Der Vergütungsanspruch stellt wie die Ansprüche aus §§ 26, 27 UrhG einen urheberrechtlichen Anspruch eigener Art dar, der keinen Einfluss auf die inhaltliche Beschränkung des Ausschließlichkeitsrechts des Urhebers hat.

In gleicher Weise werden die dem Urheber eines Computerprogramms gemäß § 69c gewährten Ausschließlichkeitsrechte durch §§ 69d und § 69e UrhG beschränkt. Dass diese Schranken ebenso wie § 55a und § 44a Nr. 2 UrhG eine Berechtigung des privilegierten Nutzers voraussetzen, berührt nicht deren dogmatische Einordnung als inhaltliche Begrenzung der ausschließlichen Verwertungsrechte. Eine Besonderheit besteht bei diesen Schranken lediglich darin, dass die jeweils freigestellten Nutzungshandlungen – im Fall des § 69d Abs. 1 UrhG zumindest hinsichtlich eines „zwingenden Kerns" – ausdrücklich auch aufgrund schuldrechtlicher Abreden nicht wirksam untersagt werden können.

Die Schranken des Urheberrechts stellen daher keine Rechtfertigungsgründe dar, die einem tatbestandlichen Eingriff in die Verwertungsrechte des Urhebers lediglich die Rechtswidrigkeit nehmen. Wenn sich der Nutzer auf eine Schrankenbestimmung berufen kann, fehlt es vielmehr bereits an einem Eingriff in das betreffende Verwertungsrecht, dessen Schutzumfang durch die Schranke begrenzt wird. Dementsprechend sind die Schrankenbestimmungen bei der strafrechtlichen Beurteilung von Werknutzungen nach § 106 UrhG bereits auf Tatbestandsebene zu berücksichtigen.

B. Originäres Recht des Nutzers

Dass die Schranken des Urheberrechts dem jeweils privilegierten Nutzer kein Nutzungsrecht i.S.d. § 31 UrhG einräumen, bedeutet jedoch nicht, dass dem Nutzer überhaupt keine als subjektives Recht zu qualifizierende Rechtsposition zukommen könnte.[278] Fest steht lediglich, dass ihm keine *urheberrechtliche*, also vom Ausschließlichkeitsrecht des Urhebers abgeleitete Nutzungsbefugnis

[278] So aber offenbar *Trayer*, S. 147; *Obergfell*, in: Zugang und Ausschluss, S. 110.

eingeräumt wird. Fraglich ist jedoch, inwieweit der Nutzer sich auf ein originäres subjektives Recht zur Nutzung des geschützten Werkes berufen kann.

I. Meinungsstand

Nach herkömmlicher Auffassung räumen die Schrankenbestimmungen dem jeweils privilegierten Nutzer ein solches subjektives Recht auf Werknutzung nicht ein. Die den Beschränkungen des Urheberrechts entsprechenden Nutzungsbefugnisse hätten weder den Charakter von gegenständlichen Rechten noch den von obligatorischen Ansprüchen.[279] Den jeweils privilegierten Benutzern würden durch die Beschränkung daher keine subjektiven Rechte verliehen, im Rahmen der freigestellten Nutzung entfielen nur die Schranken, die der Handlungsfreiheit des Nutzers im Übrigen durch das Urheberrecht gezogen seien.[280] Anders als bei dem subjektiven Recht des Urhebers handele es sich bei den „Rechten" der Allgemeinheit somit um eine bloße Freiheit im Sinne einer facultas.[281] Dass aufgrund einer Beschränkung des Urheberrechtsschutzes Dritte die Freiheit haben, das Werk des Urhebers zu nutzen, mache solche Nutznießer aber nicht zu Trägern eines Lizenzrechts im Sinne eines subjektiven Privatrechts.[282] Vielmehr stelle die Nutzungsfreiheit lediglich einen Reflex der gesetzlichen Beschränkung des Urheberrechts dar.[283]

Demgegenüber spricht insbesondere *Guibault* davon, dass dem einzelnen Nutzer ein „objektives Recht" (objective right) gewährt werde.[284] Dieses Recht

---

[279] *Riezler*, § 58 I (S. 261) zu den „gesetzlichen Lizenzen" im LUG; *Liepe*, S. 123f.; *Arlt*, DRM, S. 49; Fromm/Nordemann-*Czychowski*, § 95b Rn. 5.

[280] *Riezler*, § 58 I (S. 261) zum LUG, § 90 (S. 430) zum KUG; *Runge*, UrhR, S. 149, der die freigestellten Werknutzungen daher mit dem verwaltungsrechtlichen Begriff des allgemeinen Polizeiverbots mit Erlaubnisvorbehalt vergleicht (anders aber für gesetzliche Lizenzen, dazu oben S. 137f.); *Dreyer*, in: Pahlow/Eisfeld, S. 242; *Liepe*, S. 124; zu § 53 UrhG auch *Wiechmann*, ZUM 1989, 118; *Pichlmaier*, CR 2003, 913; *Guntrum*, S. 100ff.; *Schenk*, S. 110; *Schack*, UrhR, Rn. 494a; *Ullrich*, GRURInt 2009, 290; ebenso zum belgischen Recht *Berenboom*, S. 166; TPI Bruxelles, 25. 5. 2004, No 2004/46/A du rôle des référes, S. 9 – Test-Achats/EMI Belgium (zu Art. 22 LDA): „[L]a copie privée n'est pas un droit mais une exception. ... La conséquence légale de cette exception est que la copie privée ne peut pas être considérée comme une contrefacon, en manière telle que celui qui la réalise ne peut pas être poursuivi. En ce sens la copie privée est une simple cause d'immunité garantie par loi"; zum französischen Recht CA Paris RIDA 213 (2007), 379, 382 – UFC Que Choisir/Universal Pictures vidéo France (zu Art. L. 122–5 CPI): „[L]a copie privée ... ne constitue pas un droit mais une exception légale au principe de la prohibition de toute reproduction intégrale ou partielle d'une œuvre protégée faite sans le consentement du titulaire de droits d'auteur"; *Lucas-Schloetter*, GRURInt 2007, 667.

[281] *Hirsch-Ballin*, RIDA 10 (1956), 21; vgl. *dens.*, UFITA 20 (1955), 281.

[282] *Hirsch-Ballin*, UFITA 20 (1955), 281; *Runge*, UrhR, S. 149.

[283] *Schack*, UrhR, Rn. 481d; *ders.*, ZUM 2002, 504; *ders.*, FS Wadle, 1019; ebenso im Ergebnis *Guibault*, Copyright Limitations, S. 95, 107.

[284] *Guibault*, Copyright Limitations, S. 97ff.; zustimmend *Geiger*, Droit d'auteur, Rn. 218; ebenso in Bezug auf die Vervielfältigungsfreiheit zu Forschungs- und Lehrzwecken *ders.*, IIC

stelle aber lediglich einen Reflex aus der Beschränkung des Urheberrechts dar und sei daher nicht übertragbar und könne nicht selbständig durchgesetzt werden.[285] Inhaltlich enthalte das Recht nur die Befreiung von der Pflicht, das Ausschließlichkeitsrecht des Urhebers zu beachten.[286] Das „objektive Recht" des Nutzers nach dieser Auffassung ist damit gleichbedeutend mit einer Nutzungsfreiheit (privilege) und entspricht somit inhaltlich dem von *Hirsch-Ballin* verwendeten Begriff der Freiheit oder facultas.

In neuerer Zeit wird demgegenüber zunehmend vertreten, dass die von den Schranken eingeräumte Nutzungsfreiheit angesichts des vom Gesetzgeber angestrebten Interessenausgleichs mehr als das bloße Nicht-Verbot der Nutzung sei.[287] So bezeichnet *Hohagen* die Vervielfältigungsfreiheit nach § 53 UrhG, soweit sie Ausdruck eines verfassungsrechtlich gebotenen Interessenausgleichs sei, als eine „durch die (freiheitsschützenden) Vorschriften des Urheberrechtsgesetzes grundsätzlich zwingend ausgestaltete und folglich objektiv bewehrte Freiheit".[288] Daraus ergäben sich Konsequenzen sowohl für die vertragliche Abdingbarkeit der Vervielfältigungsfreiheit als auch für deren Überlagerung mittels technischer Schutzmaßnahmen.[289]

Der kanadische Supreme Court bezeichnet in einem Urteil von 2004 die Schranken des Urheberrechts, insbesondere die Ausnahme des fair dealing zu Forschungszwecken nach § 29 des Copyright Act[290], sogar als ein „Recht des Nutzers" (user's right). Die im Copyright Act enthaltenen Ausnahmen seien mehr als eine bloße Einwendung gegen eine behauptete Verletzung des Urheberrechts, sondern stellten einen integralen Bestandteil des Urheberrechts dar,

---

2005, 154f. Von einer objektiv-rechtlichen Berechtigung des durch eine Schranke Privilegierten spricht auch *Obergfell*, in: Zugang und Ausschluss, S. 110.

[285] *Guibault*, Copyright Limitations, S. 107; ebenso im Ergebnis *Geiger*, IIC 2005, 155. Dabei beruft sich *Guibault* auf *Jellineks* Lehre von den Reflexwirkungen des Rechts, wonach Reflexwirkungen jedoch gerade von den Rechten des Individuums zu unterscheiden sind, siehe *Jellinek*, S. 67ff. Da es dort zudem um die Reflexwirkungen von (öffentlich-rechtlichen) Pflichten einer Person auf die Rechtsstellung eines Dritten geht, hat diese Lehre lediglich im öffentlichen Recht Bedeutung, siehe dazu *Bachof*, GS Jellinek, 290f. Denn im Zivilrecht entspricht der Verpflichtung einer Person grundsätzlich auch das Recht einer anderen, vgl. *Brox/Walker*, Rn. 615.

[286] *Guibault*, Copyright Limitations, S. 109: „Users obtain an ‚objective right' or ‚privilege' in making these uses through the reflex effect of the law. More specifically, users are relieved from the duty to respect the copyright holder's right with regard to the acts specified in the copyright act".

[287] So zur Vervielfältigungsfreiheit nach § 53 UrhG *Hohagen*, FS Schricker, 356f.; *ders.*, Vervielfältigungsfreiheit, S. 498ff.; zur französischen Schranke zugunsten der Privatkopie *Geiger*, IIC 2005, 154ff.

[288] *Hohagen*, FS Schricker, 360f., 367.

[289] *Hohagen*, FS Schricker, 361.

[290] Copyright Act, R.S.C. 1985, c. C-42, § 29: „Fair dealing for the purpose of research or private study does not infringe copyright."

der erforderlich sei, um einen angemessenen Ausgleich zwischen dem Recht des Urhebers und den Interessen der Nutzer herzustellen.[291]

Für diejenigen Beschränkungen des Urheberrechts, die auf Grundrechten basieren, nimmt auch *Geiger* an, dass es sich dabei um Rechte der Nutzer handele.[292] Da die Grundrechte der Urheber und der Nutzer einander gleichwertig gegenüber stünden, könne es sich auch bei den Beschränkungen des Urheberrechts nur um Rechte handeln, wie auch die Bezeichnung der Zitatschranke als „Zitatrecht" zeige. Der Nutzer habe daher nicht nur ein rechtlich geschütztes Interesse, es werde ihm auch ein „Anspruch auf Nutzung" gewährt, weil § 95b Abs. 2 UrhG bei Einsatz von technischen Schutzmaßnahmen dem von gewissen Schranken Begünstigten einen Anspruch gegen den Rechtsinhaber gebe, wenn dieser nicht die für die Nutzung notwendigen Mittel zur Verfügung stellt.[293] Bei Beschränkungen, die keine grundrechtliche Fundierung haben, handele es sich hingegen nicht um Rechte der Nutzer, sondern um Interessen.[294] Aus der Annahme, dass die Schranken den Nutzern Rechte gewähren, schließt *Geiger*, dass sie als zwingend betrachtet werden müssten und Vorrang vor vertraglichen Bestimmungen haben sollten.[295]

II. Begriff des Nutzerrechts

Im Streit um die Rechtsstellung des von einer Schranke des Urheberrechts privilegierten Nutzers werden dem Begriff des „Rechts" zum Teil höchst unterschiedliche Bedeutungen zugewiesen, auf der anderen Seite aber auch zur Be-

[291] *CCH Canadian Ltd. v. Law Society of Upper Canada* [2004] 1 S.C.R. 339, 2004 SCC 13, 236 D.L.R. (4th) 395, Rn. 48: „[I]t is important to clarify some general considerations about exceptions to copyright infringement. Procedurally, a defendant is required to prove that his or her dealing with a work has been fair; however, the fair dealing exception is perhaps more properly understood as an integral part of the Copyright Act than simply a defence. Any act falling within the fair dealing exception will not be an infringement of copyright. The fair dealing exception, like other exceptions in the Copyright Act, is a user's right. In order to maintain the proper balance between the rights of a copyright owner and users' interests, it must not be interpreted restrictively. (...) ‚User rights are not just loopholes. Both owner rights and user rights should therefore be given the fair and balanced reading that befits remedial legislation'"; zust. *Garnett/Davies/Harbottle*, Rn. 9–12; ebenso *Elkin-Koren*, 12 BTLJ 101 (1997): „Copyright ... defines both owners' exclusionary rights and users' access rights".

[292] *Geiger*, Droit d'auteur, Rn. 218; *ders.*, GRURInt 2004, 818; *ders.*, in: Hilty/Peukert, S. 148f.

[293] *Geiger*, GRURInt 2004, 818. Auch *Pichlmaier*, CR 2003, 913, nimmt an, dass durch die Aufnahme des § 53 Abs. 1 UrhG in den Katalog des § 95b Abs. 1 UrhG der Privatkopiefreiheit der Charakter eines subjektiven Rechts verliehen würde.

[294] *Geiger*, GRURInt 2004, 818 Fn. 33; vgl. zur französischen Privatkopieschranke *dens.*, IIC 2006, 77f., wo er allerdings den Begriff des „rechtlich geschützten Interesses" (legally protected interest) als gleichbedeutend mit einem „objektiven Recht" (objective right) ansieht, welches Dritte verpflichte, das berechtigte Interesse der Nutzer zu beachten.

[295] *Geiger*, GRURInt 2004, 820; *ders.*, in: Hilty/Peukert, S. 154; *ders.*, IIC 2005, 155f.; vgl. *dens.*, Droit d'auteur, Rn. 228.

zeichnung offensichtlich identischer Rechtsstellungen unterschiedliche Begriffe (Freiheit, objektives Recht, Interesse) verwendet. Daher ist zunächst zu klären, welcher rechtliche Gehalt der Aussage zukommt, der privilegierte Nutzer habe ein (subjektives oder objektives) „Recht“ darauf, die von einer Schranke erlaubte Nutzungshandlung vorzunehmen, und wie sich der Begriff des Rechts zu dem der Nutzungsfreiheit verhält.

1. *Objektives Recht*

Insbesondere die von einigen Autoren verwendete Bezeichnung als „objektives Recht“ des Nutzers ist aus der Perspektive des deutschen Rechts unglücklich gewählt. Denn unter dem objektiven Recht versteht man die Summe aller abstrakten Rechtsnormen, zu denen sowohl Akte der Gesetzgebung als auch das ungeschriebene Gewohnheitsrecht gehören.[296] Dass die gesetzlichen Schrankenbestimmungen Teil des objektiven Rechts in diesem Sinne sind, ist klar, führt jedoch im vorliegenden Zusammenhang nicht weiter.[297] Ein „objektives Recht“ des einzelnen Nutzers kann es nicht geben. Das objektive Recht gilt gerade unabhängig vom konkreten Anwendungsfall.[298] Sobald aus dem abstrakten Rechtssatz ein einzelnes Recht für eine bestimmte Person entsteht, handelt es sich um ein subjektives Recht. Die Einordnung als „Recht des Nutzers“ impliziert daher gerade ein subjektives Recht.[299] Auch soweit in der Literatur von „Rechten der Allgemeinheit“ die Rede ist, welche neben dem Urheberrecht bestünden und dieses begrenzten,[300] stellen diese allenfalls subjektive Rechte jedes einzelnen Mitglieds der Allgemeinheit dar. Der Allgemeinheit als solcher können (subjektive) Rechte nicht zustehen.

2. *Subjektives Recht des Nutzers*

Zumeist wird die Denkfigur des subjektiven Rechts umschrieben als von der Rechtsordnung verliehene Rechtsmacht oder Berechtigung zur selbstbestimmten Wahrnehmung der geschützten Interessen durch den Rechtsinhaber.[301] Unabhängig von der Schwierigkeit, den Begriff des subjektiven Rechts zu definieren, sind die unter diesem Oberbegriff zusammengefassten Rechtspositionen

---

[296] *Larenz/Wolf*, § 3 Rn. 6; *Bork*, Rn. 279; *Schack*, AT, Rn. 44.

[297] Vgl. aber *Hohagen*, FS Schricker, 360, der bereits daraus ableiten will, dass es sich bei der Vervielfältigungsfreiheit um eine objektiv bewehrte Freiheit handelt; näher dazu unten S. 167 f.

[298] *Larenz/Wolf*, § 3 Rn. 6 und § 14 Rn. 1.

[299] Daher ist es auch ungenau, wenn *Obergfell*, in: Zugang und Ausschluss, S. 110, davon spricht, dass der von einer Schranke Privilegierte objektiv-rechtlich zum entsprechenden Zugang zum Werk berechtigt werde.

[300] Vgl. *Hoffmann*, ArchFunkR 1929, 248.

[301] *Larenz/Wolf*, § 13 Rn. 24; *Bork*, Rn. 280; *Brox/Walker*, Rn. 617; *Schack*, AT, Rn. 45; *Köhler*, § 17 Rn 5.

aber zu vielfältig, um allein daraus konkrete Rechtsfolgen herleiten zu können.[302] Es hilft daher nicht weiter, die Schranken des Urheberrechts abstrakt zu einem „Recht" des Nutzers zu erklären, ohne zu bestimmen, welchen Inhalt dieses Recht hat.[303] Insbesondere kann allein aus der Bezeichnung der Schranken als „Rechte" der Nutzer nicht abgeleitet werden, dass den Schrankenbestimmungen Vorrang vor vertraglichen Abreden oder technischen Schutzmaßnahmen zukommen müsste.[304] Denn es gehört typischerweise zum Inhalt vieler subjektiver Rechte, dass das jeweilige Recht zum Gegenstand vertraglicher Vereinbarungen gemacht werden kann, die auf die Aufhebung, Änderung oder Übertragung des Rechts gerichtet sind.[305] Zu klären ist daher vielmehr, welche konkreten rechtlichen Positionen dem jeweiligen Nutzer durch das Gesetz gewährt werden.[306] Erst die Feststellung, dass dem Nutzer bestimmte Rechtspositionen gewährt werden, rechtfertigt die Aussage, er habe ein subjektives Recht, nicht umgekehrt.[307] Denn die Struktur der subjektiven Rechte ist unterschiedlich, je nach Art des dem Berechtigten zugewiesenen Rechtsinhalts.[308] Maßgebend sind daher nicht ihre Bezeichnung, sondern Inhalt und Struktur der jeweiligen Position.[309]

---

[302] Vgl. *Schack*, AT, Rn. 45; *Larenz/Wolf*, § 15 Rn. 1; *Larenz*, FG Sontis, 130, 147, der im Begriff des subjektiven Rechts nur einen „Rahmenbegriff" sieht, der für verschiedene Strukturen Raum lasse. Eine Systematisierung der verschiedenen subjektive Rechte im Hinblick auf ihre Funktion versucht *Raiser*, JZ 1961, 466 ff.

[303] Erst recht geht es fehl, die Frage nach subjektiven Rechten der Schrankenbegünstigten wie *Geiger*, GRURInt 2008, 462 lediglich als „rechtstechnische" Diskussion aufzufassen, da derjenige, der eine vom Urheberrecht freigestellte Nutzung vornehme, sich nicht auf ein von der Schranke geschütztes Interesse, sondern letztendlich auf das Urheberrecht als Ganzes, also auf ein Recht, berufe.

[304] Kritisch gegenüber dieser These *Geigers* auch *Metzger*, GRURInt 2006, 173.

[305] Vgl. *Nimmer*, 13 BTLJ 882 f. (1998), wonach die Annahme eines zwingenden Charakters der Schrankenbestimmungen dem Nutzer ein „sehr ungewöhnliches Recht" einräumen würde, da die Nicht-Übertragbarkeit dem Recht einen wesentlichen Teil seines Wertes für den Rechtsinhaber raube.

[306] Zum Begriff der Position *Alexy*, Grundrechte, S. 163 f.; ähnlich *Bork*, Rn. 281, der den Inhalt des subjektiven Rechts in der Zuweisung einer „Verhaltensberechtigung" sieht; vgl. auch *Enneccerus/Nipperdey*, § 72 I 4 (S. 437), die zwischen Recht und Einzelbefugnis unterscheiden. Nur wenn das Recht lediglich aus einer einzelnen Befugnis bestehe, fielen beide Begriffe zusammen.

[307] Vgl. *Raiser*, JZ 1961, 471. Erst recht verfehlt ist es, wenn *Geiger*, GRURInt 2004, 818, aus der umgangssprachlichen Bezeichnung der Zitierfreiheit als „Zitatrecht" deren Qualifizierung als subjektives Recht herleiten will.

[308] *Larenz*, FG Sontis, 148.

[309] *Bork*, Rn. 281, 297; *Schmidt*, Aktionsberechtigung, S. 13, 17; *Alexy*, Grundrechte, S. 170: Wichtiger als die Frage, was zu Recht als „(subjektives) Recht" bezeichnet wird, sei die Einsicht in die Struktur der verschiedenen Positionen. Anders *Geiger*, IIC 2005, 155: Obwohl der Nutzer nach geltendem Recht keine Möglichkeit habe, sein Recht auf Schrankengebrauch durchzusetzen, sei die Qualifizierung einer Schranke als Recht „far from being symbolic".

a. Die einzelnen Rechtspositionen

Charakteristisch für ein subjektives Recht ist, dass der einzelnen Person eine Rechtsposition verschafft wird, über deren Ausübung sie privatautonom selbst entscheiden kann.[310] Im Hinblick auf ihre Struktur kann man dabei drei Positionen zu unterscheiden, die Inhalt eines (subjektiven) Rechts sein können: Rechte auf etwas, Freiheiten und Kompetenzen.[311]

Rechte auf etwas stellen eine dreistellige Relation dar zwischen einem Träger oder Inhaber des Rechts, einem Adressaten des Rechts und dem Gegenstand oder Objekt des Rechts.[312] Wegen der Einbeziehung des Adressaten in die Relation kann Gegenstand des Rechts auf etwas dabei immer nur eine positive oder negative Handlung des Adressaten sein. Von einem Recht auf etwas kann man demnach nur sprechen, wenn der Träger des Rechts gegenüber dem Adressaten ein Recht darauf hat, dass dieser eine bestimmte Handlung vornimmt oder unterlässt. Dem Recht auf etwas entspricht somit die Verpflichtung des Adressaten gegenüber dem Träger des Rechts, die betreffende Handlung vorzunehmen oder zu unterlassen.[313] Das Recht auf etwas deckt sich bei zivilrechtlichen Rechtsverhältnissen daher mit dem Begriff des Anspruchs i. S. d. § 194 BGB.[314]

Die *Freiheit* bildet ebenfalls eine dreistellige Relation zwischen einem Freiheitsträger, einem Freiheitshindernis und einem Freiheitsgegenstand.[315] Bei einer rechtlichen Freiheit ist Freiheitsgegenstand die Alternative, eine bestimmte Handlung vorzunehmen oder zu unterlassen, und das Freiheitshindernis ein rechtliches Verbot dieses Gegenstandes. Eine rechtliche Freiheit besteht also immer dann, wenn es einer Person sowohl erlaubt ist, eine bestimmte Handlung vorzunehmen als auch diese Handlung zu unterlassen, wenn es also mit anderen Worten der Person weder verboten noch geboten ist, die fragliche Handlung vorzunehmen. Der Begriff der rechtlichen Freiheit deckt sich somit mit dem der rechtlichen Erlaubnis.[316]

Die Position der *unbewehrten* rechtlichen Freiheit im Sinne der Erlaubnis, etwas zu tun oder dasselbe zu unterlassen, schließt als solche aber noch keine

---

310 *Larenz/Wolf*, § 14 Rn. 1; *Schack*, AT, Rn. 45.

311 *Alexy*, Grundrechte, S. 171. Diese Unterscheidung ist nicht gleichbedeutend mit der häufig zu findenden, aber keineswegs abschließenden inhaltlichen Unterteilung der subjektiven Rechte in Ansprüche, Herrschaftsrechte und Gestaltungsrechte, die heute häufig noch um die Kategorie der Persönlichkeitsrechte erweitert wird, siehe etwa *Brox/Walker*, Rn. 621; *Schack*, AT, Rn. 46 ff.

312 *Alexy*, Grundrechte, S. 171 f.

313 Vgl. *Alexy*, Grundrechte, S. 186.

314 Das Recht auf etwas ist als eigene Kategorie von Rechten aber dennoch nicht überflüssig, da der Begriff auch andere Positionen erfasst, etwa Abwehrrechte gegenüber dem Staat, die man herkömmlich nicht als Ansprüche bezeichnet.

315 *Alexy*, Grundrechte, S. 197.

316 *Alexy*, Grundrechte, S. 202; a. A. *Enneccerus/Nipperdey*, § 30 III 2 (S. 200 f.), wonach eine Erlaubnis begrifflich die Einschränkung eines bestehenden Gebots oder Verbots voraussetzt.

Sicherung durch freiheitschützende Normen ein, impliziert also insbesondere nicht das Recht, an der Wahrnehmung der Freiheit nicht gehindert zu werden.[317] Die bloße Abwesenheit eines Verbots begründet als solche daher noch kein auf eine bestimmte Person bezogenes „subjektives Recht".[318] Ein solches Recht auf Nichthinderung stellt vielmehr ein „Recht auf etwas" in dem oben dargestellten Sinne dar. Wenn eine Freiheit mit solchen Rechten oder mit objektiven Normen verbunden ist, die dem Freiheitsträger die Möglichkeit der Vornahme der erlaubten Handlung sichern, handelt es sich um eine *bewehrte* Freiheit. Eine bewehrte Freiheit setzt sich folglich aus einer unbewehrten Freiheit und mindestens einer Bewehrung zusammen, wobei die Bewehrung sowohl durch eine ein subjektives Recht gewährende Norm (subjektive Bewehrung) als auch durch eine sonstige freiheitschützende Norm, insbesondere eine „Inkompetenznorm"[319], erfolgen kann (objektive Bewehrung).[320]

Unter *Kompetenz* ist schließlich eine Rechtsmacht im Sinne eines „rechtlichen Könnens"[321] oder einer „Ermächtigung"[322] zu verstehen, welches der Handlungsfähigkeit einer Person etwas hinzufügt, was sie von Natur aus nicht besitzt. Die Ausübung einer Kompetenz stellt eine institutionelle Handlung dar, die nicht allein aufgrund der natürlichen Fähigkeiten vorgenommen werden kann, sondern Regeln voraussetzt, die für sie konstitutiv sind.[323] Zu den Kompetenzen gehören etwa Gestaltungsrechte, die dem Berechtigten die Rechtsmacht geben, ein Rechtsverhältnis einseitig zu gestalten.[324] Aber auch der Abschluss eines Vertrages oder die Errichtung eines Testaments ist Ausübung einer Kompetenz.[325] Denn eine tatsächliche Einigung wird erst dadurch zum Vertrag, eine von Todes wegen getroffene Verfügung erst dadurch zum Testament, dass die jeweilige Handlung von der Rechtsordnung rechtlich anerkannt wird. Daher statuieren „alle Bestimmungen, welche die Gültigkeit von Rechtshandlungen und Rechtsgeschäften betreffen, (...) ein von der Rechtsordnung

---

[317] *Alexy*, Grundrechte, S. 205, 208.

[318] *Larenz*, FG Sontis, 138; *Larenz/Wolf*, § 14 Rn. 17.

[319] Dazu *Bork*, Rn. 282, 284f.

[320] Zur Struktur bewehrter Freiheiten *Alexy*, Grundrechte, S. 208f.

[321] *Jellinek*, S. 47.

[322] *Bork*, Rn. 281.

[323] *Alexy*, Grundrechte, S. 213ff.; ähnlich *Bork*, Rn. 281, 284f.: Befugnis zu „rechtlichem Handeln" durch Ermächtigungsnorm im Gegensatz zur Befugnis zum faktischen Handeln durch Erlaubnisnorm. Der Begriff der Kompetenz in dem hier verwandten Sinne ist nicht zu verwechseln mit dem organisationsrechtlichen Begriff der Zuständigkeit.

[324] Zu Gestaltungsrechten als Erscheinungsform subjektiver Privatrechte siehe *Larenz/Wolf*, § 15 Rn. 65ff.; *Larenz*, FG Sontis, 143f.; *Schack*, AT, Rn. 48.

[325] Nach h.M. handelt es sich bei der Vertragsfreiheit allerdings nicht um ein subjektives Recht, da sie jedermann zusteht, ohne dass dem eine Gebundenheit eines oder aller anderen korrespondiert, siehe *Bork*, Rn. 282 Fn. 7; *Larenz/Wolf*, § 14 Rn. 18; *Larenz*, FG Sontis, 143.

ausdrücklich verliehenes rechtliches Können. Dieses Können steht in scharfem Gegensatz zum Dürfen."[326]

b. Recht auf Nutzung

Wenn im Zusammenhang mit den Schranken des Urheberrechts von einem „Recht auf Nutzung", etwa einem „Recht auf Privatkopie", die Rede ist, wird damit keine einzelne Rechtsposition in dem dargestellten Sinne umschrieben. Denn Rechtsverhältnisse können nach zutreffender Auffassung nur zwischen Personen und nicht zwischen einer Person und einer Sache oder einem anderen Gegenstand bestehen.[327] Insbesondere beschreibt die Bezeichnung „Recht auf Nutzung" kein konkretes „Recht auf etwas", welches darin besteht, von einem anderen ein bestimmtes Tun oder Unterlassen verlangen zu können. Die betreffende Nutzungshandlung als Gegenstand eines solchen „Rechts auf Nutzung" soll gerade von dem Träger des Rechts vorgenommen werden und nicht von einer dritten Person, die zur Nutzung verpflichtet wäre. Zwar wird in der Rechtstheorie nach wie vor häufig zwischen Rechtsverhältnissen zwischen Personen („ius in personam") und dem Recht einer Person an einer Sache („ius in rem") unterschieden.[328] Bei letzterem handelt es sich jedoch lediglich um eine vereinfachende Bezeichnung für einen Komplex aus Rechten auf etwas, Freiheiten und/oder Kompetenzen.[329] Je nachdem, worauf sich das betreffende Recht bezieht, können mit dem Ausdruck, jemand habe ein Recht auf einen bestimmten Gegenstand,[330] daher höchst unterschiedliche Rechtspositionen verbunden sein.

Das gilt insbesondere auch für die als Herrschaftsrechte bezeichneten subjektiven Rechte.[331] Die dadurch einer Person zugewiesene Herrschaft über einen bestimmten Gegenstand, sei es eine Sache oder ein Immaterialgut, besteht immer nur im Verhältnis zu anderen Personen. So kann man zwar sagen, dass das Eigentumsrecht dem Eigentümer positiv die umfassende Sachherrschaft über eine Sache zuweist. Er hat daher gemäß § 903 BGB die Freiheit, mit der Sache nach Belieben zu verfahren. Dem entspricht aber negativ das Recht des Eigentümers gegenüber allen anderen Personen auf Unterlassung jeder Einwirkung auf die Sache, welche die Ausübung der Sachherrschaft beeinträchtigt (§ 1004 BGB). Ebenso hat der Eigentümer bei einer schuldhaften Verletzung des Eigen-

---

[326] *Jellinek*, S. 47. Näher zur Unterscheidung von rechtlichem Können und rechtlichem Dürfen unten Teil 3, A II 1.

[327] *Larenz/Wolf*, § 13 Rn. 11 m. w. N.

[328] RGRK-*Alff*, vor § 241 Rn. 2; *Enneccerus/Nipperdey*, § 71 I 3 (S. 427 f.); *Schack*, AT, Rn. 44; *Bork*, Rn. 281.

[329] *Alexy*, Grundrechte, S. 172 f. m. w. N.

[330] So sind insbesondere viele Grundrechte formuliert, z. B. Art. 2 Abs. 2 S. 1 GG: „Jeder hat das Recht auf Leben und körperliche Unversehrtheit".

[331] Vgl. dazu *Brox/Walker*, Rn. 623 ff.; *Bork*, Rn. 283; *Larenz/Wolf*, § 13 Rn. 11; *Raiser*, JZ 1961, 46.

tums gegenüber dem Verletzer ein Recht auf Schadensersatz (§ 823 Abs. 1 BGB) und bei Entziehung des Besitzes ein Recht auf Herausgabe der Sache (§ 985 BGB). Darüber hinaus ermächtigt das Eigentumsrecht den Eigentümer aber grundsätzlich auch dazu, Verfügungen über die Sache zu treffen und weist ihm damit eine Kompetenz im Sinne eines rechtlichen Könnens zu.

Entsprechendes gilt für das Urheberrecht, das ebenfalls ein absolutes Herrschaftsrecht in diesem Sinne darstellt. Insbesondere wird dem Urheber in dem durch §§ 15ff. UrhG bestimmten Umfang die Verwertung des geschützten Werkes ausschließlich zugewiesen mit der Folge, dass er einerseits die rechtliche Freiheit hat, das Werk auf die genannten Arten zu nutzen, ihm aber andererseits das Recht gewährt wird, alle anderen Personen von einer solchen Nutzung auszuschließen und im Falle einer Verletzung die Ansprüche aus § 97 UrhG geltend zu machen.

Ein solches absolutes Herrschaftsrecht räumen die urheberrechtlichen Schranken dem jeweils privilegierten Nutzer nicht ein. Ihm wird nicht ein bestimmter körperlicher oder unkörperlicher Gegenstand zur ausschließlichen Beherrschung zugewiesen. Indem die gesetzlichen Schranken den Inhalt des Ausschließlichkeitsrechts des Urhebers im Hinblick auf die jeweils zulässige Nutzung begrenzen, stellen sie vielmehr die betreffende Nutzungshandlung vom Verbietungsrecht des Urhebers frei. Das Gesetz erlaubt dem Nutzer im jeweils für zulässig erklärten Umfang die Nutzung des geschützten Werkes, verpflichtet ihn jedoch andererseits nicht zur Nutzung. Die dem einzelnen Nutzer von einer Schranke des Urheberrechts eingeräumte Rechtsposition ist daher primär als rechtliche Freiheit zu qualifizieren. Aufgrund der Schranke wird jedem vom Anwendungsbereich erfassten Nutzer die rechtliche Freiheit gewährt, die näher definierte Nutzungshandlung vorzunehmen.[332] Anders als das Urheberrecht weisen die Schrankenbestimmungen dem Nutzer die betreffende Nutzung des Werkes aber nicht zur alleinigen Ausübung zu, so dass er allen anderen Personen entsprechende Nutzungshandlungen untersagen könnte. Denn die Schranken erlauben die betreffende Nutzung gerade allen Personen, welche die gesetzlichen Voraussetzungen der Schranke erfüllen.

c. Nutzungsfreiheit

Auf der anderen Seite greift es zu kurz, ein subjektives Recht des von einer Schranke privilegierten Nutzers mit der Begründung abzulehnen, dass das, was niemandem verboten und daher jedermann erlaubt ist, gerade nicht Gegenstand

---

[332] Obwohl diese rechtliche Freiheit gerade dadurch begründet wird, dass die Schranke die Nutzung für urheberrechtlich zulässig erklärt, besteht sie nicht nur gegenüber dem Inhaber des jeweiligen ausschließlichen Verwertungsrechts, sondern gegenüber jeder Person, gegenüber der die Vornahme der Nutzungshandlung nicht verboten ist.

eines subjektiven Rechts sein könne.[333] Der Umstand, dass auch alle anderen Nutzer die von einer Schranke erlaubte Nutzungshandlung vornehmen dürfen, rechtfertigt allein noch nicht den Schluss, dass dem Nutzer kein subjektives Recht gewährt werde. Der Begriff des subjektiven Rechts kann nicht auf die für ein Herrschaftsrecht typische Struktur beschränkt werden, welche in einem allein dem Berechtigten vorbehaltenen Dürfen besteht, dem ein Nichtdürfen aller anderen in Form eines Generalverbots korrespondiert.[334] Die einem subjektiven Recht immanente individuelle Zuweisung an eine bestimmte Person[335] kann sich u.a. auch daraus ergeben, dass andere das dem Berechtigten als Rechtsinhalt zugewiesene Verhalten rechtlich nicht vornehmen *können* (ohne dass es ihnen verboten wäre)[336] oder dass andere zur Achtung und Nichtverletzung eines bestimmten Rechtsguts verpflichtet sind, wie dies bei den Persönlichkeitsrechten der Fall ist.[337]

Dass die Befugnis, eine konkrete Handlung vornehmen zu dürfen, nur dann Inhalt eines subjektiven Rechts sein könne, wenn alle anderen derartige Handlungen nicht vornehmen dürften,[338] trifft daher in dieser Allgemeinheit nicht zu. Auch wenn der Berechtigte von einem oder von allen anderen verlangen kann, an der Vornahme der (auch allen anderen) erlaubten Handlung nicht gehindert zu werden, ist ihm ein subjektives Recht individuell zugeordnet. Denn auch hier besteht in Bezug auf den Freiheitsgegenstand eine Schutz- und Ausschließlichkeitsgewähr[339] in der Form, dass die konkret berechtigte Person bei der Ausübung der erlaubten Handlung vor einer Störung durch andere Personen geschützt ist. Insoweit kann der Freiheitsträger als Berechtigter somit andere Personen von der konkreten Nutzungshandlung ausschließen, auch wenn er ihnen die Vornahme gleichartiger Nutzungshandlungen nicht verbieten kann. Bei der dem Berechtigten eingeräumten Rechtsposition handelt es sich dann um eine subjektiv bewehrte Freiheit.[340]

Ein typisches Beispiel hierfür sind die Freiheitsgrundrechte. So ist es nach Art. 5 Abs. 1 S. 1 GG jedermann erlaubt, seine Meinung frei zu äußern. Der einzelne Grundrechtsträger hat aber nicht das Recht, anderen Personen zu verbieten, ebenfalls ihre Meinung zu äußern. Der Erlaubnis zur Meinungsäuße-

---

[333] So *Hohagen*, FS Schricker, 355, unter Berufung auf *Larenz*, FG Sontis, 138, der diese Auffassung des subjektiven Rechts in der Folge aber gerade als zu eng ablehnt.

[334] So auch *Larenz*, FG Sontis, 139, 141 ff.; *Bork*, Rn. 283 ff.; a. A. *Schmidt*, Aktionsberechtigung, S. 17.

[335] Siehe bereits oben S. 157.

[336] Dazu *Bork*, Rn. 282, 284 f.

[337] Dazu *Larenz/Wolf*, § 15 Rn. 4. Solche Rechte kann man als Ausschlussrechte oder negative Herrschaftsrechte bezeichnen, vgl. *Raiser*, JZ 1961, 468.

[338] So *Hohagen*, FS Schricker, 355, unter (unzutreffendem) Hinweis auf *Larenz/Wolf*, § 14 Rn. 17.

[339] Zu diesem Begriff *Bork*, Rn. 282.

[340] Zum Begriff der bewehrten Freiheit siehe oben S. 160.

rung korrespondiert somit kein entsprechendes Generalverbot gegenüber allen anderen Personen. Dennoch wird dem Grundrechtsträger ein subjektives (öffentliches) Recht gegenüber dem Staat gewährt, da mit der Freiheit zur Meinungsäußerung zumindest auch das Recht des Bürgers verbunden ist, durch den Staat nicht an der Meinungsäußerung gehindert zu werden, und der Bürger die Kompetenz hat, die Verletzung dieses Abwehrrechts gerichtlich geltend zu machen.[341]

Diese Struktur eines Freiheitsrechts kommt als einzige in Betracht, um ein subjektives Recht des von einer Schranke privilegierten Nutzers zu konstruieren. Denn nur wenn es sich bei der von einer Schranke gewährten Nutzungsfreiheit nicht um eine unbewehrte Freiheit im Sinne einer bloßen Erlaubnis handelt, sondern die Nutzungsfreiheit dadurch bewehrt ist, dass andere Personen den Nutzer an der Vornahme der erlaubten Nutzungshandlung rechtlich nicht hindern können oder dürfen, ist dem einzelnen Nutzer eine Rechtsposition individuell zugewiesen, über deren Ausübung er privatautonom entscheiden kann. Die Nutzungsfreiheit ist dabei subjektiv bewehrt, wenn er gegenüber anderen Personen einen Anspruch darauf hat, an der Nutzung nicht gehindert zu werden. Von einer objektiven Bewehrung kann man sprechen, wenn anderen Personen die Kompetenz fehlt, ihn durch Rechtshandlungen in der Ausübung der Nutzungsfreiheit zu beeinträchtigen. Erst wenn feststeht, dass eine solche Bewehrung besteht, ist die Aussage gerechtfertigt, der Nutzer habe ein subjektives Recht.

3. *Fazit*

Festzuhalten ist somit, dass die urheberrechtlichen Schranken zwar Bestandteil des objektiven Rechts sind, der Begriff des „objektiven Rechts des Nutzers" jedoch nicht geeignet ist, die dem einzelnen Nutzer von einer Schranke gewährte Rechtsposition zu charakterisieren. Vielmehr besteht die dem Nutzer gewährte Rechtsposition primär in einer rechtlichen Freiheit. Diese ist dadurch gekennzeichnet, dass es gegenüber dem Inhaber des jeweiligen Ausschließlichkeitsrechts weder verboten noch geboten ist, die von der Schranke für zulässig erklärten Nutzungshandlungen vorzunehmen. Die Begriffe der rechtlichen Freiheit und des subjektiven Rechts schließen einander jedoch nicht aus. Zu unterscheiden sind vielmehr die unbewehrte Freiheit, die sich in der Abwesenheit eines rechtlichen Verbots erschöpft, und die bewehrte Freiheit, die es dem Berechtigten ermöglicht, den ihm zugewiesenen Freiheitsbereich gegenüber Angriffen Dritter zu verteidigen.

---

[341] Besonders deutlich kommt diese Struktur der Freiheitsgrundrechte im Hochschul-Urteil BVerfGE 35, 79, 111 f. (zu Art. 5 Abs. 3 GG) zum Ausdruck. Allgemein zum Charakter der Grundrechte als subjektive Rechte *Pieroth/Schlink*, Rn. 45, 58 f.; *Schack*, AT, Rn. 49.

Die entscheidende Frage ist somit, inwieweit zu der von einer Schranke angeordneten rechtlichen Freiheit, die jeweils erlaubte Nutzungshandlung vorzunehmen, eine subjektive oder objektive Bewehrung hinzutritt, die es rechtfertigt, von einer individuellen Rechtszuweisung an den einzelnen Nutzer und damit von einem „Recht auf Nutzung" im Sinne eines subjektiven Rechts zu sprechen. Dies ist nur dann der Fall, wenn der privilegierte Nutzer mindestens von einer anderen Person (insbesondere dem Urheber) verlangen kann, an der Nutzung nicht gehindert zu werden, oder anderen Personen durch entsprechende Kompetenzbeschränkungen die rechtliche Möglichkeit genommen wird, die Ausübung der Nutzungsfreiheit durch Rechtshandlungen zu beschränken.

III. Bewehrungen der Nutzungsfreiheit

Zu prüfen ist folglich, inwieweit den gesetzlichen Schrankenbestimmungen eine subjektive oder objektive Bewehrung der dem Nutzer eingeräumten Nutzungsfreiheit entnommen werden kann. Die Art der zum Schutz der Nutzungsfreiheit erforderlichen Bewehrung hängt dabei davon ab, durch welche Art von Hindernis und durch welche Person die Ausübung der Nutzungsfreiheit bedroht wird.

1. Bewehrung gegenüber vertraglichen Verboten

Der dem Inhaber eines Herrschaftsrechts zugewiesene Freiheitsbereich umfasst regelmäßig auch die Freiheit, über den beherrschten Gegenstand zu verfügen. Zum verfassungsrechtlich geschützten Kern des Urheberrechts gehört dementsprechend die Freiheit des Urhebers, über die vermögenswerten Ergebnisse seiner schöpferischen Leistung in eigener Verantwortung verfügen zu können.[342] Da das Urheberrecht dem Urheber das ausschließliche Recht zur Nutzung des Werkes zuweist, kann dieser seine schöpferische Leistung insbesondere dadurch verwerten, dass er anderen Personen gegen Entgelt erlaubt, das Werk auf bestimmte Arten zu nutzen. Die Möglichkeit, in eine Beeinträchtigung seiner ausschließlichen Nutzungsbefugnis einzuwilligen, ist daher gerade als Ausübung der ihm vom Gesetz zugewiesenen Freiheit geschützt.[343]

Demgegenüber weisen die urheberrechtlichen Schrankenbestimmungen dem Nutzer keine ausschließliche Handlungsberechtigung zu. Der privilegierte Nutzer hat nicht das Recht, Dritten gleichartige Nutzungshandlungen zu verbieten. Er kann daher nicht in der Weise über die ihm von einer Schranke einge-

---

[342] BVerfGE 31, 229, 240f. – Kirchen- und Schulgebrauch; BVerfGE 49, 382, 392 – Kirchenmusik; BVerfGE 77, 263, 270f. – Zeitschriftenauslage; BVerfGE 79, 29, 40 – Vollzugsanstalten; ebenso zum Patentrecht BVerfG GRUR 2001, 43, 44 – Klinische Versuche.

[343] Vgl. *Larenz/Wolf*, § 15 Rn. 19f.

räumte Rechtsposition verfügen, dass er anderen Personen eine Berechtigung einräumt oder überträgt, die diesen vorher nicht zukam. Die Verfügungsmöglichkeiten über seine Nutzungsfreiheit beschränken sich vielmehr auf den Verzicht auf die ihm gewährte rechtliche Freiheit. Überdies ist der Nutzer für die Ausübung der Nutzungsfreiheit regelmäßig darauf angewiesen, Zugang zu einem Werkstück zu bekommen, welches er auf die von der Schranke erlaubte Art und Weise nutzen kann. Vielfach werden entsprechende Vertragsbedingungen, die einen solchen Verzicht enthalten, daher einseitig durch den Vertragspartner bestimmt, so dass die Privatautonomie ihre regulierende Kraft nicht zu entfalten vermag. Durch die Verfügung über die Nutzungsfreiheit wird die Freiheit daher in diesem Fall eher gefährdet als gefördert. Zum Schutz der Nutzungsfreiheit vor derartigen einseitig gesetzten Vertragsbedingungen ist eine subjektive Bewehrung durch die Gewährung von Abwehransprüchen aber nicht erforderlich. Vielmehr genügt es, entsprechenden vertraglichen Abreden die Wirksamkeit zu versagen und die Freiheit dadurch objektiv zu bewehren.[344] Dies kann insbesondere dadurch geschehen, dass man die Schrankenbestimmungen als zwingende Normen ansieht. Auch eine solche objektive Bewehrung kann der durch eine Schranke begründeten Nutzungsfreiheit den Charakter eines „Nutzerrechts" verleihen.[345]

2. *Bewehrung gegenüber technischen Schutzmaßnahmen*

Wenn der von einer Schranke begünstigte Nutzer durch technische Schutzmaßnahmen an der Ausübung der Nutzungsfreiheit gehindert wird, reicht eine solche objektive Bewehrung zum Schutz der Nutzungsfreiheit nicht aus. Die Besonderheit von technischen Schutzmaßnahmen liegt darin, dass sie die betreffende Nutzung ohne vorherige Inanspruchnahme rechtlicher Schritte verhindern. Diese rein faktische Wirkung wird nicht allein dadurch beseitigt, dass man die Schranken als zwingende Normen anerkennt, die sich gegenüber vertraglichen Regelungen durchsetzen. Denn die Unwirksamkeit einer entsprechenden Vertragsklausel allein führt noch nicht dazu, dass der Begünstigte die Beseitigung der technischen Maßnahme verlangen kann.[346] Vielmehr kann der Nutzer insoweit nur durch ein Abwehrrecht gegenüber dem Verwender der technischen Maßnahme geschützt werden. Soweit ein solches Abwehrrecht des

---

[344] In diesem Sinne Möhring/Nicolini-*Decker*, § 55a Rn. 1, zu der von § 55a UrhG eingeräumten und gemäß Satz 3 durch die Nichtigkeit abweichender vertraglicher Vereinbarungen bewehrten Nutzungsfreiheit.

[345] So zu § 55a S. 3 UrhG Dreier/Schulze-*Dreier*, § 55a Rn. 10; dazu unten S. 208 ff.; vgl. auch *Schack*, UrhR, Rn. 481d: Die Anerkennung des zwingenden Charakters der Schrankenbestimmungen ebne „den Weg für subjektive Rechte der Schrankenbegünstigten". Gegen die Bezeichnung als „Mindestrecht" im Zusammenhang mit Art. 6 der Datenbank-Richtlinie Walter-*von Lewinski*, Art. 6 Datenbank-RL Rn. 13 mit Fn. 155.

[346] *Dusollier*, Droit d'auteur, Rn. 660.

Nutzers besteht, stellt eine technische Schutzmaßnahme eine Störung dieses Rechts dar, deren Beseitigung der Nutzer entsprechend § 1004 BGB verlangen könnte. Die Beseitigung der Störung kann insbesondere darin bestehen, dass dem von der Schranke Begünstigten ein technisch nicht geschütztes Vervielfältigungsstück des genutzten Werkes oder Mittel zur Umgehung der technischen Maßnahme zur Verfügung gestellt werden.

Eine besondere Ausprägung eines solchen Beseitigungsanspruches ist § 95b Abs. 2 S. 1 UrhG. Wenn ein Rechtsinhaber technische Maßnahmen einsetzt, die einen Schrankenbegünstigten an der Ausübung einer der in § 95b Abs. 1 S. 1 UrhG aufgeführten Schranken hindern, hat dieser einen Anspruch auf Überlassung der erforderlichen Mittel, um von den Schranken im gesetzlich zulässigen Umfang Gebrauch machen zu können.[347] Bei dem Anspruch aus § 95b Abs. 2 UrhG handelt es sich daher letztlich um einen Anspruch auf Beseitigung der durch den Einsatz technischer Maßnahmen verursachten Beeinträchtigung der von den Schranken eingeräumten Nutzungsfreiheit. Die von den Schranken gewährte Nutzungsfreiheit wird dadurch in gewissem Umfang subjektiv bewehrt. In ihrem Anwendungsbereich kodifiziert diese Vorschrift folglich ein subjektives Recht des Schrankenbegünstigten.[348]

Die danach bestehende Verpflichtung des Rechtsinhabers, bei Verwendung technischer Schutzmaßnahmen dem von einer Schranke Begünstigten die zur Ausübung einer Schranke erforderlichen Mittel zur Verfügung zu stellen, gilt jedoch gerade nicht für alle Schranken des Urheberrechts, sondern nur für die in § 95b Abs. 1 S. 1 UrhG aufgezählten „Schranken erster Klasse". Aus § 95b UrhG kann daher nicht ohne Weiteres abgeleitet werden, dass auch den durch andere, in § 95b UrhG nicht genannte Schranken Begünstigten ein entsprechendes Abwehrrecht gegenüber technischen Schutzmaßnahmen zusteht.[349] Andererseits schließt § 95b UrhG dies auch nicht aus.

3. *Objektive Bewehrung durch Grundrechte*

Dass die durch die Schranken des Urheberrechts gewährte rechtliche Freiheit zum Teil grundrechtlich gewährleistet ist, macht die Nutzungsfreiheit zwar ebenfalls zu einer bewehrten Freiheit im dargestellten Sinne.[350] Daraus folgt aber nicht automatisch die Annahme eines subjektiven Privatrechts des Nut-

---

[347] Ausführlich dazu unten S. 489ff.

[348] *Arlt*, DRM, S. 128f.; *Rehse*, S. 48; *Stickelbrock*, GRUR 2004, 740; in der Tendenz auch *Czychowski*, NJW 2003, 2411: § 95b Abs. 2 S. 1 UrhG enthalte „den Ansatz eines subjektiven Rechts"; vgl. auch *Häuser*, CR 2004, 832, wonach eine Aufnahme des § 53 Abs. 1 in den Katalog des § 95b Abs. 1 UrhG die Privatkopieschranke „quasi zu einem subjektiven Recht" aufwerten würde.

[349] So aber offenbar *Geiger*, GRURInt 2004, 818; vgl. bereits oben S. 156.

[350] *Hohagen*, FS Schricker, 360f.

zers.[351] Denn subjektives öffentliches und subjektives Privatrecht stehen zwar in einer Wechselbeziehung.[352] Der grundrechtliche Schutz des Nutzers entfaltet im Hinblick auf die privatrechtlichen Beziehungen zu anderen Privatrechtssubjekten jedoch lediglich eine Ausstrahlungswirkung in Form der „mittelbaren Drittwirkung“ der Grundrechte. Gesetzgeber und Zivilgerichte müssen daher bei staatlichen Maßnahmen diese Ausstrahlung der Grundrechte beachten. Unmittelbare Rechte gegenüber Privaten lassen sich aus dem grundrechtlichen Schutz der Nutzungsfreiheit jedoch nicht ableiten. Daher ist es auch unzulässig, aufgrund einer „freischwebenden Güterabwägung“ durch unmittelbare Bezugnahme auf Grundrechte oder auf die durch Art. 10 EMRK garantierten Freiheiten zusätzliche Schranken für durch §§ 44aff. UrhG nicht gedeckte Nutzungen zu postulieren.[353] Vielmehr ist der Bedeutung der Grundrechte der Nutzer bei der Bestimmung der Verwertungsbefugnisse der Urheber und bei der Auslegung der Schranken durch eine verfassungskonforme Auslegung des positiven Rechts Rechnung zu tragen; nur im Rahmen dieser Gesetzesanwendung ist Raum für eine Güter- und Interessenabwägung.

Für die hier zu untersuchende Frage nach der Rechtsqualität der von den Schranken eingeräumten Nutzungsfreiheit folgt daraus, dass den Grundrechten keine unmittelbaren Rechtswirkungen im Hinblick auf die Wirksamkeit vertraglicher Vereinbarungen mit einem Rechtsinhaber oder die Zulässigkeit technischer Schutzmaßnahmen entnommen werden können. Vielmehr ist zu untersuchen, inwieweit das positive Recht entsprechende Bewehrungen der von den Schranken eingeräumten Nutzungsfreiheit vorsieht. Die grundrechtlich verbürgten Interessen der Nutzer können nur im Rahmen einer verfassungskonformen Auslegung des geltenden Rechts berücksichtigt werden.

C. Zusammenfassung

Die urheberrechtlichen Schrankenbestimmungen räumen dem jeweils begünstigten Nutzer weder ein rechtsgeschäftliches noch ein gesetzliches Nutzungsrecht i.S.d. § 31 UrhG ein. Vielmehr stellen sie tatbestandliche Begrenzungen der ausschließlichen Verwertungsrechte des Urhebers dar. Das gilt für die Schranken der §§ 44aff. ebenso wie für die Erschöpfung des Verbreitungsrechts nach §§ 17 Abs. 2, 69c Nr. 3 S. 2 und die für das Urheberrecht an Computerprogrammen geltenden Schranken der §§ 69d, 69e UrhG. Soweit eine Nutzungs-

[351] In diese Richtung aber *Geiger*, GRURInt 2004, 818; *Rehse*, S. 46f.; deutlicher dagegen *Geiger*, IIC 2005, 155: „[H]older of a right or not, in the absence of a means to obtain redress acknowledged by the law, the user confronted by a technical measure cannot bring an action to claim the benefit of the exception.“

[352] *Schack*, AT, Rn. 45.

[353] Siehe oben S. 64f.

handlung den Tatbestand einer gesetzlichen Schranke erfüllt, ist die jeweilige Nutzung folglich schon kein Eingriff in ein durch das UrhG geschütztes Verwertungsrecht i.S.d. § 97 UrhG. Die dem Nutzer dadurch eingeräumte Rechtsposition ist demnach als rechtliche Freiheit zu qualifizieren. Ob diese Freiheit als subjektives Recht des Nutzers ausgestaltet ist, hängt davon ab, inwieweit das positive Recht die Freiheit objektiv oder subjektiv bewehrt, indem es dem Nutzer die Möglichkeit gibt, die Ausübung der Nutzungsfreiheit gegenüber Beeinträchtigungen durch vertragliche Nutzungsbeschränkungen und technische Schutzmaßnahmen zu verteidigen. Dies ist im Folgenden zu klären.

Teil 3

Vertragliche Abdingbarkeit der urheberrechtlichen Schranken

Gesetzliche Schranken des Urheberrechts, die eine bestimmte Werknutzung für zulässig erklären, sollen einen Ausgleich zwischen den Interessen des Urhebers an der Verwertung des von ihm geschaffenen Werkes und den Interessen der Allgemeinheit an einem möglichst ungehinderten Zugang zu Kulturgütern schaffen. Der auf diese Weise vom Gesetz geschaffene Ausgleich droht aber zu Lasten der Interessen der Allgemeinheit verschoben zu werden, wenn einem Nutzer über vertragliche Nutzungsbedingungen die Ausübung einer gesetzlichen Schranke untersagt werden kann. Fraglich ist daher, ob und inwieweit derartige Nutzungsbeschränkungen wirksam vereinbart werden können oder ob die Schranken die Zulässigkeit der jeweils privilegierten Werknutzungen zwingend regeln.

A. Der Begriff der „Abdingbarkeit" urheberrechtlicher Schranken

Häufig wird in diesem Zusammenhang von der „Disponibilität" oder „Abdingbarkeit" urheberrechtlicher Schranken gesprochen.[1] Die rechtliche Problematik der Wirksamkeit vertraglicher Nutzungsbeschränkungen wird damit jedoch nur unzureichend beschrieben. Denn die Frage nach der Abdingbarkeit einer Norm stellt sich erst, wenn feststeht, dass die Vertragsparteien gerade den konkreten Regelungsgegenstand der fraglichen Norm einer vom Gesetz abweichenden Regelung unterwerfen wollen. Wenn der Inhalt des Rechtsgeschäfts hingegen vom Regelungsgegenstand der Norm gar nicht erfasst ist, kommt es für die Wirksamkeit des Rechtsgeschäfts auf deren Abdingbarkeit nicht an. Insbesondere im Hinblick auf schuldrechtliche Unterlassungsverpflichtungen ist aber problematisch, ob deren Zulässigkeit von den urheberrechtlichen Schranken geregelt wird.[2] Richtigerweise muss die hier zu untersuchende Frage daher lauten, inwieweit eine vertragliche Vereinbarung wirksam ist, wonach eine Ver-

[1] Siehe nur *Fachausschuss*, GRUR 2009, 136; *Trayer*, S. 179ff.; Dreier/Schulze-*Dreier*, vor §§ 44aff. Rn. 9; Schricker-*Götting*, § 95b Rn. 20; Wandtke/Bullinger-*Wandtke/Ohst*, § 95b Rn. 36.

[2] Ausführlich dazu unten S. 235ff. und S. 364ff.

tragspartei nicht oder nur unter bestimmten Bedingungen berechtigt ist, ein urheberschutzfähiges Werk in einer bestimmten Weise zu nutzen, obwohl die Nutzung vom Tatbestand einer urheberrechtlichen Schranke erfasst wird.

I. Urheberrechtliche und schuldrechtliche Wirkung vertraglicher Nutzungsbeschränkungen

Bei der Frage, inwieweit die gesetzlichen Schrankenbestimmungen der privatautonomen Vereinbarung derartiger Nutzungsbeschränkungen entgegenstehen, muss zunächst danach differenziert werden, ob die jeweilige Schranke lediglich die dingliche Wirkung der Vereinbarung oder auch die Wirksamkeit einer entsprechenden schuldrechtlichen Verpflichtung des Nutzers ausschließt. Es geht mit anderen Worten darum, ob die Schranken (nur) urheberrechtlich oder (auch) schuldrechtlich zwingendes Recht darstellen.[3] Ähnlich wie § 137 BGB zwischen der dinglichen Wirksamkeit eines Verfügungsverbots (Satz 1) und der schuldrechtlichen Wirksamkeit einer Verpflichtung zur Unterlassung entsprechender Verfügungen (Satz 2) trennt,[4] muss auch bei einem vertraglichen Verbot, eine bestimmte urheberrechtlich relevante Nutzungshandlung vorzunehmen, zwischen der dinglichen und der schuldrechtlichen Wirkung eines solchen Verbots unterschieden werden. Dingliche Wirkung bedeutet in diesem Fall nicht sachenrechtlich-dingliche, sondern urheberrechtlich-dingliche Wirkung, betrifft also die urheberrechtliche Zulässigkeit der betreffenden Nutzungshandlung.[5]

Wenn einer Nutzungsbeschränkung urheberrechtliche Wirkung in diesem Sinne zukommt, fehlt dem Nutzer für eine gegen die Beschränkung verstoßende Nutzung die urheberrechtliche Befugnis. Die Nichteinhaltung der Beschränkung stellt somit zugleich eine Verletzung des entsprechenden ausschließlichen Verwertungsrechts des Urhebers i.S.v. § 97 UrhG dar. Demgegenüber ist die betreffende Nutzungshandlung bei einer nur schuldrechtlich wirksamen Beschränkung urheberrechtlich zulässig. Der Nutzer ist aber gegenüber seinem Vertragspartner schuldrechtlich verpflichtet, entsprechende Nutzungshandlungen nicht vorzunehmen. Ein Verstoß begründet daher lediglich eine Vertragsverletzung gegenüber dem jeweiligen Vertragspartner (§ 280 BGB).

---

[3] Zutreffend Wandtke/Bullinger-*Grützmacher*, § 69c Rn. 38.

[4] § 137 BGB kann als Ausprägung und normative Fixierung des numerus clausus der Sachenrechte verstanden werden, so BGHZ 134, 182, 186 = NJW 1997, 861, 862; MüKo-*Armbrüster*, § 137 Rn. 5; Staudinger-*Kohler* (2003), § 137 Rn. 7 m.w.N.

[5] *Kraßer*, GRURInt 1973, 235. Zur entsprechenden Unterscheidung zwischen dinglicher (patentrechtlicher) und schuldrechtlicher Wirkung vertraglicher Nutzungsbeschränkungen im Patentrecht siehe Benkard-*Ullmann*, § 15 PatG Rn. 73 f.; Benkard-*Scharen*, § 9 PatG Rn. 26 m.w.N. Diese Unterscheidung war vor allem für §§ 17, 18 GWB a.F. von Bedeutung, dazu unten S. 306 f.

Praktische Bedeutung hat diese Unterscheidung bislang vor allem im Hinblick auf vertragliche Vertriebsbeschränkungen erlangt, die auf eine Einschränkung der Erschöpfung des Verbreitungsrechts nach §§ 17 Abs. 2, 69c Nr. 3 S. 2 UrhG abzielen.[6] In Bezug auf sonstige Vereinbarungen, welche eine durch Schranken privilegierte Werknutzung einschränken oder verbieten, wird zumeist nicht zwischen urheberrechtlicher oder schuldrechtlicher Wirkung entsprechender Nutzungsbeschränkungen differenziert.[7] Allein im Rahmen des § 60 UrhG wird problematisiert, inwieweit dessen Qualifizierung als Schranken oder urhebervertragliche Auslegungsregel Einfluss auf die urheberrechtliche oder schuldrechtliche Wirksamkeit entgegenstehender vertraglicher Vereinbarungen hat.[8] Im Übrigen wird, soweit derartige Vertragsklauseln für wirksam gehalten werden, lediglich deren „Wirksamkeit" oder „Zulässigkeit" festgestellt, ohne darauf einzugehen, welche Wirkung eine solche Vereinbarung entfaltet.[9]

Die Unterscheidung ist hier aber in zweierlei Hinsicht von Bedeutung. Zum einen bestimmt sie, ob sich auf die vertragliche Nutzungsbeschränkung auch der Urheber berufen kann, wenn nicht er selbst, sondern ein Dritter, etwa der Inhaber eines vom Urheber abgeleiteten Nutzungsrechts, die Vereinbarung mit dem Nutzer in eigenem Namen geschlossen hat. Dies ist nur dann der Fall, wenn ein Verstoß gegen die vertragliche Beschränkung nicht nur eine lediglich inter partes wirkende Pflichtverletzung i. S. d. § 280 Abs. 1 BGB begründet,[10] sondern zugleich auch als Urheberrechtsverletzung gemäß § 97 UrhG geahndet werden kann.[11]

Auf der anderen Seite hätte die urheberrechtlich-dingliche Wirkung einer Nutzungsbeschränkung zur Folge, dass auch die Nichteinhaltung der Beschränkung durch einen Dritten, der nicht selbst an vertragliche Beschränkungen gebunden ist, als Urheberrechtsverletzung geltend gemacht werden könnte.[12] Von Bedeutung ist dies insbesondere für Nutzungsbeschränkungen

---

[6] Dazu unten S. 178ff.

[7] Ausdrücklich differenzierend hingegen *Dietz*, in: Baulch/Green/Wyburn, S. 268.

[8] Siehe oben Teil 2, S. 104ff. Angedeutet wird eine Differenzierung vor allem von Dreier/Schulze-*Dreier*, § 60 Rn. 2: Schrankenregelungen könnten „zumindest mit schuldrechtlicher Wirkung" eingeschränkt oder abbedungen werden; ebenso, *Dreier* folgend, Schricker-*Vogel*, § 60 Rn. 5.

[9] Vgl. Dreier/Schulze-*Dreier*, vor §§ 44a ff. Rn. 9; *Hohagen*, FS Schricker, 362; *Rosén*, GRURInt 2002, 205; *Schack*, ZUM 2002, 502f.; *Trayer*, S. 185; *Beger*, S. 69f. Soweit vertragliche Verbote, wie von HK-UrhR-*Dreyer*, vor §§ 44aff. UrhG Rn. 16, insgesamt für „wirkungslos" gehalten werden, hat die Unterscheidung freilich im Ergebnis keine Bedeutung.

[10] Allenfalls könnte man über eine Einbeziehung des Urhebers in das Vertragsverhältnis zwischen Verwerter und Nutzer nach den Grundsätzen über den Vertrag mit Schutzwirkung zu Gunsten Dritter nachdenken.

[11] Die Ansprüche aus § 97 UrhG kann der Urheber auch geltend machen, wenn er einem Dritten ein ausschließliches Nutzungsrecht eingeräumt hat, *Schack*, UrhR, Rn. 531 m. w. N.

[12] Vgl. *Kraßer*, GRURInt 1973, 235.

in Bezug auf konkrete Vervielfältigungsstücke, z.B. einer Musik-CD beigefügte Nutzungsbedingungen, die das Vervielfältigen der CD zu privaten Zwecken entgegen § 53 Abs. 1 UrhG verbieten.[13] Der Ersterwerber der CD wird durch die Nutzungsbedingungen möglicherweise vertraglich gebunden. Aber nur wenn der Nutzungsvorbehalt dinglich wirkt, unterliegt auch ein Dritter, der die CD vom Erstnutzer erwirbt, der Nutzungsbeschränkung und begeht bei einem Verstoß gegen die Nutzungsbedingungen eine Urheberrechtsverletzung. Denn in diesem Fall wäre der Ersterwerber der CD nicht nur vertraglich zur Unterlassung privater Vervielfältigungen verpflichtet. Vielmehr wäre die urheberrechtliche Nutzungsbefugnis beschränkt. Da es keinen gutgläubigen Erwerb von Nutzungsrechten gibt,[14] könnte der Dritte vom beschränkt berechtigten Erstnutzer daher auch kein weitergehendes Nutzungsrecht erwerben als dem ursprünglichen Nutzer eingeräumt war.

II. Zwingendes und dispositives Recht

Die Unwirksamkeit einer vertraglichen Vereinbarung, die einem Vertragspartner die Ausübung einer gesetzlichen Schranke untersagt, kann sich dabei insbesondere daraus ergeben, dass man die betreffende Schranke im Hinblick auf die Zulässigkeit der Nutzung als zwingendes Recht einordnet.

1. Zwingendes Recht und Verbotsgesetze

Unter zwingenden Normen versteht man im Gegensatz zum dispositiven Gesetzesrecht diejenigen Vorschriften, deren Anwendung ungeachtet des Parteiwillens geboten ist und die deshalb nicht abbedungen werden können.[15] Normtheoretisches Kennzeichen zwingender Rechtsnormen ist die von den Parteien nicht auflösbare Verbindung von Tatbestand und Rechtsfolge.[16] Zwingendes Recht in diesem Sinne sind daher solche Bestimmungen, welche die rechtsgeschäftliche Gestaltungsmacht beschränken, indem sie zum Schutz des Einzelnen bestimmte Regelungsbereiche von vornherein der privatautonomen Gestaltung entziehen. Diese Vorschriften sind von den Verbotsgesetzen i.S.d. § 134 BGB zu unterscheiden.[17] Denn § 134 BGB setzt das grundsätzliche Bestehen

[13] Vgl. *Spoor*, in: Baulch/Green/Wyburn, S. 37, der zutreffend darauf hinweist, dass derartige Nutzungsvorbehalte bislang vor allem den Ausschluss der Erschöpfungswirkung betrafen, aber durchaus auch im Hinblick auf andere Schrankenbestimmungen denkbar sind.

[14] Statt aller Loewenheim-*Loewenheim/J. B. Nordemann*, § 26 Rn. 9 m. w. N.

[15] *Larenz/Wolf*, § 3 Rn. 102; *Enneccerus/Nipperdey*, § 49 IV (S. 303); *Ulrici*, JuS 2005, 1074.

[16] *Donle*, S. 73.

[17] BAGE 95, 104, 110; MüKo-*Armbrüster*, § 134 Rn. 5; Staudinger-*Sack* (2003), § 134 Rn. 33; Bamberger/Roth-*Wendtland*, § 134 Rn. 15; Soergel-*Hefermehl*, § 134 Rn. 2; RGRK-*Krüger-Nieland/Zöller*, § 134 Rn. 3f.; Hk-BGB-*Dörner*, § 134 Rn. 4; *Flume*, § 17, 2 (S. 343); *Enneccerus/Nipperdey*, § 190 I 1 (S. 1153); *Ulrici*, JuS 2005, 1075.

rechtsgeschäftlicher Gestaltungsmöglichkeit voraus.[18] Ein gesetzliches Verbot ist deshalb anders als zwingendes Recht nicht darauf gerichtet, ein Rechtsverhältnis direkt zu regeln mit dem Ziel, die Privatautonomie auszuschließen.[19] Es untersagt ein Rechtsgeschäft, welches der Handelnde zwar vornehmen kann, aber nicht vornehmen *darf*. Demgegenüber führt zwingendes Recht im Sinne einer Beschränkung der rechtsgeschäftlichen Gestaltungsmacht dazu, dass der Handelnde das entsprechende Rechtsgeschäft schon gar nicht vornehmen *kann*.[20] Bei zwingenden Normen handelt es sich somit um „Inkompetenznormen" in dem Sinne, dass sie das rechtliche Können einer Person im Hinblick auf den Abschluss von Rechtsgeschäften beschränken.[21]

Rechtsgeschäfte, die gegen zwingendes Recht verstoßen und damit über die der rechtsgeschäftlichen Gestaltungsmöglichkeit vom Gesetz gezogenen Grenzen hinausgehen, sind daher unabhängig von § 134 BGB unwirksam.[22] Sie sind nichtig, weil den Parteien die Kompetenz zu ihrer Vornahme in Gestalt der Privatautonomie fehlt, sie sind aber nicht verboten.[23] Denn jedenfalls nicht alle zwingenden Vorschriften sind auch gesetzliche Verbote im Sinne dieser Vorschrift.[24] Zwar bilden nach h.M. die Verbotsgesetze eine Teilmenge des zwingenden Rechts.[25] Richtig daran ist jedoch nur, dass dispositive Normen nicht als Verbotsgesetze in Betracht kommen, da in ihrem Bereich abweichende Vereinbarungen gerade zulässig sind.[26] Wenn eine solche Vereinbarung dem dispositiven Recht widerspricht, gilt die jeweilige Vorschrift daher als von den Parteien abbedungen.[27] Daraus folgt jedoch nicht im Umkehrschluss, dass als Verbotsgesetze nur zwingende Normen in Betracht kommen.[28] Man kann Verbotsgesetze i.S.d. § 134 BGB auch als eigenständige Kategorie von Normen auffassen, die

---

[18] MüKo-*Armbrüster*, § 134 Rn. 5; Staudinger-*Sack* (2003), § 134 Rn. 33.

[19] *Larenz/Wolf*, § 40 Rn. 2.

[20] BGHZ 13, 179, 184 = NJW 1954, 1155, 1156; BGHZ 20, 119, 123 = NJW 1956, 746, 748; Bamberger/Roth-*Wendtland*, § 134 Rn. 15; Palandt-*Ellenberger*, § 134 Rn. 5; *Ulrici*, JuS 2005, 1075.

[21] Vgl. *Jellinek*, S. 47; zum Begriff der Inkompetenznorm siehe *Bork*, Rn. 282, 284f., und oben S. 160f.

[22] BGHZ 20, 119, 126f. = NJW 1956, 746, 748; Staudinger-*Sack* (2003), § 134 Rn. 33; Staudinger-*Coester* (2006), § 307 Rn. 19; Bamberger/Roth-*Wendtland*, § 134 Rn. 16; a.A. Wolf/Lindacher/Pfeiffer-*Wolf*, § 307 Rn. 111.

[23] *Larenz/Wolf*, § 40 Rn. 3; *Flume*, § 17, 2 (S. 343); *Enneccerus/Nipperdey*, § 190 I 1 (S. 1153); MüKo-*Armbrüster*, § 134 Rn. 5; Soergel-*Hefermehl*, § 134 Rn. 2.

[24] Heute allg.M.; a.A. noch Staudinger-*Coing*, 11. Aufl., § 134 Rn. 2.

[25] Soergel-*Hefermehl*, § 134 Rn. 2; Staudinger-*Sack* (2003), § 134 Rn. 32; *Mayer-Maly*, FS Hefermehl, 112; *Ulrici*, JuS 2005, 1076; ebenso wohl *Enneccerus/Nipperdey*, § 49 IV 2 (S. 303).

[26] MüKo-*Armbrüster*, § 134 Rn. 46; Bamberger/Roth-*Wendtland*, § 134 Rn. 9; Staudinger-*Sack* (2003), § 134 Rn. 32; *Larenz/Wolf*, § 40 Rn. 2; *Mayer-Maly*, FS Hefermehl, 111.

[27] Staudinger-*Sack* (2003), § 134 Rn. 32.

[28] So aber Staudinger-*Sack* (2003), § 134 Rn. 32.

selbständig neben dem zwingenden und dem dispositiven Gesetzesrecht steht.[29] Rechtsgeschäfte, die gegen zwingendes Recht verstoßen, sind danach von verbotswidrigen Rechtsgeschäften zu unterscheiden.[30]

Zu den zwingenden Vorschriften in diesem Sinne zählen zunächst allgemeine Beschränkungen der rechtsgeschäftlichen Gestaltungsmacht wie §§ 104ff., § 137 S. 1 und § 181 BGB sowie Verfügungsbeschränkungen wie § 1365 Abs. 1 S. 2, §§ 399, 400 und § 719 Abs. 1 BGB.[31] Ferner gibt es auch im Vertragsrecht, dessen Vorschriften grundsätzlich dispositiv sind, zwingende Vorschriften, die von den Parteien nicht abbedungen werden können. Entgegenstehende Vereinbarungen sind unwirksam, weil das Gesetz den Inhalt des Vertrages insoweit zwingend vorgibt, ohne dass dafür auf § 134 BGB zurückgegriffen werden muss.[32] Dies gilt z. B. für die durch §§ 312f. S. 1, 651m und 619 BGB zugunsten des Verbrauchers, Reisenden bzw. Dienstverpflichteten für (halb)zwingend erklärten gesetzlichen Vorschriften.[33]

Zwingend sind aber vor allem diejenigen Bestimmungen, die – soweit wie im Sachenrecht oder im Gesellschaftsrecht Typenzwang besteht – die zulässigen Geschäftstypen festlegen.[34] Inhalt und Umfang der jeweiligen Rechtsmacht werden im Wesentlichen durch das Gesetz zwingend vorgeschrieben und der freien Vereinbarung durch die Parteien entzogen. Der Typenzwang bildet damit eine Grenze der inhaltlichen Gestaltungsfreiheit von Rechtsgeschäften.[35] Soweit Typenzwang besteht, führt ein Rechtsgeschäft die gewollten Rechtsfol-

---

[29] So *Larenz/Wolf*, § 40 Rn. 2f. und Rn. 13 a. E.; Palandt-*Ellenberger*, § 134 Rn. 5 (anders allerdings bei § 307 Rn. 26); vgl. auch RGRK-*Krüger-Nieland/Zöller*, § 134 Rn. 4.

[30] So auch MüKo-*Armbrüster*, § 134 Rn. 5.

[31] BGHZ 13, 179, 184 = NJW 1954, 1155, 1156 (zu § 719 BGB); BGHZ 40, 156, 160 = NJW 1964, 243 (zu § 399 BGB); Bamberger/Roth-*Wendtland*, § 134 Rn. 16; Staudinger-*Sack* (2003), § 134 Rn. 33; MüKo-*Armbrüster*, § 134 Rn. 6; RGRK-*Krüger-Nieland/Zöller*, § 134 Rn. 9; Palandt-*Ellenberger*, § 136 Rn. 2a. Davon zu unterscheiden sind absolute Verfügungsverbote, die Verbotsgesetze im Sinne des § 134 BGB darstellen, z. B. § 3 BtMG, §§ 290ff. StPO, siehe Palandt-*Ellenberger*, § 136 Rn. 2; *Faust*, § 11 Rn. 2.

[32] So auch *Enneccerus/Nipperdey*, § 190 I 1 (S. 1153); zu den zwingenden und halbzwingenden Vorschriften des VVG auch MüKo-*Armbrüster*, § 134 Rn. 5.

[33] *Faust*, § 9 Rn. 1. Insbesondere für § 619 BGB ist dies allerdings umstritten, wie hier Erman-*Belling*, § 619 Rn. 4; *Enneccerus/Nipperdey*, § 49 IV 2 (S. 303); ebenso wohl Soergel-*Kraft*, § 619 Rn. 2; anders die h. M., die auf § 134 BGB abstellt, siehe Staudinger-*Oetker* (2002), § 619 Rn. 3; Bamberger/Roth-*Fuchs*, § 619 Rn. 6; MüKo-*Henssler*, § 619 Rn. 9. Die Anwendbarkeit von § 134 BGB kann entgegen *Oetker*, a.a.O., insbesondere nicht allein damit begründet werden, dass das Gesetz auf eine explizite Rechtsfolgenanordnung verzichtet. Wenn eine Vorschrift, wie die zugunsten des Mieters halbzwingenden Vorschriften des Mietrechts (§§ 547 Abs. 2, 551 Abs. 4, 553 Abs. 3, 554 Abs. 5, 569 Abs. 5 S. 1 BGB), die Unwirksamkeitsfolge selbst anordnet, scheidet eine Anwendung von § 134 BGB zwar aus. Daraus folgt jedoch nicht, dass alle zwingenden Vorschriften, die die Folgen eines Verstoßes nicht selbst regeln, Verbotsgesetze darstellen.

[34] Staudinger-*Sack* (2003), § 134 Rn. 33; MüKo-*Armbrüster*, § 134 Rn. 5; RGRK-*Krüger-Nieland/Zöller*, § 134 Rn. 3, 10; Hk-BGB-*Dörner*, § 134 Rn. 4; *Larenz/Wolf*, § 3 Rn. 102; *Paulus/Zenker*, JuS 2001, 4.

[35] *Baur/Stürner*, § 1 Rn. 7; *Larenz/Wolf*, § 15 Rn. 11; *Radke*, S. 46f.

gen daher nur dann herbei, wenn es einem der gesetzlich vorgeprägten Geschäftstypen entspricht.[36] Rechtsgeschäfte, die einer Partei eine mit dem Typenzwang nicht zu vereinbarende Rechtsposition einräumen sollen, sind hingegen in dinglicher Hinsicht wirkungslos.[37] Die Nichtigkeit folgt hier nicht aus § 134 BGB und tritt daher nicht nur dann ein, wenn der Zweck der verletzten Norm diese Sanktion fordert. Das betreffende Rechtsgeschäft ist vielmehr immer unwirksam, weil den Beteiligten die erforderliche Gestaltungsmacht fehlt.[38]

2. *Sonstige Unwirksamkeitsgründe*

Im Hinblick auf vertragliche Beschränkungen der von einer Schranke des Urheberrechts privilegierten Werknutzung ist daher zunächst zu prüfen, ob sich die Parteien innerhalb der vom UrhG gezogenen Grenzen ihrer rechtsgeschäftlichen Gestaltungsmacht bewegen. Insbesondere ist fraglich, inwieweit die gesetzlichen Schranken Ausdruck eines urheberrechtlichen Typenzwangs sind, so dass Vereinbarungen, die mit einer Schrankenbestimmung unvereinbar sind, unabhängig von § 134 BGB unwirksam sind. Erst wenn feststeht, dass derartige Nutzungsbeschränkungen grundsätzlich wirksam vereinbart werden können, stellt sich die Frage, inwieweit eine solche Vereinbarung gegen ein gesetzliches Verbot verstößt und daher im Zweifel gemäß § 134 BGB nichtig ist. Eines Rückgriffs auf § 134 BGB bedarf es auch dann nicht, wenn das Gesetz wie in §§ 55a S. 3 und 69g Abs. 2 UrhG die Rechtsfolgen eines Verstoßes gegen die Schranke selbst regelt, indem es entgegenstehende Vereinbarungen ausdrücklich für unwirksam oder nichtig erklärt.[39] Selbst wenn sich eine gesetzliche Schrankenbestimmung danach als grundsätzlich abdingbar erweist, ist zu berücksichtigen, dass auch das dispositive Recht einen gewissen Gerechtigkeitsgehalt aufweist.[40] Auch der Abdingbarkeit dispositiven Rechts sind daher Grenzen durch §§ 138, 242 sowie §§ 307 ff. BGB gesetzt.[41] Die Frage nach der „Abdingbarkeit" urheberrechtlicher Schranken ist daher nicht gleichbedeutend mit deren Einordnung als zwingendes oder dispositives Recht.

---

[36] Staudinger-*Seiler* (2007), Einl zum SachenR Rn. 38; *Radke*, S. 48.

[37] Vgl. Staudinger-*Seiler* (2007), Einl zum SachenR Rn. 40; *Radke*, S. 48. Hingegen bleibt die Wirksamkeit einer schuldrechtlichen Verpflichtung der Vertragspartei, einen entsprechenden Erfolg herbeizuführen, hiervon grundsätzlich unberührt, vgl. BGHZ 23, 293, 300 f. = NJW 1957, 672.

[38] MüKo-*Armbrüster*, § 134 Rn. 5; RGRK-*Krüger-Nieland/Zöller*, § 134 Rn. 3, 10.

[39] Vgl. Bamberger/Roth-*Wendtland*, § 134 Rn. 9; MüKo-*Armbrüster*, § 134 Rn. 3; Soergel-*Hefermehl*, § 134 Rn. 3; *Enneccerus/Nipperdey*, § 190 I 1 (S. 1153).

[40] Vgl. Staudinger-*Sack* (2003), § 134 Rn. 32.

[41] Vgl. *Martens*, AcP 177 (1977), 173: „Die Grenzen der Privatautonomie aufzudecken, ist zumindest ebenso wichtig wie den hohen und fundamentalen Wert dieser Autonomie zu offenbaren".

III. Folgerungen für den Gang der Untersuchung

Die Frage nach der „Abdingbarkeit" der urheberrechtlichen Schranken ist nach alledem wie folgt zu präzisieren: Zunächst ist zu prüfen, inwieweit die *urheberrechtlichen* Abwehrbefugnisse durch eine rechtsgeschäftliche Vereinbarung über den durch die gesetzlichen Schranken des Urheberrechts festgelegten Umfang hinaus wirksam ausgedehnt werden können, so dass ein Verstoß gegen die vertragliche Vereinbarung zugleich eine Urheberrechtsverletzung begründet (unten B). Dies ist nicht möglich, soweit die Schranken (urheberrechtlich) zwingendes Recht darstellen. In einem zweiten Schritt ist die Wirksamkeit vertraglicher Vereinbarungen zu untersuchen, durch die sich der Vertragspartner *schuldrechtlich* verpflichtet, von der durch eine Schranke eingeräumten Nutzungsfreiheit keinen oder nur eingeschränkten Gebrauch zu machen. Soweit die Schranken des Urheberrechts der Wirksamkeit solcher schuldrechtlichen Nutzungsbeschränkungen selbst nicht entgegenstehen (C I), kann sich die Unwirksamkeit aus den allgemeinen Beschränkungen der Privatautonomie ergeben (C II und D).

B. Urheberrechtliche Wirksamkeit vertraglicher Beschränkungen

Inwieweit vertragliche Nutzungsbeschränkungen, die eine von einer Schranke erlaubte Werknutzung zum Gegenstand haben, urheberrechtlich wirksam vereinbart werden können, hängt davon ab, ob das Gesetz dem Urheber eine solche Beschränkungsmöglichkeit als gesetzlichen Inhalt des Urheberrechts zuweist.

I. Beschränkung der Erschöpfungswirkung

Praktische Bedeutung hat die Frage nach der urheberrechtlichen Wirksamkeit derartiger Nutzungsbeschränkungen bislang vor allem im Hinblick auf die Erschöpfung des Verbreitungsrechts gemäß § 17 Abs. 2 bzw. § 69c Nr. 3 S. 2 UrhG erlangt.[42] Denn bei der körperlichen Verbreitung von Werkstücken hat der Urheber oder sonstige Inhaber des ausschließlichen Verbreitungsrechts ein besonderes Interesse daran, im Rahmen der typischerweise über mehrere Zwischenhändler verlaufenden Vertriebskette nicht nur seinen unmittelbaren Vertragspartner, sondern entgegen der mit dem Inverkehrbringen eintretenden Erschöpfungswirkung auch weitere Abnehmer an die von ihm vorgegebenen Vertriebsbedingungen zu binden.

[42] Zum Erschöpfungsgrundsatz als einer konstruktiv mit §§ 44a ff. UrhG vergleichbaren Schranke siehe oben S. 136.

So entbrannte bereits kurz nach Einführung des selbständigen Verbreitungsrechts in § 11 LUG Streit darüber, ob Urheber oder Verleger aufgrund entsprechender vertraglicher Beschränkungen, die sie ihren Abnehmern auferlegt hatten, Warenhäusern den gewerbsmäßigen Verkauf von Verlagsprodukten unter dem Ladenpreis mit urheberrechtlicher Wirkung verbieten konnten.[43] Später ergab sich eine ähnliche Problematik im Hinblick auf die Wirksamkeit von Vermietungsverboten von Tonträgern und Videokassetten.[44] Heute stellt sich die Frage nach der vertraglichen Einschränkbarkeit der Erschöpfungswirkung vor allem bei Weitergabebeschränkungen in Softwareüberlassungsverträgen.[45]

In allen diesen Fällen geht es darum, ob der Urheber oder sonstige Inhaber des ausschließlichen Verbreitungsrechts die Erschöpfung des Verbreitungsrechts mit urheberrechtlicher Wirkung derart begrenzen kann, dass der Vertrieb auch auf nachgelagerten Vertriebsstufen auf bestimmte Abnehmerkreise oder Vertriebsarten beschränkt oder die Weitergabe der Werkstücke ganz ausgeschlossen wird.

1. *Urheberrechtliche Unwirksamkeit gemäß § 137 S. 1 BGB?*

Zunächst könnte man daran denken, dass bereits wegen § 137 S. 1 BGB ein vertraglich vereinbartes Weitergabeverbot keine urheberrechtliche Wirkung entfalten kann.[46] Nach dieser Vorschrift kommt einer Vertragsklausel, welche die Befugnis des Eigentümers zur Verfügung über das ihm gehörende Werkexemplar ausschließt oder beschränkt, keine dingliche Wirkung zu. Eine gegen die Verfügungsbeschränkung verstoßende Verfügung, insbesondere die Übereignung an einen Dritten, ist daher wirksam.[47] § 137 S. 1 BGB schützt jedoch lediglich die dingliche Verfügungsfreiheit des Rechtsinhabers, der sich nicht durch Rechtsgeschäft mit Außenwirkung seiner rechtlichen Handlungsfähigkeit soll entäußern können.[48] Dadurch soll die Verkehrsfähigkeit von Sachen und Rechten erhalten und so Orientierungssicherheit für den Rechtsverkehr geschaffen werden.[49] Deshalb sind vertragliche Bestimmungen, durch die sich der Eigentümer mit nur schuldrechtlicher Wirkung verpflichtet, über sein Eigentum nicht zu verfügen, gemäß § 137 S. 2 BGB ausdrücklich zulässig. Ein Verstoß gegen eine solche Verpflichtung begründet einen Schadensersatzan-

---

[43] Vgl. RGZ 63, 394 – Koenigs Kursbuch; dazu *Mitteis*, Recht 1906, 533ff. m. w. N.

[44] Die umstrittene Frage, ob das Vermietungsrecht bei Videokassetten und Tonträgern mit dinglicher Wirkung von der Erschöpfungswirkung ausgenommen werden kann, hat sich mittlerweile durch die Änderung des § 17 Abs. 2 UrhG im Jahr 1995 erledigt.

[45] Siehe dazu ausführlich unten B I 2 b (3).

[46] So offenbar RGZ 63, 394, 399 – Koenigs Kursbuch; *Polley*, CR 1999, 347; *Baus*, Verwendungsbeschränkungen, S. 141.

[47] Palandt-*Ellenberger*, § 137 Rn. 4.

[48] Palandt-*Ellenberger*, § 137 Rn. 1; *Larenz/Wolf*, § 23 Rn. 49.

[49] MüKo-*Armbrüster*, § 137 Rn. 4; Staudinger-*Kohler* (2003), § 137 Rn. 8; *Larenz/Wolf*, § 23 Rn. 48; *Schack*, AT, Rn. 311; *Martens*, AcP 177, 148 Fn. 90.

spruch nach § 280 Abs. 1 BGB[50] und kann auch durch eine Vertragsstrafe gesichert werden.[51]

In urheberrechtlicher Hinsicht ist hingegen fraglich, ob der Urheber über eine vertragliche Weitergabebeschränkung erreichen kann, dass eine vertragswidrige Weitergabe des betreffenden Werkexemplars trotz § 17 Abs. 2 UrhG eine Verletzung seines Verbreitungsrechts darstellt. Dabei geht es nicht um die Wirksamkeit des Veräußerungsgeschäfts über das Vervielfältigungsstück als Sache i. S. d. § 90 BGB. Urheberrecht und Sacheigentum liegen auf zwei verschiedenen Ebenen und stehen gleichrangig nebeneinander.[52] Zwar dienen sowohl § 137 S. 1 BGB als auch § 17 Abs. 2 UrhG dem Schutz der Verkehrsfähigkeit von Gegenständen. Die Vorschriften richten sich jedoch gegen unterschiedliche Formen von Beschränkungen der Verkehrsfähigkeit. Dass der Erwerber eines Werkexemplars nicht mit dinglicher Wirkung daran gehindert werden kann, über sein Eigentum zu verfügen, besagt daher noch nichts darüber, ob er mit der Veräußerung das Verbreitungsrecht des Urhebers an dem darin verkörperten Werk verletzt.[53]

Man kann die urheberrechtliche Unwirksamkeit von Weitergabeverboten auch nicht insoweit aus § 137 BGB entnehmen, als es um den gleichzeitigen Ausschluss der Weiterübertragung etwaiger Nutzungsrechte geht.[54] Zwar gilt § 137 BGB nicht nur für das Eigentum, sondern auch für andere veräußerliche Rechte.[55] In Bezug auf die Übertragbarkeit urheberrechtlicher Nutzungsrechte findet aber nicht § 137 BGB, sondern der speziellere § 34 UrhG Anwendung, der einen dinglich wirkenden Ausschluss der Übertragbarkeit ausdrücklich zulässt.[56] Rechte, deren Übertragbarkeit kraft Gesetzes ausgeschlossen oder im Wege vertraglicher Abreden beschränkbar ist, werden von § 137 Abs. 1 BGB nicht erfasst.[57] Soweit der Urheber der Übertragung nicht zugestimmt hat, handelt es sich bei Nutzungsrechten daher wegen § 34 UrhG schon nicht um „ver-

---

[50] Vgl. BGHZ 31, 13, 19 = NJW 1959, 2252, 2253; Staudinger-*Kohler* (2003), § 137 Rn. 48; *Schack*, AT, Rn. 311.

[51] RGZ 63, 394, 399 – Koenigs Kursbuch; Staudinger-*Kohler* (2003), § 137 Rn. 52; Palandt-*Ellenberger*, § 137 Rn. 6.

[52] *Schack*, UrhR, Rn. 34; *ders.*, ZEuP 2006, 152 f.; Staudinger-*Jickeli/Stieper* (2004), § 90 Rn. 13.

[53] Umgekehrt hängt die Wirksamkeit des Veräußerungsgeschäfts entgegen Schricker-*Loewenheim*, § 69c Rn. 32, nicht davon ab, dass bereits Erschöpfung eingetreten ist. Die hinsichtlich des Vervielfältigungsstücks als Sache i. S. d. § 90 BGB bestehende zivilrechtliche Rechtslage ist unabhängig davon zu bestimmen, ob der Veräußerer in Bezug auf das darin verkörperte Werk gegen das dem Urheber zustehende Verbreitungsrecht verstößt. Auch ist das gegen § 17 Abs. 1 UrhG verstoßende Veräußerungsgeschäft nicht allein deswegen sittenwidrig i. S. d. § 138 Abs. 1 BGB; anders *Mitteis*, Recht 1906, 538, 540, wenn der Erwerber vom Verbot Kenntnis hat.

[54] So offenbar *Marly*, Rn. 1036.

[55] *Larenz/Wolf*, § 23 Rn. 48.

[56] Dreier/Schulze-*Schulze*, § 34 Rn. 52; Möhring/Nicolini-*Spautz*, § 34 Rn. 1.

[57] Staudinger-*Kohler* (2003), § 137 Rn. 12 ff.; Palandt-*Ellenberger*, § 137 Rn. 2.

äußerliche Rechte" i. S. d. § 137 BGB.[58] Außerdem kommt es dafür, ob die Weitergabe eines Vervielfältigungsstücks das Verbreitungsrecht des Urhebers verletzt, nicht darauf an, ob eine zwischen Veräußerer und Erwerber vereinbarte Nutzungsrechtsübertragung wirksam ist.[59] Aus § 137 S. 1 BGB lässt sich für die urheberrechtliche Wirksamkeit von Vertriebsbeschränkungen oder Weitergabeverboten daher nichts herleiten.

2. *Dingliche Beschränkung gemäß § 31 Abs. 1 S. 2 UrhG*

Fraglich ist, ob sich eine Beschränkung der Erschöpfungswirkung auf bestimmte Verbreitungsarten auf § 31 Abs. 1 S. 2 UrhG stützen lässt. Danach kann der Urheber einem Dritten das Verbreitungsrecht räumlich, zeitlich oder inhaltlich beschränkt einräumen. Dabei handelt es sich um dingliche Beschränkungen, deren Nichteinhaltung eine Verletzung des Verbreitungsrechts darstellt[60] und die als Beschränkung der dinglichen Rechtsposition des Nutzers auch Dritten gegenüber Wirkung entfalten.[61] Dabei soll hier nicht näher erörtert werden, inwieweit solche dinglich wirksamen Beschränkungen des Verbreitungsrechts zulässig sind, wie weit also im Einzelnen die dingliche Aufspaltbarkeit des Verbreitungsrechts in Einzelbefugnisse reicht.[62] In unserem Zusammenhang stellt sich vielmehr die Frage, inwieweit eine nach § 31 Abs. 1 S. 2 UrhG dinglich wirksame Beschränkung der Nutzungsrechtseinräumung dazu führt, dass die Weiterverbreitung bereits in Verkehr gebrachter Vervielfältigungsstücke mit urheberrechtlicher Wirkung von der Erschöpfung des Verbreitungsrechts ausgenommen und so vom Urheber untersagt oder eingeschränkt werden kann.[63]

---

[58] Vgl. BGH GRUR 1987, 37, 39 – Videolizenzvertrag; *Larenz/Wolf*, § 23 Rn. 52; Staudinger-*Kohler* (2003), § 137 Rn. 13.

[59] Das übersieht das OLG Nürnberg NJW 1989, 2934, 2935. Die dort streitgegenständliche Weiterveräußerung der von der Klägerin an einen Kunden veräußerten Software durch die Beklagte (die die Software vom Kunden erworben hatte) war bereits gemäß § 17 Abs. 2 bzw. § 69c Nr. 3 S. 2 UrhG zulässig, so dass es entgegen der Auffassung des Gerichts nicht darauf ankam, ob der zwischen der Klägerin und ihrem Kunden vereinbarte Ausschluss der Übertragung der Nutzungsrechte im Hinblick auf § 9 AGBG (jetzt § 307 BGB) i. V. m. § 34 Abs. 1 S. 2 UrhG wirksam war.

[60] Für das Patentrecht in diese Folge in § 15 Abs. 2 S. 2 PatG ausdrücklich angeordnet.

[61] Schricker-*Loewenheim*, § 17 Rn. 16; Loewenheim-*Loewenheim/J. B. Nordemann*, § 27 Rn. 3. Letzteres gilt nach h. M. auch für die Einräumung einfacher Nutzungsrechte, vgl. *Ulmer*, § 85 III (S. 368); *Schack*, UrhR, Rn. 540; *Rehbinder*, UrhR, Rn. 556; *Stephanblome*, S. 76 f.; Fromm/Nordemann-*J. B. Nordemann*, § 31 UrhG Rn. 87; Schricker-*Loewenheim*, vor §§ 28 ff. Rn. 49 m. w. N.; a. A. Möhring/Nicolini-*Spautz*, § 31 Rn. 39; kritisch gegenüber der Bezeichnung einfacher Nutzungsrechte als dinglich auch *Kraßer*, GRURInt 1973, 234 f.

[62] Dazu Dreier/Schulze-*Schulze*, § 17 Rn. 19 ff.; Schricker-*Loewenheim*, § 17 Rn. 17 ff.; *Schack*, UrhR, Rn. 391; Immenga/Mestmäcker-*Ullrich*, GRUR A Rn. 78; vgl. unten S. 197.

[63] Bei uneingeschränkten Weitergabeverboten scheidet diese Möglichkeit von vornherein aus, da es sich dabei nicht um eine inhaltliche Beschränkung, sondern um einen vollständigen

a. Beschränkung der Erstverbreitung

Dabei ist zunächst der Fall zu betrachten, dass bereits derjenige, dem der Urheber das Recht zur Erstverbreitung der Vervielfältigungsstücke eingeräumt hat, die dingliche Beschränkung des ihm eingeräumten Verbreitungsrechts nicht einhält. Hier tritt hinsichtlich des veräußerten Werkexemplars schon deshalb keine Erschöpfung ein, weil die Voraussetzungen des § 17 Abs. 2 bzw. § 69c Nr. 3 S. 2 UrhG nicht vorliegen. Denn die Erschöpfung des Verbreitungsrechts tritt nur ein, wenn die Veräußerung mit Zustimmung des Berechtigten erfolgt. Nimmt der Inhaber des nur beschränkt eingeräumten Verbreitungsrechts eine Veräußerungshandlung vor, die von seinem Verbreitungsrecht nicht gedeckt ist, so führt dies daher nicht nur dazu, dass die Veräußerung eine Verletzung des Verbreitungsrechts des Urhebers darstellt. Darüber hinaus wird das betreffende Vervielfältigungsstück nicht mit Zustimmung des Berechtigten in den Verkehr gebracht.[64] Es fehlt damit an der wesentlichen Voraussetzung für den Eintritt der Erschöpfungswirkung nach § 17 Abs. 2 UrhG. Auch die Weiterverbreitung der auf diese Weise ohne Zustimmung des Berechtigten in Verkehr gebrachten Vervielfältigungsstücke durch einen späteren Erwerber stellt daher eine Verletzung des Verbreitungsrechts des Urhebers dar.[65]

b. Beschränkung der Weiterverbreitung

Problematisch ist aber, ob eine beschränkte Einräumung des Verbreitungsrechts an den Erstveräußerer auch dann dazu führt, dass eine über die Beschränkung hinausgehende Weiterverbreitungshandlung eine Urheberrechtsverletzung darstellt, wenn der Erstveräußerer sich im Rahmen der Beschränkung gehalten hat und das Inverkehrbringen daher mit Zustimmung des Berechtigten erfolgt ist. Dabei ist wie in § 31 Abs. 1 S. 2 UrhG nach räumlichen, zeitlichen und inhaltlichen Beschränkungen zu differenzieren.

Ausschluss der Weiterverbreitung handelt, ein Verbreitungsrecht also gar nicht eingeräumt wird.

[64] BGHZ 145, 7, 11 f. = GRUR 2001, 153, 155 – OEM-Version; BGH GRUR 1986, 736, 737 – Schallplattenvermietung; BGH GRUR 1959, 200, 202 – Der Heiligenhof; OLG Frankfurt a. M. CR 1999, 7, 9; *Blachian*, S. 96; *Haberstumpf*, Handbuch, Rn. 163; Wandtke/Bullinger-*Heerma*, § 17 Rn. 17; *Niethammer*, S. 119; *Sack*, WRP 1999, 1105 f.; *Ulmer*, UrhR, § 47 IV 2 (S. 240) a. E.; ebenso zur Erschöpfung des Markenrechts EuGH, 23.4. 2009, Rs. C-59/08, Rn. 51 – Copad/Dior; a. A. nur *Berger*, AcP 201 (2001), 430 f., der selbst bei einer inhaltlich beschränkten Einräumung des Verbreitungsrechts von einer unbeschränkten Zustimmung zum Inverkehrbringen i. S. d. § 17 Abs. 2 UrhG ausgeht, so dass auch bei einer urheberrechtswidrigen Erstverbreitung die Erschöpfung des Verbreitungsrechts eintrete. Ein derart weitreichender Vorrang der Warenverkehrsfreiheit vor den Interessen des Urhebers lässt sich § 17 Abs. 2 UrhG indes nicht entnehmen und wäre mit Art. 14 Abs. 1 GG auch nicht zu vereinbaren.

[65] Möhring/Nicolini-*Kroitzsch*, § 17 Rn. 35; *Schricker*, Verlagsrecht, § 8 Rn. 28a.

(1) Räumliche Beschränkungen

Nach § 31 Abs. 1 S. 2 UrhG können räumliche Beschränkungen des Verbreitungsrechts mit dinglicher Wirkung vereinbart werden, soweit sie nicht zur Aufspaltung eines einheitlichen Wirtschafts- und Rechtsgebiets führen. Zulässig ist daher eine Aufteilung des Verbreitungsrechts nach einzelnen Staaten.[66] Dies gilt auch für eine Aufteilung innerhalb der Europäischen Union und des Europäischen Wirtschaftsraums, da es sich bei ihnen um kein einheitliches Staats- und Rechtsgebiet handelt.[67] Daher verletzt z. B. ein Berechtigter, der das Verbreitungsrecht nur für Frankreich erworben hat, durch ein Inverkehrbringen von Werkstücken in Spanien grundsätzlich das Verbreitungsrecht des Urhebers.

Allerdings tritt gemäß § 17 Abs. 2 und § 69c Nr. 3 S. 2 UrhG durch ein Inverkehrbringen von Werkstücken innerhalb der EU oder des EWR gemeinschaftsweite Erschöpfung ein.[68] Die Werkexemplare können daher trotz einer auf bestimmte Mitgliedstaaten beschränkten Einräumung des Verbreitungsrechts nach einem berechtigten Inverkehrbringen in einem dieser Mitgliedstaaten gemeinschaftsweit weitervertrieben werden.[69] In Bezug auf das EU- bzw. EWR-Gebiet hat eine räumlich beschränkte Einräumung des Verbreitungsrechts somit keinen Einfluss auf den Umfang der Erschöpfung und damit die urheberrechtliche Zulässigkeit der Weiterverbreitung in Verkehr gebrachter Werkexemplare, sondern kann allenfalls schuldrechtliche Wirkung zwischen den Vertragsparteien entfalten.[70]

Wird das Verbreitungsrecht hingegen auf außerhalb dieses Bereichs liegende Staaten beschränkt eingeräumt, so führt ein Inverkehrbringen durch den Berechtigten nicht zur Erschöpfung des inländischen Verbreitungsrechts, da es im Urheberrecht nach ganz h. M. keine internationale Erschöpfung gibt.[71] Der Urheber kann den Import der außerhalb des EWR in Verkehr gebrachten Werk-

[66] BGH GRUR 2003, 699, 702 – Eterna; Dreier/Schulze-*Schulze*, § 17 Rn. 20; Schricker-*Loewenheim*, § 17 Rn. 18; *Schack*, UrhR, Rn. 541.

[67] OLG Frankfurt a. M. WuW/E DE-R 2018, 2023; Schricker-*Loewenheim*, § 17 Rn. 18; Dreier/Schulze-*Schulze*, § 31 Rn. 31 (anders allerdings bei § 17 Rn. 20); Loewenheim-*Loewenheim/J. B. Nordemann*, § 27 Rn. 6; Fromm/Nordemann-*Dustmann*, § 17 UrhG Rn. 22; a. A. HK-UrhR-*Dreyer*, § 17 UrhG Rn. 48; kritisch im Hinblick auf Art. 30 EGV auch Immenga/Mestmäcker-*Ullrich*, GRUR A Rn. 79.

[68] So bereits vor Kodifizierung der EWR-weiten Erschöpfung EuGH, 8. 6. 1971, Rs. 78–70, Slg. 1971, 487, Rn. 13 – Deutsche Grammophon/Metro.

[69] Dreier/Schulze-*Schulze*, § 17 Rn. 35 und § 31 Rn. 31; Schricker-*Loewenheim*, § 17 Rn. 18; Loewenheim-*Loewenheim/J. B. Nordemann*, § 27 Rn. 6; *Schack*, UrhR, Rn. 392.

[70] Ebenso zur markenrechtlichen Erschöpfung EuGH, 30. 11. 2004, Rs. C-16/03, Slg. 2004, I-11313, Rn. 54 f. – Peak Holding/Axolin-Elinor.

[71] *Schack*, UrhR, Rn. 392; Dreier/Schulze-*Schulze*, § 17 Rn. 35; Möhring/Nicolini-*Kroitzsch*, § 17 Rn. 53; Schricker-*Loewenheim*, § 17 Rn. 54 m. w. N.; vor Einführung der EWR-weiten Erschöpfung bereits BGH GRUR 1988, 373, 374 – Schallplattenimport III; BGH GRUR 1985, 924, 925 – Schallplattenimport II; BGH GRUR 1982, 100, 101 – Schall-

stücke somit unter Berufung auf sein insoweit nicht erschöpftes Verbreitungsrecht untersagen.[72] Insoweit führt eine räumliche Beschränkung des eingeräumten Verbreitungsrechts auf einen Nicht-EU/EWR-Staat nach § 31 Abs. 1 S. 2 UrhG dazu, dass auch die Erschöpfungswirkung lediglich räumlich beschränkt eintritt, inländische Verbreitungshandlungen in Bezug auf bereits (im Ausland) berechtigt in Verkehr gebrachte Werkexemplare also vom Urheber kontrolliert werden können. Dies beruht jedoch darauf, dass §§ 17 Abs. 2, 69c Nr. 3 S. 2 UrhG selbst keine weltweite, sondern nur eine räumlich beschränkte Erschöpfungswirkung vorsehen.[73]

(2) Zeitliche Beschränkungen

Anders als räumliche Beschränkungen sind zeitliche Beschränkungen des Verbreitungsrechts praktisch uneingeschränkt mit dinglicher Wirkung zulässig. Wenn das Verbreitungsrecht für einen bestimmten Zeitraum eingeräumt worden ist, erlischt das Nutzungsrecht daher nach dessen Ablauf, so dass eine Verbreitung nach Ablauf der Frist eine Urheberrechtsverletzung darstellt.[74] Das gilt auch für eine anschließende Weiterverbreitung der nach Fristablauf in Verkehr gebrachten Werkexemplare, da mangels Zustimmung des Rechtsinhabers die Voraussetzungen des § 17 Abs. 2 UrhG nicht vorliegen.[75] Wenn die Erstveräußerung aber zulässigerweise vor Ablauf der vereinbarten Frist erfolgt, erschöpft sich das Verbreitungsrecht hinsichtlich der bereits veräußerten Werkexemplare. Die Befristung ändert daher nichts daran, dass eine Weiterverbreitung der vor Fristablauf in den Verkehr gebrachten Exemplare nach diesem Zeitpunkt in urheberrechtlicher Hinsicht zulässig ist und daher keine Verletzung des Verbreitungsrechts des Urhebers darstellt.[76]

Von diesem Grundsatz wird teilweise eine Ausnahme für den Fall gemacht, dass ein Verleger vor Fristablauf des § 29 Abs. 3 VerlG die gesamte noch vorhandene Auflage an einen Restbuchhändler veräußert.[77] Letzterer übernehme damit die Funktion des Verlegers und müsse sich daher die zeitliche Beschränkung

---

plattenexport; ebenso für das Patentrecht BGHZ 143, 268, 273 ff. = GRUR 2000, 299, 300 f. – Karate; a. A. *Berger*, AcP 201 (2001), 437 f.

[72] Fromm/Nordemann-*Dustmann*, § 17 UrhG Rn. 22; *Schack*, UrhR, Rn. 392.

[73] Vgl. *Hubmann*, GRUR 1986, 739.

[74] Schricker-*Loewenheim*, § 17 Rn. 19; Fromm/Nordemann-*Dustmann*, § 17 UrhG Rn. 21; *Rehbinder*, UrhR, Rn. 326; *Schack*, UrhR, Rn. 543; zum Verlagsrecht bereits *Runge*, UrhR, S. 541.

[75] Dreier/Schulze-*Schulze*, § 17 Rn. 38.

[76] BGHZ 145, 7, 13 = GRUR 2001, 153, 154 – OEM-Version; *Schack*, UrhR, Rn. 391 a. E.; Dreier/Schulze-*Schulze*, § 17 Rn. 21; *Ulmer*, § 47 IV 1 (S. 240); *Joos*, S. 111; *Niethammer*, S. 120. Das gleiche gilt nach einem Rückruf des Verbreitungsrechts gemäß §§ 41, 42 UrhG, dazu *Schack*, UrhR, Rn. 561 Fn. 128; HK-UrhR-*Dreyer*, § 17 UrhG Rn. 66; OLG Celle NJW 2000, 1579, 1580 – Rückruf einer Dissertation.

[77] *Ulmer*, § 47 IV 1 (S. 240); *Runge*, UrhR, S. 540.

entgegenhalten lassen.[78] Damit soll verhindert werden, dass der Verleger kurz vor Erlöschen seines Verbreitungsrechts noch eine große Auflage in den verbreitenden Buchhandel wirft und auf diese Weise den Markt für einen möglichen Nachfolger verstopft, mit dem der Verfasser des verlegten Werkes einen neuen Verlagsvertrag schließt.[79] Dieses Ergebnis ist mit § 17 Abs. 2 UrhG jedoch nicht zu vereinbaren. Wegen der Erschöpfung des Verbreitungsrechts kann eine Weiterverbreitung durch den Restbuchhändler auch nach Ablauf des Verlagsvertragsverhältnisses keine Verletzung des absoluten Rechts des Urhebers darstellen.[80] Etwaigen Missbräuchen kann durch eine Haftung des Verlegers wegen einer vertraglichen Pflichtverletzung nach § 280 Abs. 1 oder wegen sittenwidriger Schädigung nach § 826 BGB begegnet werden. Die Erschöpfungswirkung eines mit Zustimmung des Urhebers erfolgten Inverkehrbringens eines Vervielfältigungsstücks kann aber durch eine zeitlich beschränkte Einräumung des Verbreitungsrechts nicht urheberrechtlich wirksam ausgeschlossen werden.

(3) Inhaltliche Beschränkungen

Problematisch ist, inwieweit eine inhaltlich beschränkte Einräumung des Verbreitungsrechts Auswirkungen auf die Reichweite der Erschöpfung hat. Dies ist in Literatur und Rechtsprechung umstritten.

(a) Beschränkte Erschöpfung

Teilweise wird angenommen, bei einer nach § 31 Abs. 1 S. 2 UrhG inhaltlich beschränkten Einräumung des Verbreitungsrechts führe auch ein Inverkehrbringen von Werkstücken, das sich im Rahmen der Verbreitungsberechtigung hält, dazu, dass die Erschöpfung nur hinsichtlich des beschränkt eingeräumten Teils des Verbreitungsrechts eintrete.[81] Andernfalls drohe die durch § 31 Abs. 1 S. 2 UrhG gegebene Möglichkeit der dinglichen Beschränkung des Verbreitungsrechts weitgehend leer zu laufen, da sich die verbleibende Bindung des

---

[78] *Ulmer*, § 47 IV 1 (S. 240).

[79] So *Runge*, UrhR, S. 540 Fn. 5.

[80] So auch Dreier/Schulze-*Schulze*, § 17 Rn. 21; *Schricker*, Verlagsrecht, § 29 Rn. 12 m. w. N.

[81] So OLG Frankfurt a. M. ZUM 2000, 763, 765; OLG Frankfurt a. M. NJW 1982, 1653, 1654; OLG Karlsruhe GRUR 1984, 198, 199 – Beschränkte Nutzung bei Video-Cassetten (in Verkennung des Umstands, dass die streitgegenständliche öffentliche Vorführung eines Videofilms ohnehin nicht von der Erschöpfungswirkung erfasst war); Möhring/Nicolini-*Kroitzsch*, § 17 Rn. 43; Wandtke/Bullinger-*Wandtke/Grunert*, § 31 Rn. 26; Wandtke/Bullinger-*Grützmacher*, § 69c Rn. 91; *Blachian*, S. 98; *Koppe*, S. 234; Schricker-*Schricker*, vor §§ 28 ff. Rn. 56; *ders.*, Verlagsrecht, § 8 Rn. 28a; *Ahlberg*, GRUR 1985, 363 f.; *Erben/Zahrnt*, CR 1996, 535 f.; *Leistner/Klein*, MMR 2000, 751; *Reimer*, GRURInt 1972, 224 f. (anders aber für den Ausschluss der Vermietung); *von Ungern-Sternberg*, GRUR 1984, 264; *Wolf*, S. 227; widersprüchlich Schricker-*Loewenheim*, § 17 Rn. 49.

Ersterwerbers auch schuldrechtlich erreichen lasse.[82] Eine umfassende Erschöpfung trotz dinglich wirksamer Beschränkung des Nutzungsrechts ginge noch über die ohnehin einschneidende Regelung des § 17 Abs. 2 UrhG hinaus und sei daher mit dem durch Art. 14 GG geschützten Verwertungsinteresse des Urhebers nicht zu vereinbaren.[83]

Der Urheber könnte danach in den Grenzen der dinglichen Aufspaltbarkeit des Verbreitungsrechts den Vertrieb von Werkstücken auch nach deren Inverkehrbringen auf bestimmte Vertriebswege oder -arten mit urheberrechtlicher Wirkung beschränken, indem er seinem Lizenznehmer das Verbreitungsrecht nur mit einer entsprechenden inhaltlichen Beschränkung einräumt. Ein Weitervertrieb, der sich nicht im Rahmen der Beschränkung hält, stellte dann mangels Erschöpfung gerade in Bezug auf diese Vertriebsart eine Verletzung des Verbreitungsrechts dar.

(b) Die Entscheidung des KG im Fall „OEM-Version"

Diese Auffassung vom Verhältnis von § 69c Nr. 3 S. 2 UrhG und § 31 Abs. 1 S. 2 UrhG legte auch das KG seiner Entscheidung im Fall „OEM-Version" zugrunde.[84] Klägerin war die Microsoft Corporation, die ihr Betriebssystem „Windows" sowohl in einer zum isolierten Erwerb durch Endverbraucher bestimmten Fachhandelsversion als auch in einer vereinfachten und deutlich günstigeren „OEM-Version" zur Erstausrüstung neuer Computer[85] vertrieb. Die OEM-Versionen wurden von hierzu autorisierten Unternehmen („authorized replicators") hergestellt und über ebenfalls von Microsoft lizenzierte Zwischenhändler an die Hardwarehersteller veräußert. Die von Microsoft lizenzierten Zwischenhändler waren dabei vertraglich verpflichtet, ihren jeweiligen Vertragspartnern die Verpflichtung aufzuerlegen, die OEM-Versionen nur zusammen mit der Hardware zu veräußern. Von einem dieser Zwischenhändler hatte der beklagte Hardwarehersteller, der selbst nicht in vertraglichen Beziehungen zu Microsoft stand, eine OEM-Version des Betriebssystems erworben, die er isoliert, also ohne einen Computer, an einen Endverbraucher weiterveräußerte. Gegen diese Veräußerung wandte sich Microsoft mit der Begründung, die Veräußerung verletze ihr Verbreitungsrecht an dem Betriebssystem aus § 69c Nr. 3 S. 1 UrhG.

Die Besonderheit des Falles lag darin, dass sich der „authorized replicator" bei der Veräußerung im Rahmen der von Microsoft beschränkt eingeräumten

---

[82] Wandtke/Bullinger-*Grützmacher*, § 69c Rn. 91; *Erben/Zahrnt*, CR 1996, 535; *Ahlberg*, GRUR 1985, 363; vgl. OLG Frankfurt a. M. ZUM 2000, 763, 765.

[83] Wandtke/Bullinger-*Grützmacher*, § 69c Rn. 91; Wandtke/Bullinger-*Wandtke/Grunert*, § 31 Rn. 26.

[84] KG MMR 1998, 315 ff.; dem ging eine praktisch gleich lautende Entscheidung im einstweiligen Verfügungsverfahren voraus, KG GRUR 1996, 974 ff. – OEM-Software.

[85] OEM bedeutet „Original Equipment Manufacturer" und bezeichnet die Hersteller der Hardware, mit denen das Betriebssystem im Verbund veräußert wird.

Verbreitungsberechtigung gehalten hatte. Das Betriebssystem war folglich mit Zustimmung des Berechtigten in Verkehr gebracht worden. Mit der Veräußerung der OEM-Version durch den „authorized replicator" an den Zwischenhändler lagen daher die Voraussetzungen einer Erschöpfung des Verbreitungsrechts von Microsoft gemäß § 69 Nr. 3 S. 2 UrhG vor. Fraglich war nun, ob Microsoft die Erschöpfungswirkung derart begrenzen konnte, dass bei nachfolgenden Veräußerungen die Bedingungen der OEM-Lizenz ebenfalls beachtet werden mussten, wenn nicht das Verbreitungsrecht von Microsoft verletzt werden sollte.

Das KG hat die Möglichkeit einer dinglichen Beschränkung der Erschöpfungswirkung bejaht und Microsoft einen Anspruch aus § 97 Abs. 1 UrhG wegen Verletzung ihres Verbreitungsrechts zugesprochen.[86] Microsoft habe dem Zwischenhändler lediglich ein auf den gemeinsamen Vertrieb mit entsprechender Hardware beschränktes dingliches Verbreitungsrecht eingeräumt. Daher sei durch die Veräußerung des Zwischenhändlers an die Beklagte eine weitergehende Erschöpfung des Verbreitungsrechts nicht eingetreten.[87] Ein etwaiger Wertungswiderspruch zwischen der angenommenen dinglich wirkenden urheberrechtlichen Beschränkung und der Erschöpfung des Verbreitungsrechts sei jedenfalls nicht durch eine dingliche Unwirksamkeit von Weitergabeverboten zu lösen, da Microsoft das Recht zustehen müsse, das Verbreitungsrecht einem anderen dinglich beschränkt einzuräumen und somit „gewisse Bereiche zurückzubehalten".[88]

(c) Die herrschende Auffassung

Die heute h. M. lehnt eine dinglich wirkende Beschränkung der Erschöpfungswirkung hinsichtlich solcher Werkexemplare, die einmal mit Zustimmung des Berechtigten im Wege der Veräußerung in Verkehr gebracht worden sind, hingegen insgesamt ab.[89] Auch der BGH hat eine solche Beschränkung bei den von

---

[86] KG MMR 1998, 315, 316f.; ebenso schon im einstweiligen Verfügungsverfahren KG GRUR 1996, 974f. – OEM-Software.

[87] KG MMR 1998, 315, 316; GRUR 1996, 974, 975 – OEM-Software.

[88] KG MMR 1998, 315, 316f.; GRUR 1996, 974, 975 – OEM-Software.

[89] BGH GRUR 1986, 736, 737 – Schallplattenvermietung; OLG Hamburg GRUR 2002, 536, 537 – Flachmembranlautsprecher; KG GRUR-RR 2002, 125, 126f. – Gruß aus Potsdam; OLG Frankfurt a. M. CR 1999, 7, 8; OLG München NJW 1998, 1649, 1650; OLG Düsseldorf GRUR 1990, 188 – Vermietungsverbot; OLG Hamm GRUR 1981, 743, 744f. – Video-Film-Kassetten; LG München I GRUR 1983, 763f. – Vermietung von Tonträgern (einstweiliges Verfügungsverfahren im Fall „Schallplattenvermietung"); Dreier/Schulze-*Dreier*, § 69c Rn. 26; Wandtke/Bullinger-*Heerma*, § 17 Rn. 21; Schricker-*Loewenheim*, § 69c Rn. 30 (teilweise abweichend von der Kommentierung bei § 17 Rn. 49); Loewenheim-*Loewenheim*, § 20 Rn. 41; HK-UrhR-*Dreyer*, § 17 UrhG Rn. 63; Fromm/Nordemann-*J. B. Nordemann*, § 31 UrhG Rn. 74; Immenga/Mestmäcker-*Ullrich*, GRUR A Rn. 83 mit Fn. 586; *Haberstumpf*, Handbuch, Rn. 163; *Schack*, UrhR, Rn. 391, 545; *Marly*, Rn. 1039f.; *Mitteis*, Recht 1906, 539f.; *Lehmann*, NJW 1993, 1825; *Nordemann*, GRUR 2007, 207; *Sack*, WRP 1999, 1106; *Bartsch*,

Microsoft vertriebenen OEM-Versionen nicht zugelassen.[90] Es verhalte sich insofern nicht anders als bei einer räumlichen oder zeitlichen Beschränkung.[91] Zwar erlaube § 31 Abs. 1 S. 2 UrhG eine dinglich wirkende Aufspaltung des Verbreitungsrechts, soweit es sich – wie etwa beim Vertrieb über Buchgemeinschaften – um eine „übliche, technisch und wirtschaftlich eigenständige und damit klar abgrenzbare Nutzungsform" handele.[92] Eine danach zulässige dingliche Beschränkung des Verbreitungsrechts wirke sich jedoch nur auf die Erschöpfung aus, wenn sie sich auf die Art und Weise des ersten Inverkehrbringens beziehe, weil ein Inverkehrbringen auf einem anderen als auf dem zugelassenen Absatzweg dann nicht von der Zustimmung des Berechtigten gedeckt wäre.[93] Die Beschränkung habe jedoch nicht zur Folge, dass der Berechtigte auch nach einem *mit* seiner Zustimmung erfolgten Inverkehrbringen alle weiteren Verbreitungsakte auf die Einhaltung der ursprünglichen Begrenzung des Nutzungsrechts überprüfen könnte. Der freie Warenverkehr werde „in unerträglicher Weise behindert", wenn der Rechtsinhaber auch noch in den weiteren Vertrieb eingreifen könne, nachdem er das Werkstück verkauft oder seine Zustimmung zur Veräußerung gegeben habe.[94] Die von Microsoft erstrebte Beschränkung der Erschöpfungswirkung laufe darauf hinaus, dass die vertraglich eingegangenen Bindungen nicht nur inter partes, sondern gegenüber jedermann Wirkung entfalten könnten. Eine derartige Verdinglichung schuldrechtlicher Verpflichtungen sei dem deutschen Recht fremd.[95]

(d) Stellungnahme

Ob der Urheber durch eine nach § 31 Abs. 1 S. 2 UrhG inhaltlich beschränkte Einräumung des Verbreitungsrechts die Erschöpfungswirkung auf den Umfang des eingeräumten Nutzungsrechts begrenzen kann, ist durch Auslegung der zugrunde liegenden Vorschriften zu ermitteln. Bereits der Wortlaut des § 69c Nr. 3 S. 2 UrhG, wonach sich in Bezug auf die betreffenden Vervielfältigungsstücke „das Verbreitungsrecht" erschöpft, wie auch der des § 17 Abs. 2 UrhG,

CR 1987, 8; *Jaeger*, ZUM 2000, 1073; *Schuhmacher*, CR 2000, 648; *Baus*, Verwendungsbeschränkungen, S. 99 f.; im Ergebnis ebenso OLG Nürnberg NJW 1989, 2634, 2635; *Rehbinder*, UrhR, Rn. 330; *Derclaye*, JLTP 2005, 266 (zum Sui-generis-Recht an Datenbanken); *Novell, Inc. v. Network Trade Center, Inc.*, 25 F.Supp. 2d 2118, 2131 (D.Utah 1997 zu § 109 CA).

[90] BGHZ 145, 7, 12 ff. = GRUR 2001, 153, 154 f. – OEM-Version (die Entscheidung des KG aufhebend); zustimmend OLG Düsseldorf MMR 2005, 707, 708.

[91] BGHZ 145, 7, 12 f. = GRUR 2001, 153, 154 – OEM-Version; siehe dazu oben S. 183 f.

[92] Ebenso bereits BGH GRUR 1959, 200, 202 – Der Heiligenhof; BGH GRUR 1986, 736, 737 – Schallplattenvermietung; BGH GRUR 1992, 310, 311 – Taschenbuch-Lizenz.

[93] Siehe oben S. 182.

[94] BGHZ 145, 7, 12 = GRUR 2001, 153, 154 – OEM-Version; ähnlich bereits BGH GRUR 1986, 736, 737 – Schallplattenvermietung; OLG Frankfurt a. M. CR 1999, 7, 8.

[95] BGHZ 145, 7, 15 = GRUR 2001, 153, 155 – OEM-Version.

der „ihre Weiterverbreitung" erlaubt, sprechen gegen eine nur partielle Erschöpfung des Verbreitungsrechts,[96] insbesondere seit mit der Vermietung eine einzige Verbreitungsform ausdrücklich von der Erschöpfung ausgenommen wird.[97] Anders als hinsichtlich der räumlichen Ausdehnung der Erschöpfungswirkung sehen § 17 Abs. 2 und § 69c Nr. 3 S. 2 UrhG in inhaltlicher Hinsicht gerade keine Einschränkungen vor.

Entscheidend ist damit, ob der Zweck der §§ 17 Abs. 2, 69c Nr. 3 S. 2 UrhG eine vertragliche Beschränkbarkeit der Erschöpfungswirkung erfordert. Dabei ist zu berücksichtigen, dass diese Vorschriften als Schranken des Verbreitungsrechts Ausprägungen der Sozialbindung des Urheberrechts sind. Der Erschöpfungsgrundsatz beruht auf dem Gedanken, dass der Urheber mit dem ersten Inverkehrbringen des Werkexemplars hinreichend am wirtschaftlichen Wert partizipieren kann und im Weiteren die Verkehrsfähigkeit des urheberrechtlich geschützten Gegenstands nicht mehr behindern können soll.[98] Es gibt zwar keinen allgemeinen Grundsatz, dass das Urheberrecht gegenüber dem Interesse an der Verkehrsfähigkeit generell zurücktreten müsse.[99] Wenn der Urheber aber auch nach dem Inverkehrbringen den Weitervertrieb von Werkexemplaren mit urheberrechtlicher Wirkung auf bestimmte Verbreitungsarten beschränken könnte, würde der freie Warenverkehr erheblich behindert. Anders als im Sachenrecht, wo dem Allgemeininteresse an einem freien Warenverkehr durch die Möglichkeit eines gutgläubigen Erwerbs Rechnung getragen wird, bestünde das Verbotsrecht des Urhebers im Hinblick auf die nicht konsentierten Verbreitungsarten uneingeschränkt fort. Spätere Erwerber der in Verkehr gebrachten Vervielfältigungsstücke wären der Gefahr einer Inanspruchnahme durch den Urheber wegen einer Verletzung des Verbreitungsrechts selbst dann ausgesetzt, wenn sie von der beschränkten Einräumung des Verbreitungsrechts an den Erstveräußerer keine Kenntnis hatten.[100]

Hingegen werden die Interessen des Urhebers durch eine uneingeschränkte Erschöpfung des Verbreitungsrechts nicht übermäßig beeinträchtigt. Insbesondere lässt sich eine Begrenzung der Erschöpfungswirkung auf bestimmte Nutzungsarten nicht mit dem urheberrechtlichen Beteiligungsgrundsatz begrün-

---

[96] So auch *Jaeger*, ZUM 2000, 1073; *Niethammer*, S. 121; in der Tendenz ebenso OLG München NJW 1998, 1649, 1650; a. A. *Koppe*, S. 235.

[97] Vgl. Wandtke/Bullinger-*Heerma*, § 17 Rn. 21; *Sack*, WRP 1999, 1106.

[98] BGHZ 144, 232, 238 = GRUR 2001, 51, 53 – Parfumflakon; BGH GRUR 1995, 673, 676 – Mauerbilder; BGHZ 92, 54, 56 f. = GRUR 1985, 134 – Zeitschriftenauslage in Wartezimmern; Schricker-*Loewenheim*, § 17 Rn. 36; *Berger*, GRUR 2002, 199; *Jaeger*, Interessenausgleich, 50 f.; ausführlich zur Begründung des Erschöpfungsprinzips *Joos*, S. 51 ff.; *Niethammer*, S. 46 ff.; *Reimer*, GRURInt 1972, 225 f.

[99] Vgl. Wandtke/Bullinger-*Wandtke/Grunert*, § 31 Rn. 26. Einen derart weitgehenden Grundsatz stellt entgegen der Kritik von *Wandtke/Grunert* auch BGHZ 144, 232, 238 = GRUR 2001, 51, 53 – Parfumflakon, nicht auf.

[100] *Niethammer*, S. 48; *Reimer*, GRURInt 1972, 222.

den. Der Urheber kann das Entgelt für seine Zustimmung zur Erstverbreitung so kalkulieren, dass damit der Werkgenuss aufgrund des betroffenen Werkexemplars auch durch weitere Erwerber abgegolten wird.[101] Diesem „Belohnungsgedanken“ wird aus ökonomischer Sicht zwar entgegengehalten, dass die ungehinderte Weiterverbreitung der einmal in Verkehr gebrachten Erzeugnisse dazu führe, dass Dritte mit dem Rechtsinhaber in reinen Preiswettbewerb treten könnten und sich dieser langfristig auf den Preis auswirke, den der Rechtsinhaber beim ersten Inverkehrbringen verlangen könne.[102] Angesichts der mit der Absicherung von Vertriebsbeschränkungen verbundenen Allgemeinkosten wiegt das Interesse der Allgemeinheit am freien Warenverkehr zumindest bei einem Vertrieb innerhalb des für die Erschöpfung relevanten Gebietes aber dennoch höher als das nur unter hohen Kosten zu schützende Interesse des Rechtsinhabers an ungestörter Preisdifferenzierung.[103]

Erst recht kann ein Bedürfnis, die Erschöpfungswirkung mit dinglicher Wirkung einschränken zu können, nicht damit begründet werden, dass einer Durchsetzung der Beschränkung nur auf vertraglichem oder technischem Wege kartellrechtliche Bedenken im Wege stünden.[104] Wenn die Rechtsordnung die Durchsetzung derartiger Vertriebskonditionen aufgrund der damit verbundenen Wettbewerbsbeschränkungen ausdrücklich untersagt und somit einem dahingehenden Interesse des Urhebers die Schutzwürdigkeit gerade abspricht, spricht dies vielmehr gerade dagegen, eine solche Beschränkung des freien Warenverkehrs über das Urheberrecht auch noch mit dinglicher Wirkung auszustatten. Denn der Schutz der Wettbewerbsfreiheit durch das Kartellrecht dient gerade der Sicherung der Warenverkehrsfreiheit, die der Erschöpfung des Verbreitungsrechts zugrunde liegt, so dass zwischen dem System des unverfälschten Wettbewerbs und dem freien Warenverkehr im Binnenmarkt ein gegenseitiges Abhängigkeitsverhältnis besteht.[105]

---

[101] BVerfGE 81, 12, 17 (zum Leistungsschutzrecht des Tonträgerherstellers); Möhring/Nicolini-*Ahlberg*, Einl. Rn. 17; *Rehbinder*, UrhR, Rn. 306; *Berger*, GRUR 2002, 199; vgl. Immenga/Mestmäcker-*Ullrich*, GRUR A Rn. 75. Da das Gewicht der Urheberinteressen eine entscheidende Rolle bei der im Rahmen der Sozialbindung vorzunehmenden Interessenabwägung spielt, kann man entgegen *Niethammer*, S. 50, nicht sagen, dass der Belohnungsgedanke im „System der widerstreitenden Interessen im Rahmen der Sozialbindung ... keine Aussagekraft“ habe.

[102] So *Ganea*, GRURInt 2005, 105, der daher bezweifelt, dass der Rechtsinhaber eine „angemessene“ Vergütung erzielen könne; vgl. auch *Niethammer*, S. 66f., der gerade in den dadurch ermöglichten niedrigeren Endpreisen eine Rechtfertigung für die Erschöpfung des Verbreitungsrechts sieht.

[103] So auch *Ganea*, GRURInt 2005, 105. Bereits RGZ 63, 394, 399 – Koenigs Kursbuch, hat dem Urheber und Verleger ein berechtigtes Interesse daran abgesprochen, den Ladenpreis für den Verkauf seiner Bücher über die mit ihm vertraglich verbundenen Buchhändler hinaus mit dinglicher Wirkung festzulegen.

[104] So aber Wandtke/Bullinger-*Grützmacher*, § 69c Rn. 93f.

[105] Vgl. Schröter/Jakob/Mederer-*Schröter*, Vorbem. zu Art. 81 bis 89 Rn. 13; Immenga/Mestmäcker-*Ullrich/Heinemann*, GRUR B Rn. 12.

Wenn die Voraussetzungen des § 17 Abs. 2 UrhG vorliegen, führt dies daher zur Erschöpfung des Verbreitungsrechts insgesamt. Auf die Frage, ob das dem ersten Veräußerer eingeräumte Verbreitungsrecht nach § 31 Abs. 1 S. 2 UrhG überhaupt mit dinglicher Wirkung beschränkt werden konnte, kommt es dann nicht mehr an.[106] Das öffentliche Anbieten oder Inverkehrbringen von Werkexemplaren, hinsichtlich derer Erschöpfung eingetreten ist, ist – seit 1995 mit Ausnahme der Vermietung – nicht mehr Gegenstand des Verbreitungsrechts des Urhebers. Sein Ausschließlichkeitsrecht ist insoweit durch § 17 Abs. 2 bzw. § 69c Nr. 3 S. 2 UrhG inhaltlich begrenzt.[107] Nur der erste Veräußerungsakt ist seiner Kontrolle unterworfen.[108]

Nachdem einmal Erschöpfung eingetreten ist, kann das ausschließliche Verbreitungsrecht des Urhebers auch nicht auf einer späteren Vertriebsstufe wieder „aufleben".[109] Für die weitere Verbreitung eines mit Zustimmung des Urhebers im Wege der Veräußerung in Verkehr gebrachten Werkexemplars wird dem Vertreiber – im OEM-Fall dem Zwischenhändler – folglich kein Nutzungsrecht eingeräumt, das nach § 31 Abs. 1 S. 2 UrhG inhaltlich beschränkt werden könnte.[110] Denn Voraussetzung für die Einräumung eines Nutzungsrechts ist das Bestehen eines entsprechenden Verwertungsrechts des Urhebers.[111] Die Befugnis eines späteren Erwerbers zur Weiterverbreitung beruht aber nicht auf einer Nutzungsrechtseinräumung oder -übertragung durch den Veräußerer, sondern darauf, dass das Gesetz diese Weiterverbreitungshandlung vom Ausschließlichkeitsrecht des Urhebers freigestellt hat.

Daraus folgt allerdings, dass es im Fall „OEM-Version" auf das Verhältnis einer nach § 31 Abs. 1 S. 2 UrhG beschränkten Einräumung des Verbreitungsrechts und der Reichweite der Erschöpfungswirkung überhaupt nicht ankam. Denn die einzige Verbreitungshandlung, für die es der Einräumung eines Nutzungsrechts bedurfte, erfolgte durch den „authorized replicator", der die Vervielfältigungsstücke des Werkes in Verkehr brachte. Selbst wenn man mit der eingangs dargestellten Auffassung annimmt, dass sich das Verbreitungsrecht durch ein Inverkehrbringen von Werkexemplaren nur insoweit erschöpft, als

[106] So auch BGHZ 145, 7, 13f. = GRUR 2001, 153, 154 – OEM-Version; vgl. auch OLG Frankfurt a. M. CR 1999, 7, 9f.

[107] Siehe dazu oben S. 136.

[108] Dreier/Schulze/*Schulze*, § 17 Rn. 24; *Berger*, GRUR 2002, 199; vgl. bereits *Mitteis*, Recht 1906, 539 zu § 11 Abs. 1 LUG: „Der Beschränkung zugänglich ist nur das noch nicht ausgeübte Recht der Verbreitung; das ausgeübte ist der Mitgabe einer Beschränkung seiner Natur nach entrückt." In den USA spricht man im Hinblick auf die entsprechende (aber weiter reichende) Beschränkung in § 109 CA daher anschaulich von „first sale doctrine", vgl. *Novell, Inc. v. Network Trade Center, Inc.*, 25 F.Supp. 2d 1218, 1230f. (D.Utah 1997).

[109] So auch *Berger*, NJW 1997, 301.

[110] So auch OLG Frankfurt a. M. NJW-RR 1997, 494; LG München I GRUR 1983, 763 – Vermietung von Tonträgern; *Hubmann*, GRUR 1986, 739; *Berger*, NJW 1997, 301; *ders.*, GRUR 2002, 199; *Jaeger*, ZUM 2000, 1073.

[111] Siehe oben S. 140.

das Verbreitungsrecht dem ersten Veräußerer nach § 31 Abs. 1 S. 2 UrhG eingeräumt wurde, wäre das Verbreitungsrecht der Microsoft Corporation vom Beklagten folglich nur verletzt worden, wenn er mit dem isolierten Verkauf der OEM-Version eine dem „authorized replicator" als erstem Verbreiter auferlegte Beschränkung nicht eingehalten hätte. Die inhaltliche Beschränkung des Verbreitungsrechts, auf die sich Microsoft berufen hat, bestand vorliegend darin, dass eine Verbreitung der Software nur zusammen mit einem neuen Computer erfolgen sollte. Microsoft hatte seine Software durch den „authorized replicator" jedoch ohne das „bundling" an einen Computer an Zwischenhändler liefern lassen. Folglich wurde das Verbreitungsrecht bereits im Hinblick auf die Erstverbreitung nicht beschränkt auf den gemeinsamen Vertrieb mit einem Computer eingeräumt.[112] Da es danach an einer inhaltlich beschränkten Nutzungsrechtseinräumung an den Erstverbreiter fehlte, konnte die vom KG herangezogene Theorie der beschränkten Erschöpfungswirkung im Fall „OEM-Version" von vornherein nicht bewirken, dass nur eine auf den gemeinsamen Vertrieb mit einem Computer beschränkte Erschöpfung des Verbreitungsrechts eintrat und die Weiterverbreitung durch den Zwischenhändler somit das Verbreitungsrecht von Microsoft hätte verletzen können.

Auch wenn die Ausführungen des BGH im Fall „OEM-Version" zum Verhältnis einer inhaltlich beschränkten Einräumung des Verbreitungsrechts zur Reichweite der Erschöpfungswirkung danach letztlich nicht entscheidungserheblich waren, lassen sie sich über die entschiedene Fallkonstellation hinaus als allgemeine Regel für die Auslegung der §§ 17 Abs. 2 und 69c Nr. 3 S. 2 UrhG auf andere Fälle der Weiterverbreitung mit Zustimmung des Rechtsinhabers in Verkehr gebrachter Werkexemplare übertragen. Selbst wenn das Inverkehrbringen einer dinglichen Beschränkung nach § 31 Abs. 1 S. 2 UrhG unterliegt, ist daher mit der h. M. davon auszugehen, dass eine Verbreitung, die sich im Rahmen der eingeschränkt eingeräumten Befugnis hält, zur unbeschränkten Erschöpfung des Verbreitungsrechts führt.

Eine inhaltliche Beschränkung der Erschöpfungswirkung auf bestimmte Verbreitungsarten kann schließlich auch nicht damit begründet werden, dass hinsichtlich des verbliebenen Teils des Verbreitungsrechts kein konsentiertes Inverkehrbringen erfolgt sei.[113] Die Zulässigkeit der Weiterverbreitung hängt allein davon ab, ob der Rechtsinhaber dem ersten Inverkehrbringen durch Veräußerung zugestimmt hat. Die Zustimmung muss sich nicht auf die Art und

---

[112] So auch *Leistner/Klein*, MMR 2000, 751; *Koppe*, S. 235. Zur Frage, ob der Vertrieb von Software in Fachhandelsversionen und OEM-Versionen eigenständige Nutzungsarten darstellen und das Erstverbreitungsrecht insoweit überhaupt gemäß § 31 Abs. 1 S. 2 UrhG aufgespalten werden kann, siehe Schricker-*Loewenheim*, § 69c Rn. 29; *Witte*, CR 1996, 534 f.

[113] So aber *Leistner/Klein*, MMR 2000, 751; ähnlich *von Ungern-Sternberg*, GRUR 1984, 264.

Weise der weiteren Nutzung beziehen.[114] Zwar kann auch die Zustimmung beschränkt auf bestimmte Formen des Inverkehrbringens, etwa einen bestimmten Absatzweg, erteilt werden.[115] Eine vom Urheber im Hinblick auf die *Weiter*verbreitung vorgegebene Beschränkung lässt die Zustimmung zum ersten Inverkehrbringen, auf die es nach § 17 Abs. 2 UrhG allein ankommt, aber unberührt. Ein Gegenstand kann auch nicht bedingt in Verkehr gebracht werden, so dass er rückwirkend nicht als in Verkehr gebracht gilt, wenn bestimmte Umstände nicht eintreten.[116] Dem Rechtsinhaber ist es danach unbenommen, die Art und Weise des *ersten* Inverkehrbringens, soweit es sich dabei um eine eigenständige Nutzungsart handelt, gemäß § 31 Abs. 1 S. 2 UrhG mit urheberrechtlicher Wirkung so zu beschränken, dass bei einem Zuwiderhandeln durch den Erstveräußerer auch die Weiterveräußerung auf späteren Vertriebsstufen verboten werden kann.[117] Wenn sich aber der Erstveräußerer beim Inverkehrbringen an die vereinbarte Beschränkung hält, erfolgt die Veräußerung mit Zustimmung des Berechtigten, und die Voraussetzungen für eine unbeschränkte Erschöpfung des Verbreitungsrechts nach § 17 Abs. 2 UrhG liegen vor. Ist die Verbreitung eines Romans etwa auf den Vertrieb außerhalb von Buchgemeinschaften beschränkt, so führt das Inverkehrbringen durch Veräußerung an einen Sortimenter dazu, dass die Weiterverbreitung der in Verkehr gebrachten Exemplare durch den Sortimenter und dessen Abnehmer urheberrechtlich unbeschränkt zulässig ist. Auch der Weiterverkauf an eine Buchgemeinschaft verletzt dann also nicht das Verbreitungsrecht.

c. Fazit

Wenn ein Vervielfältigungsstück vom Inhaber eines nach § 31 Abs. 1 S. 2 UrhG beschränkt eingeräumten Verbreitungsrechts unter Verstoß gegen die dinglich wirksame Beschränkung in Verkehr gebracht wird, fehlt es an der Zustimmung des Berechtigten i. S. v. §§ 17 Abs. 2, 69c Nr. 3 S. 2 UrhG. Es tritt somit keine

---

[114] BGH GRUR 1986, 736, 737 – Schallplattenvermietung; vgl. auch Immenga/Mestmäcker-*Ullrich*, GRUR A Rn. 83 mit Fn. 586.

[115] Dreier/Schulze-*Schulze*, § 17 Rn. 32; *Rehbinder*, UrhR, Rn. 326; a. A. *Berger*, AcP 201 (2001), 430 f.; *Niethammer*, S. 130.

[116] *Rehbinder*, UrhR, Rn. 327; vgl. *Mitteis*, Recht 1906, 539: „Verbreiten heißt ins Publikum bringen. Hat der Urheber oder Verleger dies getan, so kann er dem Weiterdringen im Publikum keine Schranken setzen. Ein beschränktes ins Publikumsetzen ist ein Widerspruch in sich selbst"; ebenso für das Patentrecht *Kohler*, Lehrbuch des Patentrechts, S. 131.

[117] Siehe oben B I 2 a. So war es zu der besonderen Konstellation im Fall „OEM-Version" nur gekommen, weil die Hardwarehersteller nicht direkt von Microsoft beliefert worden waren, sondern Zwischenhändler eingeschaltet wurden, die das erste Inverkehrbringen vornahmen, vgl. *Jaeger*, ZUM 2000, 1074. Hätte der „authorized replicator" die Ware entgegen der Verwendungsbeschränkung von Microsoft nicht an einen mit der Klägerin vertraglich verbundenen Zwischenhändler, sondern an einen Dritten geliefert, wäre keine Erschöpfung eingetreten, wenn es sich um eine im Rahmen des § 31 Abs. 1 UrhG zulässige Beschränkung gehandelt hätte, so ausdrücklich BGHZ 145, 7, 15 = GRUR 2001, 153, 155.

Erschöpfung des Verbreitungsrechts ein, so dass eine Weiterverbreitung des Vervielfältigungsstücks eine Urheberrechtsverletzung darstellt. Eine dinglich beschränkte Einräumung des Verbreitungsrechts führt aber nicht dazu, dass sich das Verbreitungsrecht nach §§ 17 Abs. 2, 69c Nr. 3 S. 2 UrhG bei einem berechtigten Inverkehrbringen von Werkstücken nur hinsichtlich des beschränkt eingeräumten Teils des Verbreitungsrechts erschöpft. Wenn die Voraussetzungen der §§ 17 Abs. 2, 69c Nr. 3 S. 2 UrhG vorliegen, ist auch eine Weiterverbreitung, welche die für die Erstverbreitung vereinbarte Beschränkung nicht einhält, urheberrechtlich zulässig. Aus § 31 Abs. 1 S. 2 UrhG lässt sich die urheberrechtliche Wirkung vertraglicher Vereinbarungen, die der Erschöpfung unterliegende Weiterverbreitungshandlungen inhaltlich beschränken, somit nicht herleiten.

Daher ist es wenig glücklich, wenn in Bezug auf den Fall, dass bei der Erstverbreitung eine nach § 31 Abs. 1 S. 2 UrhG dinglich wirksame Beschränkung des Verbreitungsrechts nicht eingehalten wird, von einer „beschränkten Erschöpfung" gesprochen wird.[118] Nicht die in Bezug auf die Weiterverbreitung eintretende Erschöpfungswirkung ist beschränkt, sondern nur die durch das Nutzungsrecht eingeräumte Befugnis zur Erstverbreitung. Die Erschöpfungswirkung greift entweder – mangels Vorliegen ihrer Voraussetzungen – gar nicht oder (im gesetzlich vorgesehenen Rahmen) unbeschränkt ein. Eine Ausnahme besteht lediglich bei räumlichen Beschränkungen. Wegen der nur gemeinschaftsweit wirkenden Erschöpfung ist hier in gewissen Grenzen eine urheberrechtlich wirksame Beschränkung der Erschöpfungswirkung möglich, wenn das Verbreitungsrecht beschränkt auf das Gebiet außereuropäischer Staaten eingeräumt wird. Im Übrigen lässt sich die Erschöpfungswirkung durch eine beschränkte Einräumung des Verbreitungsrechts jedoch nicht mit urheberrechtlicher Wirkung begrenzen.

3. Ausschluss der Weiterverbreitung gemäß § 34 Abs. 1 S. 1 UrhG

Daraus ergibt sich zugleich, dass die Weiterverbreitung von Werkexemplaren, die mit Zustimmung des Rechtsinhabers in Verkehr gebracht worden sind, auch nicht gemäß § 34 Abs. 1 S. 1 UrhG mit urheberrechtlicher Wirkung durch Vertrag beschränkt werden kann. Der Erschöpfungsgrundsatz stellt gerade keine implizite Lizenz zur Weiterveräußerung dar, die der Urheber nach Belieben ausschließen oder beschränken könnte.[119] Die Befugnis eines späteren Erwerbers zur Weiterverbreitung beruht allein darauf, dass das Gesetz diese Weiterverbreitungshandlung vom Ausschließlichkeitsrecht des Urhebers freigestellt

[118] So BGHZ 145, 7, 15 = GRUR 2001, 153, 155 – OEM-Version; Dreier/Schulze-*Schulze*, § 17 Rn. 39; kritisch zu dieser Bezeichnung auch *Jaeger*, ZUM 2000, 1074; ihm folgend *Koppe*, S. 232.

[119] Siehe dazu oben S. 102 f.

hat. Ein Nutzungsrecht ist hierfür nicht erforderlich.[120] In der Weiterverbreitung liegt daher im Hinblick auf das Verbreitungsrecht keine Übertragung eines Nutzungsrechts an den Zweiterwerber, die der Urheber nach § 34 UrhG untersagen könnte.[121] Ein entsprechendes vertragliches Übertragungsverbot geht somit ins Leere.[122]

4. *Zwingender Charakter der Erschöpfung*

Letztlich läuft eine vertragliche Beschränkung der Weiterverbreitung von Werkexemplaren, die mit Zustimmung des Urhebers in Verkehr gebracht worden sind, darauf hinaus, die aufgrund von § 17 Abs. 2 UrhG nur begrenzt eingeräumte Rechtsmacht des Urhebers über die vom Gesetz gezogenen Grenzen hinaus auszuweiten. Durch die Vereinbarung einer solchen Beschränkung soll ein Verbotsrecht des Urhebers auch im Hinblick auf die in § 17 Abs. 2 UrhG ausdrücklich für zulässig erklärten Verbreitungshandlungen begründet werden. Die Begründung eines solchen dem Urheber vom Gesetz nicht zugewiesenen urheberrechtlichen Verbotsrechts durch Parteivereinbarung ist jedoch im Hinblick auf den urheberrechtlichen Typenzwang problematisch.

a. Urheberrechtlicher Typenzwang

Der Typenzwang hat seinen Grund in der Absolutheit dinglicher Herrschaftsrechte. Diese zeichnen sich dadurch aus, dass sie ihrem Inhaber losgelöst von einem individuellen Rechtsverhältnis ein unmittelbares Herrschaftsrecht über einen bestimmten Vermögensgegenstand geben, den sie dem Inhaber ausschließlich zuordnen.[123] Sie wirken gegenüber jedermann und müssen von jedermann beachtet werden. Die Beachtung solcher absoluten Rechtsstellungen setzt eine gesetzliche Regelung voraus, die den wesentlichen Inhalt der dinglichen Rechte und ihre Abgrenzung voneinander für jeden klar erkennbar macht.[124] Außerdem sind die sachenrechtlichen Berechtigungen auf den Wechsel ihres Inhabers zugeschnitten, so dass das Gesetz dem Erwerber von vornherein eine Vorstellung davon vermitteln muss, was er erwirbt.[125] Eine unbegrenzte Gestaltungsfreiheit würde demgegenüber zu erheblicher Rechtsunsicherheit und Unklarheit der allgemein wirksamen Vermögenszuordnung

---

[120] *Berger*, AcP 201 (2001), 445.

[121] OLG Frankfurt a.M. NJW-RR 1997, 494; LG München I GRUR 1983, 763 – Vermietung von Tonträgern; a.A. *Witte*, CR 1996, 534: § 69c Nr. 3 S. 2 UrhG ordne nicht nur das Erlöschen des Verbreitungsrechts des Veräußerers an, sondern leite dieses Recht ohne Einschränkung auf den Erwerber über.

[122] *Loewenheim*, FS Kitagawa, 965.

[123] *Dulckeit*, S. 48; *Köhler*, § 17 Rn. 7.

[124] Staudinger-*Seiler* (2007), Einl zum SachenR Rn. 37; *Baur/Stürner*, § 1 Rn. 10; *Larenz/Wolf*, § 34 Rn. 54; *Wolf/Wellenhofer*, § 2 Rn. 2; *Paulus/Zenker*, JuS 2001, 4.

[125] *Baur/Stürner*, § 1 Rn. 10.

führen.[126] Es darf den Beteiligten daher nicht überlassen bleiben, dingliche Rechte beliebiger Art und beliebigen Inhalts zu schaffen.

Dabei kann man zwei Aspekte des Typenzwangs unterscheiden. Zum einen sind die möglichen dinglichen Berechtigungen gesetzlich bestimmt (numerus clausus), zum anderen ist der Inhalt der danach möglichen Berechtigungen zumindest in den Umrissen durch das Gesetz festgelegt (Typenfixierung).[127] Es ist daher weder möglich, durch Parteivereinbarung andere als die vom Gesetz vorgesehenen dinglichen Herrschaftsrechte zu begründen, noch kann den gesetzlich möglichen dinglichen Rechten ein anderer als der nach dem Gesetz zulässige Inhalt gegeben werden.[128] Daher kann der Zuweisungsgehalt des Sacheigentums wie auch derjenige der beschränkten dinglichen Rechte wegen des Typenzwangs nicht durch Parteivereinbarung erweitert werden. So führt z.B. ein mit dem Eigentümer einer Sache vertraglich vereinbartes Verbot, die Sache zu fotografieren, nicht dazu, dass das Fotografieren der fremden Sache eine Verletzung des Sacheigentums darstellt.[129] Denn der Nutzungswert, der in der Vervielfältigung des äußeren Erscheinungsbildes einer Sache liegt, ist dem Sacheigentümer vom Gesetz gerade nicht zugewiesen[130] und kann ihm wegen des Typenzwangs auch nicht mit dinglicher Wirkung durch Parteivereinbarung zugewiesen werden.

Ebenso wie das Sacheigentum ist auch das Urheberrecht ein absolutes Herrschaftsrecht, welches von jedermann zu beachten ist.[131] Ein Bedürfnis nach Rechtssicherheit und -klarheit hinsichtlich des Inhalts und der Abgrenzung der möglichen dinglichen Berechtigungen besteht daher auch hier.[132] Zwar kann das Urheberrecht selbst, anders als das Sacheigentum, gemäß § 29 Abs. 1 UrhG un-

---

[126] Vgl. Westermann-*H. P. Westermann*, § 3 III 1.

[127] Siehe nur *Baur/Stürner*, § 1 Rn. 7; *Larenz/Wolf*, § 34 Rn. 54. Der Begriff des Typenzwangs wird dabei nicht einheitlich verwendet. Während manche ihn als Synonym für den numerus clausus der Sachenrechte benutzen (so MüKo-*Gaier*, Einl. Sachenrecht Rn. 11; *Baur/Stürner*, § 1 Rn. 7; *Wolf/Wellenhofer*, § 2 Rn. 2ff.), verwenden ihn andere gleichbedeutend mit dem Begriff der Typenfixierung (so Westermann-*H. P. Westermann*, § 1 I 2 und § 3 III 1; *Larenz/Wolf*, § 15 Rn. 11 und § 34 Rn. 54; *Jänich*, S. 235 m. w. N.); dagegen Staudinger-*Seiler* (2007), Einl zum SachenR Rn. 38, der eine Unterscheidung von numerus clausus und Typenfixierung für entbehrlich hält.

[128] BGHZ 23, 293, 299 = NJW 1957, 672 (Bestellung eines nicht akzessorischen Pfandrechts); Westermann-*H. P. Westermann*, § 1 I 2 und § 3 III 1; *Baur/Stürner*, § 1 Rn. 7; *Wolf/Wellenhofer*, § 2 Rn. 4; *Larenz/Wolf*, § 15 Rn. 11 und § 34 Rn. 54; Bamberger/Roth-*Wendtland*, § 134 Rn. 16; *Jänich*, S. 235; siehe bereits Motive III, S. 3: „Der Grundsatz der Vertragsfreiheit, welcher das Obligationenrecht beherrscht, hat für das Sachenrecht keine Geltung. Hier gilt der umgekehrte Grundsatz: Die Betheiligten können nur solche Rechte begründen, deren Begründung das Gesetz zuläßt. Die Zahl der dinglichen Rechte ist daher nothwendig eine geschlossene."

[129] Vgl. OLG Köln GRUR 2003, 1066, 1067 – *Wayangfiguren* (dort allerdings beschränkt auf das Fotografieren von frei zugänglichen Sachen).

[130] *Schack*, ZEuP 2006, 155f.

[131] Vgl. *Ohly*, FS Schricker, 106; *Köhler*, § 17 Rn. 10.

[132] So auch *Larenz/Wolf*, § 34 Rn. 56.

ter Lebenden nicht translativ übertragen werden. Dennoch ist es darauf angelegt, durch Einräumung von Nutzungsrechten nach § 31 UrhG zum Gegenstand des Rechtsverkehrs gemacht zu werden. Dem Urheber werden die Verwertungsrechte gerade mit dem Ziel gewährt, ihm einen Lizenzmarkt zur Verwertung seiner Schöpfung zu öffnen.[133] Auch beim Urheberrecht als absolutem Herrschaftsrecht besteht daher grundsätzlich Typenzwang.[134]

Der urheberrechtliche Typenzwang reicht im Hinblick auf die Einräumung dinglicher Nutzungsrechte allerdings nicht so weit wie im Sachenrecht. Während die möglichen dinglichen Belastungen des Sacheigentums vom Gesetz auch in Bezug auf ihren Inhalt im Wesentlichen vorgegeben sind, gewährt § 31 Abs. 1 S. 2 UrhG hinsichtlich des Inhalts urheberrechtlicher Nutzungsrechte weitgehende inhaltliche Gestaltungsfreiheit.[135] Daraus kann man jedoch nicht den Schluss ziehen, dass es im Urheberrecht keinen Numerus clausus der dinglichen subjektiven Rechte gäbe[136] oder gar „Typenfreiheit" bestünde.[137] Aus Gründen des Verkehrsschutzes dürfen die Parteien auch bei der inhaltlichen Ausgestaltung dinglicher Nutzungsrechte nicht völlig frei sein.[138] Der Aufspaltbarkeit von Nutzungsbefugnissen in einzelne selbständige Nutzungsrechte mit dinglicher Wirkung sind daher gewisse Grenzen gesetzt.[139] Nach ständiger Rechtsprechung kommt eine dingliche Aufspaltung nur in Betracht, soweit es sich bei den erlaubten Nutzungen um „übliche, technisch und wirtschaftlich eigenständige und damit klar abgrenzbare Nutzungsformen" handelt.[140] Bereits insoweit kann man von einer gewissen Typenfixierung sprechen.[141]

---

[133] Zu dieser Funktion des Urheberrechts siehe oben S. 79f.

[134] *Stephanblome*, S. 70; *Larenz/Wolf*, § 15 Rn. 12 und § 34 Rn. 56; *Wolf/Wellenhofer*, § 3 Rn. 28; *Mitteis*, Recht 1906, 540.

[135] Allerdings können auch einige der beschränkten dinglichen Rechte des BGB von den Parteien in gewissen Grenzen inhaltlich frei gestaltet werden, insbesondere Grunddienstbarkeiten nach § 1018 und beschränkte persönliche Dienstbarkeiten nach § 1090 BGB.

[136] So aber *Kraßer*, GRURInt 1973, 232; *Schack*, UrhR, Rn. 541; Schricker-*Schricker*, vor §§ 28ff. Rn. 52. Davon zu trennen ist die hier nicht zu erörternde Frage, inwieweit ein Numerus clausus originärer Immaterialgüterrechte besteht, dazu *Raiser*, JZ 1961, 468; *Ohly*, FS Schricker, 107, 115ff.

[137] So *Wolf/Wellenhofer*, § 2 Rn. 3; vgl. auch *Ulmer*, UrhR, § 84 I 3 (S. 362): Es fehle „der Typenzwang der Sachenrechte".

[138] Im Hinblick auf den zwischenstaatlichen Verkehr in der EG ergibt sich dies nicht zuletzt aus den Freiverkehrsregeln in Art. 28ff. EGV, dazu Immenga/Mestmäcker-*Ullrich*, GRUR A Rn. 106. Der auf Art. 8 Abs. 2 Marken-RL beruhende § 30 Abs. 2 MarkenG zählt die zulässigen dinglichen Lizenzbeschränkungen dementsprechend abschließend auf, vgl. dazu EuGH, 23. 4. 2009, Rs. C-59/04, Rn. 20 – Copad/Dior.

[139] *Schack*, UrhR, Rn. 544f.; Dreier/Schulze-*Schulze*, § 31 Rn. 9; *Ulmer*, § 84 I 3 (S. 362); Schricker-*Schricker*, vor §§ 28ff. Rn. 52 m. w. N.

[140] BGHZ 145, 7, 11 = GRUR 2001, 153, 154 – OEM-Version; BGH GRUR 1992, 310, 311 – Taschenbuch-Lizenz m. w. N.

[141] So *Haberstumpf*, in: Lehmann, II Rn. 161; *Stephanblome*, S. 74; vgl. auch *Jänich*, S. 240.

Insbesondere kann aber der Inhalt des Urheberrechts selbst nicht durch Parteivereinbarung mit absoluter Wirkung über den vom Gesetz zugelassenen Umfang hinaus erweitert oder sonst geändert werden.[142] Zwar besteht im Hinblick auf die aus dem Urheberrecht fließenden Befugnisse des Urhebers gemäß §§ 11 ff. UrhG kein Numerus clausus, wie die Verwendung des Begriffs „insbesondere" in § 15 UrhG zeigt.[143] Wenn das Gesetz aber eine Verwertungsbefugnis ausdrücklich inhaltlich begrenzt, lässt sich diese Begrenzung nicht durch einen Rückgriff auf die Generalklauseln in § 15 UrhG aushebeln.[144]

b. Unwirksamkeit entgegenstehender Vereinbarungen

Der Umfang des in § 17 Abs. 1 UrhG umschriebenen Verbreitungsrechts wird durch die Schranke in Abs. 2 begrenzt. Nur in dem durch § 17 Abs. 1 und Abs. 2 UrhG festgelegten Umfang ist dem Urheber die Verwertung des Werkes durch Verbreitung von Vervielfältigungsstücken ausschließlich zugewiesen. Nur insoweit hat der Urheber daher die Rechtsmacht, andere Personen mit urheberrechtlicher Wirkung von der Nutzung des geschützten Werkes auszuschließen. Insoweit ist der Inhalt des Urheberrechts zwingend vom Gesetz vorgegeben. In *urheberrechtlicher* Hinsicht hat der Erschöpfungsgrundsatz somit zwingenden Charakter.[145]

Eine Ausdehnung des gesetzlich vorgeschriebenen Inhalts des in § 17 Abs. 1 und 2 UrhG definierten ausschließlichen Verbreitungsrechts kann folglich nicht mit dinglicher Wirkung vereinbart werden. Denn Rechtsgeschäfte, die einer Partei eine mit dem Typenzwang nicht zu vereinbarende Rechtsposition einräumen sollen, sind dinglich wirkungslos.[146] Eine vertragliche Beschränkung der Erschöpfungswirkung entfaltet somit keine urheberrechtliche Wir-

---

[142] So auch *Larenz/Wolf*, § 15 Rn. 12 und § 34 Rn. 56. Auch darüber hinaus kann man im Urheberrecht von einem numerus clausus der möglichen dinglichen Berechtigungen sprechen. Denn § 29 Abs. 2 UrhG sieht als einzige Form der dinglich wirksamen Verfügung über das Urheberrecht die Einräumung von Nutzungsrechten gemäß § 31 UrhG vor. Neben dem Urheberrecht als Stammrecht und dinglichen Nutzungsrechten i. S. d. § 31 Abs. 1 S. 1 UrhG kennt das Gesetz keine weiteren dinglichen Berechtigungen in Bezug auf das geschützte Werk. Dem Urheber ist es daher verwehrt, über sein Urheberrecht (unter Lebenden) in anderer Weise als durch Einräumung von Nutzungsrechten zu verfügen.

[143] *Jänich*, S. 197, 242; *Schack* UrhR, Rn. 372.

[144] So auch *Schack*, UrhR, Rn. 372, in Bezug auf die sich unmittelbar aus dem Tatbestand der Verwertungsrechte in §§ 16–22 UrhG ergebenden Begrenzungen.

[145] OLG Bremen WRP 1997, 573, 575; Schricker-*Loewenheim*, § 17 Rn. 50 und § 69c Rn. 32; Wandtke/Bullinger-*Grützmacher*, § 69c Rn. 38; HK-UrhR-*Dreyer*, § 17 UrhG Rn. 63; *Lehmann*, NJW 1993, 1825; *Haberstumpf*, GRURInt 1992, 722; *Schack*, UFITA 2004, 554; ebenso zur markenrechtlichen Erschöpfung OLG Jena GRUR-RR 2008, 397, 398 – Noch vor der Deutschlandpremiere. Damit ist nicht gesagt, dass nicht mit schuldrechtlicher Wirkung durch Vertrag eine wirksame Verpflichtung begründet werden kann, entsprechende Verbreitungshandlungen zu unterlassen, siehe dazu unten S. 235 ff.

[146] Siehe oben S. 176 f.

kung.[147] Insbesondere kommt Vertragsklauseln, welche die Weitergabe der veräußerten Werkexemplare nicht nur an eine bestimmte Vertriebsform koppeln, sondern ganz ausschließen, keine urheberrechtliche Wirkung zu.[148] Aber auch vertragliche Abreden, die bestimmte Verbreitungsformen verbieten oder die Weiterverbreitung auf bestimmte Vertriebswege beschränken oder an sonstige Bedingungen knüpfen, führen nicht dazu, dass eine unter Missachtung dieser Beschränkungen erfolgende Weiterverbreitung nach Eintritt der Erschöpfung eine Verletzung des Verbreitungsrechts darstellt. Daher konnte der Inhaber des ausschließlichen Verbreitungsrechts auch die Vermietung der mit seiner Zustimmung in Verkehr gebrachten Werkexemplare nicht mit dinglicher Wirkung ausschließen, bevor der Gesetzgeber das Vermietrecht durch die Ergänzung des § 17 Abs. 2 UrhG im Jahre 1995 ausdrücklich von der Erschöpfungswirkung ausgenommen hat.[149] Die Rechtslage ist insoweit nicht anders als im Patentrecht, wo seit jeher anerkannt ist, dass die Weiterveräußerung einer mit Zustimmung des Patentinhabers in Verkehr gebrachten Sache auch bei einer entgegenstehenden vertraglichen Beschränkung keine Patentverletzung, sondern allenfalls eine Vertragsverletzung darstellt, die Beschränkung also keine patentrechtliche Wirkung hat.[150]

5. *Ergebnis*

Die Einräumung eines zeitlich oder inhaltlich beschränkten Verbreitungsrechts führt somit nicht dazu, dass sich das Verbreitungsrecht durch ein berechtigtes Inverkehrbringen nur hinsichtlich des beschränkt eingeräumten Teils erschöpft. Vielmehr haben vertragliche Vertriebsbeschränkungen, die sich auf Vervielfältigungsstücke beziehen, die mit Zustimmung des Berechtigten auf die erlaubte Art und Weise in Verkehr gebracht worden sind, eine schon tatbestandlich nicht dem Verbreitungsrecht des Urhebers unterfallende Vertriebshandlung zum Gegenstand. Bei der vertraglichen Beschränkung der Weiterveräußerung solcher

---

[147] HK-UrhR-*Dreyer*, § 17 UrhG Rn. 63; Schricker-*Loewenheim*, § 69c Rn. 32; *Schack*, UrhR, Rn. 545; vgl. auch Schricker-*Loewenheim*, § 17 Rn. 40.

[148] So im Ergebnis auch OLG Bremen WRP 1997, 573, 575; OLG Frankfurt a. M. NJW-RR 1997, 494; OLG Düsseldorf MMR 1998, 417; Schricker-*Loewenheim*, § 69c Rn. 32; *Marly*, Rn. 1040; *Bartsch*, CR 1987, 8; *Hoeren*, CR 2006, 578; *Köhler/Fritzsche*, in: Lehmann, XIII Rn. 61; *Polley*, CR 1999, 348 (anders aber für Vertriebsbeschränkungen).

[149] BGH GRUR 1986, 736, 737 – Schallplattenvermietung; OLG Düsseldorf GRUR 1990, 188 – Vermietungsverbot; Möhring/Nicolini-*Kroitzsch*, § 17 Rn. 45; ebenso für das niederländische Recht Hoge Raad, 20. 11. 1987, NJ 1988, Nr. 280, S. 1134 f. – Stemra/Free Record Shop; dazu *Guibault*, Copyright Limitations, S. 223; a. A. OLG Frankfurt a. M. NJW 1982, 1653, 1654.

[150] Grundlegend *Kohler*, Handbuch des Patentrechts, S. 453, 456 (mit Hinweis auf die abweichende Rechtsauffassung in den USA); *ders.*, Lehrbuch des Patentrechts, S. 131 f.; *Allfeld*, Kommentar, § 6 PatG Anm. 9c; *Götting*, Gewerblicher Rechtsschutz, § 22 Rn. 21; ebenso für das Warenzeichenrecht BGHZ 41, 84, 88 = GRUR 1964, 372, 374 – Maja; *Baumbach/Hefermehl*, § 15 WZG Rn. 46, gegen RGZ 50, 229, 231 – Kölnisch Wasser.

Werkexemplare handelt es sich daher nicht um eine Beschränkung vertraglich eingeräumter Nutzungsbefugnisse, sondern um eine vertragliche Ausweitung des durch § 17 Abs. 2 bzw. § 69c Nr. 3 S. 2 UrhG gesetzlich beschränkten Verbreitungsrechts des Urhebers. Wegen des auch im Urheberrecht grundsätzlich geltenden Typenzwangs ist eine solche Erweiterung des gesetzlichen Inhalts des in § 17 UrhG definierten ausschließlichen Verbreitungsrechts des Urhebers auf Werkexemplare, die mit Zustimmung des Berechtigten durch Veräußerung in Verkehr gebracht worden sind, im Wege der Parteivereinbarung nicht möglich. Allenfalls kann durch eine entsprechende Vereinbarung eine schuldrechtliche Verpflichtung des Vertragspartners begründet werden,[151] nicht jedoch ein Dritter gebunden werden, der nicht selbst (ggf. über eine Weiterbindungsklausel) eine entsprechende vertragliche Verpflichtung auf sich genommen hat.[152]

II. Beschränkung der Schranken in §§ 44a ff. UrhG

Zu prüfen ist nunmehr, inwieweit der Grundsatz der urheberrechtlichen Unwirksamkeit von Beschränkungen der Erschöpfungswirkung auf die vertragliche Begrenzung anderer durch eine Schranke erlaubter Nutzungen übertragen werden kann. Auch hier ist die urheberrechtliche Wirkung von der lediglich schuldrechtlichen Wirksamkeit vertraglicher Nutzungsbeschränkungen zu unterscheiden.

1. Dingliche Beschränkung gemäß § 31 Abs. 1 S. 2 UrhG?

Die urheberrechtliche Wirkung einer solchen Vereinbarung kann jedenfalls nicht durch eine inhaltliche Beschränkung des von der Schranke betroffenen Nutzungsrechts gemäß § 31 Abs. 1 S. 2 UrhG erreicht werden. Das zur vertraglichen Beschränkung der Erschöpfung des Verbreitungsrechts Gesagte[153] gilt hier entsprechend. Vereinbarungen, die das Urheberrecht erweitern, also Handlungen verbieten, die von den Verbotsrechten der §§ 16 ff. UrhG nicht gedeckt sind, können keine dinglichen Beschränkungen nach § 31 Abs. 1 S. 2 UrhG darstellen.[154] Denn die Einräumung eines Nutzungsrechts nach § 31 Abs. 1 S. 1 UrhG setzt voraus, dass dem Urheber in Bezug auf die betreffende Nutzung ein ausschließliches Verwertungsrecht zusteht, über das er verfügen kann. Dies ist bei den nach §§ 44a ff. UrhG zulässigen Nutzungen nicht der Fall. Vielmehr ist

---

[151] Siehe unten S. 213 ff.

[152] Vgl. *Schricker*, Verlagsrecht, § 8 Rn. 28a. Ebenso zu § 109 CA House Report, H. R. Rep. No. 94–1476 (1976), S. 79: „This does not mean that conditions on future disposition of copies or phonorecords, imposed by a contract between their buyer and seller, would be unenforceable between the parties as a breach of contract, but it does mean that they could not be enforced by an action for infringement of copyright."

[153] Siehe oben S. 191.

[154] So auch *Haberstumpf*, in: Lehmann, II Rn. 161.

das Ausschließlichkeitsrecht des Urhebers in Bezug auf die von der Schranke erlaubte Nutzung von vornherein begrenzt.[155] Für die von einer gesetzlichen Schranke erfassten Nutzungshandlungen kann dem Nutzer somit kein vertragliches Nutzungsrecht eingeräumt werden, welches nach § 31 Abs. 1 S. 2 UrhG beschränkt werden könnte.[156]

Könnte der Urheber Nutzungsrechte auch für Nutzungen einräumen, die bereits von einer Schranke für zulässig erklärt werden, so müsste es dem Urheber gemäß § 31 Abs. 3 UrhG konsequenterweise auch möglich sein, das Nutzungsrecht als ausschließliches Nutzungsrecht auszugestalten. Dies würde aber bedeuten, dass der Nutzer andere durch die Schranke privilegierte Nutzer allein aufgrund des mit dem Urheber geschlossenen Vertrages von der jeweils privilegierten Nutzung ausschließen könnte. Der Urheber hätte es in der Hand, die Ausübung der für die Allgemeinheit geltenden Schranken auf eine Person zu beschränken. Ein derart weit reichendes Verbotsrecht steht dem Urheber jedoch nicht zu. Er hat folglich auch nicht die Rechtsmacht, einem Dritten eine solche Befugnis mit dinglicher Wirkung einzuräumen.

Räumt etwa der Urheber einem Nutzer bei der Veräußerung eines Werkstücks das Recht ein, von dem erworbenen Vervielfältigungsstück lediglich ein weiteres Vervielfältigungsstück zu privaten Zwecken herzustellen,[157] so liegt darin auch hinsichtlich der ausdrücklich erlaubten Kopie keine Einräumung eines Nutzungsrechts gemäß § 31 Abs. 1 S. 1 UrhG. Denn diese Vervielfältigung ist bereits nach § 53 Abs. 1 UrhG zulässig. Da sie nicht Gegenstand des ausschließlichen Vervielfältigungsrechts des Urhebers ist, kann dieser insoweit auch nicht positiv durch Einräumung eines Nutzungsrechts darüber verfügen. Wenn der Nutzer sein Vervielfältigungsstück (wegen § 17 Abs. 2 UrhG rechtmäßig) an einen Dritten weitergibt, kann dieser im Rahmen des § 53 Abs. 1 UrhG daher auch mehr als eine Kopie anfertigen, ohne das Vervielfältigungsrecht des Urhebers zu verletzen. Da schon der ursprüngliche Erwerber des Werkstücks in Bezug auf die Anfertigung einer einzelnen Kopie zu privaten Zwecken kein Nutzungsrecht erwerben konnte, wird mit der Weitergabe des Werkexemplars auch kein – insoweit beschränktes – Nutzungsrecht übertragen. Der Erwerber des Vervielfältigungsstücks leitet seine Befugnis zur Herstellung einer Privatkopie nicht vom Veräußerer ab, sondern ebenso wie dieser unmittel-

[155] Siehe oben S. 130 f., 140 f. Selbst wenn man davon ausginge, dass die Schrankenbestimmungen dem jeweils privilegierten Nutzer ein gesetzliches Nutzungsrecht einräumen, fehlte es dem Urheber im Hinblick auf die von der Schranke erlaubte Nutzung zumindest an der notwendigen Verfügungsbefugnis.

[156] So auch Dreier/Schulze-*Schulze*, § 32 Rn. 9; Dreier/Schulze-*Dreier*, vor §§ 44a ff. Rn. 9 a. E.; a. A. offenbar BGH GRUR 2008, 245, 246 f. Tz. 23 – Drucker und Plotter; BGH GRUR 2009, 53, 55 Tz. 20 – PC: Vervielfältigungen, die bereits auf Grund einer Einwilligung des Berechtigten zulässig seien, bedürften nicht der gesetzlichen Lizenz des § 53 Abs. 1 bis 3 UrhG.

[157] Z. B. durch einen auf der Verpackung einer CD angebrachten Vermerk.

bar aus dem Gesetz. Es ist dem Urheber daher nicht möglich, sich durch eine beschränkte Nutzungsrechtseinräumung nach § 31 Abs. 1 S. 2 UrhG eine von einer Schranke erlaubte Werknutzung bei der Veräußerung eines Vervielfältigungsstücks mit dinglicher Wirkung vorzubehalten.

2. *Dinglich wirksamer Vorbehalt der Nutzungsrechte*

Einen dinglich wirksamen Vorbehalt sieht § 44 Abs. 2 UrhG für das Ausstellungsrecht an unveröffentlichten Werken vor. Danach ist zwar grundsätzlich jeder Eigentümer des Originals eines Werkes der bildenden Künste oder eines Lichtbildwerkes entgegen § 18 UrhG berechtigt, das Werk öffentlich auszustellen.[158] Bei der Veräußerung des Werkoriginals kann sich der Urheber aber gemäß § 44 Abs. 2 Hs. 2 UrhG das Ausstellungsrecht ausdrücklich vorbehalten. Der Erwerber ist dann abweichend von § 44 Abs. 2 Hs. 1 UrhG nicht zur öffentlichen Ausstellung des Werkes berechtigt.

Ein ausdrücklicher Vorbehalt nach § 44 Abs. 2 Hs. 2 UrhG führt somit ausnahmsweise dazu, dass das Verbotsrecht des Urhebers aus § 18 UrhG entgegen der Beschränkung in Halbsatz 1 auch nach einer Veräußerung bestehen bleibt und eine entsprechende Ausübung des Eigentumsrechts urheberrechtlich unzulässig ist. Der Vorbehalt beschränkt die Berechtigung des Eigentümers zur Ausstellung des Werkoriginals aber nicht nur im Verhältnis zwischen dem Urheber und dem ersten Erwerber, sondern auch gegenüber allen späteren Erwerbern, also dingliche Wirkung.[159]. Wenn der Dritterwerber das erworbene Werkoriginal entgegen dem Vorbehalt öffentlich ausstellt, verletzt er somit das Ausstellungsrecht des Urhebers aus § 18 UrhG, obwohl er selbst nicht vertraglich an den Urheber gebunden ist.

Gleiches gilt für die nach § 49 Abs. 1 UrhG grundsätzlich zulässige Nutzung aktueller Rundfunkkomentare und Zeitungsartikel in anderen Zeitungen. Gemäß § 49 Abs. 1 S. 1 Hs. 2 UrhG entfällt diese gesetzliche Lizenz, wenn der Urheber den einzelnen Artikel mit einem „Vorbehalt der Rechte" versehen hat.[160] Die Vervielfältigung, Verbreitung und öffentliche Wiedergabe des Artikels ist dann auch in dem von § 49 Abs. 1 S. 1 UrhG zugelassenen Umfang als Eingriff in das Vervielfältigungs- und Verbreitungsrecht urheberrechtlich unzulässig. Insofern wirkt also auch dieser Vorbehalt „dinglich", nämlich gegenüber jedermann, der sich andernfalls auf die Schranke des § 49 UrhG berufen könnte.

---

[158] Bei § 44 Abs. 2 UrhG handelt es sich entgegen der h. M. um eine Schranke des Ausstellungsrechts, siehe oben S. 107 f.

[159] Amtl. Begr., BT-Drucks. IV/270, S. 62; Fromm/Nordemann-*J. B. Nordemann*, § 44 UrhG Rn. 13; Schricker-*Vogel*, § 44 Rn. 19; Dreier/Schulze-*Schulze*, § 18 Rn. 10 und § 44 Rn. 20; Möhring/Nicolini-*Spautz*, § 44 Rn. 10; HK-UrhR-*Kotthoff*, § 44 UrhG Rn. 9; *Rehbinder*, UrhR, Rn. 339; *Schack*, Kunst und Recht, Rn. 170.

[160] Dazu Möhring/Nicolini-*Engels*, § 49 Rn. 18; Schricker-*Melichar*, § 49 Rn. 10 m. w. N.

Der Urheber kann sich das Ausstellungsrecht bei der Veräußerung eines Werkoriginals bzw. das Vervielfältigungs- und Verbreitungsrecht bei der Veröffentlichung eines Zeitungsartikels aber nur deshalb mit dinglicher Wirkung vorbehalten, weil § 44 Abs. 2 Hs. 2 und § 49 Abs. 1 S. 1 Hs. 2 UrhG diese Möglichkeit ausdrücklich vorsehen. Für andere Nutzungshandlungen, die nach den Schranken der §§ 44aff. UrhG zulässig sind, ist eine solche Möglichkeit gerade nicht vorgesehen. Soll durch eine vertragliche Vereinbarung eine bestimmte Nutzung des Werkes entgegen einer gesetzlichen Schranke ausschließlich dem Urheber zugewiesen werden, so ist dies mit dinglicher Wirkung nur möglich, wenn das Gesetz dem Urheber diese Befugnis wie in §§ 44 Abs. 2, 49 Abs. 1 S. 1 UrhG einräumt.

Etwas anderes ergibt sich auch nicht für diejenigen Schranken, die eine Veröffentlichung oder ein Erscheinen des genutzten Werkes voraussetzen. Die dafür gemäß § 6 UrhG erforderliche Zustimmung kann der Urheber zwar an bestimmte Bedingungen knüpfen. Deren Nichtbeachtung führt jedoch nur dann zum Fehlen einer Zustimmung i. S. d. § 6 UrhG, wenn sich die Bedingungen auf die Art und Weise, den Ort oder den Zeitpunkt der Veröffentlichung bzw. des Erscheinens beziehen.[161] Die Zustimmung kann also nicht davon abhängig gemacht werden, dass das Werk nach der Veröffentlichung oder dem Erscheinen nur in einer bestimmten Weise genutzt wird. Bei einer grundsätzlich konsentierten Veröffentlichung tritt die Veröffentlichungswirkung vielmehr unbeschränkt ein und erstreckt sich auf alle Nutzungsarten.[162] Die einmal erfolgte Veröffentlichung kann auch nicht wieder beseitigt, der Status des Werkes als veröffentlichtes oder erschienenes Werk somit auch nicht nachträglich wieder aufgehoben werden.[163]

Wenn eine Schrankenbestimmung die Veröffentlichung oder das Erscheinen des genutzten Werkes voraussetzt, sind die betroffenen Nutzungshandlungen somit in urheberrechtlicher Hinsicht uneingeschränkt zulässig, sobald die Voraussetzungen des § 6 UrhG erfüllt sind.[164] Der Urheber kann einem Vervielfältigungsstück bei der Veräußerung daher auch auf diese Weise keine dinglich wirkende Beschränkung „mit auf den Weg geben".

[161] Wandtke/Bullinger-*Marquardt*, § 6 Rn. 18f., 34; Schricker-*Katzenberger*, § 6 Rn. 26, 46; *Schiefler*, UFITA 48 (1966), 89.

[162] Vgl. Wandtke/Bullinger-*Marquardt*, § 6 Rn. 18; *Schiefler*, UFITA 48 (1966), 90.

[163] Dreier/Schulze-*Dreier*, § 6 Rn. 9, 17; Schricker-*Katzenberger*, § 6 Rn. 20, 43; *Schack*, UrhR, Rn. 230; *Schiefler*, UFITA 48 (1966), 89.

[164] Eine nicht auf andere Schranken übertragbare Sonderregel enthält § 46 Abs. 5 S. 1 UrhG, der dem Urheber das Recht einräumt, unter den Voraussetzungen des § 42 UrhG nicht nur bestehende Nutzungsrechte zurückzurufen, sondern auch eine nach § 46 Abs. 1 und 2 zulässige Nutzung zu verbieten.

3. *Zwingender Charakter der Schranken*

Wie bei einer vertraglichen Beschränkung der Erschöpfungswirkung stellt sich auch hier die Frage, ob der Verstoß gegen ein vertragliches Verbot in Bezug auf eine von einer Schranke gedeckte Werknutzung dazu führen kann, dass die verbotene Nutzung eine Urheberrechtsverletzung begründet.

a. Urheberrechtlicher Typenzwang

Eine solche Ausdehnung des absoluten Herrschaftsrechts des Urhebers wäre wegen des urheberrechtlichen Typenzwangs[165] mit urheberrechtlicher Wirkung allenfalls denkbar, wenn die Schrankenbestimmungen dem jeweils privilegierten Nutzer auf gesetzlichem Wege ein einfaches Nutzungsrecht i.S.d. § 31 Abs. 2 UrhG an einem grundsätzlich umfassenden Verwertungsrecht des Urhebers einräumten. Dann könnte der Nutzer durch eine entsprechende Vereinbarung mit dem Urheber oder einem Lizenznehmer möglicherweise auf sein Nutzungsrecht verzichten mit der Folge, dass das Verwertungsrecht des Urhebers im Verhältnis zu dem konkreten Nutzer zum unbeschränkten Vollrecht erstarkt.[166] Die gesetzlichen Schrankenbestimmungen stellen jedoch keine gesetzliche Nutzungsrechtseinräumung an den einzelnen Nutzer dar.[167] Es existiert von vornherein kein Verwertungsrecht des Urhebers, welches die von der gesetzlichen Schranke erlaubte Nutzung umfasst und durch einen Verzicht des Nutzers wieder aufleben könnte. Das jeweilige Verwertungsrecht des Urhebers ist insoweit durch die Schranke inhaltlich begrenzt. Eine über den vom Gesetz gewährten Inhalt hinausgehende Erweiterung der Verwertungsrechte des Urhebers durch Parteivereinbarung ist wegen des insoweit bestehenden Typenzwangs nicht mit urheberrechtlich-dinglicher Wirkung möglich.[168] Auch die Schranken der § 44aff. UrhG sind daher urheberrechtlich zwingend.[169] Die Vornahme einer von einer Schranke erlaubten Nutzungshandlung stellt somit auch bei einer entsprechenden vertraglichen Nutzungsbeschränkung keine Urheberrechtsverletzung dar.[170]

---

[165] Siehe oben S. 195.

[166] Zum Heimfall bei Erlöschen des Nutzungsrechts siehe oben S. 100.

[167] Siehe oben S. 129ff., S. 140f.

[168] Vgl. für die Schranken im australischen Copyright Act: *Copyright Law Review Committee*, Rn. 7.16: „[I]t should not be possible to extend the ambit of copyright, as set out in the Copyright Act, by means of contract"; für das spanische Recht auch *Casas/Delgado/Pérez de Castro/Xalabarder*, in: Baulch/Green/Wyburn, S. 325: „What could never be accepted is that a unilateral definition of the status of a particular work, by excluding or restricting the limitations set by the law, be effective erga omnes".

[169] Vgl. Wandtke/Bullinger-*Wandtke/Ohst*, § 95b Rn. 47.

[170] So im Ergebnis auch *Dietz*, in: Baulch/Green/Wyburn, S. 268; ebenso für die Schrankenbestimmungen im britischen CDPA *Garnett/Davies/Harbottle*, Rn. 9–12; für diejenigen im US-amerikanischen Copyright Act *Nimmer*, 13 BTLJ 882 (1998): „These sections ... state that it is *not an infringement* to engage in fair use, distribute an owned copy, or make a back-

Könnte der Urheber durch eine vertragliche Vereinbarung mit dem Nutzer seine Verbotsrechte mit urheberrechtlicher Wirkung ausdehnen, so wäre dies auch im Hinblick auf die Strafbewehrung von Urheberrechtsverletzungen durch § 106 UrhG bedenklich. Denn die gesetzlichen Schranken wirken tatbestandsausschließend.[171] Wenn der Urheber eine Schranke mit urheberrechtlicher Wirkung abbedingen könnte, läge kein „gesetzlich zugelassener Fall" i.S.d. § 106 Abs. 1 UrhG mehr vor, wenn der Nutzer entgegen der vertraglichen Vereinbarung von der Schranke Gebrauch macht. An die Stelle der Schrankenbestimmung wäre die vertragliche Vereinbarung getreten, welche die Nutzungshandlung gerade verbietet. Damit würde aber letztlich die bloße Vertragsverletzung strafrechtlich sanktioniert. Dies ist weder mit dem strafrechtlichen Bestimmtheitsgebot (Art. 103 Abs. 2 GG) noch dem Zweck des Urheberstrafrechts zu vereinbaren.

b. Abdingbarkeit des § 60 UrhG als Ausnahme?

Dass der gesetzliche Umfang der urheberrechtlichen Ausschließlichkeitsrechte nicht durch vertragliche Abreden mit urheberrechtlicher Wirkung ausgedehnt werden kann, gilt auch für die nach § 60 UrhG zulässige Vervielfältigung und Verbreitung von auf Bestellung geschaffenen Bildnissen. Diese Vorschrift ist zwar nach ganz h. M. zumindest im Verhältnis zwischen dem Urheber und dem Besteller des Bildnisses abdingbar. Von § 60 UrhG abweichende vertragliche Regelungen haben jedoch lediglich schuldrechtliche Wirkung, begründen also nur eine vertragliche Verpflichtung des Bestellers, die entsprechenden Nutzungshandlungen zu unterlassen.[172] Dies ergibt sich zwingend aus der Einordnung der Vorschrift als Schranke des Urheberrechts.[173] Dritte werden durch die Vereinbarung nicht gebunden, soweit sie nicht Einzel- oder Gesamtrechtsnachfolger des Bestellers sind. Verstoßen der Besteller oder eine andere von § 60 UrhG privilegierte Person gegen die Vereinbarung, indem sie das Bildnis vervielfältigen oder verbreiten, so bewirkt dies keine Verletzung des Urheberrechts i.S.d. § 97 Abs. 1 UrhG, solange die von § 60 UrhG gezogenen Grenzen eingehalten werden.[174]

---

up of an owned copy of a computer program. ... The protected activity is not an infringement, regardless of whether the contract permits or precludes it" (Hervorhebung im Original).

[171] Siehe oben S. 151 f.

[172] Vgl. Dreier/Schulze-*Dreier*, § 60 Rn. 2.

[173] Zum Schrankencharakter des § 60 UrhG siehe oben S. 107.

[174] Anders allerdings die h. M., Möhring/Nicolini-*Gass*, § 60 Rn. 10; Wandtke/Bullinger-*Lüft*, § 60 Rn. 1.

4. Abdingbarkeit des § 52b UrhG als Fremdkörper

Eine Sonderstellung im Sechsten Abschnitt des UrhG nimmt der durch den „Zweiten Korb" eingefügte § 52b S. 1 UrhG ein.[175] Danach ist die Zugänglichmachung von veröffentlichten Werken aus dem Bestand öffentlich zugänglicher Bibliotheken, Museen oder Archive in den Räumen der jeweiligen Einrichtung ausdrücklich nur zulässig, „soweit dem keine vertraglichen Regelungen entgegenstehen". Die genaue Bedeutung dieses Vorbehalts ist unklar.[176] Ausweislich der Gesetzesbegründung gilt § 52b UrhG „nicht für solche Werke, für die vertragliche Vereinbarungen über eine Nutzung in digitaler Form getroffen wurden."[177] Bei Bestehen einer vertraglichen Vereinbarung soll sich der Umfang der zulässigen Nutzung vielmehr „ausschließlich nach dem Vertrag" richten.[178] Offenbar bedeutet dies, dass die Schranke nicht eingreift, soweit ein mit den Rechteinhabern (insbesondere Verlagen) tatsächlich geschlossener Vertrag die Zugänglichmachung der Werke in den Räumen der betroffenen Einrichtung ausschließt.[179] Dies hätte zur Folge, dass eine Einrichtung, die ein Werk im gesetzlichen Rahmen des § 52b S. 1 UrhG, aber entgegen der vertraglichen Regelung öffentlich zugänglich macht, eine Urheberrechtsverletzung begeht. Damit wäre § 52b UrhG als einzige der in §§ 44a ff. UrhG enthaltenen Schranken dispositiv und mit urheberrechtlicher Wirkung abdingbar.

Der Gesetzgeber wollte mit diesem Vorbehalt anscheinend dem in Art. 5 Abs. 3 lit. n Info-RL verankerten Vorrang privater Regelungen Rechnung tragen.[180] Nach dessen Wortlaut dürfen die Mitgliedstaaten eine Schranke im Hinblick auf die von § 52b UrhG erfassten Nutzungen nur für solche Werke vorsehen, „für die keine Regelungen über Verkauf und Lizenzen gelten". Auch die Formulierung dieses Vorbehalts ist wenig geglückt. Überwiegend wird er so verstanden, dass die Schranke nur eingreift, wenn die betreffenden Werke „weder käuflich noch zu Lizenzbedingungen erhältlich sind"[181], dass also bereits die Möglichkeit des Abschlusses einer Lizenzvereinbarung die gesetzliche Nutzungsfreiheit ausschließt.[182] Denn andernfalls hätte es die Einrichtung in der

[175] Zweites Gesetz zur Regelung des Urheberrechts in der Informationsgesellschaft vom 26. 10. 2007, BGBl. I, S. 2513.

[176] Vgl. *Hertin*, Rn. 259: „ersichtlich missglückte Gesetzesformulierung".

[177] BT-Drucks. 16/1828, S. 26.

[178] BT-Drucks. 16/1828, S. 26.

[179] Dies ist nach *Berger*, GRUR 2007, 759, der „naheliegende Sinn" der Vorschrift; ebenso LG Frankfurt a. M. ZUM 2009, 662, 664; *Kröger*, CR 2001, 320; *Hoeren*, MMR 2007, 617; *Spindler*, NJW 2008, 13; Wandtke/Bullinger-*Jani*, § 52b Rn. 28.

[180] *Berger*, GRUR 2007, 756; *Hertin*, Rn. 259; *Spindler*, GRUR 2008, 13.

[181] Walter-*Walter*, Info-RL Rn. 135.

[182] Dreier/Schulze-*Dreier*, § 52b Rn. 12; *Spindler*, GRUR 2002, 114; *Berger*, GRUR 2007, 759 f.; a. A. wohl *Kröger*, CR 2001, 320, der eine Nutzung für zulässig hält, sobald trotz der Möglichkeit, eine Mehrplatzlizenz zu erwerben, „eine solche Regelung im Lizenzvertrag nicht vorgesehen ist".

Hand, durch Verweigerung des Abschlusses einer vom Verlag angebotenen Nutzungsvereinbarung zu angemessenen Bedingungen den Vertragsvorbehalt praktisch leerlaufen zu lassen.[183] Dadurch würden die Bemühungen der Verlage, ihre Leistungen über die Erteilung von Netzwerklizenzen selbst zu vertreiben, konterkariert.[184] Denn die Bereitschaft der in § 52b UrhG genannten Einrichtungen zum Abschluss eines Lizenzvertrags mit einem Verlag wird gegen Null tendieren, wenn sich die Einrichtung stattdessen auf die Schranke des § 52b UrhG berufen kann. Der europäische Gesetzgeber wollte freiwillige Maßnahmen der Rechteinhaber, mit denen dafür Sorge getragen wird, dass die Ziele der im nationalen Recht im Einklang mit der Richtlinie vorgesehenen Schranken erreicht werden, aber gerade fördern.[185]

Dass danach bereits die Bereitschaft eines Verlages zur Lizenzierung die gesetzliche Nutzungsfreiheit ausschließen soll, erinnert an die Fair-use-Rechtsprechung in *American Geophysical Union v. Texaco Inc.* und *Princeton University Press v. Michigan Document Services.* In beiden Fällen haben die Gerichte einen zulässigen fair use im Rahmen des § 107 CA in erster Linie mit dem Argument abgelehnt, dass die Kläger jeweils zur Lizenzierung der fraglichen Nutzung bereit gewesen seien und daher schon ein relevanter Lizenzmarkt bestanden habe.[186] Möglich war eine solche Beurteilung angesichts der weiten Formulierung der Generalklausel in § 107 CA, wonach die Zulässigkeit einer Nutzung stets nur anhand der Umstände des konkreten Einzelfalls bestimmt werden kann.[187] In das deutsche System gesetzlich bestimmter Schrankentatbestände, welches gegenüber einer Schranken-Generalklausel gerade den Vorteil der Rechtssicherheit für potentielle Nutzer bietet, lässt sich eine solche Regelung indes nicht integrieren. Eine urhebervertragsrechtliche Regelung zugunsten der Bibliotheken und Museen, etwa in Form einer Auslegungsregel oder einer Zwangslizenz, hätte hier näher gelegen.[188]

Mit dem deutschen System urheberrechtlicher Schranken wäre allenfalls eine Norm vereinbar gewesen, welche die Nutzungsfreiheit nach § 52b ähnlich wie

---

[183] *Berger*, GRUR 2007, 759; Dreier/Schulze *Dreier*, § 52b Rn. 12; vgl. auch *Hertin*, Rn. 259 a. E.

[184] Ebenso zu § 52a UrhG *Schack*, UrhR, Rn. 513a.

[185] Siehe Erwägungsgrund 51 der Info-RL; vgl. auch die im Grünbuch Urheberrechte in der wissensbestimmten Wirtschaft, KOM(2008) 466 endg. vom 16. 7. 2008, S. 12, aufgeworfene Frage: „Sollte die Ausnahme für Bibliotheken und Archive unverändert bleiben, weil die Verlagshäuser selbst die notwendigen Entwicklungen durchführen werden, um einen Online-Zugang zu ihren Katalogen zu gewährleisten?“

[186] *American Geophysical Union v. Texaco, Inc.*, 60 F.3d 913, 930 (2nd Cir. 1994) zum Kopieren einzelner wissenschaftlicher Artikel aus Fachzeitschriften; *Princeton University Press v. Michigan Document Services, Inc.*, 99 F.3d 1381, 1388 (6th Cir. 1996) zum Verkauf von „Coursepacks“ an Studenten.

[187] Siehe oben S. 12.

[188] Etwa nach dem Vorbild der irischen Schrankenregelung zugunsten der Herstellung von Unterrichtsmaterialien, siehe dazu unten S. 227.

§ 44 Abs. 2 Hs. 2 und § 49 Abs. 1 S. 1 Hs. 2 UrhG unter einen dinglich wirkenden Vorbehalt stellt.[189] Die Verlage könnten sich dann zukünftig beim Vertrieb neuer Werke durch einen deutlich sichtbaren Aufdruck einseitig das Recht der öffentlichen Zugänglichmachung vorbehalten, so dass öffentliche Bibliotheken, Museen oder Archive, die diese Werke ihren Besuchern zugänglich machen wollen, eine Lizenz auf vertraglichem Wege erwerben müssten. Für Werke, die sich bereits im Bestand der betreffenden Einrichtung befinden und für die dementsprechend keine „Regelungen über Verkauf und Lizenzen" bestehen, bliebe es bei der Nutzungsfreiheit.[190] In der jetzigen Fassung stellt § 52b UrhG hingegen einen „praktisch nicht handhabbaren Fremdkörper im System der Schrankenbestimmungen" dar.[191] Die Vorschrift kann daher keinesfalls als Vorbild für die Formulierung oder Auslegung anderer Schrankenbestimmungen dienen.

III. Beschränkung der Befugnisse nach §§ 69d, 69e, 55a UrhG

Wie §§ 44a ff. urheberrechtlich nicht abdingbar sind auch die Schranken der §§ 69d, 69e und 55a UrhG. Auch diese Vorschriften räumen dem privilegierten Nutzer weder ein gesetzliches Nutzungsrecht ein noch setzen sie ein vertragliches Nutzungsrecht voraus, dessen Inhalt mit dinglicher Wirkung beschränkt werden könnte.[192] Ein urheberrechtlich wirksames Verbotsrecht in Bezug auf die von diesen Schranken erlaubten Nutzungshandlungen kann daher durch Parteivereinbarung nicht begründet werden.

1. Zwingender Charakter der §§ 69d Abs. 2 und 3, 69e, 55a UrhG

Eine Besonderheit gegenüber den übrigen Schranken besteht insoweit, als § 55a gemäß S. 3 ausdrücklich zwingend ausgestaltet ist und auch §§ 69d Abs. 3 und 69e nach § 69g Abs. 2 UrhG vertraglich nicht abbedungen werden können. Ein vertraglicher Ausschluss der von diesen Schranken erlaubten Nutzungshandlungen ist ebenso nichtig wie die Vereinbarung einer Lizenzgebühr.[193] Dass die (vergütungsfreie) Zulässigkeit der freigestellten Nutzungshandlungen durch Parteivereinbarung nicht mit urheberrechtlicher Wirkung ausgeschlossen oder beschränkt werden kann, ergibt sich jedoch wie bei den anderen gesetzlichen Schranken unmittelbar aus ihrer Konstruktion als inhaltliche Begrenzung der

---

[189] Für die Zulässigkeit eines solchen einseitigen Vorbehalts sprechen vor allem die englische und französische Fassung der Richtlinie, die von „works … not subject to purchase or licensing terms" bzw. „oeuvres … qui ne sont pas soumis à des conditions en matière d'achat ou de licence" sprechen.

[190] Vgl. Wandtke/Bullinger-*Jani*, § 52b Rn. 28.

[191] *Berger*, GRUR 2007, 756. Ob § 52b von Art. 5 Abs. 3 lit. n Info-RL gedeckt ist, ist fraglich; verneinend *Berger*, GRUR 2007, 760; bejahend *Schack*, UrhR, Rn. 513b; *Spindler*, NJW 2008, 13.

[192] Siehe oben S. 120 ff., 145 ff.

[193] Schricker-*Loewenheim*, § 69e Rn. 3.

Verwertungsrechte des Urhebers und nicht erst aus § 69g Abs. 2 bzw. § 55a S. 3 UrhG.

Diese Regelungen berühren deshalb nicht die urheberrechtliche Zulässigkeit der von §§ 69d Abs. 2 und 3, 69e bzw. § 55a S. 1 UrhG erfassten Nutzungshandlungen. Vielmehr sollen die Vorschriften lediglich verhindern, dass der Urheber seine durch die betreffenden Schranken begrenzten ausschließlichen Befugnisse durch vertragliche Vereinbarungen gegenüber dem einzelnen Nutzer mit schuldrechtlicher Wirkung ausdehnt.[194] Wenn § 69g Abs. 2 bzw. § 55a S. 3 UrhG die Nichtigkeit entgegenstehender vertraglicher Bestimmungen anordnen, hat dies daher nur insoweit praktische Bedeutung, als damit auch die Möglichkeit einer wirksamen schuldrechtlichen Verpflichtung des Nutzers zur Unterlassung oder gesonderten Vergütung des Schrankengebrauchs ausgeschlossen wird.

Das ergibt sich bei § 55a S. 3 UrhG ausdrücklich aus der Gesetzesbegründung, wonach es sich bei der Vorschrift um eine „vertragsrechtliche (nicht urhebervertragsrechtliche) Flankierung" der in S. 1 enthaltenen Schrankenregelung handelt.[195] Die Betonung des „vertragsrechtlichen (nicht urhebervertragsrechtlichen)" Charakters der Vorschrift macht deutlich, dass § 55a S. 1 nicht die Ausgestaltung eines vertraglichen oder die Einräumung eines gesetzlichen Nutzungsrechts i. S. d. § 31 UrhG zum Gegenstand hat, dessen dingliche Beschränkung durch § 55a S. 3 UrhG ausgeschlossen würde. Vielmehr beschränkt sich der Regelungsgehalt des § 55a S. 3 UrhG darauf, schuldrechtlichen Abreden, die eine Beschränkung der in § 55a S. 1 UrhG genannten Handlungen zum Gegenstand haben, die Wirksamkeit zu versagen.[196]

§ 55a S. 3 UrhG entspricht damit seiner Funktion nach der für Datenbanken geltenden Vorschrift des § 87e UrhG,[197] die in dieser Hinsicht jedoch deutlicher formuliert ist. Hiernach kann sich der berechtigte Benutzer einer Datenbank vertraglich nicht wirksam dazu verpflichten, die Nutzung von nach Art und Umfang unwesentlichen Teilen einer geschützten Datenbank zu unterlassen, soweit die Nutzungshandlungen weder einer normalen Auswertung der Datenbank zuwiderlaufen noch die berechtigten Interessen des Datenbankherstellers unzumutbar beeinträchtigen. Die urheberrechtliche Zulässigkeit entsprechender Nutzungshandlungen ergibt sich nämlich bereits aus § 87b Abs. 1 S. 2 UrhG, wonach die Nutzung eines unwesentlichen Teils der Datenbank nur dann in das Ausschließlichkeitsrecht des Datenbankherstellers eingreift, wenn

---

[194] So offenbar auch Dreier/Schulze-*Dreier*, § 60 Rn. 2; Schricker-*Vogel*, § 60 Rn. 5.

[195] Beschlussempfehlung und Bericht des Ausschusses für Bildung, Wissenschaft, Forschung, Technologie und Technikfolgenabschätzung vom 11. 6. 1997, BT-Drucks. 13/7934, S. 44.

[196] BT-Drucks. 13/7934, S. 44: Ein „vertraglicher Verzicht auf die durch die Schrankenregelung eingeräumte Handlungsmöglichkeit" könne nicht wirksam vereinbart werden.

[197] So auch Schricker-*Vogel*, § 87e Rn. 3; Möhring/Nicolini-*Decker*, § 55a Rn. 14; Walter-*von Lewinski*, Art. 6 Datenbank-RL Rn. 15.

die normale Auswertung oder die berechtigten Interessen des Herstellers beeinträchtigt werden.[198] Wie bei § 55a S. 3 im Verhältnis zu S. 1 handelt es sich bei § 87e Abs. 1 folglich um das „vertragsrechtliche Korrelat" zu der in § 87b Abs. 1 UrhG enthaltenen inhaltlichen Beschränkung des Ausschließlichkeitsrechts des Datenbankherstellers.[199] Der Inhaber des Rechts an der Datenbank soll auch auf vertraglichem Wege nicht verbieten können, was er einem nicht vertraglich mit ihm verbundenen Nutzer nicht untersagen kann, weil sein Ausschließlichkeitsrecht nicht so weit reicht.[200] Für die nach § 87b Abs. 1 UrhG urheberrechtlich zulässigen Nutzungshandlungen bewirkt § 87e UrhG deshalb, dass auch ein schuldrechtlicher Unterlassungsanspruch nicht wirksam begründet werden kann.[201]

Entsprechendes gilt für § 69g Abs. 2 UrhG. Auch hier wird lediglich negativ die autonome Gestaltungsfreiheit des Rechtsinhabers begrenzt, nicht aber positiv eine urheberrechtliche Befugnis des Nutzers zur Nutzung des geschützten Werkes begründet. Es handelt sich folglich bei §§ 69g Abs. 2 und 55a S. 3 wie bei § 87e UrhG nicht um zwingend ergänzende Rechtsnormen, sondern um zwingend vernichtende Rechtsnormen,[202] die den beteiligten Vertragsparteien lediglich negativ die Kompetenz nehmen, eine vertragliche Verpflichtung zur Unterlassung der normalen Benutzung des betreffenden Werkes zu begründen, ohne aber eine inhaltlich positive Rechtsnorm auszusprechen, die stattdessen gelten soll.

2. *Zwingender Charakter des § 69d Abs. 1 UrhG*

Jedenfalls soweit der „zwingende Kern" zulässiger Nutzungshandlungen betroffen ist, stellt auch § 69d Abs. 1 UrhG eine inhaltliche Begrenzung des Vervielfältigungs- und Bearbeitungsrechts des Urhebers dar. Nach der hier vertretenen Auffassung enthält die Vorschrift für darüber hinausgehende Nutzungs-

---

[198] Deutlicher als in der deutschen Regelung kommt dies in der französischen Umsetzung zum Ausdruck. Dort ist die Zulässigkeit der Entnahme und Vervielfältigung unwesentlicher Teile einer Datenbank in Art. L. 342-3 Nr. 1 CPI ausdrücklich als Schranke des Datenbankherstellerrechts formuliert, von der durch Vertrag nicht abgewichen werden kann: „Toute clause contraire au 1° ci-dessus est nulle."

[199] Dreier/Schulze-*Dreier*, § 87e Rn. 1; vgl. BT-Drucks. 13/7934, S. 45, wo wie in der Begründung zu § 55a S. 3 UrhG der „vertragsrechtliche (nicht urhebervertragsrechtliche)" Charakter der Regelung betont wird. Einen Unterschied zwischen § 55a und § 87e UrhG sieht der Abschlussbericht allerdings darin, dass es sich bei § 87e anders als bei § 55a nicht um eine Schrankenregelung handele. Eine Schrankenregelung stellt indes nur § 55a S. 1 UrhG, nicht aber dessen S. 3 dar.

[200] Dreier/Schulze-*Dreier*, § 87e Rn. 1; Schricker-*Vogel*, § 87e Rn. 1; Wandtke/Bullinger-*Thum*, § 87e Rn. 1; Fromm/Nordemann-*Czychowski*, § 87e UrhG Rn. 2; *Trayer*, S. 177.

[201] BT-Drucks. 13/7934, S. 45.

[202] Zum Begriff der zwingend vernichtenden Rechtsnorm oder Verbotsnorm *Enneccerus/Nipperdey*, § 49 IV 2 a (S. 303).

handlungen aber keine Regelung.[203] Nach § 69d Abs. 1 UrhG urheberrechtlich zulässig sind danach nur solche Nutzungshandlungen, die technisch erforderlich sind, um den fehlerfreien Ablauf des Programms auf einem dazu geeigneten Computer zu gewährleisten. Diese Nutzungen können dem berechtigten Nutzer nicht mit urheberrechtlicher Wirkung untersagt oder eingeschränkt werden. Eine nach § 31 Abs. 1 S. 2 UrhG urheberrechtlich wirksame Einschränkung der vom zwingenden Kern des § 69d Abs. 1 UrhG erfassten Nutzungshandlungen ist mit dem Normcharakter als Schranke des Urheberrechts nicht zu vereinbaren. Lediglich die „nähere Ausgestaltung der Umstände der Ausübung der Handlungen" kann durch schuldrechtliche Abreden geregelt werden.[204]

Hingegen benötigt der Nutzer für Vervielfältigungs- und Umarbeitungshandlungen, die über den von § 69d Abs. 1 UrhG erfassten Bereich hinausgehen und auch nicht von einer anderen Schrankenbestimmung gedeckt sind, in jedem Fall die Erlaubnis des Urhebers.[205] Diese kann ihm in den Grenzen der dinglichen Aufspaltbarkeit nach § 31 Abs. 1 S. 2 UrhG dinglich beschränkt eingeräumt werden.[206] Eine solche Beschränkung ist im Hinblick auf die über den zwingenden Kern des § 69d Abs. 1 UrhG hinausgehenden Nutzungen gegenüber einem Zweiterwerber daher nur wirksam, wenn die Beschränkung eine wirtschaftlich und technisch abgrenzbare Nutzungsart betrifft.[207]

Vor diesem Hintergrund ist insbesondere die urheberrechtliche Wirksamkeit von CPU-Klauseln[208] in Softwareüberlassungsverträgen problematisch. So werden Klauseln bezeichnet, die die Benutzung der überlassenen Software nur auf einer bestimmten EDV-Anlage erlauben oder die Übertragung auf ein anderes System von der Zahlung eines zusätzlichen Entgelts abhängig machen.[209] Soweit diese Klauseln bereits die für das Ablaufen des Programms technisch erforderlichen Vervielfältigungshandlungen beschränken, ist der „zwingende Kern" des § 69d Abs. 1 UrhG betroffen. Dennoch wird in einer solchen Form der Softwareüberlassung teilweise die Einräumung eines Nutzungsrechts gesehen, welches gemäß § 31 Abs. 1 S. 2 UrhG auf die Nutzung der Software auf einem bestimmten Computer beschränkt werden könne.[210] Eine solche Be-

---

[203] Siehe oben S. 125 ff.

[204] So ausdrücklich die Amtl. Begr., BT-Drucks. 12/4022, S. 12.

[205] Fromm/Nordemann-*Czychowski*, § 69d UrhG Rn. 30.

[206] Vgl. Schricker-*Loewenheim*, § 69d Rn. 14.

[207] So im Ergebnis auch Wandtke/Bullinger-*Grützmacher*, § 69d Rn. 52.

[208] CPU = Central Processing Unit (Hauptprozessor eines Computers).

[209] *Schuhmacher*, CR 2000, 646; *Metzger*, NJW 2003, 1994; zu Formulierungsbeispielen siehe *Polley*, CR 1999, 345 f.

[210] *Kindermann*, GRUR 1983, 156; *Pres*, S. 232, 239; Loewenheim-*Lehmann*, § 76 Rn. 28; für zeitlich befristete Verträge auch *Scholz/Haines*, CR 2003, 398 f.; *Nordemann*, CR 1996, 8.

schränkung wäre urheberrechtlich wirksam und würde auch Dritte binden, an die der Ersterwerber die Software weiterveräußert.

Die h.M. lehnt eine urheberrechtlich wirksame Beschränkung der Programmnutzung auf einen einzelnen, konkret bestimmten Computer nach § 31 Abs. 1 S. 2 UrhG jedoch zu Recht ab.[211] Das gleiche gilt, wenn die Programmnutzung nicht auf einen bestimmten Computer („echte" CPU-Klausel), sondern lediglich in einer „Upgrade-Klausel" auf den Einsatz eines bestimmten Hardwaretyps oder einer bestimmten Rechnerklasse beschränkt wird.[212] Das folgt jedoch nicht daraus, dass § 69d Abs. 1 lex specialis zu § 31 Abs. 1 S. 2 UrhG wäre.[213] Vielmehr stellt eine CPU-Klausel mangels wirtschaftlicher und technischer Abgrenzbarkeit der in einer solchen Klausel vereinbarten Nutzungsform eine lediglich schuldrechtlich wirksame nähere Ausgestaltung der Umstände der Ausübung der nach § 69d Abs. 1 UrhG zulässigen Nutzungshandlungen dar.[214] Im Hinblick auf die bestimmungsgemäße „normale" Nutzung des Programms durch einen berechtigten Verwender eines Werkexemplars kann sich der Nutzer daher auf die durch § 69d Abs. 1 UrhG eingeräumte urheberrechtliche Nutzungsfreiheit berufen. Insoweit besteht folglich schon kein Ausschließlichkeitsrecht des Urhebers, das einer Nutzungsrechtseinräumung i.S.d. § 31 Abs. 1 UrhG zugrunde gelegt werden könnte.

Wenn ein zur Verwendung einer Programmkopie berechtigter Nutzer die für den normalen Ablauf des Programms erforderlichen Vervielfältigungen auf der Festplatte und/oder im Arbeitsspeicher vornimmt, verletzt er das Urheberrecht des Programmschöpfers somit auch dann nicht, wenn er das Programm auf einem anderen als dem in der CPU-Klausel genannten Computer ablaufen lässt. Allenfalls liegt eine Pflichtverletzung i.S.v. § 280 Abs. 1 BGB vor, soweit die

---

[211] *Marly*, Rn. 1112, 1125; *Metzger*, NJW 1993, 1994; *Schuhmacher*, CR 2000, 646; *Polley*, CR 1999, 347; *Haberstumpf*, in: Lehmann, II Rn. 165; Wandtke/Bullinger-*Grützmacher*, § 69d Rn. 37; Fromm/Nordemann-*J. B. Nordemann*, § 31 UrhG Rn. 69; *Baus*, Verwendungsbeschränkungen, S. 162.

[212] BGHZ 152, 233, 239 = GRUR 2003, 416, 418 – CPU-Klausel; *Marly*, Rn. 1113; *Schuhmacher*, CR 2000, 647; *Polley*, CR 1999, 347; *Haberstumpf*, in: Lehmann, II Rn. 165; a.A. OLG Frankfurt a.M. CR 2000, 146, 150. Zur schuldrechtlichen Wirksamkeit einer entsprechenden vertraglichen Verpflichtung des Nutzers in AGB siehe unten S. 398f.

[213] So aber Wandtke/Bullinger-*Grützmacher*, § 69d Rn. 37; *Schuhmacher*, CR 2000, 646; wie hier *Marly*, Rn. 1109.

[214] BGHZ 152, 233, 238f. = GRUR 2003, 416, 418 – CPU-Klausel; Wandtke/Bullinger-*Grützmacher*, § 69d Rn. 37; *Baus*, Verwendungsbeschränkungen, S. 161; *Metzger*, NJW 2003, 1994; wohl auch *Marly*, Rn. 1112, der darauf abstellt, dass eine solche inhaltliche Beschränkung zu einem Nutzungsrecht führen würde, welches mangels eines schutzwürdigen Partizipationsinteresses „nicht mehr als Ausschnitt des die Interessen des Schöpfers sichernden Urheberrechts" bezeichnet werden könne; ähnlich *Haberstumpf*, in: Lehmann, II Rn. 165; *Polley*, CR 1999, 347.

CPU-Klausel als Ausgestaltung der näheren Umstände der Programmnutzung wirksam vereinbart worden ist.[215]

IV. Zusammenfassung

Was für die zeitliche Begrenzung des Urheberrechts durch § 64 UrhG als „selbstverständlich“ angesehen wird,[216] dass nämlich das Ausschließlichkeitsrecht des Urhebers nicht durch vertragliche Abreden mit urheberrechtlicher Wirkung über die gesetzliche Grenze hinaus ausgedehnt werden kann, gilt auch für die inhaltlichen Beschränkungen des Urheberrechts. Vertragliche Abreden zwischen dem Rechtsinhaber und einem Nutzer, die von einer gesetzlichen Schranke erlaubte Nutzungshandlungen ausschließen oder einschränken, können danach nicht mit urheberrechtlich-dinglicher Wirkung vereinbart werden. Die urheberrechtliche Wirksamkeit solcher Abreden liefe darauf hinaus, die ausschließlichen Verwertungsrechte des Urhebers durch Parteivereinbarung über den gesetzlich vorgegebenen Inhalt hinaus auszuweiten. Dies ist mit dem für alle absoluten Herrschaftsrechte geltenden Typenzwang nicht zu vereinbaren. Die der Rechtsmacht des Urhebers durch §§ 17 Abs. 2, 44a ff., 69d ff. UrhG gezogenen Schranken sind urheberrechtlich zwingend. Eine vertragliche Nutzungsbeschränkung, die eine von einer Schranke erlaubte Werknutzung zum Gegenstand hat, entfaltet daher (abgesehen von §§ 44 Abs. 2, 49 Abs. 1 S. 1, 52b UrhG) allenfalls schuldrechtliche Wirksamkeit und bindet lediglich die beteiligten Vertragsparteien. Wird die Vereinbarung nicht eingehalten, so kann der Verstoß deshalb keine Urheberrechtsverletzung, sondern allenfalls eine Verletzung vertraglicher Pflichten begründen.

C. Schuldrechtliche Wirksamkeit vertraglicher Beschränkungen

Im Folgenden ist daher zu klären, inwieweit vertragliche Abreden, welche die von einer gesetzlichen Schranke erfassten Nutzungshandlungen einschränken oder untersagen, mit schuldrechtlicher Wirkung vereinbart werden können. Die schuldrechtliche Wirksamkeit solcher Nutzungsbeschränkungen ist nicht davon abhängig, ob ein urheberrechtliches Nutzungsrecht nach § 31 Abs. 1 S. 2 UrhG entsprechend beschränkt eingeräumt werden könnte.[217] Mit schuldrechtlicher Wirkung kann die Nutzung eines urheberrechtlich geschützten Werkes

---

[215] Siehe dazu unten S. 299, 393 f. und 398 f.

[216] *Rehbinder*, FS Roeber, 326; vgl. auch BGHZ 44, 288, 294 = GRUR 1966, 503, 505 – Apfel-Madonna.

[217] Vgl. BGHZ 152, 233, 239 = GRUR 2003, 416, 418 – CPU-Klausel.

daher grundsätzlich weiter beschränkt werden als mit urheberrechtlicher Wirkung.

I. Schranken als schuldrechtlich zwingendes Recht

Eine vertragliche Vereinbarung, die eine von einer Schranke erlaubte Nutzung beschränkt, ist unwirksam, wenn die Schranke auch in schuldrechtlicher Hinsicht zwingendes Recht darstellt. Dies gilt für individualvertragliche Nutzungsbeschränkungen ebenso wie für Beschränkungen in Allgemeinen Geschäftsbedingungen. §§ 307 ff. BGB erlangen erst Bedeutung, wenn in AGB von Normen des dispositiven Rechts abgewichen wird.[218] Als Beschränkung kommen dabei sowohl Vereinbarungen in Betracht, die den Nutzer dazu verpflichten, von der durch eine Schranke eingeräumten Nutzungsfreiheit keinen oder nur eingeschränkten Gebrauch zu machen, als auch solche, die dem Nutzer für die von der Schranke erlaubte Nutzungshandlung eine vom Gesetz nicht vorgesehene Vergütungspflicht auferlegen[219] oder den Schrankengebrauch an sonstige über die gesetzlichen Voraussetzungen der Nutzungsfreiheit hinausgehende Bedingungen knüpfen.

Unproblematisch ist dabei der Fall, dass das Gesetz den zwingenden Charakter der Schranke ausdrücklich vorsieht und bestimmt, dass entgegenstehende vertragliche Verpflichtungen unwirksam sind. Derartige gesetzliche Regelungen, wonach das Ausschließlichkeitsrecht des Urhebers auch mit schuldrechtlicher Wirkung nicht über den durch die gesetzlichen Schranken bestimmten Umfang hinaus ausgedehnt werden kann, bestehen in den meisten Urheberrechtsordnungen jedoch nur im Hinblick auf bestimmte Sonderfälle.

1. Vorgaben des Europäischen Gemeinschaftsrechts

Besondere Bedeutung kommt in Europa insoweit den Vorgaben des europäischen Gemeinschaftsrechts zu.[220] Art. 9 Abs. 1 S. 2 Computerprogramm-RL und Art. 15 Datenbank-RL enthalten ausdrückliche Regelungen über die Un-

---

[218] BGHZ 76, 371, 374 = NJW 1980, 1625, 1626: Von zwingenden Verbotsnormen lasse sich begrifflich nicht ohne Eintritt der Nichtigkeitsfolge „abweichen" i.S.d. § 307 Abs. 3 BGB; *Becker*, S. 105 f.; Staudinger-*Coester* (2006), § 307 Rn. 19 f., 232; Palandt-*Grüneberg*, § 307 Rn. 26; Schricker-*Götting*, § 95b Rn. 28; a. A. Wolf/Lindacher/Pfeiffer-*Wolf*, § 307 Rn. 13, 111. Die Erfassung formularmäßiger Abweichungen von zwingendem Recht im Verbandsklageverfahren kann dadurch erreicht werden, dass die Verbandsklage über den engen Wortlaut des § 1 UKlaG hinaus auch dann zugelassen wird, wenn sich die Unwirksamkeit der Klausel nicht aus §§ 307 bis 309 BGB ergibt, sondern aus einem Verstoß gegen sonstiges zwingendes Recht, siehe unten S. 305.

[219] So im Fall BGE 127 III 26 (2000) = GRURInt 2002, 176 – Museumskatalog.

[220] Diese gelten gemäß Art. 65 Abs. 2 i. V. m. Anhang XVII des Abkommens über den Europäischen Wirtschaftsraum (ABl. EG 1994, Nr. L 1/3) auch für Norwegen, Island und Liechtenstein.

abdingbarkeit bestimmter Schranken. Diese Vorgaben sind in den meisten Mitgliedstaaten nahezu wörtlich in nationales Recht umgesetzt worden.[221] Vor der Umsetzung der Computerprogramm-Richtlinie von 1991 hat es, soweit ersichtlich, in keinem europäischen Staat eine urheberrechtliche Bestimmung gegeben, welche eine von einer Schranke des Urheberrechts abweichende vertragliche Vereinbarung für nichtig erklärt hat. Daher soll zunächst darauf eingegangen werden, ob der Computerprogramm- und Datenbank-Richtlinie Vorgaben auch für die Abdingbarkeit anderer Schranken entnommen werden können. Anschließend ist zu untersuchen, inwieweit die Info-RL den Ansatz der früheren Richtlinien weiterverfolgt.

a. Computerprogramm- und Datenbank-Richtlinie

Nach Art. 9 Abs. 1 S. 2 Computerprogramm-RL sind vertragliche Bestimmungen unwirksam, die im Widerspruch zu den Schranken zugunsten des rechtmäßigen Benutzers in Art. 5 Abs. 2 und 3 sowie Art. 6 stehen. Ebenso sind nach Art. 15 Datenbank-RL vertragliche Bestimmungen nichtig, die der in Art. 6 Abs. 1 bezeichneten Schranke zugunsten des rechtmäßigen Benutzers eines Datenbankwerks zuwiderlaufen. Die in Umsetzung der Richtlinien durch die Mitgliedstaaten zu schaffenden Schranken des Urheberrechts an Computerprogrammen und Datenbankwerken sind somit als auch schuldrechtlich zwingend auszugestalten. Ein rechtmäßiger Nutzer des Computerprogramms oder Datenbankwerkes soll sich vertraglich nicht wirksam verpflichten können, die von den Schranken erlaubten Nutzungshandlungen nicht vorzunehmen.[222]

Diese Regelungen erlauben jedoch keine Rückschlüsse auf die vertragliche Abdingbarkeit anderer Schranken. Der Anwendungsbereich der Richtlinien ist auf das Urheberrecht an Computerprogrammen und Datenbanken beschränkt. Nur insoweit sollen Mindeststandards für die Nutzung der jeweils betroffenen Werke gesetzt werden.[223] Vorgaben im Hinblick auf die Schranken des Urheberrechts an anderen Werkarten enthalten sie nicht. Allerdings erlaubt Art. 6 Abs. 2 Datenbank-RL den Mitgliedstaaten, über die zwingende Schranke des Art. 6 Abs. 1 hinaus bestimmte Schranken im Hinblick auf das Urheberrecht an Datenbankwerken einzuführen (Art. 6 Abs. 2 lit. a-c) sowie die für andere Werkarten bestehenden „traditionellen" Schranken auch auf Datenbankwerke anzu-

---

[221] In Deutschland §§ 69g Abs. 2, 55a S. 3 UrhG, in Frankreich Art. L. 122-6-1(5) CPI; im Vereinigten Königreich §§ 50A(3), 50B(4), 50D(2) CDPA; in Belgien Art. 20quater(3) LDA und Art. 8 LPO. Eine Ausnahme bildet Irland, wo der zwingende Charakter der Schranken für Computerprogramme (§§ 80 bis 82 CRRA) und Datenbanken (§ 83 CRRA) nicht ausdrücklich ins Gesetz aufgenommen wurde.

[222] Siehe dazu oben S. 209.

[223] *Trayer*, S. 179f.; für eine präjudizierende Wirkung der Datenbank-RL im Hinblick auf die für andere Werkarten geltenden Schrankenbestimmungen Walter-*von Lewinski*, Art. 6 Datenbank-RL Rn. 22.

wenden (Art. 6 Abs. 2 lit. d). Daraus kann man indes nicht den Schluss ziehen, dass die davon erfassten Schrankenbestimmungen, soweit sie für Datenbankwerke gelten, ebenfalls als zwingend angesehen werden müssten.[224] Denn Art. 6 Abs. 2 ist in Art. 15 der Datenbank-Richtlinie gerade nicht genannt. Umgekehrt lässt sich der Datenbank-Richtlinie aber auch nicht entnehmen, dass der europäische Gesetzgeber die Abdingbarkeit der traditionellen Schranken erhalten wollte.[225] Vielmehr ist die Frage der Abdingbarkeit der Schranken, soweit sie durch Art. 15 nicht vorgegeben ist, nicht Gegenstand der Datenbank-Richtlinie und damit der autonomen Regelung durch die Mitgliedstaaten überlassen.[226]

b. Info-Richtlinie

Dennoch sehen einige Autoren in den Regelungen der Computerprogramm- und Datenbank-Richtlinie ein Anzeichen dafür, dass der europäische Gesetzgeber die Gefahr einer vertraglichen Aushebelung der Schranken des Urheberrechts als allgemeines Problem erkannt hat.[227] Insofern ist es erstaunlich, dass die Info-Richtlinie anders als die früheren Richtlinien keine ausdrücklichen Vorgaben für die Unabdingbarkeit von Schrankenbestimmungen enthält. Art. 5 Abs. 2 bis 4 regelt lediglich fakultativ die Schranken, welche die Mitgliedstaaten den Verwertungsrechten des Urhebers ziehen können. Dass die Mitgliedstaaten, soweit Sie von der Ermächtigung des Art. 5 Gebrauch machen, auch die vertragliche Beschränkbarkeit entsprechender Nutzungshandlungen regeln müssten, lässt sich Art. 5 nicht entnehmen.

(1) Interaktive Abrufdienste nach Art. 6 Abs. 4 Unterabs. 4

Vielmehr scheint umgekehrt Art. 6 Abs. 4 Unterabs. 4 der Richtlinie dafür zu sprechen, dass sich der europäische Gesetzgeber für die grundsätzliche Abdingbarkeit von Schrankenbestimmungen entschieden hat. Nach dieser Vorschrift gelten die Bestimmungen des Art. 6 Abs. 4 Unterabs. 1 und 2 über die Durchsetzung von Schranken gegenüber technischen Schutzmaßnahmen nicht für Werke, die der Öffentlichkeit aufgrund einer vertraglichen Vereinbarung öffentlich zugänglich gemacht worden sind. Wenn ein Werk im Rahmen eines solchen interaktiven Abrufdienstes öffentlich zugänglich gemacht worden ist, haben die Begünstigten der in Art. 6 Abs. 4 Unterabs. 1 und 2 genannten Schranken gegenüber dem Verwender von technischen Schutzmaßnahmen somit kei-

---

[224] So aber *Schack*, ZUM 2002, 502, für die Schranke des § 53 Abs. 5 S. 2 i. V. m. Abs. 2 S. 1 UrhG; wie hier *Derclaye*, JLTP 2005, 261.

[225] So aber *Dusollier*, Droit d'auteur, Rn. 645.

[226] In diesem Sinne auch der belgische Gesetzgeber, vgl. Chambre, Doc., Projet de loi du 8 mai 1998 transposant en droit belge la directive européenne du 11 mars 1996 concernant la protection juridique des bases de données (No. 1535/1–97/98), S. 25.

[227] *Burrell/Coleman*, S. 69, 307: „[T]he EU ... seems to be on the right track already"; *Hugenholtz*, Fierce Creatures, S. 15; *ders.*, EIPR 2000, 501.

nen Anspruch darauf, die für den Gebrauch der jeweiligen Schranke erforderlichen Mittel zur Verfügung gestellt zu bekommen. Dadurch soll laut Erwägungsgrund 53 der Info-RL „ein sicheres Umfeld ... für die Erbringung interaktiver Dienste auf Abruf" gewährleistet werden.

Offline- und nichtinteraktive Online-Vertriebsstrukturen[228] werden gemäß Satz 2 des Erwägungsgrundes 53 hingegen nicht privilegiert. Zumindest insoweit enthält Art. 6 Abs. 4 Unterabs. 1 auch keine Vorgabe für den Vorrang vertraglicher Abreden vor den gesetzlichen Schranken.[229] Wenn ein Werk neben anderen Vertriebsformen zusätzlich in Form eines durch technische Mittel geschützten interaktiven Angebots auf vertraglicher Basis angeboten wird, sind die Durchsetzungsmöglichkeiten nach Art. 6 Abs. 4 Unterabs. 1 Info-RL daher im Bereich der anderen Vertriebsformen nicht eingeschränkt.[230]

(a) Verhältnis von vertraglichen Abreden und technischen Maßnahmen

Aber auch im Hinblick auf dem Nutzer im Wege eines interaktiven Abrufdienstes zugänglich gemachte Werke ist fraglich, inwieweit Art. 6 Abs. 4 Unterabs. 4 einen Vorrang vertraglicher Abreden vor den in Unterabs. 1 und 2 genannten Schranken etabliert. Überwiegend wird angenommen, dass Art. 6 Abs. 4 Unterabs. 4 dazu führt, dass die Schranken des Unterabs. 1 sowie die in Unterabs. 2 geregelte Privatkopieschranke bei einem interaktiven Online-Abruf vollständig durch vertragliche Abreden abbedungen werden können.[231] Insoweit dürften die Mitgliedstaaten daher den entsprechenden Schrankenbestimmungen im nationalen Recht keinen zwingenden Charakter verleihen. Davon ging auch der belgische Gesetzgeber aus.[232] Während sich das deutsche Recht darauf beschränkt, Art. 6 Abs. 4 Unterabs. 4 Info-RL in § 95b Abs. 3 UrhG nahezu wörtlich wiederzugeben, sieht der in Umsetzung der Info-RL eingefügte Art. 23bis(2) LDA[233] ausdrücklich vor, dass die gemäß § 23bis(1) LDA seit 1998 grundsätz-

[228] Darunter fallen etwa Dienste wie „pay per view" und „webcasting", bei denen der Nutzer den Zeitpunkt der Übermittlung nicht frei wählen kann, vgl. *Reinbothe*, GRURInt 2001, 742; *Spindler*, GRUR 2002, 119; *Gottschalk*, MMR 2003, 155; Wandtke/Bullinger-*Wandtke/Ohst*, § 95b Rn 44 mit Hinweis auf die praktische Bedeutungslosigkeit der Einschränkung.

[229] *Spindler*, GRUR 2002, 118; *Kröger*, CR 2001, 323; *Trayer*, S. 178, 180; Brison/Vanhees-*Janssens*, Art. 23bis, S. 152.

[230] Amtl. Begr. zur Umsetzung durch § 95b Abs. 3 UrhG, BT-Drucks. 15/38, S. 27; *Gottschalk*, MMR 2003, 155f.; Dreier/Schulze-*Dreier*, § 95b Rn. 18; Wandtke/Bullinger-*Wandtke/Ohst*, § 95b Rn 43; Loewenheim-*Peukert*, § 36 Rn. 7.

[231] *Kröger*, CR 2001, 323; *Knies*, ZUM 2002, 797; *Reinbothe*, GRURInt 2001, 742; *Rosén*, GRURInt 2002, 205; Lowenheim-*Peukert*, § 36 Rn. 5; *Schack*, UrhR, Rn. 732i; *Trayer*, S. 178f.; *Xalabarder*, in: Torremans, S. 389; *Fernández-Molina*, 30 JIS 342 (2004); *Copyright Law Review Committee*, Rn. 6.28 (S. 210) und Rn. 639 (S. 215f.); ebenso zu § 95b Abs. 3 UrhG LG Frankfurt a. M. MMR 2006, 766, 767f.

[232] Dazu Brison/Vanhees-*Janssens*, Art. 23bis, S. 152; *Corbet*, RIDA 206 (2005), 53.

[233] Loi du 22 mai 2005 transposant en droit belge la Directive européenne 2001/29/CE du

lich zwingend ausgestalteten Schrankenregelungen[234] ausnahmsweise vertraglich abbedungen werden können, soweit es um Werke geht, die aufgrund einer vertraglichen Regelung öffentlich zugänglich gemacht worden sind.[235]

Dem Wortlaut des Art. 6 Abs. 4 Unterabs. 4 lässt sich ein solches Verhältnis von gesetzlichen Schranken und vertraglichen Vereinbarungen indes nicht entnehmen.[236] Denn danach setzt der Ausschluss der Ansprüche nach Unterabs. 1 lediglich voraus, dass der Übermittlung des Werkes überhaupt ein Vertrag zugrunde liegt. Art. 6 Abs. 4 Unterabs. 4 verlangt jedoch nicht, dass der Vertrag dem Nutzer den Gebrauch der betreffenden Schranken verbietet.[237] Vielmehr verliert der Nutzer seine Ansprüche auf Durchsetzung des Schrankengebrauchs auch dann, wenn der zugrunde liegende Vertrag insoweit gar keine Regelung enthält. Umgekehrt entfaltet der Ausschluss in Unterabs. 4 keine Wirkung, wenn ein Werk zwar aufgrund einer vertraglichen Vereinbarung öffentlich zugänglich gemacht wird, die einen entsprechenden Schrankenausschluss enthält, dieser aber nicht durch technische Mittel abgesichert wird. Unterabs. 4 bezieht sich auch ausweislich des 53. Erwägungsgrundes der Info-RL ausschließlich auf die Ansprüche gegenüber technischen Schutzmaßnahmen gemäß Unterabs. 1. Dem Rechtsinhaber wird durch Unterabs. 4 folglich nur ermöglicht, den Gebrauch der Schranken durch den Einsatz technischer Schutzmaßnahmen faktisch zu unterbinden. Im Hinblick auf die Wirksamkeit entsprechender vertraglicher Verbote enthält Art. 6 Abs. 4 Unterabs. 4 Info-RL hingegen keine Regelung.[238]

(b) Reichweite des Vorrangs technischer Maßnahmen

Selbst wenn man aus Art. 6 Abs. 4 Unterabs. 4 mittelbar eine Entscheidung des europäischen Gesetzgebers zugunsten der Abdingbarkeit von Schrankenregelungen im Bereich interaktiver Online-Dienste ableiten wollte, ist problematisch, wie weit der Vorrang vertraglicher Abreden danach reicht. Fraglich ist vor allem, ob sich der Vorrang auch auf die Nutzung von Vervielfältigungsstücken bezieht, die bei der Übermittlung des öffentlichen zugänglich gemachten

22 mai 2001 sur l'harmonisation de certains aspects du droit d'auteur et des droits voisins dans la société de l'information, Moniteur Belge, 27. 5. 2005, S. 24997, 25000.

[234] Siehe dazu unten S. 224 ff.

[235] Art. 23bis(2) LDA lautet: „Il peut toutefois être contractuellement dérogé aux dispositions visées à l'alinéa 1er lorsqu'il s'agit d'oeuvres qui sont mises à la disposition du public à la demande selon les dispositions contractuelles de manière que chacun puisse y avoir accès de l'endroit et au moment qu'il choisit individuellement."

[236] Insbesondere kann Brison/Vanhees-*Janssens*, Art. 23bis, S. 152, nicht darin gefolgt werden, dass es sich bei Art. 23bis(2) LDA um eine „getreue Kopie" von Art. 6 Abs. 4 Unterabs. 4 Info-RL handele.

[237] So auch *Dusollier*, Droit d'auteur, Rn. 647.

[238] So auch *Burrell/Coleman*, S. 308 in Fn. 73; ebenso wohl *Hugenholtz*, EIPR 2000, 501.

Werkes im Speicher des Nutzers entstehen.[239] Der Wortlaut des Art. 6 Abs. 4 Unterabs. 4 ist auch insoweit nicht eindeutig. Die Bezugnahme auf „Werke, die der Öffentlichkeit zugänglich gemacht werden", kann ebenso in dem Sinne ausgelegt werden, dass nur die Handlung des öffentlichen Anbietens erfasst wird, nicht aber ein im Speicher oder auf der Festplatte des Nutzers entstehendes Vervielfältigungsstück.[240]

Die Ausschlusswirkung des Unterabs. 4 bezöge sich danach nur auf die Umgehung einer Zugangssperre zu den auf dem Server des Anbieters befindlichen Werkexemplaren und verhindert, dass ein Nutzer den Zugang zu diesen Werken zur Ermöglichung einer Vervielfältigung unter Berufung auf eine Schranke des Urheberrechts rechtlich erzwingt.[241] Dem Einsatz und Rechtsschutz technischer Schutzmaßnahmen käme mithin nur insoweit Vorrang vor den Schranken zu, als durch jene die Online-Zugänglichmachung einschließlich des Übertragungsvorgangs abgesichert wird. Ein Kopierschutzmechanismus an der online übermittelten Kopie wäre jedoch nicht erfasst.[242] Für letztere käme vielmehr Art. 6 Abs. 4 Unterabs. 1 Info-RL zur Anwendung. Insoweit ließe sich Unterabs. 4 auch kein Vorrang entsprechender vertraglicher Vereinbarungen gegenüber den Schrankenregelungen entnehmen.

Für eine solche einschränkende Auslegung des Unterabs. 4 spricht vor allem, dass der europäische Gesetzgeber durch Art. 6 Abs. 4 Unterabs. 1 und 2 Info-RL gezeigt hat, grundsätzlich auch im Anwendungsbereich technischer Schutzmaßnahmen an dem mit Hilfe der Schranken des Urheberrechts getroffenen Interessenausgleich festhalten zu wollen.[243] Wenn der Einsatz technischer Maßnahmen bei Internet-Abrufdiensten zu einem völligen Ausschluss der Schrankenbestimmungen führen würde, wäre die von Art. 6 Abs. 4 garantierte Durchsetzbarkeit der davon erfassten Schranken praktisch gegenstandslos. Die Schrankenregelungen des UrhG würden dadurch weitgehend ausgehebelt.[244] Denn über kurz oder lang wird der Online-Vertrieb urheberrechtlich ge-

[239] So im Ergebnis Loewenheim-*Peukert*, § 36 Rn. 6; Hoeren/Sieber-*Bechtold*, Kap. 7.7 Rn. 53; *Spindler*, GRUR 2002, 119; *Enders*, ZUM 2004, 603; *Dusollier*, IIC 2003, 74.

[240] So *Dreier*, ZUM 2002, 37; *Metzger/Kreutzer*, MMR 2002, 141 f.; *Linnenborn*, in: Hilty/Peukert, S. 139 f.; *Hohagen*, Vervielfältigungsfreiheit, S. 252; *Schweikart*, UFITA 2005, 13 f.; *Arlt*, DRM, S. 96 f.; Wandtke/Bullinger-*Wandtke/Ohst*, § 95b Rn 45; Fromm/Nordemann-*Czychowski*, § 95b UrhG Rn. 27. Dies gilt unabhängig davon, ob man das öffentliche Zugänglichmachen als ein- oder zweiaktigen Tatbestand auffasst, dazu *Schack*, GRUR 2007, 640 f. m. w. N.

[241] *Schweikart*, UFITA 2005, 13 f.

[242] *Dreier*, ZUM 2002, 37; *Metzger/Kreutzer*, MMR 2002, 142; *Hohagen*, Vervielfältigungsfreiheit, S. 252 f. (ebenso zu § 95 Abs. 3 UrhG auf S. 515); *Arlt*, DRM, S. 97; Fromm/Nordemann-*Czychowski*, § 95b UrhG Rn. 27; Wandtke/Bullinger-*Wandtke/Ohst*, § 95b Rn 45.

[243] Auch die Erwägungsgründe 31 und 51 betonen die Notwendigkeit der Sicherung des Interessenausgleichs zwischen Rechtsinhabern und der Allgemeinheit.

[244] *Spindler*, GRUR 2002, 119; *Schweikart*, UFITA 2005, 13.

schützter Werke zumindest in einigen Bereichen die bisherigen Vertriebsformen ersetzen.[245]

Der Zweck der Vorschrift, ein sicheres Umfeld für die Erbringung interaktiver Abrufdienste zu gewährleisten, wird auch gewahrt, wenn man Art. 6 Abs. 4 Unterabs. 4 Info-RL auf die Absicherung des Online-Angebots sowie des Übertragungsweges mittels technischer Schutzmaßnahmen beschränkt. Denn nur insoweit rechtfertigt die gegenüber herkömmlichen Vertriebsformen erhöhte Verletzlichkeit des Lieferwegs bei interaktiven Abrufdiensten die Differenzierung zwischen Online- und Offline-Vertriebsstrukturen. Im Hinblick auf die Nutzung einer beim Abrufenden entstehenden Vervielfältigung ist der gerechte Ausgleich für den Rechtsinhaber oder Verwerter hingegen nicht stärker gefährdet als beim Offline-Vertrieb eines entsprechenden Vervielfältigungsstücks.[246] Eine Ausweitung des Schutzes auf die online gelieferte Kopie würde daher eine ungerechtfertigte Privilegierung des Online-Vertriebs darstellen.[247]

Dem kann man auch nicht entgegenhalten, dass bei der Ermöglichung des Zugangs zwingend eine Kopie des Werkes auf dem Computer des Nutzers erstellt werde und man daher nicht zwischen Zugang und der als Folge entstehenden Kopie trennen könne.[248] Es ist zwar zutreffend, dass das Wahrnehmbarmachen eines online zugänglich gemachten Werkes durch den individuellen Nutzer regelmäßig eine zumindest vorübergehende Vervielfältigung des Werkes im Arbeitsspeicher des Computers oder im Speicher der Grafikkarte erfordert.[249] Dennoch kann man zwischen solchen Abrufdiensten unterscheiden, bei denen der Nutzer wie etwa beim „Media Streaming" die übermittelten Daten unmittelbar konsumieren muss, und solchen, bei denen ihm ein Vervielfältigungsstück zum dauerhaften Werkgenuss zur Verfügung gestellt wird, so dass er auch ohne erneuten Abruf vom Server des Anbieters wiederholt auf das Werk zugreifen kann.[250]

Gegen eine solche Einschränkung des Anwendungsbereichs von Art. 6 Abs. 4 Unterabs. 4 Info-RL wird ferner eingewandt, dass die Verweisung auf die Rege-

---

[245] Vgl. *Dusollier*, IIC 2003, 75; *Linnenborn*, in: Hilty/Peukert, S. 140; *Rieber-Mohn*, IIC 2006, 189.

[246] Die Unterscheidung der Vervielfältigung des angebotenen von der des beim Nutzer entstehenden Werkexemplars ist daher auch im Hinblick auf den Drei-Stufen-Test von Bedeutung, vgl. *Hohagen*, Vervielfältigungsfreiheit, S. 252.

[247] Wandtke/Bullinger-*Wandtke/Ohst*, § 95b Rn. 45; *Schweikart*, UFITA 2005, 13.

[248] So aber *Trayer*, S. 124.

[249] Vgl. Wandtke/Bullinger-*Heerma*, § 16 Rn. 13; Wandtke/Bullinger-*Bullinger*, § 19a Rn. 12.

[250] Vgl. *Peukert*, UFITA 2002, 712; Loewenheim-*Peukert*, § 36 Rn. 6, der als Beispiel für die erste Verwertungsform das sog. Application Service Providing (ASP) nennt. Dieses Geschäftsmodell ist jedoch begrifflich auf das Zurverfügungstellen von Anwendungssoftware über öffentliche (Internet) oder private Datennetze beschränkt, siehe dazu BGH NJW 2007, 2394; OLG München GRUR-RR 2009, 91. Hierfür gilt Art. 6 Info-RL gemäß Erwägungsgrund 50 gerade nicht.

lung der Privatkopieschranke in Unterabs. 2 sinnlos wäre, wenn die Norm von vornherein nur Sachverhalte erfassen würde, in denen die Privatkopie mangels eines Vervielfältigungsstücks bereits faktisch ausscheide.[251] Dieses Argument kann jedoch nicht überzeugen. Selbst wenn der Nutzer keine Daten zur dauerhaften Speicherung übermittelt erhält, bleibt doch technisch ein Abfangen der Daten während des Übermittlungsvorgangs oder ein unmittelbarer Zugriff auf den Server des Anbieters und damit eine Vervielfältigung des auf dem Server gespeicherten Vervielfältigungsstücks möglich. Wenn der Rechtsinhaber eine Zugangssperre installiert, die gerade ein solches Abgreifen des Datenstroms verhindern soll, bleibt Art. 6 Abs. 4 Unterabs. 4 Info-RL anwendbar. In diesem Fall kann sich der Anbieter unter Ausschluss von Art. 6 Abs. 4 Unterabs. 1 Info-RL davor schützen, dass der Nutzer sich auf eine gesetzliche Schranke beruft, um in den Genuss eines Vervielfältigungsstücks zu kommen. Wenn etwa ein Online-Abrufdienst einen Film im Internet anbietet und dabei nur das einmalige Abspielen gestattet, einen bleibenden Download aber durch technische Schutzmaßnahmen verhindert, schließt es Art. 6 Abs. 4 Unterabs. 4 Info-RL aus, dass der Nutzer einen Download unter Berufung auf Unterabs. 1 oder 2 erzwingt.[252] Wenn der Nutzer im Rahmen eines Online-Abrufdienstes hingegen ein Vervielfältigungsstück des zugänglich gemachten Werkes zum dauerhaften Werkgenuss übermittelt bekommt, kann er gemäß Art. 6 Abs. 4 Unterabs. 1 Info-RL verlangen, dass ihm die Ausübung der Schranken in Bezug auf dieses Vervielfältigungsstück ermöglicht wird.[253]

Allenfalls im Hinblick auf solche Dienste, die von vornherein nur den einmaligen Werkgenuss ermöglichen sollen und daher einen dauerhaften Download technisch verhindern, lässt sich Art. 6 Abs. 4 Unterabs. 4 Info-RL folglich auch ein Vorrang entsprechender vertraglicher Regelungen vor den urheberrechtlichen Schranken entnehmen. Diese spezielle Regelung zugunsten der Anbieter von interaktiven Abrufdiensten kann aber nicht dahin gehend verallgemeinert werden, dass auch außerhalb des begrenzten Anwendungsbereichs von Art. 6 Abs. 4 Unterabs. 4 die Schrankenregelungen zur Disposition der Rechtsinhaber stünden.[254]

---

[251] *Spindler*, GRUR 2002, 119; *Enders*, ZUM 2004, 603; Loewenhein-*Peukert*, § 36 Rn. 6.

[252] So auch *Pichlmaier*, CR 2003, 913.

[253] Zur Klarstellung haben *Metzger/Kreutzer*, Stellungnahme, S. 12 daher die Ergänzung des § 95b Abs. 3 UrhG um folgenden Satz vorgeschlagen: „Diese Einschränkung gilt nicht für diejenigen Vervielfältigungsstücke von Werken und sonstigen Schutzgegenständen, die durch die Inanspruchnahme eines in Satz 1 genannten Angebotes auf dem Endgerät des Nutzers eines solchen Dienstes entstehen."

[254] In diesem Sinne auch *Hohagen*, Vervielfältigungsfreiheit, S. 263.

(2) Erwägungsgrund 45

Vielmehr überlässt Erwägungsgrund 45 es den Mitgliedstaaten, das Verhältnis von vertraglichen Abreden zu den in Art. 5 Abs. 2 bis 4 der Richtlinie vorgesehenen Schrankenregelungen autonom zu bestimmen. Danach sollen zwar die Schranken „vertraglichen Beziehungen zur Sicherstellung eines gerechten Ausgleichs für die Rechtsinhaber nicht entgegenstehen". Aus dieser Formulierung kann man aber nicht schließen, dass die nationalen Schranken stets durch vertragliche Vereinbarungen umgangen werden dürften und die Schranken im nationalen Recht daher zwingend dispositiv ausgestaltet werden müssten.[255] Denn Erwägungsgrund 45 erlaubt vertragliche Vereinbarungen ausdrücklich nur, „soweit dies nach innerstaatlichem Recht zulässig ist". Den letzten Halbsatz des Erwägungsgrundes kann man dabei nur so verstehen, dass die vertragliche Vereinbarung eines (finanziellen) Ausgleichs für den Gebrauch einer Schranke nur dort zulässig sein soll, wo das nationale Recht die betreffende Schranke nicht als zwingendes Recht ausgestaltet hat.[256] Die Entscheidung, inwieweit die im Rahmen des Art. 5 Abs. 2 bis 4 zulässigen Schranken zwingend oder dispositiv ausgestaltet werden, obliegt danach dem nationalen Gesetzgeber.[257]

Dabei nennt Erwägungsgrund 45 zwar nur Vereinbarungen zur Sicherstellung eines gerechten Ausgleichs, womit in erster Linie die Vereinbarung eines Nutzungsentgelts gemeint sein dürfte. Daraus kann man aber auch nicht folgern, dass Vereinbarungen, die eine freigestellte Nutzung vollständig ausschließen, nach dem Willen des Richtliniengebers stets unwirksam sein sollen.[258] Vielmehr wird man den Aussagegehalt des Erwägungsgrundes 45 darauf beschränken müssen, dass kollektivvertragliche Vereinbarungen zur Sicherung eines gerechten Ausgleichs der Rechteinhaber im Bereich der Schranken nicht schlechthin ausgeschlossen werden sollten.[259] Eine darüber hinausgehende Vorgabe für die zwingende oder dispositive Ausgestaltung der Schranken im nationalen Recht enthält der Erwägungsgrund nicht. Davon geht auch die Europäische Kommission aus. In ihrem Grünbuch „Urheberrecht in der wissensbestimmten Wirtschaft" wirft sie hinsichtlich der nach Art. 5 Info-RL zulässigen Ausnahmen vom Ausschließlichkeitsrecht u. a. folgende als klärungsbedürftig

[255] So aber *Bechtold*, Informationsrecht, S. 390 f.; ebenso wohl *Berger*, GRUR 2007, 759; in Bezug auf die Vereinbarung eines Nutzungsentgelts auch Walter-*Walter*, Info-RL Kap. IV Rn. 98; im Ergebnis wie hier *Hohagen*, Vervielfältigungsfreiheit, S. 263.

[256] So auch *Trayer*, S. 179; *Dusollier*, Droit d'auteur, Rn. 648, die allerdings auf der Grundlage der französischen Fassung auch eine Auslegung für möglich hält, nach der sich der Halbsatz lediglich auf den „gerechten Ausgleich" bezieht und daher eine vertragliche Regelung von vornherein nur in den Fällen erlaubt, in denen das Gesetz einen solchen Ausgleich im Rahmen einer gesetzlichen Lizenz vorsieht.

[257] So auch *Mazziotti*, S. 89.

[258] So auch *Hohagen*, Vervielfältigungsfreiheit, S. 263 Fn. 504; *Bechtold*, Informationsrecht, S. 391 Fn. 1993; offen gelassen von Walter-*Walter*, Info-RL Kap. IV Rn. 98.

[259] So *Hohagen*, Vervielfältigungsfreiheit, S. 263 Fn. 504.

angesehene Frage auf: „Sollten vertragliche Vereinbarungen zwischen den Rechteinhabern und den Benutzern über die Anwendung der Ausnahmen gefördert oder hierfür Leitlinien festgelegt werden?“[260] Die Kommission ist also offenbar der Ansicht, dass sich aus der Info-RL selbst keine Leitlinien im Hinblick auf vertragliche Vereinbarungen über den Schrankengebrauch ableiten lassen.

Eine Vorgabe für die Wirksamkeit vertraglicher Vereinbarungen lässt sich der Info-RL auch nicht im Hinblick auf die gemäß Art. 5 Abs. 1 der Richtlinie zwingend vorgegebene Schranke zugunsten flüchtiger oder begleitender Vervielfältigungen im Rahmen technischer Verfahren[261] entnehmen. Zwar bezieht sich Erwägungsgrund 45 ausdrücklich nicht auf diese Schranke. Die Richtlinie geht also offenbar davon aus, dass vertragliche Vereinbarungen eines Nutzungsentgelts insoweit nicht zulässig sein sollen. Andererseits bedeutet dies nicht, dass die entsprechende Schranke im nationalen Recht zwingend ausgestaltet werden müsste.[262] Dass Erwägungsgrund 45 die Schranke des Art. 5 Abs. 1 nicht nennt, trägt lediglich dem Umstand Rechnung, dass Art. 5 Abs. 1 bereits tatbestandlich voraussetzt, dass die betreffende Vervielfältigungshandlung keine eigenständige wirtschaftliche Bedeutung hat. Insoweit kommt die „Sicherung eines gerechten Ausgleichs“ für den Rechtsinhaber von vornherein nicht in Betracht. Für eine Nutzungshandlung ohne wirtschaftliche Bedeutung kann es einen „gerechten Ausgleich“ schon begrifflich nicht geben.

c. Ergebnis

Im europäischen Gemeinschaftsrecht enthalten lediglich die Computerprogramm- und die Datenbank-Richtlinie ausdrückliche Vorgaben für den zwingenden Charakter urheberrechtlicher Schranken. Diese Vorgaben beschränken sich jedoch auf den Anwendungsbereich der jeweiligen Richtlinie und erlauben keine Rückschlüsse auf die Abdingbarkeit anderer Schranken. Auch der Info-RL lässt sich weder eine Entscheidung zugunsten der Abdingbarkeit von Schrankenregelungen entnehmen noch verlangt sie die zwingende Ausgestaltung der Schranken im nationalen Recht. Vielmehr bleibt es außerhalb der Computerprogramm- und Datenbank-Richtlinie den Mitgliedstaaten überlassen, das Verhältnis der Schranken des Urheberrechts zu vertraglichen Vereinbarungen autonom zu regeln.[263]

---

260 KOM(2008) 466 endg. vom 16. 7. 2008, S. 6.

261 In Deutschland umgesetzt durch § 44a UrhG.

262 So auch *Dusollier*, Droit d'auteur, Rn. 648; *Mazziotti*, S. 88 f.; *Heide*, S. 10; a. A. *Corbet*, RIDA 206 (2005), 53; Brison/Vanhees-*Janssens*, Art. 23bis, S. 152.

263 Ebenso im Ergebnis *Dusollier*, Droit d'auteur, Rn. 649; *Hohagen*, Vervielfältigungsfreiheit, S. 503.

2. Nationale Regelungen in Europa

Mangels gemeinschaftsrechtlicher Vorgaben ist in den meisten nationalen Urheberrechtsordnungen das Verhältnis der urheberrechtlichen Schranken zu abweichenden vertraglichen Vereinbarungen außerhalb der für Computerprogramme und Datenbanken geltenden Vorschriften nicht ausdrücklich geregelt. Eine Besonderheit stellt insoweit das belgische Recht dar, welches fast sämtliche Schranken für zwingendes Recht erklärt (unten 1). Im Hinblick auf eng begrenzte Einzelfälle enthalten auch das irische (unten 2) und das britische Recht (unten 3) Vorschriften über die Unwirksamkeit vertraglicher Verpflichtungen, welche die von einer Schranken erlaubten Nutzungshandlungen ausschließen oder einschränken.

a. Belgien

Der belgische Gesetzgeber hat sich bei der Umsetzung der Datenbank-Richtlinie[264] nicht darauf beschränkt, der Vorgabe in Art. 15 Abs. 1 i. V. m. Art. 6 Abs. 1 der Richtlinie entsprechend allein die für Datenbankwerke geltende Schranke in Art. 20quater LDA für unabdingbar zu erklären. Vielmehr bestimmt der mit Wirkung vom 14. 11. 1998 neu eingeführte Art. 23bis,[265] dass auch sämtliche der in Art. 21, 22, 22bis und 23 LDA enthaltenen Schranken zwingendes Recht (impérative) und entgegenstehende vertragliche Vereinbarungen somit (relativ) nichtig sind.[266] Die betroffenen Schranken gelten mit Ausnahme von Art. 22bis LDA auch für andere Werke als Datenbanken und erlauben Werknutzungen wie Zitate, Kopien zu privaten Zwecken, Berichterstattung, Parodien und das Verleihen von Werken durch öffentliche Bibliotheken. Damit sind im belgischen Recht mit Ausnahme der Schranke zugunsten der normalen Benutzung eines Computerprogramms durch einen rechtmäßigen Benutzer sämtliche Schranken im Grundsatz zwingend ausgestaltet.[267]

Diese Ausdehnung der Unabdingbarkeit von Schranken über die Vorgaben der Datenbank-Richtlinie hinaus scheint keine dogmatisch fundierte Entscheidung des Gesetzgebers gewesen zu sein. Die Regelung wurde im Laufe des Gesetzgebungsverfahrens kaum diskutiert und ohne vorherige Anhörung der

---

[264] Loi du 31 août 1998 transposant en droit belge la directive européenne du 11 mars 1996 concernant la protection juridique des bases de données, Moniteur Belge, 14.11. 1998, S. 36916 ff.; dazu *Strowel*, Journal des Tribunaux 1999, 297 ff.

[265] Eine entsprechende Regelung für die Schranken der Leistungsschutzrechte des ausübenden Künstlers enthält der gleichzeitig eingeführte Art. 47bis LDA.

[266] Zur Rechtsfolge der relativen Nichtigkeit, auf die sich die betroffene Partei berufen muss, siehe *Beerenboom*, S. 166; Brison/Vanhees-*Janssens*, Art. 23bis, S. 151.

[267] Erheblich relativiert wird der zwingende Charakter der Schranken allerdings durch den in Umsetzung von Art. 6 Abs. 4 Unterabs. 4 Info-RL mit Wirkung vom 27. 5. 2005 angefügten Art. 23bis(2) LDA, vgl. bereits oben S. 217 f.

Rechteinhaber eingeführt.[268] Der Vorentwurf zu dem Gesetz sah in Art. 21 lediglich vor, dass die in Umsetzung von Art. 6 Abs. 1 Datenbank-RL einzuführende Schranke des Ausschließlichkeitsrechts an Datenbankwerken entsprechend der Vorgabe in Art. 15 zwingend ausgestaltet werden soll.[269] Der Conseil d'Etat hatte in seiner Stellungnahme zum Vorentwurf sogar empfohlen, in den Gesetzesmotiven ausdrücklich zu betonen, dass der dispositive oder zwingende Charakter anderer Schrankenregelungen durch die Umsetzung von Art. 15 der Richtlinie nicht berührt werde.[270]

In den Motiven zur aktuellen Fassung des Art. 20quater LDA wurde dieser Empfehlung zwar entsprochen.[271] Dennoch wurde in Art. 23 des endgültigen Entwurfs gleichzeitig die Einfügung des neuen Art. 23bis LDA vorgeschlagen, ohne diesen Schritt näher zu begründen. Insbesondere fehlt jeglicher Bezug zu dem in der Begründung zu Art. 20quater enthaltenen Hinweis, dass durch diese Vorschrift der zwingende oder dispositive Charakter anderer Schrankenbestimmungen nicht berührt werde. Die Motive beschränken sich vielmehr auf die Feststellung, dass die Einfügung des Art. 23bis LDA geschehe, um den Schranken einen zwingenden Charakter zu verleihen.[272] Über die Ziele, die der belgische Gesetzgeber mit der Festschreibung des zwingenden Charakters der Schranken auch in Bezug auf andere Werkarten als Datenbanken verfolgt hat, lässt sich daher nur spekulieren.[273] Entsprechend vielfältig sind auch die Ansätze im belgischen Schrifttum, eine Rechtfertigung für die Vorschrift zu finden.

Nach *Dusollier* liegt der Regelung die Erwägung zugrunde, dass ohne eine Festschreibung des zwingenden Charakters die von der Datenbank-Richtlinie vorgegebene Unabdingbarkeit der für Datenbankwerke geltenden Schranken umgangen werden könnte, indem vertragliche Abreden nicht im Hinblick auf die Nutzung des Datenbankwerks, sondern in Bezug auf die in der Datenbank enthaltenen Werke und Werkteile getroffen werden.[274] Das ist jedoch schon deshalb nicht überzeugend, weil die Datenbank-Richtlinie nicht die Aufnahme von

---

[268] Chambre, Doc., Rapport du 26 juin 1998 fait au nom de la commission (No. 1535/7–97/98), S. 34: „Cet article ne donne lieu à aucune observation et est adopté à l'unanimité"; vgl. *Dusollier*, in: Kaestner, S. 231; *Guibault*, Copyright Limitations, S. 219; Brison/Vanhees-*Janssens*, Art. 23bis, S. 151.

[269] Art. 19 Avant-projet, siehe Chambre, Doc., Projet de loi du 8 mai 1998 transposant en droit belge la directive européenne du 11 mars 1996 concernant la protection juridique des bases de données (No. 1535/1–97/98), S. 64.

[270] Chambre, Doc., Projet de loi (No. 1535/1–97/98), S. 69.

[271] Chambre, Doc., Projet de loi (No. 1535/1–97/98), Exposé des motifs, S. 48.

[272] Chambre, Doc., Projet de loi (No. 1535/1–97/98), Exposé des motifs, S. 53: „L'article 23 insère un article 23bis nouveau dans la loi précitée du 30 juin 1994 afin de conférer un caractère impératif aux exceptions au droit d'auteur"; vgl. auch Chambre, Doc., Rapport du 26 juin 1998 fait au nom de la commission (No. 1535/7–97/98), S. 11.

[273] Vgl. *Corbet*, RIDA 206 (2005), 53.

[274] Vgl. *Dusollier*, Droit d'auteur, Rn. 650, die diese Begründung im Ergebnis aber ablehnt.

Werken in eine Datenbank, sondern nur die Nutzung des Datenbankwerkes selbst zum Gegenstand hat. Diese ist aber unabhängig von der Zulässigkeit der Nutzung etwa in der Datenbank enthaltener Werke zu beurteilen.

Auch die von *Janssens* angeführte Begründung, der Gesetzgeber habe verhindern wollen, dass die Nutzer von Datenbanken durch Nutzungsbeschränkungen in Lizenzverträgen an der Ausübung der traditionellen Schranken gehindert werden,[275] lässt sich der Gesetzesbegründung nicht entnehmen. Die von *Janssens* zum Beleg ihrer Auffassung herangezogene Stelle der Motive[276] befasst sich ausschließlich mit den für das Sui-generis-Recht des Datenbankherstellers geltenden Schranken, die in Art. 11 des Gesetzes zur Umsetzung der Datenbank-Richtlinie[277] eine eigenständige, dem Art. 23bis LDA entsprechende Regelung erfahren haben. Auch damit ist der belgische Gesetzgeber zwar über die Vorgaben von Art. 15 der Datenbank-Richtlinie hinausgegangen, da die gemäß Art. 9 der Richtlinie lediglich fakultativen Schranken für das Sui-generis-Recht des Datenbankherstellers ebenfalls für zwingend erklärt werden.[278] Die Ausdehnung des zwingenden Charakters auf die Schrankenbestimmungen, die für das Urheberrecht an Datenbank*werken* oder an anderen Werkarten gelten, lässt sich angesichts der ganz anderen Schutzrichtung des Sui-generis-Rechts damit jedoch nicht begründen.

Beerenboom will die gesetzgeberische Zielsetzung des Art. 23bis LDA daher allgemein darin sehen, Nutzern den Zugang zu digital gespeicherten Werken zum Zwecke der Schrankenausübung zu ermöglichen, ohne daran durch Zugangsrechte faktisch gehindert zu werden.[279] Dieser Zweck vermag jedoch ebenfalls nicht zu rechtfertigen, dass die Schranken auch im Hinblick auf die Nutzung nicht digitaler Werke nicht abbedungen werden können.[280] Denn bei Werken, die auf herkömmlichen Trägern verkörpert sind, kommt eine effektive Zugangsverhinderung durch entsprechende Vertragsklauseln kaum in Betracht. Weitgehend konterkariert wird der von *Beerenboom* unterstellte Gesetzeszweck zudem durch den in Umsetzung von Art. 6 Abs. 4 Unterabs. 4 Info-RL mit Wirkung vom 27. 5. 2005 angefügten Art. 23bis(2) LDA. Darin wird die Unabdingbarkeit gerade für interaktive Abrufdienste wieder eingeschränkt.[281] Diese dürften in der Praxis aber der Haupteinsatzbereich vertraglicher Nutzungsbeschränkungen sein.

---

[275] Brison/Vanhees-*Janssens*, Art. 23bis, S. 151.

[276] Chambre, Doc., Projet de loi (No. 1535/1–97/98), Exposé des motifs, S. 25.

[277] Loi du 31 août 1998 transposant en droit belge la directive européenne du 11 mars 1996 concernant la protection juridique des bases de données, Moniteur Belge, 14. 11. 1998, S. 36916.

[278] Dies wird durch Art. 15 Datenbank-RL nicht ausgeschlossen, vgl. bereits oben S. 216.

[279] So *Berenboom*, S. 166.

[280] So auch *Berenboom*, S. 167.

[281] Siehe dazu *Janssens*, IIC 2006, 59 und oben S. 217 f.

Man kann daher aus dem belgischen Vorstoß kaum Rückschlüsse für die Abdingbarkeit der Schranken im deutschen Urheberrecht ziehen. Zwar lässt die Einführung des Art. 23bis LDA vermuten, dass der belgische Gesetzgeber davon ausging, dass die in der Vorschrift genannten Schranken vorher keinen zwingenden Charakter hatten.[282] Da aber jegliche Begründung für diese Annahme fehlt, lässt sich allein daraus noch kein Argument dafür herleiten, dass die Schranken im deutschen Urheberrecht mit schuldrechtlicher Wirkung abbedungen werden könnten, soweit es keine ausdrückliche gesetzliche Regelung gibt.

b. Irland

Der irische CRRA enthält in § 57(4) eine ausdrückliche Bestimmung über die Unwirksamkeit vertraglicher Vereinbarungen, die den Umfang der von einer Schranke erlaubten Nutzungshandlungen beschränken.[283] Die Vorschrift bezieht sich jedoch nur auf die nach § 57(1) CRRA zulässige Vervielfältigung von kurzen Passagen (nicht mehr als 5% eines Werkes pro Jahr) aus veröffentlichten literarischen und musikalischen Werken durch Ausbildungseinrichtungen zu Unterrichtszwecken. Lizenzvereinbarungen zwischen dem Rechtsinhaber und einer solchen Ausbildungseinrichtung sind danach nichtig, soweit darin der Umfang zulässiger Vervielfältigungen auf ein Maß beschränkt wird, das hinter der gesetzlichen Regelung zurückbleibt. Der Anwendungsbereich des § 57 ist zusätzlich noch dadurch begrenzt, dass die Regelung gemäß § 57(3) CRRA keine Anwendung findet, wenn die Nutzungsrechte am betroffenen Werk von einer Verwertungsgesellschaft wahrgenommen werden und der Nutzer das weiß oder wissen muss. In diesen Fällen greift die Schranke des § 57(1) CRRA von vornherein nicht ein. Der Vorschrift kommt daher weniger der Charakter einer zwingend ausgestalteten Schrankenbestimmung als der einer gesetzlich vermuteten rechtsgeschäftlichen Lizenz zu. Sie kann daher nicht als Ausdruck eines allgemeinen Rechtsgrundsatzes aufgefasst werden, dass Schrankenbestimmungen stets unabdingbar sein müssen. Ebenso wenig ist angesichts des sehr speziellen Regelungsgehalts der Vorschrift der Umkehrschluss gerechtfertigt, dass im Hinblick auf andere Schrankenbestimmungen abweichende vertragliche Vereinbarungen unbeschränkt zulässig sind.

---

[282] So wohl auch *Strowel*, Journal des Tribunaux 1999, 303; *Corbet*, RIDA 206 (2005), 53; gegen diese Annahme *Janssens*, in: Baulch/Green/Wyburn, S. 181, wonach Art. 23bis LDA den zwingenden Charakter der Schranken lediglich bestätigt; vgl. *dies.*, IIC 2000, 61.

[283] § 57(4) CRRA lautet: „The terms of a licence granted to an educational establishment authorising the reprographic copying for the educational purposes of that establishment of passages from literary, dramatic or musical works or the typographical arrangements of published editions or original databases, which have been lawfully made available to the public, shall be void in so far as they purport to restrict the proportion of a work which may be copied (whether on payment or free of charge) to less than that which would be permitted under this section."

c. Vereinigtes Königreich

Gleiches gilt für § 137(1) des britischen Broadcasting Act 1996. Danach ist eine vertragliche Vereinbarung nichtig, soweit sie die nach § 30(2) CDPA urheberrechtlich zulässige Nutzung geschützter Funksendungen zum Zwecke der Berichterstattung über aktuelle Nachrichten verbietet oder beschränkt.[284] Damit sollte sichergestellt werden, dass im Rahmen der Berichterstattung über Sportereignisse Ausschnitte aus Sportübertragungen verwendet werden können.[285] Angesichts dieses begrenzten Schutzzwecks ist die Regelung nicht auf andere Werkarten oder die Ausübung anderer Schranken übertragbar. Vielmehr ordnet § 28(1) CDPA ausdrücklich an, dass die Schranken der §§ 29 bis 76 CDPA lediglich eine Verletzung des Urheberrechts ausschließen sollen, die Zulässigkeit anderweitiger Beschränkungen der dort genannten Nutzungshandlungen davon aber nicht berührt wird.[286] Das wird überwiegend so verstanden, dass grundsätzlich auch vertragliche Vereinbarungen die Ausübung der von einer Schranke erlaubten Nutzungshandlungen wirksam ausschließen können.[287]

d. Andere nationale Regelungen

Die Association Littéraire et Artistique Internationale (ALAI) hat im Rahmen der ALAI Study Days in Cambridge im Jahr 1998 die teilnehmenden Wissenschaftler befragt, inwieweit die Schranken des Urheberrechts nach dem Recht des jeweiligen Heimatlandes durch vertragliche Abreden abbedungen werden können.[288] Das Ergebnis fiel für die übrigen europäischen Staaten ebenso einheitlich aus wie für die meisten der untersuchten außereuropäischen Rechtsordnungen: Die jeweils befragten Autoren konnten mangels ausdrücklicher Regelung des zwingenden Charakters übereinstimmend berichten, dass die Schrankenbestimmungen einem privatautonomen Verzicht auf die von einer Schranke

[284] § 137(1) Broadcasting Act 1996 lautet: „Any provision in an agreement is void in so far as it purports to prohibit or restrict relevant dealing with a broadcast or cable programme in any circumstances where by virtue of section 30(2) of the Copyright, Designs and Patents Act 1988 (fair dealing for the purpose of reporting current events) copyright in the broadcast or cable programme is not infringed."

[285] *Garnett/Davies/Harbottle*, Rn. 9–51.

[286] § 28(1) CDPA lautet: „The provisions of this Chapter specify acts which may be done in relation to copyright works notwithstanding the subsistence of copyright; they relate only to the question of infringement of copyright and do not affect any other right or obligation restricting the doing of any of the specified acts."

[287] *Garnett/Davies/Harbottle*, Rn. 9–12 und 9–51; *Burrell/Coleman*, S. 69; *Goddard*, in: Baulch/Green/Wyburn, S. 365; a.A. allerdings *Cornish/Llewelyn*, Rn. 19–77, ohne auf § 28(1) CDPA einzugehen.

[288] Frage 6 A des Questionnaires lautete: „Does the law permit the parties to a contract to agree that the copyright holder's counterparty (assignee, licensee, authorised user) shall not perform certain acts which by itself would be permissable under an exception to copyright?", siehe *Baulch/Green/Wyburn*, S. 148.

eingeräumte Nutzungsfreiheit nicht entgegen stehen.[289] Das australische Copyright Law Review Committee kommt in einer Untersuchung des Verhältnisses von Urheberrecht und vertraglichen Regelungen aus dem Jahr 2002 ebenfalls zu dem Schluss, dass „as in Australia, neither jurisdiction [in both Europe and the US] has resolved the issue of whether copyright exceptions can be set aside by contract."[290]

3. *USA*

Im Urheberrecht der USA stellt der Konflikt zwischen den gesetzlichen Schranken des Ausschließlichkeitsrechts des Urhebers und vertraglichen Abreden in erster Linie ein kompetenzrechtliches Problem dar. Denn während die Gesetzgebung für das geistige Eigentum durch Art. I § 8 cl. 8 der US-Verfassung dem Kongress übertragen ist,[291] fällt das Vertragsrecht in die Kompetenz der Einzelstaaten. Dem Bundesrecht kommt aber nach der Supremacy Clause in Art. VI, cl. 2 der US-Verfassung Vorrang vor einzelstaatlichem Recht zu, soweit dieses mit bundesrechtlichen Regelungen im Widerspruch steht. Angesichts dieses Vorrangs des Bundesrechts bestimmt § 301(a) CA, dass Rechte, die einem der in § 106 CA beschriebenen Ausschließlichkeitsrechte entsprechen und in den Regelungsbereich des Urheberrechts fallen, durch einzelstaatliches Recht oder das Common Law nicht begründet werden können, sondern allein den Regelungen des Copyright Act unterstehen.

a. ProCD Inc. v. Zeidenberg

Inwieweit die vertragliche Vereinbarung einer Nutzungsbeschränkung ein Äquivalent zu den urheberrechtlichen Ausschließlichkeitsrechten darstellt und damit unter die von § 301(a) CA angeordnete Federal Preemption fällt, ist äußerst umstritten. Ausgangspunkt für diese Diskussion war der Fall *ProCD, Inc. v. Zeidenberg*.

Kläger war der Softwarehersteller ProCD, der Telefonbuchdaten zusammen mit einer Anwendungssoftware auf CD-ROMs vertrieb. Den CD-ROMs war jeweils eine erst nach Öffnen der Verpackung einsehbare Lizenzvereinbarung („shrinkwrap license") beigefügt, wonach es einem Erwerber nicht gestattet war, das darauf enthaltene Datenmaterial anderen Personen zugänglich zu machen und zu anderen Zwecken als zum persönlichen Gebrauch zu vervielfälti-

[289] Siehe die einzelnen National Reports in: Baulch/Green/Wyburn, S. 157ff., jeweils zu Frage 6 A, namentlich Australien (*Baulch/Rothnie/Wyburn*, S. 160); Finnland (ohne Autor, S. 222); Frankreich (*Gaubiac*, S. 229); Griechenland (*Koumantos*, S. 279); Italien (*Pojaghi*, S. 284); Niederlande (ohne Autor, S. 309); im Hinblick auf das Fehlen einer ausdrücklichen Regelung auch Spanien (*Casas/Delgado/Pérez de Castro/Xalabarder*, S. 325); Mexiko (ohne Autor, S. 304).

[290] *Coypright Law Review Committee*, Rn. 7.05.

[291] Siehe oben S. 29f.

gen.[292] Der beklagte Matthew Zeidenberg hatte eine dieser CD-ROMs erworben und die Telefonbuchdaten mittels einer selbst programmierten Software im Internet gegen Entgelt zugänglich gemacht. Darin sah ProCD eine Verletzung sowohl des Urheberrechts als auch der vertraglichen Nutzungsbeschränkung.

Eine Urheberrechtsverletzung schied nach US-amerikanischem Recht jedoch aus, da den Telefonbuchdaten die nach § 102(a) CA für einen Urheberrechtsschutz erforderliche Originalität fehlte.[293] Es kam daher darauf an, ob sich ProCD auf die Nutzungsbeschränkung in der Lizenzvereinbarung berufen konnte. Der District Court hatte dies verneint und die Klage von ProCD abgewiesen. Zum einen sei zwischen den Parteien schon kein wirksamer Vertrag zustande gekommen, da der Beklagte keine Gelegenheit gehabt habe, den Inhalt der Schutzhüllen-Lizenzvereinbarung vor dem Kauf der CD-ROM zu prüfen oder über diesen zu verhandeln.[294] Darüber hinaus greife selbst bei unterstelltem Vertragsschluss die Federal Preemption des § 301(a) CA ein, da der Schutz der Telefonbuchdaten in den Regelungsbereich des Urheberrechts („within the subject-matter of copyright") falle und die von ProCD verwendete Lizenzvereinbarung darauf hinauslaufe, ein dem Vervielfältigungs- und Verbreitungsrecht des Urhebers entsprechendes Recht an den Daten zu erlangen.[295]

Der von ProCD angerufene Court of Appeals kam jedoch zu einem anderen Ergebnis.[296] Richter *Easterbrook* widersprach zunächst der Annahme, dass kein wirksamer Vertrag zustande gekommen sei. Dafür reiche vielmehr nach dem maßgeblichen Vertragsrecht von Wisconsin aus, dass der Beklagte das von ProCD gemachte Angebot auf Abschluss eines Lizenzvertrages annahm, indem er die auf der CD-ROM gespeicherte Software benutzte.[297] Entscheidend für das Verhältnis von Urheberrecht und vertraglichen Vereinbarungen ist aber die Auffassung des Gerichts, dass die Durchsetzung der danach zwischen den Parteien vereinbarten Nutzungsbeschränkung auch nicht an § 301(a) CA scheitert. Zwar fielen auch die urheberrechtlich nicht geschützten Telefonbuchdaten

---

[292] Das von ProCD verwendete „Single User License Agreement" enthielt u.a. folgende Klausel: „By using the discs and the listings licensed to you, you agree to be bound by the terms of this License. ... [Y]ou will not make the Software or the Listings in whole or in part available to any other user in any networked or timeshared environment, or transfer the Listings in whole or in part to any computer other than the computer used to access the Listings", siehe den Sachverhalt in *ProCD, Inc. v. Zeidenberg*, 908 F.Supp 640, 644 f. (W.D.Wis. 1996).

[293] Dazu *Feist Publications, Inc. v. Rural Telephone Service Co., Inc.*, 499 U.S. 340, 361 f. (1991); *ProCD, Inc. v. Zeidenberg*, 908 F.Supp 640, 647 (W.D.Wis. 1996), ebenso die Berufungsinstanz, 86 F.3d 1447, 1449 (7th Cir. 1996): „We may assume that this database cannot be copyrighted".

[294] *ProCD, Inc. v. Zeidenberg*, 908 F.Supp 640, 654 f. (W.D.Wis. 1996); zur rechtlichen Behandlung von Schutzhüllen-Verträgen in Deutschland siehe unten S. 330 ff.

[295] *ProCD, Inc. v. Zeidenberg*, 908 F.Supp 640, 656–659 (W.D.Wis. 1996).

[296] *ProCD, Inc. v. Zeidenberg*, 86 F.3d 1447 (7th Cir. 1996).

[297] *ProCD, Inc. v. Zeidenberg*, 86 F.3d 1447, 1452 (7th Cir. 1996). Näher dazu unten S. 341.

„within the subject-matter of copyright", da es hierfür auf die Art des Schutzgegenstands und nicht die Erfüllung der Schutzvoraussetzungen ankomme.[298] Jedoch seien vertraglich begründete Rechte kein Äquivalent zu den im Copyright Act geregelten Ausschließlichkeitsrechten. Denn anders als das gegenüber jedermann geltende Copyright entfalte ein Vertrag nur Wirkung zwischen den jeweiligen Vertragsparteien.[299] § 301(a) CA hindere daher die Einzelstaaten grundsätzlich auch nicht daran, entsprechende Lizenzvereinbarungen als wirksam anzuerkennen. Zwar seien Fälle denkbar, in denen die Anwendung des Vertragsrechts mit den Wertungen des Copyright Act in Konflikt geraten könne. Dazu gehöre jedoch nicht die Durchsetzung derartiger Nutzungsbeschränkungen in Shrink-Wrap-Lizenzen.[300]

b. Die Diskussion um den UCITA

Diese beiden im Fall *ProCD* von den Gerichten vertretenen Positionen zum Verhältnis von Urheberrecht und vertraglichen Vereinbarungen waren auch Grundlage für die Diskussion um den Uniform Computer Information Transactions Act (UCITA). Dabei handelt es sich um ein von der National Conference of Commissioners on Uniform State Laws (NCCUSL) ausgearbeitetes Modellgesetz zur Vereinheitlichung des Vertragsrechts für Software und andere computergestützte Informationen.[301] Dieses war ursprünglich als Ergänzung in Article 2B des für den Vertrieb von Waren geltenden Uniform Commercial Code (UCC) geplant[302] und wurde 1999, 2000 sowie abschließend 2002 in überarbeiteter Fassung als eigenständiger Gesetzesvorschlag veröffentlicht.[303] Im UCITA wird insbesondere die „mass-market license" als praktisch bedeutsames Instrument zur Lizenzierung digitaler Informationen anerkannt[304] und

[298] *ProCD, Inc. v. Zeidenberg*, 86 F.3d 1447, 1453 (7th Cir. 1996), unter Berufung auf *Bonito Boats, Inc. v. Thunder Craft Boats, Inc.*, 489 U.S. 141, 109 (1989).

[299] *ProCD, Inc. v. Zeidenberg*, 86 F.3d 1447, 1454 (7th Cir. 1996).

[300] *ProCD, Inc. v. Zeidenberg*, 86 F.3d 1447, 1455 (7th Cir. 1996).

[301] Da die Gesetzgebungskompetenz für das Vertragsrecht bei den Einzelstaaten liegt, handelt es sich bei den Uniform Acts nicht um Gesetze im formellen Sinne, sondern um unverbindliche Vorschläge, die nur Gesetzeskraft erlangen, soweit sie vom einzelstaatlichen Recht übernommen werden.

[302] Letzte Fassung: Uniform Commercial Code, Article 2B: Computer Information Transactions, February 1, 1999, abrufbar unter http://www.law.upenn.edu/bll/archives/ulc/ucc2b/2b299.htm. Da der UCC ein Gemeinschaftsprojekt der NCCUSL und dem American Law Institute (ALI) ist, war das ALI auch am Entwurf des Article 2B beteiligt. Das ALI verweigerte jedoch seine Zustimmung zur endgültigen Fassung, so dass die NCCUSL den Entwurf in UCITA umbenannte und als eigenen Gesetzentwurf veröffentlichte, siehe die gemeinsame Pressemitteilung der beiden Organisationen unter http://www.law.upenn.edu/bll/archives/ulc/ucita/2brel.htm.

[303] Uniform Laws Annotated, Bd. 7-II (2002), S. 195; endgültige Fassung im Cumulative Annual Pocket Part 2008, S. 13. Der Text der endgültigen Fassung 2002 ist abrufbar unter http://www.law.upenn.edu/bll/archives/ulc/ucita/2002final.htm.

[304] Vgl. §§ 208 f. UCITA.

die Durchsetzung darin enthaltener Nutzungsbeschränkungen mit Hilfe technischer Schutzmaßnahmen erlaubt.[305] Die Behandlung solcher elektronischer Formularverträge als grundsätzlich bindende vertragliche Vereinbarung wirft die Frage auf, inwieweit auch solche Klauseln Bestandteil einer mass-market license werden können, welche die Nutzbarkeit der lizenzierten Informationen über den vom Copyright Act oder anderen immaterialgüterrechtlichen Regelungen vorgesehenen Umfang hinaus beschränken.

Der UCITA regelt das Verhältnis zum Copyright Act nicht ausdrücklich. § 105(a) verweist lediglich auf die Federal Preemption und stellt klar, dass eine Vorschrift des UCITA nicht durchgesetzt werden kann, soweit der Vorrang des Bundesrechts eingreift.[306] Damit wird nur wiederholt, was ohnehin nach Bundesrecht gilt.[307] Eine inhaltliche Orientierung, in welchen Fällen die Federal Preemption greift, wird dem Rechtsanwender nicht gegeben.[308] Zwar sieht § 105(b) UCITA darüber hinaus vor, dass vertragliche Klauseln für unwirksam erklärt werden können, soweit sie eine „fundamental public policy" verletzen.[309] Aber auch diese Regelung lässt einen erheblichen Interpretationsspielraum. Nach dem „Official Comment" zu § 105(a) und (b) UCITA wären genauer ausformulierte Verbote angesichts der sich fortentwickelnden Technik nicht flexibel genug, um alle relevanten Fälle zu erfassen. Die beiden Unterabsätze gewährleisteten einen hinreichenden Ausgleich zwischen der Vertragsfreiheit und „fundamental public policies such as those regarding innovation, competition, and free expression".[310] In diesem Rahmen könnten von den Gerichten auch die Regelungen des Copyright Act herangezogen werden, um den angemessenen Umfang der dem Anbieter von computergestützten Informationen zustehenden Rechte zu bestimmen. Jedoch müsse dabei berücksichtigt werden, dass Vertragsparteien regelmäßig „vernünftige wirtschaftliche Gründe" (sound commercial reasons) für die Vereinbarung von Nutzungsbeschränkungen hätten

[305] Vgl. § 605 UCITA.

[306] § 105(a) UCITA lautet: „A provision of this [Act] which is preempted by federal law is unenforceable to the extent of the preemption."

[307] So ausdrücklich der Official Comment Nr. 2 zu § 105 UCITA.

[308] Vgl. Official Comment Nr. 2 zu § 105 UCITA, wo unter Berufung auf *ProCD, Inc. v. Zeidenberg*, 86 F.3d 1447 (7th Cir. 1996), die Existenz eines allgemeinen Grundsatzes der Preemption von vertraglichen Vereinbarungen im Urheberrecht ausdrücklich verneint wird: „Except for rules that directly regulate specific contract terms, no general preemption of contracting arises under copyright or patent law."

[309] § 105(b) UCITA lautet: „If a term of a contract violates a fundamental public policy, the court may refuse to enforce the contract, enforce the remainder of the contract without the impermissible term, or limit the application of the impermissible term so as to avoid a result contrary to public policy, in each case to the extent that the interest in enforcement is clearly outweighed by a public policy against enforcement of the term."

[310] Official Comment Nr. 1 zu § 105 UCITA.

und die Vertragsfreiheit als solche selbst Ausdruck einer „fundamental public policy“ sei.[311]

Damit gibt der UCITA vertraglichen Abreden über die Zulässigkeit bestimmter Nutzungshandlungen grundsätzlich den Vorrang vor den Beschränkungen, die der Copyright Act für die Ausschließlichkeitsrechte des Urhebers vorsieht. Das Vertragsrecht wird dadurch in weitem Umfang der Federal Preemption durch § 301(a) CA entzogen. Dem liegt ein stark ökonomisch geprägtes Verständnis des Urheber- und des Vertragsrechts zugrunde.[312] Danach besteht die Funktion des Urheberrechts als Property Right darin, dem Rechtsinhaber durch die Eröffnung eines Marktes Transaktionen über das geschützte Gut zu ermöglichen. Die Befürworter des UCITA sehen daher grundsätzlich keinen Konflikt zwischen den Vorschriften des Urheberrechts und vertraglichen Vereinbarungen. Urheber- und Vertragsrecht stünden vielmehr seit jeher in einer symbiotischen Verbindung.[313] Es sei gerade Kern des Urheberrechts, über das Recht durch den Abschluss von (Lizenz)Verträgen verfügen zu können. Regelmäßig würden vertragliche Transaktionen über das geschützte Geistesgut aber weniger durch das betroffene Property Right als durch die Gegebenheiten des jeweiligen Marktes beeinflusst.[314] Das Urheberrecht stelle folglich nur „Grundregeln“ (default rules) für vertragliche Transaktionen zur Verfügung, die lediglich Geltung erlangten, soweit die Parteien keine anderweitigen Vereinbarungen getroffen hätten.[315]

Inwieweit eine bestimmte vertragliche Transaktion rechtlich wirksam sei, müsse aber das (einzelstaatliche) Vertragsrecht bestimmen und werde nicht durch die im Urheberrecht getroffene Interessenabwägung vorgegeben. Wegen der unterschiedlichen Funktion von Urheber- und Vertragsrecht komme im Hinblick auf tatsächlich getroffene vertragliche Abreden somit auch eine Preemption nach § 301(a) CA grundsätzlich nicht in Betracht.[316] Dies gelte auch, soweit ein Vertrag den im Copyright Act vorgesehenen Beschränkungen wie Fair use oder der First-sale-Doktrin zuwiderlaufe, da auch diese Bestimmungen in die wechselseitige Beziehung zwischen Urheber- und Vertragsrecht eingebunden seien.[317] Die Unwirksamkeit derartiger vertraglicher Abreden könne sich allenfalls aus allgemeinen vertragsrechtlichen Grundsätzen wie der Misuse- oder Unconscionability-Doktrin ergeben. Es sei daher zu begrüßen, dass § 105 UCITA kein eigenständiges Vertragsrecht begründe, sondern sich

---

311 Official Comment Nr. 3 zu § 105 UCITA.

312 Zur traditionell ökonomischen Begründung des Urheberrechts in den USA siehe bereits oben S. 28ff. und 74ff.

313 *Nimmer*, 13 BTLJ 830, 886 (1998).

314 *Nimmer*, 13 BTLJ 850f. (1998).

315 *Nimmer*, 13 BTLJ 845, 854ff. (1998).

316 *Nimmer*, 13 BTLJ 862f. (1998); vgl. auch *Bell*, 76 N. Carolina L. Rev. 609f. (1998).

317 *Nimmer*, 13 BTLJ 884ff. (1998).

insoweit „neutral" verhalte und lediglich auf die allgemeinen vertragsrechtlichen Grundsätze verweise.[318]

Demgegenüber befürchten die zahlreichen Kritiker des UCITA, dass die von ihm anerkannte Möglichkeit, Nutzungsbeschränkungen in Mass-Market-Licenses vorzusehen, die vom Copyright Act angestrebte „delicate balance" zu Lasten der Nutzer verschiebe. Von Informationsanbietern massenhaft eingesetzte und für den Nutzer nicht verhandelbare Formularklauseln kämen in ihrer Wirkung häufig absoluten, gegenüber jedermann geltenden Eigentumsrechten gleich.[319] Die Informationsanbieter könnten auf diese Weise ähnlich wie ein Gesetzgeber abstrakt-generelle Regelungssysteme schaffen und dadurch das vom Copyright Act angestrebte gesellschaftliche Ziel unterlaufen, neben Anreizen für die Schaffung neuer Werke auch ausreichend Zugangsmöglichkeiten zu bereits bestehenden Werken zu erhalten.[320] Die theoretische Abgrenzung zwischen Vertrags- und Urheberrecht werde dadurch praktisch aufgehoben. Indem der UCITA ein solches Verhalten ausdrücklich unterstütze, gerate einzelstaatliches Recht, das diese Regelungen umsetze, nicht nur in Konflikt mit der Federal Preemption nach § 301(a) CA, sondern auch mit der verfassungsrechtlichen Supremacy Clause.[321]

Um eine Preemption durch das Bundesrecht zu vermeiden, war aus den Reihen des ALI daher ursprünglich beantragt worden, das Verhältnis zum Copyright Act in Article 2B des UCC ausdrücklich zu regeln und die Vorschrift über Mass-market Licenses um eine entsprechende Bestimmung zu ergänzen.[322] Danach sollte eine Klausel, die mit einer der in §§ 107 bis 112 sowie § 117 CA enthaltenen Schranken des Urheberrechts unvereinbar ist, nicht wirksam als Gegenstand einer Mass-market License vereinbart werden können.[323] Die Übernahme der beantragten Ergänzung in den endgültigen Entwurf scheiterte

---

[318] *Nimmer*, 13 BTLJ 886f. (1998).

[319] *Cohen*, 13 BTLJ 1129 (1998); *Elkin-Koren*, 12 BTLJ 104 (1997); *Söder*, S. 181: Bei flächendeckender Verwendung könnten auch Schutzhüllenverträge ein „right against the world" begründen.

[320] *McManis*, 87 Cal. L. Rev. 176 (1999) spricht insoweit vom „shrink-wrapping of American copyright". Zur Verankerung der „fair use"-Doktrin in Art. I § 8 cl. 8 der US-Verfassung siehe oben S. 32.

[321] *Söder*, S. 181; *Cohen*, 13 BTLJ 1129f., 1136f. mit Fn. 177 (1998): „This is doubly so for mass market information providers, whose boilerplate ‚agreements' operate as quasi-legislative regimes". Zweifel an der Vereinbarkeit mit § 301(a) CA äußert auch *McManis*, 87 Cal. L. Rev. 183 (1999); vgl. bereits *Hardy*, 1 Rich. J. L. & Tech. 2 (1995) Rn. 41.

[322] Zu dieser von *Charles McManis* eingebrachten „McManis Motion" siehe *McManis*, 87 Cal. L. Rev. 176 mit Fn. 12 (1999).

[323] Die „McManis Motion" zielte darauf ab, § 2B-308 UCC folgenden Absatz (h) anzufügen: „(h) A term that is inconsistent with 17 U.S.C. Section 102(b) or with the limitations on exclusive rights contained in 17 U.S.C. Sections 107–112 and 117 cannot become part of a contract under this section". Der vollständige Wortlaut des Antrags ist abrufbar unter http://www.ali.org/ali/mcmanis.htm.

jedoch am Widerstand der NCCUSL, die eine deutlich entschärfte, nunmehr in § 105(b) UCITA enthaltene Formulierung favorisierte.[324]

c. Bedeutung für das deutsche Recht

Insbesondere wegen des massiven Widerstands der Verbraucherschutzverbände konnte sich der UCITA letztlich nicht durchsetzen. Der Gesetzesvorschlag ist nur von zwei Staaten, Maryland und Virginia, in einzelstaatliches Recht übernommen worden. Es ist nicht damit zu rechnen, dass dem noch weitere Bundesstaaten folgen werden.[325] Die Diskussion um das Verhältnis des UCITA zu § 301(a) CA macht jedoch deutlich, dass die Wirksamkeit schuldvertraglicher Nutzungsbeschränkungen bei Fehlen einer ausdrücklichen gesetzlichen Regelung in erster Linie davon abhängt, inwieweit man den Vorgaben des Urheberrechts eine gesetzgeberische Wertentscheidung nicht nur im Hinblick auf den Umfang des absoluten Rechts des Urhebers, sondern auch in Bezug auf schuldrechtliche Verpflichtungen Dritter entnehmen kann. Die im Fall *ProCD* sowie in den Stellungnahmen zum UCITA vorgebrachten Argumente sind daher grundsätzlich auch für die Behandlung der Problematik im deutschen Recht verwertbar.

In Deutschland stellt sich das Verhältnis von Urheber- und Vertragsrecht zwar nicht als Kompetenzproblem dar. Denn sowohl das Urheber- als auch das Vertragsrecht fallen gemäß Artt. 73 Abs. 1 Nr. 9, 74 Abs. 1 Nr. 1 GG in die ausschließliche bzw. konkurrierende Gesetzgebungskompetenz des Bundes. Doch lässt sich auch im deutschen Recht danach unterscheiden, ob die Regelungen des UrhG auch im Hinblick auf schuldvertragliche Abreden zwingendes Recht darstellen oder ob sich die Wirksamkeit nach allgemeinen vertraglichen Grundsätzen bestimmt.[326] Für Formularverträge bietet darüber hinaus § 307 Abs. 2 Nr. 1 BGB einen Ansatzpunkt für die Berücksichtigung des im Urheberrecht getroffenen Interessenausgleichs.[327]

4. Auslegung des deutschen Urheberrechts

Im deutschen Urheberrecht ist wie in den meisten anderen europäischen Urheberrechtsordnungen die Abdingbarkeit der Schranken, mit Ausnahme der durch das Gemeinschaftsrecht vorgegebenen Regelungen für Computerprogramme und Datenbanken, nicht ausdrücklich geregelt. Inwieweit die urheberrechtlichen Schranken der Wirksamkeit einer vertraglichen Vereinbarung entgegenstehen, wonach ein Nutzer verpflichtet ist, von einer Schranke er-

---

[324] Vgl. *McManis*, 87 Cal. L. Rev. 187 ff. (1999).

[325] So *Schack*, UFITA 2004, 552, gegen *Guibault*, Copyright Limitations, S. 4; vgl. auch *Fernández-Molina*, 30 JIS 341 (2004).

[326] Siehe bereits oben S. 177.

[327] Ausführlich unten S. 364 ff.

laubte Nutzungen zu unterlassen, wird in Rechtsprechung und Schrifttum uneinheitlich beurteilt. Während einige Autoren zumindest individualvertraglich vereinbarte Unterlassungspflichten im Hinblick auf die von einer Schranke erlaubten Nutzungshandlungen grundsätzlich für wirksam halten,[328] sehen andere die Schranken insgesamt als zwingend und entgegenstehende vertragliche Vereinbarungen damit als nichtig an.[329] Eine vermittelnde Ansicht differenziert nach dem Gewicht der von der jeweiligen Schranke geschützten Interessen.[330]

Wenn von vertraglichen Nutzungsbeschränkungen die Rede ist, die einer Schranke des Urheberrechts „entgegenstehen", sind damit vertragliche Vereinbarungen gemeint, die den Vertragspartner dazu verpflichten, von der durch eine gesetzliche Schranke des Urheberrechts gewährten Nutzungsfreiheit keinen Gebrauch zu machen. Inwieweit die Schranken im deutschen UrhG als zwingende Rechtsnormen der Wirksamkeit einer derartigen vertraglichen Nutzungsbeschränkung entgegenstehen, hängt aber davon ab, ob die Zulässigkeit *schuld*rechtlicher Verpflichtungen überhaupt Regelungsgegenstand der urheberrechtlichen Schrankenbestimmungen ist.[331] Denn nur soweit den Schrankenbestimmungen neben der inhaltlichen Beschränkung des Urheberrechts auch eine Begrenzung des Inhalts schuldvertraglicher Vereinbarungen entnommen werden kann, kann eine solche Vereinbarung überhaupt mit einer Schranke in Konflikt geraten. Nur insoweit stellt sich daher die Frage, ob diese Beschränkung dispositiv ist oder den zulässigen Inhalt schuldrechtlicher Verpflichtungen zwingend festlegt.

Enthalten die Schranken hingegen keine Regelung zum Inhalt schuldrechtlicher Verpflichtungen, so kann eine vertragliche Verpflichtung einer Schranke von vornherein nicht „entgegenstehen", und die Frage nach dem (schuldrechtlich) zwingenden Charakter der Schrankenbestimmungen stellt sich nicht. Ob

---

[328] *Dreier/Senftleben*, in: Lejeune, D Rn. 40; Dreier/Schulze-*Dreier*, vor §§ 44ff. Rn. 9 und § 60 Rn. 2; Schricker-*Vogel*, § 60 Rn. 6; HK-UrhR-*Dreyer*, § 60 UrhG Rn. 6 (im Widerspruch zu ihrer Kommentierung vor §§ 44aff. Rn. 16); ebenso zu schuldrechtlichen Verboten der Weiterverbreitung nach Eintritt der Erschöpfung OLG Bremen WRP 1997, 573, 575; Wandtke/Bullinger-*Grützmacher*, § 69c Rn. 38; zur Abdingbarkeit in AGB siehe unten S. 355ff.

[329] Schweiz. BGE 127 III 26, 28f. (2000) = GRURInt 2002, 176 – Museumskatalog; HK-UrhR-*Dreyer*, vor §§ 44ff. UrhG Rn. 16, 40; Wandtke/Bullinger-*Wandtke/Ohst*, § 95b Rn. 36; *Geiger*, in: Hilty/Peukert, S. 154; *Schulz*, GRUR 2006, 475; in der Tendenz auch *Schack*, ZUM 2002, 502f.; *ders.*, UrhR, Rn. 481d; für veröffentlichte Werke auch *Karjala*, FG Horn, 475f.; für eine zwingende Ausgestaltung aller Schranken de lege ferenda *Benabou/Dusollier*, in: Torremans, S. 179.

[330] Schricker-*Götting*, § 95b Rn. 20, 28; *Trayer*, S. 185ff.; *Dusollier*, Droit d'auteur, Rn. 657 (zum belgischen Recht); *Casas/Delgado/Pérez de Castro/Xalabarder*, in: Baulch/Green/Wyburn, S. 325 (zum spanischen Recht); für eine entsprechende Differenzierung de lege ferenda *Fernández-Molina*, 30 JIS 344 (2004); *Guibault*, in: Hilty/Peukert, S. 243; *dies.*, Copyright Limitations, S. 265, 268; *Vinje*, EIPR 1999, 195f.

[331] Siehe bereits oben S. 171.

die Schranken des Urheberrechts in diesem Sinne zu verstehen sind und mit der „Zulässigkeit" der betreffenden Nutzung auch den zulässigen Inhalt vertraglicher Unterlassungspflichten festlegen, ist durch Auslegung der Schranken zu ermitteln.

a. Wortlaut

Auszugehen ist vom Wortlaut der jeweiligen Schrankenbestimmung. Die Formulierung der Schranken im deutschen Urheberrecht unterscheidet sich erheblich von der in anderen Urheberrechtsgesetzen. Insoweit am engsten formuliert sind die Regelungen im US-amerikanischen Copyright Act, insbesondere die Fair-use-Klausel in § 107 CA. Danach stellt es „keine Verletzung des Urheberrechts" (not an infringement of copyright) dar, wenn der Nutzer eine nach der Vorschrift als fair zu beurteilende Nutzungshandlung vornimmt.[332] Die Rechtsfolge des § 107 CA beschränkt sich somit darauf, das absolute Verbotsrecht des Urhebers inhaltlich zu beschränken. Die Vorschrift enthält ihrem Wortlaut nach keine Regelung über die schuldrechtliche Wirksamkeit abweichender vertraglicher Vereinbarungen.[333] Dies ist jedoch eine Konsequenz der Verteilung der Gesetzgebungskompetenz zwischen dem Kongress und den Einzelstaaten, da das Vertragsrecht in die Kompetenz der einzelnen Bundesstaaten fällt und somit nicht zum Regelungsgegenstand des Copyright Act gehört.[334] Die Wirksamkeit schuldrechtlicher Verpflichtungen richtet sich somit nach dem jeweils anwendbaren einzelstaatlichen Vertragsrecht, soweit dieses nicht wegen der Unvereinbarkeit mit den Zielen des Copyright Act der Federal Preemption durch § 301(a) CA unterfällt. Ansatzpunkt für die Auslegung ist daher in den USA nicht die Formulierung der einzelnen Schranken, sondern die Frage, inwieweit vertragliche Abreden „equivalent to any of the exclusive rights within the general scope of copyright" sind.

Ähnlich wie im US-amerikanischen Copyright Act sind die Schranken in Chapter 6 des irischen CRRA (Acts Permitted in Relation to Works Protected by Copyright) formuliert. Diese sprechen durchgängig davon, dass die erlaubten Nutzungshandlungen „keine Verletzung des Urheberrechts" darstellen[335], das Urheberrecht „nicht verletzen"[336], vorgenommen werden dürfen, „ohne das Ur-

---

[332] Zu § 107 CA siehe bereits oben S. 10f. Ebenso formuliert sind §§ 108(a), 110, 111(a), 112(a)(1) sowie 117(a) und (c) CA.

[333] Ebenso zur Anwendbarkeit des § 107 CA auf die Umgehung technischer Schutzmaßnahmen *Universal v. Reimerdes*, 111 F.Supp. 2d 294, 322 (S.D.N.Y. 2000): „If Congress had meant the fair use defense to apply to such actions, it would have said so."

[334] Siehe bereits oben S. 229.

[335] Z.B. §§ 80(1), 81 (1), 82 (1), 83 (1) CRRA: „It is not an infringement of the copyright ...".

[336] Z.B. §§ 50(1) und (2), 51(1) und (2) CRRA: „... shall not infringe any copyright in the work".

heberrecht zu verletzen"[337] oder dass das Urheberrecht durch sie „nicht verletzt wird"[338]. Auch hier beschränken die Vorschriften bereits nach ihrem Wortlaut nur das Ausschließlichkeitsrecht des jeweiligen Rechtsinhabers, enthalten jedoch keine Regelung über die Wirksamkeit entgegenstehender schuldvertraglicher Vereinbarungen.[339] Das gleiche gilt für die Schranken in Chapter III des britischen CDPA (Acts Permitted in relation to Copyright Works), wie § 28(1) CDPA sogar ausdrücklich klarstellt.[340]

Andere europäische Rechtsordnungen verwenden demgegenüber deutlich weitere Formulierungen. So besagen Art. L. 122-5 des französischen CPI sowie Art. 22 § 1er des belgischen LDA, dass der Urheber die dort geregelten Nutzungshandlungen „nicht verbieten kann" (ne peut interdire). Bereits diese Formulierung wollen manche als Argument dafür heranziehen, dass der Urheber entsprechende Nutzungshandlungen auch nicht aufgrund einer vertraglichen Verpflichtung des Nutzers verbieten kann, die Schranken also zwingenden Charakter haben.[341] Zwingend ist dieser Schluss indes nicht. Man kann die Formulierung ebenso gut so verstehen, dass sie sich nur auf das Ausschließlichkeitsrecht des Urhebers, das „droit de propriété incorporelle exclusif et opposable à tous" i. S. v. Art. L. 111-1 CPI, bezieht. Die Schranken führten dann lediglich dazu, dass die freigestellten Nutzungshandlungen vom Urheber nicht aufgrund seines ausschließlichen Vervielfältigungs- oder Wiedergaberechts verboten werden können. Eine Regelung der Wirksamkeit entsprechender vertraglicher Verpflichtungen lässt sich allein der Formulierung „kann nicht verbieten" nicht unbedingt entnehmen.

Noch weiter als im französischen und belgischen Recht formuliert das deutsche UrhG die Rechtsfolge der Schranken. Diese sprechen durchweg davon, dass die betreffenden Nutzungshandlungen unter bestimmten Voraussetzungen „zulässig" sind. Auch dies kann man so verstehen, dass sie selbst dann zulässig sein sollen, wenn entgegenstehende vertragliche Vereinbarungen bestehen.[342]

---

[337] Z. B. §§ 56(1), 57(1) CRRA: „... may be made without infringing any copyright in the work".

[338] Z. B. §§ 52(1) und (2), 53(1), 71(1) CRRA: „The Copyright in a work is not infringed by ...".

[339] Bemerkenswert ist daher, dass die durch Art. 9 Abs. 1 S. 2 Computerprogramm-RL sowie Art. 15 Datenbank-RL vorgegebene Unabdingbarkeit der speziellen Schranken für Computerprogramme und Datenbankwerke (§§ 80–82 bzw. § 83 CRRA) nicht ausdrücklich im irischen Urheberrecht geregelt ist. Lediglich die gemäß Art. 15 ebenfalls zwingend auszugestaltende Regelung bezüglich des Sui-generis-Rechts des Datenbankherstellers in Art. 8 Abs. 1 Datenbank-RL ist in § 327(2) CRRA richtlinienkonform umgesetzt.

[340] Siehe dazu bereits oben S. 228.

[341] *Geiger*, GRURInt 2004, 820; *ders.*, IIC 2006, 77 (zum französischen Recht); *Dusollier*, Droit d'auteur, Rn. 656 (zum belgischen Recht). *Benabou/Dusollier*, in: Torremans, S. 179 sprechen insoweit von einem „Verbot des Verbots" (prohibition of prohibition).

[342] So zu § 53 UrhG *Arlt*, MMR 2006, 769; anders offenbar *Liepe*, S. 123; *Goldmann/Liepe*, ZUM 2002, 365, wonach der Begriff der Zulässigkeit „nach gängigem Verständnis keinen Anspruch auf die Ausführung eines Vorhabens unter allen Umständen" bedeute.

Anders als das französische und belgische Recht, wonach „der Urheber“ die freigestellten Nutzungshandlungen nicht verbieten kann, enthalten die Schrankenbestimmungen des UrhG zudem keine Beschränkung auf das Verhältnis zwischen Nutzer und Urheber. Der Wortlaut lässt daher sogar eine Auslegung zu, wonach sich der von einer Schranke begünstigte Nutzer auch gegenüber anderen Personen als dem Urheber auf die Zulässigkeit der betreffenden Nutzungshandlungen berufen kann. Andererseits lässt sich der Begriff der „Zulässigkeit“ auch hier restriktiv in dem Sinne interpretieren, dass damit lediglich die urheberrechtliche Zulässigkeit der freigestellten Nutzungen[343] gemeint ist und nicht auch die Unwirksamkeit entgegenstehender vertraglicher Verpflichtungen.

Allein dem Wortlaut kann daher keine verbindliche Vorgabe für die Auslegung der Schranken im Hinblick auf die schuldrechtliche Wirksamkeit entgegenstehender vertraglicher Abreden entnommen werden.

b. Systematik

In systematischer Hinsicht ist zu berücksichtigen, dass mit §§ 69g Abs. 2 und 55a S. 3 UrhG ausdrückliche Regelungen über die (Un-)Wirksamkeit entsprechender vertraglicher Verpflichtungen bestehen.[344] Die ausdrückliche Anordnung der Unabdingbarkeit in §§ 69g Abs. 2 und 55a S. 3 UrhG spricht dafür, dass der Gesetzgeber davon ausging, dass die Schranken der §§ 69d, 69e sowie 55a S. 1 UrhG selbst keine Regelung über die schuldrechtliche Wirksamkeit abweichender vertraglicher Abreden enthalten. Fraglich ist, ob daraus der Umkehrschluss zu ziehen ist, dass vertragliche Verpflichtungen, welche die Unterlassung von einer anderen Schranke erlaubter Nutzungshandlungen zum Gegenstand haben, mangels ausdrücklicher gesetzlicher Regelung stets wirksam sein müssten.[345] Indes sind diese Vorschriften in Umsetzung europäischen Rechts, nämlich Art. 9 Abs. 1 S. 2 der Computerprogramm- bzw. Art. 15 Abs. 1 der Datenbank-Richtlinie, geschaffen worden.[346] Der deutsche Gesetzgeber war an deren Vorgaben gebunden und hat in den Gesetzesmaterialien zu §§ 55a S. 3, 69g Abs. 2 UrhG deutlich zum Ausdruck gebracht, damit nur die europäischen Vorgaben umsetzen,[347] sich also auf den Regelungsbereich der jeweiligen Richtlinie beschränken zu wollen.

Damit scheidet mangels Planwidrigkeit einer etwaigen Regelungslücke jedenfalls eine analoge Anwendung der Nichtigkeitsfolge auf nicht von der jewei-

---

[343] Zum Begriff der urheberrechtlichen Zulässigkeit siehe oben S. 172.

[344] Näher zum Regelungsgehalt dieser Vorschriften siehe oben S. 208 ff.

[345] So offenbar Dreier/Schulze-*Dreier*, § 60 Rn. 2.

[346] Siehe oben S. 215.

[347] BT-Drucks. 13/7385, S. 44; 13/7934, S. 43 f. (zu § 55a S. 3 UrhG); BT-Drucks. 12/4022, S. 15 (zu § 69g Abs. 2 UrhG).

ligen Richtlinie erfasste Vereinbarungen aus.[348] Ebenso wenig ist aber der Umkehrschluss auf die Wirksamkeit entsprechender vertraglicher Verpflichtungen gerechtfertigt.[349] Ob eine gesetzliche Regelung einen Umkehrschluss erlaubt, hängt von ihrem Telos und der in ihr zum Ausdruck gelangenden Wertung ab.[350] Da die Regelungen in §§ 69g Abs. 2, 55a S. 3 UrhG durch auf ihren jeweiligen Anwendungsbereich beschränkte Richtlinien vorgegeben wurden und nicht auf einer autonomen Entscheidung des deutschen Gesetzgebers beruhen, können aus ihnen daher keine Rückschlüsse auf andere nationale Schrankenbestimmungen gezogen werden.

c. Entstehungsgeschichte

Die Entstehungsgeschichte ist wenig ergiebig. Die Umgehung der gesetzlichen Beschränkungen des Urheberrechts mittels vertraglicher Unterlassungs- oder Vergütungspflichten wird in den Gesetzesmaterialien zum UrhG nicht als allgemeines Problem angesprochen. Soweit die Problematik in Bezug auf bestimmte Werkarten aufgrund europäischer Vorgaben im nationalen Recht geregelt wurde, beschränken sich die gesetzgeberischen Erwägungen auf den Regelungsbereich der jeweiligen Richtlinie. Für die Frage, inwieweit den Schranken über die inhaltliche Begrenzung des Ausschließlichkeitsrechts des Urhebers hinaus eine Regelung zur Zulässigkeit schuldrechtlicher Verpflichtungen entnommen werden kann, kommt es somit entscheidend auf den objektiven Zweck der jeweiligen Norm an.

d. Telos

Die Schranken finden ihre Rechtfertigung darin, dass das Urheberrecht ein sozial gebundenes Recht ist, welches letztlich nicht dazu bestimmt ist, andere von der Nutzung eines veröffentlichten Werkes vollständig auszuschließen. Die Schranken enthalten deshalb primär eine inhaltliche Beschränkung des dem Urheber gewährten Ausschließlichkeitsrechts, regeln also, welche Nutzungshandlungen der Urheber als Eingriff in das Urheberrecht verbieten kann. Die ausschließliche Herrschaftsmacht des Urhebers soll dort ihre Grenze finden, wo überwiegende Bedürfnisse der Allgemeinheit die Nutzungsfreiheit erfordern. Daher können der Urheber (oder der Inhaber eines entsprechenden ausschließlichen Nutzungsrechts) die von einer Schranke erlaubte Nutzung des Werkes auch dann nicht als Verletzung des Urheberrechts verbieten, wenn sich

---

[348] Ebenso im Ergebnis *Trayer*, S. 179; *Schack*, ZUM 2002, 502.

[349] So auch *Trayer*, S. 180; *Schack*, ZUM 2002, 502; vgl. auch *Casas/Delgado/Pérez de Castro/Xalabarder*, in: Baulch/Green/Wyburn, S. 325.

[350] *Larenz*, Methodenlehre, S. 391; *Engisch*, S. 192f.; *Bydlinski*, S. 476f.

der Nutzer vertraglich zur Unterlassung der betreffenden Nutzungshandlung verpflichtet hat.[351]

Auch im Hinblick auf schuldrechtliche Verpflichtungen konzentriert sich die Diskussion im rechtswissenschaftlichen Schrifttum praktisch ausschließlich auf das Verhältnis zwischen Nutzer und „Rechtsinhaber", also auf die Wirksamkeit von Verpflichtungen gegenüber dem Urheber oder einem Inhaber ausschließlicher Nutzungsrechte.[352] Vertraglich kann sich ein Nutzer jedoch nicht nur gegenüber dem Urheber oder dem Inhaber eines ausschließlichen Nutzungsrechts, sondern auch gegenüber einem Dritten verpflichten, bestimmte Nutzungshandlungen zu unterlassen. Vertragliche Nutzungsbeschränkungen können daher nicht nur darauf abzielen, die Nutzung geschützter Werke zugunsten der „Rechteinhaber" inhaltlich weitergehend einzuschränken als das UrhG im Rahmen der Schrankenbestimmungen.[353] Auf vertraglichem Wege können Unterlassungspflichten gerade auch zugunsten von Personen begründet werden, denen das Urheberrecht im Hinblick auf die Nutzung eines geschützten Werkes keinerlei (Verbietungs)Rechte einräumt und deren Interesse an der Untersagung der betreffenden Nutzung daher ein ganz anderes sein kann als das Verwertungsinteresse des Urhebers. Die Annahme, dass der Zweck der Schranken über die dingliche Beschränkung des Urheberrechts hinaus auch der wirksamen Begründung einer schuldrechtlichen Unterlassungspflicht des Nutzers entgegensteht, ist daher problematisch, wenn nicht danach differenziert wird, wem gegenüber sich der Nutzer zur Unterlassung der betreffenden Nutzungshandlungen verpflichtet.[354]

(1) Verpflichtungen gegenüber dem Inhaber absoluter Rechte

Ein Interesse, bestimmte Nutzungshandlungen vertraglich zu untersagen, kann ein Dritter insbesondere dann haben, wenn die Vornahme der Nutzungshandlung in seine absolut geschützten Rechte eingreift. In diesem Fall können sich die Verbietungsrechte des Urhebers mit den Untersagungsbefugnissen des Dritten überschneiden. Zu einer solchen Überschneidung kommt es beispielsweise, wenn der Eigentümer eines auf Bestellung angefertigten Werkoriginals dieses an einen Dritten verleiht, der das Original ohne Erlaubnis des Eigentümers öffentlich zum Verkauf anbietet. In diesem Fall können sowohl der Eigentümer wegen der rechtswidrigen Verfügung über sein Eigentum gemäß § 1004 BGB

---

[351] Siehe oben S. 204.

[352] Zum Begriff des Rechtsinhabers i. S. d. § 95a UrhG siehe unten S. 451 ff.

[353] Nur diesen Fall vor Augen haben Dreier/Schulze-*Dreier*, vor §§ 44a ff. Rn. 8 f.; *Schack*, ZUM 2002, 502 f.

[354] Der Wortlaut der Schranken in §§ 44a ff. UrhG lässt auch eine Auslegung zu, wonach sich der von einer Schranke begünstigte Nutzer auch gegenüber anderen Personen als dem Urheber auf die Zulässigkeit der betreffenden Nutzungshandlungen berufen kann, siehe oben S. 239.

als auch der Urheber wegen der Verletzung des (nicht erschöpften) Verbreitungsrechts aus § 17 Abs. 1 i. V. m. § 97 Abs. 1 S. 1 UrhG Unterlassung der Veräußerung verlangen. Beide haben daher auch ein berechtigtes Interesse daran, entsprechende Veräußerungshandlungen von vornherein durch eine Unterlassungsverpflichtung in einer vertraglichen Nutzungsvereinbarung zu unterbinden.

Gleiches gilt, wenn die urheberrechtswidrige Vervielfältigung eines Werkes einen Eingriff in das Eigentum am Werkexemplar erfordert, z. B. weil der als Vorlage verwendete, im Eigentum eines Dritten stehende Kunstgegenstand durch den Vervielfältigungsvorgang beschädigt würde.[355] Wenn nun aber eine Schranke des Urheberrechts die betreffende Nutzungshandlung ausdrücklich erlaubt, ist problematisch, ob sich die Zulässigkeit der Nutzungshandlung auf die Wirksamkeit der zwischen dem Nutzer und dem Dritten geschlossenen Nutzungsvereinbarung auswirken kann. Dies hängt davon ab, inwieweit die Schranken des Urheberrechts in ihrem jeweiligen Anwendungsbereich auch der Ausübung der Abwehrbefugnisse des Dritten aus seinem Eigentum oder einem anderen absolut geschützten Rechtsgut entgegenstehen.

(a) Verhältnis zu anderen Verbotsrechten

Teilweise wird angenommen, der Eigentumsschutz könne unter Beachtung der Sozialbindung des Eigentums nicht weiter reichen als der Urheberschutz.[356] Träfe diese Erwägung in ihrer Allgemeinheit zu, so müssten die Beschränkungen des Urheberrechts zugunsten der Allgemeinheit auf den Umfang der Abwehrbefugnisse des Eigentümers durchschlagen. Der Eigentümer eines Werkexemplars dürfte folglich dessen Verwendung als Vorlage für eine urheberrechtlich zulässige Nutzung nicht untersagen.

Die Beschränkungen des Urheberrechts zugleich als Ausdruck der Sozialbindung des Sacheigentums aufzufassen, erscheint jedoch problematisch. Die urheberrechtlichen Schranken sind Ausdruck eines Interessenausgleichs zwischen Urhebern, Verwertern, Nutzern und der Allgemeinheit.[357] Das Verhältnis zwischen Werknutzern und Dritten, die nicht an der Schöpfung oder Verwertung des genutzten Werkes beteiligt sind, ist nicht Regelungsgegenstand des UrhG. Das UrhG enthält insbesondere keine Regelung über Ansprüche, die der Eigentümer eines Werkexemplars gegenüber einem Nutzer geltend machen kann, der das Werkexemplar verwenden will, um das darin verkörperte urheberrechtlich geschützte Werk zu nutzen, insbesondere zu vervielfältigen. Das Eigentums-

---

355 Vgl. KG GRUR 1983, 507, 509 – Totenmaske II, zum Verhältnis zwischen Besitzer und Urheber im Hinblick auf dessen Zugangsrecht aus § 25 UrhG.

356 So OLG Bremen NJW 1987, 1420 als Vorinstanz zu BGH GRUR 1990, 390 – Friesenhaus.

357 Siehe oben S. 27.

recht am Werkexemplar, in welchem das urheberrechtlich geschützte Werk verkörpert ist, besteht vielmehr unabhängig und gleichrangig neben dem Urheberrecht.[358] Die dem Sacheigentum und dem Urheberrecht durch die Sozialbindung gezogenen Grenzen sind daher im Hinblick auf den spezifischen Charakter des jeweiligen Schutzgegenstands unabhängig voneinander zu bestimmen.[359]

Das schließt Wechselwirkungen zwischen dem Verbotsrecht des Eigentümers des als Vorlage verwendeten Werkexemplars und dem Umfang der urheberrechtlichen Befugnisse nicht aus. So kann die eigentumswidrige Verschaffung der Kopiervorlage dazu führen, dass eine Schranke schon tatbestandlich nicht eingreift und die Nutzung des darin verkörperten Werkes daher auch urheberrechtlich unzulässig ist, da der Täter aus einem rechtswidrigen Beschaffungsvorgang keine bleibenden Vorteile ziehen können soll.[360] Umgekehrt schließt die Unabhängigkeit von Eigentum und Urheberrecht auch nicht aus, die einer Schranke des Urheberrechts zugrunde liegenden Wertungen bei der Bestimmung der Reichweite der aus dem Eigentum am Werkexemplar fließenden Verbietungsrechte mit zu berücksichtigen. So wird aus der Panoramafreiheit des § 59 UrhG gefolgert, dass der Fotograf weder Verbietungsrechten des Urhebers noch dinglichen Ansprüchen des Eigentümers der fotografierten Sache ausgesetzt werden dürfe.[361]

Dass die Anfertigung von Vervielfältigungsstücken der äußeren Ansicht eines Werkexemplars als solche keine Eigentumsbeeinträchtigung darstellt, ergibt sich jedoch systematisch nicht aus einer (analogen) Anwendung der in § 59 UrhG enthaltenen Schranke auf das Sacheigentum, sondern aus der unterschiedlichen Schutzrichtung von Sacheigentum und Urheberrecht.[362] Eine Beeinträchtigung des Sacheigentums liegt nur vor, wenn ein Dritter durch sein Verhalten oder durch den Zustand ihm gehörender Sachen seine eigene Einwirkungssphäre in den Eigentumsraum des Eigentümers ausdehnt und damit dessen Sachherrschaft verkürzt.[363] Das ist aber beim Fotografieren einer fremden Sache nicht der Fall, da der Eigentümer dadurch weder rechtlich noch tatsächlich in seiner Herrschaftsausübung behindert wird und die Sache auch nicht unbefugt im Sinne einer körperlichen Fühlungnahme gebraucht wird.[364] Das

---

[358] Wandtke/Bullinger-*Bullinger*, § 2 Rn. 163; *Schack*, UrhR, Rn. 34; *ders.*, ZEuP 2006, 153; Staudinger-*Jickeli/Stieper* (2004), § 90 Rn. 13; *Lehment*, S. 103.

[359] Vgl. oben S. 26.

[360] So zu § 53 Abs. 1 UrhG KG GRUR 1992, 168, 169 – Dia-Kopien; *Schack*, UrhR, Rn. 495a; *ders.*, FS Erdmann, 167; zum Begriff des rechtmäßigen Nutzers i. S. d. §§ 69d, 69e, 55a, 44a Nr. 2 UrhG siehe oben S. 109 ff.

[361] BGH GRUR 1990, 390, 391 – Friesenhaus; OLG Köln GRUR 2003, 1066, 1067 – *Wayangfiguren*; *Schack*, ZEuP 2006, 154; *ders.*, Kunst und Recht, Rn. 205; *Lehment*, S. 104; *Soehring*, Rn. 21.38.

[362] Vgl. BGH GRUR 1990, 390, 391 – Friesenhaus.

[363] Staudinger-*Gursky* (2006), § 1004 Rn. 17 m. w. N.

[364] Staudinger-*Gursky* (2006), § 1004 Rn. 80; MüKo-*Baldus*, § 1004 Rn. 47; Palandt-*Bas-*

Eigentum weist seinem Inhaber daher generell nicht das ausschließliche Recht zu, die in seinem Eigentum stehende Sache abzulichten und deren äußeres Erscheinungsbild gewerblich zu verwerten.[365] Ein entsprechendes Verbotsrecht steht dem Eigentümer daher unabhängig vom Eingreifen der urheberrechtlichen Schranke des § 59 UrhG nicht zu.

Die eigentumsrechtliche Zulässigkeit der Verwendung des betroffenen Werkexemplars ist somit selbst nicht Regelungsgegenstand der urheberrechtlichen Schranken.[366] Wenn die Vervielfältigung eines Werkes einen Eingriff in das Eigentum am Werkexemplar erfordert, z.B. weil der als Vorlage verwendete Kunstgegenstand durch den Vervielfältigungsvorgang beschädigt würde, kann der Eigentümer daher gemäß § 1004 BGB die Vornahme der Vervielfältigungshandlung untersagen.[367] Dies gilt auch, wenn die Vervielfältigung von einer urheberrechtlichen Schranke erlaubt wird und damit keinen Eingriff in das Urheberrecht darstellt. Denn der Umstand, dass die Vervielfältigung des Werkes von einer Schranke des Urheberrechts gedeckt und die Vornahme der Nutzungshandlung damit *urheberrechtlich* zulässig ist, lässt den mit der Vornahme der Nutzungshandlung verbundenen Eingriff in das *Eigentum* nicht entfallen.

Auch eine Duldungspflicht nach § 1004 Abs. 2 BGB lässt sich aus den Schranken des Urheberrechts nicht herleiten. Es würde die Sozialbindung des Sacheigentums deutlich überdehnen, wollte man dem Eigentümer einer urheberrechtlich geschützten Sache zugunsten jedes durch eine Schranke des Urheberrechts begünstigten Nutzers eine Pflicht auferlegen, die zur Ausübung der Schranke erforderlichen Eingriffe zu dulden. Denn die Interessen des Eigentümers eines als Vorlage für die urheberrechtliche Nutzung verwendeten Werkexemplars sind in den Interessenausgleich, den der Gesetzgeber mit den Schranken des Urheberrechts getroffen hat, nicht einbezogen.[368] Der Eigentümer kann den Eingriff in sein Eigentum daher verbieten, ohne dass die urheberrechtliche Schranke dem entgegenstünde.

Entsprechendes gilt für Eingriffe in andere absolut geschützte Rechtsgüter. Soweit mit der Vornahme einer Nutzungshandlung ein solcher Eingriff verbunden ist, kann der Inhaber des jeweiligen Abwehrrechts den Eingriff auch dann untersagen, wenn die Nutzungshandlung urheberrechtlich zulässig ist. In Bezug auf Nutzungshandlungen, zu deren Vornahme ein fremdes Vervielfältigungsstück als Vorlage nicht erforderlich ist und daher ein Eingriff in das Ei-

---

senge, § 1004 Rn. 11; *Bullinger*, FS Raue, 390; *Lehment*, S. 102; *Schack*, Kunst und Recht, Rn. 204; offen gelassen von BGHZ 44, 288, 293 = GRUR 1966, 503, 505 – Apfel-Madonna.

[365] Wandtke/Bullinger-*Bullinger*, § 2 Rn. 163; *Bullinger*, FS Raue, 393; *Schack*, ZEuP 2006, 155 f.; *Lehment*, S. 103 m. w. N.

[366] Wandtke/Bullinger-*Lüft*, § 59 Rn. 1; ebenso, wenn auch im Ergebnis verfehlt, LG Potsdam CR 2009, 194, 196.

[367] Ebenso *Lehment*, S. 104, zur Beeinträchtigung der Sachsubstanz eines Kunstgegenstands durch Verwendung eines Blitzlichts.

[368] Vgl. LG Potsdam CR 2009, 194, 196.

gentum nicht in Betracht kommt, kann sich ein solches Abwehrrecht z.B. aus dem allgemeinen Persönlichkeitsrecht ergeben. So stellt es einen rechtswidrigen Eingriff in das allgemeine Persönlichkeitsrecht dar, wenn ein nach § 51 UrhG urheberrechtlich zulässiges Zitat verwendet wird, um einen Dritten zu beleidigen,[369] oder einem Dritten im Wege des Zitats eine Äußerung in den Mund gelegt wird, die er selbst nicht getan hat.[370] Dem Dritten gegenüber kann sich der Zitierende daher nicht auf die urheberrechtliche Schranke des § 51 UrhG berufen, um den Eingriff in das allgemeine Persönlichkeitsrecht zu rechtfertigen. Dies gilt auch für den Urheber oder Inhaber eines ausschließlichen Nutzungsrechts, soweit sich dieser zugleich auf ein anderes Verbotsrecht stützen kann, etwa wenn ein Zitat verwendet wird, um damit den Urheber des zitierten Werkes zu beleidigen,[371] oder der Urheber zugleich Eigentümer des kopierten Buches ist.

Ein allgemeiner Grundsatz, dass Nutzungshandlungen, die der Urheber wegen einer Schranke des Urheberrechts nicht verbieten kann, auch nicht der Kontrolle eines Dritten unterliegen dürfen, lässt sich somit nicht aufstellen. Die Formulierung der §§ 44a ff. UrhG, wonach eine bestimmte Nutzung „zulässig" ist, kann also nicht in dem Sinne ausgelegt werden, dass die Vornahme entsprechender Nutzungshandlungen unter allen Umständen zulässig ist, so dass *niemand* die davon erfassten Nutzungshandlungen verbieten könnte.

(b) Folgen für die Wirksamkeit vertraglicher Verbote

Wenn die von einer Schranke erlaubte und damit urheberrechtlich zulässige Vervielfältigungshandlung einen rechtswidrigen Eingriff in das Eigentum am Werkexemplar darstellt, muss es dem Eigentümer aber auch möglich sein, den aus seinem Eigentum fließenden Unterlassungsanspruch durch ein entsprechendes vertragliches Verbot derartiger Vervielfältigungshandlungen abzusichern.[372] Ist eine Vervielfältigung des Werkes nicht ohne Eingriff in das Eigentum am Werkexemplar möglich, so verbietet eine derartige vertragliche Vereinbarung zwischen dem Eigentümer und dem Werknutzer aber nicht nur die Nutzung des Eigentums, sondern gleichzeitig auch die des urheberrechtlich geschützten Werkes. Würde das Gesetz die Unwirksamkeit einer derartigen Ver-

---

369 Vgl. BVerfGE 93, 266, 280ff., 297ff., zur Kollektivbeleidigung von Bundeswehrsoldaten durch Verbreitung des Zitats „Soldaten sind Mörder" von Kurt Tucholsky.

370 OLG München NJW 1999, 1975, 1977 – Stimme Brecht; Schricker-*Schricker*, § 51 Rn. 30. Dem Urheber der zitierten Aussage steht in diesem Fall trotz Zulässigkeit der Werknutzung ein selbständiger Anspruch aus § 97 UrhG wegen fehlender Quellenangabe zu, vgl. OLG Hamburg GRUR 1970, 38, 40 – Heintje; bereits die urheberrechtliche Zulässigkeit im Hinblick auf Art. 5 Abs. 3 lit. d Info-RL anzweifelnd Schricker-*Dietz*, § 63 Rn. 20 m.w.N.

371 Vgl. LG Stuttgart UFITA 23 (1957), 244, 246f.

372 Vgl. *Soehring*, Rn. 21.38.

einbarung anordnen, so nähme es dem Eigentümer daher die Möglichkeit, ein vertragliches Verbot von *Eigentums*verletzungen zu begründen.

Ein Beispiel hierfür sind die Kopierverbote, die Bibliotheken mit den Entleihern älterer Bücher zu vereinbaren pflegen. Das betreffende Buch wird dem Entleiher nur ausgehändigt, wenn sich dieser verpflichtet, das Buch nicht zu fotokopieren. Durch das Kopierverbot soll das Buch vor allem vor Beschädigungen des Buchrückens und des lichtempfindlichen Papiers geschützt werden. Das Verbot dient also dem Schutz des Eigentums am Werkexemplar. Von dem Verbot werden aber auch Vervielfältigungen des in dem Buch verkörperten Werkes erfasst, die nach § 53 UrhG oder einer anderen Schranke urheberrechtlich zulässig wären. Der Entleiher verpflichtet sich daher mit der Benutzungsbeschränkung hinsichtlich des Buches gleichzeitig dazu, von den Schranken des Urheberrechts keinen Gebrauch zu machen, auch wenn diese eine Vervielfältigung im Wege der Fotokopie erlauben würden. Wenn diese Beschränkung der urheberrechtlichen Nutzungsfreiheit zur Unwirksamkeit des vertraglichen Verbots führen würde, wäre das Kopierverbot damit insgesamt unwirksam.

Wenn die Schranken des Urheberrechts keinen Einfluss auf die Zulässigkeit der mit der Werknutzung verbundenen Eigentumsbeeinträchtigung haben, kann ihnen jedoch auch keine Regelung in Bezug auf die Wirksamkeit entsprechender vertraglicher Verbote zwischen dem Werknutzer und dem Eigentümer entnommen werden. Denn das rechtliche Verhältnis zwischen dem Eigentümer und dem Nutzer ändert sich nicht dadurch, dass die fragliche Nutzungshandlung urheberrechtlich zulässig ist, also nicht zugleich eine Verletzung des Urheberrechts darstellt. Rechtlich frei in der Vornahme der betreffenden Nutzungshandlung ist der Nutzer daher nur gegenüber dem Urheber, nicht aber auch gegenüber dem Eigentümer. Im Verhältnis zum Eigentümer stellt eine vertragliche Verpflichtung, die betreffende Nutzungshandlung nicht vorzunehmen, daher keine Einschränkung einer vom Gesetz eingeräumten rechtlichen Freiheit dar. Dass eine bestimmte Nutzungshandlung vom Tatbestand einer urheberrechtlichen Schranke erfasst wird, bedeutet folglich nicht zwingend, dass ein vertragliches Verbot auch die Nutzungsfreiheit des Vertragspartners beeinträchtigt.

Dies zeigt sich deutlich in dem Fall, dass der Erwerber eines mit Zustimmung des Urhebers in Verkehr gebrachten Vervielfältigungsstücks dieses an einen Dritten verleiht und mit ihm ein Veräußerungsverbot vereinbart. Wenn der Entleiher das Vervielfältigungsstück dennoch öffentlich zum Verkauf anbietet, ist diese Verbreitungshandlung gemäß § 17 Abs. 2 UrhG urheberrechtlich zulässig. Dennoch hat der Entleiher nicht die rechtliche Freiheit, die Veräußerung vorzunehmen. Denn die Veräußerung stellt einen Eingriff in das Eigentum des Verleihers am Vervielfältigungsstück dar. Der Dritte ist daher unabhängig von der Erschöpfung des Verbreitungsrechts gegenüber dem Eigentümer als Verleiher nicht berechtigt, das Vervielfältigungsstück weiterzuveräußern. Aus der

Erschöpfung des Verbreitungsrechts kann man daher nicht die Unwirksamkeit des zwischen dem Erwerber und dem Entleiher vereinbarten Veräußerungsverbots herleiten. Eine Norm des Inhalts: „Vertragliche Vereinbarungen, durch die einem Vertragspartner untersagt wird, Vervielfältigungsstücke eines Werkes zu veräußern, deren Weiterverbreitung nach § 17 Abs. 2 UrhG zulässig ist, sind unwirksam“ würde aber auch ein Veräußerungsverbot zwischen dem Eigentümer und dem Entleiher erfassen. Ein solcher normativer Inhalt kann der gesetzlichen Schranke in § 17 Abs. 2 UrhG daher nicht beigemessen werden.

Die Wirksamkeit vertraglicher Vereinbarungen, die einem Vertragspartner die Ausübung einer nach §§ 44a ff. UrhG zulässigen Nutzungshandlung untersagen, wird somit jedenfalls insoweit nicht durch die urheberrechtlichen Schranken bestimmt, als die betreffende Nutzungshandlung einen Eingriff in ein anderes, nicht aus dem Urheberrecht fließendes Abwehrrecht erfordert. Einen solchen Eingriff kann der Inhaber des Abwehrrechts auch aufgrund einer flankierenden vertraglichen Unterlassungspflicht untersagen, ohne dass dem die urheberrechtlichen Schranken entgegenstehen.

(2) Verpflichtungen gegenüber Dritten

Der Zweck der Schranken kann daher allenfalls insoweit eine über die Begrenzung des urheberrechtlichen Ausschließlichkeitsrechts hinausgehende Regelung erfordern, als dem Vertragspartner keine sonstigen Verbietungsrechte im Hinblick auf die Vornahme der fraglichen Nutzungshandlung zustehen und eine Verpflichtung des Nutzers daher tatsächlich zu einer Beschränkung der individuellen Nutzungsfreiheit führt. Bei den von einer Schranke des Urheberrechts erfassten Werknutzungen unterscheidet sich die Rechtsstellung der Urheber und Inhaber ausschließlicher Nutzungsrechte aber nicht von derjenigen eines Dritten, dem von vornherein keine Rechte an dem genutzten Werk zustehen. Denn durch die inhaltliche Begrenzung des Ausschließlichkeitsrechts stellen die Schranken des Urheberrechts in ihrem Anwendungsbereich lediglich die Nutzungsfreiheit wieder her, die ohne die Existenz des Urheberrechts bestünde.

Der Zweck der Schranken müsste folglich darin bestehen, dem Nutzer unabhängig von der Person des Vertragspartners die Ausübung der jeweils erfassten Nutzungshandlungen die Ausübung der Nutzungsfreiheit zu ermöglichen, soweit dem keine Rechte Dritter entgegenstehen. Andernfalls stünden dem Urheber in Bezug auf die vertragliche Regelung der Nutzung seines Werkes weniger Gestaltungsmöglichkeiten zu als einem unbeteiligten Dritten. Wenn sich die dem Nutzer dadurch gesetzlich garantierte Nutzungsbefugnis zwingend auch gegenüber vertraglichen Vereinbarungen durchsetzen würde, liefe dies darauf hinaus, dem Schrankenbegünstigten jegliche Dispositionsbefugnis über die von den Schranken lediglich in urheberrechtlicher Hinsicht eingeräumte Nutzungsfreiheit abzusprechen. Ob eine derart weitreichende Auslegung des Regelungsgehalts der gesetzlichen Schranken in §§ 44aff. UrhG gerechtfertigt ist, ist problematisch.

(a) Fehlende Dispositionsbefugnis über Allgemeininteressen

Teilweise wird die Unwirksamkeit vertraglicher Nutzungsbeschränkungen in Bezug auf die von einer Schranke erlaubten Nutzungen damit begründet, dass die gesetzlich gewährte Nutzungsfreiheit letztlich nicht den Interessen des einzelnen Nutzers, sondern der Allgemeinheit diene.[373] Die Zulässigkeit der Ausübung dieser Nutzungsfreiheit sei daher (zumindest bei erschienenen Werken) keine Frage, die durch eine parteiautonome Vereinbarung zwischen dem Rechtsinhaber und dem Nutzer, der lediglich ein bestimmtes Vervielfältigungsstück des Werkes erworben habe, geregelt werden könnte.[374]

Jedoch können vertragliche Dispositionen über den Schrankengebrauch nicht schlechthin für unwirksam erklärt werden, weil sie mit einem Rechtsgut der Allgemeinheit oder anderen öffentlichen Belangen kollidieren. Es trifft zwar zu, dass die von den Schranken des Urheberrechts gewährte Nutzungsfreiheit das Interesse der Allgemeinheit am ungehinderten Zugang zu den Kulturgütern schützen soll.[375] Durch die Begrenzung des Ausschließlichkeitsrechts des Urhebers wird verhindert, dass bestimmte im öffentlichen Interesse liegende Nutzungen des geschützten Werkes einseitig vom Urheber unterbunden werden können. Dass die dem einzelnen Nutzer eingeräumte Nutzungsfreiheit damit letztlich im Interesse der Allgemeinheit gewährt wird und eine vertragliche Beschränkung daher nicht nur die Interessen des Vertragspartners berührt, führt jedoch nicht per se zur Unwirksamkeit einer solchen Vereinbarung. Die Ausstrahlung jeder vertraglichen Absprache auf eine bestimmte oder unbestimmte Zahl von Drittinteressen ist „eine ebenso zwangsläufige wie aber auch bedeutungslose Erscheinung des Rechtsverkehrs".[376] Grundlegendes Ordnungsprinzip des Privatrechts ist die Privatautonomie, deren praktisch bedeutsamste Erscheinungsform die von Art. 2 Abs. 1 GG geschützte Vertragsfreiheit ist.[377] Die Anerkennung von Dritt- oder Allgemeininteressen, denen auch ohne ausdrückliche gesetzliche Anordnung Vorrang vor der rechtsgeschäftlichen Handlungsfreiheit zukommt, bedarf daher einer besonderen Rechtfertigung.[378]

---

[373] So zur Fair-use-Regelung in den USA *Karjala*, FG Horn, 474f.

[374] *Karjala*, FG Horn, 475: „This is not a matter that can be decided by private ordering between copyright owners and purchasers of specific copies of the work".

[375] Siehe oben S. 43f.

[376] *Martens*, AcP 177 (1977), 180.

[377] Siehe nur *Larenz/Wolf*, § 2 Rn. 17f. und § 34 Rn. 22f.; Staudinger-*Looschelders/Olzen* (2005), § 242 Rn. 456; zum verfassungsrechtlichen Schutz der Vertragsfreiheit BVerfGE 89, 214, 231; von Münch/Kunig-*Kunig*, Art. 2 Rn. 16; Jarass/Pieroth-*Jarass*, Art. 2 Rn. 4.

[378] Vgl. *Martens*, AcP 177 (1977), 181; *Larenz/Wolf*, § 1 Rn. 3, 41f.: Es gelte der Grundsatz „in dubio pro libertate".

Die Verneinung jeglicher Dispositionsbefugnis des von einer Schranke begünstigten Nutzers über die ihm gewährte Nutzungsfreiheit würde die Feststellung eines höherrangigen Rechtgutes der Allgemeinheit voraussetzen, welches im konkreten Fall Vorrang vor dem Schutz der privatautonomen Handlungsfreiheit genießt. Ein solcher Vorrang der von den Schranken des Urheberrechts geschützten öffentlichen Interessen kann nicht generell und für alle Schranken gleichermaßen unterstellt werden. Dies gilt insbesondere auch für solche Schrankenbestimmungen, die wie §§ 51 und 53 UrhG dem Schutz grundrechtlich verbürgter Rechtsgüter dienen. Es widerspräche dem Freiheitsgehalt der Grundrechte, wenn man hier stets dem öffentlichen Interesse an der Freiheit der Werknutzung den Vorrang gegenüber der Privatautonomie der Vertragsparteien einräumen würde.

Zwar wurde im verfassungsrechtlichen Schrifttum früher ein individueller Verzicht auf den Schutz der Grundrechte teilweise für unzulässig gehalten, da in den Grundrechten öffentliche Interessen zum Ausdruck kämen und aufgrund dieser staatskonstitutiven Funktion dem Einzelnen die Dispositionsmacht über seine Grundrechte fehle.[379] Heute ist aber weitgehend anerkannt, dass die von Art. 2 Abs. 1 i. V. m. Art. 1 Abs. 1 GG geschützte Selbstbestimmung der Persönlichkeit im Grundsatz auch die Berechtigung des Grundrechtsinhabers umfasst, über sein Grundrecht verfügen zu können.[380] Dabei geht es nicht um einen „Grundrechtsverzicht" auf das Grundrecht im Ganzen,[381] sondern vielmehr um den Verzicht auf einzelne durch das Grundrecht geschützte Handlungsweisen.[382]

Prinzipiell ist die Betätigung der Dispositionsfähigkeit des Grundrechtsberechtigten durch einen rechtlich bindenden Verzicht auf einzelne Grundrechtspositionen danach ebenfalls Grundrechtsgebrauch.[383] Als Grundrechtsbetätigung nimmt der Verzicht auf einzelne grundrechtlich geschützte Handlungsweisen am verfassungsrechtlichen Schutz des Grundrechts teil und ist folglich

---

[379] *Sturm*, FS Geiger, 197 f.; von *Pieroth/Schlink*, Rn. 135, als „neueres Grundrechtsverständnis" bezeichnet.

[380] *Bleckmann*, JZ 1988, 58, 60; *Robbers*, JuS 1985, 927; von Münch/Kunig-*von Münch*, Vorb. Art. 1–19 Rn. 63; *Stern*, § 86 II 4 b (S. 907) und 5 a (S. 908 f.) m. w. N.

[381] Ein solcher (praktisch kaum denkbarer) Verzicht in dem Sinne, dass für alle Zukunft gegenüber jedermann überhaupt keine Berufung auf das Grundrecht mehr zulässig wäre, ist nicht möglich, *Bleckmann*, JZ 1988, 59 mit Fn. 40; Jarass/Pieroth-*Jarass*, Vorb. vor Art. 1 Rn. 36; von Münch/Kunig-*von Münch*, Vorb. Art. 1–19 Rn. 63. Eine entsprechende vertragliche Vereinbarung wäre gemäß § 138 Abs. 1 BGB nichtig, *Larenz/Wolf*, § 41 Rn. 19.

[382] *Pietzcker*, Staat 17 (1978), 531: „individuelle Verfügung über Grundrechtspositionen"; Jarass/Pieroth-*Jarass*, Vorb. vor Art. 1 Rn. 36; von Münch/Kunig-*von Münch*, Vorb. Art. 1–19 Rn. 63. Der Verzicht ist nicht gleichbedeutend mit der schlichten Nichtausübung des Grundrechts. Von letzterer unterscheidet er sich durch seine rechtliche Verbindlichkeit, dazu *Sturm*, FS Geiger, 185 f.; von Münch/Kunig-*von Münch*, Vorb. Art. 1–19 Rn. 62; *Pieroth/Schlink*, Rn. 133.

[383] *Robbers*, JuS 1985, 927, 930; *Stern*, § 86 III 2 a β (S. 919); von Münch/Kunig-*von Münch*, Vorb. Art. 1–19 Rn. 63; vgl. *Pietzcker*, Staat 17 (1978), 540.

selbst verfassungsrechtlich legitimiert. Das gilt nicht nur für die „vertragsnahen“ Grundrechte wie Art. 14 und Art. 12 Abs. 1 GG, bei denen Grundrechtsverwirklichung und Verfügung über grundrechtsgeschützte Positionen in besonders weitem Umfang zusammenfallen und denen daher das Recht zum Verzicht immanent ist.[384] Bei Grundrechten, die wie Art. 5 Abs. 1 und Abs. 3 GG auch als Gewährleistung besonderer Allgemeininteressen verstanden werden können und damit eher „vertragsfern“ sind, liegt eine Verletzung höherrangiger öffentlicher Interessen durch einen Verzicht zwar näher; eine wirksame Verfügung über einzelne Grundrechtspositionen ist aber auch hier nicht schlechthin ausgeschlossen.[385] Denn auch für diese Grundrechte gilt, dass die grundrechtlich geschützten Freiheiten grundsätzlich nur dann maximiert werden, wenn der Grundrechtsträger ihren Inhalt selbst festlegt.[386] Dass ein öffentliches Interesse an der Ausübung des von den Grundrechten geschützten Freiheitsbereichs besteht, steht einer privatautonomen Verfügung über einzelne Grundrechtspositionen gegenüber bestimmten Personen daher nicht entgegen. Gerade *weil* das öffentliche Interesse auf die Durchsetzung der Grundrechte gerichtet ist, muss die Rechtsordnung dem Einzelnen ein breites Verfügungsrecht über die Grundrechte einräumen.[387]

Soweit der Grundrechtsinhaber danach wirksam über einzelne Grundrechtspositionen verfügen kann, wirkt sich ein Verzicht auch darauf aus, wie weit die Ausstrahlungswirkung des jeweiligen Grundrechts auf das Privatrecht und damit dessen mittelbare Drittwirkung bei der Auslegung zivilrechtlicher Vorschriften reicht.[388] Im Umfang seiner vertraglichen Bindung verzichtet der Grundrechtsinhaber gerade auf die in der Ausstrahlungswirkung der Grundrechte zum Ausdruck kommende rechtsstaatliche Sicherung seiner Freiheit.[389]

---

[384] Dazu BVerfGE 81, 242, 254; *Pietzcker*, Staat 17 (1978), 541, 544; *Stern*, § 86 II 5 a (S. 908 f.); Jarass/Pieroth-*Jarass*, Vorb. vor Art. 1 Rn. 36; *Larenz/Wolf*, § 34 Rn. 22.

[385] Vgl. *Pietzcker*, Staat 17 (1978), 546 ff.; *Stern*, § 86 II 5 c α (S. 911 f.) und III 3 b (S. 925 f.); *Robbers*, JuS 1985, 928; im Ergebnis ebenso Jarass/Pieroth-*Jarass*, Vorb. vor Art. 1 Rn. 36: In Einzelfällen könne aufgrund der Einwilligung eine Beeinträchtigung zu verneinen sein; *Pieroth/Schlink*, Rn. 137: Die Wichtigkeit eines Grundrechts für den Prozess der staatlichen Willensbildung „indiziere“ lediglich die Unzulässigkeit des Verzichts.

[386] *Bleckmann*, JZ 1988, 61; vgl. *Larenz/Wolf*, § 34 Rn. 23.

[387] *Bleckmann*, JZ 1988, 59.

[388] Ebenso wohl Jarass/Pieroth-*Jarass*, Art. 1 Rn. 58: Für das Gewicht der Ausstrahlungswirkung „dürfte bedeutsam sein, wieweit auf das Grundrecht verzichtet werden kann“; vgl. auch *Robbers*, JuS 1985, 930. Im Übrigen beschränkt sich das Schrifttum zum Grundrechtsverzicht im Wesentlichen auf Fragestellungen aus dem Bereich des öffentlichen Rechts. Hier nimmt die Zustimmung des Grundrechtsinhabers einem staatlichen Grundrechtseingriff jedenfalls die Rechtswidrigkeit, vgl. *Pieroth/Schlink*, Rn. 141; *Stern*, § 86 III 2 (S. 918) m. w. N.

[389] Vgl. zum Schutz durch Art. 12 Abs. 1 GG BVerfGE 81, 242, 254: „Auf der Grundlage der Privatautonomie, die Strukturelement einer freiheitlichen Gesellschaftsordnung ist, gestalten die Vertragspartner ihre Rechtsbeziehungen eigenverantwortlich. Sie bestimmen selbst, wie ihre gegenläufigen Interessen angemessen auszugleichen sind, und verfügen damit zugleich über ihre grundrechtlich geschützten Positionen ohne staatlichen Zwang. Der Staat

Zutreffend hat der BGH daher die vertragliche Verpflichtung eines Künstlers, sein Werk entsprechend einem von ihm vorgelegten Muster zu liefern, mit der Begründung für wirksam gehalten, dass angesichts des Grundsatzes der Vertragsfreiheit eine solche im freien Belieben des Künstlers stehende Beschränkung seiner Gestaltungsfreiheit das in Art. 5 Abs. 3 GG verankerte Grundrecht auf Kunstfreiheit nicht beeinträchtige.[390] Ebenso steht das öffentliche Interesse an der grundrechtlich geschützten Nutzungsfreiheit des Schrankenbegünstigten der Wirksamkeit einer gegenüber einer Privatperson in freier Entscheidung eingegangenen Verpflichtung, von einer Schranke des Urheberrechts keinen Gebrauch zu machen, nicht grundsätzlich entgegen.

Die Verfügungsfähigkeit über Grundrechtspositionen und damit die Zulässigkeit eines Verzichts enden vielmehr erst dort, wo die verfassungsrechtlich verbürgte Handlungsfreiheit ihrerseits durch den Vorrang des (Verfassungs-) Gesetzes begrenzt wird. Wenn das grundrechtlich geschützte Verzichtsrecht des Einzelnen mit einem verfassungsrechtlich legitimierten öffentlichen Interesse kollidiert, muss zwischen beiden unter Berücksichtigung des Verhältnismäßigkeitsgrundsatzes abgewogen werden.[391] Dabei kann auch das betroffene Grundrecht selbst eine dem Verzicht entgegenstehende Norm sein,[392] nämlich in seiner Funktion als objektive Wertentscheidung.[393]

Der Hinweis auf die von den Schranken geschützten Allgemeininteressen kann folglich für sich nicht genügen, um einen Vorrang vor der Vertragsfreiheit zu begründen. Vielmehr ist stets eine Abwägung zwischen der verfassungsrechtlich geschützten Individualentscheidung und der Qualität des von der jeweiligen Schranke geschützten Rechtsguts erforderlich, um die konkrete Rangfolge im Einzelfall festzulegen.[394] Zu berücksichtigen sind dabei auch die Dauer und Schwere des Verzichts, die Gefahr eines Missbrauchs sowie eine etwaige Zwangslage des Verzichtenden.[395] Die Auffassung, dass das Allgemeininteresse an der von den Schranken eingeräumten Nutzungsfreiheit jegliche Disposition hierüber ausschließe und daher die Unwirksamkeit sämtlicher privatautonomer Vereinbarungen erfordere, die diese Freiheit einschränken, ist daher abzulehnen.

---

hat die im Rahmen der Privatautonomie getroffenen Regelungen grundsätzlich zu respektieren."

[390] BGH UFITA 25 (1958), 232, 234; ebenso im Ergebnis, aber ohne auf Art. 5 Abs. 3 GG einzugehen, BGHZ 19, 382, 384.

[391] *Robbers*, JuS 1985, 930; *Stern*, § 86 III 3 b (S. 925 f.).

[392] *Pietzcker*, Staat 17 (1978), 536.

[393] Zur Funktion der Grundrechte als objektive Wertordnung BVerfGE 39, 1, 41; von Münch/Kunig-*von Münch*, Vorb. Art. 1–19 Rn. 22; Pieroth/*Schlink*, Rn. 76.

[394] Vgl. *Stern*, § 86 III 3 a (S. 922 f.) und III 3 b (S. 925 f.).

[395] *Pieroth/Schlink*, Rn. 139.

(b) Urheberrechtlicher Interessenausgleich als Grenze der Dispositionsbefugnis

Aus denselben Gründen kann auch der Argumentation nicht gefolgt werden, dass diejenigen Schranken zwingend ausgestaltet sein müssten, die als Ausformung der Sozialbindung des geistigen Eigentums Ausdruck eines gesetzgeberischen Ausgleichs zwischen dem verfassungsrechtlich geschützten Interesse des Urhebers und den Grundrechten der Nutzer oder anderen gewichtigen öffentlichen Interessen sind.[396] Die mit den Schranken des Urheberrechts vom Gesetzgeber getroffene Interessenabwägung betrifft nur den Umfang der ausschließlichen Herrschaft des Urhebers über sein Werk.[397] Durch die Beschränkungen seiner ausschließlichen Befugnisse soll verhindert werden, dass der Urheber aufgrund seines Herrschaftsrechts *einseitig* andere von der Benutzung seines Werkes ausschließen kann. Die Interessenabwägung des Gesetzgebers berücksichtigt aber nicht das Selbstbestimmungsrecht des Nutzers, auf die Ausübung der gesetzlich eingeräumten Nutzungsfreiheit im Wege privatautonomer Regelung verzichten zu können. Dass das Interesse der Allgemeinheit am ungehinderten Zugang zu den Kulturgütern Vorrang nicht nur gegenüber dem Interesse des Urhebers an einer unbeschränkten Herrschaft über sein Werk, sondern auch gegenüber der ebenfalls verfassungsrechtlich gewährleisteten Privatautonomie des Nutzers genießen soll, lässt sich nicht allein mit der Sozialbindung des Urheberrechts begründen. Auch der in Ausformung der Sozialbindung getroffene Interessenausgleich ist daher kein zwingender Grund für die Unwirksamkeit eines privatautonomen Verzichts auf die Ausübung der von den Schranken des Urheberrechts eingeräumten Nutzungsfreiheit.

(c) Gesetzesvorbehalt als Grenze der Dispositionsbefugnis

Ebenso wenig vermag der Ansatz zu überzeugen, eine vertragliche Regelung über die Ausübung der Nutzungsfreiheit sei insoweit unwirksam, als sie den „verfassungsrechtlich geschützten Kernbereich" zulässiger Nutzungen beschränke.[398] Denn der zwingende Charakter der Schranken soll danach ebenfalls „unmittelbar aus dem die [Nutzungs]freiheit begründenden und begrenzenden Interessenausgleich" folgen.[399] Der Unterschied zur eben dargestellten Auffassung besteht lediglich darin, dass eine vertragliche Verfügung über die von den Schranken gewährte Nutzungsfreiheit nicht schon dann unzulässig

[396] So *Schulz*, GRUR 2006, 475; *Dusollier*, Droit d'auteur, Rn. 657 (zum belgischen Recht); *Geiger*, in: Hilty/Peukert, S. 154; *ders.*, GRURInt 2004, 820; für eine entsprechende Lösung de lege ferenda *Fernández-Molina*, 30 JIS 344 (2004); *Guibault*, in: Hilty/Peukert, S. 243; *dies.*, Copyright Limitations, S. 265, 268; *Vinje*, EIPR 1999, 195f.

[397] Vgl. BT-Drucks. IV/270, S. 63.

[398] So *Hohagen*, FS Schricker, 362, zur Vervielfältigungsfreiheit nach § 53 UrhG und dessen von der Informationsfreiheit (Art. 5 Abs. 1 GG) geschützten Kern.

[399] *Hohagen*, FS Schricker, 363.

sein soll, wenn sie vom gesetzlichen Tatbestand der jeweiligen Schrankenbestimmung erfasst wird, sondern erst, wenn sie die Grenze überschreitet, die dem Gesetzgeber bei der Ausgestaltung des Urheberrechts durch die Grundrechte der Nutzer gezogen wird. Die Reichweite der Dispositionsbefugnis des Nutzers wird nach dieser Auffassung also nicht durch den jeweiligen Tatbestand der geltenden Schrankenregelungen, sondern durch einen hypothetischen, den verfassungsrechtlichen Vorgaben gerade noch entsprechenden Schrankentatbestand bestimmt.

Diese Auffassung läuft darauf hinaus, einen privatautonomen Verzicht auf grundrechtlich geschützte Handlungsweisen nur insoweit zuzulassen, als das Grundrecht durch ein Gesetz eingeschränkt werden könnte, und zieht damit der Sache nach den allgemeinen Gesetzesvorbehalt als Schranke des Grundrechtsverzichts heran. Eine solche undifferenzierte Übertragung der dem Gesetzgeber durch die Grundrechte auferlegten Beschränkungen auf die individuelle Handlungsfreiheit wird jedoch weder dem Zweck des Gesetzesvorbehalts noch der verfassungsrechtlichen Grundlage des Grundrechtsverzichts gerecht.[400] Der Gesetzesvorbehalt ist seiner Funktion nach auf Fälle beschränkt, in denen der Einzelne zur Durchsetzung seiner grundrechtlich geschützten Interessen selbst nicht in der Lage ist.[401] Der Vorbehalt des Gesetzes greift daher nicht ein, wenn die eigene Entscheidungsmöglichkeit vorrangig ist.[402] Denn der Grundrechtsberechtigte weiß selbst, wie er die durch das Grundrecht geschützten Interessen am besten durchsetzt. Dem Staat obliegt es daher nur dann, Abhilfe zu schaffen, wenn der Grundrechtsinhaber selbst dazu nicht in der Lage ist.[403]

(d) Abwägung mit höherrangigen Allgemeininteressen

Einen die Privatautonomie des Nutzers stärker berücksichtigenden Ansatz schlägt *Trayer* vor, der die Wirksamkeit eines vertraglichen Verzichts auf die Ausübung einer Schranke davon abhängig machen will, inwieweit der Einzelne über das von der jeweiligen Schranke geschützte Rechtsgut verfügen kann, und dafür auf den Meinungsstand zum Grundrechtsverzicht zurückgreift, soweit die Schranken Ausfluss der hinter den Grundrechten des Nutzers stehenden objektiven Wertentscheidungen sind.[404]

---

[400] *Bleckmann*, JZ 1988, 61; *Stern*, § 86 III 2 a β (S. 919f.); *Robbers*, JuS 1985, 929, jeweils m. w. N. auch zur Gegenauffassung; kritisch auch *Pietzcker*, Staat 17 (1978), 536f.

[401] *Bleckmann*, JZ 1988, 61; ähnlich *Pietzcker*, Staat 17 (1978), 534: Der Gesetzesvorbehalt gelte „seinem Zwecke nach primär für Eingriffe gegen Willen des Bürgers"; im Ergebnis auch *Robbers*, JuS 1985, 929: Der Gesetzesvorbehalt diene der Sicherung der Führungsaufgabe des Parlaments, die im privatrechtlichen Bereich nicht berührt sei.

[402] *Stern*, § 86 III 2 a β (S. 919).

[403] *Bleckmann*, JZ 1988, 61; *Stern*, § 86 III 2 a β (S. 919).

[404] *Trayer*, S. 185.

Auch *Trayer* differenziert hinsichtlich der Wirksamkeit vertraglicher Nutzungsbeschränkungen jedoch nur nach der jeweils betroffenen Schranke, deren dispositiven oder zwingenden Charakter er aufgrund einer Abwägung zwischen dem hinter der Schranke stehenden Rechtsgut und den „Interessen der Rechtsinhaber (Privatautonomie)“ feststellen will. Ein Verzicht sei danach möglich, wenn das hinter der Schranke stehende Grundrecht vorwiegend dem Schutz des Einzelnen diene, während der Nutzer auf die Grundrechte, die das Funktionieren der Demokratie als überindividuelles Rechtsgut schützen, nicht verzichten könne.[405] So sei die Schranke zugunsten privater Vervielfältigungen in § 53 Abs. 1 UrhG abdingbar, da hier die zur Disposition des Einzelnen stehende freie Entfaltung der Persönlichkeit im Vordergrund stehe.[406] Ebenso könne auf die vorrangig den Interessen des Erwerbers von Werken und des Handels dienenden Schranken der §§ 55, 56, 58 und 60 UrhG[407] sowie die Schranken zugunsten von Kirchen und Schulen in §§ 46, 47 und 52 UrhG verzichtet werden.[408] Die auf der Meinungs- und Informationsfreiheit beruhenden Schranken der §§ 48, 49, 50 und 51 UrhG seien hingegen zwingend, soweit die geäußerte Meinung einen Beitrag zur öffentlichen Willensbildung darstelle und damit das Interesse der Allgemeinheit an der Meinungsfreiheit die Privatautonomie des Rechtsinhabers überwiege.[409] Ebenfalls für zwingend hält *Trayer* schließlich die Schranke des § 45 UrhG, deren Zweck die Aufrechterhaltung des ordre public sei, der vertraglichen Vereinbarungen vorgehe.[410]

Dieser Ansatz berücksichtigt nicht, dass auch der öffentliche Bezug des von einem Grundrecht geschützten Rechtsguts nicht jegliche Verfügung über das Rechtsgut ausschließt, sondern die Unwirksamkeit des konkreten Verzichts in jedem Fall nur aufgrund einer Abwägung des öffentlichen Interesses mit dem Selbstbestimmungsrecht des Grundrechtsinhabers im Einzelfall festgestellt werden kann.[411] So ist auch bei den Schranken, die Ausdruck der Meinungs- und Informationsfreiheit sind, nicht jede Vereinbarung unwirksam, welche die Ausübung der Schranke in irgendeiner Weise beschränkt.[412] Die zulässige Reichweite eines Verzichts kann daher nur durch ein nach dem jeweiligen Sachverhalt differenzierendes Vorgehen gefunden werden.[413] Soweit das öffentliche Interesse am Erhalt der Nutzungsfreiheit gegenüber dem Selbstbestimmungsrecht des von der Schranke privilegierten Nutzers zurücktritt, ist der freiwillige Verzicht auf die Nutzungsfreiheit Ausdruck der grundrechtlich verbürgten Pri-

---

405 *Trayer*, S. 185 f.
406 *Trayer*, S. 190 f.
407 *Trayer*, S. 192 f.
408 *Trayer*, S. 188.
409 *Trayer*, S. 186 f.
410 *Trayer*, S. 187 f.
411 Siehe oben S. 251.
412 Das räumt auch *Trayer*, S. 187, ein.
413 Das betonen auch *Pietzcker*, Staat 17 (1978), 542; *Stern*, § 86 III 3 b (S. 925 f.).

vatautonomie des Nutzers. Eine (zusätzliche) Abwägung mit der ebenfalls grundrechtlich geschützten Privatautonomie des Vertragspartners ist dann entgegen der Auffassung *Trayers* zur Begründung der Wirksamkeit des Verzichts nicht erforderlich, da der übereinstimmende Willen der Vertragspartner einen ausreichenden Interessenausgleich gewährleistet.[414]

Eine Begrenzung der Dispositionsbefugnis kann sich dabei zunächst aus dem betroffenen Grundrecht selbst ergeben, soweit dessen Funktion als objektive Wertenscheidung Vorrang vor der individuellen Freiheit des Grundrechtsinhabers genießt. So wird ein gegenüber staatlichen Eingriffen erklärter Grundrechtsverzicht allgemein für unzulässig gehalten, wenn er den in vielen Freiheitsgrundrechten enthaltenen Kern der nach Art. 1 Abs. 1 unantastbaren Menschenwürde oder die Wesensgehaltsgarantie des Art. 19 Abs. 2 GG verletzt.[415] Die Verpflichtung, eine bestimmte Nutzung eines urheberrechtlich geschützten Werkes zu unterlassen, wird jedoch kaum den Kernbereich der Menschenwürde des Nutzers berühren. Die Nutzung fremder Werke ist auch nicht dem engsten Kern höchstpersönlicher Lebensgestaltung zuzurechnen, der wie eine Verpflichtung, nicht zu heiraten, eine Schwangerschaft zu verhindern oder die Konfession oder Staatsangehörigkeit zu wechseln, wegen des Selbstbestimmungsrechts der Person einer vertraglichen Bindung von vornherein nicht zugänglich sein soll.[416]

Von größerer praktischer Bedeutung ist der objektive Gehalt der Meinungs-, Presse- und Informationsfreiheit bei den Schranken der §§ 48, 49 und 50 UrhG.[417] Die Beschränkung des Vervielfältigungs- und Verbreitungsrechts sowie des Rechts der öffentlichen Wiedergabe an Rundfunkkommentaren und Zeitungsartikeln dient weniger der Freiheit und Unabhängigkeit des einzelnen

---

[414] Vgl. BVerfGE 89, 214, 232: „Im Vertragsrecht ergibt sich der sachgerechte Interessenausgleich aus dem übereinstimmenden Willen der Vertragspartner. Beide binden sich und nehmen damit zugleich ihre individuelle Handlungsfreiheit wahr."

[415] *Robbers*, JuS 1985, 929; *Bleckmann*, JZ 1988, 59, 62; Jarass/Pieroth-*Jarass*, Art. 1 Rn. 13; *Pieroth/Schlink*, Rn. 137; *Sturm*, FS Geiger, 189; *Stern*, § 86 III 3 a β und δ (S. 924 f.) m. w. N.

[416] Dazu BGHZ 97, 372, 379 = NJW 1986, 2043, 2045; Soergel-*Hefermehl*, § 138 Rn. 21; MüKo-*Armbrüster*, § 138 Rn. 69; Bamberger/Roth-*Wendtland*, § 138 Rn. 20; *Larenz/Wolf*, § 41 Rn. 46 ff. Bei einer freiwilligen Bindung des Grundrechtsinhabers im Rahmen einer vertraglichen Vereinbarung ist selbst in diesen Bereichen zu berücksichtigen, dass die Würde des Menschen zu einem wesentlichen Teil in seiner Autonomie besteht, so dass eine freiwillige Verpflichtung gerade Ausdruck dieser Würde ist und der Autonomieanspruch des Einzelnen daher regelmäßig Vorrang vor der Schutzpflicht des Staates genießt, so *Pietzcker*, Staat 17 (1978), 540; von Münch/Kunig-*Kunig*, Art. 1 Rn. 34; Jarass/Pieroth-*Jarass*, Art. 1 Rn. 14; *Stern*, § 86 III 3 a β (S. 924); a. A. allerdings die h. M. im zivilrechtlichen Schrifttum, siehe nur Staudinger-*Sack* (2003), § 138 Rn. 454 m. w. N., wonach vertragliche Verpflichtungen zur Vornahme menschenunwürdiger (insbesondere sexueller) Handlungen wegen Unvereinbarkeit mit Art. 1 Abs. 1 GG stets nichtig sind; ähnlich *Robbers*, JuS 1985, 930: Eine die Grenzen des Art. 1 Abs. 1 GG überschreitende Bindung einer Vertragspartei verstoße „regelmäßig" gegen die guten Sitten i. S. d. § 138 Abs. 1 BGB.

[417] Siehe dazu bereits oben S. 50 ff.

Presseunternehmens als vielmehr dem Interesse der Allgemeinheit an umfassender und rascher Berichterstattung.[418] Dies könnte dafür sprechen, dass dem öffentlichen Interesse hier Vorrang vor der individuellen Verfügungsfreiheit zukommt und zumindest tendenziell die Unwirksamkeit entgegenstehender vertraglicher Vereinbarungen erfordert. Andererseits gewährt die Pressefreiheit dem Presseunternehmen auch die Freiheit, selbst zu bestimmen, wie das Allgemeininteresse an aktueller Berichterstattung am besten befriedigt wird. Die grundrechtliche Gewährleistung der Pressefreiheit umfasst insbesondere das „Recht, Art und Ausrichtung, Inhalt und Form eines Publikationsorgans frei zu bestimmen".[419] So sind Selbstbeschränkungen in der Berichterstattung, z.B. aus humanitären Gründen, grundsätzlich zulässig.[420] Daher ist nicht ersichtlich, warum etwa eine vertragliche Vereinbarung zwischen zwei Zeitungsverlagen unwirksam sein sollte, worin sich beide Unternehmen wechselseitig dazu verpflichten, von der durch § 49 Abs. 1 S. 1 UrhG eingeräumten Möglichkeit zur Übernahme fremder Artikel keinen Gebrauch zu machen, sondern stattdessen nur auf den Internetauftritt der anderen Zeitung zu verweisen. Das Allgemeininteresse an tagesaktueller Berichterstattung wird durch eine solche Verpflichtung nicht übermäßig beeinträchtigt.

Ein genereller Vorrang des öffentlichen Interesses gilt entgegen *Trayer* auch nicht für die Schranke des § 45 Abs. 1 UrhG, welche im Interesse der Rechtspflege die Herstellung einzelner Vervielfältigungsstücke eines Werkes sowie dessen Verbreitung, öffentliche Ausstellung und öffentliche Wiedergabe zur Verwendung in einem gerichtlichen oder behördlichen Verfahren erlaubt. Durch diese Schranke soll verhindert werden, dass ein Gericht bei seiner Entscheidungsfindung durch eine willkürliche Eingrenzung der Erkenntnisquellen behindert wird, etwa dadurch, dass der Urheber die Verwendung eines Werkes als Beweis- oder Anschauungsmaterial in einem Zivilprozess untersagt.[421]

Die Belange der Rechtspflege werden von § 45 UrhG zwar nicht nur im Interesse der Verfahrensbeteiligen an der Feststellung und Durchsetzung ihrer subjektiven Rechte geschützt, sondern gerade auch im Allgemeininteresse an der öffentlichen, raschen und reibungslosen Arbeit der Gerichte und Behörden.[422] Über dieses Allgemeininteresse kann insoweit nicht disponiert werden, als von § 45 Abs. 1 UrhG die Verwertung des Werkes durch die staatlichen Gerichte und Behörden selbst privilegiert wird. Denn es würde einen erheblichen Ver-

---

[418] BT-Drucks. IV/270, S. 65f.; BGHZ 175, 135, 149f. = GRUR 2008, 693, 696f. Tz. 49 – TV Total (zu § 50 UrhG).

[419] BVerfGE 101, 361, 389 m.w.N.; OLG München GRUR-RR 2009, 85, 89 – AnyDVD II; Jarass/Pieroth-*Jarass*, Art. 5 Rn. 27.

[420] von Münch/Kunig-*Wendt*, Art. 5 Rn. 37.

[421] OLG Frankfurt a.M. NJW-RR 2000, 119, 121; Fromm/Nordemann-*W. Nordemann*, § 45 UrhG Rn. 1; Wandtke/Bullinger-*Lüft*, § 45 Rn. 1.

[422] Möhring/Nicolini-*Nicolini*, § 45 Rn. 4; OLG Frankfurt a.M. NJW-RR 2000, 119, 120f.

stoß gegen den Untersuchungsgrundsatz des § 24 Abs. 2 VwVfG sowie gegen die Pflicht zur fehlerfreien Ermessensausübung bedeuten, wenn sich eine Behörde gegenüber einem Verfahrensbeteiligten oder sogar einem Dritten verbindlich dazu verpflichten könnte, einzelne Beweismittel oder Anschauungsobjekte im Verfahren nicht zu berücksichtigen, obwohl sie für eine Entscheidung im Einzelfall bedeutsam sind.[423] Dies gilt unabhängig davon, ob es sich bei den Beweismitteln oder Anschauungsobjekten um urheberrechtlich schutzfähige Werke handelt.

Erst recht kommt eine entsprechende Bindung des Richters nicht in Betracht, da eine solche mit dessen sachlicher Unabhängigkeit gemäß Art. 97 Abs. 1 GG[424] und dem Rechtsstaatsprinzip nicht zu vereinbaren wäre.[425] Der Behörde bzw. dem Gericht fehlt daher aus rechtsstaatlichen Gründen die Kompetenz zum Abschluss einer rechtlich bindenden Verpflichtung, von der durch § 45 UrhG gewährten Nutzungsfreiheit keinen Gebrauch zu machen.

Auf die Privilegierung nach § 45 Abs. 1, 3 UrhG können sich aber auch die Verfahrensbeteiligten berufen, etwa die Partei oder ihr Prozessbevollmächtigter in einem Zivilprozess.[426] Zulässig nach § 45 Abs. 1 GG ist z. B. die Herstellung eines Vervielfältigungsstücks eines Schriftwerkes zur Vorlage als Urkunden- oder Augenscheinsbeweis.[427] Ob das hinter der Schranke des § 45 UrhG stehende öffentliche Interesse auch die Unwirksamkeit einer Vereinbarung erfordert, durch die sich die Partei verpflichtet, ein bestimmtes Werk nicht als Beweisstück in den Prozess einzuführen, ist sehr fraglich. Im Zivilprozess gilt der Beibringungsgrundsatz, der zusammen mit der Dispositionsmaxime die verfahrensrechtliche Ausprägung der im Zivilrecht geltenden Privatautonomie ist.[428] Danach bestimmen die Parteien selbst, welchen Streitstoff sie in den Prozess einführen und welche Beweismittel sie anbieten wollen.[429] Ein öffentliches Interesse daran, die Wahrheit von Tatsachen zu ermitteln, die privatrechtlichen Rechtsbeziehungen zugrunde liegen, besteht gerade nicht.[430]

---

[423] Zur Unwirksamkeit einer Verpflichtung der Gemeinde zur Aufstellung eines bestimmten Bebauungsplans wegen der damit verbundenen Beeinträchtigung der planerischen Gestaltungsfreiheit vgl. BGHZ 76, 16, 22 = NJW 1980, 826 m. w. N.

[424] Art. 97 Abs. 1 GG schützt auch die sachliche Unabhängigkeit gegenüber privater Einflussnahme, Sachs-*Detterbeck*, Art. 97 Rn. 17; Jarass/Pieroth-*Pieroth*, Art. 97 Rn. 9.

[425] Vgl. bereits RGZ 96, 57, 59. Zu den verfassungsrechtlichen Grenzen von Absprachen im Strafprozess BGHSt(GS) 50, 40, 48 ff. = NJW 2005, 1440, 1442.

[426] Möhring/Nicolini-*Nicolini*, § 45 Rn. 14; Schricker-*Melichar*, § 45 Rn. 6; Dreier/Schulze-*Dreier*, § 45 Rn. 7. Hingegen erfasst § 45 Abs. 2 UrhG ausschließlich die Verwertung durch Gerichte und Behörden, nicht auch durch etwaige Verfahrensbeteiligte.

[427] So der Fall von OLG Frankfurt a. M. NJW-RR 2000, 119: Der Beklagte in einem Unterhaltsprozess legte die Kopie eines von der Klägerin verfassten Textes vor, um deren Erwerbsfähigkeit darzulegen.

[428] MüKo-ZPO-*Rauscher*, Einl. Rn. 291 f.

[429] Thomas/Putzo-*Reichold*, Einl. I Rn. 2 f.; MüKo-ZPO-*Rauscher*, Einl. Rn. 294, 301; *Teubner/Künzel*, MDR 1988, 722.

[430] Thomas/Putzo-*Reichold*, Einl. I Rn. 3.

Soweit ein bestimmtes Prozessverhalten im Belieben der Parteien steht und weder gegen ein gesetzliches Verbot noch gegen die guten Sitten verstößt, können sich die Parteien daher nach h. M. auch wirksam durch einen Prozessvertrag zur Vornahme oder Unterlassung eines solchen Verhaltens verpflichten.[431] Angesichts der Dispositionsmaxime sind z. B. schuldrechtliche Vereinbarungen, durch die sich eine Partei zur Rücknahme der Klage oder zur Nichteinlegung eines Rechtsmittels verpflichtet, wirksam und führen auf Einrede der anderen Partei zur Abweisung der Klage als unzulässig bzw. zur Verwerfung des Rechtsmittels.[432] Dies gilt auch dann, wenn die subjektiven Rechte, auf deren Durchsetzung in einem rechtsstaatlich geordneten Verfahren die Partei verzichtet, öffentliche Belange berühren, da es im Rahmen der Dispositionsbefugnis der Partei liegt, ob sie Rechtsschutz in Anspruch nehmen will.[433] Ebenso sind im Geltungsbereich des Beibringungsgrundsatzes vertragliche Beweismittelbeschränkungen zulässig, da die Beweisanträge der Parteidisposition unterliegen.[434] Die Parteien können durch eine vertragliche Vereinbarung in gewissen Grenzen sogar den von Amts wegen anzuordnenden Sachverständigenbeweis oder eine Parteivernehmung nach § 448 ZPO ausschließen.[435] Erst recht muss sich eine Partei wirksam dazu verpflichten können, ein bestimmtes Werk nicht als Beweismittel in einen Prozess einzuführen und von der durch § 45 Abs. 1, 3 UrhG eingeräumten Nutzungsfreiheit insoweit keinen Gebrauch zu machen.

Selbst bei den Schrankenbestimmungen, die vorwiegend dem Schutz eines überindividuellen Rechtsguts dienen, kann dem privilegierten Nutzer also entgegen *Trayer* die Befugnis zur privatautonomen Disposition über die ihm eingeräumte Nutzungsfreiheit nicht generell abgesprochen werden. Weder die grundrechtliche Gewährleistung noch ein besonderes öffentliches Interesse vermögen daher die generelle Unwirksamkeit einer vertraglichen Beschränkung der von den Schranken des Urheberrechts eingeräumten Nutzungsfreiheit zu begründen. Wenn es aber von der konkreten Situation des Vertragsschlusses und dem Umfang der vertraglichen Nutzungsbeschränkung abhängt, ob eine Einschränkung der Vertragsfreiheit zum Schutz des von einer Schranke be-

---

[431] BGHZ 28, 45, 48 f. = NJW 1958, 1397; BGH NJW 1982, 2072, 2073; MüKo-ZPO-*Rauscher*, Einl. Rn. 396; *Teubner/Künzel*, MDR 1988, 721; *Wagner*, Prozessverträge, S. 86 ff. m. w. N.

[432] BGHZ 28, 45, 49 = NJW 1958, 1397; BGHZ 41, 3, 5 = NJW 1964, 549, 550; BGH NJW 1989, 39; MüKo-ZPO-*Becker-Eberhard*, vor §§ 253 ff. Rn. 14; Zöller-*Greger*, vor § 128 Rn. 32 f.; *Wagner*, Prozessverträge, S. 440, 527 ff.; ebenso zum vertraglichen Verzicht auf öffentlich-rechtliche Rechtsbehelfe BGHZ 79, 132, 135 = NJW 1981, 811; Staudinger-*Sack* (2003), § 134 Rn. 243 m. w. N.

[433] So ausdrücklich BGHZ 79, 132, 135 f. = NJW 1981, 811 f.

[434] RGZ 96, 57, 59; BGH WM 1973, 144; Thomas/Putzo-*Reichold*, Vorbem § 284 Rn. 41; MüKo-ZPO-*Rauscher*, Einl. Rn. 396; MüKo-ZPO-*Prütting*, § 286 Rn. 164; Zöller-*Greger*, vor § 284 Rn. 2b.

[435] *Schlosser*, S. 25 f.; *Teubner/Künzel*, MDR 1988, 722; *Wagner*, Prozessverträge, S. 689 f. m. w. N.; a. A. Zöller-*Greger*, vor § 284 Rn. 2b.

günstigten Nutzers erforderlich ist, können die Grenzen der Dispositionsbefugnis des einzelnen Nutzers über die von den Schranken eingeräumte Nutzungsfreiheit nicht mit den tatbestandlichen Grenzen der Schranken gleichgesetzt werden.

(e) Allgemeine Beschränkungen der Privatautonomie

Zutreffend halten daher *Dreier/Senftleben* eine Beschränkung urheberrechtlicher Schranken im Wege einer frei ausgehandelten Individualvereinbarung für „zumindest nicht grundsätzlich unzulässig".[436] Problematisch ist indes das von den Autoren zum Beleg ihrer Auffassung angeführte Beispiel der vertraulichen Weitergabe eines Manuskripts, bei dem sich der Empfänger zur Geheimhaltung und damit auch dazu verpflichten können müsse, insoweit von seiner Zitierfreiheit keinen Gebrauch zu machen.[437] Dieses Beispiel ist nicht geeignet, daraus Schlussfolgerungen für die Abdingbarkeit von Schrankenbestimmungen zu ziehen.

Denn die Zitierfreiheit besteht nach § 51 S. 1, S. 2 Nr. 2 UrhG nur unter der Voraussetzung, dass das zitierte Werk bereits veröffentlicht ist. Eine Veröffentlichung setzt nach § 6 Abs. 1 UrhG aber voraus, dass der Urheber das Werk der Öffentlichkeit „gewidmet", also dazu bestimmt hat, von einer Mehrzahl mit dem Urheber und untereinander nicht verbundener Personen wahrgenommen zu werden.[438] Eine vertrauliche Weitergabe an eine bestimmte Person oder einen bestimmt abgegrenzten Personenkreis mit der Verpflichtung zur Geheimhaltung erfüllt diese Voraussetzungen nicht, das Werk wird dadurch noch nicht veröffentlicht.[439] Dass der Empfänger in diesem Fall zur Geheimhaltung verpflichtet werden kann, liegt daher daran, dass die tatbestandlichen Voraussetzungen der Schranke des § 51 UrhG nicht vorliegen und ein Zitat aus dem vertraulich weitergegebenen Manuskript daher neben dem Veröffentlichungsrecht aus § 12 UrhG auch das Vervielfältigungs- und Verbreitungsrecht des Urhebers verletzen würde. Wenn ein Zitat mangels Vorliegen der Voraussetzungen des § 51 UrhG eine Urheberrechtsverletzung darstellt, spricht aber nichts gegen die Wirksamkeit einer flankierenden vertraglichen Unterlassungspflicht. Eine Verpflichtung des Empfängers, von seiner Zitierfreiheit keinen Gebrauch zu machen, liegt in der Pflicht zur Geheimhaltung eines unveröffentlichten Werkes gerade nicht. Die vertragliche Abdingbarkeit urheberrechtlicher Schranken lässt sich mit diesem Beispiel daher nicht belegen.

---

[436] *Dreier/Senftleben*, in: Lejeune, D Rn. 40; ebenso *Elkin-Koren*, in: Dreyfuss/Zimmermann/First, S. 218; *Fachausschuss*, GRUR 2009, 136.

[437] *Dreier/Senftleben*, in: Lejeune, D Rn. 40; zustimmend *Trayer*, S. 187.

[438] Möhring/Nicolini-*Ahlberg*, § 6 Rn. 8.

[439] Vgl. Schricker-*Katzenberger*, § 6 Rn. 13; Möhring/Nicolini-*Ahlberg*, § 6 Rn. 9; *Schack*, UrhR, Rn. 231 f.

Zum Kern des Problems gelangt man, wenn man das Beispiel dahingehend abwandelt, dass der Empfänger sich dazu verpflichtet, das Manuskript auch nicht zu privaten Zwecken zu vervielfältigen.[440] Eine solche individualvertragliche Verpflichtung, von der Vervielfältigungsfreiheit nach § 53 Abs. 1 UrhG keinen Gebrauch zu machen, ist nach überwiegender Auffassung ebenfalls wirksam.[441] Dass man die vertragliche Abbedingung der Vervielfältigungsfreiheit in diesem Fall „unwillkürlich für zulässig halten" wird, will *Hohagen* allerdings allein darauf zurückführen, dass die Kopierfreiheit nach § 53 UrhG anders als die Zitierfreiheit tatbestandlich nicht auf veröffentlichte Werke beschränkt ist.[442] Das sei angesichts des ideellen Interesses des Urhebers an einer autonomen Entscheidung über die Veröffentlichungsreife seines Werkes durch nichts zu rechtfertigen.[443] Es handele sich bei dem Beispiel somit nicht um einen verallgemeinerungsfähigen Normalfall, aus dem sich Schlussfolgerungen für die vertragliche Abdingbarkeit der Vervielfältigungsfreiheit im Übrigen ziehen ließen.[444]

Ob die Zulässigkeit des vertraglichen Vervielfältigungsverbots in diesem Fall allein mit der Begründung bejaht werden kann, dass der gesetzliche Tatbestand des § 53 Abs. 1 UrhG im Hinblick auf unveröffentlichte Werke zu weit gefasst ist, ist fraglich. Denn das Veröffentlichungsrecht des Urhebers aus § 12 Abs. 1 UrhG wird durch eine nach § 53 Abs. 1 UrhG zulässige Vervielfältigung zu privaten Zwecken nicht berührt. Eine derartige Vervielfältigung stellt keine Veröffentlichung des Werkes i. S. d. § 6 Abs. 1 UrhG dar. Auch wenn die Anzahl der vorhandenen Werkexemplare dadurch erhöht wird, wird das Werk nicht der Öffentlichkeit zugänglich gemacht. Eine missbräuchliche Veröffentlichung des unveröffentlichten Werkes durch den Nutzer bleibt wegen § 12 Abs. 1 UrhG unzulässig. Gemäß § 53 Abs. 6 S. 1 UrhG sind auch die öffentliche Verbreitung der zulässigerweise hergestellten Vervielfältigungsstücke sowie deren Verwendung für eine öffentliche Wiedergabe ausdrücklich verboten. Wenn der Urheber ein unveröffentlichtes Werk freiwillig aus der Hand gegeben hat,[445] kann die Annahme, dass sein Interesse an der Vertraulichkeit des Werkes das Interesse des Werknutzers an einer zustimmungsfreien Vervielfältigung generell überwiegt,[446] daher nicht mit dem durch § 12 UrhG geschützten Interesse an einer autonomen Entscheidung über die Veröffentlichungsreife begründet werden.

---

[440] So Dreier/Schulze-*Dreier*, vor §§ 44aff. Rn. 9.

[441] Dreier/Schulze-*Dreier*, vor §§ 44aff. Rn. 9; *Hohagen*, FS Schricker, 362; *Karjala*, FG Horn, 476.

[442] *Hohagen*, FS Schricker, 362; ähnlich *Karjala*, FG Horn, 476f.

[443] Ebenso bereits *Hohagen*, Vervielfältigungsfreiheit, S. 342f.

[444] *Hohagen*, FS Schricker, 362: Wenn das Vervielfältigungsverbot ein veröffentlichtes oder gar erschienenes Werk betreffe, sei der Fall schon „weniger eindeutig".

[445] Wenn der Nutzer sich die Kopiervorlage rechtswidrig verschafft hat, greift die Schranke des § 53 UrhG schon tatbestandlich nicht ein, siehe oben S. 243.

[446] So *Hohagen*, FS Schricker, 362; *ders.*, Vervielfältigungsfreiheit, S. 342.

Gemäß § 44 Abs. 2 UrhG ist der Eigentümer sogar zur öffentlichen Ausstellung des Kunstwerks berechtigt, solange der Urheber diese Befugnis bei der Veräußerung nicht ausdrücklich ausgeschlossen hat.[447] Es ist daher durchaus gerechtfertigt, dass § 53 Abs. 1 UrhG eine durch den Eigentümer zu privaten Zwecken hergestellte Fotografie unabhängig von der vorherigen Veröffentlichung des Werkes erfasst.[448] Neben § 53 gelten auch die Schranken der §§ 45 und 57 UrhG für unveröffentlichte Werke und stellen – anders als § 53 Abs. 6 S. 1 UrhG – sogar Nutzungen frei, die zur Veröffentlichung des Werkes führen.[449] Wenn der Eigentümer sich beim Erwerb des Kunstwerks gegenüber dem Urheber zur Unterlassung sämtlicher privater Vervielfältigungen des Werkes verpflichtet, kann die Zulässigkeit des vertraglichen Vervielfältigungsverbots somit nicht allein darauf gestützt werden, dass die vertragliche Vereinbarung lediglich eine übermäßige Beschränkung des Urheberrechts seitens des Gesetzgebers korrigiert.

Dass man dazu neigt, die vertragliche Verpflichtung zur Geheimhaltung im eingangs genannten Beispiel für wirksam zu halten, liegt vielmehr daran, dass bei der vertraulichen Weitergabe eines Manuskripts ein Verbot der Vervielfältigung – auch zu privaten Zwecken – angesichts des konkreten von den Parteien verfolgten Vertragszwecks nicht „ungerecht" erscheint. So hat ein Journalist, der von einem Autor vorab das Manuskript eines bislang unveröffentlichten Romans vorübergehend zur Ansicht erhält, um eine Rezension vorzubereiten, in erster Linie ein Interesse daran, das Manuskript früher als seine Konkurrenten zu erhalten. Er wird sich daher freiwillig dazu bereit erklären, keine dauerhafte Vervielfältigung des Manuskripts anzufertigen, weil er andernfalls keine Möglichkeit hat, in den Besitz des Manuskripts zu kommen und sich so einen Wettbewerbsvorteil gegenüber anderen Publikationen zu verschaffen.[450] Der Urheber hat aber ein besonderes Interesse daran, dass der Journalist nach Rückgabe des Manuskripts kein Werkexemplar behält, um die Geheimhaltung bis zur Veröffentlichung des Romans zu gewährleisten. Die vertragliche Vereinbarung wird daher den Interessen beider Parteien gleichermaßen gerecht.

---

[447] Siehe dazu oben S. 107 f.

[448] Vgl. *Schack*, Kunst und Recht, Rn. 173.

[449] OLG Frankfurt a. M. NJW-RR 2000, 119, 120; Dreier/Schulze-*Dreier*, § 45 Rn. 8; Wandtke/Bullinger-*Lüft*, § 45 Rn. 4; Möhring/Nicolini-*Nicolini*, § 45 Rn. 7; Schricker-*Melichar*, § 45 Rn. 9; vgl. auch *dens.*, vor §§ 44a ff. Rn. 12. Die darin liegende Beschränkung des Erstveröffentlichungsrechts ist verfassungsrechtlich nicht zu beanstanden, OLG Frankfurt a. M. NJW-RR 2000, 119, 121 f.; Schricker-*Melichar*, § 45 Rn. 9.

[450] Zur Praxis der Verlage, die Zusendung von Druckfahnen oder Rezensionsexemplaren eines Romans an Zeitungsredaktionen an den Abschluss einer Vertraulichkeitsvereinbarung zu knüpfen, mit der die Redaktion unter Vermeidung einer Vertragsstrafe die Einhaltung einer Sperrfrist bis zum Ersterscheinungstag verspricht, vgl. den Bericht „Der Spiegel und die Sperrfrist" über einen Streit zwischen Rowohlt und dem *Spiegel* in der Süddeutschen Zeitung vom 5. 2. 2009, S. 11.

Die Gefahr einer einseitigen Kontrolle der Werknutzung seitens des Urhebers besteht hier nicht. Es ist daher nicht erforderlich, die Vertragsfreiheit der Parteien zum Schutz des Schrankenbegünstigten zu begrenzen. Wäre die von § 53 UrhG eingeräumte Nutzungsfreiheit hingegen insgesamt unabdingbar, würde der Urheber möglicherweise von einer Vorabaushändigung des Manuskripts ganz absehen, da er eine – von ihm unerwünschte – private Vervielfältigung seitens des Journalisten nicht unterbinden könnte. Dadurch würden die Interessen der Allgemeinheit an der Nutzung des Werkes eher behindert als gefördert.

Anders wäre dies bei einem veröffentlichten oder gar erschienenen Werk. Da sich der Journalist in diesem Fall auf andere Weise Kenntnis vom Inhalt des Werkes verschaffen könnte, ist es kaum denkbar, dass er sich freiwillig auf einen Ausschluss seiner Vervielfältigungsfreiheit einlassen würde, um in den Besitz des Manuskripts zu kommen. Wenn man hier die Wirksamkeit eines vertraglichen Vervielfältigungsverbots für weniger selbstverständlich hält als im oben genannten Beispielsfall, liegt das folglich daran, dass eine derartige Vereinbarung regelmäßig nur zustande kommen wird, wenn die Vertragsparität gestört und der Inhalt des Vertrages einseitig durch den Urheber bestimmt worden ist. Erfolgt der Verzicht auf die von einer Schranke eingeräumte Nutzungsfreiheit nicht freiwillig, sondern auf Druck eins Vertragspartners, so ist der Verzicht aber nicht mehr Ausdruck der Privatautonomie des Schrankenbegünstigten. Denn die Privatautonomie beruht auf dem Prinzip der Selbstbestimmung, setzt also voraus, dass die Bedingungen freier Selbstbestimmung tatsächlich gegeben sind.[451] Wenn es an einem annähernden Kräftegleichgewicht der Beteiligten fehlt und einer der Vertragsteile ein so starkes Übergewicht hat, dass er vertragliche Regelungen faktisch einseitig setzen kann, ist es dagegen nicht gerechtfertigt, den unterlegenen Teil an die formal zustande gekommene, aber nicht von seiner Entscheidungsfreiheit getragene Einigung zu binden.[452]

Will man im Beispielsfall die Wirksamkeit der vertraglichen Verpflichtung zur Geheimhaltung davon abhängig machen, dass das betreffende Werk noch nicht veröffentlicht ist, so lässt sich dies daher nicht damit begründen, dass dem Empfänger des Manuskripts bei einem veröffentlichten Werk die Dispositionsbefugnis über die von der Schranke des § 53 UrhG eingeräumte Nutzungsfreiheit fehlt, sondern allenfalls damit, dass aufgrund einer Fremdbestimmung des Vertragsinhalts durch den Vertragspartner im konkreten Fall die Voraussetzungen einer privatautonomen Disposition seitens des Empfängers nicht vorliegen. Der Zweck der urheberrechtlichen Schranken besteht jedoch nicht darin,

[451] BVerfGE 81, 242, 254f.; BVerfGE 103, 89, 100; BVerfGE 114, 1, 34; Staudinger-*Sack* (2003), § 138 Rn. 40 m. w. N.

[452] Vgl. *Larenz/Wolf*, § 42 Rn. 2; Staudinger-*Looschelders/Olzen* (2005), § 242 Rn. 459; siehe dazu unten S. 325.

eine unterlegene Verhandlungsposition des Schrankenbegünstigten auszugleichen.

Zwar wird ein vertraglicher Verzicht auf die von den Schranken gewährte Nutzungsfreiheit in der Praxis regelmäßig Ausdruck einer geschwächten Verhandlungsposition des Nutzers sein. Eine Korrektur durch die Festlegung zwingenden Vertragsrechts ist aber dem Gesetzgeber vorbehalten, dem insoweit ein weiter Beurteilungs- und Gestaltungsspielraum zusteht.[453] Im Wege der Auslegung lässt sich den gesetzlichen Schrankenbestimmungen eine solche abstrakt-generelle Beschränkung der Privatautonomie zum Schutz des unterlegenen Vertragspartners nicht entnehmen.[454] Eine Korrektur kann daher nur vorgenommen werden, soweit gesetzliche Regelungen außerhalb des Urheberrechts einen Schutz des einzelnen Nutzers vor einer Fremdbestimmung durch den Vertragspartner vorsehen.[455] Fehlt eine ausdrückliche Regelung, so kommt eine richterliche Inhaltskontrolle entsprechender Individualvereinbarungen nur im Rahmen der zivilrechtlichen Generalklauseln, namentlich § 138 Abs. 1 BGB, in Betracht.[456]

e. Ergebnis

Die urheberrechtlichen Schranken sind nicht Ausdruck einer fehlenden Dispositionsbefugnis des einzelnen Nutzers über die von der jeweiligen Beschränkung des Urheberrechts gewährte Nutzungsfreiheit. Die Formulierung der Schranken im deutschen UrhG, wonach die jeweils erlaubte Nutzung „zulässig" ist, kann also nach dem Telos der Schranken nicht so ausgelegt werden, dass sämtliche von einer Schranke erfassten Nutzungshandlungen auch aufgrund einer vertraglichen Vereinbarung nicht untersagt werden könnten. Der unmit-

[453] BVerfGE 81, 242, 255. So erfassen §§ 55a S. 3, 69g Abs. 2 UrhG auch die individualvertragliche Abbedingung der jeweils betroffenen Schrankenregelungen. Dies ist dadurch gerechtfertigt, dass ein Nutzer in einer frei ausgehandelten Vereinbarung kaum auf die durch §§ 69d, 55a S. 1 UrhG eingeräumte Nutzungsfreiheit verzichten wird. Denn der Erwerb einer Datenbank oder eines Computerprogramms lohnt sich für den Nutzer nicht, wenn nicht mindestens die normale Benutzung gewährleistet ist; vgl. Fromm/Nordemann-*W. Nordemann*, 9. Aufl., § 55a Rn. 4, der die Erforderlichkeit des § 55a S. 3 UrhG für zweifelhaft hält, da niemand Eigentum an einer Sache erwerben wolle, die er nicht gebrauchen darf. Wenn ein Nutzungsvertrag eine derartige Nutzungsbeschränkung enthält, kann also im Regelfall unterstellt werden, dass die Vertragsbedingungen einseitig vom Rechtsinhaber bestimmt worden sind. Im Interesse der Rechtssicherheit und Rechtsklarheit kann die mit einer solchen Regelung verbundene Einschränkung der Privatautonomie auch für die Fälle in Kauf genommen werden, in denen gleichberechtigte Vertragspartner einander gegenüber stehen.

[454] So im Ergebnis auch Dreier/Schulze-*Dreier*, § 60 Rn. 2; ebenso wohl *Hohagen*, FS Schricker, 363, der den zwingenden Charakter der Vervielfältigungsfreiheit „unmittelbar aus dem die Vervielfältigungsfreiheit begründenden und begrenzenden Interessenausgleich" entnehmen, die Entscheidung über die Unwirksamkeit aber im Einzelfall dem Richter vorbehalten will.

[455] Dazu unten S. 265 ff.

[456] Dazu unten S. 321 ff.

telbare Regelungsbereich der Schranken enthält kein Verbot schuldrechtlicher Nutzungsbeschränkungen.[457] Er beschränkt sich vielmehr auf die inhaltliche Begrenzung des entsprechenden urheberrechtlichen Verwertungsrechts und stellt im Anwendungsbereich der jeweiligen Schranke lediglich die Nutzungsfreiheit in dem Umfang wieder her, wie sie ohne Gewährung eines Urheberrechts bestünde. Die Schrankenbestimmungen sind danach in Anlehnung an die Formulierung ausländischer Urheberrechtsordnungen folgendermaßen zu lesen: „Auch ohne Zustimmung des Rechtsinhabers stellt es keinen Eingriff in das ausschließliche Recht des Urhebers dar, wenn ..." Eine vertragliche Verpflichtung, von einer Schranke des Urheberrechts keinen Gebrauch zu machen, stellt folglich keine „Modifikation" der betreffenden Schranke dar.[458]

Die Schranken der §§ 44aff. UrhG stellen im Hinblick auf schuldrechtliche Verpflichtungen nach geltendem Recht daher keine zwingenden Regelungen dar. Vertragliche Abreden, die eine Partei verpflichten, eine von einer Schranke des Urheberrechts erlaubte Nutzungshandlung nicht oder nur unter bestimmten Bedingungen vorzunehmen, sind daher nicht generell unwirksam. Die abstrakt-generelle Interessenabwägung zwischen den Interessen des Urhebers und denen der Allgemeinheit, die der Gesetzgeber mit den Schranken des Urheberrechts getroffen hat, kann nicht unmittelbar auf die Wirksamkeit individualvertraglicher Abreden durchschlagen. Dementsprechend hat der BGH die schuldrechtliche Wirksamkeit einer vertraglichen Nutzungsbeschränkung in Bezug auf den Erschöpfungsgrundsatz ausdrücklich von einer dinglich wirkenden Beschränkung der Erschöpfung nach § 17 Abs. 2 UrhG getrennt und eine entsprechende schuldrechtliche Verpflichtung des direkten Vertragspartners vorbehaltlich etwaiger kartellrechtlicher Beschränkungen für grundsätzlich wirksam erachtet.[459]

Allerdings ist nicht zu verkennen, dass das von den Schranken des Urheberrechts bezweckte Gleichgewicht zwischen den Interessen der Rechtsinhaber und denen der Allgemeinheit auch durch derartige schuldrechtlichen Verpflichtungen gestört werden kann. Zum Teil wird daher vorgeschlagen, zumindest einige Schranken des Urheberrechts de lege ferenda ausdrücklich zwingend auszugestalten.[460] Bevor auf diese Vorschläge eingegangen wird, ist aber zu un-

---

[457] Ebenso zu § 17 Abs. 2 UrhG Kilian/Heussen-*Harte-Bavendamm/Wiebe*, Kap. 51 Rn. 95; *Marly*, Rn. 1053; Ulmer/Brandner/Hensen-*H. Schmidt*, Anh. § 310 BGB Rn. 785.

[458] So zu § 53 UrhG aber *Schack*, ZUM 2002, 503.

[459] BGHZ 145, 7, 15 = GRUR 2001, 153, 155 – OEM-Version; ebenso bereits OLG Düsseldorf GRUR 1990, 188, 189 – Vermietungsverbot; ähnlich BGH GRUR 1986, 736, 737 – Schallplattenvermietung, wo die schuldrechtliche Wirkung des streitgegenständlichen Vorbehalts des Vermietungsrechts aber im Ergebnis offen gelassen wurde.

[460] So mit unterschiedlicher Gewichtung im Einzelfall *Vinje*, EIPR 1999, 195f.; *Elkin-Koren*, in: Dreyfuss/Zimmermann/First, S. 217; *Guibault*, in: Hilty/Peukert, S. 243; *dies.*, Copyright Limitations, S. 265, 268; *Fernández-Molina*, 30 JIS 344 (2004); *Dusollier*, EIPR 1999,

tersuchen, inwieweit das allgemeine Vertragsrecht Regelungen bereithält, diesen Konflikt angemessen zu lösen.

II. Nichtigkeit wegen Verstoßes gegen Kartellrecht

Die Unwirksamkeit einer Verpflichtung des Nutzers, von der durch eine Schranke gewährten Nutzungsfreiheit keinen Gebrauch zu machen, kann sich zunächst daraus ergeben, dass eine solche Verpflichtung gegen ein gesetzliches Verbot i.S.d. § 134 BGB verstößt. Darunter fallen alle Vorschriften, die eine nach der Rechtsordnung grundsätzlich mögliche rechtsgeschäftliche Regelung wegen ihres Inhalts oder wegen der Umstände ihres Zustandekommens untersagen.[461] Die Schranken des Urheberrechts richten sich nicht gegen rechtsgeschäftlich begründete Unterlassungspflichten. Aus diesem Grund stellen §§ 44a ff. UrhG keine Verbotsgesetze dar, die unmittelbar auf die Wirksamkeit derartiger schuldrechtlicher Verpflichtungen durchschlagen.[462] Auch die Grundrechte des Nutzers sind mangels unmittelbarer Wirkung zwischen Privaten grundsätzlich keine Verbotsgesetze i.S.d. § 134 BGB.[463] Schuldrechtliche Verpflichtungen, die eine nach dem UrhG zulässige Nutzungshandlung zum Gegenstand haben, können daher nur dann gemäß § 134 BGB unwirksam sein, soweit sie gegen Verbotsnormen außerhalb des UrhG verstoßen. Dafür kommen vor allem das kartellrechtliche Verbot der missbräuchlichen Ausnutzung einer marktbeherrschenden Stellung gemäß § 19 GWB und Art. 82 EGV in Betracht. Ebenso sind wettbewerbsbeschränkende Vereinbarungen gemäß § 1 GWB i.V.m. § 134 BGB und Art. 81 Abs. 2 EGV nichtig.

1. Missbrauch einer marktbeherrschenden Stellung

Der Nutzer wird den Schrankengebrauch ausschließende oder beschränkende Vertragsklauseln in der Regel nur deshalb akzeptieren, weil er andernfalls den für eine Nutzung erforderlichen Zugang zum betreffenden Werk wegen unzureichender Ausweichmöglichkeiten nicht oder nur unter erschwerten Bedingungen bekommt. Der Fokus der kartellrechtlichen Beurteilung solcher Vertragsklauseln liegt daher auf dem Verbot der missbräuchlichen Ausnutzung einer marktbeherrschenden Stellung des Vertragspartners. Ein solches Verbot

295; *dies.*, in: Kaestner, S. 230 f., 236 f.; *Benabou/Dusollier*, in: Torremans, S. 179; *Dreier*, CR 2000, 47.

[461] OLG Hamburg NJW 1993, 1335; Palandt-*Ellenberger*, § 134 Rn. 5.

[462] Ebenso für den Erschöpfungsgrundsatz *Lehmann*, FG Schricker, 565.

[463] Vgl. Palandt-*Ellenberger*, § 134 Rn. 4; *Larenz/Wolf*, § 40 Rn. 3. Verbotscharakter haben lediglich Art. 9 Abs. 3, Art. 38 Abs. 1 S. 2 und Art. 48 Abs. 2 GG, die für die urheberrechtlichen Schranken nicht von Bedeutung sind. Bei unmittelbarer Grundrechtsbindung eines öffentlich-rechtlichen Vertragspartners führt ein Grundrechtsverstoß hingegen zur Nichtigkeit des Rechtsgeschäfts gemäß § 134 BGB, siehe MüKo-*Armbrüster*, § 134 Rn. 33 und unten S. 428.

enthalten sowohl § 19 Abs. 1 GWB als auch Art. 82 Abs. 1 EGV. Der Begriff des Missbrauchs wird grundsätzlich in beiden Vorschriften identisch ausgelegt.[464] Nach Art. 3 Abs. 1 S. 2 VO 1/2003 und § 22 Abs. 3 S. 1 und 2 GWB findet in Fällen mit zwischenstaatlichem Bezug neben § 19 GWB aber immer zugleich Art. 82 EGV Anwendung, dem insoweit Vorrang zukommt.[465] Das nationale Recht ist im Anwendungsbereich von Art. 82 EGV danach nur insoweit von Bedeutung, als es ausnahmsweise strengere Regelungen vorsieht als das europäische Recht, was nach Art. 3 Abs. 2 S. 2 VO 1/2003 i. V. m. § 22 Abs. 3 S. 3 GWB bei „einseitigen Handlungen" anders als bei der Beurteilung wettbewerbsbeschränkender Vereinbarungen ausdrücklich zulässig ist.[466] Daher wird im Folgenden zur Beurteilung nutzungsbeschränkender Klauseln in erster Linie auf Art. 82 EGV abgestellt und das deutsche Recht nur insoweit herangezogen, als es über das europäische Recht hinausgehende Wettbewerbsregeln vorsieht.

a. Marktbeherrschende Stellung

Art. 82 EGV richtet sich gegen die missbräuchliche Ausnutzung einer bereits bestehenden marktbeherrschenden Stellung auf dem Gemeinsamen Markt oder einem wesentlichen Teil desselben durch ein oder mehrere Unternehmen.

(1) Marktabgrenzung

Art. 82 EGV liegt das Marktmachtkonzept zugrunde, wonach sich wirtschaftliche Macht nur auf einem bestimmten Markt bilden kann. Daher muss die Ermittlung einer marktbeherrschenden Stellung stets damit beginnen, den relevanten Markt in sachlicher und räumlicher Hinsicht möglichst exakt abzugrenzen, um bestimmen zu können, welche konkurrierenden Unternehmen tatsächlich in der Lage sind, dem Verhalten des betreffenden Unternehmens Schranken zu setzen und es daran zu hindern, sich einem wirksamen Wettbewerbsdruck zu entziehen.[467]

(a) Unterscheidung von Lizenz- und Produktmarkt

Hinsichtlich der Verwertung urheberrechtlich geschützter Werke ist zunächst zwischen dem relevanten Lizenzmarkt und dem relevanten Produktmarkt zu

---

[464] *Bechtold*, GWB, § 19 Rn. 64; *Emmerich*, Kartellrecht, § 27 Rn. 62.

[465] Dazu *Bechtold*, GWB, § 22 Rn. 13 ff.

[466] Sog. „deutsche Klausel", siehe *Bechtold*, GWB, § 22 Rn. 16; *Bechtold/Bosch/Brinker/Hirsbrunner*, Art. 3 VO 1/2003 Rn. 21.

[467] Bekanntmachung der Kommission über die Definition des relevanten Marktes im Sinne des Wettbewerbs der Gemeinschaft, ABl. EG 1997 Nr. C 372/5, Rn. 2, 11; *Emmerich*, Kartellrecht, § 9 Rn. 8; *Bechtold/Bosch/Brinker/Hirsbrunner*, Art. 82 EG Rn. 5; speziell zur Marktabgrenzung für urheberrechtlich geschützte Informationen Immenga/Mestmäcker-*Ullrich/Heinemann*, GRUR B Rn. 48.

unterscheiden.[468] Der Lizenzmarkt bezieht sich auf den eigentlichen Schutzgegenstand, also das urheberrechtlich geschützte Werk als Immaterialgut, das insbesondere durch die Einräumung von Nutzungsrechten vermarktet werden kann.[469] Bei der Verwertung seines Werkes im Wege der Einräumung von Nutzungsrechten handelt auch der selbständige Urheber als Unternehmer im Sinne der Wettbewerbsregeln.[470] Degegenüber bezieht sich der davon abgeleitete Produktmarkt auf die Waren oder Dienstleistungen, die unter Nutzung des betreffenden Werkes hergestellt bzw. angeboten werden, also Bücher, Tonträger, Theateraufführungen usw.[471] Der Urheber kann ebenso wie der Inhaber eines ausschließlichen Nutzungsrechts, welches gemäß § 31 Abs. 3 S. 1 UrhG zur Unterlizenzierung berechtigt, auf beiden Märkten tätig werden. Wenn etwa ein Verlag ein Werk als Buch auf den Markt bringt, gleichzeitig aber einem anderen Verlag ein Nutzungsrecht zur Veröffentlichung einer Lizenzausgabe einräumt, wird der Originalverlag sowohl auf dem Lizenz- als auch auf dem Produktmarkt tätig. Der Inhaber urheberrechtlicher Ausschließlichkeitsrechte kann seine Tätigkeit aber auch auf einen Markt beschränken. Wenn etwa ein Künstler das von ihm geschaffene Gemälde ausschließlich durch den Verkauf des Werkoriginals und nicht in anderer Form verwerten will, existiert gar kein Lizenzmarkt, sondern nur ein Produktmarkt.[472]

Ein eigenständiger Lizenzmarkt ist aber bereits dann anzuerkennen, wenn zwei unterschiedliche Produktionsstufen unterschieden werden können, von denen die vorgelagerte für die Lieferung des nachgelagerten Erzeugnisses unerlässlich ist, und zwar selbst dann, wenn der vorgelagerte Markt mangels getrennter Vermarktung nur potentieller Natur ist.[473] Das Bestehen eines Lizenz-

---

[468] Das betonen insbesondere *Emmerich*, Kartellrecht, § 10 Rn. 65; Immenga/Mestmäcker-*Möschel*, Art. 82 EGV Rn. 157, 247; Immenga/Mestmäcker-*Ullrich/Heinemann*, GRUR B Rn. 46; *Spindler/Apel*, JZ 2005, 135; Fromm/Nordemann-*J. B. Nordemann*, vor §§ 31 ff. UrhG Rn. 268; vgl. Kommission, 19. 7. 2004, Sache COMP/M.3333, ABl. EU 2005 Nr. L 62/30, Rn. 8 – Sony/BMG, wo für Online-Musik der Großhandelsmarkt für Lizenzen und der Einzelhandelsmarkt für den Vertrieb von Online-Musik unterschieden werden; a. A. *Wirtz/Holzhäuser*, WRP 2004, 689, die das Bestehen eines eigenen Marktes für die Vergabe von Lizenzen ablehnen. Für Technologietransfer-Vereinbarungen trennt Art. 1 Abs. 1 lit. j VO 772/2004 zwischen dem Technologiemarkt für die Vergabe von Lizenzen und dem Produktmarkt für Produkte, die mit der lizenzierten Technoligie produziert werden.

[469] Ungenau ist es, wenn (nur) im Hinblick auf den Lizenzmarkt vom „Markt für die Verwertung von Schutzrechten" gesprochen wird (so *Emmerich*, Kartellrecht, § 10 Rn. 65; Immenga/Mestmäcker-*Möschel*, Art. 82 EGV Rn. 157, 247). Denn auch derjenige, der Vervielfältigungsstücke des Werkes auf dem Produktmarkt anbietet und dadurch das Werk verbreitet, verwertet das geschützte Werk.

[470] Immenga/Mestmäcker-*Emmerich*, Art. 81 Abs. 1 EGV Rn. 32; *Bechtold/Bosch/Brinker/Hirsbrunner*, Art. 81 EG Rn. 21; *Mestmäcker/Schweitzer*, § 8 Rn. 21; *Schack*, UrhR, Rn. 954.

[471] *Emmerich*, Kartellrecht, § 10 Rn. 65; Immenga/Mestmäcker-*Möschel*, Art. 82 EGV Rn. 157, 247; Immenga/Mestmäcker-*Ullrich/Heinemann*, GRUR B Rn. 46.

[472] Immenga/Mestmäcker-*Ullrich/Heinemann*, GRUR B Rn. 46.

[473] EuGH, 29. 4. 2004, Rs. C-418/01, Slg. 2004, I-5039, Rn. 43 ff. – IMS Health/NDC

marktes setzt also nicht voraus, dass der Rechtsinhaber sein Werk tatsächlich durch die Einräumung von Nutzungsrechten vermarktet. So hat der EuGH im Fall „IMS Health" die Existenz eines eigenständigen vorgelagerten Lizenzmarktes für die von IMS entwickelte und als Datenbankwerk nach § 4 Abs. 2 UrhG geschützte Datenstruktur für möglich gehalten, soweit deren Verwendung unerlässlich für die Lieferung von Daten über den regionalen Absatz von Arzneimitteln war, obwohl IMS selbst nur auf diesem Markt tätig war und seine Datenstruktur nicht im Wege der Lizenzierung vermarktete.[474] Denn IMS hätte die Möglichkeit gehabt, die urheberrechtlich geschützte Datenstruktur durch Lizenzvergabe zu vermarkten.[475]

Die Unterscheidung zwischen Lizenz- und Produktmarkt hat zur Konsequenz, dass ein von Art. 82 EGV erfasster Missbrauch einer marktbeherrschenden Stellung sowohl auf dem einen als auch dem anderen Markt erfolgen kann.[476] Vertragliche Vereinbarungen, welche die Ausübung der von einer Schranke des Urheberrechts eingeräumten Nutzungsfreiheit durch den Vertragspartner einschränken oder untersagen, betreffen zwar in erster Linie den Produktmarkt. Denn in der Praxis finden sich derartige Vereinbarungen hauptsächlich in Verträgen, welche die Überlassung des Werkes an den Konsumenten zum Gegenstand haben, sei es in unkörperlicher Form wie bei der Vorführung eines Films oder in körperlicher Form wie beim Verkauf oder der Vermietung eines Vervielfältigungsstücks. Dementsprechend beschränken solche Nutzungsvereinbarungen regelmäßig nur die (urheberrechtlich zulässige) Verwendung des konkreten Vervielfältigungsstücks, zu dem der Nutzer aufgrund des Vertrages Zugang erhält.

Dass sich der Missbrauch auf einem anderen als dem beherrschten Markt auswirkt, steht einer Anwendung des Art. 82 EGV nach h. M. jedoch nicht entgegen.[477] Als Anknüpfungpunkt für die Anwendung des Art. 82 EGV auf eine nutzungsbeschränkende Vereinbarung zwischen dem Anbieter eines Werkes und dem Endverbraucher kommen daher sowohl eine marktbeherrschende Stellung auf dem Produktmarkt als auch eine solche auf dem Lizenzmarkt in Betracht.[478] Bedeutung hat dies vor allem für den Vorwurf eines Hebelmiss-

---

Health, unter Berufung auf EuGH, 26. 11. 1998, Rs. C-7/97, Slg. 1998, I-7791 – Bronner/Mediaprint; *Eilmansberger*, EWS 2003, 16; *Spindler/Apel*, JZ 2005, 135; Immenga/Mestmäcker-*Ullrich/Heinemann*, GRUR B Rn. 46

[474] EuGH, 29. 4. 2004, Rs. C-418/01, Slg. 2004, I-5039, Rn. 46 – IMS Health/NDC Health; zustimmend Immenga/Mestmäcker-*Ullrich/Heinemann*, GRUR B Rn. 46.

[475] Immenga/Mestmäcker-*Ullrich/Heinemann*, GRUR B Rn. 46; *Spindler/Apel*, JZ 2005, 135.

[476] *Emmerich*, Kartellrecht, § 10 Rn. 65 ff.; *Lang*, S. 233.

[477] EuGH, 14. 11. 1996, Rs. C-333/94 P, Slg. 1996, I-5951, Rn. 25, 30 f. – Tetra Pak/Kommission m. w. N.; *Emmerich*, Kartellrecht, § 10 Rn. 10; Immenga/Mestmäcker-*Möschel*, Art. 82 EGV Rn. 103 f.

[478] Bei einem mehrstufigen Vertriebsweg ist der Produktmarkt weiter nach den einzelnen Vertriebsstufen zu unterteilen, auf denen jeweils eine marktbeherrschende Stellung eines ein-

brauchs, der dadurch gekennzeichnet ist, dass das marktbeherrschende Unternehmen seine Marktmacht auf missbräuchliche Weise von dem beherrschten Primärmarkt auf einen davon getrennten Sekundärmarkt erstreckt.[479]

Beim Bestehen einer beherrschenden Stellung (nur) auf dem Lizenzmarkt kann der Vorwurf eines Missbrauchs daher auch daran anknüpfen, dass der Urheber oder Inhaber eines ausschließlichen Nutzungsrechts die Vergabe einer Lizenz zur Vervielfältigung, Verbreitung oder öffentlichen Wiedergabe des betroffenen Werkes davon abhängig macht, dass der Lizenznehmer sich dazu verpflichtet, seinen Abnehmern seinerseits bestimmte von einer Schranke des Urheberrechts erlaubte Nutzungen des Werkes zu untersagen.[480] Ein Beispiel hierfür ist eine vertragliche Abrede zwischen dem Urheber und einem Abrufdienst für Musikwerke, mit der der Urheber oder Inhaber eines ausschließlichen Nutzungsrechts dem Betreiber des Abrufdienstes das Recht einräumt, das betreffende Werk entgeltlich über das Internet zum Download anzubieten, ihn im Gegenzug aber zur Aufnahme einer Klausel in seine Nutzungsbedingungen verpflichtet, die den Kunden jegliche Vervielfältigung des Werkes auch zu privaten Zwecken verbietet. Ein solcher Missbrauch einer marktbeherrschenden Stellung auf dem Lizenzmarkt durch die Erzwingung nutzungsbeschränkender Klauseln seitens des Urhebers wird in der Praxis aber eher selten sein. Denn der Urheber ist seinerseits auf die Eingehung von Vertragsbeziehungen mit Verwer-

---

zelnen Unternehmens bestehen kann. So können etwa der Markt für den Verkauf an Wiederverkäufer und derjenige für den Verkauf an Endverbraucher unterschieden werden. Zur Vereinfachung wird im Folgenden jedoch nur der Markt für den Verkauf an Endverbraucher untersucht.

[479] Vgl. *Heinemann*, GRUR 2006, 713; allgemein zum Hebelmissbrauch Immenga/Mestmäcker-*Möschel*, Art. 82 EGV Rn. 202, 223, 239ff.; *Emmerich*, Kartellrecht, § 10 Rn. 9f. Demgegenüber lehnen *Wirtz/Holzhäuser*, WRP 2004, 689 die Existenz eines eigenständigen Marktes für die Vergabe von Lizenzen ab, da in diesem Fall stets ein Primär- und ein Sekundärmarkt (und damit die Voraussetzungen für einen Hebelmissbrauch) bestünden. Stattdessen soll bei der Verwertung von Immaterialgüterrechten der Primärmarkt diejenigen Produkte erfassen, „die maßgeblich aus dem Schutzrecht entwickelt wurden, deren Angebot also inhaltlich unmittelbar von der Reichweite des Schutzrechts umfasst wird", während der vom Primärmarkt abgeleitete Markt für weitere Produkte bestehe, „die aus dem Schutzrecht selbst bzw. dem hieraus entwickelten Produkt abgeleitet sind". Man kann Produkte aber nicht danach unterscheiden, ob sie „unmittelbar von der Reichweite des Schutzes umfasst sind" oder „aus dem Schutzrecht abgeleitet" sind. Wenn das jeweilige Produkt ein Vervielfältigungsstück des geschützten Werkes ist, sind die Herstellung und das Inverkehrbringen als zustimmungsbedürftige Verwertungshandlungen gemäß §§ 16, 17 UrhG ausschließlich dem Urheber vorbehalten und damit unmittelbar von der Reichweite des urheberrechtlichen Ausschließlichkeitsrechts erfasst.

[480] Hier wird sich eine vertragliche Nutzungsbeschränkung im Lizenzvertrag nur selten auf eine privilegierte Werknutzung durch den Lizenznehmer selbst beziehen, da dieser regelmäßig keine über den Inhalt des eingeräumten Nutzungsrechts hinausgehende Nutzung des Werkes beabsichtigt, für die er sich auf eine Schranke des Urheberrechts berufen könnte. In Betracht kommt dies allenfalls für diejenigen Schranken, die gerade (auch) den Inhaber eines Nutzungsrechts privilegieren, wie etwa § 55 UrhG. Derartige Fälle werden in der Praxis aber kaum vorkommen.

tern angewiesen, um sein Werk effektiv vermarkten zu können, so dass die Verwerter über ein erhebliches Maß an nachfrageseitiger Gegenmacht verfügen.[481]

(b) Sachlich relevanter Markt

Ob dem jeweiligen Rechtsinhaber oder Anbieter des Werkes aufgrund seines Ausschließlichkeitsrechts eine marktbeherrschende Stellung zukommt, hängt davon ab, wie eng man (innerhalb des jeweiligen Markttypus) die Grenzen des relevanten Marktes zieht. Maßgeblich für die Abgrenzung des sachlich relevanten Marktes ist das Bedarfsmarktkonzept. Zu einem Angebotsmarkt gehören danach nur diejenigen Produkte oder Leistungen, die aus Sicht der Marktgegenseite, also der Nachfrager, wegen ihrer Eigenschaften zur Befriedigung eines gleich bleibenden Bedarfs gleichermaßen geeignet und damit austauschbar sind, während ihre Austauschbarkeit mit anderen Erzeugnissen oder Leistungen unter Berücksichtigung der Wettbewerbsbedingungen sowie der Struktur der Nachfrage und des Angebots auf dem Markt gering ist.[482] Die Feststellung des relevanten Marktes erfordert dabei eine wertende Betrachtung, bei der auch der Schutzzweck des Art. 82 EGV berücksichtigt werden muss. Das zu beurteilende Wettbewerbsverhalten kann daher die Marktabgrenzung im konkreten Fall beeinflussen.[483]

Danach ist grundsätzlich davon auszugehen, dass die unter Nutzung eines bestimmten Werkes hergestellten Produkte oder angebotenen Dienstleistungen keinen eigenen Produktmarkt bilden, da die kulturelle Vielfalt regelmäßig so groß ist, dass genügend alternative Werke zur Befriedigung der entsprechenden Bedürfnisse der Verbraucher zur Verfügung stehen.[484] Deshalb besteht auch kein eigenständiger Lizenzmarkt für die Einräumung von Nutzungsrechten für eine bestimmte, technisch und wirtschaftlich abgrenzbare Nutzung des einzelnen Werkes, auf dem der Urheber als Lizenzgeber eine marktbeherrschende Stellung einnehmen könnte. Vielmehr umfasst der relevante Lizenzmarkt sämt-

[481] So Kommission, 3. 10. 2007, Sache COMP/M.3333, ABl. EU 2008, Nr. C 94/19, 21 Rn. 16 zur Stellung der großen Tonträgerhersteller gegenüber Apples Musikabrufdienst iTunes auf dem Markt für die Lizenzierung von Musik an Online-Anbieter digitaler Musik.

[482] EuGH, 9. 11. 1983, Rs. 322/81, Slg. 1983, 3461, Rn. 37 – Michelin/Kommission; EuGH, 14. 11. 1996, Rs. C-333/94 P, Slg. 1996, I-5951, Rn. 13 – Tetra Pak/Kommission; Bekanntmachung der Kommission über die Definition des relevanten Marktes im Sinne des Wettbewerbs der Gemeinschaft, ABl. EG 1997 Nr. C 372/5, Rn. 7; BGHZ 160, 67, 73 = GRUR 2004, 966, 967 – Standard-Spundfass; *Bechtold/Bosch/Brinker/Hirsbrunner*, Art. 82 EG Rn. 7; Langen/Bunte-*Dirksen*, Art. 82 Rn. 20; Immenga/Mestmäcker-*Möschel*, Art. 82 EGV Rn. 43 f.; *Mestmäcker/Schweitzer*, § 16 Rn. 12; *Emmerich*, Kartellrecht, § 9 Rn. 10 m. w. N.

[483] Immenga/Mestmäcker-*Möschel*, Art. 82 EGV Rn. 40.

[484] *Buhrow/Nordemann*, GRURInt 2005, 413; Fromm/Nordemann-*J. B. Nordemann*, vor §§ 31 ff. UrhG Rn. 269; *Peukert*, in: Hilty/Peukert, S. 18; Immenga/Mestmäcker-*Ullrich/Heinemann*, GRUR B Rn. 42: *Wielsch*, S. 132.

liche Werke, die von den Lizenznehmern für den konkreten Verwendungszweck als substituierbar angesehen werden.[485]

Angesichts der für einen urheberrechtlichen Schutz nach § 2 Abs. 2 UrhG erforderlichen Individualität künstlerischer Werke, die jedenfalls eine 100-prozentige Substituierbarkeit ausschließt, könnte eine konsequente Orientierung an den Verbraucherpräferenzen zwar auch im Bereich von Kulturgütern zu einer sehr feinen Marktabgrenzung führen.[486] So wird ein Musikliebhaber kaum auf einen Tonträger von *Michael Jackson* ausweichen, weil ihm eine CD von *Madonna* zu teuer ist, obwohl beide Interpreten derselben Musikrichtung zuzuordnen sind. Ebenso wenig wird ein Leser bei einer deutlichen Änderung der relativen Preise den Roman eines anderen Autors dem Werk seines Lieblingsautors vorziehen.[487] Danach könnte man zur Annahme eigener relevanter Märkte für jedes einzelne Werk oder zumindest für die Werke jedes einzelnen Urhebers kommen.[488]

Auf die Präferenzen einzelner Mitglieder der Marktgegenseite darf dabei aber nicht abgestellt werden, sondern nur auf deren „hinreichend aggregierte Vorlieben".[489] Dies ergibt sich im Hinblick auf den Lizenzmarkt bereits daraus, dass der Nachfrager einer Lizenz, der unter Verwendung des lizenzierten Werkes Produkte oder Leistungen am Markt anbieten möchte, sich wiederum nach den Bedürfnissen seiner Abnehmer richten muss und daher nur eine entsprechend gesicherte Präferenz der Verbraucher seinen Bedarf bei der Einholung von Lizenzen in wettbewerbsrelevantem Umfang zu bestimmen vermag. Entsprechendes gilt bei einem mehrstufigen Vertrieb für den Produktmarkt zum Verkauf von Büchern oder Tonträgern an Wiederverkäufer wie Buchhandlungen, Verbrauchermärkte und Großhändler. Auch solche Wiederverkäufer sind im

---

485 Vgl. für Technologietransfer-Vereinbarungen Art. 1 Abs. 1 lit. j VO 772/2004, wonach zum relevanten Technologiemarkt auch Technologien gehören, die „von den Lizenznehmern aufgrund ihrer Eigenschaften, ihrer Lizenzgebühren und ihres Verwendungszwecks als austauschbar oder substituierbar angesehen werden". Im Hinblick auf die Verwertung der einzelnen Kategorien von Nutzungsrechten können dabei separate Lizenzmärkte bestehen, vgl. Kommission, 19. 7. 2004, Sache COMP/M.3333, ABl. EU 2005 Nr. L 62/30, Rn. 10 – Sony/BMG.

486 Fromm/Nordemann-*J. B. Nordemann*, vor §§ 31 ff. UrhG Rn. 269; *Ganea*, GRURInt 2005, 104; *Schwerzmann*, sic! 2004, 153; Immenga/Mestmäcker-*Ullrich/Heinemann*, GRUR B Rn. 47 („feine, atomistische Marktabgrenzung"); *Peukert*, in: Hilty/Peukert, S. 18 Fn. 28; vgl. auch *Bongers*, S. 389.

487 *Peukert*, in: Hilty/Peukert, S. 18 Fn. 28 nennt als Beispiel die Harry-Potter-Romane. Fromm/Nordemann-*J. B. Nordemann*, vor §§ 31 ff. UrhG Rn. 269 betont, dass selbst Romane desselben Autors von den Lesern nicht als vollständig substituierbar angesehen werden.

488 So LG München I NJW-RR 1994, 680: Eigener Markt für die Verwertung der Urheberrechte an den Comic-Figuren „Teenage Mutant Hero Turtles", da diese nicht geeignet seien, „beispielsweise die Micky Maus oder Batman zu ersetzen und … auch durch diese Comic-Figuren nicht ersetzt werden" könnten.

489 So Immenga/Mestmäcker-*Ullrich/Heinemann*, GRUR B Rn. 47; vgl. auch Immenga/Mestmäcker-*Möschel*, Art. 82 EGV Rn. 44; *Dreier*, in: Torremans, S. 242 Fn. 15.

Regelfall auf das Vorhalten einer möglichst breiten Angebotspalette ausgerichtet, so dass insoweit eine Unterteilung des Marktes nach einzelnen Werken nicht sinnvoll ist.[490]

Die Abgrenzung des sachlich relevanten Marktes hat daher in erster Linie nach den verschiedenen Werkgattungen zu erfolgen, wobei anhand der Verbraucherpräferenzen im Einzelfall eine weitere Unterteilung des Marktes nach verschiedenen Kunstrichtungen, Literaturgattungen[491] oder Musikgenres[492] geboten sein kann.[493] Eine Verengung der Marktabgrenzung auf einzelne Werke ist nur zulässig, soweit nach dem Bedarfsmarktkonzept im konkreten Fall eine zur Exklusivität gesteigerte Einzigartigkeit des betreffenden Werkes anzunehmen ist, das Werk von den Verbrauchern also mit keinem anderen Werk als austauschbar angesehen wird.[494] Dies kommt bei Werken berühmter Künstler im Einzelfall durchaus in Betracht.[495] Auch bei wissenschaftlichen Werken kann eine solche Exklusivität gegeben sein, da ein Wissenschaftler, der für seine Forschung auf bestimmte Forschungsergebnisse anderer angewiesen ist, nicht ohne weiteres auf andere Publikationen ausweichen kann.[496]

Im Übrigen kommt eine Marktabgrenzung nach einzelnen Werken insbesondere bei urheberrechtlich geschützten de-facto-Industriestandards in Betracht. Ist durch eine Industrienorm oder durch ein anderes, von den Nachfragern wie eine Norm beachtetes Regelwerk eine standardisierte, durch Schutzrechte geschützte Gestaltung eines Produkts vorgegeben, so bildet die Vergabe von

---

[490] Vgl. Kommission, 27.4.1992, Fall IV/M.202, Rn. 11 – Thorn EMI/Virgin Music.

[491] Dafür Fromm/Nordemann-*J. B. Nordemann*, vor §§ 31 ff. UrhG Rn. 269; vgl. Kommission, 7.1.2004, M.2978, ABl. EU 2004 Nr. L 125/54, Rn. 19 – Lagardère/Natexis/VUP: getrennte Märkte für den Verkauf von Büchern der allgemeinen Literatur, Kinder- und Jugendbüchern, Sachbüchern, Comics usw.; BKartA WuW/E DE-V 918, 919 – Random House/Heyne: getrennte Märkte für allgemeine Unterhaltungs- und Informationslektüre (Belletristik, Sachbücher, Ratgeber, Nachschlagewerke), Fach- und wissenschaftliche Bücher sowie für Schulbücher.

[492] Vgl. Kommission, 27.4.1992, Fall IV/M.202, Rn. 9f. – Thorn EMI/Virgin Music; Kommission, 19.7.2004, Sache COMP/M.3333, ABl. EU 2005 Nr. L 62/30, Rn. 6 – Sony/BMG: Unterteilung des Tonträgermarktes auf der Basis von Genres wie internationaler Popmusik, lokaler Popmusik und klassischer Musik.

[493] Für den Tonträgermarkt hat die Kommission, 3.10.2007, Sache COMP/M.3333, ABl. EU Nr. C 94/19 Rn. 8 – Sony/BMG, eine Unterteilung nach Genres allerdings abgelehnt, da es angesichts der zwischen ihnen bestehenden Ähnlichkeiten schwierig sei, die Sparten und Genres in eindeutiger und kohärenter Weise zu definieren.

[494] Schröter/Jakob/Mederer-*Schröter*, Art. 82 Rn. 142; Immenga/Mestmäcker-*Ullrich/Heinemann*, GRUR B Rn. 47.

[495] Vgl. *Vitale v. Marlborough Gallery*, 32 U.S.P.Q.2d 1283 (S.D.N.Y. 1994): eigener Markt für Gemälde von *Jackson Pollock*; ferner EuGH, 8.6.1971, Rs. 78–70, Slg. 1971, *487*, Rn. 18 – Deutsche Grammophon/Metro, wo der EuGH einen eigenen Markt für Schallplatten mit Aufnahmen bestimmter Interpreten für möglich hält, wobei u.a. ihre Beliebtheit beim Publikum sowie die Möglichkeiten der anderen Tonträgerhersteller in Betracht zu ziehen seien, Künstler für vergleichbare Interpretationsleistungen zu gewinnen.

[496] Vgl. *Hilty*, in: Torremans, S. 328; *Wielsch*, S. 77f.

Rechten, die potentielle Anbieter dieses Produkts erst in die Lage versetzen, das Produkt auf den Markt zu bringen, regelmäßig einen eigenen, dem Produktmarkt vorgelagerten Markt.[497] Eine solche Situation lag z.B. im Fall „IMS Health“ vor, wo der EuGH die Existenz eines (potentiellen) Lizenzmarktes für die von IMS entwickelte und als Datenbankwerk nach § 4 Abs. 2 UrhG geschützte Datenstruktur angenommen hat, weil es sich dabei um ein für die nachgelagerte Lieferung von Daten über den regionalen Absatz von Arzneimitteln in Deutschland unerlässliches Element handelte.[498]

Eine ähnlich enge Marktabgrenzung nahm der EuGH auch im Fall „Magill“ vor. Hier wurde wegen einer entsprechenden Nachfrage der Verbraucher ein eigenständiger Markt für wochenweise Programmvorschauen aller in Irland empfangbaren Fernsehsender angenommen, für deren Herstellung die Verwendung der von den Sendern herausgegebenen und nach irischem Recht urheberrechtlich geschützten Programminformationen unentbehrlich war.[499] Die sachliche Marktabgrenzung ergibt sich in diesen Fällen nicht aus dem Umstand, dass der jeweilige Rechtsinhaber kraft des ihm verliehenen urheberrechtlichen Ausschließlichkeitsrechts jeden Dritten von der Nutzung des geschützten Werkes ausschließen kann; maßgeblich ist vielmehr, dass die Nutzung des Werkes für die vom nachfragenden Unternehmen beabsichtigte Tätigkeit nicht durch eine andere Gestaltung der betreffenden Produkte substituierbar ist.[500]

Anders als der Lizenzmarkt für die Einräumung von Nutzungsrechten für eine technisch und wirtschaftlich abgrenzbare Nutzungsform des Werkes bezieht sich ein Produktmarkt nicht auf das Werk als solches, sondern auf bestimmte Produkte oder Dienstleistungen, die unter Verwendung urheberrechtlich geschützter Werke hergestellt oder angeboten werden. Dazu gehören insbesondere Verkauf oder Vermietung von Vervielfältigungsstücken der betreffenden Werke und deren öffentliche Zugänglichmachung über das Internet. Inwieweit verschiedene Angebotsformen einen eigenen Produktmarkt bilden, richtet sich wiederum nach dem Bedarfsmarktkonzept, also danach, ob die verschiedenen Angebote aus Sicht der Nachfrager untereinander austauschbar sind. Dabei ist zu berücksichtigen, dass das hier zu beurteilende Wettbewerbsverhalten gerade

---

[497] BGHZ 160, 67, 74 = GRUR 2004, 966, 967f. – Standard-Spundfass.

[498] EuGH, 29.4. 2004, Rs. C-418/01, Slg. 2004, I-5039, Rn. 44ff. – IMS Health/NDC Health; zustimmend Immenga/Mestmäcker-*Ullrich/Heinemann*, GRUR B Rn. 46.

[499] EuGH, 6.4. 1995, Rs. C-241/91 P und C-242/91 P, Slg. 1995, I-743, Rn. 47, 53 – RTE und ITP/Kommission („Magill“). Die Programminformationen der Sender können (in einem weiten Sinne) ebenfalls als Fall der technischen Unmöglichkeit einer Substitution der wesentlichen Leistung eingestuft werden, so *Wirtz/Holzhäuser*, WRP 2004, 689.

[500] *Wielsch*, S. 158; *Eilmansberger*, EWS 2003, 16, 21; zur nicht substituierbaren Verwendung patentrechtlich geschützter technischer Lehren BGHZ 160, 67, 74 = GRUR 2004, 966, 968 – Standard-Spundfass; verfehlt dagegen *Höppner*, GRURInt 2005, 460, wonach sich die Unerlässlichkeit einer immaterialgüterrechtlich geschützten Ressource daraus ergibt, dass „es anderen gesetzlich untersagt ist, sie selbst zu nutzen“.

in der Auferlegung vertraglicher Nutzungsbeschränkungen besteht, welche den Gebrauch der urheberrechtlichen Schranken einschränken oder untersagen. Es ist im Hinblick auf die Austauschbarkeit daher auch auf das Bedürfnis der Abnehmer abzustellen, das erworbene Werk gerade für diese durch eine Schranke des Urheberrechts privilegierten Nutzungen zu verwenden. So sind im Hinblick auf Filmwerke die Vermietung und der Verkauf von DVDs nicht zwingend unterschiedlichen Märkten zuzuordnen, da sie dem Endnutzer eine identische Rezeption des gespeicherten Filmwerks ermöglichen.[501] Hingegen ist in Bezug auf Musikwerke ein vom Tonträgermarkt verschiedener Markt für das Online-Angebot von Musik anzuerkennen, da digitale Musik angesichts der Unterschiede in Vertriebsorganisation, Marketing und Kostenstruktur aus Sicht des Endnutzers „eher als Ergänzung zu physischen Tonträgern denn als Ersatz dafür zu betrachten" ist.[502] Eine weitere Unterteilung des Marktes für Online-Musik in einen Markt für dauerhafte Speicherung und einen Markt für Streaming erscheint hingegen kaum sinnvoll, da üblicherweise beide Arten des Online-Angebots gemeinsam vermarktet werden.[503]

(c) Räumlich relevanter Markt

Ergänzend zur Ermittlung des sachlich relevanten Marktes muss der räumlich relevante Markt bestimmt werden, um feststellen zu können, ob ein Unternehmen „auf dem Gemeinsamen Marktes oder einem wesentlichen Teil desselben" eine beherrschende Stellung einnimmt.[504] Der räumlich relevante Markt umfasst dabei das Gebiet, in dem die beteiligten Unternehmen die relevanten Produkte oder Dienstleistungen anbieten, in dem die Wettbewerbsbedingungen hinreichend homogen sind und das sich von benachbarten Gebieten durch spürbar unterschiedliche Wettbewerbsbedingungen unterscheidet.[505] Besondere Bedeutung für die Marktabgrenzung kommt dabei regionalen bzw. nationalen Präferenzen der Kunden zu.[506] Beim Vertrieb von Sprachwerken und Musik-

[501] Vgl. Kommission, 30. 3. 2005, M.3595, Rn. 12f. – Sony/MGM.

[502] Kommission, 3. 10. 2007, Sache COMP/M.3333, ABl. EU 2008 Nr. C 94/19, Rn. 10 – Sony/BMG; ebenso im Ergebnis Kommission, 11. 10. 2000, Sache COMP/M.1845, Rn. 21, 26 – AOL/Time Warner; Kommission, 13. 10. 2000, Sache COMP/M.2050, Rn. 27, 29 – Vivendi/Canal+/Seagam; *Ahlenstiehl*, S. 221; für den französischen Markt Conseil de la Concurrence, Décision no 04-D-54 du 9. 11. 2004 relative à des pratiques mises en œuvre par la société Apple Computer, Inc. dans les secteurs du téléchargement de musique sur Internet et des baladeurs numériques, Rn. 29.

[503] Ausdrücklich offen gelassen von Kommission, 11. 10. 2000, Sache COMP/M.1845, Rn. 26 – AOL/Time Warner; Kommission, 13. 10. 2000, Sache COMP/M.2050, Rn. 28f. – Vivendi/Canal+/Seagam; a. A. *Ahlenstiel*, S. 221.

[504] *Bechtold/Bosch/Brinker/Hirsbrunner*, Art. 82 EG Rn. 12.

[505] EuGH, 14. 2. 1978, Rs. 27/76, Slg. 1978, 207, Rn. 10f. – United Brands/Kommission; Bekanntmachung der Kommission über die Definition des relevanten Marktes im Sinne des Wettbewerbs der Gemeinschaft, ABl. EG 1997 Nr. C 372/5, Rn. 8.

[506] Bekanntmachung der Kommission über die Definition des relevanten Marktes im Sinne

werken mit Gesang werden grundsätzlich bereits die sprachlichen Unterschiede innerhalb des Gemeinsamen Marktes zu einer nationalen Begrenzung des räumlich relevanten Marktes führen, da die in einer bestimmten Sprache verfassten Werke regelmäßig nur im Heimatland bzw. den Ländern mit derselben Sprache für ein größeres Publikum attraktiv sind.[507] Für englischsprachige Popsongs und Computerprogramme kann der räumlich relevante Markt jedoch auch weiter gefasst werden und u. U. den gesamten Gemeinsamen Markt oder sogar den Weltmarkt umfassen.[508]

(2) Beherrschende Stellung

Soweit ein urheberrechtlich geschütztes Werk keinen eigenen Markt bildet, sondern dem für das betreffende Werk sachlich allgemein relevanten Markt zuzuordnen ist, kommt dem einzelnen Urheber grundsätzlich auch keine beherrschende Stellung auf dem Lizenz- oder Produktmarkt zu.[509] Denn das charakteristische Merkmal einer beherrschenden Stellung besteht in der Fähigkeit eines Unternehmens, sich dem Wettbewerbsdruck auf den betroffenen Märkten zu entziehen, unabhängige Strategien zu entwickeln und dadurch die Wettbewerbsbedingungen ohne Rücksicht auf seine Konkurrenten und Vertragspartner zu beeinflussen.[510] Wenn potentielle Lizenznehmer bei der Gestaltung ihrer Produkte oder Leistungen ohne Schwierigkeiten auf Werke anderer Urheber zurückgreifen können, ist der Urheber aber unabhängig vom Bestehen eines urheberrechtlichen Schutzes nicht in der Lage, für einen bedeutenden Teil des betroffenen Marktes einseitig die Preise zu bestimmen oder die Produktion und Verteilung zu kontrollieren. Er muss sich vielmehr anstrengen, der Marktgegenseite bessere Bedingungen als seine Konkurrenten zu bieten. Soweit eine solche Substitutionskonkurrenz innerhalb des relevanten Marktes möglich bleibt, kommt der durch das Urheberrecht vermittelten Ausschließlichkeit folglich keine für die Marktstellung des Rechtsinhabers relevante wettbewerbsausschließende Wirkung zu. Allein das Bestehen eines urheberrechtlichen Ausschließlichkeitsrechts verschafft dessen Inhaber somit noch keine marktbeherr-

des Wettbewerbs der Gemeinschaft, ABl. EG 1997 Nr. C 372/5, Rn. 46; *Bechtold/Bosch/Brinker/Hirsbrunner*, Art. 82 EG Rn. 15.

507 So für den Vertrieb von Tonträgern Kommission, 3. 10. 2007, Sache COMP/M.3333, ABl. EU 2008 Nr. C 94/19, Rn. 12 – Sony/BMG.

508 Vgl. für den Markt für PC-Betriebssysteme Kommission, 24. 5. 2004, Sache COMP/C-3/37.792, Rn. 427, ABl. EU 2007, Nr. L 32/23 – Microsoft; EuG, 17. 9. 2007, Slg. 2007-II, 3601, Rn. 22, 29 – Microsoft/Kommission.

509 Vgl. *Buhrow/Nordemann*, GRURInt 2005, 413.

510 EuGH, 13. 2. 1979, Rs. 85/76, Slg. 1979, 461, Rn. 39 – Hoffmann-La Roche; *Emmerich*, Kartellrecht, § 9 Rn. 21; *Bechtold/Bosch/Brinker/Hirsbrunner*, Art. 82 EG Rn. 7; Langen/Bunte-*Dirksen*, Art. 82 Rn. 13; Immenga/Mestmäcker-*Möschel*, Art. 82 EGV Rn. 95; Immenga/Mestmäcker-*Ullrich/Heinemann*, GRUR B Rn. 43.

schende Stellung.[511] Das Schutzrecht kann lediglich zur Aufrechterhaltung einer beherrschenden Stellung auf dem jeweils relevanten Markt beitragen.[512]

(a) Lizenzmarkt

Bedeutung erlangt die Inhaberschaft urheberrechtlicher Ausschließlichkeitsrechte danach erst, wenn mangels wesentlicher Substitutionskonkurrenz der verbleibende Imitationswettbewerb urheberrechtlich ausgeschlossen ist.[513] So kommt dem Urheber bzw. Inhaber eines ausschließlichen Nutzungsrechts als Inhaber eines rechtlichen Monopols per se eine marktbeherrschende Stellung im Hinblick auf die Einräumung von Nutzungsrechten zur Nutzung dieses Werkes zu, wenn ausnahmsweise die Annahme eines eigenen Marktes für die Lizenzierung eines bestimmten Werkes oder der Werke eines bestimmten Autors gerechtfertigt ist.[514] In diesem seltenen Fall sind Schutzgegenstand und sachlich relevanter Markt identisch, so dass Subsitutionskonkurrenz von vornherein ausscheidet und die Marktbeherrschung allein auf die urheberrechtliche Ausschließlichkeit gestützt werden kann.[515]

Im Übrigen kommt eine marktbeherrschende Stellung hinsichtlich der Lizenzierung urheberrechtlich geschützter Werke vor allem dann in Betracht, wenn ein Lizenzgeber über Nutzungsrechte an einer Vielzahl von Werken verfügt, wie das insbesondere bei Verwertungsgesellschaften der Fall ist.[516] Diesen kommt eine marktbeherrschende Stellung nicht nur gegenüber den Urhebern zu, deren Rechte sie wahrnehmen.[517] Marktmacht besteht auch gegenüber Verwertern, die angesichts des für die betreffende Werkgattung wesentlichen Bestands an in- und ausländischen Rechten für die Einräumung von Nutzungsrechten auf das Repertoire der jeweiligen Verwertungsgesellschaft angewiesen

[511] St. Rspr. des EuGH, siehe nur EuGH, 8.6.1971, Rs. 78–70, Slg. 1971, *487* Rn. 16 – Deutsche Grammophon/Metro; EuGH, 6.4. 1995, Rs. C-241/91 P und C-242/91 P, Slg. 1995, I-743, Rn. 46 – RTE und ITP/Kommission („Magill"); Loewenheim/Meessen/Riesenkampff-*Bergmann*, Art. 82 EG Rn. 100; Langen/Bunte-*Dirksen*, Art. 82 Rn. 41; Immenga/Mestmäcker-*Möschel*, Art. 82 EGV Rn. 246; *Wielsch*, S. 131; *Heinemann*, GRUR 2006, 706.

[512] Schröter/Jakob/Mederer-*Schröter*, Art. 82 Rn. 89; Immenga/Mestmäcker-*Ullrich/Heinemann*, GRUR B Rn. 49; *Mestmäcker/Schweitzer*, § 16 Rn. 34; a. A. *Beier*, FS Quack, 31, der dem Bestehen eines Schutzrechts jegliche Bedeutung für die Begründung einer marktbeherrschenden Stellung abspricht.

[513] Immenga/Mestmäcker-*Ullrich/Heinemann*, GRUR B Rn. 43.

[514] Vgl. *Eilmansberger*, EWS 2003, 21; *Spindler/Apel*, JZ 2005, 136; allgemein zur beherrschenden Stellung des Inhabers eines rechtlichen oder faktischen Monopols Immenga/Mestmäcker-*Möschel*, Art. 82 EGV Rn. 82; Schröter/Jakob/Mederer-*Schröter*, Art. 82 Rn. 95.

[515] Vgl. Immenga/Mestmäcker-*Ullrich/Heinemann*, GRUR B Rn. 49; Loewenheim/Meessen/Riesenkampff-*Bergmann*, Art. 82 EG Rn. 100.

[516] *Buhrow/Nordemann*, GRURInt 2005, 413; Fromm/Nordemann-*W. Nordemann*, § 11 UrhWahrnG Rn. 1.

[517] Dazu EuGH, 27.3.1974, Rs. 127–73, Slg. 1974, 313, Rn. 5 – BRT/SABAM; EuGH, 2.3. 1983, Rs. 7/82, Slg. 1983, 483, Rn. 44f. – GVL/Kommission; Schröter/Jakob/Mederer-*Schröter*, Art. 82 Rn. 196.

sind.[518] Denkbar ist eine derartige Beherrschung des Lizenzmarktes auch bei großen Musikverlagen oder Fachverlagen wissenschaftlicher Werke. Hier lässt ein Marktanteil von über 75% in aller Regel bereits für sich genommen auf eine marktbeherrschende Stellung schließen.[519] Auch ein geringerer Marktanteil kann aber zusammen mit anderen Faktoren unter Berücksichtigung der Gesamtstruktur des betreffenden Marktes sowie der Wahrscheinlichkeit des Markteintritts potentieller Mitbewerber eine marktbeherrschende Stellung begründen.[520]

Missbräuchlich i.S.d. Art. 82 EGV können auch mehrere Unternehmen handeln, wenn sie gemeinsam eine marktbeherrschende Stellung innehaben. Eine solche kollektive Marktbeherrschung setzt voraus, dass die beteiligten Unternehmen in der Lage sind, nach außen hin als Gruppe aufzutreten, also auf dem Markt in gleicher Weise vorzugehen.[521] Eine kollektive marktbeherrschende Stellung kann daher auch ohne rechtliche Bindung der betreffenden Unternehmen durch eine oligopolistische Marktstruktur begründet werden, wenn sich diese in einem gleichförmigen Verhalten der am Oligopol beteiligten Unternehmen gegenüber ihren Abnehmern niederschlägt und daher die bei normalem Wettbewerb vorhandenen Ausweichmöglichkeiten auf die von anderen Anbietern praktizierten günstigeren Konditionen entfallen.[522]

So hat der EuGH im Fall „Magill" eine (wenn auch nicht ausdrücklich als solche bezeichnete) gemeinsame beherrschende Stellung der drei in Irland empfangbaren Fernsehsender auf dem Markt der von ihnen herausgegebenen und nach irischem Recht urheberrechtlich geschützten Programminformationen

---

[518] Vgl. EuGH, 9.4.1987, Rs. 402/85, Slg. 1987, 1747, Rn. 19 – Basset/SACEM; EuGH, 13.7. 1989, Rs. 110/88, 241/88 und 242/88, Slg. 1989, 2811, Rn. 6 – Lucazeau/SACEM; EuGH, 11.12.2008, Rs. C-52/07, GRURInt 2009, 316, 317 Rn. 22 – Kanal 5 und TV 4/STIM, *Mestmäcker/Schweitzer*, § 30 Rn. 11; *Nipperdey*, NJW 1953, 881, 882. Insoweit wird etwaigen Missbräuchen im Hinblick auf die Einhaltung angemessener Bedingungen für die Nutzungsrechtseinräumung bereits durch den Abschlusszwang nach § 11 Abs. 1 UrhWahrnG sowie die in Abs. 2 vorgesehene Fiktion der Rechtseinräumung bei Streitigkeiten über die Höhe der Vergütung begegnet, vgl. dazu BGH, Urt. v. 22.4. 2009 – I ZR 5/07 – Seeing is Believing; *Buhrow/Nordemann*, GRURInt 2005, 411; Fromm/Nordemann-*W. Nordemann*, § 11 UrhWahrnG Rn. 3.

[519] So allgemein Langen/Bunte-*Dirksen*, Art. 82 Rn. 47; Schröter/Jakob/Mederer-*Schröter*, Art. 82 Rn. 95.

[520] Ausführlich zu den maßgeblichen Kriterien *Ahlenstiel*, S. 87ff.; Langen/Bunte-*Dirksen*, Art. 82 Rn. 49ff.; Schröter/Jakob/Mederer-*Schröter*, Art. 82 Rn. 96ff.

[521] Schröter/Jakob/Mederer-*Schröter*, Art. 82 Rn. 80; Langen/Bunte-*Dirksen*, Art. 82 Rn. 59; Loewenheim/Meessen/Riesenkampff-*Bergmann*, Art. 82 EG Rn. 125; *Emmerich*, Kartellrecht, § 9 Rn. 31.

[522] Kommission, Leitlinien vom 11.7. 2002, ABl. EG 2002 Nr. C 165/6, Rn. 86ff.; Schröter/Jakob/Mederer-*Schröter*, Art. 82 Rn. 85; Langen/Bunte-*Dirksen*, Art. 82 Rn. 63; *Emmerich*, Kartellrecht, § 9 Rn. 33; *Mestmäcker/Schweitzer*, § 16 Rn. 40; jedenfalls für enge, verfestigte Oligopole auch Loewenheim/Meessen/Riesenkampff-*Bergmann*, Art. 82 EG Rn. 125; vgl. für das deutsche Recht § 19 Abs. 2 S. 2 GWB.

angenommen.[523] Diese Programminformationen waren die einzige Informationsquelle für Grundinformationen über die Programmplanung. Für das Angebot eines wöchentlichen umfassenden Programmführers war ein Presseunternehmen daher zwangsläufig darauf angewiesen, auf die von allen drei Sendeunternehmen zur Verfügung gestellten Grundinformationen zurückzugreifen.[524] Da es gerade um das Angebot eines Programmführers für alle in Irland empfangbaren Sender ging, kam eine Substitution der Programminformationen nicht in Betracht, und es bestand ein faktisches (Kollektiv)Monopol der Sendeunternehmen.[525] Durch den Einsatz des urheberrechtlichen Ausschließlichkeitsrechts waren sie in der Lage, einen wirksamen Wettbewerb auf dem nachgelagerten Markt für Fernsehwochenzeitschriften zu verhindern, obwohl *faktisch* die Möglichkeit bestand, auch ohne Mitwirkung der Sendeanstalten auf die für einen Programmführer notwendigen Informationen zuzugreifen.[526]

Eine ähnliche oligopolistische Marktstruktur besteht auf dem Markt für die Lizenzierung der für die Herstellung von Musiktonträgern gewährten Leistungsschutzrechte aus § 85 UrhG.[527] Diese werden – anders als das Urheberrecht an den aufgenommenen Werken – üblicherweise von den jeweiligen Rechteinhabern selbst und nicht von einer Verwertungsgesellschaft wahrgenommen.[528] Hier kann sich insbesondere auf dem Gebiet der Unterhaltungsmusik eine gemeinsame Marktbeherrschung durch die großen Tonträgerhersteller („Majors") daraus ergeben, dass sich die Nachfrage potentieller Lizenznehmer bei vielen Vermarktungsmodellen nicht auf einzelne Aufnahmen, sondern auf einen wesentlichen Teil des gesamten Repertoires bezieht.[529] Denn die Vorlieben der Kunden lassen sich allenfalls nach bestimmten Musikgenres (Pop, Klassik, Jazz) definieren, deren jeweilige Vertreter aber bei unterschiedlichen Tonträgerherstellern unter Vertrag stehen. Wenn etwa der Betreiber eines Musik-Abrufdienstes für Popmusik ein möglichst vollständiges, den Massengeschmack tref-

---

[523] EuGH, 6.4. 1995, Rs. C-241/91 P und C-242/91 P, Slg. 1995, I-743, Rn. 47 – RTE und ITP/Kommission; zustimmend Immenga/Mestmäcker-*Ullrich/Heinemann*, GRUR B Rn. 48.

[524] Vgl. EuGH, 6.4. 1995, Rs. C-241/91 P und C-242/91 P, Slg. 1995, I-743, Rn. 53 f. – RTE und ITP/Kommission; *Wielsch*, S. 158 f.

[525] So ausdrücklich EuGH, 6.4. 1995, Rs. C-241/91 P und C-242/91 P, Slg. 1995, I-743, Rn. 47 – RTE und ITP/Kommission.

[526] Diesen Zusammenhang betonen *Mestmäcker/Schweitzer*, § 28 Rn. 126.

[527] Derzeit existieren vier große Tonträgerhersteller, die zusammen 80% des Tonträgermarktes halten, siehe Kommission, 3.10. 2007, Sache COMP/M.3333, ABl. EU 2008 Nr. C 94/19, 24 Rn. 29 – Sony/BMG; vgl. bereits Kommission, 27.4. 1992, Fall IV/M.202, Rn. 23 – Thorn EMI/Virgin Music (die Entscheidung erging vor dem Zusammenschluss von Sony und BMG im Jahr 2004, so dass dort noch fünf Unternehmen aufgeführt werden).

[528] Die GVL nimmt nur die Vergütungsansprüche aus § 86 UrhG wahr.

[529] Vgl. *Nipperdey*, NJW 1953, 881, 882, wonach die Besucher von Unterhaltungsmusikveranstaltungen ein breit gefächertes Repertoire erwarten, so dass Veranstalter selbst bei Existenz mehrerer Verwertungsgesellschaften darauf angewiesen seien, mit allen Anbietern zu kontrahieren.

fendes Repertoire unter Verwendung bestehender Tonaufnahmen anbieten will, kommt er daher nicht umhin, sich die erforderlichen Nutzungsrechte zumindest von allen Majors einräumen zu lassen.[530]

Diese Marktstruktur ermöglicht den großen Tonträgerherstellern ein geschlossenes Auftreten gegenüber der Marktgegenseite und die gleichförmige Durchsetzung gemeinsamer Interessen. Die am Oligopol beteiligten Unternehmen können folglich die Bedingungen einer öffentlichen Zugänglichmachung der betreffenden Werke weitgehend frei bestimmen und könnten insoweit als marktbeherrschend anzusehen sein.[531] So hatte die Europäische Kommission im April 2007 ein Verfahren gegen die großen Musikkonzerne sowie Apples Musikabrufdienst iTunes wegen nationaler Preisunterschiede und Beschränkungen bei den verschiedenen europäischen iTunes Stores eingeleitet.[532] Dabei hegte die Kommission laut Aussage des Kommissionssprechers *Jonathan Todd* den Verdacht, dass die zugrunde liegenden Preisabsprachen Apple von den Musikkonzernen diktiert worden seien.[533] Mittlerweile ist das Verfahren eingestellt worden, nachdem Apple angekündigt hatte, die Preise für das Herunterladen von Musik europaweit anzugleichen.[534] Auch im Hinblick auf den Zusammenschluss der Tonträgerhersteller Sony und BMG kam die Kommission zu dem Ergebnis, dass der Zusammenschluss nach den derzeitigen Marktverhältnissen – u.a. wegen der nachfrageseitigen Gegenmacht von iTunes – nicht zur Begründung oder Stärkung einer kollektiven Beherrschung des Lizenzmarktes für das Online-Angebot von Musik durch die vier verbleibenden Majors geführt habe.[535] Insgesamt dürfte der Nachweis einer kollektiven Marktbeherrschung in der Praxis nur schwer zu führen sein.[536]

---

[530] Kommission, 3.10.2007, Sache COMP/M.3333, ABl. EU 2008 Nr. C 94/19, 21ff. Rn. 15 und 25 – Sony/BMG; vgl. zur Praxis der Lizenzierung von Abrufdiensten für Musik-Downloads auch OLG München ZUM-RD 2008, 360.

[531] Vgl. Kommission, 27.4.1992, Fall IV/M.202, Rn. 21 – Thorn EMI/Virgin Music: „The structural features of the market(s) for recorded music could indicate a situation of collective dominance."

[532] Kommission, 3.4.2007, MEMO/07/126, abrufbar unter http://europa.eu/rapid/pressReleasesAction.do?reference=MEMO/07/126.

[533] Siehe den Bericht auf heise online vom 4.4.2007, abrufbar unter http://www.heise.de/newsticker/meldung/print/87837. Ebenso bereits der Vorwurf des französischen Conseil de la Concurrence, Décision no 04-D-54 du 9.11.2004 relative à des pratiques mises en œuvre par la société Apple Computer, Inc. dans les secteurs du téléchargement de musique sur Internet et des baladeurs numériques, Rn. 31.

[534] Kommission, 9.1.2008, IP/08/22, abrufbar unter http://europa.eu/rapid/pressReleasesAction.do?reference=IP/08/22.

[535] Kommission, 3.10.2007, Sache COMP/M.3333, ABl. EU 2008 Nr. C 94/19, Rn. 25ff.

[536] So auch *Emmerich*, Kartellrecht, § 10 Rn. 33.

(b) Produktmarkt

Wenn bei Bestehen eines eigenen Marktes für einzelne Werke der Inhaber des Ausschließlichkeitsrechts der einzige Verwerter des Werkes ist, beherrscht er damit auch den entsprechenden Produktmarkt. Im Übrigen kommt eine beherrschende Stellung auf dem Produktmarkt für bestimmte, unter Verwendung urheberrechtlich geschützter Werke hergestellte oder angebotene Produkte und Dienstleistungen nur in Betracht, wenn ein Unternehmen eine Vielzahl von Werken exklusiv anbietet und daher einen Großteil des relevanten Marktes abdecken kann. Dabei kann die Inhaberschaft ausschließlicher Verwertungsrechte zur Verfestigung der beherrschenden Stellung beitragen, indem sie als Marktzutrittsschranke für andere Unternehmen wirkt, die in den betreffenden Markt eintreten wollen.[537]

Hinsichtlich des Marktes für den Verkauf von Vervielfältigungsstücken der zum jeweiligen Markt gehörenden Werke an den Endverbraucher (Einzelhandelsmarkt) wird dies allerdings selten der Fall sein.[538] Infolge der Erschöpfung des Verbreitungsrechts ist die Weiterverbreitung von einmal im Wege der Veräußerung in Verkehr gebrachten Vervielfältigungsstücken urheberrechtlich zulässig, so dass der urheberrechtliche Schutz des verbreiteten Werkes auf Vertriebsstufen, die der Erstveräußerung nachgelagert sind, keine Marktzutrittsschranke darstellt. Eine durch das Urheberrecht vermittelte Marktbeherrschung kann sich hier nur daraus ergeben, dass der Erstveräußerer als Inhaber des ausschließlichen Vervielfältigungs- und Verbreitungsrechts den gesamten Vertriebsweg bis zum Endverbraucher kontrolliert und potentiellen Wettbewerbern auf diese Weise den Erwerb von Vervielfältigungsstücken und damit den Marktzutritt erschwert.[539]

Häufiger wird eine marktbeherrschende Stellung auf dem Einzelhandelsmarkt in Betracht kommen, wenn Werke online über das Internet angeboten werden, da ein Anbieter hier mangels Erschöpfung des Rechts zur öffentlichen Zugänglichmachung stets ein (wenigstens einfaches) Nutzungsrecht benötigt, um seine Leistung am Markt anbieten zu können.[540] Der Inhaber eines ausschließlichen Rechts zur öffentlichen Zugänglichmachung der betreffenden Werke kann daher durch Geltendmachung seines Ausschließlichkeitsrechts den Eintritt anderer Anbieter in den Online-Markt verhindern.[541] Insbesondere

---

[537] *Mestmäcker/Schweitzer*, § 16 Rn. 34.

[538] Etwas anderes gilt für die Erstveräußerung vom Hersteller an Groß- oder Einzelhändler. Hier kann sich eine marktbeherrschende Stellung gegenüber den Nachfragern auf der nachgelagerten Vertriebsstufe ergeben, vgl. OLG Karlsruhe WRP 2008, 257, 258, zur relativen Marktmacht eines juristischen Fachverlages gegenüber einem Versandbuchhandel gemäß § 20 Abs. 2 GWB.

[539] Vgl. Immenga/Mestmäcker-*Möschel*, Art. 82 EGV Rn. 91.

[540] Vgl. Kommission, 11. 10. 2000, Sache COMP/M.1845, Rn. 24 – AOL/Time Warner.

[541] Kommission, 11. 10. 2000, Sache COMP/M.1845, Rn. 25 – AOL/Time Warner: „A company holding a dominant position in the market for the licensing of music publishing

wenn das parallele Angebot physischer Werkträger zunehmend verdrängt wird, kann das dazu führen, dass der Anbieter keinem wesentlichen Wettbewerb im Hinblick auf die Verschaffung des Zugangs zu den betreffenden Werken ausgesetzt ist.

Das Missbrauchspotential ist besonders hoch, wenn der Anbieter zugleich Einfluss auf den Markt für den Verkauf von körperlichen Werkexemplaren hat, etwa weil er Inhaber sowohl des ausschließlichen Rechts zur öffentlichen Zugänglichmachung als auch des Rechts zur Herstellung und Verbreitung von Vervielfältigungsstücken ist. Der Endverbraucher ist dann mangels Substituierbarkeit durch andere Informationsquellen darauf angewiesen, mit dem betreffenden Unternehmen zu kontrahieren, um in den Genuss der Werke zu kommen. Ein marktbeherrschender Anbieter kann dadurch ein Vertriebsmodell des „pay per use" durchsetzen, bei dem jeder einzelne Werkgenuss, also jedes Abspielen eines Films oder eines Musikstücks bzw. jedes Anzeigen eines Textes, vergütungspflichtig ist. Der Anbieter kann auf diesem Weg mit einem Werk deutlich höhere Einnahmen erzielen, als dies mit dem Verkauf physischer Werkträger der Fall wäre. Während die Grenzkosten beim Vertrieb körperlicher Werkstücke nur bis auf die Herstellungskosten zusätzlicher Werkträger sinken können, kann er hier praktisch kostenfrei zusätzliche Einnahmen generieren, wenn die Fixkosten für Netzzugang, Serverplatz usw. erst einmal gedeckt sind. Zudem trägt der Kunde ein gewisses Prognoserisiko, da er die Häufigkeit zukünftiger Abrufe kaum vorhersehen und daher den Preis des einzelnen Werkgenusses nicht mit dem für den Erwerb eines Vervielfältigungsstücks für den dauerhaften Werkgenuss ins Verhältnis setzen kann.

Eine solche, einen maßgeblichen Teil des relevanten Marktes abdeckende Konzentration ausschließlicher Rechte in einer Hand wird in der Praxis nur bei eng begrenzten Märkten vorkommen. In Betracht kommt dies bei der Online-Publikation wissenschaftlicher Werke, wenn ein Wissenschaftler, der für seine Forschung regelmäßig auf die Arbeiten anderer Forscher zurückgreifen muss, darauf angewiesen ist, bestimmte Artikel zu erwerben, die nur über einen einzelnen Anbieter verfügbar sind.[542]

Im Übrigen kann eine Marktbeherrschung auch beim Vertrieb urheberrechtlich geschützter Produkte nur anhand einer Analyse der Marktstruktur im Einzelfall festgestellt werden. Die marktbeherrschende Stellung eines Anbieters urheberrechtlich geschützter Werke auf einem Produktmarkt kann sich danach auch unabhängig von der Inhaberschaft eines ausschließlichen Verwertungsrechts daraus ergeben, dass das betreffende Unternehmen aus eigener Kraft eine faktische Monopolstellung oder zumindest einen nach den jeweiligen Marktge-

rights required for on-line delivery would be in a position to play the gatekeeper's role dictating the conditions for the delivery of music via the Internet by refusing to license or threatening to withhold the rights."

[542] Vgl. *Fachausschuss*, GRUR 2009, 139.

gebenheiten ausreichend hohen Marktanteil auf dem relevanten Markt erlangt hat. So nimmt etwa Apples Musikabrufdienst iTunes auf den meisten nationalen Märkten für den Online-Einzelhandel mit Musik eine führende Stellung ein, obwohl Apple lediglich über einfache Nutzungsrechte zum Angebot von Musik über das Internet verfügt.[543] Diese Stellung hat es iTunes u. a. ermöglicht, eine eigene Preisfindungsstrategie (Verkauf jedes Tracks zu einem Standardpreis) auf dem Markt durchzusetzen.[544] Die Fähigkeit zu einer solchen unabhängigen Preispolitik ist ein deutliches Indiz für einen nicht hinreichend vom Wettbewerb kontrollierten Verhaltensspielraum.[545]

Schließlich kann die Beherrschung eines Produktmarktes für urheberrechtlich geschützte Werke durch ein einzelnes Unternehmen auch darauf beruhen, dass dieses Unternehmen als einziges Zugang zu einer für die Herstellung der betreffenden Produkte erforderlichen reproduktionsfähigen Vorlage hat. So kann ein Museum den Markt für Reproduktionen von Unikaten aus seinem Bestand dadurch kontrollieren, dass es anderen Unternehmen die Ablichtung des Werkoriginals nicht gestattet und stattdessen eigene Reproduktionen vertreibt, die als Lichtbilder gemäß § 72 UrhG[546] ihrerseits nicht vervielfältigt werden dürfen. Der Betreiber des Museums kann einseitig die Bedingungen festlegen, zu denen er Zutritt zu den ausgestellten Kunstgegenständen gewährt, und damit auch Entgelte für Nutzungen verlangen, die urheberrechtlich zulässig sind, oder diese Nutzungen gänzlich untersagen.[547]

Viele Museen untersagen selbst Wissenschaftlern, die das Werk zu Zitat- oder anderen wissenschaftlichen Zwecken ablichten wollen, die Anfertigung von (reproduzierbaren) Ablichtungen unter Berufung auf ihr Hausrecht und verweisen sie stattdessen auf den kostenpflichtigen Erwerb von Reproduktionen. Dadurch ist das Museum in der Lage, unabhängig von der Inhaberschaft eines Ausschließlichkeitsrechts am ausgestellten (möglicherweise gemeinfreien) Werk für die Gestattung von Ablichtungen oder den Verkauf eigener Reproduktionen zur Verwendung für urheberrechtlich privilegierte Zwecke überhöhte Preise zu verlangen, die unter Wettbewerbsbedingungen nicht realisierbar wären. Eine solche einseitige Auferlegung offensichtlich unangemessener Bedin-

---

[543] Vgl. zum deutschen Markt OLG München ZUM-RD 2008, 360: Marktanteil von nahezu 50%; zum französischen Markt Conseil de la Concurrence, Décision no 04-D-54 du 9. 11. 2004 relative à des pratiques mises en œuvre par la société Apple Computer, Inc. dans les secteurs du téléchargement de musique sur Internet et des baladeurs numériques, Rn. 53 ff., 64, wo eine marktbeherrschende Stellung des iTunes Music Store auf dem französischen Markt für Musikabrufdienste angesichts des Marktanteils von ca. 75% für möglich gehalten wird.

[544] Vgl. Kommission, 3. 10. 2007, Sache COMP/M.3333, ABl. EU 2008, Nr. C 94/19, Rn. 16 – Sony/BMG.

[545] Immenga/Mestmäcker-*Möschel*, Art. 82 EGV Rn. 98 m. w. N.

[546] Im Einzelfall kommt auch ein Schutz als Lichtbildwerk in Betracht; zur Abgrenzung ausführlich *Lehment*, S. 23 ff.

[547] Siehe unten S. 411 ff.

gungen, die auf Wettbewerbsmärkten nicht aufträten, kann als Indiz für eine Marktbeherrschung herangezogen werden, wenn das Marktverhalten auf mangelnden Wettbewerbsdruck oder auf eine Wettbewerbsverhinderungsmacht zurückgeführt werden kann.[548]

b. Einschränkung des Schrankengebrauchs als Missbrauch

Wenn ein Unternehmen eine marktbeherrschende Stellung auf dem Lizenz- oder Produktmarkt einnimmt, kommt es darauf an, ob es einen Missbrauch i.S.d. Art. 82 EGV darstellt, wenn das Unternehmen gegenüber dem Endverbraucher Vertragsbedingungen durchsetzt, die diesen dazu verpflichten, keinen oder nur eingeschränkten Gebrauch von der durch die Schranken des Urheberrechts eingeräumten Nutzungsfreiheit zu machen.

(1) Verhältnis von Ausschließlichkeitsrecht und Missbrauch

Soweit der Missbrauch einer marktbeherrschenden Stellung auf dem Lizenzmarkt in Rede steht, ist zunächst fraglich, inwieweit der Einsatz von Immaterialgüterrechten zur Durchsetzung bestimmter Nutzungsbedingungen überhaupt vom Missbrauchsverbot des Art. 82 EGV erfasst wird. Denn die durch das Urheberrecht gewährten Ausschließlichkeitsrechte erlauben ihrem Inhaber gerade, Dritte von der Nutzung des Schutzgegenstands auszuschließen und so den Wettbewerb Dritter mit dem geschützten Werk zu unterbinden. In diesem Sinne wirken die Ausschließlichkeitsrechte als solche schon wettbewerbsbeschränkend.[549] Teilweise wird daher angenommen, dass die Geltendmachung gewerblicher Schutzrechte generell keinen Missbrauch einer marktbeherrschenden Stellung i.S.d. Art. 82 EGV darstellen könne.[550] Es sei vielmehr „ein legitimes, dem Wesen gewerblicher Schutzrechte immanentes Ziel, den – unlauteren – Wettbewerb mit den geschützten Erzeugnissen zu unterbinden, das auch marktbeherrschende Unternehmen verfolgen dürfen“.[551]

---

[548] Kommission, 22.12.1987, IV/30.787 und 31.488, ABl. 1988 Nr. L 65/19, Rn. 71 – Eurofix-Bauco/Hilti; Loewenheim/Meessen/Riesenkampf-*Bergmann*, Art. 82 EG Rn. 118; Immenga/Mestmäcker-*Möschel*, Art. 82 EGV Rn. 94f., 99 (unter Hinweis auf die Gefahr einer zirkulären Argumentation); *Mestmäcker/Schweitzer*, § 16 Rn. 29; *Ahlenstiel*, S. 92.

[549] Vgl. Kommission, Vierter Bericht über die Wettbewerbspolitik 1974, Rn. 19 (zum Patentrecht); *Buhrow/Nordemann*, GRURInt 2005, 413; Immenga/Mestmäcker-*Ullrich*, GRUR A Rn. 2.

[550] So *Beier*, FS Quack, 31.

[551] *Beier*, FS Quack, 32. Der Sache nach von der Kartellfestigkeit der Schutzrechtsausübung gehen auch diejenigen aus, die in der „Magill“-Rechtsprechung des EuGH nur eine Korrektur zu weit geratener nationaler Schutzrechte sehen, in diesem Sinne *Cohen Jehoram/Mortelmans*, GRURInt 1997, 11, 12, 15; Immenga/Mestmäcker-*Möschel*, Art. 82 EGV Rn. 237 a.E.; *Schack*, UrhR, Rn. 130; *Wolf*, S. 148; kritisch dazu *Heinemann*, Immaterialgüterschutz, S. 493; *Arnold*, Marktmissbrauch, S. 249f. m.w.N.

Zu beachten ist indes, dass die durch ein Immaterialgüterrecht gewährte Ausschließlichkeit keine Ausnahme vom Wettbewerb ist, sondern sein Mittel, das die Mitbewerber des Schutzrechtsinhabers auf substitutiven statt auf imitierenden Wettbewerb verweist und dadurch die für die Selbststeuerung des Marktes notwendige Entscheidungsfreiheit im Wettbewerb gewährleistet.[552] Die wettbewerbliche Funktion des Ausschließlichkeitsrechts besteht darin, dem Rechtsinhaber die Aufnahme der aus dem Wettbewerb resultierenden Gewinnanreize und deren Umwandlung in eine „Belohnung" entsprechend dem vom Wettbewerb bestimmten Marktpreis der eigenen Leistung zu ermöglichen.[553] Das urheberrechtliche Ausschließlichkeitsrecht kann als Mittel wettbewerblichen Handelns jedoch kein Verhalten rechtfertigen, das einem Unternehmen in marktbeherrschender Stellung wegen dieser Stellung ohnehin untersagt ist.[554] Wenn die durch das Urheberrecht vermittelte Ausschließlichkeit einseitig für den Erwerb, die Ausübung oder die Absicherung von Marktmacht eingesetzt wird, muss dies daher der Missbrauchskontrolle unterliegen.[555]

Dementsprechend hat auch der EuGH stets betont, dass zwar die Ausübung eines ausschließlichen urheberrechtlichen Verwertungsrechts *als solche* keinen Missbrauch darstellt, und zwar auch dann nicht, wenn sie von einem Unternehmen in marktbeherrschender Stellung ausgeht.[556] Dies rechtfertigt jedoch nicht die Annahme, „dass das Verhalten eines Unternehmens mit beherrschender Stellung jeder Beurteilung anhand des Artikels 86 [jetzt Art. 82] des Vertrages entzogen ist, sobald es Teil der Ausübung eines Rechts ist, das vom nationalen Recht als ‚Urheberrecht' qualifiziert wird."[557] Bei Vorliegen der tatbestandlichen Voraussetzungen ist Art. 82 EGV vielmehr auf die Ausübung eines Schutzrechts durch die vertragliche oder einseitige Ausübung der vom jeweiligen Schutzrecht gewährten Ausschließlichkeitsrechte anwendbar.[558]

---

[552] EuGH, 17. 10. 1990, Rs. C-10/89, Slg. 1990, I-3711, Rn. 13 f. – CNL-Sucal/Hag (zum Warenzeichenrecht); BGHZ 160, 67, 75 f. = GRUR 2004, 966, 968 – Standard-Spundfass (zum Patentrecht); Immenga/Mestmäcker-*Ullrich/Heinemann*, GRUR B Rn. 23.

[553] Siehe oben Teil 1, D I.

[554] Immenga/Mestmäcker-*Ullrich/Heinemann*, GRUR B Rn. 50, 61; *Heinemann*, GRUR 2006, 706; vgl. auch *Wielsch*, S. 128 f.

[555] *Knap*, GRURInt 1983, 349; *Wielsch*, S. 172 f.

[556] So zur Ausübung des Vervielfältigungsrechts EuGH, 6. 4. 1995, Rs. C-241/91 P und C-242/91 P, Slg. 1995, I-743, Rn. 49 – RTE und ITP/Kommission; EuGH, 29. 4. 2004, Rs. C-418/01, Slg. 2004, I-5039, Rn. 34 – IMS Health/NDC Health; ebenso zum geschmacksmusterrechtlichen Verbreitungsrecht EuGH, 5. 10. 1988, Rs. 238/87, Slg. 1988, 6211, Rn. 8 – Volvo/Veng.

[557] EuGH, 6. 4. 1995, Rs. C-241/91 P und C-242/91 P, Slg. 1995, I-743, Tz. 48 – RTE und ITP/Kommission.

[558] EuGH, 5. 10. 1988, Rs. 238/87, Slg. 1988, 6211, Rn. 9 – Volvo/Veng; EuGH, 6. 4. 1995, Rs. C-241/91 P und C-242/91 P, Slg. 1995, I-743, Rn. 50 – RTE und ITP/Kommission; EuGH, 29. 4. 2004, Rs. C-418/01, Slg. 2004, I-5039, Rn. 35 – IMS Health/NDC Health; Immenga/Mestmäcker-*Möschel*, Art. 82 EGV Rn. 237, 252; *Mestmäcker/Schweitzer*, § 26 Rn. 25; vgl. bereits Beschlussempfehlung und Bericht des Rechtsausschusses zu den Entwürfen des 3. und

In den vom EuGH entschiedenen Fällen bestand das als missbräuchlich beanstandete Verhalten stets darin, dass das marktbeherrschende Unternehmen einem anderen Unternehmen die Erteilung einer Lizenz zur Vervielfältigung des geschützten Werkes verweigerte und dem Unternehmen so den Zutritt zu einem vom Lizenzmarkt abhängigen Markt versperrte. Eine solche Lizenzverweigerung könne „unter außergewöhnlichen Umständen" ein missbräuchliches Verhalten darstellen, obwohl das ausschließliche Vervielfältigungsrecht zu den Vorrechten des Inhabers eines Immaterialgüterrechts gehöre.[559]

Bei den hier zu untersuchenden Fallgestaltungen geht es hingegen nicht um eine Geltendmachung des urheberrechtlichen Ausschließlichkeitsrechts durch Verweigerung einer Lizenz. Der den Lizenzmarkt beherrschende Rechtsinhaber ist hier grundsätzlich zur Lizenzierung des geschützten Werkes bereit. Der Missbrauchsvorwurf gründet sich vielmehr darauf, dass der Lizenzgeber bestimmte Nutzungsbedingungen gegenüber den Endverbrauchern durchsetzt, indem er die Erteilung einer Lizenz davon abhängig macht, dass der Lizenznehmer sich dazu verpflichtet, die vom Lizenzgeber vorgegebenen Nutzungsbedingungen zu beachten und auch seinen Abnehmern aufzuerlegen.

Dabei handelt es sich zwar ebenfalls um eine Ausübung des Ausschließlichkeitsrechts in dem Sinne, dass die Verfügung über das ausschließliche Verwertungsrecht durch Lizenzierung zu den Vorrechten des Rechtsinhabers gehört. Lizenzbedingungen, die auf eine Einschränkung des Schrankengebrauchs durch die Abnehmer des Lizenznehmers abzielen, können zwischen dem Lizenzgeber und dem Lizenznehmer aber keine dinglich wirkende Beschränkung des eingeräumten Nutzungsrechts herbeiführen. Solche Pflichten des Lizenznehmers, die sich auf die Ausübung des eingeräumten Nutzungsrechts beziehen, können allenfalls mit schuldrechtlicher Wirkung vereinbart werden.[560] Die Amtliche Begründung zum UrhG nennt als Beispiel für solche dinglich nicht wirksamen Lizenzbedingungen ausdrücklich vertragliche Einschränkungen des Vervielfältigungs- und Verbreitungsrechts, nach denen „rechtmäßig hergestellte und verbreitete Vervielfältigungsstücke nur in bestimmer Weise, beispielsweise nur zum privaten Gebrauch, benutzt werden dürfen; denn weder das Vervielfältigungsrecht noch das Verbreitungsrecht schließt die Befugnis ein, die Verwendung rechtmäßig hergestellter und verbreiteter Vervielfältigungsstücke zu überwachen."[561]

4. UrhRÄndG, BT-Drucks. 13/1315, S. 10, wonach das Diskriminierungsverbot des § 26 Abs. 2 GWB a.F. (§ 20 Abs. 1 GWB n.F.) bei Vorliegen seiner tatbestandlichen Voraussetzungen auf die Ausübung des durch die Novelle eingeführten Vermietrechts (§ 17 Abs. 2, 3 UrhG) anwendbar ist.

[559] EuGH, 6. 4. 1995, Rs. C-241/91 P und C-242/91 P, Slg. 1995, I-743, Rn. 50 – RTE und ITP/Kommission; EuGH, 29. 4. 2004, Rs. C-418/01, Slg. 2004, I-5039, Rn. 35 – IMS Health/ NDC Health.

[560] Schricker-*Schricker*, vor §§ 28 ff. Rn. 57; *Rehbinder*, UrhR, Rn. 565.

[561] BT-Drucks. IV/270, S. 56.

Wenn bereits die (dinglich wirksame) Verweigerung einer Lizenz der Missbrauchskontrolle nach Art. 82 EGV unterliegt, muss dies erst recht für die Vereinbarung und Durchsetzung solcher urheberrechtlich nicht wirksamen Bedingungen der Nutzungsrechtsausübung gelten. Dass die marktbeherrschende Stellung auf dem urheberrechtlichen Ausschließlichkeitsrecht beruht, führt daher nicht zur kartellrechtlichen Immunisierung derartiger Lizenzierungsstrategien. Besonders deutlich zeigt sich die Kontrollbedürftigkeit vertraglicher Nutzungsbeschränkungen, wenn es um einen Missbrauch der marktbeherrschenden Stellung auf dem Produktmarkt unmittelbar gegenüber dem Endverbraucher geht. Hier bezieht sich der Missbrauchsvorwurf von vornherein nicht auf eine „Ausübung" des urheberrechtlichen Ausschließlichkeitsrechts. Zwar kann auch die Beherrschung des Produktmarktes auf urheberrechtlichen Ausschließlichkeitsrechten beruhen.[562] Der Missbrauchsvorwurf richtet sich aber nicht gegen die Geltendmachung eines daraus resultierenden Verbietungsrechts, sondern gegen die davon unabhängige Vereinbarung einer schuldrechtlichen Verpflichtung des Verbrauchers, von den Schranken des Urheberrechts keinen Gebrauch zu machen. Dieses Verhalten des marktbeherrschenden Unternehmens ist selbst nicht schutzrechtsbedingt, sondern knüpft an die Anziehungskraft des geschützten Werkes an, die eine Substituierung durch andere Werke ausschließt und damit eine Beherrschung des relevanten Marktes erst ermöglicht. Dies ist nicht anders, wenn ein Schutzrechtsinhaber entsprechende Ausübungspflichten mit seinen Lizenznehmern vereinbart.[563]

Ob die Vereinbarung einer solchen Verpflichtung den Missbrauch einer martkbeherrschenden Stellung darstellt, ist daher unabhängig davon zu beurteilen, ob die marktbeherrschende Stellung des Vertragspartners auf der Inhaberschaft eines urheberrechtlichen Ausschließlichkeitsrechts beruht. Es gibt kein eigenes Missbrauchsregime für die Inhaber urheberrechtlicher Ausschließlichkeitsrechte.[564] Vielmehr sind die für alle marktbeherrschenden Unternehmen geltenden allgemeinen Tatbestände des Marktstruktur-, Ausbeutungs- und Behinderungsmissbrauchs anwendbar.[565] Das gilt für die deutschen ebenso wie für die europäischen Wettbewerbsregeln. Denn seit der Angleichung des deutschen an das europäische Kartellrecht durch die 7. GWB-Novelle kann die Aus-

[562] Siehe oben S. 280 f.

[563] Vgl. Immenga/Mestmäcker-*Ullrich/Heinemann*, GRUR B Rn. 53.

[564] *Heinemann*, Immaterialgüterschutz, S. 493. Insbesondere ist es ungenau, im Zusammenhang des Art. 82 EGV von einem „Missbrauch von Schutzrechten" zu sprechen. Nach Art. 82 EGV verboten ist nur der Missbrauch einer marktbeherrschenden Stellung, auch wenn zu deren Erhaltung die Inhaberschaft ausschließlicher Verwertungsrechte beigetragen hat.

[565] So allgemein für die Ausübung von Schutzrechten auch Immenga/Mestmäcker-*Ullrich/Heinemann*, GRUR B Rn. 50; *Heinemann*, GRUR 2008, 952. Auch der EuGH hat seiner Rechtsprechung in den Fällen „Magill" und „IMS Health" (wenn auch nicht ausdrücklich) die Missbrauchskriterien des Art. 82 Abs. 2 lit. b EGV zugrunde gelegt, vgl. dazu unten S. 298 f.

legung der Verbotsvorschriften des GWB nicht mehr autonom bestimmt werden, sondern muss auch dort, wo der zwischenstaatliche Handel nicht berührt ist, die Auslegungsmaßstäbe des EG-Rechts berücksichtigen.[566] Auszugehen ist daher von den in Art. 82 Abs. 2 EGV genannten Regelbeispielen möglicher Missbrauchsfälle. Die in § 19 GWB aufgeführten Beispielsfälle sind nur insoweit relevant, als sie über die von Art. 82 EGV erfassten Missbrauchsfälle hinausgehen.[567]

(2) Unangemessene Geschäftsbedingungen

Da es um die Missbräuchlichkeit vertraglicher Nutzungsbeschränkungen geht, kommt zunächst ein Missbrauch nach Art. 82 Abs. 2 lit. a EGV in Betracht. Danach kann der Missbrauch einer beherrschenden Stellung insbesondere in der unmittelbaren oder mittelbaren Erzwingung unangemessener Geschäftsbedingungen bestehen. Hierunter fallen sowohl AGB als auch Individualvereinbarungen.[568] Ein kartellrechtswidriger Missbrauch einer marktbeherrschenden Stellung kann demnach auch darin liegen, dass der Marktbeherrscher der Marktgegenseite die gewünschte Leistung nur zu unangemessenen Bedingungen bereitstellt, etwa indem er für seine Dienstleistungen Gebühren erhebt, die außer Verhältnis zum wirtschaftlichen Wert der erbrachten Leistung stehen.[569] Das gilt auch für das Angebot von Lizenzen für immaterialgüterrechtlich geschützte Leistungen.[570]

Dass die Geschäftsbedingungen nach Art. 82 Abs. 2 lit. a EGV „erzwungen" sein müssen, setzt nicht voraus, dass das marktbeherrschende Unternehmen Druck ausübt, um den Widerstand seiner Vertragspartner zu brechen; der Zwang geht vielmehr von der wirtschaftlichen Übermacht des Marktbeherrschers aus.[571] Daher wird ein Missbrauch nicht dadurch ausgeschlossen, dass der Vertragspartner unangemessene Konditionen ohne weiteres hinnimmt.[572] Zudem kann der Missbrauch nicht nur in der Erzwingung unangemessener Konditionen unmittelbar gegenüber dem Vertragspartner, sondern auch mittelbar

---

[566] *Bechtold*, GWB, Einführung Rn. 76, § 1 Rn 4 und § 19 Rn. 64; *Emmerich*, Kartellrecht, § 27 Rn. 62.

[567] Vgl. dazu oben S. 266.

[568] Langen/Bunte-*Dirksen*, Art. 82 Rn. 104; ebenso zu § 19 Abs. 4 Nr. 2 GWB *Bechtold*, GWB, § 19 Rn. 73.

[569] EuG, 24. 5. 2007, Rs. T-151/01, Slg. 2007, II-1607, Rn. 121 – Der Grüne Punkt – Duales System Deutschland/Kommission.

[570] OLG Karlsruhe GRUR-RR 2007, 177, 180 – Orange Book-Standard, zur Erteilung einer Patentlizenz.

[571] Schröter/Jakob/Mederer-*Schröter*, Art. 82 Rn. 182; Immenga/Mestmäcker-*Möschel*, Art. 82 EGV Rn. 138; *Emmerich*, Kartellrecht, § 10 Rn. 16.

[572] Langen/Bunte-*Dirksen*, Art. 82 Rn. 90; Schröter/Jakob/Mederer-*Schröter*, Art. 82 Rn. 182; Immenga/Mestmäcker-*Möschel*, Art. 82 EGV Rn. 138.

gegenüber Abnehmern auf den nachgelagerten Wirtschaftsstufen bestehen.[573] Vom Schutzzweck des Art. 82 EGV werden danach nicht nur Unternehmen, sondern auch Endverbraucher erfasst, deren Schutz nicht nur unmittelbar durch die Verhinderung unangemessener Geschäftsbedingungen gewährleistet wird, sondern auch mittelbar durch die Aufrechterhaltung von Wettbewerb auf vor- oder nachgelagerten Märkten.[574] Sowohl die Erzwingung von einschränkenden Nutzungsbedingungen unmittelbar gegenüber dem Endverbraucher als auch die Auferlegung entsprechender Konditionenbindungen als Lizenzbedingung kann daher grundsätzlich den Missbrauchstatbestand des Art. 82 Abs. 2 lit. a EGV erfüllen. Entscheidend ist in beiden Fällen, ob vertragliche Nutzungsbeschränkungen, die sich auf die Ausübung urheberrechtlicher Schranken beziehen, unangemessen i. S. d. Art. 82 Abs. 2 lit. a EGV sind.

(a) Maßstab der Unangemessenheit

Bei der Beurteilung, ob sich die Vereinbarung nutzungsbeschränkender Klauseln durch ein marktbeherrschendes Unternehmen als unangemessen i. S. d. Art. 82 Abs. 2 lit. a EGV darstellt, ist am Zweck der Vorschrift anzusetzen.[575] Dieser besteht darin, die wirtschaftliche Bewegungsfreiheit Dritter im Einflussbereich marktbeherrschender Unternehmen zu schützen, um Raum für die Entfaltung wettbewerblicher Prozesse zu schaffen.[576] Art. 82 EGV schützt damit nicht nur den Wettbewerb als Institution, sondern auch die Freiheit der Marktteilnehmer, sich unter den Bedingungen eines redlichen, unverfälschten Wettbewerbs wirtschaftlich zu betätigen.[577] Ein Missbrauch i. S. d. Art. 82 Abs. 2 lit. a EGV liegt daher vor, wenn dem Vertragspartner Verpflichtungen auferlegt werden, die für die Verwirklichung eines an sich legitimen Zwecks entbehrlich sind und deshalb die unternehmerische Handlungsfreiheit des Vertragspartners unbillig einschränken.[578] Unter den Begriff der Geschäftsbedingungen fallen daher insbesondere auch dem Vertragspartner auferlegte Handlungsbeschrän-

---

[573] EuGH, 11. 4. 1989, Rs. 66/86, Slg. 1989, 803, Rn. 42 – Ahmed Saeed Flugreisen/Zentrale zur Bekämpfung unlauteren Wettbewerbs; Schröter/Jakob/Mederer-*Schröter*, Art. 82 Rn. 182; Immenga/Mestmäcker-*Möschel*, Art. 82 EGV Rn. 139; Langen/Bunte-*Dirksen*, Art. 82 Rn. 86, 91.

[574] EuGH, 21. 2. 1973, Slg. 1973, 215, Rn. 26 – Europemballage Corporation und Continental Can/Kommission; EuGH, 13. 2. 1979, Rs. 85/76, Slg. 1979, 461, Rn. 125 – Hoffmann-La Roche/Kommission; Immenga/Mestmäcker-*Möschel*, Art. 82 EGV Rn. 5, 121, 255; MüKo-WettbR-*Eilmansberger*, Art. 82 EG Rn. 10; *Mestmäcker/Schweitzer*, § 15 Rn. 5.

[575] Vgl. *Bechtold/Bosch/Brinker/Hirsbrunner*, Art. 82 EG Rn. 26; *Emmerich*, Kartellrecht, § 10 Rn. 21.

[576] *Emmerich*, Kartellrecht, § 27 Rn. 63; vgl. *Mestmäcker/Schweitzer*, § 15 Rn. 5.

[577] Schröter/Jakob/Mederer-*Schröter*, Art. 82 Rn. 161; Langen/Bunte-*Dirksen*, Art. 2 Rn. 75.

[578] EuGH, 27. 3. 1974, Rs. 127–73, Slg. 1974, 313, Rn. 15 – BRT/SABAM; Immenga/Mestmäcker-*Möschel*, Art. 82 EGV Rn. 159; Schröter/Jakob/Mederer-*Schröter*, Art. 82 Rn. 195; Langen/Bunte-*Dirksen*, Art. 82 Rn. 105.

kungen, die diesen an der wirtschaftlichen Verwertung der erworbenen Ware oder Leistung hindern.[579] Neben dem Aspekt der Ausbeutung des Vertragspartners ist hier auch die indirekte Behinderung anderer Marktteilnehmer zu berücksichtigen.[580] Über die Interessen der unmittelbar an der Vereinbarung Beteiligten hinaus sind daher auch die Auswirkungen auf den Wettbewerb im Binnenmarkt (Art. 3 Abs. 1 lit. g EGV) und auf die Marktstellung Dritter sowie die sonstigen Vertragsziele (Art. 2 ff. EGV) in die Beurteilung einzubeziehen.[581] Dabei ist das marktbeherrschende Unternehmen an das Übermaßverbot gebunden, so dass nur solche Bindungen zulässig sind, die zur Durchsetzung eines legitimen Interesses an der Sicherung der eigenen Leistung erforderlich sind.[582] Soweit die Geschäftsbedingungen danach nicht offensichtlich unbillig sind, ist die Missbräuchlichkeit anhand einer umfassenden Interessenabwägung zu bestimmen.[583]

(b) Beschränkungen des Weiterverkaufs von Werkexemplaren

Unangemessen und damit missbräuchlich können danach insbesondere Einschränkungen des Weiterverkaufs in Form von Kunden- oder Gebietsbeschränkungen sein, die der marktbeherrschende Lizenzgeber oder Lieferant von Werkexemplaren gegenüber Abnehmern nachfolgender Vertriebsstufen erzwingt, obwohl der Weiterverkauf der Werkexemplare wegen der Erschöpfung des Verbreitungsrechts gemäß §§ 17 Abs. 2, 69c Nr. 3 S. 2 UrhG uneingeschränkt urheberrechtlich zulässig ist. Denn die Erschöpfung des Verbreitungsrechts dient gerade der Verwirklichung des freien Warenverkehrs innerhalb des europäischen Binnenmarktes.[584]

Zwar stehen §§ 17 Abs. 2, 69c Nr. 3 S. 2 einem schuldrechtlichen Verbot der Weiterverbreitung von mit Zustimmung des Rechtsinhabers in Verkehr gebrachten Vervielfältigungsstücken selbst nicht entgegen, da sich der Regelungsgehalt der Vorschriften ebenso wie der von §§ 44a ff. UrhG nicht auf solche schuldrechtlichen Vereinbarungen erstreckt.[585] Die Erschöpfung des Verbrei-

[579] Langen/Bunte-*Dirksen*, Art. 82 Rn. 108; MüKo-WettbR-*Eilmansberger*, Art. 82 EG Rn. 236; Schröter/Jakob/Mederer-*Schröter*, Art. 82 Rn. 199 m. w. N.

[580] MüKo-WettbR-*Eilmansberger*, Art. 82 EG Rn. 226 will in diesen Fällen nicht Art. 82 Abs. 2 lit. a EGV, sondern die Generalklausel des Abs. 1 heranziehen.

[581] Langen/Bunte-*Dirksen*, Art. 82 Rn. 106, 108; Schröter/Jakob/Mederer-*Schröter*, Art. 82 Rn. 197, 199; *Emmerich*, Kartellrecht, § 10 Rn. 21.

[582] Vgl. Langen/Bunte-*Dirksen*, Art. 82 Rn. 105; MüKo-WettbR-*Eilmansberger*, Art. 82 EG Rn. 230; Immenga/Mestmäcker-*Möschel*, Art. 82 Rn. 183; Schröter/Jakob/Mederer-*Schröter*, Art. 82 Rn. 195.

[583] *Bechtold/Bosch/Brinker/Hirsbrunner*, Art. 82 EG Rn. 35; Langen/Bunte-*Dirksen*, Art. 82 Rn. 105; MüKo-WettbR-*Eilmansberger*, Art. 82 EG Rn. 230; Schröter/Jakob/Mederer-*Schröter*, Art. 82 Rn. 195.

[584] Grdl. EuGH, 8. 6. 1971, Rs. 78–70, Slg. 1971, 487, Rn. 13 – Deutsche Grammophon/Metro; siehe dazu oben S. 189.

[585] Siehe oben S. 263 f.

tungsrechts schützt die Warenverkehrsfreiheit nur im Hinblick auf Beeinträchtigungen durch ein zu weit reichendes urheberrechtliches Ausschließlichkeitsrecht. Auch eine lediglich schuldrechtliche Verpflichtung des Erwerbers eines Werkexemplars zu räumlicher Exklusivität oder zu inhaltlichen Einschränkungen der Weiterverbreitung beeinträchtigt aber die Warenverkehrsfreiheit und führt zu einer missbräuchlichen Beschränkung des Wettbewerbs, wenn sie durch ein marktbeherrschendes Unternehmen erzwungen wird.

Eine sachliche Rechtfertigung durch ein überwiegendes Interesse des Marktbeherrschers kommt hier grundsätzlich nicht in Betracht. Derartige Vertriebsbeschränkungen verfolgen regelmäßig nur den Zweck, Marktaufteilungsstrategien des beherrschenden Unternehmens abzusichern.[586] Zwar ist das Interesse eines marktbeherrschenden Lieferanten an einer möglichst effizienten Vertriebsorganisation grundsätzlich anzuerkennen.[587] Dieses Interesse kann das Interesse der Abnehmer an einer unbeschränkten Ausübung ihrer Wettbewerbs- und Absatzmöglichkeiten jedoch nicht überwiegen, wenn das Unternehmen bereits eine marktbeherrschende Stellung auf den Gebieten oder in Bezug auf die Kundengruppen, auf die sich die Verkaufsbeschränkung bezieht, innehat.[588] Denn im Hinblick auf die besondere Gefahr einer Beeinträchtigung effektiver wettbewerblicher Strukturen durch das Bestehen von Marktmacht unterliegen marktbeherrschende Unternehmen einer besonderen Verantwortung im Hinblick auf ihr Marktverhalten.[589] Nach Art. 82 EGV können daher auch Verhaltensweisen verboten sein, die Wettbewerbern erlaubt sind, bei marktbeherrschenden Unternehmen aber zu einem Verstoß gegen das System unverfälschten Wettbewerbs führen.[590] Eine Freistellung solcher Vertriebsbindungen nach den Gruppenfreistellungsverordnungen für Vertikal- oder Technologietransfervereinbarungen kommt ebenfalls nicht in Betracht, da diese keine Befreiung vom Verbot des Art. 82 EGV einschließen, sondern Missbräuche unter allen Umständen verboten sind.[591]

---

[586] Vgl. MüKo-WettbR-*Eilmansberger*, Art. 82 EG Rn. 236; Schröter/Jakob/Mederer-*Schröter*, Art. 82 Rn. 199.

[587] MüKo-WettbR-*Eilmansberger*, Art. 82 EG Rn. 239.

[588] MüKo-WettbR-*Eilmansberger*, Art. 82 EG Rn. 239.

[589] EuGH, 9. 11. 1983, Rs. 322/81, Slg. 1983, 3461, Rn. 57 – Michelin/Kommission; EuG, 10. 7. 1990, Rs. T-51/89, Slg. 1990, II-309, Rn. 37 – Tetra Pak/Kommission; *Bechtold/Bosch/Brinker/Hirsbrunner*, Art. 82 EG Rn. 26; Langen/Bunte-*Dirksen*, Art. 82 Rn. 75; Immenga/Mestmäcker-*Möschel*, Art. 82 EGV Rn. 120; *Emmerich*, Kartellrecht, § 10 Rn. 11, 13; *Mestmäcker/Schweitzer*, § 15 Rn. 39 f.

[590] *Emmerich*, Kartellrecht, § 10 Rn. 13; Immenga/Mestmäcker-*Möschel*, Art. 82 EGV Rn. 120.

[591] EuG, 10. 7. 1990, Rs. T-51/89, Slg. 1990, II-309, Rn. 25 – Tetra Pak/Kommission; *Emmerich*, Kartellrecht, § 9 Rn. 32; Immenga/Mestmäcker-*Möschel*, Art. 82 EGV Rn. 159; *Mestmäcker/Schweitzer*, § 15 Rn. 19 und § 22 Rn. 23; vgl. auch Erwägungsgrund 16 der VO 2790/1999 sowie Erwägungsgrund 20 der VO 772/2004, wonach die Verordnungen jeweils „unbeschadet der Anwendung von Artikel 82" gelten. In der Regel werden bei einer marktbeherrschenden Stellung eines Vertragspartners auch die Schwellenwerte der Art. 3 VO

Eine dem Lizenznehmer oder mittelbar dessen Abnehmern in Bezug auf die Ausübung der Weiterverbreitungsfreiheit auferlegte Beschränkung kann auch nicht mit dem Partizipationsinteresse des Lizenzgebers gerechtfertigt werden. Grundsätzlich muss zwar auch der marktbeherrschende Inhaber eines Ausschließlichkeitsrechts die Amortisation seiner Vorleistung absichern können, damit seine Lizenzbereitschaft erhalten bleibt.[592] Auch die Zulässigkeit von Lizenzbeschränkungen bedarf aber angesichts der Verantwortung eines marktbeherrschenden Unternehmens im Hinblick auf sein Marktverhalten einer erhöhten sachlichen Rechtfertigung.[593]

Teilweise wird aus der „Coditel"-Rechtsprechung des EuGH abgeleitet, dass Klauseln, welche dem Rechtsinhaber die Möglichkeit eröffnen, eine Lizenzgebühr nach dem Umfang der Nutzung festzusetzen, und damit der Sicherung des Partizipationsinteresses des Urhebers dienen, stets als „spezifischer Gegenstand" des Urheberrechts gerechtfertigt seien.[594] Im Fall „Coditel" hat sich der EuGH jedoch ausschließlich mit der Verwertung von Kinofilmen durch die Vereinbarung einer Vergütung für die Zustimmung zur öffentlichen Vorführung beschäftigt.[595] Angesichts der für die Verwertung von Filmwerken bestehenen Marktverhältnisse hat der EuGH angenommen, dass die „dem Inhaber des Urheberrechts und seinen Rechtsnachfolgern zustehende Möglichkeit, eine Vergütung für jede Vorführung des Films zu verlangen, zum wesentlichen Inhalt des Urheberrechts an derartigen literarischen oder künstlerischen Werken gehört".[596] Dies entspricht der Rechtslage nach dem UrhG, da mangels Erschöpfung des Rechts der öffentlichen Wiedergabe jede Vorführung eines Filmwerks nach § 19 Abs. 4 UrhG erneut dem Verbotsrecht des Urhebers unterfällt.

Auf andere Werkarten, die in erster Linie körperlich verwertet werden, ist diese Rechtsprechung angesichts der Besonderheiten der Filmverwertung nicht übertragbar.[597] Hinsichtlich der mit seiner Zustimmung in Verkehr gebrachten Vervielfältigungsstücke hat der Urheber als Lizenzgeber gerade kein berechtigtes Interesse an einer Kontrolle der Weiterveräußerung, da er mit dem ersten Inverkehrbringen des Werkexemplars hinreichend am wirtschaftlichen Wert seines Werkes partizipieren kann.[598] Dem trägt auch das Urheberrecht mit der (urheberrechtlich zwingenden) Erschöpfung des Verbreitungsrechts Rechnung.

2790/1999 bzw. Art. 3 VO 772/2004 überschritten sein, vgl. Immenga/Mestmäcker-*Veelken*, Vertikal-VO Rn. 54. Zur Freistellung vom Verbot des Art. 81 EGV siehe unten S. 312ff. Zu den Reformüberlegungen der Kommission im Hinblick auf die Rechtfertigung von Missbräuchen durch Effizienzvorteile kritisch *Emmerich*, Kartellrecht, § 9 Rn. 6.

592 Vgl. zur Rechtfertigung einer Lizenzverweigerung *Eilmansberger*, EWS 2003, 18.

593 Immenga/Mestmäcker-*Ullrich/Heinemann*, GRUR B Rn. 53.

594 So *Moritz*, CR 1993, 263 und 347; *Vinje*, CR 1993, 403.

595 EuGH, 18. 3. 1980, Rs. 62/79, Slg. 1980, 881, Rn. 13 – Coditel/Ciné-Vog Films.

596 EuGH, 18. 3. 1980, Rs. 62/79, Slg. 1980, 881, Rn. 14 – Coditel/Ciné-Vog Films.

597 So auch *Mestmäcker/Schweitzer*, § 28 Rn. 49.

598 Siehe oben S. 189f.

Wenn der Rechtsinhaber seine marktbeherrschende Stellung auf dem Lizenzierungsmarkt dazu ausnutzt, um derartige Nutzungen durch eine solche Lizenzierungsstrategie dennoch unter Kontrolle zu halten, ist dies daher vom gemeinschaftsrechtlich anerkannten „spezifischen Gegenstand" des Urheberrechts nicht gedeckt. Es geht bei der Beurteilung der Angemessenheit von vertraglichen Beschränkungen der Weiterverbreitung nicht um die Bestimmung der gemeinschaftsrechtlich zulässigen Reichweite des Urheberrechts, sondern um eine davon unabhängige Kontrolle von Beschränkungen der wettbewerblichen Handlungsfreiheit.

So hat der BGH im Fall „OEM-Version" ausdrücklich auf mögliche kartellrechtliche Grenzen der Verpflichtung von Softwarelizenznehmern zur Weitergabe schuldvertraglicher Verwendungsbeschränkungen hingewiesen.[599] Ebenso handelt ein den Einzelhandelsmarkt für den Verkauf von Werkexemplaren beherrschendes Unternehmen missbräuchlich, wenn es seinen Abnehmern ein schuldrechtliches Weiterveräußerungsverbot auferlegt und so die Entstehung eines Gebrauchtmarktes für die mit Zustimmung des Rechtsinhabers in Verkehr gebrachten Werkexemplare verhindert.[600]

(c) Beschränkungen sonstiger urheberrechtlich zulässiger Wettbewerbshandlungen

Neben dem Erschöpfungsgrundsatz können aber auch andere Schranken wettbewerbsschützende Funktion haben, so dass die vertragliche Einschränkung der von ihnen gewährten Nutzungsfreiheit eine missbrauchsrelevante Wettbewerbsbeschränkung darstellt. Dies gilt für alle Schranken, die den durch sie Privilegierten gerade ermöglichen sollen, ohne Behinderung durch den Urheber eigene Leistungen am Markt anzubieten und dadurch der Allgemeinheit einen möglichst ungehinderten Zugang zu einem vielfältigen Angebot urheberrechtlich geschützter Kulturgüter zu sichern, weil mit dem Angebot ein informationeller Mehrwert gegenüber dem ursprünglichen Werk verbunden ist.[601] Dazu gehört neben den Schranken zugunsten von Presse- und Rundfunkunternehmen in §§ 48 bis 50 und von Kopienversanddiensten in § 53a auch die Zitierfreiheit nach § 51 UrhG.[602] Indem diese Schranken bestimmte Nutzungen vom Ausschließlichkeitsrecht des Urhebers freistellen, ermöglichen sie dem einzel-

[599] BGHZ 145, 7, 15 = GRUR 2001, 153, 155 – OEM-Version; ebenso Wandtke/Bullinger-*Grützmacher*, § 69d Rn. 93; allgemein bereits *Schricker*, Verlagsrecht, § 8 Rn. 28a; die Kartellrechtswidrigkeit ausdrücklich ablehnend hingegen KG MMR 1998, 315, 318, wonach Microsoft „ein sachliches Interesse an der gewählten Art der Vertriebsbindung zuzugestehen" sei.

[600] So zu Weiterveräußerungsverboten in Softwareüberlassungsverträgen *Polley*, CR 1999, 351.

[601] *Dreier*, in: Torremans, S. 239, bezeichnet solche Angebote als „information value-added products".

[602] Vgl. das Grünbuch Urheberrechte in der wissensbestimmten Wirtschaft, KOM(2008) 466 endg. vom 16. 7. 2008, S. 19f.

nen Nutzer, die in dem genutzten Werk verkörperten Informationen zu verarbeiten und zu verbreiten. Dabei profitiert von der Freiheit der Nutzung letztlich nicht der Anbieter des Dienstes, sondern der Endverbraucher, der den Dienst in Anspruch nimmt. Über diesen unmittelbaren Nutzen für den Endverbraucher hinaus eröffnet die Nutzungsfreiheit aber auch einen Wettbewerb zwischen verschiedenen Diensteanbietern, der für einen freien Informationsfluss („free flow of information") sorgt.[603] Durch eine vertragliche Beschränkung dieser Nutzungen zugunsten eines marktbeherrschenden Unternehmens wird das System eines unverfälschten Wettbewerbs im Binnenmarkt daher unmittelbar beeinträchtigt.[604] Denn der Marktbeherrscher setzt das Ausschließlichkeitsrecht nicht als ein seine eigene Leistung sicherndes Mittel, sondern zur Unterdrückung fremder Leistungen ein.

Problematisch ist allerdings, dass diese Schranken des Urheberrechts anders als die Erschöpfung des Verbreitungsrechts bisher nicht harmonisiert worden sind und der Umfang der Nutzungsfreiheit in den einzelnen Mitgliedstaaten daher unterschiedlich ausgestaltet ist. Das innerstaatliche Zivilrecht kann in Ermangelung gemeinschaftsrechtlicher Vorschriften nach h. M. aber nicht als Maßstab für die Auslegung der „Unangemessenheit" i. S. d. Art. 82 Abs. 2 lit. a EGV herangezogen werden.[605] Damit ist jedoch nur gesagt, dass nach innerstaatlichem Recht zulässige und wirksame Geschäftsbedingungen durchaus unter Art. 82 EGV fallen können.[606]

Vorliegend geht es aber nicht darum, das innerstaatliche Urheberrecht unmittelbar als Maßstab für die Beurteilung der Geschäftsbedingungen heranzuziehen. Vielmehr knüpft der Vorwurf des Missbrauchs an die (schuldrechtliche) Einschränkung einer aufgrund innerstaatlichen Rechts auf dem nationalen Markt bestehenden Nutzungsfreiheit. Denn der Inhalt des Urheberrechts sowie dessen Schranken bestimmen sich nach dem Schutzlandprinzip, so dass es für die urheberrechtliche Zulässigkeit einer Nutzungshandlung auf das Recht des Mitgliedstaates ankommt, in dem die Handlung vorgenommen wird.[607] Auch soweit bisher keine Harmonisierung innerhalb der EG erfolgt ist, stehen diese Beschränkungen doch im Einklang mit europäischem Recht, da Art. 5 Abs. 2 und 3 Info-RL entsprechende nationale Regelungen im Allgemeininteresse ausdrücklich zulassen.

---

[603] Vgl. *Dreier*, in: Torremans, S. 238; Dreier/Schulze-*Dreier*, vor §§ 44a ff. Rn. 4.

[604] A. A. offenbar *Peifer*, GRUR 2009, 28, wonach die Behinderung des freien Bildungs- und Forschungszugangs im Rahmen der §§ 49, 50, 53 UrhG vom Kartellrecht nicht erfasst und auch nicht erfassbar sei.

[605] Langen/Bunte-*Dirksen*, Art. 82 Rn. 107; *Emmerich*, Kartellrecht, § 10 Rn. 21; einschränkend Schröter/Jakob/Mederer-*Schröter*, Art. 82 Rn. 198: Heranziehung „nur mit großer Vorsicht".

[606] So ausdrücklich Langen/Bunte-*Dirksen*, Art. 82 Rn. 107; Schröter/Jakob/Mederer-*Schröter*, Art. 82 Rn. 198; MüKo-WettbR-*Eilmansberger*, Art. 82 EG Rn. 229.

[607] Insoweit unstreitig, siehe nur *Schack*, UrhR, Rn. 918 ff. m. w. N.

Daher ist es mit Art. 82 EGV unvereinbar, wenn ein marktbeherrschender Lizenzgeber seine Stellung dazu missbraucht, sich in Bezug auf die fragliche Nutzung eine Rechtsposition zu verschaffen, die der Gewährung eines (nationalen) Ausschließlichkeitsrechts gleichkommt, und so die Entstehung eines nationalen Marktes unterbindet. Eine vertragliche Einschränkung der danach für das Gebiet eines Mitgliedstaats bestehenden Nutzungsfreiheit ist daher als Handlungsbeschränkung grundsätzlich unangemessen i. S. d. Art. 82 Abs. 2 lit. a EGV, wenn sie nicht ausnahmsweise durch ein überwiegendes Interesse des Marktbeherrschers gerechtfertigt ist.

(d) Beschränkungen des freien Verkehrs von Wissen und Informationen

Problematisch ist die Begründung eines Missbrauchs unter dem Gesichtspunkt unangemessener Geschäftsbedingungen auch, wenn ein marktbeherrschendes Unternehmen unmittelbar gegenüber dem Endverbraucher Nutzungsbedingungen erzwingt, welche die Nutzung des erworbenen Werkes zu privaten oder sonstigen Zwecken einschränken, die nicht auf eine Teilnahme am Wettbewerb abzielen. Denn insoweit liegt keine Beschränkung gerade der *wettbewerblichen* Handlungsfreiheit des Vertragspartners vor. Die Europäische Kommission sieht aber auch die Förderung des freien Verkehrs von Wissen und Informationen als einer „fünften Freiheit" im Binnenmarkt ausdrücklich als Aufgabe der Binnenmarktpolitik der Europäischen Union an. Bürger, Unternehmen und Behörden sollen danach in die Lage versetzt werden, durch Nutzung der Informations- und Kommunikationstechnologien neue Möglichkeiten in der ganzen EU zu nutzen.[608]

Von einem marktbeherrschenden Unternehmen erzwungene Geschäftsbedingungen, die den Gebrauch von Schranken einschränken, deren ökonomische Rechtfertigung darin liegt, dass der Wettbewerb aufgrund eines Marktversagens kein verlässlicher Mechanismus zur effizienten Nutzung bestehender Werke ist, stehen danach auch unabhängig von der wirtschaftlichen Bedeutung der einzelnen Nutzung einer Verwirklichung des Binnenmarktes entgegen. Denn auch diese Schranken dienen der künftigen Verbreitung von Wissensinhalten.[609] Da die von diesen Schrankenbestimmungen privilegierten Nutzungen gerade nicht mehr der Kontrolle eines einzelnen Unternehmens unterliegen sollen, nachdem der Urheber sein Werk in den Rechtsverkehr entlassen hat, kommt auch insoweit eine Rechtfertigung durch das Amortisationsinteresse des Lizenzgebers nicht in Betracht. Das gilt erst recht, wenn ein marktbeherrschender Lizenzgeber die Erteilung einer Lizenz an die Bedingung knüpft, dass der Li-

[608] KOM(2007) 724 endg. vom 20. 11. 2007, S. 10 – Ein Binnenmarkt für das Europa des 21. Jahrhunderts.

[609] Vgl. das Grünbuch Urheberrechte in der wissensbestimmten Wirtschaft KOM(2008) 466 endg. vom 16. 7. 2008, S. 4.

zenznehmer privilegierte Nutzungen anderer Werke unterlässt, hinsichtlich derer der Lizenzgeber keine Ausschließlichkeitsrechte innehat.[610]

Ebenso wenig ist eine sachliche Rechtfertigung ersichtlich, wenn nicht der Inhaber eines ausschließlichen Nutzungsrechts, sondern ein Unternehmen, dessen Marktmacht auf anderen Umständen beruht, seinen Abnehmern den Zugang zu den angebotenen Werken nur gegen die Verpflichtung gestattet, bestimmte gesetzlich privilegierte Nutzungen zu unterlassen. So stellt es etwa einen Missbrauch dar, wenn der von einem einzelnen Unternehmen beherrschte Zugang zu einem Werk davon abhängig gemacht wird, dass sich der Nutzer verpflichtet, bestimmte Nutzungen nicht selbst vorzunehmen, sondern eine entsprechende kostenpflichtige Leistung des marktbeherrschenden Anbieters in Anspruch zu nehmen.[611] Dies gilt etwa für die oben beschriebene Praxis von Museen, die Anfertigung urheberrechtlich zulässiger Ablichtungen der ausgestellten Kunstgegenstände unter Berufung auf ihr Hausrecht zu untersagen und stattdessen auf den kostenpflichtigen Erwerb selbst hergestellter Aufnahmen zu verweisen.[612]

Der Missbrauchsvorwurf kann ferner darauf gestützt werden, dass durch die Vorgabe gleichlautender Bedingungen für den Vertrieb des Werkes der Konditionenwettbewerb zwischen den einzelnen Lizenznehmern, die das Werk über das Internet anbieten, ausgeschaltet wird.[613] Ein Missbrauch liegt daher vor, wenn ein marktbeherrschender Lizenzgeber mehrere Inhaber einfacher Nutzungsrechte für die Verbreitung oder öffentliche Wiedergabe des Werkes zur Verwendung gleichlautender Vertriebsbedingungen verpflichtet. Das wäre etwa der Fall, wenn eine Verwertungsgesellschaft sämtlichen Abrufdiensten für Musik-Downloads die für die öffentliche Zugänglichmachung ihres Repertoires erforderlichen Nutzungsrechte nur unter der Bedingung einräumen würde, dass die Kunden des jeweiligen Portals schuldvertraglich zur Unterlassung pri-

---

[610] Vgl. das – durch Vergleich beendete – Verfahren *Shloss v. Sweeney*, No. C 06–03718 JW (N. D. Cal. filed September 2, 2007), in dem die Wissenschaftlerin *Carol Shloss* dem Verwalter des Nachlasses von *James Joyce* vorgeworfen hat, die Einwilligung in die Nutzung von Werken des Schriftstellers davon abhängig gemacht zu haben, dass *Shloss* jegliche (als fair use qualifizierte) Nutzung fremder Werke und sonstiger Unterlagen unterlässt, die sich mit der Tochter *Lucia Joyce* befassen.

[611] Vgl. EuGH, 10. 12. 1991, Rs. C-179/90, Slg. 1991, I-5889, Rn. 18 ff. – Merci convenzionali porto di Genova/Siderurgica Gabrielli, zur Erzwingung der Inanspruchnahme von Entladearbeiten durch eine Hafenbetriebsgesellschaft anstelle der Durchführung durch die Schiffsbesatzung in Eigenregie.

[612] Siehe oben S. 282. Der Begriff der Geschäftsbedingungen i. S. d. Art. 82 Abs. 2 lit. a EGV umfasst auch die Satzung eines als öffentliche Einrichtung betriebenen Museums, vgl. Langen/Bunte-*Dirksen*, Art. 82 Rn. 104.

[613] Vgl. zur Parallelproblematik der Ausschaltung des Preiswettbewerbs durch eine entsprechende Preisbindung EuGH, 11. 4. 1989, Rs. 66/86, Slg. 1989, 803, Rn. 44 – Ahmed Saeed Flugreisen/Zentrale zur Bekämpfung unlauteren Wettbewerbs (einheitlicher Tarif verschiedener Luftfahrtunternehmen für eine bestimmte Flugstrecke); Immenga/Mestmäcker-*Möschel*, Art. 82 EGV Rn. 155, 189; Schröter/Jakob/Mederer-*Schröter*, Art. 82 Rn. 199.

vater Kopien verpflichtet werden. Neben Art. 82 kommt insoweit regelmäßig Art. 81 Abs. 1 EGV zur Anwendung.[614]

(e) Ergebnis

Damit handelt ein Unternehmen, das aufgrund seiner Marktmacht den Markt für die Versorgung der Endverbraucher mit urheberrechtlich geschützten Informationen beherrscht, gemäß Art. 82 Abs. 2 lit. a EGV generell missbräuchlich, wenn es von seinen Abnehmern Nutzungsbedingungen fordert, welche die Ausübung der gesetzlich gewährten Nutzungsfreiheit beeinträchtigen und damit eine Beschränkung des freien Warenverkehrs oder des freien Verkehrs von Wissen und Informationen bewirken.

(3) Einschränkung des Absatzes und der technischen Entwicklung

Neben Art. 82 Abs. 2 lit. a EGV kann auch der Tatbestand des Abs. 2 lit. b herangezogen werden, um die Missbräuchlichkeit vertraglicher Nutzungsbeschränkungen zu begründen. Das Verbot, die Erzeugung, den Absatz und die technische Entwicklung zum Schaden der Verbraucher zu behindern, bringt die den Unternehmen in marktbeherrschender Stellung obliegende Verantwortung für das System unverfälschten Wettbewerbs besonders klar zum Ausdruck. In der Regel fallen missbräuchliche Vertragsklauseln i.S.d. Art. 82 Abs. 2 lit. b EGV als wettbewerbsbeschränkende Vereinbarungen zugleich unter das Verbot des Art. 81 EGV.[615]

Ein Missbrauch nach Art. 82 Abs. 2 lit. b EGV liegt z.B. vor, wenn durch eine vertragliche Beschränkung des Weiterverkaufs der urheberrechtlich zulässige Absatz von Werkexemplaren durch die Abnehmer des Lizenznehmers eingeschränkt und dadurch eine Verknappung und Verteuerung des Angebots zu Lasten der Endverbraucher bewirkt wird.[616] Denn der Schutz der Warenverkehrsfreiheit durch die Erschöpfung des Verbreitungsrechts soll letztlich (auch) den Verbrauchern zugute kommen. Zum einen führt die Erschöpfung durch die Eröffnung eines Wettbewerbs der Zwischenhändler[617] und die Ermöglichung

[614] Vgl. EuGH, 11.4. 1989, Rs. 66/86, Slg. 1989, 803, Rn. 37 – Ahmed Saeed Flugreisen/Zentrale zur Bekämpfung unlauteren Wettbewerbs; Immenga/Mestmäcker-*Möschel*, Art. 82 EGV Rn. 187; zu Konditionenkartellen auch *Schack*, ZUM 2002, 506.

[615] Schröter/Jakob/Mederer-*Schröter*, Art. 82 Rn. 59.

[616] Vgl. EuGH, 16. 12. 1974, Rs. 40–73 u.a., Slg. 1975, 1663, Rn. 398ff. – Suiker Unie/Kommission; Schröter/Jakob/Mederer-*Schröter*, Art. 82 Rn. 211f.; *Bechtold/Bosch/Brinker/Hirsbrunner*, Art. 82 EG Rn. 41.

[617] Für den Buchhandel innerhalb Deutschlands wird dieser Wettbewerb allerdings durch die Buchpreisbindung nach §§ 3, 5 BuchPrG ausgeschlossen. Damit soll gerade ein flächendeckendes Angebot von Büchern als Kulturgut sichergestellt werden, Amtl. Begr., BT-Drucks. 14/9196, S. 8. Die Rechtfertigung der nationalen Buchpreisbindung ist vor dem Hintergrund der damit verbundenen Wettbewerbsbeschränkung aber seit langem umstritten, siehe nur *Emmerich*, WuW 2003, 225.

eines Marktes für gebrauchte Werkexemplare zu einer Verringerung der Kaufpreise für Kulturgüter. Zum anderen wird durch die freie Verfügbarkeit von Werkexemplaren der Zugang zu bestehenden Werken erleichtert.[618] Wenn der Lizenzgeber seine marktbeherrschende Stellung dazu ausnutzt, diese Effekte über die Erzwingung von Vertriebsbindungen auszuschalten und sich dadurch einen durch das Urheberrecht nicht gerechtfertigten Vorteil zu verschaffen, ist dies auch unter dem Gesichtspunkt des Verbraucherschutzes missbräuchlich. Die Bindung des Lizenznehmers an die Weitergabe von Beschränkungen der von §§ 17 Abs. 2, 69c Nr. 3 S. 2 UrhG eingeräumten Freiheit zur Weiterverbreitung der mit Zustimmung des Lizenzgebers in Verkehr gebrachten Vervielfältigungsstücke stellt damit grundsätzlich auch als Einschränkung des Absatzes i. S. v. Art. 82 Abs. 2 lit. b EGV eine missbräuchliche Ausnutzung der marktbeherrschenden Stellung des Lizenzgebers dar. Insoweit überschneiden sich die Missbrauchsatbestände in Art. 82 Abs. 2 lit. a und b EGV.[619]

Eine zur Behinderung der Abnehmer führende Einschränkung des Absatzes und der technischen Entwicklung liegt aber auch vor, wenn den Abnehmern eines Produkts sonstige Verwendungsbeschränkungen auferlegt werden, die eine Entfaltung des technologischen Potentials dieser Waren verhindern, so dass die Abnehmer gezwungen sind, für bestimmte Dienste zusätzliche Leistungen abzunehmen.[620] Nach Art. 82 Abs. 2 lit. b EGV darf ein marktbeherrschendes Unternehmen durch seine Absatzpolitik nicht den Zugang zum bestehenden Forschungs- und Entwicklungsstand blockieren und dessen Weiterentwicklung zum Nachteil der Verbraucher behindern.[621] Dabei gilt Art. 82 Abs. 2 lit. b EGV nicht nur für den Absatz körperlicher Produkte, sondern erfasst auch Einschränkungen bei der Erbringung von Dienstleistungen.[622] So hat die Europäische Kommission die vom Inhaber eines gesetzlichen Monopols für den Betrieb von Fernmeldesystemen neu eingeführte Geschäftsbedingung, wonach britischen Nachrichtenübermittlungsagenturen die Verwendung der überlassenen Telefonleitungen für die Relaisübermittlung von Fernschreiben und anderen visuellen Nachrichten zwischen Ländern außerhalb des Vereinigten Königreichs verboten war, als missbräuchlich gemäß Art. 86 Abs. 2 lit. b EGV a. F. angesehen, weil die darin enthaltene Beschränkung „sowohl die Entwicklung eines neuen Marktes als auch die Verwendung einer neuen Technologie zum Nachteil von Personen, die sich mit Relaisübertragungen befassen, und von de-

[618] Vgl. *Niethammer*, S. 69.

[619] Vgl. Langen/Bunte-*Dirksen*, Art. 82 Rn. 113; MüKo-WettbR-*Eilmansberger*, Art. 82 EG Rn. 246; Immenga/Mestmäcker-*Möschel*, Art. 82 EGV Rn. 159, 183.

[620] MüKo-WettbR-*Eilmansberger*, Art. 82 EG Rn. 248.

[621] *Höppner*, GRURInt 2005, 461; Langen/Bunte-*Dirksen*, Art. 82 Rn. 131.

[622] Langen/Bunte-*Dirksen*, Art. 82 Rn. 114; Schröter/Jakob/Mederer-*Schröter*, Art. 82 Rn. 213.

ren Kunden begrenzt, die dadurch gehindert werden, die bestehenden Fernmeldesysteme wirksamer zu verwenden".[623]

Einen Missbrauch dieses Typs kann man auch in vertraglichen Beschränkungen sehen, die ein marktbeherrschender Anbieter urheberrechtlich geschützter Werke seinen Kunden in Bezug auf die urheberrechtlich privilegierte Verwendung der überlassenen Werke auferlegt. Wenn Vertragsgegenstand Filme, Musikstücke oder literarische Werke sind, geht es dabei zwar nicht um die Nutzung des „technologischen" Potentials der Werke. Angesichts des von der Europäischen Kommission geforderten Vertragsziels, den Binnenmarkt auch im Hinblick auf den freien Verkehr von Wissen und Informationen zu fördern,[624] kann für die Verbreitung von Wissen und Informationen durch die Nutzung von Kultürgütern aber nichts anderes gelten als für die Nutzung bestehender Technologien. Auch deren vertragliche Beschränkung im Rahmen des Absatzes bestehender Werke ist mit den Zielen des Europäischen Binnenmarktes nicht vereinbar, wenn sie über das für den Erhalt der Entscheidungsfreiheit des Schutzrechtsinhabers im Wettbewerb notwendige Maß hinausgeht.

Solche Beschränkungen wirken sich letztlich zum Schaden der Verbraucher aus, welche die vom Lizenznehmer angebotene Leistung in Anspruch nehmen, sei es in Form körperlicher Vervielfältigungsstücke oder im Wege des entgeltlichen Abrufs eines öffentlich zugänglich gemachten Werkes über das Internet. Denn durch die Verwendungsbeschränkung werden die Möglichkeiten der Abnehmer begrenzt, sich den für eine privilegierte Nutzung erforderlichen Zugang zum Werk zu verschaffen. Dies gilt gleichermaßen für den privaten Endverbraucher, der das erworbene Werk vervielfältigen möchte, um eine CD mit seiner Lieblingsmusik zusammenzustellen, wie für einen Forscher, der aus dem Werk im Rahmen einer wissenschaftlichen Arbeit zitieren möchte, oder ein Sendeunternehmen, das einen Tonträger zu Sendezwecken ephemer auf ein Sendeband kopieren muss. Durch eine vertragliche Beschränkung derartiger Nutzungen bestehender Werke wird die geistige Auseinandersetzung mit Kulturgütern und damit in einem weiten Sinne auch der technische Fortschritt (der ohne eine solche Auseinandersetzung nicht möglich ist) entweder unmittelbar oder mittelbar beeinträchtigt.

Auch der EuGH hat in seinen Urteilen „Magill" und „IMS Health" eine Lizenzverweigerung jedenfalls dann für missbräuchlich gehalten, wenn das Unternehmen, das die Lizenz begehrt, neue Produkte oder Dienstleistungen anbieten will, für die eine potentielle, vom Schutzrechtsinhaber selbst nicht befriedigte Nachfrage besteht, und damit – wenn auch nicht ausdrücklich – auf die

---

[623] Kommission, 10. 12. 1982, Sache IV/29.877, ABl. EG 1982 Nr. L 306/36 Rn. 34 – British Telecommunications.

[624] Siehe dazu oben S. 294.

Kriterien des Art. 82 Abs. 2 lit. b zurückgegriffen.[625] Der Missbrauchsvorwurf besteht darin, dass eine Lizenzverweigerung in diesen Fällen die vom Urheberrecht beabsichtigte Innovationssteigerung konterkarieren würde.[626] Zwar verhindert eine schuldrechtliche Beschränkung der Nutzungsrechtsausübung anders als eine völlige Lizenzverweigerung, wie sie Gegenstand der EuGH-Rechtsprechung in den Fällen „Magill" und „IMS Health" war, nicht die Entwicklung eines neuen Produktes oder Marktes. Wenn der Zugang zu einem urheberrechtlich geschützten Werk aufgrund der Marktbeherrschung durch ein Unternehmen nur möglich ist, wenn der Nutzer die vom Marktbeherrscher vorgegebenen Nutzungsbedingungen akzeptiert, hätte eine schuldrechtliche Bindung der Lizenznehmer, die das Werk am Markt anbieten, in Bezug auf die innovationsfördernde Nutzung bestehender Werke aber dieselbe hemmende Wirkung wie eine Lizenzverweigerung. Eine Durchsetzung solcher Nutzungsbedingungen zum Nachteil der Verbraucher unterfällt daher dem Missbrauchsverbot des Art. 82 Abs. 2 lit. b EGV.

(4) Sachwidrige Kopplung

Schließlich kann eine vertragliche Nutzungsbeschränkung auch unter dem Gesichtspunkt einer sachwidrigen Kopplung nach Art. 82 Abs. 2 lit. d EGV missbräuchlich sein. So stellt es grundsätzlich einen Missbrauch dar, wenn ein marktbeherrschender Softwarelizenzgeber in einer CPU-Klausel[627] die Zulässigkeit der Weiterverbreitung an eine Verpflichtung der Abnehmer zur Installation und Nutzung der Software ausschließlich auf eigener Hardware des Lizenzgebers knüpft, da hierdurch andere Hardwarehersteller behindert werden.[628] Als Koppelungsgeschäft verstößt eine derartige Vereinbarung gleichzeitig gegen Art. 81 Abs. 1 lit. e EGV.[629] Die Durchsetzung einer solchen Kopplung von Soft- und Hardware durch einen marktbeherrschenden Lizenzgeber ist allenfalls insoweit gerechtfertigt, als die Verwendung auf einem bestimmten Gerät wegen der Inkompatibilität anderer Hardware technisch erforderlich ist.[630] In gleicher Weise missbräuchlich ist die Einschränkung urheberrechtlich zulässiger Vervielfältigungen, wenn dies allein dem Zweck dient, dass im Internet erworbene Musikdateien nur auf den eigenen Abspielgeräten verwendet und nicht auf Geräte anderer Hersteller überspielt werden können.[631] Hier

[625] So auch die Analyse von *Höppner*, GRURInt 2005, 461; ebenso im Ergebnis *Heinemann*, GRUR 2008, 952.

[626] Vgl. *Spindler/Apel*, JZ 2005, 136f.

[627] Siehe dazu oben S. 211f.

[628] *Moritz*, CR 1993, 346f.; *Polley*, CR 1999, 351, 352.

[629] *Vinje*, CR 1993, 403; *Moritz*, CR 1993, 263; *Polley*, CR 1999, 350.

[630] *Moritz*, CR 1993, 346; vgl. Immenga/Mestmäcker-*Möschel*, Art. 82 EGV Rn. 160, der zu bedenken gibt, dass solche Begründungen häufig vorgeschoben sein werden.

[631] In Kalifornien ist eine Class Action anhängig, um diese Frage im Hinblick auf die Nutzungsbedingungen des von Apple betriebenen Musik-Abrufdienstes iTunes zu klären:

besteht der Missbrauch darin, dass die marktbeherrschende Stellung auf dem Softwaremarkt bzw. auf dem Markt für das Online-Angebot von Musik auf den Markt für entsprechende Abspielgeräte übertragen werden soll. Eine solche Ausdehnung von Marktmacht will Art. 82 Abs. 2 lit. d EGV gerade verhindern.[632]

(5) Kontrollmaßstab des § 19 Abs. 1 und 4 GWB

Auch das deutsche Kartellrecht enthält in § 19 Abs. 4 Nr. 2 GWB ein Verbot missbräuchlicher Geschäftsbedingungen. Anders als Art. 82 Abs. 2 lit. a EGV folgt das deutsche Recht bei der Feststellung eines Missbrauchs bei der Gestaltung von Geschäftsbedingungen dem Vergleichsmarktkonzept. Danach ist das Fordern von Geschäftsbedingungen verboten, die von denjenigen abweichen, die sich bei wirksamem Wettbewerb mit hoher Wahrscheinlichkeit ergeben würden, wobei insbesondere die Verhaltensweisen anderer Unternehmen auf vergleichbaren Märkten mit wirksamem Wettbewerb zu berücksichtigen sind. Die Anwendung des Vergleichsmarktkonzepts erfordert bei der Prüfung, ob bestimmte Geschäftsbedingungen missbräuchlich sind, einen wertenden Vergleich der Geschäftsbedingungen in ihrer Gesamtheit sowie die Feststellung, dass die beanstandete Gestaltung wesentlich ungünstiger als die wettbewerbsanaloge Gestaltung ist.[633] Ein solcher Vergleich der tatsächlichen mit den hypothetischen Geschäftsbedingungen auf Wettbewerbsmärkten stößt in der Praxis auf erhebliche Schwierigkeiten. Denn bestimmte „Wettbewerbsbedingungen" sind angesichts der Vielzahl möglicher Gestaltungen kaum zu ermitteln, außerdem lassen sich mehrere Bündel von Bedingungen (einschließlich des Preises) nicht in einer Weise miteinander vergleichen, dass mit hinreichender Sicherheit festgestellt werden kann, das eine Bündel sei erheblich ungünstiger als das andere.[634]

Da es sich bei § 19 Abs. 4 GWB nicht um eine abschließende Aufzählung möglicher Missbrauchsfälle handelt, kann zur Feststellung der Missbräuchlichkeit von Geschäftsbedingungen aber auch auf einen anderen Maßstab als den eines Vergleichsmarktes abgestellt werden.[635] In der Literatur wird daher vorgeschlagen, gesetzliche Wertentscheidungen als Maßstab heranzuziehen und einen Konditionenmissbrauch anzunehmen, wenn die Geschäftsbedingungen

---

Tucker v. Apple Computer, Inc., No. C 06–04457 JW (N.D. Cal. filed July 21, 2006), verbunden mit *Slattery v. Apple Computer, Inc.*, No. C 05–00037 JW (N.D. Cal. filed January 3, 2005) und *Somers v. Apple Computer, Inc.*, No. C 07–06507 JW (N.D. Cal. filed December 31, 2007).

632 Immenga/Mestmäcker-*Möschel*, Art. 82 EGV Rn. 104.

633 Grdl. BGH GRUR 1985, 318, 319 = WUW/E BGH 2103, 2105 – Favorit.

634 *Knöpfle*, WuW/E BGH 2108, 2109; *Emmerich*, Kartellrecht, § 27 Rn. 96f.; Langen/Bunte-*Schultz*, § 19 Rn. 120.

635 *Bechtold*, GWB, § 19 Rn. 74.

eines marktbeherrschenden Unternehmens ohne Not zum Nachteil der anderen Seite vom dispositiven Gesetzesrecht abweichen.[636] Dieser Maßstab sei im Zusammenhang mit gegebener Marktmacht sachgerecht, da das dispositive Recht Modell- und Mustercharakter für einen Interessenausgleich unter den Bedingungen eines durch Wettbewerb erreichbaren Marktgleichgewichts habe.[637]

Soweit die Missbräuchlichkeit Allgemeiner Geschäftsbedingungen i. S. d. § 305 BGB in Rede steht, geht eine kartellrechtliche Missbrauchskontrolle am Maßstab des dispositiven Rechts inhaltlich aber nicht über die Inhaltskontrolle nach §§ 307ff. BGB hinaus.[638] Im Hinblick auf die Missbräuchlichkeit vertraglicher Nutzungsbeschränkungen kann dem deutschen Kartellrecht daher ein gegenüber dem Europäischen Recht abweichender Beurteilungsmaßstab allenfalls für individualvertraglich vereinbarte Nutzungsbeschränkungen entnommen werden. Hinsichtlich der maßgeblichen Kriterien kann auf die Ausführungen zur AGB-Kontrolle verwiesen werden.[639]

c. Rechtsfolgen eines Verstoßes

Geschäftsbedingungen eines marktbeherrschenden Unternehmers, die den Vertragspartner oder einen Abnehmer auf nachfolgenden Vertriebsstufen dazu verpflichten, von einer Schranke des Urheberrechts keinen oder nur eingeschränkten Gebrauch zu machen, vertoßen damit grundsätzlich gegen Art. 82 EGV und § 19 GWB, sofern kein sachlicher Grund für die Beschränkung des Schrankengebrauchs besteht. Die Rechtsfolgen eines im Rahmen einer rechtsgeschäftlichen Vereinbarung begangenen Verstoßes gegen Art. 82 EGV richten sich mangels einer dem Art. 81 Abs. 2 EGV entsprechenden Nichtigkeitsanordnung nach nationalem Recht.[640] Im deutschen Recht ist insoweit § 134 BGB maßgeblich, da Art. 82 EGV ebenso wie § 19 GWB ein Verbotsgesetz im Sinne dieser Vorschrift darstellt.[641] Ob ein Verstoß gegen ein gesetzliches Verbot nach § 134 BGB zur Nichtigkeit des Rechtsgeschäfts führt, hängt vom Zweck der

---

636 *Emmerich*, Kartellrecht, § 27 Rn. 97; Immenga/Mestmäcker-*Möschel*, § 19 Rn. 174; Langen/Bunte *Schultz*, § 19 Rn. 121; *Knöpfle*, WuW/E BGH 2111. BGH GRUR 1985, 318, 321 = WUW/E BGH 2103, 2107 – Favorit, lässt diese Möglichkeit ausdrücklich offen.

637 Immenga/Mestmäcker-*Möschel*, § 19 Rn. 174.

638 Vgl. Immenga/Mestmäcker-*Möschel*, § 19 Rn. 174, der eine „entlastende" Wirkung der §§ 305ff. BGB einräumt.

639 Siehe unten S. 383ff.

640 EuGH, 11. 4. 1989, Rs. 66/86, Slg. 1989, 803, Rn. 45 – Ahmed Saeed Flugreisen/Zentrale zur Bekämpfung unlauteren Wettbewerbs; *Bechtold*, GWB, § 19 Rn. 106; Langen/Bunte-*Dirksen*, Art. 82 Rn. 208; Immenga/Mestmäcker-*Möschel*, Art. 82 EGV Rn. 26.

641 FK-KartR-*Baur/Weyer*, Art. 82 EGV Zivilrechtsfolgen Rn. 23f.; *Bechtold/Bosch/Brinker/Hirsbrunner*, Art. 82 EG Rn. 69; *Emmerich*, Kartellrecht, § 11 Rn. 6; *Mestmäcker/Schweitzer*, § 22 Rn. 23; Immenga/Mestmäcker-*Möschel*, Art. 82 EGV Rn. 27; Immenga/Mestmäcker-*K. Schmidt*, VO 1/2003 Anh. 2 Rn. 7; Schröter/Jakob/Mederer-*Schröter*, Art. 82 Rn. 56; Langen/Bunte-*Sura*, VO Nr. 1/2003 Art. 6 Rn. 6; a. A. Langen/Bunte-*Dirksen*, Art. 82 Rn. 208: ausschließliche Anwendung der §§ 138, 242 BGB.

jeweiligen Verbotsvorschrift ab.[642] Bei Verstößen gegen Art. 82 EGV ist der Grundsatz der effektiven Anwendung des gemeinschaftlichen Missbrauchsverbots entscheidend.[643] Nichtig sind demnach insbesondere die als Mittel des Missbrauchs dienenden Vereinbarungen, durch welche die wirtschaftliche Handlungsfreiheit des Vertragspartners eingeschränkt wird.[644] Das gilt etwa für eine im Lizenzvertrag enthaltene Verpflichtung des Lizenznehmers, seine Abnehmer zur Unterlassung bestimmter von einer Schranke des Urheberrechts erlaubten Nutzungshandlungen zu verpflichten.

Eine gegen das Missbrauchsverbot verstoßende vertragliche Vereinbarung ist jedoch nur insoweit nichtig, als sie mit Art. 82 EGV unvereinbar ist.[645] Von der Nichtigkeit wird daher nur die missbräuchliche Vertragsklausel und nicht der gesamte Lizenz- oder Absatzvertrag erfasst. Für eine missbräuchliche Verpflichtung in Allgemeinen Geschäftsbedingungen folgt das bereits aus § 306 Abs. 1 BGB, der auch bei einer Unwirksamkeit aus kartellrechtlichen Gründen gilt und der allgemeinen Regel des § 139 BGB vorgeht.[646] Für eine individualvertraglich vereinbarte Konditionenbindung kann im Ergebnis aber nichts anderes gelten, da die Gesamtnichtigkeit des Vertrages dem schwächeren, an der Aufrechterhaltung normaler Geschäftsbeziehungen zum Marktbeherrscher interessierten Vertragspartnern zum Nachteil gereichen würde und daher mit dem Zweck von Art. 82 EGV nicht zu vereinbaren wäre.[647] Aus dem Zweck eines Verbotsgesetzes kann nämlich auch folgen, dass die Nichtigkeitswirkungen in ihrem Umfang beschränkt werden, insbesondere dass das verbotswidrige Rechtsgeschäft nur teilweise nichtig ist.[648] § 139 ist in diesem Fall nicht anwendbar.[649] Für eine Anwendung des § 139 BGB und damit eine Vermutung der Gesamtnichtigkeit ist danach bei Verstößen gegen Art. 82 EGV kein Raum, wenn dessen Normzweck die Gültigkeit des Rechtsgeschäfts im Übrigen erfor-

---

[642] BGHZ 118, 182, 188 m.w.N.; MüKo-*Armbrüster*, § 134 Rn. 103; Hk-BGB-*Dörner*, § 134 Rn. 7.

[643] Immenga/Mestmäcker-*Möschel*, Art. 82 EGV Rn. 28; Schröter/Jakob/Mederer-*Schröter*, Art. 82 Rn. 58.

[644] Immenga/Mestmäcker-*Möschel*, Art. 82 EGV Rn. 29; Immenga/Mestmäcker-*K. Schmidt*, VO 1/2003 Anh. 2 Rn. 7; Schröter/Jakob/Mederer-*Schröter*, Art. 82 Rn. 59; FK-KartR-*Baur/Weyer*, Art. 82 EGV Zivilrechtsfolgen Rn. 28; *Emmerich*, Kartellrecht, § 11 Rn. 6; ebenso im Ergebnis wohl Langen/Bunte-*Dirksen*, Art. 82 Rn. 208 a. E.

[645] FK-KartR-*Baur/Weyer*, Art. 82 EGV Zivilrechtsfolgen Rn. 29; Schröter/Jakob/Mederer-*Schröter*, Art. 82 Rn. 59; Langen/Bunte-*Dirksen*, Art. 82 Rn. 208.

[646] BGH GRURInt 2007, 938, 939 – Kfz-Vertragshändler III; OLG Frankfurt a. M. WuW/E DE-R 2018, 2025; *Bechtold*, GWB, § 1 Rn. 72; Immenga/Mestmäcker-*K. Schmidt*, Art. 81 Abs. 2 EGV Rn. 28; vgl. auch MüKo-*Armbrüster*, § 134 Rn. 107; MüKo-*Basedow*, § 306 Rn. 7.

[647] Vgl. Schröter/Jakob/Mederer-*Schröter*, Art. 82 Rn. 59; Langen/Bunte-*Dirksen*, Art. 82 Rn. 208.

[648] MüKo-*Armbrüster*, § 134 Rn. 105; Palandt-*Ellenberger*, § 134 Rn. 13; *Larenz/Wolf*, § 40 Rn. 29.

[649] Palandt-*Ellenberger*, § 139 Rn. 18.

dert.[650] Regelmäßig wird auch das Interesse des marktbeherrschenden Lizenzgebers darauf gerichtet sein, dass das lizenzierte Werk überhaupt am Markt angeboten wird, so dass eine Anwendung von § 139 BGB ebenfalls nicht zur Gesamtnichtigkeit des Vertrages führen würde.[651]

Problematisch ist, ob sich die Nichtigkeitsfolge auch auf die Geschäftsbedingungen erstreckt, die der (nicht notwendigerweise selbt marktbeherrschende) Lizenznehmer seinen Abnehmern in Erfüllung der mit dem Marktbeherrscher vereinbarten Konditionenbindung auferlegt. So werden zwischen den Mitgliedern eines nach Art. 81 EGV verbotenen Kartells und Dritten geschlossene Folgeverträge, die lediglich das Ergebnis und nicht auch Mittel der verbotenen Wettbewerbsbeschränkung sind, nach h. M. nicht von der Nichtigkeitsfolge des Art. 81 Abs. 2 EGV erfasst, da sich das Verbot nicht gegen die Vornahme dieses Rechtsgeschäfts richtet.[652] Art. 82 Abs. 2 lit. a EGV verbietet zwar die Erzwingung unangemessener Geschäftsbedingungen nicht nur gegenüber den unmittelbaren Vertragspartnern des Marktbeherrschers, sondern auch mittelbar gegenüber deren Abnehmern. Das Verbot richtet sich damit gerade gegen die unangemessene vertragliche Bindung der Marktgegenseite, auch wenn diese nicht selbst Vertragspartner des marktbeherrschenden Unternehmens ist. Allerdings nimmt in diesem Fall keiner der Vertragspartner an der Wettbewerbsbeschränkung teil. Vielmehr würden durch die Ausdehnung der Nichtigkeit auch auf die zwischen dem vertraglich gebundenen Lizenznehmer und dem Verbraucher getroffenen Abreden Unternehmen belastet, die selbst der Ausübung von Marktmacht ausgesetzt sind. Deshalb ist bei einem Verstoß gegen Art. 82 Abs. 2 lit. a EGV die Nichtigkeit auf die zwischen dem Marktbeherrscher und seinem Vertragspartner vereinbarte Konditionenbindung zu beschränken. Bereits dadurch wird dem Lizenznehmer ermöglicht, mit seinen Abnehmern angemessene Nutzungsbedingungen zu vereinbaren. Bei bestehendem Wettbewerb auf dem nachgelagerten Produktmarkt werden die vom Lizenznehmer gestellten Nutzungsbedingungen daher nicht vom Missbrauchsverbot erfasst. Wegen Verstoßes gegen Art. 82 Abs. 2 lit. a EGV nichtig sind die Nutzungsbedingungen nur, wenn der Lizenznehmer seinerseits den Produktmarkt beherrscht oder die Bedingungen unmittelbar zwischen dem Marktbeherrscher und dem Endverbraucher vereinbart werden.

---

[650] So auch FK-KartR-*Baur/Weyer*, Art. 82 EGV Zivilrechtsfolgen Rn. 26; a. A. Immenga/Mestmäcker-*K. Schmidt*, VO 1/2003 Anh. 2 Rn. 8; *Mestmäcker/Schweitzer*, § 22 Rn. 23.

[651] Vgl. OLG Frankfurt a. M. WuW/E DE-R 2018, 2025.

[652] OLG Celle NJW 1963, 2126, 2127; *Mestmäcker/Schweitzer*, § 22 Rn. 17; Immenga/Mestmäcker-*K. Schmidt*, Art. 81 Abs. 2 EGV Rn. 36; Palandt-*Ellenberger*, § 134 Rn. 19.

d. Eignung des Missbrauchsverbots zur Regelung der Schrankenproblematik

Teilweise wird die kartellrechtliche Missbrauchskontrolle als zu schwerfällig angesehen, um den freien Zugang zu urheberrechtlich geschützten Werken im Rahmen der gesetzlichen Schranken wirksam zu gewährleisten.[653] Es ist jedoch nicht ersichtlich, warum eine konsequente Missbrauchsaufsicht über die Geschäftsbedingungen marktbeherrschender Anbieter urheberrechtlich geschützter Werke nicht geeignet sein soll, langfristig für einen Schutz der Verbraucher vor unangemessenen Nutzungsbedingungen zu sorgen. Eine solche kartellbehördliche Missbrauchsaufsicht wäre im Interesse eines unverfälschten Wettbewerbs durchaus wünschenswert.[654]

Daneben ist zu beachten, dass für die Anwendung des Missbrauchsverbots des Art. 82 EGV gemäß Art. 6 VO 1/2003 nicht nur die EG-Kommission sowie die nationalen Kartellbehörden, sondern auch die mitgliedstaatlichen Gerichte zuständig sind, welche die Voraussetzungen einer marktbeherrschenden Stellung sowie eines Missbrauchs selbständig prüfen müssen.[655] Durch die VO 1/2003 sollte die die Aufgaben der Wettbewerbsbehörden ergänzende Rolle der mitgliedstaatlichen Gerichte im Hinblick auf Rechtsstreitigkeiten zwischen Privatpersonen gerade betont und verstärkt werden.[656] So führt bereits die kraft Gesetzes eintretende Nichtigkeit vertraglicher Nutzungsbeschränkungen dazu, dass das marktbeherrschende Unternehmen die Unterlassung der betreffenden Nutzung nicht verlangen und auf die Verletzung der nutzungsbeschränkenden Vereinbarung auch keine Vertragsstrafe stützen kann.[657] Allerdings wird bereits das Bestehen einer (auch unwirksamen) Nutzungsregelung rechtsunkundige Nutzer häufig von einer Wahrnehmung der Nutzungsfreiheit abhalten.

Entscheidend für einen wirksamen Schutz der Verbraucher vor nutzungsbeschränkenden Geschäftsbedingungen eines marktbeherrschenden Unternehmens dürfte daher sein, ob Verbraucherschutzverbände die Unwirksamkeit der missbräuchlichen Geschäftsbedingungen gerichtlich geltend machen und das marktbeherrschende Unternehmen auf Unterlassung in Anspruch nehmen können.[658] Bei einem Verstoß gegen das in Art. 82 EGV und § 19 GWB enthal-

[653] *Schwerzmann*, sic! 2004, 154; *Hilty*, in: Torremans, S. 328: „[W]e should not forget that the route via an antitrust-law investigation is long and stony"; zustimmend *Schack*, UFITA 2009, 202f.

[654] Allgemein für eine kartellbehördliche Missbrauchsaufsicht über die Geschäftsbedingungen marktbeherrschender Unternehmen auch *Emmerich*, Kartellrecht, § 27 Rn. 97; Immenga/Mestmäcker-*Möschel*, § 19 Rn. 174 a. E.; a. A. Langen/Bunte-*Schultz*, § 19 Rn. 122, der angesichts der Regelung der §§ 305ff. BGB keinen Anlass für eine „verstärkte kartellbehördliche Tätigkeit" sieht.

[655] Langen/Bunte-*Sura*, VO Nr. 1/2003 Art. 6 Rn. 6. Zu beachten ist allerdings der Vorrang einschlägiger Kommissionsentscheidungen gemäß Art. 16 Abs. 1 VO 1/2003.

[656] Erwägungsgrund 7 der VO 1/2003.

[657] Vgl. Immenga/Mestmäcker-*K. Schmidt*, VO 1/2003 Anh. 2 Rn. 10.

[658] Individuellen Unterlassungsansprüchen der Vertragspartner kommt kaum praktische

tene Missbrauchsverbot steht dem Betroffenen nach § 33 Abs. 1 S. 1 ein Unterlassungsanspruch zu, der gemäß § 33 Abs. 2 GWB auch von rechtsfähigen Verbänden zur Förderung gewerblicher oder selbständiger beruflicher Interessen geltend gemacht werden kann.[659] Anders als § 8 Abs. 2 Nr. 3 UWG erwähnt § 33 Abs. 2 GWB Verbraucherverbände jedoch gerade nicht, obwohl der Regierungsentwurf zur 7. GWB-Novelle eine Anspruchsberechtigung von qualifizierten Einrichtungen für die Wahrnehmung von Verbraucherinteressen noch vorgesehen hatte.[660]

Soweit es, wie in der Praxis regelmäßig, um missbräuchliche Nutzungsbedingungen in Formularverträgen geht, kommt aber ein Unterlassungsanspruch nach § 1 UKlaG in Betracht. Dessen Anwendungsbereich ist nach h. M. nicht auf die Geltendmachung eines Verstoßes gegen §§ 307 ff. BGB beschränkt, sondern erfasst auch die Unwirksamkeit wegen Verstoßes gegen ein gesetzliches Verbot oder sonstiges zwingendes Recht, sofern die verletzte Norm dieselbe Schutzrichtung wie die Inhaltskontrolle nach dem BGB hat.[661] Art. 82 EGV dient gerade auch dem Schutz individueller Verbraucherinteressen.[662] Unstreitig steht daher auch Endverbrauchern als von einem Verstoß gegen Art. 82 Abs. 2 lit. a EGV oder § 19 Abs. 4 Nr. 2 GWB Betroffenen ein individueller Unterlassungsanspruch nach § 33 Abs. 1 S. 1 GWB zu.[663] Aus der Entscheidung des Gesetzgebers gegen eine Verfolgung von Kartellrechtsverstößen durch Verbraucherverbände kann daher nicht gefolgert werden, dass auch ein Unterlassungsanspruch aus § 1 UKlaG ausscheidet, wenn der Verstoß gerade in der Verwendung missbräuchlicher Geschäftsbedingungen besteht.[664] Andernfalls würde die Verbandsklagebefugnis bei gleichzeitigem Verstoß gegen § 307 BGB allein deswegen entfallen, weil der Verwender ein marktbeherrschendes Unternehmen ist. Das wäre mit dem Zweck des § 1 UKlaG, den Rechtsverkehr von

---

Bedeutung zu, da diese selten bereit sind, gegen ein marktbeherrschendes Unternehmen zu klagen, auf das sie dauerhaft angewiesen sind, vgl. *Mestmäcker/Schweitzer*, § 22 Rn. 23.

[659] § 33 Abs. 2 GWB hat wie der gleich lautende § 8 Abs. 3 Nr. 2 UWG nach h. M. eine Doppelnatur und regelt sowohl die Prozessführungsbefugnis als auch die Aktivlegitimation, vgl. nur Langen/Bunte-*Bornkamm*, § 33 Rn. 76.

[660] BT-Drucks. 15/3640, S. 11. Diese Regelung ist erst in der Beschlussempfehlung des Vermittlungsausschusses (BT-Drucks. 15/5735, S. 2) gestrichen worden.

[661] Palandt-*Bassenge*, § 1 UKlaG Rn. 6; Erman-*Roloff*, § 1 UKlaG Rn. 6; Staudinger-*Schlosser* (2006), § 1 UKlaG Rn. 18; ebenso zu § 13 AGBG bereits BGH NJW 1983, 1320, 1322; BGHZ 118, 194, 198 = NJW 1992, 1759, 1760; *Becker*, S. 106. Ein Anspruch nach § 2 UKlaG kommt hingegen nicht in Betracht, weil der Verbraucherschutz nicht der eigentliche Zweck des Art. 82 EGV ist und es sich daher nicht um ein Verbraucherschutzgesetz im Sinne der Vorschrift handelt, so im Ergebnis auch *Bechtold*, GWB, § 33 Rn. 15.

[662] Vgl. *Mestmäcker/Schweitzer*, § 22 Rn. 37, wonach eine unmittelbare Schädigung der Verbraucher bei Art. 82 EGV „rechtstatsächlich besonders nahe" liege.

[663] Amtl. Begr., BT-Drucks. 15/3640, S. 53; Langen/Bunte-*Bornkamm*, § 33 Rn. 51; *Bechtold*, GWB, § 33 Rn. 9.

[664] Anders für einen auf §§ 3, 4 Nr. 11 UWG gestützten Unterlassungsanspruch allerdings Langen/Bunte-*Bornkamm*, § 33 Rn. 126.

unwirksamen Geschäftsbedingungen freizuhalten, nicht zu vereinbaren.[665] Eine Verbandsklage kann folglich außer auf einen Verstoß gegen §§ 307ff. BGB auch darauf gestützt werden, dass die Geschäftsbedingungen gerade deswegen unangemessen sind, weil der Verwender eine marktbeherrschende Stellung innehat.

2. *Wettbewerbsbeschränkende Vereinbarungen*

Unabhängig von einer marktbeherrschenden Stellung ist eine vertragliche Beschränkung des Schrankengebrauchs gemäß § 1 GWB und Art. 81 Abs. 1 EGV auch dann verboten und damit unwirksam, wenn sie eine Verhinderung, Einschränkung oder Verfälschung des Wettbewerbs bezweckt oder bewirkt.

a. Verhältnis zur urheberrechtlichen Ausschließlichkeit

Wie beim Missbrauchstatbestand stellt sich auch beim Verbot wettbewerbsbeschränkender Vereinbarungen zunächst die Frage nach dem Verhältnis zum Ausschließlichkeitsrecht des Urhebers, welches seinerseits wettbewerbsbeschränkend wirkt.[666] Insoweit könnte der Umstand Bedeutung erlangen, dass eine vertragliche Vereinbarung, welche die Ausübung der von einer Schranke des Urheberrechts gewährten Nutzungsfreiheit durch den Vertragspartner einschränkt oder untersagt, keine urheberrechtliche, sondern allenfalls schuldrechtliche Wirkung entfalten kann.[667] Diese Unterscheidung war für die in Deutschland früher herrschende „Inhaltstheorie" maßgeblich, welche die grundsätzliche Unanwendbarkeit des Kartellrechts im Rahmen des gesetzlichen Inhalts der gewerblichen Schutzrechte und des Urheberrechts postulierte.

Für die technischen Schutzrechte sowie geheimes Know-How hatte diese Auffassung in §§ 17, 18 (bis 1999: §§ 20, 21) GWB a.F. ihren gesetzlichen Niederschlag gefunden.[668] Diese Vorschriften gingen davon aus, dass ein besonderes kartellrechtliches Regelungsbedürfnis bei vertraglich vereinbarten Beschränkungen des Lizenznehmers hinsichtlich der Nutzung des geschützten Gegenstands nur insoweit bestand, als die Beschränkungen über den Inhalt des jeweiligen Schutzrechts hinausgingen (§ 17 Abs. 1 GWB a.F.).[669] Insbesondere Beschränkungen „hinsichtlich Art, Umfang, technischem Anwendungsbereich,

---

[665] Zum Zweck von § 1 UKlaG vgl. Palandt-*Bassenge*, § 1 UKlaG Rn. 1; Erman-*Roloff*, § 1 UKlaG Rn. 6.

[666] Siehe oben S. 283.

[667] Siehe oben S. 198f., 204 und 211.

[668] GWB i.d.F. vom 26.8.1998, BGBl. I S. 2546. Zwar wurden Verträge über die Nutzung urheberrechtlich geschützter Werke grundsätzlich nicht von der gesetzlichen Regelung erfasst, die h.L. nahm insoweit jedoch eine Parallelwertung zu § 17 GWB a.F. vor, vgl. *Rehbinder*, FS Roeber, 326f.; *Scholz/Wagener*, CR 2003, 889 Fn. 85; ferner die Nachweise bei *Loewenheim*, UFITA 79 (1977), 190f.

[669] Vgl. BGHZ 46, 365, 379 = GRUR 1967, 378, 384 – Schweißbolzen.

Menge, Gebiet oder Zeit der Ausübung des Schutzrechts" sollten als dem Schutzrecht immanente Beschränkungen hingegen per se kartellrechtsfest und damit stets zulässig und wirksam sein (§ 17 Abs. 1 S. 2 GWB a. F.).[670] Eine Beschränkung im Rahmen des Schutzrechts wurde dann angenommen, wenn die Verletzung einer im Lizenzvertrag übernommenen Verpflichtung nicht nur aufgrund der vertraglichen Ansprüche verfolgt werden konnte, sondern dem Berechtigten unabhängig hiervon auch kraft des Schutzrechts ein Verletzungsanspruch zustand.[671] Eine lediglich schuldrechtlich wirkende Beschränkung von Nutzungshandlungen, die nicht kraft Gesetzes dem Schutzrechtsinhaber vorbehalten waren, wurde dagegen von § 17 GWB a. F. erfasst und war unwirksam.[672] Das GWB erkannte damit die von den Schutzrechten gewährten Ausschließlichkeitsrechte trotz ihrer Kollision mit dem Wettbewerb in den durch die jeweiligen Gesetze gezogenen Grenzen als Ordnungsprinzip an und verbot lediglich ihre vertragliche Ausdehnung über diesen gesetzlichen Rahmen hinaus.[673] Überwiegend wurde die Inhaltstheorie entsprechend ihrer gesetzlichen Verankerung in § 17 GWB a. F. lediglich auf den Bereich der wettbewerbsbeschränkenden Vereinbarungen bezogen.

Die Inhaltstheorie kann mittlerweile jedoch als überholt gelten und ist zur Bestimmung des Verhältnisses von Urheber- und Kartellrecht ungeeignet.[674] Mit der Aufhebung der §§ 17, 18 GWB durch die 7. GWB-Novelle im Jahr 2005 wurde ihr die gesetzliche Grundlage entzogen und das deutsche Kartellrecht auch insoweit der europäischen Regelung angepasst.[675] Nach der Rechtsprechung des EuGH lassen die europäischen Wettbewerbsregeln zwar den Bestand der durch die nationale Gesetzgebung der Mitgliedstaaten eingeräumten Schutzrechte unberührt.[676] Mit der Ausübung des Schutzrechts einhergehende Beschränkungen des freien Warenverkehrs sind aber nur insoweit gerechtfertigt,

---

[670] *Magen*, S. 25 f., 28 m. w. N. Das Gleiche galt gemäß § 17 Abs. 2 GWB a. F. für bestimmte, dem Schutzrecht selbst nicht zu entnehmende, aber durch das Interesse des Schutzrechtsinhabers an einem angemessenen Schutzrechtslohn gerechtfertigte Vorbehalte.

[671] *Magen*, S. 26 m. w. N.; von *Emmerich*, Kartellrecht, § 6 Rn. 5 als „Infring[e]ment-Test" bezeichnet.

[672] BGH GRUR 2005, 845, 846 f. – Abgasreinigungsvorrichtung (hinausgehende Vereinbarung einer Lizenzgebühr für die von § 10 PatG nicht erfasste Veräußerung einer selbst nicht geschützten Vorrichtung in das patentfreie Ausland).

[673] So ausdrücklich BGHZ 51, 263, 266 = GRUR 1969, 493, 494 – Silobehälter; vgl. dazu *Emmerich*, Kartellrecht, § 6 Rn. 5 m. w. N.

[674] Zur Kritik an der Inhaltstheorie siehe Immenga/Mestmäcker-*Ullrich/Heinemann*, GRUR B Rn. 15; Langen/Bunte-*Jestaedt*, Art. 81 Fallgruppen Rn. 255; *Emmerich*, Kartellrecht, § 6 Rn. 5 f.; *Heinemann*, Immaterialgüterschutz, S. 147 ff.; *ders.*, GRUR 2006, 706; *Loewenheim*, UFITA 79 (1977), 193 f.; *Mestmäcker/Schweitzer*, § 28 Rn. 22; *Nordemann*, GRUR 2007, 204.

[675] Vgl. *Heinemann*, GRUR 2006, 706; *Nordemann*, GRUR 2007, 204.

[676] Als gesetzliche Regelung fallen die nationalen Vorschriften über gewerbliche Schutzrechte und das Urheberrecht schon tatbestandsmäßig nicht unter Art. 81 EGV, so deutlich EuGH, 15. 6. 1976, Rs. 51–75, Slg. 1976, 811, Rn. 25 – EMI Records/CBS; EuGH, 8. 6. 1982,

als sie zur Wahrung der Rechte erforderlich sind, die den „spezifischen Gegenstand“ des jeweiligen Schutzrechts ausmachen.[677]

Allerdings darf man den „spezifischen Gegenstand“ nicht mit dem von den einzelnen mitgliedstaatlichen Gesetzen festgelegten „Inhalt des Schutzrechts“ gleichsetzen und damit zur inzwischen überwundenen Inhaltstheorie des deutschen Kartellrechts zurückkehren.[678] Die auf der Grundlage von Art. 30 und 295 EGV entwickelte Unterscheidung von Bestand und Ausübung nationaler Schutzrechte dient im Rahmen des Art. 81 EGV vielmehr nur der Feststellung desjenigen Schutzrechtsbestands, der einer kartellrechtlichen Beurteilung von vornherein entzogen ist, weil er *als solcher* keine Beschränkung des Wettbewerbs darstellt.[679] Was genau zum spezifischen Gegenstand des jeweils betroffenen Schutzrechts gehört, kann nur im Einzelfall durch eine Abwägung der Interessen des Rechtsinhabers an Erhalt und Verwertung seines Schutzrechts im Hinblick auf dessen gemeinschaftsrechtlich anerkannte Funktion und dem allgemeinen Interesse an der Freiheit des Gemeinsamen Marktes von wettbewerbsbeschränkenden Bindungen ermittelt werden.[680] Bei der rechtsgeschäftlichen Verwertung von Urheberrechten sind insoweit die für die Verwertung

Rs. 258/78, Slg. 1982, 2015, Rn. 28 – Nungesser und Eisele/Kommission („Maissaatgut“); Immenga/Mestmäcker-*Ullrich/Heinemann*, GRUR B Rn. 9; *Joliet*, GRURInt 1991, 182.

[677] EuGH, 8.6. 1971, Rs. 78–70, Slg. 1971, 487, Rn. 11 – Deutsche Grammophon/Metro; EuGH, 31. 10. 1974, Rs. 15/74, Slg. 1974, 1147, Rn. 6/8 – Centrafarm/Sterling; OLG Frankfurt a.M. WuW/E DE-R 2018, 2020; Schröter/Jakob/Mederer-*Sucker/Guttuso/Gaster*, Art. 81 Fallgruppen Immaterialgüterrechte Rn. 13; *Joliet*, GRURInt 1991, 180; *Nordemann*, GRUR 2007, 204.

[678] Das betonen Schröter/Jakob/Mederer-*Sucker/Guttusu/Gaster*, Art. 81 Fallgruppen Immaterialgüterrechte Rn. 15; Immenga/Mestmäcker-*Ullrich/Heineman*, GRUR B Rn. 13; *Emmerich*, Kartellrecht, § 6 Rn. 8; a. A. insbesondere *Sack*, WRP 1999, 595, der die Lehre vom „spezifischen Gegenstand“ hinsichtlich des methodischen Ansatzes ausdrücklich der § 17 GWB a.F. zugrunde liegenden Inhaltstheorie gleichstellt; ebenso im Ergebnis *Moritz*, CR 1993, 258 mit Fn. 16; *Polley*, CR 1999, 349f.; *Bechtold/Bosch/Brinker/Hirsbrunner*, Art. 81 EG Rn. 206: Vereinbarungen über die Nutzung und Ausübung von Schutzrechten würden von Art. 81 Abs. 1 EGV nicht erfasst, soweit sie „die Ausschlussrechte regeln, die das Schutzrecht ohnehin gewährt“; ähnlich auch *Nordemann*, GRUR 2007, 204f., der den Inhalt des Schutzrechts als „Ausgangspunkt“ für die Bestimmung des spezifischen Gegenstands heranziehen will.

[679] Kommission, Vierter Bericht über die Wettbewerbspolitik 1974, Rn. 20 (zu Patentlizenzverträgen); *Knap*, GRURInt 1983, 349; Immenga/Mestmäcker-*Ullrich/Heinemann*, GRUR B Rn. 13; Schröter/Jakob/Mederer-*Sucker/Guttusu/Gaster*, Art. 81 Fallgruppen Immaterialgüterrechte Rn. 14f.; vgl. dazu EuGH, 19. 4. 1988, Rs. 27/87, Slg. 1988, 1919, Rn. 9ff. – Erauw-Jacquery/La Hesbignonne.

[680] Langen/Bunte-*Jestaedt*, Art. 81 Fallgruppen Rn. 256; Schröter/Jakob/Mederer-*Sucker/Guttuso/Gaster*, Art. 81 Fallgruppen Immaterialgüterrechte Rn. 16f.; vgl. *Joliet*, GRURInt 1991, 182f.; Mestmäcker/Schweitzer, § 28 Rn. 125: Der spezifische Gegenstand des jeweiligen Schutzrechts verweise „lediglich auf die typische Interessenlage der Rechtsinhaber, ohne aber bestimmte Verhaltensweisen zu verbieten oder zu rechtfertigen“.

des konkreten Werkes im Hinblick auf die Werkgattung maßgeblichen Funktionsweisen des Marktes und Absatzbedingungen zu berücksichtigen.[681]

Die wettbewerbliche Funktion des urheberrechtlichen Ausschließlichkeitsrechts besteht darin, dem Rechtsinhaber die Aufnahme der aus dem Wettbewerb resultierenden Gewinnanreize und deren Umwandlung in eine „Belohnung“ entsprechend dem vom Wettbewerb bestimmten Marktpreis der eigenen Leistung zu ermöglichen.[682] Wird die schutzrechtlich vermittelte Handlungsfreiheit hingegen als Mittel eingesetzt, um den Wettbewerb über diese schutzrechtliche Funktion hinaus zu beschränken, so muss dies der kartellrechtlichen Kontrolle unterliegen.[683] Hier geht es nicht um die Begrenzung der schutzrechtlichen Befugnisse und deren „Ausübung“ durch Erhebung einer Verletzungsklage; kartellrechtlicher Angriffspunkt ist vielmehr der Gebrauch der dadurch vermittelten Handlungsmöglichkeiten durch privatautonome Rechtsgestaltung.[684] Entscheidend für die kartellrechtliche Beurteilung ist dementsprechend auch nicht die schutzgesetzliche Eröffnung der Handlungsmöglichkeit, sondern die Ermittlung der Wettbewerbswirkungen der jeweiligen Vereinbarung im Hinblick auf deren konkrete Ausgestaltung.[685]

Das kartellrechtliche Verbot wettbewerbsbeschränkender Vereinbarungen ist somit auf vertragliche Vereinbarungen über die Nutzung urheberrechtlich geschützter Werke unabhängig davon anwendbar, ob sie vom „Inhalt des Schutzrechts“ in dem Sinne gedeckt sind, dass die Nutzung auch ohne die Vereinbarung allein aufgrund des Urheberrechts verboten werden könnte.[686] Schutzrechtsbezogene und sonstige Wettbewerbsbeschränkungen sind vielmehr grundsätzlich nach den gleichen Maßstäben zu behandeln und lassen sich nur in ihrem jeweiligen rechtlichen und wirtschaftlichen Transaktionszusammenhang beurteilen.[687]

Die von der Inhaltstheorie herangezogene Abgrenzung schutzrechtlicher von lediglich schuldrechtlich wirkenden Bindungen ist folglich für die Kartellaufsicht nicht maßgeblich, und zwar auch nicht in dem Sinne, dass urheberrechtlich nicht durchsetzbare, sondern lediglich schuldrechtlich wirkende Nutzungs-

---

[681] EuGH, 6.10. 1982, Rs. 262/81, Slg. 1982, 3381, Rn. 11f. – Coditel/Ciné-Vog Films; *Mestmäcker/Schweitzer*, § 28 Rn. 49; Schröter/Jakob/Mederer-*Sucker/Guttuso/Gaster*, Art. 81 Fallgruppen Immaterialgüterrechte Rn. 33.

[682] Siehe oben S. 79f.

[683] Immenga/Mestmäcker-*Ullrich/Heinemann*, GRUR B Rn. 23; Langen/Bunte-*Jestaedt*, Art. 81 Fallgruppen Rn. 255; *Mestmäcker/Schweitzer*, § 28 Rn. 15, 25, 28; *Joliet*, GRURInt 1991, 182; *Knap*, GRURInt 1983, 349; *Lang*, S. 142.

[684] *Joliet*, GRURInt 1997, 182; Immenga/Mestmäcker-*Ullrich/Heinemann*, GRUR B Rn. 31.

[685] So zu ausschließlichen Lizenzen Immenga/Mestmäcker-*Ullrich/Heinemann*, GRUR B Rn. 28.

[686] Vgl. *Mestmäcker/Schweitzer*, § 26 Rn. 22; a. A. *Sack*, WRP 1999, 593.

[687] Immenga/Mestmäcker-*Ullrich/Heinemann*, GRUR B Rn. 23; *Emmerich*, Kartellrecht, § 6 Rn. 6.

beschränkungen allein deswegen schon einer verschärften Aufsicht unterlägen.[688] Die Abkehr von der Inhaltstheorie ist daher nicht nur für die Beurteilung dinglich wirkender Lizenzbeschränkungen von Bedeutung, sondern auch für die hier zu erörternde Problematik, inwieweit eine schuldvertragliche Einschränkung des Schrankengebrauchs als wettbewerbswidrig verboten ist. Insbesondere verstößt eine Vereinbarung, durch die sich der Vertragspartner gegenüber dem Rechtsinhaber dazu verpflichtet, bestimmte von einer Schranke gedeckte Nutzungshandlungen nicht vorzunehmen, nicht schon deshalb gegen Art. 81 EGV und § 1 GWB, weil die Nutzung nicht durch das UrhG ausschließlich dem Urheber zugewiesen ist. Vielmehr ist im Einzelfall zu prüfen, inwieweit die Vereinbarung zu einer Beschränkung nicht nur der individuellen Handlungsfreiheit des Vertragspartners, sondern auch des Wettbewerbs auf dem relevanten Markt führt. Hinsichtlich der wettbewerbsbeschränkenden Wirkung einer derartigen Nutzungsvereinbarung ist dabei zwischen ihrer Auswirkung auf den Markt für den eigentlichen Schutzgegenstand (Lizenzmarkt) und auf denjenigen für mittels des Schutzgegenstands hergestellte Erzeugnisse (Produktmarkt) zu unterscheiden.[689] Wenn dem Vertragspartner durch eine vertragliche Abrede untersagt wird, von einer Schranke des Urheberrechts Gebrauch zu machen oder ein solcher Gebrauch von bestimmten einschränkenden Bedingungen abhängig gemacht wird, kommt eine Beschränkung des Wettbewerbs auf dem Lizenzmarkt jedoch kaum in Betracht. Vielmehr geht es gerade darum, die Nutzung des Werkes zur Herstellung neuer Vervielfältigungsstücke oder zum Angebot von Dienstleistungen durch den Vertragspartner zu unterbinden und damit allenfalls um Beschränkungen des Produktmarktes.

b. Vereinbarungen mit dem Schrankenbegünstigten

Eine wesentliche Einschränkung der Kartellaufsicht über derartige nutzungsbeschränkende Vereinbarungen ergibt sich daraus, dass das deutsche wie das europäische Kartellrecht voraussetzen, dass es sich um eine Vereinbarung „zwischen Unternehmen“ handelt. Kennzeichnend für ein Unternehmen i. S. d. Art. 81 Abs. 1 EGV ist die Ausübung einer wirtschaftlichen Tätigkeit, also die Teilnahme am Wirtschaftsverkehr durch ein marktbezogenes Verhalten.[690] Zwar wird der vom EuGH verwendete funktionelle Unternehmensbegriff weit ausgelegt und erfasst „jede eine wirtschaftliche Tätigkeit ausübende Einheit, unabhängig von ihrer Rechtsform und der Art ihrer Finanzierung“ und unab-

---

[688] Immenga/Mestmäcker-*Ullrich/Heinemann*, GRUR B Rn. 31; *Heinemann*, GRUR 2006, 706 mit Fn. 6; ebenso insoweit *Sack*, WRP 1999, 596.

[689] Immenga/Mestmäcker-*Ullrich/Heinemann*, GRUR B Rn. 39.

[690] Schröter/Jakob/Mederer-*Schroter*, Vorbem. Art. 81–85 Rn. 22; FK-KartR-*Roth/Ackermann*, Art. 81 Grundfragen Rn. 15; *Mestmäcker/Schweitzer*, § 8 Rn. 16; *Emmerich*, Kartellrecht, § 3 Rn. 28.

hängig von der Dauerhaftigkeit der Tätigkeit.[691] Geschäfte eines Endverbrauchers zur Deckung des persönlichen Bedarfs stellen jedoch keine wirtschaftliche Betätigung in diesem Sinne dar und begründen daher nicht die Unternehmenseigenschaft des Verbrauchers.[692]

Soweit die vereinbarte Nutzungsbeschränkung eine Nutzung durch den Endverbraucher zu privaten Zwecken zum Gegenstand hat, scheidet eine Anwendung der Art. 81 Abs. 1 EGV und § 1 GWB folglich bereits mangels Unternehmereigenschaft des Nutzers aus.[693] Das Verbot wettbewerbsbeschränkender Vereinbarungen kann im Hinblick auf Vereinbarungen mit dem von einer Schranke privilegierten Nutzer nur insoweit eingreifen, als die jeweilige Schranke gerade die *wirtschaftliche* Betätigung des Nutzers erlaubt, die Werknutzung ohne die Einschränkung dem Nutzer also gerade dazu dienen könnte, seinerseits Wertschöpfung zu betreiben und Leistungen in marktfähiger Weise anzubieten.[694] Ausgeschlossen vom Anwendungsbereich des Art. 81 EGV sind danach insbesondere Beschränkungen der von § 53 Abs. 1 UrhG eingeräumten Nutzungsfreiheit. Aber auch die vertragliche Beschränkung anderer Werknutzungen unterfällt nicht dem Verbot des Art. 81 EGV, soweit die Nutzung im konkreten Fall dem Vertragspartner nicht dazu dienen kann, selbst als Nachfrager oder Anbieter von Leistungen am Markt aufzutreten, und die Vereinbarung damit nicht auf die Beschränkung eines wettbewerbsbezogenen Verhaltens des Nutzers abzielt. Jedenfalls fehlt es insoweit an einer Beschränkung der wirtschaftlichen Handlungsfreiheit des Vertragspartners und damit an einer Wettbewerbsbeschränkung i. S. d. Art. 81 Abs. 1 EGV. Auch Beschränkungen der nach §§ 45, 45a, 47 und 53 Abs. 2 UrhG zu wissenschaftlichen oder sonstigen nicht kommerziellen Zwecken zulässigen Nutzungshandlungen werden daher kaum jemals als wettbewerbsbeschränkende Vereinbarung in Frage kommen.

Hingegen kommt eine Kontrolle nach Art. 81 Abs. 1 EGV in Betracht, wenn im Rahmen der Veräußerung von Vervielfältigungsstücken eines urheberrechtlich geschützten Werkes deren Weiterveräußerung untersagt oder eingeschränkt wird, obwohl die Veräußerung wegen der Erschöpfung des Verbreitungsrechts nach §§ 17 Abs. 2, 69c Nr. 3 S. 2 UrhG urheberrechtlich zulässig ist und Vertriebsbeschränkungen daher nicht mit urheberrechtlicher Wirkung vereinbart werden können.[695] Derartige Vertriebsvereinbarungen fallen als vertikale Wett-

[691] EuGH, 23. 4. 1991, Rs. C-41/90, Slg. 1991, I-1979, Rn. 21 – Höfner und Elser/Macroton; *Bechtold/Bosch/Brinker/Hirsbrunner*, Art. 81 EG Rn. 9, 13; *Mestmäcker/Schweitzer*, § 8 Rn. 5; *Emmerich*, Kartellrecht, § 3 Rn. 25.

[692] FK-KartR-*Roth/Ackermann*, Art. 81 Abs. 1 Grundfragen Rn. 20; Schröter/Jakob/Mederer-*Schröter*, Vorbem. Art. 81–85 Rn. 25; Langen/Bunte-*Bunte*, Art. 81 Generelle Prinzipien Rn. 7; *Mestmäcker/Schweitzer*, § 8 Rn. 23.

[693] Vgl. Kommission, Leitlinien für vertikale Beschränkungen, ABl. EG 2000 Nr. C 291/1, Rn. 24.

[694] Vgl. FK-KartR-*Roth/Ackermann*, Art. 81 Grundfragen Rn. 20 f.

[695] OLG Frankfurt a. M. WuW/E DE-R 2018, 2021; vgl. zu einem vertraglichen Vermie-

bewerbsbeschränkungen vorbehaltlich einer Gruppen- oder Einzelfreistellung in den Anwendungsbereich von Art. 81 Abs. 1 EGV wie von § 1 GWB.[696]

Wird die Veräußerungsbeschränkung zwischen Unternehmen verschiedener Wirtschaftsstufen vereinbart, etwa zwischen dem Hersteller und einem Wiederverkäufer des Produkts, so ist die Gruppenfreistellungsverordnung für Vertikalverträge Nr. 2790/1999 zu beachten. Diese ist gemäß Art. 81 Abs. 3 EGV i.V.m. Art. 1 Abs. 2 VO 1/2003 unmittelbar von den mitgliedstaatlichen Gerichten anzuwenden und führt in ihrem Anwendungsbereich dazu, dass alle Wettbewerbsbeschränkungen in Vertikalvereinbarungen erlaubt und damit nach Art. 81 Abs. 3 EGV und § 2 Abs. 2 GWB freigestellt sind, sofern nicht besonders schwerwiegende, die Freistellung insgesamt ausschließende (Art. 4, „schwarze Klauseln") oder von einer Freistellung ausgeschlossene (Art. 5, „graue Klauseln") Wettbewerbsbeschränkungen vereinbart werden und die beteiligten Unternehmen nicht die in Art. 3 genannten Marktanteilsschwellen überschreiten.[697] Dem liegt die Erwägung zugrunde, dass vertikale Vereinbarungen, die nicht bestimmte Kernbeschränkungen enthalten, im Allgemeinen zu Effizienzsteigerungen bei Produktion und Vertrieb und zu einer angemessenen Beteiligung der Verbraucher an dem daraus entstehenden Gewinn führen.[698] Vom Anwendungsbereich erfasst werden gemäß Art. 2 Abs. 1 VO 2790/1999 sämtliche vertikalen Vereinbarungen, „welche die Bedingungen betreffen, zu denen die Parteien bestimmte Waren oder Dienstleistungen beziehen, verkaufen oder weiterverkaufen können". Darunter fallen auch Vertriebsbindungen für den Weiterverkauf von Waren und Dienstleistungen.[699] Soweit das Verbreitungsrecht erschöpft ist und der Wiederverkäufer daher für die Veräußerung keiner urheberrechtlichen Lizenz bedarf, gilt dies für den Vertrieb von Vervielfältigungsstücken urheberrechtlich geschützter Werke ebenso wie für andere Waren.[700]

---

tungsverbot die vor Einführung des Vermietrechts in § 17 Abs. 2 UrhG ergangene Entscheidung des OLG Düsseldorf GRUR 1990, 188, 189.

[696] *Emmerich*, Kartellrecht, § 5 Rn. 15; *Bechtold/Bosch/Brinker/Hirsbrunner*, Art. 81 EG Rn. 196f.; Immenga/Mestmäcker-*Zimmer*, Art. 81 Abs. 1 EGV Rn. 346ff.

[697] Immenga/Mestmäcker-*Veelken*, Vertikal-VO Rn. 10f.; *Bechtold/Bosch/Brinker/Hirsbrunner*, Einf. VO 2790/1999 Rn. 12; *Emmerich*, Kartellrecht, § 5 Rn. 19f.; *Polley/Seeliger*, CR 2001, 7f.

[698] Erwägungsgrund 8 der VO 2790/1999; zu den einzelnen positiven Effekten vertikaler Beschränkungen *Bechtold/Bosch/Brinker/Hirsbrunner*, Art. 81 EG Rn. 194.

[699] *Bechtold/Bosch/Brinker/Hirsbrunner*, Art. 2 VO 2790/1999 Rn. 11.

[700] *Bechtold/Bosch/Brinker/Hirsbrunner*, Art. 81 EG Rn. 207; für Vereinbarungen über die Lieferung von Kopien einer Software auf einem materiellen Träger zum Zwecke des Weiterverkaufs ausdrücklich auch Kommission, Leitlinien für vertikale Beschränkungen, ABl. EG 2000 Nr. C 291/1, Rn. 40; *Polley/Seeliger*, CR 2001, 6; Loewenheim/Meessen/Riesenkampff-*Baron*, Vert-GVO Rn. 84. Bei einer nach § 31 Abs. 1 S. 2 UrhG dinglich wirksamen Beschränkung der Erstverbreitung fehlt es regelmäßig bereits an einer Wettbewerbsbeschränkung i.S.d. Art. 81 Abs. 1 EGV, vgl. OLG Frankfurt a.M. WuW/E DE-R 2018, 2022f.; *Sack*, WRP 1999, 604 m.w.N.

Praktische Bedeutung hat die Freistellung vor allem für selektive Vertriebssysteme, also den Vertrieb von Waren oder Dienstleistungen über eine Organisationsstruktur, bei der sich der Hersteller auf bestimmte ausgewählte Abnehmer beschränkt und sich die ausgewählten Händler verpflichten, die betreffenden Waren oder Dienstleistungen z.B. nur an qualifizierte Fachhandelsgeschäfte und nicht an Händler zu verkaufen, die nicht zum Vertrieb zugelassen sind. Insbesondere Software kann im Rahmen eines solchen Vertriebssystems vermarktet werden.[701] Ein solches Vertriebssystem stellt etwa die von Microsoft beim Vertrieb des Betriebssystems „Windows“ verwendete OEM-Bindung dar, welche die Zwischenhändler vertraglich verpflichtet, die OEM-Version des Betriebssystems nur an Hardwarehersteller zu veräußern und ihren jeweiligen Vertragspartnern die Verpflichtung aufzuerlegen, das Betriebssystem nur zusammen mit der Hardware zu veräußern.[702] Zwar fallen Vereinbarungen, die Beschränkungen des Gebiets oder des Kundenkreises enthalten, in das oder an den der Käufer Vertragswaren oder -dienstleistungen verkaufen darf, als Kernbeschränkungen gemäß Art. 4 lit. b grundsätzlich nicht unter die Gruppenfreistellung der VO 2790/1999. Eine Ausnahme besteht aber u.a. für Beschränkungen des Verkaufs an Endbenutzer durch Käufer, die auf der Großhandelsstufe tätig sind, sowie Beschränkungen des Verkaufs an nicht zugelassene Händler durch die Mitglieder eines selektiven Vertriebssystems. Diese Beschränkungen unterfallen der allgemeinen Freistellung nach Art. 2 Abs. 1 VO 2790/1999 und sind daher zulässig, wenn der Marktanteil des Lieferanten auf dem relevanten Produktmarkt nicht mehr als 30% beträgt (Art. 3 Abs. 1 VO 2790/1999).

Hingegen greift die Gruppenfreistellung gemäß Art. 4 lit. a VO 2790/1999 nicht ein, wenn die Vereinbarung eine vertikale Preisbindung für den Weiterverkauf enthält, etwa eine Mindestpreisbindung, wie sie Gegenstand der Entscheidung des RG im Fall „Koenigs Kursbuch“ war.[703] Auch der aktive und passive Verkauf an Endverbraucher durch die auf der Einzelhandelsstufe tätigen Mitglieder eines selektiven Vertriebssystems darf gemäß Art. 4 lit. c VO 2790/1999 nicht beschränkt werden. Sonstige inhaltliche Beschränkungen der Weiterverbreitung, die keine der in Art. 4 aufgeführten Kernbeschränkungen enthalten, sind jedoch nach Art. 2 Abs. 1 VO 2790/1999 vom Verbot des Art. 81 Abs. 1 EGV freigestellt.

---

[701] Vgl. *Polley/Seeliger*, CR 2001, 8.

[702] Siehe dazu bereits oben S. 186ff.

[703] RGZ 63, 394 – Koenigs Kursbuch; vgl. dazu bereits oben S. 179. Der Kläger hatte behauptet, dass er „allen seinen Abnehmern, Beziehern und Abkäufern die Verpflichtung auferlegt habe, [das Kursbuch] nicht unter 50 Pf zu verkaufen und allen ihren Wiederverkäufern die gleiche Verpflichtung aufzuerlegen“. Das RG (S. 399) hielt eine solche durch Vertragsstrafe gesicherte schuldrechtliche Verpflichtung, nicht unter einem bestimmten Ladenpreis zu verkaufen, für rechtlich unbedenklich. Auch heute gilt für den Buchhandel innerhalb Deutschlands nach §§ 3, 5 BuchPrG eine Ausnahme vom Verbot vertikaler Preisbindungen.

Fraglich ist, ob auch Vereinbarungen zwischen Unternehmen, die den nach §§ 17 Abs. 2, 69c Nr. 3 S. 2 UrhG urheberrechtlich zulässigen Weiterverkauf eines vom Vertragspartner erworbenen Vervielfältigungsstücks insgesamt ausschließen, durch die VO 2790/1999 freigestellt werden, obwohl sie nicht die „Bedingungen" für einen Weiterverkauf der Ware betreffen. Dass die Ware zum Zweck des Weiterverkaufs geliefert wird, ist für die Anwendung der VO 2790/1999 jedoch nicht erforderlich.[704] Die Kommission nennt in ihren Leitlinien für Vertikalvereinbarungen ausdrücklich den Verkauf zum Zweck der Vermietung an Dritte als Anwendungsfall der VO.[705] Ebenso fallen Vereinbarungen über die Lieferung von Waren zur Weiterverarbeitung und zum Eigenverbrauch unter die Freistellung.[706] Grundlage für die Anwendbarkeit der Freistellung ist allein ein bestehendes oder geplantes Lieferverhältnis über Waren oder Dienstleistungen, in dessen Zusammenhang die in Art. 2 Abs. 1 genannten Vereinbarungen getroffen werden.[707] Dementsprechend werden als Bedingungen eines Bezugs i.S.d. Art. 2 Abs. 1 VO 2790/1999 neben Beschränkungen hinsichtlich der Preise und Geschäftsbedingungen auch sämtliche Arten der in § 16 GWB a.F. geregelten Verwendungs-, Ausschließlichkeits-, Vertriebs- und Koppelungsbindungen und damit insbesondere auch Verwendungsbeschränkungen erfasst.[708]

Freigestellt sind folglich auch Vereinbarungen zwischen dem Lieferanten und dem Käufer eines Vervielfältigungsstücks, die dem Käufer jegliche Weitergabe der gelieferten Werkexemplare an Dritte untersagen.[709] Das gilt etwa für Weitergabeverbote in Softwareüberlassungsverträgen mit einem Unternehmen.[710] Demgegenüber wollen manche auf Softwareüberlassungsverträge generell nicht die VO 2790/1999, sondern die Gruppenfreistellungsverordnung für Technologietransfer-Vereinbarungen Nr. 772/2004 anwenden, auch wenn Gegenstand des Vertrages nicht die Lizenzierung einer Produktionstechnologie ist.[711] Wenn die Software dem Endkunden lediglich zur bestimmungsgemäßen Nutzung des Programms überlassen wird und nicht zur Entwicklung oder Herstellung eines

---

[704] Immenga/Mestmäcker-*Veelken*, Vertikal-VO Rn. 64.

[705] Kommission, Leitlinien für vertikale Beschränkungen, ABl. EG 2000 Nr. C 291/1, Rn. 25.

[706] Loewenheim/Meessen/Riesenkampff-*Baron*, Vert-GVO Rn. 55.

[707] Immenga/Mestmäcker-*Veelken*, Vertikal-VO Rn. 62; Loewenheim/Meessen/Riesenkampff-*Baron*, Vert-GVO Rn. 61; *Bechtold/Bosch/Brinker/Hirsbrunner*, Art. 2 VO 2790/1999 Rn. 12.

[708] Immenga/Mestmäcker-*Veelken*, Vertikal-VO Rn. 76; *Bechtold/Bosch/Brinker/Hirsbrunner*, Art. 2 VO 2790/1999 Rn. 11.

[709] So wohl auch Loewenheim/Meessen/Riesenkampff-*Baron*, Vert-GVO Rn. 66.

[710] Vgl. aber Dreier/Schulze-*Dreier*, § 69c Rn. 32, der schuldrechtliche Weitergabeverbote für „kartellrechtlich eher unzulässig" hält.

[711] So Loewenheim/Meessen/Riesenkampff-*von Falck/Schmaltz*, Art. 2 TT-GVO Rn. 25 m.w.N.

neuen oder verbesserten Produkts, fehlt es jedoch an dem nach Art. 2 Abs. 1 VO 772/2004 für die Anwendung der GVO erforderlichen Produktionsbezug.[712]

Neben schuldrechtlichen Weitergabeverboten erfasst die Freistellung nach Art. 2 Abs. 1 VO 2790/1999 aber z. B. auch eine Vereinbarung zwischen einem Verlag und einer Bibliothek, worin sich letztere verpflichtet, die vom Verlag erworbenen Bücher nicht für den nach § 53a UrhG urheberrechtlich zulässigen Kopienversanddienst oder die öffentliche Wiedergabe an elektronischen Leseplätzen gemäß § 52b UrhG zu verwenden. Die Gruppenfreistellung greift nach Art. 3 Abs. 2 VO 2790/1999 freilich nicht ein, wenn der Verlag auf dem Markt für die Lieferung von Werken der entsprechenden Literaturgattung einen Marktanteil von über 30% besitzt. Insoweit kommt nur eine Einzelfreistellung nach Art. 81 Abs. 3 EGV i. V. m. Art. 1 Abs. 2 VO 1/2003 in Betracht.[713]

c. Konditionenbindungen für Vertrieb an Endverbraucher

Als Wettbewerbsbeschränkung vom Verbot des Art. 81 Abs. 1 EGV erfasst sein kann auch eine Lizenzvereinbarung über die Herstellung und den Vertrieb von Vervielfältigungsstücken, die den Lizenznehmer dazu verpflichtet, seinen Abnehmern bestimmte, deren Schrankengebrauch einschränkende Geschäftsbedingungen aufzuerlegen. Art. 81 Abs. 1 lit. a EGV führt die unmittelbare oder mittelbare Festsetzung von Geschäftsbedingungen ausdrücklich als Beispiel einer verbotenen Wettbewerbsbeschränkung an. Darunter fallen auch vertikale Konditionenbindungen „der zweiten Hand".[714] Fraglich ist aber, ob eine solche Konditionenbindung zwischen Rechtsinhaber und Lizenznehmer in den Genuss einer Gruppenfreistellung kommen kann.

Zunächst ist auch hier an eine Freistellung nach der VO 2790/1999 für Vertikalvereinbarungen zu denken. In deren Anwendungsbereich fallen auch Inhaltsbindungen zwischen dem Erst- und dem Weiterverkäufer, welche die Geschäftsbedingungen für die vom Weiterverkäufer mit seinen Kunden abzuschließenden Zweitverträge festlegen.[715] Bei einer Lizenzvereinbarung geht es jedoch nicht um die „Lieferung" von Waren oder Dienstleistungen vom Lizenzgeber an den Lizenznehmer im Sinne einer Entäußerung. Hauptgegenstand der Vereinbarung ist vielmehr die Einräumung eines Nutzungsrechts oder einer schuldrechtlichen Lizenz zur Vervielfältigung und Verbreitung des Werkes. Gemäß Art. 2 Abs. 3 S. 1 VO 2790/1999 gilt die Freistellung für vertikale Ver-

---

[712] *Bechtold/Bosch/Brinker/Hirsbrunner*, Art. 1 VO 772/2004 Rn. 4 und Art. 2 VO 772/2004 Rn. 4; *Scholz/Wagener*, CR 2003, 885 (zum VO-Entwurf vom 3. 10. 2003).

[713] Solange der Verlag nicht marktbeherrschend i. S. d. Art. 82 EGV ist, können die Voraussetzungen einer Freistellung durchaus vorliegen, wenn eine solche Beschränkung wirtschaftlich erforderlich ist, um die Produktion entsprechender Bücher und die Versorgung der Verbraucher mit Literatur in körperlicher Form aufrechtzuerhalten.

[714] *Bechtold/Bosch/Brinker/Hirsbrunner*, Art. 81 EG Rn. 84.

[715] *Bechtold/Bosch/Brinker/Hirsbrunner*, Art. 2 VO 2790/1999 Rn. 11.

einbarungen, in denen Bestimmungen über die Übertragung von geistigen Eigentumsrechten oder über die Nutzung solcher Rechte enthalten sind, jedoch nur, wenn diese Bestimmungen gerade nicht den Hauptgegenstand der Vereinbarung ausmachen. Lizenzverträge über die Herstellung und den Vertrieb von Vervielfältigungsstücken fallen folglich nicht unter die VO 2790/1999.[716]

Einschlägig ist vielmehr die Gruppenfreistellungsverordnung für Technologietransfer-Vereinbarungen Nr. 772/2004. Freigestellt sind nach deren Art. 2 Abs. 1 Technologietransfer-Vereinbarungen zwischen zwei Unternehmen, die die Produktion der Vertragsprodukte ermöglichen. Der Begriff der Technologietransfer-Vereinbarung umfasst gemäß Art. 1 Abs. 1 lit. b VO 772/2004 zwar ausdrücklich nicht Vereinbarungen, deren Hauptgegenstand die Lizenzierung von Urheberrechten (mit Ausnahme von Software-Urheberrechten) ist.[717] Die Europäische Kommission will die Grundsätze der VO 772/2004 jedoch auch auf die Vergabe von Lizenzen für die Vervielfältigung und Verbreitung urheberrechtlich geschützter Werke anwenden, da solche Lizenzvereinbarungen über die Herstellung von Kopien für den Weiterverkauf als „eine der Lizenzierung von Technologie ähnliche Form der Lizenzvergabe" zu betrachten seien und „in der Regel ähnliche Fragen" aufwürfen.[718] Wettbewerbsbeschränkungen in Lizenzvereinbarungen zwischen dem Rechtsinhaber und dem Hersteller und Verkäufer von Vervielfältigungsstücken des Werkes sind daher in entsprechender Anwendung des Art. 2 Abs. 1 VO 772/2004 grundsätzlich vom Verbot des Art. 81 Abs. 1 EGV freigestellt.

Wie Art. 4 VO 2790/1999 enthält Art. 4 Abs. 2 VO 772/2004 für Vereinbarungen zwischen nicht konkurrierenden Unternehmen aber schwarze Klauseln mit bestimmten Kernbeschränkungen, deren Vereinbarung eine Freistellung insgesamt ausschließt. Dazu gehören nach Art. 4 Abs. 2 lit. b VO 772/2004 (mit ähnlichen Ausnahmen wie in Art. 4 lit. b VO 2790/1999) insbesondere Beschränkungen des Gebiets oder des Kundenkreises, in das oder an den der Lizenznehmer Vertragsprodukte „passiv", also auf Eigeninitiative des jeweiligen

---

[716] Loewenheim/Meessen/Riesenkampff-*Baron*, Vert-GVO Rn. 83; a. A. offenbar Loewenheim/Meessen/Riesenkampff-*von Falck/Schmaltz*, Art. 2 TT-GVO Rn. 25. Nach den Leitlinien der Kommission (ABl. EG 2000 Nr. C 291/1, Rn. 39) sollen zwar auch Vereinbarungen zwischen dem Wiederverkäufer von „Waren, für die ein Urheberrecht besteht (Bücher, Software usw.)", und dem Inhaber des Rechts unter die Verordnung fallen, wenn sie den Wiederverkäufer verpflichten, nur unter der Voraussetzung weiterzuverkaufen, dass der Käufer das Urheberrecht nicht verletzt. Da der vom *Wieder*verkäufer vorgenommene Verkauf der Ware wegen der Erschöpfung des Verbreitungsrechts nicht mehr vom Ausschließlichkeitsrecht des Urhebers erfasst ist, handelt es sich bei einer solchen Vereinbarung zwischen Rechtsinhaber und Wiederverkäufer jedoch nicht um einen Lizenzvertrag i. S. d. Art. 2 Abs. 3 S. 1 VO 2790/1999, so im Ergebnis auch *Polley/Seeliger*, CR 2001, 7.

[717] Vgl. Kommission, Leitlinien zur Anwendung von Art. 81 EG-Vertrag auf Technologietransfer-Vereinbarungen, ABl. EU 2004, Nr. C 101/2, Rn. 50.

[718] Kommission, Leitlinien a.a.O., Rn. 51.

Kunden, verkaufen darf.[719] Danach ist eine schuldrechtliche Bindung des ersten Lizenznehmers, der das Werk vervielfältigt und erstmalig verbreitet, seinerseits seine Abnehmer zu räumlicher Exklusivität zu verpflichten, als zu einem absoluten Gebietsschutz führende Vereinbarung gemäß Art. 4 Abs. 2 lit. b VO 772/2004 nicht freistellungsfähig und unterfällt dem Verbot des Art. 81 Abs. 1 EGV.[720]

Zu einem Ausschluss der Freistellung führen gemäß Art. 4 Abs. 2 lit. a VO 772/2004 auch vertikale Preisbindungen, welche die Möglichkeit des Lizenznehmers beschränken, den Preis selbst festzusetzen, zu dem er die hergestellten Vervielfältigungsstücke an seine Kunden verkauft. Sonstige Konditionenbindungen der zweiten Hand sind in Art. 4 VO 772/2004 anders als in Art. 81 Abs. 2 lit. b EGV jedoch gerade nicht aufgeführt. Daraus wird man folgern müssen, dass Vereinbarungen zwischen dem Rechtsinhaber und dem Lizenznehmer, welche die Bedingungen des Weiterverkaufs an die Kunden des Lizenznehmers festlegen, grundsätzlich freigestellt sind, sofern die Vertragsparteien auf dem relevanten Lizenz- und Produktmarkt keinen höheren Marktanteil als 30% besitzen (vgl. Art. 3 Abs. 2 VO 772/2004).[721] Eine Ausnahme gilt nach Art. 4 Abs. 2 lit. c VO 772/2004, wenn der Lizenznehmer einem vom Lizenzgeber unterhaltenen selektiven Vertriebssystems angehört und auf der Einzelhandelsstufe tätig ist, also typischerweise an Endverbraucher vertreibt. In diesem Fall dürfen dem Lizenznehmer keinerlei Beschränkungen im aktiven und passiven Verkauf an Endverbraucher auferlegt werden. Dies gilt auch für eine Verpflichtung des Lizenznehmers, seinen Kunden seinerseits Beschränkungen des Schrankengebrauchs aufzuerlegen.

Problematisch ist, ob die Freistellung nach den Grundsätzen der VO 772/2004 auch greift, wenn die Lizenz nicht die Verbreitung körperlicher Vervielfältigungsstücke, sondern den Vertrieb über das Internet im Wege der öffentlichen Zugänglichmachung gemäß § 19a UrhG zum Gegenstand hat. Nach den Leitlinien der Kommission stellen sich bei der Lizenzierung von Wiedergaberechten im Hinblick auf urheberrechtlich geschützte Werke „ganz spezielle Fragen, so dass es sich kaum empfehlen dürfte, solche Vorgänge nach den in diesen Leitlinien entwickelten Prinzipien zu beurteilen".[722] Das trifft sicher zu für die Lizenzierung von Senderechten (§ 20 UrhG) oder von Rechten zur öffentlichen Aufführung von Musikwerken oder Theaterstücken (§ 19 Abs. 2 UrhG). Soweit

[719] Anders als nach Art. 4 lit. b VO 2790/1999 ist eine Beschränkung des „aktiven" Verkaufs, also des aktiven Werbens um Kunden, stets zulässig, *Bechtold/Bosch/Brinker/Hirsbrunner*, Art. 4 VO 772/2004 Rn. 26.

[720] *Nordemann*, GRUR 2007, 206; ebenso im Ergebnis bereits LG München I NJW-RR 1994, 680, 681.

[721] So zum inhaltlich entsprechenden Art. 4 lit. a VO 2790/1999 auch Loewenheim/Meessen/Riesenkampff-*Baron*, Vert-GVO Rn. 151 f.

[722] Kommission, Leitlinien zur Anwendung von Art. 81 EG-Vertrag auf Technologietransfer-Vereinbarungen, ABl. EU 2004, Nr. C 101/2, Rn. 52.

es um die öffentliche Zugänglichmachung eines Werkes geht, die dem Endverbraucher als Kunden des Lizenznehmers gegen Zahlung eines Entgelts den Download aus dem Internet ermöglicht, entspricht der Vertriebsvorgang wirtschaftlich jedoch der Überlassung eines körperlichen Datenträgers. Gemäß Art. 1 Abs. 1 lit. f VO 772/2004 ist der Begriff des Vertragsprodukts, dessen Produktion Gegenstand der Lizenzvereinbarung ist, weit gefasst und umfasst Waren wie Dienstleistungen, Zwischen- wie Endprodukte. Unter den Begriff des Vertragsprodukts kann man daher auch die Herstellung von Vervielfältigungsstücken des Werkes (etwa im Wege der Digitalisierung) für dessen öffentliches Angebot in einem Online-Abrufdienst fassen. Vereinbarungen, welche die Bedingungen festlegen, zu denen der Lizenznehmer das Werk seinen Kunden öffentlich zugänglich machen darf, sollten folglich ebenfalls der Freistellung nach Art. 2 Abs. 1 VO 772/2004 (analog) unterliegen.[723]

d. Ergebnis

In Verträgen über die Überlassung urheberrechtlich geschützter Werke enthaltene Nutzungsbeschränkungen in Bezug auf die Ausübung urheberrechtlicher Schranken fallen danach grundsätzlich nicht unter das Verbot wettbewerbsbeschränkender Vereinbarungen gemäß Art. 81 Abs. 1 EGV bzw. § 1 GWB. Bei Verträgen unmittelbar mit dem Endverbraucher fehlt es bereits an der Unternehmenseigenschaft des Vertragspartners. Im Verhältnis zwischen Unternehmern unterschiedlicher Vertriebsstufen sind Verwendungsbeschränkungen hinsichtlich eines vom Vertragspartner bezogenen Werkexemplars nach Art. 2 Abs. 1 VO 2790/1999 grundsätzlich vom Verbot des Art. 81 Abs. 1 EGV freigestellt. Eine Ausnahme gilt insbesondere für Beschränkungen der von §§ 17 Abs. 2, 69c Nr. 3 S. 2 UrhG geschützten Warenverkehrsfreiheit, die eine vertikale Preisbindung des Abnehmers enthalten.

Ebenfalls vom Verbot des Art. 81 Abs. 1 EGV freigestellt sind in entsprechender Anwendung von Art. 2 Abs. 1 VO 772/2004 Vereinbarungen über Konditionenbindungen zwischen dem Rechtsinhaber und dem Erwerber einer Lizenz zur Herstellung und zum Vertrieb von Vervielfältigungsstücken geschützter Werke. Dies gilt sowohl für Lizenzen zum Vertrieb körperlicher Vervielfältigungsstücke als auch zum Vertrieb von Werken über das Internet im Wege der öffentlichen Zugänglichmachung. Ausgenommen von der Freistellung sind nur Beschränkungen des Vertriebs an Endverbraucher durch die Mitglieder eines vom Lizenzgeber unterhaltenen selektiven Vertriebssystems.

Im Übrigen entfällt die automatische Freistellung erst, wenn der Lieferant der Vervielfältigungsstücke bzw. eines der an der Lizenzvereinbarung beteilig-

[723] Vgl. *Polley/Seeliger*, CR 2001, 4, die sich mit ähnlicher Argumentation für eine Anwendung der VO 2790/1999 auf die unkörperliche Überlassung von Software über das Internet aussprechen.

ten Unternehmen auf dem relevanten Produkt- oder Lizenzmarkt einen Marktanteil von über 30% haben. Nach deutschem Kartellrecht wird bei einem Marktanteil von einem Drittel bereits eine marktbeherrschende Stellung vermutet, § 19 Abs. 3 S. 1 GWB. Marktbeherrschung und Ausschluss der Freistellung werden daher im Regelfall zusammenfallen.

3. Fazit

In wettbewerbsrechtlicher Hinsicht sind vertragliche Nutzungsbeschränkungen danach erst dann bedenklich, wenn sie von einem Unternehmen in marktbeherrschender Stellung erzwungen werden. Unterhalb dieser Schwelle steht das Wettbewerbsrecht der Vereinbarung von Nutzungsbeschränkungen zwischen dem Anbieter und dem Nutzer eines Werkes grundsätzlich nicht entgegen.

Dass diese Unterscheidung aus Sicht des Wettbewerbsrechts grundsätzlich sachgerecht ist, lässt sich am Beispiel von Vervielfältigungsbeschränkungen in den Geschäftsbedingungen eines Verwerters verdeutlichen, der lediglich über ein einfaches Nutzungsrecht zum Vertrieb des genutzten Werkes verfügt. Vertragliche Beschränkungen von Nutzungen, die nach den §§ 44a ff. UrhG zustimmungsfrei erlaubt sind, werden vor allem bei online vertriebenen Werken regelmäßig nicht von den Rechteinhabern selbst, sondern auf der letzten Vertriebsstufe von einem Verwerter mit dem Endkunden vereinbart, um auf diese Weise den Absatz des vom jeweiligen Verwerter vertriebenen Produkts zu sichern. Solche Online-Anbieter geschützter Werke verfügen meist nur über ein einfaches Nutzungsrecht, das ihnen erlaubt, das Werk über das Internet öffentlich zugänglich zu machen.

Eine Nutzungsbeschränkung, die ein Verwerter mit seinem Abnehmer vereinbart, wird sich demnach nicht auf die Nutzung des Werkes insgesamt beziehen, sondern lediglich auf die Verwendung des konkreten Vervielfältigungsstücks. So enthalten z.B. die „Dienstleistungsbedingungen" des iTunes Store für die über diese Plattform erworbenen Tonaufnahmen und Videos folgende Klausel: „Sie erklären sich damit einverstanden, dass Sie durch den Erwerb von Produkten diese nur gemäß der Nutzungsbedingungen nutzen werden und dass jede sonstige Nutzung der Produkte eine Urheberrechtsverletzung begründen kann."[724] Diese Nutzungsbedingungen sehen u.a. vor, dass die erworbenen Produkte nur zu persönlichen, nicht-gewerblichen Zwecken des Nutzers verwendet und Videoprodukte nicht für andere als Backup-Zwecke auf CD oder DVD gebrannt werden dürfen.[725] Dadurch wird zwar die Ausübung der in § 53 Abs. 2 S. 1 Nr. 1 UrhG enthaltenen Schranke, die auch die Vervielfältigung zu

[724] Nr. 9 d der Nutzungsbedingungen des iTunes Store (Stand: 17. 6. 2009), abrufbar unter http://www.apple.com/legal/itunes/de/terms.html.

[725] Nr. 9 b (ii) und (vi) der Nutzungsbedingungen.

erwerbswirtschaftlichen Zwecken erfasst,[726] ebenso eingeschränkt wie die des Abs. 1 S. 1 UrhG, die ausdrücklich die Vervielfältigung „auf beliebigen Trägern" erlaubt. Die Nutzungsbedingungen beziehen sich jedoch lediglich auf Musik- und Videodateien, die über den iTunes Store erworben worden sind. Sie beschränken nicht die Vervielfältigung anderer Werkexemplare, die der Nutzer über einen konkurrierenden Anbieter erworben hat. Eine entsprechende Nutzung des urheberrechtlich geschützten Werkes als solchen wird dadurch folglich nicht ausgeschlossen.

Wenn das Werk, wie im Fall des iTunes Store, durch den Inhaber eines einfachen Nutzungsrechts öffentlich zugänglich gemacht wird, haben andere Anbieter ebenfalls die Möglichkeit, das Werk zu vertreiben, sei es in unkörperlicher oder körperlicher Form. Der Nutzer wird durch die Klausel daher nicht daran gehindert, sich auf anderem Wege ein Exemplar des betreffenden Musikstücks oder Videofilms zu beschaffen, um dieses als Vorlage für eine urheberrechtlich zulässige Vervielfältigung zu verwenden. Eine flächendeckende Beschränkung privater Vervielfältigungen, die mit den Wirkungen eines gesetzlichen Ausschließlichkeitsrechts vergleichbar ist, ist in diesem Fall erst dann zu befürchten, wenn sämtliche Anbieter des betreffenden Werkes gleichförmige Verwendungsbeschränkungen in ihren AGB verwenden.[727] Ein solches Konditionenkartell unterfällt unproblematisch Art. 81 Abs. 1 EGV.[728] Solange zwischen den Anbietern ein funktionierender Wettbewerb besteht, wird dieser jedoch bewirken, dass sich letztlich die kundenfreundlichsten Nutzungsbedingungen am Markt durchsetzen. In den USA hat die wachsende Konkurrenz unter den Online-Musikanbietern z.B. dazu geführt, dass der Marktführer iTunes den ursprünglich verlangten Aufpreis für Songs ohne Kopierbeschränkungen zurückgenommen hat.[729]

Hingegen ist der Wettbewerb als Garant für angemessene Geschäftsbedingungen untauglich, wenn es um Klauseln geht, deren Tragweite der einzelne Nutzer nicht abschätzen kann. Denn das Marktgeschehen bildet im Wesentlichen nur die Individualinteressen der einzelnen Marktteilnehmer ab.[730] Ein Großteil der Schranken des Urheberrechts soll aber gerade ein Marktversagen ausgleichen, das darin besteht, dass die positiven externen Effekte der Nutzungsfreiheit in Vereinbarungen zwischen Rechtsinhaber und Nutzer nicht hinreichend internalisiert werden können.[731] Daher kann auch bei Abwesenheit

[726] Umkehrschluss aus § 53 Abs. 5 S. 2, vgl. Schricker-*Loewenheim*, § 53 Rn. 17; Dreier/Schulze-*Dreier*, § 53 Rn. 18, 24f.

[727] Zur Erzwingung gleichförmiger AGB durch den marktbeherrschenden Lizenzgeber siehe oben S. 295f.

[728] *Schack*, ZUM 2002, 506; ebenso zu § 2 Abs. 2 GWB a.F. *Trayer*, S. 169.

[729] Spiegel Online vom 17. 10. 2007, http://www.spiegel.de/netzwelt/web/0,1518,511908,00.html.

[730] *Peukert*, UFITA 2002, 698.

[731] Siehe oben S. 88f.

von Marktmacht zum Schutz des Allgemeininteresses am Erhalt der Nutzungsfreiheit eine Inhaltskontrolle vertraglicher Nutzungsbeschränkungen geboten sein. Insoweit ist das Kartellrecht als Kontrollmechanismus nicht ausreichend.

III. Nichtigkeit gemäß § 138 BGB

Soweit eine vertragliche Nutzungsbeschränkung nicht schon gegen ein gesetzliches Verbot verstößt, kann sich die Unwirksamkeit gemäß § 138 Abs. 1 BGB aus der Sittenwidrigkeit des den Nutzer verpflichtenden Rechtsgeschäfts ergeben. § 138 Abs. 1 BGB ermächtigt den Richter zu einer Inhaltskontrolle rechtlich zu missbilligender Rechtsgeschäfte, für die es (noch) keine speziellen gesetzlichen Regelungen gibt.[732] Die Sittenwidrigkeit ist dabei anhand einer umfassenden Interessenabwägung festzustellen, in die gesetzliche wie außergesetzliche Wertentscheidungen einzubeziehen sind.[733] Zu den gesetzlichen Wertentscheidungen, die den Inhalt der guten Sitten beeinflussen, gehört vor allem die in den Grundrechten enthaltene objektive Wertordnung.[734] Ein Verstoß gegen die guten Sitten durch nutzungsbeschränkende Abreden kommt daher insbesondere dann in Betracht, wenn sich der Nutzer zur Nichtausübung einer Schranke verpflichtet, die Ausdruck eines grundrechtlich geschützten Interesses an der Nutzungsfreiheit ist.[735]

Auch in diesen Fällen ist jedoch zu berücksichtigen, dass der Grundrechtsschutz auch den privatautonomen Verzicht auf einzelne grundrechtlich geschützte Positionen durch Eingehung einer vertraglichen Bindung umfasst.[736] Eine vertragliche Verpflichtung, von der durch eine Schranke eingeräumten Nutzungsfreiheit keinen Gebrauch zu machen, ist daher nicht per se sittenwidrig. Nur eine nach Umfang, Dauer und den jeweiligen Umständen des Zustandekommens unangemessene Beschränkung der Ausübung der Nutzungsfreiheit kann die Sittenwidrigkeit der vertraglichen Abrede begründen. Die Fallgestaltungen, in denen es zu Abreden über den Schrankengebrauch kommen kann, sind zu vielfältig, als dass man allgemeingültige Kriterien für die Beurteilung der Unangemessenheit solcher Abreden festlegen könnte. Im Folgenden sollen daher nur einige Leitlinien dargestellt werden.

---

[732] Staudinger-*Sack* (2003), § 138 Rn. 37; vgl. Soergel-*Hefermehl*, § 138 Rn. 63.

[733] *Larenz/Wolf*, § 40 Rn. 3, 12; Staudinger-*Sack* (2003), § 138 Rn. 38 m. w. N.

[734] Siehe nur BVerfGE 7, 198, 206 – Lüth; BVerfGE 81, 242, 256; BGHZ 142, 304, 307 = NJW 1999, 3552; MüKo-*Armbrüster*, § 138 Rn. 20; Hk-BGB-*Dörner*, § 138 Rn. 3; Staudinger-*Sack* (2003), § 134 Rn. 41, § 138 Rn. 40 m. w. N.

[735] So zu § 53 UrhG *Schack*, ZUM 2002, 503; vgl. auch *Enders*, ZUM 2004, 604; Wandtke/Bullinger-*Wandtke/Ohst*, § 95b Rn. 47.

[736] Siehe oben S. 249 f.

1. Übermäßige Einschränkung der Handlungsfreiheit

Sittenwidrig sind vor allem Verträge, welche nach Umfang und Dauer die persönliche Freiheit oder die Freiheit der wirtschaftlichen Betätigung in unangemessener Weise einschränken.[737] Klassische Erscheinungsformen solcher „Knebelungsverträge“ sind Bierbezugsverträge, die Übersicherung von Gläubigern und vertragliche Wettbewerbsverbote.[738] Der Grund für die Sittenwidrigkeit liegt hier in der Wertung der Art. 2 Abs. 1 und Art. 12 Abs. 1 GG, welche die freie Entfaltung der Persönlichkeit und die Freiheit des Wettbewerbs sowie der Berufsausübung schützen.[739] Zwar bewirkt jeder Vertragsschluss seiner Natur nach eine Beschränkung der Handlungsfreiheit, indem er zu einem bestimmten Verhalten verpflichtet. Nicht jede Einengung der wirtschaftlichen Betätigungsfreiheit rechtfertigt daher die Annahme der Sittenwidrigkeit.[740] Die freie Entfaltung des Einzelnen lässt vielmehr vertragliche Bindungen grundsätzlich in weitem Umfang zu.[741] Eine sittenwidrige Knebelung, die einen staatlichen Schutz des Vertragspartners erfordert, liegt aber vor, wenn die vertragliche Bindung zu einem nahezu vollständigen Verlust der wirtschaftlichen Selbständigkeit und Entschließungsfreiheit des Vertragspartners führt.[742]

Eine vertragliche Abrede, die den Vertragspartner dazu verpflichtet, von einer Schranke des Urheberrechts keinen oder nur eingeschränkten Gebrauch zu machen, kann eine Knebelung des Vertragspartners im Hinblick auf dessen wirtschaftliche Handlungsfreiheit nur insoweit begründen, als die Schranke zumindest mittelbar auch die wirtschaftliche Betätigung des von der Schranke Privilegierten schützt. Das kommt allenfalls bei §§ 55, 56 und 58 UrhG in Betracht, die zugunsten von Sendeunternehmen, Geschäftsbetrieben des Elektrohandels sowie Ausstellungs- und Auktionsveranstaltern bestimmte Nutzungshandlungen freistellen, um die Durchführung der jeweiligen geschäftlichen Tätigkeit zu erleichtern. Eine Bindung, die nicht das Gesamtvermögen oder wesentliche Teile davon erfasst, sondern nur einzelne Vermögensgegenstände, ist

---

[737] BGHZ 54, 145, 156 = GRUR 1971, 42, 44 – Biesenkate; MüKo-*Armbrüster*, § 138 Rn. 34, 71; Staudinger-*Sack* (2003), § 138 Rn. 259, 297; Palandt-*Ellenberger*, § 138 Rn. 39; *Larenz/Wolf*, § 41 Rn. 32 ff.

[738] Vgl. die Übersicht bei Soergel-*Hefermehl*, § 138 Rn. 118 ff.

[739] *Larenz/Wolf*, § 41 Rn. 35 f.; Soergel-*Hefermehl*, § 138 Rn. 117; speziell zu Wettbewerbsverboten BVerfGE 81, 242, 252 ff.; BGH NJW 2005, 3061, 3062; MüKo-*Armbrüster*, § 138 Rn. 21, 79; Palandt-*Ellenberger*, § 138 Rn. 104; Soergel-*Hefermehl*, § 138 Rn. 164. Dabei wird teilweise auch das öffentliche Interesse an Freiheit und Unabhängigkeit bestimmter Berufe berücksichtigt, vgl. *Larenz/Wolf*, § 41 Rn. 35; kritisch MüKo-*Armbrüster*, § 138 Rn. 79.

[740] RGZ 165, 1, 15; Soergel-*Hefermehl*, § 138 Rn. 116; Staudinger-*Sack* (2003), § 138 Rn. 259.

[741] Das betont auch MüKo-*Armbrüster*, § 138 Rn. 20, 68.

[742] BGHZ 44, 158, 161 = NJW 1965, 2147; BGH NJW 1993, 1587, 1588; OLG Frankfurt a. M. NJW 1967, 1043; Soergel-*Hefermehl*, § 138 Rn. 116; MüKo-*Armbrüster*, § 138 Rn. 71; Staudinger-*Sack* (2003), § 138 Rn. 259; Palandt-*Ellenberger*, § 138 Rn. 39; *Larenz/Wolf*, § 41 Rn. 35.

unter dem Gesichtspunkt einer sittenwidrigen Knebelung aber unbedenklich.[743] Erheblichen Umfang kann eine vertragliche Beschränkung des Schrankengebrauchs daher erst erreichen, wenn sie sich auf einen wesentlichen Teil der im jeweiligen Geschäftsbetrieb genutzten Werke bezieht und die Durchführung des Betriebs dadurch praktisch vereitelt oder der umfassenden Kontrolle des Vertragspartners unterworfen wird. Da sich die Beschränkung danach im Regelfall auf zahlreiche Werke verschiedener Autoren beziehen müsste, sind derart umfassende Verpflichtungen praktisch kaum denkbar.

Die Funktion des § 138 Abs. 1 BGB als Mittel zur Abwehr von Freiheitsbeschränkungen ist jedoch nicht auf die Wahrung der *wirtschaftlichen* Entscheidungsfreiheit des Vertragspartners beschränkt. Verträge oder einzelne Vertragsklauseln sind auch dann als sittenwidrige Knebelung des Vertragspartners nach § 138 Abs. 1 BGB nichtig, wenn sie eine übermäßige Beschränkung der Freiheit der künstlerischen oder literarischen Betätigung zum Gegenstand haben.[744] Das folgt nicht zuletzt aus dem Schutz der Kunst- und Wissenschaftsfreiheit durch Art. 5 Abs. 3 GG. Gleiches gilt für Beschränkungen der Meinungs-, Presse-, Rundfunk- und Informationsfreiheit. Zu berücksichtigen ist dabei, dass diese durch Art. 5 Abs. 1 GG geschützten Freiheiten gerade auch im Allgemeininteresse an einer funktionierenden Demokratie gewährt werden.[745] Denn § 138 Abs. 1 BGB findet nicht nur zum Schutz des Vertragspartners Anwendung, sondern gilt auch bei frei ausgehandelten Verträgen als Schranke der Privatautonomie zum Schutz von Interessen Dritter und der Allgemeinheit.[746]

Bedenklich sind daher insbesondere vertragliche Beschränkungen der durch § 51 UrhG gewährten Zitierfreiheit. Die Funktion des Art. 5 Abs. 1 GG als objektive Wertentscheidung muss hier jedenfalls dann Vorrang vor der individuellen Dispositionsbefugnis des Grundrechtsinhabers haben, wenn sich die Beschränkung nicht nur auf bestimmte Formen des Zitierens bezieht, sondern zu einem uneingeschränkten Zitierverbot führt. So dürfte eine Vereinbarung, die einen Autor dazu verpflichtet, bei seinem Schaffen aus bestimmten Werken generell nicht zu zitieren, regelmäßig sittenwidrig sein, soweit kein sachlicher Grund für eine solche Einschränkung besteht. Ein sachlicher Grund kann bei angestellten Autoren etwa darin bestehen, dass Werke nicht im Wortlaut als Zitat wiedergegeben werden sollen, die mit der politischen Ausrichtung des Ar-

---

743 RGZ 130, 143, 145; Soergel-*Hefermehl*, § 138 Rn. 117; MüKo-*Armbrüster*, § 138 Rn. 71; *Larenz/Wolf*, § 41 Rn. 32.

744 BGHZ 22, 347, 356f. = GRUR 1957, 387, 390 – Clemens Laar, zu einer weder zeitlich noch gegenständlich beschränkten und unentgeltlichen Verpflichtung eines Schriftstellers, neue Manuskripte zuerst seinem Verlag anzubieten; *Larenz/Wolf*, § 41 Rn. 32, 35; MüKo-*Armbrüster*, § 138 Rn. 34, 69; Soergel-*Hefermehl*, § 138 Rn. 159.

745 Zur Bedeutung der in Art. 5 Abs. 1 GG verbürgten Freiheiten als für eine freiheitliche demokratische Staatsordnung „schlechthin konstituierende“ Grundrechte siehe nur BVerfGE 7, 198, 208; BVerfGE 77, 65, 74 m. w. N.

746 *Larenz/Wolf*, § 41 Rn. 5.

beitgebers unvereinbar sind. Auch bei Auftragskompositionen steht es dem Auftraggeber frei, den Komponisten zu verpflichten, bei seiner Komposition auf Musikzitate gemäß § 51 S. 2 Nr. 3 UrhG zu verzichten.

Hingegen dürfte es gegen die guten Sitten verstoßen, wenn ein wissenschaftlicher Fachverlag seinen Autoren vorschreibt, nicht aus Publikationen eines Konkurrenzverlages zu zitieren, und dadurch wissenschaftliches Arbeiten praktisch unmöglich macht. Dies gilt insbesondere, wenn der Verlag über eine gewisse Marktmacht verfügt und die Autoren daher im Hinblick auf die Veröffentlichung ihrer Werke von ihm abhängig sind. Sittenwidrig wäre eine Einschränkung der Zitierfreiheit auch, wenn sie mit dem Urheber der betreffenden Werke vereinbart würde und dieser damit lediglich schlechte Kritiken oder Parodien seiner Werke unterbinden will. Denn eine solche Kontrolle des Werkschaffens anderer durch den Urheber soll durch § 51 UrhG gerade ausgeschlossen werden. In der Praxis dürften solche Vereinbarungen aber selten sein.[747]

Gleiches gilt für Einschränkungen der von §§ 48, 49 und 50 UrhG eingeräumten Nutzungsfreiheit im Interesse aktueller und ungehinderter Berichterstattung über Tagesereignisse. Wenn eine vertragliche Beschränkung dieser Nutzungsfreiheit dazu führt, dass der Vertragspartner des verpflichteten Presse- oder Rundfunkunternehmens umfassende Kontrollmöglichkeiten hinsichtlich der Gestaltung der Berichterstattung erhält, kann die vertragliche Bindung als sittenwidrige Knebelung nach § 138 Abs. 1 BGB unwirksam sein. Praktisch sind auch solche Vereinbarungen jedoch kaum denkbar.

Beschränkungen der Vervielfältigungsfreiheit zum privaten Gebrauch dürften für sich genommen die Sittenwidrigkeit eines Rechtsgeschäfts nicht begründen können. Zwar kann auch die Vervielfältigungsfreiheit nach § 53 Abs. 1 UrhG durch die verfassungsrechtliche Gewährleistung der Informationsfreiheit geboten sein.[748] Jedoch wird durch ein vertragliches Vervielfältigungsverbot kaum die Informationsverschaffung insgesamt ausgeschlossen oder wesentlich erschwert, zumal sich die vertragliche Beschränkung im Regelfall nicht auf die Vervielfältigung des Werkes als solches beziehen wird, sondern nur auf die Verwendung eines bestimmten Werkstücks als Vorlage.[749] Eine übermäßige Beschränkung der Informationsfreiheit, die eine „Knebelung" des Vertragspart-

[747] So auch *Nimmer*, 13 BTLJ 885 (1998): „[W]e need to recognize that this is a law school exam hypothetical; given market and other forces, it is a highly unlikely mass market scenario". Siehe aber *Copyright Law Review Committee*, Rn. 4.95 (S. 129), wo von einem Fall berichtet wird, in dem die Schranke zugunsten von Vervielfältigungen zu satirischen oder parodistischen Zwecken ausdrücklich ausgeschlossen wurde. Die Klausel befand sich in den Zugangsbedingungen des Internet-Auftritts „Australian Parliament House Broadcasting Live" und lautete: „The material shall not be used for: (...) satire or ridicule", wiedergegeben in Appendix E, S. 337f.

[748] Siehe oben S. 55ff.

[749] Vgl. dazu oben S. 319f.

ners bewirkt, kommt hier ohne Hinzutreten weiterer Umstände daher nicht in Betracht.

2. Gestörte Vertragsparität

Die objektive Wertordnung der Grundrechte erfordert auch dort eine Inhaltskontrolle am Maßstab des § 138 Abs. 1 BGB, wo die Vertragsparität so schwerwiegend gestört ist, dass der Vertragsmechanismus keine Richtigkeitsewähr für einen gerechten Ausgleich der wechselseitigen Parteiinteressen mehr bietet.[750] In der Regel lässt zwar der durch einen Vertragsschluss zum Ausdruck gebrachte übereinstimmende Wille der Vertragsparteien auf einen durch den Vertrag hergestellten sachgerechten Interessenausgleich schließen, den der Staat grundsätzlich zu respektieren hat.[751] Wenn es aber an einem annähernden Kräftegleichgewicht der Beteiligten fehlt und ein Vertragsteil ein so starkes Übergewicht hat, dass er vertragliche Regelungen faktisch einseitig setzen kann, ist mit den Mitteln des Vertragsrechts allein kein sachgerechter Ausgleich der Interessen zu gewährleisten. Verfügt einer der Vertragspartner bei einer solchen Sachlage über grundrechtlich verbürgte Positionen, so müssen daher staatliche Regelungen ausgleichend eingreifen, um den Grundrechtsschutz zu sichern, da der Grundrechtsträger seine Interessen aufgrund der ungleichen Verhandlungsmacht durch Selbsthilfe nicht durchsetzen kann.[752]

Die verfassungsrechtlich geschützte Privatautonomie des Grundrechtsträgers hat damit zwei gegenläufige Erscheinungsformen: die Kompetenz zur Setzung von Rechtsfolgen und die Verwirklichung tatsächlicher Entscheidungsfreiheit.[753] Um letztere zu schützen, kann daher auch ein Eingriff in die formale Kompetenz zur Vertragsgestaltung erforderlich und angemessen sein. Insoweit erlangen die in den Grundrechten enthaltenen staatlichen Schutzpflichten Vorrang vor der individuellen Dispositionsfreiheit des Grundrechtsinhabers.[754] Denn die Wirksamkeit eines Verzichts auf grundrechtlich geschützte Positionen setzt immer voraus, dass der Verzicht freiwillig erfolgt.[755] An die Freiwil-

---

[750] Vgl. Staudinger-*Looschelders/Olzen* (2005), § 242 Rn. 458 f.

[751] BVerfGE 81, 242, 254; BVerfGE 103, 89, 100; MüKo-*G. Roth*, § 242 Rn. 423 f.; Staudinger-*Sack* (2003), § 138 Rn. 40.

[752] BVerfGE 81, 242, 255; BVerfGE 103, 89, 100 f.; BVerfGE 114, 1, 34 f.; BVerfG (K) GRUR 2005, 880, 882 – Xavier Naidoo; Staudinger-*Looschelders/Olzen* (2005), § 242 Rn. 459; *Bleckmann*, JZ 1988, 61; Jarass/Pieroth-*Jarass*, Art. 1 Rn. 58; vgl. *Larenz/Wolf*, § 42 Rn. 6 ff.; MüKo-*G. Roth*, § 242 Rn. 428.

[753] Von *Canaris*, AcP 200 (2000), 300 als formale und materiale Dimension der Privatautonomie bezeichnet.

[754] Vgl. BVerfGE 103, 89, 102, zu Art. 6 Abs. 4 GG; ferner Jarass/Pieroth-*Jarass*, Art. 1 Rn. 58: Wo sehr ungleiche Verhandlungsstärken zum Tragen kommen, „intensiviere" sich die Ausstrahlungswirkung der Grundrechte; Staudinger-*Looschelders/Olzen* (2005), § 242 Rn. 459.

[755] *Pieroth/Schlink*, Rn. 136; *Stern*, § 86 II 6 b (S. 913 f.).

ligkeit des Verzichts sind besonders hohe Anforderungen zu stellen, wenn er fremden Interessen dient und nicht zugleich mit einem Vorteil des Verzichtenden verbunden ist.[756]

Aus der grundrechtlichen Verbürgung der von einer Schranke des Urheberrechts eingeräumten Nutzungsfreiheit folgt demnach für die Zivilgerichte (auch) die Pflicht, bei der Auslegung und Anwendung der zivilrechtlichen Generalklauseln darauf zu achten, dass Abreden über die Ausübung urheberrechtlicher Schranken nicht als Mittel der Fremdbestimmung durch den Vertragspartner dienen. Wann Ungleichgewichtslagen so schwer wiegen, dass die Vertragsfreiheit nach Maßgabe des § 138 Abs. 1 BGB begrenzt werden muss, lässt sich indes nicht unmittelbar der Verfassung entnehmen.[757] Die Grundrechte stecken nur einen rechtlichen Rahmen ab, der dem Richter bei der Beurteilung der Sittenwidrigkeit einen weiten Entscheidungsspielraum belässt.[758] Schon aus Gründen der Rechtssicherheit darf ein Vertrag nicht bei jeder Störung des Verhandlungsgleichgewichts nachträglich in Frage gestellt oder korrigiert werden.[759] Eine richterliche Inhaltskontrolle aufgrund gestörter Vertragsparität ist verfassungsrechtlich nur geboten, wenn zwischen den Vertragsparteien bei typisierender Betrachtung ein erhebliches strukturelles Ungleichgewicht besteht und die Folgen des Vertrags für die strukturell unterlegene Partei ungewöhnlich belastend und als Interessenausgleich offensichtlich unangemessen sind.[760]

Eine solche strukturelle Unterlegenheit des von einer Schranke des Urheberrechts privilegierten Nutzers gegenüber seinem Vertragspartner kann man nicht generell unterstellen.[761] Angesichts der vielfältigen Möglichkeiten, die Ausübung urheberrechtlicher Schranken vertraglich zu beschränken, erscheint auch eine Typisierung nach bestimmten Situationen beim Vertragsschluss schwierig. So können den Schrankengebrauch verbietende Regelungen in einem Arbeitsvertrag enthalten sein,[762] bei dem eine strukturelle Unterlegenheit des verpflichteten Vertragspartners deutlich näher liegt als bei einer inhaltlich vergleichbaren Abrede in einem zwischen dem Urheber und einem Museum individuell ausge-

---

[756] *Pietzcker*, Staat 17 (1978), 550; vgl. BVerfGE 89, 214, 234.

[757] BVerfGE 81, 242, 255.

[758] BVerfGE 89, 214, 234; MüKo-*Armbrüster*, § 138 Rn. 20.

[759] BVerfGE 89, 214, 232; BVerfG (K) NJW 1996, 2021; Staudinger-*Looschelders/Olzen* (2005), § 242 Rn. 459.

[760] BVerfGE 89, 214, 232; BVerfGE 103, 89, 103 f.; BVerfG (K) NJW 1996, 2021; Staudinger-*Sack* (2003), § 138 Rn. 40; vgl. auch BVerfGE 81, 242, 255. Einen gesetzlich ausdrücklich geregelten Fall einer solchen Inhaltskontrolle bei gestörter Vertragsparität enthält § 138 Abs. 2 BGB, dem sich entnehmen lässt, dass zur Störung der Vertragsparität als inhaltliches Element stets ein „auffälliges Missverhältnis von Leistung und Gegenleistung" hinzutreten muss, um das Urteil der Sittenwidrigkeit zu rechtfertigen, so *Canaris*, AcP 200 (2000), 280; Staudinger-*Looschelders/Olzen* (2005), § 242 Rn. 461; MüKo-*G. Roth*, § 242 Rn. 425.

[761] So auch *Trayer*, S. 183 f.; vgl. *Fachausschuss*, GRUR 2009, 136.

[762] Etwa als Verpflichtung des bei einem Verlag angestellten Lektors, von den gelesenen Werken keine Vervielfältigungen zu privaten oder sonstigen eigenen Zwecken herzustellen.

handelten Leihvertrag über ein Werkoriginal.[763] Solche aus der sozialen Stellung, einer augenblicklichen Zwangslage oder der intellektuellen oder emotionalen Unterlegenheit des Vertragspartners resultierenden und damit in der Person des Vertragspartners liegenden Umstände, die grundsätzlich zur Sittenwidrigkeit eines den Vertragspartner benachteiligenden Vertrages beitragen können,[764] bleiben daher im Folgenden unberücksichtigt.

Vielmehr kann hier nur untersucht werden, inwieweit die Sittenwidrigkeit einer vertraglichen Beschränkung des Schrankengebrauchs mit der speziellen Situation begründet werden kann, die besteht, wenn sich der Nutzer den nutzungsbeschränkenden Bedingungen seines Vertragspartners nur deshalb unterwirft, weil er andernfalls keinen Zugang zum Werk erhält. Dass der Nutzer die Verpflichtung nur eingeht, da er andernfalls nicht in den Genuss des Werkes käme, genügt für sich allein jedenfalls nicht, um die Sittenwidrigkeit der Verpflichtung zu begründen. Denn diese Abhängigkeit von Leistung und Gegenleistung ist gerade typisch für einen gegenseitigen Vertrag. Die Unterlegenheit des Vertragspartners kann aber darauf beruhen, dass der Anbieter des Werkes über eine wirtschaftliche Machtstellung, insbesondere eine Monopolstellung verfügt, die es ihm ermöglicht, unangemessene Vertragsbedingungen zu vereinbaren. So liegt ein Verstoß gegen die guten Sitten vor, wenn jemand seine Machtstellung dazu ausnutzt, sich von einem Vertragspartner, der auf einen Geschäftsverkehr mit ihm angewiesen ist, unter Umkehrung der vom Gesetzgeber gewollten Rechtslage unverhältnismäßige Vorteile wie unangemessene Vergütungen oder den Verzicht auf rechtmäßige Ansprüche auszubedingen.[765] Dass der Anstoß zu dem Rechtsgeschäft vom wirtschaftlich unterlegenen und letztlich benachteiligten Vertragspartner ausgegangen ist, ist unerheblich.[766] Denn die Inanspruchnahme der wirtschaftlich überlegenen Partei beruht hier nicht auf einer freien Abwägung der damit verbundenen Vor- und Nachteile, sondern ist Ausdruck einer der Machtstellung korrespondierenden Beeinträchtigung der rechtsgeschäftlichen Entscheidungsfreiheit des Vertragspartners.[767]

Insoweit können bei der nach § 138 Abs. 1 BGB gebotenen Interessenabwägung auch urheberrechtliche Wertungen eine Rolle spielen. So wird eine Vereinbarung als sittenwidrig anzusehen sein, wenn der Urheber versucht, sich über seine Monopolstellung die Vorteile zu verschaffen, die ihm die Schranken

---

[763] Zur sittenwidrigen Ausnutzung der strukturellen Überlegenheit des Arbeitgebers durch unbillige Arbeitsbedingungen siehe MüKo-*Armbrüster*, § 138 Rn. 90.

[764] Siehe nur *Larenz/Wolf*, § 41 Rn. 39 m. w. N.

[765] RGZ 115, 218, 219f.; BGHZ 19, 85, 94; BGH BB 1971, 1177; Soergel-*Hefermehl*, § 138 Rn. 108, 111; MüKo-*Armbrüster*, § 138 Rn. 87; Staudinger-*Sack* (2003), § 138 Rn. 250ff. m. w. N.

[766] BGH NJW 1985, 3006, 3007; MüKo-*Armbrüster*, § 138 Rn. 86; Staudinger-*Sack* (2003), § 138 Rn. 250.

[767] RGZ 115, 218, 220; *Larenz/Wolf*, § 41 Rn. 39.

gerade versagen.[768] Derartige Fälle werden aber bereits vom kartellrechtlichen Missbrauchsverbot erfasst.[769] Zwar soll § 138 Abs. 1 BGB wegen der unterschiedlichen Schutzzwecke neben den Sanktionen des GWB anwendbar bleiben.[770] Angesichts der ausdrücklichen Einbeziehung des Schutzes der Verbraucher in Art. 82 Abs. 2 EGV muss das europäische Kartellrecht dem § 138 Abs. 1 BGB jedoch vorgehen. Wenn eine vertragliche Nutzungsbeschränkung gegen das Missbrauchsverbot des Art. 82 EGV verstößt und daher gemäß § 134 BGB nichtig ist, ist folglich für eine Anwendung des § 138 BGB kein Raum.[771]

3. *Weitergehende Inhaltskontrolle*

Teilweise wird zur Begründung der Unwirksamkeit nutzungsbeschränkender Abreden auch in Individualverträgen eine (erweiterte) Inhaltskontrolle am Maßstab von Treu und Glauben gemäß § 242 BGB herangezogen.[772] Ob eine solche richterliche Inhaltskontrolle außerhalb der Sittenwidrigkeit i. S. d. § 138 Abs. 1 BGB zulässig ist, ist aber sehr fraglich. Dagegen spricht die unterschiedliche Funktion von § 242 und § 138 BGB. Während es bei § 138 nur um die Einhaltung eines sozialethischen Minimums geht, das als Schranke für die Wirksamkeit von Rechtsgeschäften dient,[773] lässt § 242 BGB die Wirksamkeit des Rechtsgeschäfts unberührt und begrenzt lediglich die Ausübung der daraus folgenden Rechte.[774] Außerdem ist der Maßstab der guten Sitten enger als der des § 242 BGB, so dass nicht jede Treuwidrigkeit zugleich einen Sittenverstoß begründet.[775] Die Inhaltskontrolle auf lediglich treuwidrige Abreden auszudehnen, würde daher einen erheblichen Eingriff in die Privatautonomie bedeuten, der außerhalb des Anwendungsbereichs der §§ 307 ff. BGB nicht gerechtfertigt ist. Die Inhaltskontrolle von Rechtsgeschäften ist somit grundsätzlich auf die Einhaltung des von § 138 Abs. 1 geschützten Mindeststandards zu beschränken und eine richterliche Angemessenheitsprüfung nach § 242 BGB abzulehnen.[776]

Eine weitergehende Inhaltskontrolle am Maßstab von Treu und Glauben ist nur bei vorformulierten Vertragsbedingungen gerechtfertigt, da hier eine

---

[768] So *Rehbinder*, FS Roeber, 327, zu Reversen der Bühnenverleger in Verträgen über die Überlassung von Aufführungsmaterial.

[769] Siehe dazu oben S. 283 ff.

[770] BGH NJW 1976, 710, 711 (zu § 26 Abs. 2 GWB a. F.); BGH NJW 2009, 1751, 1753 Tz. 23 f. – Subunternehmervertrag II (zu § 1 GWB); Staudinger-*Sack* (2003) § 138 Rn. 169; MüKo-*Armbrüster*, § 138 Rn. 8; Immenga/Mestmäcker-*K. Schmidt*, VO 1/2003 Anh. 2 Rn. 7 m. w. N.

[771] So auch Staudinger-*Sack* (2003), § 138 Rn. 170.

[772] So *Hohagen*, FS Schricker, 363; vgl. auch *Schack*, ZUM 2002, 503.

[773] Hk-BGB-*Dörner*, § 138 Rn. 3.

[774] Staudinger-*Looschelders/Olzen* (2005), § 242 Rn. 368; Palandt-*Heinrichs*, § 242 Rn. 20.

[775] BAGE 16, 21, 25 = NJW 1964, 1542, 1543; Staudinger-*Looschelders/Olzen* (2005), § 242 Rn. 367; Palandt-*Heinrichs*, § 242 Rn. 20; Hk-BGB-*R. Schulze*, § 242 Rn. 7.

[776] Staudinger-*Looschelders/Olzen* (2005), § 242 Rn. 464, 485.

Fremdbetimmung besonders nahe liegt und der Wettbewerb nicht als Garant für einen angemessenen Vertragsinhalt angesehen werden kann, weil die andere Vertragspartei die Tragweite der einzelnen Klauseln typischerweise nur schwer abschätzen kann.[777] Insoweit richtet sich die Inhaltskontrolle aber vorrangig nach § 307 BGB, der im Rahmen seines Schutzzwecks lex specialis gegenüber § 138 Abs. 1 BGB ist.[778] § 138 Abs. 1 BGB ist für die Wirksamkeit von AGB daher nur maßgeblich, soweit sich ihre Sittenwidrigkeit aus anderen Gründen als einer unangemessenen Benachteiligung des Kunden durch einzelne Klauseln ergibt.[779]

D. Beschränkungen in Allgemeinen Geschäftsbedingungen

Schrankenrelevante Nutzungsbeschränkungen sind in der Praxis regelmäßig nicht Gegenstand von Individualvereinbarungen, sondern Bestandteil von Allgemeinen Geschäftsbedingungen (AGB) i.S.d. § 305 Abs. 1 BGB. Nach deutschem Recht setzt deren Wirksamkeit voraus, dass sie wirksam in den Nutzungsvertrag einbezogen sind und der Inhaltskontrolle nach §§ 307ff. BGB standhalten.

I. Einbeziehungsvereinbarung

Zum Vertragsbestandteil werden AGB nur durch eine vertragliche Abrede zwischen den beteiligten Vertragsparteien. Diese Einbeziehungsvereinbarung, durch welche die die AGB nicht inhaltlich ausgehandelt werden, sondern lediglich deren Geltung vereinbart wird, ist kein gesondertes Rechtsgeschäft, sondern Teil des zwischen den Parteien geschlossenen Vertrages.[780] Die auf Abschluss des Vertrages gerichtete Willenserklärung des Kunden des Verwenders muss sich daher auch auf die Geltung der AGB beziehen.[781] Problematisch ist die Einbeziehung von AGB insbesondere im Fall so genannter Shrink-Wrap- oder Click On Lizenzen.

---

[777] *Canaris*, AcP 200 (2000), 321, 323f.; Staudinger-*Looschelders/Olzen* (2005) § 242 Rn. 470f.;

[778] Palandt-*Grüneberg*, Vorb v § 307 Rn. 16; Palandt-*Ellenberger*, § 138 Rn. 16; Erman-*Palm*, § 138 Rn. 8; vgl. auch MüKo-*Armbrüster*, § 138 Rn. 5: § 138 BGB gelte für auf AGB beruhende Verträge nur „subsidiär“; a.A. Staudinger-*Sack* (2003), § 138 Rn. 161.

[779] Soergel-*Hefermehl*, § 138 Rn. 150f.; MüKo-*Kieninger*, vor § 307 Rn. 10; Erman-*Palm*, § 138 Rn. 8; Bamberger/Roth-*Wendtland*, § 138 Rn. 10; Palandt-*Ellenberger*, § 138 Rn. 16. Bei der nach § 138 Abs. 1 BGB erforderlichen Gesamtbetrachtung sind allerdings auch Klauseln zu berücksichtigen, deren Unwirksamkeit sich bereits aus § 307 BGB ergibt, BGHZ 136, 347, 355f. = NJW 1997, 3372, 3374.

[780] Staudinger-*Schlosser* (2006), § 305 Rn. 102.

[781] Palandt-*Grüneberg*, § 305 Rn. 25, 50; Hk-BGB-*Schulte-Nölke*, § 305 Rn. 11; *Larenz/Wolf*, § 29 Rn. 17.

1. Shrink-Wrap-Lizenzen

Kennzeichnend für Shrink-Wrap- oder Schutzhüllenverträge ist, dass die jeweiligen Vertragsbedingungen dem Vertragsgegenstand beiliegen, der in einer meist durchsichtigen Kunststofffolie („shrink wrap") eingeschweißt ist und nicht ohne Öffnen dieser Verpackung verwendet werden kann.[782] Solche Shrink-Wrap-Lizenzen werden vor allem bei Standardsoftware verwendet, wobei entweder der Datenträger (CD-ROM oder DVD-ROM), auf dem die Software gespeichert ist, oder das Gesamtpaket in Folie eingeschweißt und mit einem Hinweis versehen ist, wonach der Kunde durch das Öffnen der Verpackung seine vertragliche Zustimmung zu den innen liegenden Lizenzbedingungen des Softwareherstellers erklärt.[783]

a. Einbeziehung in den Kaufvertrag mit dem Händler

Der Kunde erwirbt die Software dabei in der Regel nicht direkt vom Hersteller der Software, sondern von einem Händler, der die vorgefertigten Softwarepakete seinerseits vom Softwarehersteller oder einem Zwischenhändler bezieht.[784] Fraglich ist daher zunächst, ob die Lizenzbedingungen einer Shrink-Wrap-Lizenz wirksam als Bestandteil des zwischen dem Händler und dem Kunden geschlossenen Kaufvertrages[785] vereinbart werden können, so dass der Händler die Software dem Kunden zu den Bedingungen des Herstellers überlässt.[786]

Wenn der Kunde weder Unternehmer noch eine juristische Person des öffentlichen Rechts i.S.d. § 310 Abs. 1 S. 1 BGB ist, setzt eine Einbeziehung der Lizenzbedingungen des Herstellers in den Kaufvertrag § 305 Abs. 2 Nr. 1 BGB zunächst voraus, dass der Händler vor Vertragsschluss ausdrücklich auf die Geltung der Lizenzbedingungen hinweist.[787] Der Hinweis kann schriftlich

---

[782] Dazu *ProCD, Inc. v. Zeidenberg*, 86 F.3d 1447, 1449 (7th Cir. 1996): „The ‚shrinkwrap license' gets its name from the fact that retail software packages are covered in plastic or cellophane ‚shrinkwrap,' and some vendors ... have written licenses that become effective as soon as the customer tears the wrapping from the package"; *Marly*, Rn. 456 m. w. N.

[783] Vgl. *Contreras/Slade*, CRi 2000, 105; *Lejeune*, in: Lejeune, G Rn. 1; *Pres*, S. 180; *Söder*, S. 37f.; *Weyers*, S. 3f., mit Formulierungsbeispielen.

[784] *Marly*, Rn. 464. Beim Erwerb direkt vom Hersteller erübrigt sich im Regelfall die Konstruktion eines Schutzhüllenvertrages, *Pres*, S. 184. Hier ist die Einbeziehung der AGB des Herstellers aufgrund des unmittelbaren Kontakts problemlos möglich, indem der Hersteller die Voraussetzungen des § 305 Abs. 2 BGB erfüllt, *Marly*, Rn. 460f.; *Loewenheim*, FS Kitagawa, 955f.; *Köhler/Fritzsche*, in: Lehmann, XIII Rn. 44; Ulmer/Brandner/Hensen-*H. Schmidt*, Anh. § 310 Rn. 773.

[785] Zur Qualifizierung des Erwerbs von Standardsoftware als Kauf siehe Staudinger-*Jickeli/Stieper* (2004), § 90 Rn. 14 m. w. N.

[786] Dies setzt freilich voraus, dass die Bedingungen sich nicht eindeutig auf den Abschluss eines zusätzlichen Vertrags mit dem Hersteller beziehen, vgl. *Pres*, S. 179 mit Fn. 808, S. 181 mit Fn. 814.

[787] *Marly*, Rn. 466; *Pres*, S. 180; *Schuhmacher*, CR 2000, 642. Die Ausführungen beschränken sich im Folgenden auf Vereinbarungen mit nichtunternehmerischen Kunden.

oder mündlich erfolgen, muss aber so gestaltet sein, dass er von einem Durchschnittskunden auch bei flüchtiger Betrachtung nicht übersehen werden kann.[788] Ein ausdrücklicher mündlicher Hinweis wird in der Praxis kaum erteilt werden, insbesondere nicht beim Kauf von Standardsoftware in größeren Warenhäusern oder bei einer Bestellung über das Internet. Ein auf der Verpackung angebrachter Hinweis reicht aber nur aus, wenn sich dieser so deutlich von der übrigen Verpackungsgestaltung abhebt, dass mit einer Beachtung durch den Kunden zu rechnen ist, und der Kunde die Verpackung bereits vor Vertragsschluss in den Händen hält.[789]

Auch ein Aushang der Lizenzbedingungen am Ort des Vertragsschlusses genügt dem Hinweiserfordernis nach § 305 Abs. 2 Nr. 1, 2. Var. BGB in den meisten Fällen nicht, da ein ausdrücklicher Hinweis nur selten mit unverhältnismäßigen Schwierigkeiten verbunden sein wird. In Betracht kommt dies allenfalls beim Erwerb günstiger Massenprodukte wie Computerspielen in Kaufhäusern und Selbstbedienungsläden.[790] In diesem Fall müsste der Händler aber alle AGB der verschiedenen Hersteller aushängen, was praktisch kaum möglich ist.[791]

Selbst wenn ausnahmsweise ein ausdrücklicher Hinweis auf die Shrink-Wrap-Lizenz erfolgen sollte, scheitert eine Einbeziehung regelmäßig am Erfordernis der Kenntnisverschaffung bei Vertragsschluss gemäß § 305 Abs. 2 Nr. 2 BGB. Denn der Händler wird dem Kunden vor Abschluss des Kaufvertrages kaum gestatten, die Verpackung der versiegelten Software zu öffnen, um von den innen liegenden Lizenzbedingungen Kenntnis zu nehmen. Eine wirksame Einbeziehung der vom Hersteller eines Produkts in Form einer Shrink-Wrap-Lizenz vorformulierten Lizenzbedingungen in den mit einem Händler geschlossenen Kaufvertrag scheidet daher in den meisten Fällen bereits wegen § 305 Abs. 2 BGB aus.[792] Sie liegt auch kaum im Interesse des Händlers, der seine Geschäfte nach einheitlichen, von ihm selbst bestimmten Verkaufsbedingungen abwickeln möchte. Auch der Hersteller hat wenig von einer Einbeziehung der AGB, da der Händler kaum willens und in der Lage ist, bei einem Verstoß des Kunden gegen die Nutzungsbedingungen gegen diesen vorzugehen.[793] Letzteres ließe sich zwar durch die theoretisch denkbare Konstruktion umgehen, dass der Hersteller gemäß § 328 Abs. 1 BGB ein selbständiges Forderungsrecht gegenüber dem Käufer erwerben soll.[794] Einen darauf gerichteten

---

[788] BGH NJW-RR 1987, 112, 113; Palandt-*Grüneberg*, § 305 Rn. 29.

[789] *Marly*, Rn. 461 f.; *Schuhmacher*, CR 2000, 642.

[790] *Marly*, Rn. 463; *Pres*, S. 180f. mit Fn. 811; *Schmidt*, in: Lehmann, XV Rn. 19.

[791] *Schuhmacher*, CR 2000, 642.

[792] *Söder*, S. 94; AnwK-*Kollmann*, § 305 Rn. 69; *Schack*, UrhR, Rn. 1139a; *ders.*, UFITA 2004, 554; *ders.*, JLTP 2002, 330; *Köhler/Fritzsche*, in: Lehmann, XIII RN. 44; *Dreier/Senftleben*, in: Lejeune, D Rn. 41; Dreier/Schulze-*Dreier*, § 69c Rn. 33; *Mehrings*, NJW 1993, 3109; Wolf/Lindacher/Pfeiffer-*Pfeiffer*, § 305 Rn. 98.

[793] *Weyers*, S. 31 f.; *Marly*, Rn. 466; *Schuhmacher*, CR 2000, 642.

[794] So Ulmer/Brandner/Hensen-*H. Schmidt*, Anh. § 310 Rn. 773. Die an den Dritten zu

Willen des Händlers wird man aber kaum annehmen können, zumal die in der Praxis verwendeten Formulierungen von Shrink-Wrap-Lizenzen eine derartige Konstruktion nicht vorsehen.[795] Im Übrigen hilft auch sie nicht über ein Fehlen der Voraussetzungen des § 305 Abs. 2 BGB im Verhältnis zwischen dem Händler und dem Käufer hinweg,[796] da der Hersteller ein eigenes Leistungsforderungsrecht nur erwirbt, wenn die (vom Händler gestellte) Abrede über die Drittbegünstigung des Herstellers Bestandteil des Kaufvertrages wird.[797]

b. Selbständiger Vertrag mit dem Hersteller

Dem Hersteller, der seinem Produkt eine Shrink-Wrap-Lizenz beilegt, kommt es daher im Regelfall darauf an, eine eigene vertragliche Verbindung zu dem Kunden zu begründen.[798]

(1) Händler als Stellvertreter

Dies kann zunächst dadurch erreicht werden, dass der Händler den Überlassungsvertrag als Stellvertreter des Herstellers abschließt, so dass ein Überlassungsvertrag unmittelbar zwischen Hersteller und Kunden zustande kommt, in den die AGB des Herstellers einbezogen werden können.[799] Gemäß § 164 Abs. 1 S. 1 BGB setzt eine wirksame Stellvertretung aber voraus, dass der Händler den Vertrag im Namen des Herstellers abschließt. Der Offenkundigkeitsgrundsatz ist nur gewahrt, wenn für den Kunden erkennbar wird, dass der Händler für einen Dritten handeln will. Entscheidend ist gemäß §§ 133, 157 BGB, wie der Kunde das Verhalten des Händlers unter Berücksichtigung der Umstände des Vertragsschlusses verstehen darf.[800] Macht der Vertreter ungewollt nicht hinreichend deutlich, dass er in fremdem Namen handelt, treffen die Wirkungen der von ihm abgegebenen Willenserklärung gemäß § 164 Abs. 2 BGB ihn selbst, mehrdeutiges Verhalten geht zu seinen Lasten.[801]

An einem ausdrücklichen Hinweis wird es in der Praxis meist fehlen. Da ein Händler üblicherweise Softwareprodukte mehrerer Hersteller anbietet und damit eigene wirtschaftliche Interessen verfolgt, ist ein Fremdleistungswille des

---

erbringende Leistung i.S.d. § 328 Abs. 1 kann gemäß § 241 Abs. 1 BGB in jedem Tun oder Unterlassen bestehen, so dass auch ein Anspruch auf Unterlassung bestimmter Nutzungshandlungen Gegenstand eines Vertrages zugunsten Dritter sein kann, vgl. MüKo-*Gottwald*, § 328 Rn. 21 f.; *Marly*, Rn. 468 Fn. 754.

[795] *Marly*, Rn. 468 Fn. 754.

[796] *Söder*, S. 95.

[797] Vgl. MüKo-*Gottwald*, § 328 Rn. 19; Palandt-*Grüneberg*, § 328 Rn. 1.

[798] *Lejeune*, in: Lejeune, G Rn. 14; *Söder*, S. 95.

[799] Zu dieser Konstruktion *Weyers*, S. 33 ff.

[800] Vgl. Palandt-*Heinrichs*, § 164 Rn. 4.

[801] OLG Düsseldorf NJW-RR 2005, 852; Hk-BGB-*Dörner*, § 164 Rn. 5; Palandt-*Heinrichs*, § 164 Rn. 16.

Händlers für den Kunden ohne einen ausdrücklichen Hinweis nicht erkennbar.[802] Eine entsprechende Fremdleistungsklausel in den AGB des Händlers dürfte als überraschende Klausel bereits an § 305 c scheitern,[803] wäre aber jedenfalls wegen der Abweichung von § 164 Abs. 2 gemäß § 307 Abs. 2 Nr. 1 BGB unwirksam, weil sich die Leistung des Händlers für den Kunden nicht als Fremdleistung darstellt.[804] Denn aus Sicht des Kunden ist ein Vertragsschluss auf bloße Vermittlung des Händlers angesichts der üblichen Formulierung von Shrink-Wrap-Lizenzen, wonach die Lizenzbedingungen erst durch das Öffnen der Schutzhülle anerkannt werden, gerade nicht gewollt.[805]

(2) Vertragsschluss unmittelbar mit dem Hersteller

Die Nutzungsbedingungen einer Shrink-Wrap-Lizenz können im Regelfall also nur aufgrund eines unmittelbar zwischen dem Kunden und dem Hersteller geschlossenen Vertrages Wirksamkeit erlangen. Dabei geht es nicht um eine „Einbeziehung" der Lizenzbedingungen in einen unabhängig davon geschlossenen Vertrag.[806] Vielmehr soll ein neuer Vertrag zwischen dem Nutzer und dem Hersteller geschlossen werden, dessen Inhalt allein durch die in der Shrink-Wrap-Lizenz enthaltenen Vertragsbedingungen bestimmt wird.[807] Die Lizenzbedingungen stellen also keinen „äußerlich gesonderten Bestandteil des Vertrags" i. S. d. § 305 Abs. 1 S. 2 BGB dar. Sie bilden den einzigen Bestandteil des Vertrages. Auf einen solchen Formularvertrag, der in seinem Text alle wesentlichen Vertragsbestimmungen enthält, ist § 305 Abs. 2 BGB insoweit nicht anwendbar, als es einer besonderen, an Nr. 1 und 2 zu messenden Einbeziehungsvereinbarung nicht bedarf.[808] Fraglich ist vielmehr, ob überhaupt ein Vertrag zwischen dem Kunden und dem Hersteller allein dadurch zustande kommen kann, dass der Kunde die Schutzhülle öffnet.[809] Maßgeblich sind insoweit die von § 305 Abs. 2 BGB nicht berührten allgemeinen Grundsätze des BGB über

---

[802] *Söder*, S. 90; *Weyers*, S. 34 f.; *Loewenheim*, FS Kitagawa, 953.

[803] *Loewenheim*, FS Kitagawa, 954.

[804] *Marly*, Rn. 465 (auf § 307 Abs. 2 Nr. 2 BGB abstellend); vgl. zu vergleichbaren Fremdleistungsklauseln in Reiseverträgen BGHZ 61, 275, 281 = NJW 1974, 37, 39; BGHZ 156, 220, 224 = NJW 2004, 681, 682.

[805] Vgl. *Köhler/Fritzsche*, in: Lehmann, XIII Rn. 38; *Schuhmacher*, CR 2000, 642.

[806] So auch Ulmer/Brandner/Hensen-*H. Schmidt*, Anh. § 310 Rn. 773; *Köhler/Fritzsche*, in: Lehmann, XIII Rn. 38; *Schuhmacher*, CR 2000, 642; *Lejeune*, in: Lejeune, G Rn. 14.

[807] Vgl. *Marly*, Rn. 467.

[808] BGHZ 104, 232, 238 = NJW 1988, 2465, 2467; BGH NJW 1995, 190; Ulmer/Brandner/Hensen-*Ulmer*, § 305 Rn. 102; Staudinger-*Schlosser* (2006), § 305 Rn. 103; MüKo-*Basedow*, § 305 Rn. 55; Hk-BGB-*Schulte-Nölke*, § 305 Rn. 11; AnwK-*Kollmann*, § 305 Rn. 76. Das übersieht *Schack*, UFITA 2004, 554, wenn er die Geltung von Shrink-Wrap-Lizenzen generell an § 305 Abs. 2 BGB scheitern lassen will.

[809] Ulmer/Brandner/Hensen-*H. Schmidt*, Anh. § 310 Rn. 773; *Loewenheim*, FS Kitagawa, 954. OLG Stuttgart NJW 1989, 2633, 2634, hält einen Vertragsschluss bei einer Shrink-Wrap-Lizenz ohne weitere Begründung für möglich; ebenso Staudinger-*Schlosser* (2006), § 305

das Zustandekommen von Verträgen.[810] Das europäische Recht, insbesondere die E-Commerce-Richtlinie[811], enthalten insoweit keine Vorgaben.[812] Ein Vertragsschluss setzt gemäß §§ 145ff. BGB jeweils eine auf Abschluss eines Lizenzvertrages gerichtete Willenserklärung des Herstellers und des Kunden voraus. In der Übermittlung der Shrink-Wrap-Lizenz an den Kunden[813] müsste folglich ein auf Abschluss eines Lizenzvertrags gerichtetes Angebot des Herstellers zu sehen sein, welches der Kunde durch das Öffnen der Schutzhülle annimmt.

(a) Angebot des Herstellers

Überwiegend wird in den Geschäftsbedingungen einer Shrink-Wrap-Lizenz eine Offerte „ad incertas personas", ein an einen unbestimmten Personenkreis gerichtetes Angebot des Herstellers gesehen und nur die Annahmeerklärung des Kunden problematisiert, die nach der Vorstellung des Herstellers im Öffnen der Schutzhülle liegen soll.[814] Wenn sich auf der Verpackung lediglich ein Hinweis auf die innerhalb der Schutzhülle befindlichen Lizenzbedingungen befindet, ist jedoch bereits das Vorliegen eines wirksamen Vertragsangebots seitens des Herstellers problematisch. Denn Gegenstand und Inhalt des Vertrages müssen im Angebot so bestimmt oder zumindest bestimmbar angegeben werden, dass die Annahme durch ein einfaches „Ja" erfolgen kann.[815] Bezüglich der wesentlichen Vertragspunkte (essentialia negotii) muss das Angebot daher eine den angestrebten Vertragszweck erkennen lassende, objektiv verständliche Regelung enthalten.[816] Im Zeitpunkt, in dem der Kunde die Verpackung öffnet, ist für ihn der Inhalt der Shrink-Wrap-Lizenz aber nicht einmal in den Grundzügen erkennbar. Der auf der Verpackung angebrachte Hinweis auf „Lizenzbedingungen" reicht allein nicht aus, da es sich bei dem Begriff „Lizenz" nicht um

Rn. 153, da beim Schutzhüllenvertrag „eine andere als die übliche Art der Vertragsabschlusstechnik praktisch nicht möglich" sei.

[810] *Lejeune*, in: Lejeune, G Rn. 14; *Söder*, S. 96; vgl. allgemein Staudinger-*Schlosser* (2006), § 305 Rn. 102; Ulmer/Brandner/Hensen-*Ulmer*, § 305 Rn. 122, 161.

[811] Richtlinie 2000/31/EG vom 8.6. 2000 über bestimmte rechtliche Aspekte der Dienste der Informationsgesellschaft, insbesondere des elektronischen Geschäftsverkehrs, im Binnenmarkt, ABl. EG 2000 Nr. L 178/1.

[812] *Guibault*, in: Hilty/Peukert, S. 225.

[813] Der Händler wäre insoweit als Bote des Herstellers anzusehen.

[814] *Loewenheim*, FS Kitagawa, 954; *Schneider*, CR 1996, 658; *Schuhmacher*, CR 2000, 642; *Söder*, S. 97ff.; *Weyers*, S. 37f.; *Lejeune*, in: Lejeune, G Rn. 14; *Marly*, Rn. 468ff.; *Mehrings*, NJW 1993, 3109.

[815] *Larenz/Wolf*, § 29 Rn. 17; Staudinger-*Bork* (2003), § 145 Rn. 17; Palandt-*Ellenberger*, § 145 Rn. 1; MüKo-*Kramer*, § 145 Rn. 5. Eine Ausnahme besteht lediglich für den Fall, dass der Antragende die Festlegung einzelner Vertragspunkte dem Antragsgegner überlässt. Dieser Fall liegt aber gerade nicht vor, wenn sich der Antrag auf einseitig vom Antragenden gestellte Vertragsbedingungen bezieht.

[816] MüKo-*Kramer*, § 145 Rn. 4.

einen gesetzlich geregelten Vertragstypus handelt.[817] Bei einem Innominatvertrag genügt die bloße Bezeichnung des Vertragstyps aber nicht dem Erfordernis der Bestimmbarkeit des angetragenen Vertragsinhalts.[818] Im Hinweis auf der Verpackung liegt folglich noch kein wirksames Vertragsangebot des Herstellers.

Allenfalls kann in den beiliegenden Lizenzbedingungen selbst ein hinreichend bestimmtes Angebot des Herstellers zu sehen sein.[819] Dieses wird jedoch gemäß § 130 Abs. 1 S. 1 BGB erst mit Zugang beim Kunden wirksam, also erst in dem Zeitpunkt, in dem der Kunde unter gewöhnlichen Umständen die Möglichkeit hat, vom Inhalt der Lizenzbedingungen Kenntnis zu nehmen.[820] Dies ist bei Lizenzbedingungen, die sich für den Kunden uneinsehbar innerhalb der Schutzhülle befinden, erst der Fall, wenn er die Hülle bereits geöffnet hat. Das Vertragsangebot muss der Annahmeerklärung aber grundsätzlich zeitlich vorangehen.[821] Zwar kann die Annahme auch antizipiert vor dem Wirksamwerden des Angebots erklärt werden.[822] Das setzt aber voraus, dass sich die Erklärung auf ein inhaltlich hinreichend bestimmtes Angebot bezieht.[823] Denn es kann nicht erwartet werden, dass sich der Kunde vorweg mit sämtlichen ihm gestellten Vertragsbedingungen einverstanden erklärt. An der inhaltlichen Bestimmtheit des Angebots fehlt es aber gerade, wenn der Vertrag durch das bloße Öffnen der Verpackung zustande kommen soll. Sieht man in den Lizenzbedingungen selbst ein Angebot auf Abschluss eines zusätzlichen Vertrages mit dem Hersteller, so ist dieses daher mangels Wirksamkeit nicht geeignet, durch das Öffnen der Schutzhülle angenommen zu werden.

(b) Annahmeerklärung des Kunden

Auch wenn die Lizenzbedingungen für den Kunden einsehbar sind, bevor er die Schutzhülle öffnet,[824] und damit ein wirksames Vertragsangebot des Herstellers vorliegt, ist problematisch, ob im Öffnen der Schutzhülle eine konkludente, auf Annahme des Angebots gerichtete Willenserklärung des Kunden gesehen werden kann. Dass der Hersteller nichts vom Öffnen der Hülle erfährt, ist dabei unschädlich, da er gemäß § 151 S. 1 BGB auf den Zugang der Annah-

[817] Zum Lizenzvertrag als Innominatvertrag vgl. *Hilty*, MMR 2003, 15.
[818] Vgl. MüKo-*Kramer*, § 145 Rn. 4.
[819] So *Söder*, S. 97.
[820] Vgl. Palandt-*Ellenberger*, § 130 Rn. 5; insoweit zutreffend *Söder*, S. 97, der aber nicht erkennt, dass der Zugang damit zeitlich nach der vorgesehenen Annahmeerklärung erfolgt.
[821] Palandt-*Ellenberger*, Einf v § 145 Rn. 4.
[822] BGHZ 149, 129, 134 = NJW 2002, 363, 364.
[823] Palandt-*Ellenberger*, § 147 Rn. 1; *Larenz/Wolf*, § 29 Rn. 48.
[824] Etwa wenn die Lizenzbedingungen der Umverpackung beiliegen, der Datenträger aber zusätzlich in einer Schutzhülle eingeschweißt ist, oder der Text der Shrink-Wrap-Lizenz durch die Schutzhülle hindurch sichtbar ist; vgl. zu den verschiedenen Formen von Shrink-Wrap-Lizenzen *Contreras/Slade*, CRi 2000, 105.

meerklärung verzichten kann.[825] Davon macht auch § 305 Abs. 2 BGB keine Ausnahme.[826] Ein solcher Verzicht ist in der Erklärung des Herstellers zu sehen, dass der Vertrag mit dem Aufreißen der Verpackung bzw. dem Gebrauch der Software durch den Kunden zustande komme.[827]

Erforderlich ist aber auch bei einem Verzicht auf den Zugang der Annahmeerklärung nach § 151 S. 1 BGB eine Betätigung des Annahmewillens als objektiver äußerer Erklärungstatbestand, also ein Verhalten des Angebotsempfängers, aus dem sich unzweideutig dessen Annahmewille ergibt.[828] Da die Annahme im Fall des § 151 BGB keine empfangsbedürftige Willenserklärung darstellt, ist der Erklärungswert des Verhaltens dabei nicht nach dem Empfängerhorizont auszulegen, sondern vom Standpunkt eines unbeteiligten objektiven Dritten anhand aller äußeren Umstände zu bestimmen.[829]

Grundsätzlich bringen insbesondere Aneignungs- und Gebrauchshandlungen in Bezug auf eine vom Antragenden in Erwartung eines Vertragsschlusses überlassene Sache einen Annahmewillen zum Ausdruck.[830] Eine solche Aneignungshandlung kann auch im Aufreißen einer Schutzhülle gesehen werden, die den Vertragsgegenstand enthält. Der Schluss von der Vornahme einer Aneignungshandlung auf einen entsprechenden Annahmewillen setzt jedoch voraus, dass der Gebrauch der Sache eine mit der Erfüllung des angestrebten Vertrages zusammenhängende, den Anbietenden beeinträchtigende Handlung darstellt und der Angebotsempfänger daher redlicherweise annehmen muss, dass er die betreffenden Gebrauchshandlungen nach dem Willen des Anbietenden nur nach Zustandekommen eines Vertrages vornehmen darf.[831] Dies gilt etwa für den Gebrauch unbestellt zugesandter Waren, da hierin die Inanspruchnahme einer vom Antragenden angebotenen Leistung liegt, die andernfalls eine unberechtigte Nutzung fremden Eigentums wäre.[832] Hier stellt sich der Gebrauch der zugesandten Sache aus Sicht eines objektiven Dritten als eine konkludente Annahme des durch die Zusendung erklärten Angebots dar.

---

[825] *Schack*, UrhR, Rn. 1139a; *Köhler/Fritzsche*, in: Lehmann, XIII Rn. 39.

[826] Ulmer/Brandner/Hensen-*Ulmer*, § 305 Rn. 161 m. w. N.

[827] *Söder*, S. 108.

[828] BGHZ 74, 352, 356 = NJW 1979, 2143, 2144; BGHZ 160, 393, 396 f. = NJW 2004, 3699; BGH NJW 2000, 276, 277; BGH NJW 2001, 2324; BGH NJW 2004, 287, 288; *Larenz/Wolf*, § 30 Rn. 7; Palandt-*Ellenberger*, § 151 Rn. 2; MüKo-*Kramer*, § 151 Rn. 50; Staudinger-*Bork* (2003), § 151 Rn. 15 m. w. N.

[829] BGHZ 111, 97, 101 = NJW 1990, 1655, 1656; BGHZ 160, 393, 397 = NJW 2004, 3699; BGH NJW-RR 1986, 415; BGH NJW 2000, 276, 277; Staudinger-*Bork* (2003), § 151 Rn. 15; Soergel-*Wolf*, § 151 Rn. 8; Hk-BGB-Dörner, § 151 Rn. 3; *Larenz/Wolf*, § 30 Rn. 16; *Söder*, S. 106 f.

[830] MüKo-*Kramer*, § 151 Rn. 50; *Larenz/Wolf*, § 30 Rn. 11 f., 15.

[831] BGH NJW-RR 1986, 415; *Larenz/Wolf*, § 30 Rn. 11; Soergel-*Wolf*, § 151 Rn. 6.

[832] Vgl. Staudinger-*Bork* (2003), § 146 Rn. 11 und § 151 Rn. 18; Hk-BGB-*Dörner*, § 151 Rn. 2.

Dies ist aber gerade nicht der Fall, wenn der Kunde bereits durch den rechtmäßigen Erwerb der Software vom Händler gesetzlich zu deren Benutzung berechtigt ist und ein zusätzlicher Vertragsschluss mit einem Dritten lediglich zu Einschränkungen seiner bereits bestehenden Nutzungsbefugnis führen würde. Im Zeitpunkt des Öffnens der Verpackung hat der Kunde die Software bereits gegen Zahlung eines Entgelts erworben. Der Datenträger einschließlich der Verpackung ist in sein Eigentum übergegangen. Als rechtmäßiger Erwerber ist er damit gemäß § 69d Abs. 1 BGB auch berechtigt, das Programm bestimmungsgemäß zu benutzen, ohne dass er dafür zusätzlich einen Lizenzvertrag abschließen müsste.[833] Aus Sicht eines objektiven Dritten stellt sich das Öffnen der Verpackung daher lediglich als notwendiges Mittel dar, um das Programm auf die erlaubte Art und Weise benutzen zu können. Auch mit der anschließenden Benutzung der Software nimmt der Kunde nur eine Leistung entgegen, die ihm bereits aufgrund des mit dem Händler geschlossenen Kaufvertrags gebührt.[834] Der Gebrauch von Software unter einer Shrink-Wrap-Lizenz durch einen rechtmäßigen Erwerber ist daher nicht mit dem Gebrauch unbestellt zugesandter Waren vergleichbar.[835] Das Verhalten des Erwerbers der Software lässt bereits objektiv nicht auf ein Erklärungsbewusstsein schließen.[836] Ein eindeutiger rechtsverbindlicher Annahmewille des Kunden in Bezug auf den angebotenen Abschluss eines Lizenzvertrages lässt sich somit weder dem Öffnen der Schutzhülle noch der anschließenden Benutzung der Software durch den Kunden entnehmen.[837]

Auch ein Hinweis auf der Verpackung oder ein auf der Schutzhülle angebrachter Aufkleber reichen nicht aus, um dem Öffnen der Schutzhülle einen solchen Erklärungswert zuzuweisen.[838] Dass der Antragende im Antrag angibt, er werde ein bestimmtes Verhalten als Annahme verstehen, und der Angebots-

---

833 Siehe dazu oben S. 115 ff.

834 Anders *Sickinger*, S. 84, aufgrund der Deutung des § 69d UrhG als vertragliche Einräumung eines Nutzungsrechts.

835 So auch *Schneider*, CR 1996, 661 f.; *Köhler/Fritzsche*, in: Lehmann, XIII Rn. 39; *Lejeune*, in: Lejeune, G Rn. 14; *Loewenheim*, FS Kitagawa, 954; vgl. auch *Söder*, S. 110, 114, 123. Nach h.L. stellt mangels Annahmewillens selbst der Gebrauch einer unbestellt zugesandten Sache keine Annahmeerklärung dar, wenn der Angebotsempfänger die Sache irrig für seine eigene hält, *Larenz/Wolf*, § 30 Rn. 16; *Enneccerus/Nipperdey*, § 145 II A 3 a (S. 900); MüKo-*Kramer*, § 151 Rn. 51; Palandt-*Ellenberger*, § 151 Rn. 2b; Hk-BGB-*Dörner*, § 151 Rn. 3; a. A. Staudinger-*Bork* (2003), § 151 Rn. 16, der eine Anfechtung seitens des Annehmenden gemäß § 119 Abs. 1 BGB für erforderlich hält.

836 Vgl. *Köhler/Fritzsche*, in: Lehmann, XIII Rn. 39; *Marly*, Rn. 469, 471; *Weyers*, S. 44 f.; *Lejeune*, in: Lejeune, G Rn. 14; im Ergebnis auch *Schuhmacher*, CR 2000, 642 f., der allerdings annimmt, dass im Öffnen der Schutzhülle die gemäß § 151 S. 1 BGB erforderliche nach außen erkennbare eindeutige Betätigung des Annahmewillens liegt und lediglich den subjektiven Tatbestand der Willensbetätigung verneint.

837 So auch *Mehrings*, NJW 1993, 3109; a. A. Ulmer/Brandner/Hensen-*H. Schmidt*, Anh. § 310 Rn. 773, für den Fall, dass noch kein Kaufvertrag mit dem Händler geschlossen wurde.

838 So im Ergebnis auch *Marly*, Rn. 475; a. A. *Schneider*, CR 1996, 662.

empfänger sich dementsprechend verhält, kann allein noch nicht zu einem Vertragsschluss führen.[839] Denn es kommt gerade nicht auf die Sicht des Antragenden, sondern auf die eines objektiven Dritten an. Auch eine entsprechende Verkehrssitte kann nicht durch ein „Diktat" der Softwarehersteller begründet werden.[840] Andernfalls könnte der Hersteller einseitig die Umstände bestimmen, aus denen sich die Annahmeerklärung ergeben soll.[841] Etwas anderes kann allenfalls gelten, wenn der Händler bereits beim Abschluss des Kaufvertrages hinreichend deutlich darauf hinweist, dass ein zusätzlicher Vertragsschluss mit dem Hersteller zur Benutzung des Programms erforderlich ist.[842] Denn dadurch würde das Vertrauen des Kunden zerstört, sich in einer bestimmten, üblicherweise vertragsrechtlich irrelevanten Weise verhalten zu dürfen.[843] Im Regelfall stellen aber weder das Öffnen der Verpackung noch die Ingebrauchnahme des Programms durch den Kunden eine auf den Abschluss eines Lizenzvertrages gerichtete Willenserklärung des Kunden dar.

c. Verpackungshinweise bei anderen Werkarten

Ebenso wenig wie bei Software können beim Vertrieb anderer Werkarten Nutzungsbedingungen wirksam allein dadurch vereinbart werden, dass der Hersteller sie auf der Verpackung der betreffenden Werkexemplare abdruckt. Das gilt z. B. für den Hinweis, der früher vielfach von Tonträgerherstellern auf den Schutzhüllen und Labeln von Schallplatten angebracht wurde: „Verbreitung und Vervielfältigung – auch zum privaten Gebrauch – sind nicht gestattet".[844] Ähnliche Hinweise waren auch auf Kauf-Videokassetten zu finden: „Dieser Film ist nur für private, nicht kommerzielle Vorführungen freigegeben. Überspielung, Tausch oder Vervielfältigung ... sind untersagt und werden zivil- und strafrechtlich verfolgt."[845]

Selbst wenn man darin ein Angebot des Tonträgerherstellers bzw. des Filmvertriebs auf Abschluss eines Nutzungsvertrags mit dem Käufer sieht, der diesen dazu verpflichten soll, auch private Vervielfältigungen zu unterlassen, wird das Angebot jedenfalls nicht dadurch angenommen, dass der Käufer die Schallplatte oder Videokassette nach deren Erwerb vom Händler in Gebrauch nimmt und abspielt. Zwischen Tonträgerhersteller oder Filmvertrieb und dem Nutzer kommt kein Vertrag zustande. Eine Einbeziehung des auf der Hülle ange-

---

[839] Staudinger-*Schlosser* (2006), § 305 Rn. 163.

[840] *Schneider*, CR 1996, 661; *Marly*, Rn. 471; vgl. auch *Weyers*, S. 46 ff.

[841] Vgl. *Schuhmacher*, CR 2000, 643.

[842] Vgl. *Pres*, S. 184; *Söder*, S. 114; *Marly*, Rn. 476.

[843] *Marly*, Rn. 472.

[844] Vgl. BGH GRUR 1986, 736, 737 – Schallplattenvermietung, für den aufgeklebten Vermerk „Kein Verleih! Keine unerlaubte Vervielfältigung, Vermietung, Aufführung, Sendung!", dessen vertragliche Einbeziehung vom BGH aber ausdrücklich offen gelassen wurde.

[845] So der Hinweis auf den von Warner Bros. Entertainment Inc. vertriebenen Filmen der Marke Warner Home Video.

brachten Hinweises in den Kaufvertrag zwischen dem Händler und dem Nutzer dürfte bereits daran scheitern, dass die Bedingung erkennbar nicht vom Händler gestellt wird. Jedenfalls genügt ein auf der Rückseite der Schallplattenhülle aufgedruckter Hinweis nicht den Erfordernissen des § 305 Abs. 2 BGB.

Das gilt erst recht für den bei vielen Büchern auf der ersten Innenseite abgedruckten Hinweis, dass das Buch als urheberrechtlich geschütztes Werk nicht ohne ausdrückliche Genehmigung des Verlags vervielfältigt und verbreitet werden darf. Diese Hinweise sind häufig so weit formuliert, dass nach dem Wortlaut auch urheberrechtlich zulässige Nutzungen ausgeschlossen sein sollen.[846] Der Erwerber des Buches kann den Hinweis aber regelmäßig erst nach Abschluss des Kaufvertrags zur Kenntnis nehmen.

d. Ergebnis

Die vom Hersteller eines urheberrechtlich geschützten Produkts gestellten Nutzungsbedingungen werden mangels Vorliegen der in § 305 Abs. 2 BGB genannten Voraussetzungen nicht Bestandteil eines zwischen dem Händler des Produkts und seinem Kunden geschlossenen Kaufvertrages. Auch ein selbständiger Vertrag zwischen dem Hersteller und dem Kunden, dessen Inhalt durch die Nutzungsbedingungen bestimmt wird, kommt regelmäßig nicht zustande. Wenn der Vertrag durch das Öffnen der Produktverpackung zustande kommen soll, scheitert ein Vertragsschluss im Regelfall bereits daran, dass das Vertragsangebot des Herstellers erst nach dem Öffnen der Verpackung zugeht. Selbst wenn ein wirksames Vertragsangebot vorliegt, hat eine nach Kenntnisnahme der Nutzungsbedingungen erfolgende bestimmungsgemäße Benutzung des jeweiligen Produkts nicht den Erklärungswert einer Annahme des Vertragsangebots des Herstellers i.S.d. § 151 S. 1 BGB. Die in einer Shrink-Wrap-Lizenz enthaltenen oder in ähnlicher Weise der Verpackung eines zuvor erworbenen Werkstücks beigelegten Allgemeinen Geschäftsbedingungen werden daher regelmäßig nicht wirksam vereinbart.

2. *Click-On-Lizenzen*

Fraglich ist, ob etwas anderes bei so genannten Click-Wrap- oder Click-On-Lizenzen[847] gilt. Im Unterschied zur Shrink-Wrap-Lizenz soll der Vertrag bei

---

[846] Siehe die Beispiele aus der britischen und australischen Praxis in *Copyright Law Review Committee*, Appendix E, S. 338ff.

[847] Für diese Art des Vertragsschlusses hat sich bislang keine einheitliche Terminologie durchsetzen können. Am häufigsten gebraucht wird wohl in Analogie zur Shrink-Wrap-Lizenz die Bezeichnung Click-Wrap-Lizenz, vgl. *Guibault*, Copyright Limitations, S. 204f.; *Contreras/Slade*, CRi 2000, 105; *Lejeune*, in: Lejeune, G Rn. 1; *Schack*, UFITA 2004, 554; *ders.*, UrhR, Rn. 1140a. Da es an einem körperlichen Produkt fehlt, welches eingewickelt („wrapped") werden kann, wird hier im Folgenden die treffendere Bezeichnung „Click-On-Lizenz" gewählt. Da Anknüpfungspunkt für die Zustimmung des Benutzers früher häufig

einer Click-On-Lizenz dadurch zustande kommen, dass der Benutzer nach entsprechender Aufforderung beim Installieren oder erstmaligen Starten der zuvor offline erworbenen Software durch einen Mausklick sein Einverständnis mit den auf dem Bildschirm angezeigten Nutzungsbedingungen erklärt.[848] Sobald der Anwender das Programm startet, öffnet sich meist selbständig ein Fenster, in dem die Vertragsbedingungen angezeigt werden und der Benutzer aufgefordert wird, diese durch Anklicken einer Schaltfläche wie „I Accept" oder „Ich stimme den Lizenzbedingungen zu" anzunehmen. Solange der Benutzer die vom Softwarehersteller gestellten Vertragsbedingungen[849] nicht durch einen Mausklick auf die entsprechende Schaltfläche akzeptiert, wird der Programmablauf nicht fortgesetzt. Klickt der Benutzer stattdessen auf die Schaltfläche „Cancel", „Abbruch" oder „Ich stimme den Lizenzbedingungen nicht zu", so wird die Installation bzw. der Programmablauf abgebrochen.

Bei der Überlassung von Software wird das Zustandekommen einer solchen nachgeschobenen Click-On-Vereinbarung mit dem Softwarehersteller überwiegend nach den gleichen Grundsätzen beurteilt wie das von Shrink-Wrap-Lizenzen und nicht zwischen den beiden Arten des Vertragsschlusses differenziert.[850] Es bestehen aber zwei wesentliche Unterschiede zur Situation bei einer Shrink-Wrap-Lizenz, die Einfluss auf das Zustandekommen eines wirksamen Vertragsschlusses haben können. Zum einen sind die Vertragsbedingungen bei einer Click-On-Vereinbarung im Zeitpunkt der Annahmeerklärung des Kunden für diesen einsehbar, so dass das Zustandekommen eines Vertrages jedenfalls nicht am rechtzeitigen Zugang des Angebots scheitert. Zum anderen soll die Annahmeerklärung des Kunden nach der Vorstellung des Herstellers nicht lediglich durch ein konkludentes Verhalten wie das Öffnen der Schutzhülle erfolgen, sondern durch ein ausdrückliches Einverständnis mit den angezeigten Bedingungen.

---

die Betätigung der Eingabetaste („Enter") war, ist vor allem in älteren Publikationen vielfach auch von „Enter-Vereinbarungen" die Rede, vgl. *Pres*, S. 185; *Sickinger*, S. 84f.; *Söder*, S. 39f.; *Weyers*, S. 59; *Schuhmacher*, CR 2000, 641. *Marly*, Rn. 457 Fn. 725, weist aber zutreffend darauf hin, dass heute bei fast allen Programmen nur ein Mausklick zu erfolgen hat, und schlägt daher die Bezeichnung „Maus-Klick-Verträge" vor.

[848] *Schuhmacher*, CR 2000, 641. *Contreras/Slade*, CRi 2000, 105, beschränken den Begriff der Click-Wrap-Vereinbarung auf Vereinbarungen, die über das Internet geschlossen werden. Die auf dem Bildschirm angezeigten Lizenzbedingungen können jedoch auch auf einem vom Kunden erworbenen Datenträger gespeichert sein, vgl. den Fall in *ProCD, Inc. v. Zeidenberg*, 86 F.3d 1447, 1452 (7th Cir. 1996).

[849] Von den Softwareherstellern meist als End User Licence Agreement (Endnutzer-Lizenzvertrag), abgekürzt EULA, bezeichnet.

[850] Vgl. *Söder*, S. 95ff.; *Schulz*, Dezentrale Softwareentwicklung, Rn. 397 Fn. 461; *Schuhmacher*, CR 2000, 641; *Köhler/Fritzsche*, in: Lehmann, XIII Rn. 41; ausdrücklich gegen eine Gleichbehandlung von Shrink-Wrap- und Click-On-Lizenzen hingegen *Schack*, UFITA 2004, 554.

a. Einbeziehung in den Überlassungsvertrag

Diese Unterschiede sind insoweit unbeachtlich, als beim Erwerb von Standardsoftware über einen Händler die vom Softwarehersteller gestellten Nutzungsbedingungen auch nicht über eine Click-On-Lizenz in den zwischen dem Kunden und dem Händler geschlossenen Kaufvertrag einbezogen werden können.[851] Ein dem Datenträger beiliegender Hinweis, wonach die Benutzung der Software den beim Programmstart angezeigten Nutzungsbedingungen des Herstellers unterliegt,[852] genügt weder dem Erfordernis der Bestimmtheit des Angebots noch den Anforderungen des § 305 Abs. 2 Nr. 1 BGB. Wie bei Shrink-Wrap-Lizenzen[853] scheitert eine Einbeziehung jedenfalls an § 305 Abs. 2 Nr. 2 BGB, wenn der Kunde die Nutzungsbedingungen erst nach dem Erwerb der Software durch eine Anzeige auf dem Bildschirm zur Kenntnis nehmen kann.

b. Selbständiger Vertrag mit dem Hersteller

Fraglich kann daher auch hier nur sein, ob ein selbständiger Vertrag zwischen dem Kunden und dem Hersteller des erworbenen Produkts zustande kommt, indem der Kunde die entsprechende Schaltfläche in dem beim Programmstart angezeigten Fenster mit den Lizenzbedingungen anklickt.

So hat der Court of Appeals im Fall *ProCD v. Zeidenberg*[854] auf der Grundlage des Vertragsrechts von Wisconsin einen wirksamen Vertragsschluss zwischen den Parteien damit begründet, dass der Beklagte das Angebot von ProCD auf Abschluss eines Lizenzvertrages annahm, indem er die auf der erworbenen CD-ROM gespeicherte Software benutzte. In diesem Zeitpunkt habe der Beklagte problemlos die Lizenzbedingungen zur Kenntnis nehmen können. Denn diese seien beim Programmstart auf dem Bildschirm angezeigt worden und der Beklagte habe keine andere Möglichkeit gehabt, das Programm zu benutzen, als seine Zustimmung zu den angezeigten Lizenzbedingungen zu erklären.[855] Der Fall betraf entgegen der eigenen Darstellung des Gerichts also gar keine Shrink-Wrap-, sondern den klassischen Fall einer Click-On-Lizenz. In der Folgezeit haben auch zahlreiche andere Gerichte derartige Lizenzvereinbarungen als

---

[851] *Schuhmacher*, CR 2000, 642.

[852] Dem von Microsoft vertriebenen Betriebssystem „Windows XP Professional" ist z.B. folgender, auf der Rückseite des Benutzerhandbuchs abgedruckter Hinweis beigefügt: „Diese Software unterliegt den Bestimmungen des EULAs (Endnutzer-Lizenzvertrag), der in der Produktdokumentation oder online innerhalb des Softwareprodukts angezeigt wird. Durch das Benutzen des Softwareprodukts erklären Sie ihr Einverständnis mit den Bedingungen des EULAs und bestätigen, dass Sie diesen gelesen haben".

[853] Dazu oben S. 331.

[854] Siehe dazu bereits oben S. 229ff.

[855] *ProCD, Inc. v. Zeidenberg*, 86 F.3d 1447, 1452 (7th Cir. 1996): „ProCD proposed a contract that a buyer would accept by using the software after having an opportunity to read the license at leisure. This Zeidenberg did. He had no choice, because the software splashed the license on the screen and would not let him proceed without indicating acceptance."

wirksam anerkannt.[856] Fraglich ist, ob eine solche Konstruktion des Vertragsschlusses auch nach deutschem Recht möglich ist.

(1) Angebot des Herstellers

Für einen wirksamen Vertragsschluss mit dem Hersteller müsste in der Anzeige der Lizenzbedingungen auf dem Bildschirm des Nutzers bei Auslegung nach dem objektiven Empfängerhorizont gemäß §§ 133, 157 BGB ein Angebot des Softwareherstellers auf Abschluss eines entsprechenden Lizenzvertrages zu sehen sein. Dies setzt voraus, dass der auf dem Bildschirm angezeigte Text den Kunden deutlich darauf hinweist, dass neben dem mit dem Händler bestehenden Kaufvertrag ein zusätzlicher Vertrag mit einem Dritten geschlossen werden soll, dessen Bedingungen in dem Fenster angezeigt werden.[857] Andernfalls muss ein rechtmäßiger Erwerber der Software nicht damit rechnen, dass für die bestimmungsgemäße Nutzung des Programms der Abschluss eines weiteren Vertrages erforderlich ist.[858] An einem hinreichenden Hinweis fehlt es z.B., wenn der Kunde nach der Gestaltung der Bildschirmmeldung davon ausgehen darf, dass es sich lediglich um rechtlich irrelevante Hinweise zur Benutzung des Programms oder um einen Hinweis auf die bestehende Urheberrechtslage handelt und die angezeigten Bedingungen den Umfang der nach dem Erwerb der Software gesetzlich zulässigen Nutzung wiedergeben, wie dies beim Erwerb urheberrechtlich geschützter Produkte üblich ist.[859] In diesem Fall fehlt bereits ein wirksames Angebot des Herstellers auf Abschluss eines gesonderten Nutzungsvertrages.[860]

Darüber hinaus muss die auf die Vereinbarung von Allgemeinen Geschäftsbedingungen gerichtete Willenserklärung des Verwenders auch den Anforderungen des § 305 Abs. 2 BGB entsprechen.[861] Für eine wirksame Vereinbarung der vom Verwender einer Click-On-Lizenz gestellten Nutzungsbedingungen genügt es danach nicht, dass der Kunde überhaupt die Möglichkeit hat, die Vertragsbedingungen zur Kenntnis zu nehmen. Das Kriterium „zumutbarer" Kenntnisnahme in § 305 Abs. 2 Nr. 2 BGB enthält darüber hinaus ein materielles Transparenzgebot. Denn die privatrechtliche informationelle Selbstbestim-

[856] Nachweise bei *Söder*, S. 181 ff.

[857] Zur vergleichbaren Situation bei der nachträglichen Einbeziehung von AGB in einen ohne AGB geschlossenen Vertrag siehe unten S. 350 f.

[858] Siehe oben S. 337.

[859] Vgl. den in vielen Büchern abgedruckten Hinweis, dass das Buch als urheberrechtlich geschütztes Werk nicht ohne ausdrückliche Genehmigung vervielfältigt und verbreitet werden darf. Zahlreiche Formulierungsbeispiele aus der (britischen und australischen) Praxis sind abgedruckt in *Copyright Law Review Committee*, Appendix E, S. 338 ff.

[860] A. A. *Söder*, S. 111 f., der lediglich die „Zurechenbarkeit" des Nutzerverhaltens als Betätigung des Annahmewillens verneint.

[861] § 305 Abs. 2 BGB bezieht sich als Formvorschrift nur auf die Erklärung des Verwenders der AGB, siehe Staudinger-*Schlosser* (2006), § 305 Rn. 102.

mung des Kunden, die § 305 Abs. 2 BGB schützen will, ist auch beeinträchtigt, wenn der Kunde die fragliche Regelung bei Vertragsschluss inhaltlich nicht erfassen kann.[862] Obwohl das Transparenzgebot seit der Schuldrechtsmodernisierung in § 307 Abs. 1 S. 2 BGB ausdrücklich als Maßstab der Inhaltskontrolle normiert ist, ist es bei Verträgen mit einem Nichtunternehmer nach h. M. wie bisher schon bei der Einbeziehungskontrolle zu berücksichtigen.[863] Insoweit gilt § 305 Abs. 2 BGB auch bei Formularverträgen.[864] Die Bedingungen müssen danach nicht nur äußerlich zugänglich, sondern auch inhaltlich verständlich sein.[865] Allgemeine Geschäftsbedingungen, die in ihrem Kernbereich für einen Durchschnittskunden unverständlich sind, werden somit bereits wegen § 305 Abs. 2 Nr. 2 BGB nicht Vertragsbestandteil.[866] Anders als bei § 307 Abs. 1 S. 2 BGB geht es beim Transparenzgebot im Rahmen der Einbeziehungskontrolle nicht um die inhaltliche Würdigung einzelner Klauseln, sondern um die formal-sprachliche Transparenz der Geschäftsbedingungen insgesamt.[867]

Problematisch ist das Vorliegen eines wirksamen Angebots danach insbesondere, wenn die Nutzungsbedingungen einer Click-On-Lizenz wie häufig nicht auf Deutsch, sondern auf Englisch oder einer anderen als der Heimatsprache des Nutzers formuliert sind. Grundsätzlich ist für die Zumutbarkeit der Kenntnisnahme erforderlich, dass die Vertragsbedingungen in einer für den Kunden mühelos verständlichen Sprache verfasst sind.[868] Wegen des abstrakt-generellen Charakters Allgemeiner Geschäftsbedingungen ist dabei nicht auf die Fähigkeiten des konkreten Vertragspartners abzustellen, sondern auf die eines Durchschnittskunden, wobei je nach Geschäftsart und Kundenkreis auch gruppentypische Differenzierungen möglich sind.[869] Wer gezielt auf anderssprachigen Märkten wirbt und Verträge schließt, kann die Einbeziehung seiner AGB da-

---

[862] *Larenz/Wolf*, § 43 Rn. 72.

[863] BGH NJW-RR 2004, 780; Palandt-*Grüneberg*, § 305 Rn. 41 und § 307 Rn. 16; MüKo-*Basedow*, § 305 Rn. 69; MüKo-*Kieninger*, § 307 Rn. 52; Staudinger-*Schlosser* (2006), § 305 Rn. 139, 142; Staudinger-*Coester* (2006), § 307 Rn. 171; Ulmer/Brandner/Hensen-*Ulmer*, § 305 Rn. 102; *Larenz/Wolf*, § 43 Rn. 72; a. A. Hk-BGB-*Schulte-Nölke*, § 305 Rn. 16; kritisch auch AnwK-*Kollmann*, § 305 Rn. 67.

[864] Ulmer/Brandner/Hensen-*Ulmer*, § 305 Rn. 102; Staudinger-*Schlosser* (2006), § 305 Rn. 103; vgl. auch BGH NJW 1995, 190; AnwK-*Kollmann*, § 305 Rn. 76.

[865] Vgl. Staudinger-*Schlosser* (2006), § 305 Rn. 142: „wenigstens andeutungsweise auch materiell erfassbar".

[866] KG NJW-RR 1999, 1659, 1660; OLG Schleswig NJW 1995, 2858, 2859; Ulmer/Brandner/Hensen-*Ulmer*, § 305 Rn. 150; MüKo-*Basedow*, § 305 Rn. 69; Staudinger-*Coester* (2006), § 307 Rn. 171; Palandt-*Grüneberg*, § 305 Rn. 41.

[867] MüKo-*Basedow*, § 305 Rn. 69; Bamberger/Roth-*H. Schmidt*, § 307 Rn. 42; *Larenz/Wolf*, § 43 Rn. 72 („globale Transparenz").

[868] MüKo-*Basedow*, § 305 Rn. 66; AnwK-*Kollmann*, § 305 Rn. 74; Bamberger/Roth-*Becker*, § 305 Rn. 59; Staudinger-*Schlosser* (2006), § 305 Rn. 140.

[869] Ulmer/Brandner/Hensen-*Ulmer*, § 305 Rn. 151; AnwK-*Kollmann*, § 305 Rn. 71 ff.; *Schäfer*, JZ 2003, 882.

nach nur erreichen, wenn sie in der Sprache des Ziellandes verfasst sind.[870] Die Abfassung der Bedingungen in einer fremden Sprache reicht nur aus, wenn deren Kenntnis von den betroffenen Kundenkreisen erwartet werden kann.[871] Das kann selbst bei einer „Weltsprache" wie Englisch nicht allgemein unterstellt werden.[872] Bei einem Vertragsschluss mit inländischen Kunden ist für die Verständlichkeit daher im Regelfall erforderlich, dass der Text der Geschäftsbedingungen in deutscher Sprache verfasst ist.

Etwas anderes gilt nach h. M. nur, wenn die Geschäftsbedingungen in der von beiden Teilen verwandten Verhandlungssprache abgefasst sind, derer sich die Vertragspartner übereinstimmend tatsächlich bedienen.[873] Hat sich der Kunde auf eine ihm fremde Sprache als Verhandlungssprache eingelassen, so reicht es aus, dass der Text der Allgemeinen Geschäftsbedingungen in dieser Sprache abgefasst ist, auch wenn der Kunde diese nicht versteht. Denn mit dem Vertragsschluss akzeptiert der Kunde den gesamten fremdsprachigen Vertragsinhalt einschließlich der zugrunde liegenden AGB, so dass es ihm zuzumuten ist, von deren Inhalt in der von ihm selbst gewählten Verhandlungssprache Kenntnis zu nehmen und sich ggf. eine Übersetzung zu beschaffen.[874] Die Geschäftsbedingungen sind daher nicht schon deshalb intransparent, weil sie nicht in der Muttersprache des konkreten Kunden verfasst sind, solange sie aus Sicht der Verhandlungs- und Vertragssprache klar und verständlich formuliert sind.[875]

Verwendet der Hersteller eines über den Einzelhandel vertriebenen Softwareproduktes eine Click-On-Lizenz, so finden zwischen dem Kunden und dem Hersteller jedoch keine Vertragsverhandlungen statt.[876] Der Kunde hat sich hier auf keine andere Sprache freiwillig eingelassen als diejenige, welche dem

---

[870] Staudinger-*Coester* (2006), § 307 Rn. 213.

[871] Ulmer/Brandner/Hensen-*Ulmer*, § 305 Rn. 151; Wolf/Lindacher/Pfeiffer-*Pfeiffer*, § 305 Rn. 89; AnwK-*Kollmann*, § 305 Rn. 74.

[872] LG Berlin NJW 1982, 343, 344 (für den Flugreiseverkehr); Staudinger-*Schlosser* (2006), § 305 Rn. 141; Bamberger/Roth-*Becker*, § 305 Rn 61; *Schulz*, Dezentrale Softwareentwicklung, Rn. 704; *Söder*, S. 131; anders für den internationalen Geschäftsverkehr Ulmer/Brandner/Hensen-*Schmidt*, Anh. § 305 Rn. 15.

[873] BGHZ 87, 112, 114 = NJW 1983, 1489; OLG Nürnberg NJW 1991, 232, 235; OLG Frankfurt a.M. NJW-RR 2003, 704, 706; AG Langenfeld NJW-RR 1998, 1524, 1525 (zum niederländischen Recht); Wolf/Lindacher/Pfeiffer-*Pfeiffer*, § 305 Rn. 89; Wolf/Lindacher/Pfeiffer-*Hau*, IntGV Rn. 40; Ulmer/Brandner/Hensen-*Ulmer*, Anh. § 305 Rn. 14f.; Palandt-*Grüneberg*, § 305 Rn. 42; Bamberger/Roth-*Becker*, § 305 Rn. 61; AnwK-*Kollmann*, § 305 Rn. 74, 113; weitergehend (bei Hinweis in Verhandlungssprache auch Abfassung in davon abweichender Vertragssprache ausreichend) Staudinger-*Schlosser* (2006), § 305 Rn. 105, 141; wohl auch *Schäfer*, JZ 2003, 879, 882f.

[874] BGHZ 87, 112, 114f. = NJW 1983, 1489; BGH NJW 1990, 195; OLG Nürnberg NJW 1991, 232, 235; OLG München NJW 1974, 2181, 2182; Staudinger-*Schlosser* (2006), § 305 Rn. 141.

[875] *Schäfer*, JZ 2003, 882.

[876] *Söder*, S. 131; ebenso zu fremdsprachigen Vertragsangeboten bei Open Source Software *Schulz*, Dezentrale Softwareentwicklung, Rn. 728 Fn. 816.

Erwerb der Software beim Händler zugrunde lag. Wenn der Kunde die Software bei einem Händler in Deutschland erworben hat, kann der Hersteller daher nicht davon ausgehen, dass der Kunde Nutzungsbedingungen versteht, die in einer von seiner Heimatsprache abweichenden und von ihm selbst nicht verwendeten Sprache verfasst sind. Da Englisch in der Computerindustrie die gängige Fachsprache ist, kann man zwar heutzutage bei den meisten Softwarenutzern ein gewisses Maß an Englischkenntnissen voraussetzen.[877] Dies gilt aber allenfalls für kurze, leicht verständliche Texte,[878] nicht hingegen für die häufig sehr langen und mit zahlreichen Rechtsbegriffen operierenden Softwarenutzungslizenzen, die überdies meist auf eine fremde Rechtsordnung zugeschnitten sind.

Bei einem Erwerb der Software in Deutschland oder über eine deutschsprachige Internetseite ist den Anforderungen an die Zumutbarkeit der Kenntnisnahme daher nicht genügt, wenn die vom Softwarehersteller gestellten Nutzungsbedingungen dem Kunden nur auf Englisch angezeigt werden.[879] Zwar kann der Kunde grundsätzlich kraft individueller Entscheidung auf die Möglichkeit zumutbarer Kenntnisnahme verzichten.[880] Dass der Nutzer durch das Anklicken der dafür vorgesehenen Schaltfläche sein Einverständnis mit den fremdsprachigen Nutzungsbedingungen erklärt, reicht bei einem nichtunternehmerischen Kunden aber nicht aus, um darin einen Verzicht auf die Verschaffung zumutbarer Kenntnisnahme zu sehen.[881] Dies gilt auch für den Fall, dass die vom Kunden anzuklickende Schaltfläche zwar auf Deutsch formuliert ist („Ich stimme den Lizenzbedingungen zu"), der gesamte Vertragsinhalt aber in englischer Sprache abgefasst ist. Denn ein Verzicht auf die Möglichkeit zumutbarer Kenntnisnahme durch eine derartige formularmäßige Erklärung würde dem Sinn des § 305 Abs. 2 Nr. 2 BGB zuwiderlaufen.[882]

Wenn die Nutzungsbedingungen einer Click-On-Lizenz in einer anderen Sprache formuliert sind als derjenigen, welche dem Erwerb der Software vom Händler zugrunde lag, scheitert ein wirksamer Vertragsschluss somit am Transparenzgebot des § 305 Abs. 2 Nr. 2 BGB.[883] Da die Nutzungsbedingungen der Click-On-Lizenz den gesamten Vertragsinhalt bilden sollen, fehlt es schon an

---

[877] Vgl. LG München MMR 2004, 693, 694.

[878] Vgl. Ulmer/Brandner/Hensen-*Ulmer*, § 305 Rn. 151.

[879] So auch *Köhler/Fritzsche*, in: Lehmann, XIII Rn. 43; *Söder*, S. 135.

[880] Staudinger-Schlosser (2006), § 305 Rn. 138; Palandt-*Grüneberg*, § 305 Rn. 37; Ulmer/Brandner/Hensen-*Ulmer*, § 305 Rn. 146, 149 m. w. N.

[881] Wolf/Lindacher/Pfeiffer-*Hau*, IntGV Rn. 40; ebenso zur Unterzeichnung eines nicht in der Verhandlungssprache abgefassten Vertragsformulars Ulmer/Brandner/Hensen-*Schmidt*, Anh. § 305 Rn. 15; nur für den Fall, dass der Hinweis auf die Geltung der AGB nicht in der Verhandlungssprache erfolgt, Staudinger-*Schlosser* (2006), § 305 Rn. 141. Etwa anderes gilt im internationalen Handelsverkehr, siehe OLG München NJW 1974, 2181, 2182.

[882] Staudinger-*Schlosser* (2006), § 305 Rn. 138; Ulmer/Brandner/Hensen-*Ulmer*, § 305 Rn. 146.

[883] So im Ergebnis auch *Söder*, S. 134 f.

einem wirksamen Angebot des Herstellers auf Abschluss eines zusätzlichen Nutzungsvertrags.[884] Wenn hingegen ein deutlich gestalteter Hinweis auf die Notwendigkeit eines weiteren Vertragsschlusses mit dem Hersteller sowie auf den wesentlichen Inhalt des Vertrages vorliegt, geht das in der Anzeige der Bedingungen liegende Angebot des Herstellers dem Kunden gemäß § 130 Abs. 1 S. 1 BGB zu, sobald er durch das Starten des Programms die Anzeige auf dem Bildschirm aktiviert.

(2) Annahmeerklärung des Kunden

Gemäß § 305 Abs. 2 BGB a. E. muss der Nutzer sein Einverständnis mit der Geltung der Nutzungsbedingungen erklären, indem er das in der Anzeige der Nutzungsbedingungen liegende Angebot des Herstellers zumindest konkludent annimmt. Nach dem Willen des Herstellers soll dies dadurch geschehen, dass der Kunde die entsprechend formulierte Schaltfläche in dem auf dem Bildschirm angezeigten Fenster mit den Nutzungsbedingungen anklickt. Auf den Zugang dieser Annahmeerklärung wird dabei wie bei einer Shrink-Wrap-Lizenz zumindest konkludent verzichtet. Der Mausklick kann aber nicht ohne weiteres mit dem Öffnen der Schutzhülle oder der bloßen Benutzung des Programms ohne vorherige Anzeige der Lizenzbedingungen gleichgesetzt werden. Denn wenn der Benutzer auf eine Schaltfläche klickt, die ausdrücklich mit einem Text wie „Ich habe die oben angezeigten Lizenzbedingungen gelesen und bin mit ihnen einverstanden" versehen ist, bringt er objektiv sein Einverständnis mit den Nutzungsbedingungen zum Ausdruck.[885] Da sich der Erklärungsinhalt dem Verhalten des Kunden unmittelbar entnehmen lässt und der Sinn der Annahmehandlung nicht erst aus den Umständen erschlossen werden muss, handelt es sich um eine ausdrückliche, nicht lediglich um eine konkludente Willensäußerung.[886] Wenn der Angebotsempfänger ausdrücklich sein Einverständnis mit den angebotenen Vertragsbedingungen erklärt, kann aber nicht in jedem Fall unterstellt werden, dass ein Vertragsschluss tatsächlich nicht gewollt ist.

Haben die Nutzungsbedingungen eine Einschränkung seiner gesetzlich eingeräumten Nutzungsfreiheit zum Gegenstand, so wird der Kunde die Bedingungen allerdings nur akzeptieren, weil andernfalls der Programmablauf abgebrochen wird. Gegen die Wirksamkeit der Annahmeerklärung wird daher eingewandt, dass bei einer Click-On-Lizenz die Bestätigung der Nutzungsbe-

[884] Vgl. *Schulz*, Dezentrale Softwareentwicklung, Rn. 718 f., der auf den fehlenden Zugang des Angebots gemäß § 130 BGB abstellt.

[885] AnwK-*Kollmann*, § 305 Rn. 107; vgl. BGH NJW 1982, 1388, 1389, zur formularmäßig abgegebenen Erklärung „Aufgrund der umstehenden Allgemeinen Geschäfts- und Lieferungsbedingungen, von denen ich Kenntnis genommen habe und mit deren Geltung ich einverstanden bin, … kaufte ich die oben aufgeführten Gegenstände."

[886] *Söder*, S. 40 f. Zur Unterscheidung von ausdrücklichen und konkludenten Willenserklärungen siehe *Larenz/Wolf*, § 24 Rn. 15, 17; Palandt-*Ellenberger*, Einf v § 116 Rn. 6.

dingungen durch den Verbraucher weniger Ausdruck einer „wirklich freien Entscheidung" als vielmehr des Zwangs sei, andernfalls die zuvor ohne eine solche Beschränkung erworbene Software nicht nutzen zu können.[887] Ob man allein daraus den Schluss ziehen kann, dass es mangels Annahmewillens an einer wirksamen Annahmeerklärung des Kunden fehlt, ist jedoch problematisch. Gemäß § 116 S. 1 BGB ist eine Willenserklärung nicht deshalb nichtig, weil sich der Erklärende insgeheim vorbehält, das Erklärte nicht zu wollen. Ein Vorbehalt des Erklärenden führt danach nur dann zum Fehlen einer Willenserklärung, wenn er in der Erklärung selbst seinen Ausdruck gefunden hat, die Auslegung der Erklärung mithin einen „offenen Vorbehalt" ergibt.[888] Nach h. M. ist das Fehlen eines Annahmewillens analog § 116 S. 1 auch bei einem Vertragsschluss nach § 151 BGB unbeachtlich, wenn der Empfänger eines Vertragsangebotes in Kenntnis der Sachlage eine bestimmte Handlung vornimmt, die sich für einen objektiven Beobachter als Vertragsannahme darstellt, obwohl der Angebotsempfänger den Willen hat, das Angebot nicht anzunehmen.[889]

Entscheidend für die Unbeachtlichkeit des fehlenden Annahmewillens und damit für das Zustandekommen eines Vertrages zwischen Hersteller und Kunden ist danach auch hier, ob das Anklicken der vorformulierten Annahmeerklärung aus Sicht eines objektiven Beobachters unzweideutig auf einen Annahmewillen des Kunden schließen lässt. Dabei ist zu berücksichtigen, dass es bei der Auslegung des Annahmeverhaltens mangels Empfangsbedürftigkeit nicht auf den objektiven Empfängerhorizont ankommt und der Gedanke des Vertrauensschutzes folglich keine Rolle spielt.[890] Es ist daher nicht allein auf die objektive Erklärungsbedeutung abzustellen, sondern es sind alle äußeren Indizien heranzuziehen, soweit sie Rückschlüsse auf den „wirklichen Annahmewillen" des Angebotsempfängers erlauben.[891] Insbesondere können der Inhalt des angebotenen Vertrages und die damit verbunden rechtlichen Nachteile für den Angebotsempfänger ein Indiz für den fehlenden Annahmewillen sein.[892]

---

[887] So AnwK-*Kollmann*, § 305 Rn. 107; ähnlich *Mehrings*, NJW 1993, 3109, in Bezug auf eine nachträgliche Einbeziehung der AGB des Herstellers durch Zurückschicken einer der gekauften CD-ROM beiliegenden Einverständniserklärung; *Söder*, S. 113, spricht von einer Schwächung der Aussagekraft des Nutzerverhaltens; zur Ausübung psychischen Zwangs durch den Einsatz von Programmsperren vgl. auch OLG München MMR 2001, 395, 396f.

[888] Soergel-*Hefermehl*, § 116 Rn. 4; Staudinger-*Singer* (2004), § 116 Rn. 8; ebenso im Ergebnis RGZ 78, 371, 376, über eine analoge Anwendung des § 116 S. 2 BGB.

[889] BGH NJW-RR 1986, 415, 416; *Larenz/Wolf*, § 30 Rn. 15; MüKo-*Kramer*, § 151 Rn. 51; Hk-BGB-*Dörner*, § 151 Rn. 3; Palandt-*Ellenberger*, § 151 Rn. 2b; ebenso im Ergebnis, aber allein aufgrund einer Auslegung des Annahmeverhaltens Staudinger-*Bork* (2003), § 151 Rn. 16; a. A. *Söder*, S. 106.

[890] Siehe oben S. 336.

[891] BGHZ 111, 97, 101 = NJW 1990, 1655, 1656; BGH NJW 2001, 2324; Palandt-*Ellenberger*, § 151 Rn. 2.

[892] OLG Karlsruhe WM 2000, 414, 417; vgl. BGH NJW 2001, 2324f. m. w. N. zum Zustandekommen eines Abfindungs- oder Erlassvertrags durch Einreichung eines Schecks bei kras-

Dass der Kunde mit dem Mausklick ausdrücklich sein Einverständnis mit den angezeigten Nutzungsbedingungen erklärt, steht dem Schluss auf das Fehlen eines wirklichen Annahmewillens demnach nicht generell entgegen. Vielmehr spricht der Umstand, dass die Nutzungsbedingungen die bereits durch den Erwerb der Software gemäß § 69d UrhG begründete Nutzungsfreiheit einschränken und ein zusätzlicher Vertragsschluss mit dem Hersteller für den Kunden damit zu rechtlichen Nachteilen führt, gerade gegen einen Annahmewillen des Kunden.[893] Unter Berücksichtigung der Gesamtumstände stellt sich die Zustimmung per Mausklick für einen objektiven Beobachter daher trotz des ausdrücklichen Erklärungsinhalts nicht eindeutig als Betätigung eines Annahmewillens des Kunden dar.

Der Schluss auf einen entsprechenden Annahmewillen des Kunden kann auch nicht allein damit gerechtfertigt werden, dass der Kunde die Software unentgeltlich erworben hat.[894] Zwar besteht hier kein vergleichbarer Zwang, die Nutzungsbedingungen zu akzeptieren, um die Software nutzen zu können. Denn der Kunde erleidet durch einen Verzicht auf die Nutzung keinen wirtschaftlichen Verlust, wenn er für den Erwerb der Software nichts gezahlt hat.[895] Das ändert jedoch nichts daran, dass der zur Programmbenutzung durch den Kunden erforderliche Mausklick nicht auf die Erfüllung einer zusätzlichen Vereinbarung mit dem Hersteller gerichtet ist, sondern auf die bestimmungsgemäße Nutzung der Software als Ausübung der bereits durch den unentgeltlichen Erwerb begründeten Nutzungsfreiheit.

c. Ergebnis

Die Vereinbarung für den Kunden nachteiliger Nutzungsbedingungen scheitert demnach auch im Falle eines wirksamen Angebots in Form einer Click-On-Lizenz regelmäßig daran, dass das Verhalten des Kunden nicht eindeutig auf einen entsprechenden Annahmewillen schließen lässt.

3. Click-On-Lizenzen beim Online-Erwerb

Zu prüfen bleibt, inwieweit die Geltung einseitig gestellter Nutzungsbedingungen vereinbart werden kann, wenn der Kunde eine Datei mit urheberrechtlich geschütztem Inhalt aus dem Internet herunterlädt und bereits beim Starten des Downloads zum Akzeptieren der angezeigten Nutzungsbedingungen auf-

---

sem Missverhältnis der angebotenen Abfindung zur Höhe der nicht bestrittenen Schuld („Erlassfalle").

[893] Ebenso *Söder*, S. 116, 117; a.A. *Sickinger*, S. 85, der in der Betätigung der Enter-Taste durch den Kunden ein hinreichendes Indiz für einen wirklichen Annahmewillen sieht, da der Hersteller die Nutzung des Programms nur für den Fall gestatte, dass der Vertrag mit ihm zustande kommt.

[894] So aber *Söder*, S. 116.

[895] Vgl. *Söder*, S. 118 Fn. 537.

gefordert wird. Von den eben genannten Click-On-Lizenzen unterscheidet sich diese Konstellation vor allem dadurch, dass dem Kunden das Produkt erst überlassen wird, nachdem er die Nutzungsbedingungen akzeptiert hat.[896] Verwender der Nutzungsbedingungen ist dementsprechend regelmäßig der Online-Anbieter, nicht der Hersteller des übermittelten Werkes.

Auch diese Art des Vertragsschlusses fand ursprünglich in erster Linie bei Software Verwendung. Inzwischen sind derartige Click-On-Lizenzen auch bei anderen Werkarten üblich, die über das Internet vertrieben werden. Sobald der Nutzer auf einer Website den Download einer Programm-, Bild-, Musik- oder Textdatei startet, wird er in einem entsprechenden Fenster zum Akzeptieren der angezeigten Nutzungsbedingungen aufgefordert, ohne die der Download nicht fortgesetzt wird. Diese Vorgehensweise stellt für die Verwerter urheberrechtlich geschützten Materials eine technisch einfache Möglichkeit dar, einheitliche Geschäftsbedingungen gegenüber allen Kunden durchzusetzen, und hält auch Großkunden davon ab, eigene Bedingungen aushandeln zu wollen.[897]

a. Zustandekommen eines Überlassungsvertrages

Fraglich ist zunächst, unter welchen Voraussetzungen es überhaupt zum Abschluss eines Vertrages kommt, dessen Bestandteil die vom Betreiber der Website gestellten Nutzungsbedingungen werden können.

(1) Vertragsschluss vor Starten des Downloads

Das bloße Bereitstellen einer Datei zum Download auf einer Website stellt bei der gebotenen Auslegung nach dem objektiven Empfängerhorizont (§§ 133, 157 BGB) noch kein Angebot auf Abschluss eines Vertrages mit dem jeweiligen Besucher der Website dar. Aus Sicht eines objektiven Dritten will sich derjenige, der eine Datei anmeldefrei zum Download bereitstellt, nicht ohne weiteres gegenüber jedem Besucher der Website rechtsverbindlich zu einer Leistung verpflichten mit der Folge, dass er Erfüllungs- und Gewährleistungsansprüchen seitens des Besuchers ausgesetzt wäre.[898] Dementsprechend kommt auch der Aktivierung des Downloads durch den Kunden für sich genommen noch kein auf Abschluss eines Vertrages mit dem Seitenbetreiber gerichteter Erklärungswert zu.

Zu einem Vertragsschluss kann es nur kommen, wenn der Seitenbetreiber in räumlicher Nähe des Download-Links deutlich darauf hinweist, dass der

[896] *Söder*, S. 41 f., bezeichnet nur diese Konstellation als „(Online) Click Wrap Agreement“, die er von nachgeschobenen „Enter-Vereinbarungen“ unterscheidet. Das australische *Copyright Law Review Committee*, Rn. 4.103 (S. 131), spricht hingegen von „Browsewrap agreements“.

[897] *Contreras/Slade*, CRi 2000, 105.

[898] Vgl. *Hoenike/Hülsdunk*, MMR 2004, 65.

Download auf vertraglicher Grundlage erfolgen soll. Dies kann der Fall sein, wenn der Seitenbetreiber den Download nur gegen Entgelt gestattet[899] oder dem Kunden wie bei Open-Source-Lizenzen über die gesetzliche Nutzungsfreiheit hinausgehende Nutzungsrechte eingeräumt werden sollen. Mit der Aktivierung des Downloads erklärt der Besucher der Website dann die Annahme des im Bereitstellen der Datei liegenden Angebots. Etwaige einschränkende Nutzungsbedingungen des Seitenbetreibers werden gemäß § 305 Abs. 2 BGB daher nur dann Vertragsbestandteil, wenn der Betreiber im Zeitpunkt, in dem der Kunde den Download aktiviert, deutlich auf sie hinweist und dem Kunden die Möglichkeit der Kenntnisnahme verschafft. Für die Möglichkeit der Kenntnisverschaffung i. S. d. § 305 Abs. 2 Nr. 2 BGB genügt es dabei, wenn die Geschäftsbedingungen über einen auf der Downloadseite gut sichtbaren Link aufgerufen und ausgedruckt werden können, z. B. durch Anklicken des unterstrichenen Wortes „AGB".[900] Durch die Aktivierung des Downloads erklärt der Kunde dann sein Einverständnis mit den abrufbaren Geschäftsbedingungen.[901] Dass der Kunde vor dem Download häufig zum „Ankreuzen" einer entsprechend vorformulierten Einverständniserklärung aufgefordert wird, hat lediglich deklaratorische Bedeutung.[902]

Soweit dem Kunden die Nutzungsbedingungen hingegen erst nach dem Aktivieren des Downloads angezeigt werden, fehlt es an einer Kenntnisverschaffung „bei Vertragsschluss". Hier kommt allenfalls eine nachträgliche Einbeziehung der Nutzungsbedingungen durch eine Änderungsvereinbarung in Betracht. Für eine solche nachträgliche Einbeziehungsvereinbarung gilt § 305 Abs. 2 BGB entsprechend. Da die nachträgliche Einbeziehung von AGB aber regelmäßig mit einer Verschlechterung der Rechtsstellung des Kunden verbunden ist, sind hier strenge Anforderungen an dessen Einverständniserklärung zu stellen, die grundsätzlich ausdrücklich erfolgen muss.[903] Die bloße Entgegennahme der angebotenen Leistung kann nicht als Einverständnis gewertet werden.[904] Selbst die Unterzeichnung der dem Kunden vom Verwender zugesandten Geschäftsbedingungen genügt dafür nicht, wenn der Kunde darin nicht eine Vertragsänderung sehen muss.

---

[899] Dabei wird es sich typischerweise um einen Kaufvertrag handeln. Der Kaufgegenstand besteht dann neben etwa erforderlichen Nutzungsrechten in den zu übertragenden Daten, also flüchtigen elektronischen Schaltzuständen, siehe unten S. 401 f.

[900] BGH NJW 2006, 2976, 2977; Palandt-*Grüneberg*, § 305 Rn. 38; MüKo-*Basedow*, § 305 Rn. 64 f.; Ulmer/Brandner/Hensen-*Ulmer*, § 305 Rn. 149a m. w. N.; zur Einbeziehung der Nutzungsbedingungen der GNU General Public Licence (GPL) siehe LG München I MMR 2004, 693, 694.

[901] AnwK-*Kollmann*, § 305 Rn. 69.

[902] Zur Wirkung derartiger Bestätigungsklauseln vgl. BGH NJW 1982, 1388, 1389.

[903] BGH NJW 1984, 1112; KG NJW-RR 1994, 1265; LG Frankfurt a. M. NJW 1991, 2842; LG Gießen NJW-RR 1996, 630; MüKo-*Basedow*, § 305 Rn. 75; AnwK-*Kollmann*, § 305 Rn. 107; Palandt-*Grüneberg*, § 305 Rn. 47; Ulmer/Brandner/Hensen-*Ulmer*, § 305 Rn. 157.

[904] Palandt-*Heinrichs*, § 305 Rn. 43.

Die Einverständniserklärung muss vielmehr objektiv erkennen lassen, dass sich der Kunde bewusst ist, eine auf Vertragsänderung gerichtete Erklärung abzugeben.[905] Wird die Geltung der AGB in der Meinung bestätigt, sie seien ohnehin schon Inhalt des Vertrages oder es sei nach Durchführung des Vertrages zu spät, sich noch gegen die AGB zu wehren, so kann ein Annahmewille des Kunden daher nicht unterstellt werden.[906] Die Nutzungsbedingungen einer erst nach Vertragsschluss angezeigten Click-On-Lizenz werden daher allenfalls dann Vertragsbestandteil, wenn der Kunde ausdrücklich darauf hingewiesen wird, dass er mit dem Mausklick nicht lediglich den vorherigen Vertragsschluss bestätigt, sondern einer inhaltlichen Änderung des bereits geschlossenen Vertrages zustimmt.

(2) Vertragsschluss nach Starten des Downloads

Fehlt es an einem vorherigen Vertragsschluss, so kann erst die Aufforderung zum Akzeptieren der angezeigten Lizenzbedingungen im sich öffnenden Fenster ein Angebot des Webseitenbetreibers auf Abschluss eines Nutzungsvertrages zu den genannten Bedingungen darstellen. Dass die Anzeige von der EDV des Webseitenbetreibers automatisch generiert wird, sobald ein Besucher den Download aktiviert, steht der Behandlung als Willenserklärung des Seitenbetreibers nicht entgegen. Denn auch eine solche „Computererklärung" hat ihren Ursprung in einer menschlichen Handlung, die vom Erklärenden veranlasst wurde und auf seinen Willen zurückgeht. Als Unterfall der automatisierten Willenserklärung ist sie dem jeweiligen Betreiber der EDV-Anlage als Willenserklärung zuzurechnen.[907]

Indem der Kunde durch einen Mausklick auf die entsprechende Schaltfläche den Download fortsetzt, erklärt er seine Zustimmung zu dem angebotenen Vertragsschluss. Dabei bedarf es anders als im Fall der Shrink-Wrap-Lizenz nicht der Konstruktion eines Verzichts auf den Zugang der Annahmeerklärung nach § 151 S. 1 BGB.[908] Denn die Annahmeerklärung geht dem Webseitenbetreiber zu, sobald die von ihm für den Betrieb der Website verwendete Software den Mausklick des Benutzers registriert und daraufhin den Download freischaltet. Wiederum kommt es nicht darauf an, ob der Kunde innerlich mit den gestellten Lizenzbedingungen einverstanden ist, sondern darauf, dass er trotz Möglichkeit der Kenntnisnahme von den Vertragsbedingungen sein Einverständnis mit dem angetragenen Vertragsschluss zum Ausdruck bringt. Andern-

---

905 Staudinger-*Schlosser* (2006), § 305 Rn. 163.

906 KG MDR 1981, 933; NJW-RR 1994, 1265f.; LG Gießen NJW-RR 1996, 630; MüKo-*Basedow*, § 305 Rn. 76; Palandt-*Grüneberg*, § 305 Rn. 47; a. A. AnwK-*Kollmann*, § 305 Rn. 107.

907 OLG Frankfurt a. M. MMR 2003, 405, 406; *Larenz/Wolf*, § 30 Rn. 47, 49; Palandt-*Ellenberger*, Einf v § 116 Rn. 1.

908 *Söder*, S. 41.

falls könnten im Internet praktisch nie AGB vereinbart werden.[909] Das entspräche aber weder dem Schutzzweck des § 305 Abs. 2 BGB noch ist es mit der Regelung der §§ 312e Abs. 1 S. 1 Nr. 4 BGB vereinbar.

b. Sprachliche Transparenz der Vertragsbedingungen

Problematisch ist wiederum der Fall, dass die Nutzungsbedingungen der Click-On-Lizenz nicht in der Heimatsprache des Kunden formuliert sind. Das in § 305 Abs. 2 S. 2 BGB zum Ausdruck kommende Transparenzgebot, welches die Abfassung der Nutzungsbedingungen in einer für den Durchschnittskunden verständlichen Sprache verlangt, ist auch hier zu beachten.[910] Allerdings besteht bei der Verwendung einer Click-On-Lizenz im Rahmen des Vertriebs von geschützten Werken über das Internet die Besonderheit, dass sich das auf einer Website enthaltene Angebot grundsätzlich an einen örtlich nicht begrenzten Adressatenkreis richtet. Für einen Anbieter von Waren oder Dienstleistungen im Internet ist es jedoch kaum praktikabel, seine AGB in jeder kommerziell relevanten Sprache bereitzuhalten, um ihre wirksame Einbeziehung sicherzustellen.[911] Es muss daher ausreichen, dass die Nutzungsbedingungen in der Sprache des übrigen Textes des Internet-Auftritts abgefasst sind.[912] Das gilt insbesondere, wenn die Inanspruchnahme der angebotenen Leistung besondere Sprachkenntnisse voraussetzt, etwa weil ein in dieser Sprache formuliertes, im Angebot gespeichertes Bestellformular ausgefüllt werden muss. In diesem Fall darf der Seitenbetreiber davon ausgehen, dass der Kunde auch in derselben Sprache abgefasste Geschäftsbedingungen verstehen kann.[913] Wenn hingegen der Internetauftritt insgesamt auf Deutsch gehalten ist, muss sich der Kunde auch gegenüber einem erkennbar ausländischen Seitenbetreiber nicht auf fremdsprachige Nutzungsbedingungen einlassen.

4. Rahmenvereinbarung

Häufig ist dem Betreiber einer Website mit kostenpflichtigen Downloads in Form eines „Online-Shops" aus Gründen der Rechtssicherheit und Kundenbindung an einer vorherigen, auf vertraglicher Grundlage gestalteten Registrierung des Kunden gelegen. In diesem Fall wird durch einen zwischen dem Seitenbetreiber und dem Kunden bei der Registrierung geschlossenen Shop-Nutzungsvertrag die Einbeziehung der Nutzungsbedingungen des Betreibers als Grundlage der bei den einzelnen Downloads geschlossenen Verträge sicherge-

---

909 *Schack*, UFITA 2004, 554.

910 Siehe oben S. 342 f.

911 MüKo-*Basedow*, § 305 Rn. 66.

912 MüKo-*Basedow*, § 305 Rn. 66; AnwK-*Kollmann*, § 305 Rn. 74; Staudinger-*Schlosser* (2006), § 305 Rn. 141 a. E.

913 MüKo-*Basedow*, § 305 Rn. 66; Wolf/Lindacher/Pfeiffer-*Hau*, IntGV Rn. 40.

stellt.[914] Gemäß § 305 Abs. 3 BGB reicht es für die Geltung der Nutzungsbedingungen des Seitenbetreibers aus, dass die Voraussetzungen des § 305 Abs. 2 BGB im Zeitpunkt des Abschlusses des Shop-Nutzungsvertrages vorliegen. Dabei muss sich der Hinweis nach § 305 Abs. 2 Nr. 1 auch darauf beziehen, dass die AGB für alle künftigen Geschäfte der gleichen Art gelten sollen.[915] Wenn eine solche Pauschalvereinbarung nach § 305 Abs. 2, 3 BGB wirksam zustande gekommen ist, werden die Bedingungen in die künftigen Einzelgeschäfte einbezogen, ohne dass diese auf die Geschäftsbedingungen Bezug nehmen müssen.[916]

Relevant ist dies z. B. für die Nutzungsbedingungen von Musik- und Videoabrufdiensten wie den von der Deutschen Telekom betriebenen Portalen Musicload und Videoload oder dem von Apple betriebenen iTunes Store, die Musikstücke oder Filme zum Download im Internet anbieten. Deren Gebrauch setzt die vorherige Registrierung des Nutzers und die Anlegung eines entsprechenden Nutzerkontos voraus.[917] Bei der Registrierung erklärt der Nutzer sein Einverständnis mit der Geltung der Nutzungsbedingungen für jede Benutzung des Download-Shops.[918] Die Nutzungsbedingungen gelten dann gemäß § 305 Abs. 3 BGB für jeden einzelnen mit dem Download eines Songs zwischen dem Kunden und dem Shop-Betreiber abgeschlossenen Einzelvertrag.

5. *Ergebnis*

Nutzungsbeschränkungen in AGB werden nur dann wirksam in einen zwischen dem Anbieter des betreffenden Werkes und dem (nichtunternehmerischen) Nutzer geschlossenen Vertrag einbezogen, wenn die Voraussetzungen des § 305 Abs. 2 BGB erfüllt sind. In einer Shrink-Wrap-Lizenz enthaltene Nutzungsbeschränkungen werden daher mangels ausreichender Möglichkeit zur Kenntnisnahme im Zeitpunkt des vom Verwender intendierten Vertragsschlusses regelmäßig nicht wirksam vereinbart. Anders kann dies bei Click-On-Lizenzen sein, da hier die Lizenzbedingungen für den Kunden einsehbar sind, bevor er durch einen Mausklick sein Einverständnis mit den auf dem Bildschirm angezeigten Bedingungen erklärt.

---

[914] Dazu *Hoenike/Hülsdunk*, MMR 2004, 65.

[915] Ulmer/Brandner/Hensen-*Ulmer*, § 305 Rn. 209; Staudinger-*Schlosser* (2006), § 305 Rn. 179.

[916] Staudinger-*Schlosser* (2006), § 305 Rn. 181.

[917] Siehe z. B. Nr. A 3.1 der Allgemeinen Geschäftsbedingungen von Videoload (Stand: 4. 3. 2009), abrufbar unter http://www.t-home.de/dlp/agb/35472.pdf: „Voraussetzung für die Nutzung der Videoload Leistungen ist eine Registrierung auf dem Videoload Portal."

[918] Siehe z. B. Nr. 9 d der Nutzungsbedingungen des iTunes Store (Stand: 17. 6. 2009), abrufbar unter http://www.apple.com/legal/itunes/de/terms.html: „Sie erklären sich damit einverstanden, dass Sie erworbene Produkte nur gemäß den Nutzungsbedingungen nutzen werden ..."

Eine wirksame Nutzungsvereinbarung scheitert aber auch in diesem Fall bereits am Fehlen eines wirksamen Vertragsangebots, wenn für den Durchschnittskunden nicht hinreichend deutlich erkennbar ist, dass sich die Nutzungsbedingungen auf einen zusätzlich abzuschließenden (Lizenz)Vertrag mit einem Dritten beziehen, oder wenn die Nutzungsbedingungen in einer für den Durchschnittskunden nicht allgemein verständlichen Sprache abgefasst sind. Jedenfalls liegt im Anklicken einer vorformulierten Schaltfläche, das erforderlich ist, um das erworbene Produkt bestimmungsgemäß nutzen zu können, regelmäßig keine Betätigung eines auf einen Vertragsschluss gerichteten Annahmewillens i.S.d. § 151 S. 1 BGB. Eine Ausnahme gilt beim Vertrieb von Werken über das Internet. Hier reicht es für ein wirksames Angebot des Online-Anbieters aus, dass auf seiner Homepage auf die für den Kunden vor Beginn des Downloads einsehbaren Nutzungsbedingungen deutlich hingewiesen wird und diese in derselben Sprache formuliert sind wie der übrige Internet-Auftritt. Mit der Aktivierung des Downloads durch den Nutzer kommt dann ein Überlassungsvertrag zu den angezeigten Bedingungen zustande. Wenn die Nutzungsbeschränkungen Gegenstand einer zwischen dem Anbieter und dem Kunden geschlossenen Rahmenvereinbarung gemäß § 305 Abs. 3 BGB sind, bei deren Abschluss die Voraussetzungen des § 305 Abs. 2 BGB vorliegen, gelten die Nutzungsbeschränkungen auch für spätere Downloads, ohne dass dies jeweils eigens vereinbart werden muss.

II. Überraschende Klauseln

Bestimmungen in AGB werden gemäß § 305c Abs. 1 BGB auch dann nicht Vertragsbestandteil, wenn sie so ungewöhnlich sind, dass der Vertragspartner des Verwenders mit ihnen nicht zu rechnen braucht. Damit soll eine Einbeziehung von Klauseln verhindert werden, denen ein Überrumpelungs- oder Übertölpelungseffekt innewohnt.[919] Die Ungewöhnlichkeit kann sich insbesondere aus dem äußeren Erscheinungsbild des Vertrages ergeben. Dies kommt bei umfangreichen Klauselwerken in Betracht, wenn eine wichtige Klausel vom Verwender an einer Stelle im Vertrag „versteckt" wird, an der eine solche Klausel mangels Sachzusammenhangs nicht zu vermuten ist.[920] So dürften Klauseln, die dem Nutzer den Gebrauch einer urheberrechtlichen Schranke verbieten, als überraschend anzusehen sein, wenn sie sich in einem Abschnitt befinden, der mit „Haftung des Lizenzgebers" oder „Schlussbestimmungen" überschrieben ist.

---

[919] BGH NJW 1992, 1234, 1235; Bamberger/Roth-*H. Schmidt*, § 305c Rn. 10, 15; Palandt-*Grüneberg*, § 305c Rn. 4 m. w. N.

[920] KG NJW 2002, 490, 491; Palandt-*Gruneberg*, § 305c Rn. 4; Hk-BGB-*Schulte-Nölke*, § 305c Rn. 2. Häufig wird in diesen Fällen zugleich ein Verstoß gegen das Transparenzgebot gemäß § 307 Abs. 1 S. 2 BGB vorliegen, vgl. Staudinger-*Coester* (2006), § 307 Rn. 191.

Darüber hinaus kann auch eine erhebliche Abweichung vom dispositiven Gesetzesrecht oder ein krasser Widerspruch zum Vertragszweck die Ungewöhnlichkeit einer Klausel begründen.[921] In diesem Fall liegen gleichzeitig aber die Voraussetzungen einer unangemessenen Benachteiligung des Vertragspartners nach § 307 Abs. 2 BGB vor. Letztere kann anders als die Frage der Einbeziehung nach § 305c BGB auch im Wege einer Verbandsklage überprüft werden. Ob eine nutzungsbeschränkende Klausel vom dispositiven Gesetzesrecht abweicht oder im Widerspruch zum Vertragszweck steht, wird daher im Zusammenhang mit der Inhaltskontrolle behandelt.[922]

III. Inhaltskontrolle

Wenn die AGB nach dem Vorstehenden Bestandteil eines zwischen dem Anbieter und dem Nutzer geschlossenen Vertrages geworden sind, ist fraglich, inwieweit darin enthaltene Klauseln, die den Nutzer zur Unterlassung bestimmter von einer Schranke des Urheberrechts erlaubter Nutzungshandlungen verpflichten, wegen Verstoßes gegen die §§ 307 ff. BGB unwirksam sind. Da keines der Klauselverbote der §§ 308, 309 BGB einschlägig ist, kann nur auf die Generalklausel des § 307 Abs. 1 BGB abgestellt werden. Dabei ist zu berücksichtigen, dass § 307 BGB in Bezug auf Verbraucherverträge die Vorgaben von Art. 3 Abs. 1 Klausel-RL in deutsches Recht umsetzt, die daher bei der Auslegung des § 307 BGB durch die nationalen Gerichte berücksichtigt werden müssen.[923] Nach Art. 3 Abs. 1 Klausel-RL ist eine Vertragsklausel missbräuchlich, wenn sie ein erhebliches und ungerechtfertigtes Missverhältnis der vertraglichen Rechte und Pflichten der Vertragspartner verursacht. Dieser Maßstab der Inhaltskontrolle ist inhaltlich weitgehend identisch mit dem der unangemessenen Benachteiligung gemäß § 307 Abs. 1 BGB, so dass sich aus der Richtlinie keine strengeren Anforderungen ergeben.[924] Dem Anhang der Richtlinie, der in Konkretisierung des Art. 3 Abs. 1 beispielhaft bestimmte Klauselverbote auflistet, lassen sich keine Anhaltspunkte für die Missbräuchlichkeit von vertraglichen Beschränkungen des Schrankengebrauchs entnehmen.[925] Folglich kommt es

---

[921] BGH NJW 1992, 1934, 1935; Palandt-*Grüneberg*, § 305c Rn. 3; Hk-BGB-*Schulte-Nölke*, § 305c Rn. 2; Bamberger/Roth-*H. Schmidt*, § 305c Rn. 12 f.

[922] Siehe unten S. 374 ff.

[923] EuGH, 1. 4. 2004, Rs. C-237/02, Slg. 2004, I-3403, Rn. 25 – Freiburger Kommunalbauten/Hofstetter; EuGH, 26. 10. 2006, Rs. C-168/05, Slg. 2006, I-10421, Rn. 23 – Mostaza Claro/Centro Móvil; Palandt-*Grüneberg*, § 310 Rn. 22.

[924] Palandt-*Grüneberg*, § 310 Rn. 22.

[925] *Guibault*, Copyright Limitations, S. 254 f.; *Rott*, in: Hilty/Peukert, S. 272. Die Konkretisierung der Generalklausel durch den Anhang der Klausel-RL ist für nationale Gerichte ohnehin nicht verbindlich, so dass eine Klausel auch dann als wirksam angesehen werden kann, wenn sie gegen eines der dort aufgelisteten Klauselverbote verstößt, siehe EuGH, 7. 5. 2002, Rs. C-478/99, Slg. 2002, I-4147, Rn. 20 – Kommission/Schweden.

darauf an, ob eine vertragliche Einschränkung des Schrankengebrauchs den Vertragspartner entgegen den Geboten von Treu und Glauben unangemessen benachteiligt.

1. *Transparenzkontrolle gemäß § 307 Abs. 1 S. 2 BGB*

Gemäß § 307 Abs. 1 S. 2 BGB kann sich eine unangemessene Benachteiligung des Vertragspartner bereits daraus ergeben, dass die Bestimmung nicht klar und verständlich formuliert ist. Während für eine wirksame Einbeziehung in den Vertrag nach § 305 Abs. 2 BGB auf die formal-sprachliche Transparenz der Bestimmungen ankommt,[926] erfordert das in § 307 Abs. 1 S. 2 BGB kodifizierte Transparenzgebot im Rahmen der Inhaltskontrolle, dass Rechte und Pflichten des Kunden möglichst klar und durchschaubar dargestellt werden und die Klausel die wirtschaftlichen Nachteile und Belastungen so weit erkennen lässt, wie dies nach den Umständen gefordert werden kann.[927] Die Tatbestandsvoraussetzungen und Rechtsfolgen müssen danach so genau beschrieben werden, dass für den Verwender keine unberechtigten Beurteilungsspielräume entstehen.[928] Zu beachten ist aber, dass bei Verbraucherverträgen nach § 310 Abs. 3 Nr. 3 BGB die Begleitumstände bei der Prüfung der Unangemessenheit zu berücksichtigen sind. Ist eine Klausel für den typischen Kunden intransparent, für den konkreten Vertragspartner hingegen nicht, so kann ihre Unwirksamkeit daher im Individualprozess nicht aus einer Verletzung des Transparenzgebots gemäß § 307 Abs. 1 S. 2 BGB hergeleitet werden.[929]

Wenn eine Klausel gegen das Transparenzgebot verstößt und den Vertragspartner dadurch unangemessen benachteiligt, ist sie unabhängig von ihrem Inhalt nach § 307 Abs. 1 S. 2 i. V. m. S. 1 BGB unwirksam. Dass der Vertragspartner durch den intransparenten Klauselinhalt auch materiell benachteiligt wird, ist für die Unwirksamkeit der Klausel nicht erforderlich.[930] Denn auch die Intransparenz als solche kann den Vertragspartner unangemessen benachteiligen, indem sie die Rechtswahrung des Vertragspartners im Stadium der Vertragsabwicklung erschwert oder ihn bereits an der sachgerechten Beurteilung hindert, ob es sich um einen für ihn günstigen oder akzeptablen Vertrag handelt, und dadurch die Wahrnehmung von Marktchancen, etwa durch Ausweichen auf an-

---

[926] Dazu oben S. 342 f.

[927] BGHZ 136, 394, 401 = NJW 1998, 454, 456; BGHZ 147, 354, 361 f. = NJW 2001, 2014, 2016; BGHZ 152, 233, 242 f. = GRUR 2003, 416, 419 – CPU-Klausel; BGH NJW-RR 2005, 1496, 1498; BGH NJW-RR 2008, 1123, 1125 Tz. 15; Bamberger/Roth-*H. Schmidt*, § 307 Rn. 42 m. w. N.

[928] BGH NJW 2008, 1438 Tz. 17; Wolf/Lindacher/Pfeiffer-*Wolf*, § 307 Rn. 258.

[929] Palandt-*Grüneberg*, § 307 Rn. 17 und § 310 Rn. 21.

[930] BGHZ 136, 394, 401 f. = NJW 1998, 454, 456; BGHZ 153, 6, 17 = NJW 2003, 1241, 1243; Staudinger-*Coester* (2006) § 307 Rn. 174; Hk-BGB-*Schulte-Nölke*, § 307 Rn. 22; a. A. Bamberger/Roth-*H. Schmidt*, § 307 Rn. 42 f.; Wolf/Lindacher/Pfeiffer-*Wolf*, § 307 Rn. 250.

dere Anbieter oder Verhandlungsmöglichkeiten gegenüber dem Verwender, beeinträchtigt.[931]

a. Unbestimmtheit des zulässigen Nutzungsumfangs

Bei Klauseln, die eine bestimmte Nutzung des Vertragsgegenstands durch den Vertragspartner verbieten oder anderweitig einschränken, kann ein Verstoß gegen das Transparenzgebot insbesondere darin liegen, dass der Umfang der nach dem Vertrag unzulässigen oder vergütungspflichtigen Nutzung nicht hinreichend bestimmt bezeichnet wird. So wird in einem Online-Kaufvertrag über eine Musik- oder Bilddatei eine Bestimmung unwirksam sein, wonach jede „gesetzlich nicht ausdrücklich zugelassene Nutzung" des erworbenen Produkts einer vorherigen Zustimmung des Verkäufers bedarf oder eine gesonderte Vergütungspflicht des Käufers auslöst. Denn für den Käufer ist dabei nicht ersichtlich, auf welche gesetzlichen Regelungen sich die Klausel bezieht. Er kann daher den Umfang der entgelt- bzw. zustimmungsfrei erlaubten Nutzungen nicht sicher feststellen. Um einer Entgeltpflicht zu entgegen, wird er daher im Zweifel das erworbene Produkt nicht im tatsächlich zulässigen Umfang nutzen.

Entsprechendes gilt für eine Klausel, die dem Kunden eine bestimmte Nutzung „vorbehaltlich abweichender zwingender gesetzlicher Regeln" untersagt.[932] Auch derartige „salvatorische" Zusätze sind wegen Verstoßes gegen das Transparenzgebot grundsätzlich unwirksam.[933] Denn die Verantwortung für eine angemessene und transparente Fassung der Klausel liegt beim Verwender, der die Gerichte nicht dazu ermächtigen kann, eine pauschal und unsorgfältig formulierte Bestimmung auf das gesetzlich noch zulässige Maß zu reduzieren und dadurch erst den eigentlich gewollten Klauselinhalt herauszuarbeiten.[934]

Ein salvatorischer Vorbehalt ist daher allenfalls dann zulässig, wenn zum Zeitpunkt des Vertragsschlusses angesichts des Standes von Schrifttum und Rechtsprechung objektiv zweifelhaft ist, ob eine Klausel zulässig ist oder nicht, und deshalb die Formulierung einer genau gefassten Klausel für den Verwender trotz sorgfältiger Prüfung unzumutbar ist.[935] Auch in diesem Fall muss der Verwender den Klauselinhalt aber so weit wie möglich konkretisieren, um dem

---

[931] Palandt-*Grüneberg*, § 307 Rn. 20; Staudinger-*Coester* (2006) § 307 Rn. 175f., 178; *Larenz/Wolf*, § 43 Rn. 72. Der erste Aspekt wird als Abwicklungstransparenz, der zweite als Abschlusstransparenz bezeichnet.

[932] Z.B. in Nr. 9 b (ii) der Nutzungsbedingungen des iTunes Store (Stand: 17. 6. 2009), abrufbar unter http://www.apple.com/legal/itunes/de/terms.html: „Der Weitervertrieb, die Weitergabe, Übertragung oder Unterlizenzierung ist vorbehaltlich abweichender zwingender gesetzlicher Regeln nicht gestattet."

[933] BGH NJW 1996, 1407, 1408; Staudinger-*Coester* (2006), § 307 Rn. 59; Palandt-*Grüneberg*, Vorb v § 307 Rn. 13; *Kreutzer*, Verbraucherschutz, S. 40, jeweils m. w. N.

[934] Staudinger-*Coester* (2006), § 307 Rn. 59.

[935] OLG Stuttgart NJW 1981, 1105, 1106; Staudinger-*Coester* (2006), § 307 Rn. 59.

Transparenzgebot gerecht zu werden.[936] Dass die schuldrechtliche Abdingbarkeit urheberrechtlicher Schranken bisher nicht hinreichend geklärt ist, kann daher nicht dazu führen, dass der Verwender das mit der rechtlichen Unsicherheit verbundene Risiko auf den Kunden abwälzen darf, indem er bestimmte Nutzungshandlungen unabhängig von ihrem Zweck und den Umständen ihrer Vornahme pauschal untersagt und lediglich unter den Vorbehalt abweichender zwingender Regeln stellt.[937] Vielmehr ist es dem Verwender zumutbar, durch die Formulierung der Nutzungsbedingungen deutlich zu machen, inwieweit eine nutzungsbeschränkende Klausel auch die Vornahme von Nutzungshandlungen erfassen soll, die von einer urheberrechtlichen Schrankenregelung gedeckt sind. Wenn er das nicht tut, ist die nutzungsbeschränkende Klausel gemäß § 307 Abs. 1 S. 2 BGB insgesamt unwirksam.

b. Verschleierung der Rechtslage

Ebenfalls nach § 307 Abs. 1 S. 2 BGB unangemessen sind Klauseln, die dem Vertragspartner eine falsche Rechtslage suggerieren und ihn dadurch in der Wahrnehmung seiner Rechte behindern.[938] Problematisch ist danach die in den Dienstleistungsbedingungen des iTunes Store enthaltene Bestimmung, dass sich der Nutzer damit einverstanden erklärt, dass er das erworbene Produkt „nur gemäß den Nutzungsbedingungen nutzen“ wird und „dass jede sonstige Nutzung der Produkte eine Urheberrechtsverletzung begründen kann“.[939] Gleiches gilt für die in den AGB von Videoload enthaltene Klausel „Jede Nutzung der Filme, die über die vorstehende Nutzungserlaubnis hinausgeht, stellt nach geltendem Recht eine Urheberrechtsverletzung dar und ist deshalb verboten“.[940]

Diese Klauseln suggerieren dem Vertragspartner, dass grundsätzlich jeder Verstoß gegen die Nutzungsbedingungen das Urheberrecht verletzt. Soweit die Nutzung aufgrund einer Schrankenregelung urheberrechtlich zulässig ist, begründet aber der Verstoß gegen ein vertragliches Nutzungsverbot mangels

[936] Vgl. MüKo-*Kieninger*, § 307 Rn. 56.

[937] Ebenso die Tendenz von *Kreutzer*, Verbraucherschutz, S. 105.

[938] BGHZ 153, 6, 17 = NJW 2003, 1241, 1243 f. (zum unzutreffenden Klauselzusatz „Diese Regelung beruht auf der Rechtsprechung des BGH“); Staudinger-*Coester* (2006), § 307 Rn. 192; MüKo-*Kieninger*, § 307 Rn. 57; Soergel-*Stein*, § 9 AGBG Rn. 21; Wolf/Lindacher/Pfeiffer-*Wolf*, § 307 Rn. 267.

[939] Nr. 9 d der Nutzungsbedingungen des iTunes Store (Stand: 17. 6. 2009), abrufbar unter http://www.apple.com/legal/itunes/de/terms.html.

[940] Nr. B I 5.4 und B II 5.6 der Allgemeinen Geschäftsbedingungen von Videoload (Stand: 4. 3. 2009), abrufbar unter http://www.t-home.de/dlp/agb/35472.pdf. Ähnlich ist Nr. 3.4 der Allgemeinen Geschäfts- und Nutzungsbedingungen der 7 Digital Media Ltd. (Stand: Juli 2007), abrufbar unter http://www.7digital.de/stores/tandc.aspx?shop=807, formuliert: „Jede Nutzung der Inhalte, die über die jeweils geltende Gebrauchserlaubnis (DRM) hinausgeht ... stellt eine Urheberrechtsverletzung dar und ist untersagt.“

dinglicher Wirkung des Verbots keine Urheberrechtsverletzung.[941] Derartige Klauseln verschleiern daher die tatsächliche Rechtslage, indem sie einem Verstoß gegen die vertraglichen Nutzungsbedingungen eine Rechtsfolge beimessen, die ein solcher Verstoß tatsächlich nicht hat. Diese irreführende Darstellung der Rechtslage ist geeignet, den durchschnittlichen Kunden allein aus Angst vor den mit einer Urheberrechtsverletzung verbundenen Sanktionen (Strafbewehrung) davon abzuhalten, eine bestimmte urheberrechtlich zulässige Nutzung vorzunehmen. Dadurch wird der Verwender in die Lage versetzt, seine Nutzungsbedingungen unabhängig von ihrer Wirksamkeit gegenüber dem Nutzer durchzusetzen. Der darin liegende Verstoß gegen das Transparenzgebot benachteiligt den Kunden gemäß § 307 Abs. 1 S. 2 BGB unangemessen und führt zur Unwirksamkeit der betreffenden Klausel.

Der Verstoß gegen das Transparenzgebot bliebe für den Verwender aber weitgehend wirkungslos, wenn von der Unwirksamkeit nur die konkrete, zur Intransparenz führende Klausel erfasst würde, nach der jede Überschreitung der Nutzungserlaubnis eine Urheberrechtsverletzung begründet. Da sich der Verstoß gerade auf die Sanktionierung einer Überschreitung der Nutzungsbedingungen bezieht, werden die Bedingungen aufgrund der betreffenden Klausel insgesamt intransparent. Daher muss sich die Unwirksamkeit auf sämtliche Bestimmungen in den Nutzungsbedingungen erstrecken, auf die sich diese Klausel bezieht.

2. *Schranken der Inhaltskontrolle gemäß § 307 Abs. 3 BGB*

Nur wenn die Klausel dem Transparenzgebot genügt, stellt sich die Frage, inwieweit derartige Nutzungsbeschränkungen einer weitergehenden Inhaltskontrolle unterfallen. Nach § 307 Abs. 3 BGB sind AGB-Klauseln einer Inhaltskontrolle nur zugänglich, wenn durch sie von Rechtsvorschriften abweichende oder diese ergänzende Regelungen vereinbart werden. Damit soll vor allem die Kontrolle von Klauseln ausgeschlossen werden, für deren Regelungsinhalt keine Rechtsvorschriften existieren, die im Falle der Unwirksamkeit an ihre Stelle treten können, so dass eine Kontrolle mangels rechtlicher Beurteilungsmaßstäbe auf eine Billigkeitskontrolle hinausliefe.[942]

a. Einschränkung für Leistungsbeschreibungen

Nicht der Inhaltskontrolle unterfallen daher insbesondere Leistungsbeschreibungen, welche Art und Umfang der vertraglichen Hauptleistungspflicht festlegen.[943] Gleiches gilt für Bestimmungen über den Preis der vertraglichen

---

[941] Siehe oben S. 198 f., 204.

[942] Hk-BGB-*Schulte-Nölke*, § 307 Rn. 5; Staudinger-*Coester* (2006), § 307 Rn. 319, 327 f.; *Stoffels*, Rn. 423; vgl. BGH NJW 1998, 383.

[943] BGHZ 114, 330, 333 = NJW 1991, 1953; BGHZ 116, 117, 119 = NJW 1992, 688, 689;

Hauptleistung sowie über das Entgelt für eine nicht zum normalen Vertragsprogramm gehörende, zusätzlich angebotene Sonderleistung des Verwenders.[944] Denn nach dem im Bürgerlichen Recht geltenden Grundsatz der Privatautonomie können die Vertragsparteien Leistung und Gegenleistung grundsätzlich frei bestimmen. Deren Festlegung durch die Parteien einschließlich der Äquivalenz von Leistung und Gegenleistung soll daher zumindest in ihrem Kernbereich nicht zum Gegenstand einer richterlichen Angemessenheitskontrolle gemacht werden.[945] Das entspricht Art. 4 Abs. 2 Klausel-RL, wonach die den Hauptgegenstand des Vertrags betreffenden Klauseln und die Angemessenheit von Preis und Gegenleistung grundsätzlich kontrollfrei bleiben.[946]

Angesichts dieser gesetzlichen Beschränkung der AGB-Inhaltskontrolle wird vereinzelt angenommen, dass eine Inhaltskontrolle nutzungsbeschränkender Klauseln in Lizenzverträgen ausscheide, da der Umfang der zulässigen Nutzung des lizenzierten Werkes der wesentliche Inhalt der Lizenzvereinbarung sei und durch eine solche Klausel daher lediglich der Umfang der vom Lizenzgeber zu erbringenden Hauptleistung festgelegt werde.[947] Zutreffend ist, dass eine Inhaltskontrolle ausscheidet, soweit Gegenstand des Vertrages die Verpflichtung zur Einräumung eines urheberrechtlichen Nutzungsrechts ist, welche durch eine Klausel in den AGB des Lizenzgebers gemäß § 31 Abs. 1 S. 2 UrhG in zulässiger Weise räumlich, zeitlich oder inhaltlich beschränkt oder von einer bestimmten Gegenleistung abhängig gemacht wird.[948] Denn der Lizenzgeber macht in diesem Fall nur von seinem durch § 31 Abs. 1 UrhG eröffneten rechtsgeschäftlichen Gestaltungsspielraum Gebrauch, der mittelbar auch die Eingehung entsprechender vertraglicher Verpflichtungen umfasst.[949] Eine

BGHZ 143, 128, 138 f. = NJW 2000, 577, 579 – Endschaftsbestimmung; BGH NJW 1998, 383; BGH NJW 2008, 214 Tz. 12; BGH NJW 2008, 360, 362 Tz. 18; Staudinger-*Coester* (2006), § 307 Rn. 284, 310; Soergel-*Stein*, § 8 AGBG Rn. 6; Palandt-*Grüneberg*, § 307 Rn. 57; Hk-BGB-*Schulte-Nölke*, § 307 Rn. 8.

[944] BGH NJW 2002, 2386; BGHZ 161, 189, 191 = NJW 2005, 1275; BGH NJW-RR 2005, 1135; Staudinger-*Coester* (2006), § 307 Rn. 329; *Stoffels*, Rn. 443, 446.

[945] BGH NJW 1998, 383; BGHZ 141, 380, 382 f. = NJW 1999, 2276, 2277; BGHZ 143, 128, 139 = NJW 2000, 577, 579 – Endschaftsbestimmung; BGH NJW 2008, 360, 362 Tz. 18; Staudinger-*Coester* (2006), § 307 Rn. 283, 310; Hk-BGB-*Schulte-Nölke*, § 307 Rn. 5; MüKo-*Kieninger*, § 307 Rn. 16; Soergel-*Stein*, § 8 AGBG Rn. 9; *Stoffels*, Rn. 423; *Canaris*, AcP 200 (2000), 327.

[946] Vgl. *Stoffels*, Rn. 425.

[947] So *Elkin-Koren*, in: Dreyfuss/Zimmerman/First, S. 204: „Because the permissions and restrictions actually define the nature of what will be delivered in information transactions, restrictive terms may be exempt from the Directive on the ground that they ‚define the product'".

[948] *Schack*, UrhR, Rn. 959; Wandtke/Bullinger-*Grützmacher*, § 69d Rn. 33. Umstritten ist die Zulässigkeit einer am Maßstab des § 31 Abs. 5 UrhG orientierten Inhaltskontrolle hingegen im umgekehrten Fall, dass der Urheber sich in AGB gegenüber deren Verwender zur Einräumung von Nutzungsrechten verpflichtet.

[949] Vgl. Dreier/Schulze-*Schulze*, § 31 Rn. 15.

richterliche Angemessenheitskontrolle kommt daher insoweit nicht in Betracht.

Wenn eine nutzungsbeschränkende Klausel die Unterlassung von Nutzungshandlungen des Kunden zum Gegenstand hat, die von einer gesetzlichen Schranke gedeckt sind, bezieht sich die Klausel jedoch nicht auf eine vom Verwender zu erbringende vertragliche Leistung. Insbesondere liegt keine inhaltliche Begrenzung eines dem Kunden nach dem Vertrag einzuräumenden Nutzungsrechts vor.[950] Vielmehr wird dem Kunden eine Unterlassungspflicht in Bezug auf eine Nutzungshandlung auferlegt, deren Vornahme ihm aufgrund des Urheberrechts ohne eine entsprechende Klausel nicht verboten wäre.[951] Bei einer solchen Klausel handelt es sich somit nicht um eine den Umfang der Hauptleistungspflicht des Lizenzgebers bestimmende Leistungsbeschreibung.

b. Kontrolle von Entgeltklauseln

Wenn sich der Kunde nicht zur Unterlassung, sondern zu einer zusätzlichen Vergütung bestimmter nach dem UrhG zulässiger Nutzungshandlungen verpflichtet, könnte darin eine von der Inhaltskontrolle nach § 307 Abs. 3 BGB ausgenommene Leistungsbeschreibung zu sehen sein. Jedoch sind in Bezug auf die vertragliche Gegenleistung des Kunden nicht sämtliche leistungsbestimmenden Klauseln gemäß § 307 Abs. 3 BGB von der Inhaltskontrolle ausgeschlossen. Da der Begriff der „Leistung“ nicht zur Disposition des Verwenders der AGB steht, bleiben auch solche Klauseln daraufhin überprüfbar, ob sie Rechtsvorschriften ergänzen oder abändern, indem sie etwa ein Entgelt festlegen, obwohl eine Leistung für den Kunden nicht erbracht wird.[952]

So lässt der BGH eine Inhaltskontrolle von Klauseln zu, die nicht den Preis für die Hauptleistung oder für eine dem Kunden auf rechtsgeschäftlicher Grundlage erbrachte Sonderleistung regeln, sondern versuchen, Aufwendungen für die Erfüllung eigener gesetzlicher Pflichten des Verwenders auf den Kunden abzuwälzen.[953] Zur Begründung wird angeführt, dass für die Erfüllung gesetzlicher Leistungspflichten nach dispositivem Gesetzesrecht kein Entgelt beansprucht werden könne und eine entsprechende Entgeltklausel somit eine kontrollfähige Abweichung von Rechtsvorschriften darstelle. Da es zu den we-

---

[950] Vgl. oben S. 200 f.; a. A. offenbar *Trayer*, S. 196, der im Ergebnis aber ebenfalls von der Kontrollfähigkeit derartiger Bestimmungen ausgeht, da sie lediglich Einschränkungen der Hauptleistungspflicht enthielten und damit nicht zu den vertragswesentlichen Bestimmungen gehörten.

[951] Zutreffend *Guibault*, in: Hilty/Peukert, S. 239.

[952] BGHZ 141, 380, 383 = NJW 1999, 2276, 2277; Bamberger/Roth-*H. Schmidt*, § 307 Rn. 68a m. w. N.

[953] BGHZ 114, 330, 333 = NJW 1991, 1953 (Entgelt für Ausfertigung einer Löschungsbewilligung in Bank-AGB); BGHZ 161, 189, 191 = NJW 2005, 1275; BGH NJW-RR 2005, 1135 f. (Entgelt für Wertpapier-Depotwechsel); vgl. auch MüKo-*Kieninger*, § 307 Rn. 18 m. w. N.

sentlichen Grundgedanken des dispositiven Rechts gehöre, dass „jeder Rechtsunterworfene seine gesetzlichen Verpflichtungen zu erfüllen [habe], ohne dafür ein gesondertes Entgelt verlangen zu können", seien damit zugleich die Voraussetzungen des § 307 Abs. 2 Nr. 1 BGB erfüllt.[954] Ebenso werden Klauseln bewertet, die ein Entgelt festlegen, dem keine echte Gegenleistung gegenübersteht.[955]

Teilweise wird die Kontrollfähigkeit in den genannten Fällen stattdessen damit gerechtfertigt, dass durch die Klausel ein Zusatzentgelt für eine Leistung festgelegt werde, die nach dem Gesamtbild des Vertrags zur „Grundleistung" des Verwenders gehöre und daher mit dem Grundpreis abgegolten sei.[956] Dadurch werde das vom Kunden erwartete Äquivalenzverhältnis verändert und auf diese Weise die vertragliche Vereinbarung ausgehöhlt, so dass sich die Unangemessenheit der Klausel aus § 307 Abs. 2 Nr. 2 BGB ergebe.[957] Gegenüber der Lösung des BGH besteht im Ergebnis jedoch kein Unterschied,[958] zumal die Wirksamkeit derartiger Klauseln häufig bereits am Transparenzgebot scheitern wird. Eine Einschränkung der Kontrollfähigkeit von Entgeltklauseln ist damit nicht verbunden. In jedem Fall besteht ein rechtlicher Beurteilungsmaßstab, der einer Inhaltskontrolle zugrunde gelegt werden kann, sei es das dispositive Recht nach § 307 Abs. 2 Nr. 1 oder die „Natur des Vertrages" i. S. d. § 307 Abs. 2 Nr. 2 BGB.

Dem Ausschluss der Inhaltskontrolle nach § 307 Abs. 3 kommt bei Klauseln, welche die Gegenleistungspflicht des Kunden festlegen, gegenüber § 307 Abs. 2 BGB danach keine eigenständige Bedeutung zu. Entscheidend sind insoweit allein die in § 307 Abs. 2 Nr. 1 und 2 BGB genannten Voraussetzungen, bei deren Vorliegen auch die Kontrollfähigkeit der entsprechenden Klausel feststeht.[959] Eine Inhaltskontrolle ist in diesen Fällen nach dem Schutzzweck des § 307 Abs. 3 BGB deswegen geboten, weil der Durchschnittskunde solchen Neben-

---

[954] BGH NJW 2002, 2386, 2387; BGHZ 136, 261, 266 = NJW 1997, 2752, 2753; BGHZ 161, 189, 193 = NJW 2005, 1275, 1276; BGH NJW-RR 2005, 1136. Ablehnend *Canaris*, AcP 200 (2000), 333: Das bloße Fehlen einer Entgeltregelung im dispositiven Recht stelle „keine *negative*, sondern eben *überhaupt keine* Regelung" dar (Hervorhebung im Original); kritisch auch Staudinger-*Coester* (2006), § 307 Rn. 329.

[955] BGHZ 137, 43, 45 f. = NJW 1998, 309, 310 (Bankgebühren für die Nichtausführung von Aufträgen mangels Deckung); BGH NJW 2002, 2386, 2387 (Deaktivierungsgebühr eines Telefonnetzbetreibers); Staudinger-*Coester* (2006), § 307 Rn. 329; ablehnend auch insoweit *Canaris*, AcP 200 (2000), 341 f.

[956] Staudinger-*Coester* (2006), § 307 Rn. 329.

[957] Staudinger-*Coester* (2006), § 307 Rn. 329.

[958] Vgl. Hk-BGB-*Schulte-Nölke*, § 307 Rn. 10, der allgemein bei der Rechtsanwendung eine „gewisse Beliebigkeit" feststellt, ob eine Klausel an Abs. 1, Abs. 2 Nr. 1 oder Nr. 2 BGB geprüft werde.

[959] Vgl. *Stoffels*, Rn. 452: § 307 Abs. 3 müsse „mit Blick auf § 307 Abs. 2 Nr. 2 BGB ausgelegt werden"; BGHZ 162, 294, 301 = NJW 2005, 1645, 1647, wo die streitgegenständliche Entgeltregelung am Maßstab des § 307 Abs. 2 BGB beurteilt wird, ohne dass § 307 Abs. 3 BGB als Schranke der Inhaltskontrolle erwähnt wird.

punkten bei Vertragsschluss typischerweise wenig Beachtung schenkt und die Preisbildung daher nicht dem Markt überlassen werden kann.[960] Mit Art. 4 Abs. 2 Klausel-RL ist dies vereinbar, wenn das Entgelt wie in den genannten Fällen keine Gegenleistung für die vom Verwender zu erbringende Hauptleistung darstellt und damit nicht den „Hauptgegenstand" des Vertrages betrifft.[961] Einer Inhaltskontrolle entzogen ist daher letztlich nur der enge Bereich der leistungsbeschreibenden Klauseln, ohne deren Vorliegen mangels Bestimmtheit oder Bestimmbarkeit des wesentlichen Vertragsinhalts ein wirksamer Vertrag nicht mehr angenommen werden kann.[962]

c. Folgerungen für die Kontrolle von Nutzungsbeschränkungen

Wenn eine Klausel in den Allgemeinen Geschäftsbedingungen eines Werkanbieters bestimmte Nutzungshandlungen, die nach dem UrhG kostenfrei zulässig sind, von der Zahlung einer Vergütung abhängig macht, wird dem Nutzer ein Entgelt auferlegt, obwohl der Anbieter in Bezug auf die vergütungspflichtige Nutzung keine Leistung an den Kunden erbringt. Denn ein Nutzungsrecht kann insoweit aufgrund der entsprechenden Begrenzung des Ausschließlichkeitsrechts nicht eingeräumt werden. Die Klausel ist einer Inhaltskontrolle somit im Hinblick auf einen Verstoß gegen § 307 Abs. 2 Nr. 1 und 2 BGB zugänglich.[963]

Ebenfalls kontrollfähig ist eine Klausel, welche die fragliche Nutzung entgegen einer gesetzlichen Schranke ganz untersagt. Wenn sich der Kunde nur deswegen zur Unterlassung bestimmter nach dem UrhG zulässiger Nutzungshandlungen verpflichtet, damit ihm der Verwender der Klausel das vertragsgegenständliche Werk überhaupt zur Nutzung überlässt, kann in der Klausel zwar eine Leistungsbeschreibung im Hinblick auf die vom Kunden für die Überlassung des Werkes zu erbringende Gegenleistung gesehen werden. Die Klausel betrifft jedoch nicht den Kernbereich der Leistungspflichten, welche den wesentlichen Vertragsinhalt bestimmen. Insbesondere wenn für die Überlassung des Werkes bereits ein Entgelt zu zahlen ist, wird dem Kunden mit der Unterlassungspflicht daher auch hier eine zusätzliche, neben dem eigentlichen Pflichtenprogramm stehende Leistungspflicht auferlegt, der keine echte Gegenleistung des Verwenders gegenübersteht.[964] Die Klausel ist daher ebenfalls einer

---

[960] Vgl. MüKo-*Kieninger*, § 307 Rn. 16; *Stoffels*, Rn. 451.

[961] Bamberger/Roth-*H. Schmidt*, § 307 Rn. 71; zum Begriff des „Hauptgegenstandes" i. S. v. Art. 4 Abs. 2 Klausel-RL vgl. MüKo-*Kieninger*, § 307 Rn. 5.

[962] So ausdrücklich BGHZ 123, 83, 84 = NJW 1993, 2369; BGHZ 127, 35, 41 = BGH NJW 1994, 2693, 2694; BGHZ 147, 354, 360 = NJW 2001, 2014, 2016; BGH NJW 2008, 214 Tz. 17; BGH NJW 2008, 360, 362 Tz. 18.

[963] Ebenso ohne nähere Begründung *Enders*, ZUM 2004, 604.

[964] Entgegen *Kreutzer*, Verbraucherschutz, S. 87 f., scheitert selbst eine Klausel, die dem Kunden lediglich schuldrechtlich untersagt, was ihm aufgrund des Urheberrechts ohnehin nicht gestattet ist, nicht an § 307 Abs. 3 S. 1 BGB. Denn die Klausel gewährt dem Verwender

Prüfung auf ihre Unangemessenheit am Maßstab des dispositiven Rechts und der Vertragsordnung zugänglich.[965]

3. *Prüfungsmaßstab der Inhaltskontrolle*

Klärungsbedürftig ist zunächst, welcher Prüfungsmaßstab bei der Kontrolle vertraglicher Nutzungsbeschränkungen heranzuziehen ist.

a. Schrankenbestimmungen als gesetzliches Leitbild

Gemäß § 307 Abs. 2 Nr. 1 BGB ist eine Bestimmung in AGB unwirksam, die mit wesentlichen Grundgedanken der gesetzlichen Regelung, von der die Klausel abweicht, nicht zu vereinbaren ist. Als Kontrollmaßstab für Klauseln, die dem Kunden die Ausübung eines Schrankenprivilegs verbieten oder von einem Zusatzentgelt abhängig machen, kommt zunächst die gesetzliche Schranke in Betracht, deren Ausübung beschränkt wird. So werden im Schrifttum zumindest diejenigen Schrankenbestimmungen, die dem Schutz grundrechtlich geschützter Allgemeininteressen dienen, als gesetzliches Leitbild herangezogen, von dessen wesentlichen Grundgedanken gemäß § 307 Abs. 2 Nr. 1 BGB nicht abgewichen werden dürfe.[966] Auch der in § 17 Abs. 2 und § 69c Nr. 3 S. 2 UrhG kodifizierte Erschöpfungsgrundsatz wird als wesentlicher Grundgedanke des UrhG angesehen. Die Wertung der §§ 17 Abs. 2, 69c Nr. 3 S. 2 UrhG sei nicht nur für die urheberrechtliche Zulässigkeit einer Weiterveräußerung von Bedeutung, sondern auch bei der Beurteilung der schuldrechtlichen Wirksamkeit von

---

zusätzliche vertragliche Ansprüche, die ihm allein nach dem UrhG nicht zustehen, insbesondere wenn der Verwender weder Urheber noch ausschließlicher Nutzungsrechtsinhaber und daher nicht einmal berechtigt ist, die Ansprüche aus § 97 UrhG geltend zu machen. Die Klausel ist folglich nicht rein deklaratorisch. Ihre Vereinbarkeit mit § 307 BGB ergibt sich vielmehr erst daraus, dass der Kunde nicht unangemessen benachteiligt wird, siehe dazu unten S. 385.

[965] Auch das urheberrechtliche Schrifttum geht überwiegend von der Kontrollfähigkeit derartiger Klauseln aus, freilich ohne dabei auf § 307 Abs. 3 BGB einzugehen, siehe Dreier/Schulze-*Dreier*, vor §§ 44a ff. Rn. 9; *Dreier/Senftleben*, in: Lejeune, D Rn. 44; *Hohagen*, FS Schricker, 364; *Peukert*, UFITA 2002, 705; *Rott*, in: Hilty/Peukert, S. 281 f.; *Schack*, ZUM 2002, 503.

[966] Dreier/Schulze-*Dreier*, vor §§ 44a ff. Rn. 9; *Trayer*, S. 199 f.; *Spindler*, GRUR 2002, 118; ebenso zu § 53 UrhG *Hohagen*, FS Schricker, 364; *ders.*, Vervielfältigungsfreiheit, S. 505; *Schack*, ZUM 2002, 503; *Mehrings*, NJW 1993, 3106; in der Tendenz auch *Arlt*, MMR 2006, 768 f.; zur zeitlichen Schranke in § 64 UrhG *Graf*, in: Zander/Thilo/Graf/Gödan, Bibliotheksdienst 29 (1995), 313 Anm. 10; vgl. auch *Elkin-Koren*, 12 BTLJ 101 (1997): „Contractual arrangements that provide owners with rights not granted to them under copyright law distort copyright policy and confine access to information in a way not intended by the law"; a. A. für § 53 Abs. 1 UrhG *von Diemar*, Digitale Kopie, S. 161 f., da aus § 53 UrhG kein wesentliches Schutzbedürfnis des Nutzers abzuleiten sei; skeptisch im Hinblick auf die BGH-Rechtsprechung zur Inhaltskontrolle am Maßstab des § 31 Abs. 5 UrhG *Dreier*, ZUM 2002, 38 Fn. 75; ausdrücklich offen gelassen von Wandtke/Bullinger-*Wandtke/Ohst*, § 95b Rn. 47; Schricker-*Götting*, § 95b Rn. 28.

Weitergabeverboten zu berücksichtigen.[967] Daher seien Klauseln in einem Softwareüberlassungsvertrag, die eine Weiterveräußerung der Software an Dritte ausschließen, bei dauerhafter Überlassung der Software an den Nutzer wegen Unvereinbarkeit mit dem Erschöpfungsgrundsatz gemäß § 307 Abs. 1, Abs. 2 Nr. 1 BGB unwirksam.[968]

(1) Einzelne Schranken

Die Heranziehung einzelner urheberrechtlicher Schranken als gesetzliches Leitbild für die Inhaltskontrolle von schuldrechtlichen Nutzungsbeschränkungen in AGB ist jedoch problematisch. Denn als gesetzliche Regelung, der gemäß § 307 Abs. 2 Nr. 1 BGB eine Leitbildfunktion für die Inhaltskontrolle zukommt, können nur solche Vorschriften herangezogen werden, die dasselbe Regelungsthema haben wie die zu überprüfende AGB-Klausel, da andernfalls keine „Abweichung" festgestellt werden kann.[969] Gesetzliche Regelungen i. S. d. § 307 Abs. 2 Nr. 1 stellen daher vor allem die dispositiven Vorschriften des allgemeinen und besonderen Vertragsrechts dar.[970] Denn diese Vorschriften enthalten gerade Regelungen, die den Inhalt des zwischen den Vertragsparteien bestehenden Schuldverhältnisses bestimmen und ausgestalten.

Die Vorschriften des UrhG kommen als Maßstab der Inhaltskontrolle hingegen nur insoweit in Betracht, als ihnen eine gesetzliche Wertentscheidung für die Ausgestaltung der rechtsgeschäftlichen Beziehungen zwischen dem Verwender der AGB und dem Nutzer entnommen werden kann.[971] Denn nur in diesem Fall kann ein „Abweichen" von der jeweiligen gesetzlichen Vorschrift i. S. d. § 307 Abs. 2 Nr. 1 BGB überhaupt festgestellt werden. Dies trifft z. B. zu für die urhebervertragsrechtlichen Regelungen in § 31 Abs. 5,[972] § 34

[967] *Schuhmacher*, CR 2000, 648; *Bechtold*, Informationsrecht, S. 394; *Kreutzer*, Verbraucherschutz, S. 42; *Köhler/Fritzsche*, in: Lehmann, XIII Rn. 61; Wandtke/Bullinger-*Grützmacher*, § 69c Rn. 38; ebenso zur markenrechtlichen Erschöpfung OLG Jena GRUR-RR 2008, 397, 398 f. – Noch vor der Deutschlandpremiere.

[968] OLG Frankfurt a. M. NJW-RR 1997, 494; Wolf/Lindacher/Pfeiffer-*H. Schmidt*, Klauseln Rn. S 221; Wandtke/Bullinger-*Grützmacher*, § 69c Rn. 38; *Marly*, Rn. 1053, 1087; *Kreutzer*, Verbraucherschutz, S. 36 f.; *Pres*, S. 223 f.; *Bartsch*, CR 1987, 9; *Hoeren*, CR 2006, 578; *Köhler/Fritzsche*, in: Lehmann, XIII Rn. 59; *Lehmann*, NJW 1993, 1825; *Schuhmacher*, CR 2000, 648; ebenso im Ergebnis OLG Nürnberg NJW 1989, 2634, 2635, allerdings unter Heranziehung des in § 34 UrhG enthaltenen gesetzlichen Grundgedankens; zur urheberrechtlichen Wirksamkeit von Weitergabeverboten siehe oben S. 178 ff.

[969] Staudinger-*Coester* (2006), § 307 Rn. 244, 246.

[970] *Larenz/Wolf*, § 43 Rn. 63; Staudinger-*Coester* (2006), § 307 Rn. 240; Palandt-*Grüneberg*, § 307 Rn. 25 f.; Hk-BGB-*Schulte-Nölke*, § 307 Rn. 16.

[971] Vgl. *Schmidt*, in: Lehmann, XV Rn. 68.

[972] Wolf/Lindacher/Pfeiffer-*Stoffels*, Klauseln Rn. U 24; *Schack*, UrhR, Rn. 958; *Hertin*, Rn. 482; Dreier/Schulze-*Schulze*, vor § 31 Rn. 16 m. w. N. BGH GRUR 1984, 45, 48 f. – Honorarbedingungen: Sendevertrag, hatte eine Inhaltskontrolle von Nutzungsrechtseinräumungen am Maßstab des § 31 Abs. 5 UrhG dennoch abgelehnt, weil bei einer ausdrücklichen Aufzählung der eingeräumten Nutzungsrechte über deren Umfang keine Unklarheit bestehe,

Abs. 1[973] und § 88ff. UrhG,[974] die als Leitbild für solche Klauseln heranzuziehen sind, welche die Einräumung oder Übertragung von Nutzungsrechten zum Gegenstand haben. Eine Klausel, die dem Kunden die Ausübung einer urheberrechtlichen Schranke untersagt, kann dementsprechend nur insoweit mit den Grundgedanken der gesetzlichen Regelung im UrhG unvereinbar sein, als den Schrankenregelungen eine gesetzliche Wertentscheidung entnommen werden kann, zu der eine solche schuldrechtliche Unterlassungspflicht in Widerspruch steht.

Im Hinblick auf die Zulässigkeit schuldrechtlicher Unterlassungspflichten enthalten die gesetzlichen Schrankenbestimmungen jedoch keine Regelung.[975] Der Regelungsgehalt der urheberrechtlichen Schranken beschränkt sich auf die inhaltliche Begrenzung des ausschließlichen Verwertungsrechts des Urhebers. Als Begrenzungen der ausschließlichen Verwertungsrechte betreffen die Schranken des Urheberrechts nur die urheberrechtlich-dingliche Rechtslage und damit lediglich die Rechtsbeziehung zwischen dem Nutzer und dem Urheber bzw. dem Inhaber eines von diesem abgeleiteten ausschließlichen oder einfachen Nutzungsrechts. Sie sind deshalb nicht geeignet, unmittelbar als Kontrollmaßstab für schuldrechtliche Nutzungsverbote in AGB herangezogen zu werden.[976]

Gleiches gilt für die Kontrolle von Klauseln, welche die Ausübung einer Schranke von der Zahlung eines zusätzlichen Entgelts abhängig machen. Denn die Schranken bestimmen mit der „Zulässigkeit" der Nutzungshandlungen nicht generell, dass für deren Vornahme kein Entgelt gefordert werden könnte. Ausgeschlossen werden lediglich auf eine Verletzung des Urheberrechts gestützte Ansprüche aus § 97 Abs. 1 UrhG. Dass der Urheber für die von einer Schranke erlaubte Nutzung bei ungestörter Vertragsparität tatsächlich kein Entgelt wird vereinbaren können, ist lediglich eine mittelbare Folge der inhaltlichen Beschränkung seines Ausschließlichkeitsrechts, aufgrund derer er dem Nutzer kein entsprechendes Nutzungsrecht als Gegenleistung einräumen kann. Im Hinblick auf vertragliche Vergütungsansprüche enthalten die Schrankenregelungen selbst jedoch keine Regelung.

---

so dass die Auslegungsregel des § 31 Abs. 5 UrhG nicht anwendbar sei und damit keine Abweichung von der gesetzlichen Regelung i.S.d. § 9 Abs. 2 Nr. 1 AGBG (§ 307 Abs. 2 Nr. 1 BGB) vorliege.

[973] BGH GRUR 1984, 45, 52 – Honorarbedingungen: Sendevertrag; OLG Nürnberg NJW 1989, 2634, 2635; *Acker/Thum*, GRUR 2008, 674ff.; Ulmer/Brandner/Hensen-*H. Schmidt*, Anh. § 310 BGB Rn. 878; Schricker-*Schricker*, § 34 Rn. 12; Dreier/Schulze-*Schulze*, § 34 Rn. 51.

[974] *Hertin*, Rn. 481.

[975] Siehe oben S. 263f.

[976] Daran hat sich auch nichts dadurch geändert, dass § 95b Abs. 1 S. 1 UrhG einigen Schrankenbestimmungen Vorrang vor technischen Schutzmaßnahmen einräumt, so aber *Arlt*, DRM, S. 128; *Enders*, ZUM 2004, 604.

Die einzelnen Schranken im UrhG sind daher nicht geeignet, unmittelbar als Kontrollmaßstab für schuldrechtliche Nutzungsbeschränkungen im Rahmen des § 307 Abs. 2 Nr. 1 BGB zu dienen. Sie können bei der Inhaltskontrolle nutzungsbeschränkender Klauseln allenfalls insoweit als gesetzliches Leitbild herangezogen werden, als die betreffende Klausel vorsieht, dass ein Verstoß gegen die Nutzungsbeschränkung eine Urheberrechtsverletzung begründet. Dass eine solche Klausel keine urheberrechtliche Wirkung entfaltet, ergibt sich jedoch bereits aus dem urheberrechtlichen Typenzwang.[977] Auf die Unwirksamkeit der Klausel nach § 307 Abs. 2 Nr. 1 BGB kommt es insoweit nicht an.

(2) Ungeschriebene Rechtsgrundsätze

Nach h. M. können auch ungeschriebene Rechtsgrundsätze, die aus gesetzlichen Vorschriften ableitbar sind, als „gesetzliche Regelung" i. S. d. § 307 Abs. 2 Nr. 1 BGB Leitbildfunktion entfalten, wenn sie ihren Niederschlag in allgemeinen, am Gerechtigkeitsgedanken ausgerichteten und auf das betreffende Rechtsgebiet anwendbaren Grundsätzen gefunden haben.[978] In Betracht kommen dafür auch Vorschriften aus anderen Bereichen als dem Vertragsrecht. Voraussetzung ist, dass das Gesetz eine Interessenabwägung trifft, die vom konkret entschiedenen Interessenkonflikt abstrahiert und somit als Maßstab zur Beurteilung sämtlicher Klauseln herangezogen werden kann, die zu dieser gesetzlichen Interessenbewertung in Widerspruch stehen.[979]

So folgert die Rechtsprechung aus dem BDSG, dass sich der Gesetzgeber grundsätzlich für den Schutz personenbezogener Daten entschieden habe; eine formularmäßige Einwilligung des Kunden in die Weitergabe solcher Daten an Dritte sei daher wegen Unvereinbarkeit mit wesentlichen Grundgedanken des Gesetzes unwirksam.[980] Ebenso wurde der wettbewerbsrechtlichen Missbilligung unerbetener Telefonwerbung im privaten Bereich durch § 1 UWG a. F. der Gedanke entnommen, dass dem Schutz der Individualsphäre Vorrang gegenüber dem wirtschaftlichen Gewinnstreben von Wettbewerbern zukomme und die Abweichung von diesem Leitbild zur Unwirksamkeit einer formularmäßigen Einverständniserklärung des Kunden nach § 307 Abs. 1, Abs. 2 Nr. 1 BGB führe.[981] Wenn das Klauselthema im gesetzlichen Wertungsplan hingegen

---

[977] Siehe oben S. 198 f., 204.

[978] BGHZ 114, 238, 240 = NJW 1991, 1886, 1887; BGHZ 115, 38, 42 = NJW 1991, 2414, 2415; BGHZ 164, 196, 210 f. = NJW 2006, 47, 49 (alle zum Prinzip der verschuldensabhängigen Haftung); Palandt-*Grüneberg*, § 307 Rn. 26; MüKo-*Kieninger*, § 307 Rn. 63; Soergel-*Stein*, § 9 AGBG Rn. 33, 36; Staudinger-*Coester* (2006), § 307 Rn. 234 m. w. N.; einschränkend *Becker*, S. 87 ff., 90: nur bei Verdichtung zu einer unmittelbar anwendbaren Rechtsregel.

[979] Soergel-*Stein*, § 9 AGBG Rn. 35.

[980] BGHZ 95, 362, 367 f. = NJW 1986, 46, 47; MüKo-*Kieninger*, § 307 Rn. 64 m. w. N.

[981] BGHZ 141, 124, 128 = NJW 1999, 1864, 1865; BGHZ 141, 137, 149 f. = NJW 1999, 2279, 2282; BGH GRUR 2000, 818, 819 f. – Telefonwerbung VI; LG München I MMR 2001, 466,

schlicht ungeregelt geblieben ist, fehlt es an einer Leitnorm, von der abgewichen werden könnte.[982]

Fraglich ist daher, ob der gesetzlichen Regelung der Schranken im UrhG über den unmittelbaren Regelungsgehalt hinaus ein wesentlicher Grundgedanke mit dem Inhalt entnommen werden kann, dass das Nutzerinteresse an der Ausübung der vom Gesetz für zulässig erklärten Nutzungshandlungen generell Vorrang vor den wirtschaftlichen Interessen des Verwenders hat und die Vornahme der Nutzungshandlungen dementsprechend zustimmungsfrei und unentgeltlich vom Verwender geduldet werden muss. Dieser Grundgedanke könnte dann als gesetzliches Leitbild einer Inhaltskontrolle schuldrechtlicher Nutzungsverbote und Entgeltklauseln zugrunde gelegt werden.[983] Als Parallele könnte man die oben erwähnte Rechtsprechung des BGH heranziehen, wonach es zu den wesentlichen Grundgedanken des dispositiven Rechts gehört, dass jeder Rechtsunterworfene seine gesetzlichen Verpflichtungen erfüllen muss, ohne dafür ein gesondertes Entgelt verlangen zu können.[984]

Indes lässt sich die Ausübung der durch eine Schranke des Urheberrechts angeordneten Nutzungsfreiheit nicht mit der Erfüllung gesetzlicher Pflichten vergleichen. Denn die Nutzungsfreiheit ist eine Folge der inhaltlichen Beschränkung des Ausschließlichkeitsrechts des Urhebers. Der mit den Schranken getroffene Interessenausgleich betrifft nur das Verhältnis zwischen dem Nutzer und dem Inhaber des jeweiligen Ausschließlichkeitsrechts und gilt zudem nur insoweit, als die Vornahme der urheberrechtlich zulässigen Nutzungshandlung nicht aufgrund anderer Vorschriften verboten werden kann.[985] Die der *urheber*rechtlichen Nutzungsfreiheit zugrunde liegende Interessenbewertung des Gesetzgebers bezieht die vertragsspezifischen Interessen der Vertragspartner nicht ein. Ob die Ausübung der Schranke durch Vornahme der urheberrechtlich zulässigen Nutzungshandlung gerade gegenüber dem konkreten Verwender der fraglichen AGB erlaubt ist, ist vielmehr von der Art und dem Zweck des jeweiligen Vertrages abhängig. Die vom Gesetzgeber mit den Schranken getroffene Interessenbewertung kann daher nicht von dem konkret entschiedenen Interessenkonflikt, welcher nur den Umfang des urheberrechtlichen

---

467; weniger streng jetzt BGH NJW 2008, 3055, 3057f. Tz. 33f.: Dem von § 7 Abs. 2 Nr. 3 UWG n.F. geforderten bewussten Einverständnis („opt in") könne in AGB durch eine ausdrückliche Erklärung Rechnung getragen werden.

[982] BGH NJW 1994, 2693, 2694; Staudinger-*Coester* (2006), § 307 Rn. 244; vgl. bereits oben S. 365f.

[983] So *Rott*, in: Hilty/Peukert, S. 272f., 280f., der das Leitbild des im TRIPs-Abkommen und im EG-Urheberrecht angesprochenen Interessenausgleichs zwischen Urhebern und Verbrauchern als „Referenzrahmen" für die Kontrolle vertraglicher Nutzungsbeschränkungen in AGB heranzieht.

[984] Siehe oben S. 361f.

[985] Siehe oben S. 240ff.

Ausschließlichkeitsrechts betrifft, abstrahiert und der Inhaltskontrolle schuldrechtlicher Nutzungsbeschränkungen zugrunde gelegt werden.

Ausgeschlossen ist danach zunächst die Annahme eines über die dingliche Beschränkung des Verbreitungsrechts hinausgehenden Erschöpfungsgrundsatzes, dem auch für schuldrechtliche Weiterveräußerungsverbote Leitbildfunktion zukommt. Das gilt jedenfalls für den Fall, dass die Veräußerung trotz Erschöpfung des Verbreitungsrechts in das Eigentum eines Dritten eingreifen würde, etwa weil der Veräußerer das zu veräußernde Werkexemplar vom Eigentümer nur geliehen hat. Wenn hier der Leihvertrag ein formularmäßiges Veräußerungsverbot enthält, bezieht sich dieses auf eine eigentumswidrige Veräußerung, deren Rechtswidrigkeit von der urheberrechtlichen Zulässigkeit der Veräußerung nicht berührt wird.[986] Für das zwischen dem Erwerber des Vervielfältigungsstücks und dem Dritten bestehende Rechtsverhältnis lässt sich § 17 Abs. 2 UrhG daher keine gesetzliche Wertung entnehmen, die einer Inhaltskontrolle im Rahmen des § 307 Abs. 2 Nr. 1 BGB als gesetzliches Leitbild zugrunde gelegt werden könnte.

Aber auch im Verhältnis zwischen dem Erwerber eines mit Zustimmung des Urhebers in Verkehr gebrachten Vervielfältigungsstücks und dem Urheber selbst steht der Erschöpfungsgrundsatz einem schuldrechtlichen Weitergabeverbot nicht entgegen. Denn die gesetzliche Regelung der Erschöpfung des Verbreitungsrechts in §§ 17 Abs. 2, 69c Nr. 3 S. 2 UrhG dient dem Schutz des freien Warenverkehrs, der nicht durch eine urheberrechtliche Beschränkung der Weiterveräußerung von zulässigerweise in Verkehr gebrachten Werkexemplaren behindert werden soll.[987] Die Gefahr einer übermäßigen Beschränkung der Verkehrsfähigkeit solcher Werkexemplare besteht bei einer lediglich schuldrechtlich wirkenden Verpflichtung jedoch nicht.[988] Zwar wird die Verfügungsfreiheit des Vertragspartners aufgrund der Rechtsfolgen einer Vertragsverletzung und dem daraus resultierenden Zwang, eine Veräußerung zu unterlassen, auch bei einem nur schuldrechtlich wirkenden Weiterveräußerungsverbot (mittelbar) beeinträchtigt.[989] Ein Zweit- oder Dritterwerber, an den das Werkexemplar unter Verstoß gegen das vertragliche Verbot veräußert worden, der selbst aber nicht vertraglich gebunden ist, kann sich jedoch weiterhin auf die Erschöpfung des Verbreitungsrechts berufen, unabhängig davon, ob der Urheber selbst oder ein späterer Erwerber das vertragliche Veräußerungsverbot mit dem Veräußerer vereinbart hat. Der durch das vertragliche Verbot Berechtigte kann gegen den nicht vertraglich gebundenen Dritten keine Rechte geltend machen, um das Werkexemplar (wieder) dem Rechtsverkehr zu entziehen. Insbesondere kann er anders als bei einer dinglich wirkenden Beschränkung des Verbreitungsrechts,

---

[986] Siehe oben S. 246.

[987] Siehe oben S. 189.

[988] So auch *Baus*, Verwendungsbeschränkungen, S. 227; a. A. *Marly*, Rn. 1053.

[989] So die Begründung von *Marly*, Rn. 1052f.

bei der § 98 Abs. 1 UrhG eingreifen würde, nicht die Vernichtung des rechtswidrig verbreiteten Werkexemplars verlangen.

Die Rechtslage ist vergleichbar mit einer vertraglichen Beschränkung der Verfügungsmacht über ein veräußerliches Recht. Diese kann wie die Erschöpfungswirkung gemäß § 137 S. 1 BGB nicht mit Wirkung gegen Dritte ausgeschlossen werden, da hierdurch die Sicherheit des Rechtsverkehrs erheblich beeinträchtigt würde.[990] Demgegenüber ist eine lediglich inter partes wirkende schuldrechtliche Verpflichtung, über das Recht nicht zu verfügen, gemäß § 137 S. 2 BGB grundsätzlich zulässig. Denn aus einer solchen schuldrechtlichen Verpflichtung ergeben sich lediglich Unterlassungs- und Schadensersatzansprüche gegen den Verfügenden, sie wirken aber nicht gegenüber dem Erwerber.[991] Die von § 137 S. 1 BGB bezweckte Sicherheit des Rechtsverkehrs wird durch schuldrechtliche Unterlassungspflichten folglich nicht berührt. Der Schutzzweck des § 137 S. 1 BGB steht einer schuldrechtlichen Verpflichtung, über das Recht nicht zu verfügen, daher nicht entgegen.[992] Ebenso wenig erstreckt sich die Reichweite der in §§ 17 Abs. 2, 69c Nr. 3 S. 2 UrhG geregelten Erschöpfung des urheberrechtlichen Verbreitungsrechts auf schuldrechtliche Verpflichtungen. Eine bloß inter partes wirkende Verpflichtung des Kunden, ein vom Verwender erworbenes Vervielfältigungsstück nicht weiterzuveräußern, ist daher mit dem Grundgedanken der §§ 17 Abs. 2, 69c Nr. 3 S. 2 UrhG nicht unvereinbar. Aus dem Erschöpfungsgrundsatz lässt sich entgegen der h. M. somit nicht die generelle Unwirksamkeit schuldrechtlicher Weiterveräußerungsverbote in AGB ableiten.[993]

Ebenso wenig können die Schranken der §§ 44a ff. UrhG als Ausdruck eines überpositiven Prinzips verstanden werden, welches auch schuldrechtliche Nutzungsbeschränkungen verbietet. Dass die von einer Schranke erfassten Nutzungshandlungen urheberrechtlich zulässig sind, ist nicht lediglich die spezielle Ausprägung eines allgemeinen Rechtsgrundsatzes, wonach das von den Schranken geschützte Nutzerinteresse generell Vorrang vor den wirtschaftlichen Interessen des Verwenders hat. Vielmehr beschränkt sich die vom Gesetzgeber vorgenommene Interessenbewertung auf eine Abwägung mit dem Interesse des Urhebers, an der Verwertung des genutzten Werkes angemessen beteiligt zu werden. Andere Interessen des Vertragspartners sind nicht Gegenstand der in der inhaltlichen Beschränkung des Urheberrechts zum Ausdruck kommenden

---

[990] Staudinger-*Kohler* (2003), § 137 Rn. 8 m. w. N.; siehe bereits oben S. 179.

[991] MüKo-*Armbrüster*, § 137 Rn. 1; Staudinger-*Kohler* (2003), § 137 Rn. 48 f.

[992] Soweit § 137 S. 1 daneben auch die Verfügungsfreiheit des Rechtinhabers schützt, räumt § 137 S. 2 BGB der Vertragsfreiheit den Vorrang ein, Staudinger-*Kohler* (2003), § 137 Rn. 40; Soergel-*Hefermehl*, § 137 Rn. 11.

[993] Ebenso für die Beurteilung entsprechender Klauseln in Softwareüberlassungsverträgen *Baus*, Verwendungsbeschränkungen, S. 227; *Moritz*, CR 1993, 264; Ulmer/Brandner/Hensen-*H. Schmidt*, Anh. § 310 BGB Rn. 785; *Schmidt*, in: Lehmann, XV Rn. 68; Kilian/Heussen-*Harte-Bavendamm/Wiebe*, Kap. 51 Rn. 95.

gesetzlichen Wertentscheidung. Die mit den Schranken des Urheberrechts getroffene Abwägung zwischen den Interessen des Urhebers und der Allgemeinheit ist daher grundsätzlich nicht geeignet, als allgemeingültiger Grundgedanke Leitbildfunktion für die Inhaltskontrolle von schuldrechtlichen Nutzungsverboten und Entgeltklauseln zu entfalten.

(3) Verhältnis zu §§ 55a S. 3, 69g Abs. 2 UrhG

Etwas anderes gilt für die Schranken der §§ 55a S. 1, 69d und 69e UrhG. Die für den Geltungsbereich dieser Schrankenbestimmungen in §§ 55a S. 3 und 69g Abs. 2 UrhG angeordnete Nichtigkeit entgegenstehender schuldrechtlicher Vereinbarungen gilt auch für Beschränkungen in Allgemeinen Geschäftsbedingungen.[994] Auf die Voraussetzungen des § 307 BGB kommt es für die Nichtigkeit entsprechender Bestimmungen nicht an.[995] Erforderlich ist allerdings auch hier nach dem Wortlaut des § 55a S. 3, dass die vertragliche Bestimmung der Schrankenregelung in § 55a S. 1 „entgegensteht", während § 69g Abs. 2 darauf abstellt, ob die Bestimmungen „in Widerspruch zu § 69d Abs. 2 und 3 und § 69e" UrhG stehen. Diese Voraussetzungen ähneln der Formulierung des § 307 Abs. 2 Nr. 1 BGB, wonach die Bestimmung mit wesentlichen Grundgedanken der gesetzlichen Regelung, von der abgewichen wird, „unvereinbar" sein muss. Auch bei der Anwendung von §§ 55a S. 3, 69g Abs. 2 UrhG stellt sich daher das Problem, dass von einer Vorschrift, die das Ausschließlichkeitsrecht des Urhebers inhaltlich beschränkt, durch ein lediglich schuldrechtlich wirkendes Verbot begrifflich nicht abgewichen werden kann. Ein schuldrechtliches Verbot kann daher der Schranke im Grunde auch nicht „entgegenstehen" oder im „Widerspruch" zu ihr stehen.

Jedoch muss berücksichtigt werden, dass der Wortlaut der §§ 55a S. 3 und 69g Abs. 2 UrhG auf Vorgaben der jeweiligen EG-Richtlinien zurückgeht.[996] Für die Auslegung ist daher nicht der systematische Zusammenhang mit der AGB-Inhaltskontrolle nach §§ 307ff. BGB entscheidend, sondern das von der Richtlinie verfolgte Regelungsziel. Zweck des Verbots entgegenstehender vertraglicher Vereinbarungen ist es aber gerade, den Nutzer vor einer faktischen Umgehung der betreffenden Schrankenbestimmungen durch schuldvertragliche Abreden zu schützen. Zudem werden bei der Bestimmung des Umfangs der von § 55a S. 1 und § 69d Abs. 1 UrhG bewirkten Nutzungsfreiheit auch vertragstypenspezifische Interessen berücksichtigt, nämlich über das Tatbestandsmerk-

---

[994] Zu § 69g Abs. 2 UrhG Ulmer/Brandner/Hensen-*H. Schmidt*, Anh. § 310 Rn. 783; *Marly*, Rn. 1019.

[995] Für eine zusätzliche Inhaltskontrolle nach § 307 BGB ist nach der hier vertretenen Auffassung kein Raum, siehe oben S. 214; dagegen Wolf/Lindacher/Pfeiffer-*H. Schmidt*, Klauseln Rn. S 222; Wandtke/Bullinger-*Grützmacher*, § 69d Rn. 60, die die Inhaltskontrolle neben § 69g Abs. 2 UrhG eingreifen lassen wollen.

[996] Siehe bereits oben S. 215.

mal der „üblichen“ bzw. „bestimmungsgemäßen“ Nutzung.[997] Das Gesetz selbst verknüpft damit die urheberrechtliche Zulässigkeit der erlaubten Nutzungshandlung mit den vertraglichen Beziehungen, die zwischen dem Nutzer und dem Anbieter des genutzten Werkes bestehen. Anders als bei den allgemeinen Schranken der §§ 44a ff. UrhG im Rahmen des § 307 Abs. 2 Nr. 1 BGB ist es daher gerechtfertigt, den Anwendungsbereich der §§ 69d, 69e und 55a S. 1 gemäß § 69g Abs. 2 bzw. § 55a S. 3 UrhG auf schuldrechtliche Vereinbarungen zu übertragen.[998]

Daher steht ein formularmäßiges Nutzungsverbot, welches sich auf eine von § 69d, 69e UrhG erlaubte Nutzung eines Computerprogramms bezieht, sogar dann „in Widerspruch“ zu diesen Schrankenbestimmungen, wenn das Verbot nicht in den Geschäftsbedingungen des Urhebers enthalten ist, sondern von einem Zwischenhändler verwendet wird, der selbst nicht zur Nutzung des Programms befugt ist. Da dem Händler von vornherein keine Ausschließlichkeitsrechte am Programm zustehen, ist er von deren inhaltlicher Beschränkung durch §§ 69d, 69e UrhG zwar nicht unmittelbar betroffen. Dennoch widerspricht ein formularmäßiges Nutzungsverbot der in den Schranken zum Ausdruck kommenden Wertentscheidung des Gesetzgebers, dass jedem Nutzer die bestimmungsgemäße Nutzung des Programms ermöglicht werden soll. Angesichts des Zwecks des § 69g Abs. 2 UrhG ist der Begriff des „Widerspruchs“ zu den Regelungen der §§ 69d, 69e UrhG daher weniger formal zu bestimmen als die Feststellung einer „Abweichung“ von der gesetzlichen Regelung im Rahmen von § 307 Abs. 2 Nr. 1, Abs. 3 BGB. Mangels einer §§ 55a S. 3, 69g Abs. 2 UrhG entsprechenden Regelung kann dieses Verständnis auf die Vereinbarkeit formularmäßiger Nutzungsbeschränkungen mit anderen Schranken der §§ 44a ff. aber nicht übertragen werden.

(4) Auswirkungen des § 95b UrhG

Fraglich ist, ob für die in § 95b Abs. 1 S. 1 UrhG aufgezählten Schranken etwas anderes gilt.[999] Ein Rechtsinhaber, der sich zum Schutz seiner Werke oder Leistungen technischer Schutzmaßnahmen bedient, ist danach verpflichtet, den von *diesen* Schranken Begünstigten die für ihren Gebrauch erforderlichen Mittel zur Verfügung zu stellen. Diese Verpflichtung kann gemäß § 95b Abs. 1 S. 2 UrhG vertraglich nicht ausgeschlossen werden. Daraus lässt sich immerhin ent-

---

[997] Vgl. oben S. 125 ff.

[998] Eine andere Frage ist, ob ein „Widerspruch“ zu §§ 69d, 69e UrhG ebenso wie die Unvereinbarkeit mit dem gesetzlichen Leitbild i. S. d. § 307 Abs. 2 Nr. 1 BGB dadurch ausgeräumt werden kann, dass die Interessen des Nutzers durch eine Ausgleichsregelung hinreichend gewahrt werden, dazu unten S. 375 ff.

[999] So in der Tendenz *Arlt*, DRM, S. 228; *Enders*, ZUM 2004, 604; vgl. auch Dreier/Schulze-*Dreier*, vor §§ 44a ff. Rn. 9 a. E.: Aufzählung in § 95b UrhG als „Anhaltspunkt“ für die Unterscheidung zwischen Schranken mit und ohne Leitbildcharakter.

nehmen, dass der Gesetzgeber die Ausübung der von den genannten Schrankenbestimmungen eingeräumten Nutzungsfreiheit nicht vollständig in das Belieben der Rechtsinhaber stellen, sondern den Schrankenbegünstigten den Erhalt der Nutzungsfreiheit grundsätzlich sichern wollte. Der Vorrang der genannten Schranken gilt jedoch nur gegenüber technischen Nutzungskontrollen, mit denen der Rechtsinhaber das Werk gegen rechtswidrige Nutzungshandlungen schützt. Zudem besteht die Verpflichtung der Rechtsinhaber nur insoweit, als der Schrankenbegünstigte rechtmäßig Zugang zum Werk hat. Die Verpflichtung aus § 95b Abs. 1 UrhG dient insoweit als Ausgleich dafür, dass auch der von einer Schranke begünstigte Nutzer gemäß § 95a Abs. 1 UrhG die Nutzungskontrolle nicht umgehen darf, um von der Schranke Gebrauch machen zu können.[1000]

Diesem Regelungskonzept, mit dem der deutsche Gesetzgeber die Vorgaben aus Art. 6 Info-RL umgesetzt hat, liegt die Erwägung zugrunde, dass der Selbstschutz der Rechtsinhaber durch technische Schutzmaßnahmen weitgehend ausgehöhlt würde, wenn deren Unbrauchbarmachung als Selbsthilfe zum Zwecke des Schrankengebrauchs erlaubt wäre.[1001] Eine Harmonisierung des Vertragsrechts im Anwendungsbereich der urheberrechtlichen Schranken hat der Richtliniengeber nicht beabsichtigt.[1002] Der deutsche Gesetzgeber hat bei der Regelung des Umgehungsschutzes technischer Maßnahmen ausdrücklich darauf verzichtet, über die Vorgaben der Info-RL hinausgehende Elemente ins Gesetz aufzunehmen.[1003] Selbst wenn man § 95b Abs. 1 S. 2 UrhG so versteht, dass auch eine Vereinbarung über den Umfang der von der Vorschrift erfassten Schranken als „Ausschluss" der Verpflichtung aus § 95b Abs. 1 S. 1 unwirksam ist,[1004] gilt dies nur, soweit der Schrankenbegünstigte rechtmäßig Zugang zum Werk hat und die Überlassung entsprechender Mittel zur Ausübung der Schranke wegen der vom Rechtsinhaber eingesetzten technischen Maßnahme erforderlich ist. Eine über den unmittelbaren Regelungszweck des § 95b hinausgehende Bewertung der Interessen der Schrankenbegünstigten ist mit § 95b UrhG daher nicht verbunden. Auch die dort genannten Schrankenbestimmungen enthalten daher keinen gesetzlichen Grundgedanken, der über den engen Anwendungsbereich des § 95b Abs. 1 S. 2 UrhG hinaus als gesetzliches Leitbild einer Inhaltskontrolle vertraglicher Nutzungsbeschränkungen zugrunde gelegt werden könnte.

[1000] Ausführlich dazu unten S. 489ff.

[1001] Siehe unten S. 475f.

[1002] Siehe oben S. 222f. Das beklagt *Hugenholtz*, EIPR 2000, 501: „The Information Directive's failure to deal with the interface between contract and copyright exemptions is particularly surprising in the light of Art. 6.4. If technological measures are prone to undermine essential user freedoms, the same is true a fortiori for standard-form licences".

[1003] Amtl. Begr., BT-Drucks. 15/38, S. 26.

[1004] So Fromm/Nordemann-*Czychowski*, § 95b Rn. 14; ausführlich zur Reichweite des § 95b Abs. 1 S. 2 UrhG unten S. 495ff.

b. Leitbild des jeweiligen Vertragstyps

Die Wirksamkeit von Nutzungsbeschränkungen in AGB, die sich auf eine nach §§ 44a ff. UrhG zulässige Nutzung beziehen, ist vielmehr von der Natur des jeweiligen Vertrages abhängig.[1005]

(1) Entwicklung des maßgeblichen Leitbildes

Soweit der Vertragstyp normiert ist, kommen als Prüfungsmaßstab für die Inhaltskontrolle vertraglicher Nutzungsbeschränkungen gemäß § 307 Abs. 2 Nr. 1 BGB zunächst die für den jeweiligen Vertragstyp geltenden dispositiven Regelungen in Betracht. Darüber hinaus kann der zweckgefährdende Widerspruch zu der von den Parteien gewählten Vertragsordnung zur Unwirksamkeit der Klausel nach § 307 Abs. 2 Nr. 2 BGB führen.[1006] Dieser zusätzliche Kontrollmaßstab ist nicht nur für gesetzlich ungeregelte Vertragstypen von Bedeutung, sondern auch für Klauselthemen, für die das Gesetz trotz grundsätzlicher Erfassung des Vertragstyps keine Regelung enthält.[1007] § 307 Abs. 2 Nr. 2 BGB weist eine der Nr. 1 vergleichbare Normstruktur auf, mit dem Unterschied, dass an die Stelle der „Grundgedanken der gesetzlichen Regelung" als Prüfungsmaßstab die „wesentlichen Rechte und Pflichten aus der Natur des Vertrages" treten.[1008] Im Gegensatz zu Nr. 1 richtet sich die Kontrolle gemäß Nr. 2 damit nach einem vertragsimmanenten Maßstab.[1009]

Wegen der bei der Kontrolle von AGB erforderlichen generell-typisierenden Betrachtung wird das maßgebliche Leitbild der „Natur des Vertrages" nicht vom jeweiligen Einzelvertrag und seinen Regelungen bestimmt. Vielmehr geht es um die Entwicklung eines normativen Leitbildes für gesetzlich nicht geregelte Vertragstypen und Regelungsgegenstände, dessen Bezugspunkt der durch die Vereinbarungen bezeichnete Vertrags*typ* ist.[1010] Maßstab der Inhaltskontrolle nach § 307 Abs. 2 Nr. 2 BGB ist daher wie bei Nr. 1 ein objektives Gerech-

---

[1005] A. A. *Elkin-Koren*, in: Dreyfuss/Zimmermann/First, S. 216: „The concern with the public domain is unrelated to the particular circumstances of specific contract but rather to the general public good. Therefore it is not adequately addressed by contract law".

[1006] Zwischen § 307 Abs. 2 Nr. 1 und 2 BGB besteht nach h. M. kein absolutes Rangverhältnis, so dass die beiden Regelbeispiele nebeneinander anwendbar sind und einander ergänzen, Soergel-*Stein*, § 9 AGBG Rn. 32, 41; Wolf/Lindacher/Pfeiffer-*Wolf*, § 307 Rn. 97; Palandt-*Grüneberg*, § 307 Rn. 31; vgl. aber Ulmer/Brandner/Hensen-*Fuchs*, § 307 Rn. 197 f.; Staudinger-*Coester* (2006), § 307 Rn. 264: tendenzieller Anwendungsvorrang der Nr. 1 bei gesetzlich geregelten Vertragstypen; a. A. *Becker*, S. 192; *Stoffels*, Rn. 501: Genereller Vorrang von § 307 Abs. 2 Nr. 1 BGB.

[1007] Staudinger-*Coester* (2006), § 307 Rn. 261; Soergel-*Stein*, § 9 AGBG Rn. 41; Wolf/Lindacher/Pfeiffer-*Wolf*, § 307 Rn. 133.

[1008] Ulmer/Brandner/Hensen-*Fuchs*, § 307 Rn. 243.

[1009] Hk-BGB-*Schulte-Nölke*, § 307 Rn. 17.

[1010] Ulmer/Brandner/Hensen-*Fuchs*, § 307 Rn. 239; Staudinger-*Coester* (2006), § 307 Rn. 269; Soergel-*Stein*, § 9 AGBG Rn. 42; Palandt-*Grüneberg*, § 307 Rn. 32; Bamberger/Roth-*H. Schmidt*, § 307 Rn. 59.

tigkeitsmodell.[1011] Entscheidend sind die aus der Natur und dem Zweck des Vertrages abzuleitenden vertragstypenspezifischen Leistungs- und Schutzerwartungen des Vertragspartners, die im Wege einer generalisierenden und typisierenden Betrachtung zu ermitteln sind.[1012] Diese durch die zentrale Leistungsbestimmung der Vertragsparteien geweckte Erwartungshaltung des Kunden, die ihn von der genauen Lektüre der einzelnen Leistungsmodalitäten abhält, darf nicht dadurch ausgehöhlt werden, dass die der Verwirklichung des Vertragszwecks dienenden Rechte und Pflichten übermäßig eingeschränkt werden.[1013] Unwirksam sind danach insbesondere Klauseln, die zu einer Aushöhlung der so genannten Kardinalpflichten führen, also derjenigen vertraglichen Pflichten, welche die ordnungsgemäße Durchführung des Vertrags erst ermöglichen und auf deren Erfüllung der Vertragspartner des Verwenders deshalb vertraut und vertrauen darf.[1014] Insoweit wird § 307 Abs. 2 Nr. 2 BGB teilweise als lex specialis gegenüber Nr. 1 angesehen.[1015] Angesichts der identischen Rechtsfolgen verzichtet die Rechtsprechung jedoch häufig auf eine konkrete Zuordnung zu einem der beiden Tatbestände des § 307 Abs. 2 BGB.[1016]

(2) Rechtfertigung einer Benachteiligung des Kunden

Auch wenn eine Klausel danach vom gesetzlichen oder vertraglichen Leitbild abweicht, führt das Vorliegen der Voraussetzungen des § 307 Abs. 2 BGB nach dem Wortlaut der Vorschrift lediglich „im Zweifel" zur Unangemessenheit einer Klausel. Nach allgemeiner Auffassung kann eine den Vertragspartner benachteiligende Abweichung vom gesetzlichen oder vertraglichen Leitbild daher durch die Gewährung anderer rechtlicher Vorteile ausgeglichen oder durch höherrangige Interessen des Verwenders der AGB gerechtfertigt werden.[1017]

(a) Dogmatische Einordnung der kompensatorischen Effekte

Umstritten ist die dogmatische Begründung für die Berücksichtigungsfähigkeit solcher Umstände im Rahmen des § 307 BGB. Von der h. M. werden die Tatbe-

---

[1011] Ulmer/Brandner/Hensen-*Fuchs*, § 307 Rn. 193.

[1012] Ulmer/Brandner/Hensen-*Fuchs*, § 307 Rn. 238, 245 ff.; Wolf/Lindacher/Pfeiffer-*Wolf*, § 307 Rn. 134 ff.; Staudinger-*Coester* (2006), § 307 Rn. 271 f.; Soergel-*Stein*, § 9 AGBG Rn. 42; Bamberger/Roth-*H. Schmidt*, § 307 Rn. 59.

[1013] *Stoffels*, Rn. 452; Bamberger/Roth-*H. Schmidt*, § 307 Rn. 60; Staudinger-*Coester* (2006), § 307 Rn. 278 f.

[1014] BGHZ 145, 203, 244 f. = NJW 2001, 292, 302; BGHZ 149, 89, 96 = NJW 2002, 673, 674 m. w. N.

[1015] So *Stoffels*, Rn. 501; dagegen Staudinger-*Coester* (2006), § 307 Rn. 264.

[1016] Kritisch zu dieser Praxis *Stoffels*, Rn. 496 m. w. N.; vgl. auch Hk-BGB-*Schulte-Nölke*, § 307 Rn. 10, der bei der Rechtsanwendung eine „gewisse Beliebigkeit" feststellt, ob eine Klausel an Abs. 1, Abs. 2 Nr. 1 oder Nr. 2 gemessen wird; Wolf/Lindacher/Pfeiffer-*Wolf*, § 307 Rn. 97.

[1017] BGHZ 115, 38, 43 f. = NJW 1991, 2414, 2415 m. w. N.

stände des Abs. 2 als gesetzliche Regelbeispiele eingeordnet, deren Erfüllung eine unangemessene Benachteiligung lediglich indiziere.[1018] Bei Vorliegen besonderer Umstände, welche die Richtigkeit der Regelwirkung in Frage stellen, könne sich im Rahmen einer Gesamtwürdigung am Maßstab des § 307 Abs. 1 BGB ergeben, dass trotz des Vorliegens der jeweiligen Voraussetzungen keine unangemessene Benachteiligung vorliegt.[1019]

Wenn solche kompensatorischer Effekte vorliegen, wird es jedoch in aller Regel bereits an den Voraussetzungen des § 307 Abs. 2 Nr. 1 und 2 BGB fehlen. Denn nach § 307 Abs. 2 Nr. 1 BGB führt die Abweichung einer Klausel von der gesetzlichen Regelung unabhängig von der Zweifelsregelung nur dann zur Unangemessenheit und damit zur Unwirksamkeit der Klausel, wenn die Abweichung mit den Grundgedanken der Regelung „nicht zu vereinbaren" ist. Bereits im Rahmen dieses Tatbestandsmerkmals muss eine Abwägung zwischen den gesetzlich geschützten Interessen des Vertragspartners mit dem Abweichungsinteresse des Verwenders stattfinden.[1020] Wenn sich dabei ergibt, dass die benachteiligende Wirkung der Klausel für den Vertragspartner ausgeglichen oder durch schützenswerte Interessen des Verwenders gerechtfertigt wird, ist die Abweichung von der gesetzlichen Regelung mit deren Grundgedanken nicht unvereinbar.[1021] Entsprechendes gilt für das Merkmal der Vertragszweckgefährdung in § 307 Abs. 2 Nr. 2 BGB, das ebenfalls eine Abwägung des vertragstypenspezifischen Schutzinteresses des Kunden mit den berechtigen Interessen des Verwenders erfordert.[1022]

Die Anwendung der Generalklausel des § 307 Abs. 1 BGB kann dann allenfalls noch zur Unwirksamkeit der Klausel führen, wenn es um Abwägungsaspekte geht, die vom Tatbestand des Abs. 2 nicht erfasst werden.[1023] Sind hingegen keine berechtigten Interessen des Verwenders feststellbar, die eine Abweichung vom gesetzlichen oder vertraglichen Leitbild rechtfertigen könnten, so

[1018] BGHZ 162, 294, 304 = NJW 2005, 1645, 1648; *Becker*, S. 46 ff.; Ulmer/Brandner/Hensen-*Fuchs*, § 307 Rn. 193 ff.; Palandt-*Grüneberg*, § 307 Rn. 25; Bamberger/Roth-*H. Schmidt*, § 307 Rn. 48; *Larenz/Wolf*, § 43 Rn. 74.

[1019] BGHZ 153, 344, 349 = NJW 2003, 1447, 1448; BGHZ 162, 294, 304 = NJW 2005, 1645, 1648; *Becker*, S. 136 f. (zu Nr. 1), S. 183 f. (zu Nr. 2); Ulmer/Brandner/Hensen-*Fuchs*, § 307 Rn. 194; Palandt-*Grüneberg*, § 307 Rn. 25; Wolf/Lindacher/Pfeiffer-*Wolf*, § 307 Rn. 103.

[1020] Staudinger-*Coester* (2006), § 307 Rn. 253, 255 ff.; vgl. auch *Stoffels*, Rn. 500.

[1021] So auch Soergel-*Stein*, § 9 AGBG Rn. 38; Wolf/Lindacher/Pfeiffer-*Wolf*, § 307 Rn. 126; *Larenz/Wolf*, § 43 Rn. 66.

[1022] Staudinger-*Coester* (2006), § 307 Rn. 280; Soergel-*Stein*, § 9 AGBG Rn. 44; *Stoffels*, Rn. 548. Teilweise wird die Interessenabwägung auch beim Tatbestandmerkmal der „Einschränkung" vertragswesentlicher Rechte und Pflichten verortet, so Wolf/Lindacher/Pfeiffer-*Wolf*, § 307 Rn. 145.

[1023] Staudinger-*Coester* (2006), § 307 Rn. 227; *Becker*, S. 197; vgl. Wolf/Lindacher/Pfeiffer-*Wolf*, § 307 Rn. 99, wonach dieser Möglichkeit kaum praktische Bedeutung zukomme.

besteht für eine weiter gehende Korrektur am Maßstab des § 307 Abs. 1 BGB kein Bedürfnis.[1024]

Methodisch vorzuziehen ist daher der Ansatz, in den Tatbeständen des § 307 Abs. 2 „in sich abgeschlossene Sondertatbestände der Inhaltskontrolle“ zu sehen, „die für ihren Bereich die Angemessenheitsbeurteilung endgültig determinieren“.[1025] Im Ergebnis unterscheiden sich die Auffassungen freilich kaum.[1026] Es geht lediglich um die gesetzessystematische Verortung der – nach beiden Auffassungen erforderlichen – abschließenden Gesamtabwägung der beiderseitigen Parteiinteressen.[1027] In jedem Fall hält eine Klausel der Inhaltskontrolle nach § 307 Abs. 2 BGB trotz Abweichung vom gesetzlichen oder vertraglichen Leitbild nur stand, wenn die dadurch entstehende Benachteiligung des Vertragspartners durch eine zweckkongruente Ausgleichsregelung kompensiert oder die Abweichung durch höherrangige Verwenderinteressen gerechtfertigt wird.

(b) Berücksichtigung der Verwertungsinteressen des Urhebers

In die danach erforderliche umfassende Interessenabwägung sind sämtliche sich aus der Rechtsordnung ergebenden Bewertungskriterien einzubeziehen.[1028] Insbesondere müssen die grundrechtlichen Positionen der Vertragspartner sowie die objektiven Wertentscheidungen des Grundgesetzes berücksichtigt werden.[1029] Fraglich ist daher, inwieweit zur Rechtfertigung von Klauseln, welche die Ausübung urheberrechtlicher Schranken beeinträchtigen, auf das durch Art. 14 GG geschützte Interesse des Urhebers abgestellt werden kann, an jeder wirtschaftlichen Nutzung seiner Werke tunlichst angemessen beteiligt zu werden.[1030]

In Ausfüllung der Sozialbindung des geistigen Eigentums hat der Gesetzgeber mit den urheberrechtlichen Schranken zum Ausdruck gebracht, dass das spezifische Interesse des Urhebers an einer Kontrolle der Werknutzung insoweit keinen Vorrang vor dem Interesse der Nutzer an einer freien Werknutzung hat, als es sich auf die von der jeweiligen Schranke ausdrücklich erlaubte Nutzung bezieht. Diese vom Gesetzgeber getroffene Wertentscheidung ist auch bei der Bewertung der beiderseitigen Parteiinteressen im Rahmen der Inhaltskon-

1024 Ebenso wohl *Schack*, AT, Rn. 356. Der Vorbehalt „im Zweifel“ ist daher praktisch wirkungslos, vgl. Staudinger-*Coester* (2006), § 307 Rn. 226; *Stoffels*, Rn. 500 m. w. N.

1025 So Staudinger-*Coester* (2006), § 307 Rn. 226; ihm folgend *Stoffels*, Rn. 500 a. E.; ablehnend Ulmer/Brandner/Hensen-*Fuchs*, § 307 Rn. 196.

1026 Das räumt auch Ulmer/Brandner/Hensen-*Fuchs*, § 307 Rn. 196 ein.

1027 So ausdrücklich Staudinger-*Coester* (2006), § 307 Rn. 226.

1028 Palandt-*Grüneberg*, § 307 Rn. 8.

1029 BVerfG (K) NJW 2000, 3341, 3342; BGH NJW-RR 2005, 1161, 1162; Wolf/Lindacher/Pfeiffer-*Wolf*, § 307 Rn. 176.

1030 Als „prinzipiell schützenswert“ angesehen von Ulmer/Brandner/Hensen-*Fuchs*, § 307 Rn. 125; vgl. auch BGHZ 152, 233, 240 = GRUR 2003, 416, 418 – CPU-Klausel.

trolle nach § 307 Abs. 1 und 2 BGB zugrunde zu legen.[1031] Wenn eine Nutzung wegen des Eingreifens einer Schranke urheberrechtlich zulässig ist, kann eine Klausel, die das Recht des Vertragspartners zur Vornahme solcher Nutzungshandlungen einschränkt und dadurch vom vertragstypenspezifischen gesetzlichen oder vertraglichen Leitbild abweicht, somit nicht allein mit dem Interesse des Rechtsinhabers gerechtfertigt werden, an dieser Nutzung wirtschaftlich angemessen beteiligt zu werden.[1032] Soweit der Dreistufentest in Art. 5 Abs. 5 Info-RL abweichend von der nationalen Regelung eine Beteiligung des Urhebers an der fraglichen Nutzung erfordert, ist dem bereits durch eine einschränkende Auslegung der urheberrechtlichen Schranken Rechnung zu tragen,[1033] und nicht erst im Rahmen der nach § 307 Abs. 2 BGB erforderlichen Interessenabwägung.

Der Urheber kann sich zur Rechtfertigung einer den Kunden benachteiligenden Klausel daher allenfalls insoweit auf sein verfassungsrechtlich geschütztes Beteiligungsinteresse berufen, als die Klausel nicht nur dazu dient, dem Kunden die Ausübung der urheberrechtlichen Schranken zu untersagen, sondern auch erforderlich ist, um einen Missbrauch durch urheberrechtswidrige Nutzungen zu unterbinden. In diesem Fall ist eine Abwägung zwischen dem Interesse des Urhebers und dem vom gesetzlichen oder vertraglichen Leitbild geschützten Interesse des Kunden an der Zulässigkeit der vertraglich eingeschränkten Nutzung erforderlich. Dabei ist genau zu prüfen, ob der Zweck, urheberrechtswidrige Missbräuche zu vermeiden, nicht durch andere, den Kunden weniger benachteiligende Vertragsgestaltungen erreicht werden kann.

Noch problematischer ist eine Rechtfertigung durch das Verwertungsinteresse des Urhebers, wenn Verwender der Klausel nicht der Rechtsinhaber, sondern ein Dritter ist, der selbst keine urheberrechtliche Rechtsposition innehat. Denn bei der im Rahmen des § 307 BGB vorzunehmenden Interessenabwägung geht es nur um die Wahrnehmung eigener Interessen des Vertragspartners, nicht um diejenigen Dritter, zu deren Wahrnehmung die Vertragspartner nicht verpflichtet sind.[1034] Auf das Interesse des Urhebers, an der wirtschaftlichen Verwertung seiner Werke angemessen beteiligt zu werden, kann sich der Verwender mithin nur berufen, soweit er an der Wahrung der Urheberinteressen mittelbar selbst ein Interesse hat. Im Übrigen kommen als höherrangige Interessen des Verwenders, die eine unangemessene Benachteiligung des Vertragspartners

[1031] Vgl. *Loewenheim*, FS Kitagawa, 964; *Rott*, in: Hilty/Peukert, S. 281.

[1032] So auch *Trayer*, S. 205 f.

[1033] *Schack*, AfP 2003, 7; *Geiger*, Droit d'auteur, Rn. 305, 418; ebenso zur entsprechenden Regelung in Art. 9 Abs. 2 RBÜ und Art. 13 TRIPs BGHZ 141, 13, 34 f. = GRUR 1999, 707, 711 – Kopienversanddienst. Soweit das von der fraglichen Klausel betroffene Nutzungsverhalten bei der gebotenen restriktiven Auslegung der betreffenden Schranke urheberrechtswidrig ist, stellt eine nutzungsbeschränkende Klausel auch keine unangemessene Benachteiligung des Kunden dar.

[1034] BGH NJW 1982, 178, 180; Soergel-*Stein*, § 9 AGBG Rn. 14.

ausgleichen können, nur andere, vertragsspezifische Interessen des Verwenders in Betracht.

(c) Berücksichtigung des „Preisarguments"

Insbesondere bei kostenpflichtigen Downloads von Musik- oder Filmwerken aus dem Internet kann der Kunde teilweise zwischen der „normalen" Version des betreffenden Werkes und einer Version ohne Vervielfältigungsbeschränkungen wählen, wobei für den Download ohne eine entsprechende Beschränkung ein höherer Preis zu zahlen ist.[1035] Denkbar ist eine entsprechende Preisstaffelung aber auch beim Vertrieb körperlicher Werkträger, wenn die Einhaltung der Nutzungsbedingungen durch technische Schutzmaßnahmen unter Kontrolle gehalten wird. Fraglich ist, ob eine in der vertraglichen Nutzungsbeschränkung liegende Benachteiligung des Kunden durch eine solche gestaffelte Preisgestaltung ausgeglichen werden kann.[1036]

Grundsätzlich ist das „Preisargument", dass die benachteiligende Klausel durch einen vermeintlich niedrigeren Preis kompensiert wird, unbeachtlich und hat keinen Einfluss auf die Unangemessenheit der Klausel.[1037] Der Verwender muss seiner Preiskalkulation vielmehr Vertragsbedingungen zugrunde legen, die mit den Maßstäben des § 307 Abs. 2 BGB vereinbar sind.[1038] Das gilt auch für Verbraucherverträge i. S. d. § 310 Abs. 3 BGB, da die Angemessenheit des Preis-Leistungs-Verhältnisses gemäß Art. 4 Abs. 2 Klausel-RL ebenso wie nach § 307 Abs. 3 S. 1 BGB einer Inhaltskontrolle entzogen ist.[1039] Bei Klauseln, die nicht den Hauptgegenstand oder das Preis-Leistungs-Verhältnis der Lieferung bzw. Dienstleistung beschreiben, kann zwar nach Erwägungsgrund 19 der Klausel-RL das Preis-Leistungs-Verhältnis „bei der Beurteilung der Missbräuchlichkeit ... berücksichtigt" werden. Aus Art. 4 Abs. 2 der Richtlinie folgt jedoch, dass sich die Angemessenheit der Vertragsbedingungen, welche die vertragliche Leistung definieren, im Rahmen der Klauselkontrolle nicht isoliert am Maßstab

---

[1035] So ursprünglich der Dienst iTunes plus, dessen Preis aber mittlerweile dem der übrigen Produkte im iTunes Music Store angeglichen wurde, siehe Nr. 9 b (xii) der Nutzungsbedingungen des iTunes Store (Stand: 17. 6. 2009), abrufbar unter http://www.apple.com/legal/itunes/de/terms.html: „Die Nutzungsbedingungen (iii) – (vi) gelten nicht für iTunes Plus Produkte. Sie dürfen iTunes Plus Produkte in angemessenem Umfang zu persönlichen, nichtgewerblichen Zwecken kopieren und speichern."

[1036] Dafür *Rott*, in: Hilty/Peukert, S. 281.

[1037] BGHZ 22, 90, 98 = NJW 1957, 17, 19; BGHZ 77, 126, 131 = NJW 1980, 1953, 1954; BGHZ 120, 216, 226 = NJW 1993, 2442, 2444; OLG Karlsruhe NJW-RR 1989, 243, 244; Soergel-*Stein*, § 9 AGBG Rn. 28; Staudinger-*Coester* (2006), § 307 Rn. 129 ff.; MüKo-*Kieninger*, § 307 Rn. 42; Erman-*Roloff*, § 307 Rn. 17; Ulmer/Brandner/Hensen-*Fuchs*, § 307 Rn. 145; Palandt-*Grüneberg*, § 307 Rn. 14; Hk-BGB-*Schulte-Nölke*, § 307 Rn. 14.

[1038] BGHZ 22, 90, 98 = NJW 1957, 17, 19; BGHZ 83, 169, 180 = NJW 1982, 1391, 1393; Soergel-*Stein*, § 9 AGBG Rn. 28; Erman-*Roloff*, § 307 Rn. 17.

[1039] MüKo-*Basedow*, § 310 Rn. 76.

des dafür verlangten Preises überprüfen lässt.[1040] Denn der Richter ist nicht dazu berufen und häufig auch gar nicht in der Lage, einen „Normalpreis“ zu entwickeln, zu dem der ermäßigte Preis in Beziehung gesetzt werden könnte.[1041] Der Betreiber eines Online-Shops kann der Unangemessenheit eines in seinen Nutzungsbedingungen enthaltenen Vervielfältigungsverbots daher nicht entgegenhalten, dass Preiserhöhungen notwendig würden, wenn die beanstandete Klausel wegfiele.

Eine Ausnahme von der Unbeachtlichkeit des Preisarguments soll bei einer „offenen Tarifwahl“ gelten, bei der der Kunde bei Vertragsschluss zwischen verschiedenen Angeboten zu unterschiedlichen Tarifen wählen kann.[1042] Eine solche finanzielle Kompensation wird vor allem bei einer formularmäßigen Haftungsfreizeichnung für möglich gehalten, wenn der Kunde zwischen einem niedrigen Preis bei reduzierter Haftung und einem höherem Preis bei voller Haftung des Verwenders bzw. einem vom Verwender zu beschaffenden Versicherungsschutz wählen kann.[1043] Voraussetzung für einen Ausgleich der Benachteiligung des Kunden ist aber auch in diesen Fällen, dass die teurere Tarifvariante sachgerecht kalkuliert ist und nicht nur zum Schein angeboten wird, damit der Kunde eine wirkliche Wahl hat.[1044] Außerdem muss die Wahlmöglichkeit für den Kunden so transparent sein, dass er seine Entscheidung in Kenntnis der Verringerung seiner vertraglichen Rechte treffen kann.[1045]

Wenn dem Kunden eines Online-Shops die Wahlmöglichkeit eingeräumt wird, eine Musikdatei mit oder ohne Geltung einer Vervielfältigungsbeschränkung zu unterschiedlichen Preisen zu kaufen, ist bereits fraglich, wie ermittelt werden soll, ob der für die unbeschränkte Nutzbarkeit geforderte Aufpreis vom Shop-Betreiber sachgerecht kalkuliert worden ist. Anders als bei der Freizeichnung von Haftungsrisiken geht es hier nicht um die Kalkulation eines ohne die betreffende Klausel bestehenden finanziellen Risikos des Verwenders, welches

---

[1040] MüKo-*Basedow*, § 310 Rn. 77; Staudinger-*Coester* (2006), § 307 Rn. 141.

[1041] MüKo-*Kieninger*, § 307 Rn. 42: Der Richter sei kein „Preiskommissar“; Erman-*Roloff*, § 307 Rn. 17; Palandt-*Grüneberg*, § 307 Rn. 14; *Stoffels*, Rn. 493; *Becker*, S. 69 f.

[1042] OLG Karlsruhe NJW-RR 1989, 243, 244; Soergel-*Stein*, § 9 AGBG Rn. 27; Ulmer/Brandner/Hensen-*Fuchs*, § 307 Rn. 148; Hk-BGB-*Schulte-Nölke*, § 307 Rn. 14; *Stoffels*, Rn. 494; *Becker*, S. 70.

[1043] MüKo-*Kieninger*, § 307 Rn. 45; Hk-BGB-*Schulte-Nölke*, § 307 Rn. 14; offen gelassen von BGHZ 77, 126, 134 = NJW 1980, 1953, 1955.

[1044] Staudinger-*Coester* (2006), § 307 Rn. 138; MüKo-*Kieninger*, § 307 Rn. 45; Ulmer/Brandner/Hensen-*Fuchs*, § 307 Rn. 148; Erman-*Roloff*, § 307 Rn. 17; Palandt-*Grüneberg*, § 307 Rn. 14. Dass hier trotz § 307 Abs. 3 BGB in gewissem Umfang das Äquivalenzverhältnis zur Beurteilung der Klausel herangezogen wird, lässt sich damit rechtfertigen, dass bei einer echten Wahlfreiheit mit der Wahl des Kunden eine nicht weiter kontrollfähige Individualvereinbarung zustande kommt, es sich bei der Prüfung also in Wirklichkeit um eine der wirksamen Einbeziehung handelt, vgl. BGH NJW 2003, 1313, 1314; Staudinger-*Schlosser* (2006), § 305 Rn. 38; Staudinger-*Coester* (2006), § 307 Rn. 138.

[1045] OLG Karlsruhe NJW-RR 1989, 243, 244; MüKo-*Basedow*, § 310 Rn. 77; vgl. auch BGH NJW 2003, 1313, 1314.

durch die zu überprüfende Klausel auf den Kunden abgewälzt werden soll. Vielmehr besteht die auszugleichende Benachteiligung des Kunden darin, dass er auf die Ausübung der Nutzungsfreiheit verzichtet, die ihm durch eine gesetzliche Schranke eingeräumt wird. Der Verzicht des Kunden, für den der Preisnachlass gewährt werden soll, bezieht sich folglich nicht auf eine vom Verwender andernfalls zu erbringende Leistung. Die Nutzungsfreiheit folgt unmittelbar aus dem Gesetz, so dass dem Kunden eine vertragliche „Erlaubnis" in Form eines Nutzungsrechts nicht eingeräumt werden kann.

Daher erhöhen sich die mit der Vertragsdurchführung verbundenen Kosten des Shop-Betreibers nicht dadurch, dass die benachteiligende Klausel wegfällt und dem Kunden die Vornahme der gesetzlich zulässigen Vervielfältigungen nicht verboten wird. Dem Shop-Betreiber entstehen Kosten vielmehr allein dadurch, dass er dem Kunden die Musikdatei einmalig zum Download zur Verfügung stellt. Insbesondere muss er seinerseits Lizenzgebühren zahlen, um das Werk gemäß § 19a UrhG über das Internet öffentlich zugänglich machen zu dürfen. Bei einem Erwerb des erforderlichen Nutzungsrechts über die GEMA gilt dafür der Tarif VR-OD 2: „Music-on-Demand mit Download beim Endnutzer zum privaten Gebrauch (ausgenommen Ruftonmelodien)".[1046] Die Höhe der danach zu entrichtenden pauschalen Lizenzgebühr hängt nicht davon ab, ob dem Endnutzer die Ausübung der gesetzlichen Nutzungsfreiheit untersagt wird oder nicht. Das bei Wegfall des Vervielfältigungsverbots bestehende Recht des Kunden, von der heruntergeladenen Datei im gesetzlich zulässigen Umfang Vervielfältigungen anzufertigen, belastet den Shop-Betreiber finanziell daher nicht.

Die Kalkulation des Aufpreises für einen Download ohne Vervielfältigungsbeschränkung kann sich daher nur an dem Wert orientieren, den die Vervielfältigungsmöglichkeit für den Nutzer hat. Der finanzielle Wert des Nutzens, den der einzelne Kunde aus der Ausübung der Nutzungsfreiheit ziehen kann, ist jedoch kaum pauschal kalkulierbar. Die ökonomische Funktion der urheberrechtlichen Schranken besteht gerade darin, das Marktversagen auszugleichen, das bei gemeinwohlfördernden Nutzungen aufgrund der fehlenden Internalisierbarkeit positiver externer Effekte besteht.[1047] Die Berücksichtigung des Preisarguments würde daher dem Richter die Aufgabe einer Bewertung des konkreten Nutzens aufbürden, welche die Schranken den Vertragsparteien gerade ersparen wollen.

Hinzu kommt, dass das Angebot eines teureren Downloads ohne Vervielfältigungsbeschränkung dem Kunden suggerieren kann, dass er für die zusätzlich vergüteten Nutzungsmöglichkeiten aufgrund des Urheberrechts einer Zustimmung des Rechtsinhabers bedarf und die betreffenden Vervielfältigungshand-

---

[1046] Vgl. dazu OLG München ZUM-RD 2008, 360.

[1047] Siehe oben S. 88f.

lungen daher ohne die zusätzliche Vergütung schon urheberrechtlich unzulässig wären. Die erhöhte Vergütung stellt dann aus Sicht des Kunden ein Entgelt für die Einräumung eines erweiterten Nutzungsrechts dar. Soweit die Vervielfältigung von einer Schranke des Urheberrechts gedeckt ist, handelt es sich bei der Zusatzvergütung tatsächlich aber um das Entfallen des Preisnachlasses, den der Anbieter dem Kunden für die Nichtausübung der Schranke gewährt. Der Kunde ist daher mangels Transparenz der Wahlmöglichkeit nicht in der Lage, seinen Preisvorteil zutreffend zu bewerten, so dass eine echte Wahlfreiheit nicht besteht. Der gestaffelte Preis vermag eine durch das Abweichen vom gesetzlichen oder vertraglichen Leitbild verursachte unangemessene Benachteiligung des Kunden daher nicht auszugleichen.

c. Generalklausel des § 307 Abs. 1 BGB

Nur wenn das Klauselthema weder gesetzlich geregelt ist noch aus der Natur des Vertrages ein entsprechendes Leitbild entwickelt werden kann und es damit an einem vorgegebenen Gerechtigkeitsmodell fehlt, ist gemäß § 307 Abs. 1 S. 1 BGB zu prüfen, ob die fragliche Klausel zu einer unangemessenen Benachteiligung des Kunden führt. Die Unangemessenheit ist dabei nach Treu und Glauben anhand einer umfassenden Abwägung der beiderseitigen Interessen der Vertragspartner zu beurteilen.[1048] Vergleichsmaßstab für die Feststellung der Benachteiligung ist die Rechtsstellung des Vertragspartners, wie sie sich ohne die fragliche Klausel ergeben würde.[1049]

Bei nutzungsbeschränkenden Klauseln kann die Benachteiligung darin liegen, dass der Kunde zur Unterlassung einer Nutzungshandlung verpflichtet wird, die ihm ohne eine entsprechende Klausel aufgrund einer Schranke des Urheberrechts erlaubt wäre. Treuwidrig und damit unangemessen ist die Benachteiligung, wenn der Verwender bei der Formulierung der Klausel einseitig seine eigenen Interessen verfolgt und keine hinreichende Rücksicht auf die diejenigen seines Vertragspartners nimmt.[1050] Dabei ist zu berücksichtigen, dass der Kunde regelmäßig erst aufgrund des Vertrages mit dem Verwender Zugang zum genutzten Werk bekommt, ohne den er von der Schranke überhaupt keinen Gebrauch machen könnte. Mangels eines vertragstypischen Leitbildes ist daher anhand des Gegenstands und des Zwecks des konkreten Vertrages zu ermitteln, inwieweit der Verwender unter Berücksichtigung der schutzwürdigen Belange des Kunden ein berechtigtes Interesse an der Vereinbarung einer Nutzungsbeschränkung hat. Dabei müssen die Vorteile, die der Vertrag dem Nutzer bietet,

---

[1048] BGHZ 162, 294, 304 = NJW 2005, 1645, 1648 m.w.N.; Staudinger-*Coester* (2006), § 307 Rn. 96; Soergel-*Stein*, § 9 AGBG Rn. 6; Wolf/Lindacher/Pfeiffer-*Wolf*, § 307 Rn. 174 f.; Palandt-*Grüneberg*, § 307 Rn. 8.

[1049] Staudinger-*Coester* (2006), § 307 Rn. 90.

[1050] BGH NJW 1982, 178, 179; BGH NJW 1997, 3022, 3023 m.w.N.; Soergel-*Stein*, § 9 AGBG Rn. 13; Palandt-*Grüneberg*, § 307 Rn. 8.

gegen die durch die Nutzungsbeschränkung hervorgerufene Benachteiligung abgewogen werden.

d. Fazit

Die Schrankenbestimmungen des UrhG können nicht unmittelbar als Maßstab einer Inhaltskontrolle vertraglicher Nutzungsbeschränkungen herangezogen werden. Vielmehr hat sich die Inhaltskontrolle in erster Linie an dem Leitbild zu orientieren, welches das für den jeweiligen Vertragstyp geltende dispositive Gesetzesrecht und die vertragstypenspezifischen Gerechtigkeitserwartungen des Kunden vorgeben. Subsidiär kommt eine Kontrolle anhand der Generalklausel des § 307 Abs. 1 BGB in Betracht. Die Ausrichtung der Inhaltskontrolle am gesetzlichen oder aus der Natur des Vertrages gewonnenen Leitbild des jeweiligen Vertragstyps bedeutet jedoch nicht, dass den urheberrechtlichen Schranken bei der Inhaltskontrolle schuldrechtlicher Nutzungsbeschränkungen keinerlei Bedeutung zukäme. Auch wenn die gesetzlichen Schranken selbst nicht als Kontrollmaßstab herangezogen werden können, ist die den Schranken zugrunde liegende Wertung bei der Beurteilung der Unangemessenheit der Klausel zu berücksichtigen.

4. Die einzelnen Vertragstypen

Anhand dieser Maßstäbe sollen im Folgenden einige typische Nutzungsbeschränkungen in AGB überprüft werden. Hauptsächlich finden sich solche nutzungsbeschränkende Klauseln in Verträgen zwischen einem Unternehmer, der Vervielfältigungsstücke geschützter Werke vertreibt, und dem Endverbraucher. Je nachdem, in welcher Form dem Nutzer das genutzte Werk überlassen wird, kann man dabei Veräußerungsverträge, Gebrauchsüberlassungsverträge, Online-Verträge und Besucherverträge unterscheiden.

a. Veräußerungsverträge

Als Anwendungsbereich für nutzungsbeschränkende Geschäftsbedingungen kommen zunächst Veräußerungsverträge in Betracht, welche die dauerhafte Überlassung eines Vervielfältigungsstücks des geschützten Werkes an den Nutzer zum Gegenstand haben. Problematisch ist hier die Wirksamkeit von Klauseln, die dem Erwerber verbieten, das erworbene Werkexemplar zu verwenden, um bestimmte von einer Schranke des Urheberrechts erlaubte Nutzungshandlungen vorzunehmen, oder die eine solche Verwendung von besonderen Voraussetzungen wie der Zahlung eines zusätzlichen Entgelts abhängig machen. Da hier die Übertragung von Eigentum und Besitz am jeweiligen Werkexemplar im Vordergrund steht, handelt es sich regelmäßig um Kaufverträge. Das gilt nicht nur für die Überlassung von Ton- und Bildträgern wie CDs oder DVDs, sondern nach ganz h.M. auch für die dauerhafte Überlassung von Standardsoftware gegen ein einmalig zu zahlendes Entgelt.[1051]

(1) Beschränkungen der Weitergabe

Zunächst sind dabei Klauseln zu betrachten, welche die Weitergabe des erworbenen Werkexemplars im Wege der Veräußerung oder der vorübergehenden Gebrauchsüberlassung an Dritte verbieten oder anderweitig einschränken, obwohl die Voraussetzungen der §§ 17 Abs. 2, 69c Nr. 3 S. 2 UrhG vorliegen und die Weiterverbreitung urheberrechtlich wegen der Erschöpfung des Verbreitungsrechts zulässig ist. Solche schuldrechtlichen Weitergabeverbote finden sich in der Praxis vor allem in Softwareüberlassungsverträgen. Die Problematik wird daher in Rechtsprechung und Literatur praktisch ausschließlich im Hinblick auf die Weitergabe von Software diskutiert. Sie stellt sich in ähnlicher Weise aber auch beim Verkauf anderer urheberrechtlich geschützter Produkte.

(a) Verbot der Weiterveräußerung

Als Prüfungsmaßstab für die Inhaltskontrolle derartiger Beschränkungen kommen gemäß § 307 Abs. 2 Nr. 1 BGB zunächst die für Kaufverträge geltenden dispositiven Regelungen in §§ 433 ff. BGB in Betracht. Das gilt auch für solche Klauseln, die nicht im Kaufvertrag selbst, sondern in einem zusätzlich mit dem Hersteller geschlossenen „Lizenzvertrag“ enthalten sind,[1052] soweit sie die aus dem Kaufvertrag über das Werkexemplar resultierenden Rechte und Pflichten des Erwerbers modifizieren.[1053] Denn maßgeblich für den Kontrollmaßstab des § 307 Abs. 2 Nr. 1 BGB ist nicht der Vertrag, in welchem die AGB enthalten sind, sondern die Normen des Regelungsgegenstands, auf den sich die AGB beziehen.[1054]

Zum verkehrstypischen Leitbild des Kaufvertrags gehört gemäß § 433 Abs. 1 S. 1 BGB die unbeschränkte Verschaffung des Eigentums an den Käufer.[1055] Die mit dem Eigentumserwerb grundsätzlich verbundene freie Verfügungsbefugnis umfasst auch die Weiterveräußerung des gekauften Produkts. Diese kann we-

---

[1051] Zur Anwendung der kaufrechtlichen Regeln auf die Überlassung von Standardsoftware siehe BGHZ 102, 135, 140 ff. = NJW 1988, 406, 408; BGHZ 143, 307, 309 = NJW 2000, 1415; OLG Düsseldorf NJW 1989, 2627; *Loewenheim*, FS Kitagawa, 959 f.; Staudinger-*Jickeli/Stieper* (2004), § 90 Rn. 14; Ulmer/Brandner/Hensen-*H. Schmidt*, Anh § 310 BGB Rn. 774; MüKo-*Kieninger*, § 307 Rn. 79 m. w. N.; einschränkend *Metzger*, NJW 2003, 1995: Möglich sei auch die Einordnung als „typengemischter Vertrag mit Elementen des Kauf- und Lizenzvertrags“.

[1052] Regelmäßig kommt ein solcher Vertrag jedoch schon nicht zustande, siehe oben S. 332 ff.

[1053] So zu Softwareüberlassungsverträgen auch *Loewenheim*, FS Kitagawa, 961.

[1054] *Loewenheim*, FS Kitagawa, 961.

[1055] OLG Hamburg NJW-RR 2002, 1428; Wolf/Lindacher/Pfeiffer-*Dammann*, Klauseln Rn. V 3.

gen § 137 S. 1 BGB zwar nicht mit dinglicher Wirkung ausgeschlossen werden.[1056] Auch ein lediglich schuldrechtlich wirkendes Weiterveräußerungsverbot kann aber durch die mit einem Verstoß verbundenen Rechtsfolgen mittelbar die Verfügungsfreiheit des Erwerbers beeinträchtigen und damit vom Leitbild des Kaufvertrags abweichen.

Die Sachherrschaft des Eigentümers findet gemäß § 903 BGB dort ihre Grenze, wo ihre Ausübung das Urheberrecht verletzt.[1057] Wenn eine Veräußerung als Verbreitungshandlung gemäß § 17 Abs. 1 UrhG bereits urheberrechtlich unzulässig ist, ist das Eigentum an einem Gegenstand, der ein urheberrechtlich geschütztes Werk verkörpert, daher von vornherein beschränkt. Dem Erwerber werden durch ein formularmäßiges Weitergabeverbot folglich keine Verwendungsmöglichkeiten genommen, die ihm ohne eine solche Klausel zustehen würden. Ihm wird nur schuldrechtlich untersagt, was ihm bereits aufgrund des Urheberrechts nicht erlaubt ist. Wenn sich das Weitergabeverbot ausschließlich auf urheberrechtlich unzulässige Verbreitungshandlungen bezieht, bestehen gegen die Wirksamkeit der Klausel somit keine Bedenken.[1058] Soweit die Veräußerung wegen der Erschöpfung des Verbreitungsrechts urheberrechtlich zulässig ist, liegt im Verbot der Weiterveräußerung des erworbenen Werkexemplars hingegen eine Abweichung vom Leitbild der Eigentumsverschaffungspflicht des Verkäufers.[1059]

Sobald der Kunde die Nutzung des erworbenen Werkexemplars endgültig aufgeben will, hat er aber ein schützenswertes Interesse daran, das Werkexemplar weiterzuveräußern. Das gilt für ein ausgelesenes Buch oder eine CD, die nicht (mehr) den Musikgeschmack des Käufers trifft, ebenso wie für die Weiterveräußerung von Standardsoftware. Die in einem vertraglichen Verbot der Weiterveräußerung liegende Abweichung vom gesetzlichen Leitbild begründet daher nur dann keine unangemessene Benachteiligung des Vertragspartners nach § 307 Abs. 2 Nr. 1 BGB, wenn sich der Verwender auf ein überwiegendes Interesse an der Vereinbarung einer solchen Klausel berufen kann.[1060] Dabei wird das Interesse des Anbieters urheberrechtlich geschützter Werke an der Verhinderung unerlaubter Vervielfältigungen und einer parallelen Mehrfachnutzung des betreffenden Werkes teilweise als ausreichend angesehen, um Weitergabebeschränkungen in AGB zu rechtfertigen.[1061]

[1056] Siehe oben S. 179.

[1057] BGHZ 62, 331, 333 = NJW 1974, 1381 f.; Palandt-*Bassenge*, § 903 Rn. 27.

[1058] Vgl. *Kreutzer*, Verbraucherschutz, S. 87; *Loewenheim*, FS Kitagawa, 962 f.

[1059] So zu Weitergabeverboten in Softwareüberlassungsverträgen *Haberstumpf*, GRUR Int 1992, 722; *Köhler/Fritzsche*, in: Lehmann, XIII Rn. 59; *Lejeune*, in: Lejeune, G Rn. 16.

[1060] Dreier/Schulze-*Dreier*, § 69c Rn. 33; Wandtke/Bullinger-*Grützmacher*, § 69c Rn. 39 verlangt „ganz gewichtige wirtschaftliche Gründe"; siehe dazu oben S. 375 ff.

[1061] So für den Verkauf von Software Ulmer/Brandner/Hensen-*H. Schmidt*, Anh. § 310 Rn. 783, 785; Wandtke/Bullinger-*Grützmacher*, § 69c Rn. 39 a. E.; allgemein auch Ulmer/Brandner/Hensen-*Fuchs*, § 307 Rn. 125.

Soweit der Verkäufer des Werkexemplars selbst nicht Inhaber urheberrechtlicher Ausschließlichkeitsrechte ist, kann jedoch nicht auf das Interesse des *Urhebers* an einer Verhinderung unzulässiger Vervielfältigungen abgestellt werden. Denn im Rahmen des § 307 BGB geht es nur um die Wahrnehmung eigener Interessen des Vertragspartners.[1062] Die Interessen des Urhebers dürfen bei der Interessenabwägung daher nur berücksichtigt werden, wenn er selbst Vertragspartner des Kunden ist. Dies ist z. B. bei der Überlassung von Software unmittelbar durch deren Hersteller der Fall, ebenso bei Annahme eines zusätzlichen Vertragsschlusses mit dem Hersteller im Rahmen einer Click-On-Lizenz. Andernfalls ist zu prüfen, inwieweit Einschränkungen der Verfügungsfreiheit des Erwerbers durch ein überwiegendes Interesse des Verwenders in seiner Rolle als *Verkäufer* gerechtfertigt werden können.

Ein schutzwürdiges Interesse des Verkäufers an einem Verbot der Weitergabe des verkauften Werkexemplars besteht jedoch allenfalls insoweit, als dadurch verhindert wird, dass der Erwerber durch eine Weiterveräußerung in unerwünschte Konkurrenz zum Verkäufer tritt. So können beim Verkauf von Neuwaren an den Endkunden Verkaufsbeschränkungen, die den Käufer nur zeitweilig an einer uneingeschränkten Ausnutzung aller Marktchancen hindern, zur Sicherung eines vom Verkäufer aufgebauten Vertragshändlersystems und zur Verhinderung eines „grauen Marktes" gerechtfertigt sein.[1063] Denn bei Produkten, die typischerweise zum eigenen Gebrauch und nicht zur Weiterveräußerung erworben werden, steht dem Interesse des Verkäufers kein nennens- und schützenswertes Interesse des Käufers gegenüber, die Sache sofort nach oder sogar vor Erhalt nach freiem Belieben weiterzuverkaufen.[1064] Ein solches Interesse wird der Verkäufer urheberrechtlich geschützter Massenware wie CDs, DVDs, Büchern oder einfacher Standardsoftware beim Verkauf an den Endkunden jedoch kaum darlegen können. Anders als beim Vertrieb von Kraftfahrzeugen ist die bestellte Ware regelmäßig ohne zeitliche Verzögerung vom Hersteller (insbesondere Verleger) zu beschaffen, so dass die Entstehung eines „grauen Marktes" nicht zu befürchten ist. Erst recht besteht kein schutzwürdiges Interesse des Verkäufers, durch ein Weiterveräußerungsverbot, das auch für bereits benutzte Produkte gilt, die Entstehung eines Gebrauchtmarktes zu verhindern. Das Interesse an gebrauchten Gütern ist nicht mit dem an neuwertigen identisch, so dass die Weiterveräußerung des gebrauchten Produkts durch den Kunden kaum eine Konkurrenz für den ursprünglichen Verkäufer dar-

---

[1062] Siehe oben S. 378.

[1063] So zu Klauseln in einem Pkw-Kaufvertrag, die einen sofortigen Weiterverkauf des noch nicht zugelassenen Neuwagens verbieten, BGH NJW 1981, 117, 119; BGH NJW 1982, 178, 180.

[1064] OLG Hamburg NJW-RR 2002, 1428, 1429.

stellt.[1065] Im Übrigen wäre auch eine solche Konkurrenz als Ausfluss der verfassungsrechtlich verbürgten Wettbewerbsfreiheit vom Verkäufer hinzunehmen.

Das Interesse des am Vertragsschluss beteiligten *Urhebers* an der Verhinderung unerlaubter Vervielfältigungen und einer damit einhergehenden Mehrfachnutzung des geschützten Werkes kann ein uneingeschränktes Weitergabeverbot ebenfalls nicht rechtfertigen. Denn eine Mehrfachnutzung, an welcher der Urheber wirtschaftlich zu beteiligen wäre, wird nicht allein durch die Weitergabe des erworbenen Werkexemplars ermöglicht, sondern erst durch eine Vervielfältigung des darin verkörperten Werkes. Soweit die Vervielfältigung nicht durch eine Schranke erlaubt ist, ist die vom Käufer vorgenommene Herstellung eines Vervielfältigungsstücks urheberrechtswidrig, so dass der Urheber auch dessen Verbreitung nach § 96 Abs. 1 UrhG verbieten kann. Ein entsprechendes vertragliches Verbot ist dann nicht unangemessen, da es die Handlungsmöglichkeiten des Käufers nicht einschränkt. Ist die Vervielfältigung des erworbenen Werkexemplars hingegen urheberrechtlich zulässig, so lässt sich das Risiko einer übermäßigen Mehrfachnutzung dadurch eindämmen, dass der Käufer verpflichtet wird, bei einer Weiterveräußerung des Originalexemplars sämtliche Vervielfältigungsstücke, die er zulässigerweise – etwa als Sicherungskopie gemäß § 69d Abs. 2 oder als Privatkopie gemäß § 53 Abs. 1 UrhG – angefertigt hat, zu löschen bzw. nicht mehr zu benutzen[1066] sowie das zulässigerweise hergestellte Vervielfältigungsstück nicht an Dritte weiterzugeben.[1067]

Ein schützenswertes Interesse des Verkäufers, die Weiterveräußerung des erworbenen Werkexemplars über die vom urheberrechtlichen Verbreitungsrecht erfassten Fälle hinaus auszuschließen, wird daher auch durch die besondere Verletzlichkeit digital gespeicherter Werke gegenüber Piraterieakten nicht begründet. Eine Klausel, die dem Kunden auch eine solche Weiterveräußerung verbietet, ist daher mit wesentlichen Grundgedanken der gesetzlichen Regelung des Kaufvertragsrechts unvereinbar. Ein pauschales Verbot jeglicher Weiterver-

---

[1065] Vgl. OLG Hamburg NJW-RR 2002, 1428, 1429.

[1066] Siehe z. B. Nr. 6 Abs. 2 des Softwareüberlassungsvertrags (EULA) der Nero AG (Stand: 22. 1. 2009), abrufbar unter http://www.nero.com/deu/end-user-agreement.html: „Im Falle der Weitergabe muss der Anwender dem neuen Anwender sämtliche Programmkopien einschließlich gegebenenfalls vorhandener Sicherheitskopien übergeben oder die nicht übergebenen Kopien vernichten. Infolge der Weitergabe erlischt das Recht des alten Anwenders zur Programmnutzung." Eine derartige Verpflichtung ist jedenfalls insoweit zulässig, als eine Weitergabe des zulässigerweise hergestellten Vervielfältigungsstücks an Dritte dem Privilegierungszweck der jeweiligen Schranke zuwiderliefe und daher gegen das Verbreitungsrecht verstieße, wie dies § 53 Abs. 6 S. 1 UrhG für die Vervielfältigung zum privaten und sonstigen eigenen Gebrauch vorsieht, dazu *Liepe*, S. 112.

[1067] Eine solche über die Beschränkung des § 53 Abs. 6 UrhG hinausgehende Verwendungsbeschränkung dürfte ebenfalls mit § 307 Abs. 1 BGB vereinbar sein, vgl. *Schack*, ZUM 2002, 503.

äußerung des erworbenen Werkexemplars ist folglich gemäß § 307 Abs. 2 Nr. 1 BGB unwirksam.[1068]

Daneben ergibt sich die Unwirksamkeit eines uneingeschränkten Weiterveräußerungsverbots in einem Kaufvertrag auch aus einem Verstoß gegen § 307 Abs. 2 Nr. 2 BGB. Zwar setzt die Vorschrift eine Einschränkung von Pflichten des Verwenders oder von Rechten des Vertragspartners voraus. Die Ausdehnung von Pflichten des Vertragspartners wird daher nur erfasst, wenn zugleich wesentliche Pflichten des Verwenders eingeschränkt werden.[1069] Dies ist bei einem Weiterveräußerungsverbot der Fall. Durch die Unveräußerlichkeit des Werkexemplars wird die Kardinalpflicht des Verkäufers zur Verschaffung des Eigentums in einer Weise eingeschränkt, die mit den verkehrstypischen Gerechtigkeitserwartungen des Kunden nicht zu vereinbaren ist.[1070] Gleiches gilt für eine Klausel, die eine Weiterveräußerung von der vorherigen Zustimmung des Lieferanten abhängig macht, da eine solche Einflussnahme auf die Veräußerungshandlung in ihrer Wirkung einem Weiterveräußerungsverbot gleichkommt.[1071]

(b) Sonstige Veräußerungsbeschränkungen

Da pauschale Weiterveräußerungsverbote danach nicht wirksam in AGB vereinbart werden können, kann allenfalls fraglich sein, ob das Interesse des Urhebers an der Verhinderung unerlaubter Vervielfältigungen Klauseln rechtfertigen kann, die eine Weitergabe nur unter bestimmten Bedingungen erlauben, z. B. daran knüpfen, dass dem Lieferanten Name und Anschrift des Erwerbers mitgeteilt werden und sich der neue Nutzer mit der Geltung der (zulässigen) Vertragsbedingungen des ursprünglichen Lieferanten einverstanden erklärt. Beim Verkauf von Software werden solche Klauseln vielfach für zulässig gehalten, da der Hersteller zum Schutz vor Raubkopien ein erhebliches Interesse daran habe, den Verbleib seiner Programme nachvollziehen zu können.[1072] Angesichts des damit verbundenen zeitlichen und finanziellen Aufwands für den Kunden ist

---

[1068] Ebenso im Ergebnis MüKo-*Kieninger*, § 307 Rn. 80; Erman-*Roloff*, § 307 Rn. 100; *Haberstumpf*, GRURInt 1992, 722; *Köhler/Fritzsche*, in: Lehmann, XIII Rn. 59; *Lejeune*, in: Lejeune, G Rn. 16; Wandtke/Bullinger-*Grützmacher*, § 69c Rn. 38; Dreier/Schulze-*Dreier*, § 69c Rn. 33; Ulmer/Brandner/Hensen-*H. Schmidt*, Anh. § 310 Rn. 785; ebenso wohl OLG Bremen WRP 1997, 573, 576; ungenau *Marly*, Rn. 1052; *Polley*, CR 1999, 354, die auf die Unvereinbarkeit mit den wesentlichen Grundgedanken des Eigentums abstellen.

[1069] Wolf/Lindacher/Pfeiffer-*Wolf*, § 307 Rn. 145 f.

[1070] Wolf/Lindacher/Pfeiffer-*Dammann*, Klauseln Rn. V 3; speziell zu entsprechenden Klauseln in Softwareüberlassungsverträgen *Marly*, Rn. 1059; *Kreutzer*, Verbraucherschutz, S. 37; *Loewenheim*, FS Kitagawa, 963; *Polley*, CR 1999, 354; *Schuhmacher*, CR 2000, 648.

[1071] *Marly*, Rn. 1069.

[1072] Ulmer/Brandner/Hensen-*H. Schmidt*, Anh. § 310 Rn. 785; Wolf/Lindacher/Pfeiffer-*H. Schmidt*, Klauseln Rn. S 221; einschränkend Wandtke/Bullinger-*Grützmacher*, § 69c Rn. 39; ohne eigene Stellungnahme *Polley*, CR 1999, 354; Dreier/Schulze-*Dreier*, § 69c Rn. 33.

eine derartige Verpflichtung aber allenfalls bei hochpreisiger, in geringer Stückzahl vertriebener Software zumutbar und angemessen,[1073] und das auch nur bei einem direkten Verkauf vom Hersteller an einen Unternehmer.

Beim Verkauf günstiger Massensoftware an einen Verbraucher dürften Klauseln, die eine Weiterveräußerung an eine Mitteilungspflicht oder die Weitergabe der Vertragsbedingungen knüpfen, hingegen als überraschende Klauseln gemäß § 305c BGB regelmäßig schon gar nicht Vertragsbestandteil werden.[1074] Der Kunde erwirbt die Software hier regelmäßig nicht vom Hersteller selbst, sondern von einem Händler. Wenn die Software etwa in einem Elektromarkt erworben wird, erfährt im Regelfall nicht einmal der Händler die Identität des Ersterwerbers, geschweige denn der Hersteller. Ein Interesse des Verkäufers oder Herstellers, bei einer Weiterveräußerung die Identität des Zweiterwerbers zu erfahren, ist hier nicht ersichtlich.[1075] Das gilt erst recht für den Verkauf von Unterhaltungsmedien, wo derartige Klauseln zumindest bisher auch nicht üblich sind.[1076]

(c) Ausschluss der vorübergehenden Gebrauchsüberlassung

Problematisch ist schließlich, inwieweit eine nur vorübergehende Gebrauchsüberlassung des erworbenen Werkstücks an Dritte wirksam in AGB ausgeschlossen werden kann. Wegen der leichten Kopierbarkeit digitaler Werkträger birgt die vorübergehende Gebrauchsüberlassung verglichen mit einer Weiterveräußerung ein besonderes Missbrauchspotential. Eine ernsthafte Bedrohung der Absatzmöglichkeiten des Verkäufers besteht jedoch auch hier nur bei einer gewerbsmäßigen Vermietung des erworbenen Werkexemplars. Diese ist wegen

---

1073 *Marly*, Rn. 1070f. (Mitteilung von Name und Anschrift), Rn. 1072f. (Weitergabe vertraglicher Beschränkungen); vgl. auch BGHZ 152, 233, 240 = GRUR 2003, 416, 418 – CPU-Klausel, wo ein berechtigtes Interesse des Herstellers „komplexer, hochpreisiger Computerprogramme mit zahlenmäßig begrenzten Einsatzmöglichkeiten" anerkannt wird, die Nutzung der Software im Einzelnen nachvollziehen und kontrollieren zu können. Die von *Marly* a.a.O. für den Verkaufspreis gezogene Grenze von 100 € erscheint dafür aber deutlich zu niedrig.

1074 Vgl. oben S. 354.

1075 Vgl. *Kreutzer*, Verbraucherschutz, S. 59.

1076 Als zulässig anzusehen sind hingegen Klauseln in einem zwischen Händlern verschiedener Vertriebsstufen geschlossenen Vertriebsvertrag, die den Weiterverkauf des betreffenden Werkexemplars auf bestimmte Kundenkreise oder einen bestimmten Vertriebsweg beschränken. Dazu gehören vor allem die bei OEM-Software verwendeten Vertriebsbeschränkungen, die einen Vertrieb der Software nur an solche Kunden erlauben, die gleichzeitig einen PC erwerben. Solche Beschränkungen liegen im schützenswerten Interesse des Softwareherstellers oder Verlegers, unterschiedliche Kundenkreise mittels eines angepassten Vertriebs zu erschließen, vgl. BGH GRUR 1959, 200, 202f. – Der Heiligenhof; *Marly*, Rn. 546. Der Händler wird durch die Vertriebsbeschränkung nicht unangemessen benachteiligt, da er ebenso wie der Hersteller von der Einbindung in das auf bestimmte Kundenkreise abgestimmte Vertriebssystem profitiert. Zur Vereinbarkeit solcher Klauseln mit dem Kartellverbot siehe oben S. 311 ff.

§§ 17 Abs. 2, 3, 69c Nr. 3 a. E. UrhG schon urheberrechtlich unzulässig. Insoweit kann daher unproblematisch auch ein vertragliches Verbot vereinbart werden. Wenn das erworbene Werkexemplar hingegen verliehen wird, die Überlassung also unentgeltlich erfolgt, oder das Vervielfältigungsstück im privaten Umfeld des Erwerbers weitergegeben wird, stellt dies keine Vermietung i. S. d. § 17 Abs. 3 UrhG dar und die Weitergabe ist wegen der Erschöpfung des Verbreitungsrechts bzw. mangels Öffentlichkeitsbezugs der Verbreitungshandlung urheberrechtlich zulässig. Insoweit muss das Interesse des Verkäufers hinter dem Interesse des Käufers an der freien Disposition über den erworbenen Gegenstand zurücktreten. Ein Vermietungs- oder Verleihverbot, welches eine Weitergabe auch unter diesen Bedingungen erfasst, ist daher gemäß § 307 Abs. 2 Nr. 1 und 2 BGB unwirksam.[1077]

(2) Beschränkungen der Vervielfältigungsfreiheit

Zu den Eigentümerbefugnissen, die der Verkäufer dem Käufer gemäß § 433 Abs. 1 verschaffen muss, gehört gemäß § 903 S. 1 BGB die Befugnis, mit der Sache nach Belieben zu verfahren. Dazu gehört auch die Möglichkeit, das erworbene Werkexemplar als Kopiervorlage für Vervielfältigungen des darin verkörperten Werkes zu verwenden, soweit damit kein Eingriff in Rechte Dritter verbunden ist.[1078] Klauseln, die eine Verwendung des erworbenen Werkexemplars als Vorlage für eine Vervielfältigung des darin verkörperten Werkes ausschließen oder beschränken, sind daher ebenfalls am Leitbild der Eigentumsverschaffungspflicht zu messen. Wenn sich ein formularmäßiges Vervielfältigungsverbot (auch) auf die Herstellung von Vervielfältigungsstücken bezieht, die aufgrund einer Schranke urheberrechtlich zulässig und auch ansonsten nicht gesetzlich beschränkt ist, stellt dies eine Abweichung von der Pflicht des Verkäufers dar, unbeschränktes Eigentum zu verschaffen.[1079]

(a) Verbot von Vervielfältigungen zum privaten Gebrauch

Als Beispiel kann die Klausel in einem Kaufvertrag über einen Tonträger dienen, die dem Käufer jegliche Vervielfältigung des erworbenen Tonträgers auch zu privaten Zwecken untersagt.[1080] Eine derart weit formulierte Klausel erfasst auch die Herstellung von Vervielfältigungen, die nach § 53 Abs. 1 UrhG urheberrechtlich zulässig sind. Der Käufer eines Werkexemplars darf aufgrund der

---

1077 Ebenso im Ergebnis *Marly*, Rn. 1091; Wandtke/Bullinger-*Grützmacher*, § 69c Rn. 39; Dreier/Schulze-*Dreier*, § 69c Rn. 33; *Kreutzer*, Verbraucherschutz, S. 43; *Polley*, CR 1999, 354.

1078 Vgl. Dreier/Schulze-*Schulze*, § 44 Rn. 21.

1079 So auch *Trayer*, S. 203 f.; *Loewenheim*, FS Kitagawa, 962 f.

1080 Wenn dieser Vorbehalt vom Hersteller auf das Werkexemplar aufgedruckt worden ist, fehlt es allerdings regelmäßig bereits an einer wirksamen Einbeziehung, siehe oben S. 338.

vertraglichen Pflicht des Verkäufers zur Verschaffung des unbeschränkten Eigentums aber vernünftigerweise erwarten, dass er das Werk im Rahmen des gesetzlich Zulässigen frei nutzen darf.[1081] Insbesondere muss der Käufer Vervielfältigungen zu privaten Zwecken vornehmen dürfen, die erforderlich sind, um die auf dem Tonträger gespeicherten Musikwerke mit anderen, technisch nicht kompatiblen Abspielgeräten konsumieren zu können, ohne dass dabei eine zeitgleiche Mehrfachnutzung erfolgt. Dies gilt etwa für das Überspielen einer CD auf einen mp3-Player oder auf eine Kassette für das Autoradio. Ebenso besteht ein legitimes Interesse des Käufers an der Möglichkeit einer individuellen Zusammenstellung verschiedener Musikstücke auf einer CD.[1082] Derartige Vervielfältigungen, welche die Portabilität und Interoperabilität von Werken im privaten Haushalt ermöglichen und dadurch die Freiheit der individuellen Werknutzung sichern sollen, sind mit der Zahlung des Kaufpreises für den Tonträger abgegolten.

Ein formularmäßiges Vervielfältigungsverbot, welches das schutzwürdige Interesse des Käufers an einer solchen Nutzung des erworbenen Werkexemplars nicht ausreichend berücksichtigt, stellt eine unangemessene Benachteiligung dar und ist daher gemäß § 307 Abs. 2 Nr. 1 und 2 BGB unwirksam.[1083] Etwas anderes gilt nur, wenn die Abweichung vom kaufvertraglichen Leitbild ausnahmsweise durch höherrangige Interessen des Verkäufers gerechtfertigt werden kann.

In Betracht kommt hierfür allenfalls das Interesse des Verkäufers an der Verhinderung von Vervielfältigungsstücken, die als Ersatz für das verkaufte Werkexemplar verwendet werden und daher den Käufer oder einen Dritten davon abhalten können, bei Bedarf ein weiteres bzw. ein eigenes Originalexemplar zu erwerben. So beklagt die Tonträgerindustrie seit Jahren den Rückgang der Verkaufszahlen von physischen Tonträgern, der auf die zunehmende Verbreitung von CD-Brennern und den damit zusammenhängenden Anstieg privater (digitaler) Vervielfältigungen zurückgeführt wird.[1084] Soweit die Verkäufe zurückgehen, weil nicht nur für den privaten Gebrauch vervielfältigt wird, sondern Vervielfältigungsstücke in größerem Umfang auch zur Weitergabe an Dritte hergestellt werden, ist dies bereits urheberrechtlich nicht zulässig. Dieser Umstand kann jedoch keine Klausel rechtfertigen, die jegliches Kopieren auch zum rein privaten Gebrauch verbietet.

[1081] Vgl. die Amtl. Begr. zu § 95d UrhG, BT-Drucks 15/38, S. 28: Nach der herrschenden Konsumentenerwartung gehe der Verkehr regelmäßig davon aus, dass „Bild- und Tonträger kopierfähig und auf allen marktüblichen Gerätetypen zeitlich unbegrenzt abspielbar sind".

[1082] Vgl. *Rott*, in: Hilty/Peukert, S. 281 f.

[1083] Ebenso im Ergebnis *Rott*, in: Hilty/Peukert, S. 282; a. A. *Trayer*, S. 204, da der Vertragszweck nur unwesentlich beeinträchtigt werde.

[1084] Vgl. *Bundesverband der Phonographischen Wirtschaft/GfK*, Brennerstudie 2007, S. 17, abrufbar unter http://www.musikindustrie.de/uploads/media/ms_branchendaten_brennerstudie_2007_03.pdf.

Soweit das Verbot Vervielfältigungen zum eigenen privaten Gebrauch des Käufers erfasst, ist zu berücksichtigen, dass der Verkäufer keinen Anspruch darauf hat, dass ein etwa benötigtes Zweitexemplar gerade von ihm erworben wird. Die Hoffnung des Verkäufers, der Käufer werde ein solches Exemplar ebenfalls bei ihm erwerben, kann es daher nicht rechtfertigen, den Käufer in seiner berechtigten Erwartung zu beeinträchtigen, mit dem Tonträger im privaten Umfeld nach Belieben verfahren zu dürfen. Das gilt insbesondere für Vervielfältigungen, die das Werk in ein anderes Format übertragen, um es auf einem anderen Gerät abspielen zu können, z. B. die Umwandlung auf einer CD gespeicherter Musikstücke in das mp3-Format. Denn typischerweise werden die unterschiedlichen Formate, soweit das betreffende Werk überhaupt käuflich in beiden Formen auf dem Markt erhältlich ist, von unterschiedlichen Verkäufern angeboten.

Auf das Interesse des Rechtsinhabers an einer möglichst umfassenden Beteiligung an der Verwertung des Werkes kann selbst dann nicht abgestellt werden, wenn er selbst als Verkäufer auftritt. Denn insoweit ist die gesetzgeberische Wertung zu beachten, wonach das Interesse der Allgemeinheit an der Nutzungsfreiheit das Interesse des Rechtsinhabers an der (praktisch nicht durchführbaren) Kontrolle der Werknutzung überwiegt und der finanzielle Ausgleich in Form der Geräte- und Speichermedienabgabe erfolgt.[1085]

Fraglich ist, ob dies auch gilt, wenn das verkaufte Werkexemplar durch einen technischen Kopierschutz gegen die Anfertigung von Vervielfältigungen geschützt ist, dessen Umgehung durch eine Klausel in den Nutzungsbedingungen untersagt wird.[1086] Wegen des grundsätzlich berechtigten Interesses der Rechtsinhaber an der Integrität der von ihnen entwickelten und eingesetzten technischen Schutzsysteme ist die Umgehung technischer Schutzmaßnahmen nach § 95a Abs. 1 UrhG auch dann verboten, wenn sie ausschließlich erfolgt, um eine aufgrund einer Schranke urheberrechtlich zulässige Nutzung zu ermöglichen.[1087] Soweit die technische Schutzmaßnahme Umgehungsschutz nach § 95a Abs. 1 UrhG genießt, wiederholt die Klausel daher letztlich nur das gesetzliche Umgehungsverbot, so dass die legalen Nutzungsmöglichkeiten des Käufers nicht beschränkt werden. Allerdings verbietet § 95a Abs. 1 die Umgehung nur, soweit die Maßnahme wirksam i. S. d. § 95a Abs. 2 S. 2 UrhG ist. Das ist nicht der Fall, wenn die konkrete Schutzmaßnahme nicht geeignet ist, einen nennens-

[1085] Siehe oben S. 377 f.

[1086] Vgl. Nr. 9 b (x) der Nutzungsbedingungen des iTunes Store (Stand: 17. 6. 2009), abrufbar unter http://www.apple.com/legal/itunes/de/terms.html: „Sie erklären sich damit einverstanden, dass Sie weder selbst versuchen noch andere Personen dazu ermutigen oder dabei unterstützen, technische Sicherheitsvorkehrungen oder Software, die Teil des Dienstes sind, oder der Umsetzung dieser Nutzungsbedingungen dienen, zu umgehen oder zu verändern."

[1087] Ausführlich dazu unten S. 475 f.

werten Schutz gegen die betreffende Art von Umgehungshandlungen zu bieten.[1088]

So kann technisch regelmäßig nicht verhindert werden, dass ein Nutzer beim Abspielen einer CD den Analogausgang seines PCs abgreift und das Signal aufzeichnet, um es anschließend wieder in ein digitales Format umzuwandeln. Diese Vorgehensweise stellt keine Umgehung einer wirksamen technischen Maßnahme i.S.d. § 95a Abs. 1 UrhG dar und ist daher zulässig, wenn auf diesem Weg eine urheberrechtlich zulässige Vervielfältigung vorgenommen wird. Insoweit geht ein uneingeschränktes klauselmäßiges Umgehungsverbot daher über das gesetzliche Umgehungsverbot hinaus und erfasst auch gesetzlich zulässige Umgehungshandlungen. Wenn der Rechtsinhaber zwar den Schrankengebrauch nicht explizit untersagt, diesen in gewissem Umfang jedoch faktisch durch technische Schutzmaßnahmen unterbindet, kommt eine Klausel in den AGB des Anbieters, die die Umgehung solcher Schutzmaßnahmen generell verbietet, im Ergebnis einem Verbot des Gebrauchmachens von den Schranken selbst gleich und verstößt somit ebenfalls gegen § 307 Abs. 2 Nr. 1 und 2 BGB.[1089]

Das muss erst recht gelten, wenn das eingesetzte Schutzsystem insgesamt nicht dem Umgehungsschutz des § 95a Abs. 1 UrhG unterfällt und eine Umgehung zur Ermöglichung des Schrankengebrauchs damit gesetzlich nicht verboten ist.[1090] Soweit das Gesetz dem Verwender technischer Schutzmaßnahmen einen rechtlichen Umgehungsschutz bewusst versagt, darf diese gesetzgeberische Wertung nicht im Wege vorformulierter Vertragsklauseln umgangen werden. Auf das Interesse an der Integrität seines technischen Schutzsystems kann der Verwender sich daher nicht berufen, um Klauseln zu rechtfertigen, die jegliche Vervielfältigung zu privaten Zwecken auch außerhalb des Anwendungsbereichs des § 95a Abs. 1 UrhG untersagen.[1091]

(b) CPU-Klauseln

Das gleiche gilt für Vertragsklauseln, die den Einsatz einer käuflich erworbenen Software an einen bestimmten Computer binden und die Verwendung auf einem anderen Computer generell ausschließen (sog. echte CPU-Klauseln).[1092] Denn der Käufer eines Programms muss angesichts der rasanten technischen Entwicklung im Bereich der Computertechnik in der Lage bleiben, die von ihm

---

[1088] Siehe unten S. 464.

[1089] So auch *Trayer*, TSM, S. 200; *Kreutzer*, Verbraucherschutz, S. 110 (zu den Dienstleistungsbedingungen des iTunes Store).

[1090] Z.B. weil der Verwender kein Rechtsinhaber i.S.d. § 95a Abs. 1 UrhG ist.

[1091] Darüber hinaus ist selbst die Rechtfertigung des gesetzlichen Umgehungsverbots im Hinblick auf private Vervielfältigungen zweifelhaft, siehe unten S. 509 ff.

[1092] Zu deren urheberrechtlicher Unwirksamkeit wegen Unvereinbarkeit mit § 69d Abs. 1 UrhG siehe oben S. 211 f.

verwendete Hardware zu erneuern und einzelne Computer gegen andere, leistungsstärkere auszutauschen und die erworbene Software auch auf diesen Computern zu installieren.[1093] Die Bindung des Programmeinsatzes an einen bestimmten Computer ist daher allenfalls dann gerechtfertigt, wenn das Programm in seiner Ablauffähigkeit darauf angewiesen ist, nur auf einem bestimmten Computertyp eingesetzt zu werden, so dass jeder Einsatz auf einem anderen Computer den Ruf des Softwareherstellers gefährdende Ablaufschwierigkeiten hervorrufen würde.[1094] Bei standardisierter Software indes verstößt eine solche CPU-Bindung gegen wesentliche Grundgedanken der kaufweisen Softwareüberlassung und gegen wesentliche kaufvertragliche Rechte und Pflichten.[1095] Dies gilt auch für Vertragsklauseln, die den Umstieg auf eine andere Hardware nicht pauschal verbieten, sondern von der Zahlung eines zusätzlichen Entgelts abhängig machen.[1096] Die unangemessene Benachteiligung des Käufers besteht in diesem Fall darin, dass dem Käufer eine erhöhte Zahlungspflicht auferlegt wird, obwohl der Hersteller keine zusätzliche „Leistung" an den Käufer erbringt, und sich die Vergütung daher auf eine nach den berechtigten Erwartungen des Käufers bereits mit dem Kaufpreis abgegoltene Nutzungsmöglichkeit bezieht.[1097]

(c) Ausgleichsregelungen

Die mit einem Vervielfältigungsverbot verbundene Benachteiligung des Kunden kann aber durch eine zweckkongruente Ausgleichsregelung kompensiert werden.[1098] Beim Verkauf einer CD kann dies etwa dadurch geschehen, dass dem Käufer vertraglich der kostenlose Download einer mp3-Datei gewährt und dadurch die Nutzung der auf der CD enthaltenen Musik auch auf einem mp3-

[1093] BGHZ 152, 233, 241 = GRUR 2003, 416, 418 – CPU-Klausel; *Schuhmacher*, CR 2000, 646f. Soweit hingegen durch die Klausel lediglich eine zeitgleiche Mehrfachnutzung des Programms verhindert wird, verstößt dies nicht gegen § 307 BGB, vgl. Ulmer/Brandner/Hensen-*H. Schmidt*, Anh. § 310 Rn. 784; *Marly*, Rn. 1124.

[1094] So OLG Frankfurt a. M. NJW 1991, 2160, 2161; OLG Frankfurt a. M. NJW-RR 1995, 182, 183; Wandtke/Bullinger-*Grützmacher*, § 69d Rn. 42; ähnlich MüKo-*Kieninger*, § 307 Rn. 80; Dreier/Schulze-*Dreier*, § 69c Rn. 33; dagegen *Schuhmacher*, CR 2000, 647, mit der Begründung, die Probleme von Software unter verschiedenen Systembedingungen seien hinreichend bekannt und würden nicht allein dem Softwarehersteller angelastet.

[1095] OLG Frankfurt a. M. NJW-RR 1995, 182, 183; Wolf/Lindacher/Pfeiffer-*H. Schmidt*, Klauseln Rn. S 223; Ulmer/Brandner/Hensen-*H. Schmidt*, Anh. § 310 Rn. 784; MüKo-*Kieninger*, § 307 Rn. 80; *Lejeune*, in: Lejeune, G Rn. 16; *Osterloh*, GRUR 2009, 312f.; *Polley*, CR 1999, 353; *Schuhmacher*, CR 2000, 647; Wandtke/Bullinger-*Grützmacher*, § 69d Rn. 42 m. w. N.; a. A. *Metzger*, NJW 2003, 1995.

[1096] So auch *Schuhmacher*, CR 2000, 647; *Osterloh*, GRUR 2009, 313f.; *Baus*, Verwendungsbeschränkungen, S. 239; a. A. Ulmer/Brandner/Hensen-*H. Schmidt*, Anh. § 310 Rn. 784; *Scholz/Haines*, CR 2003, 397.

[1097] Zur Kontrollfähigkeit solcher Klauseln siehe bereits oben S. 362.

[1098] *Rott*, in: Hilty/Peukert, S. 281; vgl. dazu oben S. 375ff.

Player ermöglicht wird. Beim Verkauf von Software ist dementsprechend trotz § 69d Abs. 2 UrhG auch ein Ausschluss der Herstellung von Sicherungskopien wirksam, wenn der Lieferant selbst dem Kunden eine Sicherungskopie zur Verfügung stellt.[1099] Die Zulässigkeit des Kopierverbots dürfte hier allerdings dogmatisch damit zu begründen sein, dass in diesem Fall die Herstellung einer Sicherungskopie durch den Kunden nicht „erforderlich" im Sinne des § 69d Abs. 2 UrhG ist.[1100] Eine Regelung, die dem Kunden nur einen Anspruch auf Lieferung einer Zweitkopie gegen Einsendung des beschädigten Originals gewährt, stellt hingegen keinen hinreichenden Ausgleich für ein Vervielfältigungsverbot dar, weil sie den Kunden mit dem Aufwand des Versands und vor allem mit dem Risiko belastet, im Falle der Insolvenz des Lieferanten keine Kopie zu erhalten.[1101]

b. Vorübergehende Gebrauchsüberlassung

Wenn der Verwender der fraglichen Nutzungsbeschränkung das genutzte Werkexemplar dem Nutzer nicht dauerhaft, sondern nur zum vorübergehenden Gebrauch überlässt, kann zur Kontrolle vertraglicher Nutzungsbeschränkungen nicht das kaufrechtliche Leitbild herangezogen werden. Vielmehr richtet sich die befristete Überlassung eines urheberrechtlich geschützten Werkes nach Miet- oder Pachtrecht. Als Beispiele können die Vermietung von CDs oder DVDs durch Videotheken oder die befristete Überlassung von Standardsoftware herangezogen werden.

(1) Beschränkungen der Weitergabe

Anders als bei der Veräußerung von Werkexemplaren ist bei der befristeten Überlassung die formularmäßige Vereinbarung eines Weitergabeverbots unproblematisch möglich. Ein Rückgriff auf den Erschöpfungsgrundsatz ist bei einer Vermietung des Werkexemplars durch den Rechtsinhaber von vornherein nicht möglich, da es an einer Veräußerung i.S.d. §§ 17 Abs. 2, 69c Nr. 3 S. 2 UrhG fehlt und daher die Voraussetzungen einer Erschöpfung des Verbreitungsrechts nicht vorliegen. Eine öffentlichkeitsbezogene Weiterveräußerung durch den Mieter ist daher schon urheberrechtlich nicht zulässig. Aber selbst wenn das vermietete Werkexemplar zuvor mit Zustimmung des Rechtsinhabers veräußert worden war und eine Weiterveräußerung wegen §§ 17 Abs. 2, 69c

---

1099 Amtl. Begr. zu § 69d Abs. 2 UrhG, BT-Drucks. 12/4022, S. 12.

1100 Wandtke/Bullinger-*Grützmacher*, § 69d Rn. 54; *Kreutzer*, CR 2006, 809; *Lettl*, § 8 Rn. 34.

1101 Wolf/Lindacher/Pfeiffer-*H. Schmidt*, Klauseln Rn. S 222; Ulmer/Brandner/Hensen-*H. Schmidt*, Anh. § 310 Rn. 783; Wandtke/Bullinger-*Grützmacher*, § 69d Rn. 44; *Hoeren/Schuhmacher*, CR 2000, 140; *Lettl*, § 8 Rn. 34; a. A. *Kreutzer*, CR 2006, 809 f.; *Marly*, Rn. 1020 (unter Hinweis auf die Gesetzesbegründung zu § 69d Abs. 2 UrhG).

Nr. 3 S. 2 UrhG urheberrechtlich zulässig ist, stellt ein Weiterveräußerungsverbot keine unangemessene Benachteiligung des Mieters dar. Da das Werkexemplar dem Nutzer nur zum vorübergehenden Gebrauch überlassen wird, das Eigentum aber beim Vermieter verbleibt, ist der Mieter auch in diesem Fall ohne eine Zustimmung des Vermieters eigentumsrechtlich zur Weiterveräußerung an Dritte nicht befugt. Ein flankierendes vertragliches Weiterveräußerungsverbot ist daher insgesamt nicht zu beanstanden.[1102] Gleiches gilt für Weitervermietungsverbote, da sich das Verbot einer Gebrauchsüberlassung an Dritte bereits aus § 540 Abs. 1 S. 1 BGB ergibt und daher dem Leitbild des Mietvertrags entspricht.[1103]

(2) Beschränkungen der Vervielfältigungsfreiheit

Problematischer ist die Wirksamkeit formularmäßiger Vervielfältigungsverbote.

(a) Vermietung von DVDs

Hierzu zählen z.B. die in den AGB von Videotheken oder Mediatheken häufig enthaltenen Bestimmungen, dass die ausgeliehenen Videofilme auch zu privaten Zwecken nicht vervielfältigt werden dürfen.[1104] In urheberrechtlicher Hinsicht ist die Verwendung der gemieteten DVD als Vorlage für eine privaten Zwecken dienende Vervielfältigung des darauf gespeicherten Videofilms gemäß § 53 Abs. 1 UrhG zulässig. Der Mieter ist jedoch aufgrund des Mietvertrags nur zum vertragsgemäßen Gebrauch der DVD berechtigt und gegenüber dem Vermieter verpflichtet, diesen nicht zu überschreiten.[1105] Den Inhalt des vertragsgemäßen Gebrauchs einer vermieteten Sache können die Parteien dabei je nach Vertragszweck und Art des Mietobjekts im Mietvertrag frei vereinbaren.[1106] Dem Vermieter steht es daher grundsätzlich frei, dem Mieter die Nutzung des vermieteten Gegenstands nur in bestimmtem Umfang oder mit bestimmten Beschränkungen und Verpflichtungen zu gewähren.[1107] Wenn der Umfang des vertragsgemäßen Gebrauchs in den AGB des Vermieters festgelegt wird, richtet sich die Inhaltskontrolle gemäß § 307 Abs. 2 Nr. 2 BGB in erster Linie danach, ob die Gebrauchsbeschränkung mit dem von den Vertragsparteien verfolgten Vertragszweck vereinbar ist.

[1102] *Marly*, Rn. 1055f. m.w.N.; *Polley*, CR 1999, 354; *Schuhmacher*, CR 2000, 648. Vgl. bereits oben S. 369.

[1103] *Marly*, Rn. 1095; *Schuhmacher*, CR 2000, 648; MüKo-*Kieninger*, § 307 Rn. 108 m.w.N.

[1104] *Schack*, ZUM 2002, 503 Fn. 55 hält derartige Verbote für „legitim und zulässig".

[1105] Palandt-*Weidenkaff*, § 535 Rn. 81.

[1106] Vgl. OLG München ZMR 2001, 347, 348 (zum Pachtvertrag); Palandt-*Weidenkaff*, § 535 Rn. 17; Bamberger/Roth-*Ehlert*, § 535 Rn. 217, § 541 Rn. 4; *Osterloh*, GRUR 2009, 312.

[1107] So zum Pachtvertrag BGHZ 54, 145, 155 = GRUR 1971, 42, 44 – Biesenkate.

Die Hauptpflicht des Vermieters besteht gemäß § 535 Abs. 1 S. 1 BGB darin, dem Mieter während der Mietzeit den Gebrauch der Mietsache zu gewähren. Zum Gebrauch einer DVD zählt auch deren Verwendung als Vorlage für die Anfertigung einer Kopie des darauf gespeicherten Videofilms, da hierfür eine körperliche Fühlungnahme mit dem Werkträger, der DVD, erforderlich ist. Der Zweck der Vermietung einer DVD durch eine Videothek ist aber darauf beschränkt, dem Kunden während der typischerweise auf wenige Tage begrenzten Leihfrist die Wiedergabe des ausgeliehenen Films auf einem dafür geeigneten Abspielgerät (DVD-Player) zu ermöglichen. Der Vertragszweck erfordert daher keine Vervielfältigung der DVD durch den Mieter. Ein berechtigtes Interesse des Mieters, die DVD während der kurzen Vertragslaufzeit in andere Speicherformate übertragen zu können, ist nicht zu erkennen. Demgegenüber hat der Betreiber der Videothek ein erhebliches Interesse daran, dass ein Kunde nach Rückgabe des ausgeliehenen Films keine dauerhafte Kopie zurückbehält, um eine DVD mehrfach auch an denselben Kunden vermieten zu können und so die Anschaffungskosten zu amortisieren. In dem Verbot, den ausgeliehenen Film im Ganzen zu vervielfältigen, liegt folglich eine zulässige Begrenzung des vertragsgemäßen Gebrauchs des vermieteten Werkexemplars. Eine unangemessene Benachteiligung des Mieters i. S. d. § 307 Abs. 1, Abs. 2 Nr. 2 BGB ist darin nicht zu sehen.

Das Interesse der Videothek an der Verhinderung dauerhaft nutzbarer Kopien der vermieteten DVDs kann hingegen keine Klauseln rechtfertigen, die auch eine Vervielfältigung von Teilen des Films verbieten, die etwa zu Zitatzwecken nach § 51 S. 1 oder zur Verwendung im Rahmen einer freien Benutzung gemäß § 24 UrhG zulässig sein kann. Hier überwiegt das durch Art. 5 Abs. 1 und 3 GG grundrechtlich geschützte Nutzungsinteresse des Mieters, wenn dieser die Vervielfältigung nicht vornimmt, um sich einen Ersatz für das Original zu beschaffen, sondern die DVD lediglich als Grundlage für eine eigenschöpferische Nutzung von Teilen des Filmwerks verwendet. Das Amortisationsinteresse des Vermieters ist durch eine solche Nutzung nicht nennenswert betroffen.

(b) Bücherverleih durch Bibliotheken

Anders als bei der kommerziellen Vermietung von DVDs fällt die Interessenabwägung bei Leihverträgen mit öffentlichen Bibliotheken aus. Denn hier ist zu berücksichtigen, dass öffentliche Bibliotheken nach ihrem Widmungszweck gerade der Versorgung der Bevölkerung und Forschung mit nur begrenzt verfügbarer Literatur und Informationen dienen. Wirksam sind danach allenfalls Klauseln, welche die Anfertigung von Fotokopien besonders alter und wertvoller Bücher verbieten, um Beschädigungen des Buchrückens und des lichtempfindlichen Papiers zu vermeiden.[1108] Zwar entspricht es bei der Ausleihe von

[1108] Siehe dazu bereits oben S. 246.

Büchern aus einer öffentlichen Bibliothek typischerweise dem Vertragszweck, sich Auszüge aus den Büchern für den eigenen Gebrauch kopieren zu können, soweit dies urheberrechtlich zulässig ist. Auch bei einem Fotokopierverbot bleibt es dem Entleiher aber möglich, die entsprechenden Passagen handschriftlich oder durch Abtippen zu notieren. Das Interesse der Bibliothek an einer Vermeidung von Beschädigungen in ihrem Eigentum stehender Bücher überwiegt daher das Interesse des Bibliotheksbenutzers an einer besonders bequemen Informationsverschaffung. Sollte die Klausel hingegen so weit formuliert sein, dass sie auch eine handschriftliche Vervielfältigung verbietet, so kann dies nicht durch ein überwiegendes Interesse der Bibliothek gerechtfertigt werden.

(c) Befristete Softwareüberlassung

Auch bei typischerweise für eine längere Zeitspanne geschlossenen Software-Lizenzverträgen kann die Interessenabwägung zur Unwirksamkeit eines formularmäßigen Vervielfältigungsverbots führen. Auf die befristete Softwareüberlassung ist nach h.M. ebenfalls Mietvertragsrecht anzuwenden.[1109] Bei einer längerfristigen Überlassung muss der Mieter aber wie bei einem Kaufvertrag die Möglichkeit haben, während der Vertragslaufzeit die verwendete Hardware auszutauschen und dementsprechend die dafür erforderlichen Vervielfältigungshandlungen, insbesondere die Installation der Software auf einem neuen Computer, vorzunehmen.[1110] Eine Klausel, die dieses Interesse des Mieters nicht berücksichtigt, schränkt die Kardinalpflicht des Vermieters zur Gebrauchsüberlassung in einer den Vertragszweck gefährdenden Weise ein und ist daher gemäß § 307 Abs. 2 Nr. 2 BGB unwirksam.[1111]

Das gilt auch für eine „Upgrade-Klausel", die eine Auswechslung des verwendeten Computers zwar nicht generell ausschließt, aber eine erhöhte Lizenzgebühr für den Fall vorsieht, dass die Software auf einem anderen Computer mit einer gegenüber dem bisherigen Computer erhöhten Leistungsfähigkeit eingesetzt wird.[1112] Die darin liegende Benachteiligung des Mieters wird zwar häufig damit gerechtfertigt, dass derartige CPU-Klauseln den Sinn hätten, „Missbrauchsgefahren vorzubeugen und dem Hersteller für alle zusätzlichen Nutzungen auch zusätzliche Vergütungen zu sichern" und damit dem Zweck dienten, den Urheber tunlichst angemessen an jeder wirtschaftlichen Nutzung

---

[1109] BGH NJW 2007, 2394 m.w.N.; LG Köln CR 1996, 154; MüKo-*Kieninger*, § 307 Rn. 108; Erman-*Roloff*, § 307 Rn. 100; Ulmer/Brandner/Hensen-*H. Schmidt*, Anh. § 310 Rn. 774; *Hoeren/Schuhmacher*, CR 2000, 138.

[1110] BGHZ 152, 233, 241 = GRUR 2003, 416, 418 – CPU-Klausel.

[1111] *Marly*, Rn. 1126; ebenso im Ergebnis Ulmer/Brandner/Hensen-*H. Schmidt*, Anh. § 310 Rn. 784; MüKo-*Kieninger*, § 307 Rn. 80; Wandtke/Bullinger-*Grützmacher*, § 69d Rn. 38.

[1112] Ebenso *Marly*, Rn. 1126.

seiner Werke zu beteiligen.[1113] Eine Erhöhung der Lizenzgebühr bei Verwendung eines anderen Computers ist jedoch nicht geeignet, den aufgrund der leichten Kopierbarkeit des Programms mit einer Softwareüberlassung verbundenen Missbrauchsgefahren vorzubeugen. Erforderlich, aber zum Schutz des Softwareherstellers auch ausreichend ist insoweit eine Verpflichtung des Mieters, bei einem Rechnerwechsel das Programm auf dem alten Computer zu löschen. Im Hinblick auf die Kontrollierbarkeit eines Verstoßes unterscheidet sich eine solche Verpflichtungen nicht von dem Verbot einer Übertragung auf einen anderen Rechner.

Die Forderung eines erhöhten Nutzungsentgelts ist erst dann gerechtfertigt, wenn aufgrund der Installation der Software auf einem anderen Computer eine über den bestimmungsgemäßen Gebrauch hinausgehende Mehrfachnutzung ermöglicht wird.[1114] Allein dadurch, dass das Programm auf einem leistungsstärkeren Computer möglicherweise schneller abläuft, wird die Nutzung der darin verkörperten geistigen Leistung des Softwareurhebers aber weder qualitativ noch quantitativ intensiviert.[1115] Mangels wirtschaftlicher und technischer Abgrenzbarkeit ist das Installieren und Ablaufenlassen des Programms auf einem schnelleren Computer daher keine urheberrechtlich eigenständige Nutzungsart. Es handelt sich nicht um eine „zusätzliche" Nutzung, die aufgrund des urheberrechtlichen Beteiligungsgrundsatzes zusätzlich vergütet werden müsste. Vielmehr ist auch die Nutzung auf einem anderen Computer als bestimmungsgemäße Nutzung des Programms gemäß § 69d Abs. 1 UrhG urheberrechtlich zulässig.[1116] Wenn eine erhöhte Lizenzgebühr allein für die Installation auf einem Austauschrechner gezahlt werden soll, bezieht sich die Vergütungspflicht also wie bei einer entsprechenden CPU-Klausel in einem Software-Kaufvertrag auf eine Nutzung, die nach den berechtigten Erwartungen des Mieters mit der Zahlung der (Grund)Miete abgegolten ist.[1117] Eine CPU-Klausel in einem befristeten Softwareüberlassungsvertrag, die eine solche Vergütungspflicht des Mieters vorsieht, ist gemäß § 307 Abs. 2 Nr. 2 BGB unwirksam.

c. Online-Vertrieb

Besondere praktische Bedeutung erlangt die Möglichkeit vertraglicher Nutzungsbeschränkungen in AGB durch den zunehmenden Vertrieb urheberrecht-

---

[1113] So aber BGHZ 152, 233, 240f. = GRUR 2003, 416, 418 – CPU-Klausel; zustimmend *Metzger*, NJW 2003, 1995; *Scholz/Haines*, CR 2003, 396; Dreier/Schulze-*Dreier*, § 69c Rn. 33; Ulmer/Brandner/Hensen-*Fuchs*, § 307 Rn. 125; Ulmer/Brandner/Hensen-*H. Schmidt*, Anh. § 310 Rn. 784; MüKo-*Kieninger*, § 307 Rn. 80 a. E.

[1114] Vgl. *Metzger*, NJW 2003, 1995; *Lehmann*, FG Schricker, 559f.

[1115] Vgl. Wandtke/Bullinger-*Grützmacher*, § 69d Rn. 38.

[1116] Siehe oben S. 212.

[1117] Vgl. oben S. 394.

lich geschützter Werke über das Internet. Bei einigen Werkarten beginnt der Online-Vertrieb sogar wirtschaftlich die körperliche Verbreitung zu ersetzen. Durch die Verwendung von Click-On-Lizenzen[1118] können erstmals auch in weitem Umfang formularmäßige Nutzungsvereinbarungen unmittelbar zwischen dem Urheber und dem Endnutzer geschlossen werden. In der Praxis erfolgt der Vertrieb bisher jedoch weiterhin über Werkmittler, bei Musik- und Filmwerken z.B. über Abrufdienste wie iTunes, Musicload oder Videoload, bei eBooks z.B. über ciando.de oder bol.de.[1119] Insbesondere die Restriktionen in den Nutzungsbedingungen des iTunes Store von Apple haben weltweit die Verbraucherschützer auf den Plan gerufen. So haben der Verbraucherzentrale Bundesverband e.V., die französische Verbraucherorganisation UFC Que Choisir und die Verbraucherombudsmänner aus Finnland und Norwegen in einer gemeinsamen Erklärung vom 22.1.2007 die Apple-Tochter iTunes angegriffen, da bei iTunes gekaufte Musik nur auf dem hauseigenen iPod und nicht auf beliebigen anderen Geräten abgespielt werden kann, und zudem die Musikindustrie aufgefordert, auf nutzerfeindliche Kopierschutzsysteme zu verzichten.[1120]

Anders als bei der körperlichen Verbreitung von Werken wird beim Vertrieb über das Internet kein Vervielfältigungsstück des Werkes vom Anbieter an den Endkunden übergeben. Vielmehr erfolgt die Übermittlung des Werkes im Wege einer Übertragung von Daten, an deren Ende im Arbeitsspeicher oder auf der Festplatte im Computer des Endnutzers ein neues Vervielfältigungsstück des Werkes entsteht. Wenn dessen Nutzung durch AGB beschränkt wird, ist daher fraglich, welches gesetzliche oder vertragliche Leitbild zur Kontrolle derartiger Bestimmungen heranzuziehen ist.

(1) Entgeltliche Überlassung zur dauerhaften Nutzung

Relativ unproblematisch ist die Einordnung von Verträgen, die darauf gerichtet sind, dem Kunden gegen ein einmaliges Entgelt online eine Musik- oder Film-Datei zur dauerhaften Nutzung zu übermitteln.

(a) Maßgebliches Leitbild

Der Download der Datei auf den Computer des Nutzers soll wirtschaftlich die körperliche Überlassung eines Vervielfältigungsstücks in Form einer CD oder

---

[1118] Siehe dazu oben S. 348 ff.

[1119] Gerade im Filmbereich haben auch illegale Angebote, die von den Urhebern der betreffenden Werke nicht lizenziert worden sind, einen entscheidenden Anteil am Vertrieb urheberrechtlich geschützter Werke, vgl. *Patalong*, Film und TV im Web: Darf man das?, in: Spiegel Online vom 14.3. 2008, abrufbar unter http://www.spiegel.de/netzwelt/web/0,1518,540471,00.html. Diese Angebote bleiben im Folgenden jedoch unberücksichtigt.

[1120] Siehe die Pressemeldungen des Verbraucherzentrale Bundesverband e.V. vom 22. 1. und 2.4.2007, abrufbar unter http://www.vzbv.de; vgl. auch den Bericht von *Heckmann*, CR 2006, R99.

DVD ersetzen. Das maßgebliche Leitbild für die Inhaltskontrolle von Nutzungsbeschränkungen der Datei wird daher ebenfalls durch die gesetzlichen Regelungen des Kaufrechts bestimmt. Zwar ist die Datei als solche mangels körperlicher Abgrenzbarkeit keine Sache i.S.d. § 90 BGB und kann daher auch nicht in das Eigentum des Nutzers übergehen.[1121] Gegenstand eines Kaufvertrags muss, wie § 453 BGB zeigt, jedoch nicht zwingend die Übertragung des Eigentums an einer Sache sein. Entscheidend ist die Pflicht zur Verschaffung einer endgültigen Rechtsposition an dem verkauften Gut im Wege eines einmaligen Leistungsaustausches.[1122]

Daher werden bei der dauerhaften Überlassung von Software gegen ein einmaliges Entgelt die Regelungen des Sachkaufs auch dann angewandt, wenn dem Erwerber kein Datenträger übergeben wird, sondern lediglich elektronische Signale übermittelt werden. Der Endzweck des Erwerbs von Standardsoftware, nämlich die Nutzbarmachung des Programms für den Erwerber durch Speicherung auf der Festplatte seines Computers, wird im einen wie dem anderen Fall in gleicher Weise erreicht.[1123] Dementsprechend ist auch der Erwerb einer Musik-, Film- oder Textdatei über das Internet als Kauf zu qualifizieren, wenn der Vertragszweck ähnlich wie beim Erwerb einer CD, DVD oder eines Buches darin besteht, dem Erwerber die zeitlich und quantitativ unbeschränkte Möglichkeit zu verschaffen, die Datei auf seinem Computer abzuspielen und so das gespeicherte Musik-, Film- oder Sprachwerk wahrnehmbar zu machen.[1124]

Hingegen ist Gegenstand des Kaufvertrags regelmäßig nicht die Einräumung urheberrechtlicher Nutzungsrechte, auch wenn viele Abrufdienste dies dem Kunden in ihren Nutzungsbedingungen suggerieren.[1125] Denn das Ansehen des

---

[1121] Staudinger-*Jickeli/Stieper* (2004), § 90 Rn. 17.

[1122] Palandt-*Weidenkaff*, § 453 Rn. 11; *Hoeren/Schuhmacher*, CR 2000, 138; vgl. OLG Düsseldorf NJW 1989, 2627: Maßgeblich sei die „von den Parteien gewählte kaufrechtsähnliche Überlassungsform".

[1123] BGHZ 109, 97, 99f. = NJW 1990, 320, 321; Wolf/Lindacher/Pfeiffer-*H. Schmidt*, Klauseln Rn. S 215; Palandt-*Weidenkaff*, § 453 Rn. 8; *Schulz*, Dezentrale Softwareentwicklung, Rn. 788 m. w. N.

[1124] *Kreutzer*, Verbraucherschutz, S. 95; *Hoenike/Hülsdunk*, MMR 2004, 65.

[1125] Siehe z.B. Nr. B II 5 der Allgemeinen Geschäftsbedingungen von Videoload (Stand: 4. 3. 2009), abrufbar unter http://www.t-home.de/dlp/agb/35472.pdf: „Die Deutsche Telekom räumt dem Kunden nicht ausschließliche, nicht unterlizenzierbare, räumlich und zeitlich uneingeschränkte Nutzungsrechte an den erworbenen Filmen ein. (...) Der Kunde darf die erworbenen Filme zur Speicherung aus dem Videoload Portal auf die Festplatte seines Computers herunterladen und ansehen. Ob der Kunde darüber hinaus die erworbenen Filme, brennen und/oder auf tragbare Abspielgeräte kopieren darf, wird während des Bestellvorgangs per Online Anzeige zu dem jeweiligen Film ebenso angezeigt, wie die Anzahl der erlaubten Vervielfältigungen. Der Kunde darf zulässig gebrannte DVDs im engeren persönlichen Bekannten- und Verwandtenkreis zur privaten Nutzung unentgeltlich weitergeben. Eine darüber hinausgehende Nutzung ist nicht gestattet". Ähnlich auch Nr. 9.1 der Allgemeinen Geschäfts- und Nutzungsbedingungen der 7 Digital Media Ltd. (Stand: Juli 2007), abrufbar unter http://www.7digital.de/stores/tandc.aspx?shop=807: „Gegen Zahlung des Kaufpreises erhält der Kunde das einfache und nicht übertragbare Recht, die jeweiligen Musiktitel gespeicherten Films oder das Anhören des gespeicherten Musikstücks ist als solches keine urheberrechtlich relevante Verwertungshandlung, für die der Nutzer ein Nutzungsrecht erwerben müsste. Soweit die Wahrnehmbarmachung des gespeicherten Werkes und damit der Werkgenuss aus technischen Gründen eine vorübergehende Vervielfältigung erfordert, ist diese nach § 44a Nr. 2 UrhG zulässig.[1126] Der regelmäßig ohnehin nur zu privaten Zwecken gestattete Download der Datei, der zu einer Vervielfältigung des heruntergeladenen Werkes auf der Festplatte des Kunden führt,[1127] ist hingegen von § 53 Abs. 1 UrhG gedeckt. Eine schon aufgrund einer gesetzlichen Schranke zulässige Nutzung kann aber nicht Gegenstand eines Nutzungsrechts gemäß § 31 Abs. 1 UrhG sein.[1128] Gegenstand des Kaufvertrags ist daher nicht die Einräumung eines urheberrechtlichen Nutzungsrechts, sondern die *faktische* Ermöglichung des dauerhaften Werkgenusses durch Verschaffung einer entsprechenden Film-, Musik- oder Textdatei.

Einzelne Verwendungsbeschränkungen in den Geschäftsbedingungen des Anbieters, wie z. B. Vervielfältigungs- und Weitergabeverbote, führen zu keiner anderen Beurteilung der anhand einer generalisierenden Betrachtung zu ermittelnden Natur des Vertrages.[1129] Vielmehr muss sich der Anbieter an der Erwartungshaltung des Kunden festhalten lassen, die der Anbieter durch die zentrale Leistungsbestimmung selbst erweckt, insbesondere wenn er in seinem Angebot die Bezeichnung „Kauf" verwendet[1130] oder sogar in den Geschäftsbedingungen ausdrücklich vom Abschluss eines Kaufvertrages ausgeht.[1131] Soweit die nutzungsbeschränkenden Klauseln Rechte und Pflichten, die sich aus der so ermittelten Natur des Vertrages ergeben, in einer den Vertragszweck gefährdenden Weise einschränken, unterfallen sie daher der Inhaltskontrolle nach § 307 Abs. 2 Nr. 2 BGB.

---

zum ausschließlich persönlichen Gebrauch in der jeweils angegebenen Art und Weise zu nutzen. Eine Weiterübertragung der Nutzungsrechte auf Dritte sowie eine kommerzielle und gewerbliche Nutzung ist ausdrücklich ausgeschlossen und untersagt."

[1126] Siehe oben S. 111 f.

[1127] *Schack*, UrhR, Rn. 417; Wandtke/Bullinger-*Heerma*, § 16 Rn. 14.

[1128] Siehe oben S. 200 f.

[1129] Ulmer/Brandner/Hensen-*H. Schmidt*, Anh. § 310 Rn. 774; siehe dazu bereits oben S. 374 f.

[1130] Zum Beispiel bei einem Download von Musikdateien über den iTunes Store, der durch das Anklicken der Schaltfläche „Titel kaufen" gestartet wird, oder beim Download von Filmen aus dem „Kaufprogramm" von Videoload, das mit dem Slogan „Filme kaufen, brennen und immer wieder ansehen" beworben wird.

[1131] So die Allgemeinen Geschäfts- und Nutzungsbedingungen der 7 Digital Media Ltd. (Stand: Juli 2007), abrufbar unter: http://www.7digital.de/stores/tandc.aspx?shop=807, insbesondere in Nr. 4.1, 5.2, 8.3 und 9.1.

(b) Unangemessene Benachteiligung

Für die unangemessene Benachteiligung des Nutzers durch einen Ausschluss von Kopien auch zu privaten Zwecken gelten dabei dieselben Kriterien wie bei der dauerhaften Überlassung eines körperlichen Vervielfältigungsstücks.[1132] Unwirksam sind danach insbesondere Klauseln, die dem Nutzer eine urheberrechtlich zulässige Vervielfältigung zu privaten Zwecken verbieten, soweit diese erforderlich ist, um das gespeicherte Musik- oder Filmwerk auf einem anderen Computer oder durch das Brennen auf eine CD oder DVD mit einem anderen technischen Gerät als dem Computer abspielen zu können oder eine Sicherungskopie der erworbenen Datei zu erstellen. Insoweit kann der Rechtsgedanke des § 69d Abs. 2 UrhG herangezogen werden, dessen Rechtfertigung sich nicht auf Computerprogramme beschränkt, sondern wegen der erhöhten Verlustgefahr auf alle digital gespeicherten Inhalte ausgedehnt werden kann.[1133]

Problematisch im Hinblick auf die Pflicht zur Verschaffung der uneingeschränkten Verfügungsfreiheit sind auch die üblicherweise in den Nutzungsbedingungen von Internet-Abrufdiensten enthaltenen Verbote, die erworbenen Produkte an Dritte weiterzugeben.[1134] Das gilt zunächst für Klauseln, welche auch den Fall erfassen, dass der Kunde seinen Computer, auf dem sich die Datei befindet, veräußern will. Zwar greift insoweit nach h.M. der Erschöpfungsgrundsatz nicht ein, da bei einem online übermittelten Werk keine vorhandenen Vervielfältigungsstücke den Besitzer wechseln, sondern durch den Abruf des Kunden ein neues Vervielfältigungsstück hergestellt wird.[1135] Die Veräußerung des Computers an einen mit dem Veräußerer nicht persönlich verbundenen Dritten stellt daher eine von §§ 17 Abs. 2, 69c Nr. 3 S. 2 UrhG nicht erfasste Verbreitung des betreffenden Werkes dar.[1136] Es verstieße aber gegen Treu und Glauben, die im Umfang unveränderte Nutzung durch einen Erwerber des Computers zu verbieten.[1137] Da Missbräuche zum Nachteil des Urhebers hier nicht in Betracht kommen, stellte es eine unangemessene Benachteiligung des

---

[1132] Vgl. dazu oben S. 390f.

[1133] Vgl. *Köcher/Kaufmann*, MMR 2005, 754; *Schwerzmann*, sic! 2004, 149 mit Fn. 5.

[1134] Vgl. den Bericht „Klage gegen Apple" in: Der Spiegel 52/2007 vom 22. 12. 2007, S. 17, wonach der Bundesverband der Verbraucherzentralen mit einer Klage gegen Apple erreichen will, dass die Kunden von iTunes freier entscheiden können, an wen sie die im iTunes Store gekaufte Musik weitergeben.

[1135] LG München I MMR 2007, 328, 331; Schricker-*Loewenheim*, § 17 Rn. 37, § 69c Rn. 33; Dreier/Schulze-*Schulze*, § 17 Rn. 30; *Viegener*, UFITA 2006, 489f.; *Schack*, UrhR, Rn. 419; *ders.*, GRUR 2007, 643f. m.w.N.; a.A. *Hoeren*, CR 2006, 573f. m.w.N.

[1136] Wenn die Veräußerung an eine Person erfolgt, mit der eine persönliche Beziehung besteht, fehlt es mangels Inverkehrbringen gegenüber der Öffentlichkeit bereits an einer Verbreitung, Schricker-*Loewenheim*, § 17 Rn. 13 m.w.N.

[1137] *Schack*, GRUR 2007, 644.

Kunden dar, wenn ihm eine Veräußerung des Computers aufgrund des schuldrechtlichen Weitergabeverbots unmöglich gemacht würde.[1138]

Fraglich ist, ob dies auch gilt, wenn dem Kunden untersagt wird, die erworbene Datei selbst an einen Dritten „weiterzugeben", etwa durch eine Versendung als E-Mail oder per Datenübertragung über eine Bluetooth-Schnittstelle. Hier wechselt das auf der Festplatte des Kunden gespeicherte Vervielfältigungsstück des Werkes nicht den Besitzer. Vielmehr wird ein neues Vervielfältigungsstück auf der Festplatte oder dem sonstigen Speichermedium des Dritten hergestellt. Auch wenn dies technisch die einzige Möglichkeit ist, die gespeicherten Daten ohne den Computer zu veräußern, und die digitale Übermittlung daher bei „wirtschaftlicher Betrachtungsweise" mit der Verbreitung in körperlicher Form vergleichbar sein mag,[1139] stellt die Weitergabe daher keine Verbreitung des gespeicherten Werkes i.S.d. § 17 Abs. 1 BGB dar, die einer Erschöpfung unterliegen könnte.[1140] Mangels Öffentlichkeit liegt bei Übermittlung des geschützten Werkes per individueller Datenübertragung auch kein Eingriff in das Recht der öffentlichen Zugänglichmachung gemäß § 19a UrhG vor.[1141] Vielmehr nimmt der Kunde beim Übermitteln der Datei (mindestens) eine urheberrechtlich relevante Vervielfältigung des Werkes vor und erfüllt damit den Tatbestand des § 16 UrhG.[1142]

Wenn die Versendung auf „Bestellung" des Dritten erfolgt, der das in der Datei gespeicherte Werk zum privaten Werkgenuss erwerben möchte, kann sich dieser jedoch auf die Privilegierung des § 53 Abs. 1 S. 1 UrhG berufen. Er darf dann gemäß § 53 Abs. 1 S. 2 UrhG die Vervielfältigung auch „durch einen anderen", nämlich den Kunden als ursprünglichen Erwerber der Datei, herstellen lassen, soweit dies unentgeltlich geschieht.[1143] Der Kunde nimmt dann an der Privilegierung des nach § 53 Abs. 1 S. 1 UrhG zur Vervielfältigung Befugten teil, indem die Herstellung des Vervielfältigungsstücks dem Dritten als eigene Vervielfältigungshandlung zugerechnet wird.[1144] Der Verkäufer als Verwender des Weitergabeverbots kann sich daher zu dessen Rechtfertigung nicht auf die

[1138] Dies gilt erst recht, wenn man mit der Gegenauffassung §§ 17 Abs. 2, 69c Nr. 3 S. 2 UrhG auf online übermittelte Vervielfältigungsstücke analog anwendet, so dass die Veräußerung des Computers mit der erworbenen Datei bereits wegen der Erschöpfung des Verbreitungsrechts urheberrechtlich zulässig ist.

[1139] So Loewenheim-*Hoeren*, § 21 Rn. 64f., der insoweit von einer „unkörperlichen Verbreitung" spricht.

[1140] *Schack*, UrhR, Rn. 418; *Kreutzer*, Verbraucherschutz, S. 89.

[1141] Dreier/Schulze-*Dreier*, § 19a Rn. 7.

[1142] KG MMR 2004, 540, 543 – Ausschnittdienst; Wandtke/Bullinger-*Heerma*, § 16 Rn. 15 (zum Versand einer Datei per E-Mail).

[1143] Ohne diese Einschränkung und daher zu weitgehend *Kreutzer*, Verbraucherschutz, S. 90f., der jegliche individuelle Übermittlung der Datei für urheberrechtlich zulässig hält.

[1144] BGHZ 141, 13, 26 = GRUR 1999, 707, 711 – Kopienversanddienst; Dreier/Schulze-*Dreier*, § 53 Rn. 13; *Stieper*, ZUM 2004, 912. Etwaige technisch notwendige Zwischenspeicherungen, etwa auf dem E-Mail-Server des Providers, sind von § 44a Nr. 1 UrhG gedeckt.

Urheberrechtswidrigkeit der Weitergabe berufen. Um etwaigen Missbräuchen vorzubeugen, reicht es aus, den Kunden für den Fall einer Weitergabe zur Löschung der auf seinem Computer gespeicherten Datei zu verpflichten.[1145]

Dem Kunden jegliche Weitergabe der Datei an Dritte zu untersagen, schränkt die Kardinalpflicht zur Verschaffung der uneingeschränkten Verfügungsbefugnis hingegen in einer den Vertragszweck gefährdenden Weise ein. Ein Weitergabeverbot, welches auch eine mit der Löschung der ursprünglichen Datei verbundene Weitergabe des erworbenen Werkexemplars erfasst, ist daher gemäß § 307 Abs. 2 Nr. 2 BGB unwirksam.

(2) Kostenfreier Download

Vor allem zu Werbezwecken werden urheberrechtlich geschützte Werke auch kostenlos zum Download angeboten. Hier wird es häufig an einem Rechtsbindungswillen der Beteiligten fehlen, so dass es zwischen dem Nutzer und dem Anbieter allein aufgrund des Downloads noch nicht zu einem Vertragsschluss kommt.[1146] Anders ist dies bei der kostenlosen Überlassung von Software als Freeware oder Open Source Software. Angesichts der wirtschaftlichen Belange und des Interesses des Kunden, keine schädigenden Programme zu erhalten, wird man hier bei der gebotenen Auslegung nach dem objektiven Empfängerhorizont (§§ 133, 157 BGB) regelmäßig vom Vorliegen eines Rechtsbindungswillens ausgehen können.[1147] Daneben sind auch bei Musik- oder Filmwerken kommerzielle Abrufdienste denkbar, die dem Kunden ihr Repertoire ohne Zahlung einer Vergütung über das Internet zur Verfügung stellen und die Kosten der dafür erforderlichen Lizenzen durch Werbung finanzieren.[1148] Hier wird meist über eine vorherige Anmeldung des Kunden und eine entsprechende Rahmenvereinbarung nach § 305 Abs. 3 BGB sichergestellt, dass die Nutzungsbedingungen des Anbieters in das Vertragsverhältnis mit dem Kunden einbezogen werden.

Wenn die Nutzungsbedingungen des Anbieters bei einem solchen kostenlosen Angebot Vervielfältigungen der heruntergeladenen Musik-, Film- oder Programmdatei ausschließen, etwa das Brennen eines Musikstücks auf CD verbieten, kommt eine Inhaltskontrolle anhand des kaufvertraglichen Leitbildes nicht in Betracht. Denn ein Kaufvertrag ist auf die *entgeltliche* Verschaffung der dauerhaften Nutzungsmöglichkeit gerichtet. Dass der Kunde ggf. die Anzeige von Werbung dulden muss, um in den Genuss des Werkes zu kommen, stellt

---

1145 Zur entsprechenden Rechtslage bei Veräußerung eines Datenträgers siehe oben S. 387.

1146 Zum Zustandekommen eines solchen Vertrags siehe oben S. 349 ff.

1147 *Marly*, Rn. 360; vgl. *Schulz*, Dezentrale Softwareentwicklung, Rn. 828.

1148 Dazu *Kremp*, Kostenlos und doch legal, Spiegel Online vom 27. 1. 2008, http://www.spiegel.de/netzwelt/spielzeug/0,1518,531286,00.html; vgl. auch die Darstellung des deutschen Markts für Musik-Abrufdienste in OLG München ZUM-RD 2008, 360.

aber keine Gegenleistung i.S.d. § 320 BGB und damit kein Entgelt dar. Auch die für Open Source Software charakteristischen Bedingungen für Weiterentwicklung und -vertrieb der überlassenen Software begründen nicht die Entgeltlichkeit der Softwareüberlassung an den Kunden.[1149]

Der dem kostenlosen Download zugrunde liegende Vertrag weist im Hinblick auf das online überlassene Werk daher typische Elemente einer (Hand)Schenkung auf.[1150] Die einen Schenkungsvertrag gemäß § 516 Abs. 1 BGB charakterisierende Zuwendung aus dem Vermögen des Schenkers kann jede vermögenswerte Position zum Gegenstand haben.[1151] Beim kostenlosen Download eines urheberrechtlich geschützten Werkes besteht die Zuwendung an den Kunden wie beim Kauf eines entsprechenden Produkts in der Verschaffung der auf dem Computer des Kunden gespeicherten Datei und der damit verbundenen Möglichkeit, das digital gespeicherte Werk wahrnehmbar zu machen bzw. das gespeicherte Computerprogramm ablaufen zu lassen.[1152]

Zwar gibt der Anbieter, der ein Werk im Internet öffentlich zugänglich macht, anders als bei der Überlassung etwa einer CD oder DVD kein körperliches Vervielfältigungsstück aus der Hand. Vielmehr entsteht beim Nutzer aufgrund des Downloads ein neues Vervielfältigungsstück. Dies steht der Annahme einer Schenkung jedoch nicht entgegen. Für eine Zuwendung ist nicht erforderlich, dass sich der Schenkungsgegenstand zunächst im Vermögen des Schenkers befunden hat.[1153] Es reicht aus, dass der Schenkungsgegenstand auf Kosten des Vermögens des Zuwendenden dem Empfänger verschafft worden ist.[1154] Dies wird man bei einem kostenlosen Download bejahen können, da der Anbieter für die erforderliche Infrastruktur wie den Serverplatz und eine dauerhafte Verbindung zum Internet sorgen und außerdem die für das öffentliche Zugänglichmachen gemäß § 19a UrhG erforderlichen Nutzungsrechte erwerben muss.[1155] Der Vermögensgegenstand, den der Kunde erhält, stammt damit letztlich aus

---

[1149] *Schulz*, Dezentrale Softwareentwicklung, Rn. 828 mit Fn. 907 m.w.N. auch zur Gegenauffassung.

[1150] Ebenso für die Überlassung von Software *Schulz*, Dezentrale Softwareentwicklung, Rn. 828 ff.; *Marly*, Rn. 361 (Freeware) und Rn. 427 (Open Source Software).

[1151] MüKo-*Koch*, § 516 Rn. 5; Hk-BGB-*Saenger*, § 516 Rn. 3.

[1152] Als Schenkungsgegenstand kommt grundsätzlich auch ein urheberrechtliches Nutzungsrecht in Betracht. Ein solches wird dem Kunden, der eine Datei aus dem Internet herunterlädt, jedoch regelmäßig nicht eingeräumt. Der Download auf die Festplatte des Kunden als (erste) Vervielfältigungshandlung ist durch § 53 Abs. 1 bzw. bei Computerprogrammen durch § 69d Abs. 1 und bei Datenbankwerken durch § 55a S. 1 UrhG gedeckt. Auch für die Wahrnehmung des gespeicherten Werkes ist ein Nutzungsrecht nicht erforderlich. Wenn die Wahrnehmbarmachung aus technischen Gründen eine vorübergehende Vervielfältigung (etwa im Arbeitsspeicher) voraussetzt, ist diese gemäß § 44a Nr. 2 bzw. § 69d Abs. 1 UrhG auch ohne Einräumung eines Nutzungsrechts urheberrechtlich zulässig, siehe dazu oben S. 111 ff.

[1153] Bamberger/Roth-*Gehrlein*, § 516 Rn. 4; MüKo-*Koch*, § 516 Rn. 9; Hk-BGB-*Saenger*, § 516 Rn. 3; Palandt-*Weidenkaff*, § 516 Rn. 5.

[1154] MüKo-*Koch*, § 516 Rn. 10.

[1155] Der Urheber behält seinen Anspruch auf angemessene Vergütung gemäß § 32 UrhG dem Bereich der Verfügungsmöglichkeiten des Anbieters, so dass eine Güterverschiebung „aus dem Vermögen" des Anbieters vorliegt, die über die Erbringung einer bloßen Dienstleistung im Rahmen eines Auftrags hinausgeht und eine Anwendung des Schenkungsrechts rechtfertigt.[1156]

Zu prüfen ist daher zunächst, inwieweit eine Klausel, die dem Empfänger des kostenlosen Downloads eine Vervielfältigung oder eine sonstige urheberrechtlich zulässige Nutzung der heruntergeladenen Datei untersagt, mit dem gesetzlichen Leitbild der Schenkung vereinbar ist. Gemäß § 525 Abs. 1 BGB kann eine Schenkung ausdrücklich unter einer Auflage erfolgen. Die Auflage kann dabei auch darin bestehen, dass der Empfänger in der freien Verfügung über den Gegenstand beschränkt oder verpflichtet wird, den Schenkungsgegenstand in einer bestimmten Weise zu verwenden.[1157] Vom vertraglichen Leitbild des Schenkungsvertrags weicht folglich auch eine Bestimmung nicht ab, die dem Empfänger der Datei lediglich das Anhören des gespeicherten Musikstücks oder das Ansehen des gespeicherten Films erlaubt, ihn im Gegenzug aber dazu verpflichtet, keine Kopien von der gespeicherten Datei anzufertigen.

Auch im Übrigen benachteiligt eine solche Verpflichtung den Kunden nicht unangemessen. Denn der Kunde hat keinen Anspruch auf Überlassung des fraglichen Werkes. Er kommt in den Genuss des übermittelten Werkes, ohne dafür eine Vergütung zahlen zu müssen, und kann daher nicht erwarten, die vom Anbieter empfangene Datei unbeschränkt nutzen und vervielfältigen zu können.[1158] Auf der anderen Seite kann der Anbieter ein berechtigtes Interesse daran haben, die Nutzung zu beschränken, etwa weil ein kostenlos zur Verfügung gestelltes Computerprogramm nur als Testversion eines sonst kostenpflichtigen Angebots dient. Auch wenn das Angebot über Banner-Werbung auf der Internet-Seite des Anbieters finanziert wird, hat dieser ein Interesse daran, dass der Kunde für ein weiteres Exemplar des betreffenden Werkes die Seite erneut aufsucht, damit durch den höheren „Traffic" zusätzliche Einnahmen aus der geschalteten Werbung erzielt werden. Bei einem unentgeltlichen Downloadangebot können schuldrechtliche Nutzungsbeschränkungen daher grundsätzlich auch insoweit wirksam vereinbart werden, als sie sich auf Nutzungen beziehen, die urheberrechtlich zulässig sind.

(3) Entgeltliche Überlassung zur befristeten Nutzung

Aufgrund des immer schnelleren Internetzugangs über DSL oder das Kabelnetz lassen sich mittlerweile auch größere Dateien in kurzer Zeit aus dem Inter-

---

auch dann, wenn der Lizenznehmer das Werk dem Nutzer unentgeltlich zur Verfügung stellt; § 32 Abs. 3 S. 3 UrhG greift hier nicht, Dreier/Schulze-*Schulze*, § 32 Rn. 81.

1156 So auch *Schulz*, Dezentrale Softwareentwicklung, Rn. 853 f.

1157 Palandt-*Weidenkaff*, § 525 Rn. 1; Bamberger/Roth-*Gehrlein*, § 525 Rn. 4; MüKo-*Koch*, § 525 Rn. 12.

1158 Vgl. *Söder*, S. 116.

net herunterladen. Zunehmend werden daher auch Filme oder TV-Serien im Wege des „Video-on-demand" über das Internet vertrieben.[1159] Neben dem Angebot, die Filme zur dauerhaften Nutzung zu kaufen,[1160] bieten viele Abrufdienste auch die Möglichkeit, die Filme wie in einer Videothek zu „leihen". Geliehen wird ein Film meist für einen Zeitraum von 24 Stunden, währenddessen der Film beliebig oft angesehen werden kann. Die Übermittlung des Films an den Kunden kann auf zwei Arten erfolgen:[1161] im Wege des Downloads, bei dem der (vollständige) Film auf der Festplatte des Kunden gespeichert wird, aber nur begrenzte Zeit abgespielt werden darf, oder im Wege des Streamingverfahrens, bei dem auf Abruf des Kunden ein Datenstrom als laufendes Programm übertragen wird, die einzelnen Datenpakete aber nur flüchtig im Arbeitsspeicher seines Computers gespeichert werden.[1162] Die Vervielfältigung der beim Kunden gespeicherten Filmdatei wird dabei in den Nutzungsbedingungen des Anbieters regelmäßig ausgeschlossen, auch wenn sie zu privaten oder anderen privilegierten Zwecken erfolgt und damit urheberrechtlich zulässig ist.[1163] Ein ähnliches Vertriebsmodell liegt auch Abonnement-Diensten zugrunde, die dem Nutzer während der Vertragslaufzeit meist zu einem monatlichen Festpreis („Flatrate") den Download einer unbegrenzten Anzahl von Songs oder Filmen gestatten, die nach Ende der Vertragslaufzeit jedoch nicht mehr wiedergegeben werden dürfen.[1164]

Von der Vermietung einer Videokassette, DVD oder CD unterscheidet sich diese „Leihe" dadurch, dass der Anbieter kein eigenes Vervielfältigungsstück des verliehenen Films aus der Hand gibt. Dem Kunden wird vom Anbieter anders als beim Mietvertrag keine Sache zum Gebrauch „überlassen", die er nach Ablauf der Mietzeit an den Anbieter zurückgeben muss. Vielmehr wird ein neu entstehendes Vervielfältigungsstück des online zugänglich gemachten Werkes auf der Festplatte oder im Arbeitsspeicher des Kunden gespeichert. Dass der

[1159] *Grote*, Filme ganz legal herunterladen, Süddeutsche Zeitung vom 7. 3. 2008, S. 27.

[1160] Siehe dazu oben S. 400ff.

[1161] Exemplarisch das Angebot von Videoload, das neben dem „Kaufprogramm" ein „Leihprogramm" anbietet, bei dem der Kunde „die erworbenen Filme entweder zur Speicherung aus dem Videoload Portal herunterladen und auf der Festplatte des Computers vervielfältigen und von dort für die Dauer von 24 Stunden ab Vertragsschluss beliebig oft anschauen oder im Streamingverfahren für die Dauer von 24 Stunden beliebig oft ansehen" kann, siehe Nr. B I 5.2 der Allgemeinen Geschäftsbedingungen (Stand: 4. 3. 2009), abrufbar unter http://www.t-home.de/dlp/agb/35472.pdf.

[1162] Dazu *Schack*, GRUR 2007, 641 m. w. N.; vgl. zum Streaming bereits oben S. 111 und 220.

[1163] Die urheberrechtliche Zulässigkeit der Vervielfältigung ist nicht etwa deshalb ausgeschlossen, weil eine „rechtswidrig öffentlich zugänglich gemachte Vorlage" i. S. d. § 53 Abs. 1 S. 1 UrhG verwendet würde. Denn die zeitlich befristete Nutzungsbefugnis berührt nicht die Rechtmäßigkeit der öffentlichen Zugänglichmachung des Werkes. Die Ausnahme des § 53 Abs. 7 UrhG greift bei anderen als den dort genannten Arten der öffentlichen Wiedergabe ebenfalls nicht ein.

[1164] Vgl. den Fall von LG Frankfurt a. M. MMR 2006, 766.

Kunde über das Internet auf elektronischem Wege Zugriff auf den Server des Anbieters erhält, um die Filmdatei auf die Festplatte oder in den Arbeitsspeicher herunterladen zu können, stellt ebenfalls keine Gebrauchsüberlassung i.S.d. § 535 Abs. 1 BGB dar.[1165] Denn der Kunde hat keinerlei physische Einwirkungsmöglichkeiten auf den Server.[1166] Die dem einzelnen Download oder dem Abruf des Streams zugrunde liegende vertragliche Vereinbarung lässt sich daher schwerlich als Mietvertrag qualifizieren. Da dem Kunden weder ein Nutzungsrecht eingeräumt noch die Ziehung von Früchten gewährt wird, kommt auch die Einordnung als Pachtvertrag, der anders als ein Mietvertrag auch die Überlassung eines Rechts zum Gegenstand haben kann, nicht in Betracht.

Dennoch ist die Interessenlage im Hinblick auf die berechtigten Leistungserwartungen des Kunden mit derjenigen bei einem Mietverhältnis[1167] vergleichbar. Der vertragliche Zweck, dem die Übermittlung der Filmdatei an den Kunden dient, besteht wie bei der Miete einer DVD darin, dem Kunden den Werkgenuss, also die Wahrnehmung des gespeicherten Filmwerkes, während der Leihfrist zu ermöglichen. Dies ist mit dem Computer, mit dem der Abruf der Datei erfolgt, im Regelfall ohne weiteres möglich, andernfalls ist ein Abruf schon technisch ausgeschlossen. Eine (weitere) Vervielfältigung des auf der Festplatte oder flüchtig im Arbeitsspeicher gespeicherten Films ist daher nicht erforderlich, um den Vertragszweck zu erfüllen. Die Verpflichtung des Kunden, die vom Anbieter übermittelte Filmkopie nach Ablauf von 24 Stunden nicht mehr abzuspielen, entspricht der Pflicht zur Rückgabe einer vermieteten DVD. Ein formularmäßiges Vervielfältigungsverbot verstößt daher weder gegen § 307 Abs. 2 Nr. 1[1168] noch Nr. 2 BGB.

Allenfalls kann sich die Unwirksamkeit aus § 307 Abs. 1 BGB ergeben. Es stellt jedoch angesichts des Vertragszwecks keine unangemessene Benachteiligung dar, wenn dem Kunden die Herstellung einer dauerhaften Kopie vertraglich untersagt wird. Zwar kann sich der Anbieter zur Rechtfertigung eines Vervielfältigungsverbots nicht darauf berufen, die Anschaffungskosten für die verliehenen Werkexemplare durch eine wiederholte Überlassung amortisieren

---

1165 So aber BGH NJW 2007, 2394, 2395, für die Softwareüberlassung im Rahmen eines ASP-Vertrags (Application Service Providing), bei der dem Kunden auf einem zentralen Server installierte Software zur Nutzung über das Internet zur Verfügung gestellt wird. Die zur Begründung herangezogene Entscheidung BGH NJW-RR 1993, 178 betraf die mit der bloßen Datenübertragung von einem Server nicht vergleichbare Nutzung der Rechenkapazität eines konkreten Großrechners.

1166 Dem Empfänger einer Rundfunksendung wird schließlich auch nicht der Sendemast zum Gebrauch überlassen, ebenso wenig dem Anrufer das Telefon des Angerufenen, obwohl der technische Vorgang dem Abruf von Daten über das Internet entspricht.

1167 Siehe dazu oben S. 395 ff.

1168 Vgl. dagegen *Arlt*, MMR 2006, 768 f., der ein formularmäßiges Verbot der Wiedergabe eines heruntergeladenen Songs nach Ablauf eines Flatrate-Abos im Hinblick auf § 307 Abs. 2 Nr. 1 BGB für problematisch hält, dabei aber auf das gesetzliche Leitbild des § 53 UrhG abstellt.

zu müssen. Denn er ist anders als bei der Vermietung körperlicher Werkexemplare nicht darauf beschränkt, zeitgleich nur so viele Mietverträge erfüllen zu können, wie er Exemplare des betreffenden Films vorrätig hat. Da ein einziges Vervielfältigungsstück auf dem Server des Anbieters (nahezu) zeitgleich mehreren Kunden zum Abruf bereit gestellt werden kann, kann der Anbieter das Werk vielmehr im Rahmen der Netzkapazität ohne zusätzlichen organisatorischen Aufwand unbegrenzt häufig zur Verfügung stellen. Wenn der Kunde aber andererseits die Möglichkeit hätte, bei einem Abruf des Films eine dauerhaft abspielbare Kopie des Films anzufertigen, würde ihm im Ergebnis dieselbe Nutzungsmöglichkeit gewährt wie bei einem Kauf des entsprechenden Films. Maßnahmen des Anbieters, die den vorübergehenden Zweck der Überlassung des geliehenen Films absichern sollen, können daher nicht als einseitige Verfolgung eigener Interessen angesehen werden.

(4) Pay per use

Ähnliches wie für die Überlassung einer Datei zum befristeten Gebrauch gilt auch für die entgeltliche Überlassung eines Werkes im Wege des Streaming zum einmaligen Werkgenuss, wie etwa beim Video-on-Demand. Hier berechnet der Anbieter eine Vergütung für jeden einzelnen Werkgenuss. Der Kunde muss also für jedes Abspielen eines Films oder Musikstücks über das Internet ein Entgelt entrichten („pay per use"). Der Anbieter hat daher ein besonderes Interesse daran, dass der Nutzer keine den dauerhaften Werkgenuss ermöglichende Kopie der nur ephemer im Arbeitsspeicher abgelegten Datenpakete anfertigt, und wird daher regelmäßig auch die Vervielfältigung zum privaten Gebrauch oder zu sonstigen privilegierten Zwecken vertraglich untersagen. Da die Einhaltung der vertraglichen Beschränkung in diesen Fällen wirksam nur über technische Schutzmaßnahmen abgesichert werden kann, ist Art. 6 Abs. 4 Unterabs. 4 Info-RL zu beachten, der in Bezug auf solche interaktiven Abrufdienste einen Vorrang der technischen Schutzmaßnahmen vor der Ausübung urheberrechtlicher Schranken etabliert.[1169]

Im Übrigen ist mangels eines gesetzlichen Leitbilds für diese Form des Angebots urheberrechtlich geschützter Werke auf die vertragstypischen Gerechtigkeitserwartungen des redlichen Geschäftsverkehrs abzustellen.[1170] Diese werden einem Verbot, den übertragenen Datenstrom dauerhaft zu speichern, grundsätzlich nicht im Wege stehen.[1171] Nach der Konzeption der im UrhG geregelten urheberrechtlichen Befugnisse wird die Urhebervergütung für einen privaten Werkgenuss zwar grundsätzlich durch einen unmittelbaren Anspruch gegen den Werkvermittler gewährleistet, der seinerseits die gezahlte Vergütung

[1169] Siehe dazu oben S. 216ff.
[1170] Siehe oben S. 375.
[1171] Ebenso zum Video-on-Demand *Kreutzer*, Verbraucherschutz, S. 133.

auf die Verbraucher umlegen kann; der private Werkgenuss als solcher ist aber urheberrechtsfrei.[1172] Die Freiheit des privaten Werkgenusses ist jedoch keineswegs zwingend, sondern lediglich ein Reflex der Entscheidung des Gesetzgebers, aus Gründen der Praktikabilität die Verwertungsrechte bei den Handlungen der Werkmittler anzusetzen.[1173] Es kann aber nicht von vornherein als unangemessene Benachteiligung des Kunden angesehen werden, wenn der Werkmittler (der auch der Urheber selbst sein kann) seine Kosten im Wege eines Pay-per-use-Modells auf den Endverbraucher umlegt. Dieser kann durchaus ein Interesse daran haben, ein Werk zum einmaligen Werkgenuss überlassen zu bekommen und dafür einen entsprechend niedrigeren Preis zu zahlen, um die Kosten für den dauerhaften Erwerb eines Vervielfältigungsstücks zu sparen. Solange er die Möglichkeit hat, gegen ein einmaliges Entgelt eine dauerhafte Nutzungsmöglichkeit zu erlangen, wird der Kunde daher durch ein Verbot, den Stream durch dauerhafte Speicherung auf der Festplatte „mitzuschneiden", nicht unangemessen benachteiligt. Ist dies nicht der Fall, so wird die Durchsetzbarkeit derartiger Zahlungsbedingungen regelmäßig Ausdruck einer marktbeherrschenden Stellung des Anbieters sein und den Tatbestand des Missbrauchs einer marktbeherrschenden Stellung i. S. v. Art. 82 EGV, § 19 GWB erfüllen.[1174]

d. Besichtigungsverträge

Schließlich finden sich AGB, die den Kunden in der Ausübung urheberrechtlicher Schranken einschränken, häufig in Besichtigungsverträgen, die die Aussteller urheberrechtlich geschützter oder gemeinfreier Werke mit den Ausstellungsbesuchern abschließen. Als Beispiel können die von vielen Museen verwendeten Zutrittsbedingungen dienen, wonach die ausgestellten Kunstgegenstände überhaupt nicht, nur gegen ein gesondert zu entrichtendes Entgelt oder nur unter bestimmten Einschränkungen (z. B. nicht zu gewerblichen Zwecken, nur ohne Blitzlicht und Stativ) fotografiert werden dürfen.[1175] Mit einer solchen vertraglichen Beschränkung des Fotografierens bezweckt der Träger des Museums üblicherweise, durch den Verkauf von Postkarten oder Postern der ausgestellten Kunstgegenstände im Museums-Shop oder durch die Erhebung von Reproduktionsgebühren eine zusätzliche Einnahmequelle zu erschließen.[1176]

[1172] BVerfGE 31, 255, 267; *Rehbinder*, UrhR, Rn. 100, 299 ff.

[1173] *Schack*, UrhR, Rn. 373; Schricker-*von Ungern-Sternberg*, § 15 Rn. 10 m. w. N.; a. A. *Knap*, GRURInt 1983, 348 f.: Es liege in der Natur des Urheberrechts, dass es an den Schranken des Hauses haltmacht und ein Einbruch in die Privatsphäre nicht mehr zu seinen Funktionen gehört.

[1174] Siehe dazu oben S. 280 ff., 294 ff.

[1175] Vgl. *Lehment*, S. 113 mit Beispielen.

[1176] *Bullinger*, FS Raue, 379. Auf ähnliche Weise versuchen auch öffentliche Bibliotheken, sich in Bezug auf gemeinfreie Handschriften oder historische Fotografien ein Verwertungsmonopol an den von ihnen verwalteten Werken zu sichern, indem sie die Bibliotheksnutzer

Im Hinblick auf das Informationsinteresse der Allgemeinheit sind derartige Fotografierverbote in einem Besichtigungsvertrag besonders problematisch, da bei vielen Kunstwerken der Besuch einer Ausstellung die einzige Möglichkeit ist, Zugang zu einer reproduzierbaren Vorlage für eine urheberrechtlich zulässige Vervielfältigung des ausgestellten Werkes zu erhalten. Zwar können von den meisten in Museen befindlichen Kunstgegenständen Ablichtungen über Bildagenturen oder direkt vom Museum, z.B. in Form von Postkarten, erworben werden. Insoweit muss aber zusätzlich das Urheberrecht bzw. Leistungsschutzrecht des Fotografen aus §§ 2 Abs. 1 Nr. 5, 72 UrhG beachtet werden, für dessen Nutzung regelmäßig eine gesonderte Vergütung zu entrichten ist[1177] und das auch nicht zwingend denselben Schranken unterliegt wie das fotografierte Werk. Wenn die Fotografie eines Gemäldes etwa im Rahmen eines nach § 51 S. 1 UrhG zulässigen Zitats verwendet wird, wird der Zitatzweck, also die Belegfunktion für die eigenen Ausführungen, regelmäßig nur in Bezug auf das Werk der bildenden Kunst, nicht jedoch in Bezug auf das gleichzeitig vervielfältigte Lichtbild(werk) erfüllt sein.[1178] Die berechtigten Informationsinteressen des Ausstellungsbesuchers können daher durch ein Fotografierverbot erheblich beeinträchtigt werden.

Es greift folglich zu kurz, eine unangemessene Benachteiligung des Besuchers i.S.d. § 307 Abs. 1 BGB schlicht unter Hinweis auf die Üblichkeit einer solchen Begrenzung der Besucherbefugnisse abzulehnen.[1179] Vielmehr ist die Angemessenheit einer das Fotografieren untersagenden oder anderweitig einschränkenden Klausel im Besichtigungsvertrag anhand einer umfassenden Abwägung der Interessen von Aussteller und Besucher zu bestimmen.

(1) Umfang der urheberrechtlichen Nutzungsfreiheit

Unproblematisch ist ein Fotografierverbot bei urheberrechtlich noch geschützten Werken wirksam, soweit es Fotografien zu gewerblichen Zwecken untersagt. Das erfasst insbesondere den Fall, dass ein Besucher die ausgestellten Kunstgegenstände fotografieren möchte, um selbst Postkarten zu vertreiben. Denn das Fotografieren der ausgestellten Bilder stellt eine Vervielfältigung der betroffenen Werke nach § 16 UrhG dar, die der Fotograf ohne Zustimmung des Urhebers des abgelichteten Werkes ohnehin nicht vornehmen darf. Um sich

---

verpflichten, vor einer Ablichtung der Schriften die Genehmigung des Bibliothesträgers einzuholen, dazu *Graf*, in: Zander/Thilo/Graf/Gödan, Bibliotheksdienst 29 (1995), 309. Da es hierbei nicht um spezifische Probleme der inhaltlichen Schranken des Urheberrechts geht, sondern vielmehr um die Rechtslage nach Ablauf der Schutzfrist, wird auf diese Problematik im Folgenden nicht ausdrücklich eingegangen.

[1177] Diese ist oft sogar höher als die für das Kunstwerk selbst.

[1178] *Lehment*, S. 65; kritisch zu diesem „Schwachpunkt des geltenden Rechts" *Schack*, UrhR, Rn. 491a.

[1179] So aber *Lehment*, S. 114; im Ergebnis ebenso *Bullinger*, FS Raue, 393.

nicht dem Vorwurf der Beihilfe zu einer Urheberrechtsverletzung aussetzen zu müssen, besteht daher ein berechtigtes Interesse des Museumsträgers, den Besuchern das Fotografieren in den Museumsräumen zu solchen urheberrechtlich nicht privilegierten Zwecken zu untersagen.

Wenn ein Nutzer eine Fotografie hingegen für den privaten oder eigenen wissenschaftlichen Gebrauch anfertigt, ist dies selbst bei Werken, deren Schutzfrist noch nicht abgelaufen ist, nach § 53 Abs. 1 bzw. Abs. 2 S. 1 Nr. 1 UrhG urheberrechtlich zulässig. Die Ausnahme des § 53 Abs. 7 UrhG greift nicht ein, da hiervon ausdrücklich nur öffentliche Vorträge, Aufführungen und Vorführungen eines Werkes i. S. d. § 19 UrhG erfasst werden und die öffentliche Ausstellung gemäß § 18 UrhG gerade nicht genannt ist. Wenn der Träger des Museums ein uneingeschränktes Fotografierverbot in seine (durch Aushang bekannt gegebenen) Zutrittsbedingungen aufnimmt und ein Besucher diesen durch Abschluss des Besichtigungsvertrages zustimmt, erfasst das vertragliche Verbot damit auch Fotografien, die als Vervielfältigung der ausgestellten Werke urheberrechtlich zulässig sind und daher vom Urheber nicht verboten werden könnten. Der Träger des Museums kann sich daher für ein generelles Fotografierverbot, welches auch derartige Vervielfältigungen erfasst, somit nicht auf das an den ausgestellten Werken bestehende Urheberrecht berufen. Eine solche Begrenzung der Nutzungsbefugnisse der Besucher kann folglich nur durch ein anderes schutzwürdiges Interesse des Museumsträgers gerechtfertigt werden.

(2) Eigentum am Werkexemplar

Häufig ist der Träger des Museums Eigentümer der Kunstgegenstände oder bei Dauerleihgaben zumindest gegenüber dem jeweiligen Eigentümer dazu verpflichtet, dessen eigentumsrechtliche Interessen wahrzunehmen und die zum Schutz der Leihgaben erforderlichen Sicherheitsmaßnahmen zu treffen.[1180] Zur Rechtfertigung des Fotografierverbots können sich Museen daher möglicherweise darauf berufen, dass lichtempfindliche Kunstgegenstände (insbesondere Zeichnungen und Gemälde) durch das Fotografieren mit Blitzlicht beschädigt würden. Soweit diese Annahme zutrifft,[1181] stellt das Fotografieren mit Blitzlicht eine Beeinträchtigung des Eigentums an den Kunstgegenständen dar, die deren Eigentümer auch dann nicht dulden muss, wenn die Vervielfältigung ur-

[1180] *Franz*, S. 40, 43; *Schack*, Kunst und Recht, Rn. 678 f.; vgl. z. B. den bei *Franz*, S. 210, abgedruckten Leihvertrag der Kunsthalle Hamburg, in dessen Nr. 3 Abs. 1 es heißt: „Der Entleiher verpflichtet sich, die Leihgaben vor Beeinträchtigungen aller Art zu bewahren und sie keinerlei Gefährdung auszusetzen. Es darf kein direktes Sonnenlicht auf die Leihgaben fallen. Vor der Erwärmung durch künstliche Licht- und Wärmequellen sind sie wirksam zu schützen."

[1181] Der Effekt von Blitzlichtaufnahmen auf Gemälde ist sehr umstritten, siehe *Drösser*, Die Zeit Nr. 17 vom 19. 4. 2007, S. 42: „Werden von einem berühmten Gemälde täglich 300 Blitzaufnahmen gemacht, dann ist die Wirkung dieselbe, als wenn man das Licht im Museum fünf Minuten länger brennen lässt. Also praktisch zu vernachlässigen."

heberrechtlich zulässig ist.[1182] Der Betreiber des Museums hat daher in diesem Fall ein berechtigtes Interesse daran, derartige Aufnahmen durch die Museumsbesucher auch vertraglich zu verbieten. Ein Verbot anderer Fotografien, die ohne Verwendung eines Blitzlichts angefertigt werden, lässt sich indes nicht mit dem Eigentum am Kunstgegenstand rechtfertigen. Denn das Eigentum an einer Sache gewährt dem Eigentümer gerade kein ausschließliches Recht, die Sache abzulichten.[1183]

(3) Hausrecht

Fraglich ist daher, ob sich der Träger des Museums als Eigentümer und/oder Besitzer der Ausstellungsräume zur Rechtfertigung eines weitergehenden Fotografierverbots auf sein aus §§ 858ff., 903, 1004 BGB hergeleitetes Hausrecht berufen kann.

(a) Inhalt des Hausrechts

Das Hausrecht beruht auf dem Grundstückseigentum oder -besitz und ermöglicht seinem Inhaber, grundsätzlich frei darüber zu entscheiden, wem er den Zutritt gestattet oder verweigert.[1184] Zwar kann der Hausrechtsinhaber aus § 1004 BGB keinen Anspruch auf Unterlassung des Fotografierens herleiten, da nur das Betreten des Grundstücks einen Eingriff in das Hausrecht darstellt, nicht aber das dem rechtmäßigen Zutritt folgende Verhalten des Besuchers.[1185] Das Hausrecht umfasst aber auch das Recht, den Zutritt nur zu bestimmten Zwecken zu erlauben oder von bestimmten Bedingungen wie der Zahlung eines Entgelts abhängig zu machen.[1186] Der Besitzer einer nicht frei zugänglichen Sache kann die Erlaubnis ihrer Besichtigung daher aufgrund seines Hausrechts an dem Grundstück, auf dem sich die Sache befindet, auch davon abhängig machen, dass die Sache nicht fotografiert wird.[1187] Ein entsprechendes Verbot kann daher im Besichtigungsvertrag grundsätzlich wirksam vereinbart werden und

---

[1182] Vgl. *Schack*, Kunst und Recht, Rn. 207; *Lehment*, S. 104; *Schlingloff*, AfP 1992, 113. Hier gilt das Gleiche wie für die von Bibliotheken verhängten Fotokopierverbote für wertvolle Bücher, siehe dazu oben S. 397f.

[1183] Siehe oben S. 243f.

[1184] BGHZ 165, 62, 69f. = NJW 2006, 377, 379 – Hörfunkrechte; BGH NJW 2006, 1054.

[1185] *Lehment*, S. 106; vgl. *Bullinger*, FS Raue, 392; a. A. LG Potsdam CR 2009, 194, 196; offenbar auch Dreier/Schulze-*Schulze*, § 44 Rn. 21.

[1186] BGHZ 124, 39, 43 = NJW 1994, 188, 189; BGHZ 165, 62, 70 = NJW 2006, 377, 379 – Hörfunkrechte; BGH NJW 2006, 1054; *Soehring*, Rn. 21.38.

[1187] BGH GRUR 1975, 500, 501 – Schloss Tegel; KG Schulze KGZ 52, 6; LG Potsdam CR 2009, 194, 195; *Schack*, UrhR, Rn. 220; Staudinger-*Gursky* (2006), § 1004 Rn. 80 m. w. N.; ungenau OLG Köln GRUR 2003, 1066, 1067 – Wayangfiguren; Wandtke/Bullinger-*Bullinger*, § 2 Rn. 163; Dreier/Schulze-*Dreier*, § 59 Rn. 14, die auf das Eigentum an der fotografierten Sache abstellen; dagegen zutreffend *Lehment*, S. 106.

führt im Falle der Verletzung zu Schadensersatzansprüchen wegen Pflichtverletzung nach § 280 BGB.[1188]

Auch das Hausrecht ist aber nicht schrankenlos gewährleistet. Die Grundrechte der Besucher sind bei der Auslegung der dem Hausrecht zugrunde liegenden bürgerlich-rechtlichen Vorschriften zu berücksichtigen und begrenzen die Vertragsfreiheit des Hausrechtsinhabers und seine Befugnis, den Zugang von der Einhaltung beliebiger Bedingungen abhängig zu machen.[1189] Die Grenzen des Hausrechts können dabei nicht ohne weiteres mit den Schranken gleichgesetzt werden, die dem Urheberrecht im Interesse der Allgemeinheit gezogen sind. Denn das Hausrecht ist ebenso wenig wie das Eigentum am Werkexemplar in den von den Schranken des Urheberrechts getroffenen Interessenausgleich einbezogen. Die urheberrechtlichen Schrankenbestimmungen regeln nur den Umfang der zulässigen Nutzung für den Fall, dass der Nutzer auf irgendeine Weise Zugang zum Werk erlangt hat. Sie geben dem Nutzer aber gegenüber dem Eigentümer eines nicht frei zugänglichen Werkstücks noch kein Recht auf Zugang, welches dem Hausrecht entgegengehalten werden könnte.[1190] Die urheberrechtliche Zulässigkeit einer Nutzungshandlung als solche steht der wirksamen Vereinbarung eines Verbots in den Zugangsbedingungen des Hausrechtsinhabers daher nicht entgegen. Für die Beurteilung der Wirksamkeit solcher auf das Hausrecht gestützten Besichtigungsbedingungen ist vielmehr eine eigenständige Abwägung zwischen dem Hausrecht und den berechtigten Interessen der Besucher zu treffen.

(b) Die Informationsfreiheit der Besucher

Als Grundrecht der Besucher, welches der Ausübung des Hausrechts durch Auferlegung vertraglicher Besichtigungsbedingungen Grenzen ziehen kann, kommt insbesondere die Informationsfreiheit aus Art. 5 Abs. 1 S. 1 Hs. 2 GG in Betracht.[1191] Zwar findet die Informationsfreiheit ebenso wie die Rundfunk-

---

[1188] *Bullinger*, FS Raue, 393; *Lehment*, S. 114, 116; *Schack*, UrhR, Rn. 39; *ders.*, Kunst und Recht, Rn. 206; vgl. auch *Schlingloff*, AfP 1992, 114. Fehlt es hingegen an einer entsprechenden vertraglichen Vereinbarung, kann weder aufgrund des Eigentums an der Sache noch aufgrund des Hausrechts die Verbreitung der (auch unter Verstoß gegen das Hausrecht) angefertigten Fotografien untersagt werden, Wandtke/Bullinger-*Bullinger*, § 2 Rn. 164; Dreier/Schulze-*Dreier*, § 59 Rn. 14; *Lehment*, S. 105f.; verfehlt daher BGH GRUR 1975, 500, 502 – Schloss Tegel: Es sei „das natürliche Vorrecht des Eigentümers ..., den gewerblichen Nutzen, der aus seinem nur gegen seine Erlaubnis zugänglichen Eigentum gezogen werden kann, für sich zu beanspruchen"; dem BGH folgt allerdings LG Potsdam CR 2009, 194, 195f.

[1189] Vgl. BGHZ 165, 62, 72 = NJW 2006, 377, 380 – Hörfunkrechte; von Münch/Kunig-*Wendt*, Art. 5 Rn. 34 m.w.N.

[1190] Für ein nach dem Vorbild des Zugangsrechts des Urhebers (§ 25 Abs. 1 UrhG) de lege ferenda zu schaffendes Zugangsrecht des Staates gegenüber dem Besitzer des einzigen Werkstücks nach Ablauf der urheberrechtlichen Schutzfrist *Benabou/Dusollier*, in: Torremans, S. 182.

[1191] BGHZ 165, 62, 71f. = NJW 2006, 377, 379f. – Hörfunkrechte und Pressefreiheit gemäß Art. 5 Abs. 2 GG ihre Schranken in den allgemeinen Gesetzen, zu denen auch die dem Hausrecht zugrunde liegenden Vorschriften des BGB gehören.[1192] Die allgemeinen Gesetze sind aber ihrerseits im Lichte der Informationsfreiheit verfassungskonform auszulegen.[1193]

Gemäß Art. 5 Abs. 1 S. 1 Hs. 2 GG hat jeder das Recht, sich aus allgemein zugänglichen Quellen ungehindert zu unterrichten.[1194] Als geschütztes Verhalten der „Unterrichtung" erfasst der Schutzbereich der Informationsfreiheit nicht nur den eigentlichen Rezeptionsvorgang, also die Wahrnehmung der Information für den Augenblick, sondern auch die unmittelbare Informationsaufnahme an der Quelle,[1195] einschließlich der Speicherung auf einem Informationsträger.[1196] Das Fotografieren eines Kunstgegenstands auf einer Ausstellung wird somit als Unterrichtung aus einer Informationsquelle grundsätzlich vom Schutzbereich der Informationsfreiheit erfasst. Die Unterrichtung ist jedoch nur insoweit verfassungsrechtlich gewährleistet, als sie aus „allgemein zugänglichen Quellen" erfolgt, die Quelle also tatsächlich geeignet und bestimmt ist, einem individuell nicht bestimmbaren Personenkreis, Informationen zu verschaffen.[1197] Fehlt es an dieser Bestimmung, ist die Informationsbeschaffung nicht vom Grundrecht der Informationsfreiheit geschützt.[1198] Ein Anspruch auf Verschaffung von Informationen oder auf Eröffnung einer Informationsquelle lässt sich aus Art. 5 Abs. 1 S. 1 GG nicht ableiten.[1199]

Über die Zugänglichkeit und die Art der Zugangseröffnung entscheidet, wer nach der Rechtsordnung über ein entsprechendes Bestimmungsrecht verfügt, für Privatpersonen gelten insoweit die allgemeinen Vorschriften des bürgerlichen Rechts.[1200] Befindet sich ein Kunstgegenstand im Besitz eines Ausstellungsveranstalters, so steht diesem aufgrund seines Hausrechts an den Ausstellungsräumen die Verfügungsgewalt zu, Dritten den Zugang zu dem Kunstgegenstand zu verwehren. Wenn er die Ausstellung für Besucher öffnet, sind die ausgestellten Kunstgegenstände von ihm dazu bestimmt, einem unbestimmten

[1192] Sachs-*Bethge*, Art. 5 Rn. 144a; zur Rundfunkfreiheit BGHZ 165, 62, 72 = GRUR 2006, 249, 251 – Hörfunkrechte, zum (abgelehnten) Anspruch eines Hörfunksenders auf unentgeltliche Einräumung der Möglichkeit der Bundesligaberichterstattung aus einem Fußballstadion; zum Zugangsrecht der Presse zu öffentlichen Veranstaltungen nach den für alle geltenden Bedingungen siehe von Mangoldt/Klein/Starck-*Starck*, Art. 5 Rn. 65; BK-GG-*Degenhart*, Art. 5 Abs. 1 und 2 Rn. 388; von Münch/Kunig-*Wendt*, Art. 5 Rn. 34 m. w. N.

[1193] Allgemein zu dieser „Wechselwirkungslehre" BVerfGE 7, 198, 208f. – Lüth; von Münch/Kunig-*Wendt*, Art. 5 Rn. 75ff.; Sachs-*Bethge*, Art. 5 Rn. 145ff.; *Pieroth/Schlink*, Rn. 595.

[1194] Siehe zum Umfang des Schutzbereichs bereits oben S. 56ff.

[1195] BVerfGE 103, 44, 60.

[1196] Siehe oben S. 57.

[1197] Siehe oben S. 56.

[1198] BVerfGE 103, 44, 60.

[1199] Sachs-*Bethge*, Art. 5 Rn. 59a; Jarass/Pieroth-*Jarass*, Art. 5 Rn. 20; von Münch/Kunig-*Wendt*, Art. 5 Rn. 28; BK-GG-*Degenhart*, Art. 5 Abs. 1 und 2 Rn. 312 m. w. N.

[1200] BVerfGE 103, 44, 60; BK-GG-*Degenhart*, Art. 5 Abs. 1 und 2 Rn. 297.

Personenkreis Informationen zu verschaffen.[1201] Dass die Besucher nur gegen Zahlung eines Entgelts zum Betreten der Ausstellungsräume zugelassen werden, steht der Allgemeinzugänglichkeit nicht entgegen, da die Zugangsvoraussetzungen von einem nur allgemein bestimmbaren Personenkreis erfüllt werden können.

Auch wenn die Kunstgegenstände einer öffentlichen Ausstellung danach grundsätzlich eine allgemein zugängliche Informationsquelle darstellen, ist problematisch, ob sich aus der Informationsfreiheit die Unwirksamkeit eines in den Zugangsbedingungen enthaltenen Fotografierverbots ableiten lässt. Denn Art. 5 Abs. 1 S. 1 Hs. 2 GG enthält in erster Linie ein Abwehrrecht gegenüber dem Staat.[1202] Der Zugang zu Informationen aus dem privaten Bereich unterliegt hingegen grundsätzlich in vollem Umfang der Bestimmung durch den hierzu Berechtigten, der insbesondere bei öffentlichen Veranstaltungen auch bestimmen kann, in welcher Form welcher Teil der Allgemeinheit hieraus Informationen ziehen soll und entsprechende Zugangsmodalitäten festlegen kann.[1203] Die Ausübung dieses Bestimmungsrechts beschränkt bereits die Allgemeinzugänglichkeit der Informationsquelle und stellt daher für Dritte keine Beschränkung der Informationsfreiheit i. S. d. Art. 5 Abs. 2 GG dar.[1204] Als Beispiel führt das BVerfG neben dem Verlangen eines Eintrittsgeldes ausdrücklich das Erfordernis der Einwilligung in Fotoaufnahmen bei einem Konzert an.[1205]

Das letzte Beispiel ist jedoch problematisch, weil bei einem Erlaubnisvorbehalt für Fotoaufnahmen nicht der Zugang zur Informationsquelle, also der Konzertveranstaltung, begrenzt wird. Vielmehr bezieht sich die Beschränkung allein auf die Art und Weise der Unterrichtung aus dieser Quelle, und damit gerade nicht auf die für die Eröffnung des Schutzbereichs von Art. 5 Abs. 1 S. 1 Hs. 2 GG maßgebliche Zugänglichkeit der Informationsquelle. Soweit die Quelle von deren Inhaber grundsätzlich dazu bestimmt ist, der Allgemeinheit Informationen zu verschaffen, steht die Informationsfreiheit auch bei Informationsquellen aus dem privaten Bereich einem unbegrenzten Bestimmungsrecht des Inhabers in Bezug auf die Bedingungen des „Sich-Unterrichtens" entgegen. Die Informationsfreiheit entfaltet Ausstrahlungswirkung für die gesamte Rechtsordnung und damit mittelbare Drittwirkung auch bei der Auslegung zivilrechtlicher Vorschriften. Diese Ausstrahlungswirkung betrifft nicht nur die von privater Seite erfolgende Informationsbehinderung aus fremden Informati-

---

[1201] Dies gilt selbst dann, wenn der Aussteller damit das Ausstellungsrecht des Urhebers aus § 18 UrhG verletzt. Auch rechtswidrig an die Öffentlichkeit gelangte Informationen sind allgemein zugänglich und unterfallen dem Schutzbereich des Art. 5 Abs. 1 S. 1 Hs. 2 GG, siehe oben S. 56 f.

[1202] Sachs-*Bethge*, Art. 5 Rn. 59, 59a.

[1203] BVerfGE 103, 44, 60; BK-GG-*Degenhart*, Art. 5 Abs. 1 und 2 Rn. 297 f.

[1204] BK-GG-*Degenhart*, Art. 5 Abs. 1 und 2 Rn. 298.

[1205] BVerfGE 103, 44, 60.

onsquellen.[1206] Sie ist auch bei der Auslegung der zivilrechtlichen Vorschriften zu beachten, die dem Bestimmungsrecht des Quelleninhabers selbst zugrunde liegen.[1207] Insbesondere bei der Inhaltskontrolle der den Besuchern vom Hausrechtsinhaber vertraglich auferlegten Besichtigungsbedingungen im Rahmen des § 307 Abs. 1 BGB ist daher der Informationsfreiheit Rechnung zu tragen.

(c) Abwägung mit den berechtigten Interessen des Hausrechtsinhabers

Dabei ist zu berücksichtigen, dass das Hausrecht des Ausstellungsveranstalters seinerseits verfassungsrechtlich gewährleistet sein kann. Zur Rechtfertigung eines Fotografierverbots kann insbesondere das Grundrecht auf freie Berufsausübung herangezogen werden.[1208] Der grundrechtliche Schutz des Art. 12 Abs. 1 GG erfasst jede auf Erwerb gerichtete Beschäftigung, die sich nicht in einem einmaligen Erwerbsakt erschöpft,[1209] und damit auch die dem Erwerb dienende Veranstaltung einer Ausstellung von Kunstgegenständen. Die Eigentumsfreiheit aus Art. 14 Abs. 1 GG dürfte insoweit gegenüber Art. 12 Abs. 1 GG zurücktreten. Denn bei Art. 14 Abs. 1 GG geht es allein um den Schutz des Erworbenen, also die Ergebnisse geleisteter Arbeit, während Art. 12 Abs. 1 GG die unter Einsatz vorhandener Vermögensgüter zum Erwerb führende Betätigung selbst betrifft.[1210] Wenn der Veranstalter einer Ausstellung als Hausrechtsinhaber den Zugang zu seinen Räumlichkeiten von der Einhaltung bestimmter Besichtigungsbedingungen abhängig macht, um eine möglichst umfassende Verwertung der ausgestellten Kunstgegenstände sicherzustellen, geht es weniger um den Schutz erworbener Vermögensgüter als um den Schutz der zum Erwerb führenden Betätigung, nämlich der Veranstaltung der Ausstellung.[1211]

[1206] Zum Konflikt zwischen der Informationsfreiheit des Mieters oder Wohnungseigentümers und den Eigentumsinteressen des Vermieters bzw. der Wohnungseigentümergemeinschaft beim Anbringen einer Parabolantenne vgl. BVerfGE 90, 27, 33; BVerfG (K) NJW 1995, 1665, 1666.

[1207] Davon geht auch BGHZ 165, 62, 72 – Hörfunkrechte, aus; vgl. ferner OLG Köln NJW 1979, 661, 662, zum Konflikt der Informationsfreiheit mit dem Persönlichkeitsrecht der Beteiligten bei einer Tonbandaufzeichnung von Wortbeiträgen auf einer Ausschusssitzung; BK-GG-*Degenhart*, Art. 5 Abs. 1 und 2 Rn. 319f.; anders offenbar BGH NJW 2006, 1054, 1055, wo eine Einschränkung des Hausrechts durch Art. 5 GG nur unter dem Gesichtspunkt einer unmittelbaren Grundrechtsbindung des Hausrechtsinhabers (Flughafengesellschaft im Mehrheitsbesitz der öffentlichen Hand) geprüft wird.

[1208] Vgl. BGHZ 165, 62, 72f. = NJW 2006, 377, 380, wonach das Hausrecht, mit dessen Hilfe der Veranstalter eines Fußballspiels Dritte von der unentgeltlichen Wahrnehmung des Spiels ausschließen kann, an der verfassungsrechtlichen Gewährleistung der Verwertung der beruflich erbrachten Leistung nach Art. 12 Abs. 1 GG teilnimmt.

[1209] BVerfGE 97, 228, 253 m. w. N.

[1210] BVerfGE 102, 26, 40; Jarass/Pieroth-*Jarass*, Art. 12 Rn. 3 und Art. 14 Rn. 5.

[1211] Vgl. aber BGH GRUR 1975, 500, 501f. – Schloss Tegel, wo es der BGH für möglich hält, aus der Sozialbindung des Eigentums ein Zugangsrecht der Öffentlichkeit zu künstlerisch wertvollen Bauten unter Gestattung von Lichtbildaufnahmen abzuleiten.

Die Informationsfreiheit des Besuchers ist daher mit der Berufsfreiheit des Veranstalters in einen verhältnismäßigen Ausgleich zu bringen.

Das Hausrecht dient in erster Linie der Wahrung der äußeren Ordnung in dem Gebäude oder der Örtlichkeit, auf die sich das Hausrecht erstreckt, und damit zugleich der Sicherstellung des vom Eigentümer vorgegebenen Benutzungszwecks.[1212] Wirksam sind daher vertragliche Fotografierbeschränkungen, die dazu dienen, den reibungslosen Ablauf der Ausstellung zu gewährleisten und den übrigen Besuchern den ungestörten Besuch des Museums zu ermöglichen. Insoweit überwiegt das Interesse des Museumsträgers an der Sicherstellung des Benutzungszwecks das Interesse des einzelnen Besuchers an der Speicherung der aufgenommenen Informationen. Dies gilt insbesondere für das Verbot von Fotografien mit Blitzlicht und unter Verwendung eines Stativs, da hierdurch andere Besucher erheblich beim Betrachten der ausgestellten Kunstgegenstände gestört werden können.[1213]

Soweit der Museumsbetreiber Einnahmen mit der entgeltpflichtigen Anfertigung von Reproduktionen oder dem Verkauf von Postkarten und anderen Merchandising-Artikeln der ausgestellten Kunstgegenstände erzielt, nimmt auch diese Tätigkeit am verfassungsrechtlichen Schutz der Berufsfreiheit aus Art. 12 Abs. 1 GG teil. Der grundrechtliche Schutz des Art. 12 Abs. 1 GG umfasst insbesondere die wirtschaftliche Verwertung der beruflich erbrachten Leistung.[1214] Der Museumsbetreiber hat daher ein berechtigtes Interesse daran, dass Museumsbesucher, die ein dauerhaftes Andenken an die betrachteten Kunstgegenstände haben möchten, dieses im Museumsshop erwerben und im Ausstellungsraum keine Fotografien anfertigen.[1215] Auch insoweit muss die Informationsfreiheit hinter den wirtschaftlichen Interessen des Museumsbetreibers zurücktreten.[1216] Wenn der Besucher hingegen keine Möglichkeit hat, gegen ein angemessenes Entgelt eine Ablichtung der Kunstgegenstände zur dauerhaften Nutzung vom Museumsbetreiber zu erwerben, wird man der Informationsfreiheit den Vorrang vor dem Hausrecht einzuräumen haben. Ein entsprechendes Verbot von Fotografien zu privaten oder sonstigen privilegierten Zwecken (ohne Blitz und ohne Stativ) stellt daher eine unangemessene Benachteiligung des Besuchers i. S. d. § 307 Abs. 1 BGB dar.

[1212] BGH NJW 2006, 1054, 1055 m. w. N.

[1213] Der eigentliche Grund für ein Verbot der Verwendung von Stativen wird allerdings meist darin liegen, die Anfertigung kommerziell verwendbarer Fotografien zu verhindern.

[1214] BVerfGE 97, 228, 253.

[1215] Vgl. BGHZ 44, 288, 295 = GRUR 1966, 503, 505 – Apfel-Madonna, wo der BGH ein berechtigtes Interesse der Museen anerkennt, dass von den in ihrem Eigentum stehenden Kunstgegenständen nur möglichst getreue Nachbildungen in den Handel gelangen.

[1216] Zur kartellrechtlichen Missbrauchskontrolle siehe oben S. 295.

(4) Besonderheiten bei staatlichen Museen

Die vorstehenden Ausführungen betreffen in erster Linie den Zugang zu öffentlichen Ausstellungen eines privaten Museumsträgers. Die Kunstmuseen in Deutschland befinden sich jedoch ganz überwiegend in öffentlich-rechtlicher Trägerschaft.[1217] Auch in deren Benutzungsregelungen finden sich regelmäßig Fotografierbeschränkungen. Häufig wird das Benutzungsverhältnis zu den Besuchern hier zwar öffentlich-rechtlich ausgestaltet sein, etwa als Satzung oder sachbezogene Allgemeinverfügung.[1218] Aber auch beim Betrieb eines Museums durch einen Verwaltungsträger ist nach der herrschenden Zweistufentheorie eine privatrechtliche Ausgestaltung der Nutzungsbedingungen durch Allgemeine Geschäftsbedingungen möglich.[1219]

Die eben aufgestellten Grundsätze zur Wirksamkeit von in den Besichtigungsbedingungen enthaltenen Fotografierverboten können jedoch nicht ohne weiteres auf staatliche Museen übertragen werden. Anders als bei privaten Museen lässt sich Art. 12 GG nicht als Rechtfertigung dafür heranziehen, dass dem Museum die möglichst umfassende Verwertung der mit der Ausstellung der Kunstgegenstände erbrachten Leistung und damit eine weitgehende Monopolisierung der Informationsvermittlung an die Besucher ermöglicht werden müsste. Denn juristische Personen des öffentlichen Rechts können sich grundsätzlich nicht auf Grundrechte berufen.[1220] Vielmehr ist ein Museum in öffentlicher Trägerschaft beim Abschluss von Besichtigungsverträgen mit seinen Besuchern selbst unmittelbar an die Grundrechte gebunden.[1221] Auch bei privatrechtlicher Ausgestaltung des Benutzungsverhältnisses kommt der öffentlichen Hand im Verhältnis zum Bürger daher keine umfassende Vertragsfreiheit zu. Der Verwaltung stehen bei der Erfüllung öffentlicher Aufgaben nur die privatrechtlichen Handlungsformen, nicht aber die Privatautonomie zu. Nimmt die Verwaltung in den Formen des Privatrechts Aufgaben der öffentlichen Verwaltung

---

1217 *Schack*, Kunst und Recht, Rn. 86.

1218 Dazu *Lehment*, S. 111 ff. Zu den verschiedenen Möglichkeiten der rechtlichen Ausgestaltung von Anstalts- und Benutzungsordnungen Stelkens/Bonk/Sachs-*U. Stelkens*, § 35 Rn. 338 f.

1219 So allgemein zur Leistungsverwaltung BGHZ 91, 84, 95 f. = NJW 1985, 197, 200; Stelkens/Bonk/Sachs-*Schmitz*, § 1 Rn. 104; zur Benutzung kommunaler Einrichtungen BVerwG NVwZ 1991, 59; Stelkens/Bonk/Sachs-*U. Stelkens*, § 35 Rn. 119; *Brand*, BayVBl. 2001, 106 f. m. w. N.

1220 Jarass/Pieroth-*Jarass*, Art. 19 Rn. 22 m. w. N. Das gleiche gilt für juristische Personen des Privatrechts, soweit sie Aufgaben und Funktionen der öffentlichen Verwaltung erfüllen oder ihre Anteile vollständig von juristischen Personen des öffentlichen Rechts gehalten werden, BVerfGE 68, 193, 212 f.; Jarass/Pieroth-*Jarass*, Art. 19 Rn. 18. Die Grundrechtsfähigkeit fehlt also nicht nur Museen, die als gemeindlicher oder universitärer Eigenbetrieb oder von einer Stiftung des öffentlichen Rechts betrieben werden, sondern ebenso einem staatlichen Museum, das in Form einer GmbH betrieben wird.

1221 Vgl. *Bullinger*, FS Raue, 394; zur Informationsbeschaffung durch die Presse BK-GG-*Degenhart*, Art. 5 Abs. 1 und 2 Rn. 384 f.

wahr, so werden die Normen des Privatrechts vielmehr durch Bestimmungen des öffentlichen Rechts ergänzt, überlagert und modifiziert.[1222] Die Verwaltung ist daher auch bei privatrechtlichem Handeln zur Erfüllung öffentlicher Aufgaben öffentlich-rechtlichen Bindungen, insbesondere durch die Grundrechte und das Übermaßverbot, unterworfen.[1223]

(a) Anspruch auf Zulassung zum Museum

Der Umfang der öffentlich-rechtlichen Bindung wird dabei maßgeblich dadurch bestimmt, dass es sich bei staatlichen Museen um „öffentliche Sachen im Anstaltsgebrauch"[1224] handelt, die nach einer besonderen Zulassung im Rahmen ihres Widmungszwecks benutzt werden können.[1225] Das Museum und die darin enthaltenen Kunstgegenstände unterliegen damit einer durch die Widmung begründeten öffentlich-rechtlichen Zweckbindung, die Art und Umfang des zulässigen Gebrauchs bestimmt.[1226] Möchte ein Bürger, der zum festgelegten Benutzerkreis gehört, die Sache im Rahmen der durch die Widmung festgelegten Zweckbestimmung nutzen, so hat er einen (öffentlich-rechtlichen) Anspruch auf ermessensfehlerfreie Entscheidung über seine Zulassung zur Benutzung.[1227] Es kann sogar ein unmittelbarer Anspruch auf Zulassung bestehen, soweit ein solcher durch das materielle Recht gewährt wird, etwa bei Museen,

---

[1222] BGHZ 91, 84, 96 = NJW 1985, 197, 200; BGHZ 93, 372, 381 = NJW 1985, 1892, 1894, jeweils m.w.N.

[1223] BVerwG NVwZ 1991, 59; BGHZ 93, 372, 381 = NJW 1985, 1892, 1894; *Brand*, BayVBl. 2001, 107.

[1224] Der Begriff der Anstalt im Sinne des öffentlichen Sachenrechts ist deutlich weiter als der Anstaltsbegriff im organisatorisch-technischen Sinne und setzt lediglich voraus, dass ein Sachinbegriff in der Hand eines Trägers der öffentlichen Verwaltung für eine zulassungsgebundene Nutzung durch Zivilpersonen gewidmet ist, *Wolff/Bachof/Stober/Peilert*, § 75 Rn. 15.

[1225] *Wolff/Bachof/Stober/Peilert*, § 75 Rn. 14; *Lehment*, S. 147 m.w.N. Ob dies auch gilt, wenn das Benutzungsverhältnis zum Besucher privatrechtlich ausgestaltet ist, ist zwar umstritten. Das Museum darf sich den aus der Widmung folgenden öffentlich-rechtlichen Bindungen aber nicht durch eine privatrechtliche Gestaltungsform des Benutzungsverhältnisses entziehen, so zutreffend *Graf*, in: Zander/Thilo/Graf/Gödan, Bibliotheksdienst 29 (1995), 311.

[1226] Vgl. *Wolff/Bachof/Stober/Peilert*, § 77 Rn. 4; Staudinger-*Jickeli/Stieper* (2004), Vorbem zu §§ 90–103 Rn. 51, 53 m.w.N. Entgegen *Bullinger*, FS Raue, 395, lässt sich diese Zweckbindung öffentlich-rechtlicher Sachen nicht aus der Sozialbindung des Eigentums gemäß Art. 14 Abs. 2 GG ableiten. Ein als juristische Person des öffentlichen Rechts betriebenes Museum kann sich mangels Grundrechtsfähigkeit nicht auf den Schutz des Grundrechts aus Art. 14 GG berufen und ist daher auch nicht Adressat der grundrechtsbeschränkenden Sozialpflichtigkeit, so zutreffend *Lehment*, S. 152.

[1227] BVerwGE 39, 235, 237f.; *Wolff/Bachof/Stober/Müller*, § 88 Rn. 63. Umstritten ist, ob die Zulassung zwingend durch einen vorangehenden Verwaltungsakt zu entscheiden ist (so die „klassische" Zwei-Stufen-Theorie) oder ob unmittelbar ein subjektiv-öffentliches Recht auf Abgabe einer privatrechtlichen Willenserklärung besteht (so die „moderne" Zwei-Stufen-Theorie), dazu Stelkens/Bonk/Sachs-*U. Stelkens*, § 35 Rn. 109.

die als kommunale Einrichtung betrieben werden, nach Maßgabe der Gemeindeordnungen.[1228] Für Museen in Trägerschaft einer Stiftung des öffentlichen Rechts kann ein Zulassungsanspruch möglicherweise auch damit begründet werden, dass ihnen häufig durch das jeweilige Stiftungsgesetz nicht nur die Aufgabe zugewiesen ist, Kunstgüter zu sammeln, zu bewahren und zu erweitern, zu pflegen und sie durch Forschung, Dokumentation und Publikation zu erschließen, sondern auch, sie durch Ausstellungen und andere Veranstaltungen der Allgemeinheit zugänglich zu machen.[1229] Jedenfalls wird aufgrund der darin liegenden Bestimmung des Museumsbestands zur Benutzung durch die Allgemeinheit unter Berücksichtigung des Grundrechts der Besucher auf Informationsfreiheit regelmäßig das Entschließungsermessen auf null reduziert sein, wenn die objektiv-rechtlichen Bedingungen für eine Benutzung erfüllt sind.[1230]

Da die Grundrechtsbindung auch bei vertraglicher Regelung des Benutzungsverhältnisses erhalten bleibt, müssen die auf der Zulassungsstufe bestehenden Bindungen durch den Widmungszweck und die Grundrechte der Besucher auch auf die zweite Stufe, also die Ausgestaltung des Benutzungsverhältnisses, übertragen werden, unabhängig davon, ob diese zivilrechtlich oder öffentlich-rechtlich erfolgt.[1231] Die Gewährung des Zugangs zum Museum darf daher nur von Bedingungen abhängig gemacht werden, die dem Widmungszweck nicht entgegenstehen.[1232] Soweit ein Anspruch des Besuchers auf Zulassung zum Museum besteht, darf dieser folglich nicht dadurch ausgehöhlt werden, dass der Träger des Museums zwar den Abschluss eines Besichtigungsvertrages anbietet, den Zugang zum Museum aber davon abhängig macht, dass der Besucher Zutrittsbedingungen akzeptiert, die ihn sachwidrig benachteiligen.[1233]

[1228] Z.B. §§ 17 Abs. 1, 18 Abs. 1 SchlHGO.

[1229] Vgl. nur § 2 Abs. 2 Hamburgisches Museumsstiftungsgesetz vom 22. 12. 1998, GVBl. 1998, S. 333; § 2 Abs. 1 S. 2 Gesetz über die Errichtung der „Stiftung Schleswig-Holsteinische Landesmuseen Schloss Gottorf" vom 15. 12. 1998, GVOBl. 1998, S. 372; § 3 Abs. 1 Gesetz zur Errichtung einer Stiftung „Preußischer Kulturbesitz" und zur Übertragung von Vermögenswerten des ehemaligen Landes Preußen auf die Stiftung i.d.F. vom 28. 6. 1990, BGBl. I S. 1222; Art. 2 Abs. 1 des Staatsvertrages vom 23. 8. 1994 über die Errichtung einer „Stiftung Preußische Schlösser und Gärten Berlin-Brandenburg".

[1230] Zur Begründung eines Anspruchs auf Überlassung einer öffentlichen Einrichtung an eine politische Partei im Wege der Ermessensbindung durch die bisherige Zulassungspraxis gemäß Art. 3 Abs. 1 i.V.m. Art. 21 Abs. 1 GG VGH Mannheim DVBl 1990, 828.

[1231] So zur Bindung durch den Gleichheitssatz bei differenzierender Ausgestaltung des Benutzungsverhältnisses *Brand*, BayVBl. 2001, 108.

[1232] LG Potsdam CR 2009, 194, 195.

[1233] Vgl. VGH Mannheim NJW 1987, 2697, 2698; VGH Mannheim DÖV 1991, 805, 806 zur parallelen Problematik bei der Überlassung von öffentlichen Einrichtungen an politische Parteien.

(b) Fotografierbeschränkung als Eingriff in die Informationsfreiheit

Fraglich ist danach, ob ein Verbot, die ausgestellten Kunstgegenstände zu fotografieren, zu einer sachwidrigen Benachteiligung des Museumsbesuchers führt. Das ist anzunehmen, wenn die darin liegende Beschränkung des Benutzungszwecks mit höherrangigem Recht, insbesondere der Informationsfreiheit der Besucher, nicht zu vereinbaren ist. Es kommt demnach darauf an, ob das Fotografieren der ausgestellten Kunstgegenstände vom Schutzbereich des Art. 5 Abs. 1 S. 1 Hs. 2 GG erfasst ist und eine Beschränkung des Fotografierens in den Besichtigungsbedingungen damit einen staatlichen Eingriff in die Informationsfreiheit darstellt, der einer verfassungsrechtlichen Rechtfertigung bedarf.

Nach Auffassung des BVerfG soll auch der Staat sein Bestimmungsrecht hinsichtlich der in seiner Verfügungsgewalt befindlichen Informationen durch einen Ausschluss der Allgemeinheit oder eine nur beschränkte Öffnung der Informationsquelle ausüben können, ohne dass dies für Dritte eine Beschränkung der Informationsfreiheit i. S. d. Art. 5 Abs. 2 GG darstellt.[1234] Wenn ein staatlicher Museumsträger lediglich den Zugang zum Museum, jedoch nicht das Fotografieren innerhalb des Museums gestattet, fiele das Fotografieren danach schon nicht in den Schutzbereich der Informationsfreiheit, so dass sich der Besucher nicht auf sein Abwehrrecht aus Art. 5 Abs. 1 S. 1 Hs. 2 GG berufen könnte.[1235] Die Schranke des Art. 5 Abs. 2 GG wäre dann für das Grundrecht der Informationsfreiheit in Bezug auf Informationen aus dem staatlichen Bereich weitgehend gegenstandslos, da der Staat bindungsfrei über die Allgemeinzugänglichkeit entscheiden und durch vorweggenommene Verengung des Begriffs der „allgemein zugänglichen Quellen" den Umfang des Grundrechts beliebig begrenzen könnte.[1236]

Für außerhalb des Herrschaftsbereiches der Staatsgewalt befindliche Informationsquellen hat das BVerfG ein solches Unterlaufen der Schranken des Art. 5 Abs. 2 GG jedoch gerade nicht zugelassen und unter Hinweis auf den Zweck der Informationsfreiheit und die Gesetzessystematik betont, dass staatliche Beschränkungen, die dem ungehinderten Zugang zur Informationsquelle entgegenstehen, die Allgemeinzugänglichkeit nicht beseitigen.[1237] Insbesondere wenn Informationsmaterial, das nicht originär staatlicher Natur ist, in den staatlichen Bereich einbezogen und durch Aufnahme in öffentliche Sammlungen, Büchereien oder Archive monopolisiert wird, bewirkt ein Ausschluss der Allgemeinheit aber eine Beschränkung des Informationszugangs, die einer unmittelbaren Behinderung des Informationszugangs auf nichtstaatlicher Ebene gleichkommt.

1234 BVerfGE 103, 44, 60f.; ebenso *Windsheimer*, S. 139; Jarass/Pieroth-*Jarass*, Art. 5 Rn. 20.

1235 So ausdrücklich *Lehment*, S. 151.

1236 Zu Recht kritisch gegenüber der Entscheidung des BVerfG daher *Pieroth/Schlink*, Rn. 564.

1237 BVerfGE 27, 71, 83ff., vgl. auch Sachs-*Bethge*, Art. 5 Rn. 57; *Bizer*, S. 112 m. w. N.

Jedenfalls für solche monopolisierten Informationsquellen im staatlichen Bereich muss daher stets die Allgemeinzugänglichkeit angenommen werden.[1238] Dies gilt insbesondere für Museen, denen gesetzlich die Aufgabe zugewiesen ist, die gesammelten Kunstgüter der Allgemeinheit zugänglich zu machen.[1239] Denn bei der gebotenen verfassungskonformen Auslegung im Lichte der Informationsfreiheit umfasst diese Widmung auch die Ermöglichung von Fotografien zum privaten und wissenschaftlichen Gebrauch, da nur hierdurch die ausgestellten Kunstgüter einer breiten, unbestimmten Öffentlichkeit zur Kenntnis gebracht werden können.[1240] Das traditionelle Bild des Museumsbesuchers, der die ausgestellten Kunstgegenstände lediglich vor Ort besichtigt, wird dem berechtigten Informationsinteresse der Allgemeinheit angesichts der durch die technische Entwicklung veränderten Rezeptionsgewohnheiten in der Informationsgesellschaft nicht mehr gerecht.[1241]

Von einem solchen weiten Verständnis der Allgemeinzugänglichkeit von Kulturgütern in staatlichen Bibliotheken, Archiven und Museen geht auch die Europäische Kommission aus. Bei ihrer Überprüfung der Binnenmarktpolitik gelangte die Kommission zu dem Schluss, dass ein ungehinderter Fluss von Wissen und Informationen im Binnenmarkt gefördert werden muss und insoweit eine „Fünfte Freiheit" geschaffen werden sollte.[1242] Ihre „Empfehlung zur Digitalisierung und Online-Zugänglichkeit kulturellen Materials und dessen digitaler Bewahrung"[1243] zielt ausdrücklich darauf ab, „das wirtschaftliche und kulturelle Potenzial des europäischen Kulturerbes ... optimal auszunutzen" und den Bürgern überall in Europa die Möglichkeit zu eröffnen, „darauf zuzugreifen und es zu Studien-, Freizeit- und Arbeitszwecken zu nutzen".[1244] Zu

---

[1238] So auch BK-GG-*Degenhart*, Art. 5 Abs. 1 und 2 Rn. 295; Sachs-*Bethge*, Art. 5 Rn. 56a („denkbare Alternative"); *Graf*, Rezension Mößle, http://www.vl-museen.de/lit-rez/graf99-1.htm; a. A. *Bizer*, S. 118.

[1239] Auch BVerfGE 103, 44, 60, hat im Grundsatz einen Zugangsanspruch gegen den Staat in Fällen bejaht, „in denen eine im staatlichen Verantwortungsbereich liegende Informationsquelle auf Grund rechtlicher Vorgaben zur öffentlichen Zugänglichkeit bestimmt ist, der Staat den Zugang aber verweigert".

[1240] *Bullinger*, FS Raue, 395; *Graf*, Rezension Mößle, http://www.vl-museen.de/lit-rez/graf99-1.htm. Vom Widmungszweck kann auch das nicht durch eine Schranke des Urheberrechts gedeckte Fotografieren zu kommerziellen Zwecken erfasst sein, sofern der Urheber einer solchen Nutzung zugestimmt hat oder die Werke durch Ablauf der Schutzfrist gemeinfrei geworden sind, vgl. *Bullinger*, FS Raue, 395 f.; a. A. *Lehment*, S. 148 f.

[1241] Zutreffend *Graf*, Rezension Mößle, http://www.vl-museen.de/lit-rez/graf99-1.htm.

[1242] KOM(2007) 724 endg. vom 20. 11. 2007, S. 10 – Ein Binnenmarkt für das Europa des 21. Jahrhunderts; vgl. dazu bereits oben S. 294.

[1243] Empfehlung der Kommission vom 24. 8. 2006 zur Digitalisierung und Online-Zugänglichkeit kulturellen Materials und dessen digitaler Bewahrung (2006/585/EG), ABl. EU 2006 Nr. L 236/28. Durch Beschluss des Gemeinsamen EWR-Ausschusses Nr. 20/2008 vom 1. 2. 2008 zur Änderung von Protokoll 31 des EWR-Abkommens über die Zusammenarbeit in bestimmten Bereichen außerhalb der vier Freiheiten wurde die Zusammenarbeit der Vertragsparteien des Abkommens auf diese Empfehlung ausgeweitet.

[1244] Erwägungsgründe 2 und 3 der Empfehlung.

diesem Zweck empfiehlt die Kommission den Mitgliedstaaten u. a. die „Verbesserung der Rahmenbedingungen für die Digitalisierung und Online-Zugänglichkeit kulturellen Materials“ (Art. 6) sowie die „Förderung von Partnerschaften zwischen kulturellen Institutionen und dem Privatsektor zur Eröffnung neuer Finanzierungsmöglichkeiten für die Digitalisierung kulturellen Materials“ (Art. 3). Dies soll nicht nur für gemeinfreie Werke gelten, sondern im Rahmen der gesetzlichen Schranken auch für urheberrechtlich noch geschütztes Material.[1245] Zur Durchsetzung dieses Ziels regt sie im Grünbuch „Urheberrechte in der wissensbestimmten Wirtschaft“ eine Diskussion darüber an, inwieweit die bestehenden Schranken zugunsten von Bibliotheken und Archiven sowie der Verbreitung von Werken zu Unterrichts- und Forschungszwecken angepasst werden sollten.[1246] Mit diesen Zielvorgaben ist ein Verständnis der Informationsfreiheit, wonach dem Staat die freie Bestimmung über die Zugänglichkeit der in seinem Machtbereich befindlichen Informationsquellen obliegt, nicht zu vereinbaren.[1247]

(c) Beschränkung durch den Widmungszweck

Es bedarf angesichts des mit einem Fotografierverbot verbundenen Eingriffs in die Informationsfreiheit der Besucher folglich einer verfassungsrechtlichen Rechtfertigung für das Fotografierverbot. Auf sein Hausrecht an den Ausstellungsräumen kann sich der Museumsträger insoweit nicht berufen. Zwar steht auch einem staatlichen Museumsträger aufgrund seines privatrechtlichen Eigentums oder Besitzes grundsätzlich das Hausrecht an diesen Räumen zu, das ihn auch dazu berechtigt, den Zutritt zu verweigern oder nur zu bestimmten Zwecken zu erlauben bzw. von bestimmten Bedingungen abhängig zu machen.[1248] Aufgrund privatrechtlicher Ansprüche, insbesondere auch solcher aus den dem Hausrecht zugrunde liegenden Vorschriften der §§ 861 ff., 1004 BGB, kann jedoch das aus der Zulassung zu einer öffentlich-rechtlichen Einrichtung

---

[1245] Siehe Erwägungsgrund 10, der auf die in Art. 5 Abs. 2 lit. c und Abs. 3 lit. n Info-RL vorgesehenen Schranken verweist.

[1246] KOM(2008) 466 endg. vom 16. 7. 2008, S. 6 ff.

[1247] Für einen erleichterten Zugang der Allgemeinheit nach dem Vorbild der Empfehlung der Kommission sprechen sich auch *Benabou/Dusollier*, in: Torremans, S. 180 f. aus. Aus der von den Autorinnen zur Stützung ihrer These ebenfalls herangezogenen Richtlinie 2003/98/EG vom 17. 11. 2003 über die Weiterverwendung von Informationen des öffentlichen Sektors, ABl. EU 2003 Nr. L 345/90, lässt sich insoweit indes nichts herleiten. Gemäß Art. 1 Abs. 2 lit. b und f gilt die Richtlinie ausdrücklich weder für Dokumente im geistigen Eigentum Dritter noch für solche im Besitz von Archiven, Bibliotheken oder Museen.

[1248] LG Potsdam CR 2009, 194, 196 f.; allgemein zum privatrechtlichen Eigentum öffentlich-rechtlicher Körperschaften BVerfGE 61, 82, 108; anders offenbar *Graf*, Rezension Mößle, http://www.vl-museen.de/lit-rez/graf99-1.htm, der das Fehlen einer gesetzlichen Grundlage für das Hausrecht bemängelt.

folgende Benutzungsrecht nicht beseitigt werden, so dass privatrechtliche Abwehransprüche gegenüber dem Zugangsrecht nicht greifen können.[1249]

Eine Befugnis staatlicher Museumsträger zur vertraglichen Beschränkung von Fotografien der ausgestellten Kunstgegenstände ist danach nur insoweit anzuerkennen, als die Beschränkung zum Schutz und Erhalt der Kunstgegenstände oder zur Vermeidung von Störungen des Museumsbetriebs im Rahmen des Allgemeingebrauchs erforderlich ist und damit ohne eine solche Beschränkung der Widmungszweck beeinträchtigt würde. Wegen der damit einhergehenden Störung anderer Museumsbesucher kann daher wie bei privaten Museen das Fotografieren unter Verwendung eines Blitzlichts und eines Stativs während der regulären Öffnungszeiten des Museums untersagt werden. Das Fotografieren aus freier Hand ohne Verwendung eines Blitzlichts ist jedoch nicht störender als das intensive Betrachten eines Kunstgegenstands. Es ist daher angesichts des Widmungszwecks nicht gerechtfertigt, auch derartige Fotografien zu verbieten.[1250] Sobald der Besucher (auch gegen Entgelt) zur bestimmungsgemäßen Benutzung des Museums zugelassen worden ist, kann auch ein zusätzliches Nutzungsentgelt für die Befugnis zur Anfertigung derartiger Fotografien nicht wirksam vereinbart werden, soweit damit weder ein Mehraufwand seitens des Trägers noch eine Beeinträchtigung anderer Museumsbesucher verbunden ist und das Fotografieren damit als normale Benutzung vom durch die Widmung begründeten Benutzungszweck umfasst ist.

In Ausnahmefällen kann sogar eine Erlaubnis des Fotografierens mit Stativ geboten sein, wenn dies erforderlich ist, um qualitativ hochwertige Aufnahmen, etwa zum wissenschaftlichen Gebrauch nach § 53 Abs. 2 Nr. 1 UrhG, zu ermöglichen. Hier ist neben der Informationsfreiheit die Freiheit von Forschung und Wissenschaft zu beachten. Deren verfassungsrechtliche Gewährleistung durch Art. 5 Abs. 3 GG begründet nach der Rechtsprechung des BVerfG ein Recht des einzelnen Grundrechtsträgers „auf solche staatlichen Maßnahmen auch organisatorischer Art, die zum Schutz seines grundrechtlich gesicherten Freiraums unerlässlich sind, weil sie ihm freie wissenschaftliche Betätigung überhaupt erst ermöglichen".[1251] Wenn daraus auch kein originärer Leistungsanspruch auf Bereitstellung von Forschungsmaterial folgt, lässt sich daraus doch ein Teilhaberecht des einzelnen Wissenschaftlers an den vom Staat zur Verfügung gestellten Mitteln ableiten.[1252] Bei der Aufstellung einer Benutzungsordnung für ein der Allgemeinheit gewidmetes Museum ist der Forschungsfreiheit daher durch entsprechende organisatorische Maßnahmen Rechnung zu tragen. Entsprechendes

---

[1249] Stelkens/Bonk/Sachs-*U. Stelkens*, § 35 Rn. 131.

[1250] Ebenso *Graf*, in: Zander/Thilo/Graf/Gödan, Bibliotheksdienst 29 (1995), 310 zu Fotografierverboten in der Benutzungsordnung einer Handschriftensammlung.

[1251] BVerfGE 35, 79, 116; BVerfGE 111, 333, 353.

[1252] Dazu *Bizer*, S. 98f.

gilt für die im Interesse der Pressefreiheit nach § 50 UrhG zulässige Wiedergabe von Kunstwerken im Rahmen einer Berichterstattung über die Ausstellung.[1253]

Um einen ungestörten Museumsbesuch zu gewährleisten, wird es aber regelmäßig geboten sein, derartige Fotografien nur zu bestimmten Zeiten und nur nach vorheriger Abstimmung mit dem Museumsträger zuzulassen.[1254] Teilweise wird bereits daraus abgeleitet, dass die Anfertigung der Fotografien vom Widmungszweck nicht mehr gedeckt ist und damit eine erlaubnispflichtige Sonderbenutzung darstellt.[1255] Die öffentliche Hand darf aber nicht willkürlich um fiskalischer Vorteile willen die Grenze zwischen normaler Benutzung und erlaubnispflichtiger Sonderbenutzung ziehen.[1256] Aufgrund der Grundrechtsrelevanz der Museumsbenutzung wird jedenfalls eine Reduzierung des Entschließungsermessens und damit ein Anspruch auf Erlaubniserteilung, ggf. gegen ein am Äquivalenzprinzip zu messendes Entgelt, in Betracht kommen. Denn auch bei der Genehmigung von Sonderbenutzungen einer öffentlichen Einrichtung jenseits der durch die Widmung festgelegten Zweckbestimmung steht die Zulassung nicht im freien Ermessen des Trägers der Einrichtung.[1257] Vielmehr muss auch bei der Entscheidung über einen Antrag auf Sonderbenutzung das Interesse des Antragsstellers an der Wahrnehmung seiner Grundrechte gebührend berücksichtigt werden.[1258]

Dass das Museum selbst über den Verkauf von Postkarten oder Postern der ausgestellten Kunstgegenstände Informationsmaterial zur dauerhaften Nutzung zur Verfügung stellt, kann die in der Verweigerung einer Fotografiererlaubnis liegende Beschränkung der Informations- und Wissenschaftsfreiheit nicht rechtfertigen.[1259] Denn die Informationsfreiheit dient ebenso wie die

---

[1253] Dazu BGHZ 85, 1, 4ff. = GRUR 1983, 25, 26f. – Presseberichterstattung und Kunstwerkwiedergabe I.

[1254] So auch *Bullinger*, FS Raue, 395. Vgl. etwa die Richtlinien der Stiftung Preussische Schlösser und Gärten Berlin-Brandenburg über Foto-, Film- und Fernsehaufnahmen stiftungseigener Baudenkmäler, deren Ausstattung sowie der Gartenanlagen, abrufbar unter http://www.spsg.de/index.php?id=55. Danach bedürfen Foto-, Film- und Fernsehaufnahmen stiftungseigener Baudenkmäler der vorherigen Zustimmung, wobei die Zustimmung im pflichtgemäßen Ermessen der Stiftung steht. Ausgenommen von der Zustimmungspflicht sind Aufnahmen von Gebäuden und Anlagen, die sich an öffentlichen Straßen, Wegen oder Plätzen befinden (§ 59 UrhG) und Außenaufnahmen zu privaten Zwecken von geringem Umfang.

[1255] So *Lehment*, S. 149; vgl. auch *Wolff/Bachof/Stober/Peilert*, § 79 Rn. 6, wonach das Entleihen eines Buches aus einer öffentlichen Bibliothek einen Sondergebrauch darstellt; ebenso zum Kopieren von Gemälden in Museen *Wolff/Bachof/Stober/Müller*, § 88 Rn. 83; dagegen *Graf*, Rezension Mößle, http://www.vl-museen.de/lit-rez/graf99–1.htm.

[1256] *Graf*, Rezension Mößle, http://www.vl-museen.de/lit-rez/graf99–1.htm.

[1257] So aber *Lehment*, S. 148.

[1258] BVerwGE 91, 135, 139f. = NJW 1993, 609, 610 zur Sonderbenutzung der im Eigentum der Universität Bonn stehenden Hofgartenwiese für eine Großkundgebung.

[1259] Anders *Lehment*, S. 149f., der es für ausreichend hält, dass das Museum eigene Reproduktionsfotografien der Kunstgegenstände zur Verfügung stellt und daher die Anfertigung reproduktionsfähiger Fotografien nicht mehr als vom Widmungszweck gedeckt ansieht.

Rundfunk- und Pressefreiheit in ihrer objektiv-rechtlichen Funktion auch dazu, Informationsmonopole zu verhindern und vielfältige Information über ein und denselben Gegenstand zu ermöglichen.[1260] Ein generelles Fotografierverbot, das das verfassungsrechtlich geschützte Informationsinteresse der Allgemeinheit nicht beachtet, ist daher auch bei privatrechtlicher Ausgestaltung des Benutzungsverhältnisses mit Art. 5 Abs. 1 GG unvereinbar und unwirksam. Die Nichtigkeit ergibt sich wegen der unmittelbaren Grundrechtsbindung des staatlichen Museumsträgers aus § 134[1261] wie auch aus § 307 Abs. 1 BGB.[1262]

(5) Ergebnis

Inwieweit Fotografierbeschränkungen in den Bedingungen eines Besichtigungsvertrags zwischen einem Aussteller von Kunstgegenständen und dem Besucher wirksam vereinbart werden können, hängt davon ab, ob sich der Aussteller gegenüber der durch Art. 5 Abs. 1 S. 1 Hs. 2 GG geschützten Informationsfreiheit des Besuchers auf ein überwiegendes Interesse an der Vereinbarung einer solchen Beschränkung berufen kann. Das ist bei urheberrechtlich noch geschützten Werken jedenfalls dann der Fall, wenn die Beschränkung lediglich der Verhinderung urheberrechtswidriger Nutzungen der ausgestellten Werke dient. Auf das Eigentum an den Kunstgegenständen kann sich der Aussteller hingegen nur berufen, soweit deren Ablichtung zur Schädigung des Gegenstands führen würde, was insbesondere bei Verwendung von Blitzlicht der Fall sein kann. Im Übrigen kommt nur eine Rechtfertigung durch das Hausrecht an den Ausstellungsräumen in Betracht, dessen Ausübung bei kommerziellen Ausstellungen seinerseits durch Art. 12 Abs. 1 GG verfassungsrechtlich geschützt ist. Bei Ausstellungen privater Museen überwiegt das Interesse an der wirtschaftlichen Verwertung der mit der Ausstellung erbrauchten Dienstleistung regelmäßig das individuelle Interesse des Besuchers an der Anfertigung von Fotografien für private oder sonstige urheberrechtlich privilegierte Zwecke. Museen in staatlichem Besitz, die einer unmittelbaren Grundrechtsbindung durch Art. 5 Abs. 1 GG unterliegen, können Fotografierverbote hingegen nur insoweit wirksam in ihre Besichtigungsbedingungen aufnehmen, als das Fotografieren durch die Besucher zu einer Gefährdung des Widmungszwecks, insbesondere zu einer Störung anderer Museumsbesucher, führen würde.

[1260] Vgl. BVerfGE 97, 228, 256.

[1261] Zur Anwendbarkeit des § 134 BGB bei Grundrechtsverstößen durch einen öffentlich-rechtlichen Vertragspartner BGHZ 154, 146, 149 = NJW 2003, 1658; MüKo-*Armbrüster*, § 134 Rn. 33.

[1262] Zur Anwendbarkeit des § 307 neben § 134 BGB siehe MüKo-*Kieninger*, Vorbem zu §§ 307 ff. Rn. 9; Palandt-*Grüneberg*, Vorb v § 307 Rn. 15.

IV. Fazit

Auch in Allgemeinen Geschäftsbedingungen sind Klauseln, welche die Ausübung der von einer Schranke des Urheberrechts eingeräumten Nutzungsfreiheit des Vertragspartners einschränken, nicht schlechthin unwirksam. Die gesetzlichen Schranken sind nicht geeignet, als gesetzliches Leitbild i. S. d. § 307 Abs. 2 Nr. 1 UrhG zu dienen. Denn der Gesetzgeber hat mit der inhaltlichen Begrenzung der urheberrechtlichen Ausschließlichkeitsrechte keine Aussage über die Reichweite vertraglicher Nutzungsbeschränkungen getroffen. Die Inhaltskontrolle hat sich vielmehr am gesetzlichen Leitbild zu orientieren, welches das für den jeweiligen Vertragstyp geltende dispositive Gesetzesrecht und die vertragstypenspezifischen Gerechtigkeitserwartungen des Kunden vorgeben. Grundsätzlich unwirksam sind danach vor allem Klauseln in Verträgen über die entgeltliche Überlassung eines Werkexemplars zur dauerhaften Nutzung, welche eine urheberrechtlich zulässige Nutzung des erworbenen Werkexemplars insbesondere im privaten Bereich des Erwerbers beschränken oder ausschließen. Etwas anderes gilt in Bezug auf Verträge über die vorübergehende Überlassung eines Werkes, bei denen der Verwender regelmäßig ein berechtigtes Interesse daran hat, dass der Kunde keine über die Vertragsdauer hinausreichende Nutzungsmöglichkeit erhält. Auch in diesem Fall kann sich die Unwirksamkeit der Nutzungsbeschränkung aber daraus ergeben, dass sie Ausdruck einer marktbeherrschenden Stellung des Verwenders ist, der seine Stellung auf dem Angebotsmarkt für das betreffende Werk dadurch missbraucht, dass er Nutzungsbedingungen durchsetzt, die gemeinwohlfördernde Werknutzungen verhindern. Eine besondere Verantwortung kommt insoweit staatlichen Museen und Archiven zu, die in ihren Zutrittsbedingungen urheberrechtlich zulässige Nutzungshandlungen nur insoweit wirksam einschränken oder untersagen können, als dies im Rahmen des Widmungszwecks zur Abwehr von Störungen der Anstaltsnutzung erforderlich ist.

E. Zusammenfassung

Die Frage nach der Abdingbarkeit der urheberrechtlichen Schranken ist nach alledem wie folgt zu beantworten: Die Schrankenbestimmungen sind zwingend, jedoch nur, soweit ihr Anwendungsbereich reicht. Dieser erfasst nur die inhaltliche Begrenzung der urheberrechtlichen Ausschließlichkeitsrechte. Die Ausschließlichkeitsrechte können daher durch Rechtsgeschäft nicht mit urheberrechtlich-dinglicher Wirkung über den vom UrhG definierten Inhalt hinaus ausgedehnt werden. Die Schranken der §§ 44a ff. UrhG regeln jedoch nicht die Wirksamkeit schuldrechtlicher Abreden über die Ausübung urheberrechtlich zulässiger Nutzungshandlungen. Da die Schranken insoweit keine Regelung enthalten, können sie in dieser Hinsicht auch kein zwingendes Recht darstellen und stehen als solche der (schuldrechtlichen) Wirksamkeit entsprechender Nutzungsvereinbarungen auch nicht entgegen. Auch die Tatsache, dass die von einer Schranke gewährte urheberrechtliche Nutzungsfreiheit grundrechtlich gewährleistet ist, zwingt nicht zur Annahme, dass damit jegliche individualvertragliche Disposition über die Nutzungsfreiheit ausgeschlossen sein müsste.

Das bedeutet nicht, dass Vereinbarungen, die einem Vertragspartner die Ausübung einer urheberrechtlichen Schranke untersagen oder in anderer Weise einschränken, stets wirksam sind. Insbesondere wenn der Grundrechtsschutz der Nutzer eine Einschränkung der Vertragsfreiheit erfordert, kann dies bei der Anwendung der zivilrechtlichen Generalklauseln berücksichtigt werden. Das allgemeine Vertragsrecht sieht zahlreiche Ansatzpunkte für die Berücksichtigung der den Schranken des Urheberrechts zugrunde liegenden Nutzerinteressen vor. Insbesondere §§ 305 ff. BGB begrenzen die rechtsgeschäftliche Gestaltungsfreiheit auch im Hinblick auf vertragliche Beschränkungen der Schrankenausübung. Das gemäß § 307 Abs. 2 Nr. 1 BGB für die Inhaltskontrolle nutzungsbeschränkender Klauseln in AGB maßgebliche Leitbild kann jedoch nicht unmittelbar aus den urheberrechtlichen Schranken hergeleitet werden. Die Wirksamkeit solcher Klauseln hängt vielmehr von der Art der vertraglichen Beziehung zwischen den Parteien ab.

F. Zwingender Charakter der Schranken de lege ferenda?

Angesichts der Möglichkeit, den grundrechtlich geschützten Nutzungsinteressen der Allgemeinheit im Rahmen der zivilrechtlichen Generalklauseln Rechnung zu tragen, besteht kein verfassungsrechtliches Gebot, die von den Schranken des Urheberrechts gewährte Nutzungsfreiheit gegenüber vertraglichen Vereinbarungen ausdrücklich unabdingbar auszugestalten. Dennoch besteht hinsichtlich der Wirksamkeit vertraglicher Nutzungsbeschränkungen in vielen Fällen für die Nutzer mangels ausdrücklicher Bezugnahme auf die gesetzlichen Schranken erhebliche Rechtsunsicherheit, wie weit die Unwirksamkeit im Einzelfall reicht. Vielfach wird das allgemeine Vertragsrecht daher für unzureichend gehalten, das Verhältnis der Schranken des Urheberrechts zu vertraglichen Vereinbarungen angemessen zu bestimmen, und eine spezifische Regelung im Urheberrecht gefordert.[1263] Fraglich ist, wie eine solche ausdrückliche Regelung de ferenda sinnvoll ausgestaltet werden könnte.

[1263] So insbesondere *Elkin-Koren*, in: Dreyfuss/Zimmerman/First, S. 216: „The concern with the public domain is unrelated to the particular circumstances of specific contract but rather to the general public good. Therefore it is not adequately addressed by contract law"; *Copyright Law Review Committee*, Rn. 7.13: „The Committee considers that this [i.e. the

In Bezug auf individualvertragliche Beschränkungen der Nutzungsfreiheit eines Schrankenbegünstigten erscheint eine Regelung jedenfalls nicht erforderlich. Individuell ausgehandelte Verträge, in denen sich der Vertragspartner des Urhebers oder eines Verwerters zur Unterlassung bestimmter urheberrechtlich zulässiger Nutzungen verpflichtet, werden in der Praxis nur mit institutionellen Nutzern wie Bibliotheken (§ 53a), Hochschulen (§ 52a) oder Schulen (§ 47 UrhG) zustande kommen. Diese verfügen regelmäßig über eine ausreichende Verhandlungsmacht gegenüber Verwertern, um angemessene Vertragsbedingungen durchzusetzen.

Eine gesetzliche Regelung, wonach nutzungsbeschränkende Vereinbarungen in Bezug auf die Ausübung der urheberrechtlichen Schranken unter bestimmten Voraussetzungen unwirksam sind, sollte sich daher auf nicht individuell mit dem Begünstigten der jeweiligen Schranke ausgehandelte Vereinbarungen beschränken.[1264] Der Einwand, ein solcher „light touch approach" berge die Schwierigkeit zu bestimmen, wann eine Vereinbarung individuell ausgehandelt sei,[1265] greift nach deutschem Recht nicht durch. Die Definition Allgemeiner Geschäftsbedingungen in § 305 BGB ermöglicht eine hinreichend klare Abgrenzung zu individuellen Vertragsabreden. Eine gesetzliche Regelung sollte sich daher auf die Kontrolle von AGB und Verbraucherverträgen i.S.d. § 310 BGB beschränken.[1266]

Vertragliche Nutzungsbeschränkungen sollten aber auch in AGB nur insoweit unwirksam sein, als der von einer Schranke des Urheberrechts begünstigte Vertragspartner des Verwenders rechtmäßig Zugang zum betreffenden Werk hat.[1267] Eine entsprechende Beschränkung sieht auch § 95b Abs. 1 S. 1 UrhG für den Anspruch des Schrankenbegünstigten auf Durchsetzung des Schrankengebrauchs gegenüber technischen Schutzmaßnahmen vor.[1268] Auch § 55a S. 3 und § 69g Abs. 2 UrhG gelten nur zugunsten eines berechtigten Benutzers, wobei sich dies hier unmittelbar aus dem Tatbestand der für unabdingbar erklärten Schranke ergibt.[1269]

Zu entscheiden ist, ob eine Klausel, die dem Schrankenbegünstigten den Gebrauch der urheberrechtlichen Schranke untersagt, im Wege eines Klauselverbots ohne Wertungsmöglichkeit stets für unwirksam erklärt werden sollte oder

overall statutory balance] should be evident from the Copyright Act itself, in order to avoid the uncertainty arising from the nature of the remedies currently available".

1264 Ebenso *Elkin-Koren*, in: Dreyfuss/Zimmerman/First, S. 218; vgl. auch *Guibault*, Copyright Limitations, S. 304: „[O]ne possible option would be to declare a number of statutory limitations mandatory, at least in standard form contracts".

1265 So *Copyright Law Review Committee*, Rn. 7.42.

1266 Anders in Bezug auf die Schranke des § 53 UrhG *Hohagen*, Vervielfältigungsfreiheit, S. 503.

1267 *Copyright Law Review Committee*, Rn. 7.15.

1268 Siehe dazu unten S. 489ff.

1269 Ausführlich dazu oben S. 109ff.

ob eine Rechtfertigung durch ein überwiegendes Interesse des Verwenders in Betracht kommt. So schlagen manche eine Regelung vor, wonach Abreden in AGB, die den Schrankengebrauch einschränken, grundsätzlich unwirksam sind, wenn nicht der Rechtsinhaber im Einzelfall ein überwiegendes Interesse am Ausschluss der betreffenden Nutzung geltend machen kann.[1270] Eine solche Regelung liefe auf eine dem § 307 Abs. 2 BGB entsprechende Vermutung einer unangemessenen Benachteiligung des durch eine Schranke begünstigten Vertragpartners hinaus.

Dabei ist aber zu beachten, dass bei der vertraglichen Überlassung eines Werkes zur dauerhaften Nutzung kein berechtigtes Interesse des Verwenders denkbar ist, das eine formularvertragliche Beschränkung rechtfertigen könnte.[1271] In Bezug auf die durch Art. 5 Abs. 1 und 3 GG gebotenen Schranken der §§ 51, 24 UrhG ist eine Beschränkung selbst bei einer vorübergehenden Gebrauchsüberlassung unwirksam.[1272] Insoweit ist es sinnvoll, durch eine entsprechende Vorschrift, etwa in Form eines Regelbeispiels, die Unwirksamkeit von Klauseln klarzustellen, welche die Verwendung des erworbenen Vervielfältigungsstücks für eine urheberrechtlich privilegierte Nutzung ausschließen oder beschränken. Eine gesetzliche Regelung der Problematik könnte danach wie folgt lauten:

„(1) Wenn ein Werk auf vertraglicher Grundlage durch Überlassung eines Vervielfältigungsstücks des Werkes oder auf andere Weise zugänglich gemacht wird, stellt eine Bestimmung in Allgemeinen Geschäftsbedingungen, welche den Vertragspartner dazu verpflichtet, von einer der Schranken der §§ 44a bis 60 keinen oder nur eingeschränkten Gebrauch zu machen, im Zweifel eine unangemessene Benachteiligung des Vertragspartners im Sinne des § 307 Abs. 1 S. 1 BGB dar.

(2) Eine unangemessene Benachteiligung liegt insbesondere vor, wenn der Vertragspartner ein Vervielfältigungsstück des Werkes zur dauerhaften Nutzung erwirbt. Dies gilt nicht in Bezug auf die Bestimmung in § 53 Abs. 1, soweit der Verwender dem Vertragspartner Vervielfältigungsstücke in ausreichender Anzahl zur Verfügung stellt.

(3) Für eine Bestimmung in Allgemeinen Geschäftsbedingungen, die den Vertragspartner dazu verpflichtet, ein selbständiges Werk, das in freier Benutzung eines auf vertraglicher Grundlage zugänglich gemachten Werkes geschaffen worden ist, nicht zu veröffentlichen oder zu verwerten, gilt Abs. 1 entsprechend."

[1270] *Guibault*, Copyright Limitations, S. 304; *Elkin-Koren*, in: Dreyfuss/Zimmerman/First, S. 217; ähnlich *Hohagen*, Vervielfältigungsfreiheit, S. 503, 506 f.; *ders.*, FS Schricker, 363, 365 (zu § 53 UrhG): „soweit dadurch berechtigte Interessen der Urheber nicht unzumutbar beeinträchtigt werden".

[1271] Siehe oben S. 391 f.

[1272] Siehe oben S. 397.

Teil 4

Beeinträchtigung des Schrankengebrauchs durch technische Schutzmaßnahmen

Mehr noch als durch vertragliche Nutzungsbeschränkungen kann die Ausübung urheberrechtlicher Schranken durch technische Maßnahmen wie Verschlüsselungstechniken und Kopiersperren beeinträchtigt werden. Solche technischen Vorkehrungen dienen den Rechtsinhabern in erster Linie zur Sicherung einer angemessenen Verwertung für ihre Werke und Leistungen, indem sie Eingriffe in das Urheberrecht mit technischen Mitteln abwehren. Gleichzeitig können solche Vorkehrungen aber auch Nutzungen einschränken oder ganz verhindern, deren Vornahme mangels Werkqualität der geschützten Inhalte oder aufgrund einer gesetzlichen Schranke des Urheberrechts ausdrücklich zulässig ist. Insbesondere bei Inhalten in digitaler Form lässt sich so auf technischem Wege ein Schutzniveau erreichen, das deutlich über die Grenzen des vom Gesetzgeber beabsichtigten Urheberrechtsschutzes hinausreicht. Verstärkt wird dieser Schutz noch dadurch, dass technische Schutzmaßnahmen ihrerseits durch § 95a UrhG vor Umgehung geschützt werden.

A. Begriff und Funktionsweise technischer Schutzmaßnahmen

I. Begriff

Für den Einsatz solcher elektronischer Selbstschutzmaßnahmen zur faktischen Sicherung einer der materiellen Urheberrechtslage entsprechenden Verwertung hat sich in der Praxis die Bezeichnung „Digital Rights Management“ (DRM) eingebürgert.[1] Eine einheitliche Definition dieses Begriffs hat sich bisher jedoch nicht durchsetzen können.[2] Zum Teil werden unter DRM-Systemen nur Technologien verstanden, welche die Möglichkeit der individuellen Nutzungskontrolle und insbesondere der individuellen Abrechenbarkeit bieten und von

[1] Siehe nur *Arlt*, GRUR 2004, 548f.; *Bechtold*, Informationsrecht, S. 2ff.; *Schack*, UrhR, Rn. 732c. Daneben existieren noch zahlreiche weitere, mehr oder weniger synonym gebrauchte Bezeichnungen wie „Electronic Copyright Management Systems“ (ECMS), „Automated Rights Management“ (ARM) oder „Copyright Management Systems“ (CMS).

[2] *Arlt*, DRM, S. 11; *Schulz*, GRUR 2006, 271.

darüber hinausgehenden Schutzmaßnahmen wie bloßen Kopierschutzmechanismen zu unterschieden seien.[3] Andere wollen unter diesen Begriff sämtliche technischen Mittel fassen, welche digitale Inhalte gegen unbefugten Zugriff schützen und/oder deren Gebrauch überwachen.[4]

Bei einem weiten Verständnis des Digital Rights Management deckt sich der Begriff weitgehend mit dem der technischen Maßnahme.[5] Darunter sind gemäß der gesetzlichen Definition in § 95a Abs. 2 S. 1 UrhG in Übereinstimmung mit Art. 6 Abs. 3 S. 1 Info-RL sämtliche Technologien, Vorrichtungen und Bestandteile zu verstehen, die im normalen Betrieb dazu bestimmt sind, geschützte Werke oder andere nach dem UrhG geschützte Schutzgegenstände betreffende Handlungen, die vom Rechtsinhaber nicht genehmigt sind, zu verhindern oder einzuschränken.[6] Der Begriff der technischen Maßnahme ist allerdings insoweit umfassender als der des *Digital* Rights Management, als er auch bei analogen Werkträgern verwendete Schutzmaßnahmen erfasst, etwa das bei Videokassetten im VHS-Standard eingesetzte Macrovision.[7] Auch passt der Begriff des Digital *Rights* Management nicht, wenn es gerade darum geht, dass eine technische Maßnahme nicht (nur) zum Schutz materieller Rechtspositionen eingesetzt wird, sondern (auch) um urheberrechtlich zulässige Nutzungen digitaler Inhalte zu unterbinden.[8] Im Folgenden wird daher in erster Linie der Begriff der technischen (Schutz)maßnahme verwendet. Der Begriff des DRM-Systems soll nur für solche Technologien herangezogen werden, die verschiedene technische Maßnahmen zur Zugangs-, Kopier- und Nutzungskontrolle kombinieren und auf diese Weise umfassende Vertriebssysteme für digitale Inhalte, einschließlich deren Lizenzierung, bereit stellen.[9]

II. Funktionsweise

Nach ihrer Funktionsweise kann man technische Schutzmaßnahmen in Zugangskontrollen und Nutzungskontrollen einteilen, wobei beide Schutzrichtungen in einer Technologie enthalten sein können.[10] Auch § 95a Abs. 1 UrhG unterscheidet hinsichtlich der Umgehung technischer Schutzmaßnahmen zwi-

---

[3] Lindhorst, S. 35; von Diemar, Digitale Kopie, S. 146, 149; *Schulz*, GRUR 2006, 271.

[4] *Arlt*, GRUR 2004, 548f.; *ders.*, DRM, S. 12; *Garnett*, S. 13f.; *Schack*, UrhR, Rn. 732c; *Schmid/Wirth/Seifert*, § 95a UrhG Rn. 5.

[5] So ausdrücklich *Rehbinder*, UrhR, Rn. 908.

[6] Art. 11 WCT und Art. 18 WPPT sprechen insoweit von „technischen Vorkehrungen".

[7] Dazu *Knies*, ZUM 2003, 287.

[8] Das räumt auch *Arlt*, DRM, S. 13 ein.

[9] In diesem Sinne Hoeren/Sieber-*Bechtold*, Kap. 7.7 Rn. 6; *Schwerzmann*, sic! 2004, 150f.; *Koch*, S. 18; wohl auch *Bongers*, S. 381.

[10] *Arlt*, GRUR 2004, 549; *Schwerzmann*, sic! 2004, 150; vgl. bereits *Spindler*, GRUR 2002, 117; ferner *Lindhorst*, S. 146 Fn. 641, mit dem Hinweis, dass sich Zugangs- und Nutzungskontrollen häufig nicht unterscheiden ließen.

schen Umgehungshandlungen, die vorgenommen werden, um den Zugang zu einem Werk oder einer Leistung zu ermöglichen, und solchen, die eine Nutzung des betreffenden Schutzgegenstands ermöglichen sollen.

1. Zugangskontrollen

Zugangskontrollen sind Technologien, die den Zugang zu Werken oder Leistungen in verständlicher Form von einer individuellen Erlaubnis des Rechtsinhabers abhängig machen.[11] Der Zugang zu einem urheberrechtlich geschützten Werk kann dabei nicht nur dadurch kontrolliert werden, dass einem Nutzer der physische Zugang zu einem Werkstück verweigert wird.[12] Zugang zum Werk bedeutet nicht zwangsläufig Zugang zu einem Werk*stück*.[13] Der Schutz kann auch darin bestehen, dass der Nutzer daran gehindert wird, den auf einem erworbenen Datenträger gespeicherten Inhalt sinnlich wahrzunehmen.[14] Eine Zugangskontrolle liegt im Unterschied zu einer Nutzungskontrolle daher vor, wenn eine Maßnahme verhindern soll, dass der geistige Gehalt des geschützten Werkes überhaupt sinnlich wahrgenommen, das Werk also gelesen, betrachtet oder angehört werden kann. Dazu gehören neben der Einrichtung von Passwortkontrollen vor allem Verschlüsselungstechniken, die sicherstellen, dass digitale Inhalte nur für solche Nutzer brauchbar sind, die über einen entsprechenden Schlüssel verfügen.[15] So können etwa DVDs, die über einen entsprechenden Schutz verfügen, nur mit einem DVD-Player abgespielt werden, der denselben Regionalcode aufweist wie die abzuspielende DVD (Regional Playback Control).[16] Im Online-Bereich werden digitale Inhalte häufig mit einem „digitalen Container" versehen, in welchem die Inhalte zum Nutzer übertragen werden und auch auf dessen Endgerät grundsätzlich verschlüsselt bleiben, so dass die Inhalte nur bei Vorliegen einer Berechtigung von einer speziellen Soft- oder Hardwarekomponente zur Nutzung „freigegeben" werden.[17] Auch die Ausstrahlung einer verschlüsselten Fernsehsendung stellt eine Zugangskontrolle in diesem Sinne dar.[18]

---

[11] Wandtke/Bullinger-*Wandtke/Ohst*, § 95a Rn. 14; *Arlt*, DRM, S. 25.

[12] So aber wohl Fromm/Nordemann-*Czychowski*, § 95b UrhG Rn. 13.

[13] *Ginsburg*, S. 11 f.

[14] In diesem Sinne wird der Begriff des Zugangs auch in § 45a Abs. 1 UrhG verwendet.

[15] Dazu Hoeren/Sieber-*Bechtold*, Kap. 7.7 Rn. 3; *Bechtold*, Informationsfreiheit, S. 23 ff. Das Gesetz unterscheidet in § 95a Abs. 2 S. 2 UrhG allerdings zwischen Zugangskontrollen und Schutzmechanismen „wie Verschlüsselung, Verzerrung oder sonstige Umwandlung".

[16] *Schwerzmann*, sic! 2004, 150.

[17] *Bechtold*, Informationsfreiheit, S. 26. Ein Beispiel ist das von Apple beim Abrufdienst iTunes eingesetzte „FairPlay"-DRM, bei dem die Musikdateien im AAC-Format in einem mit dem DRM versehenen m4p-Container vorliegen.

[18] Wandtke/Bullinger-*Wandtke/Ohst*, § 95a Rn. 28; vgl. Loewenheim-*Peukert*, § 34 Rn. 5.

2. Nutzungskontrollen

Demgegenüber sind Nutzungskontrollen dazu bestimmt, die möglichen *Nutzungen* geschützter Werke oder Leistungen einzuschränken.[19] Allerdings stellt auch der bloße Werkgenuss eine Nutzung des Werkes i.S.d. § 11 S.1 UrhG dar, die nur anders als die in §§ 15ff. UrhG aufgeführten Verwertungshandlungen nicht ausschließlich dem Urheber zugewiesen ist.[20] Wenn man den Begriff der Nutzung auch im Zusammenhang mit technischen Schutzmaßnahmen in diesem weiten Sinne versteht, geht der Begriff der Zugangskontrolle vollständig in dem der Nutzungskontrolle auf. Um dem Begriff der Zugangskontrolle einen eigenen Anwendungsbereich zu belassen, sollte man als Nutzungskontrollen daher nur solche Technologien bezeichnen, die eine trotz berechtigten Zugangs unberechtigte *Verwertung* des Werkes i.S.d. §§ 15ff. UrhG, also insbesondere eine Vervielfältigung, Verbreitung oder öffentliche Zugänglichmachung des Werkes, verhindern sollen.[21] Zu den Nutzungskontrollen gehören daher vor allem Kopierschutzsysteme, die verhindern, dass ein Nutzer urheberrechtlich geschützte Inhalte unbegrenzt vervielfältigen kann.[22] Beispiele sind die bei Audio-CDs eingesetzte Multisession-Technologie, die verhindert, dass die gespeicherten Musikdaten in unkomprimierter Form vom CD-Laufwerk eines Computers gelesen werden können,[23] sowie das bei DVD-Playern eingesetzte „Copy Generation Management System" (CGMS).[24] Auch Verschlüsselungstechnologien wie das „Control Scrambling System" (CSS) bei DVDs können eingesetzt werden, um bestimmte Verwertungshandlungen zu unterbinden.[25] Besonders wirksam sind meist Systeme, welche die Abspielgeräte einbeziehen, was allerdings eine Kooperation zwischen Inhalteanbietern und Geräteherstellern erfordert.[26]

Zu beachten ist, dass technische Schutzmaßnahmen nie das urheberrechtlich geschützte Werk als solches schützen können. Nicht das Werk als immaterielles Gut, sondern immer nur dessen konkrete Festlegung, etwa auf einer CD oder in einer auf einem Server zum Download angebotenen und nach einem Download auf der Festplatte des Nutzers gespeicherten Datei, kann Gegenstand einer

---

[19] Dreier/Schulze-*Dreier*, § 95a Rn. 14; Wandtke/Bullinger-*Wandtke/Ohst*, § 95a Rn. 16.

[20] Dreier/Schulze-*Schulze*, § 15 Rn. 20; *Schulze*, ZUM 2000, 130; *Peukert*, in: Hilty/Peukert, S. 24f.; *Rehbinder*, UrhR, Rn. 438; siehe dazu bereits oben S. 147.

[21] So auch *Wand*, S. 16, der insoweit von einer „aktiven Nutzung" spricht.

[22] *Arlt*, GRUR 2004, 549; Hoeren/Sieber-*Bechtold*, Kap. 7.7 Rn. 3.

[23] Dazu *Schwerzmann*, sic! 2004, 150; *Knies*, ZUM 2002, 794f.

[24] Dazu Wandtke/Bullinger-*Wandtke/Ohst*, § 95a Rn. 35; Hoeren/Sieber-*Bechtold*, Kap. 7.7 Rn. 3.

[25] *Schwerzmann*, sic! 2004, 150; Wandtke/Bullinger-*Wandtke/Ohst*, § 95a Rn. 34; *Knies*, ZUM 2002, 795; HK-UrhR-*Dreyer*, § 95a UrhG Rn. 55.

[26] Vgl. Wandtke/Bullinger-*Wandtke/Ohst*, § 95a Rn. 31; zum Kopierschutz von Blu-ray Discs siehe *Graff*, Digitale Schutzstaffel, Süddeutsche Zeitung vom 24. 3. 2006, S. 13, abrufbar unter http://www.sueddeutsche.de/kultur/661/406438/text.

technischen Schutzmaßnahme sein. Dementsprechend können mit Hilfe technischer Maßnahmen auch nur solche Verwertungshandlungen kontrolliert werden, die technisch die Verwendung der geschützten Festlegung voraussetzen. Nur werkstückgebundene Nutzungen, insbesondere digitale Vervielfältigungen einer digitalen Vorlage, können folglich durch technische Maßnahmen kontrolliert werden. Problematisch ist daher die Formulierung des § 95a Abs. 2 S. 2 UrhG, wonach „die Nutzung" unter Kontrolle gehalten werden muss. Die Nutzung des Werkes insgesamt kann nie kontrolliert werden: Sobald der Nutzer einmal Zugang zum gedanklichen Inhalt des Werkes hat, kann er ein Lied nachsingen, ein Drama nachspielen oder ein Gedicht vortragen, ohne dass dies technisch verhindert werden könnte.

Praktische Bedeutung haben technische Schutzmaßnahmen daher vor allem für die Inhaber von Leistungsschutzrechten als Werkvermittler, bei denen der Schutzgegenstand anders als bei den vermittelten Werken kein beliebig reproduzierbarer geistiger Inhalt ist, die Nutzung vielmehr stets einer (zumindest flüchtigen) körperlichen Festlegung der geschützten Leistung bedarf. Das gilt insbesondere für die auf Tonträger aufgenommene Darbietung eines ausübenden Künstlers gemäß § 77 UrhG oder für die Rechte des Tonträgerherstellers aus § 85 Abs. 1 UrhG. Wenn hier die ursprüngliche Festlegung auf einem Tonträger mit technischen Maßnahmen geschützt wird, ist eine umfassende Kontrolle der Nutzung hinsichtlich der Leistungsschutzgegenstände möglich. Denn für jede Nutzung bedarf es des erneuten Zugangs zu einem Vervielfältigungsstück der Darbietung oder des Tonträgers, da diese Schutzgegenstände anders als geistige Schöpfungen nicht aus dem Gedächtnis reproduziert werden können. Technische Nutzungskontrollen dienen daher in erster Linie nicht dem Schutz der Urheber, sondern dem der durch Leistungsschutzrechte geschützten Verwerter.[27]

3. *Schutzmaßnahmen und Schrankengebrauch*

Problematisch am Einsatz technischer Maßnahmen zum Schutz urheberrechtlich geschützter Werke und Leistungen ist, dass sich technisch nicht hinreichend zwischen rechtswidrigen und urheberrechtlich zulässigen Nutzungshandlungen unterscheiden lässt.[28] Denn die urheberrechtliche Zulässigkeit hängt häufig nicht von der Art und Weise der Werknutzung, sondern von bestimmten Begleitumständen wie dem Zweck der konkreten Nutzungshandlung (z. B. bei § 53 Abs. 1 UrhG) ab. Technische Schutzmaßnahmen sind insoweit „rechts-

[27] Vgl. *Geiger*, IIC 2006, 77; *Peukert*, UFITA 2002, 700. Gegen die Umgehung technischer Schutzmaßnahmen sind dementsprechend bisher vor allem Tonträgerhersteller gerichtlich vorgegangen, siehe BGH GRUR 2008, 996 – Clone-CD; OLG München GRUR-RR 2005, 372 – AnyDVD I; OLG München GRUR-RR 2009, 85 – AnyDVD II.

[28] Loewenheim-*Peukert*, § 36 Rn. 14; *Lucas-Schloetter*, GRURInt 2007, 667.

blind".[29] Eine Maßnahme, die dazu bestimmt ist, eine urheberrechtswidrige Nutzung des geschützten Werkes zu unterbinden, wird daher in gewissem Umfang immer auch die Vornahme solcher Nutzungshandlungen einschränken, die aufgrund einer Schranke urheberrechtlich zulässig sind.[30] Das Problem einer Beeinträchtigung des Schrankengebrauchs durch technische Schutzmaßnahmen stellt sich deshalb vornehmlich bei Nutzungskontrollen. Dies gilt insbesondere für Kopierschutzmaßnahmen, die eine Vervielfältigung des Werkes unabhängig davon verhindern, ob sie im konkreten Fall verboten oder aufgrund einer Schranke des Urheberrechts erlaubt ist.

Auch *Zugangs*kontrollen können aber dazu beitragen, die Ausübung der durch eine Schranke eingeräumten Nutzungsfreiheit zu beeinträchtigen. Denn die Nutzung eines geschützten Werkes im Rahmen einer Schranke setzt voraus, dass dem Nutzer vorher der Zugang zum genutzten Werk gewährt worden ist. Daher wird teilweise versucht, aus den Schranken des Urheberrechts ein „right to access" abzuleiten, das dem Nutzer die Durchsetzung der Schranken nicht nur hinsichtlich der Nutzung, sondern auch hinsichtlich des vorgelagerten Zugangs zum Werkstück ermöglicht.[31] Das ist jedoch problematisch, da auch außerhalb des Einsatzbereichs technischer Schutzmaßnahmen der dem Schrankengebrauch vorgelagerte Zugang zum Werk regelmäßig nur gegen Entgelt gewährt wird. Denn der Urheber soll nach dem im UrhG angelegten „Stufensystem zur mittelbaren Erfassung des Endverbrauchers"[32] gerade für die Vermittlung des Zugangs zu seinem Werk, also für die Ermöglichung des Werkgenusses, eine Entlohnung erhalten.[33] Die ausschließlichen Verwertungsrechte der §§ 15 ff. UrhG setzen daher bei solchen Nutzungshandlungen an, die darauf gerichtet sind, Dritten den Zugang zum Werk zu ermöglichen. Der Zugang als solcher ist aber keine Frage des Urheberrechts.[34] Die Schranken setzen vielmehr den Zugang zum Werk voraus, enthalten aber keinen Anspruch auf Gewährung des für die privilegierte Nutzung erforderlichen Zugangs.[35]

[29] Vgl. *Dusollier*, EIPR 1999, 294; *Geiger*, Droit d'auteur, Rn. 229; *ders.*, IIC 2006, 74 f.

[30] *Berger*, ZUM 2004, 261, spricht von einer „überschießenden Wirkungstendenz".

[31] *Ginsburg*, S. 3, 11 ff., 15 f.; *Dreier*, ZUM 2002, 39; Wandtke/Bullinger-*Wandtke/Ohst*, § 95b Rn. 14 m. w. N.; de lege ferenda für ein diskriminierungsfreies Zugangsrecht der Schrankenbegünstigten *Benabou/Dusollier*, in: Torremans, S. 184; vgl. auch *Peifer*, GRUR 2009, 28, der individuelle subjektive Zugangsrechte zur Wahrnehmung von Schrankenrechten für „konzeptionell nicht außerhalb jeder Vorstellungskraft" hält.

[32] Vgl. BVerfGE 31, 255, 267.

[33] Dazu *Rehbinder*, UrhR, Rn. 299 ff.

[34] So auch *Arlt*, DRM, S. 157; *Trayer*, S. 82; *Wand*, S. 140; *Peukert*, GRURInt 2002, 1021; *Spindler*, GRUR 2002, 117: Die Gewährung des Zugangs zum Werk sei nicht Gegenstand des Urheberrechts, sondern eine Frage des Kontrahierungszwangs und des Kartellrechts; ebenso wohl *Ernst*, CR 2004, 40: Das Urheberrecht könne nur die Frage von Kopiersperren regeln.

[35] In diesem Sinne auch Loewenheim-*Peukert*, § 36 Rn. 9; *Arlt*, DRM, S. 156 f.; ähnlich *Copyright Law Review Committee*, Rn. 7.30; *Ullrich*, GRURInt 2009, 287 (zu § 53 Abs. 1 UrhG).

So ist anerkannt, dass sich ein Nutzer nicht auf die Zulässigkeit privater Vervielfältigungen gemäß § 53 Abs. 1 UrhG berufen kann, wenn er sich die Kopiervorlage rechtswidrig verschafft hat.[36] Auch der Forscher, der aus einem fremden Werk im Rahmen des § 51 UrhG zitieren will, muss sich den zu zitierenden Text zuvor beschaffen, indem er das betreffende Buch aus der Bibliothek ausleiht oder ein eigenes Exemplar erwirbt. Er kann von einem Buchhändler aber nicht unter Berufung auf die Zitierfreiheit verlangen, das Buch kostenlos lesen zu dürfen. Der Buchhändler darf den Forscher folglich auf den kostenpflichtigen Erwerb des Buches verweisen und ihm im Übrigen den Zugang zu dem darin verkörperten Werk verweigern. Im digitalen Kontext ersetzt die technische Zugangskontrolle lediglich diese persönliche Kontrolle durch den Buchhändler.[37]

Eine spezifische Beeinträchtigung gerade des Schrankengebrauchs bewirken Zugangskontrollen nur in zweierlei Hinsicht. Zum einen kann durch den Einsatz von Zugangskontrollen der Abschluss eines Nutzungsvertrags mit weitreichenden Nutzungsbeschränkungen leichter erzwungen werden als beim herkömmlichen Vertrieb geschützter Werke. Das ist aber ein Problem der Inhaltskontrolle entsprechender Nutzungsbedingungen, das im Grundsatz unabhängig vom Einsatz technischer Zugangskontrollen besteht.[38]

Zum anderen führt der Einsatz von Zugangskontrollen zu einer Zentralisierung des Vertriebs digital gespeicherter Werke. Wenn sämtliche der im Verkehr befindlichen Vervielfältigungsstücke eines Werkes durch Zugangskontrollen gesichert sind, kontrolliert derjenige, der über den Zugang entscheidet, letztlich den Umfang der Nutzung der geschützten Werke. Auf diese Weise kann auch die aufgrund § 17 Abs. 2 UrhG zulässige Weiterverbreitung von Werkstücken durch technische Schutzmaßnahmen beeinträchtigt und dadurch der Erschöpfungsgrundsatz umgangen werden.[39] Beispiel dafür ist die Konfiguration von DVD-Playern dergestalt, dass sie nur DVDs mit einem bestimmten Regionalcode abspielen.[40] Dadurch wird zwar nicht unmittelbar das Angebot von Vervielfältigungsstücken verhindert. Faktisch wirkt der Einsatz des Regionalcodes aber als regionale Verkaufsbeschränkung, da die Nutzer keine DVDs kaufen werden, die sie mit ihrem heimischen DVD-Player nicht abspielen können.[41]

---

[36] KG GRUR 1992, 168, 169 – Dia-Kopien; *Schack*, UrhR, Rn. 495a; HK-UrhR-*Dreyer*, § 53 UrhG Rn. 21; *Braun*, EIPR 2003, 497; ebenso zur Fair-use-Regelung in den USA im Grundsatz *Ginsburg*, S. 11, die dieses Argument aber als „far too simplistic in the new millennium" bezeichnet.

[37] Zu diesem Vergleich *Peukert*, UFITA 2002, 711.

[38] Siehe dazu oben S. 265 ff., 355 ff.

[39] *Dreyer*, in: Pahlow/Eisfeld, S. 224 f.

[40] *Schack*, UrhR, Rn. 392a; HK-UrhR-*Dreyer*, § 95a UrhG Rn. 50. Bei der derzeit eingesetzten „Regional Playback Control" stellt sich das Problem im Hinblick auf die nur EU-weite Erschöpfung allerdings nicht, da das gesamte Gebiet der EU einem einheitlichen Regionalcode (2) unterfällt, vgl. *Niethammer*, S. 133.

[41] *Dreyer*, in: Pahlow/Eisfeld, S. 245 f.

Während ein Schrankenbegünstigter in der „analogen Welt" üblicherweise auf zahlreiche Quellen zugreifen kann, um sich den für den Schrankengebrauch erforderlichen Zugang zum Werk zu verschaffen, kann es daher beim zugangskontrollierten digitalen Vertrieb von Werken sehr viel leichter zu einer Monopolisierung von Informationsquellen und damit zu einer Verknappung von Informationen, Kulturgütern und wissenschaftlichen Beiträgen kommen.[42] Die Schrankenbegünstigten sind folglich auf den Abschluss eines kostenpflichtigen Vertrages mit dem womöglich einzigen Anbieter des Werkes angewiesen, um den erforderlichen Zugang zu erhalten.[43] In letzer Konsequenz kann dies insbesondere beim Einsatz von Verschlüsselungstechniken auch dazu führen, dass die für den Zugang erforderlichen Schlüssel gar nicht mehr erlangt werden können, weil der ursprüngliche Anbieter nicht mehr existiert oder die zum Abspielen erforderlichen Geräte nicht mehr erhältlich sind. Dadurch wird der Zweck der Schranken erheblich gefährdet, im Interesse der Allgemeinheit den freien Zugang zu Werken zu gewährleisten, soweit dies der Förderung der geistigen und kulturellen Werte dient, die ihrerseits Grundlage für das Werkschaffen sind.

Auch insoweit können die Anbieter zugangskontrollierter Dienste den Schrankengebrauch allerdings nur dadurch wirksam beschränken, dass sie nach Gewährung des Zugangs auch die Nutzung durch entsprechende Nutzungskontrollen beschränken. Andernfalls ist ein Nutzer, sobald er einmal Zugang zu einem Werk hat, auch in der Lage, im Rahmen des urheberrechtlich Zulässigen Vervielfältigungsstücke herzustellen, die dann nicht durch Zugangskontrollen gesichert sind und daher auch öffentlich zugänglich gemacht werden können, soweit dies durch eine Schranke des Urheberrechts gedeckt ist. Insbesondere institutionelle Nutzer können auf diese Weise durch den Gebrauch der Schranken aus § 52a oder § 53a UrhG zur Aufrechterhaltung des freien Zugangs der Allgemeinheit zu Kulturgütern beitragen.[44] Die Konstruktion eines Zugangsrechts des Schrankenbegünstigten ist daher zur Durchsetzung des Schran-

---

[42] *von Braunmühl*, ZUM 2005, 111.

[43] Siehe die Beispiele von *Ginsburg*, S. 12f.

[44] In diese Richtung gehen vor allem die Bestrebungen der Europäischen Kommission, siehe die Empfehlung der Kommission vom 24. 8. 2006 zur Digitalisierung und Online-Zugänglichkeit kulturellen Materials und dessen digitaler Bewahrung (2006/585/EG), ABl. EU 2006 Nr. L 236/28; vgl. dazu bereits oben S. 424f. Dieser Ansatz tritt bei § 53a Abs. 1 S. 3 UrhG besonders deutlich zutage. Danach ist der Kopienversand durch Bibliotheken an Besteller, die sich auf die Privilegierung des § 53 Abs. 2 S. 1 Nr. 1 oder Abs. 3 S. 1 Nr. 1 UrhG berufen können, in elektronischer Form nur zulässig, wenn der Zugang zu den kopierten Beiträgen den Mitgliedern der Öffentlichkeit nicht offensichtlich von Orten und zu Zeiten ihrer Wahl mittels einer vertraglichen Vereinbarung zu angemessenen Bedingungen ermöglicht wird. Solange ein entsprechendes Online-Angebot der Verlage zu angemessenen Konditionen besteht, geht der Gesetzgeber davon aus, dass der Zugang zu wissenschaftlichen Informationen dadurch hinreichend gewährleistet wird, vgl. Gegenäußerung der Bundesregierung, BT-Drucks. 16/1828, S. 46.

kengebrauchs grundsätzlich nicht erforderlich.[45] Eine ernsthafte Störung der Balance zwischen Ausschließlichkeits- und Allgemeininteressen zu Lasten der Nutzer droht weniger durch reine Zugangskontrollen, sondern in erster Linie durch Nutzungskontrollen, welche die durch eine Schranke privilegierte Nutzung eines Werkes unmittelbar beschränken.

Eine Ausnahme bilden solche Zugangskontrollen, die in einer Verschlüsselung der auf im Verkehr befindlichen Datenträgern gespeicherten Inhalte bestehen. Denn diese schließen eine Kenntnisnahme vom Werk insgesamt aus, solange kein entsprechender Schlüssel zur Wahrnehmbarmachung der gespeicherten Werke verfügbar ist und daher auch eine Kopie der dann nach wie vor verschlüsselt gespeicherten Daten nicht zu einem (im Rahmen des Schrankengebrauchs) nutzbaren Vervielfältigungsstück des Werkes führt.

Zugangssperren zu einem Gesamtangebot von Werken sind hingegen im Hinblick auf einen Zugriff zum Schrankengebrauch erst dann relevant, wenn es zu einer spürbaren Konzentration des Angebots der betreffenden Werke auf wenige oder sogar nur einen Anbieter gekommen ist. Insoweit ist jedoch die kartellrechtliche Missbrauchskontrolle das angemessene Mittel, einer etwaigen Zugangsverweigerung gegenüber bestimmten Schrankenbegünstigten entgegenzuwirken.[46]

III. Entwicklung eines rechtlichen Umgehungsschutzes

Technische Schutzmaßnahmen in Form von Passwortabfragen, Programmsperren und Dongles (Kopierschutzsteckern)[47] werden bei Computerprogrammen schon seit geraumer Zeit eingesetzt.[48] Auch bei anderen Werkarten ist schon früher versucht worden, unerwünschte Vervielfältigungen mit Kopierschutz-

---

[45] Entgegen *Peukert*, UFITA 2002, 712, gilt das auch für solche Dienste, bei denen der Nutzer kein Vervielfältigungsstück erhält, sondern lediglich Zugriff auf einen Server, um das Werk ohne Übermittlung einer Vervielfältigung genießen zu können. Denn auch hier ist ohne eine entsprechende Nutzungskontrolle technisch eine Vervielfältigung des Werkes durch dauerhafte Speicherung des online übermittelten Datenstroms möglich.

[46] So auch *Spindler*, GRUR 2002, 117.

[47] Ein Computerprogramm wird durch den Einsatz eines Dongles vor der Verwendbarkeit von Kopien geschützt, indem es laufend eine Dongle-Abfrage vornimmt und deshalb nur läuft, wenn der Dongle auf die entsprechende Schnittstelle des Computers aufgesteckt ist.

[48] Das betont auch *Lindhorst*, S. 167. Wenn sich die Rechtsprechung mit derartigen Techniken beschäftigt hat, ging es zumeist um die Frage, ob die Funktionalität eines Computerprogramms für den Käufer oder Besteller aufgrund der Programmsperre beeinträchtigt und das Programm damit mangelhaft war (dazu BGH NJW 1981, 2684; BGH NJW 1987, 2004; OLG Celle NJW-RR 1993, 432; OLG Köln NJW 1996, 733), oder um die Wettbewerbswidrigkeit des Vertriebs von Umgehungsmitteln, dazu BGH GRUR 1996, 78 – Umgehungsprogramm; OLG Düsseldorf GRUR 1990, 535f. – Hardware-Zusatz; OLG Stuttgart NJW 1989, 2633; OLG München CR 1996, 11, 16f.; zur Entschlüsselung von Pay-TV-Programmen OLG München WRP 1992, 661f.; OLG Frankfurt a.M. NJW 1996, 264f.; LG Hamburg GRUR-RR 2006, 27, 28 – Programmer für Pay-TV.

techniken zu verhindern.[49] Technische Schutzmaßnahmen können aber kaum dauerhaft verhindern, dass die geschützten Werke genutzt werden, da letztlich jede Schutzmaßnahme mit technischen Mitteln umgangen werden kann. Wenn die dadurch ermöglichte Nutzung urheberrechtlich zulässig ist, hat der Rechtsinhaber keine Möglichkeit, die Umgehung rechtlich zu verhindern. Das Verhältnis von technischen Schutzmaßnahmen zu urheberrechtlichen Schranken ist daher erst dadurch in den Fokus rechtswissenschaftlicher Untersuchungen gerückt, dass ein rechtlicher Schutz gegen die Umgehung technischer Schutzmaßnahmen entwickelt wurde.

1. Umgehungsschutz bei Computerprogrammen

Ein solcher Umgehungsschutz wurde in Umsetzung von Art. 7 Abs. 1 lit. c der Computerprogramm-Richtlinie von 1991 zunächst für urheberrechtlich geschützte Computerprogramme geschaffen. Gemäß § 69f Abs 2 UrhG kann der Urheber eines Computerprogramms vom Eigentümer oder Besitzer die Vernichtung von Mitteln verlangen, die allein dazu bestimmt sind, die unerlaubte Beseitigung oder Umgehung technischer Programmschutzmechanismen zu erleichtern. Wann die Beseitigung oder Umgehung „unerlaubt" ist, regeln allerdings weder die Computerprogramm-RL noch § 69f Abs. 2 UrhG selbst. Problematisch ist vor allem das Verhältnis zu den Schranken in §§ 69d, 69e UrhG.[50]

Dem systematischen Zusammenhang des § 69f Abs. 2 UrhG mit Abs. 1 lässt sich entnehmen, dass nicht die Beseitigung oder Umgehung eines Programmschutzmechanismus als solche gemeint ist, sondern nur solche Handlungen verhindert werden sollen, die der Herstellung von Raubkopien dienen bzw. hierfür geeignet sind.[51] Die Gesetzesbegründung zieht insoweit eine Parallele zu § 98 Abs. 1 S. 2 (§ 99 a. F.), der sich ebenfalls nur auf Vorrichtungen bezieht, die zur (urheber)rechtswidrigen Herstellung von Vervielfältigungsstücken i. S. d. § 98 Abs. 1 S. 1 UrhG gebraucht werden. Die in § 69f Abs. 2 UrhG genannten Mittel stünden einer solchen Vorrichtung gleich, da ihr Ziel letzten Endes sei, rechtswidrige Vervielfältigungen zu ermöglichen.[52]

---

[49] Z. B. in blauer Tinte oder auf farbigem Papier gedruckte Schulbücher und DIN-Normen, von denen die damals üblichen Schwarz-weiß-Kopierer nur unleserliche Kopien anfertigen konnten, vgl. dazu *Schack*, ZUM 2002, 540; Wandtke/Bullinger-*Wandtke/Ohst*, § 95a Rn. 18.

[50] Die Amtl. Begr., BT-Drucks. 12/4022, S. 12 bemerkt dazu lapidar: „Nicht geklärt hat die Richtlinie das Verhältnis zwischen dem Recht auf Sicherungskopie (Artikel 5 Abs. 1 und 2) und dem Schutz von Kopierschutzmechanismen (Artikel 7 Abs. 1 c). ... Die Anfertigung einer Sicherungskopie kann die Ausschaltung eines Kopierschutzes erfordern, was wiederum Artikel 7 Abs. 1 Buchstabe c unterbinden will."

[51] So auch *König*, NJW 1995, 3294.

[52] Amtl. Begr., BT-Drucks. 12/4022, S. 14.

§ 69f Abs. 2 UrhG richtet sich demnach nicht per se gegen die Umgehung von Programmschutzmechanismen. Die Umgehung ist vielmehr nur dann unerlaubt i. S. d. § 69f Abs. 2 UrhG, wenn sie erfolgt, um eine rechtswidrige Verletzung des Urheberrechts am Computerprogramm zu ermöglichen.[53] Dieses Verständnis entspricht auch der Vorgabe in Art. 7 Abs. 1 der Computerprogramm-Richtlinie, wonach der Rechtsschutz gegen Verbreitung und Besitz von Umgehungsmitteln „unbeschadet der Art. 4, 5 und 6" vorzusehen ist, die Ausübung der in Art. 5 und 6 der Richtlinie enthaltenen Schranken also gerade nicht beeinträchtigt werden sollte.[54] Ebenso weist Erwägungsgrund 50 der Info-RL darauf hin, dass die Umgehung technischer Schutzmaßnahmen zur Wahrnehmung der computerprogrammspezifischen Schranken zulässig bleiben sollte.[55] Nach dessen Satz 3 sollte der Schutz technischer Maßnahmen „die Entwicklung oder Verwendung anderer Mittel[56] zur Umgehung technischer Maßnahmen, die erforderlich sind, um Handlungen nach Art. 5 Abs. 3 oder Art. 6 der Richtlinie 91/250/EWG zu ermöglichen, nicht aufhalten oder verhindern." Ein Umgehungsmittel wird folglich von § 69f Abs. 2 UrhG nicht erfasst, wenn es in nicht völlig unerheblichem Umfang auch dazu bestimmt ist, zustimmungsfreie Nutzungen des geschützten Computerprogramms zu ermöglichen, etwa das nach § 69e UrhG zulässige Dekompilieren.[57]

Es gibt daher für Computerprogramme keinen vom Vorliegen einer Urheberrechtsverletzung unabhängigen Schutz gegen die Umgehung technischer Schutzmaßnahmen. Insbesondere gibt § 69f Abs. 2 UrhG dem Urheber des Computerprogramms nicht das Recht, die Umgehungs- oder Beseitigungshandlung als solche zu verbieten, sondern gewährt in entsprechender Anwen-

---

[53] So auch *König*, NJW 1995, 3294; *Lehmann*, NJW 1983, 1822. Allerdings kommt es nicht darauf an, ob der Schutzmechanismus die rechtswidrige Vervielfältigung des Programms oder die Nutzung des rechtswidrig hergestellten Vervielfältigungsstücks unterbindet, vgl. *Raubenheimer*, CR 1996, 71 f.

[54] *Heide*, S. 15 f.

[55] So auch *Jaeger*, CR 2002, 311; *Kreutzer*, CR 2006, 808; *Niethammer*, S. 139; ebenso die Stellungnahme des Bundesrates vom 27. 9. 2002 zum Entwurf eines Gesetzes zur Regelung des Urheberrechts in der Informationsgesellschaft, BT-Drucks. 15/38, S. 37 f., wonach der Schutz der §§ 95a ff. UrhG auch auf Computerprogramme Anwendung finden soll, allerdings mit der Maßgabe, dass die Rechte aus § 69d Abs. 2 und § 69e UrhG unberührt bleiben.

[56] Der Wortlaut der deutschen Fassung ist missverständlich. In der englischen und französischen Version, die von „any means of circumventing a technological measure" bzw. von „tout moyen permettant de contourner une mesure technique" sprechen, wird deutlich, dass *jegliche* Mittel zur Umgehung technischer Maßnahmen erlaubt bleiben sollen, siehe dazu *Jaeger*, CR 2002, 310.

[57] Schricker-*Loewenheim*, § 69f Rn. 13; Dreier/Schulze-*Dreier*, § 69f Rn. 13; *Schack*, JLTP 2002, 322 f.; *König*, NJW 1995, 3295; *Lindhorst*, S. 80; *Trayer*, S. 161; ebenso zu Art. 7 Computerprogramm-RL *Heide*, S. 16; für die Dekompilierung nach § 69e UrhG auch *Wand*, S. 149, der im Übrigen die Schranken des Urheberrechts aber für den Umgehungsschutz nicht für relevant hält.

dung von Abs. 1 lediglich einen Anspruch auf Vernichtung der Umgehungsmittel.[58] Die Vorschrift begründet somit keinen selbständigen Umgehungsschutz nach Art des § 95a UrhG, so dass der Rechtsinhaber insoweit auf die in § 69c UrhG genannten Ausschließlichkeitsrechte beschränkt ist.[59] Die Umgehung eines Programmschutzes ist folglich nur urheberrechtswidrig, wenn sie mit einer aufgrund der allgemeinen Verwertungsrechte unzulässigen Programmnutzung einhergeht.[60]

Allerdings ist die Umgehung einer Programmschutzmaßnahme regelmäßig nur durch Veränderung des Computerprogramms möglich, etwa durch Entfernung einer programmierten Dongle-Abfrage. In diesem Fall stellt die Umgehung eines Programmschutzes aufgrund der weiten Fassung des Bearbeitungsrechts in § 69c Nr. 2 UrhG einen grundsätzlich zustimmungsbedürftigen Eingriff in das Bearbeitungsrecht des Programmurhebers dar.[61] Erlaubt ist die Beseitigung oder Umgehung der Schutzmaßnahme dann nur, wenn die Bearbeitung im konkreten Fall vertraglich erlaubt oder von einer Schranke des Urheberrechts am Programm gedeckt ist.[62]

Ob die Beseitigung oder Umgehung einer Dongle-Abfrage oder eines anderen Kopierschutzes auch als Fehlerberichtigung nach § 69d Abs. 1 UrhG zulässig sein kann, ist allerdings sehr umstritten. Dies kommt in Betracht, wenn der Programmschutz einen ordentlichen Programmablauf stört und damit eine bestimmungsgemäße Benutzung durch den berechtigten Verwender verhindert.[63] Überwiegend wird die Zulässigkeit allerdings mit der Begründung verneint, solchen Umgestaltungen des Programms stehe der erkennbare Wille des Programmschöpfers entgegen, so dass die Umgehung der Dongle-Abfrage keine bestimmungsgemäße Benutzung i. S. d. § 69d Abs. 1 UrhG sei.[64] Über die bestimmungsgemäße Benutzung des Computerprogramms entscheidet jedoch nicht der Programmierer, sondern der bei der Überlassung des Programms an

---

[58] *Jaeger*, CR 2002, 310; *Kreutzer*, CR 2006, 805; *ders.*, Verbraucherschutz, S. 169; *Lindhorst*, S. 81 f.; HK-UrhR-*Dreyer*, vor §§ 95a ff. UrhG Rn. 18 f.; a. A. Dreier/Schulze-*Dreier*, § 69d Rn. 19: § 69f UrhG untersage die Umgehung technischer Programmschutzmechanismen.

[59] *Kreutzer*, CR 2006, 805.

[60] *Kreutzer*, CR 2006, 806, spricht insoweit von einem „mittelbaren" Umgehungsschutz durch die allgemeinen Verwertungsrechte.

[61] OLG Karlsruhe NJW 1996, 2583, 2584 – Dongle-Abfrage; OLG Düsseldorf CR 1997, 337, 338; *Schack*, UrhR, Rn. 428.

[62] Wandtke/Bullinger-*Grützmacher*, § 69f Rn. 17; *Kreutzer*, CR 2006, 806 f.

[63] So im Grundsatz LG Mannheim NJW 1995, 3322; *König*, NJW 1995, 3294 f.; *Schack*, JZ 1998, 759; *ders.*, UrhR, Rn. 428; *Raubenheimer*, CR 1996, 72; HK-UrhR-*Kotthoff*, § 69d Rn. 7; in der Tendenz auch Wandtke/Bullinger-*Grützmacher*, § 69d Rn. 19; ebenso für den Fall, dass der Programmhersteller nicht selbst für Abhilfe sorgt, Dreier/Schulze-*Dreier*, § 69d Rn. 9.

[64] OLG Karlsruhe NJW 1996, 2583, 2584 = CR 1996, 341, 342 mit zust. Anm. *Raubenheimer* 343; OLG Düsseldorf CR 1997, 337, 338; Dreier/Schulze-*Dreier*, § 69f Rn. 12.

den Nutzer von den Vertragsparteien verfolgte Verwendungszweck.[65] Wenn dieser aufgrund des Programmschutzes vereitelt wird, kann ein Selbsthilferecht des Nutzers allenfalls im Hinblick auf die erhebliche Missbrauchsgefahr abgelehnt werden.[66] Im Gesetz findet sich für eine solche Einschränkung des § 69d Abs. 1 UrhG jedoch keine Stütze. Die Fehlerberichtigung ist ausdrücklich als Fall der zulässigen bestimmungsgemäßen Benutzung genannt. Entsprechendes gilt für die Herstellung einer Sicherungskopie nach § 69d Abs. 2 UrhG, die auch dann zulässig bleibt, wenn sie unter Umgehung eines Kopierschutzes erfolgt.[67]

Soweit die Umgehung eines Programmschutzmechanismus danach aber weder selbst als Umarbeitung des Programms in das Ausschließlichkeitsrecht des Urhebers aus § 69c Nr. 2 S. 1 UrhG eingreift noch mit einer sonstigen, nicht durch §§ 69d, 69e UrhG erlaubten Programmnutzung einhergeht, ist die Umgehung nicht urheberrechtswidrig. §§ 69a ff. UrhG enthalten damit kein selbständiges Umgehungsverbot, das die Vornahme einer urheberrechtlich zulässigen Nutzungshandlung unter Umgehung einer technischen Schutzmaßnahme untersagt. Daran hat sich durch Umsetzung der Info-RL nichts geändert. Gemäß Art. 1 Abs. 2 lit. a lässt die Info-RL den rechtlichen Schutz von Computerprogrammen unberührt. Der Schutz technischer Maßnahmen und die Ausnahmen zur Durchsetzung von Schranken richten sich folglich weiterhin allein nach der Computerprogramm-RL.[68]

2. *Umgehungsschutz bei anderen Werkarten*

Bei anderen Werkarten als Computerprogrammen wird das geschützte Werk durch die Umgehung oder Beseitigung eines Kopierschutzes oder einer anderen Schutzmaßnahme in seinem geistigen Inhalt nicht verändert.[69] Die Umgehung als solche stellt folglich keinen Eingriff in ein urheberrechtliches Verwertungsrecht dar. Urheberrechtswidrig kann die Umgehung einer Schutzmaßnahme allenfalls in dem Fall sein, dass gleichzeitig mit der Umgehung eine rechtswidrige Nutzung des geschützten Werkes erfolgt oder der Handelnde als Teilnehmer eine solche Nutzung eines Dritten ermöglicht. Wird die Schutzmaßnahme

---

[65] Siehe oben S. 125 ff.

[66] In diese Richtung argumentieren Schricker-*Loewenheim*, § 69d Rn. 10; Dreier/Schulze-*Dreier*, § 69d Rn. 9; *Wand*, S. 148.

[67] *Raubenheimer*, CR 1996, 72; *Lehmann*, NJW 1993, 1822; *Jaeger*, CR 2002, 311; *Kreutzer*, CR 2006, 808; *ders.*, Verbraucherschutz, S. 170; *Lindhorst*, S. 80; a. A. Schricker-*Loewenheim*, § 69f Rn. 11. Allerdings hat der Rechtsinhaber hier die Möglichkeit, durch Überlassung einer Sicherungskopie an den Nutzer die Erforderlichkeit i. S.d § 69d Abs. 2 UrhG und damit die Zulässigkeit einer Herstellung durch den Nutzer zu auszuschließen, Dreier/Schulze-*Dreier*, § 69f Rn. 12; Schricker-*Loewenheim*, § 69d Rn. 18. Ein bloßer schuldrechtlicher Anspruch auf Überlassung einer Sicherungskopie reicht zur Beseitigung der Erforderlichkeit allerdings nicht aus, siehe dazu bereits oben S. 395.

[68] *Jaeger*, CR 2002, 311.

[69] *Schenk*, S. 124.

hingegen umgangen, um eine urheberrechtlich zulässige Nutzung zu ermöglichen, so liegt weder in der Umgehungshandlung noch in der anschließenden Nutzung ein rechtswidriger Eingriff in das Urheberrecht. Die Umgehung einer technischen Maßnahme als solche kann der Rechtsinhaber aufgrund seines Urheberrechts oder eines Leistungsschutzrechts daher nicht verbieten. Dementsprechend haftet auch derjenige, der technische Mittel zur Umgehung von Schutzmaßnahmen herstellt und vertreibt, regelmäßig nicht nach den Grundsätzen der Störerhaftung, solange die Mittel auch zu solchen legalen Zwecken eingesetzt werden können.[70] Das Urheberrecht bietet damit keinen unmittelbaren rechtlichen Schutz gegen die Umgehung technischer Schutzmaßnahmen.

a. Die Vorgaben der WIPO-Verträge von 1996

Dieser Zustand sollte mit den WIPO-Verträgen vom 20.12.1996 behoben werden, die in Art. 11 WCT sowie Art. 18 WPPT eine Verpflichtung der Vertragsstaaten enthalten, einen selbständigen Rechtsschutz gegen die Umgehung technischer Schutzmaßnahmen zu begründen. Danach müssen die Vertragsstaaten einen hinreichenden Rechtsschutz und wirksame Rechtsbehelfe gegen die Umgehung wirksamer technischer Vorkehrungen vorsehen, die Urheber, ausübende Künstler oder Tonträgerhersteller verwenden, um ihre Rechte vor Nutzungshandlungen zu schützen, welche die betreffenden Rechtsinhaber „nicht erlaubt haben oder die gesetzlich nicht zulässig sind". Dieser letzte Halbsatz macht deutlich, dass die WIPO-Verträge davon ausgehen, dass der Schutz des Urheberrechts und der Schutz technischer Maßnahmen deckungsgleich sind. Die Verpflichtung der Vertragsstaaten zur Einrichtung eines rechtlichen Umgehungsschutzes technischer Schutzmaßnahmen soll nicht greifen, soweit die technisch eingeschränkten Nutzungshandlungen aufgrund einer urheberrechtlichen Schranke gesetzlich zulässig sind. Die Vertragsstaaten sind also nicht verpflichtet, technische Maßnahmen gegen Umgehung zu schützen, die ein Rechtsinhaber einsetzt, um urheberrechtlich zulässige Nutzungshandlungen einzuschränken. Die Möglichkeit, von den Schranken des Urheberrechts Gebrauch zu machen, soll durch Art. 11 WCT und Art. 18 WPPT gerade nicht beeinträchtigt werden.[71]

---

[70] Vgl. *Schack*, JLTP 2002, 322. Die deutschen Gerichte haben deshalb meist auf die Wettbewerbswidrigkeit des Vertriebs derartiger Umgehungsmittel abgestellt, siehe BGH GRUR 1996, 78 – Umgehungsprogramm; OLG Düsseldorf GRUR 1990, 535f. – Hardware-Zusatz; OLG Stuttgart NJW 1989, 2633; OLG München WRP 1992, 661f.; OLG München CR 1996, 11, 16f.; OLG Frankfurt a.M. NJW 1996, 264f.

[71] Vgl. *Mazziotti*, S. 52, 73; *Hilty*, in: Torremans, S. 343; *von Lewinski*, sic! 2003, 169; *Metzger*, GRURInt 2006, 173; *Rieber-Mohn*, IIC 2006, 184f. m.w.N.; a.A. offenbar *Spindler*, GRUR 2002, 115; *Arlt*, DRM, S. 27: Die Durchsetzung der gerechtfertigten Nutzung bei entsprechenden Schranken des Urheberrechts sei in den WIPO-Verträgen überhaupt nicht geregelt.

b. Der Umgehungsschutz im U.S. Copyright Act

Die USA haben bereits 1998 mit dem Digital Millennium Copyright Act auf die Vorgaben in den WIPO-Verträgen reagiert und in § 1201 CA Regelungen zum rechtlichen Schutz technischer Schutzmaßnahmen aufgenommen. Danach ist es insbesondere verboten, Vorrichtungen herzustellen und zu verbreiten, die vorwiegend dazu bestimmt sind, wirksame Zugangskontrollen (§ 1201[a][2]) oder Nutzungskontrollen (§ 1201[b][1] CA) zu umgehen. Unmittelbar gegen eine Umgehung geschützt sind nach § 1201(a)(1)(A) CA allerdings nur Zugangskontrollen.[72] Ein Verbot der Umgehung von Nutzungskontrollen sieht § 1201 CA nicht vor.[73] Vielmehr betont § 1201(c)(1) CA sogar ausdrücklich, dass die Vorschrift Einwendungen gegen den Vorwurf einer Urheberrechtsverletzung einschließlich des „fair use" unberührt lässt. Sobald ein Nutzer rechtmäßig Zugang zu einem Werk hat, darf er folglich eine Nutzungskontrolle umgehen, um eine als „fair use" urheberrechtlich zulässige Nutzung des dadurch geschützten Werkes vornehmen zu können.[74] Da § 1201(b)(1)(A) CA sich nur auf Umgehungsmittel zur Umgehung von Maßnahmen bezieht, die wirksam „ein Recht eines Rechtsinhabers" (a right of a copyright owner) schützen, und damit auf den gesetzlichen Umfang des Ausschließlichkeitsrechts Bezug nimmt, kann man die Vorschrift so verstehen, dass auch die Herstellung und Verbreitung von Umgehungsmitteln zulässig sind, die ausschließlich eine Umgehung solcher Nutzungskontrollen zur Vornahme eines fair use ermöglichen sollen.[75] Denn offensichtlich ist der Gesetzgeber davon ausgegangen, dass ein Nutzer, der von Gesetzes wegen eine technische Nutzungskontrolle umgehen darf, dazu auch faktisch in der Lage ist.[76]

Darüber hinaus ermächtigt § 1201(a)(1)(C) CA den Librarian of Congress, für bestimmte urheberrechtlich zulässige Werknutzungen auf Vorschlag des Registers of Copyright alle drei Jahre durch Rechtsverordnung Ausnahmen vom Verbot der Umgehung technischer Zugangskontrollen festzulegen. Um diese Nutzungen zu ermöglichen, ist während der dreijährigen Geltungsdauer der Verordnung gemäß § 1201(a)(1)(D) CA ausnahmsweise auch die Umgehung einer Zugangskontrolle zulässig. Die aktuelle, am 27. 11. 2006 in Kraft getretene Verordnung enthält sechs Werkkategorien, für die kein Verbot der Umgehung

[72] § 1201(a)(1)(A) CA lautet: „No person shall circumvent a technological measure that effectively controls access to a work protected under this title"; kritisch zu dieser Unterscheidung *Dusollier*, EIPR 1999, 291.

[73] Dazu *Braun*, EIPR 2003, 497.

[74] So ausdrücklich die Begründung des *Committee on the Judiciary*, House Report 105–551, Part 1, zu Section 1201(a)(1); *Universal City Studios v. Reimerdes*, 111 F.Supp. 2d 294, 323 (S.D.N.Y. 2000); *United States v. Elcom Ltd.*, 203 F.Supp. 2d 1111, 1125 (N.D.Cal. 2002); *Nimmer*, Copyright Illuminated, S. 323.

[75] So *Nimmer*, Copyright Illuminated, S. 325f., gegen *United States v. Elcom Ltd.*, 203 F.Supp. 2d 1111, 1125 (N.D.Cal. 2002).

[76] *Rigamonti*, GRURInt 2005, 8.

technischer Zugangskontrollen besteht, u.a. für Computerprogramme und Videospiele, die in einem Format vertrieben wurden, für das heute keine Abspielgeräte mehr hergestellt werden, oder die durch einen nicht mehr beschaffbaren Dongle geschützt werden.

c. Der Umgehungsschutz nach Art. 6 Info-RL

Die EG, gemäß Art. 17 Abs. 3 WCT und Art. 26 Abs. 3 WPPT neben ihren Mitgliedstaaten selbst Partei der WIPO-Verträge, hat Art. 11 WCT und Art. 18 WPPT durch Art. 6 der Info-RL vom 22. 5. 2001 umgesetzt. Dessen Vorgaben sind mit der Einfügung der §§ 95a, 95b UrhG durch das (erste) Gesetz vom 10. 9. 2003 zur Regelung des Urheberrechts in der Informationsgesellschaft fast 1:1 ins deutsche Recht übernommen worden.

Ähnlich wie im US-amerikanischen Recht § 1201(a)(2), (b)(1) CA[77] verbietet § 95a Abs. 3 UrhG die Herstellung und Verbreitung von Vorrichtungen sowie die Erbringung von Dienstleistungen zur Umgehung technischer Schutzmaßnahmen.[78] In Bezug auf die Rechtswidrigkeit der einzelnen Umgehungshandlung gehen das europäische wie das deutsche Recht aber deutlich über das US-amerikanische Vorbild hinaus. Während dieses lediglich die Umgehung von Zugangskontrollen verbietet und sogar von diesem Verbot gewissen Ausnahmen zulässt, verbietet § 95a Abs. 1 UrhG jegliche Umgehung der von einem Rechtsinhaber zum Schutz seiner Werke oder Leistungen eingesetzten wirksamen technischen Maßnahmen, soweit der Handelnde weiß oder fahrlässig nicht weiß, dass die Umgehung erfolgt, um den Zugang zu dem betreffenden Schutzgegenstand oder dessen Nutzung zu ermöglichen. Unter technischen Maßnahmen sind dabei gemäß § 95a Abs. 2 UrhG sämtliche Vorkehrungen zu verstehen, die im normalen Betrieb dazu bestimmt sind, vom jeweiligen Rechtsinhaber nicht genehmigte Handlungen in Bezug auf das geschützte Werk oder die geschützte Leistung zu verhindern oder einzuschränken.

Verboten ist damit sowohl die Umgehung von Zugangskontrollen als auch von Nutzungskontrollen, und zwar unabhängig davon, ob die mit der Umgehung bezweckte Nutzung rechtswidrig oder aufgrund einer Schranke urheberrechtlich zulässig ist.[79] Im Anwendungsbereich des § 95a Abs. 1 UrhG wird der Schrankengebrauch daher nicht nur faktisch erschwert, sondern auch rechtlich ausgeschlossen, soweit er die Umgehung einer technischen Schutzmaßnahme voraussetzt.

---

[77] Zur Bedeutung der sprachlichen Unterschiede vgl. *Dusollier*, EIPR 1999, 291.

[78] Anders als § 1201 CA erfasst § 95a Abs. 3 UrhG in Übereinstimmung mit Art. 6 Abs. 2 Info-RL allerdings auch den gewerblichen Zwecken dienenden Besitz entsprechender Umgehungsvorrichtungen.

[79] Ausführlich dazu unten S. 475 f.

Dem Nutzungsinteresse der Schrankenbegünstigten soll stattdessen dadurch Rechnung getragen werden, dass § 95b Abs. 1 UrhG einen Rechtsinhaber, der technische Maßnahmen anwendet, dazu verpflichtet, einem Schrankenbegünstigten die zum Gebrauch der jeweiligen Schranke erforderlichen Mittel zur Verfügung zu stellen. Problematisch an dieser Regelung ist vor allem, dass in § 95b Abs. 1 UrhG nur bestimmte Schranken aufgeführt sind, während die von einer nicht genannten Schranke begünstigten Nutzer keinen Anspruch auf Überlassung der erforderlichen Mittel geltend machen können. Zu diesen Schranken „zweiter Klasse" zählen etwa die Zitierfreiheit nach § 51 sowie die Vervielfältigungsfreiheit nach § 53 Abs. 1 UrhG, soweit es sich nicht um photomechanische Vervielfältigungen auf Papier handelt. Zwar ist es den Mitgliedstaaten nach Art. 6 Abs. 4 Unterabs. 2 Info-RL freigestellt, die Durchsetzung der Privatkopieschranke auch insoweit gegenüber technischen Schutzmaßnahmen durchzusetzen. Der deutsche Gesetzgeber hat von dieser Ermächtigung jedoch bewusst keinen Gebrauch gemacht.[80]

Von der Vorgabe in Art. 11 WCT und Art. 18 WPPT weicht dieses Regelungskonzept erheblich ab. Denn diese Regelungen schreiben einen Rechtsschutz gegen die Umgehung technischer Maßnahmen nur insoweit vor, als die Maßnahmen Handlungen beschränken, die „gesetzlich nicht zulässig sind". Dementsprechend sah der ursprüngliche Richtlinienentwurf der Europäischen Kommission, die für die EG auch die WIPO-Verträge ausgehandelt hatte, in Art. 6 Abs. 2 einen Umgehungsschutz nur für solche technische Maßnahmen vor, die dazu bestimmt sind, eine Verletzung des Urheberrechts oder eines Leistungsschutzrechts zu verhindern oder zu unterbinden.[81] Dieser Gleichlauf von Urheberrechts- und Umgehungsschutz wurde jedoch auf Betreiben des Europäischen Parlaments, das einen generellen Vorrang technischer Schutzmaßnahmen befürwortet hatte,[82] aufgehoben und stattdessen die jetzige Regelung als Kompromiss gewählt.[83]

Bei der Umsetzung von Art. 6 Info-RL in deutsches Recht ist laut der Gesetzesbegründung „bewusst darauf verzichtet worden, die Regelung – wie vereinzelt vorgeschlagen – ‚sprachlich zu verdichten' oder zusätzliche Elemente aufzunehmen", da die möglichst präzise Übernahme der Richtlinie „optimaler Ausgangspunkt für eine in diesem Bereich besonders wichtige einheitliche An-

---

[80] Amtl. Begr. zum „Zweiten Korb", BT-Drucks. 16/1828, S. 18.

[81] Vorschlag für eine Richtlinie zur Harmonisierung bestimmter Aspekte des Urheberrechts und der verwandten Schutzrechte in der Informationsgesellschaft, KOM(97) 628 endg. vom 10. 12. 1997, ABl. EG 1998, Nr. C 108/6.

[82] Legislative Entschließung mit der Stellungnahme des Europäischen Parlaments zu dem Vorschlag für eine Richtlinie zur Harmonisierung bestimmter Aspekte des Urheberrechts und der verwandten Schutzrechte in der Informationsgesellschaft vom 10. 2. 1999, ABl. EG 1999, Nr. C 150/171, Änderungen 50–54.

[83] Gemeinsamer Standpunkt (EG) Nr. 48/2000 vom 28. 9. 2000, ABl. EG 2000, Nr. C 344/1. Siehe dazu *Dusollier*, Droit d'auteur, Rn. 203; *Mazziotti*, S. 73.

wendung und Auslegung in allen Mitgliedstaaten" sei.[84] Dabei war dem deutschen Gesetzgeber bewusst, dass der Umgehungsschutz im UrhG damit über die Vorgaben von Art. 11 WCT und Art. 18 WPPT hinausgeht. Zur Begründung wurde angeführt, dass es „in der Natur derartiger technischer Mittel" liege, dass deren Wirkungsweise unabhängig vom Vorliegen oder Nichtvorliegen bestimmter, die Zulässigkeit einer Verwertungshandlung begründender Umstände sei.[85]

B. Das Umgehungsverbot nach § 95a Abs. 1 UrhG

Bislang ist die unmittelbare praktische Bedeutung des Umgehungsverbots nach § 95a Abs. 1 UrhG gering geblieben. Die Gerichte haben sich mit dem Umgehungsschutz in erster Linie im Rahmen von Verstößen gegen § 95a Abs. 3 UrhG beschäftigt. Dennoch ist zu klären, inwieweit der Umgehungsschutz den Schrankengebrauch über die bloß faktische Einschränkung, die mit dem Einsatz technischer Maßnahmen ohnehin verbunden ist, hinaus beeinträchtigt.

I. Anwendungsbereich der §§ 95a Abs. 1, 95b UrhG

Der Umgehungsschutz erfasst nicht alle Maßnahmen, die eine Nutzung urheberrechtlich geschützter Werke einschränken oder verhindern sollen. Vielmehr ist der Anwendungsbereich des § 95a Abs. 1 auf solche technischen Maßnahmen beschränkt, die ein „Rechtsinhaber" (unten 1) zum Schutz seiner Werke anwendet (unten 2) und die „wirksam" i. S. d. § 95a Abs. 2 S. 2 UrhG sind (unten 3).

1. Anwendung durch den Rechtsinhaber

Die Umgehung technischer Schutzmaßnahmen ist nach § 95a Abs. 1 UrhG nur verboten, wenn sie ohne Zustimmung des „Rechtsinhabers" erfolgt. Ebenso stellt § 95a Abs. 2 S. 2 UrhG für die Wirksamkeit einer technischen Maßnahme darauf ab, dass durch sie die Nutzung des Schutzgegenstandes „von dem Rechtsinhaber" unter Kontrolle gehalten wird. Nur er ist gemäß § 95b Abs. 1 S. 1 UrhG auch verpflichtet, die notwendigen Mittel für einen Schrankengebrauch zur Verfügung zu stellen. Der Rechtsinhaber ist damit die „zentrale Figur" im System des § 95a UrhG.[86] Die Bestimmung der von diesem Begriff erfassten Personen hat daher erheblichen Einfluss auf den Anwendungsbereich der §§ 95a,

[84] BT-Drucks. 15/38, S. 26. Tatsächlich dürfte der Gesetzgeber schlicht davor kapituliert haben, eine andere Formulierung für die inhaltlich unausgegorene Regelung zu finden, vgl. *Schack*, UrhR, Rn. 732h.

[85] Begründung des BMJ zum Diskussionsentwurf eines Fünften Gesetzes zur Änderung des UrhG vom 7. 7. 1998, in: *Mestmäcker/Schulze*, Anhang A 16a, S. 26f.

[86] Loewenheim-*Peukert*, § 34 Rn. 13.

95b UrhG. Werden technische Schutzmaßnahmen von Dritten eingesetzt, die nicht über entsprechende Urheberrechte verfügen und damit keine Rechtsinhaber im Sinne dieser Vorschrift sind, scheidet ein Umgehungsschutz aus.[87]

a. Begriff des Rechtsinhabers

Art. 6 Abs. 3 S. 1 Info-RL, den § 95a Abs. 2 UrhG fast wortgleich in das deutsche Recht umgesetzt hat, bezeichnet als Rechtsinhaber die Person, „die Inhaber der Urheberrechte oder der dem Urheberrecht verwandten gesetzlich geschützten Schutzrechte oder des in Kapitel III der Richtlinie 96/9/EG verankerten Sui-generis-Rechts ist".

(1) Originäre und derivative Inhaber von Urheber- und Leistungsschutzrechten

Unter den Begriff des Rechtsinhabers fallen damit jedenfalls die originären Inhaber der durch das UrhG geschützten Rechte, also neben dem Urheber auch Leistungsschutzberechtigte wie ausübende Künstler, Tonträger- und Datenbankhersteller.[88] Da Art. 6 Abs. 3 S. 1 Info-RL nicht zwischen orginären und derivativen Inhabern der genannten Rechte unterscheidet,[89] gehören zu den Rechtsinhabern aber jedenfalls auch derivative Inhaber der gemäß §§ 71 Abs. 2, 79 Abs. 1 S. 1, 85 Abs. 2 S. 1 und 87 Abs. 2 S. 1 UrhG translativ übertragbaren Leistungsschutzrechte.[90]

(2) Inhaber einfacher und ausschließlicher Nutzungsrechte

Fraglich ist jedoch, ob sich auch die Inhaber bloßer Nutzungsrechte i. S. d. § 31 Abs. 1 S. 1 (i. V. m. §§ 79 Abs. 2 S. 2, 85 Abs. 2 S. 3, 87 Abs. 2 S. 3) UrhG auf den Umgehungsschutz des § 95a Abs. 1 UrhG berufen können.[91] Problematisch ist dies insbesondere für Inhaber einfacher Nutzungsrechte. Technische Schutzmaßnahmen dienen gemäß § 95a Abs. 2 S. 1 UrhG dazu, Nutzungshandlungen zu verhindern, die vom jeweiligen Rechtsinhaber nicht genehmigt sind.[92] Gemäß § 31 Abs. 2 UrhG schließt ein einfaches Nutzungsrecht die Nutzung des Werkes oder sonstigen Schutzgegenstands durch Dritte jedoch nicht aus. Der Inhaber eines einfachen Nutzungsrechts hat kein eigenes gegenüber jedermann wirkendes Verbietungsrecht und kann durch Nutzungshandlungen eines Drit-

---

[87] So auch Loewenheim-*Peukert*, § 34 Rn. 14.

[88] Schricker-*Götting*, § 95a Rn. 7; Loewenheim-*Peukert*, § 34 Rn. 14; Hoeren/Sieber-*Bechtold*, Kap. 7.7 Rn. 36; speziell zu den Rechten des Tonträgerherstellers BGH GRUR 2008, 996, 997 Tz. 17 – Clone-CD; OLG München GRUR-RR 2005, 372 – AnyDVD I.

[89] A. A. Hoeren/Sieber-*Bechtold*, Kap. 7.7 Rn. 36.

[90] Vgl. Loewenheim-*Peukert*, § 34 Rn. 14.

[91] So Fromm/Nordemann-*Czychowski*, § 95a UrhG Rn. 36.

[92] Vgl. auch Erwägungsgrund 47 der Info-RL.

ten nicht i.S.d. § 97 Abs. 1 S. 1 UrhG verletzt werden.[93] Er hat daher nicht die Kompetenz, Nutzungshandlungen Dritter zu genehmigen, und ist damit kein „Rechtsinhaber" i.S.d. § 95a UrhG.[94]

Als Rechtsinhaber kommen demnach allenfalls die Inhaber ausschließlicher Nutzungsrechte in Betracht. Denn ein ausschließliches Nutzungsrecht schließt gemäß § 31 Abs. 3 S. 1 UrhG neben dem positiven Benutzungsrecht ein negatives Verbietungsrecht ein, das den Inhaber auch zur Verfolgung von Verletzungshandlungen nach § 97 UrhG legitimiert.[95] Überwiegend werden daher neben dem Urheber und Leistungsschutzberechtigten auch Inhaber ausschließlicher Nutzungsrechte als Rechtsinhaber i.S.d. § 95a UrhG angesehen.[96] Die Aktivlegitimation für Ansprüche bei Umgehung technischer Schutzmaßnahmen deckt sich danach mit derjenigen hinsichtlich der Verletzung der gesetzlichen Primärbefugnisse, die Gegenstand der technischen Schutzmaßnahme sind.[97]

Dabei ist jedoch zu berücksichtigen, dass dem Inhaber eines ausschließlichen Nutzungsrechts gesetzliche Verbietungsrechte nur soweit zustehen, wie seine ausschließlichen Nutzungsbefugnisse in räumlicher, sachlicher und zeitlicher Hinsicht reichen; sind diese dinglich wirksam beschränkt, so bestehen auch nur insoweit eigene Verbietungsrechte gegenüber Dritten.[98] Der Inhaber eines ausschließlichen Nutzungsrechts, das Werk auf Tonträgern zu vervielfältigen und zu verbreiten, kann also Dritten die Herstellung von Tonträgern verbieten, nicht jedoch das öffentliche Zugänglichmachen des Werkes über das Internet.

Vom ausschließlich Nutzungsberechtigten eingesetzte technische Schutzmaßnahmen können hingegen so gestaltet sein, dass sie die Nutzung des geschützten Werkes oder sonstigen Schutzgegenstandes über diesen Umfang hinaus unter Kontrolle halten. So kann etwa der auf einer CD vom ausschließlichen

---

[93] Schricker-*Wild*, § 97 Rn. 30; Dreier/Schulze-*Dreier*, § 97 Rn. 20; *Schack*, UrhR, Rn. 539, 675.

[94] Ebenso im Hinblick auf die Aktivlegitimation bei Verstößen gegen § 95a UrhG Hoeren/Sieber-*Bechtold*, Kap. 7.7 Rn. 36; Loewenheim-*Peukert*, § 82 Rn. 30; zu allgemein hingegen Wandtke/Bullinger-*Wandtke/Ohst*, § 95a Rn. 59; Schricker-*Götting*, § 95a Rn. 7, wonach auch solche Personen zu den Rechtsinhabern gehören können, denen „aufgrund von Verträgen oder kraft Gesetzes" Rechte eingeräumt wurden. Ohne Problembewusstsein LG Frankfurt a.M. MMR 2006, 766, das einen Verstoß gegen § 95a Abs. 3 UrhG prüft (und verneint), ohne darauf einzugehen, ob der Antragsteller (Betreiber eines Online-Musikservice) überhaupt als Rechtsinhaber aktivlegitimiert ist; ebenfalls ohne jegliche Differenzierung zwischen den verschiedenen Arten von Lizenznehmern *Arnold*, Gefahr von Urheberrechtsverletzungen, S. 10.

[95] BGHZ 118, 394, 398 = GRUR 1992, 697, 698 – ALF; BGH GRUR 1992, 310, 311 – Taschenbuch-Lizenz; *Schack*, UrhR, Rn. 675.

[96] Hoeren/Sieber-*Bechtold*, Kap 7.7 Rn. 36; Loewenheim-*Peukert*, § 82 Rn. 30; *Peukert*, UFITA 2002, 706 in Fn. 40; *Schack*, UrhR, Rn. 732f; wohl auch *Arlt*, MMR 2005, 150.

[97] So ausdrücklich Loewenheim-*Peukert*, § 82 Rn. 30; *Arlt*, MMR 2005, 150.

[98] BGH GRUR 1992, 310, 311 – Taschenbuch-Lizenz; Dreier/Schulze-*Dreier*, § 97 Rn. 19; Schricker-*Wild*, § 97 Rn. 28.

Inhaber eines entsprechenden Vervielfältigungs- und Verbreitungsrechts angebrachte Kopierschutz nicht nur (zulässige wie rechtswidrige) Vervielfältigungen, sondern auch das öffentliche Zugänglichmachen der enthaltenen Musikwerke verhindern. Umgekehrt kann das von einem Online-Abrufdienst als Inhaber des Rechts zur öffentlichen Zugänglichmachung eingesetzte Digital Rights Management auch oder sogar in erster Linie die Herstellung von Vervielfältigungsstücken der heruntergeladenen Werke unterbinden.

Wenn im zuletzt genannten Fall ein Nutzer die Schutzvorrichtung des DRM umgeht, um eine (urheberrechtlich möglicherweise zulässige) Vervielfältigung vorzunehmen, fragt sich, auf wessen Zustimmung es nach § 95a Abs. 1 UrhG ankommt. Denn in das Recht der öffentlichen Zugänglichmachung wird nicht eingegriffen, wenn mit der Umgehung allein eine Vervielfältigung des geschützten Gegenstands beabsichtigt wird.[99] Das urheberrechtlich geschützte Interesse des Inhabers des Rechts der öffentlichen Zugänglichmachung wird von der Umgehung der technischen Maßnahme daher überhaupt nicht betroffen. Es ist daher nicht ersichtlich, warum gerade er der Umgehung zustimmen müsste. Schließlich wäre seine Zustimmung auch nicht erforderlich, wenn der Urheber einem Dritten ein entsprechendes Nutzungsrecht zur Vervielfältigung einräumen wollte.

Andererseits wird man den Begriff des Rechtsinhabers i.S.d. § 95a Abs. 1 UrhG auch nicht auf denjenigen Inhaber ausschließlicher Rechte beschränken können, in dessen ausschließliche Befugnis durch die mit der Umgehung konkret beabsichtigte Nutzung eingegriffen wird (im Beispiel der Inhaber des ausschließlichen Vervielfältigungsrechts). Denn der Umgehungsschutz soll gerade im Vorfeld möglicher Nutzungshandlungen eingreifen und verbietet eine Umgehung bereits dann, wenn dem Handelnden bekannt ist oder bekannt sein muss, dass durch die Umgehung eine Nutzung des Schutzgegenstands lediglich ermöglicht werden soll, und zwar unabhängig davon, ob diese überhaupt in ein ausschließliches Recht des Rechtsinhabers eingreift oder aufgrund einer Schranke urheberrechtlich zulässig ist.[100] Zu einer tatsächlichen Nutzung muss es nach dem insoweit eindeutigen Wortlaut des § 95a Abs. 1 UrhG nicht gekommen sein. Es bleibt daher nur die Möglichkeit, als Rechtsinhaber jeden anzusehen, dessen ausschließliche Nutzungsbefugnis durch die Umgehung der Maßnahme abstrakt betroffen sein kann. Ist die technische Maßnahme dazu geeignet, verschiedenartige Nutzungen des Schutzgegenstands unter Kontrolle zu halten, so ist Rechtsinhaber daher jede Person, deren Recht durch die Maßnahme wirksam vor einem Eingriff geschützt wird.[101] Im oben genannten Beispiel kann der Inhaber des ausschließlichen Rechts zur öffentlichen Zugänglichmachung die

---

[99] Wenn die Vervielfältigung urheberrechtlich zulässig ist, fehlt es sogar insgesamt an einem Eingriff in ein durch das UrhG geschütztes Recht.

[100] Siehe dazu unten S. 462 f.

[101] So Dreier/Schulze-*Dreier*, § 95a Rn. 11.

Umgehung einer von ihm eingesetzten wirksamen Schutzmaßnahme also auch dann verbieten, wenn der Nutzer mit der Umgehung lediglich eine Vervielfältigung des Schutzgegenstandes ermöglichen will.

b. Mehrheit von Rechtsinhabern

Aufgrund der dinglichen Aufspaltbarkeit ausschließlicher Nutzungsrechte kann es danach hinsichtlich eines einzelnen Schutzgegenstandes (Werk, Darbietung, Tonträger, Datenbank) eine Vielzahl von Rechtsinhabern i.S.d. § 95a UrhG geben. Hinzu kommt, dass eine technische Maßnahme zugleich mehrere Schutzgegenstände erfassen kann. Das ist etwa der Fall bei einer Kopiersperre auf einer Musik-CD, die nicht nur den Tonträger i.S.d. § 85 Abs. 1 UrhG vor einer Vervielfältigung schützt, sondern auch sämtliche auf der CD enthaltenen Musikwerke und Darbietungen ausübender Künstler.[102] Verlangt man hier für eine Umgehung die Zustimmung aller betroffenen Rechtsinhaber, also jedenfalls vom Tonträgerhersteller sowie von allen Urhebern und ausübenden Künstlern,[103] so kommt die Einholung einer Zustimmung und damit eine rechtmäßige Umgehung praktisch nicht in Betracht.[104]

(1) Vertragliche Bündelung der Verwertungsrechte

Um den Rechtsschutz technischer Schutzmaßnahmen praktisch handhabbar zu machen, wird daher vorgeschlagen, die Zuständigkeit für die Zustimmung nach § 95a Abs. 1 UrhG auf einen Rechtsinhaber zu konzentrieren, wenn die Berechtigten ihre ausschließlichen Befugnisse durch Verwertungsverträge in der Hand einer Person gebündelt haben, ohne die gesetzlichen Befugnisse endgültig abzutreten.[105] Diese Person koordiniere den Einsatz technischer Schutzmaßnahmen und sei in der Regel für ein bestimmtes Territorium allein befugt, die technisch unterbundenen Nutzungshandlungen zu genehmigen, so dass nur diese Person um Zustimmung zu ersuchen sei; diese Konzentration spiegele auch die Urheberrechtslage wider.[106]

Gerade das dafür angeführte Beispiel einer kopiergeschützten Musik-CD zeigt aber, dass sich eine solche exklusive vertragliche Bündelung der ausschließlichen Verwertungsrechte in der Praxis kaum urheberrechtskonform verwirklichen lässt. Die Ausstattung einer CD mit einem Kopierschutz wird vom Tonträgerhersteller vorgenommen, der gemäß § 85 Abs. 1 UrhG über ein eigenes

---

[102] Vgl. Loewenheim-*Peukert*, § 34 Rn. 14; Dreier/Schulze-*Dreier*, § 95a Rn. 11.

[103] So Dreier/Schulze-*Dreier*, § 95a Rn. 11; *Schack*, UrhR, Rn. 732f; *Wand*, S. 105, 168f.; im Grundsatz auch Schricker-*Götting*, § 95a Rn. 41; Loewenheim-*Peukert*, § 34 Rn. 14; Fromm/Nordemann-*Czychowski*, § 95a UrhG Rn. 36.

[104] So im Ergebnis auch *Schack*, UrhR, Rn. 732f.

[105] So Loewenheim-*Peukert*, § 34 Rn. 14; Schricker-*Götting*, § 95a Rn. 41.

[106] Loewenheim-*Peukert*, § 34 Rn. 14.

absolut geschütztes Leistungsschutzrecht verfügt. Dieser ist üblicherweise auch derivativer Inhaber der Leistungsschutzrechte der auf der CD vertretenen ausübenden Künstler, die ihre ausschließlichen Rechte – soweit gemäß § 79 Abs. 1 S. 1 UrhG möglich – im Künstlerexklusivvertrag an den Tonträgerhersteller abgetreten haben.[107] Insoweit liegt zwar tatsächlich eine Bündelung der ausschließlichen Rechte in einer Person vor. Der ausübende Künstler ist aber nach Übertragung seiner Leistungsschutzrechte nicht mehr Rechtsinhaber i.S.d. § 95a UrhG, so dass sich das Problem einer Mehrheit von Rechtsinhabern insoweit nicht stellt.

Problematisch ist eine Bündelung hingegen für die Rechte der Urheber, also der Komponisten und Textdichter der aufgenommenen Musikwerke. Deren Rechte sind nicht translativ übertragbar, werden aber üblicherweise von einer Verwertungsgesellschaft (in Deutschland der GEMA) wahrgenommen, so dass der Tonträgerhersteller alle zum Vertrieb der CDs erforderlichen einfachen Nutzungsrechte an den verwendeten Musikwerken dort einholen muss. Durch den Nutzungsvertrag mit der GEMA wird dem Tonträgerhersteller jedoch nicht das Recht eingeräumt, eine Werknutzung durch Dritte zu genehmigen. Dritte, die das Werk nutzen wollen, müssen vielmehr die Zustimmung bei der GEMA einholen. Es entspräche folglich gerade nicht der Urheberrechtslage, wenn hier für eine Umgehung des Kopierschutzes nach § 95a Abs. 1 UrhG allein die Zustimmung des Tonträgerherstellers maßgeblich wäre. Vielmehr wäre, wenn man die Zustimmung aller betroffenen Rechtsinhaber verlangt, auch die Zustimmung der Urheber bzw. der GEMA erforderlich, deren Wahrnehmungspflicht sich jedoch kaum auf die Zustimmung zur Umgehung technischer Schutzmaßnahmen erstrecken dürfte. Eine exklusive vertragliche Bündelung der betroffenen Rechte in einer Hand kommt daher jedenfall insoweit nicht in Betracht, als von einer Verwertungsgesellschaft wahrgenommene Urheberrechte betroffen sind.

(2) Beschränkung auf den Anwender der technischen Maßnahme

Eine Einschränkung der betroffenen Rechtsinhaber, deren Zustimmung gemäß § 95a Abs. 1 UrhG für eine Umgehung technischer Schutzmaßnahmen erforderlich ist, ergibt sich aber aus der Systematik der §§ 95a ff. UrhG. Die Definition wirksamer technischer Maßnahmen in § 95a Abs. 2 S. 2 UrhG erfasst nämlich nur solche Maßnahmen, durch die die Nutzung „eines" Schutzgegenstands von „dem" Rechtsinhaber unter Kontrolle gehalten wird. Bereits diese Formulierung spricht dafür, dass nur der Rechtsinhaber gemeint ist, der die technische Schutzmaßnahme eingesetzt hat und dadurch die Nutzung desjenigen Schutzgegenstands kontrolliert, der Gegenstand gerade seines Ausschließlichkeits-

[107] Siehe das Vertragsmuster für einen Tonträgerproduktionsvertrag/Künstlerexklusivvertrag bei Schütze/Weipert-*Hertin*, S. 811 ff.

rechts ist. Außerdem fällt eine Technologie gemäß § 95a Abs. 2 S. 1 UrhG nur dann als technische Maßnahme in den Anwendungsbereich der §§ 95aff. UrhG, wenn sie „dazu bestimmt" ist, nicht genehmigte Nutzungen zu verhindern oder einzuschränken. Die Bestimmung einer technischen Maßnahme kann aber nur der Rechtsinhaber treffen, der die Maßnahme selbst einsetzt. Diesem wird es regelmäßig nur um den Schutz der eigenen Leistung gehen. So kann man einem Tonträgerhersteller kaum unterstellen, mit dem von ihm eingesetzten und finanzierten Kopierschutz auf einer Musik-CD einen (kostenlosen) Schutz für die Rechte der Urheber bieten zu wollen.

Nicht jeder Rechtsinhaber, dessen Ausschließlichkeitsrechte durch die Schutzmaßnahme vor einem Eingriff geschützt werden, fällt somit in den persönlichen Schutzbereich des § 95a Abs. 1 UrhG. Vielmehr genießen nur solche Maßnahmen Rechtsschutz nach § 95a Abs. 1 UrhG, die vom Rechtsinhaber selbst angewendet werden.[108] Dementsprechend verlangen auch Art. 11 WCT und Art. 18 WPPT einen Rechtsschutz nur für solche Vorkehrungen, von denen Urheber bzw. ausübende Künstler oder Tonträgerhersteller „Gebrauch machen". Auch die Denkschrift zum WCT macht deutlich, dass Art. 11 WCT lediglich die Effektivität bestimmter „von seiten der Urheber selbst" getroffener Schutzmaßnahmen sichern sollte.[109]

Entscheidend für einen Verstoß gegen § 95a Abs. 1 UrhG muss demnach das Fehlen einer Zustimmung gerade des Rechtsinhabers sein, der sich der technischen Maßnahme zum Schutz seines Werkes oder seiner Leistung bedient.[110] Dies können auch mehrere Personen sein, wenn die Maßnahme gemeinschaftlich von mehreren Rechtsinhabern eingesetzt wird.[111] Eine Zustimmung der Rechtsinhaber, deren Rechte nur reflexartig an der Wirkung der technischen Schutzmaßnahme teilhaben, ist hingegen nicht erforderlich. Sonst würde die Zustimmungsbedürftigkeit einer Umgehung dazu führen, dass ein Tonträgerhersteller, der die Nutzungsrechte für die Herstellung und den Vertrieb von CDs mit urheberrechtlich geschützten Werken von der GEMA erworben hat und die CDs mit einem Kopierschutz versieht, zur Umgehung des eigenen Kopierschutzes die Zustimmung des Urhebers benötigte. Denn in der Nutzungsrechteinräumung durch die GEMA kann kaum eine Zustimmung zur Umgehung technischer Schutzmaßnahmen gesehen werden.

Die Verpflichtung, die notwendigen Mittel für einen Schrankengebrauch zur Verfügung zu stellen, trifft demnach gemäß § 95b Abs. 1 S. 1 UrhG (nur) den

---

[108] A. A. ausdrücklich Dreier/Schulze-*Dreier*, § 95a Rn. 11.

[109] Denkschrift zum WIPO-Urheberrechtsvertrag vom 8. 7. 1998, in: *Mestmäcker/Schulze*, Anhang B 44a, S. 12 (zu Art. 11).

[110] Ebenso wohl *Braun*, EIPR 2003, 499: „The reference to ‚authorisation' in the Directive [...] certainly does not establish the need for authorisation from different rightholder groups when one party intends to protect the underlying content by a technological measure."

[111] Wandtke/Bullinger-*Wandtke/Ohst*, § 95a Rn. 59.

Rechtsinhaber, der technische Schutzmaßnahmen „nach Maßgabe dieses Gesetzes anwendet". Wollte man dennoch die Zustimmung aller betroffenen Rechtsinhaber verlangen, so wäre der korrespondierende Anspruch des Schrankenbegünstigten aus § 95b Abs. 2 S. 1 UrhG praktisch wertlos. Denn selbst wenn ihm der Anwender der technischen Maßnahme zur Umgehung des Schutzes die erforderlichen Mittel, etwa ein Passwort, zur Verfügung stellt, dürfte er diese wegen § 95a Abs. 1 UrhG nicht ohne Zustimmung der anderen Rechtsinhaber einsetzen. Diese Konsequenz ließe sich allenfalls dadurch vermeiden, dass man die Verpflichtung aus § 95b Abs. 1 S. 1 UrhG abweichend vom Wortlaut jedem betroffenen Rechtsinhaber auferlegt. Dies würde dem Zweck der Regelung, dem Schrankenbegünstigten die Ausübung der von der Schranke gewährten Nutzungsfreiheit zu ermöglichen, aber nicht gerecht. Abgesehen davon, dass dann der Anspruch aus § 95b Abs. 2 S. 1 UrhG praktisch nicht mehr durchsetzbar wäre, könnten ihn die anderen Rechtsinhaber auch gar nicht erfüllen. Denn regelmäßig verfügt nur der Anwender der Technologie über die erforderlichen Kenntnisse und Nutzungsrechte,[112] um dem Nutzer die nötigen Mittel zum Schrankengebrauch überlassen zu können.[113]

Nur derjenige Rechtsinhaber, der selbst Werke oder andere Schutzgegenstände mit technischen Maßnahmen schützt, ist konsequenterweise auch gemäß § 95d Abs. 2 UrhG verpflichtet, die Maßnahmen mit seinem Namen oder seiner Firma zu kennzeichnen, um den Schrankenbegünstigten die Geltendmachung der Ansprüche aus § 95b Abs. 2 S. 1 UrhG zu ermöglichen.[114] Diesen Zweck kann die Kennzeichnung nur erfüllen, wenn der Kennzeichnende sowohl passivlegitimiert für die Geltendmachung der Ansprüche aus § 95b Abs. 2 S. 1 UrhG als auch befugt ist, die für § 95a Abs. 1 UrhG erforderliche Zustimmung zu erteilen. Indem man von vornherein nur den Anwender der technischen Maßnahme als maßgeblichen Rechtsinhaber i. S. d. § 95a Abs. 1 UrhG ansieht, erspart man dem Nutzer den praktisch kaum durchführbaren Aufwand, sämtliche betroffenen Rechtsinhaber ausfindig machen zu müssen. Die Konstruktion einer Anscheinsvollmacht des Kennzeichnenden[115] ist insoweit wenig praktikabel und nach der hier vertretenen Auffassung überflüssig.

Der in § 95a Abs. 1 UrhG genannte Rechtsinhaber, dessen Zustimmung für die Umgehung einer technischen Schutzmaßnahme erforderlich ist, ist folglich nur derjenige Inhaber ausschließlicher Nutzungsbefugnisse, der die technische Maßnahme i. S. d. § 95b Abs. 1 S. 1 anwendet und auf diese Weise seine Werke

---

[112] Typischerweise ist der Schutzmechanismus seinerseits als Computerprogramm urheberrechtlich geschützt und muss vom Anwender der technischen Maßnahme lizenziert werden.

[113] Allenfalls könnte man den Anspruch in einen solchen auf Erteilung der Zustimmung nach § 95a Abs. 1 S. 1 UrhG umwandeln. Dies ist aber weder mit dem Wortlaut noch dem Zweck des § 95b UrhG vereinbar.

[114] Vgl. *Kreutzer*, Verbraucherschutz, S. 140.

[115] Dafür Loewenheim-*Peukert*, § 34 Rn. 14 in Fn. 37.

oder Leistungen i. S. d. § 95d Abs. 2 UrhG schützt.[116] Anwender der technischen Schutzmaßnahme i. S. d. § 95b Abs. 1 S. 1 UrhG ist dabei derjenige, der die Maßnahme in dem Sinne beherrscht, dass er über ihren Einsatz entscheiden kann und über die erforderlichen Kenntnisse und Rechte verfügt, um einem Nutzer die erforderlichen Mittel für eine Umgehung zur Verfügung zu stellen.[117] Bedient sich ein Rechtsinhaber zur technischen Durchführung des Schutzes eines Dritten als Gehilfen, so ist er dennoch selbst als Anwender zu betrachten, solange er die finanzielle und organisatorische Verantwortung für den Einsatz der Technologie trägt.[118]

Ob für die durch eine Umgehung ermöglichte *Nutzung* des Schutzgegenstands eine Zustimmung auch von anderen betroffenen Rechtsinhabern erforderlich ist, richtet sich dagegen allein nach den §§ 15ff. i. V. m. 44aff. UrhG. Deren Rechte sind jedoch erst verletzt, wenn tatsächlich eine zustimmungsbedürftige Nutzungshandlung vorgenommen wird, nicht bereits, wenn die Schutzmaßnahme mit der Absicht einer entsprechenden Nutzung umgangen wird.

c. Von Dritten eingesetzte Maßnahmen

Als Rechtsinhaber i. S. d. § 95a Abs. 1 UrhG kommen danach zwar sämtliche Inhaber ausschließlicher Nutzungsbefugnisse in Betracht, deren Rechte durch die technische Maßnahme vor einem Eingriff geschützt werden sollen. Der Schutzbereich des § 95a Abs. 1 UrhG erfasst aber nur solche technischen Maßnahmen, die von einem Rechtsinhaber selbst angewendet werden. Dies wird selten der Urheber, sondern in der Regel ein industrieller Verwerter sein.[119] Letzterer wird vom Schutzbereich des § 95a UrhG nur erfasst, wenn er selbst Inhaber eines Leistungsschutzrechts ist oder über vom Urheber abgeleitete ausschließliche Nutzungsrechte verfügt. Wenn der Verwender der Schutzmaßnahme hingegen selbst kein Rechtsinhaber ist, der mit der Maßnahme den Schutz seiner Werke oder Leistungen bezweckt, scheidet ein Umgehungsschutz nach § 95a Abs. 1 UrhG aus. Eine Vielzahl der in der Praxis verwendeten Technolo-

---

[116] Vgl. die australische Definition technischer Schutzmaßnahmen in § 10(1) Copyright Act 1968, wonach Zugangskontrollen nur dann Schutz genießen, wenn sie den Zugang zum Werk von einer Zustimmung des Inhabers des Urheberrechts oder eines ausschließlichen Lizenznehmers („with the authority of the owner or exclusive licensee of the copyright") abhängig macht.

[117] Vgl. *Peukert*, UFITA 2002, 706 in Fn. 40: Adressat des § 95b Abs. 1 UrhG sei derjenige, der „über die rechtlichen, technischen und wirtschaftlichen Möglichkeiten verfügt, den Einsatz der Verschlüsselungstechniken zu steuern".

[118] Deutlicher als im deutschen Recht kommt dies in der norwegischen Umsetzung von Art. 6 Info-RL in § 53a LOA zum Ausdruck, wonach nur solche Maßnahmen nicht umgangen werden dürfen, die „vom Rechtsinhaber oder mit seiner Zustimmung von einem Dritten" (rettighetshaver eller den han hara gitt samtykke) angewendet werden.

[119] So auch *Geiger*, IIC 2006, 77; *Peukert*, UFITA 2002, 700; *Niethammer*, S. 137.

gien unterfällt daher von vornherein nicht dem Umgehungsschutz nach § 95a Abs. 1 UrhG.

Bedeutung hat die Begrenzung des § 95a Abs. 1 UrhG auf die von einem Rechtsinhaber eingesetzten Maßnahmen vor allem für diejenigen Technologien, die vom Inhaber eines einfachen Nutzungsrechts eingesetzt werden. Dazu gehören etwa die von Internet-Abrufdiensten für Musik verwendeten DRM-Systeme, wie das von Apple beim iTunes Store eingesetzte proprietäre „FairPlay" oder das von Microsoft entwickelte DRM für Musikdateien im WMA-Format.[120] Die Betreiber des Abrufdienstes sind selbst nicht Rechtsinhaber i. S. d. § 95a Abs. 1 UrhG, da sie nicht über eigene Verbietungsrechte, sondern lediglich über einfache Nutzungsrechte zur öffentlichen Zugänglichmachung der verwendeten Musikwerke, Darbietungen und Tonträger verfügen. Zwar werden die Betreiber gegenüber den großen Tonträgerherstellern häufig aufgrund des Lizenzvertrages verpflichtet sein, eine DRM-Technologie einzusetzen. Die Tonträgerhersteller selbst können dennoch nicht als Anwender des DRM i. S. d. § 95b Abs. 1 UrhG angesehen werden, wenn sie selbst keine Verfügungsrechte über die verwendete Technologie haben, sondern der Betreiber des Abrufdienstes – wie im Fall von iTunes – ein proprietäres DRM einsetzt. Mit dessen Einsatz kann und wird der Dienstebetreiber ganz andere Zwecke verfolgen als den Schutz urheberrechtlicher Interessen.[121] Der Einsatz von technischen Maßnahmen für solche, nicht dem Schutz urheberrechtlicher Werke oder Leistungen dienenden Zwecke wird nicht durch § 95a UrhG geschützt.[122]

So sind etwa technische Maßnahmen nicht gegen Umgehung geschützt, wenn ein Anbieter von Online-Musik damit lediglich die Förderung des Absatzes der eigenen, zum Abspielen der DRM-geschützten Dateien erforderlichen Abspielgeräte bezweckt.[123] Denn in diesem Fall dient die technische Maßnahme nicht dem Schutz eines nach dem UrhG geschützten Werkes, sondern den eigenen wirtschaftlichen Interessen des Anbieters. Schutzgegenstand der technischen Maßnahme ist hier allein die von diesem vertriebene Musikdatei, nicht das darin verkörperte Werk. Die kommerziellen Interessen des Anbieters werden jedoch nicht von § 95a UrhG geschützt. Ein Umgehungsschutz in Bezug auf die vom Anbieter verwendeten Zugangskontrollen kommt nur nach § 3 ZKDSG in

---

120 Vgl. Dazu Conseil de la Concurrence, Décision no 04-D-54 du 9. 11. 2004 relative à des pratiques mises en œuvre par la société Apple Computer, Inc. dans les secteurs du téléchargement de musique sur Internet et des baladeurs numériques, Rn. 34 ff.

121 Vgl. *Geiger*, IIC 2006, 77; *Hilty*, in: Torremans, S. 343; vgl. auch *Niethammer*, S. 137; a. A. *Arnold*, Gefahr von Urheberrechtsverletzungen, S. 10 Fn. 55.

122 Die Amtl. Begr., BT-Drucks. 15/38, S. 26, nennt als Beispiel die Einrichtung von Schutzmechanismen „allein zum Zwecke der Marktzugangsbeschränkung".

123 Im Ergebnis wie hier *Schmid/Wirth/Seifert*, § 95a UrhG Rn. 6, die einen Umgehungsschutz für die Verschlüsselung der im „iTunes Store" angebotenen mp3-Dateien als Marktzugangsbeschränkung ablehnen.

Betracht, wenn das Angebot ein zugangskontrollierter Dienst i.S.v. § 2 Nr. 1 ZKDSG ist.[124]

Das illustriert der Vergleich mit einem Buchhändler, der nach Betriebsschluss sein Ladengeschäft abschließt und zusätzlich mit einer Alarmanlage gegen Einbrüche sichert. Ein solcher Einbruchsschutz lässt sich grundsätzlich unter die Definition der technischen Maßnahme in § 95a Abs. 2 S. 1 subsumieren. Denn es handelt sich um eine Vorrichtung, die dazu geeignet ist, Einbrechern den Zugang zu den im Laden befindlichen Büchern zu versperren und damit eine von den jeweiligen Urhebern nicht genehmigte Nutzung der darin verkörperten urheberrechtlich geschützten Werke der Literatur zu verhindern. Nur ist sie nicht vom Rechtsinhaber dazu bestimmt worden, diesen Zweck zu erfüllen.[125] Vielmehr will der Buchhändler, der keinerlei urheberrechtliche Befugnisse hat, damit sein Sacheigentum an den Büchern schützen. Selbst wenn der Buchhändler von den jeweiligen Verlagen vertraglich dazu verpflichtet worden wäre, die Bücher nur in abschließbaren Räumen zu lagern, wird dieser Schutzzweck von § 95a UrhG nicht erfasst. Ein Einbrecher ist daher allein wegen eines Eigentumsdelikts und nicht nach § 108b Abs. 1 Nr. 1 UrhG zu bestrafen; zivilrechtliche Ansprüche stehen nur dem Händler als Eigentümer und nicht jedem Urheber zu, dessen Bücher sich im Sortiment des Buchhändlers befinden.

Ebenso wenig handelt es sich um eine „technische Maßnahme zum Schutz eines Werkes" i.S.d. § 95a Abs. 1 UrhG, sondern um eine Maßnahme zum Schutz des konkreten Angebots, wenn ein sonstiger Verwerter, dem keine Verbietungsrechte im Hinblick auf die Nutzung des verwerteten Werkes zustehen, durch den Einsatz technischer Schutzmaßnahmen den unberechtigten Zugang zu seinem Angebot bzw. zu den von ihm angebotenen Vervielfältigungstücken unterbinden will.

2. *Genehmigungsbedürftigkeit der Nutzungshandlung*

Fraglich ist auch, inwieweit § 95a UrhG technische Maßnahmen erfasst, mit denen die Vornahme urheberrechtlich zulässiger und damit nicht genehmigungsbedürftiger Nutzungshandlungen unterbunden wird. Um Umgehungsschutz zu genießen, muss eine technische Maßnahme gemäß § 95a Abs. 1 S. 1 UrhG jedenfalls „zum Schutz eines nach diesem Gesetz geschützten Werkes oder eines anderen nach diesem Gesetz geschützten Schutzgegenstandes" eingesetzt werden. Schützt ein Anbieter mit einer technischen Maßnahme Informationen, die weder urheberrechtlich noch leistungsschutzrechtlich geschützt sind, so greift der Umgehungsschutz des § 95a Abs. 1 UrhG nicht ein.[126] Das gilt

---

[124] Siehe dazu unten S. 487f.

[125] Ebenso HK-UrhR-*Dreyer*, § 95a UrhG Rn. 8, 56.

[126] Amtl. Begr., BT-Drucks. 15/38, S. 26; a. A. zu Art. 6 Info-RL offenbar *Dusollier*, EIPR 1999, 294.

für Informationen, die mangels Werkqualität nicht dem Urheberrechtsschutz unterfallen, genauso wie für schutzfähige Werke und Leistungen, deren Schutzfrist abgelaufen ist und die damit gemeinfrei sind.[127] Insoweit handelt es sich nicht (mehr) um ein „geschütztes Werk“ i.S.d. § 95a UrhG, außerdem fehlt es an einem „Rechtsinhaber“.

Der Nutzer ist daher durch § 95a Abs. 1 UrhG nicht daran gehindert, eine technische Schutzmaßnahme auszuhebeln, die *ausschließlich* dem Schutz urheberrechtlich nicht geschützter Informationen dient. So stellt es keine rechtswidrige Umgehung einer technischen Schutzmaßnahme dar, wenn der Nutzer unter Ausschaltung einer einprogrammierten Sperre ein amtliches Werk i.S.d. § 5 Abs. 1 UrhG speichert und ausdruckt, das wie z.B. das Bundesgesetzblatt als pdf-Datei online lediglich in einer Nur-Lese-Version abrufbar ist. Kontrolliert die Maßnahme dagegen gleichzeitig die Nutzung von gemeinfreien und geschützten Werken, so greift der Umgehungsschutz des § 95a Abs. 1 UrhG angesichts des vom Gesetzgeber beabsichtigten weitreichenden Schutzes grundsätzlich ein, soweit der Rechtsinhaber nicht rechtsmissbräuchlich handelt und seinem Angebot gemeinfreier Werke lediglich ein geschütztes Werk hinzufügt, um diesen zusätzlichen Rechtsschutz zu erlangen.[128]

Noch problematischer ist, inwieweit der Umgehungsschutz eingreift, wenn die technische Maßnahme zwar dem Schutz eines urheberrechtlich geschützten Werkes dient, jedoch Nutzungen verhindern soll, die keine nach §§ 15ff. UrhG urheberrechtsrelevante Verwertungshandlung darstellen. Der Wortlaut des § 95a Abs. 2 S. 1 UrhG verlangt insoweit lediglich eine Bestimmung zur Verhinderung von „Handlungen“, die vom Rechtsinhaber nicht genehmigt sind. Daraus wollen manche ableiten, dass nur solche Handlungen erfasst seien, die nach dem UrhG einer Genehmigung[129] bedürfen, so dass die fehlende Genehmigungsbedürftigkeit der eingeschränkten Handlungen zur Versagung des rechtlichen Umgehungsschutzes führe.[130] Diese Einschränkung des Anwendungsbereichs auf urheberrechtlich relevante Sachverhalte entspreche dem Regelungskonzept der WIPO-Verträge und der Info-RL, die ebenfalls die gemeinsame

---

[127] Hoeren/Sieber-*Bechtold*, Kap. 7.7 Rn. 23; Dreier/Schulze-*Dreier*, § 95a Rn. 3, 9; Wandtke/Bullinger-*Wandtke/Ohst*, § 95a Rn. 43; Loewenheim-*Peukert*, § 34 Rn. 2; *Schack*, UrhR, Rn. 732d; *Arlt*, GRUR 2004, 550; a.A. für gemeinfreie Werke offenbar *Lindhorst*, S. 118.

[128] *Peukert*, UFITA 2002, 709 in Fn. 45; Loewenheim-*Peukert*, § 34 Rn. 6; Hoeren/Sieber-*Bechtold*, Kap. 7.7 Rn. 23; HK-UrhR-*Dreyer*, § 95a UrhG Rn. 7; *Dreyer*, in: Pahlow/Eisfeld, S. 225; kritisch dazu *Arlt*, GRUR 2004, 550; vgl. auch Dreier/Schulze-*Dreier*, § 95a Rn. 9, der eine „wertende Betrachtung“ verlangt.

[129] Der Begriff der „Genehmigung“ i.S.d. § 95a UrhG dürfte anders als im Rahmen des § 183 Abs. 1 BGB nicht (nur) die nachträgliche, sondern in erster Linie auch die vorherige Zustimmung (Einwilligung) erfassen, ebenso Loewenheim-*Peukert*, § 34 Rn. 3 in Fn. 5.

[130] So Loewenheim-*Peukert*, § 34 Rn. 3; Hoeren/Sieber-*Bechtold*, Kap. 7.7 Rn. 25; Wandtke/Bullinger-*Wandtke/Ohst*, § 95a Rn. 43; ähnlich im Grundsatz *Rieber-Mohn*, IIC 2006, 186f., der aber neben der urheberrechtlichen Zustimmungsbedürftigkeit der Nutzunghandlung auch einen vertraglichen Zustimmungsvorbehalt ausreichen lässt.

Zielrichtung von Urheberrecht und technischen Schutzmaßnahmen herausstelle.[131] Es müsse daher im Einzelfall geprüft werden, ob unmittelbar durch die Umgehung der in Rede stehenden Maßnahme eine dem Rechtsinhaber gesetzlich vorbehaltene Nutzung ermöglicht werde.[132] Vom Umgehungsschutz ausgeschlossen seien danach insbesondere Maßnahmen, die lediglich den urheberrechtsfreien Werkgenuss regulieren.[133] So sei § 95a UrhG nicht anwendbar, wenn eine Zugangskontrolle den Empfang einer Sendung urheberrechtlich geschützter Werke beschränke, da das Senderecht gemäß § 20 UrhG nur die Sendung, nicht aber den Empfang erfasse und daher kein urheberrechtlich relevantes Verhalten unterbunden werde.[134]

Rechtspolitisch wäre ein solcher Gleichlauf von Umgehungs- und Urheberrechtsschutz durchaus wünschenswert.[135] Gegen eine solche Auslegung spricht jedoch, dass der Wortlaut des § 95a Abs. 1 eine Umgehung auch dann verbietet, wenn sie erfolgt, um den „Zugang" zu einem Werk (im Unterschied zu dessen „Nutzung") zu ermöglichen, und dass § 95a Abs. 2 S. 2 UrhG ebenso wie Art. 6 Abs. 3 S. 2 Info-RL Zugangskontrollen ausdrücklich zu den wirksamen Schutzmaßnahmen zählt. Der europäische wie der deutsche Gesetzgeber gingen also offenbar davon aus, dass Zugangskontrollen, die darauf gerichtet sind, bereits die unmittelbare Wahrnehmung des geschützten Werkes zu verhindern, ebenfalls gemäß § 95a Abs. 1 UrhG vor Umgehung geschützt sind.[136] Das ist konsequent, wenn man bedenkt, dass die effektive Blockierung des Zugangs zu einem Werk mittelbar auch einen effektiven Schutz gegen dessen unbefugte Nutzung bietet, da der Zugang in den meisten Fällen denknotwendig der Nutzung vorgelagert ist.[137]

So wird mit der Kontrolle des Empfangs einer Funksendung gleichzeitig auch eine berechtigte wie unberechtigte Vervielfältigung des gesendeten Werkes unterbunden. Dass eine solche mittelbare Eindämmung rechtswidriger Vervielfältigungen nicht ausreichen soll, um eine Zugangssperre als wirksame Maßnahme

[131] Loewenheim-*Peukert*, § 34 Rn. 3.

[132] Loewenheim-*Peukert*, § 34 Rn. 3.

[133] Loewenheim-*Peukert*, § 34 Rn. 3 und § 36 Rn. 12; Wandtke/Bullinger-*Wandtke/Ohst*, § 95a Rn. 43, 65.

[134] Loewenheim-*Peukert*, § 34 Rn. 5; Hoeren/Sieber-*Bechtold*, Kap. 7.7 Rn. 25; Wandtke/Bullinger-*Wandtke/Ohst*, § 95a Rn. 28.

[135] Dafür auch *Vinje*, EIPR 1999, 197; *Schack*, UrhR, Rn. 732k; vgl. auch *Dusollier*, Droit d'auteur, Rn. 202.

[136] So auch *Arlt*, GRUR 2004, 552 f.; *ders.*, DRM, S. 155 f.; *Braun*, EIPR 2003, 498 f.; ebenso im Ergebnis Dreier/Schulze-*Dreier*, § 95a Rn. 14; Schricker-*Götting*, § 95a Rn. 17; Wandtke/Bullinger-*Wandtke/Ohst*, § 95a Rn. 15; *Dreier*, ZUM 2002, 36; *Lindhorst*, S. 146; *Mazziotti*, S. 72; *Arnold*, Gefahr von Urheberrechtsverletzungen, S. 126 f.; a. A. *Spindler*, GRUR 2002, 116.

[137] *Arlt*, GRUR 2004, 552; *Lindhorst*, S. 146; *Wand*, S. 108 f.; Wandtke/Bullinger-*Wandtke/Ohst*, § 95a Rn. 15. Eine Ausnahme besteht bei 1:1-Kopien digitaler Werkträger, bei denen der Kopierschutz oder eine Verschlüsselung schlicht mitkopiert wird; siehe dazu unten S. 474.

i.S.d. § 95a Abs. 2 UrhG zu qualifizieren,[138] lässt sich dem Gesetzeswortlaut nicht entnehmen.[139] Sobald eine technische Maßnahme *auch* dazu bestimmt ist, urheberrechtlich relevante Nutzungshandlungen zu unterbinden, genießt sie folglich den Schutz nach § 95a Abs. 1 UrhG.[140] Ein Ausschluss des Umgehungsschutzes kommt allenfalls dann in Frage, wenn eine Technologie oder Vorrichtung *ausschließlich* dazu bestimmt ist, zustimmungsfreie Nutzungen zu unterbinden.[141] Da die technische Vorrichtung in diesem Fall keine wirksame technische Maßnahme i.S.d. § 95a Abs. 2 UrhG ist, wäre dann auch die Herstellung und Verbreitung von Umgehungsmitteln zulässig, soweit diese in erster Linie dazu bestimmt sind, derartige Vorrichtungen zu umgehen. Solche Fälle werden jedoch selten sein, da die Technik regelmäßig nicht zwischen zustimmungsfreien und zustimmungsbedürftigen Nutzungen unterscheiden kann.[142]

Auf die Genehmigungsbedürftigkeit der einzelnen, durch eine Umgehung konkret ermöglichten Nutzungshandlung kommt es für den abstrakten Umgehungsschutz nach § 95a Abs. 1 UrhG folglich nicht an. Insbesondere wenn die Maßnahme dazu bestimmt ist, neben rechtswidrigen Nutzungshandlungen auch nach §§ 44aff. UrhG zustimmungsfrei zulässige Nutzungen zu unterbinden, schließt dies den Umgehungsschutz nach § 95a Abs. 1 UrhG daher de lege lata nicht aus. Eine solche Maßnahme bleibt eine technische Schutzmaßnahme i.S.d. § 95a Abs. 1 UrhG und darf daher auch nicht umgangen werden, um eine urheberrechtlich zulässige Nutzungshandlung vornehmen zu können.[143] Die Begünstigten der in § 95b Abs. 1 S. 1 UrhG aufgezählten Schranken werden vielmehr auf einen Anspruch gegen den Rechtsinhaber beschränkt, die zum Schrankengebrauch erforderlichen Mittel zur Verfügung gestellt zu bekommen, und sind im Übrigen auf freiwillige Maßnahmen der Rechtsinhaber angewiesen.

3. *Wirksamkeit der Maßnahme*

Allerdings ist eine von einem Rechtsinhaber eingesetzte technische Maßnahme nur dann gegen eine Umgehung geschützt, wenn die Maßnahme „wirksam" ist.

---

[138] So Loewenheim-*Peukert*, § 34 Rn. 3.

[139] So im Ergebnis auch Hoeren/Sieber-*Bechtold*, Kap. 7.7 Rn. 25.

[140] Wandtke/Bullinger-*Wandtke/Ohst*, § 95a Rn. 15; *Wand*, S. 108 (zu Art. 6 Abs. 1 Info-RL); ebenso zum norwegischen Urheberrecht *Rieber-Mohn*, IIC 2006, 191; ohne diese Einschränkung *Arlt*, DRM, S. 156.

[141] Für ein solches Verständnis spricht etwa die britische Definition technischer Maßnahmen in § 296ZF(3)(a) CDPA, wonach eine technische Vorrichtung nur dann dem Schutz eines Werkes dient, wenn sie dazu bestimmt ist, Handlungen zu verhindern oder einzuschränken, die vom Inhaber des Urheberrechts nicht genehmigt *und* durch das Urheberrecht beschränkt sind („acts that are not authorised by the copyright owner of that work and are restricted by copyright").

[142] Siehe dazu bereits oben S. 437f.

[143] Siehe dazu unten S. 475f.

Die Definition der Wirksamkeit in § 95a Abs. 2 S. 2 UrhG ist wenig aussagekräftig, da sie den Begriff der Wirksamkeit lediglich durch den der Kontrolle und der Erreichung des Schutzziels ersetzt.[144] Jedenfalls kann Wirksamkeit nicht bedeuten, dass eine Umgehung der Maßnahme technisch unmöglich sein muss, da der Umgehungsschutz dann überflüssig wäre.[145] Praktisch zum selben Ergebnis würde es führen, die Wirksamkeit einer Maßnahme abzulehnen, wenn zur Umgehung geeignete Software über das Internet erhältlich ist.[146] Denn auch durch § 95a Abs. 3 UrhG wird sich nie gänzlich verhindern lassen, dass entsprechende Umgehungsprogramme entwickelt und verbreitet werden.

Andererseits ist es mit dem Zweck des § 95a UrhG nicht zu vereinbaren, nur absolut untaugliche Maßnahmen, deren Umgehung vom Nutzer gar nicht als solche bemerkt wird, als unwirksam vom Umgehungsschutz auszuschließen.[147] Danach dürften selbst äußerst primitive Maßnahmen nicht umgangen werden, selbst wenn sie mit Standardkopierprogrammen problemlos außer Kraft gesetzt werden können.[148] Das liefe aber darauf hinaus, ein bloßes Verbot des Rechtsinhabers gegen Umgehung zu schützen.[149]

Angesichts des Schutzzwecks des § 95a Abs. 1 UrhG muss für die Wirksamkeit eines Schutzmechanismus entscheidend sein, dass dieser geeignet ist, nicht genehmigte Nutzungen des geschützten Gegenstands in nennenswertem Umfang zu unterbinden.[150] So stellt die h. M. darauf ab, dass ein durchschnittlicher Benutzer ohne besondere technische Kenntnisse durch den Schutzmechanismus von Verletzungen des Urheberrechts abgehalten wird.[151] Allerdings fällt es angesichts der Vielfalt von Nutzergruppen gerade im Internetbereich schwer, einen „Durchschnittsnutzer" zu definieren.[152] Außerdem können auch dem Durchschnittsnutzer spezifische Umgehungsvorrichtungen zur Verfügung stehen.[153] Daher wird man in erster Linie darauf abstellen müssen, ob die Umgehung mit üblicherweise vorhandenen oder legal beschaffbaren Mitteln möglich

---

[144] Vgl. Dreier/Schulze-*Dreier*, § 95a Rn. 15, der die Definition für tautologisch hält.

[145] Amtl. Begr., BT-Drucks. 15/38, S. 26; OLG München GRUR-RR 2009, 85, 87 – AnyDVD II; *Schack*, UrhR, Rn. 732e; Wandtke/Bullinger-*Wandtke/Ohst*, § 95a Rn. 50f.

[146] Dafür *Stickelbrock*, GRUR 2004, 739.

[147] So aber *Viegener*, UFITA 2006, 490; ähnlich *Lindhorst*, S. 119; Loewenheim-*Peukert*, § 34 Rn. 12. Wenn der Nutzer nicht erkennen kann, dass für die Nutzung eine Umgehung erforderlich ist, fehlt es bereits am subjektiven Tatbestand des § 95a Abs. 1 UrhG.

[148] So ausdrücklich *Viegener*, UFITA 2006, 490.

[149] Vgl. Wandtke/Bullinger-*Wandtke/Ohst*, § 95a Rn. 47.

[150] So auch Dreier/Schulze-*Dreier*, § 95a Rn. 15f.

[151] OLG München GRUR-RR 2009, 85, 87 – AnyDVD II; Wandtke/Bullinger-*Wandtke/Ohst*, § 95a Rn. 50; Schricker-*Götting*, § 95a Rn. 22; *Hoeren*, MMR 2000, 520; *Kröger*, CR 2001, 322; *Spindler*, GRUR 2002, 116; *Stickelbrock*, GRUR 2004, 738; *Arlt*, DRM, S. 77; *Köcher/Kaufmann*, MMR 2005, 753; mit Einschränkungen auch *Pleister/Ruttig*, MMR 2003, 765 in Fn. 14.

[152] *Lindhorst*, S. 119; vgl. auch *Schack*, UrhR, Rn. 732e; gegen dieses Argument *Arlt*, DRM, S. 78.

[153] Vgl. *Pleister/Ruttig*, MMR 2003, 765 in Fn. 14.

ist, insbesondere also unter Einsatz von Hilfsprogrammen des PC-Betriebssystems („Bordmittel") oder gar mit Hilfe einer vom Rechtsinhaber selbst zur Verfügung gestellten Abspielsoftware. In solchen Fällen kann die Maßnahme nicht als wirksam i.S.d. § 95a Abs. 2 S. 2 UrhG angesehen werden.[154] Dies gilt etwa für einen CD-Kopierschutz, der nicht verhindert, dass ein Nutzer auf seinem PC durch Drücken der Shift-Taste die Autoplay-Funktion von Windows unterdrückt und anschließend mit Hilfe üblicher Brenn-Software eine Kopie der CD anfertigt.[155]

Allerdings fallen nicht nur insgesamt unwirksame Maßnahmen aus dem Schutzbereich des § 95a Abs. 1 UrhG heraus. Auch grundsätzlich wirksame Maßnahmen werden lediglich insoweit gegen Umgehung geschützt, als sie vom Rechtsinhaber nicht genehmigte Nutzungshandlungen wirksam verhindern können.[156] Es kommt also darauf an, ob die konkret verwendete technische Maßnahme gegen die in Frage stehende Art von Umgehungshandlungen grundsätzlich Schutz bietet oder nicht.[157] Da technische Maßnahmen z.B. vor analogen Kopien in der Regel nicht schützen sollen und können, greift das Umgehungsverbot insoweit nicht ein.[158] Wenn ein Nutzer etwa den analogen Ausgang seiner PC-Soundkarte abgreift, um das beim Abspielen einer DRM-geschützten Datei erzeugte Signal aufzuzeichnen, umgeht er keine wirksame Schutzmaßnahme, da das DRM-System nicht darauf abzielt, derartige Vervielfältigungen zu verhindern.[159] Dies gilt auch, wenn die analoge Kopie nur ein Zwischenschritt zur Herstellung einer digitalen Kopie ist, da das digitale DRM-System nicht zur Verhinderung der Redigitalisierung bestimmt ist.[160] Ebenso unwirksam ist ein DRM-System, welches das Brennen einer CD von online erwor-

---

[154] So im Ergebnis auch *Köcher/Kaufmann*, MMR 2005, 753; Loewenheim-*Peukert*, § 34 Rn. 12; ähnlich Dreier/Schulze-*Dreier*, § 95a Rn. 16; vgl. auch BVerfG (K) GRUR 2005, 1032, 1033 – Eigentum und digitale Privatkopie.

[155] Vgl. Wandtke/Bullinger-*Wandtke/Ohst*, § 95a Rn. 47.

[156] HK-UrhR-*Dreyer*, § 95a UrhG Rn. 23; *Arlt*, MMR 2006, 768.

[157] Hoeren/Sieber-*Bechtold*, Kap. 7.7 Rn. 20; vgl. zum Schutz gegen 1:1-Kopien *Arlt*, DRM, S. 118f. und unten S. 474.

[158] LG Frankfurt a.M. MMR 2006, 766, 767; *Pleister/Ruttig*, MMR 2003, 765; *Ernst*, CR 2004, 40; Wandtke/Bullinger-*Wandtke/Ohst*, § 95a Rn. 51; HK-UrhR-*Dreyer* § 95a UrhG Rn. 24; *Schack*, UrhR, Rn. 732e. Etwas anderes gilt für solche Systeme, die wie das von Macrovision für VHS-Videokassetten entwickelte APS (Analog Copy Protection System) an den Aufnahmegeräten (Video- oder DVD-Recorder) ansetzen und verhindern, dass das analoge Ausgangssignal in wiedergabefähiger Form aufgezeichnet wird, vgl. dazu *Knies*, ZUM 2003, 287 m.w.N.

[159] LG Frankfurt a.M. MMR 2006, 766, 767; Wandtke/Bullinger-*Wandtke/Ohst*, § 95a Rn. 51; a.A. für das (ebenfalls kaum zu verhindernde) Abgreifen digitaler Signale *Ernst*, CR 2004, 40.

[160] So auch LG Frankfurt a.M. MMR 2006, 766, 767 mit insoweit zust. Anm. *Arlt* 768; *Ernst*, CR 2004, 40; *Hänel*, S. 155; a.A. Fromm/Nordemann-*Czychowski*, § 95a Rn. 38; HK-UrhR-*Dreyer*, § 95a UrhG Rn. 24.

benen mp3-Musikdateien erlaubt, gegenüber einer Rückformatierung der auf der gebrannten CD enthaltenen Daten in das mp3-Format.[161]

II. Rechtsfolgen einer Umgehung zum Schrankengebrauch

Längst nicht alle technischen Maßnahmen, welche die Ausübung urheberrechtlicher Schranken faktisch behindern (sollen), genießen danach auch rechtlichen Umgehungsschutz. Selbst wenn die genannten Voraussetzungen vorliegen und eine technische Maßnahme dem Schutz durch § 95a UrhG unterfällt, hängt die Bedeutung des rechtlichen Umgehungsschutzes für den Schrankengebrauch maßgeblich davon ab, welche rechtlichen Folgen es nach sich zieht, wenn ein Nutzer die Maßnahme umgeht, um eine gesetzlich privilegierte Nutzung zu ermöglichen.

1. Zivilrechtliche Ansprüche

Zunächst ist zu prüfen, inwieweit die Umgehung zum Schrankengebrauch zivilrechtliche Ansprüche gegen den Handelnden auslöst.

a. Anspruch aus § 97 UrhG

Umstritten ist insbesondere, ob §§ 97ff. auch bei einem Verstoß gegen § 95a Abs. 1 UrhG Anwendung finden. Dabei sind, was zumeist nicht hinreichend beachtet wird, zwei Konstellationen zu unterscheiden. Zum einen kommen Ansprüche aus § 97 UrhG wegen der Verletzung eines urheberrechtlichen Ausschließlichkeitsrechts in Betracht, die durch die Umgehung einer technischen Schutzmaßnahme ermöglicht wurde. Insoweit besteht unproblematisch nach § 97 UrhG eine Haftung des unmittelbaren Verletzers wie auch desjenigen, der die technische Maßnahme als mittelbarer Störer oder Gehilfe i. S. d. § 830 Abs. 2 BGB umgangen und dadurch die Rechtsverletzung (vorsätzlich) ermöglicht hat.[162] Voraussetzung für die Haftung ist hier aber eine rechtswidrige Haupttat, nämlich die Vornahme einer dem Urheber oder Leistungsschutzberechtigten ausschließlich vorbehaltenen Nutzungshandlung.[163]

An einer solchen Urheberrechtsverletzung, zu welcher der Handelnde beigetragen haben könnte, fehlt es gerade, wenn die Umgehung der technischen Maßnahme dazu führt, dass der von einer Schrankenbestimmung Begünstigte

[161] *Kreutzer*, Verbraucherschutz, S. 109f., zu dem von Apple beim Online-Musikdienst iTunes eingesetzten DRM.

[162] So zutreffend LG München I MMR 2008, 839, 840; *Arlt*, MRR 2005, 150f.; HK-UrhR-*Dreyer*, § 95a UrhG Rn. 43; *Schack*, JZ 1998, 759; vgl. auch *Haedicke*, FS Dietz, 360, der den Umgehungsschutz (auf der Basis des RL-Entwurfs vom 14. 9. 2000) insgesamt als Form der mittelbaren Urheberrechtsverletzung qualifiziert und daher zu einer Anwendung des § 97 UrhG kommt.

[163] *Dreier*, ZUM 2002, 38f.; vgl. auch *Schack*, UrhR, Rn. 732l.

das Werk im Rahmen der gesetzlichen Schranken benutzen kann.[164] Denn die von einer Schranke erlaubte Nutzungshandlung wird als solche nicht dadurch urheberrechtswidrig, dass zu ihrer Ermöglichung eine technische Schutzmaßnahme umgangen wird.[165] § 95a Abs. 1 UrhG verbietet nur die Umgehung der Schutzmaßnahme, nicht aber die anschließende Nutzung des von ihr geschützten Werkes oder sonstigen Schutzgegenstandes. Eine solche Erweiterung der tatbestandlichen Grenzen der jeweils betroffenen Verwertungsrechte lässt sich weder dem Wortlaut noch dem Schutzzweck des § 95a UrhG entnehmen.[166]

Fraglich ist daher allein, ob Ansprüche aus § 97 UrhG auf die Umgehung der technischen Maßnahme als solche gestützt werden können. Die Ansichten in der Literatur sind geteilt.[167] Die Rechtsprechung hat die Frage bislang zumeist offen gelassen und die Ansprüche auf §§ 823 Abs. 2, 1004 BGB gestützt.[168] Der

---

[164] HK-UrhR-*Dreyer*, § 95a UrhG Rn. 43; vgl. *Spindler*, GRUR 2002, 117; *Haedicke*, FS Dietz, 361. Das verkennen *Arnold/Timmann*, MMR 2008, 289, wenn sie meinen, dass jeder Verstoß gegen § 95a UrhG zumindest mittelbar auch die Verwertungsrechte des Urhebers verletze.

[165] OLG Düsseldorf GRUR 2007, 416, 419 – Druckerabgabe; Dreier/Schulze-*Dreier*, § 53 Rn. 5; Loewenheim-*Peukert*, § 82 Rn. 4; ebenso für das US-amerikanische Recht *Universal City Studios v. Reimerdes*, 111 F.Supp. 2d 294, 322 (S.D.N.Y. 2000); *Nimmer*, Copyright Illuminated, S. 323; *Ginsburg*, S. 14; für Frankreich vgl. Art. L. 331-5 Abs. 6 CPI, wonach technische Schutzmaßnahmen einer „freien Nutzung" (libre usage) geschützter Werke im Rahmen der dem Ausschließlichkeitsrecht gesetzlich gezogenen Grenzen nicht entgegenstehen; a.A. *Hänel*, S. 179f.; *Schenk*, S. 120f., die als ungeschriebene Voraussetzung einer nach § 53 Abs. 1 S. 1 UrhG rechtmäßigen Privatkopie verlangt, dass die Herstellung nicht unter Umgehung eines technischen Schutzes erfolgt; ähnlich LG Hamburg, Urt. v. 22.12. 2003–308 O 511/03 – juris, wonach das Setzen eines Deep-Links das Recht der öffentlichen Zugänglichmachung nach § 19a UrhG verletzt, wenn die betroffene Website unter Umgehung einer technischen Schutzmaßnahme zugänglich gemacht wird.

[166] Auch die Denkschrift zum WIPO-Urheberrechtsvertrag, in: *Mestmäcker/Schulze*, Anhang B 44b, S. 12 (zu Art. 11) betont, dass Art. 11 WCT „keine Vorschrift des materiellen Urheberrechts" darstelle, sondern „eine flankierende Maßnahme", die die Effektivität der von den Rechtsinhabern getroffenen Schutzmaßnahmen sichern solle. Die Gegenauffassung führte dazu, dass nicht nur der Verwender der technischen Schutzmaßnahme, sondern jeder betroffene Rechtsinhaber der Umgehung zustimmen müsste. Das ist mit dem Schutzzweck des § 95a UrhG nicht zu vereinbaren, siehe oben S. 456f.

[167] Bejahend Loewenheim-*Peukert*, § 82 Rn. 6; Wandtke/Bullinger-*Wandtke/Ohst*, § 95a Rn. 88; Hoeren/Sieber-*Bechtold*, Kap. 7.7 Rn. 34; Dreier/Schulze-*Dreier*, § 97 Rn. 3; *Arnold/Timmann*, MMR 2008, 289; *Arnold*, NJW 2008, 3546; *Pleister/Ruttig*, MMR 2003, 766; *Hertin*, Rn. 234; *Schmid/Wirth/Seifert*, § 95a UrhG Rn. 1; für eine analoge Anwendung *Arlt*, MMR 2005, 149f.; *ders.*, DRM, S. 209f.; *Trayer*, S. 137f.; unklar Schricker-*Götting*, § 95a Rn. 40. Verneinend HK-UrhR-*Dreyer*, § 95a UrhG Rn. 43; Fromm/Nordemann-*Czychowski*, § 95a UrhG Rn. 51; *Schack*, UrhR, Rn. 732l; *Spieker*, GRUR 2004, 480; *Lindhorst*, S. 142f.

[168] BGH GRUR 2008, 996 Tz. 12 – Clone-CD; ebenso im Ergebnis die Urteile im Verfahren „AnyDVD": LG München I GRUR-RR 2005, 214, 215; OLG München GRUR-RR 2005, 372; LG München I MMR 2008, 192, 193; OLG München GRUR-RR 2009, 85, 87; vgl. auch BVerfG (K) GRUR 2005, 1032, 1033 – Eigentum und digitale Privatkopie. Für eine „zumindest analoge" Anwendung des § 97 UrhG hingegen ausdrücklich LG Köln MMR 2006, 412,

Info-RL lässt sich für diese Frage nichts entnehmen. Sie verlangt in Art. 8 Abs. 1 lediglich „angemessene Sanktionen und Rechtsbehelfe", die „wirksam, verhältnismäßig und abschreckend" sein müssen, überlässt deren Ausgestaltung aber den Mitgliedstaaten.[169] Diese sind nicht dazu verpflichtet, die abschreckendste aller in Betracht kommenden Sanktionen vorzusehen.[170] Die Antwort ist daher durch eine autonome Auslegung des deutschen Rechts zu ermitteln.

(1) Wortlaut

Der Wortlaut von § 97 Abs. 1 S. 1 UrhG setzt die Verletzung des Urheberrechts oder eines anderen nach dem UrhG geschützten Rechts voraus. Zu den Rechten in diesem Sinne gehören neben den urheberrechtlichen Ausschließlichkeitsrechten die Einwilligungsrechte ausübender Künstler und die Verwertungsrechte anderer Leistungsschutzberechtigter wie Tonträgerhersteller und Sendeunternehmen.[171] Der Umgehungsschutz gemäß § 95a UrhG begründet nach allgemeiner Auffassung kein eigenständiges neues Leistungsschutzrecht.[172] Vielmehr handelt es sich um eine die urheberrechtlichen Ausschließlichkeitsrechte flankierende Verhaltensnorm.[173] Durch § 97 UrhG ist aber nur die Verletzung absoluter Rechte sanktioniert, also subjektiver Rechte, die gegen jedermann wirken.[174] Der bloße Verstoß gegen Zustimmungserfordernisse löst keine Ansprüche nach § 97 UrhG aus, soweit der Verstoß nicht in der Vornahme einer unbefugten Nutzungshandlung besteht oder eine solche (mit)verursacht.[175]

---

414 (Vorinstanz zu BGH – Clone-CD) m.w.N. Auch LG Frankfurt a.M. MMR 2006, 766, 767 hält offenbar einen Anspruch aus § 97 grundsätzlich für möglich, verneint in concreto aber einen Verstoß gegen § 95a UrhG.

[169] *Arnold/Timmann*, MMR 2008, 288.

[170] So auch *Spieker*, GRUR 2004, 481, gegen Loewenheim-*Peukert*, § 82 Rn. 6, der auf die verglichen mit dem allgemeinen Deliktsrecht wirksameren und abschreckenderen Sanktionen der §§ 97ff. UrhG verweist.

[171] Dreier/Schulze-*Dreier*, § 97 Rn. 8; *Schack*, UrhR, Rn. 675.

[172] OLG München GRUR-RR 2005, 372 – AnyDVD I; LG München I MMR 2008, 192, 193; LG Köln MMR 2006, 412, 414; *Arlt*, MMR 2005, 150; *Dreier*, ZUM 2002, 38; *Dreyer*, in: Pahlow/Eisfeld, S. 227; Loewenheim-*Peukert*, § 82 Rn. 6; *Reinbothe*, GRURInt 2001, 742f.; *Spieker*, GRUR 2004, 477.

[173] BVerfG (K) GRUR 2007, 1064, 1065 – Kopierschutzumgehung; LG München I MMR 2008, 192, 193.

[174] Dreier/Schulze-*Dreier*, § 97 Rn. 3; *von Gamm*, § 97 Rn. 2; Möhring/Nicolini-*Lütje*, § 97 Rn. 42; HK-UrhR-*Meckel*, § 97 UrhG Rn. 1; Wandtke/Bullinger-*von Wolff*, § 97 Rn. 3; *Schack*, UrhR, Rn. 675.

[175] So zum Verstoß gegen den Zustimmungsvorbehalt in § 34 UrhG durch die unberechtigte Verfügung über ein Nutzungsrecht HK-UrhR-*Meckel*, § 97 UrhG Rn. 9; *Rehbinder*, UrhR, Rn. 915; *Schack*, UrhR, Rn. 679; vgl. dazu auch BGHZ 151, 300, 305 = GRUR 2002, 963, 964 – Elektronischer Pressespiegel; BGHZ 136, 380, 389 = GRUR 1999, 152, 154 – Spielbankaffäre; BGH GRUR 1999, 597, 580 – Hunger und Durst; Dreier/Schulze-*Dreier*, § 97 Rn. 7; a. A. insoweit BGH GRUR 1987, 37, 39 – Videolizenzvertrag; Möhring/Nicolini-*Lütje*, § 97 Rn. 48f.; Wandtke/Bullinger-*von Wolff*, § 97 Rn. 5.

Die Befürworter einer Anwendung des § 97 UrhG begründen die Einordnung des Rechtsschutzes technischer Schutzmaßnahmen als „Recht" im Sinne der Vorschrift deshalb damit, dass dieser in seiner „Wirkungsrichtung" einem absoluten Recht gleichstehe, da er gegen jeden nichtberechtigten Dritten schütze.[176] Als negatives Verbietungsrecht[177] stehe das Verbot des § 95a UrhG zwischen einem absoluten Recht, das ein positives Benutzungs- und ein negatives Verbotsrecht in sich vereine, und bloßen relativen Rechten gegen bestimmte Personen.[178]

Als bloße Verhaltensnorm gewährt § 95a Abs. 1 UrhG für sich genommen jedoch gar kein subjektives Recht.[179] Vielmehr enthält die Vorschrift lediglich das rechtliche Verbot eines bestimmten Verhaltens, ohne zugleich eine bestimmte Rechtsfolge für den Fall eines Verstoßes auszusprechen. Inhalt der Verhaltensnorm ist allein der Rechtsbefehl, keine technischen Schutzmaßnahmen ohne Zustimmung des Rechtsinhabers zu umgehen.[180] Die Gleichsetzung des in § 95a UrhG enthaltenen rechtlichen Verbots mit dem Bestehen eines (subjektiven) Verbietungs*rechts* ist daher verfehlt. Durch § 95a UrhG wird nicht das Recht einer bestimmten Person begründet, anderen Personen die Umgehung technischer Schutzmaßnahmen zu verbieten. Ein solches „Recht auf etwas"[181] soll erst durch die Anwendung des § 97 UrhG geschaffen werden. Die Begründung eines Anspruchs aus § 97 UrhG mit der absoluten Wirkung eines als bestehend vorausgesetzten Verbotsrechts ist jedoch ein Zirkelschluss. Der Umgehungsschutz selbst ist kein absolut wirkendes Recht und kann einem solchen auch nicht gleichgesetzt werden. Die Umgehung einer technischen Schutzmaßnahme ist also kein Eingriff in ein „nach diesem Gesetz geschütztes Recht" i.S.v. § 97 Abs. 1 S. 1 UrhG.[182] Bereits der Wortlaut spricht daher gegen eine

---

[176] Wandtke/Bullinger-*Wandtke/Ohst*, § 95a Rn. 88; Loewenheim-*Peukert*, § 82 Rn. 6; *Pleister/Ruttig*, MMR 2003, 766; Hoeren/Sieber-*Bechtold*, Kap. 7.7 Rn. 34.

[177] Ebenso LG Köln MMR 2006, 412, 414.

[178] Loewenheim-*Peukert*, § 82 Rn. 6; ähnlich Hoeren/Sieber-*Bechtold*, Kap. 7.7 Rn. 34, der die absolute Wirkung des Umgehungsschutzes ebenfalls rein obligatorischen Rechtsbeziehungen gegenüber stellt, welche allein vom Anwendungsbereich des § 97 UrhG ausgeschlossen seien.

[179] So auch *Spieker*, GRUR 2004, 478.

[180] Zur Unabhängigkeit (straf)rechtlicher Ver- oder Gebote von einer bestimmten Rechtsfolge siehe *Binding*, § 6, 3 (S. 45): „[D]ie verbindliche Richtschnur des Handelns, welche der Verbrecher überschreitet, ist das rechtliche Verbot oder Gebot als solches ohne irgend welche Hinweisung des Handelnden auf die Rechtsfolgen, welche an die Handlung als an deren Bedingung geknüpft sind. ... Dieser gesetzliche Befehl ist es, den ich die Norm nenne." Auch als Sanktionsnormen formulierten Vorschriften wie § 823 BGB liegt eine ungeschriebene Verhaltensnorm zugrunde, z.B. das Verbot der Verletzung fremden Eigentums, vgl. Hk-BGB-*Dörner*, § 227 Rn. 3.

[181] Zu diesem Begriff oben S. 159.

[182] So auch *Arlt*, MMR 2005, 150; *Trayer*, S. 137f., die deshalb für eine analoge Anwendung plädieren.

Heranziehung von § 97 Abs. 1 UrhG als Anspruchsgrundlage für die Sanktionierung rechtswidriger Umgehungen.

(2) Systematik

In systematischer Hinsicht ist zu beachten, dass der rechtliche Schutz technischer Schutzmaßnahmen in Teil 4 des UrhG geregelt ist, der ausweislich der Überschrift ergänzende Schutzbestimmungen für Urheberrechte und verwandte Schutzrechte enthält, also Bestimmungen, welche das Bestehen eines entsprechenden Schutzrechts bereits voraussetzen.[183]

Allerdings wird für die Anwendbarkeit des § 97 UrhG angeführt, dass auch Verstöße gegen § 96 UrhG trotz dessen Stellung im 4. Teil des UrhG in den Anwendungsbereich der Vorschrift fielen, obwohl es sich hier ebenso wenig um ein positives Benutzungsrecht handele.[184] Tatsächlich löst ein Verstoß gegen das in § 96 Abs. 1 UrhG enthaltene Verbot, rechtswidrig hergestellte Vervielfältigungsstücke zu verbreiten und für öffentliche Wiedergaben zu benutzen, nach einhelliger Auffassung die Rechtsfolgen der § 97ff. UrhG aus.[185] Das beruht aber darauf, dass § 96 Abs. 1 UrhG als Ergänzung der Rechte des Inhabers des Vervielfältigungsrechts angesehen wird, die Vorschrift also einen zusätzlichen Eingriff in das Vervielfältigungsrecht regelt.[186] Die Vorschrift soll klarstellen, dass derjenige, der aufgrund einer Erlaubnis des Urhebers oder aufgrund einer Schranke berechtigt ist, ein Werk zu verbreiten oder öffentlich wiederzugeben, hierzu keine rechtswidrig hergestellten Vervielfältigungsstücke benutzen darf.[187] Auch wer an der rechtswidrigen Herstellung der Vervielfältigungsstücke nicht mitgewirkt hat, wird dadurch, dass er das Ergebnis der rechtswidrigen Handlung für sich ausnutzt, zum Verletzer des Urheberrechts.[188] Bei einem Verstoß gegen § 96 Abs. 1 UrhG liegt demnach eine Verletzung des Vervielfältigungsrechts vor, die als Verletzung eines absolut geschützten Verwertungsrechts einen Anspruch aus § 97 UrhG begründet.

---

183 *Spieker*, GRUR 2004, 478.

184 LG Köln MMR 2006, 412, 414; Wandtke/Bullinger-*Wandtke/Ohst*, § 95a Rn. 88; Loewenheim-*Peukert*, § 82 Rn. 6; Hoeren/Sieber-*Bechtold*, Kap. 7.7 Rn. 34; *Arnold/Timmann*, MMR 2008, 288.

185 BGH GRUR 1986, 454, 455 – Bob Dylan; BGH NJW 1993, 2183, 2185 – The Doors (insoweit nicht in BGHZ 121, 319); BGH GRUR 2006, 319, 322 Tz. 32 – Alpensinfonie; Wandtke/Bullinger-*Bullinger*, § 96 Rn. 3; *von Gamm*, § 97 Rn. 2; Möhring/Nicolini-*Lütje*, § 96 Rn. 2; HK-UrhR-*Meckel*, § 96 UrhG Rn. 1; Dreier/Schulze-*Dreier*, § 96 Rn. 1 und § 97 Rn. 6; *Schack*, UrhR, Rn. 677.

186 BGH GRUR 2006, 319, 322 Tz. 32, 35 – Alpensinfonie; Schricker-*Wild*, § 96 Rn. 3; Dreier/Schulze-*Dreier*, § 96 Rn. 2; *Schack*, UrhR, Rn. 677; HK-UrhR-*Meckel*, § 96 UrhG Rn. 3; a. A. insoweit Wandtke/Bullinger-*Bullinger*, § 96 Rn. 10f.; Möhring/Nicolini-*Lütje*, § 96 Rn. 2: selbständige Verletzung des Verbreitungs- oder Wiedergaberechts.

187 Amtl. Begr. zu § 106 RegE, BT-Drucks. IV/270, S. 103.

188 Schricker-*Wild*, § 96 Rn. 2; *von Gamm*, § 96 Rn. 1; Möhring/Nicolini-*Lütje*, § 96 Rn. 3.

Gerade dieser Bezug zu den Verwertungsrechten des Urhebers oder Leistungsschutzberechtigten fehlt dem Umgehungsschutz nach § 95a Abs. 1 UrhG. Denn § 95a Abs. 1 UrhG verbietet auch eine Umgehung von technischen Maßnahmen, die ausschließlich dazu dient, die Ausübung einer Schranke zu ermöglichen, und daher keinen rechtswidrigen Eingriff in ein Verwertungsrecht des Urhebers darstellt. Die Unterschiedlichkeit des Regelungsgegenstands verbietet eine Gleichstellung des Umgehungsschutzes mit dem Verbot des § 96 UrhG. Aus der systematischen Stellung des § 95a in demselben Abschnitt wie § 96 UrhG lässt sich daher kein Argument für die Anwendung der §§ 97ff. UrhG ableiten. Gerade weil der Schutz technischer Maßnahmen nicht deckungsgleich mit dem Umfang des Urheberrechts ist, wäre eine Anwendung des § 97 UrhG konzeptionell verfehlt.[189]

(3) Entstehungsgeschichte

Ob der Gesetzgebungsgeschichte ein Argument für die Auslegung des § 97 UrhG entnommen werden kann, ist fraglich. Der Gesetzgeber ist davon ausgegangen, dass auch bei einem zum eigenen privaten Gebrauch erfolgenden Verstoß gegen § 95a, der gemäß § 108b UrhG strafrechtlich nicht sanktioniert ist, zivilrechtliche Ansprüche bestehen können.[190] Dies wird teilweise dahin gedeutet, dass der Gesetzgeber auch Ansprüche aus § 97 UrhG für möglich gehalten habe.[191] Dagegen spricht allerdings, dass nach der Begründung zum Diskussionsentwurf des BMJ, der in § 96a ein Verbot der Umgehung technischer Schutzmaßnahmen enthielt, ein Verstoß gegen dieses Verbot durch Schadensersatz- und Unterlassungsansprüche nach §§ 823 Abs. 2, 1004 BGB sanktioniert werden sollte.[192] Es ist nicht ersichtlich, dass der Gesetzgeber bei der aktuellen Gesetzesfassung eine andere Auffassung zugrunde gelegt hat. Dem Vorschlag des „Forums der Rechteinhaber“ in seiner Stellungnahme zum RegE, den Tatbestand des § 97 Abs. 1 UrhG ausdrücklich um die Verletzung einer Vorschrift zum Schutz technischer Maßnahmen zu erweitern,[193] ist der Gesetzgeber gerade nicht gefolgt. Ein entsprechender Wille des Gesetzgebers, dass § 97 Abs. 1 auch Verstöße gegen § 95a UrhG erfassen soll, lässt sich der Gesetzgebungsgeschichte daher nicht entnehmen.

---

[189] *Schack*, UrhR, Rn. 732l.

[190] Amtl. Begr. zu § 108b UrhG, BT-Drucks. 15/38, S. 29.

[191] LG Köln MMR 2006, 412, 414: Es spreche nichts dafür, dass der Gesetzgeber „damit nur die Regeln des allgemeinen Deliktsrechts ... gemeint hat“; *Arlt*, MMR 2005, 149.

[192] BMJ, Diskussionsentwurf eines Fünften Gesetzes zur Änderung des UrhG vom 7.7. 1998, in: *Mestmäcker/Schulze*, Anhang A 16a, S. 27; zustimmend *Lindhorst*, S. 142f.; *Wand*, S. 169.

[193] Dazu *Pleister/Ruttig*, MMR 2003, 765f. mit Fn. 26.

(4) Telos

Schließlich wird die Anwendbarkeit des § 97 UrhG damit begründet, dass die Vorschrift bei Verstößen gegen § 95a UrhG gegenüber dem allgemeinen Deliktsrecht die „sachnähere Regelung" biete.[194] Die Versagung von Ansprüchen aus § 97 UrhG liefe der Intention des Gesetzgebers zuwider, den einzelnen Rechtsinhaber zu schützen, der sich zum Schutz seiner Inhalte moderner technischer Maßnahmen bediene.[195] Zutreffend ist, dass eine effektive Umsetzung der Info-RL auch die Möglichkeit vorsehen muss, das Umgehungsverbot im Wege zivilrechtlicher Ansprüche durchzusetzen.[196] Nicht jede Verletzung einer Norm, die dem Schutz der Inhaber urheberrechtlicher Ausschließlichkeitsrechte dient, muss aber durch Ansprüche nach § 97 UrhG sanktioniert werden. Der Schutz kann auch auf anderem Wege gewährleistet werden. So greift § 97 UrhG unstreitig nicht bei Verstößen gegen Zustimmungserfordernisse, die nur im Verhältnis zwischen bestimmten Personen gelten, oder bei der Nichterfüllung gesetzlicher Vergütungsansprüche ein, die ebenfalls dem Interesse des Urhebers an einer angemessenen Vergütung der Werknutzung dienen.[197] Auch die „Sachnähe" des § 97 UrhG kann kein Argument für die Anwendung auf Verstöße gegen das Umgehungsverbot des § 95a UrhG sein. Wie oben gezeigt, begründet § 95a UrhG gerade kein eigenständiges Leistungsschutzrecht und auch kein sonstiges absolut geschütztes Recht des Urhebers oder Leistungsschutzberechtigten. Nur für die Verletzung solcher Rechte gilt aber § 97 Abs. 1 UrhG.

(5) Ergebnis

Eine Auslegung des § 97 UrhG, wonach die Vorschrift auch Verstöße gegen § 95a UrhG erfasst, ist mit dem Wortlaut von § 97 UrhG, der die Verletzung eines nach dem UrhG geschützten „Rechts" verlangt, nicht vereinbar. Auch Systematik, Entstehungsgeschichte sowie Zweck des Umgehungsschutzes nach § 95a UrhG sprechen gegen eine Sanktionierung durch Ansprüche nach § 97 UrhG. Mangels Vergleichbarkeit des Umgehungsschutzes mit den urheber-

---

[194] So *Arlt*, MMR 2005, 149; *Arnold/Timmann*, MMR 2008, 289; *Arnold*, NJW 2008, 3546; ähnlich *Pleister/Ruttig*, MMR 2003, 766: Die Anspruchsgrundlage des § 97 UrhG dürfte „am passendsten" sein.

[195] *Arlt*, MMR 2005, 150.

[196] So auch *Spindler*, GRUR-RR 2005, 369. Entgegen LG Köln MMR 2006, 412, 414, und *Spieker*, GRUR 2004, 480, würde eine rein strafrechtliche Sanktionierung nicht den Vorgaben der Richtlinie entsprechen, da Erwägungsgrund 58 ebenso wie Art. 8 Abs. 2 Info-RL als Mindestschutz die Möglichkeit einer Klage auf Schadensersatz und/oder einer gerichtlichen Anordnung vorschreiben.

[197] Dreier/Schulze-*Dreier*, § 97 Rn. 7; Möhring/Nicolini-*Lütje*, § 97 Rn. 52 ff.; Wandtke/Bullinger-*von Wolff*, § 97 Rn. 3; *Rehbinder*, UrhR, Rn. 915; *Schack*, UrhR, Rn. 678.

rechtlichen Ausschließlichkeitsrechten sowie einer planwidrigen Regelungslücke kommt auch eine analoge Anwendung des § 97 UrhG nicht in Betracht.[198]

b. Ansprüche aus §§ 823 Abs. 2, 1004 BGB

Da es sich beim Umgehungsschutz gerade nicht um ein absolut geschütztes Recht handelt, scheiden Ansprüche aus § 823 Abs. 1 BGB ebenfalls aus.[199] Verhaltensnormen, die ein bestimmtes Ge- oder Verbot aussprechen, werden vielmehr über § 823 Abs. 2 BGB im Zivilrecht durchgesetzt, soweit sie in einem Schutzgesetz enthalten sind.[200] In analoger Anwendung des § 1004 Abs. 1 S. 2 BGB besteht bei (drohenden) Verletzungen eines Schutzgesetzes neben einem Anspruch auf Schadensersatz gemäß § 823 Abs. 2 BGB auch ein (quasi-negatorischer) Unterlassungsanspruch.[201]

(1) § 95a Abs. 1 UrhG als Schutzgesetz

Schutzgesetz i. S. d. § 823 Abs. 2 S. 1 BGB ist jede Ge- oder Verbotsnorm,[202] die nach ihrem Inhalt und Zweck gerade (auch) dem Schutz individueller Rechtsgüter oder Interessen dient.[203] § 95a Abs. 1 UrhG verbietet die Umgehung wirksamer technischer Maßnahmen, die ihrerseits ein geschütztes Werk oder einen anderen nach dem UrhG geschützten Schutzgegenstand schützen. Der Schutz dieser technischen Maßnahmen ist kein Selbstzweck, sondern dient dem Schutz der mit diesen Maßnahmen geschützten Werke und Leistungen der Rechtsinhaber. Zwar ist unmittelbarer Gegenstand des Schutzes die technische Maßnahme selbst.[204] Die nach dem UrhG geschützten Werke und sonstigen Schutzgegenstände werden nur mittelbar geschützt.[205] Der Umgehungsschutz soll aber den Inhabern von Urheber- und Leistungsschutzrechten zugute kommen, die solche Maßnahmen zum Schutz ihrer Werke und Leistungen einsetzen.[206] Der Schutz der Rechtsinhaber ist daher nicht nur unbeabsichtigte Nebenfolge, sondern der gerade Zweck des Umgehungsschutzes.[207] Folglich ist § 95a Abs. 1

---

198 Das übersieht *Arlt*, MMR 2005, 150, der eine analoge Anwendung der §§ 98, 99 UrhG mangels planwidriger Regelungslücke zutreffend ablehnt (S. 151).

199 HK-UrhR-*Dreyer*, § 95a UrhG Rn. 44.

200 Staudinger-*Hager* (1999), § 823 Rn. G 3; Soergel-*Spickhoff*, § 823 Rn. 194.

201 Vgl. Palandt-*Sprau*, Einf v § 823 Rn. 18 f.

202 Dazu Soergel-*Spickhoff*, § 823 Rn. 194; Hk-BGB-*Staudinger*, § 823 Rn. 145.

203 BGHZ 116, 7, 13 = NJW 1992, 241, 242; BGH NJW 2004, 1949, jeweils m. w. N.; Palandt-*Sprau*, § 823 Rn. 56a f.; Hk-BGB-*Staudinger*, § 823 Rn. 147.

204 Vgl. Amtl. Begr., BT-Drucks. 15/38, S. 26; *Pleister/Ruttig*, MMR 2003, 766 (zu § 95a Abs. 3 UrhG).

205 *Spieker*, GRUR 2004, 477.

206 Vgl. Erwägungsgrund 47 der Info-RL.

207 BGH GRUR 2008, 996, 997 Tz. 16 – Clone-CD; OLG München GRUR-RR 2009, 85, 87 – AnyDVD II.

UrhG ein „den Schutz eines anderen bezweckendes Gesetz" i.S.d. § 823 Abs. 2 S. 1 BGB.[208]

(2) Umgehungshandlung als Verstoß gegen § 95a Abs. 1 UrhG

Der Verstoß gegen ein Schutzgesetz setzt voraus, dass dessen Tatbestand in objektiver und subjektiver Hinsicht erfüllt ist. Der objektive Tatbestand des § 95a Abs. 1 UrhG besteht in der „Umgehung" der technischen Maßnahme. Dieser Begriff wird weder in Art. 6 Abs. 1 Info-RL noch in § 95a UrhG näher definiert. Dem Schutzzweck des § 95a Abs. 1 UrhG kann man aber entnehmen, dass darunter jede Handlung fällt, die den Zugang oder eine Nutzung des Werkes oder sonstigen Schutzgegenstandes ermöglicht und dadurch der Kontrolle durch den Rechtsinhaber entzieht.[209] Nicht erforderlich ist, dass der technische Schutz verändert oder entfernt und auf diese Weise dauerhaft außer Kraft gesetzt wird.[210] Eine Umgehung kann danach z. B. auch das Erstellen einer 1:1-Kopie einer kopiergeschützten CD sein, bei der die den Schutz bewirkenden Manipulationen des Inhaltsverzeichnisses der CD einfach mitkopiert werden.[211] Doch ist zu beachten, dass technische Maßnahmen gegen eine Umgehung nur geschützt sind, soweit sie wirksam sind.[212] Wenn der eingesetzte Kopierschutz gerade nicht auch dem Erstellen einer solchen 1:1-Kopie vorbeugt, verstößt deren Herstellung folglich nicht gegen das Verbot des § 95a Abs. 1 UrhG, da dieser Kopierschutz insoweit keine wirksame technische Maßnahme ist.[213]

In subjektiver Hinsicht muss dem Handelnden bekannt oder aufgrund von Fahrlässigkeit unbekannt geblieben sein, dass die Umgehung erfolgt, um den Zugang zu einem solchen Werk oder Schutzgegenstand oder deren Nutzung zu ermöglichen. Die Bösgläubigkeit des Handelnden ist als Tatbestandsmerkmal auch Voraussetzung für einen verschuldensunabhängigen Unterlassungsanspruch.[214] Da nur „wirksame", also dem Durchschnittsnutzer ernsthaften Wi-

---

[208] BGH GRUR 2008, 996, 997 Tz. 14 – Clone-CD; OLG München GRUR-RR 2005, 372 – AnyDVD I; OLG München GRUR-RR 2009, 85, 87 – AnyDVD II; LG München I MMR 2005, 214, 215; LG München I MMR 2008, 192, 193; HK-UrhR-*Dreyer*, § 95a UrhG Rn. 45; Schricker-*Götting*, § 95a Rn. 40; Wandtke/Bullinger-*Wandtke/Ohst*, § 95a Rn. 88; Fromm/Nordemann-*Czychowski*, vor §§ 95aff. UrhG Rn. 27 und § 95a Rn. 51; *Schack*, UrhR, Rn. 732l; *Schenk*, S. 126f.; *Spieker*, GRUR 2004, 481; *Enders*, ZUM 2004, 600; *Hänel*, S. 184; *Wand*, S. 169 (zu § 96a DiskE).

[209] Dreier/Schulze-*Dreier*, § 95a Rn. 11.

[210] *Arlt*, DRM, S. 118; vgl. *Ernst*, CR 2004, 40: Umgehung bedeute nicht Überwindung.

[211] Hoeren/Sieber-*Bechtold*, Kap. 7.7 Rn. 32; *Arlt*, GRUR 2004, 550; *Ernst*, CR 2004, 40; *Stickelbrock*, GRUR 2004, 739; Dreier/Schulze-*Dreier*, § 95a Rn. 10; Wandtke/Bullinger-*Wandtke/Ohst*, § 95a Rn. 55; Fromm/Nordemann-*Czychowski*, § 95a Rn. 38; *Schenk*, S. 105; *Schmid/Wirth/Seifert*, § 95a UrhG Rn. 3.

[212] Siehe oben S. 465.

[213] So auch *Arlt*, DRM, S. 118; *ders.*, GRUR 2004, 550; HK-UrhR-*Dreyer*, § 95a UrhG Rn. 24; ohne diese Differenzierung die übrigen in Fn. 211 Genannten.

[214] Amtl. Begr., BT-Drucks. 15/38, S. 26; Dreier/Schulze-*Dreier*, § 95a Rn. 12.

derstand bietende Maßnahmen dem Schutzbereich des § 95a UrhG unterfallen,[215] wird derjenige, dem eine Umgehung gelingt, praktisch immer bösgläubig sein. Ausgeschlossen werden allenfalls Umgehungshandlungen, die ausschließlich wissenschaftlichen Zwecken, also nicht der Nutzung des geschützten Werkes, sondern der Untersuchung der Technologie auf ihre Funktionsweise dienen.[216] Damit liegt in aller Regel auch das nach § 823 Abs. 2 S. 2 BGB für einen Schadensersatzanspruch erforderliche Verschulden vor.

(3) Rechtfertigung eines Verstoßes gegen § 95a Abs. 1 UrhG

Die Rechtswidrigkeit des Verstoßes gegen ein Schutzgesetz wird durch dessen Verletzung indiziert.[217] Sie ist jedoch ausgeschlossen, soweit das Verhalten des Täters ausnahmsweise durch einen Rechtfertigungsgrund gedeckt ist.[218] Fraglich ist daher, ob ein Verstoß gegen § 95a Abs. 1 UrhG dadurch gerechtfertigt werden kann, dass die Umgehung nur erfolgt, um eine aufgrund einer Schranke zulässige Nutzungshandlung vorzunehmen.

Dagegen spricht, dass der Gesetzgeber aus Gründen der Sicherung der Schutzsysteme ein Selbsthilferecht des Schrankenbegünstigten („right to hack") außerhalb des engen Anwendungsbereichs von § 95a Abs. 4 UrhG gerade nicht gewähren wollte.[219] Aus Erwägungsgrund 51 S. 1 und Art. 6 Abs. 4 Info-RL ergibt sich, dass der europäische Gesetzgeber einen die Schranken des Urheberrechts übersteigenden Schutz technischer Maßnahmen im Sinn hatte.[220] Auch der deutsche Gesetzgeber hat den Umgehungsschutz bewusst über den von Art. 11 WCT und Art. 18 WPPT geforderten Rahmen hinaus ausgedehnt und wollte eine Verletzung der Integrität oder Funktionsfähigkeit technischer Maßnahmen auch dann verbieten, wenn sie mit dem Ziel einer nach §§ 45 ff. UrhG zulässigen Verwertungshandlung erfolgt.[221] Dies wurde damit begründet, dass es „in der Natur derartiger technischer Mittel" liege, dass deren Wirkungsweise vom Vorliegen oder Nichtvorliegen bestimmter, die Zulässigkeit einer Verwer-

---

[215] Siehe oben S. 463 ff.

[216] BT-Drucks. 15/38, S. 26; Loewenheim-*Peukert*, § 34 Rn. 17; vgl. § 11 Nr. 2 PatG.

[217] BGH NJW 1993, 1580, 1581; Palandt-*Sprau*, § 823 Rn. 59.

[218] Palandt-*Sprau*, § 823 Rn. 27.

[219] BVerfG (K) GRUR 2005, 1032, 1033 – Eigentum und digitale Privatkopie; OLG München GRUR-RR 2009, 85, 88 – AnyDVD II (beide zu § 53 Abs. 1 UrhG); Loewenheim-*Peukert*, § 34 Rn. 4; *Peukert*, UFITA 2002, 706; Hoeren/Sieber-*Bechtold*, Kap. 7.7 Rn. 40; Wandtke/Bullinger-*Wandtke/Ohst*, § 95b Rn. 38; Fromm/Nordemann-*Czychowski*, § 95b UrhG Rn. 23; *Arlt*, GRUR 2004, 550; *Schweikart*, UFITA 2005, 11; *von Lewinski*, sic! 2003, 169 f.; *Ernst*, CR 2004, 42; *Schack*, UrhR, Rn. 732h; *Hertin*, Rn. 301; ebenso zu Art. 6 Abs. 4 Unterabs. 1 Info-RL *Haedicke*, FS Dietz, 363; *Dreier*, ZUM 2002, 39; *Dusollier*, EIPR 1999, 294; *Spindler*, GRUR 2002, 117; *Reinbothe*, GRURInt 2001, 742; *Rigamonti*, GRURInt 2005, 9.

[220] *Schack*, ZUM 2002, 505; *Haedicke*, FS Dietz, 360 f.; *Metzger/Kreutzer*, Stellungnahme, S. 6; *dies.*, MMR 2002, 140.

[221] So ausdrücklich die Begründung des BMJ zum Diskussionsentwurf eines Fünften Gesetzes zur Änderung des UrhG vom 7. 7. 1998, in: *Mestmäcker/Schulze*, Anhang A 16a, S. 26.

tungshandlung begründender Umstände unabhängig sei.[222] Außerdem sei eine Anknüpfung des Umgehungsschutzes an die abstrakte Eignung der Maßnahmen zum Schutz vor Rechtsverletzungen auch im Interesse der Rechtsinhaber geboten, da deren Schutz vor künftigen Rechtsverletzungen durch die Zerstörung oder Unbrauchbarmachung der Maßnahme auch verloren ginge, wenn damit nur eine erlaubte Nutzungshandlung ermöglicht werden solle.[223] Dem Schrankenbegünstigten könne ein Selbsthilferecht zur Umgehung technischer Maßnahmen aus Gründen der Sicherung der Schutzsysteme folglich nicht gewährt werden.[224] Der erforderliche Ausgleich zwischen den Interessen der Rechtsinhaber und dem Nutzungsinteresse der Schrankenbegünstigten soll vielmehr durch den Anspruch auf die Überlassung der zum Schrankengebrauch erforderlichen Mittel aus § 95b Abs. 2 UrhG gewährleistet werden. Der Schrankenbegünstigte, dessen Schrankengebrauch technisch verhindert wird, darf die Schutzmaßnahme danach nicht einfach umgehen, sondern muss vielmehr gegen den Rechtsinhaber vorgehen, der ihm die für den Schrankengebrauch notwendigen Mittel zur Verfügung stellen muss.

Allerdings wird versucht, ein solches Selbsthilferecht über den Umweg des Strafrechts zu konstruieren, da die Installation von Kopierschutztechniken den Tatbestand der Datenveränderung gemäß § 303a Abs. 1 StGB erfülle.[225] Indem der Rechtsinhaber das Kopieren des geschützten Werkes technisch verhindere, beeinträchtige er nämlich die Verwendung von Informationen in Datenform und unterdrücke damit Daten i. S. d. § 202a Abs. 2 StGB.[226] An diesen Daten habe der Nutzer aber aufgrund der Schrankenbestimmungen, insbesondere des § 53 Abs. 1 UrhG, ein Nutzungsrecht.[227] Die Beeinträchtigung dieses Nutzungsrechts könne nicht durch § 95a UrhG gerechtfertigt werden, da diese Vorschrift keinen Eingriff in die Sphäre des Inhabers des Privatkopierrechts erlaube, sondern lediglich eine den Verwender technischer Maßnahmen nicht begünstigende Verbotsnorm darstelle.[228] Aus der Strafbarkeit des Kopierschutzes gemäß § 303a StGB resultiere schließlich die Zulässigkeit der Umgehung bzw. Beseitigung technischer Schutzmaßnahmen, da der Käufer eines kopiergeschützten Werkexemplars einen strafbaren Eingriff in seine Rechtsgü-

---

[222] BMJ, Diskussionsentwurf vom 7. 7. 1998, in: *Mestmäcker/Schulze*, Anhang A 16a, S. 27.

[223] BMJ, Diskussionsentwurf vom 7. 7. 1998, in: *Mestmäcker/Schulze*, Anhang A 16a, S. 27.

[224] Amtl. Begr., BT-Drucks. 15/38, S. 27.

[225] So für kopiergeschützte CDs *Abdallah/Gercke/Reinert*, ZUM 2004, 36 ff.; zustimmend *Rigamonti*, GRURInt 2005, 9 mit Fn. 107.

[226] *Abdallah/Gercke/Reinert*, ZUM 2004, 37.

[227] *Abdallah/Gercke/Reinert*, ZUM 2004, 38 f.

[228] *Abdallah/Gercke/Reinert*, ZUM 2004, 39.

ter „auf Basis von straf- und zivilrechtlichen Selbsthilferechten abwehren“ dürfe.[229]

Problematisch an diesem Ansatz ist zunächst, dass weder das allgemeine Strafrecht noch das Zivilrecht ein solches Selbsthilferecht vorsehen. Insbesondere liegen die Voraussetzungen des § 229, 3. Var. BGB nicht vor, da es nicht um einen durch die Selbsthilfe zu sichernden Duldungsanspruch i. S. d. § 194 BGB geht.[230] In Betracht kommt daher allenfalls ein Notwehrrecht aus § 227 BGB oder ein rechtfertigender Defensivnotstand gemäß § 34 StGB.[231] Voraussetzung einer Rechtfertigung ist hier ein vom Rechtsinhaber ausgehender gegenwärtiger Angriff bzw. eine gegenwärtige Gefahr für ein Recht oder Rechtsgut des Nutzers. Als Rechtsgut kommt jedes rechtlich geschützte Interesse in Betracht.[232]

Das durch § 303a StGB geschützte Rechtsgut ist nach der systematischen Stellung der Vorschrift im Abschnitt „Sachbeschädigung“ die Unversehrtheit von Daten, an deren Verwendung ein anderer als der Täter aufgrund einer eigentümerähnlichen Stellung und der damit verbundenen Verfügungsberechtigung ein unmittelbares rechtlich geschütztes Interesse hat.[233] Unter den Begriff der elektronisch, magnetisch oder sonst nicht unmittelbar wahrnehmbar gespeicherten oder übermittelten Daten i. S. d. § 202a Abs. 2 StGB fallen sämtliche durch Zeichen dargestellten und codierbaren Informationen, soweit sie auf einem Datenträger verkörpert sind oder sich im Übermittlungsstadium befinden.[234] Erfasst werden somit neben Computerprogrammen[235] auch digital oder anderweitig nicht unmittelbar wahrnehmbar auf Bild- oder Tonträgern gespeicherte Schrift-, Musik- oder Filmwerke.[236] Die eigentümerähnliche Stellung des Verletzten muss dabei nicht zwingend auf dem Eigentum am Datenträger beruhen, sondern kann sich auch aus Besitz- und Nutzungsrechten ergeben, etwa bei gemieteter Software.[237] Neben dem Eigentümer ist folglich auch der recht-

---

[229] *Abdallah/Gercke/Reinert*, ZUM 2004, 39.

[230] Ebenso im Ergebnis *Arlt*, DRM, S. 126. Die Schrankenbestimmungen räumen dem einzelnen Nutzer kein selbsthilfefähiges Recht ein, vom Rechtsinhaber ein bestimmtes Tun oder Unterlassen zu verlangen, siehe oben S. 161 f. Darüber hinaus ist zweifelhaft, ob die Umgehung einer technischen Schutzmaßnahme als Beseitigung eines vom Rechtsinhaber geleisteten Widerstands angesehen werden kann.

[231] Eine Rechtfertigung durch § 228 BGB scheidet aus, da die in Betracht kommende Notstandshandlung (Umgehung der Schutzmaßnahme) regelmäßig nicht die Beschädigung oder Zerstörung einer fremden Sache i. S. d. § 90 BGB ist.

[232] Staudinger-*Repgen* (2004), § 227 Rn. 9; Schönke/Schröder-*Perron*, § 32 Rn. 4 und § 34 Rn. 9.

[233] *Lenckner/Winkelbauer*, CR 1986, 828 f.; LK-*Tolksdorf*, § 303a Rn. 2, 5; Schönke/Schröder-*Stree*, § 303a Rn. 3; *Fischer*, § 303a Rn. 4 m. w. N.

[234] Schönke/Schröder-*Lenckner*, § 202a Rn. 3 f.

[235] Dazu LK-*Tolksdorf*, § 303a Rn. 3; OLG Stuttgart NJW 1989, 2633, 2634.

[236] *Fischer*, § 202a Rn. 5; Lackner/*Kühl*, § 202a Rn. 2 m. w. N.: „Tonbänder, Schallplatten, Bildträger, Mikrofilme usw.“

[237] *Lenckner/Winkelbauer*, CR 1986, 829; Schönke/Schröder-*Stree*, § 303a Rn. 3; Lackner/*Kühl*, § 303a Rn. 4; vgl. aber LK-*Tolksdorf*, § 303a Rn. 11, der die Bestimmung der Daten-

mäßige Benutzer eines mit einem Schutzmechanismus versehenen Werkexemplars gegen das Löschen, Unterdrücken, Unbrauchbarmachen und Verändern der darauf gespeicherten Daten geschützt.

Unterdrückt werden fremde Daten, wenn sie dem Zugriff des Verfügungsberechtigten entzogen werden und deshalb von ihm nicht mehr verwendet werden können.[238] So liegt eine vom Tatbestand des § 303a StGB erfasste Unterdrückung von Daten vor, wenn der Käufer oder Mieter eines Computerprogramms vor Ablauf des vereinbarten Überlassungszeitraums durch eine Programmsperre vom Zugang zum Programm ausgeschlossen wird.[239] Allerdings muss die Unterdrückung auch vorsätzlich geschehen, d. h. der Verwender der Programmsperre muss wissen oder für möglich halten, dass die Verfügungsbefugnis an den beeinträchtigten Daten einem anderen zusteht, und daher die Umstände kennen, aus denen die fremde Verfügungsbefugnis folgt.[240] Daran wird es regelmäßig fehlen, wenn der Rechtsinhaber bei Installation der Sperre nicht damit rechnen musste, dass der ursprüngliche Erwerber die Software ohne Hinweis auf die ihm bekannte Sperre weiterveräußert, und daher davon ausgeht, nur rechtswidrige Nutzungen des Programms zu verhindern.[241]

Wenn der Rechtsinhaber mit einer Programmsperre oder einer ähnlichen Zugangssperre ausnahmsweise vorsätzlich einem berechtigten Nutzer die Verwendung der gesperrten Daten entzieht, kann die Umgehung der Sperre demnach gemäß § 227 BGB als Notwehr gerechtfertigt sein, wenn die Umgehung zur Abwehr des vom Rechtsinhaber ausgehenden Angriffs auf die unversehrte Verwendbarkeit der Daten erforderlich ist.[242] Ein bloßer Kopierschutz, der dem berechtigten Nutzer die Verwendung der gespeicherten Daten nicht insgesamt unmöglich macht, sondern lediglich eine bestimmte Art der Verwendung (Übertragung auf einen anderen Datenträger) verhindert, dürfte hingegen kaum das Merkmal der Datenunterdrückung erfüllen, da die Daten als solche nicht dem Zugriff des Nutzers entzogen werden.[243] Auch werden keine dem Nutzer als eigene zuzuordnende Daten unbrauchbar gemacht, wenn die Informationsaufnahme nicht behindert, sondern nur die Vervielfältigung der gespeicherten

---

zuordnung mangels hinreichender gesetzlicher Anhaltspunkte als eine mit Art. 103 Abs. 2 GG unvereinbare „Art freier Rechtsfindung" bezeichnet.

[238] Amtl. Begr., BT-Drucks. 10/5058, S. 34 f.

[239] OLG Bremen WRP 1997, 573, 576; Schönke/Schröder-*Stree*, § 303a Rn. 4; *Fischer*, § 303a Rn. 10; zu einem einprogrammierten Selbstzerstörungsbefehl siehe *Lenckner/Winkelbauer*, CR 1986, 829.

[240] Vgl. *Fischer*, § 303a Rn. 14; LK-*Tolksdorf*, § 303a Rn. 36.

[241] Vgl. BGH GRUR 2000, 249, 250 f. – Programmsperre (zum Schädigungsvorsatz im Rahmen des § 826 BGB).

[242] Dass der Berechtigte in der Lage ist, die entzogenen Daten mit gewissem Aufwand wieder für sich nutzbar zu machen, steht der Annahme einer Datenunterdrückung i. S. d. § 303a StGB nicht entgegen, LK-*Tolksdorf*, § 303a Rn. 27.

[243] Das übersehen *Abdallah/Gercke/Reinert*, ZUM 2004, 37.

Information unterbunden wird.[244] Angesichts des im Hinblick auf Art. 103 Abs. 2 GG ohnehin bedenklich weiten Tatbestands ist insoweit eine restriktive Interpretation geboten.[245]

Einen Angriff auf das Rechtsgut der Unversehrtheit fremder Daten stellt der Einsatz technischer Maßnahmen folglich allenfalls dann dar, wenn eine Zugangssperre dem berechtigten Nutzer entgegen seinem Verfügungsrecht jegliche Verwendung des gespeicherten Werkes unmöglich macht. Hingegen erhält der Nutzer, der ein kopiergeschütztes Werkexemplar erwirbt, die digital gespeicherten Daten von vornherein nicht zur unbeschränkten Verwendung. Die Installation des Kopierschutzes wirkt daher nicht auf einen zunächst bestehenden, dem Nutzer zugewiesenen Datenbestand ein und erfüllt damit keine der Tatmodalitäten des § 303a StGB. Ein notwehrfähiger rechtswidriger Angriff auf das von dieser Vorschrift geschützte Rechtsgut liegt in diesem Fall nicht vor.

Auf eine Beeinträchtigung des Nutzerinteresses an einer ungestörten Ausübung der durch eine Schranke des Urheberrechts eingeräumten Nutzungsfreiheit kann ein Notwehr- oder Notstandsrecht ebenfalls nicht gestützt werden. Zwar setzt ein Angriff i.S.d. § 227 Abs. 2 BGB ebenso wie nach § 32 Abs. 2 StGB nicht die Verwirklichung eines Straftatbestands voraus.[246] Angriffe auf die allgemeine Handlungsfreiheit sind jedoch nur notwehrfähig, wenn der Angriff eine rechtswidrige Nötigung darstellt.[247] Das ist beim Einsatz technischer Maßnahmen zur Verhinderung urheberrechtlicher Nutzungshandlungen nicht der Fall. Denn durch den Einsatz einer solchen Maßnahme soll kein Unterlassen „erzwungen", also kein vom Nutzer geleisteter oder erwarteter Widerstand überwunden werden. Wird dem Nutzer nur ein durch die Anwendung technischer Schutzmaßnahmen eingeschränkter Zugang zu einem Werk gewährt, so wird dem Nutzer keine Handlungsmöglichkeit genommen. Es werden ihm lediglich die für die Ausübung seiner rechtlichen Nutzungsfreiheit erforderlichen Mittel nicht gewährt. Der Zwang besteht allein in dem Dulden der technischen Maßnahme, die die Vornahme bestimmter Nutzungshandlungen technisch nicht erlaubt. Das reicht für ein Erzwingen einer Unterlassung im Sinne des zweiaktigen Nötigungstatbestandes nicht aus.[248]

---

[244] Vgl. *Fischer*, § 303a Rn. 11: Eine nur geringfügige Beeinträchtigung der Programmnutzung durch eine Programmsperre sei kein Unbrauchbarmachen.

[245] Vgl. OLG Frankfurt a.M. MMR 2006, 547, 551.

[246] *Fischer*, § 32 Rn. 8; Schönke/Schröder-*Perron*, § 32 Rn. 4.

[247] *Fischer*, § 32 Rn. 9 m.w.N.; abweichend, aber ähnlich im Ergebnis, Schönke/Schröder-*Perron*, § 32 Rn. 5a.

[248] Vgl. *Fischer*, § 240 Rn. 6, 9; ferner OLG Frankfurt a.M. MMR 2006, 547, 550, das eine Nötigung durch eine „Onlineblockade" ablehnt, da sich deren Wirkung beim Opfer, dem User, in dem Umstand erschöpfe, dass er die blockierte Website nicht aufrufen kann, womit keine physische Beeinträchtigung verbunden sei.

Nach alledem kommt eine Rechtfertigung einer gegen § 95a Abs. 1 UrhG verstoßenden Umgehung technischer Schutzmaßnahmen auch dann nicht in Betracht, wenn sie allein zu dem Zweck erfolgt, eine urheberrechtlich zulässige Nutzungshandlung zu ermöglichen.[249] Ein Verstoß gegen § 95a Abs. 1 UrhG ist damit grundsätzlich auch rechtswidrig.

(4) Aktivlegitimation

Aktivlegitimiert für die Geltendmachung der Ansprüche aus § 823 Abs. 2 BGB ist der „andere", dessen Schutz die verletzte Rechtsnorm bezweckt.[250] Angesichts des Schutzzwecks ist dies bei Verstößen gegen § 95a Abs. 1 UrhG der Rechtsinhaber, der sich der technischen Schutzmaßnahme bedient.[251] Dabei gelten die gleichen Einschränkungen, wie sie oben allgemein für den Begriff des Rechtsinhabers i. S. d. § 95a Abs. 1 UrhG gemacht wurden.[252] Aktivlegitimiert ist daher nicht jeder Rechtsinhaber, dessen urheberrechtliche Befugnisse durch die eingesetzte Maßnahme abgesichert werden.[253] Als Anspruchsberechtigte kommen vielmehr nur diejenigen Inhaber urheber- oder leistungsschutzrechtlicher Ausschließlichkeitsrechte in Betracht, die selbst die technischen Maßnahmen zum Schutz ihrer Werke oder Leistungen einsetzen.[254] Das wird selten der Urheber selbst sein, der seine ausschließlichen Verwertungsrechte häufig von einer Verwertungsgesellschaft wahrnehmen lässt oder einem Verwerter (z. B. einem Verlag) ein ausschließliches Nutzungsrecht eingeräumt hat. Die Aktivlegitimation wird in der Regel vielmehr den Inhabern von Leistungsschutzrechten (insbesondere den Tonträgerherstellern) zustehen, die beim Angebot ihrer Leistung gegenüber dem Endnutzer technische Schutzmaßnahmen einsetzen.[255]

Ob darüber hinaus auch der Hersteller oder Betreiber der technischen Maßnahme aktivlegitimiert ist, der selbst über keine urheberrechtlichen Befugnisse hinsichtlich der geschützten Werke oder sonstigen Schutzgegenstände verfügt, ist fraglich.[256] Das wird für die nach § 95a Abs. 3 UrhG verbotenen Vorfeld-

---

[249] Ebenso *Arlt*, DRM, S. 125 f.

[250] Palandt-*Sprau*, § 823 Rn. 73; Hk-BGB-*Staudinger*, § 823 Rn. 148.

[251] BGH GRUR 2008, 996, 997 Tz. 16 – Clone-CD; OLG München GRUR-RR 2005, 372 – AnyDVD I mit zust. Anm. *Spindler* 369; Wandtke/Bullinger-*Wandtke/Ohst*, § 95a Rn. 92; Schricker-*Götting*, § 95a Rn. 41; ebenso im Ergebnis, aber auf der Grundlage des § 97 UrhG, *Pleister/Ruttig*, MMR 2003, 766.

[252] Siehe oben S. 451 ff.

[253] So aber *Wand*, S. 104, 170; *Arlt*, MMR 2005, 150; Loewenheim-*Peukert*, § 82 Rn. 30.

[254] Vgl. zur Aktivlegitimation für den Anspruch aus § 69f Abs. 2 UrhG die Amtl. Begr., BT-Drucks. 12/4022, S. 15: Der Anspruch stehe jedem Softwarehersteller zu, „der ein Programm mit dem entsprechenden Kopierschutz auf dem Markt hat".

[255] Bislang sind auf § 95a (Abs. 3) UrhG gestützte Klagen vor allem von Tonträgerherstellern erhoben worden, siehe dazu BGH GRUR 2008, 996 – Clone-CD; OLG München GRUR-RR 2005, 372 – AnyDVD I; OLG München GRUR-RR 2009, 85 – AnyDVD II.

[256] *Wand*, S. 104, hält eine dahingehende nationale Regelung für zulässig; für eine solche

handlungen teilweise angenommen, da es andernfalls für die Durchsetzung des Verbots an einem Kläger fehlte und das Verbot daher leerzulaufen drohte.[257] Jedenfalls für § 95a Abs. 1 UrhG ist eine Aktivlegitimation der Hersteller und Betreiber als solcher jedoch abzulehnen, da dies zu einer unbeabsichtigten Ausweitung des Umgehungsschutzes als „Paracopyright" führen würde.[258]

(5) Anspruchsinhalt

Nur der Rechtsinhaber, der selbst eine technische Schutzmaßnahme einsetzt, hat demnach gemäß §§ 823 Abs. 2, 1004 Abs. 1 S. 2 BGB einen verschuldensunabhängigen Unterlassungsanspruch gegen den Nutzer, der die Maßnahme zum Zwecke des Schrankengebrauchs umgeht. Bei Verschulden des Nutzers besteht grundsätzlich auch ein Anspruch auf Schadensersatz gemäß § 823 Abs. 2 BGB. Der Nachweis eines konkreten Schadens dürfte jedoch erhebliche Schwierigkeiten bereiten.[259] Ein Schaden des Rechtsinhabers kann insbesondere nicht darin gesehen werden, dass er die Entwicklungskosten für die eingesetzte Technologie (teilweise) nutzlos aufgewendet hat. Vorsorgemaßnahmen, die wie z. B. Alarmanlagen nicht die Verhinderung oder Abwehr eines unmittelbar bevorstehenden konkreten Eingriffs im Auge haben, sondern das Eigentum oder andere Rechtsgüter allgemein schützen sollen, sind grundsätzlich der Sphäre des Geschädigten zuzurechnen und stellen keinen ersatzfähigen Schaden dar, weil ihnen der Bezug zur konkreten Rechtsverletzung fehlt und sich der auf die einzelne Rechtsverletzung entfallende Anteil der aufgewandten Kosten ohnehin kaum ermitteln ließe.[260] Fraglich ist daher, ob Schadensersatz auch im Wege der Lizenzanalogie verlangt werden kann, wie dies für Verletzungen urheberrechtlicher Ausschließlichkeitsrechte schon bisher gewohnheitsrechtlich anerkannt war[261] und jetzt in § 97 Abs. 2 S. 3 UrhG n. F. ausdrücklich vorgesehen ist.

Ein Teil des Schrifttums hält eine Berechnung des Schadensersatzes auf der Grundlage fiktiver Lizenzgebühren bei einer unerlaubten Umgehung technischer Schutzmaßnahmen für zulässig.[262] Zweck solcher Maßnahmen sei es

---

Regelung aus rechtspolitischer Sicht auch *Dusollier*, EIPR 1999, 295; verfehlt *Spieker*, GRUR 2004, 481 f., der ausschließlich die Betreiber der Schutzmaßnahmen für aktivlegitimiert hält.

[257] *Pleister/Ruttig*, MMR 2003, 766; *Arlt*, MMR 2005, 150; a. A. Wandtke/Bullinger-*Wandtke/Ohst*, Rn. 93.

[258] *Lindhorst*, S. 120; Wandtke/Bullinger-*Wandtke/Ohst*, Rn. 92; im Ergebnis ebenso *Arlt*, MMR 2005, 150.

[259] So auch Schricker-*Götting*, § 95a Rn. 40.

[260] BGHZ 75, 230, 237 = NJW 1980, 119, 121; BGH NJW 1992, 1043, 1044; Staudinger-*Schiemann* (2005), § 249 Rn. 119. Zur Kritik an der von diesem Grundsatz abweichenden GEMA-Rechtsprechung *Schack*, UrhR, Rn. 692 f.; MüKo-*Oetker*, § 249 Rn. 200 m. w. N.

[261] Vgl. Schricker-*Wild*, § 97 Rn. 60; Möhring/Nicolini-*Lütje*, § 97 Rn. 177 f., jeweils m. w. N.

[262] HK-UrhR-*Dreyer*, § 95a UrhG Rn. 45; Loewenheim-*Peukert*, § 82 Rn. 6; Wandtke/Bullinger-*Wandtke/Ohst*, § 95a Rn. 89; *Hänel*, S. 180 f.; offen gelassen von Schricker-*Götting*, § 95a Rn. 40.

gerade, den Rechtsinhaber in die Lage zu versetzen, ein erhöhtes Entgelt für die Überwindung bestehender Zugangs- oder Nutzungskontrollen zu fordern.[263] Wenn sich ein Verletzer diese besseren Nutzungsmöglichkeiten durch Umgehung einer Zugangskontrolle verschaffe, bestehe der (mittelbare) Schaden daher in der durch die Beseitigung der Schutzvorrichtung möglichen Nutzung des Werkes durch eine Person, die ohne die Umgehung nicht in der Lage gewesen wären, den Schutzgegenstand zu nutzen.[264] Als Ersatz dieses Schadens könne folglich das Entgelt verlangt werden, das üblicherweise für diese Nutzungsmöglichkeit zu zahlen gewesen wäre.[265]

Wenn der Nutzer die Zugangskontrolle umgeht, um das geschützte Werk auf eine urheberrechtlich zulässige Weise zu nutzen, ist die Zulässigkeit einer solchen Schadensberechnung aber sehr problematisch. Durch § 95a Abs. 1 UrhG ist die Umgehung der Schutzmaßnahme sanktioniert, nicht die Nutzung des Schutzgegenstandes als solche. Letztere beurteilt sich ausschließlich nach den Vorschriften der §§ 15ff. i. V. m. §§ 44aff. UrhG. Die aufgrund einer Schranke urheberrechtlich zulässige Nutzung ist daher vom Schutzzweck der Norm auch dann nicht erfasst, wenn sie erst durch eine Umgehung einer technischen Maßnahme ermöglicht wird. Auf die für eine solche Nutzung üblicherweise zu entrichtende Gebühr kann daher anders als in § 97 Abs. 2 S. 3 UrhG nicht abgestellt werden. Die Lizenzanalogie ließe sich vielmehr nur auf die Fiktion stützen, dass der Rechtsinhaber dem Verletzer die Umgehung der Schutzmaßnahme erlaubt hätte und dieser zur Zahlung der für eine solche Zustimmung üblichen Gebühr bereit gewesen wäre.

Eine Schadensberechnung nach der Lizenzanalogie scheidet folglich in allen Fällen aus, in denen sich eine verkehrsübliche Lizenzgebühr nicht feststellen lässt, weil die Rechtsinhaber ihre Zustimmung zur Umgehung entsprechender Maßnahmen auch gegen Entgelt nicht erteilen. Zwar kommt es für die Verkehrsüblichkeit nicht auf die Verhältnisse gerade in der Branche an, in der die Beteiligten tätig sind, sondern darauf, ob das verletzte Ausschließlichkeitsrecht seiner Art nach vermögenswert genutzt wird oder zumindest genutzt werden kann.[266] Entscheidend für einen Ausschluss der Lizenzanalogie ist, dass das verletzte Recht gewöhnlich ein reines Abwehr- und Unterlassungsrecht des Rechtsinhabers und kein Verwertungsrecht im weiteren Sinne darstellt.[267] Genau das

---

[263] Loewenheim-*Peukert*, § 82 Rn. 15.

[264] HK-UrhR-*Dreyer*, § 95a UrhG Rn. 45. Das soll sogar für die in § 95b Abs. 1 S. 1 UrhG genannten Schrankenbegünstigten gelten, wenn eine gerichtliche Geltendmachung des Anspruchs aus § 95b Abs. 2 UrhG aufgrund des damit verbundenen Aufwands nicht in Betracht kommt.

[265] Loewenheim-*Peukert*, § 82 Rn. 15.

[266] Dreier/Schulze-*Dreier*, § 97 Rn. 61; Möhring/Nicolini-*Lütje*, § 97 Rn. 181; ebenso zum Namensrecht BGHZ 60, 206, 211 = GRUR 1973, 375, 377 – Miss Petite; MüKo-*Bayreuther*, § 12 Rn. 244; zum Geschmacksmusterrecht BGH NJW-RR 2006, 184, 186 – Catwalk.

[267] Möhring/Nicolini-*Lütje*, § 97 Rn. 181.

ist bei den meisten in der Praxis eingesetzten Kopierschutzmaßnahmen auf physischen Werkträgern (CDs, DVDs) aber der Fall. Hier gibt es mangels faktischer Durchsetzbarkeit keine Lizenzpraxis für die Zustimmung zur Umgehung der auf den Werkträgern installierten Kopierschutzmechanismen. Üblicherweise dient der Kopierschutz gerade dazu, jegliche Vervielfältigung der geschützten Werkträger zu unterbinden, um zu verhindern, dass sich ein Nutzer durch eine Kopie den Kauf eines weiteren Werkexemplars erspart.

Schadensersatz in Form einer angemessenen Lizenzgebühr kommt danach von vornherein nur bei der Umgehung solcher Maßnahmen in Betracht, die sicherstellen sollen, dass der Nutzer nach Zahlung eines zusätzlichen Entgelts für die Vornahme bestimmter (als Schrankengebrauch gesetzlich zulässiger) Nutzungshandlungen den dafür erforderlichen Zugang zum Werk erhält, etwa durch Überlassung eines Schlüssels oder Passworts. Auch insoweit ist aber fraglich, ob die für die Verletzung ausschließlicher Rechte entwickelte Schadensberechnung nach der Lizenzanalogie auf Verstöße gegen das Umgehungsverbot übertragen werden kann. Zwar ließe sich die zur Begründung der Lizenzanalogie herangezogene Billigkeitserwägung, dass der Verletzer eines Ausschließlichkeitsrechts nicht besser stehen solle, als er im Falle einer ordnungsgemäß eingeholten Erlaubnis durch den Rechtsinhaber gestanden hätte,[268] durchaus auf Verstöße gegen das Umgehungsverbot übertragen. Denn bei der Einholung der nach § 95a Abs. 1 UrhG erforderlichen Zustimmung zur Umgehung der technischen Maßnahme hätte er die vom Rechtsinhaber verlangte Gebühr entrichten müssen.

Dennoch begegnet die Anwendung der Lizenzanalogie auf die Verletzung reiner Verhaltensnormen dogmatischen Bedenken.[269] Denn Grundlage der Lizenzanalogie ist ein rechtswidriger Eingriff in eine dem Verletzten ausschließlich zugewiesene Benutzungsbefugnis.[270] Zulässig ist die Berechnung des Schadens anhand einer angemessenen Lizenzgebühr daher nur bei Eingriffen in fremde Ausschließlichkeitsrechte, nicht bei der Verletzung eines bloßen Zustimmungserfordernisses. Dies gilt unabhängig davon, ob man die angemessene Lizenzgebühr als echten Schadensersatz begreift[271] oder die Nähe zur Eingriffskondiktion gemäß § 812 Abs. 1 S. 1, 2. Alt. BGB betont.[272] In jedem Fall besteht

---

[268] BGHZ 20, 345, 353 – Paul Dahlke; BGH GRUR 1990, 1008, 1009 – Lizenzanalogie; BGH NJW-RR 2006, 184, 185 – Catwalk; *Rehbinder*, UrhR, Rn. 922; *Schack*, UrhR, Rn. 689; Schricker-*Wild*, § 97 Rn. 60.

[269] Gegen eine Anwendung der Lizenzanalogie bei Wettbewerbsverstößen daher *Stieper*, WRP 2006, 295 Fn. 53, gegen BGH GRUR 1993, 757, 759 – Kollektion Holiday.

[270] Vgl. BGHZ 169, 340, 344 = GRUR 2007, 139, 140f. Tz. 12 – Rücktritt des Finanzministers (zum Recht am eigenen Bild).

[271] So Dreier/Schulze-*Dreier*, § 97 Rn. 59, 61; *Schack*, UrhR, Rn. 689.

[272] So BGH NJW-RR 2006, 184, 186 – Catwalk: Der Sache nach handele es sich bei dieser Berechnung „um einen dem Bereicherungsanspruch nach §§ 812 I 1 Alt. 2, 818 II BGB entsprechenden Anspruch"; Möhring/Nicolini-*Lütje*, § 97 Rn. 178; Schricker-*Wild*, § 97 Rn. 60;

der zu ersetzende Schaden im objektiven Nutzungswert, den der Verletzer auf Kosten des Rechtsinhabers erlangt.[273] So beruht der ebenfalls auf Herausgabe einer angemessenen Lizenzgebühr gerichtete Bereicherungsanspruch gemäß §§ 812 Abs. 1 S. 1 Var. 2, 818 Abs. 2 BGB darauf, dass der Verletzer durch einen rechtswidrigen Eingriff in den Zuweisungsgehalt eines fremden Ausschließlichkeitsrechts den Gebrauch des immateriellen Schutzgegenstandes erlangt hat.[274] Denn Gegenstand der Güterzuweisung ist bei den gewerblichen Schutzrechten wie beim Urheberrecht die dem Rechtsinhaber vorbehaltene ausschließliche Benutzungsbefugnis.[275]

Eine solche Güterzuweisung an eine bestimmte Person im Sinne einer ausschließlichen Benutzungsbefugnis enthält das Umgehungsverbot des § 95a Abs. 1 UrhG gerade nicht.[276] Es fehlt daher an einem objektiven Nutzungswert, der dem geschützten Rechtsinhaber allein durch die Umgehung einer technischen Schutzmaßnahme entzogen werden könnte. Ein Schadensersatzanspruch auf angemessene Lizenzgebühr gemäß § 823 Abs. 2 BGB scheidet bei einem Verstoß gegen das Umgehungsverbot in § 95a Abs. 1 UrhG folglich aus.[277] Ein solcher Anspruch kommt nur auf der Grundlage des § 97 Abs. 2 S. 2 UrhG in Betracht, wenn die Umgehung auch zur Verletzung eines ausschließlichen urheberrechtlichen Verwertungsrechts geführt hat. Im Übrigen kann eine entsprechende Nutzungsgebühr allenfalls auf vertraglicher Grundlage verlangt werden, sofern eine solche Klausel zwischen dem Anwender der umgangenen technischen Maßnahme und dem Nutzer im Rahmen des § 307 Abs. 1 BGB wirksam vereinbart worden ist.

c. Vernichtung von Vervielfältigungsstücken

Weiterhin ist fraglich, ob der Rechtsinhaber von einem Nutzer, der die technische Maßnahme umgangen hat, um eine – insbesondere nach § 53 UrhG – urheberrechtlich zulässige Vervielfältigung herzustellen, die Vernichtung des hergestellten Vervielfältigungsstücks verlangen kann. Als Anspruchsgrundlage kommt dafür zunächst § 98 Abs. 1 S. 1 UrhG in Betracht, wonach der Verletzer zur Vernichtung der in seinem Besitz oder Eigentum befindlichen rechtswidrig

---

Staudinger-*Schiemann* (2005), § 249 Rn. 201; MüKo-*Bayreuther*, § 12 Rn. 244; MüKo-*Oetker*, § 252 Rn. 55; vgl. auch HK-UrhR-*Meckel*, § 97 UrhG Rn. 72.

[273] BGHZ 77, 16, 25 = NJW 1980, 2522, 2524 – Tolbutamid; BGH GRUR 2006, 136, 137 Tz. 23, 26 – Pressefotos; BGH GRUR 2009, 407, 409 Tz. 22 – Whistling for a train; BGH GRUR 2009, 660 f. Tz. 13 – Resellervertrag; *Schack*, UrhR, Rn. 689; Dreier/Schulze-*Dreier*, § 97 Rn. 61.

[274] BGHZ 82, 299, 306 = NJW 1982, 1154, 1155 – Kunststoffhohlprofil II; Schricker-*Wild*, § 97 Rn. 86; *Schack*, UrhR, Rn. 713.

[275] BGHZ 82, 299, 306 = NJW 1982, 1154, 1155 – Kunststoffhohlprofil II; *Schack*, UrhR, Rn. 713.

[276] Siehe oben S. 469.

[277] So auch Fromm/Nordemann-*Czychowski*, § 95a UrhG Rn. 52.

hergestellten Vervielfältigungsstücke verpflichtet ist.[278] Nach dem eindeutigen Wortlaut der in Umsetzung der Durchsetzungs-RL geänderten Vorschrift sind aber nur solche Vervielfältigungsstücke „rechtswidrig hergestellt", durch deren Herstellung der Verletzter „das Urheberrecht oder ein anderes nach diesem Gesetz geschütztes Recht" verletzt hat. An einer solchen Rechtsverletzung und damit einer rechtswidrigen Herstellung fehlt es, wenn die durch Umgehung der technischen Schutzmaßnahme ermöglichte Vervielfältigung aufgrund einer Schrankenregelung urheberrechtlich zulässig ist.[279] Denn die Vervielfältigung als solche wird nicht dadurch rechtswidrig, dass zu ihrer Herstellung eine technische Schutzmaßnahme umgangen wurde.[280] Ein Anspruch aus § 98 Abs. 1 S. 1 UrhG allein wegen Umgehung der technischen Schutzmaßnahme scheidet aber aus, weil es insoweit an der Verletzung eines absolut geschützten Rechts fehlt.[281] Wie bei § 97 UrhG kommt mangels planwidriger Regelungslücke auch eine analoge Anwendung nicht in Betracht.[282]

Allenfalls kann der Rechtsinhaber die Vernichtung daher als Form der Beseitigung gemäß §§ 823 Abs. 2, 1004 Abs. 1 S. 1 BGB verlangen.[283] Das setzt aber voraus, dass durch die Vernichtung des Vervielfältigungsstücks eine fortdauernde Beeinträchtigung eines durch § 95a Abs. 1 UrhG geschützten Interesses des Rechtsinhabers beseitigt würde.[284] Allein der Besitz oder das Eigentum an Vervielfältigungsstücken, deren Herstellung durch die Umgehung einer technischen Schutzmaßnahme ermöglicht wurde, stellt jedoch keine Verletzung des Umgehungsverbots nach § 95a Abs. 1 UrhG dar. Ein dauerhafter rechtswidriger Zustand wird durch die unerlaubte Umgehung einer technischen Schutzmaßnahme allenfalls insoweit geschaffen, als eine Zugangssperre oder eine ähnliche Schutzvorrichtung dauerhaft beseitigt oder unbrauchbar gemacht wird. Als Beseitigung dieses Zustands kann die Wiederherstellung der Schutzvorrichtung geschuldet sein, soweit diese verhältnismäßig und dem Verletzer zumutbar ist. Ein Anspruch auf Vernichtung rechtmäßig hergestellter Vervielfältigungsstücke kommt jedoch nicht in Betracht.

---

[278] Für eine Anwendung des § 98 UrhG Schricker-*Götting*, § 95a Rn. 40; Wandtke/Bullinger-*Wandtke/Ohst*, § 95a Rn. 90; *Hertin*, Rn. 234; *Arnold/Timmann*, MMR 2008, 290 (die insoweit irrig von „allgemeiner Meinung" sprechen). Eine analoge Anwendung befürwortet Fromm/Nordemann-*Czychowski*, § 95a UrhG Rn. 54.

[279] So zu § 98 UrhG a.F. bereits *Arlt*, MMR 2005, 151; a.A. Loewenheim-*Peukert*, § 82 Rn. 21; Hoeren/Sieber-*Bechtold*, Kap. 7.7 Rn. 35.

[280] Siehe oben S. 467.

[281] HK-UrhR-*Dreyer*, § 95a Rn. 43; *Schack*, UrhR, Rn. 732l; vgl. oben S. 468f.

[282] Ebenso zu § 98 UrhG a.F. *Arlt*, MMR 2005, 151.

[283] Auch § 98 UrhG lässt sich als Beseitigungsanspruch deuten, vgl. *von Gamm*, § 98 Rn. 2; *Schack*, UrhR, Rn. 707.

[284] Vgl. Palandt-*Sprau*, Einf v § 823 Rn. 29.

d. Ergebnis

Wenn ein Nutzer eine von einem Rechtsinhaber eingesetzte technische Schutzmaßnahme umgeht, um eine nach §§ 44aff. UrhG zulässige Nutzungshandlung zu ermöglichen, hat der Rechtsinhaber gemäß § 1004 Abs. 1 i. V. m. 823 Abs. 2 BGB einen Anspruch auf Unterlassung weiterer Umgehungen. Daneben besteht bei Verschulden des Nutzers auch ein Anspruch auf Ersatz des durch die Umgehung konkret entstandenen Schadens. Eine Schadensberechnung auf der Grundlage fiktiver Lizenzgebühren kommt nicht in Betracht, ebenso wenig ein Anspruch auf Vernichtung von Vervielfältigungsstücken, deren Herstellung durch die Umgehung ermöglicht wurde. Da ein konkreter Schaden des Rechtsinhabers kaum nachweisbar sein wird, wenn der Nutzer mit der Umgehung lediglich die Ausübung urheberrechtlicher Schranken ermöglicht hat, beschränken sich die zivilrechtlichen Folgen damit regelmäßig auf einen Unterlassungsanspruch.

2. *Strafbarkeit des Nutzers*

Daneben ist die gegen § 95a Abs. 1 verstoßende Umgehung technischer Schutzmaßnahmen gemäß § 108b Abs. 1 Nr. 1 UrhG auch strafrechtlich sanktioniert. Eine Ausnahme besteht nur für solche Umgehungshandlungen, die „ausschließlich zum eigenen privaten Gebrauch des Täters oder mit dem Täter persönlich verbundener Personen" vorgenommen werden. Hierbei handelt es sich nicht um einen Rechtfertigungsgrund, sondern um ein (negatives) Tatbestandsmerkmal.[285] Damit handelt ein Nutzer nicht tatbestandsmäßig, wenn er eine technische Schutzmaßnahme umgeht, um eine nach § 53 Abs. 1 UrhG zulässige Vervielfältigung zu privaten Zwecken zu ermöglichen. Vervielfältigungen zum sonstigen eigenen Gebrauch, die nach § 53 Abs. 2 und 3 UrhG urheberrechtlich ebenfalls privilegiert sind, werden vom Ausschluss der Strafbarkeit hingegen nicht erfasst.[286] Indem § 108b Abs. 1 Nr. 1 UrhG auf den „eigenen" privaten Gebrauch abstellt, wird nicht auf den sonstigen eigenen Gebrauch i. S. d. § 53 Abs. 2 UrhG Bezug genommen,[287] sondern nur klargestellt, dass der private Gebrauch sowohl durch den Täter selbst als auch durch die mit ihm persönlich verbundenen Personen von der Strafbarkeit ausgenommen wird.[288]

Ebenfalls strafbar macht sich, wer mit der Umgehung sonstige, nicht allein privaten Zwecken dienende Nutzungshandlungen ermöglichen will. Insbeson-

---

[285] Loewenheim-*Flechsig*, § 90 Rn. 125; Wandtke/Bullinger-*Hildebrandt*, § 108b Rn. 6; *Arlt*, DRM, S. 226; a. A. Hoeren/Sieber-*Bechtold*, Kap. 7.7 Rn. 55: objektive Bedingung der Strafbarkeit; Schricker-*Vassilaki*, § 108b Rn. 12: Strafausschließungsgrund „sui generis".

[286] A. A. Hoeren/Sieber-*Bechtold*, Kap. 7.7 Rn. 56.

[287] So aber Hoeren/Sieber-*Bechtold*, Kap. 7.7 Rn. 56 in Fn. 2.

[288] Ebenso wohl Fromm/Nordemann-*Ruttke/Scharringhausen*, § 108b UrhG Rn. 16; Schricker-*Vassilaki*, § 108b Rn. 12, wonach das Merkmal des „privaten Gebrauchs" an den entsprechenden Begriff in § 53 UrhG anknüpft.

dere eine Umgehung, die eine urheberrechtlich zulässige Verbreitung oder öffentliche Zugänglichmachung ermöglichen soll, erfolgt definitionsgemäß nicht zum privaten Gebrauch. Insoweit führt die Ermöglichung des Schrankengebrauchs durch Umgehung einer wirksamen Schutzmaßnahme bei entsprechendem Vorsatz des Nutzers[289] immer zu dessen Strafbarkeit.[290] Eine Rechtfertigung durch die Schrankenbestimmung, deren Gebrauch die Umgehung ermöglichen soll, scheidet ebenso aus wie im Rahmen des § 823 Abs. 2 UrhG.[291]

3. Verhältnis zum Umgehungsschutz nach dem ZKDSG

In Bezug auf Zugangskontrollen besteht ein Umgehungsschutz auch nach dem Zugangskontrolldiensteschutz-Gesetz von 2002,[292] das die Zugangskontrolldienste-RL[293] in deutsches Recht umgesetzt hat. Fraglich ist, wie sich dieser Schutz zum Umgehungsschutz nach § 95a UrhG verhält. Nach Ansicht des Gesetzgebers sollte das ZKDSG dem Umgehungsschutz nach der Info-RL nicht vorgreifen.[294] Das Gesetz soll gemäß § 1 ZKDSG Zugangskontrolldienste, also technische Verfahren oder Vorrichtungen, die die erlaubte Nutzung eines zugangskontrollierten Dienstes ermöglichen (§ 2 Nr. 2 ZKDSG), gegen unerlaubte Eingriffe schützen. Als zugangskontrollierte Dienste kommen dabei gemäß § 2 Nr. 1 ZKDSG nur entgeltlich erbrachte Rundfunksendungen (Pay-TV[295]), Tele- und Mediendienste in Betracht, die verschlüsselt übertragen bzw. verschlüsselt im Internet bereit gehalten werden.[296] Technische Verfahren und Vorrichtungen, die dazu bestimmt sind, die unerlaubte Nutzung solcher Dienste zu ermöglichen, dürfen gemäß § 3 ZKDSG nicht hergestellt, verbreitet oder zu gewerblichen Zwecken besessen werden. Bei Verstößen gegen § 3 ZKDSG hat der An-

[289] Für den Vorsatz ist neben dem subjektiven Merkmal des § 95a Abs. 1 UrhG in Form des dolus directus 1. Grades auch die Kenntnis der fehlenden Zustimmung des Rechtsinhabers erforderlich, Dreier/Schulze-*Dreier*, § 108b Rn. 4; Schricker-*Vassilaki*, § 108b Rn. 10.

[290] Daneben sieht *Arlt*, DRM, S. 227f., auch den Tatbestand des § 303a StGB als erfüllt an. Dabei wird aber nicht deutlich, ob er als verletzten Datenbestand die Informationen des DRM-Systems oder die von diesem geschützten digitalen Inhalte ansieht. Bei einer bloßen Umgehung einer Schutzmaßnahme ohne deren dauerhafte Entfernung dürfte es sowohl an einer Beeinträchtigung der Daten des DRM-Systems als auch an einem Eingriff in die urheberrechtlich geschützten Inhalte fehlen, deren Verwendung durch den Rechtsinhaber nicht beeinträchtigt wird. Auch der Tatbestand des § 202a Abs. 1 StGB ist bei Überwindung eines bloßen Kopierschutzes nicht erfüllt, dazu *Fischer*, § 202a Rn. 7 m. w. N.

[291] Siehe dazu oben S. 475ff.

[292] Gesetz über den Schutz von zugangskontrollierten Diensten und von Zugangskontrolldiensten vom 19. 3. 2002, BGBl. I S. 1090.

[293] Richtlinie 98/84/EG des Europäischen Parlaments und des Rates vom 20. 11. 1998 über den rechtlichen Schutz von zugangskontrollierten Diensten und von Zugangskontrolldiensten, ABl. EG 1998 Nr. L 320/54.

[294] Amtl. Begr., BT-Drucks. 14/7229, S. 7.

[295] Das ZKDSG wird daher als „lex Premiere" bezeichnet, HK-UrhR-*Dreyer*, vor §§ 95aff. UrhG Rn. 12; *Schack*, UrhR, Rn. 732g.

[296] Vgl. Amtl. Begr., BT-Drucks. 14/7229, S. 7.

bieter des betroffenen Zugangskontrolldienstes gemäß §§ 823 Abs. 2, 1004 BGB Anspruch auf Unterlassung und Schadensersatz.[297]

Der Begriff der Zugangskontrolldienste i.S.d. ZKDSG ist damit ein anderer als der der Zugangskontrolle im Sinne des § 95a UrhG. Zum einen dienen Zugangskontrolldienste der Verhinderung des unberechtigten Zugangs zu einem technischen System, etwa zu einem Server, aber nicht zu einem einzelnen Werkinhalt.[298] Das ZKDSG schützt nicht die übermittelten Inhalte, sondern die kommerziellen Interessen des Diensteanbieters als solchen.[299] Zugangskontrollen auf körperlichen Werkstücken wie CDs oder DVDs werden von § 3 ZKDSG deshalb nicht erfasst. Zugangskontrolldienste werden gegen die Verbreitung von Umgehungsmitteln auch unabhängig davon geschützt, ob der zugangskontrollierte Dienst urheberrechtlich geschützte Werke oder Leistungen zum Inhalt hat.[300] Vor allem aber sieht das ZKDSG keinen unmittelbaren Schutz gegen Umgehungshandlungen vor.[301] Eine Überschneidung des Umgehungsschutzes nach dem ZKDSG mit dem nach § 95a UrhG kommt also nur in Bezug auf die nach § 95a Abs. 3 UrhG verbotenen Vorbereitungshandlungen in Betracht. Insoweit können die beiden Schutzinstrumente parallel zur Anwendung kommen, wenn der Rechtsinhaber selbst Betreiber eines zugangskontrollierten Dienstes und damit für die Geltendmachung eines Verstoßes gegen § 3 ZKDSG aktivlegitimiert ist.[302] Dies kommt insbesondere bei zugangskontrollierten Rundfunkdarbietungen nach § 2 Nr. 1 lit. a ZKDSG in Betracht, soweit dem Veranstalter als Sendeunternehmen ein ausschließliches Leistungsschutzrecht nach § 87 Abs. 1 UrhG zusteht. Einen Konflikt mit §§ 95a Abs. 1, 95b UrhG hinsichtlich der Umgehung zum Schrankengebrauch kann es jedoch nicht geben, da § 95b keine Verpflichtung zur Unterstützung des Schrankenbegünstigten bei Vorbereitungshandlungen enthält und zudem das Bestehen eines rechtmäßigen Zugangs zum Werk oder sonstigen Schutzgegenstand voraussetzt.[303]

---

[297] Amtl. Begr., BT-Drucks. 14/7229, S. 7; Hoeren/Sieber-*Bechtold*, Kap. 7.7 Rn. 89, 92.

[298] *Arlt*, GRUR 2004, 553f., vergleicht den Zugangskontrolldienst mit der verschlossenen Eingangstür einer Bibliothek.

[299] KOM(2003) 198 endg. vom 24. 4. 2003, S. 9 – Rechtlicher Schutz elektronischer Bezahldienste; Loewenheim-*Peukert*, § 33 Rn. 27; *Schack*, UrhR, Rn. 732g.

[300] Hoeren/Sieber-*Bechtold*, Kap. 7.7 Rn. 93.

[301] HK-UrhR-*Dreyer*, vor §§ 95aff. UrhG Rn. 16; Loewenheim-*Peukert*, § 33 Rn. 27 mit Fn. 79.

[302] *Schack*, UrhR, Rn. 732g; Hoeren/Sieber-*Bechtold*, Kap. 7.7 Rn. 94; Fromm/Nordemann-*Czychowski*, vor §§ 95aff. UrhG Rn. 37; Loewenheim-*Peukert*, § 33 Rn. 28 m.w.N.; a.A. *Arlt*, GRUR 2004, 554: Beim Angebot urheberrechtlich geschützter Inhalte seien §§ 95aff. UrhG lex specialis.

[303] Loewenheim-*Peukert*, § 33 Rn. 29; vgl. auch Hoeren/Sieber-*Bechtold*, Kap. 7.7 Rn. 95.

III. Durchsetzung des Schrankengebrauchs

Ein Nutzer, der eine vom Rechtsinhaber angewendete wirksame technische Schutzmaßnahme umgeht, um eine aufgrund einer Schranke urheberrechtlich zulässige Nutzung vorzunehmen, ist einem Unterlassungs- und ggf. auch einem Schadensersatzanspruch des Rechtsinhabers ausgesetzt und macht sich – soweit die Nutzung nicht zu privaten Zwecken erfolgt – durch die Umgehung sogar strafbar. Um auf rechtmäßige Weise von der durch eine Schranke eingeräumten Nutzungsfreiheit Gebrauch machen zu können, müsste er die Zustimmung des Rechtsinhabers zur Umgehung einzuholen, was praktisch kaum möglich sein dürfte. Als Ausgleich für die damit verbundene Beschränkung des Schrankengebrauchs verpflichtet Art. 6 Abs. 4 Unterabs. 1 Info-RL die Mitgliedstaaten für den Fall, dass die Rechtsinhaber keine freiwilligen Maßnahmen ergreifen, zur Schaffung „geeigneter Maßnahmen", um sicherzustellen, dass die Rechtsinhaber den durch bestimmte Schranken Begünstigten die zum Schrankengebrauch erforderlichen Mittel zur Verfügung stellen.

1. Verpflichtung der Rechtsinhaber gemäß § 95b Abs. 1 UrhG

In Deutschland ist die Vorgabe von Art. 6 Abs. 4 Unterabs. 1 Info-RL durch § 95b Abs. 1 UrhG umgesetzt worden, der eine Verpflichtung der Rechtsinhaber begründet, den von den dort genannten Schranken Begünstigten die für den Schrankengebrauch jeweils erforderlichen Mittel zur Verfügung zu stellen. Wenn der Rechtsinhaber diese Pflicht nicht von sich aus erfüllt, besteht gemäß § 95b Abs. 2 UrhG ein darauf gerichteter Individualanspruch des Schrankenbegünstigten. In seinem Anwendungsbereich begründet § 95b Abs. 2 UrhG damit erstmals ein subjektives Recht der Schrankenbegünstigten im Hinblick auf die Ausübung der von den Schranken des Urheberrechts gewährten Nutzungsfreiheit.[304]

a. Voraussetzungen der Verpflichtung

Voraussetzung für die Verpflichtung aus § 95b Abs. 1 S. 1 UrhG ist in Übereinstimmung mit Art. 6 Abs. 4 Unterabs. 1 Info-RL allerdings, dass der Schrankenbegünstigte „rechtmäßig Zugang" zum Werk oder sonstigen Schutzgegenstand hat. Der Schrankenbegünstigte kann sich also nicht auf § 95b Abs. 1 UrhG berufen, um Zugang zu einem Vervielfältigungsstück zu erhalten, um es danach in Wahrnehmung seiner urheberrechtlichen Nutzungsfreiheit zu verwenden.[305] Für interaktive Angebote auf vertraglicher Basis, bei denen dem Nutzer kein

[304] Siehe dazu bereits oben S. 167.

[305] Dreier/Schulze-*Dreier*, § 95b Rn. 9; Loewenheim-*Peukert*, § 36 Rn. 9; Schricker-*Götting*, § 95b Rn. 11; Fromm/Nordemann-*Czychowski*, § 95b UrhG Rn. 13; *Dusollier*, IIC 2003, 71; *Lindhorst*, S. 126; *Koch*, S. 232; vgl. bereits oben S. 438 ff.

Vervielfältigungsstück zur dauerhaften Nutzung übermittelt wird, stellt dies § 95b Abs. 3 UrhG ausdrücklich klar. Der Nutzer eines solchen interaktiven Dienstes kann danach vom Anbieter nicht verlangen, dass ihm der Download des angebotenen Werkes ermöglicht wird, um das auf diese Weise auf dem heimischen Rechner hergestellte Vervielfältigungsstück im Rahmen der Schranken nutzen zu können.[306]

Im Übrigen ist aber problematisch, wann ein Nutzer rechtmäßig Zugang zu einem Werk i.S.d. § 95b Abs. 1 S. 1 UrhG hat. Der Begriff des rechtmäßigen Zugangs wird weder in den Gesetzgebungsmaterialien zum UrhG noch in der Info-RL erläutert. Das Schrifttum bietet zu dieser Frage kein einheitliches Bild. Manche stellen auf den rechtmäßigen Besitz eines Vervielfältigungsstücks ab.[307] Andere schlagen vor, einen Zugang nur dann als unrechtmäßig anzusehen, wenn er vom Rechtsinhaber wegen Verstoßes gegen § 19a UrhG oder aufgrund allgemeiner Vorschriften untersagt werden kann.[308] Gestohlene Vervielfältigungsstücke seien davon nicht erfasst, da lediglich deren Eigentümer, nicht jedoch der Rechtsinhaber den Zugang untersagen könne.[309]

Problematisch am zweiten Ansatz ist, dass der Zugang zum Werk als solcher nicht Gegenstand eines ausschließlichen Verwertungsrechts des Urhebers ist.[310] Den Zugang selbst kann der Rechtsinhaber daher aufgrund seines Urheberrechts nicht verbieten, sondern allenfalls die Nutzungshandlung, die den Zugang ermöglicht. Bei online zur Verfügung gestellten Werken wäre dies der Abruf des öffentlich zugänglich gemachten Werkes, der nur dann in ein Verwertungsrecht des Rechtsinhabers eingreift, wenn man § 19a UrhG als zweiaktigen Tatbestand auffasst und daher auch die Übermittlung des Werkes an den Nutzer vom Recht der öffentlichen Zugänglichmachung erfasst wird.[311] Bei einer körperlichen Verwertung des Werkes käme es auf die Zulässigkeit der Verbreitungshandlung an, durch die der Nutzer den Besitz am verwendeten Vervielfältigungsstück erlangt. Nach Eintritt der Erschöpfung gemäß § 17 Abs. 2 UrhG hätte folglich jeder, der auf irgendeine Weise in den Besitz eines im Verkehr befindlichen Vervielfältigungsstücks gelangt ist, rechtmäßigen Zugang zum Werk i.S.d. § 95b Abs. 1 UrhG und damit einen Anspruch gegen den Rechtsinhaber auf Überlassung der für den Schrankengebrauch erforderlichen Mittel.

---

[306] Siehe dazu oben S. 220 f.; a. A. *Hertin*, Rn. 301: Wenn ein Zeitschriftenverlag einen wissenschaftlichen Beitrag mit Zugangscode ins Internet stelle, könne eine Universität, die den Beitrag gemäß § 52a UrhG lizenzfrei in ihr Intranet aufnehmen möchte, den Verlag gerichtlich dazu zwingen, ihr den Zugang zu eröffnen.

[307] So Schricker-*Götting*, § 95b Rn. 11; Dreier/Schulze-*Dreier*, § 95b Rn. 9.

[308] Loewenheim-*Peukert*, § 36 Rn. 8; *Koch*, S. 231 f.

[309] Loewenheim-*Peukert*, § 36 Rn. 8 Fn. 30.

[310] So zutreffend *Arlt*, DRM, S. 127.

[311] Dazu *Schack*, GRUR 2007, 640 m. w. N. Die beim Download vorgenommene Vervielfältigung des Werkes ist regelmäßig von § 53 Abs. 1 UrhG gedeckt.

Wenn der Nutzer das für die Schrankennutzung verwendete Vervielfältigungsstück rechtswidrig erlangt hat, wäre es jedoch verfehlt, dem Nutzer über die urheberrechtliche Privilegierung hinaus noch einen Anspruch gegen den Rechtsinhaber auf Ermöglichung des Schrankengebrauchs zu gewähren. Dass sich ein Nutzer, der sich die Kopiervorlage rechtswidrig verschafft hat, nicht auf die urheberrechtliche Privilegierung seiner Handlung berufen kann, ist für § 53 UrhG Abs. 1 anerkannt,[312] muss aber auch für andere Schranken gelten, welche die Verwendung eines konkreten Vervielfältigungsstücks als Vorlage voraussetzen.[313] Insoweit ist der Nutzer kein Begünstigter der jeweiligen Schranke, so dass eine Anwendung des § 95b Abs. 1 UrhG bereits aus diesem Grund ausscheidet. Auch wenn man für den Schrankentatbestand als solchen nicht auf außerhalb des Urheberrechts liegende Wertungen zurückgreift,[314] kann der Rechtsinhaber jedenfalls nicht dazu verpflichtet werden, selbst zur Intensivierung des rechtswidrigen Zustands beizutragen, indem er dem Nutzer weitere Nutzungsmöglichkeiten verschafft. Auf § 95b Abs. 1 UrhG kann sich daher nur berufen, wer die Möglichkeit des Werkgenusses auf eine Art und Weise erlangt hat, die nicht gegen die Rechtsordnung verstößt.[315]

Rechtmäßigen Zugang hat also jedenfalls, wer auf rechtmäßige Weise Besitz an einem Vervielfältigungsstück des Werkes erlangt hat, unabhängig davon, ob ihm das Vervielfältigungsstück vom Rechtsinhaber oder (wegen § 17 Abs. 2 UrhG urheberrechtlich zulässig) von einem Dritten überlassen wurde oder er das Vervielfältigungsstück aufgrund eines zulässigen Abrufs aus dem Internet selbst hergestellt hat.[316] Die Anspruchsberechtigung nach §§ 95b Abs. 1 und 2 UrhG deckt sich daher mit der „Berechtigung" im Sinne der §§ 55a, 69d Abs. 1 und 87e UrhG, die als privilegierten Benutzer ebenfalls jeden Adressaten einer urheberrechtlich zulässigen Distributionshandlung erfassen.[317] Der in diesem Sinne berechtigte Besitzer eines Vervielfältigungsstücks hat danach Anspruch darauf, dass ihm die erforderlichen Mittel zur Überwindung einer das konkrete

---

[312] KG GRUR 1992, 168, 169 – Dia-Kopien; *Schack*, UrhR, Rn. 495a; HK-UrhR-*Dreyer*, § 53 UrhG Rn. 21; siehe bereits oben S. 439.

[313] So auch HK-UrhR-*Dreyer*, § 95b Rn. 16.

[314] So wird man das Zitieren eines fremden Werkes im Rahmen des § 51 UrhG nicht allein deshalb als urheberrechtswidrig ansehen können, weil der Zitierende ein zum Nachschlagen des Zitats benötigtes Exemplar des zitierten Werkes gestohlen hat.

[315] HK-UrhR-*Dreyer*, § 95b Rn. 16; *Arlt*, DRM, S. 125 Fn. 787.

[316] Ebenso wohl *Arlt*, DRM, S. 127f. Der berechtigte Besitz i.S.d. Sachenrechts (§§ 858 Abs. 2, 986 BGB) reicht dafür nicht aus, da der Besitzerwerb auch auf urheberrechtlich zulässige Art und Weise erfolgt sein muss. Zur Anwendbarkeit des Art. 6 Abs. 4 Info-RL auf (rechtmäßig) aus dem Internet heruntergeladene Werke siehe bereits oben S. 218ff.

[317] Siehe dazu oben S. 116ff. Ähnlich wie hier Fromm/Nordemann-*Czychowski*, § 95b UrhG Rn. 13. Das französische Recht verwendet in Art. L. 331-9 CPI sogar ausdrücklich denselben Begriff des „rechtmäßigen Zugangs" (accès licite) wie in der § 87e UrhG entsprechenden Schranke in Art. L. 342-3 Nr. 1 CPI.

Vervielfältigungsstück schützenden technischen Maßnahme zur Verfügung gestellt werden, selbst wenn es sich bei ihr um eine Zugangssperre handelt, etwa eine Verschlüsselung der auf dem Werkträger gespeicherten Daten.[318] Insoweit kommt es also nicht auf den faktischen Zugang an, sondern auf die rechtmäßige Zugriffsmöglichkeit, die mit dem Erwerb des Vervielfältigungsstücks einhergeht.[319] Auch ein Blinder, der ein Sprachwerk in Form eines für ihn nicht lesbaren eBook über das Internet erwirbt, hat rechtmäßig Zugang zum Werk und damit gemäß § 95b Abs. 1 S. 1 Nr. 2 Anspruch auf Ermöglichung eines nach § 45a Abs. 1 UrhG zulässigen Ausdrucks in Braille-Schrift.

Rechtmäßigen Zugang zum Werk hat jedoch nicht nur der rechtmäßige Besitzer eines Vervielfältigungsstücks.[320] Denn § 95b Abs. 1 S. 1 UrhG lässt den Zugang „zum Werk" ausreichen und verlangt nicht den Zugang zu einem eigenen Werk*stück*. So muss die Privilegierung des § 95b UrhG auch bei Werken greifen, die in nicht interaktiver Form[321] online oder im Rahmen einer Rundfunksendung an den Nutzer übermittelt werden, ohne dass dieser ein eigenes Vervielfältigungsstück des empfangenen Werkes erhält. Dies gilt etwa für einen Nutzer, der im Besitz eines Decoders für einen verschlüsselt ausgestrahlten Pay-TV-Kanal ist und damit rechtmäßig Zugang zu den im Pay-TV gesendeten Werken hat. Wenn hier eine vom Sendeunternehmen als Inhaber des Leistungsschutzrechts aus § 87 UrhG eingesetzte Nutzungskontrolle eine urheberrechtlich zulässige Vervielfältigung verhindert, hat der Nutzer folglich einen Anspruch darauf, dass ihm der Gebrauch der in § 95b Abs. 1 S. 1 UrhG genannten Schranken ermöglicht wird.

Die Verpflichtung aus § 95b Abs. 1 UrhG besteht allerdings nur, „soweit" die Nutzer rechtmäßig Zugang zum Werk haben. Bei einem zeitlich befristeten Zugangsrecht hat der Nutzer daher keinen Anspruch auf Überlassung einer dauerhaften Kopie des Werkes. Dies gilt vor allem für die Vermietung von Vervielfältigungsstücken, etwa von DVDs aus einer Videothek. Hier kann der Mieter einer mit einem Kopierschutz versehenen DVD vom Rechtsinhaber nicht verlangen, dass ihm über die befristete Mietzeit hinaus der Gebrauch der in § 95b Abs. 1 UrhG genannten Schranken ermöglicht wird.[322]

---

[318] So wohl auch Dreier/Schulze-*Dreier*, § 95b Rn. 9.

[319] Vgl. *Arlt*, DRM, S. 128; Wandtke/Bullinger-*Wandtke/Ohst*, § 95b Rn. 14; Schricker-*Götting*, § 95b Rn. 12.

[320] So aber Schricker-*Götting*, § 95b Rn. 11; wohl auch *Arlt*, DRM, S. 127f., wenn er die Zugriffsmöglichkeit auf ein „gegenständlich manifestiertes Vervielfältigungsstück" verlangt. Wie hier *Dusollier*, IIC 2003, 71: „a work that has been legitimately purchased (or where access thereto has been legitimately gained in whatever manner)"; Walter-*von Lewinski/Walter*, Info-RL Rn. 156; Fromm/Nordemann-*Czychowski*, § 95b Rn. 13.

[321] Andernfalls greift § 95b Abs. 3 UrhG ein.

[322] Zur Wirksamkeit entsprechender Nutzungsbeschränkungen in den AGB des Vermieters siehe oben S. 396f.

b. Inhalt der Verpflichtung

Als Rechtsfolge sieht § 95b Abs. 1 S. 1 UrhG vor, dass den genannten Schrankenbegünstigten die für den Schrankengebrauch erforderlichen „Mittel" zur Verfügung gestellt werden.[323] Dabei ist die Formulierung bewusst offen gehalten, um die Bestimmung der im Einzelfall erforderlichen Mittel[324] flexibel an das sich technisch permanent wandelnde Umfeld anpassen zu können.[325] Es sollte ausgeschlossen werden, dass die Nutzungsmöglichkeit auf ein Verfahren beschränkt wird, das nicht mehr oder noch nicht allgemein üblich ist, oder dass die Nutzungsmöglichkeit von der Erfüllung zusätzlicher Voraussetzungen wie der Zahlung eines Entgelts abhängig gemacht wird.[326] Problematisch ist aber, dass angesichts der offenen Formulierung völlig unklar ist, was die Rechtsinhaber genau tun sollen, um dem einzelnen Begünstigten den Schrankengebrauch zu ermöglichen.[327] Insbesondere fehlt es an einer Bestimmung, wem das Wahlrecht zwischen mehreren in Betracht kommenden Mitteln zusteht. Ohne eine solche Bestimmung kann der Nutzer aber kaum einen hinreichend bestimmten Klagantrag stellen.

Wenn der Nutzer bereits im Besitz eines Umgehungsmittels ist, ist streng genommen gar kein (weiteres) Mittel „notwendig", welches ihm der Rechtsinhaber zur Verfügung stellen müsste.[328] Alles, was der Nutzer in diesem Fall zur rechtmäßigen Ausübung des Schrankengebrauchs benötigt, ist die gemäß § 95a Abs. 1 UrhG erforderliche Zustimmung des Rechtsinhabers zur Umgehung der technischen Maßnahme. Ob auch die schlichte Zustimmung zur Umgehung ein „Mittel" i.S.d. § 95b UrhG sein kann, ist aber fraglich.[329]

Diese Unsicherheit hinsichtlich des Anspruchsinhalts wird auch durch § 95b Abs. 2 S. 2 UrhG nicht beseitigt. Danach wird die Eignung eines vom Rechtsinhaber angebotenen Mittels zur ausreichenden Ermöglichung des Schrankengebrauchs zwar vermutet, wenn das Mittel einer Vereinbarung zwischen einer Vereinigung der Rechtsinhaber und den Schrankenbegünstigten entspricht. Die

---

[323] Zur Unabdingbarkeit dieser Verpflichtung gemäß § 95b Abs. 1 S. 2 UrhG siehe bereits oben S. 372 f.

[324] Vgl. die Aufzählung in der Amtl. Begr., BT-Drucks. 15/38, S. 27; ferner Wandtke/Bullinger-*Wandtke/Ohst*, § 95b Rn. 41; Loewenheim-*Peukert*, § 36 Rn. 15.

[325] Amtl. Begr., BT-Drucks. 15/38, S. 27; vgl. auch *Dreier*, CR 2000, 49.

[326] Amtl. Begr., BT-Drucks. 15/38, S. 27; Loewenheim-*Peukert*, § 36 Rn. 16.

[327] So auch die Kritik von *Schack*, UrhR, Rn. 732h; *Hugenholtz*, EIPR 2000, 500; vgl. auch *Braun*, EIPR 2003, 502.

[328] Vgl. *Rigamonti*, GRURInt 2005, 10, der § 95b UrhG daher auf Fälle beschränken will, in denen es den Nutzern faktisch nicht möglich ist, technische Maßnahmen zu durchbrechen, und im Übrigen den von einer Schranke begünstigten Nutzern ein Selbsthilferecht zusprechen will.

[329] Kritisch insoweit *Rieber-Mohn*, IIC 2006, 188. Dafür könnte sprechen, dass Art. 6 Abs. 4 Unterabs. 1 Info-RL als Beispiel für freiwillige Maßnahmen der Rechtsinhaber ausdrücklich „Vereinbarungen zwischen den Rechtsinhabern und anderen betroffenen Parteien" nennt.

Vorschrift soll eine Beweislastumkehr zu Lasten des klagenden Schrankenbegünstigten bewirken:[330] Wenn der Rechtsinhaber darlegen und beweisen kann, dass sein bereits unterbreitetes Angebot einer Verbandsregelung genügt, müsse der Schrankenbegünstigte darlegen und beweisen, warum das betreffende Mittel für die Nutzung der vom sachlichen Anwendungsbereich der Vereinbarung erfassten Schranke nicht ausreicht.[331] Dadurch soll ein Anreiz für freiwillige Vereinbarungen zwischen den Rechtsinhabern und den Schrankenbegünstigten auf Verbandsebene geschaffen werden.[332] Diese Wirkung kann § 95b Abs. 2 S. 2 UrhG jedoch schon deshalb nicht entfalten, weil der Nutzer für die gerichtliche Geltendmachung seines Anspruchs aus S. 1 ohnehin darlegen muss, dass er zur Verwirklichung des Schrankengebrauchs ein konkretes Mittel „benötigt".[333] Die Regelung in S. 2 ändert daher nichts an der Darlegungs- und Beweislast.

Bisher ist dementsprechend auch nur eine einzige Vereinbarung nach § 95b Abs. 2 S. 2 UrhG bekannt geworden, die vom Bundesverband der Phonographischen Wirtschaft e.V. sowie dem Börsenverein des deutschen Buchhandels e.V. mit der Deutschen Bibliothek geschlossen worden ist.[334] Gemäß § 1 der Vereinbarung ist die Deutsche Bibliothek befugt, zum Zweck der Archivierung der ihr überlassenen Ton-, Bildton- oder Datenträger „Vervielfältigungsstücke auch unter Umgehung technischer Schutzmaßnahmen im Sinne von § 95a Abs. 2 UrhG" herzustellen. Auch das zeigt, dass die Rechtsinhaber offenbar eher bereit sind, eine Umgehung ihrer Schutzmaßnahmen in begrenztem Umfang zu dulden, als ihr mühsam errichtetes technisches Schutzsystem selbst zu durchlöchern, indem sie den Schrankenbegünstigten die zur Ausschaltung der Schutzmaßnahmen erforderlichen Mittel in die Hand geben.

Die Vereinbarung beschreibt jedoch kein konkretes Mittel, das von den Rechtsinhabern „angeboten" wird, sondern bestimmt vielmehr, dass die Bereitstellung eines Mittels durch die an der Vereinbarung beteiligten Rechtsinhaber gegenüber der Deutschen Bibliothek entbehrlich ist. Die Vereinbarung ist daher entgegen der von den Vertragsparteien in der Präambel ausgedrückten Zweckbestimmung[335] insoweit nicht geeignet, als Grundlage für die Vermutung nach § 95b Abs. 2 S. 2 UrhG zu dienen.[336] Dennoch kann die Vereinbarung eine ge-

[330] Dreier/Schulze-*Dreier*, § 95b Rn. 15.

[331] Loewenheim-*Peukert*, § 36 Rn. 17a.

[332] Beschlussempfehlung und Bericht des Rechtsausschusses (6. Ausschuss) zum Entwurf eines Gesetzes zur Regelung des Urheberrechts in der Informationsgesellschaft, BT-Drucks. 15/837, S. 35.

[333] HK-UrhR-*Dreyer*, § 95b UrhG Rn. 45.

[334] Die Vereinbarung ist abrufbar unter http://www.d-nb.de/wir/recht/vereinbarung.htm.

[335] Der letzte Satz der Präambel lautet: „Diese Vereinbarung ist eine Vereinbarung im Sinne von § 95b Abs. 2 Satz 2 UrhG."

[336] Wenn eine solche Vereinbarung, die dem Vertragspartner schlicht die Umgehung der eingesetzten technischen Schutzmaßnahmen erlaubt, über § 95b Abs. 2 S. 2 UrhG Drittwirkung für andere Schrankenbegünstigte entfalten würde, liefe dies darauf hinaus, deren An-

wisse Vorbildfunktion entfalten. Der Deutschen Bibliothek wird in §§ 2 bis 4 der Vereinbarung nämlich auch die Erlaubnis erteilt, zugunsten einzelner Nutzer Vervielfältigungsstücke der betroffenen Werke unter Umgehung technischer Schutzmaßnahmen herzustellen, die für eine privilegierte Nutzung im Rahmen der §§ 53 Abs. 2 S. 1, 46 und 52a UrhG bestimmt sind. Damit wird nicht nur der Schrankengebrauch durch die Deutsche Bibliothek selbst ermöglicht, sondern auch sichergestellt, dass die von den genannten Schranken begünstigten Nutzer über die Deutsche Bibliothek den für einen Schrankengebrauch erforderlichen Zugang zum Werk erhalten können, selbst wenn sie selbst nicht in der Lage sind, die betreffenden technischen Schutzmaßnahmen zu umgehen.

Eine solche Zentralisierung des Zugangs zu Werken über öffentliche Einrichtungen wie Bibliotheken ist grundsätzlich ein geeignetes Mittel, den Schrankengebrauch von Werken, deren Nutzung durch technische Schutzmaßnahmen beeinträchtigt wird, zu gewährleisten.[337] Voraussetzung dafür ist allerdings, dass die betreffende Einrichtung faktisch in der Lage ist, die technische Schutzmaßnahme zu umgehen. Soweit dies nicht der Fall ist, müssen die Rechtsinhaber verpflichtet sein, der Einrichtung den erforderlichen Schlüssel oder sonstige Mittel zur Verfügung zu stellen, um den Schrankenbegünstigten den Gebrauch der jeweiligen Schranke ermöglichen zu können.[338] Mit dem Wortlaut von § 95b Abs. 1 S. 1 UrhG dürfte eine derartige Verpflichtung vereinbar sein, auch wenn die Mittel nicht unmittelbar den Schrankenbegünstigten, sondern der öffentlichen Einrichtung als Vermittler zur Verfügung gestellt werden. Für die Rechtsinhaber bietet dieses System den Vorteil, dass sie die zur Umgehung ihres technischen Schutzes erforderlichen Mittel nicht jedem Nutzer zur Verfügung stellen müssen. Das senkt einerseits die Transaktionskosten und ermöglicht andererseits eine stärkere Kontrolle über den Einsatz der Umgehungsmittel.

c. Unabdingbarkeit der Verpflichtung gemäß § 95b Abs. 1 S. 2 UrhG

Gemäß § 95b Abs. 1 S. 2 UrhG sind Vereinbarungen zum Ausschluss der Verpflichtung nach S. 1 unwirksam. Die Reichweite dieser Vorschrift hat bislang im Schrifttum nur wenig Beachtung gefunden. Teilweise wird sie so verstanden, dass auch einzelne Voraussetzungen der Verpflichtung einer vertraglichen Disposition entzogen seien, so dass vor allem jegliche Disposition über den Umfang

---

spruch aus S. 1 auf die Erteilung der nach § 95a Abs. 1 UrhG für eine Umgehung erforderlichen Zustimmung seitens der Rechtsinhaber zu beschränken. Damit würde aber gerade der Zustand erreicht, der durch das Zusammenspiel von § 95a und § 95b UrhG vermieden werden sollte, nämlich ein zur Selbsthilfe berechtigender Anspruch des Schrankenbegünstigten auf Duldung der Umgehung von technischen Schutzmaßnahmen.

[337] Vgl. bereits oben S. 440.

[338] Für ein solches „Key escrow"-System mit der Library of Congress als „escrow agent" *Burk/Cohen*, 15 Harv. J. L. Tech. 63 ff. (2001).

der Schranken unmöglich gemacht werde.[339] Danach wäre im Einsatzbereich technischer Schutzmaßnahmen die Vertragsfreiheit des Rechtsinhabers stärker eingeschränkt als nach den allgemeinen vertragsrechtlichen Regelungen, welche die Nichtigkeit jeglicher Disposition über den Schrankengebrauch gerade nicht verlangen.[340]

Eine derart weit gehende Sicherung des Schrankengebrauchs gegenüber vertraglichen Vereinbarungen ist durch die Info-RL, die keine zwingenden Regelungen zur Wirksamkeit vertraglicher Vereinbarungen enthält,[341] nicht ausdrücklich vorgegeben. Die Regelung in § 95b Abs. 1 S. 2 UrhG lässt sich allenfalls insoweit auf Art. 6 Abs. 4 Unterabs. 1 Info-RL zurückführen, als die in § 95b Abs. 1 S. 1 vorgesehene Verpflichtung kaum eine „geeignete Maßnahme" wäre, wenn sich der Verwender einer technischen Schutzmaßnahme im Wege eines formularvertraglichen Ausschlusses von der Verpflichtung befreien könnte.[342] Wenn man diesen Schutzzweck berücksichtigt, werden vertragliche Vereinbarungen über den Umfang der zulässigen Ausübung des Schrankengebrauchs durch § 95b Abs. 1 S. 2 UrhG aber keinesfalls vollständig ausgeschlossen.

Zunächst schließt die Vorschrift nur solche Vereinbarungen aus, welche die Pflicht des Rechtsinhabers als Verwender der technischen Schutzmaßnahme aus § 95b Abs. 1 S. 1 UrhG betreffen. Da vertragliche Vereinbarungen über den Schrankengebrauch keine dingliche Wirkung entfalten, sondern nur die jeweiligen Vertragspartner binden,[343] regelt der Ausschluss damit grundsätzlich nur Vereinbarungen zwischen dem Nutzer und dem Rechtsinhaber selbst. Verpflichtet sich der Nutzer gegenüber einem Dritten, von einer der von § 95b UrhG erfassten Schranken keinen oder nur eingeschränkt Gebrauch zu machen, so hat dies auf die Verpflichtung des Rechtsinhabers aus Abs. 1 keinen Einfluss. Die Verpflichtung gegenüber dem Dritten ist daher nicht nach § 95b Abs. 1 S. 2 UrhG unwirksam, es gelten vielmehr die allgemeinen Regeln. Das gilt etwa für Vervielfältigungsverbote in den Nutzungsbedingungen eines Vermieters von DVDs, die vom Hersteller und ausschließlichen Inhaber des Vermietrechts mit einem Kopierschutz versehen worden sind. Der Rechtsinhaber ist weiterhin verpflichtet, die zum Schrankengebrauch erforderlichen Mittel zur Verfügung zu stellen, nur macht sich der Nutzer gegenüber dem Vermieter auf-

---

[339] So Fromm/Nordemann-*Czychowski*, § 95b UrhG Rn. 14.

[340] Siehe dazu oben S. 321 ff.

[341] Siehe oben S. 216 ff.

[342] Entgegen *Burk/Cohen*, 15 Harv. J. L. Tech. 69 Fn. 81 (2001), kann die Formulierung des Art. 6 Abs. 4 Unterabs. 1 Info-RL, wonach zu den freiwilligen Maßnahmen seitens der Rechtsinhaber auch „Vereinbarungen zwischen den Rechtsinhabern und anderen betroffenen Parteien" gehören, nicht so verstanden werden, dass damit auch ein formularmäßiger Ausschluss des Schrankengebrauchs erlaubt wäre.

[343] Siehe oben S. 213.

grund der vertraglichen Nutzungsbedingungen unter Umständen schadensersatzpflichtig, wenn er sie verwendet.

Zum anderen steht § 95b Abs. 1 S. 2 UrhG einer vertraglichen Vereinbarung nicht entgegen, durch welche das „erforderliche Maß" des Schrankengebrauchs im Sinne von S. 1 näher geregelt wird. Wenn nämlich das gesetzgeberische Ziel der von den Schranken eingeräumten Nutzungsfreiheit auf andere Weise erreicht wird als durch eine Nutzung durch den Schrankenprivilegierten selbst, entfällt der Grund für eine Verpflichtung des Rechtsinhabers zur Ermöglichung des Schrankengebrauchs. Insoweit fehlt es an der „Notwendigkeit" einer Überlassung weiterer Mittel. So wird etwa der Verpflichtung nach § 95b Abs. 1 S. 1 Nr. 4 i. V. m. § 47 Abs. 1 S. 1 UrhG Genüge getan, wenn ein Sendeunternehmen als Veranstalter einer verschlüsselt gesendeten Schulfunksendung sich verpflichtet, jeder Schule eine DVD der betreffenden Sendung zur Verfügung zu stellen. Im Gegenzug muss daher auch die Schule wirksam darauf verzichten können, das gesendete Programm selbst zu vervielfältigen, da – obwohl urheberrechtlich nach § 47 Abs. 1 S. 1 UrhG zulässig – eine solche Vervielfältigung nicht notwendig ist, um den von der Schranke verfolgten Zweck zu erfüllen. Die Möglichkeit solcher Vereinbarungen setzt § 95b Abs. 2 S. 2 UrhG gerade voraus. Auch insoweit ist eine vertragliche Beschränkung des Schrankengebrauchs folglich trotz § 95b Abs. 1 S. 2 UrhG zulässig.

Allgemein steht § 95b Abs. 1 S. 2 UrhG einer Beschränkung des Schrankengebrauchs nicht entgegen, die sich auf die Verwendung eines konkreten, durch eine technische Maßnahme geschützten Vervielfältigungsstücks bezieht, solange der Verpflichtung aus § 95b Abs. 1 S. 1 UrhG durch Überlassung anderer Mittel zur Erfüllung des von der Schranke verfolgten Zwecks genügt wird. Andernfalls könnten sich die Rechtsinhaber im Anwendungsbereich des § 95b UrhG nicht gegen die Umgehung und damit eine Entwertung ihrer Schutzmaßnahmen durch einen Schrankenbegünstigten wehren, obwohl das Zusammenspiel aus § 95a und § 95b UrhG ihnen gerade das ermöglichen soll.

Nach § 95b Abs. 1 S. 2 UrhG sind vielmehr nur solche Vereinbarungen unwirksam, die aus Sicht des Nutzers gerade darauf abzielen, die Verpflichtung aus S. 1 auszuschließen, obwohl deren Voraussetzungen objektiv vorliegen. Dies kann auch durch AGB geschehen, die dem Nutzer suggerieren, im Anwendungsbereich des verwendeten Schutzsystems sei der Schrankengebrauch insgesamt ausgeschlossen, weil die Umgehung des Schutzsystems ausdrücklich untersagt wird, ohne dass die Rechtsschutzmöglichkeiten nach § 95b UrhG erwähnt werden. Neben § 95b Abs. 1 S. 2 UrhG kommt insoweit auch ein Verstoß gegen das Transparenzgebot in § 307 Abs. 1 S. 2 BGB in Betracht.[344] Inwieweit der Schrankengebrauch als solcher durch schuldrechtliche Vereinbarungen

[344] Vgl. Fromm/Nordemann-*Czychowski*, § 95a UrhG Rn. 57; zur Intransparenz von Nutzungsbedingungen siehe bereits oben S. 356 ff.

wirksam eingeschränkt werden kann, richtet sich aber auch im Einsatzbereich technischer Schutzmaßnahmen nach den allgemeinen Vorschriften.[345]

d. Praktische Durchsetzung der Verpflichtung

Angesichts des unklaren Anspruchsinhalts und des mit einer gerichtlichen Geltendmachung verbundenen Aufwands werden die einzelnen Schrankenbegünstigten allerdings regelmäßig kaum in der Lage sein, den Anspruch aus § 95b Abs. 2 UrhG praktisch durchzusetzen, so dass der Individualanspruch allein kaum als „geeignete Maßnahme" im Sinne des Art. 6 Abs. 4 Unterabs. 1 Info-RL angesehen werden kann.[346] Dessen war sich auch der Gesetzgeber bewusst.[347] Daher sehen §§ 2a Abs. 1, 3a S. 1 UKlaG daneben die Möglichkeit einer Verbandsklage vor.[348] Den aktivlegitimierten Interessenverbänden gewährt § 2a Abs. 1 UrhG allerdings nur einen Anspruch „auf Unterlassung". Der zu unterlassende Verstoß gegen § 95b Abs. 1 S. 1 UrhG besteht jedoch darin, dass der Rechtsinhaber seine Pflicht zur Überlassung der erforderlichen Mittel, also zu einem aktiven Tun, nicht erfüllt. Das Gebot der Unterlassung des Verstoßes ist folglich auf Unterlassung des „Nicht-Tuns" und damit auf eine Leistung zugunsten Dritter gerichtet.[349]

Ein solcher Anspruch auf aktives Tätigwerden ist dem UKlaG aber fremd.[350] Bei den von § 2 UKlaG erfassten Zuwiderhandlungen gegen sonstige Verbraucherschutzgesetze geht der Unterlassungsanspruch, auch wenn die abzustellende Zuwiderhandlung in einem Unterlassen besteht, nicht auf ein Tätigwerden, sondern auf ein Unterlassen, z.B. bei Nichterfüllung von Informationspflichten auf Unterlassung des Vertragsschlusses ohne die betreffende Information.[351] Der Anspruch aus § 2a UKlaG kann daher nicht darauf gerich-

---

[345] Siehe oben S. 372f.

[346] *Metzger/Kreutzer*, MMR 2002, 140; *dies.*, Stellungnahme, S. 4; *Arlt*, DRM, S. 131; Wandtke/Bullinger-*Wandtke/Ohst*, § 95b Rn. 39; *Koch*, S. 239.

[347] Amtl. Begr., BT-Drucks. 15/38, S. 27: „Die Gewährung eines Individualanspruchs zugunsten des einzelnen Schrankenbegünstigten genügt aber nicht, um eine effektive Durchsetzung der Schranken zu gewährleisten."

[348] Aktivlegitimiert sollten auch die in § 3 UKlaG genannten Institutionen sein, wenn sie von ihrem Satzungszweck und ihren tatsächlichen Aufgaben her zugleich die Interessen der Schrankenbegünstigten fördern, Dreier/Schulze-*Dreier*, § 95b Rn. 6; Wandtke/Bullinger-*Wandtke/Ohst*, § 3a UKlaG Rn. 1; a. A. HK-UrhR-*Dreyer*, § 95b UrhG Rn. 53; Staudinger-*Schlosser* (2006), § 3a UKlaG: Außer Behindertenverbänden gebe es keine der Vorschrift unterfallenden Verbände; kritisch auch *Arlt*, DRM, S. 132.

[349] HK-UrhR-*Dreyer*, § 95b UrhG Rn. 57. Staudinger-*Schlosser* (2006), § 2a UKlaG, bezeichnet diese Konstruktion als „juristisches Monstrum".

[350] Ebenso die Kritik von Loewenheim-*Peukert*, § 36 Rn. 23 Fn. 91; vgl. auch Schricker-*Götting*, § 95b Rn. 32: Ein Anspruch auf positives Tun sei mit dem Wortlaut von § 2 Abs. 1 (gemeint ist wohl § 2a) UKlaG „schwerlich vereinbar".

[351] Staudinger-*Schlosser* (2006), § 2 UKlaG Rn. 6; Palandt-*Bassenge*, § 2 UKlaG Rn. 8; vgl. auch OLG München NJW-RR 2004, 1345.

tet sein, jedem potentiell betroffenen Schrankenbegünstigten die im jeweiligen Fall erforderlichen Mittel zur Verfügung zu stellen.[352] Es ist bereits zweifelhaft, ob ein solcher Klagantrag die für eine Leistungsklage erforderliche Bestimmtheit aufweist. Jedenfalls wäre ein entsprechend gefasster Tenor in der Praxis kaum vollstreckbar. Denn bei einer Verbandsklage lässt sich das im jeweiligen Fall erforderliche Mittel aufgrund der unterschiedlichen Anforderungen der in Betracht kommenden Nutzer[353] kaum hinreichend bestimmt umschreiben, so dass der Verband für eine Vollstreckung nach § 887 ZPO für jeden einzelnen Nutzer die Ermächtigung zur Bereitstellung der jeweils erforderlichen Mittel auf Kosten des Rechtsinhabers beantragen müsste.[354]

Einen systemkonformen Inhalt hat der Unterlassungsanspruch nach § 2a Abs. 1 UKlaG daher nur, wenn er darauf gerichtet ist, die Verwendung technischer Maßnahmen zu unterlassen, die den Gebrauch der in § 95b Abs. 1 S. 1 UrhG genannten Schranken behindern, ohne dass den Schrankenbegünstigten die Ausübung der Nutzungsfreiheit im gesetzlichen Umfang ermöglicht wird.[355] So darf etwa ein Verlag, der literarische Werke über das Internet in Form von eBooks vertreibt, diese nicht mit einer Codierung versehen, die eine vorhandene Funktion des dafür vorgesehenen Leseprogramms zur Konvertierung in einen automatisch vorgelesenen Text[356] oder einen Ausdruck in Braille-Schrift deaktiviert.[357] Der Inhalt des Anspruchs aus § 2a Abs. 1 UKlaG unterscheidet sich bei dieser Auslegung zwar von dem des Individualanspruchs aus § 95b Abs. 2 S. 1 UrhG. Denn dem einzelnen Schrankenbegünstigten steht nach § 95b Abs. 2 S. 1 UrhG kein Unterlassungsanspruch zu.[358] Das steht der Annahme eines Anspruchs auf Unterlassung des Einsatzes technischer Schutzmaßnahmen jedoch nicht entgegen. Die im UKlaG geregelten Unterlassungsansprüche stellen eigene materiell-rechtliche Ansprüche der betreffenden Interessenver-

---

[352] So aber HK-UrhR-*Dreyer*, § 95b UrhG Rn. 62, 66; Schricker-*Götting*, § 95b Rn. 32; Fromm/Nordemann-*Czychowski*, § 95b Rn. 22; *Schmid/Wirth/Seifert*, Anhang zu § 95b Rn. 3; Staudinger-*Schlosser* (2006), § 2a UKlaG.

[353] Vgl. dazu HK-UrhR *Dreyer*, § 95b UrhG Rn. 49.

[354] Die gesetzliche Vermutung des § 95b Abs. 2 S. 2 UrhG bezieht sich nach ihrer systematischen Stellung nur auf den Individualanspruch aus S. 1, nicht jedoch auf den Unterlassungsanspruch von Verbänden nach §§ 2a Abs. 1 UKlaG.

[355] Dafür *Metzger/Kreutzer*, MMR 2002, 141.

[356] Sog. Text-to-speech Synthesizer (TTS).

[357] Vgl. dazu *Garnett*, S. 32: „[T]he problem lies not so much in the configuration of the technology, it lies more in the way that the technology is employed by the rightsholders".

[358] Unzutreffend daher *Arlt*, DRM, S. 132, wonach durch die Möglichkeit der Verbandsklage der Anspruch aus § 95b Abs. 2 S. 1 UrhG „ein Stück weit quasi objektiviert" werde. Ein Unterlassungsanspruch lässt sich allenfalls auf § 1004 analog i. V. m. § 823 Abs. 2 BGB stützen, da § 95b Abs. 1 S. 1 UrhG ein Schutzgesetz zugungsten der Schrankenbegünstigten ist, siehe Dreier/Schulze-*Dreier*, § 95b Rn. 5; Schricker-*Götting*, § 95b Rn. 31; Wandtke/Bullinger-*Wandtke/Ohst*, § 95b Rn. 38; Loewenheim-*Peukert*, § 36 Rn. 21; Hoeren/Sieber-*Bechtold*, Kap. 7.7 Rn. 44; ablehnend *Arlt*, DRM, S. 135.

bände dar und bestehen unabhängig von etwaigen Ansprüchen einzelner Betroffener.[359]

Teilweise wird ein solcher Anspruchsinhalt allerdings für unvereinbar mit dem von Art. 6 Abs. 1 und 4 Info-RL angeordneten Vorrang technischer Schutzmaßnahmen gegenüber den Schranken des Urheberrechts gehalten.[360] Dieser Vorrang steht jedoch nur einem Selbsthilferecht der Nutzer entgegen.[361] Wenn die Rechtsinhaber ihre Pflicht aus § 95b Abs. 1 S. 1 UrhG nicht freiwillig erfüllen, verlangt Art. 6 Abs. 4 Unterabs. 1 Info-RL hingegen geeignete Maßnahmen, um sicherzustellen, dass die Rechtsinhaber den Schrankenbegünstigten die zum Schrankengebrauch erforderlichen Mittel zur Verfügung stellen. Insoweit kommt dem Nutzungsinteresse der Schrankenbegünstigten also Vorrang vor dem Interesse der Rechtsinhaber am effektiven Einsatz ihrer technischen Schutzmaßnahmen zu. Besonders deutlich kommt dies für die Schranke zugunsten privater Vervielfältigungen in Erwägungsgrund 52 der Info-RL zum Ausdruck. Soweit die Mitgliedstaaten von der Ermächtigung in Art. 6 Abs. 4 Unterabs. 2 Info-RL Gebrauch machen und entsprechende Maßnahmen zur Überlassung der zur Ausübung der Schranke erforderlichen Mittel vorsehen, stehen diese Maßnahmen dem Einsatz technischer Schutzmaßnahmen (nur) insoweit nicht entgegen, als diese mit der im nationalen Recht vorgesehenen Beschränkung gemäß Art. 5 Abs. 2 lit. b Info-RL „vereinbar sind". Dies kann im Umkehrschluss nur bedeuten, dass mitgliedstaatliche Maßnahmen dem Einsatz technischer Schutzmaßnahmen entgegenstehen können, soweit diese mit der Privatkopieschranke *nicht* vereinbar sind, so dass insoweit auch ein Verbot des Einsatzes bestimmter technischer Maßnahmen zulässig ist.[362]

Die Möglichkeit einer Verbandsklage auf Unterlassung des Einsatzes entsprechender Maßnahmen ist aber auch im Hinblick auf andere Schranken ein wirksames Druckmittel gegenüber den Rechtsinhabern und daher grundsätzlich geeignet, die Versorgung der Schrankenbegünstigten mit geeigneten Zugriffsmöglichkeiten sicherzustellen.[363] Sobald gerichtlich festgestellt ist, dass der Rechtsinhaber in nur einem Fall gegen § 95b Abs. 1 UrhG verstoßen hat,

[359] Staudinger-*Schlosser* (2006), § 1 UKlaG Rn. 3, 9 m. w. N.; ebenso zum wettbewerbsrechtlichen Unterlassungsanspruch nach § 8 Abs. 3 Nr. 2 UWG BGH NJW-RR 2005, 1128, 1129 f. m. w. N.

[360] So Loewenheim-*Peukert*, § 36 Rn. 23.

[361] Siehe oben S. 475 f.

[362] Ebenso, allerdings kritisch gegenüber dieser Regelung *Davies*, FS Dietz, 315: „The upshot of these confused and confusing provisions appears to be that the use of technological measures to prevent private copying altogether is allowed in principle but not in practice"; positiv hingegen *von Braunmühl*, ZUM 2005, 111: Die Durchsetzbarkeit der Privatkopie würde „viele Probleme lösen, weil DRM-Systeme dann so entwickelt würden, dass eine bestimmte Anzahl privater Kopien erst gar nicht verhindert würde."

[363] Die Verbandsklagemöglichkeit für grundsätzlich sinnvoll halten auch *Arlt*, DRM, S. 329; *Schack*, UrhR, Rn. 732j; *Koch*, S. 236 f.; kritisch hingegen *Peukert*, UFITA 2002, 709; Schricker-*Götting*, § 95b Rn. 21. Allgemein zur präventiven Wirkung zivilrechtlicher An-

weil er einen Schutzmechanismus eingesetzt hat, der eine Ausübung der betreffenden Schranken nicht im gesetzlichen Umfang zulässt, zwingt ihn nämlich ein entsprechendes Unterlassungsurteil dazu, die betreffende Schutzmaßnahme in Zukunft nicht mehr einzusetzen, ohne dass sämtliche denkbaren Formen eines Verstoßes im Unterlassungsantrag aufgenommen werden müssten.[364] Der Unterlassungsanspruch ist daher geeignet, bereits im Vorfeld auf die Rechtsinhaber einzuwirken und sie zur Entwicklung und Verwendung mit § 95b Abs. 1 UrhG konformer Maßnahmen zu veranlassen.[365]

Mit Art. 6 Abs. 4 Info-RL ist ein solches Verständnis des Unterlassungsanspruchs vereinbar. Erwägungsgrund 51 S. 3 der Richtlinie nennt als geeignetes Mittel zur Gewährleistung des Schrankengebrauchs ausdrücklich auch die „Änderung einer schon angewandten technischen Maßnahme". Eine Verpflichtung der Rechtsinhaber, bestimmte technische Maßnahmen nicht mehr einzusetzen, wenn durch sie der Schrankengebrauch beeinträchtigt wird, ist eine „angemessene Maßnahme", um die Rechtsinhaber zu einer solchen Änderung zu bewegen. Als ähnlich wirksame Maßnahme käme allenfalls eine Regelung in Betracht, wonach die Rechtsinhaber sich bei einem Verstoß gegen die Verpflichtung aus § 95b Abs. 1 S. 1 nicht auf den Umgehungsschutz nach § 95a UrhG berufen könnten.[366]

Demgegenüber dürfte die Verfolgung von Verstößen gegen § 95b Abs. 1 S. 1 UrhG als Ordnungswidrigkeit gemäß § 111a Abs. 1 Nr. 2 UrhG entgegen der Auffassung des Gesetzgebers[367] nach der derzeitigen Rechtspraxis kaum zu einer wirksamen Abschreckung führen. Die in § 111a Abs. 3 RegE ursprünglich vorgesehene und sachlich sinnvolle Zuständigkeit der Kartellbehörden[368] ist gestrichen worden, da die Bestimmung der zuständigen Behörde Ländersache sei.[369] In den Ländern herrscht aber eine höchst unterschiedliche und zum Teil undurchschaubare Regelung der Zuständigkeiten für die Verfolgung von Ord-

---

sprüche von Interessenverbänden Staudinger-*Schlosser* (2006), Einleitung zum UKlaG Rn. 2.

364 Vgl. *Metzger/Kreutzer*, MMR 2002, 141: Wenn Musik-CDs mit einem Kopierschutzsystem ausgestattet seien, das jegliche Privatkopie verhindert, sei bei einer erfolgreichen Unterlassungsklage die gesamte Auflage vom Markt zu nehmen.

365 In diesem Sinne zum norwegischen Recht *Rieber-Mohn*, IIC 2006, 193. Soweit dies technisch nicht möglich ist, können die Rechtsinhaber ihrer Verpflichtung aus § 95b Abs. 1 UrhG nachkommen, indem sie den Schrankengebrauch durch die Einschaltung einer zentralen Einrichtung ermöglichen, wie dies oben am Beispiel der Deutschen Bibliothek dargestellt wurde; siehe oben S. 494 f.

366 Dafür *Burk/Cohen*, 15 Harv. J. L. Tech. 72 f. (2001), zur von den Autoren vorgeschlagenen Verpflichtung zur Hinterlegung eines Schlüssels („Key escrow") bei einer zentralen Einrichtung.

367 Amtl. Begr., BT-Drucks. 15/38, S. 27.

368 Dazu *Metzger/Kreutzer*, MMR 2002, 140.

369 Beschlussempfehlung und Bericht des Rechtsausschusses (6. Ausschuss) zum Entwurf eines Gesetzes zur Regelung des Urheberrechts in der Informationsgesellschaft, BT-Drucks. 15/837, S. 36.

nungswidrigkeiten, so dass ohne eine gemäß §§ 39 Abs. 2, 36 Abs. 2 OWiG mögliche Zuweisung an eine einzelne, mit dem Urheberrecht vertraute Verwaltungsbehörde kaum eine angemessene Verfolgung von Verstößen gegen § 95b UrhG gewährleistet werden kann.[370] Wenn die Ordnungsbehörden in Zukunft eine flächendeckende Verfolgung solcher Verstöße sicherstellen, dürfte dies hingegen tatsächlich eine abschreckende Wirkung auf die Rechtsinhaber haben, da für einen bußgeldbewehrten Verstoß nach § 111a Abs. 1 Nr. 2 UrhG der Nachweis ausreicht, dass der Rechtsinhaber in einem einzigen Fall einem der durch § 95b Abs. 1 UrhG begünstigten Nutzer den Schrankengebrauch nicht ermöglicht hat.

2. *Ansprüche der von anderen Schranken Begünstigten*

Die Verpflichtung der Rechtsinhaber gemäß § 95b Abs. 1 S. 1 UrhG ist vor allem deshalb problematisch, weil die Vorschrift einen abschließenden Katalog weniger Schranken enthält, deren Gebrauch den jeweiligen Schrankenbegünstigten ermöglicht werden muss. Für andere als die dort aufgeführten Schranken gilt die Verpflichtung der Rechtsinhaber zur Ermöglichung des Schrankengebrauchs nicht. Zu diesen Schranken „zweiter" Klasse gehören u. a. die Freiheit zur Anfertigung privater digitaler Vervielfältigungen, die Zitierfreiheit gemäß § 51 UrhG und die freie Benutzung nach § 24 UrhG. Eine analoge Anwendung des § 95b UrhG auch auf diese Schranken scheidet angesichts der eindeutigen Vorgaben des Gemeinschaftsrechts mangels planwidriger Gesetzeslücke aus.

Fraglich ist daher, ob aufgrund allgemeiner Vorschriften ein Anspruch gegen den Rechtsinhaber begründet werden kann, einem Schrankenbegünstigten die zur Ausübung der Nutzungsfreiheit erforderlichen Mittel zur Verfügung zu stellen oder den Einsatz entsprechender Schutzmaßnahmen zu unterlassen.

a. Ansprüche unmittelbar aus den Schrankenbestimmungen

Unmittelbar aus den Schrankenbestimmungen des UrhG lässt sich ein solcher Anspruch nicht herleiten. Diese Vorschriften stellen lediglich inhaltliche Begrenzungen des Ausschließlichkeitsrechts des Urhebers dar, räumen dem Nutzer aber nicht das Recht ein, an der Ausübung der gewährten Nutzungsfreiheit nicht gehindert zu werden.[371] Allerdings hat die Cour d'appel de Paris vor Umsetzung der Info-RL in Frankreich aus der Schrankenregelung zugunsten der Privatkopie in L. 122–5 und L. 211–3 CPI einen solchen Anspruch des privilegierten Nutzers auf Unterlassung des Vertriebs von DVDs des Films „Mulholland Drive" mit einem Kopierschutz abgeleitet, soweit dieser auch die Anferti-

---

[370] Vgl. Loewenheim-*Flechsig*, § 97 Rn. 13.
[371] Siehe oben S. 263 f.

gung zulässiger Privatkopien verhindert.[372] Mangels abweichender gesetzlicher Regelung könne diese Schranke des Urheberrechts nicht begrenzt werden, wenn es sich unter Berücksichtigung des Dreistufentests tatsächlich um eine zulässige Privatkopie im Sinne der gesetzlichen Bestimmung handele und dem Nutzer durch den Einsatz des Kopierschutzes daher rechtswidrig ein Schaden zugefügt werde.[373]

Die Cour d'appel war offensichtlich bestrebt, das problematische Verhältnis zwischen der Privatkopieschranke und dem Einsatz technischer Schutzmaßnahmen zu verdeutlichen und damit Einfluss auf die Schaffung einer gesetzlichen Regelung im Rahmen der laufenden Umsetzung der Info-RL zu nehmen.[374] Die Argumentation des Gerichts ist indes widersprüchlich, wenn man – wie die Cour d'appel – davon ausgeht,[375] dass das französische Recht mit der Formulierung „ne peut interdire" kein subjektives Recht des Schrankenbegünstigten begründet.[376] Es reicht zur Begründung eines Unterlassungsanspruchs des individuellen Schrankenbegünstigten dann nicht aus, darauf zu verweisen, dass das Gesetz dem Rechtsinhaber kein Recht verleihe, die Nutzungsfreiheit zu begrenzen. Vielmehr müsste im Gegenteil eine gesetzliche Verbotsnorm bestehen, wonach die Nutzungsfreiheit auch auf andere Weise als unter Berufung auf ein urheberrechtliches Ausschließlichkeitsrecht nicht zu Lasten des Nutzers eingeschränkt werden darf, so dass dem Nutzer ein subjektives Recht gewährt wird, Eingriffe in die Nutzungsfreiheit abzuwehren.[377] Nachdem die Cour de cassation das Urteil wegen nicht ausreichender Beachtung des Dreistufentests[378] aufgehoben und den Rechtsstreit zur erneuten Entscheidung an die Cour d'appel zurückverwiesen hatte,[379] ist die Klage als unzulässig abgewiesen worden, da der Nutzer aus einer Schrankenregelung mangels entsprechender gesetzlicher Regelung keine Ansprüche herleiten könne.[380]

---

[372] CA Paris RIDA 207 (2006), 374 = IIC 2006, 112 – Perquin et UFC Que Choisir/Universal Pictures vidéo France.

[373] CA Paris RIDA 207 (2006), 374, 378 – Perquin et UFC Que Choisir/Universal Pictures vidéo France.

[374] Vgl. *Benabou*, S. 10f.; ebenso in Bezug auf die ungewöhnlich schnelle Entscheidung der Cour de cassation *Geiger*, IIC 2006, 686f.

[375] So ausdrücklich CA Paris a.a.O., 375: „[I]l s'agit d'une exception légale du droit d'auteur, et non pas d'un droit qui serait reconnu de manière absolue à l'usager".

[376] Ebenso *Dusollier*, A&M 2006, 179; *Benabou*, S. 4f.; *Geiger*, IIC 2006, 77; zum Wortlaut der französischen Schranken siehe oben S. 238.

[377] Vgl. *Benabou*, S. 5; *Dusollier*, A&M 2006, 178, die zur Recht bemerken, dass die Cour d'appel in der Sache ein subjektives Recht des klagenden Nutzers begründet hat.

[378] Die Begründung der Cour de cassation ist wenig überzeugend, da das Gericht nicht zwischen der Frage nach dem gesetzlichen Umfang der Privatkopieschranke und deren Einfluss auf den zulässigen Einsatz technischer Schutzmaßnahmen trennt, siehe dazu *Dusollier*, A&M 2006, 180.

[379] C.Cass. RIDA 209 (2006), 323 = IIC 2006, 760 – Studio Canal, Universal Pictures vidéo France et SEV/Perquin et UFC Que Choisir.

[380] CA Paris RIDA 213 (2007), 379, 382f. – UFC Que Choisir/Universal Pictures vidéo

b. Ansprüche aus Delikt

Im deutschen Recht könnte sich ein solcher Anspruch möglicherweise aus § 826 i.V.m. § 249 Abs. 1 BGB ergeben. So hat das OLG Bremen den Einsatz einer Programmsperre als sittenwidrige Schädigung des Zweiterwerbers eines Computerprogramms angesehen, da dadurch die nach § 69c Nr. 3 S. 2 UrhG zulässige Weiterverbreitung verhindert und der Erwerber gezwungen werde, die Programmsperre gegen erneute Zahlung einer Vergütung aufheben zu lassen.[381] Gegen einen derartigen Individualanspruch der Begünstigten in § 95b Abs. 1 UrhG nicht genannter Schranken spricht jedoch die dort und in Art. 6 Abs. 4 Info-RL zum Ausdruck kommende gesetzgeberische Wertung, ein subjektives Recht auf Schrankengebrauch nur in eng begrenzten, besonderen Fällen (für Schranken „erster Klasse") zu gewähren.[382] Wenn danach die Umgehung technischer Maßnahmen trotz der damit verbundenen Einschränkung des Schrankengebrauchs gesetzlich verboten wird, um einen zusätzlichen Schutz der betroffenen Werke und Leistungen zu bewirken, kann der Einsatz eben dieser Schutzmaßnahme durch einen Rechtsinhaber bei richtlinienkonformer Auslegung des nationalen Rechts daher nicht sittenwidrig i.S.d. § 826 BGB sein.

In diesem Sinne kann man auch das Urteil der Cour de cassation im Fall „Mulholland Drive" zur Privatkopieschranke deuten:[383] Deren Gebrauch dürfen die Mitgliedstaaten nach Art. 6 Abs. 4 Unterabs. 2 Info-RL nur insoweit durchsetzungsfest gegenüber technischen Maßnahmen ausgestalten, als dadurch nicht die normale Auswertung des Werkes i.S.d. Dreistufentests beeinträchtigt wird. Ein Urteil, das den Rechtsinhabern generell verbietet, DVDs mit einem Kopierschutz zu vertreiben, der auch Kopien zu privaten Zwecken verhindert, kann daher durchaus als mit Art. 6 Abs. 4 Unterabs. 2 Info-RL unvereinbar angesehen werden.

Aus dem gleichen Grund scheidet auch die Möglichkeit aus, die Schrankenbestimmungen als Schutzgesetze zugunsten der jeweils privilegierten Nutzer anzusehen und bei einer Beeinträchtigung des Schrankengebrauchs Ansprüche aus § 823 Abs. 2 i.V.m. § 1004 BGB zu gewähren. Denn für die Qualifizierung einer Regelung als Schutzgesetz i.S.d. § 823 Abs. 2 BGB ist erforderlich, dass der Gesetzgeber nach Inhalt und Zweck des verletzten Gesetzes bei dessen Erlass gerade einen entsprechenden Rechtsschutz zugunsten von Einzelpersonen oder bestimmten Personenkreisen gewollt hat.[384] Das ist angesichts der spezi-

---

France; ebenso bereits *Geiger*, IIC 2005, 155 zum erstinstanzlichen Urteil: „Under current law, the court thus had no alternative but to dismiss the action."

[381] OLG Bremen WRP 1997, 573, 576. BGH GRUR 2000, 249 – Programmsperre, hat das Urteil wegen fehlenden Schädigungsvorsatzes aufgehoben.

[382] Ebenso *Arlt*, DRM, S. 130.

[383] So auch *Dusollier*, A&M 2006, 180: „C'est la seule explication qui pourrait donner tout son sens à cet arrêt."

[384] BGHZ 116, 7, 13 = NJW 1992, 241, 242; Palandt-*Sprau*, § 823 Rn. 57.

ellen Regelung in § 95b UrhG, die diesen Schutz gerade nur bestimmten Schrankenbegünstigen gewährt, zu verneinen.

c. Vertragliche Ansprüche

In Betracht kommen daher allenfalls vertragliche Ansprüche des Schrankenbegünstigten. So kann etwa der Käufer eines kopiergeschützten Werkexemplars einen auf Beseitigung eines Kopierschutzes oder Lieferung eines nicht kopiergeschützten Exemplars gerichteten Nacherfüllungsanspruch aus §§ 437 Nr. 1, 439 Abs. 1 BGB haben, wenn die fehlende Kopierbarkeit einen Mangel des Werkexemplars i. S. d. § 434 Abs. 1 BGB begründet.[385] Bei Fehlen einer ausdrücklichen Beschaffenheitsvereinbarung liegt ein Mangel des Werkexemplars vor, wenn der Käufer die Kopierbarkeit üblicherweise erwarten darf und der Kopierschutz daher eine Abweichung von der Sollbeschaffenheit nach § 434 Abs. 1 S. 2 Nr. 2 BGB darstellt.[386] Soweit sich die Verwendung eines Kopierschutzes bei Werkträgern der fraglichen Art nicht allgemein durchgesetzt hat und die Kopierbarkeit damit nicht (mehr) zu deren gewöhnlichen Verwendung gehört, wird ein Käufer generell davon ausgehen können, dass er von den gesetzlich zulässigen Nutzungen eines urheberrechtlich geschützten Werkes Gebrauch machen kann.[387] Dazu gehören neben dem Abspielen des Werkes auf sämtlichen marktüblichen Gerätetypen auch die nach §§ 44a ff. UrhG zulässigen Werknutzungen.[388]

Selbst wenn der Verkäufer beim Verkauf des Werkexemplars deutlich auf den Kopierschutz hinweist, ist fraglich, ob dadurch die Nicht-Kopierbarkeit als geschuldete Beschaffenheit wirksam vereinbart wird und damit ein Sachmangel ausscheidet.[389] Üblicherweise wird der Hinweis durch einen Aufdruck auf dem körperlich verbreiteten Werkexemplar erfolgen oder in den AGB des Verkäufers enthalten sein.[390] Klauseln in AGB, die den Sachzustand in einer Weise beschrei-

---

[385] Vgl. *Goldmann/Liepe*, ZUM 2003, 373.

[386] Vgl. *Schack*, UrhR, Rn. 732j. Bei einem im Aufnahmegerät integrierten Kopierschutzsystem kann auch das verkaufte Aufnahmegerät mangelhaft sein, wenn die Verwendbarkeit eines derartigen Geräts gewöhnlich auch die Herstellung von Kopien umfasst, so zu DAT-Recordern *Wiechmann*, ZUM 1989, 121; *Schack*, JZ 1998, 759; zur Mangelhaftigkeit von Software mit einem einprogrammierten Programmschutz siehe BGH NJW 1981, 2684; BGH NJW 1987, 2004; OLG Celle NJW-RR 1993, 432; OLG Köln NJW 1996, 733.

[387] Ebenso die Amtl. Begr. zu § 95d UrhG, BT-Drucks 15/38, S. 28: Nach der herrschenden Konsumentenerwartung gehe der Verkehr regelmäßig davon aus, dass „Bild- und Tonträger kopierfähig und auf allen marktüblichen Gerätetypen zeitlich unbegrenzt abspielbar sind".

[388] *Trayer*, S. 160; zur eingeschränkten Abspielbarkeit von kopiergeschützten CDs *Goldmann/Liepe*, ZUM 2002, 372; *Schack*, ZUM 2002, 506.

[389] Für die Mangelfreiheit in diesem Fall *Goldmann/Liepe*, ZUM 2002, 373; *Schack*, UrhR, Rn. 732j; *Trayer*, S. 152 f.; *von Diemar*, Digitale Kopie, S. 153; ebenso für den Verkauf eines Aufnahmegerätes mit Kopiersperre (DAT-Recorder) *Wiechmann*, ZUM 1989, 121.

[390] Z. B. in Nr. 9 b der Nutzungsbedingungen des iTunes Store (Stand: 17. 6. 2009), abrufbar unter http://www.apple.com/legal/itunes/de/terms.html: „Sie sind sich darüber im Kla-

ben, die den berechtigten Erwartungen des Käufers widerspricht, werden aber nach § 305c Abs. 1 BGB nicht wirksam Vertragsbestandteil.[391]

In jedem Fall richtet sich ein etwaiger Nacherfüllungsanspruch nicht gegen den Rechtsinhaber, sondern gegen den Verkäufer des betreffenden Werkexemplars. Wenn dieses nicht vom jeweiligen Rechtsinhaber als Anwender der technischen Maßnahme verkauft worden ist, kann der Verkäufer den Kopierschutz nicht beseitigen, da er damit selbst gegen § 95a Abs. 1 UrhG verstoßen würde. Über Vervielfältigungsstücke ohne einen entsprechenden Kopierschutz wird er regelmäßig nicht verfügen und kann sie sich wegen § 95a Abs. 3 UrhG auch nicht legal beschaffen. Ein Nacherfüllungsanspruch ist daher jedenfalls wegen subjektiver (rechtlicher) Unmöglichkeit gemäß § 275 Abs. 1 BGB ausgeschlossen. Der Schrankenbegünstigte ist darauf beschränkt, vom Kaufvertrag zurückzutreten, den Kaufpreis zu mindern oder bei Verschulden Schadensersatz vom Verkäufer zu verlangen. Der Schrankengebrauch aber lässt sich auf diesem Weg nur ermöglichen, wenn der Verwender der technischen Schutzmaßnahme selbst über den Verkauf eines Werkexemplars den Zugang zum Werk gewährt hat, ohne hinreichend deutlich auf das Bestehen eines Kopierschutzes hinzuweisen.

IV. Vereinbarkeit mit höherrangigem Recht

Der Schrankengebrauch wird nach alledem durch den Einsatz technischer Schutzmaßnahmen nicht nur faktisch, sondern wegen des Umgehungsschutzes nach § 95a auch rechtlich erheblich eingeschränkt, ohne dass die Verpflichtung aus § 95b Abs. 1 UrhG immer einen adäquaten Ausgleich für die Einschränkung der Nutzungsfreiheit bietet. Fraglich ist daher, inwieweit die gesetzliche Regelung in §§ 95a, 95b UrhG mit höherrangigem Recht vereinbar ist.

1. Vereinbarkeit mit Art. 11 WCT und Art. 18 WPPT

Mit dem rechtlichen Umgehungsschutz technischer Maßnahmen in § 95a Abs. 1 UrhG hat der deutsche Gesetzgeber die Vorgaben der WIPO-Verträge von 1996 umgesetzt, die zu einem solchen Schutz jedoch nur insoweit verpflichten, als dadurch Handlungen unterbunden werden, die weder vom Rechtsinhaber erlaubt worden noch aufgrund einer Schranke gesetzlich zulässig sind.[392] Die nach §§ 95a, 95b UrhG bestehende Rechtslage, wonach ein Nutzer das Umgehungsverbot verletzt, wenn er eine technische Maßnahme zur Herstellung einer digi-

ren, dass die Dienstleistung und Produkte, die über die Dienstleistung erworben wurden … (‚Produkte') technische Schutzmaßnahmen enthalten, die die digitalen Informationen schützen (‚technische Schutzmaßnahmen')."

[391] Bamberger/Roth-*Faust*, § 475 Rn. 11.

[392] Siehe oben S. 446.

talen Privatkopie umgeht, obwohl deren Herstellung zulässig ist, wird daher teilweise für völkerrechtswidrig gehalten.[393] Art. 11 WCT und Art. 18 WPPT seien als Durchsetzungsnormen konzipiert, die den Rechtsinhabern lediglich die Durchsetzung ihrer nach materiellem Urheberrecht bestehenden Rechte ermöglichen sollen, so dass ein Vorrang des Umgehungsschutzes gegenüber dem materiellen Urheberrecht dem Zweck von Art. 11 WCT und Art. 18 WPPT widersprechen würde und deshalb von den Vertragsstaaten auch nicht eingeführt werden dürfe.[394] Die Schranken des Urheberrechts müssten daher entweder auch für das Umgehungsverbot gelten, oder die betreffenden Schranken seien formell aufzuheben.[395]

Es ist zwar zutreffend, dass die WIPO-Vertragsstaaten davon ausgegangen sind, dass der im nationalen Recht zu schaffende Schutz technischer Maßnahmen auf das zur Durchsetzung bestehender Ausschließlichkeitsrechte notwendige Maß beschränkt wird.[396] Auch die Präambel sowie die Denkschrift zum WCT betonen die Notwendigkeit eines Gleichgewichts zwischen den Rechten der Urheber und dem Interesse der Öffentlichkeit an der Wahrung eines Zugangs zu Informationen.[397] Gemäß Art. 1 Abs. 4 WCT i. V. m. Art. 19 RBÜ enthält der WCT jedoch lediglich von den Vertragsstaaten zu gewährleistende Mindestrechte.[398] Den Vertragsstaaten ist es daher erlaubt, in ihrem nationalen Recht über das völkerrechtlich verbindliche Mindestschutzniveau hinauszugehen. Die Annahme einer Verpflichtung der Vertragsstaaten zur engen Koppelung des Umgehungsschutzes an die materielle Urheberrechtslage ist mit diesem Prinzip des Mindestschutzes als Grundprinzip des Urheberkonventionsrechts nicht zu vereinbaren.[399] Dem WCT lässt sich nicht entnehmen, dass den Vertragsstaaten bei der Regelung der Rechtsdurchsetzung im nationalen Recht ein geringerer Gestaltungsspielraum zusteht als bei der gesetzlichen Ausgestaltung der Rechte selbst. Es ist daher davon auszugehen, dass die WIPO-Verträge keine Rechtsvereinheitlichung dahingehend erhalten, dass der rechtliche Umgehungsschutz technischer Maßnahmen stets deckungsgleich mit den materiellrechtlichen Grenzen des Urheberrechts und der Leistungsschutzrechte sein muss. Art. 11 WCT und Art. 18 WPPT hindern die Vertragsstaaten folglich

---

393 So *Rigamonti*, GRURInt 2005, 9.

394 *Rigamonti*, GRURInt,2005, 6.

395 *Rigamonti*, GRURInt 2005, 7; ebenso für die Schranke des § 53 Abs. 1 UrhG *Berger*, ZUM 2004, 261.

396 Vgl. *Mazziotti*, S. 51 f.; *Rieber-Mohn*, IIC 2006, 185.

397 Denkschrift zum WIPO-Urheberrechtsvertrag vom 8. 7. 1998, in: *Mestmäcker/Schulze*, Anhang B 44b, S. 4 f. (zur Präambel).

398 Allgemein zum Mindestschutzprinzip des WCT Dreier/Schulze-*Dreier*, § 121 Rn. 15; *Schack*, UrhR, Rn. 885b.

399 So auch *Bongers*, S. 385; *Dreyer*, in: Pahlow/Eisfeld, S. 231; Loewenheim-*Peukert*, § 36 Rn. 2 Fn. 2.

nicht daran, die Reichweite des Umgehungsschutzes weiter zu fassen als die der ausschließlichen Verwertungsrechte der Urheber.[400]

2. *Verfassungsmäßigkeit der §§ 95a Abs. 1, 95b, 108b UrhG*

Ein subjektives Recht auf Schrankengebrauch steht nur den Begünstigten der in § 95b Abs. 1 S. 1 UrhG ausdrücklich aufgeführten Schranken zu. Dort sind in erster Linie Schranken genannt, die wie §§ 45, 46, 47 und 52a UrhG öffentlichen Gemeinwohlinteressen Rechnung tragen. Gerade diejenigen Schranken, denen wie § 53 Abs. 1 oder § 51 und § 24 UrhG grundrechtlich geschützte Nutzerinteressen zugrunde liegen, sollen aber durch technische Schutzmaßnahmen weitgehend ausgehebelt werden dürfen. Diese Unterscheidung ist zunächst rechtspolitisch äußerst fragwürdig,[401] da in den von § 95b Abs. 1 UrhG erfassten Bereichen Beeinträchtigungen des Schrankengebrauchs durch technische Schutzmaßnahmen in der Praxis insofern kaum zu erwarten sind, als freiwillige Vereinbarungen zur Bereitstellung der notwendigen Mittel an die begünstigten Institutionen hier realistischer sind als bei Schranken, die individuelle Nutzer begünstigen.[402] Insbesondere ist das Fehlen einer Ausgleichsregelung zugunsten individueller Schrankenbegünstigter aber in verfassungsrechtlicher Hinsicht problematisch, wenn deren grundrechtlich geschützte Nutzungsinteressen aufgrund des Einsatzes technischer Schutzmaßnahmen nicht mehr ausreichend gewahrt werden. Insoweit drängt sich die Frage nach der Vereinbarkeit der in §§ 95a, 95b UrhG getroffenen Regelung mit dem Grundgesetz auf.

a. Vervielfältigungsfreiheit zum privaten Gebrauch

Die Verfassungsmäßigkeit der §§ 95a, 95b UrhG wird im Schrifttum insbesondere im Hinblick auf die fehlende Durchsetzbarkeit der Freiheit zur Herstellung *digitaler* Privatkopien nach §§ 53 Abs. 1, 95b Abs. 1 S. 1 Nr. 6 lit. a UrhG kontrovers diskutiert.

---

400 *Bongers*, S. 386; *Dreyer*, in: Pahlow/Eisfeld, S. 231, 233; ebenso im Ergebnis *Rieber-Mohn*, IIC 2006, 185 f.

401 *Mazziotti*, S. 203 f.; *Koch*, S. 15: Die Auswahl der Schranken sei „willkürlich und wenig angemessen".

402 Vgl. *von Lewinski*, sic! 2003, 170, mit dem Hinweis, dass ein gerichtlich durchsetzbarer gesetzlicher Anspruch hier sogar kontraproduktiv sein könnte; a. A. *Burrell/Coleman*, S. 308, wonach die ausgewählten Schranken diejenigen seien, auf deren Gebrauch sich technische Schutzmaßnahmen besonders nachteilig auswirkten: „The seven rights in question probably represent those cases where technological measures are most likely to impact adversely upon users".

(1) Informationsfreiheit

Verfassungsrechtliche Bedenken werden vor allem im Hinblick auf die Informationsfreiheit der Nutzer aus Art. 5 Abs. 1 S. 1 GG erhoben.[403] Das Verbot der Umgehung technischer Schutzmaßnahmen zum Zweck des Schrankengebrauchs und die damit einhergehende Beschränkung der Möglichkeit, kopiergeschützte Werke legal zu vervielfältigen, stelle einen unverhältnismäßigen Eingriff in den Schutzbereich der Informationsfreiheit dar, der durch das Interesse der Rechtsinhaber an der Verhinderung illegaler Nutzungshandlungen nicht gerechtfertigt werde.[404]

Der Gesetzgeber hat diese Bedenken zurückgewiesen und auch bei der Änderung des UrhG im Rahmen des „Zweiten Korbs" von der Ermächtigung des Art. 6 Abs. 4 Unterabs. 2 Info-RL zur Herstellung digitaler Privatkopien keinen Gebrauch gemacht, sondern bewusst davon abgesehen, die digitale Privatkopie gegenüber dem Einsatz technischer Schutzmaßnahmen durchzusetzen.[405] Aus dem Grundrecht der Informationsfreiheit folge kein Recht des Verbrauchers auf die Herstellung von Privatkopien, das sich gegen das geistige Eigentum, zu dessen Schutz die gesetzliche Regelung in § 53 Abs. 1 UrhG eingeführt worden sei, ins Feld führen ließe. Denn die Informationsfreiheit garantiere keinen kostenlosen Zugang zu allen gewünschten Informationen, vielmehr sei „eine Abhängigkeit des Informationserhalts von Leistungsentgelten ausdrücklich ohne Belang".[406] Insoweit sei zwischen einem Recht auf Privatkopie und einem Recht auf den Werkzugang zu unterscheiden.[407] Da zudem offen sei, ob die Verwerter künftig am Einsatz von Kopierschutzmaßnahmen festhalten würden, hielt der Gesetzgeber ein Eingreifen für „voreilig".[408] Ob diese Begründung die Bedenken an der Verfassungsmäßigkeit der §§ 95a, 95b UrhG auszuräumen vermag, ist indes zweifelhaft. Im Hinblick auf die Vereinbarkeit der Regelung mit der durch Art. 5 Abs. 1 S. 1 GG geschützten Informationsfreiheit müssen zwei Fragestellungen auseinander gehalten werden.

Zum einen ist fraglich, ob es verfassungsrechtlich geboten ist, die Rechtsinhaber gesetzlich zur Ermöglichung von Privatkopien zu verpflichten und den

---

[403] *Ulbricht*, CR 2004, 678 f.; *Holznagel/Brüggemann*, MMR 2003, 769 f.; *Hoeren*, Urheberrecht und Verbraucherschutz, S. 30; *Köcher/Kaufmann*, MMR 2005, 754; *Peukert*, UFITA 2002, 708; *Rigamonti*, GRURInt 2005, 9 mit Fn. 106; *Hohagen*, Vervielfältigungsfreiheit, S. 513; vgl. auch *Schack*, JLTP 2002, 328 (zur Beschränkung der Fair-use-Doktrin durch § 1201 CA).

[404] *Ulbricht*, CR 2004, 679; *Holznagel/Brüggemann*, MMR 2003, 770; *Hoeren*, Urheberrecht und Verbraucherschutz, S. 30; vorsichtiger *Köcher/Kaufmann*, MMR 2005, 754: Die Angemessenheit der derzeitigen Regelung müsse „in Frage gestellt werden".

[405] Entwurf eines Zweiten Gesetzes zur Regelung des Urheberrechts in der Informationsgesellschaft, BT-Drucks. 16/1828, S. 20.

[406] BT-Drucks. 16/1828, S. 20.

[407] BT-Drucks. 16/1828, S. 21.

[408] BT-Drucks. 16/1828, S. 21.

Einsatz entgegenstehender technischer Schutzmaßnahmen zu verbieten. Angesprochen ist insoweit die Schutzfunktion des Grundrechts auf Informationsfreiheit im Sinne einer gesetzgeberischen Schutzpflicht.[409] Eine solche grundrechtliche Schutzpflicht des Staates wird man aus dem objektiv-rechtlichen Gehalt der Informationsfreiheit tatsächlich nicht ableiten können.[410] Zwar ist die Anfertigung digitaler Privatkopien grundsätzlich vom Schutzbereich der Informationsfreiheit umfasst.[411] Die Allgemeinzugänglichkeit der Informationsquelle wird durch den Einsatz eines Kopierschutzes nicht beseitigt, da das geschützte Werk vom Rechtsinhaber jedenfalls dazu bestimmt ist, allen Nutzern, die rechtmäßig Zugang zum geschützten Werk haben, die darin verkörperte Information zu verschaffen.[412] Der objektiv-rechtliche Gehalt des Grundrechts kann dabei auch durch eine Informationsbehinderung von privater Seite betroffen sein. Insofern hat der Staat die Voraussetzungen für einen freien Informationsfluss zu schaffen, darf die Entstehung von Informationsquellen nicht verhindern und muss ausreichende Maßnahmen gegen Informationsmonopole treffen.[413] Das Grundrecht der Informationsfreiheit wirkt dann als objektives Prinzip der Rechtsordnung und kann auch Eigentumsbindungen legitimieren.[414]

Eine sich zu konkreten Handlungspflichten verdichtende staatliche Schutzverantwortung kommt jedoch nur in besonders gelagerten Ausnahmefällen in Betracht.[415] Dem Gesetzgeber steht insoweit ein weiter Beurteilungs- und Gestaltungsspielraum zu.[416] Dabei muss berücksichtigt werden, dass durch ein Außerkraftsetzen des Kopierschutzes nicht nur private Kopien, sondern auch die Weitergabe des Werkes an Dritte, etwa durch Bereitstellung im Internet er-

---

409 Vgl. *Lerche*, JURA 1995, 562f.; *Hohagen*, Vervielfältigungsfreiheit, S. 287f.

410 So auch *Arlt*, DRM, S. 198f.; *Hucko*, ZUM 2005, 130; *von Diemar*, GRUR 2002, 592; *dies.*, Digitale Kopie, S. 155; *Schack*, ZUM 2002, 505; *Stickelbrock*, GRUR 2004, 741; Fromm/Nordemann-*Czychowski*, § 95b UrhG Rn. 2; ebenso zu Art. 10 EMRK *Hohagen*, Vervielfältigungsfreiheit, S. 134f.; a. A. *Hoeren*, Urheberrecht und Verbraucherschutz, S. 27, der wegen der Notwendigkeit einer gerichtlichen Geltendmachung selbst für die von § 95b Abs. 1 S. 1 Nr. 6 UrhG erfassten analogen Privatkopien einen Eingriff in die Informationsfreiheit annimmt.

411 Siehe oben S. 57.

412 Zu eng verstehen den Begriff der Allgemeinzugänglichkeit allerdings *Holznagel/Brüggemann*, MMR 2003, 769: Der Schutzbereich der Informationsfreiheit sei nur gegenüber denjenigen Nutzern eröffnet, die die Originalmedien rechtmäßig erworben hätten, so dass „Drittnutzer" nicht zu dem vom Urheber bestimmten Ausschnitt der Allgemeinheit gehörten. In Bezug auf die von einer Schranke privilegierten Nutzer steht dem Urheber jedoch gerade kein Bestimmungsrecht zum Ausschluss Dritter von der Informationsquelle zu.

413 BVerfGE 97, 228, 258; Jarass/Pieroth-*Jarass*, Art. 5 Rn. 45; *Mayer*, NJW 1996, 1788; vgl. oben S. 417f.

414 BK-GG-*Degenhart*, Art. 5 Abs. 1 und 2 Rn. 321.

415 BK-GG-*Degenhart*, Art. 5 Abs. 1 und 2 Rn. 319; Sachs-*Sachs*, vor Art. 1 Rn. 35.

416 Sachs-*Sachs*, vor Art. 1 Rn. 35; Jarass/Pieroth-*Jarass*, Vorb. vor Art 1 Rn. 6; Wandtke/Bullinger-*Wandtke/Ohst*, § 95b Rn. 4.

möglicht würde. Es ist daher ein grundsätzlich legitimes gesetzgeberisches Anliegen, die Rechtsinhaber nur in Ausnahmefällen selbst zur Ausschaltung ihres Schutzsystems durch Überlassung entsprechender Mittel an den Nutzer zu zwingen. Solange den Nutzern die Möglichkeit verbleibt, von ihrer Vervielfältigungsfreiheit durch die Anfertigung analoger Kopien Gebrauch zu machen, ist die Informationsfreiheit nicht in einer solchen Weise gefährdet, dass der Gesetzgeber zum Tätigwerden gezwungen wäre.[417]

Daraus darf man aber nicht folgern, dass die in §§ 95a, 95b UrhG getroffene Wertentscheidung zu Lasten der Schrankenbegünstigten verfassungsrechtlich unbedenklich wäre.[418] Man kann die fehlende Berücksichtigung digitaler Privatkopien in § 95b Abs. 1 S. 1 Nr. 6 nicht isoliert vom Verbot der Umgehung technischer Maßnahmen nach § 95a Abs. 1 UrhG betrachten.[419] Wenn auch der Gesetzgeber nicht dazu berufen ist, den Rechtsinhabern einen Selbstschutz durch den Einsatz technischer Schutzmaßnahmen zu verbieten, bleibt dennoch problematisch, ob deren Umgehung durch ein gesetzliches Verbot sanktioniert werden darf, wenn die Umgehung erfolgt, um eine urheberrechtlich zulässige und vom Schutzbereich der Informationsfreiheit erfasste Nutzung zu ermöglichen.

Dies ist keine Frage der Reichweite staatlicher Schutzpflichten. Vielmehr geht es beim gesetzlichen Umgehungsverbot um einen unmittelbaren staatlichen Eingriff in den Schutzbereich der Informationsfreiheit.[420] Während beim Schutz eines zu fördernden Grundrechts im Rahmen der Leistungsfunktion der Grundrechte lediglich ein Kernbereich verfassungsrechtlich vorgegeben ist, kann ein Grundrecht durch unmittelbare Eingriffe nur bis zur Grenze der Verhältnismäßigkeit beschränkt werden.[421] Ein solcher Eingriff in die Informationsfreiheit ist daher verfassungswidrig, wenn er nicht durch den Gesetzesvorbehalt der allgemeinen Gesetze nach Art. 5 Abs. 2 GG oder durch kollidierendes Verfassungsrecht gerechtfertigt ist.[422] Die Einschränkung der Informationsfreiheit muss danach dem Schutz hinreichend gewichtiger Gemeinwohlbelange oder schutzwürdiger Rechte oder Interessen Dritter dienen

---

[417] *Schack*, ZUM 2002, 505; *Stickelbrock*, GRUR 2004, 741; *Schulz*, GRUR 2006, 476; *Arlt*, DRM, S. 198.

[418] So aber *Arlt*, DRM, S. 199; *ders.*, CR 2005, 650; *Dreyer*, in: Pahlow/Eisfeld, S. 233 f.; *von Diemar*, Digitale Kopie, S. 155 f.; Wandtke/Bullinger-*Wandtke/Ohst*, § 95b Rn. 4; *Berger*, ZUM 2004, 264; *Schulz*, GRUR 2006, 476.

[419] Das verkennt insbesondere *von Diemar*, GRUR 2002, 593, die die Abwägung zwischen Nutzerinteressen und Interessen der Rechtsinhaber unter Geltung des alten UrhG unbesehen auf die durch Art. 6 Info-RL und dessen Umsetzung geschaffene Rechtslage überträgt.

[420] *Schweikart*, UFITA 2005, 15 f.; *Ulbricht*, CR 2004, 678 (der allerdings irrig von der Strafbewehrtheit der Umgehung auch zu privaten Zwecken ausgeht).

[421] Siehe oben S. 47.

[422] Jarass/Pieroth-*Jarass*, Vorb. v. Art. 1 Rn. 38 und Art. 5 Rn. 22.

und insoweit verhältnismäßig, d.h. geeignet, erforderlich und angemessen sein.[423]

Wenn der Gesetzgeber demgegenüber offenbar davon ausgeht, dass die Informationsfreiheit der Nutzer bei der Ausgestaltung des Umgehungsschutzes mangels einer Kollision mit dem Schutzbereich des Grundrechts nicht in Ansatz zu bringen sei,[424] ist dies unzutreffend. Auch die Anfertigung digitaler Kopien zu privaten Zwecken nimmt als Unterrichtung aus einer Informationsquelle am verfassungsrechtlichen Schutz der Informationsfreiheit teil. Dass es keinen Anspruch auf kostenlose Informationsbeschaffung gibt, ist zwar richtig.[425] Darum geht es hier aber nicht.[426] Die Frage ist vielmehr, inwieweit ein Nutzer, der rechtmäßig Zugang zu einer Informationsquelle hat, durch rechtliche Sanktionen daran gehindert werden darf, sich aus dieser Quelle zu unterrichten.[427] Dass der Gesetzgeber das Problem der Verhältnismäßigkeit grundsätzlich gesehen hat, zeigt die Begrenzung der Strafbarkeit in Bezug auf Handlungen zum privaten Gebrauch in § 108b Abs. 1 UrhG. Dadurch wollte der Gesetzgeber ein umfangreiches Tätigwerden der Strafverfolgungsbehörden vermeiden, das „weitgehend wenig erfolgversprechend bliebe und im Hinblick der sich häufig ergebenden Notwendigkeit von Hausdurchsuchungen in der Verhältnismäßigkeit nicht unproblematisch wäre".[428] Das Problem stellt sich jedoch ebenso im Hinblick auf die Durchsetzbarkeit *zivil*rechtlicher Ansprüche gegen den zu privaten Zwecken handelnden Verbraucher.[429] Die Informationsfreiheit der Nutzer ist auch insoweit mit dem seinerseits grundrechtlich geschützten Interesse der Rechtsinhaber an einer angemessenen Verwertung ihrer Werke nach dem Grundsatz praktischer Konkordanz in Ausgleich zu bringen.[430]

---

[423] BVerfGE 59, 231, 265 (zur Rundfunkfreiheit); BVerfGE 71, 162, 181 (zur Meinungsfreiheit); BVerfGE 77, 65, 75 (zur Rundfunk- und Pressefreiheit).

[424] Ebenso ausdrücklich OLG München GRUR-RR 2009, 85, 88 – AnyDVD II; Wandtke/Bullinger-*Wandtke/Ohst*, § 95b Rn. 4; *Berger*, ZUM 2004, 264; wohl auch *Lucas-Schloetter*, GRURInt 2007, 668, wonach die Privatkopie im Unterschied zu den anderen Schrankenbestimmungen, die im öffentlichen Interesse liegen, allein „auf praktischen Erwägungen" beruhe.

[425] Vgl. von Mangoldt/Klein/Starck-*Starck*, Art. 5 Abs. 1, 2 Rn. 53: „Wenn jemand einen stärkeren Informationsdurst hat, als ihm Mittel zur Beschaffung der Information zur Verfügung stehen, so liegt darin keine Behinderung und erwächst daraus kein Anspruch auf kostenlose Informationsbeschaffung".

[426] So zutreffend *Arlt*, DRM, S. 197.

[427] Vgl. bereits oben S. 58.

[428] Amtl. Begr., BT-Drucks. 15/38, S. 29.

[429] So auch *Krüger*, GRUR 2004, 205.

[430] Ebenso *Arlt*, CR 2005, 649; *Schweikart*, UFITA 2005, 16: Die Frage der Rechtfertigung hänge letztlich davon ab, ob man die beeinträchtigten Verbraucherbelange den Interessen der Urheber und Verwerter vorziehe oder nachsetze; allgemein zur Abwägung kollidierender Grundrechte Jarass/Pieroth-*Jarass*, Vorb. vor Art. 1 Rn. 49.

Der rechtliche Umgehungsschutz in § 95a UrhG dient dem Schutz des geistigen Eigentums an urheberrechtlich geschützten Werken und soll den Rechtsinhabern die Möglichkeit erhalten, ihr geistiges Eigentum durch technische Sperren selber zu schützen, und sie davor bewahren, dass die kommerzielle Verwertung von Werken in den neuen Medien durch einen kostenlosen Werkgenuss der Verbraucher entwertet wird.[431] Damit verfolgt der Gesetzgeber einen auch unter verfassungsrechtlichen Gesichtspunkten grundsätzlich legitimen Zweck.[432] Man wird die Regelung in § 95a Abs. 1 UrhG auch als geeignet ansehen können, dieses Ziel zu fördern.[433] Problematisch ist jedoch die Verhältnismäßigkeit der gesetzlichen Regelung in §§ 95a, 95b UrhG, soweit dadurch jegliche Herstellung digitaler Privatkopien unter Umgehung eines Kopierschutzes gesetzlich verboten und der Nutzer mit einem Unterlassungsanspruch des Rechtsinhabers belastet wird.

Ein schutzwürdiges Interesse der Rechtsinhaber, jegliche Nutzung der geschützten Werke auch im privaten Bereich zu kontrollieren, ist nicht anzuerkennen. Wie das BVerfG in anderem Zusammenhang ausgeführt hat, würde eine „durchgängige Kommerzialisierung von Informationen von allgemeiner Bedeutung oder allgemeinem Interesse, die dem Erwerber der Verwertungsrechte gestattete, damit nach Belieben zu verfahren und Dritte auszuschließen oder in der Teilhabe zu beschränken, ... den Leitvorstellungen von Art. 5 Abs. 1 Satz 2 GG nicht gerecht."[434] Der Gesetzgeber hat dementsprechend ausdrücklich auch im Hinblick auf digitale Vervielfältigungen an der in § 53 Abs. 1 UrhG geregelten Zulässigkeit der Privatkopie festgehalten, da „eine Regelung, die nur die analoge Privatkopie zuließe, praktisch kaum durchsetzbar und den Verbrauchern nicht zu vermitteln" sei und ein Verbot „die soziale Realität ignorieren und die Autorität und Glaubwürdigkeit der Rechtsordnung untergraben" würde.[435]

Ebenso wenig wie ein gesetzliches Verbot digitaler Privatkopien selbst ist aber ein Verbot von Umgehungshandlungen praktisch durchsetzbar, die mit dem Ziel der Ermöglichung einer Privatkopie vorgenommen werden. Denn auch die Umgehung eines Kopierschutzes kann vom Rechtsinhaber nicht kontrolliert und verfolgt werden, wenn sie ausschließlich im privaten Umfeld des Nutzers zum Zwecke einer privaten Nutzung erfolgt. Der Vorteil, der für den Rechtsinhaber mit der Rechtswidrigkeit einer Umgehung gegenüber der bereits faktischen Erschwerung von Kopien durch den Einsatz der technischen Maß-

---

[431] BT-Drucks. 15/38, S. 26; BT-Drucks. 16/1828, S. 20.

[432] OLG München MMR 2005, 768, 769; LG Köln MMR 2006, 413, 414; *Hohagen*, Vervielfältigungsfreiheit, S. 510.

[433] *Ulbricht*, CR 2004, 678.

[434] BVerfGE 97, 228, 258, zum Recht auf nachrichtenmäßige Kurzberichterstattung im Fernsehen.

[435] BT-Drucks. 16/1828, S. 19; siehe dazu bereits oben S. 55.

nahme verbunden ist, ist folglich gering. Er kann allenfalls darin bestehen, dass einem Raubkopierer eine Schutzbehauptung dahingehend abgeschnitten wird, er habe mit der Umgehung lediglich eine zulässige Privatkopie ermöglichen wollen.[436] Eine solche Behauptung wird derjenige, der eine technische Schutzmaßnahme in der Absicht umgangen hat, *rechtswidrige* Nutzungshandlungen zu ermöglichen, jedoch in den seltensten Fällen glaubhaft machen können.[437]

Soweit aber feststeht, dass durch die Umgehung auch rechtswidrige Vervielfältigungen ermöglicht werden oder die zulässigerweise angefertigten Kopien die Privatsphäre des Nutzers verlassen sollten, kann dies bereits aufgrund des Urheberrechts vom Rechtsinhaber unterbunden werden.[438] Im Hinblick auf dennoch mögliche private Vervielfältigungen bietet das Umgehungsverbot in § 95a Abs. 1 UrhG keinen darüber hinaus gehenden Schutz. Insoweit werden die Rechtsinhaber vor einer Umgehung ihrer technischen Maßnahmen ausreichend dadurch geschützt, dass Herstellung und Vertrieb von Umgehungsmitteln nach § 95a Abs. 3 UrhG – anders als nach § 69f Abs. 2 UrhG[439] – selbst dann verboten sind, wenn diese auch dazu geeignet sind, urheberrechtlich zulässige Nutzungshandlungen zu ermöglichen, so dass eine entsprechende Schutzbehauptung des Handelnden ausgeschlossen ist.[440] Die größere Gefahr für den Umgehungsschutz geht ohnehin von den vorbereitenden Handlungen aus und weniger von einzelnen Umgehungshandlungen durch Privatpersonen.[441]

---

[436] So *Wand*, S. 178; *Metzger/Kreutzer*, MMR 2002, 140; *Schack*, ZUM 2002, 505; *Hänel*, S. 72.

[437] A. A. *Wand*, S. 178, der eine solche Schutzbehauptung für „in der Praxis kaum widerlegbar" hält, dabei aber übersieht, dass bei einer entsprechenden Ausnahme vom Umgehungsverbot die Darlegungs- und Beweislast beim Nutzer läge, der sich auf die Ausnahme beruft.

[438] Vgl. oben S. 466.

[439] Siehe dazu oben S. 443.

[440] *Dusollier*, EIPR 1999, 294. Entgegen *Holznagel/Brüggemann*, MMR 2003, 769f., wird man diese Regelung angesichts des legitimen Interesses der Rechtsinhaber an der Integrität der von ihnen entwickelten Schutzsysteme nicht für unverhältnismäßig halten können, soweit die Umgehungsmittel hauptsächlich urheberrechtswidrige Nutzungen ermöglichen sollen; hier kommen auch wettbewerbsrechtliche Ansprüche in Betracht, siehe die Nachweise in Fn. 48 und 70. Zu weit geht es hingegen, die Presseberichterstattung über Umgehungsmittel wegen Verletzung von § 95a Abs. 3 Nr. 1 UrhG zu verbieten, vgl. OLG München GRUR-RR 2005, 372, 374f. – AnyDVD I (Verbot der Linksetzung auf den Internetauftritt des Anbieters); bestätigt durch OLG München GRUR-RR 2009, 85, 90 – AnyDVD II; die gegen die einstweilige Verfügung gerichtete Verfassungsbeschwerde ist mangels Rechtswegerschöpfung nicht zur Entscheidung angenommen worden, BVerfG(K) GRUR 2007, 1064 – Kopierschutzumgehung.

[441] So auch *Krüger*, GRUR 2004, 205; *Lindhorst*, S. 121, unter Hinweis auf den RL-Vorschlag KOM(1997) 628 endg., S. 43; *Koelman*, The protection of technological measures vs. the copyright limitations, abrufbar unter http://www.ivir.nl/publications/koelman/alaiNY.html; ebenso der australische Gesetzgeber, der in § 116A Copyright Act 1968 (eingeführt durch den Digital Agenda Act 2000) daher bewusst keinen Rechtsschutz gegen die Umgehungshandlung als solche vorgesehen hat, siehe dazu *Copyright Law Review Committee*, Rn. 3.129; *Fitzpatrick*, EIPR 2000, 223; anders *Schack*, UrhR, Rn. 732f: „Weit problema-

Dem erheblichen Eingriff in die Informationsfreiheit der Nutzer durch eine Sanktionierung auch urheberrechtlich zulässiger Privatkopien steht daher kein gleichwertiges Interesse der Rechtsinhaber an der Rechtswidrigkeit solcher Umgehungshandlungen zur Sicherung einer angemessenen Verwertung ihrer Werke entgegen, zumal sie im Anwendungsbereich technischer Schutzmaßnahmen unabhängig von deren Sonderrechtsschutz gemäß § 54h Abs. 2 S. 2 UrhG von einer Beteiligung am Vergütungsaufkommen der Geräte- und Speichermedienabgabe ausgeschlossen sind.[442] Zum Schutz der als geistiges Eigentum geschützten Verwertungsinteressen der Rechtsinhaber ist ein rechtlicher Umgehungsschutz, der in die Informationsfreiheit der Nutzer durch ein ausnahmsloses Verbot der Umgehung auch zu privaten Zwecken eingreift, schon nicht erforderlich, jedenfalls aber nicht angemessen.

Es ist den Rechtsinhabern danach unbenommen, technische Schutzmaßnahmen einzusetzen, um rechtswidrige Nutzungen zu verhindern und damit auch die Anfertigung digitaler Privatkopien einzuschränken. Eine verfassungsrechtliche Verpflichtung des Gesetzgebers, den Verbrauchern die Herstellung von Privatkopien faktisch zu ermöglichen und die Verwendung entgegenstehender technischer Schutzmaßnahmen zu unterbinden, lässt sich aus Art. 5 Abs. 1 S. 1 GG nicht ableiten.[443] Mit der Informationsfreiheit unvereinbar ist es aber, wenn eine Umgehung dieser Maßnahmen auch dann durch ein gesetzliches Verbot sanktioniert wird, wenn sie erfolgt, um eine vom Schutzbereich des Art. 5 Abs. 1 S. 1 GG erfasste Privatkopie anzufertigen, ohne dass gleichzeitig eine die Informationsfreiheit der Nutzer wahrende Ausgleichsregelung vorgesehen wird. Verfassungskonform wäre daher nur eine Regelung, die entweder eine Umgehung zur Anfertigung einer Privatkopie als Ausnahme zu § 95a Abs. 1 UrhG zulässt oder die Rechtswidrigkeit einer solchen Umgehung durch eine Verpflichtung der Rechtsinhaber zur Ermöglichung des Schrankengebrauchs entsprechend § 95b UrhG ausgleicht.

(2) Eigentumsgarantie

Soweit es um die Vervielfältigung eines eigenen Werkstücks des Nutzers geht, greift die Regelung in §§ 95a, 95b UrhG außerdem in die Eigentumsgarantie des Art. 14 Abs. 1 GG ein.[444] Eine auf deren Verletzung gestützte Verfassungsbe-

---

tischer" als das Umgehungsverbot sei dessen Ausdehnung auf die in § 95a Abs. 3 UrhG genannten Vorbereitungshandlungen.

[442] Der Ausschluss von der Beteiligung am Vergütungsaufkommen gemäß § 54h Abs. 2 S. 2 UrhG beruht auf der Überlegung, dass ein Berechtigter nur in dem Umfang Ansprüche erwerben soll, als Nutzungen seines Werkes oder sonstigen Schutzgegenstandes zumindest möglich waren. Die Nutzungsmöglichkeit wird jedoch bereits durch den faktischen Einsatz technischer Schutzmaßnahmen eingeschränkt, nicht erst durch das rechtliche Verbot einer Umgehung, vgl. *Peukert*, sic! 2004, 752 mit Fn. 23 (zur Rechtslage in der Schweiz).

[443] Vgl. *Schack*, UrhR, Rn. 494a.

[444] *Holznagel/Brüggemann*, MMR 2003, 769; *Köcher/Kaufmann*, MMR 2005, 754.

schwerde gegen §§ 95a, 95b UrhG ist vom BVerfG allerdings nicht zur Entscheidung angenommen worden, da mangels Strafbewehrtheit des Umgehungsverbots eine unmittelbare Betroffenheit des Beschwerdeführers in seinem Eigentumsgrundrecht nicht dargelegt worden sei.[445] In einem obiter dictum hat das Gericht dabei aber die Auffassung geäußert, dass vieles dafür spreche, dass mit einem strafbewehrten gesetzlichen Verbot der digitalen Privatkopie „lediglich eine wirksame Inhalts- und Schrankenbestimmung i.S.d. Art. 14 Abs. 1 S. 2 GG vorgenommen wäre."[446]

Angesichts des geringen Nutzens, den das gesetzliche Verbot, einen eigenen Werkträger unter Umgehung eines Kopierschutzes zu vervielfältigen, für den Rechtsinhaber mit sich bringt, muss die Abwägung mit den Eigentümerinteressen indes ebenso ausfallen wie hinsichtlich des Eingriffs in die Informationsfreiheit.[447]

(3) Verfassungskonforme Auslegung des § 95a UrhG

Die geltende Regelung in § 95a, 95b UrhG ist folglich mit der Informationsfreiheit und der Eigentumsgarantie nicht vereinbar, soweit danach die Herstellung einer urheberrechtlich zulässigen Privatkopie unter Umgehung eines Kopierschutzes vom Rechtsinhaber vollständig untersagt werden kann, ohne dass dieser verpflichtet ist, dem Nutzer die Ausübung seiner Nutzungsfreiheit auf anderem Wege zu ermöglichen. Eine gesetzliche Regelung ist trotz Unvereinbarkeit mit der Verfassung allerdings nicht nichtig, wenn eine verfassungskonforme Auslegung der Vorschrift möglich ist.[448] Teilweise wird daher vorgeschlagen, der Unvereinbarkeit des geltenden § 95a UrhG mit der Informationsfreiheit durch eine verfassungskonforme Auslegung des Begriffs der Umgehung Rechnung zu tragen; danach soll keine Umgehung im Sinne der Vorschrift vorliegen, wenn der Nutzer technische Schutzmaßnahmen überwindet, um eine Privatkopie herzustellen.[449]

Soweit Art. 6 Abs. 1 Info-RL einen Umgehungsschutz zwingend vorschreibt, scheitert eine solche verfassungskonforme Auslegung von § 95a UrhG bereits am Anwendungsvorrang des Gemeinschaftsrechts.[450] Auch nach nationalem Verfassungsrecht kommt sie aber nur in Betracht, wenn unter Berücksichtigung

---

[445] BVerfG (K) GRUR 2005, 1032, 1033 – Eigentum und digitale Privatkopie.

[446] BVerfG (K) GRUR 2005, 1032, 1033 – Eigentum und digitale Privatkopie; zustimmend OLG München GRUR-RR 2009, 85, 88 – AnyDVD II (zum Verbot des Vertriebs von Umgehungsmitteln).

[447] Ebenso *Holznagel/Brüggemann*, MMR 2003, 770; *Köcher/Kaufmann*, MMR 2005, 754.

[448] Jarass/Pieroth-*Jarass*, Art. 20 Rn. 34.

[449] So *Holznagel/Brüggemann*, MMR 2003, 772; „etwaige Konfliktlagen zwischen den betroffenen Grundrechtspositionen ... im Wege verfassungskonformer Auslegung" bewältigen wollen auch OLG München MMR 2005, 768, 769; LG Köln MMR 2006, 413, 415.

[450] Siehe unten S. 519f.

von Wortlaut, Entstehungsgeschichte, Gesamtzusammenhang und Zweck mehrere Deutungen der Vorschrift möglich sind, von denen jedenfalls eine zu einem verfassungsgemäßen Ergebnis führt.[451] Dabei kommt es nicht darauf an, ob „dem subjektiven Willen des Gesetzgebers eine weitergehende als die nach der Verfassung zulässige Auslegung des Gesetzes eher entsprochen hätte".[452] Eine verfassungskonforme Auslegung scheidet jedoch dort aus, „wo sie mit dem Wortlaut und dem klar erkennbaren Willen des Gesetzgebers in Widerspruch treten würde".[453] Insbesondere darf das gesetzgeberische Ziel nicht in einem wesentlichen Punkt verfehlt werden.[454] Angesichts des in Wortlaut, Gesetzessystematik und Gesetzgebungsmaterialien eindeutig zum Ausdruck gekommenen gesetzgeberischen Willens, die Privatkopie gegenüber technischen Schutzmaßnahmen gerade nicht durchzusetzen, dürfte eine verfassungskonforme Auslegung des § 95a UrhG demnach kaum möglich sein.[455]

b. Zitierfreiheit und freie Nutzung

Bislang kaum erörtert wird das Verhältnis der §§ 95a, 95b UrhG zur Zitierfreiheit nach § 51 und zur Zulässigkeit einer freien Benutzung nach § 24 UrhG. Die Vereinbarkeit mit den Grundrechten der Meinungs- und Kunstfreiheit ist hier besonders problematisch.[456]

Teilweise wird allerdings auch insoweit eine grundrechtliche Verpflichtung des Gesetzgebers, die Umgehung technischer Maßnahmen zum Zweck urheberrechtlich zulässiger Nutzungen zu erlauben, abgelehnt, da eine analoge Vervielfältigung stets möglich bleibe.[457] Ob hier im Hinblick auf die Schutzpflicht des Gesetzgebers tatsächlich das Gleiche gelten kann wie für Privatkopien, ist jedoch fraglich. Für das Zitieren von Sprachwerken kann man noch argumentieren, dass eine digitale Vervielfältigung des zitierten Textes selten erforderlich ist, um die betreffenden Textstellen anzuführen. Denn wer einen eigenen Text verfasst, in dem er Stellen eines fremden Werkes anführt, wird diese Stellen immer abschreiben können, sobald er rechtmäßig Zugang zu dem Werk hat,

[451] BVerfGE 95, 64, 93; Jarass/Pieroth-*Jarass*, Art. 20 Rn. 34, jeweils m. w. N.

[452] BVerfGE 69, 1, 55.

[453] BVerfGE 71, 81, 105; BVerfGE 93, 37, 81; BVerfGE 101, 312, 329; BVerfGE 110, 226, 267 m. w. N.

[454] BVerfGE 71, 81, 105; BVerfGE 109, 279, 316f.

[455] Kritisch auch *Stickelbrock*, GRUR 2004, 741. Schon wegen der für die betroffenen Verbraucher verbleibenden Rechtsunsicherheit kann der Informationsfreiheit durch eine verfassungskonforme Auslegung nicht ausreichend Rechnung getragen werden, vgl. *Ulbricht*, CR 2004, 679.

[456] Siehe zur Grundrechtsrelevanz der §§ 24, 51 UrhG oben S. 48f., 52ff.

[457] *Wand*, S. 136. Vgl. auch *Universal v. Corley*, 273 F.3d 429, 458 (2nd Cir. 2001): Der Einwand, dass durch technische Schutzmaßahmen ein fair use angesichts der durch den Ersten Zusatzartikel (First Amendment) gewährleisteten Meinungsfreiheit in verfassungswidriger Weise ausgeschlossen werde, sei „extravagant".

etwa durch die Anzeige auf dem Bildschirm seines PC. Das Zitieren wird also allenfalls erschwert, indem ein „Copy+Paste" aus dem digital gespeicherten Text verhindert wird. Das Zitieren wird jedoch durch technische Maßnahmen im Regelfall nicht unmöglich gemacht.[458] Insoweit gilt das gleiche wie für analoge Privatkopien.

In Bezug auf das Zitieren aus digital gespeicherten und kopiergeschützten Bildern, Musik- oder Filmwerken kann dieses Argument jedoch nicht ohne weiteres herangezogen werden. Denn anders als bei Sprachwerken wird hier durch das einmalige Anzeigen oder Abspielen des zu zitierenden Werkes in der Regel noch nicht die Wiedergabe in dem neuen Werk in dem für ein Zitat erforderlichen Umfang ermöglicht. Theoretisch besteht zwar auch bei Musik- und Filmwerken die Möglichkeit einer analogen Vervielfältigung, etwa durch Abfilmen eines am Bildschirm angezeigten Films oder die Aufnahme des abgespielten Musikwerks. Hierdurch wird die Wahrnehmung der Zitierfreiheit jedoch erheblich erschwert, zumal die Qualität einer solchen Kopie regelmäßig deutlich hinter der des Originals zurückbleiben wird. Der mit dem Zitat verfolgte Zweck kann durch eine solche minderwertige Wiedergabe längst nicht immer erreicht werden.

Daher ist zu überlegen, ob die Meinungs- und Kunstfreiheit bereits durch den Einsatz technischer Schutzmaßnahmen in einer Weise gefährdet wird, dass aufgrund der grundrechtlichen Schutzpflicht des Staates ein Eingreifen des Gesetzgebers erforderlich ist. Das kommt insbesondere hinsichtlich solcher Werke in Betracht, die ausschließlich in kopiergeschützter Form vertrieben werden, da hier auch keine alternativen Zugangsmöglichkeiten für den Zitierenden bestehen, um sich etwa durch Erwerb eines nicht geschützten Werkexemplars das Werk in einer zitierbaren Form zu verschaffen.[459]

Jedenfalls aber stellt es einen unverhältnismäßigen Eingriff in diese Grundrechte dar, dass eine Umgehung zur Ermöglichung eines zulässigen Zitats gemäß § 95a Abs. 1 verboten und nach § 108b UrhG sogar strafbewehrt ist, ohne dass gemäß § 95b UrhG ein Anspruch des Schrankenbegünstigten auf Ermöglichung des Schrankengebrauchs besteht. Denn das Interesse der Rechtsinhaber an der Integrität der von ihnen entwickelten Schutzsysteme steht allenfalls einer Außerkraftsetzung des Schutzes im Wege der Selbsthilfe entgegen,[460] deren praktische Folgen, anders als bei einer Umgehung zu privaten Zwecken, im Regelfall nicht auf das persönliche Umfeld des Handelnden beschränkt bleiben. Es besteht jedoch keine Rechtfertigung dafür, den Schrankenbegünstigten anders

---

[458] Vgl. *Burrell/Coleman*, S. 308.

[459] Den Erwerb auf analogem Wege als Alternative ganz ablehnend *Bongers*, S. 389f.

[460] Dagegen *Burk/Cohen*, 15 Harv. J.L. Tech. 52 (2001): „In some instances of overreaching via technological controls, the Constitution may even demand a limited selfhelp right, or ‚right to hack', to surmount privately erected technological barriers to information that the Constitution requires be publicly accessible".

als bei den Schranken „erster Klasse" auch einen Rechtsschutz nach § 95b UrhG zu versagen.[461]

Nichts anderes gilt für die freie Benutzung kopiergeschützter Werke nach § 24 UrhG. Nach der Rechtsprechung des BGH kann der grundrechtliche Schutz der Meinungs- und Kunstfreiheit im Einzelfall die Zulässigkeit auch der unveränderten Übernahme von Teilen geschützter Werke oder Leistungen in ein neues Werk erfordern, soweit dieses einen ausreichenden „inneren Abstand" zum benutzten Werk hält, etwa im Rahmen einer Satire oder Parodie.[462] Wird eine solche freie Benutzung durch einen Kopierschutz von vornherein unmöglich gemacht, indem sowohl ein Selbsthilferecht des Nutzers als auch ein Anspruch gegen den Verwender der technischen Schutzmaßnahme gesetzlich ausgeschlossen wird, so stellt auch das einen unverhältnismäßigen Eingriff in die Meinungs- und Kunstfreiheit dar.

c. Verhältnis zu den Vorgaben der Info-RL

Problematisch ist allerdings, inwieweit das deutsche Verfassungsrecht überhaupt als Maßstab für die Beurteilung der gesetzlichen Regelung in §§ 95a, 95b UrhG herangezogen werden kann. Denn diese Vorschriften sind vom deutschen Gesetzgeber nicht in „eigener Verantwortung" erlassen worden, sondern in betont enger Umsetzung der Vorgaben von Art. 6 Info-RL. Insoweit ist zu beachten, dass dem europäischen Gemeinschaftsrecht Anwendungsvorrang vor dem innerstaatlichen Recht zukommt, und zwar auch vor dem Verfassungsrecht.[463] Das führt zwar nicht dazu, dass die Geltung der Grundrechte des deutschen Grundgesetzes im Anwendungsbereich des Gemeinschaftsrechts aufgehoben wird.[464] Um den Anwendungsvorrang nicht in Frage zu stellen, verliert das Grundgesetz aber seine Funktion als Maßstab für die Überprüfung des innerstaatlichen Rechts insoweit, als dieses durch einen europäischen Rechtsakt, insbesondere eine EG-Richtlinie, inhaltlich determiniert ist.[465] Soweit zwingende gemeinschaftsrechtliche Vorgaben zu beachten sind, ist das ihrer Befolgung die-

---

[461] So auch *Geiger*, GRURInt 2004, 820 in Fn. 65, der die Verfassungsmäßigkeit des § 95b UrhG daher für „mehr als zweifelhaft" hält; zustimmend *Metzger*, GRURInt 2006, 173; ebenso *Dreyer*, in: Pahlow/Eisfeld, S. 243f., die darin jedoch keinen Grundrechtsverstoß, sondern nur ein rechtspolitisches Argument sieht; dagegen *Burrell/Coleman*, S. 308f., die aber einräumen, dass die technische Entwicklung in Zukunft eine entsprechende Regelung erforderlich machen könnte.

[462] Siehe oben S. 53f.

[463] Grundlegend BVerfGE 73, 339, 387 – Solange II; BVerfGE 89, 155, 175 – Maastricht; BVerfGE 102, 147, 163f. – Bananenmarktordnung.

[464] *Jarass*, § 3 Rn. 12; vgl. die – allerdings noch nicht in Kraft getretene – Regelung in Art. 53 der Europäischen Grundrechtecharta, ABl. EG 2000 Nr. C 364/1, wonach die Bestimmungen der Charta keine Einschränkungen der von den nationalen Verfassungen anerkannten Menschenrechte und Grundfreiheiten enthalten.

[465] Instruktiv *Lindner*, JURA 2008, 406.

nende innerstaatliche Recht daher nicht am Maßstab des deutschen Grundgesetzes durch das BVerfG zu prüfen; eine entsprechende Verfassungsbeschwerde wäre unzulässig.[466] Das gilt auch für den in Umsetzung von Art. 6 Info-RL geschaffenen Rechtsschutz technischer Maßnahmen gemäß §§ 95a, 95b UrhG.[467]

(1) Durchsetzung der digitalen Privatkopie

Im Hinblick auf die Privatkopieschranke besteht dabei die Besonderheit, dass Art. 6 Abs. 1 Info-RL zwar zwingend die Schaffung angemessener Rechtsbehelfe gegen die Umgehung wirksamer technischer Maßnahmen vorschreibt, den Mitgliedstaaten gemäß Art. 6 Abs. 4 Unterabs. 2 Info-RL in gewissen Grenzen jedoch offen steht, ob sie entsprechende Maßnahmen zur Durchsetzung des Schrankengebrauchs gegenüber den Rechtsinhabern im nationalen Recht vorsehen oder nicht. Soweit das sekundäre Gemeinschaftsrecht dem deutschen Gesetzgeber bei der Umsetzung einen Gestaltungsspielraum lässt, greift der Anwendungsvorrang des Gemeinschaftsrechts aber nicht ein, so dass das in Umsetzung des EG-Rechts erlassene Gesetz insoweit auch der grundrechtlichen Kontrolle durch das BVerfG unterliegt.[468] Vom EG-Recht belassene Umsetzungsspielräume können und müssen von den Mitgliedstaaten folglich unter Beachtung der Grundrechte genutzt werden.[469] Neben denen des Grundgesetzes sind insoweit auch die Gemeinschaftsgrundrechte zu beachten.[470] Wenn das Sekundärrecht den Mitgliedstaaten Spielraum für abweichende Regelungen lässt und die Umsetzung der Richtlinie nur bei einer Anwendung dieser Öffnungsklausel grundrechtskonform ist, ist der mitgliedstaatliche Gesetzgeber verpflichtet, von der Öffnungsklausel Gebrauch zu machen.[471]

Für die Durchsetzung der Privatkopieschranke gegenüber technischen Schutzmaßnahmen folgt daraus, dass der von Art. 6 Abs. 4 Unterabs. 2 Info-RL eröffnete Umsetzungsspielraum vom deutschen Gesetzgeber nur insoweit ausgenutzt werden darf, als die geschaffene Regelung mit der durch Art. 5 Abs. 1 GG geschützten Informationsfreiheit vereinbar ist. Das ist, wie oben gezeigt, bei der geltenden Fassung der §§ 95a, 95b UrhG nicht der Fall. Vor dem Hintergrund des verfassungsrechtlichen Schutzes durch Art. 5 Abs. 1 S. 1 GG zulässig wäre nur eine Umsetzung, die angemessene gesetzliche Maßnahmen zur Durchsetzung der Informationsfreiheit vorsieht.

[466] Jarass/Pieroth-*Pieroth*, Art. 93 Rn. 50b; *Lindner*, JURA 2008, 407.

[467] BVerfG (K) GRUR 2007, 1064, 1066 – Kopierschutzumgehung (zu § 95a Abs. 3 UrhG); *Dreyer*, in: Pahlow/Eisfeld, S. 234; vgl. auch *Holznagel/Brüggemann*, MMR 2003, 772.

[468] Sachs-*Sturm*, Art. 93 Rn. 27; Jarass/Pieroth-*Pieroth*, Art. 93 Rn. 50b; *Jarass*, § 3 Rn. 14.

[469] *Lindner*, JURA 2008, 406f.

[470] EuGH, 27. 6. 2006, Rs. C-540/03, Slg. 2006, I-5769, Rn. 105 – Europäisches Parlament/Rat der Europäischen Union; *Jarass*, § 3 Rn. 15; *Aschenbrenner*, ZUM 2005, 148. *Lindner*, EuZW 2007, 73 spricht insoweit von einer „Verdopplung des Grundrechtsschutzes". Näher zur Bedeutung der Gemeinschaftsgrundrechte sogleich unter (2).

[471] Ausführlich dazu *Lindner*, EuZW 2007, 75.

Eine gesetzliche Regelung, die sowohl mit dem von Art. 6 Abs. 1 Info-RL vorgeschriebenen Umgehungsschutz als auch mit der Informationsfreiheit vereinbar ist, kann also nur darin bestehen, von der Ermächtigung des Art. 6 Abs. 4 Unterabs. 2 Info-RL Gebrauch zu machen und die von § 53 Abs. 1 UrhG Begünstigten auch im Hinblick auf die Anfertigung digitaler Kopien in den Schrankenkatalog des § 95b Abs. 1 S. 1 UrhG aufzunehmen. Eine Ausnahme vom Umgehungsschutz nach § 95a Abs. 1 UrhG für die Anfertigung von Privatkopien dürfte hingegen auch im Wege verfassungskonformer Auslegung nicht im nationalen Recht geschaffen werden, wenn Art. 6 Abs. 1 Info-RL einen Umgehungsschutz zwingend vorschreibt.[472]

Möglicherweise lassen sich jedoch auch Art. 6 Abs. 1 und Abs. 4 Unterabs. 2 Info-RL grundrechtskonform dahingehend auslegen, dass als geeignete mitgliedstaatliche Maßnahme zur Ermöglichung der Privatkopieschranke durch einen Nutzer, der rechtmäßig Zugang zum Werk hat,[473] auch die Gewährung eines Selbsthilferechts in Betracht kommt. Die Vorgaben der Info-RL selbst unterliegen als sekundäres Gemeinschaftsrecht allerdings nicht der Bindung durch die Grundrechte des deutschen Grundgesetzes.[474] Gemeinschaftsrechtliche Rechtsakte können vielmehr nur im Rahmen des Gemeinschaftsrechts beurteilt werden.[475] Als Beurteilungsmaßstab können daher auch nur die Gemeinschaftsgrundrechte herangezogen werden. Diese haben zwar bislang weder als Bestandteil der Europäischen Grundrechtecharta (EGC)[476] noch des Vertrags von Lissabon[477] rechtsverbindliche Wirksamkeit erlangt. Nach ständiger Rechtsprechung des EuGH sind die Gemeinschaftsgrundrechte jedoch integraler Bestandteil der allgemeinen Rechtsgrundsätze, deren Wahrung der Gerichtshof zu sichern hat.[478] Als primäres Gemeinschaftsrecht gehen sie dem

---

[472] A. A. *Holznagel/Brüggemann*, MMR 2003, 772f.

[473] Diese Voraussetzung des Art. 6 Abs. 4 Unterabs. 2 Info-RL ist bei dem hier vertretenen Verständnis des Begriffs des Zugangs zum Werk (dazu oben S. 491f.) unter verfassungsrechtlichen Gesichtspunkten nicht zu beanstanden.

[474] *Lindner*, EuZW 2007, 72, 74; *ders.*, JURA 2008, 401, 404. BVerfGE 102, 147, 161 – Bananenmarktordnung, lässt zwar Ausnahmen von diesem Grundsatz zu, verlangt dafür jedoch, dass im Einzelnen dargelegt wird, dass „die gegenwärtige Rechtsentwicklung zum Grundrechtsschutz im europäischen Gemeinschaftsrecht, insbesondere die Rechtsprechung des Europäischen Gerichtshofs, den jeweils als unabdingbar gebotenen Grundrechtsschutz generell nicht gewährleistet." Diese Hürde dürfte in der Begründung einer Richtervorlage oder Verfassungsbeschwerde praktisch nicht zu überwinden sein, vgl. Sachs-*Streinz*, Art. 23 Rn. 41; Sachs-*Sturm*, Art. 93 Rn. 26; Jarass/Pieroth-*Jarass*, Art. 1 Rn. 46.

[475] EuGH, 19. 6. 1980, Rs. 41/79, 121/79 und 796/79, Slg. 1980, 1979, Rn. 18 – Testa, Maggio und Vitale/Bundesanstalt für Arbeit; *Jarass*, § 3 Rn. 14.

[476] ABl. EG 2000, Nr. C 364/1.

[477] ABl. EU 2007, Nr. C 306/1.

[478] EuGH, 18. 6. 1991, Rs. C-260/89, Slg. 1991, I-2925, Rn. 41 – ERT/DEP; EuGH, 27. 6. 2006, Rs. C-540/03, Slg. 2006, I-5769, Rn. 35ff. – Europäisches Parlament/Rat m. w. N. Ausführlich zum Geltungsgrund der Gemeinschaftsgrundrechte *Schultz*, S. 32ff.

Sekundärrecht vor.[479] Um Grundrechtsverstöße zu vermeiden, sind gemeinschaftliche Rechtsakte des Sekundärrechts daher, soweit möglich, grundrechtskonform auszulegen.[480]

Bei der Herleitung der Gemeinschaftsgrundrechte stützt sich der EuGH außer auf die Verfassungstradition der Mitgliedstaaten vor allem auf die EMRK.[481] Daneben nimmt der EuGH zunehmend auch die EGC in seine Rechtsprechung auf.[482] Diese enthält in Art. 11 Abs. 1 ebenso wie Art. 10 Abs. 1 EMRK eine Garantie der Meinungs- und Informationsfreiheit. Danach müssen Eingriffe in den Schutzbereich dieses Grundrechts einem legitimen Zweck dienen und verhältnismäßig, also geeignet, erforderlich und angemessen sein.[483] Eine Kollision von Grundrechten verschiedener Grundrechtsträger macht wie im deutschen Verfassungsrecht einen Ausgleich der gegenläufigen Interessen nach dem Grundsatz der praktischen Konkordanz notwendig.[484]

Art. 6 Info-RL ist mit der Informationsfreiheit folglich auch nach gemeinschaftsrechtlichen Grundsätzen nur deshalb vereinbar, weil Art. 6 Abs. 4 Unterabs. 2 UrhG für ausgleichende Maßnahmen der Mitgliedstaaten eine Öffnungsklausel enthält. Ein verhältnismäßiger Ausgleich kann unter Berücksichtigung des grundrechtlichen Schutzes des geistigen Eigentums der Urheber aber auch durch eine Auslegung von Art. 6 Abs. 1 und Abs. 4 Unterabs. 2 Info-RL erfolgen, wonach ein „angemessener" Rechtsschutz gegen die Umgehung technischer Maßnahmen auch ein Selbsthilferecht des Nutzers zur Herstellung von Privatkopien zulässt.

Im nationalen Recht könnte demnach in Übereinstimmung mit der so verstandenen Vorgabe in Art. 6 Abs. 4 Unterabs. 2 Info-RL eine entsprechende Ausnahme vom Umgehungsschutz vorgesehen werden, etwa durch Ergänzung des § 95a Abs. 1 UrhG um folgenden Halbsatz: „und die Umgehung nicht ausschließlich zum eigenen privaten Gebrauch des Handelnden oder mit ihm persönlich verbundener Personen erfolgt und der Handelnde rechtmäßig Zugang zu dem Werk oder Schutzgegenstand hat". Die Formulierung ist angelehnt an den letzten Halbsatz von § 108b Abs. 1 UrhG, der Umgehungshandlungen zu privaten Zwecken schon bisher vom Straftatbestand des Abs. 1 Nr. 1 ausgenom-

---

[479] *Jarass*, § 3 Rn. 7; *Schultz*, S. 48 f.

[480] *Jarass*, § 3 Rn. 7; allgemein zum Grundsatz der primärrechtskonformen Auslegung des Sekundärrechts EuGH, 21. 3. 1991, Rs. C-314/89, Slg. 1991, I-1647, Rn. 17 – Rauh/Hauptzollamt Nürnberg-Fürth m. w. N.

[481] EuGH, 18. 6. 1991, Rs. C-260/89, Slg. 1991, I-2925, Rn. 41 – ERT/DEP; EuGH, 12. 6. 2003, Rs. C-112/00, Slg. 2003, I-5659, Rn. 71 – Schmidberger/Österreich m. w. N.; vgl. auch Art. 6 Abs. 2 EUV. Allerdings besteht insoweit keine rechtliche Bindung, da die EG selbst nicht Vertragspartei der EMRK ist, dazu *Schultz*, S. 46 f.; *Lindner*, JURA 2008, 405.

[482] EuGH, 27. 6. 2006, Rs. C-540/03, Slg. 2006, I-5769, Rn. 38 – Europäisches Parlament/Rat.

[483] *Jarass*, § 16 Rn. 19; vgl. Art. 52 Abs. 1 S. 2 EGC.

[484] *Jarass*, § 5 Rn. 34.

men hat.[485] Eine ausdrückliche Beschränkung der Ausnahme auf Vervielfältigungen ist nicht erforderlich. Soweit die Umgehung andere Verwertungshandlungen ermöglichen soll, scheidet wegen des notwendigen Öffentlichkeitsbezugs ein privater Zweck schon begrifflich aus. Da die vorgeschlagene Formulierung auch analoge Privatkopien erfasst, kann auf eine Durchsetzung des Schrankengebrauchs gemäß § 95b Abs. 1 S. 1 Nr. 6 lit. a UrhG verzichtet werden.

(2) Durchsetzung der Zitierfreiheit und freier Nutzungen

Problematischer ist die Rechtslage im Hinblick auf die Durchsetzung der Zitierfreiheit und freier Benutzungen. Für urheberrechtlich zulässige Zitate sieht Art. 6 Info-RL einen Gestaltungsspielraum bei der Durchsetzung des Schrankengebrauchs gegenüber technischen Maßnahmen nicht vor. Vielmehr ist ein angemessener Rechtsschutz durch Art. 6 Abs. 1 Info-RL zwingend vorgeschrieben, ohne dass den Mitgliedstaaten eine Durchsetzung des Schrankengebrauchs nach Art. 6 Abs. 4 Unterabs. 1 Info-RL erlaubt wäre. Eine Überprüfung der §§ 95a, 95b anhand der vom Grundgesetz gewährleisteten Grundrechte der durch §§ 51, 24 UrhG begünstigten Nutzer scheidet daher wegen des Anwendungsvorrangs des Gemeinschaftsrechts aus.

Eine Verwerfung der §§ 95a, 95b UrhG aufgrund des deutschen Verfassungsrechts kommt somit nur in Betracht, wenn die zugrunde liegende Regelung in Art. 6 Info-RL wegen eines Grundrechtsverstoßes ihrerseits unwirksam ist, da der Anwendungsvorrang dann nicht mehr greifen kann. Vorbehaltlich einer grundrechtskonformen Auslegung sind gemeinschaftliche Rechtsakte des Sekundärrechts unwirksam, soweit sie gegen Gemeinschaftsgrundrechte verstoßen.[486] Nach Art. 13 S. 1 EGC ist die Freiheit von Kunst und Forschung gemeinschaftsgrundrechtlich ebenso verbürgt wie die Meinungsfreiheit nach Art. 11 EGC. Wenn man davon ausgeht, dass der dadurch gewährleistete Schutz nicht wesentlich hinter dem Schutzniveau von Art. 5 GG zurückbleibt, verstößt die Verpflichtung der Mitgliedstaaten durch Art. 6 Info-RL folglich ihrerseits gegen Gemeinschaftsgrundrechte und ist damit unwirksam, soweit sie eine Durchsetung der Zitierfreiheit und der Zulässigkeit freier Benutzungen gegenüber technischen Maßnahmen ausnahmslos ausschließt. Eine auf die Verletzung von Art. 5 Abs. 1 oder Abs. 3 GG gestützte Verfassungsbeschwerde gegen § 95a

[485] Der letzte Halbsatz von § 108b Abs. 1 würde allein durch die Ausnahme in § 95a Abs. 1 nicht überflüssig, da § 108b Abs. 1 Nr. 1 keine ausdrückliche Verweisung auf § 95a Abs. 1 enthält. Der Bezug zum Tatbestand des § 95a Abs. 1 UrhG sollte daher durch einen Zusatz wie „Wer *entgegen § 95a Abs. 1* ... umgeht" hergestellt werden.

[486] EuGH, 12. 6. 2003, Rs. C-112/00, Slg. 2003, I-5659, Rn. 73 – Schmidberger/Österreich: In der Gemeinschaft könnten „keine Maßnahmen als rechtens anerkannt werden ..., die mit der Beachtung der so anerkannten und gewährleisteten Menschenrechte unvereinbar sind"; *Jarass*, § 7 Rn. 4 f.

Abs. 1 UrhG vor dem BVerfG dürfte folglich nicht als unzulässig abgewiesen werden. Vielmehr müsste das BVerfG bei Zweifeln über die Vereinbarkeit von Art. 6 Info-RL mit den Gemeinschaftsgrundrechten die Frage nach Art. 234 EGV dem EuGH vorlegen und könnte nach einer die Grundrechtswidrigkeit verbindlich bestätigenden Entscheidung des EuGH mangels einer vorrangigen gemeinschaftsrechtlichen Vorgabe autonom nach deutschem Verfassungsrecht über die Grundrechtswidrigkeit der §§ 95a, 95b UrhG entscheiden.[487]

d. Fazit

Soweit §§ 95a, 95b UrhG die Umgehung einer technischen Schutzmaßnahme auch dann durch Unterlassungs- und Schadensersatzansprüche der Rechtsinhaber sanktionieren, wenn mit der Umgehung ausschließlich eine urheberrechtlich zulässige digitale Privatkopie, ein Zitat oder eine freie Benutzung ermöglicht werden soll, verstößt dies gegen die grundrechtlich verbürgte Informations- bzw. Meinungs- und Kunstfreiheit, wenn die damit verbundene Beeinträchtigung der Nutzungsfreiheit nicht durch andere gesetzliche Maßnahmen ausgeglichen wird. Jedenfalls die Schranken zugunsten von Zitaten und freien Benutzungen in §§ 24, 51 sollten daher in den Katalog des § 95b Abs. 1 S. 1 UrhG aufgenommen werden. Da einer solcher Gesetzesänderung die zwingenden Vorgaben von Art. 6 Abs. 1 und Abs. 4 Info-RL entgegenstehen, muss allerdings zunächst eine Änderung der Richtlinie herbeigeführt werden, die insoweit wegen Verstoßes gegen die vom EuGH anerkannten Gemeinschaftsgrundrechte ebenfalls grundrechtswidrig sein dürfte.

Zur angemessenen Durchsetzung der Privatkopieschranke im Hinblick auf die Anfertigung digitaler Kopien reicht es hingegen aus, in § 95a Abs. 1 UrhG eine entsprechende Ausnahme vom absoluten Umgehungsverbot vorzusehen. Eine Durchsetzung im Wege eines Anspruchs auf Überlassung von Umgehungsmitteln nach § 95b Abs. 1 UrhG erscheint insoweit verfassungsrechtlich nicht geboten. Allerdings steht auch hier Art. 6 Abs. 4 Unterabs. 2 Info-RL einer autonomen Regelung im deutschen Recht entgegen. Da im Hinblick auf die gemeinschaftsrechtliche Gewährleistung der Informationsfreiheit aber auch die Grundrechtskonformität der Vorgabe in Art. 6 Abs. 1 Info-RL in Zweifel steht, kommt insoweit eine grundrechtskonforme Auslegung von Art. 6 Info-RL dahingehend in Betracht, dass als geeignete mitgliedstaatliche Maßnahme im Sinne von Art. 6 Abs. 4 Unterabs. 1 und 2 die Gewährung eines auf den Privatgebrauch beschränkten Selbsthilferechts des Nutzers zulässig ist. Mit der so verstandenen Vorgabe wäre eine Ausnahmeregelung zugunsten von Privatkopien in § 95a UrhG vereinbar und trüge dem verfassungsrechtlichen Schutz der Informationsfreiheit ausreichend Rechnung.

---

[487] Vgl. *Jarass*, § 7 Rn. 14.

Im Hinblick auf andere Schranken, die in erster Linie öffentlichen Interessen oder wie §§ 56, 58 UrhG den Interessen bestimmter Wirtschaftszweige dienen, wiegt die Sozialpflichtigkeit des geistigen Eigentums nicht so schwer, dass man daraus ein verfassungsrechtliches Gebot entnehmen könnte, den Schrankenbegünstigten rechtliche Maßnahmen zur Durchsetzung des Schrankengebrauchs an die Hand zu geben. Bei den aus praktischen Gründen notwendigen Schranken der §§ 57, 59 UrhG kommt eine Beeinträchtigung des Schrankengebrauchs durch technische Schutzmaßnahmen von vornherein nicht in Betracht. Im Hinblick auf die fehlende Durchsetzbarkeit gegenüber technischen Maßnahmen bestehen hier keine durchgreifenden grundrechtlichen Bedenken. Man muss also die Umgehung technischer Schutzmaßnahmen nicht unbedingt in gleicher Weise privilegieren wie durch die Schranken des Urheberrechts.[488]

3. Vereinbarkeit mit sonstigem europäischen Primärrecht

Problematisch ist die Vereinbarkeit der §§ 95a, 95b UrhG mit dem primären Gemeinschaftsrecht auch insoweit, als technische Maßnahmen, insbesondere Verschlüsselungstechniken wie die Regional Playback Control bei DVDs, gezielt dazu eingesetzt werden können, eine räumliche Marktaufteilung praktisch durchzusetzen, und dadurch die der Verwirklichung der Warenverkehrsfreiheit gemäß Art. 28 EGV dienende Erschöpfung des Verbreitungsrechts umgangen wird.[489] Zwar wird eine nach § 17 Abs. 2 UrhG zulässige Weiterverbreitung von Werkexemplaren, die aufgrund der Codierung mit einem Regionalcode nur in bestimmten Gebieten abspielbar sind, nicht unmittelbar eingeschränkt, da die Veräußerung der Werkexemplare rechtlich möglich bleibt. Wenn die Codierung den Werkgenuss aber technisch verhindert und eine Ausschaltung des Regionalcodes eine nach § 95a UrhG verbotene Umgehung darstellt, wirkt dies faktisch wie eine staatliche Importbeschränkung.

a. Verhältnis der Grundfreiheiten zu Art. 6 Info-RL

Die Vereinbarkeit mit dem Gemeinschaftsrecht schlicht damit zu begründen, dass der Richtliniengeber stillschweigend die durch Art. 6 Info-RL bewirkten Beeinträchtigungen hingenommen habe,[490] greift schon deshalb zu kurz, weil dieser Konflikt zwischen Erschöpfung des Verbreitungsrechts und dem Schutz technischer Maßnahmen vom Richtliniengeber offenbar nicht gesehen worden

---

[488] So aber die rechtspolitische Forderung von *Haedicke*, FS Dietz, 363; vgl. auch *Schack*, UrhR, Rn. 732b.

[489] Siehe dazu bereits oben S. 439. Bei der Regional Playback Control stellt sich das Problem allerdings nicht im Hinblick auf den Europäischen Binnenmarkt, da für sämtliche Mitgliedstaaten der EU ein einheitlicher Regionalcode (2) gilt, vgl. *Niethammer*, S. 133.

[490] So *Dreyer*, in: Pahlow/Eisfeld, S. 235; vgl. auch *Aschenbrenner*, ZUM 2005, 149: Die Info-RL sei lex specialis zu den Grundfreiheiten, so dass nationale Umsetzungsmaßnahmen nicht am Primärrecht zu messen seien.

ist.[491] Außerdem sind auch die Gemeinschaftsorgane an die Grundfreiheiten des EGV gebunden, soweit ihre Handlungen Binnenmarktrelevanz aufweisen.[492] Rat und Parlament müssen daher beim Erlass einer Richtlinie die Freiheit des innergemeinschaftlichen Warenverkehrs beachten und dürfen keine Maßnahmen treffen, die darauf abzielen, den freien Warenverkehr zu hemmen.[493] Staatliche Maßnahmen, die den Rechtsinhabern erlauben, eine räumliche Marktaufteilung auch nach Erschöpfung des Verbreitungsrechts gerichtlich durchzusetzen, sind aber mit der Warenverkehrsfreiheit grundsätzlich nicht zu vereinbaren.[494] Das durch Art. 17 Abs. 2 EGC auch gemeinschaftsgrundrechtlich geschützte Interesse der Rechtsinhaber an einer angemessenen Beteiligung am Vertrieb ihrer Werke ist durch den Rechtfertigungstatbestand zugunsten des gewerblichen und kommerziellen Eigentums in Art. 30 EGV ausreichend gewährleistet.[495] Eine weitergehende Einschränkung der Warenverkehrsfreiheit zum Schutz der Rechtsinhaber ist daher grundsätzlich nicht gerechtfertigt.

b. Aufnahme des Erschöpfungsgrundsatzes in Art. 6 Abs. 4 Info-RL

Daher wird teilweise vorgeschlagen, de lege ferenda auch den Erschöpfungsgrundsatz gegen technische Schutzmaßnahmen durchzusetzen und in die Liste der privilegierten Schranken in Art. 6 Abs. 4 Unterabs. 1 Info-RL aufzunehmen.[496] Dies ist insofern problematisch, als der unmittelbar von der Schranke des § 17 Abs. 2 UrhG Begünstigte der Veräußerer von Vervielfältigungsstücken ist. Dieser wird jedoch durch die technische Schutzmaßnahme nicht an der zulässigen Nutzung, nämlich der Weiterverbreitung, gehindert. Zur Ausübung des Schrankengebrauchs sind daher technisch keine vom Rechtsinhaber zu überlassenden Mittel erforderlich. Vielmehr kann er dem Erwerber lediglich nicht sämtliche Nutzungsmöglichkeiten einräumen, die üblicherweise mit dem Erwerb eines ungeschützten Werkexemplars einhergehen. Wenn man die Verpflichtung nach § 95b Abs. 1 UrhG auf die Ermöglichung des Schrankengebrauchs in technischer Hinsicht beschränkt, führt eine Aufnahme der Erschöpfung in den Katalog der „Schranken erster Klasse" folglich nicht weiter. Die mit dem technischen Schutz verbundenen Nutzungsbeschränkungen der Erwerber können durch einen solchen Anspruch des von der Schranke begünstigten Veräußerers nicht beseitigt werden.[497]

---

[491] Ebenso im Ergebnis *Niethammer*, S. 142.

[492] *Heinemann*, Immaterialgüterschutz, S. 284 f.; *Schultz*, S. 92 f. m. w. N.

[493] EuGH, 29.2. 1984, Rs. 37/83, Slg. 1984, 1229, Rn. 18 f. – Rewe-Zentral/Landwirtschaftskammer Rheinland; EuGH, 9. 8. 1994, Rs. C-51/93, Slg. 1994, I-3879, Rn. 11 f. – Meyhui/Schott Zwiesel Glaswerke.

[494] Siehe im Hinblick auf vertragliche Beschränkungen bereits oben S. 290, 316 f.

[495] Vgl. allgemein *Schultz*, S. 126 f.

[496] So *Niethammer*, S. 142.

[497] So auch *Dreyer*, in: Pahlow/Eisfeld, S. 245 f.

Die Veräußerlichkeit der mit einer Verschlüsselung versehenen Werkexemplare könnte daher allenfalls durch einen Anspruch jedes Erwerbers eines mit Zustimmung des Rechtsinhabers in Verkehr gebrachten Vervielfältigungsstücks auf Überlassung der für den privaten Werkgenuss erforderlichen Mittel wiederhergestellt werden.[498] Diese Mittel könnte der Erwerber bei einer Veräußerung des Vervielfältigungsstücks auch einem anderen Erwerber zur Verfügung stellen, so dass eine ungehinderte Weiterverbreitung gewährleistet wäre. Angesichts des mit einer Durchsetzung der Verpflichtung verbundenen Aufwands ist allerdings zweifelhaft, ob ein solcher Anspruch überhaupt dazu führen würde, dass signifikant mehr Endnutzer die so geschützten Werkexemplare erwerben würden. Auch im Hinblick auf die damit verbundene Gefahr für das Schutzsystem des Rechtsinhabers ist die Rechtfertigung einer derart weitreichenden Verpflichtung zum Schutz der Warenverkehrsfreiheit fraglich. Sie liefe letztlich auf ein gesetzliches Verbot des Einsatzes derartiger Verschlüsselungssysteme auf im Verkehr befindlichen Werkexemplaren hinaus. Dem Urheber kann grundsätzlich aber nicht verwehrt werden, den Schutz seiner geistigen Leistung mit technischen, dem jeweiligen Werkträger immanenten Mitteln herbeizuführen.[499] Soweit die Verschlüsselung zu einer Beschränkung des bestimmungsgemäßen Gebrauchs des Werkexemplars durch einen berechtigten Nutzer führt, sind dessen Interessen durch vertragliche Gewährleistungsansprüche gegen den Veräußerer des jeweiligen Vervielfältigungsstücks ausreichend gewahrt.[500]

c. Einschränkung des Umgehungsverbots für Zugangskontrollen

Andererseits entspricht ein technisches Schutzsystem, welches nicht den Schutz des Werkes gegen eine urheberrechtswidrige Nutzung bezweckt, sondern ausschließlich dazu dient, eine durch urheberrechtliche Interessen nicht gerechtfertigte Marktaufteilung für den Vertrieb körperlicher Vervielfältigungsstücke zu ermöglichen, nicht dem Schutzzweck von Art. 6 Info-RL. Derartige Systeme

---

[498] *Dreyer*, in: Pahlow/Eisfeld, S. 246.

[499] So zum Schutz eines Computerprogramms durch ein Expiration Date BGH NJW 1981, 2684; vgl. auch *Schack*, ZUM 2002, 504: Nutzer hätten gegen den Urheber keinen Anspruch darauf, dass dieser sein Werk in einer Form veröffentlicht, die private Vervielfältigungen erlaubt; *Goldmann/Liepe*, ZUM 2002, 365: Es sei „der Tonträgerindustrie unbenommen, dem Nutzer einer Tonaufnahme so viele ‚Steine wie möglich in den Weg zu legen', um ihm die Herstellung einer legalen Kopie der CD für seinen eigenen Gebrauch nach Belieben unmöglich zu machen".

[500] Ebenso *Dreyer*, in: Pahlow/Eisfeld, S. 247; zur parallelen Problematik der technischen Verhinderung einer nach § 69d Abs. 2 UrhG zulässigen Sicherungskopie eines Computerprogramms Schricker-*Loewenheim*, § 69d Rn. 19; *Lehmann*, NJW 1993, 1823; *Haberstumpf*, in: Lehmann, Kap. II Rn. 160, die aus der Wertung des § 69d Abs. 2 einen vertraglichen Anspruch auf Überlassung einer Sicherungskopie ableiten; für eine analoge Anwendung des § 95b UrhG dagegen Dreier/Schulze-*Dreier*, § 69d Rn. 19.

sollten daher auch im Hinblick auf die Warenverkehrsfreiheit in primärrechtskonformer Auslegung vom Schutz nach Art. 6 Abs. 1 Info-RL bzw. § 95a Abs. 1 UrhG ausgenommen werden. Dies könnte etwa durch eine Ausnahmeregelung geschehen, wonach eine Umgehung technischer Maßnahmen insoweit erlaubt ist, als die Umgehung erforderlich ist, um einem zur Benutzung eines Vervielfältigungsstücks Berechtigten den privaten Werkgenuss auf einem zur Wiedergabe derartiger Werke bestimmten Gerät zu ermöglichen.[501] Darüber hinaus sollte ein Schutzmechanismus, der ausschließlich dazu dient, den privaten Werkgenuss durch einen Nutzer zu kontrollieren, der rechtmäßig Zugang zum Werk hat, aber bereits vom Begriff der wirksamen technischen Maßnahme i. S. d. § 95a Abs. 2 UrhG ausgenommen werden. Da eine zur Verhinderung des privaten Werkgenusses dienende Verschlüsselung auf einem körperlichen Werkträger regelmäßig nicht gleichzeitig auch für andere (legitime) Zwecke eingesetzt wird, scheidet damit auch ein Vorfeldschutz gegen entsprechende, speziell auf eine Ermöglichung des Werkgenusses zugeschnittene Umgehungsmittel nach Art. 6 Abs. 2 Info-RL und § 95a Abs. 3 UrhG aus.

Die Regelung entspräche damit der für Computerprogramme geltenden Rechtslage, wonach die zur bestimmungsgemäßen Benutzung des Programms erforderliche Umgehung eines Programmschutzes durch den berechtigten Benutzer nach § 69d Abs. 1 UrhG ebenfalls zulässig ist.[502] Außerdem würde durch eine solche Ausnahme ein Konflikt zwischen dem rechtlichen Umgehungsschutz und dem Vertragsrecht vermieden, wenn man der hier vertretenen Auffassung folgt, dass in Veräußerungsverträgen enthaltene formularmäßige Nutzungsbeschränkungen in Bezug auf die zum privaten Werkgenuss erforderlichen Nutzungshandlungen unwirksam sind.[503]

Fraglich ist dann, ob es überhaupt noch sinnvoll ist, Zugangskontrollen gemäß § 95a UrhG vor einer Umgehung zu schützen, die allein den *Zugang* zum geschützten Werk ermöglichen soll. Wer sich unter Überwindung einer Zugangssicherung unbefugt Zugang zu Daten verschafft, die für ihn nicht bestimmt sind, erfüllt bereits den Tatbestand des § 202a Abs. 1 StGB.[504] Unter den Begriff der Zugangssicherung fallen vor allem Verschlüsselungstechniken und

[501] Eine solche Ausnahmeregelung enthält das norwegische Urheberrechtgesetz in § 53a Abs. 2 S. 2 LOA. Danach steht das Umgehungsverbot einer Umgehung durch einen privaten Nutzer, der rechtmäßig ein Werk erworben hat, nicht entgegen, soweit sie dazu dient, den Zugang zum Werk „über ein üblicherweise als relevant angesehenes Wiedergabegerät" (som i alminnelighet oppfattes som relevant avspillingsutstyr) zu ermöglichen. Dazu soll auch die Wiedergabe eines auf CD erworbenen Musikstücks auf einem mp3-Player einschließlich der dafür erforderlichen Vervielfältigungen gehören, so *Rieber-Mohn*, IIC 2006, 192 m. w. N.

[502] Siehe oben S. 444 f.

[503] Siehe oben S. 391.

[504] Zum Begriff der Daten, der auch digital gespeicherte Musik, Bilder usw. erfasst, siehe oben S. 477.

Passwortabfragen.[505] Wenn der nicht berechtigte Besitzer eines verschlüsselten Werkexemplars die Verschlüsselung außer Kraft setzt oder die Zugangskontrolle eines Internetabrufdienstes umgangen wird, ist dies daher schon nach allgemeinem Strafrecht verboten. Herstellung und Vertrieb von Umgehungsmitteln („Hacker-Tools"), deren Hauptzweck in der Ermöglichung eines solchen Zugangs besteht, sind nach § 202c Abs. 1 Nr. 2 StGB strafbar.[506] Für Umgehungsmittel, die dazu bestimmt sind, die unerlaubte Nutzung eines zugangskontrollierten Dienstes i. S. v. § 2 Nr. 1 ZKDSG zu ermöglichen, greift daneben § 3 ZKDSG ein.[507] Für einen zusätzlichen Umgehungsschutz nach § 95a Abs. 1 und 3 UrhG besteht danach kein Bedürfnis, zumal die Umgehung einer Zugangskontrolle mit dem Ziel einer *Verwertung* des geschützten Werkes weiterhin von § 95a Abs. 1 UrhG erfasst bliebe. Der letzte Halbsatz des § 95a Abs. 1 UrhG könnte demnach verkürzt werden auf: „... dass die Umgehung erfolgt, um die Nutzung eines solchen Werkes oder Schutzgegenstandes zu ermöglichen". Wenn der rechtmäßige Besitzer eines mit Zustimmung des Rechtsinhabers in Verkehr gebrachten Werkexemplars die Verschlüsselung der gespeicherten Daten umgeht, um den Zugang zum Werk zu ermöglichen, wäre dies folglich weder nach § 95a Abs. 1 UrhG verboten noch unbefugt i. S. d. § 202a Abs. 1 StGB.

Eine Verpflichtung der Rechtsinhaber zur Gewährung der für eine Weiterverbreitung erforderlichen Mittel nach Maßgabe des § 95b Abs. 1 UrhG ist dann nicht erforderlich. Wenn die Erwerber eines Vervielfältigungsstücks gemäß § 95d Abs. 1 UrhG deutlich auf den Einsatz einer entsprechenden Verschlüsselung hingewiesen werden, kann jeder verständige Verbraucher selbst entscheiden, ob er die betreffende Ausgabe des Werkes erwerben möchte oder davon Abstand nimmt, weil ihm eine Umgehung der den freien Werkgenuss hindernden Verschlüsselung mangels ausreichender technischer Fähigkeiten nicht möglich ist. Der Einsatz solcher Schutzmaßnahmen seitens der Rechtsinhaber kann insoweit durch die Marktkräfte reguliert werden.[508]

Im Übrigen dürfte die Warenverkehrsfreiheit ausreichend dadurch geschützt werden können, dass der Einsatz technischer Schutzmaßnahmen durch ein marktbeherrschendes Unternehmen als missbräuchliches Verhalten dem Verbot des Art. 82 Abs. 2 lit. b EGV unterfällt, wenn er dazu dient, die Märkte für den Absatz von Vervielfältigungsstücken räumlich aufzuteilen.[509] Dabei kann der Einsatz eines Digital Rights Management sogar dazu beitragen, dass der Anbie-

---

505 Schönke/Schröder-*Lenckner*, § 202a Rn. 8; *Fischer*, § 202a Rn. 9a m. w. N.

506 Siehe dazu *Fischer*, § 202c Rn. 4 f.

507 Siehe oben S. 487 f.

508 So allgemein zum Verhältnis von Umgehungsschutz und Erschöpfung auch *Dreyer*, in: Pahlow/Eisfeld, S. 247. Zur nachlassenden Akzeptanz und Verwendung technischer Schutzmaßnahmen bei Musik-CDs siehe unten S. 536.

509 Vgl. allgemein zu den wettbewerbsbeschränkenden Wirkungen des Einsatzes von DRM *Magnani/Montagnani*, IIC 2008, 94.

ter urheberrechtlich geschützter Werke eine marktbeherrschende Stellung einnimmt.

4. Ergebnis

Der rechtliche Umgehungsschutz technischer Maßnahmen in §§ 95a, 95b UrhG ist in seiner geltenden Fassung mit den Grundrechten des Grundgesetzes wie des Gemeinschaftsrechts unvereinbar. So stellt es einen unverhältnismäßigen Eingriff in die Informationsfreiheit in Art. 5 Abs. 1 S. 1 GG dar, dass § 95a Abs. 1 UrhG eine Umgehung wirksamer technischer Schutzmaßnahmen auch dann verbietet, wenn sie mit dem Ziel der Anfertigung einer urheberrechtlich zulässigen digitalen Privatkopie erfolgt, ohne dass zum Ausgleich eine Verpflichtung der Rechtsinhaber besteht, den Begünstigten den Schrankengebrauch nach Maßgabe des § 95b UrhG auf andere Weise zu ermöglichen. Indem das Umgehungsverbot auch zulässige Zitate und freie Benutzungen gemäß §§ 51, 24 Abs. 2 UrhG behindert, verletzt es die Meinungs- und Kunstfreiheit. Außerdem ist es mit der Warenverkehrsfreiheit gemäß Art. 28 EGV unvereinbar, dass durch den Einsatz von Verschlüsselungstechniken bei berechtigt in Verkehr gebrachten Werkexemplaren eine räumliche Marktaufteilung durchgesetzt und dadurch faktisch der Erschöpfungsgrundsatz umgangen werden kann.

Um die Grundrechts- und Gemeinschaftsrechtskonformität der §§ 95a, 95b UrhG herzustellen, sollten die Vorschriften wie folgt geändert werden:

Umgehungshandlungen, die lediglich eine Vervielfältigung zu privaten Zwecken ermöglichen sollen, sind vom Umgehungsverbot auszunehmen. § 95a Abs. 1 UrhG ist daher um einen Halbsatz zu ergänzen, wonach das Umgehungsverbot nur greift, soweit „die Umgehung nicht ausschließlich zum eigenen privaten Gebrauch des Handelnden oder mit ihm persönlich verbundener Personen erfolgt und der Handelnde rechtmäßig Zugang zu dem Werk oder Schutzgegenstand hat“. Art. 6 Abs. 1 Info-RL steht einer solchen Ausnahme vom Umgehungsverbot zugunsten privater Vervielfältigungen nicht entgegen, wenn man Abs. 4 Unterabs. 2 gemeinschaftsgrundrechtskonform dahin auslegt, dass als geeignete mitgliedstaatliche Maßnahme zur Ermöglichung der Privatkopieschranke auch die Gewährung eines Selbsthilferechts in Betracht kommt.

Zur Wahrung der Meinungs- und Kunstfreiheit in Bezug auf die Zitierfreiheit und die Zulässigkeit freier Nutzungen (§§ 24, 51 UrhG) reicht eine Ausnahme vom Umgehungsverbot des § 95a Abs. 1 UrhG nicht aus. Sie wäre im Hinblick auf das grundsätzlich schutzwürdige Interesse der Rechtsinhaber an der Integrität ihrer Schutzsysteme auch nicht angemessen, da Umgehungshandlungen regelmäßig nicht auf den privaten Bereich des Handelnden beschränkt blieben. Vielmehr müssen die Rechtsinhaber dazu verpflichtet werden, die von §§ 24, 51 UrhG Begünstigten nicht durch technische Maßnahmen an der Ausübung ihrer Nutzungsfreiheit zu hindern. Der Katalog von Schranken „erster Klasse" in § 95b Abs. 1 S. 1 UrhG ist daher um die Schranken der §§ 24, 51 UrhG zu erweitern. Allerdings lässt Art. 6 Abs. 4 Unterabs. 1 Info-RL eine solche Durchsetzung der in Art. 5 Abs. 3 lit. d und k genannten Schranken derzeit nicht zu. Insoweit verstößt Art. 6 Info-RL jedoch seinerseits gegen Gemeinschaftsgrundrechte und ist unwirksam. Nach einem entsprechenden Urteil des EuGH kann die Verfassungswidrigkeit der §§ 95a, 95b UrhG daher mangels einer vorrangigen gemeinschaftsrechtlichen Vorgabe autonom nach deutschem Recht festgestellt und behoben werden.

Um sicherzustellen, dass mit Zustimmung des Berechtigten in Verkehr gebrachte Werkexemplare ungehindert weiterverbreitet werden können, sollte deren berechtigter Besitzer eine den freien Werkgenuss hindernde Verschlüsselung des gespeicherten Werkes umgehen dürfen. Umgehungshandlungen, die ausschließlich den *Zugang* zum Werk ermöglichen sollen, sind daher vom Umgehungsverbot nach § 95a Abs. 1 UrhG auszunehmen. Vor einer unberechtigten Umgehung von Zugangskontrollen bieten §§ 202a Abs. 1, 202c Abs. 1 Nr. 2 StGB sowie § 3 ZKDSG ausreichenden Schutz. Verschlüsselungstechniken, mit denen ein Rechtsinhaber die mit seiner Zustimmung in Verkehr gebrachten Vervielfältigungsstücke versieht und die lediglich verhindern, dass die gespeicherten Werke auf bestimmten, zur Wiedergabe derartiger Werke geeigneten Geräten wiedergegeben werden können, sollten daher ausdrücklich von der Definition wirksamer technischer Maßnahmen in § 95a Abs. 2 UrhG ausgenommen werden.

Mit den vorgeschlagenen Änderungen wird den grundrechtlich geschützten Interessen der Schrankenbegünstigten ausreichend Rechnung getragen, ohne dass den Rechtsinhabern verwehrt wird, ihre Werke auch selbst gegenüber unberechtigten Nutzungen zu schützen. Eine weitergehende Einschränkung des rechtlichen Umgehungsschutzes technischer Maßnahmen ist durch höherrangiges Recht nicht geboten.

C. Zur Zulässigkeit des Einsatzes technischer Maßnahmen außerhalb von § 95a UrhG

Nach der hier vertretenen Auffassung genießen allerdings nur solche Vorkehrungen als wirksame technische Maßnahmen rechtlichen Umgehungsschutz gemäß § 95a UrhG, die von einem Inhaber ausschließlicher Nutzungsbefugnisse zum Schutz urheberrechtlich geschützter Werke oder sonstiger Schutzgegenstände eingesetzt werden.[510] Nicht davon erfasst sind technische Maßnahmen, die vom Inhaber eines einfachen Nutzungsrechts oder von einem Dritten

---

[510] Siehe oben S. 455 ff.

zum Schutz der von ihm erbrachten wirtschaftlichen Leistung angewendet werden, sowie Maßnahmen, welche den Zugang zu urheberrechtlich nicht schutzfähigen oder gemeinfrei gewordenen Inhalten bzw. deren Nutzung kontrollieren. Solche Maßnahmen können aber mit der von einem Rechtsinhaber eingesetzen Technologie identisch sein und sind daher ebenso geeignet, die Ausübung urheberrechtlich zulässiger Nutzungshandlungen zu beschränken.

Mangels Anwendbarkeit von § 95a Abs. 1 UrhG ist die Umgehung dieser Maßnahmen zwar erlaubt, soweit sie erfolgt, um eine urheberrechtlich zulässige Nutzung zu ermöglichen. Dieses Selbsthilferecht kommt jedoch nur technisch versierten Nutzern zugute.[511] Außerdem werden mit der Durchsetzung des Verbots aus § 95a Abs. 3 UrhG zunehmend weniger Umgehungstechnologien erhältlich sein, da kaum eine Technologie denkbar ist, deren Einsatzmöglichkeiten sich auf die nicht nach § 95a Abs. 1 UrhG verbotene Umgehung von technischen Schutzmaßnahmen beschränken. Selbst der technisch versierte Schrankenprivilegierte wird sich daher nur schwer mit Umgehungswerkzeugen versorgen können.[512]

Da die Verpflichtung zur Ermöglichung des Schrankengebrauchs nach § 95b Abs. 1 UrhG nur besteht, wenn ein Rechtsinhaber technische Maßnahmen „nach Maßgabe dieses Gesetzes" anwendet, können sich die dort genannten Schrankenbegünstigten jedoch gegenüber Schutzmaßnahmen, die von der Definition in § 95a Abs. 2 nicht erfasst werden, nicht unmittelbar auf § 95b Abs. 1 und 2 UrhG berufen.[513] Die Nutzer gemeinfreier Werke stehen damit schlechter als diejenigen, die Werke nutzen wollen, die durch wirksame technische Maßnahmen i. S. d. § 95a Abs. 2 UrhG geschützt sind. Denn trotz rechtmäßigen Zugangs haben Nutzer, die nicht in der Lage sind, den Schutzmechanismus zu umgehen, keine Möglichkeit, von ihrer Nutzungsfreiheit Gebrauch zu machen. Dass es wegen der fehlenden Anwendbarkeit des § 95a Abs. 1 UrhG keiner Erlaubnis für die Umgehung bedarf, sichert daher noch nicht die tatsächliche Möglichkeit des Schrankengebrauchs.[514] Vielmehr sind die Nutzer zusätzlich darauf angewiesen, vom Verwender der Schutzmaßnahme die für den Schrankengebrauch erforderlichen Mittel überlassen zu bekommen, etwa einen Code zum Entschlüsseln oder weitere Vervielfältigungsstücke in der jeweils benötigten Form. Fraglich ist daher, ob in diesen Fällen § 95b UrhG analog auf die jeweils eingesetzten Maßnahmen angewandt werden kann. Dies hätte zur Folge, dass dem von einer Schranke begünstigten Nutzer, der rechtmäßig Zugang zu dem technisch geschützten Inhalt hat, auch vom Verwender einer nicht durch

---

[511] Vgl. *Metzger/Kreutzer*, MMR 2002, 140; *Burrell/Coleman*, S. 309; *Peukert*, GRURInt 2002, 1021.

[512] *Schwerzmann*, sic! 2004, 155 in Fn. 7.

[513] Dreier/Schulze-*Dreier*, § 95b Rn. 3; *Hohagen*, Vervielfältigungsfreiheit, S. 513 Fn. 1232.

[514] So aber offenbar Dreier/Schulze-*Dreier*, § 95b Rn. 3.

§ 95a UrhG geschützten Schutzmaßnahme verlangen kann, dass dieser ihm den Schrankengebrauch ermöglicht.

I. Nicht oder nicht mehr geschützte Inhalte

In Betracht kommt eine Analogie zunächst für solche DRM-Maßnahmen, mit denen ein Rechtsinhaber versucht, die Nutzung der für ihn geschützten Werke oder Leistungen über die gesetzliche Schutzdauer hinaus technisch zu kontrollieren. Ein Recht des Nutzers auf Zugang zu den gemeinfreien Inhalten ist hier zwar ebenfalls nicht anzuerkennen, da auch bisher für das Exemplar eines gemeinfreien Werkes ein Entgelt bezahlt werden musste.[515] Soweit DRM-Systeme die zeitliche Schranke des Urheberrechts allgemein aushebeln oder die damit verfolgte Zielrichtung wesentlich beeinträchtigen, in das Allgemeingut aufgegangene Werke der kulturellen Entwicklung zugänglich zu machen, soll aber auch die zeitliche Begrenzung des Urheberrechts zu den Schranken gehören, die gegen DRM-Systeme durchgesetzt werden müssen.[516]

Das Vorliegen einer mit der vom Gesetz geregelten Situation vergleichbaren Interessenlage, die eine analoge Anwendung des § 95b UrhG auf diese Fälle rechtfertigen könnte, ist jedoch problematisch. § 95b UrhG beruht auf dem Gedanken, dass der Rechtsinhaber, der durch eine technische Schutzmaßnahme verhindert, dass ein Nutzer trotz rechtmäßigen Zugangs zum Werk die von den Schranken gewährte Nutzungsfreiheit nicht (rechtmäßig) ausüben kann, auf diese Weise die Nutzung des Werkes in einem über den Urheberrechtsschutz hinausgehenden Umfang kontrollieren kann. Diese Kontrollmöglichkeit besteht bei gemeinfreien Werken jedoch nicht in gleichem Maße. Denn nach Ablauf der Schutzfrist sind nicht nur die von einer Schranke erlaubten Nutzungshandlungen, sondern sämtliche Nutzungen des Werkes urheberrechtlich zulässig. Begünstigte der zeitlichen Schranke des Urheberrechts sind damit alle potentiellen Nutzer des Werkes. Der (vormalige) Rechtsinhaber kann daher anders als bei bestehendem Urheberrechtsschutz rechtlich nicht verhindern, dass ein anderer das fragliche Werk durch eine Verbreitung oder öffentliche Wiedergabe Dritten zugänglich macht.

Sobald ein Dritter Zugang zum Werk bekommt, darf er es daher frei verbreiten. Ein am Werk interessierter Nutzer ist dann nicht auf einen vom vormaligen Rechtsinhaber autorisierten Zugang angewiesen. Mangels Anwendbarkeit des § 95a Abs. 1 UrhG ist vor Weitergabe auch die Entfernung etwa vom Rechtsinhaber angebrachter Schutzmechanismen zulässig. Bereits der dadurch ermöglichte Wettbewerb mit anderen Anbietern des Werkes sollte eine ausreichende Regulierung des Einsatzes restriktiver Schutzmaßnahmen gewährleisten kön-

[515] *Peukert*, UFITA 2002, 710.
[516] So *Peukert*, UFITA 2002, 710.

nen. Wenn eine Zugangsgewährung durch Dritte mit anderen Mitteln, etwa durch restriktive Vertragsklauseln, verhindert wird, um die Monopolstellung aufrecht zu erhalten, kann einem Missbrauch durch das Kartellrecht oder das allgemeine Vertragsrecht begegnet werden.[517] Das ist jedoch keine Frage, die durch das Urheberrecht geregelt werden muss.

Problematisch ist daher lediglich der Fall, dass das Werk aufgrund des vom vormaligen Rechtsinhaber eingesetzten technischen Schutzes schon nicht verbreitet werden *kann* und dadurch die Entstehung eines Wettbewerbs zwischen verschiedenen Anbietern des Werkes verhindert wird. Meist ist es aber nur eine Frage der Zeit, bis ein Schutzmechanismus „geknackt" wird. Zwar sind gemäß § 95a Abs. 3 UrhG Herstellung, Vertrieb und gewerblichen Zwecken dienender Besitz von Mitteln zur Umgehung wirksamer technischer Schutzmaßnahmen selbst dann verboten, wenn diese verwendet werden können, um urheberrechtlich zulässige Nutzungen zu ermöglichen. Ein potentieller Verwerter des gemeinfreien Werkes wird daher Schwierigkeiten haben, sich die für die Verwertung erforderlichen Umgehungsmittel (legal) zu beschaffen. Die (u. U. eigene) Entwicklung eines Umgehungsmittels speziell zum Zweck der Nutzung des gemeinfreien Werkes bleibt jedoch möglich. Soweit eine technische Maßnahme nämlich ausschließlich zum Schutz gemeinfreier Werke eingesetzt wird, handelt es sich gerade nicht um eine *wirksame* technische Maßnahme i. S. v. § 95a Abs. 2 S. 2 UrhG.[518] Ist ein Umgehungsmittel ausschließlich oder hauptsächlich dazu bestimmt, diese Schutzmaßnahme zu umgehen, und wird es nur in diesem Sinne beworben, so liegt keine der alternativen Voraussetzungen von § 95a Abs. 3 Nr. 1 bis 3 UrhG vor. Denn das Umgehungsmittel hat einen über die Umgehung wirksamer technischer Maßnahmen hinausgehenden wirtschaftlichen Verwendungszweck. Ein Verwerter ist dann nicht darauf angewiesen, dass ihm der vormalige Rechtsinhaber die für die Nutzung des gemeinfreien Werkes erforderlichen Mittel zur Verfügung stellt.

Gleiches gilt für solche Inhalte, die entweder als amtliches Werk nach § 5 UrhG oder mangels Schutzfähigkeit von Anfang an keinen Urheberrechtsschutz genießen. Deren Nutzung ist unabhängig vom Eingreifen der §§ 44aff. UrhG unbeschränkt urheberrechtlich zulässig. Es ist daher davon auszugehen, dass sich alternative Angebotsformen entwickeln werden, auf die ein potentieller Nutzer zurückgreifen kann, ohne auf einen Anspruch gegen den (ersten) Anbieter des betreffenden Inhalts angewiesen zu sein.

---

[517] *Rehbinder*, FS Roeber, 327, zu Reversen der Bühnenverleger in Verträgen über die Überlassung von Aufführungsmaterial, in denen durch Vertragsstrafe bewehrt die Vervielfältigung und Weitergabe des gemeinfreien Materials untersagt wird.

[518] Siehe oben S. 460 f.

II. Von Dritten eingesetzte Schutzmaßnahmen

Etwas anderes gilt möglicherweise für den Fall, dass Gegenstand einer DRM-Maßnahme zwar urheberrechtlich geschützte Werke oder Leistungen sind, die Maßnahme aber nicht vom Rechtsinhaber, sondern von einem Verwerter eingesetzt wird, der lediglich über ein einfaches Nutzungsrecht zur Verbreitung oder öffentlichen Zugänglichmachung des Werkes verfügt. Gegen eine Analogie zu § 95b spricht, dass die Vorschrift in Umsetzung von Art. 6 Abs. 4 Unterabs. 1 Info-RL dazu dienen soll, die Beeinträchtigung des von den Schranken verfolgten Zwecks auszugleichen, die mit dem rechtlichen Umgehungsverbot nach § 95a UrhG verbunden ist. Dieser Zweck entfällt, wenn die Schutzmaßnahme gar keinen Umgehungsschutz nach § 95a Abs. 1 UrhG genießt.

Der Regelungsgehalt des § 95b UrhG geht jedoch deutlich über diesen Schutzzweck hinaus, indem die Vorschrift nicht schlicht eine Umgehung erlaubt, sondern die Rechtsinhaber zum Tätigwerden verpflichtet, um den Nutzern den Schrankengebrauch zu ermöglichen. Jedenfalls für diejenigen Schrankenbegünstigten, die nicht selbst in der Lage sind, die Schutzmaßnahme zu umgehen, stellt die Verpflichtung aus § 95b Abs. 1 UrhG nicht lediglich einen Ausgleich für das Umgehungsverbot dar. Die Begünstigten sind zur Ausübung des Schrankengebrauchs auf eine solche Verpflichtung vielmehr unabhängig davon angewiesen, ob die Umgehung verboten ist oder nicht. Wenn sichergestellt sein soll, dass die Begünstigten der jeweiligen Schranke von der Nutzungsfreiheit trotz des Einsatzes technischer Maßnahmen Gebrauch machen können, muss die Verpflichtung aus § 95b UrhG daher unabhängig davon eingreifen, ob die betreffende Schutzmaßnahme Umgehungsschutz nach § 95a UrhG genießt oder nicht, zumal dieser Umstand für den Schrankenbegünstigten kaum erkennbar ist.

Die Vorgaben der Info-RL stünden einer solchen Analogie nicht entgegen. Art. 6 Abs. 4 Unterabs. 1 Info-RL verpflichtet die Mitgliedstaaten ausdrücklich „ungeachtet des Rechtsschutzes nach Absatz 1" dazu, durch geeignete Maßnahmen sicherzustellen, dass den Schrankenbegünstigten die Mittel zur Nutzung der betreffenden Ausnahme oder Beschränkung im erforderlichen Maße zur Verfügung stehen. Dies kann man so verstehen, dass technische Maßnahmen unabhängig davon, ob ein Rechtsschutz nach Art. 6 Abs. 1 Info-RL besteht, nicht dazu führen sollen, dass die Erreichung der von den Schranken bezweckten Ziele im Interesse des Allgemeinwohls gefährdet wird. Selbst wenn man aus Art. 6 Abs. 4 Info-RL keine entsprechende verbindliche Verpflichtung der Mitgliedstaaten ableiten will, steht die Info-RL einer Erweiterung der Verpflichtung aus § 95b Abs. 1 UrhG auf die Verwender von nach § 95a Abs. 1 UrhG nicht geschützten Maßnahmen jedenfalls nicht entgegen. Denn im Hinblick auf den rechtlichen Schutz solcher Schutzmaßnahmen, die nicht von einem Rechtsinhaber zum Schutz seiner Werke oder Leistungen eingesetzt werden, lassen sich der Richtlinie keine zwingenden Vorgaben entnehmen.

Fraglich ist allerdings, ob die Sachverhalte tatsächlich die für eine Analogie erforderliche Vergleichbarkeit aufweisen. Anders als beim Einsatz eines DRM-Systems zum Schutz urheberrechtlich nicht geschützter Inhalte kann der Rechtsinhaber bei der hier untersuchten Konstellation zwar Dritten verbieten, das Werk in ungeschützter Form anzubieten. Der Verwender des Systems als Inhaber lediglich eines einfachen Nutzungsrechts kann jedoch die durch das eingesetzte DRM-System technisch unter Kontrolle gehaltene Nutzung des geschützten Werkes urheberrechtlich nicht verhindern. Er selbst kann Dritten daher ein gleichartiges Angebot in einem ungeschützten oder in einem anderen nutzungsbeschränkenden Format nicht verbieten. Die Schrankenbegünstigten werden sich bei funktionierendem Wettbewerb daher den für den Schrankengebrauch erforderlichen Zugang zum Werk über einen anderen Anbieter verschaffen können. Solange andere Angebotsformen des Werkes am Markt erhältlich sind, wird der Einsatz zu weit reichender Schutzmaßnahmen dazu führen, dass die Nutzer auf technisch nicht geschützte Produkte ausweichen.[519]

Der Schrankenbegünstigte ist dann ausreichend dadurch geschützt, dass er gegen denjenigen, der ihm den Zugang zum Werk vermittelt hat, vertragliche Ansprüche geltend machen kann, wenn ihm die Nutzung des Werkes nicht in einer Weise gewährt wird, die er nach dem Vertragszweck erwarten kann.[520] Wenn ein Wettbewerb im Hinblick auf die von den einzelnen Verwertern eingesetzten technischen Schutzsysteme durch vertragliche Vereinbarungen des Rechtsinhabers mit den Lizenznehmern verhindert wird, unterliegen diese lediglich schuldrechtlich wirkenden Bindungen[521] als wettbewerbsbeschränkende Abreden der Kartellaufsicht. Gleiches gilt, wenn sich die Verwerter untereinander zur Verwendung gleichförmiger Schutzsysteme verpflichten. Wenn der Verwender des Schutzsystems trotz der nur einfachen Nutzungsbefugnis eine marktbeherrschende Stellung auf dem Lizenzmarkt erlangt hat, greift zudem das Missbrauchsverbot ein, das im Einzelfall auch zu einem Verbot des Einsatzes bestimmter technischer Schutzmaßnahmen führen kann. Insoweit kann auf die Ausführungen zur Wirksamkeit entsprechender vertraglicher Nutzungsbedingungen verwiesen werden.[522] Eine analoge Anwendung des § 95b Abs. 1 UrhG ist nach alledem nicht geboten.

---

[519] So allgemein *Schack*, UrhR, Rn. 732j, der als Beispiel den Rückgang technischer Schutzmaßnahmen im CD-Bereich anführt; zur rückläufigen Tendenz des Angebots von CDs mit Kopierschutz auch *Kreutzer*, Verbraucherschutz, S. 135 f.

[520] Vgl. dazu oben S. 505 f.

[521] Zur Verpflichtung von Satelliten- und Kabelnetzbetreibern, Kopierschutzmaßnahmen in ihren Zentralspeichern zu ergreifen, *Schack*, ZUM 2002, 508.

[522] Siehe oben S. 265 ff.

D. Zusammenfassung

Durch technische Schutzmaßnahmen der Rechtsinhaber wird der Gebrauch der urheberrechtlichen Schranken noch stärker eingeschränkt als durch nutzungsbeschränkende Vertragsklauseln. Das gilt umso mehr, als das in Umsetzung von Art. 6 Info-RL geschaffene Umgehungsverbot technischer Maßnahmen in § 95a Abs. 1 UrhG, anders als die für Computerprogramme geltende Regelung in § 69f Abs. 2, über den Umfang des Urheberrechtsschutzes hinausgeht und eine Umgehung unabhängig davon verbietet, ob die damit bezweckte Nutzung rechtswidrig oder aufgrund einer Schranke urheberrechtlich zulässig ist. Ist eine technische Maßnahme nach § 95a UrhG geschützt, so ist ihre Umgehung folglich auch dann rechtswidrig, wenn mit ihr eine aufgrund einer Schranke urheberrechtlich zulässige Nutzung des geschützten Werkes ermöglicht werden soll. Der Schrankenbegünstigte kann daher vom Rechtsinhaber, der die Maßnahme eingesetzt hat, gemäß §§ 823 Abs. 2, 1004 BGB i. V. m. § 95a Abs. 1 UrhG als Schutzgesetz auf Unterlassung in Anspruch genommen werden.

Als Ausgleich für die damit verbundene Einschränkung der Nutzungsfreiheit verpflichtet § 95b UrhG die Rechtsinhaber, den Begünstigten einzelner, abschließend aufgezählter Schranken die für den Schrankengebrauch erforderlichen Mittel zur Verfügung zu stellen. Dieses subjektive Recht der Nutzer ist angesichts seines unklaren Inhalts jedoch kaum zur Durchsetzung des Schrankengebrauchs geeignet. Zudem gehören gerade die grundrechtsrelevanten Schranken zugunsten von Zitaten, freien Benutzungen und digitalen Privatkopien (§§ 51, 24 Abs. 1, 53 Abs. 1 UrhG) nicht zu den in § 95b UrhG genannten Schranken „erster Klasse“ und können deshalb gegenüber technischen Schutzmaßnahmen nicht durchgesetzt werden. Dass eine Umgehung technischer Maßnahmen danach auch dann durch ein gesetzliches Verbot sanktioniert wird, wenn sie erfolgt, um eine vom Schutzbereich des Art. 5 Abs. 1 S. 1 oder Abs. 3 GG erfasste Schrankennutzung zu ermöglichen, ist mit der Informations- bzw. Meinungs- und Kunstfreiheit unvereinbar, wenn das Gesetz nicht gleichzeitig eine die Grundrechte des Nutzers wahrende Ausgleichsregelung vorsieht. Soweit technische Maßnahmen wie Verschlüsselungstechniken gezielt dazu eingesetzt werden können, eine räumliche Marktaufteilung praktisch durchzusetzen und dadurch die Erschöpfung des Verbreitungsrechts zu umgehen, verstößt ein gesetzliches Umgehungsverbot zudem gegen die Warenverkehrsfreiheit gemäß Art. 28 EGV. Zur Herstellung der Vereinbarkeit mit dem Verfassungs- und Gemeinschaftsrecht ist daher eine entsprechende Änderung der §§ 95a, 95b UrhG erforderlich.

Teil 5

Gesamtergebnis

1. Die Schranken im sechsten Abschnitt des UrhG (§§ 44a ff.) begrenzen das dem Urheber durch §§ 15 ff. UrhG grundsätzlich umfassend gewährte Ausschließlichkeitsrecht zur Verwertung seines Werkes in Bezug auf bestimmte Werknutzungen. Anders als ein solches System abschließend aufgezählter Schranken, wie es auch Art. 5 Info-RL zugrunde liegt, führt eine Schrankengeneralklausel wie die des „Fair use" in § 107 des US-amerikanischen Copyright Act für die Schrankenbegünstigten zu erheblicher Rechtsunsicherheit. Der Schutzumfang des Urheberrechts wird dadurch faktisch eher erweitert als begrenzt.[1]

2. Das kontinentaleuropäische Urheberrecht fußt auf dem naturrechtlichen Postulat eines „geistigen Eigentums" des Urhebers an seinem Werk. Diese Annahme ist auch heute noch gerechtfertigt, wenn man unter Naturrecht rechtsethische Prinzipien versteht, die unabhängig vom positiven Recht gültig sind. Eine rein verfassungsrechtliche Begründung kann diese moralische Legitimation des Urheberrechts nicht ersetzen. Auch das BVerfG geht davon aus, dass das geistige Eigentum nicht erst durch den Staat gewährt, sondern nur von ihm gewährleistet wird.[2]

Für die Rechtfertigung der Schranken des Urheberrechts ist seine unterschiedliche moralische Rechtfertigung nur von untergeordneter Bedeutung. Auch bei Anerkennung eines vorgesetzlichen geistigen Eigentums unterliegt das Urheberrecht der Sozialbindung subjektiver Rechte. Die Notwendigkeit einer Beschränkung des urheberrechtlichen Ausschließlichkeitsrechts wird deshalb im individualistisch geprägten deutschen Recht wie in der utilitaristisch motivierten Rechtsprechung der US-Gerichte mit ganz ähnlichen Erwägungen begründet. Zu kurz greift es aber, zur Rechtfertigung von Beschränkungen des Urheberrechts nur „Interessen der Allgemeinheit" im Sinne solcher Gemeinwohlbelange heranzuziehen, die im gesamtgesellschaftlichen Interesse liegen. Das subjektive Recht findet seine Grenzen immer auch an den berechtigten Interessen Einzelner.[3]

---

[1] Oben S. 10 ff.

[2] Oben S. 14 ff., 19 ff.

[3] Oben S. 21 ff., 31 ff.

3. Der Gesetzgeber muss bei der Ausgestaltung der Ausschließlichkeitsrechte des Urhebers nicht nur den Schutz des geistigen Eigentums durch Art. 14 Abs. 1 S. 1 GG, sondern auch den grundrechtlichen Schutz der betroffenen Nutzer beachten und mit dem Grundrecht des Urhebers nach dem Grundsatz praktischer Konkordanz in einen gerechten Ausgleich bringen. Dabei sind die einschlägigen Grundrechte der Nutzer – neben der Meinungs-, Wissenschafts- und Kunstfreiheit insbesondere die Informationsfreiheit – nicht nur in ihrer Schutzfunktion betroffen. Wenn durch die Gewährung eines ausschließlichen Verwertungsrechts an den Urheber zugleich in den Schutzbereich der Grundrechte eines Dritten eingegriffen wird, weil dessen grundrechtlich geschützte Nutzungsfreiheit beschränkt wird, kollidiert vielmehr dessen Abwehrrecht mit der gesetzgeberischen Schutzpflicht zugunsten des geistigen Eigentums.[4] Vor allem die Schranken zugunsten freier Benutzungen und der Zitierfreiheit (§§ 24, 51 UrhG) sind im Interesse der Meinungs- und Kunstfreiheit verfassungsrechtlich geboten.

Die Herstellung analoger wie digitaler Privatkopien (§ 53 Abs. 1 UrhG) wird vom Schutzbereich der Informationsfreiheit erfasst. Eine gesetzliche Regelung, welche die rechtlichen Möglichkeiten einer solchen Vervielfältigung beschränkt, stellt daher einen Eingriff in Art. 5 Abs. 1 S. 1 GG dar, der gegen das Eigentumsgrundrecht der Urheber abgewogen werden muss. Mit der Informationsfreiheit nicht zu vereinbaren und damit verfassungswidrig wäre eine Urheberrechtsordnung, die entgegen § 53 Abs. 1 UrhG auch solche Vervielfältigungen dem Verbotsrecht des Urhebers unterwirft, welche die wiederholte Wahrnehmung eines Werkes ermöglichen sollen, zu dem der Verbraucher rechtmäßig Zugang hat.[5]

4. Die Ausgestaltung der gesetzlichen Schranken ist in erster Linie Aufgabe des Gesetzgebers. Ansatzpunkt für eine (verfassungskonforme) Auslegung der Schranken ist daher immer die vom Gesetzgeber mit den Tatbeständen der §§ 44a ff. UrhG getroffene Güterabwägung. Ein allgemeiner Grundsatz, dass Schrankenbestimmungen generell eng auszulegen seien, lässt sich aus der Schrankensystematik des UrhG ebenso wenig ableiten wie ein generelles Gebot der möglichst weiten Auslegung von Schrankenbestimmungen.[6]

5. Aus ökonomischer Sicht dient die Gewährung urheberrechtlicher Ausschließlichkeitsrechte dem Zweck, das in der Nichtexklusivität geistiger Schöpfungen begründete Marktversagen zu beseitigen. Daraus ergibt sich zugleich die Notwendigkeit, das Ausschließlichkeitsrecht im Hinblick auf solche Nutzungen zu beschränken, bei denen der durch die Ausschließlichkeit begründete Marktmechanismus für die Einräumung individueller Nutzungsrechte auf-

---

[4] Oben S. 45 ff.
[5] Oben S. 55 ff.
[6] Oben S. 65 ff.

grund eines Marktversagens kein Garant für eine effektive Nutzung des betreffenden Werkes ist. Ein solches Versagen des Lizenzmarktes wird nicht nur durch prohibitiv hohe Transaktionskosten verursacht, sondern kann auch darin begründet sein, dass die Effizienz individueller Nutzungsvereinbarungen durch positive externe Effekte oder eigennützige Motive der Rechtsinhaber beeinträchtigt wird. Jedenfalls insoweit kann das Marktversagen auch nicht durch die digitale Verbreitung von Werken über das Internet und den Einsatz eines Digital Rights Managements beseitigt werden.[7]

6. Die Schranken der §§ 44aff. stellen ebenso wie die Erschöpfung des Verbreitungsrechts gemäß §§ 17 Abs. 2, 69c Nr. 3 S. 2 UrhG keine urhebervertragsrechtlichen Auslegungsregeln oder Inhaltsnormen dar und haben nicht die rechtsgeschäftliche Einräumung eines Nutzungsrechts i. S. d. § 31 Abs. 1 S. 1 UrhG zum Gegenstand. Die Nutzungsbefugnis der von der jeweiligen Schranke privilegierten Nutzer ergibt sich vielmehr unmittelbar aus dem Gesetz. Als gesetzliche Schranken in diesem Sinne sind entgegen der h. M. auch die Vorschriften der §§ 60 und 44 Abs. 2 UrhG zu deuten. Gleiches gilt für die Schranken der §§ 69d, 69e UrhG. Der zur Benutzung eines Computerprogramms Berechtigte leitet seine Befugnis zur Vornahme der betreffenden Nutzungshandlungen somit nicht aus einem vom Softwarehersteller durch Rechtsgeschäft eingeräumten Nutzungsrecht ab.[8]

7. Auch ein mit § 31 Abs. 1 UrhG vergleichbares gesetzliches Nutzungsrecht wird dem durch eine Schranke begünstigten Nutzer nicht eingeräumt. Vielmehr ist das jeweilige Verwertungsrecht im Hinblick auf die von einer Schranke erfassten Nutzungshandlungen von vornherein inhaltlich begrenzt. Der Umfang des Ausschließlichkeitsrechts des Urhebers ergibt sich somit erst aus einer Gesamtschau der §§ 15ff. und §§ 44aff. UrhG. Das gilt auch für die sog. „gesetzlichen Lizenzen", also diejenigen Schrankenbestimmungen, die dem Urheber als Ausgleich für die Zustimmungsfreiheit einen Vergütungsanspruch gewähren.[9]

Die Schranken des Urheberrechts stellen daher keine Rechtfertigungsgründe dar, die einem tatbestandlichen Eingriff in die Verwertungsrechte des Urhebers lediglich die Rechtswidrigkeit nehmen. Wenn sich der Nutzer auf eine Schrankenbestimmung berufen kann, fehlt es vielmehr bereits an einem Eingriff in das betreffende Verwertungsrecht, dessen Schutzumfang durch die Schranke begrenzt wird. Dementsprechend sind die Schrankenbestimmungen bei der strafrechtlichen Beurteilung von Werknutzungen nach § 106 UrhG bereits auf Tatbestandsebene zu berücksichtigen.[10]

---

[7] Oben S. 84ff., 90ff.
[8] Oben S. 101ff., 115ff.
[9] Oben S. 128ff.
[10] Oben S. 149ff.

8. Dass die Schranken des Urheberrechts dem jeweils privilegierten Nutzer kein urheberrechtliches Nutzungsrecht einräumen, bedeutet nicht, dass dem Nutzer überhaupt keine als subjektives Recht zu qualifizierende Rechtsposition zukommen könnte. Jedoch rechtfertigt erst die Feststellung, dass dem Nutzer bestimmte Rechtspositionen gewährt werden, die Aussage, er habe ein subjektives Recht, nicht umgekehrt. Die entscheidende Frage ist damit, inwieweit zu der von einer Schranke angeordneten rechtlichen Freiheit, die jeweils erlaubte Nutzungshandlung vorzunehmen, eine subjektive oder objektive Bewehrung hinzutritt, die es rechtfertigt, von einer individuellen Rechtszuweisung an den einzelnen Nutzer und damit von einem „Recht auf Nutzung" im Sinne eines subjektiven Rechts zu sprechen. Dies ist nur dann der Fall, wenn der privilegierte Nutzer mindestens von einer anderen Person (insbesondere dem Urheber) verlangen kann, an der Nutzung nicht gehindert zu werden, oder anderen Personen durch entsprechende Kompetenzbeschränkungen die rechtliche Möglichkeit genommen wird, die Ausübung der Nutzungsfreiheit durch Rechtshandlungen zu beschränken. So genügt zum Schutz der Nutzungsfreiheit vor einseitig gesetzten Vertragsbedingungen die objektive Bewehrung durch zwingendes Recht, welches die Unwirksamkeit entsprechender Vereinbarungen anordnet. Vor technischen Beschränkungen der Nutzungsfreiheit kann der Nutzer hingegen nur durch ein Abwehrrecht gegenüber dem Verwender der technischen Maßnahme geschützt werden.[11]

9. Die Frage nach der „Abdingbarkeit" urheberrechtlicher Schranken ist nicht gleichbedeutend mit deren Einordnung als zwingendes oder dispositives Recht. Vielmehr ist zwischen der urheberrechtlich-dinglichen und der bloß schuldrechtlichen Wirkung vertraglicher Nutzungsbeschränkungen zu unterscheiden.[12] Mit dinglicher Wirkung lassen sich urheberrechtliche Befugnisse wegen des Typenzwangs absoluter Rechte nicht über die von den Schranken gezogenen Grenzen ausdehnen, wenn nicht das Gesetz wie in §§ 44 Abs. 2, 49 Abs. 1 S. 1 UrhG ausdrücklich einen entsprechenden Vorbehalt erlaubt. Die gesetzlichen Schranken in §§ 17 Abs. 2, 44a ff., 69d f. UrhG sind damit urheberrechtlich zwingend. Vertragliche Abreden, welche die von den Schranken eingeräumte Nutzungsfreiheit einschränken, können daher allenfalls schuldrechtliche Wirkung entfalten. Ein Verstoß begründet jedoch keine Urheberrechtsverletzung.[13]

10. Mit Ausnahme der §§ 69g Abs. 2, 55a S. 3 UrhG für Computerprogramme und Datenbankwerke gibt es keine gesetzlichen Vorschriften, die abweichende vertragliche Vereinbarungen ausdrücklich für unwirksam erklären. Der Info-RL lassen sich keine zwingenden Vorgaben für die vertragliche Disponibilität

[11] Oben S. 156 ff., 165 ff.
[12] Oben S. 172 ff.
[13] Oben S. 195 ff., 204 f., 208 ff.

der urheberrechtlichen Schranken entnehmen. Vielmehr bleibt es außerhalb der Computerprogramm- und Datenbank-RL den Mitgliedstaaten überlassen, das Verhältnis der Schranken des Urheberrechts zu vertraglichen Vereinbarungen autonom zu regeln.[14] Auch die Schranken selbst enthalten keine Aussage über die Wirksamkeit schuldrechtlicher Vereinbarungen. Dies gilt insbesondere auch für solche Schrankenbestimmungen, die wie §§ 51 und 53 UrhG dem Schutz grundrechtlich verbürgter Rechtsgüter dienen. Es widerspräche dem Freiheitsgehalt der Grundrechte, wenn man hier stets dem öffentlichen Interesse an der Freiheit der Werknutzung den Vorrang gegenüber der Privatautonomie der Vertragsparteien einräumen würde. Der unmittelbare Regelungsbereich der Schranken beschränkt sich vielmehr auf die inhaltliche Begrenzung des entsprechenden urheberrechtlichen Verwertungsrechts und stellt nur die Nutzungsfreiheit wieder her, die ohne Gewährung eines Urheberrechts bestünde. Die Schrankenbestimmungen des UrhG sind demnach wie folgt zu lesen: „Auch ohne Zustimmung des Rechtsinhabers stellt es keinen Eingriff in das ausschließliche Recht des Urhebers dar, wenn ...“ Die Schranken der §§ 44aff. UrhG stellen im Hinblick auf schuldrechtliche Verpflichtungen demnach keine zwingenden Regelungen dar. Die Unwirksamkeit schuldrechtlicher Nutzungsbeschränkungen kann sich nur aus den allgemeinen Beschränkungen der Privatautonomie ergeben.[15]

11. Die Nichtigkeit nutzungsbeschränkender Vereinbarungen nach § 134 BGB kommt insbesondere bei Verstößen gegen das Kartellrecht in Betracht. So verstößt es gegen Art. 82 Abs. 2 lit. a EGV, wenn ein marktbeherrschendes Unternehmen von seinen Abnehmern Nutzungsbedingungen fordert, welche die Ausübung der gesetzlichen Nutzungsfreiheit beeinträchtigen und dadurch eine Beschränkung des freien Warenverkehrs oder des freien Verkehrs von Wissen und Informationen bewirken. Daneben kann die Durchsetzung solcher Nutzungsbedingungen zum Nachteil der Verbraucher dem Missbrauchsverbot des Art. 82 Abs. 2 lit. b EGV unterfallen oder als sachwidrige Kopplung (Art. 82 Abs. 2 lit. d) missbräuchlich sein, etwa wenn damit die beherrschende Stellung auf dem Musikmarkt auf den Markt für entsprechende Abspielgeräte übertragen werden soll. Dabei spielt es keine Rolle, ob die beherrschende Stellung auf dem Lizenzmarkt für die Einräumung urheberrechtlicher Nutzungsrechte oder auf dem Produktmarkt für die unter Nutzung des betreffenden Werkes angebotenen Waren oder Dienstleistungen besteht. Marktbeherrschend können daher neben Urhebern und Leistungschutzberechtigten als Lizenzgebern auch Werkvermittler wie Online-Abrufdienste sein.[16] Unterhalb der Schwelle der Marktbeherrschung steht das Kartellrecht der Vereinbarung von Nutzungsbeschrän-

[14] Oben S. 214ff.
[15] Oben S. 235ff., 263f.
[16] Oben S. 265ff., 283ff.

kungen zwischen dem Anbieter und dem Nutzer eines Werkes grundsätzlich nicht entgegen.[17]

Soweit eine vertragliche Nutzungsbeschränkung nicht schon gegen ein gesetzliches Verbot verstößt, kann sich ihre Unwirksamkeit aus § 138 Abs. 1 BGB ergeben. Angesichts des Freiheitsgehalts der den Schranken des Urheberrechts zugrunde liegenden Grundrechte ist eine vertragliche Verpflichtung, von der durch eine Schranke eingeräumten Nutzungsfreiheit keinen Gebrauch zu machen, jedoch nicht per se sittenwidrig. Gegen die guten Sitten verstößt nur eine nach Umfang, Dauer und den jeweiligen Umständen des Zustandekommens unangemessene Beschränkung der Ausübung der Nutzungsfreiheit, wie sie vor allem bei Knebelungsvereinbarungen in Bezug auf die Zitierfreiheit denkbar ist, z.B. bei einer im Verlagsvertrag enthaltenen Verpflichtung wissenschaftlicher Autoren, nicht aus Publikationen eines Konkurrenzverlages zu zitieren.[18]

12. Den praktisch wichtigsten Fall nutzungsbeschränkender Vereinbarungen bilden einseitig vorformulierte Nutzungsbedingungen. Deren Wirksamkeit scheitert bei Shrink-Wrap- und Click-On-Lizenzen bereits am Fehlen eines wirksamen Vertragsangebots, wenn für den Durchschnittskunden nicht hinreichend deutlich erkennbar ist, dass sich die Nutzungsbedingungen auf einen zusätzlich abzuschließenden (Lizenz)Vertrag mit einem Dritten beziehen, oder wenn die Nutzungsbedingungen in einer für den Durchschnittskunden nicht allgemein verständlichen Sprache abgefasst sind. Überdies liegt im Aufreißen der Verpackung oder dem Anklicken einer vorformulierten Schaltfläche, das erforderlich ist, um das erworbene Produkt bestimmungsgemäß nutzen zu können, keine Betätigung eines auf einen Vertragsschluss gerichteten Annahmewillens i.S.d. § 151 S.1 BGB. Beim Vertrieb von Werken über das Internet reicht es für ein wirksames Angebot des Online-Anbieters hingegen aus, dass auf seiner Homepage auf die für den Kunden vor Beginn des Downloads einsehbaren Nutzungsbedingungen deutlich hingewiesen wird und diese in derselben Sprache formuliert sind wie der übrige Internet-Auftritt.[19]

13. Die Schranken des Urheberrechts können bei der Inhaltskontrolle vertraglicher Nutzungsbeschränkungen nicht unmittelbar als Kontrollmaßstab herangezogen werden. Der Gesetzgeber hat mit der inhaltlichen Begrenzung der urheberrechtlichen Ausschließlichkeitsrechte keine Aussage über die Reichweite vertraglicher Nutzungsbeschränkungen getroffen. Vielmehr hat sich die Inhaltskontrolle gemäß § 307 Abs. 2 Nr. 1 und 2 UrhG in erster Linie an dem Leitbild zu orientieren, welches das für den jeweiligen Vertragstyp geltende dispositive Gesetzesrecht und die vertragstypenspezifischen Gerechtigkeitserwar-

[17] Oben S. 306ff., 319f.
[18] Oben S. 321ff.
[19] Oben S. 330ff., 348ff.

tungen des Kunden vorgeben. Bei der Beurteilung der Unangemessenheit nutzungsbeschränkender Klauseln ist die den urheberrechtlichen Schranken zugrunde liegende Wertung zu berücksichtigen.[20]

Grundsätzlich unwirksam sind danach vor allem Klauseln in Verträgen über die entgeltliche Überlassung eines Werkexemplars zur dauerhaften Nutzung, die eine urheberrechtlich zulässige Nutzung des erworbenen Werkexemplars insbesondere im privaten Bereich des Erwerbers beschränken oder ausschließen.[21] Etwas anderes gilt in Bezug auf Verträge über die vorübergehende Überlassung eines Werkes, bei denen der Verwender regelmäßig ein berechtigtes Interesse daran hat, dass der Kunde keine über die Vertragsdauer hinausreichende Nutzungsmöglichkeit erhält. Auch in diesem Fall kann sich die Unwirksamkeit der Nutzungsbeschränkung aber daraus ergeben, dass sie Ausdruck einer marktbeherrschenden Stellung des Verwenders ist, der seine Stellung auf dem Angebotsmarkt für das betreffende Werk durch missbraucht, dass er Nutzungsbedingungen durchsetzt, die gemeinwohlfördernde Werknutzungen verhindern.[22] Eine besondere Verantwortung kommt insoweit staatlichen Museen und Archiven zu, die in ihren Zutrittsbedingungen urheberrechtlich zulässige Nutzungshandlungen nur insoweit wirksam einschränken oder untersagen können, als dies im Rahmen des Widmungszwecks zur Abwehr von Störungen der Anstaltsnutzung erforderlich ist.[23]

14. Angesichts der Möglichkeit, den grundrechtlich geschützten Nutzungsinteressen der Allgemeinheit im Rahmen der zivilrechtlichen Generalklauseln Rechnung zu tragen, besteht kein verfassungsrechtliches Gebot, die von den Schranken des Urheberrechts gewährte Nutzungsfreiheit gegenüber vertraglichen Vereinbarungen ausdrücklich unabdingbar auszugestalten. Im Interesse der Rechtssicherheit bietet es sich jedoch an, den Umfang der subjektiven Nutzerrechte durch eine auf AGB beschränkte gesetzliche Regelung klarzustellen.[24]

15. Durch das in Umsetzung von Art. 6 Info-RL geschaffene Umgehungsverbot technischer Maßnahmen in § 95a Abs. 1 UrhG wird der Schrankengebrauch nicht nur faktisch erschwert, sondern auch rechtlich ausgeschlossen, soweit er die Umgehung einer technischen Schutzmaßnahme voraussetzt. Eine Störung der Balance zwischen Ausschließlichkeits- und Allgemeininteressen zu Lasten der Nutzer droht dabei weniger durch reine Zugangskontrollen, sondern in erster Linie durch Nutzungskontrollen, welche die durch eine Schranke privilegierte Nutzung eines Werkes unmittelbar beschränken. Die Konstruktion eines

[20] Oben S. 364 ff.
[21] Oben S. 390 ff., 400 ff.
[22] Oben S. 396 ff., 407 ff.
[23] Oben S. 420 ff.
[24] Formulierungsvorschlag auf S. 432.

subjektiven Rechts des Schrankenbegünstigten auf Zugang zum Werk ist zur Durchsetzung des Schrankengebrauchs grundsätzlich nicht erforderlich.[25]

16. Zu den von § 95a UrhG geschützten „Rechtsinhabern" gehören neben Urhebern und Leistungsschutzberechtigten auch die Inhaber ausschließlicher Nutzungsrechte. Die nach § 95a Abs. 1 UrhG erforderliche Zustimmung zur Umgehung kann und muss jedoch nur der Rechtsinhaber erteilen, der die technische Maßnahme zum Schutz seines Ausschließlichkeitsrechts selbst eingesetzt hat. Das ist in der Praxis nicht der Urheber, sondern regelmäßig ein Leistungsschutzberechtigter wie der Tonträgerhersteller.[26] Wenn eine technische Maßnahme von einem Dritten eingesetzt wird, der selbst über kein eigenes urheberrechtliches Verbietungsrecht verfügt, handelt es sich nicht um eine wirksame technische Maßnahme i. S. v. § 95a Abs. 2 UrhG. In diesem Fall scheidet eine – auch analoge – Anwendung von §§ 95a, 95b UrhG aus.[27]

17. Ist eine technische Maßnahme nach § 95a UrhG geschützt, so ist ihre Umgehung auch dann rechtswidrig, wenn mit ihr eine aufgrund einer Schranke urheberrechtlich zulässige Nutzung des geschützten Werkes ermöglicht werden soll. Die Rechtsfolgen richten sich aber nicht nach §§ 97 ff. UrhG, sondern allein nach § 823 Abs. 2 BGB i. V. m. § 95a Abs. 1 UrhG als Schutzgesetz. Vor allem kann der Schrankenbegünstigte vom Rechtsinhaber, der die Maßnahme eingesetzt hat, gemäß §§ 823 Abs. 2, 1004 BGB auf Unterlassung in Anspruch genommen werden.[28]

18. Als Ausgleich für die damit verbundene Einschränkung der Nutzungsfreiheit gewährt § 95b Abs. 2 UrhG den Begünstigten einzelner, abschließend aufgezählter Schranken gegenüber den Rechtsinhabern ein subjektives Recht auf die für den Schrankengebrauch erforderlichen Mittel. Wenn man die Verbandsklage nach §§ 2a Abs. 1, 3a S. 1 UKlaG als echten Unterlassungsanspruch versteht, mit § 95b UrhG unvereinbare Schutzmaßnahmen nicht zu verwenden, sind die Rechte der Nutzer auch praktisch durchsetzbar. Gerade die grundrechtsrelevanten Schranken zugunsten der Zitierfreiheit, der freien Benutzung und der digitalen Privatkopie (§§ 51, 24 Abs. 1, 53 Abs. 1) gehören jedoch nicht zu den in § 95b Abs. 1 UrhG genannten Schranken „erster Klasse". Sie können auch im Wege deliktischer Ansprüche oder vertraglicher Gewährleistung nicht gegenüber technischen Maßnahmen durchgesetzt werden.[29] Die gesetzliche Sanktionierung einer Umgehungshandlung, die nur eine von diesen Schranken erlaubte Nutzung ermöglichen soll, ist aber unverhältnismäßig und mit der grundrechtlichen Gewährleistung der von den Schranken eingeräumen Nutzungsfreiheit unvereinbar, wenn nicht gleichzeitig eine die Grundrechte des

---

25 Oben S. 437 ff.
26 Oben S. 450 ff., 455 ff.
27 Oben S. 458 ff., 535 f.
28 Oben S. 466 ff., 473 ff.
29 Oben S. 489 ff., 502 ff.

Nutzers wahrende Ausgleichsregelung vorgesehen wird. Soweit technische Zugangskontrollen gezielt dazu eingesetzt werden können, eine räumliche Marktaufteilung praktisch durchzusetzen und dadurch die Erschöpfung des Verbreitungsrechts zu umgehen, verstößt ein gesetzliches Umgehungsverbot zudem gegen die Warenverkehrsfreiheit gemäß Art. 28 EGV.[30]

19. Um die Grundrechtskonformität des Umgehungsverbots herzustellen, sollte der Katalog privilegierter Schranken in § 95b Abs. 1 S. 1 um § 24 Abs. 1 und § 51 UrhG erweitert werden. Zur angemessenen Durchsetzung der Privatkopieschranke des § 53 Abs. 1 genügt hingegen eine entsprechende Ausnahme vom Umgehungsverbot in § 95a Abs. 1 UrhG. Die bereits durch §§ 202a Abs. 1, 202c Abs. 1 Nr. 2 StGB und § 3 ZKDSG ausreichend vor einer unberechtigten Umgehung geschützten Zugangskontrollen sollten ebenfalls vom Umgehungsverbot des § 95a Abs. 1 UrhG ausgenommen werden.[31]

20. Die von den Schranken des Urheberrechts gewährte Nutzungsfreiheit ist nach alledem mehr als ein bloßer Reflex der inhaltlichen Begrenzung des urheberrechtlichen Ausschließlichkeitsrechts. Durch das allgemeine Vertragsrecht wie das Kartellrecht wird der Schrankengebrauch vor einseitigen vertraglichen Einschränkungen in einem Umfang geschützt, der es rechtfertigt, bereits insoweit von einer (objektiv) bewehrten Freiheit und damit von einem subjektiven Recht des Nutzers zu sprechen. Nachbesserungsbedarf besteht hingegen beim Schutz der Nutzungsfreiheit vor technischen Maßnahmen der Rechtsinhaber. Hier ist der Gesetzgeber aufgerufen, den Schrankenbegünstigten eine Rechtsposition zu verschaffen, die der Grundrechtsrelevanz der Schranken Rechnung trägt und die Bezeichnung als ein dem Recht des Urhebers gleichwertiges „Recht auf Nutzung“ verdient.

---

[30] Oben S. 508 ff., 525 ff.

[31] Formulierungsvorschläge auf S. 530 f.

Literaturverzeichnis

Abdallah, Tarek / Gercke, Björn / Reinert, Peter, Die Reform des Urheberrechts – hat der Gesetzgeber das Strafrecht übersehen? Zu den strafrechtlichen Implikationen von Privatkopie und wirksamen technischen Schutzmaßnahmen unter besonderer Berücksichtigung privatkopierter Audio-CDs, ZUM 2004, 31–39

Acker, Ludwig / Thum, Kai, Zulässigkeit der Vereinbarung der freien Weiterübertragbarkeit von urheberrechtlichen Nutzungsrechten durch AGB, GRUR 2008, 671–678

Ahlberg, Hartwig, Die Erschöpfung und das freie Recht der Vermietung und des Verleihs von Vervielfältigungsstücken nach § 27 UrhG, GRUR 1985, 362–366

Ahlenstiel, Enno, Marktabgrenzung in der Internetökonomie – Die Geltung der Wettbewerbsregeln des Artikels 82 EGV im Falle der Marktdivergenz, Hamburg 2008

Alexy, Robert, Theorie der Grundrechte, Frankfurt a. M. 1986 (zitiert: Grundrechte)

–, Theorie der juristischen Argumentation, 3. Aufl., Frankfurt a. M. 1996

Allfeld, Philipp, Kommentar zu den Reichsgesetzen über das Gewerbliche Urheberrecht, München 1904 (zitiert: Kommentar)

–, Grundriss des gewerblichen Rechtsschutzes, Leipzig 1910 (zitiert: Grundriss)

Anwaltkommentar, BGB, Bd. 2/1 (§§ 241–610), Bonn 2005 (zitiert: AnwK-*Bearbeiter*)

Arlt, Christian, Digital Rights Management-Systeme – Begriff, Funktion und rechtliche Rahmenbedingungen nach den jüngsten Änderungen des UrhG – insbesondere zum Verhältnis der §§ 95a ff. UrhG zum Zugangskontrolldiensteschutzgesetz (ZKDSG), GRUR 2004, 548–554

–, Ansprüche des Rechteinhabers bei Umgehung seiner technischen Schutzmaßnahmen, MMR 2005, 148–155

–, Die Undurchsetzbarkeit digitaler Privatkopien gegenüber technischen Schutzmaßnahmen im Lichte der Verfassung, CR 2005, 646–651

–, Anmerkung zu LG Frankfurt a. M., Urt. v. 31. 5. 2006–2–06 O 288/06, MMR 2006, 768–769

–, Digital Rights Management Systeme – Der Einsatz technischer Maßnahmen zum Schutz digitaler Inhalte, München 2006 (zitiert: DRM)

Arnold, Bastian, Marktmissbrauch und Monopolisierung durch das Verbergen von Informationen, Berlin 2008 (zitiert: Marktmissbrauch)

Arnold, Bernhard, Die Gefahr von Urheberrechtsverletzungen durch Umgehungsmittel nach Wettbewerbsrecht und Urheberrecht – Zum rechtlichen Schutz technischer Maßnahmen zum Schutz vor Urheberrechtsverletzungen, Frankfurt a. M. 2006 (zitiert: Gefahr von Urheberrechtsverletzungen)

–, Das Verbot von Umgehungsmitteln – § 95a UrhG erstmals auf dem Prüfstand beim BGH, NJW 2008, 3545–3546

Arnold, Bernhard / Timmann, Tobias, Ist die Verletzung des § 95a Abs. 3 UrhG durch den Vertrieb von Umgehungsmitteln keine Urheberrechtsverletzung?, MMR 2008, 286–291

Aschenbrenner, Jo Beatrix, Leitlinien aus Europa für die Umsetzung der Privatkopieschranke im Zweiten Korb der Urheberrechtsnovelle, ZUM 2005, 145–154

Badura, Peter, Zur Lehre von der verfassungsrechtlichen Institutsgarantie des Eigentums, betrachtet am Beispiel des „geistigen Eigentums", in: Festschrift für Theodor Maunz zum 80. Geburtstag, hrsg. von Lerche, München 1981, S. 1–16

–, Der Eigentumsschutz des Urhebers und die Vervielfältigung urheberrechtlich geschützter Werke für die Zwecke der Ausbildung und der Wissenschaft – Zur Sozialgebundenheit des geistigen Eigentums (Rechtsgutachten), Neuwied 1982 (zitiert: Eigentumsschutz)

–, Kodifikatorische und rechtsgestaltende Wirkung von Grundrechten, in: Festschrift für Walter Odersky zum 65. Geburtstag, hrsg. von Böttcher/Hueck/Jähnke, Berlin/New York 1996, S. 159–181

Bainbridge, David, Intellectual Property, 2. Aufl., London 1994

Bamberger, Heinz Georg/Roth, Herbert (Hrsg.), Kommentar zum Bürgerlichen Gesetzbuch, Bd. 1 (§§ 1–610), 2. Aufl., München 2007, Bd. 2 (§§ 611–1296), 2. Aufl., München 2008 (zitiert: Bamberger/Roth-*Bearbeiter*)

Bartsch, Michael, Weitergabeverbote in AGB-Verträgen zur Überlassung von Standardsoftware, CR 1987, 8–13

Baulch, Libby/Green, Michael/Wyburn, Mary (Hrsg.), ALAI Study Days – The Boundaries of Copyright: its proper Limitations and Exceptions, Sydney 1999

Baumbach, Adolf/Hefermehl, Wolfgang, Warenzeichenrecht, 12. Aufl., München 1985

Baur, Jürgen F./Stürner, Rolf, Sachenrecht, 18. Aufl., München 2009

Baus, Christoph, Umgehung der Erschöpfungswirkung durch Zurückhaltung von Nutzungsrechten?, MMR 2002, 14–17

–, Verwendungsbeschränkungen in Softwareüberlassungsverträgen, Köln 2004

Bechtold, Rainer, Kartellgesetz – Gesetz gegen Wettbewerbsbeschränkungen, 5. Aufl., München 2008 (zitiert: GWB)

Bechtold, Rainer/Bosch, Wolfgang/Brinker, Ingo/Hirsbrunner, Simon, EG-Kartellrecht, 2. Aufl., München 2009

Bechtold, Stefan, Vom Urheber- zum Informationsrecht – Implikationen des Digital Rights Management, München 2002 (zitiert: Informationsrecht)

Becker, Bernhard von, Parodiefreiheit und Güterabwägung – Das „Gies-Adler"-Urteil des BGH, GRUR 2004, 104–109

Becker, Thomas, Die Auslegung des § 9 Abs. 2 AGB-Gesetz, Heidelberg 1986

Beger, Gabriele, Urheberrecht und elektronische Bibliotheksangebote – Ein Interessenkonflikt, Berlin 2002

Beier, Friedrich-Karl, Mißbrauch einer beherrschenden Stellung durch Ausübung gewerblicher Schutzrechte?, in: Festschrift für Karlheinz Quack zum 65. Geburtstag, hrsg. von Westermann/Rosener, Berlin/New York 1991, S. 15–32

–, Zur Zulässigkeit von Parallelimporten patentierter Erzeugnisse, GRURInt 1996, 1–9

–, Ausschließlichkeit, gesetzliche Lizenzen und Zwangslizenzen im Patent- und Musterrecht, GRUR 1998, 185–195

Beldiman, Dana, The Role of Copyright Limiting Doctrines in the Digital Age – Can their Vigor be Restored?, in: Hilty, Reto/Peukert, Alexander (Hrsg.), Interessenausgleich im Urheberrecht, Baden-Baden 2004, S. 187–206

Bell, Tom W., Fair Use vs. Fared Use: The Impact of Automated Rights Management on Copyright's Fair Use Doctrine, North Carolina Law Review 76 (1998), 557–619, auch abrufbar unter: http://www.tomwbell.com/writings/FullFared.html

Benabou, Valérie-Laure, Les routes vertigineuses de la copie privée au pays des protections techniques. ... A propos de l'arrêt Mulholland Drive, abrufbar unter http://www.juriscom.net/documents/da20050530.pdf

Benabou, Valérie-Laure / Dusollier, Séverine, Draw me a public domain, in: Torremans, Paul (Hrsg.), Copyright Law – A Handbook of Contemporary Research, Cheltenham 2007, S. 161–184

Benkard, Patentgesetz, Gebrauchsmustergesetz, 10. Aufl., München 2006 (zitiert: Benkard-*Bearbeiter*)

Bentham, Jeremy, An Introduction to the Principles of Morals and Legislation, hrsg. von Burns / Hart, London 1970

Berenboom, Alain, Le nouveau droit d'auteur et les droits voisins, 3. Aufl., Brüssel 2005

Berger, Christian, Der Schutz elektronischer Datenbanken nach der EG-Richtlinie vom 11. 3. 1996, GRUR 1997, 169–179

–, Zum Erschöpfungsgrundsatz beim Vertrieb von sog. „OEM"-Software", NJW 1997, 300–302

–, Die Erschöpfung des urheberrechtlichen Verbreitungsrechts als Ausprägung der Eigentumstheorie des BGB, AcP 201 (2001), 411–450

–, Urheberrechtliche Erschöpfungslehre und digitale Informationstechnologie, GRUR 2002, 198–203

–, Die Neuregelung der Privatkopie in § 53 Abs. 1 UrhG im Spannungsverhältnis von geistigem Eigentum, technischen Schutzmaßnahmen und Informationsfreiheit, ZUM 2004, 257–265

–, Die öffentliche Wiedergabe von urheberrechtlichen Werken an elektronischen Leseplätzen in Bibliotheken, Museen und Archiven – Urheberrechtliche, verfassungsrechtliche und europarechtliche Aspekte des geplanten § 52b UrhG, GRUR 2007, 754–760

Bergmann, Alfred, Die Zulassung der privaten Vervielfältigung durch § 53 UrhG – unvermeidbares Übel oder angemessener Interessenausgleich?, in: Festschrift für Eike Ullmann, hrsg. von Ahrens / Bornkamm / Kunz-Halbstein, Saarbrücken 2006, S. 23–36

Binding, Karl, Die Normen und ihre Übertretung, Bd. 1: Normen und Strafgesetze, 4. Aufl., Leipzig 1922 (Nachdruck 1965)

Bizer, Johann, Forschungsfreiheit und informationelle Selbstbestimmung, Baden-Baden 1992

Blachian, Heinz, Die Lehre von der Erschöpfung des Verbreitungsrechts im Urheberrecht, Diss. München 1964

Bleckmann, Albert, Probleme des Grundrechtsverzichts, JZ 1988, 57–62

Bongers, Anne, Strategien der Rechtsvereinheitlichung am Beispiel des Urheberrechts, Baden-Baden 2008

Bonner Kommentar, Bonner Kommentar zum Grundgesetz, hrsg. von Rudolf Dolzer, Teil 2 (Art. 5 GG), Heidelberg 1991 ff. (Stand: 123. EL August 2006, zitiert: BK-GG-*Bearbeiter*)

Boor, Hans Otto de, Konstruktionsfragen im Urheberrecht, UFITA 16 (1944), 345–363

–, Urheberrechtliche Grundsatzfragen in Schrifttum und Rechtsprechung, UFITA 21 (1956), 129–150

Bork, Reinhard, Allgemeiner Teil des Bürgerlichen Gesetzbuchs, 2. Aufl., Tübingen 2006

Bornkamm, Joachim, Ungeschriebene Schranken des Urheberrechts? – Anmerkungen zum Rechtsstreit Botho Strauß/Theater Heute, in: Festschrift für Henning Piper, hrsg. von Erdmann, München 1996, S. 641–653

–, Der Dreistufentest als urheberrechtliche Schrankenbestimmung, in: Festschrift für Willi Erdmann zum 65. Geburtstag, hrsg. von Ahrens u. a., Köln/Berlin/Bonn/München 2002, S. 29–48

Brand, Thorsten, Zur Gleichbehandlung von Parteien bei der Überlassung kommunaler Einrichtungen auf der vertraglichen Ausgestaltungsstufe, BayVBl. 2001, 104–109

Braun, Nora, The Interface between the Protection of Technological Measures and the Exercise of Exceptions to Copyright and Related Rights: Comparing the Situation in the United States and in the European Community, EIPR 2003, 496–503

Braunmühl, Patrick von, Entwurf für den Zweiten Korb des neuen Urheberrechts bringt weitere Nachteile für Verbraucher, ZUM 2005, 109–112

Brison, Fabienne/Vanhees, Hendrik (Hrsg.), Huldeboek Jan Corbet, De Belgische auteurswet – Artikelsgewijze commentar, Brüssel 2006 (zitiert: Brison/Vanhees-*Bearbeiter*)

Brox, Hans/Walker, Wolf-Dietrich, Allgemeiner Teil des BGB, 32. Aufl., Köln/München 2008

Bullinger, Winfried, Kunstwerke in Museen – die klippenreiche Bildauswertung, in: Festschrift für Peter Raue zum 65. Geburtstag, hrsg. von Jacobs/Papier/Schuster, Köln/Berlin/München 2006, S. 379–400

Burk, Dan/Cohen, Julie, Fair Use Infrastructure for Rights Management Systems, Harvard Journal of Law & Technology 15 (2001), 41–83, auch abrufbar unter http://jolt.law.harvard.edu/articles/pdf/v15/15HarvJLTech041.pdf

Burrell, Robert/Coleman, Allison, Copyright Exceptions: The Digital Impact, Cambridge 2005

Busche, Jan, Anmerkung zu BGH, Urt. v. 14. 12. 1999 – X ZR 61/98 – Karate, JR 2000, 25–26

Bydlinski, Franz, Juristische Methodenlehre und Rechtsbegriff, 2. Aufl., Wien/New York 1991

Canaris, Claus-Wilhelm, Wandlungen des Schuldvertragsrechts – Tendenzen zu einer Materialisierung, AcP 200 (2000), 273–364

Casas, Ramon/Delgado, Antonio/Pérez de Castro, Nazareth/Xalabarder, Raquel, National Report: Spain, in: Baulch, Libby/Green, Michael/Wyburn, Mary (Hrsg.), ALAI Study Days – The Boundaries of Copyright: its Proper Limitations and Exceptions, Sydney 1999, S. 315–331

Coase, Ronald, The Problem of Social Cost, Journal of Law and Economics 3 (1960), 1–44

Cohen Jehoram, Herman, Einige Grundsätze zu den Ausnahmen im Urheberrecht, GRURInt 2001, 807–810 (englische Fassung in: Urheberrecht gestern-heute-morgen, Festschrift für Adolf Dietz zum 65. Geburtstag, hrsg. von Ganea/Heath/Schricker, München 2001, S. 381–388)

–, Urheberrecht und Freiheit der Meinungsäußerung, Rechtsmissbrauch und Standardschikane, GRURInt 2004, 96–101

Cohen Jehoram, Herman/Mortelmans, Kamiel, Zur „Magill"-Entscheidung des Europäischen Gerichtshofs, GRURInt 1997, 11–15

Cohen, Julie E., Copyright and the Jurisprudence of Self-Help, Berkeley Technology Law Journal (BTLJ) 13 (1998), 1089–1143, auch abrufbar unter http://www.law.berkeley.edu/journals/btlj/articles/vol13/Cohen/html/reader.html

–, DRM and Privacy, Berkeley Technology Law Journal (BTLJ) 18 (2003), 575–617, auch abrufbar unter http://www.btlj.org/data/articles/18_02_05.pdf

Coing, Helmut, Grundzüge der Rechtsphilosophie, 5. Aufl., Berlin/New York 1993

Contreras, Jorge / Slade, Kenneth, Click-Wrap Agreements: Background and Guidelines for Enforceability, CRi 2000, 104–109

Copyright Law Review Committee, Copyright and Contract, Canberra 2002, abrufbar unter http://www.ag.gov.au/www/agd/agd.nsf/Page/Copyright_CopyrightLawReviewCommittee_CLRCReports_CopyrightandContract_CopyrightandContract

Corbet, Jan, La transposition en droit belge de la directive droit d'auteur dans la societé de l'information, Revue Internationale du Droit d'Auteur (RIDA) 206 (2005), 4–67

Cornish, William R. / Llewelyn, David, Intellectual Property: Patents, Copyright, Trademarks and Allied Rights, 5. Aufl., London 2003

Czychowski, Christian, Das Gesetz zur Regelung des Urheberrechts in der Informationsgesellschaft – Ein Über- und ein Ausblick, NJW 2003, 2409–2412

Däubler-Gmelin, Herta, Private Vervielfältigung unter dem Vorzeichen digitaler Technik, ZUM 1999, 769–775

Davies, Gillian, Copyright in the Information Society – Technical Devices to Control Private Copying, in: Urheberrecht gestern-heute-morgen, Festschrift für Adolf Dietz zum 65. Geburtstag, hrsg. von Ganea / Heath / Schricker, München 2001, S. 307–319

–, Copyright and the Public Interest, 2. Aufl., London 2002

Depoorter, Ben / Parisi, Francesco, Fair Use and Copyright Protection: A Price Theory Explanation, International Review of Law and Economics 21 (2002), 453–473 = George Mason Law & Economics Research Paper No. 01–03, abrufbar unter http://www.gmu.edu/departments/law/faculty/papers/docs/01–03.pdf (30 Seiten)

Derclaye, Estelle, An Economic Analysis of the Contractual Protection of Databases, Journal of Law, Technology & Policy (JLTP) 2005, 247–271

Deutsch, Erwin, Die Dokumentationsfreiheit im Urheberrecht, NJW 1967, 1393–1398

Diemar, Undine von, Kein Recht auf Privatkopien – Zur Rechtsnatur der gesetzlichen Lizenz zu Gunsten der Privatvervielfältigung, GRUR 2002, 587–593

–, Die digitale Kopie zum privaten Gebrauch, Münster/Hamburg/London 2002 (zitiert: Digitale Kopie)

Dieselhorst, Jochen, Die Harmonisierung der Leerkassetten- und Geräteabgabe, GRURInt 1994, 788–798

Dietz, Adolf, Die EU-Richtlinie zum Urheberrecht und zu den Leistungsschutzrechten in der Informationsgesellschaft, ZUM 1998, 438–451

–, National Report: Germany, in: Baulch, Libby / Green, Michael / Wyburn, Mary (Hrsg.), ALAI Study Days – The Boundaries of Copyright: its proper limitations and exceptions, Sydney 1999, S. 265–277

–, Bedeutsame Entwicklung des Urheberrechts im südosteuropäischen Raum – am Beispiel der Reformgesetze Sloweniens, Kroatiens und Serbiens (1.Teil), GRURInt 2006, 809–827

Donle, Christian, Die Bedeutung des § 31 Abs. 5 UrhG für das Urhebervertragsrecht, München 1993

Dowell, Jonathan, Bytes and Pieces: Fragmented Copies, Licensing, and Fair Use in a Digital World, California Law Review 86 (1998), 843–877

Dreier, Horst (Hrsg.), Grundgesetz, Bd. I, 2. Aufl., Tübingen 2004 (zitiert: Dreier-*Bearbeiter*)
Dreier, Thomas, Rechtsschutz von Computerprogrammen – Die Richtlinie des Rates der EG vom 14. Mai 1991, CR 1991, 577–584
–, Urheberrecht an der Schwelle des 3. Jahrtausends – Einige Gedanken zur Zukunft des Urheberrechts, CR 2000, 45–49
–, Balancing Proprietary and Public Domain Interests: Inside or Outside of Proprietary Rights?, in: Dreyfuss, Rochelle / Zimmerman, Diane / First, Harry (Hrsg.), Expanding the Boundaries of Intellectual Property – Innovation Policy for the Knowledge Society, Oxford 2001, S. 295–316
–, Die Umsetzung der Urheberrechtsrichtlinie 2001/29/EG in deutsches Recht, ZUM 2002, 28–43
–, Regulating competition by way of copyright limitations and exceptions, in: Torremans, Paul (Hrsg.), Copyright Law – A Handbook of Contemporary Research, Cheltenham 2007, S. 232–254
Dreier, Thomas / Schulze, Gernot, Urheberrechtsgesetz, 3. Aufl., München 2008 (zitiert: Dreier / Schulze-*Bearbeiter*)
Dreier, Thomas / Senftleben, Martin, Das Verhältnis des Urheberrechts zum Vertragsrecht – Grenzen des Vertragsrechts durch Intellectual Property Law, in: Lejeune, Mathias (Hrsg.), Der E-Commerce-Vertrag nach amerikanischem Recht, Köln 2001, S. 81–120
Dreyer, Gunda, Urheberrechtliche Problembereiche des Digital Rights Management, in: Pahlow, Louis / Eisfeld, Jens (Hrsg.), Grundlagen und Grundfragen des Geistigen Eigentums, Tübingen 2008, S. 221–250
Dreyer, Gunda / Kotthoff, Jost / Meckel, Astrid, Heidelberger Kommentar zum Urheberrecht, 2. Aufl., Heidelberg 2009 (zitiert: HK-UrhR-*Bearbeiter*)
Dulckeit, Gerhard, Die Verdinglichung obligatorischer Rechte (Recht und Staat Bd. 158/159), Tübingen 1951
Dusollier, Séverine, Legal and Technical Aspects of Electronic Rights Management Systems (ERMS), in: Kaestner, Jan (Hrsg.), Legal Aspects of Intellectual Property Rights in Electronic Commerce, München 1999, S. 227–239
–, Electrifying the Fence: The Legal Protection of Technological Measures for Protecting Copyright, EIPR 1999, 285–297
–, Exceptions and Technological Measures in the European Copyright Directive of 2001 – An Empty Promise, IIC 2003, 62–75
–, Droit d'auteur et protection des œuvres dans l'univers numérique – Droits et exceptions à la lumière des dispositifs de verrouillage des œuvres, Brüssel 2005 (zitiert: Droit d'auteur)
–, Le dernier tournant de l'affaire Mulholland Drive, Auteurs & Media (A&M) 2006, 178–180
Eidenmüller, Horst, Effizienz als Rechtsprinzip – Möglichkeiten und Grenzen der ökonomischen Analyse des Rechts, Tübingen 1995
Eilmansberger, Thomas, Abschlusszwang und Essential Facility Doktrin nach Art. 82 EG, EWS 2003, 12–23
Elkin-Koren, Niva, Copyright Policy and the Limits of Freedom of Contract, Berkeley Technology Law Journal (BTLJ) 12 (1997), 93–113, auch abrufbar unter: http://www.law.berkeley.edu/journals/btlj/articles/vol12/Elkin-Koren/html/reader.html

–, A Public-Regarding Approach to Contracting over Copyrights, in: Dreyfuss, Rochelle/Zimmerman, Diane/First, Harry (Hrsg.), Expanding the Boundaries of Intellectual Property – Innovation Policy for the Knowledge Society, Oxford 2001, S. 191–221

Elkin-Koren, Niva/Salzberger, Eli, Law and Economics in Cyberspace, International Review of Law and Economics 19 (1999), 553–581

Elster, Alexander, Der Schutz des Geisteswerkes als Ausgleich zwischen Urheber und Allgemeinheit, UFITA 4 (1931), 215–257

Emmerich, Volker, Kartellrecht, 11. Aufl., München 2008

–, Das Gesetz zur Regelung der Preisbindung bei Verlagserzeugnissen und die Verbraucher, WuW 2003, 225

Enders, Theodor, Digital Rights Management Systeme (DRMS) als besondere Herausforderung an das Urheberrecht, ZUM 2004, 593–605

Engisch, Karl, Einführung in das juristische Denken, 10. Aufl., Stuttgart/Berlin/Köln 2005

Enneccerus, Ludwig/Nipperdey, Hans Carl, Allgemeiner Teil des Bürgerlichen Rechts, 2 Bände, 15. Aufl., Tübingen 1959/60

Erben, Meinhard/Zahrnt, Christoph, Anmerkung zu KG, Urt. v. 27.02. 1996–5 U 8281/95, CR 1996, 535–536

Ermecke, Gustav, Zum Schutz des geistigen Eigentums, in: Urheberrechtsreform – ein Gebot der Gerechtigkeit, Berlin 1954, S. 15–30

Ernst, Stefan, Kopierschutz nach neuem UrhG – Bedeutung und Tragweite des Verbots von Umgehungsmaßnahmen und Hacking-Werkzeugen für die Praxis, CR 2004, 39–43

Evers, Hans-Ulrich, Zum unkritischen Naturrechtsbewusstsein in der Rechtsprechung der Gegenwart, JZ 1961, 241–249

Fachausschuss für Urheber- und Verlagsrecht der GRUR, Stellungnahme der GRUR zum Grünbuch „Urheberrechte in der wissensbestimmten Wirtschaft KOM (2008) 466 end.“, GRUR 2009, 135–141

Faust, Florian, Bürgerliches Gesetzbuch Allgemeiner Teil, 2. Aufl., Baden-Baden 2007

Fechner, Frank, Geistiges Eigentum und Verfassung – Schöpferische Leistungen unter dem Schutz des Grundgesetzes, Tübingen 1999

Fernández-Molina, J. Carlos, Licensing Agreements for Information Resources and Copyright Limitations and Exceptions, Journal of Information Science (JIS) 30 (2004), 337–346

Findeisen, Frank, Die Auslegung urheberrechtlicher Schrankenbestimmungen, Baden-Baden 2005

Fischer, Thomas, Strafgesetzbuch und Nebengesetze, 56. Aufl., München 2009

Fitzpatrick, Simon, Copyright Imbalance: U.S. and Australian Responses to the WIPO Digital Copyright Treaty, EIPR 2000, 214–228

Forkel, Hans, Gebundene Rechtsübertragungen, Köln/Berlin/Bonn/München 1977

Förster, Achim, Fair use – Ein Systemvergleich der Schrankengeneralklausel des US-amerikanischen Copyright Act mit dem Schrankenkatalog des deutschen Urheberrechtsgesetzes, Tübingen 2008

Fränkl, Gerald/Karpf, Philipp, Digital Rights Management Systeme – Einführung, Technologien, Recht, Ökonomie und Marktanalyse, München 2004

Franz, Michael Markus, Zivilrechtliche Probleme des Kulturgüteraustauschs, Frankfurt a.M. 1996

Fromm/Nordemann, Urheberrecht, 9. Aufl., Stuttgart 1998; 10. Aufl., Stuttgart 2008 (zitiert: Fromm/Nordemann-*Bearbeiter*)

Gamm, Otto-Friedrich Frhr. von, Urheberrechtsgesetz, München 1968

Ganea, Peter, Ökonomische Aspekte der urheberrechtlichen Erschöpfung, GRURInt 2005, 102–107

Gareis, Carl, Das juristische Wesen der Autorrechte, sowie des Firmen- und Markenschutzes, Buschs Archiv für deutsches Handels- und Wechselrecht 35 (1877), 185–210

Garnett, Kevin/Davies, Gillian/Harbottle, Gwilym, Copinger and Skone James on Copyright, Bd. 1, 15. Aufl., London 2005

Garnett, Nic, Automated Rights Management Systems and Copyright Limitations and Exceptions (WIPO Document SCCR/14/5, April 27, 2006), abrufbar unter http://www.wipo.int/edocs/mdocs/copyright/en/sccr_14/sccr_14_5.pdf

Gaster, Jens-L., Der Rechtsschutz von Datenbanken, Köln/Berlin/Bonn/München 1999

Geerlings, Jörg, Das Urheberrecht in der Informationsgesellschaft und pauschale Geräteabgaben im Lichte verfassungs- und europarechtlicher Vorgaben, GRUR 2004, 207–213

Geiger, Christophe, Anmerkung zu Tribunal de grande instance de Paris, Urt. v. 23.2. 1999 (Jean Fabris ./. Sté France 2) – „Utrillo", GRURInt 2001, 253–255

–, Anmerkung zu Cour d'appel de Paris, Urt. v. 30. 5. 2001 (Jean Fabris ./. Sté France 2) – „Utrillo", GRURInt 2002, 330–333

–, Droit d'auteur et droit du public à l'information, Paris 2004 (zitiert: Droit d'auteur)

–, Die Schranken des Urheberrechts im Lichte der Grundrechte – Zur Rechtsnatur der Beschränkungen des Urheberrechts, in: Hilty, Reto/Peukert, Alexander (Hrsg.), Interessenausgleich im Urheberrecht, Baden-Baden 2004, S. 143–157

–, Fundamental Rights, a Safeguard for the Coherence of Intellectual Property Law?, IIC 2004, 268–280

–, Quotation Right and Fundamental Rights: When the French Supreme Court Misses an Excellent Opportunity to Advance the Discourse on Copyright Exceptions – Anmerkung zu Cour de Cassation, Urt. v. 13. 11. 2003 (Jean Fabris ./. Sté France 2) – „Utrillo", IIC 2004, 717–726

–, Der urheberrechtliche Interessenausgleich in der Informationsgesellschaft – Zur Rechtsnatur der Beschränkungen des Urheberrechts, GRURInt 2004, 815–821

–, Anmerkung zu Tribunal de grande instance de Paris, Urt. v. 30.4. 2004 – „DVD Copy", IIC 2005, 151–158

–, The Private Copy Exception, an Area of Freedom (Temporarily) Preserved in the Digital Environment, IIC 2006, 74–81

–, „Constitutionalising" Intellectual Property Law? The Influence of Fundamental Rights on Intellectual Property in the European Union, IIC 2006, 371–406

–, Die Schranken des Urheberrechts als Instrumente der Innovationsförderung – Freie Gedanken zur Ausschließlichkeit im Urheberrecht, GRURInt 2008, 459–468

Ginsburg, Jane C., From Having Copies to Experiencing Works: the Development of an Access Right in U.S. Copyright Law, abrufbar unter http://ssrn.com/abstract=222493 (17 Seiten)

Goldmann, Bettina/Liepe, Andreas, Vertrieb von kopiergeschützten Audio-CDs in Deutschland – Urheberrechtliche, kaufrechtliche und wettbewerbsrechtliche Aspekte, ZUM 2002, 362–375

Gordon, Wendy, Fair Use as Market Failure: A Structural and Economic Analysis of the Betamax Case and its Predecessors, Columbia Law Review 82 (1982), 1600–1657

–, Systemische und fallbezogene Lösungsansätze für Marktversagen bei Immaterialgütern, in: Ott, Claus/Schäfer, Hans-Bernd (Hrsg.), Ökonomische Analyse der rechtlichen Organisation von Innovationen – Beiträge zum IV. Travemünder Symposium zur Ökonomischen Analyse des Rechts (23. – 26. März 1994), Tübingen 1994, S. 328–369

Gordon, Wendy/Bone, Robert, Copyright, in: Bouckaert, Boudewijn/DeGeest, Gerrit (Hrsg.), Enyclopedia of Law and Economics, Bd. 2, Cheltenham 2000, S. 189–203

Götting, Horst-Peter, Der Begriff des Geistigen Eigentums, GRUR 2006, 353–358

–, Gewerblicher Rechtsschutz, 8. Aufl., München 2007

Gottschalk, Eckart, Digitale Musik und Urheberrecht aus US-amerikanischer Sicht, GRURInt 2002, 95–105

–, Das Ende von „fair use"? – Technische Schutzmaßnahmen im Urheberrecht der USA, MMR 2003, 148–156

Gounalakis, Georgios, Elektronische Kopien für Unterricht und Forschung (§ 52a UrhG) im Lichte der Verfassung (Rechtsgutachten im Auftrag des Börsenvereins des Deutschen Buchhandels e.V.), Tübingen 2003

Graf, Klaus, Rezension von Wilhelm Mößle: Handbuch des Museumsrechts 7, Öffentliches Recht, abrufbar unter http://www.vl-museen.de/lit-rez/graf99–1.htm

Grützmacher, Malte, Urheber-, Leistungs- und Sui-generis-Schutz von Datenbanken – Eine Untersuchung des europäischen, deutschen und britischen Rechts, Baden-Baden 1999

Guibault, Lucie, Copyright Limitations and Contracts – An Analysis of the Contractual Overridability of Limitations on Copyright, Den Haag/London/Boston 2002 (zitiert: Copyright Limitations)

–, Copyright Limitations and „Click-Wrap" Licences: What is Becoming of the Copyright Bargain?, in: Hilty, Reto/Peukert, Alexander (Hrsg.), Interessenausgleich im Urheberrecht, Baden-Baden 2004, S. 221–251

Guntrum, Sebastian, Zur Zukunft der Privatkopie in der Informationsgesellschaft, Hamburg 2007

Haberstumpf, Helmut, Das Software-Urhebervertragsrecht im Lichte der bevorstehenden Umsetzung der EG-Richtlinie über den Rechtsschutz von Computerprogrammen, GRURInt 1992, 715–724

–, Der urheberrechtliche Schutz von Computerprogrammen, in: Lehmann, Michael (Hrsg.), Rechtsschutz und Verwertung von Computerprogrammen, 2. Aufl., Köln 1993, S. 69–167

–, Handbuch des Urheberrechts, Neuwied u. a. 1996 (zitiert: Handbuch)

Haedicke, Maximilian, Die Umgehung technischer Schutzmaßnahmen durch Dritte als mittelbare Urheberrechtsverletzung, in: Urheberrecht gestern-heute-morgen, Festschrift für Adolf Dietz zum 65. Geburtstag, hrsg. von Ganea/Heath/Schricker, München 2001, S. 349–364

Handkommentar, Bürgerliches Gesetzbuch, bearb. von Dörner u. a., 5. Aufl., Baden-Baden 2007 (zitiert: Hk-BGB-*Bearbeiter*)

Hänel, Frederike, Die Umsetzung des Art. 6 Info-RL (technische Schutzmaßnahmen) ins deutsche Recht, Frankfurt a. M. 2005

Harder, Jörg, Ist die Zugänglichmachung von Werken zur Veranschaulichung im Unterricht an Hochschulen (§ 52a Abs. 1 Nr. 1, 2. Alt. UrhG) verfassungsgemäß?, UFITA 2004, 643–664
Hardy, I. Trotter, Contracts, Copyright and Preemption in a Digital World, Richmond Journal of Law & Technology 1 (1995), 2, abrufbar unter http://law.richmond.edu/jolt/v1i1/hardy.html
Haß, Gerhard, Zur Bedeutung der §§ 45ff. UrhG für das Urheberstrafrecht, in: Festschrift für Rainer Klaka, hrsg. von Herbst, München 1987, S. 127–138
–, Der strafrechtliche Schutz von Computerprogrammen, in: Lehmann, Michael (Hrsg.), Rechtsschutz und Verwertung von Computerprogrammen, 2. Aufl., Köln 1993, S. 467–512
Häuser, Markus, Pauschalvergütung und digitale Privatkopie – Digitale Privatkopie, Geräte- und Speichermedienabgabe im Referentenentwurf zum zweiten Korb der Urheberrechtsreform, CR 2004, 829–835
Heckmann, Jörn, Abmahnung der AGB des Apple iTunes Music Store, CR 2006/9, R99
Heide, Thomas, Copyright, Contract and the Legal Protection of Technological Measures – Not „the Old Fashioned Way": Providing a Rationale to the „Copyright Exceptions Interface", abrufbar unter http://papers.ssrn.com/sol3/papers.cfm?abstract_id=418000 (29 Seiten)
Heinemann, Andreas, Immaterialgüterschutz in der Wettbewerbsordnung – Eine grundlagenorientierte Untersuchung zum Kartellrecht des geistigen Eigentums, Tübingen 2002 (zitiert: Immaterialgüterschutz)
–, Gefährdung von Rechten des geistigen Eigentums durch Kartellrecht? – Der Fall „Microsoft" und die Rechtsprechung des EuGH, GRUR 2006, 705–713
–, Die Relevanz des „more economic approach" für das Recht des geistigen Eigentums, GRUR 2008, 949–954
Hertin, Paul, Urheberrecht, 2. Aufl., München 2008
Hess, Gangolf, Urheberrechtsprobleme der Parodie, Baden-Baden 1993
Heydt, Ludwig, Parallelimporte und Warenzeichenrecht, GRUR 1969, 450–466
Hilty, Reto, Der Softwarevertrag – ein Blick in die Zukunft – Konsequenzen der trägerlosen Nutzung und des patentrechtlichen Schutzes von Software, MMR 2003, 3–15
–, Copyright law and scientific research, in: Torremans, Paul (Hrsg.), Copyright Law – A Handbook of Contemporary Research, Cheltenham 2007, S. 315–354
Hirsch-Ballin, Ernst, Zur Zwangslizenz im Urheberrecht, UFITA 20 (1955), 274–283
–, Gegenüberstellung der Rechte des Urhebers mit denen der Allgemeinheit, Revue Internationale du Droit d'Auteur (RIDA) 10 (1956), 18–45
Hoenike, Mark / Hülsdunk, Lutz, Leistungskomponenten und Vertragsbeziehungen bei kommerziellen Musik-Download-Plattformen im Internet, MMR 2004, 59–66
Hoeren, Thomas, Urheberrecht 2000 – Thesen für eine Reform des Urheberrechts, MMR 2000, 3–7
–, Entwurf einer EU-Richtlinie zum Urheberrecht in der Informationsgesellschaft – Überlegungen zum Zwischenstand der Diskussion, MMR 2000, 515–521
–, Zur Einführung: Informationsrecht, JuS 2002, 947–953
–, Urheberrecht und Verbraucherschutz – Überlegungen zum Gesetz über Urheberrecht in der Informationsgesellschaft (Rechtsgutachten im Auftrag des Verbraucherzentrale Bundesverband e.V.), abrufbar unter http://www.vzbv.de/mediapics/1043159929Gutachten_Urheberrecht_Hoeren_2003.pdf (53 Seiten)

–, Der urheberrechtliche Erschöpfungsgrundsatz bei der Online-Übertragung von Computerprogrammen, CR 2006, 573–578

–, Der Zweite Korb – Eine Übersicht zu den geplanten Änderungen im Urheberrechtsgesetz, MMR 2007, 615–620

Hoeren, Thomas/Schuhmacher, Dirk, Verwendungsbeschränkungen im Softwarevertrag – Überlegungen zum Umfang des Benutzungsrechts für Standardsoftware, CR 2000, 137–146

Hoeren, Thomas/Sieber, Ulrich (Hrsg.), Handbuch Multimedia-Recht, München 1998ff. (Stand: 21. EL Dezember 2008, zitiert: Hoeren/Sieber-*Bearbeiter*)

Hoffmann, Willy, Die gesetzliche Lizenz für die Rundfunk-Sendegesellschaften, ArchFunkR 1929, 247–264

Hohagen, Gisbert, Die Freiheit der Vervielfältigung zum eigenen Gebrauch, München 2004 (zitiert: Vervielfältigungsfreiheit)

–, Überlegungen zur Rechtsnatur der Kopierfreiheit, in: Festschrift für Gerhard Schricker zum 70. Geburtstag, hrsg. von Ohly u.a., München 2005, S. 353–368

Holznagel, Bernd/Brüggemann, Sandra, Das Digital Right Management nach dem ersten Korb der Urheberrechtsnovelle – Eine verfassungsrechtliche Beurteilung der neuen Kopierschutzregelungen, MMR 2003, 767–773

Höppner, Thomas, Missbräuchliche Verhinderung „neuer" Produkte durch Immaterialgüterrechte – Zur Anwendung von Art. 82 EG auf Lizenzverweigerungen, GRURInt 2005, 457–464

Hornung, Oliver, Die EU-Datenbank-Richtlinie und ihre Umsetzung in das deutsche Recht, Baden-Baden 1998

Hubmann, Heinrich, Das Recht des schöpferischen Geistes, Berlin 1954

–, Geistiges Eigentum, in: Bettermann, Karl August/Nipperdey, Hans Carl/Scheuner, Ulrich (Hrsg.), Die Grundrechte, Bd. IV/1, Berlin 1960, S. 1–36

–, Anmerkung zu BGH, Urt. v. 06.03. 1986 – I ZR 208/83 – Schallplattenvermietung, GRUR 1986, 739

–, Die Idee vom geistigen Eigentum, die Rechtsprechung des Bundesverfassungsgerichts und die Urheberrechtsnovelle von 1985, ZUM 1988, 4–13

Hucko, Elmar, Statement: Urheberrecht in der Informationsgesellschaft – der Referentenentwurf zum Zweiten Korb, ZUM 2005, 128–130

Hugenholtz, Bernt, Fierce Creatures – Copyright Exemptions: Towards Extinction?, in: IFLA/IMPRIMATUR Conference, Rights, Limitations and Exceptions: Striking a Proper Balance, Amsterdam 30–31 October 1997, abrufbar unter: http://www.ivir.nl/publications/hugenholtz/PBH-FierceCreatures.doc (15 Seiten, zitiert: Fierce Creatures)

–, Why the Copyright Directive is Unimportant, and Possibly Invalid, EIPR 2000, 499–505

–, Copyright and Freedom of Expression in Europe, in: Dreyfuss, Rochelle/Zimmerman, Diane/First, Harry (Hrsg.), Expanding the Boundaries of Intellectual Property – Innovation Policy for the Knowledge Society, Oxford 2001, S. 343–363

Hüsken, Stefanie, Informationsfreiheit und urheberrechtlicher Schutz des geistigen Eigentums, Diss. Bochum 2003

Immenga, Ulrich/Mestmäcker, Ernst-Joachim (Hrsg.), Wettbewerbsrecht, Bd. 1: EG, Teile 1 und 2, Bd. 2: GWB, 4. Aufl., München 2007 (zitiert: Immenga/Mestmäcker-*Bearbeiter*)

Jaeger, Till, Die Erschöpfung des Verbreitungsrechts bei OEM-Software, ZUM 2000, 1070–1076

–, Auswirkungen der EU-Urheberrechtsrichtlinie auf die Regelungen der Urheberrechtsgesetzes für Software – Stellungnahme des ifrOSS zur Umsetzung des Art. 6 Richtlinie 2001/29/EG im Verhältnis zu den §§ 69a ff. UrhG, CR 2002, 309–312

–, Der Erschöpfungsgrundsatz im neuen Urheberrecht, in: Hilty, Reto/Peukert, Alexander (Hrsg.), Interessenausgleich im Urheberrecht, Baden-Baden 2004, S. 47–60

Jaeger, Wolfgang/Pohlmann, Petra/Rieger, Harald/Schroeder, Dirk (Hrsg.), Frankfurter Kommentar zum Kartellrecht, Bd. II: EG-Kartellrecht, Köln 1982 ff. (Stand: 64. EL Oktober 2007, zitiert: FK-KartR-*Bearbeiter*)

Jakobs, Günther, Strafrecht Allgemeiner Teil, 2. Aufl., Berlin/New York 1991

Jänich, Volker, Geistiges Eigentum – eine Komplementärerscheinung zum Sacheigentum?, Tübingen 2002

Janssens, Marie-Christine, National Report: Belgium, in: Baulch, Libby/Green, Michael/Wyburn, Mary (Hrsg.), ALAI Study Days – The Boundaries of Copyright: its proper limitations and exceptions, Sydney 1999, S. 175–203

–, Implementation of the Database Directive into Belgian Law, IIC 2000, 52–62

–, Implementation of the 2001 Copyright Directive in Belgium, IIC 2006, 50–62

Jarass, Hans, EU-Grundrechte, München 2005

Jarass, Hans/Pieroth, Bodo, Grundgesetz, 10. Aufl., München 2009 (zitiert: Jarass/Pieroth-*Bearbeiter*)

Jellinek, Georg, System der subjektiven öffentlichen Rechte, 2. Aufl., Tübingen 1905 (Nachdruck Darmstadt 1963)

Jescheck, Hans-Heinrich/Weigend, Thomas, Lehrbuch des Strafrechts, Allgemeiner Teil, 5. Aufl., Berlin 1996

Joliet, René, Markenrecht und freier Warenverkehr – Abkehr von Hag I, GRURInt 1991, 177–184

Joos, Ulrich, Die Erschöpfungslehre im Urheberrecht, München 1991

Kappes, Florian, Gesetzliche Vergütungsansprüche bei der privaten Nutzung von computergestützten Informationssammlungen, GRUR 1997, 338–349

Karjala, Dennis, The Future of Copyright in the Digital Age, in: Deutsches und internationales Bank- und Wirtschaftsrecht im Wandel – Freundesgabe für Norbert Horn zum 60. Geburtstag, hrsg. von Herrmann/Berger/Wackerbarth, Berlin 1997, S. 470–479

Kilian, Wolfgang/Heussen, Benno (Hrsg.), Computerrechts-Handbuch, München 1990 ff. (Stand: 27. EL Februar 2009, zitiert: Kilian/Heussen-*Bearbeiter*)

Kindermann, M., Vertrieb und Nutzung von Computersoftware aus urheberrechtlicher Sicht, GRUR 1983, 150–161

Kircher, Karl Heinz, Tatbestandsirrtum und Verbotsirrtum im Urheberrecht, Diss. Erlangen 1973

Kirchhof, Paul, Der verfassungsrechtliche Gehalt des geistigen Eigentums, in: Festschrift für Wolfgang Zeidler, Bd. 2, hrsg. von Fürst/Herzog/Umbach, Berlin/New York 1987, S. 1639–1661

Knap, Karel, Schranken des Verfügungsrechts auf dem Gebiet der Immaterialgüterrechte, GRURInt 1983, 347–351

Knies, Bernhard, Kopierschutz für Audio-CDs – Gibt es den Anspruch auf die Privatkopie?, ZUM 2002, 793–797

–, DeCSS – oder: Spiel mir das Lied vom Code, ZUM 2003, 286–292

Knöpfle, Robert, Anmerkung zu BGH, Beschl. v. 06.11. 1984 – KVR 13/83 – Favorit, WuW/E BGH 2108–2112
Koboldt, Christian, Property Rights und Urheberschutz, in: Ott, Claus / Schäfer, Hans-Bernd (Hrsg.), Ökonomische Analyse der rechtlichen Organisation von Innovationen – Beiträge zum IV. Travemünder Symposium zur Ökonomischen Analyse des Rechts (23. – 26. März 1994), Tübingen 1994, S. 69–114
Koch, Manuela, Die Auswirkungen der digitalen Informationstechnologien auf die Schranken des Urheberrechts, Diss. Leipzig 2007
Köcher, Jan / Kaufmann, Noogie, Anmerkung zu BVerfG, Beschluss v. 25. 7. 2005–1 BvR 2182/04, MMR 2005, 753–754
Koehler, Philipp, Der Erschöpfungsgrundsatz des Urheberrechts im Online-Bereich, München 2000
Koelman, Kamiel, The protection of technological measures vs. the copyright limitations, abrufbar unter http://www.ivir.nl/publications/koelman/alaiNY.html
Köhler, Helmut, BGB Allgemeiner Teil, 32. Aufl., München 2008
Köhler, Helmut / Fritzsche, Jörg, Die Herstellung und Überlassung von Software im bürgerlichen Recht, in: Lehmann, Michael (Hrsg.), Rechtsschutz und Verwertung von Computerprogrammen, 2. Aufl., Köln 1993, S. 513–627
Kohler, Josef, Deutsches Patentrecht, Mannheim 1878
–, Das Autorrecht, Jena 1880
–, Das Immaterialgüterrecht und seine Gegner, Buschs Archiv für deutsches Handels- und Wechselrecht 47 (1887), 169–190 = UFITA 123 (1993), 81–97
–, Die Idee des geistigen Eigentums, AcP 82 (1894), 141–242 = UFITA 123 (1993), 99–167
–, Handbuch des Deutschen Patentrechts, Mannheim 1900
–, Lehrbuch des Patentrechts, Leipzig 1908
Kommission der Europäischen Gemeinschaften (Hrsg.), Vierter Bericht über die Wettbewerbspolitik 1974, Brüssel/Luxemburg 1975
König, Michael, Zur Zulässigkeit der Umgehung von Software-Schutzmechanismen, NJW 1995, 3293–3295
Koppe, Christina, Die urheberrechtliche Erschöpfung, Frankfurt a. M. 2004
Kopsch, Julius, Zur Frage der gesetzlichen Lizenz, ArchFunkR 1928, 201–209
Kraßer, Rudolf, Verpflichtung und Verfügung im Immaterialgüterrecht, GRURInt 1973, 230–238
–, Patentrecht, 6. Aufl., München 2009
Kreile, Reinhold, Die Sozialbindung des geistigen Eigentums – Ein Beitrag zur Lehre über die Schranken des Urheberrechts, in: Wege und Verfahren des Verfassungslebens, Festschrift für Peter Lerche zum 65. Geburtstag, hrsg. von Badura, München 1993, S. 251–266
Kreutzer, Till, Napster, Gnutella & Co.: Rechtsfragen zu Filesharing-Netzen aus der Sicht des deutschen Urheberrechts de lege lata und de lege ferenda – Teil 1, GRUR 2001, S. 193–204
–, Schutz technischer Maßnahmen und Durchsetzung von Schrankenbestimmungen bei Computerprogrammen, CR 2006, 804–810
–, Verbraucherschutz bei digitalen Medien (Rechtsgutachten erstellt im Auftrag des Verbraucherzentrale Bundesverbandes e.V.), Berlin 2007 (zitiert: Verbraucherschutz)
Kröger, Detlef, Die Urheberrechtsrichtlinie für die Informationsgesellschaft – Bestandsaufnahme und kritische Bewertung, CR 2001, 316–324

–, Enge Auslegung von Schrankenbestimmungen – wie lange noch? – Zugang zu Informationen in digitalen Netzwerken, MMR 2002, 18–21
–, Informationsfreiheit und Urheberrecht, München 2002 (zitiert: Informationsfreiheit)
Krüger, Christof, Die digitale Privatkopie im „zweiten Korb", GRUR 2004, 204–207
Krüger-Nieland, Gerda, Kopierrecht, UFITA 85 (1979), 99–145
–, Der Urheberrechtsschutz im Spannungsfeld der Eigentumsgarantie der Verfassung, in: Festschrift für Walter Oppenhoff zum 80. Geburtstag, hrsg. von Jagenburg, München 1985, S. 173–192
Kuhlen, Rainer, Erfolgreiches Scheitern – eine Götterdämmerung des Urheberrechts?, Boizenburg 2008, abrufbar unter http://www.inf-wiss.uni-konstanz.de/RK2008_ONLINE
Kuhlenbeck, Ludwig, Das Urheberrecht an Werken der Litteratur und Tonkunst und das Verlagsrecht, Leipzig 1901
Lackner, Karl/Kühl, Kristian, StGB, 26. Aufl., München 2007
Lampe, Ernst-Joachim, Der strafrechtliche Schutz der Geisteswerke (II), UFITA 83 (1978), 15–67
Landes, William/Posner, Richard, An Economic Analysis of Copyright Law, Journal of Legal Studies (JLS) 18 (1989), 325–363
Lang, Thomas, Immaterialgüterrechtliche Lizenzierung und kartellrechtliche Verhaltenskontrolle, Frankfurt a.M. 2009
Langen/Bunte, Kommentar zum deutschen und europäischen Kartellrecht, Bd. 1: Deutsches Kartellrecht, Bd. 2: Europäisches Kartellrecht, 10. Aufl., München 2006 (zitiert: Langen/Bunte-*Bearbeiter*)
Larenz, Karl, in: Beiträge zur europäischen Rechtsgeschichte und zum geltenden Zivilrecht, Festgabe für Johannes Sontis, hrsg. von Baur/Larenz/Wieacker, München 1977, S. 129–148
–, Methodenlehre der Rechtswissenschaft, 6. Aufl., Berlin/Heidelberg/New York 1991
Larenz, Karl/Wolf, Manfred, Allgemeiner Teil des Bürgerlichen Rechts, 9. Aufl., München 2004
Lauber, Anne/Schwipps, Karsten, Das Gesetz zur Regelung des Urheberrechts in der Informationsgesellschaft, GRUR 2004, 293–300
Lehmann, Heinrich, Die Neuordnung der Güterwelt nach ihrem wahren Lebenswert, in: Urheberrechtsreform – ein Gebot der Gerechtigkeit, Berlin 1954, S. 7–14
Lehmann, Michael, Eigentum, geistiges Eigentum, gewerbliche Schutzrechte – Property Rights als Wettbewerbsbeschränkungen zur Förderung des Wettbewerbs, GRURInt 1983, 356–362
–, Die Europäische Richtlinie über den Schutz von Computerprogrammen, in: Lehmann, Michael (Hrsg.), Rechtsschutz und Verwertung von Computerprogrammen, 2. Aufl., Köln 1993, S. 1–29
–, Das neue Software-Vertragsrecht – Verkauf und Lizenzierung von Computerprogrammen, NJW 1993, 1822–1826
–, Das Urhebervertragsrecht der Softwareüberlassung, in: Urhebervertragsrecht, Festgabe für Gerhard Schricker zum 60. Geburtstag, hrsg. von Beier/Götting/Lehmann/Moufang, München 1995, S. 543–569
–, Ausschließlichkeitsrechte, Vergütungsansprüche und zwingende Mindestnutzerrechte in einer digitalen Welt, in: Urheberrecht im Informationszeitalter, Festschrift für Wilhelm Nordemann zum 70. Geburtstag, hrsg. von Loewenheim, München 2004, S. 43–50

Lehment, Henrik, Das Fotografieren von Kunstgegenständen, Göttingen 2008

Leinemann, Felix, Die Sozialbindung des „Geistigen Eigentums“, Baden-Baden 1998

Leipziger Kommentar, Strafgesetzbuch, Bd. 8: §§ 302a bis 335a, 11. Aufl., Berlin 2005 (zitert: LK-*Bearbeiter*)

Leistner, Matthias/Hansen, Gerd, Die Begründung des Urheberrechts im digitalen Zeitalter – Versuch einer Zusammenführung von individualistischen und utilitaristischen Rechtfertigungsbemühungen, GRUR 2008, 479–490

Leistner, Matthias/Klein, Michèle, Anmerkung zu BGH, Urt. v. 6. 7. 2000 – I ZR 244/97 – OEM-Version, MMR 2000, 751–752

Lejeune, Mathias, Mass-Market Licenses, in: Lejeune, Mathias (Hrsg.), Der E-Commerce-Vertrag nach amerikanischem Recht, Köln 2001, S. 161–184

Lenckner, Theodor/Winkelbauer, Wolfgang, Computerkriminalität – Möglichkeiten und Grenzen des 2. WiKG (III), CR 1986, 824–831

Lerche, Peter, Aktuelle Grundfragen der Informationsfreiheit, JURA 1995, 561–566

Lettl, Tobias, Urheberrecht, München 2008

Leval, Pierre, Toward a Fair Use Standard, Harvard Law Review 103 (1990), 1105–1136

Lewinski, Silke von, Der EG-Richtlinienvorschlag zum Urheberrecht und zu verwandten Schutzrechten in der Informationsgesellschaft, GRURInt 1998, 637–642

–, Die Umsetzung der WIPO-Verträge 1996 in deutsches Recht, sic! 2003, 164–172

Liepe, Andreas, Die Vervielfältigung zum privaten Gebrauch im deutschen und US-amerikanischen Urheberrecht unter besonderer Berücksichtigung der privaten Vervielfältigung kopiergeschützter Audio-CDs, Jena 2006

Lindhorst, Hermann, Schutz von und vor technischen Schutzmaßnahmen, Osnabrück 2002

Lindner, Josef Franz, Grundrechtsschutz gegen gemeinschaftsrechtliche Öffnungsklauseln, zugleich ein Beitrag zum Anwendungsbereich der EU-Grundrechte, EuZW 2007, 71–75

–, Grundrechtsschutz im europäischen Mehrebenensystem – eine systematische Einführung, JURA 2008, 401–407

Loewenheim, Ulrich, Urheberrecht und Kartellrecht, UFITA 79 (1979), 175–211

–, Allgemeine Geschäftsbedingungen bei Verträgen über die Überlassung von Standard-Anwendersoftware, in: Wege zum japanischen Recht, Festschrift für Zentaro Kitagawa zum 60. Geburtstag, hrsg. von Leser/Isomura, Berlin 1992, S. 949–969

– (Hrsg.), Handbuch des Urheberrechts, München 2003 (zitiert: Loewenheim-*Bearbeiter*)

Loewenheim, Ulrich/Meessen, Karl/Riesenkampff, Alexander (Hrsg.), Kartellrecht, 2. Aufl., München 2009 (zitiert: Loewenheim/Meessen/Riesenkampff-*Bearbeiter*)

Löffler, Martin, Das Grundrecht der Informationsfreiheit als Schranke des Urheberrechts, NJW 1980, 201–205

Loren, Lydia, Redefining the Market Failure Approach to Fair Use in an Era of Copyright Permission Systems, Journal of Intellectual Property Law 5 (1997), 1, abrufbar unter http://www.lclark.edu/~loren/articles/fairuse.htm

Lucas-Schloetter, Agnès, Das französische Gesetz über Urheberrecht und verwandte Schutzrechte in der Informationsgesellschaft, GRURInt 2007, 658–672

Macchiacchini, Sandro, Urheberrecht und Meinungsfreiheit, Bern 2000

Magen, Albrecht, Lizenzverträge und Kartellrecht, Heidelberg 1963

Mangoldt, Hermann von/Klein, Friedrich/Starck, Christian (Hrsg.), Kommentar zum Grundgesetz, Bd. 1, 5. Aufl., München 2005 (zitiert: von Mangoldt/Klein/Starck-*Bearbeiter*)

Maracke, Catharina, Die Entstehung des Urheberrechtsgesetzes von 1965, Berlin 2003

Marly, Jochen, Softwareüberlassungsverträge, 4. Aufl., München 2004

Martens, Klaus-Peter, Rechtsgeschäft und Drittinteressen, AcP 177 (1977), 113–188

Mayer, Franz, Recht und Cyberspace, NJW 1996, 1782–1791

Mayer-Maly, Theo, Handelsrechtliche Verbotsgesetze, in: Strukturen und Entwicklungen im Handels-, Gesellschafts- und Wirtschaftsrecht, Festschrift für Wolfgang Hefermehl zum 70. Geburtstag, hrsg. von Fischer/Gessler/Schilling/Serick/Ulmer, München 1976, S. 103–112

Mazziotti, Giuseppe, EU Digital Copyright Law and the End-User, Berlin/Heidelberg 2008

McManis, Charles, The Privatization (or „Shrink-Wrapping") of American Copyright Law, California Law Review 87 (1999), 173–190

Mehrings, Josef, Vertragsrechtliche Aspekte der Nutzung von Online- und CD-ROM-Datenbanken, NJW 1993, 3102–3109

Melichar, Ferdinand, Die Wahrnehmung von Urheberrechten durch Verwertungsgesellschaften, München 1983 (zitiert: Wahrnehmung von Urheberrechten)

–, Neue Techniken und ihre Auswirkungen auf urheberrechtliche Vergütungen, ZUM 2003, 1046–1047

Merges, Robert P., The End of Friction? Property Rights and Contract in the „Newtonian" World of Online-Commerce, Berkeley Technology Law Journal (BTLJ) 12 (1997), 115–136

Mes, Peter, Patentgesetz/Gebrauchsmustergesetz, 2. Aufl., München 2005

Mestmäcker, Ernst-Joachim/Schulze, Erich (Hrsg.), Kommentar zum deutschen Urheberrecht, Neuwied u.a. 1962ff.

Mestmäcker, Ernst-Joachim/Schweitzer, Heike, Europäisches Wettbewerbsrecht, 2. Aufl., München 2004

Metzger, Axel, Rechtsgeschäfte über das Urheberpersönlichkeitsrecht nach dem neuen Urhebervertragsrecht unter besonderer Berücksichtigung der französischen Rechtslage, GRURInt 2003, 9–23

–, Zur Zulässigkeit von CPU-Klauseln in Softwarelizenzverträgen, NJW 2003, 1994–1995

–, Besprechung von Christophe Geiger: Droit d'auteur et droit du public à l'information, GRURInt 2006, 171–174

Metzger, Axel/Kreutzer, Till, Richtlinie zum Urheberrecht in der „Informationsgesellschaft" – Privatkopie trotz technischer Schutzmaßnahmen?, MMR 2002, 139–142

–, Stellungnahme zur Umsetzung von Art. 6 Abs. 4 Unterabsatz 4 der Richtlinie 2001/29/EG, abrufbar unter http://www.urheberrecht.org/topic/Info-RiLi/st/ifross/art14.pdf (zitiert: Stellungnahme)

Mitteis, Ludwig, Der Verkauf von Büchern unter dem Ladenpreis durch Warenhäuser, Das Recht 1906, Sp. 533–541

Möhring/Schulze/Ulmer/Zweigert, Quellen des Urheberrechts, hrsg. von Hilty/Katzenberger/E. Schulze/M. Schulze, Neuwied 1961ff. (Stand: 56. EL Juli 2005)

Moritz, Hans-Werner, Softwarelizenzverträge, CR 1993, 257–268 und 341–352

–, Vervielfältigungsstück eines Programms und seine berechtigte Verwendung – § 69d UrhG und die neueste BGH-Rechtsprechung, MMR 2001, 94–97

Müller, Friedrich / Christensen, Ralph, Juristische Methodik, Bd. 1, 9. Aufl., Berlin 2004
Münch, Ingo von / Kunig, Philipp (Hrsg.), Grundgesetz-Kommentar, Bd. 1, 5. Aufl., München 2000 (zitiert: von Münch / Kunig-*Bearbeiter*)
Münchener Kommentar zum Bürgerlichen Gesetzbuch, 5. Aufl., München, Bd. 1/1 (§§ 1–240) 2006, Bd. 2 (§§ 241–432) 2007, Bd. 3 (§§ 433–610) 2008, Bd. 4 (§§ 611–704) 2009, Bd. 6 (§§ 854–1296) 2009 (zitiert: MüKo-*Bearbeiter*)
Münchener Kommentar zum Europäischen und Deutschen Wettbewerbsrecht (Kartellrecht), Bd. 1: Europäisches Wettbewerbsrecht, München 2007 (zitiert: MüKo-WettbR-*Bearbeiter*)
Münchener Kommentar zur Zivilprozessordnung, Bd. 1 (§§ 1–510c), 3. Aufl., München 2008 (zitiert: MüKo-ZPO-*Bearbeiter*)
Niethammer, Alexander, Erschöpfungsgrundsatz und Verbraucherschutz im Urheberrecht, Baden-Baden 2005
Nimmer, David, Copyright Illuminated: Refocusing the Diffuse U.S. Statute (Sammlung mehrerer Beiträge), Alphen 2008
Nimmer, Melvin B. / Nimmer, David, Nimmer on Copyright, New York 1963 ff. (Stand: 74. EL November 2007)
Nimmer, Raymond T., Breaking Barriers: The Relation between Contracts and Intellectual Property Law, Berkeley Technology Law Journal (BTLJ) 13 (1998), 827–889, auch abrufbar unter http://www.law.berkeley.edu/journals/btlj/articles/vol13/Nimmer/html/reader.html
Nolden, Christoph, Das Abstraktionsprinzip im urheberrechtlichen Lizenzverkehr, Göttingen 2005
Nordemann, Jan Bernd, Urhebervertragsrecht und neues Kartellrecht gem. Art. 81 EG und § 1 GWB, GRUR 2007, 203–215
Nordemann, Wilhelm, Nutzungsrechte oder Vergütungsansprüche? Zur Systematik moderner Urheberrechtsordnungen, GRUR 1979, 280–283
–, CPU-Klauseln in Software-Überlassungsverträgen, CR 1996, 5–10
Obergfell, Eva Inés, Digitale Privatkopie und andere Urheberrechtsschranken als Interessenausgleich im Urheberrecht, KUR 2005, 176–180
–, Freier Werkzugang versus Urheberrechtsschutz – Zur Legitimität und Durchsetzung urheberrechtlicher Schranken, in: Halfmeier, Axel u. a. (Hrsg.), Zugang und Ausschluss als Gegenstand des Privatrechts, Jahrbuch Junger Zivilrechtswissenschaftler 2005, Stuttgart 2006, S. 101–121
Oberndörfer, Pascal, Die philosophische Grundlage des Urheberrechts, Baden-Baden 2005
Ohly, Ansgar, Geistiges Eigentum, JZ 2003, 545–554
–, Gibt es einen Numerus clausus der Immaterialgüterrechte?, in: Festschrift für Gerhard Schricker zum 70. Geburtstag, hrsg. von Ohly u. a., München 2005, S. 105–121
Ortland, Eberhard, Urheberrecht und ästhetische Autonomie, Deutsche Zeitschrift für Philosophie (DZPhil) 52 (2004), 773–792
Osterloh, Arn, Inhaltliche Beschränkungen des Nutzungsrechts an Software, GRUR 2009, 311–314
Osterrieth, Albert, Lehrbuch des gewerblichen Rechtsschutzes, Leipzig 1908
Pahud, Eric, Die Sozialbindung des Urheberrechts, Bern 2000 (zitiert: Sozialbindung)
–, Zur Begrenzung des Urheberrechts im Interesse Dritter und der Allgemeinheit, UFITA 2000, 99–137

Palandt, Bürgerliches Gesetzbuch, 68. Aufl., München 2009 (zitiert: Palandt-*Bearbeiter*)

Paulus, Christoph/Zenker, Wolfgang, Grenzen der Privatautonomie, JuS 2001, 1–9

Peifer, Karl-Nikolaus, Wissenschaftsmarkt und Urheberrecht: Schranken, Vertragsrecht, Wettbewerbsrecht, GRUR 2009, 22–28

Peukert, Alexander, Digital Rights Management und Urheberrecht, UFITA 2002, 689–713

–, USA: Ende der Expansion des Copyright?, GRURInt 2002, 1012–1021

–, Der Schutzbereich des Urheberrechts und das Werk als öffentliches Gut – Insbesondere: Die urheberrechtliche Relevanz des privaten Werkgenusses, in: Hilty, Reto/Peukert, Alexander (Hrsg.), Interessenausgleich im Urheberrecht, Baden-Baden 2004, S. 11–46

–, DRM: Ende der kollektiven Vergütung?, sic! 2004, 749–757

Pichlmaier, Tobias, Abschied von der Privatkopie? Von der Zukunft einer Institution, CR 2003, 910–914

Pieroth, Bodo/Schlink, Bernhard, Grundrechte Staatsrecht II, 24. Aufl., Heidelberg 2008

Pietzcker, Jost, Die Rechtsfigur des Grundrechtsverzichts, Der Staat 17 (1978), 527–551

Platho, Rolf, Die Parodie: Eine „freie Bearbeitung" nach § 23 UrhG, GRUR 1992, 360–365

Pleister, Christian/Ruttig, Markus, Neues Urheberrecht – neuer Kopierschutz – Anwendungsbereich und Durchsetzbarkeit des § 95a UrhG, MMR 2003, 763–767

Poeppel, Jan, Die Neuordnung der urheberrechtlichen Schranken im digitalen Umfeld, Göttingen 2005

Poll, Günter, „TV-Total" – Alles Mattscheibe, oder was? – Zum Verhältnis von freier Benutzung (§ 24 UrhG) und Zitatrecht (§ 51 UrhG) zu Art. 5 GG, ZUM 2004, 511–522

Poll, Günter/Braun, Thorsten, Privatkopien ohne Ende oder Ende der Privatkopie?, ZUM 2004, 266–279

Polley, Romina, Verwendungsbeschränkungen in Softwareüberlassungsverträgen, CR 1999, 345–354

Polley, Romina/Seeliger, Daniela, Anwendung der neuen Gruppenfreistellungsverordnung für Vertikalverträge Nr. 2790/1999 auf Softwareverträge, CR 2001, 1–9

Posner, Richard, When is Parody Fair Use?, Journal of Legal Studies (JLS) 21 (1992), 67–78

Pres, Andreas, Gestaltungsformen urheberrechtlicher Softwarelizenzverträge, Köln 1994

Pütter, Johann Stephan, Der Büchernachdruck nach ächten Grundsätzen des Rechts, Göttingen 1774 (Nachdruck München 1981)

Radke, Wolfram, Bedingungsrecht und Typenzwang – Eine Untersuchung zu Grundlagen und Grenzen privatautonomer Gestaltung, Berlin 2001

Raiser, Ludwig, Der Stand der Lehre vom subjektiven Recht im Deutschen Zivilrecht, JZ 1961, 465–473

Raubenheimer, Andreas, Beseitigung/Umgehung eines technischen Programmschutzes nach UrhG und UWG, CR 1996, 69–79

–, Anmerkung zu OLG Karlsruhe, Urt. v. 10. 1. 1996–6 U 40/59 – Dongle, CR 1996, 342–343

Raue, Peter, Zum Dogma von der restriktiven Auslegung der Schrankenbestimmungen des Urheberrechtsgesetzes, in: Urheberrecht im Informationszeitalter, Festschrift für Wilhelm Nordemann zum 70. Geburtstag, hrsg. von Loewenheim, München 2004, S. 327–339
Rehbinder, Manfred, Wem steht der neue Vergütungsanspruch gegen den Schulbuchverleger zu?, UFITA 71 (1974), 53–63
–, „Ewiges Copyright" für Aufführungsmaterial?, in: Festschrift für Georg Roeber zum 10. Dezember 1981, hrsg. von Herschel/Hubmann/Rehbinder, Freiburg/Br. 1982, S. 321–328
–, Urheberrecht, 15. Aufl., München 2008 (zitiert: UrhR)
Rehse, Mario, Zulässigkeit und Grenzen ungeschriebener Schranken des Urheberrechts, Hamburg 2008
Reichsgerichtsrätekommentar, Das Bürgerliche Gesetzbuch, Kommentar, hrsg. von Mitgliedern des Bundesgerichtshofs, 12. Aufl., Berlin/New York, Bd. I 1982, Bd. II/1 1976 (zitiert: RGRK-*Bearbeiter*)
Reimer, Eduard, Der Erschöpfungsgrundsatz im Urheberrecht und gewerblichen Rechtsschutz unter Berücksichtigung der Rechtsprechung des Europäischen Gerichtshofs, GRURInt 1972, 221–234
Reinbothe, Jörg, Die EG-Richtlinie zum Urheberrecht in der Informationsgesellschaft, GRURInt 2001, 733–745
Richartz, Willy, Forderungen an das neue Musik-Urheberrecht, in: Urheberrechtsreform – ein Gebot der Gerechtigkeit, Berlin 1954, S. 39–69
Richter, Rudolf/Furubotn, Eirik, Neue Institutionenökonomik, 3. Aufl., Tübingen 2003
Rieber-Mohn, Thomas, Harmonising Anti-Circumvention Protection with Copyright Law: The Evolution from WCT to the Norwegian Anti-Circumvention Provisions, IIC 2006, 182–195
Riezler, Erwin, Deutsches Urheber- und Erfinderrecht, München/Berlin 1909
Rigamonti, Cyrill, Schutz gegen Umgehung technischer Maßnahmen im Urheberrecht aus internationaler und rechtsvergleichender Perspektive, GRURInt 2005, 1–14
Robbers, Gerhard, Der Grundrechtsverzicht – Zum Grundsatz „volenti non fit iniuria" im Verfassungsrecht, JuS 1985, 925–931
Roeber, Georg, Urheberrecht oder Geistiges Eigentum, UFITA 21 (1956), 150–196
Roellecke, Gerd, Kopierabgabe? Kritik einer Kritik, UFITA 85 (1979), 147–164
Rosén, Jan, Urheberrecht und verwandte Schutzrechte in der Informationsgesellschaft Zur Umsetzung der EG-Richtlinie 2001/29/EG in den nordischen Ländern, GRURInt 2002, 195–206
Rossbach, Claudia, Die Vergütungsansprüche im deutschen Urheberrecht – Praktische Wahrnehmung, Rechtsverkehr und Dogmatik, Baden-Baden 1990
Rott, Peter, Die Privatkopie aus der Perspektive des Verbraucherrechts, in: Hilty, Reto/Peukert, Alexander (Hrsg.), Interessenausgleich im Urheberrecht, Baden-Baden 2004, S. 267–287
Roxin, Claus, Strafrecht Allgemeiner Teil, Bd. I, 4. Aufl., München 2006
Runge, Kurt, Urheber- und Verlagsrecht, Bonn/Hannover/Stuttgart 1953
Sachs, Michael (Hrsg.), Grundgesetz, 5. Aufl., München 2009
Sack, Rolf, Die Erschöpfung von gewerblichen Schutzrechten und Urheberrechten nach deutschem Recht, WRP 1999, 1088–1115

–, Zur Vereinbarkeit wettbewerbsbeschränkender Abreden in Lizenz- und Know-how-Verträgen mit europäischem und deutschem Kartellrecht, WRP 1999, 592–616

Samson, Benvenuto, Das neue Urheberrecht, Baden-Baden 1966

Samuelson, Pamela, Economic and Constitutional Influences on Copyright Law in the United States, EIPR 2001, 409–422

Schack, Haimo, Der Vergütungsanspruch der in- und ausländischen Filmhersteller aus § 54 I UrhG (Rechtsgutachten), ZUM 1989, 267–285

–, Besprechung von Davies, Gillian: Copyright and the Public Interest, UFITA 128 (1995), 293–296

–, Neue Techniken und geistiges Eigentum, JZ 1998, 753–763

–, Urheberrecht, in: 50 Jahre Bundesgerichtshof, Festgabe aus der Wissenschaft, hrsg. von Canaris u. a., Bd. 2, München 2000, S. 677–696

–, Europäisches Urheberrecht im Werden, ZEuP 2000, 799–819

–, Neuregelung des Urhebervertragsrechts, ZUM 2001, 453–466

–, Private Vervielfältigung von einer rechtswidrigen Vorlage?, in: Festschrift für Willi Erdmann zum 65. Geburtstag, hrsg. von Ahrens u. a., Köln/Berlin/Bonn/München 2002, S. 165–172

–, Schutz digitaler Werke vor privater Vervielfältigung – zu den Auswirkungen der Digitalisierung auf § 53 UrhG, ZUM 2002, 497–511

–, Anti-Circumvention Measures and Restrictions in Licensing Contracts as Instruments for Preventing Competition and Fair Use, Journal of Law, Technology & Policy (JLTP) 2002, 321–332

–, Dürfen öffentliche Einrichtungen elektronische Archive anlegen? Zur geplanten Neufassung des § 53 Abs. 2 UrhG im Lichte des Drei-Stufen-Tests, AfP 2003, 1–8

–, Besprechung von Guibault, Lucie: Copyright Limitations and Contracts: An Analysis of the Contractual Overridability of Limitations on Copyright, UFITA 2004, 551–556

–, Urheberrechtliche Schranken, übergesetzlicher Notstand und verfassungskonforme Auslegung, in: Festschrift für Gerhard Schricker zum 70. Geburtstag, hrsg. von Ohly u. a., München 2005, S. 511–521

–, Fotografieren fremder Sachen – Anmerkung zu Cour de cassation – Assemblée plénière, Urt. v. 07. 05. 2004, ZEuP 2006, 149–157

–, Rechtsprobleme der Online-Übermittlung, GRUR 2007, 639–645

–, Urheber- und Urhebervertragsrecht, 4. Aufl., Tübingen 2007 (zitiert: UrhR)

–, BGB Allgemeiner Teil, 12. Aufl., Heidelberg 2008 (zitiert: AT)

–, Zur Rechtfertigung des Urheberrechts als Ausschließlichkeitsrecht, in: Das Recht und seine historischen Grundlagen, Festschrift für Elmar Wadle zum 70. Geburtstag, hrsg. von Chiusi / Gergen / Jung, Berlin 2008, S. 1005–1024

–, Besprechung von Torremans, Paul (ed.): Copyright Law, UFITA 2009, 201–205

–, Kunst und Recht, 2. Aufl., Tübingen 2009

Schäfer, Carsten, Vertragsschluss unter Einbeziehung von Allgemeinen Geschäftsbedingungen gegenüber Fremdmuttersprachlern, JZ 2003, 879–883

Schäfer, Hans-Bernd / Ott, Claus, Lehrbuch der ökonomischen Analyse des Zivilrechts, 4. Aufl., Berlin/Heidelberg/New York 2005

Schenk, Heike, Die digitale Privatkopie, Berlin 2006

Schiefler, Kurt, Veröffentlichung und Erscheinen nach dem neuen Urheberrechtsgesetz, UFITA 48 (1966), 81–102

Schlingloff, Jochen, „Fotografieren verboten!" – Zivilrechtliche Probleme bei der Herstellung und Reproduktion von Lichtbildern ausgestellter Kunstwerke, AfP 2002, 112–116

Schlosser, Peter, Einverständliches Parteihandeln im Zivilprozess, Tübingen 1968

Schmid, Matthias / Wirth, Thomas / Seifert, Fedor, Urheberrechtsgesetz, Handkommentar, 2. Aufl., Baden-Baden 2009

Schmidt, Christian, Die zwei Paradoxien des geistigen Eigentums, Deutsche Zeitschrift für Philosophie (DZPhil) 52 (2004), 755–772

Schmidt, Harry, Die Kontrolle Allgemeiner Geschäftsbedingungen in Programmüberlassungsverträgen, in: Lehmann, Michael (Hrsg.), Rechtsschutz und Verwertung von Computerprogrammen, 2. Aufl., Köln 1993, S. 701–774

Schmidt, Jürgen, Aktionsberechtigung und Vermögensberechtigung, Köln/Berlin/Bonn/München 1969 (zitiert: Aktionsberechtigung)

Schmieder, Hans-Heinrich, Freiheit der Kunst und freie Benutzung urheberrechtlich geschützter Werke, UFITA 93 (1982), 63–71

Schneider, Doris Annette, Vertragsschluss bei Schutzhüllenverträgen, CR 1996, 657–663

Scholz, Matthias / Haines, Alexander, Hardwarebezogene Verwendungsbeschränkungen in Standardverträgen zur Überlassung von Software – Eine Betrachtung von CPU- und Upgradeklauseln, CR 2003, 393–399

Scholz, Matthias / Wagener, Dominique, Kartellrechtliche Bewertung hardwarebezogener Verwendungsbeschränkungen in Software-Überlassungsverträgen – Eine Betrachtung von CPU-und Upgradeklauseln, CR 2003, 880–889

Schönke / Schröder, Strafgesetzbuch, 27. Aufl., München 2006 (zitiert: Schönke / Schröder-*Bearbeiter*)

Schricker, Gerhard (Hrsg.), Urheberrecht auf dem Weg zur Informationsgesellschaft, Baden-Baden 1997

–, Verlagsrecht, 3. Aufl., München 2001

–, Anmerkung zu BGH, Urt. v. 20. 3. 2003 – I ZR 117/00 – Gies-Adler, JZ 2004, 311–312

– (Hrsg.), Urheberrecht, 2. Aufl., München 1999; 3. Aufl., München 2006 (zitiert: Schricker-*Bearbeiter*)

Schröter, Helmuth / Jakob, Thinam / Mederer, Wolfgang (Hrsg.), Kommentar zum Europäischen Wettbewerbsrecht, Baden-Baden 2003 (zitiert: Schröter / Jakob / Mederer-*Bearbeiter*)

Schütze, Rolf / Weipert, Lutz, Münchener Vertragshandbuch, Bd. 3: Wirtschaftsrecht II, 5. Aufl., München 2004 (zitiert: Schütze / Weipert-*Bearbeiter*)

Schuhmacher, Dirk, Wirksamkeit von typischen Klauseln in Softwareüberlassungsverträgen , CR 2000, 641–651

Schultz, Alexander, Das Verhältnis von Gemeinschaftsgrundrechten und Grundfreiheiten des EGV, Berlin 2005

Schulz, Carsten, Dezentrale Softwareentwicklungs- und Softwarevermarktungskonzepte, Köln/Berlin/München 2005

Schulz, Daniela, Der Bedeutungswandel des Urheberrechts durch Digital Rights Management – Paradigmenwechsel im deutschen Urheberrecht?, GRUR 2006, 470–477

Schulze, Gernot, Wann beginnt eine urheberrechtlich relevante Nutzung?, ZUM 2000, 126–136

Schweikart, Philipp, Zum Verbraucherschutz im Urheberrecht, UFITA 2005, 7–18

Schwerzmann, Jacqueline, Kartellrechtlicher Schutz vor technischen Schutzmaßnahmen?, sic! 2004, 148–156
Seith, Sebastian, Wie kommt der Urheber zu seinem Recht? – Zu den verfassungsrechtlichen Rahmenbedingungen staatlicher Politik zum Schutz des Urheberrechts im digitalen Zeitalter, Heidelberg 2003
Senftleben, Martin, Grundprobleme des urheberrechtlichen Dreistufentests, GRURInt 2004, 200–211
Sickinger, Mirko, Vertrieb von Standardsoftware, Köln 1993
Smith, Adam, An Inquiry into the Nature and Causes of the Wealth of Nations, hrsg. von Campbell/Skinner/Todd, Bd. 1, Oxford 1976
Söder, Stefan, Schutzhüllenvertrag und Shrink-Wrap-License, München 2006
Soehring, Jörg, Presserecht, 3. Aufl., Stuttgart 2000
Soergel, Bürgerliches Gesetzbuch, Bd. 2 (§§ 104–240), 13. Aufl., Stuttgart/Berlin/Köln/Mainz 1999, Bd. 3 (§§ 433–515, AGBG), 12. Aufl., Stuttgart/Berlin/Köln 1991, Bd. 4/1 (§§ 516–651), 12. Aufl., Stuttgart/Berlin/Köln 1998, Bd. 12 (§§ 823–853), 13. Aufl., Stuttgart 2005 (zitiert: Soergel-*Bearbeiter*)
Söllner, Alfred, Zum verfassungsrechtlichen Schutz geistigen Eigentums, in: Festschrift für Fritz Traub zum 65. Geburtstag, hrsg. von Loewenheim/Raiser, Frankfurt a. M. 1994, S. 367–374
Spieker, Oliver, Bestehen zivilrechtliche Ansprüche bei Umgehung von Kopierschutz und beim Anbieten von Erzeugnissen zu dessen Umgehung?, GRUR 2004, 475–482
Spindler, Gerald, Europäisches Urheberrecht in der Informationsgesellschaft, GRUR 2002, 105–120
–, Pressefreiheit im Internet und (Störer-)Haftung für Hyperlinks – Anmerkung zu OLG München, GRUR-RR 2005, 372, GRUR 2005, 369–371
–, Reform des Urheberrechts im „Zweiten Korb", NJW 2008, 9–16
Spindler, Gerald/Apel, Katharina, Urheber- versus Kartellrecht – Auf dem Weg zur Zwangslizenz?, JZ 2005, 133–138
Spoor, Jaap, General Aspects of Exceptions and Limitations to Copyright: General Report, in: Baulch, Libby/ Green, Michael/ Wyburn, Mary (Hrsg.), ALAI Study Days – The Boundaries of Copyright: its proper limitations and exceptions, Sydney 1999, S. 27–41
Staedel, E., Handel mit patentierten Gegenständen unter Verletzung von Lizenzbedingungen, Das Recht 1906, Sp. 678–680
Staudinger, J. von Staudingers Kommentar zum Bürgerlichen Gesetzbuch, Berlin, §§ 90–133 Bearbeitung 2004, §§ 134–163 Neubearbeitung 2003, §§ 164–240 Neubearbeitung 2004, §§ 241–243 Neubearbeitung 2005, §§ 249–254 Neubearbeitung 2005, §§ 616–630 Neubearbeitung 2002, §§ 823–825 13. Bearbeitung 1999, §§ 854–882 Neubearbeitung 2007 (zitiert: Staudinger-*Bearbeiter* [Jahr])
Steinvorth, Ulrich, Natürliche Eigentumsrechte, Gemeineigentum und geistiges Eigentum, Deutsche Zeitschrift für Philosophie (DZPhil) 52 (2004), 717–738
Stelkens, Paul/Bonk, Heinz Joachim/Sachs, Michael, Verwaltungsverfahrensgesetz, 7. Aufl., München 2008 (zitiert: Stelkens/Bonk/Sachs-*Bearbeiter*)
Stephanblome, Markus, Die Einordnung des subjektiven Urheberrechts in das System der bürgerlichen Rechte, Hamburg 2008
Stern, Klaus, Das Staatsrecht der Bundesrepublik Deutschland, Bd. III/2, München 1994

Stickelbrock, Barbara, Die Zukunft der Privatkopie im digitalen Zeitalter, GRUR 2004, 736–743
Stieper, Malte, Das Herstellenlassen von Privatkopien durch einen anderen, ZUM 2004, 911–916
–, Das Verhältnis von Immaterialgüterrechtsschutz und Nachahmungsschutz nach neuem UWG, WRP 2006, 291–302
Stoffels, Markus, AGB-Recht, München 2003
Stöhr, Monika, Gesetzliche Vergütungsansprüche im Urheberrecht, Baden-Baden 2007
Strowel, Alain, La Loi du 31 août 1998 concernant la Protection des Bases de Données, Journal des Tribunaux 1999, 297–304
Sturm, Gerd, Probleme eines Verzichts auf Grundrechte, in: Menschenwürde und freiheitliche Rechtsordnung, Festschrift für Willig Geiger zum 65. Geburtstag, hrsg. von Leibholz/Faller/Mikat/Reis, Tübingen 1974, S. 173–198
Teubner, Ernst/Künzel, Thomas, Prozessverträge – Zulässigkeit, Abschluss und Wirkungen, MDR 1988, 720–726
Thomas, Heinz/Putzo, Hans, Zivilprozessordnung, 29. Aufl., München 2008 (zitiert: Thomas/Putzo-*Bearbeiter*)
Trayer, Martin, Technische Schutzmaßnahmen und elektronische Rechtewahrnehmungssysteme – Die Umsetzung von Art. 6 und 7 der EU-Urheberrechtsrichtlinie in deutsches Recht und der Schutz des Nutzers urheberrechtlicher Werke, Baden-Baden 2003
Ulbricht, Johannes, Tücken im Schutz für Kopierschutz – Gibt es einen Wertungswiderspruch zwischen § 95a UrhG und dem materiellen Urheberrecht?, CR 2004, 674–679
Ullrich, Jan Nicolaus, Clash of Copyrights – Optionale Schranke und zwingender finanzieller Ausgleich im Fall der Privatkopie nach Art. 5 Abs. 2 lit. b) Richtlinie 2001/29/EG und Dreistufentest, GRURInt 2009, 283–292
Ulmer, Eugen, Urheber- und Verlagsrecht, 3. Aufl., Berlin u. a. 1980
Ulmer/Brandner/Hensen, AGB-Recht, Kommentar zu den §§ 305–310 BGB und zum Unterlassungsklagengesetz, 10. Aufl., Köln 2006 (zitiert: Ulmer/Brandner/Hensen-*Bearbeiter*)
Ulmer-Eilfort, Constanze, Zur Zukunft der Vervielfältigungsfreiheit nach § 53 UrhG im digitalen Zeitalter, in: Festschrift für Wilhelm Nordemann, hrsg. von Zollner/Fitzner, Baden-Baden 1999, S. 285–294
Ulrici, Bernhard, Verbotsgesetz und zwingendes Recht, JuS 2005, 1073–1076
Ungern-Sternberg, Joachim von, Erschöpfung des Verbreitungsrechts und Vermietung von Videokassetten, GRUR 1984, 262–267
Viegener, Uta, Die unterschiedliche Bewertung der Umgehung von Kopierschutzmaßnahmen in ausgesuchten nationalen Rechtsordnungen, UFITA 2006, 479–509
Vinje, Thomas, Softwarelizenzen im Lichte von Art. 85 des EWG-Vertrages, CR 1993, 401–408
–, Copyright Imperilled?, EIPR 1999, 192–207
Wagner, Axel-Michael, Quo vadis, Urheberrecht? – Überlegungen zur Bedeutung des Urheberrechts in der Informationsindustriegesellschaft und zum anstehenden „Korb II", ZUM 2004, 723–733
Wagner, Gerhard, Prozessverträge – Privatautonomie im Verfahrensrecht, Tübingen 1998
Walter, Michel (Hrsg.), Europäisches Urheberrecht, Kommentar, Wien/New York 2001 (zitiert: Walter-*Bearbeiter*)

Wand, Peter, Technische Schutzmaßnahmen und Urheberrecht – Vergleich des internationalen, europäischen, deutschen und US-amerikanischen Rechts, München 2001

Wandtke, Artur, Copyright und virtueller Markt in der Informationsgesellschaft – oder das Verschwinden des Urhebers im Nebel der Postmoderne?, GRUR 2002, 1–11

Wandtke, Artur-Axel/Bullinger, Winfried (Hrsg.), Praxiskommentar zum Urheberrecht, 3. Aufl., München 2009 (zitiert: Wandtke/Bullinger-*Bearbeiter*)

Weber, Ulrich, Der strafrechtliche Schutz des Urheberrechts, Tübingen 1976

Westermann, Harry, Sachenrecht, 7. Aufl., Heidelberg 1998 (zitiert: Westermann-*Bearbeiter*)

Weyers, Jürgen, Die Wirksamkeit von Schutzhüllenverträgen bei Standardsoftware in Deutschland und USA, Diss. Köln 2000

Wiechmann, Peter, Urheber- und gewährleistungsrechtliche Probleme der Kopiersperre bei digitalen Audio-Kassetten-Recordern, ZUM 1989, 111–122

Wiedemann, Herbert (Hrsg.), Tarifvertragsgesetz, 6. Aufl., München 1999 (zitiert: Wiedemann-*Bearbeiter*)

Wielsch, Dan, Zugangsregeln – Die Rechtsverfassung der Wissensteilung, Tübingen 2008

Windisch, Ernst, Gewerblicher Rechtsschutz und Urheberrecht im zwischenstaatlichen Bereich, Berlin 1969 (zitiert: Gewerblicher Rechtsschutz)

–, Gemeinsamer Markt und Schutzrechtsverbrauch, UFITA 66 (1973), 75–93

Windsheimer, Hans, Die Information als Interpretationsgrundlage für die subjektiven öffentlichen Rechte des Art. 5 Abs. 1 GG, Berlin 1968

Wirtz, Markus/Holzhäuser, Michael, Die kartellrechtliche Zwangslizenz, WRP 2004, 683–694

Witte, Andreas, Anmerkung zu KG, Urt. v. 27.02. 1996–5 U 8281/95, CR 1996, 533–535

Wolf, Christoph, Vertikale Kontrolle durch Immaterialgüterrechte, Baden-Baden 2009

Wolf, Manfred/Lindacher, Walter/Pfeiffer, Thomas (Hrsg.), AGB-Recht, 5. Aufl., München 2009 (zitiert: Wolf/Lindacher/Pfeiffer-*Bearbeiter*)

Wolf, Manfred/Wellenhofer, Marina, Sachenrecht, 24. Aufl., München 2008

Wolff, Hans/Bachof, Otto/Stober, Rolf, Verwaltungsrecht, Bd. 2, 6. Aufl., München 2000, Bd. 3, 5. Aufl., München 2004 (zitiert: *Wolff/Bachof/Stober/Bearbeiter*)

Xalabarder, Raquel, On-line teaching and copyright: any hopes for an EU harmonized playground?, in: Torremans, Paul (Hrsg.), Copyright Law – A Handbook of Contemporary Research, Cheltenham 2007, S. 373–401

Zander, Jürgen/Thilo, Ralf Michael/Graf, Klaus/Gödan, Jürgen Christoph, Rechtsprobleme bei der Benutzung von Handschriftenbibliotheken – Weitergeführte Überlegungen zur rechtlichen Zulässigkeit besonderer Benutzungsbedingungen, Bibliotheksdienst 29 (1995), 296–322

Zippelius, Reinhold, Rechtsphilosophie, 5. Aufl., München 2007

–, Juristische Methodenlehre, 10. Aufl., München 2006

Zöller, Zivilprozessordnung, 27. Aufl., Köln 2009 (zitiert: Zöller-*Bearbeiter*)

Alle in der Arbeit angegebenen Internetquellen wurden zuletzt aufgerufen am 3.7. 2009.

Im Text abgekürzt zitierte internationale Rechtsakte

Australien: Act No. 63 of 1968, An Act relating to copyright and the protection of certain performances, and for other purposes, abrufbar unter http://scaleplus.law.gov.au/html/pasteact/0/244/pdf/Copyright1968.pdf (Copyright Act 1968)

Belgien: Loi du 30 juin 1994 relative au droit d'auteur et aux droits voisins (LDA)
Loi du 30 juin 1994 transposant en droit belge la directive européenne du 14 mai 1991 concernant la protection juridique des programmes d'ordinateur (LPO)

Frankreich: Code de la propriété intellectuelle, abrufbar unter http://www.legifrance.gouv.fr (CPI)

Irland: Copyright and Related Rights Act, 2000 (No. 28 of 2000), abrufbar unter http://www.irishstatutebook.ie/2000/en/act/pub/0028 (CRRA)

Norwegen: Lov om opphavsrett til åndsverk m.v. (åndsverkloven), LOV-1961–05–12–2; abrufbar unter http://www.lovdata.no/all/nl-19610512–002.html (LOA)

Österreich: Bundesgesetz über das Urheberrecht an Werken der Literatur und der Kunst und über verwandte Schutzrechte vom 9. April 1936, öBGBl. Nr. 111/1936, abrufbar unter http://www.ris.bka.gv.at (öUrhG)

Schweiz: Bundesgesetz vom 9. Oktober 1992 über das Urheberrecht und verwandte Schutzrechte (Urheberrechtsgesetz); abrufbar unter http://www.admin.ch/ch/d/sr/c231_1.html (URG).

USA: Copyright Act of 1976, An Act for the general revision of the Copyright Law, title 17 of the United States Code, abrufbar unter http://www.copyright.gov/title17 (CA)

Vereinigtes Königreich: Copyright, Designs and Patents Act, 1988 c. 48, abrufbar unter http://www.statutelaw.gov.uk/content.aspx?activeTextDocId=2250249 (CDPA)

Europäische Rechtsakte

Richtlinie 91/250/EWG des Rates vom 14. Mai 1991 über den Rechtsschutz von Computerprogrammen, ABl. EG 1991 Nr. L 122/42 (Computerprogramm-RL)

Richtlinie 93/13/EWG des Rates vom 5. April 1993 über missbräuchliche Klauseln in Verbraucherverträgen, ABl. EG 1993 Nr. L 95/29 (Klausel-RL)

Richtlinie 96/9/EG des Europäischen Parlaments und des Rates vom 11. März 1996 über den rechtlichen Schutz von Datenbanken, ABl. EG 1996 Nr. L 77/20 (Datenbank-RL)

Richtlinie 2001/29/EG des Europäischen Parlaments und des Rates vom 22. Mai 2001 zur Harmonisierung bestimmter Aspekte des Urheberrechts und der verwandten Schutzrechte in der Informationsgesellschaft, ABl. EG 2001 Nr. L 167/10 (Info-RL)

Richtlinie 2004/48/EG des Europäischen Parlaments und des Rates vom 29. April 2004 zur Durchsetzung der Rechte des geistigen Eigentums, ABl. EG 2004 Nr. L 195/16 (Durchsetzungs-RL)

Sachregister

Jus Privatum

Beiträge zum Privatrecht – Alphabetische Übersicht

Ackermann, Thomas: Der Schutz des negativen Interesses. 2007. *Band 122.*
Adolphsen, Jens: Internationale Dopingstrafen. 2003. *Band 78.*
Assmann, Dorothea: Die Vormerkung (§ 883 BGB). 1998. *Band 29.*
Bachmann, Gregor: Private Ordnung. 2006. *Band 112.*
Barnert, Thomas: Die Gesellschafterklage im dualistischen System des Gesellschaftsrechts. 2003. *Band 82.*
Bayer, Walter: Der Vertrag zugunsten Dritter. 1995. *Band 11.*
Beater, Axel: Nachahmen im Wettbewerb. 1995. *Band 10.*
Beckmann, Roland Michael: Nichtigkeit und Personenschutz. 1998. *Band 34.*
Benecke, Martina: Gesetzesumgehung im Zivilrecht. 2004. *Band 94.*
Berger, Christian: Rechtsgeschäftliche Verfügungsbeschränkungen. 1998. *Band 25.*
Berger, Klaus: Der Aufrechnungsvertrag. 1996. *Band 20.*
Bitter, Georg: Rechtsträgerschaft für fremde Rechnung. 2006. *Band 107.*
Bittner, Claudia: Europäisches und internationales Betriebsrentenrecht. 2000. *Band 46.*
Bodewig, Theo: Der Rückruf fehlerhafter Produkte. 1999. *Band 36.*
Braun, Johann: Grundfragen der Abänderungsklage. 1994. *Band 4.*
Brors, Christiane: Die Abschaffung der Fürsorgepflicht. 2002. *Band 67.*
Bruns, Alexander: Haftungsbeschränkung und Mindesthaftung. 2003. *Band 74.*
Buchner, Benedikt: Informationelle Selbstbestimmung im Privatrecht. 2006. *Band 114*
Busche, Jan: Privatautonomie und Kontrahierungszwang. 1999. *Band 40.*
Calliess, Gralf-Peter: Grenzüberschreitende Verbraucherverträge. 2006. *Band 103.*
Casper, Matthias: Der Optionsvertrag. 2005. *Band 98.*
Dauner-Lieb, Barbara: Unternehmen in Sondervermögen. 1998. *Band 35.*
Dethloff, Nina: Europäisierung des Wettbewerbsrechts. 2001. *Band 54.*
Dreier, Thomas: Kompensation und Prävention. 2002. *Band 71.*
Drexl, Josef: Die wirtschaftliche Selbstbestimmung des Verbrauchers. 1998. *Band 31.*
Eberl-Borges, Christina: Die Erbauseinandersetzung. 2000. *Band 45.*
Ebert, Ina: Pönale Elemente im deutschen Privatrecht. 2004. *Band 86.*
Einsele, Dorothee: Wertpapierrecht als Schuldrecht. 1995. *Band 8.*
Ekkenga, Jens: Anlegerschutz, Rechnungslegung und Kapitalmarkt. 1998. *Band 30.*
Ellger, Reinhard: Bereicherung durch Eingriff. 2002. *Band 63.*
Escher-Weingart, Christina: Reform durch Deregulierung im Kapitalgesellschaftsrecht. 2001. *Band 49.*
Fischer, Christian: Topoi verdeckter Rechtsfortbildungen im Zivilrecht. 2007. *Band 123.*
Füller, Jens T.: Eigenständiges Sachenrecht. 2006. *Band 104.*
Gebauer, Martin: Hypothetische Kausalität und Haftungsgrund. 2007. *Band 127.*
Geibel, Stefan J.: Treuhandrecht als Gesellschaftsrecht. 2008. *Band 132.*
Giesen, Richard: Tarifvertragliche Rechtsgestaltung für den Betrieb. 2002. *Band 64.*
Gödicke, Patrick: Formularerklärungen in der Medizin. 2008. *Band 135.*
Götting, Horst-Peter: Persönlichkeitsrechte als Vermögensrechte. 1995. *Band 7.*
Gruber, Urs Peter: Methoden des internationalen Einheitsrechts. 2004. *Band 87.*

Gsell, Beate: Substanzverletzung und Herstellung. 2003. *Band 80.*
Haar, Brigitte: Die Personengesellschaft im Konzern. 2006. *Band 113.*
Habersack, Mathias: Die Mitgliedschaft – subjektives und ‚sonstiges' Recht. 1996. *Band 17.*
Haedicke, Maximilian: Rechtskauf und Rechtsmängelhaftung. 2003. *Band 77.*
Haertlein, Lutz: Exekutionsintervention und Haftung. 2008. *Band 131.*
Hanau, Hans: Der Grundsatz der Verhältnismäßigkeit als Schranke privater Gestaltungsmacht. 2004. *Band 89.*
Hassemer, Michael: Heteronomie und Relativität in Schuldverhältnissen. 2006. *Band 118.*
Hau, Wolfgang: Vertragsanpassung und Anpassungsvertrag. 2003. *Band 83.*
Heermann, Peter W.: Drittfinanzierte Erwerbsgeschäfte. 1998. *Band 24.*
Heinemann, Andreas: Immaterialgüterschutz in der Wettbewerbsordnung. 2002. *Band 65.*
Heinrich, Christian: Formale Freiheit und materielle Gerechtigkeit. 2000. *Band 47.*
Helms, Tobias: Gewinnherausgabe als haftungsrechtliches Problem. 2007. *Band 129.*
Henssler, Martin: Risiko als Vertragsgegenstand. 1994. *Band 6.*
Hergenröder, Curt Wolfgang: Zivilprozessuale Grundlagen richterlicher Rechtsfortbildung. 1995. *Band 12.*
Hess, Burkhard: Intertemporales Privatrecht. 1998. *Band 26.*
Hofer, Sibylle: Freiheit ohne Grenzen. 2001. *Band 53.*
Huber, Peter: Irrtumsanfechtung und Sachmängelhaftung. 2001. *Band 58.*
Jacobs, Matthias: Der Gegenstand des Feststellungsverfahrens. 2005. *Band 97.*
Jacoby, Florian: Das private Amt. 2007. *Band 117.*
Jakob, Dominique: Schutz der Stiftung. 2006. *Band 111.*
Jänich, Volker: Geistiges Eigentum – eine Komplementärerscheinung zum Sacheigentum? 2002. *Band 66.*
Jansen, Nils: Die Struktur des Haftungsrechts. 2003. *Band 76.*
Jung, Peter: Der Unternehmergesellschafter als personaler Kern der rechtsfähigen Gesellschaft. 2002. *Band 75.*
Junker, Abbo: Internationales Arbeitsrecht im Konzern. 1992. *Band 2.*
Kaiser, Dagmar: Die Rückabwicklung gegenseitiger Verträge wegen Nicht- und Schlechterfüllung nach BGB. 2000. *Band 43.*
Katzenmeier, Christian: Arzthaftung. 2002. *Band 62.*
Kindler, Peter: Gesetzliche Zinsansprüche im Zivil- und Handelsrecht. 1996. *Band 16.*
Kleindiek, Detlef: Deliktshaftung und juristische Person. 1997. *Band 22.*
Kling, Michael: Sprachrisiken im Privatrechtsverkehr. 2008. *Band 140.*
Klöhn, Lars: Das System der aktien- und umwandlungsrechtlichen Abfindungsansprüche. 2009. *Band 143.*
Koch, Jens: Die Patronatserklärung. 2005. *Band 99.*
Körber, Torsten: Grundfreiheiten und Privatrecht. 2004. *Band 93.*
Koppenfels-Spies, Katharina von: Die cessio legis. 2004. *Band 106.*
Krause, Rüdiger: Mitarbeit in Unternehmen. 2002. *Band 70.*
Kroppenberg, Inge: Privatautonomie von Todes wegen. 2008. *Band 130.*
Lakkis, Panajotta: Gestaltungsakte im internationalen Rechtsverkehr. 2007. *Band 128.*
Lehmann, Matthias: Finanzinstrumente. 2009. *Band 145.*
Leistner, Matthias: Richtiger Vertrag und lauterer Wettbewerb. 2007. *Band 119.*
Lipp, Volker: Freiheit und Fürsorge: Der Mensch als Rechtsperson. 2000. *Band 42.*
Löhnig, Martin: Treuhand. 2006. *Band 109.*
Lohse, Andrea: Unternehmerisches Ermessen. 2005. *Band 100.*

Looschelders, Dirk: Die Mitverantwortlichkeit des Geschädigten im Privatrecht. 1999. *Band 38.*
Luttermann, Claus: Unternehmen, Kapital und Genußrechte. 1998. *Band 32.*
Mäsch, Gerald: Chance und Schaden. 2004. *Band 92.*
Mankowski, Peter: Beseitigungsrechte. Anfechtung, Widerruf und verwandte Institute. 2003. *Band 81.*
Meller-Hannich, Caroline: Verbraucherschutz im Schuldvertragsrecht. 2005. *Band 101.*
Merkt, Hanno: Unternehmenspublizität. 2001. *Band 51.*
Möllers, Thomas M.J.: Rechtsgüterschutz im Umwelt- und Haftungsrecht. 1996. *Band 18.*
Muscheler, Karlheinz: Die Haftungsordnung der Testamentsvollstreckung. 1994. *Band 5.*
– Universalsukzession und Vonselbsterwerb. 2002. *Band 68.*
Oechsler, Jürgen: Gerechtigkeit im modernen Austauschvertrag. 1997. *Band 21.*
Oetker, Hartmut: Das Dauerschuldverhältnis und seine Beendigung. 1994. *Band 9.*
Ohly, Ansgar: „Volenti non fit iniuria" Die Einwilligung im Privatrecht. 2002. *Band 73.*
Oppermann, Bernd H.: Unterlassungsanspruch und materielle Gerechtigkeit im Wettbewerbsprozeß. 1993. *Band 3.*
Peifer, Karl-Nikolaus: Individualität im Zivilrecht. 2001. *Band 52.*
Peters, Frank: Der Entzug des Eigentums an beweglichen Sachen durch gutgläubigen Erwerb. 1991. *Band 1.*
Peukert, Alexander: Güterzuordnung als Rechtsprinzip. 2008. *Band 138.*
Piekenbrock, Andreas: Befristung, Verjährung, Verschweigung und Verwirkung. 2006. *Band 102.*
Preuß, Nicola: Zivilrechtspflege durch externe Funktionsträger. 2005. *Band 96.*
Raab, Thomas: Austauschverträge mit Drittbeteiligung. 1999. *Band 41.*
Reiff, Peter: Die Haftungsverfassungen nichtrechtsfähiger unternehmenstragender Verbände. 1996. *Band 19.*
Repgen, Tilman: Die soziale Aufgabe des Privatrechts. 2001. *Band 60.*
Reymann, Christoph: Das Sonderprivatrecht der Handels- und Verbraucherverträge. 2009. *Band 139.*
Röthel, Anne: Normkonkretisierung im Privatrecht. 2004. *Band 91.*
Rohe, Mathias: Netzverträge. 1998. *Band 23.*
Sachsen Gessaphe, Karl August Prinz von: Der Betreuer als gesetzlicher Vertreter für eingeschränkt Selbstbestimmungsfähige. 1999. *Band 39.*
Sack, Rolf: Das Recht am Gewerbebetrieb. 2007. *Band 116.*
Saenger, Ingo: Einstweiliger Rechtsschutz und materiellrechtliche Selbsterfüllung. 1998. *Band 27.*
Sandmann, Bernd: Die Haftung von Arbeitnehmern, Geschäftsführern und leitenden Angestellten. 2001. *Band 50.*
Schäfer, Carsten: Die Lehre vom fehlerhaften Verband. 2002. *Band 69.*
Schaub, Renate: Sponsoring und andere Verträge zur Förderung überindividueller Zwecke. 2008. *Band 136.*
Schinkels, Boris: Normsatzstruktur des IPR. 2007. *Band 124.*
Schnorr, Randolf: Die Gemeinschaft nach Bruchteilen (§§ 741 – 758 BGB). 2004. *Band 88.*

Schubel, Christian: Verbandssouveränität und Binnenorganisation der Handelsgesellschaften. 2003. *Band 84.*
Schürnbrand, Jan: Organschaft im Recht der privaten Verbände. 2007. *Band 125.*
Schulze, Götz: Die Naturalobligation. 2008. *Band 134.*
Schur, Wolfgang: Leistung und Sorgfalt. 2001. *Band 61.*
Schwab, Martin: Das Prozeßrecht gesellschaftsinterner Streitigkeiten. 2005. *Band 95.*
Schwarze, Roland: Vorvertragliche Verständigungspflichten. 2001. *Band 57.*
Seiler, Wolfgang: Verbraucherschutz auf elektronischen Märkten. 2006. *Band 108.*
Servatius, Wolfgang: Gläubigereinfluss durch Covenants. 2008. *Band 137.*
Sieker, Susanne: Umgehungsgeschäfte. 2001. *Band 56.*
Sosnitza, Olaf: Besitz und Besitzschutz. 2003. *Band 85.*
Stadler, Astrid: Gestaltungsfreiheit und Verkehrsschutz durch Abstraktion. 1996. *Band 15.*
Stamm, Jürgen: Die Prinzipien und Grundstrukturen des Zwangsvollstreckungsrechts. 2007. *Band 126.*
Stieper, Malte: Rechtfertigung, Rechtsnatur und Disponibilität der Schranken des Urheberrechts. 2009. *Band 144.*
Stoffels, Markus: Gesetzlich nicht geregelte Schuldverhältnisse. 2001. *Band 59.*
Sutschet, Holger: Garantiehaftung und Verschuldenshaftung im gegenseitigen Vertrag. 2006. *Band 110.*
Taeger, Jürgen: Außervertragliche Haftung für fehlerhafte Computerprogramme. 1995. *Band 13.*
Tillmanns, Kerstin: Strukturfragen des Dienstvertrages. 2007. *Band 121.*
Trunk, Alexander: Internationales Insolvenzrecht. 1998. *Band 28.*
Unberath, Hannes: Die Vertragsverletzung. 2007. *Band 120.*
Veil, Rüdiger: Unternehmensverträge. 2003. *Band 79.*
Verse, Dirk A.: Der Gleichbehandlungsgrundsatz im Recht der Kapitalgesellschaften. 2006. *Band 115.*
Wagner, Gerhard: Prozeßverträge. 1998. *Band 33.*
Waltermann, Raimund: Rechtsetzung durch Betriebsvereinbarung zwischen Privatautonomie und Tarifautonomie. 1996. *Band 14.*
Weber, Christoph: Privatautonomie und Außeneinfluß im Gesellschaftsrecht. 2000. *Band 44.*
Weller, Marc-Philippe: Die Vertragstreue. 2009. *Band 142.*
Wendehorst, Christiane: Anspruch und Ausgleich. 1999. *Band 37.*
Wiebe, Andreas: Die elektronische Willenserklärung. 2002. *Band 72.*
Wielsch, Dan: Zugangsregeln. 2008. *Band 133.*
Wilhelmi, Rüdiger: Risikoschutz durch Privatrecht. 2009. *Band 141.*
Wimmer-Leonhardt, Susanne: Konzernhaftungsrecht. 2004. *Band 90.*
Würthwein, Susanne: Schadensersatz für Verlust der Nutzungsmöglichkeit einer Sache oder für entgangene Gebrauchsvorteile? 2001. *Band 48.*

Einen Gesamtkatalog erhalten Sie gerne vom Verlag
Mohr Siebeck, Postfach 2040, D–72010 Tübingen.
Aktuelle Informationen im Internet unter www.mohr.de